དཔལ་ལྡན་ཚོགས་གཉིས་ཆུ་གཏེར་བསྒྲུབས་པ་ལས། །མཁྱེན་བརྩེའི་འོད་དཀར་ངེས་གསང་གྲུ་ཆར་འབེབས། །
གདངས་ཅན་མཁས་གྲུབ་ཡོངས་ཀྱི་གཙུག་རྒྱན་མཆོག །མཚོ་སྐྱེས་རྡོ་རྗེ་འགྲོ་བའི་བླ་མར་འདུད། །

མངའ་རིས་པཎ་ཆེན་པདྨ་དབང་རྒྱལ་གྱིས།

[illegible] ༡༡

༄༅། །གསང་ཆེན་སྔ་འགྱུར་བའི་སྡོམ་གསུམ་ཕྱོགས་བསྒྲིགས་བཞུགས་སོ།།

པོད་དང་པོ།

མངའ་རིས་པཎ་ཆེན་པདྨ་དབང་གི་རྒྱལ་པོ་སོགས་ཀྱིས་མཛད།

སི་ཁྲོན་བོད་ཡིག་དཔེ་རྙིང་བསྡུ་སྒྲིག་ཁང་གིས་བསྒྲིགས།

རྒྱལ་ཁབ་དཔེ་མཛོད་དཔེ་སྐྲུན་ཁང་།

图书在版编目(CIP)数据

宁玛派三律仪论集释(全五册)藏文/四川省藏文古籍搜集保护编务院编. --北京:国家图书馆出版社,2015.9

ISBN978-7-5013-5553-2

Ⅰ.①宁… Ⅱ.①四… Ⅲ.①宁玛派-佛经-藏语 Ⅳ.①B946.6

中国版本图书馆CIP数据核字(2015)第043848号

书　　名　宁玛派三律仪论集释(全五册)
著　　者　四川省藏文古籍搜集保护编务院　编
责任编辑　南江涛

出　　版　国家图书馆出版社(100034　北京市西城区文津街7号)
(原书目文献出版社　北京图书馆出版社)
发　　行　010-66114536　66126153　66151313　66175620
66121706(传真)　66126156(门市部)
E-mail　btsfxb@nlc.gov.cn(邮购)
Website　www.nlcpress.com→投稿中心
经　　销　新华书店
印　　装　河北三河弘翰印务有限公司
版　　次　2015年9月第1版　2015年9月第1次印刷

开　　本　787×1092(毫米)　1/16
印　　张　196

书　　号　ISBN978-7-5013-5553-2
定　　价　460.00元

རྙིང་འགྱུར་སྡོམ་གསུམ་ཕྱོགས་བསྒྲིགས་བསྡུ་སྒྲིག་ལས་མིའི་མཚན་ཐོ།

བཀའ་འདྲི་ཞུ་ཡུལ།	སྐྱབས་རྗེ་གཞན་དཀར་རིན་པོ་ཆེ་ཐུབ་བསྟན་ཉི་མ། མཁན་པོ་ཚུལ་ཁྲིམས་བློ་གྲོས། མཁན་པོ་འཆི་མེད་རིག་འཛིན། མཆོག་སྤྲུལ་བསྟན་འགྱུར་ལྡན། ཚེ་པོ།
གཙོ་སྒྲིག་པ།	མཁན་པོ་འཇམ་བློ།
རྩོམ་སྒྲིག་གཞོན་པ།	པད་རྡོར། ཟླ་བ་ལྷ་མོ། བྱམས་པ་བསྟན་འཛིན།
ཕྱི་ཤོག་འཆར་འགོད་པ།	པད་རྡོར།
སྒྲིག་སྦྱོར་བ།	བྱམས་པ་བསྟན་འཛིན།
ཡིག་གཏགས་པ།	ཟླ་བ་ལྷ་མོ། ཕྲིན་བཟའ་སྒྲོན་མེ། ཕུར་པ་ལྷ་མོ། ཚེ་རིང་འཚོ། འོད་མཚོ། འབྲུག་རྒྱལ། དམ་ཆོས།
ཞུ་དག་པ།	བྱམས་པ་བསྟན་འཛིན། ནོར་བུ་ཚེ་རིང་། གསལ་རང་འབར། རྡོ་རྗེ། རིག་འཛིན་འོད་ཟེར། ཤེས་རབ་དྲི་མེད། ཧོར་གཙང་བསྟན་འཛིན།

《宁玛派三律仪论集释》编辑人员名单

顾　　问	土登尼玛仁波切 慈诚罗珠堪布 齐麦仁增堪布 丹增基登活佛 泽布
主　　编	降洛堪布
副　　编	巴多 达瓦拉姆 向巴旦增
封面设计	巴多
排　　版	向巴旦增
打 字 员	达瓦拉姆 卓美 普巴拉姆 泽让措 翁措 朱尔甲 当秋
校 订 者	向巴旦增 罗布次仁 牙尔戈 多吉降达 仁曾俄热 白玛顿珠 旦增

བསྡུ་སྒྲིག་གསལ་བཤད།

དེ་ཡང་ཇི་སྐད་དུ། ཐུན་མོང་ཐུན་མིན་གཞུང་ཀུན་རང་དབང་གིས། །མ་ནོར་བསྒྱུར་ཞུས་གཏན་ལ་ཕབ་པ་ཡིས། །གངས་ལྗོངས་སྣང་བའི་སྒྲོ་ཆེན་ཐོག་མར་ཕྱེས། །མཚོ་སྐྱེས་རྒྱལ་བའི་བསྟན་པ་ཞེས་གསུངས་པ་ལྟར། ལྷུན་སྟུག་གངས་དཀར་གྱི་ཕྲེང་བས་ཁྱུད་མོར་བསྐོར་བའི་བསིལ་ལྡན་ཁ་བ་ཅན་གྱི་ལྗོངས་འདིར། རིགས་གསུམ་སེམས་དཔའི་རྣམ་རོལ་ཆོས་རྒྱལ་མེས་དབོན་རྣམ་གསུམ་གྱི་ཕྲིན་ལས་དུས་སུ་སྨིན་པའི་དགེ་མཚན་ལ་བརྟེན། མཁན་སློབ་སྤྲུལ་པའི་ལོ་པཎ་བགྲང་ཡས་པས། ཕན་བདེ་མ་ལུས་པའི་གཞི་རྩ་མཉམ་མེད་ཐུབ་པའི་དབང་པོའི་བསྟན་པའི་ཉི་མ་ཆེན་པོ་སྐལ་བཟང་སྐྱེ་དགུའི་མཁའ་ལ་བསྒྲུས་ཏེ། རྨོངས་པའི་མུན་པ་བསལ། བླང་དོར་གྱི་ལམ་བཟང་བསྟན། བདེ་སྐྱིད་ཀྱི་སྣང་བས་དཀར་འཛམ་ཡུག་གཅིག་ཏུ་ཁྱབ་པར་བྱས་པའི་ཆོས་ཁྲིམས་དར་གྱི་མདུད་པ་འཇམ་ལ་མཉེན་ཞིང་། སུམ་ཉིས་ས་ཡི་དཀྱིལ་འཁོར་དབང་དུ་བྱས་པའི་རྒྱལ་ཁྲིམས་གསེར་གྱི་གཉའ་ཤིང་ལྟེ་ལ་ཇམ་པ་སྟེ། ལུགས་ཟུང་གསེར་གྱི་འཁོར་ལོས་ཡངས་པའི་ས་ཆེན་ཁྱབ་པའི་དགེ་མཚན་དཔྱར་གྱི་དུས་སྟོན་མངོན་པར་ཤར་བའི་རྟེན་འབྲུང་གིས། བོད་ཙམ་དུ་མ་ཟད་སྲོག་ལྡན་གྱི་འགྲོ་བ་ཡོད་དོ་ཅོག་ལ་འཕྲལ་ཡུན་ཕན་བདེའི་གཞི་མ་བཏང་བ་རེད་ཅེས་མཁྱེན་པ་གཟིངས་སུ་བཏེག་སྟེ་སྨྲ་བར་སྤྱོབས་ལ། དེ་ནས་བཟུང་སངས་རྒྱས་ཀྱི་ཕྲིན་ལས་དང་གདུལ་བྱའི་སྐལ་བ་ཀུན་འཛོམས་པའི་ཉེར་ལེན་གྱིས་ཆོས་བརྒྱུད་སྣ་ཚོགས་པ་ཞིག་རིམ་བཞིན་དར་བ་དང་། དེ་དག་གི་སྲོལ་འབྱེད་དང་བརྒྱུད་འཛིན་གསེར་རིའི་ཕྲེང་བ་རིམ་བྱོན་གྱིས་བཤད་སྒྲུབ་འཁོར་ལོ་གསུམ་གྱི་བྱ་བས་བསྟན་འགྲོའི་རྒྱུད་པ་བསལ་ཞིང་ བོད་ཆོས་ལྡན་གྱི་ཞིང་ཁམས་དང་། ཞི་བདེ་ཡི་ལྗི་གནས་ཞེས་མིང་དོན་མཚུངས་པར་བསྒྱུར་བའི་རྟེན་འབྲུང་གི་སྒོ་འཕར་ཐོག་མར་འབྱེད་པ་པོ། ཁྱད་ཆོས་དྲུག་ལྡན་སྔ་འགྱུར་རྙིང་མ་པའི་རིང་ལུགས་ལ་རིང་བརྒྱུད་བཀའ་མ། ཉེ་བརྒྱུད་གཏེར་མ། ཟབ་མོ་དག་སྣང་གི་བརྒྱུད་པ་སྟེ་ཟབ་ཆོས་རྒྱ་མཚོ་ལྟ་བུ་བཞུགས་པ་ལས།

འདིར་བོད་རབ་བྱུང་བརྒྱད་པའི་མེ་མོ་ལུག་གི་ལོ་སྟེ་ཕྱི་ལོ༡༩༢༧ལོར་སྐུ་འཁྲུངས་ཤིང་རབ་བྱུང་དགུ་པའི་ཆུ་མོ་ཡོས་༡༥༩༢ལོར་དགོངས་པ་རྫོགས་པའི་མངའ་རིས་ཀྱི་པཎྜི་ཏ་པདྨ་དབང་གི་རྒྱལ་པོས་མཛད་པའི་

རང་བཞིན་རྫོགས་པ་ཆེན་པོའི་ལམ་གྱི་ཆ་ལག་སྡོམ་པ་གསུམ་རྣམ་པར་ངེས་པའི་བསྟན་བཅོས་ཞེས་བྱ་བ། ཕྱི་སོ་ཐར། ནང་བྱང་སེམས། གསང་བ་རིག་འཛིན་སྔགས་ཀྱི་སྡོམ་པ་སྟེ་སྡོམ་པ་གསུམ་པོ་མ་ཐོབ་པ་ཐོབ་པར་བྱེད་པ། ཐོབ་པ་མི་ཉམས་པར་བསྲུང་བ། ཉམས་ན་ཕྱིར་བཅོས་ཚུལ་དང་། གང་ཟག་གཅིག་གི་སྡོམ་གསུམ་འགལ་མེད་དུ་ཉམས་སུ་ལེན་ཚུལ་སོགས་རྒྱལ་བའི་དགོངས་པ་ཇི་བཞིན་དུ་བཀྲལ་བའི་གཞུང་བཟང་ཡིད་བཞིན་གྱི་ནོར་ལས་ལྷག་པ་འདི་ཉིད་ཀྱི་དགོངས་པ་འགྲེལ་པ་ལ། འཇིག་རྟེན་མིག་གཅིག་སྨིན་གླིང་ཆོས་དཔལ་བཟང་པོ་སོགས་མཁས་པ་རིམ་བྱོན་གྱིས་ལེགས་བཤད་རྨད་དུ་བྱུང་བ་གང་མང་ཞིག་མཛད་འདུག་པ་དང་། དེའི་ཆ་ལག་ཏུ་འོས་པའི་སྡོམ་གསུམ་བསླབ་བྱ་དང་། དམ་ཚིག་གི་རྣམ་གཞག་སོགས་བསྡུ་ཅི་ཐུབ་ཀྱིས་ཕྱོགས་གཅིག་ཏུ་བསྒྲིགས་པའི་པོད་ཆེན་ལྔ། ང་ཚོའི་དཔེ་ཚོགས་ཆེ་ཁག་ལས་བྱང་ཆུབ་ལམ་སྟོན་གྱི་སྤྱིའི་དེབ་གྲངས་བཅུ་གཅིག་ནས་བཅོ་ལྔའི་བར་དུ་གསང་ཆེན་སྔ་འགྱུར་ བའི་ སྡོམ་གསུམ་ཕྱོགས་བསྒྲིགས་ཞེས་པ་མཚན་དུ་གསོལ་ནས་བཞུགས་སུ་གསོལ་ཡོད་པ་སྟེ། པོད་དང་པོ་སྤྱི་གྲངས་བཅུ་གཅིག་པར། མངའ་རིས་པཎ་ཆེན་པདྨ་དབང་གི་རྒྱལ་པོས་མཛད་པའི་རང་བཞིན་རྫོགས་པ་ཆེན་པོའི་ལམ་གྱི་ཆ་ལག་སྡོམ་པ་གསུམ་རྣམ་པར་ངེས་པ་ཞེས་བྱ་བའི་བསྟན་བཅོས།སྨིན་གླིང་ལོ་ཆེན་དྷརྨ་ཤྲཱིས་མཛད་པའི་སྡོམ་པ་གསུམ་རྣམ་པར་ངེས་པའི་འགྲེལ་པ་ལེགས་བཤད་ངོ་མཚར་དཔག་བསམ་གྱི་སྙེ་མ་དང་།ཐུན་དྲུག་ཏུ་སྡོམ་གསུམ་གྱི་བསླབ་བྱ་སྐྱོང་ཚུལ་གྱི་ཡི་གེ། དགེ་ཚུལ་གྱི་བསླབ་བྱ་པད་གླིང་ལྷ་པར་གནང་བ། ནམ་མཁའི་སྙིང་པོ་མདོའི་རྩ་བའི་ལྟུང་བ་རྣམས་བྱང་ཆུབ་སེམས་དཔའི་རྩ་ལྟུང་དུ་འདུ་ལུགས་ཀྱི་བཤད་པ། སེ་ལྷའི་སྡོམ་ཚིག་གསལ་བྱེད་མེ་ལོང་། པདྨ་འགྱུར་མེད་རྒྱ་མཚོས་མཛད་པའི་སྡོམ་གསུམ་རྣམ་ངེས་ལས་འཕྲོས་པ་གཞི་ལམ་འབྲས་བུའི་མན་ངག་ངེས་དོན་གྲུབ་མཐའི་སྙིང་པོ། མཁན་ཆེན་ཡོན་ཏན་རྒྱ་མཚོས་མཛད་པའི་སྡོམ་གསུམ་རྣམ་པར་ངེས་པའི་མཆན་འགྲེལ་རིག་པ་འཛིན་པའི་འཇུག་ངོགས་བཅས་མཛད་པོ་བཞིས་མཛད་པའི་གསུང་རབ་ཆོས་ཚན་བརྒྱད་བཞུགས། པོད་གཉིས་པ་སྤྱི་གྲངས་བཅུ་གཉིས་པར། སྟག་བླ་པདྨ་བློ་ལྡན་གྱིས་མཛད་པའི་རང་བཞིན་རྫོགས་པ་ཆེན་པོའི་ལམ་གྱི་ཆ་ལག་སྡོམ་གསུམ་རྣམ་པར་ངེས་པའི་འགྲེལ་པ་རྣམ་གྲོལ་ལམ་བཟང་། རིག་འཛིན་འབད་མེད་གཞི་གྲོལ་གྱིས་མཛད་པའི་སྡོམ་པ་གསུམ་རྣམ་པར་ངེས་པའི་མཆན་འགྲེལ་བློ་གྲོས་གསར་བུ་རྣམས་ཀྱི་དགའ་སྟོན། རག་མགོ་སྤྲུལ་སྐུ་ཐུབ་བསྟན་བཤད་སྒྲུབ་མཆོས་མཛད་པའི་སྡོམ་གསུམ་གྱི་བཤད་བྱའི་ཡན་ལག་དང་། སྡོམ་གསུམ་རྣམ་ངེས་འགྲེལ་ཆུང་པད་དཀར་ཆུན་པོ།བདུད་འཇོམས་འཇིགས་བྲལ་ཡེ་ཤེས་རྡོ་རྗེས

མཛད་པའི་སྡོམ་གསུམ་རྣམ་པར་ངེས་པའི་བསྟན་བཅོས་ཀྱི་འབྲུ་འགྲེལ་བློ་གྲོས་གསར་བུའི་ཡིད་ཀྱི་གདུང་སེལ་ལེགས་བཤད་བདུད་རྩིའི་ཟ་མ་ཏོག་བཅས་མཛད་པ་པོ་བཞིས་མཛད་པའི་གསུང་རབ་ཆོས་ཚན་ལྔ་བཞུགས།

པོད་གསུམ་པ་སྤྱི་གྲངས་བཅུ་གསུམ་པར། མདོ་སྔགས་བསྟན་པའི་ཉི་མའམ་སྤྲུལ་སྐུ་ཚུལ་ལོས་མཛད་པའི་སྡོམ་པ་གསུམ་རྣམ་པར་ངེས་པའི་བསྟན་བཅོས་ཀྱི་རྣམ་པར་བཤད་པ་པཎ་ཆེན་དགོངས་པ་རབ་གསལ་བཻཌཱུར་དཀར་པོའི་འོད་སྣང་སྐལ་བཟང་འཇུག་ངོགས། ཀརྨ་ངེས་དོན་སྙིང་པོ་གཞན་ཕན་ཆོས་ཀྱི་དབང་ཕྱུག་གིས་མཛད་པའི་རང་བཞིན་རྫོགས་པ་ཆེན་པོའི་ལམ་གྱི་ཆ་ལག་སྡོམ་པ་གསུམ་རྣམ་པར་ངེས་པའི་བསྟན་བཅོས་ཀྱི་ཚིག་དོན་ལེགས་པར་འགྲེལ་པ་འཇམ་དབྱངས་དགྱེས་པའི་ཞལ་ལུང་བཅས་མཛད་པ་པོ་གཉིས་ཀྱིས་མཛད་པའི་གསུང་རབ་ཆོས་ཚན་གཉིས།

པོད་བཞི་པ་སྤྱི་གྲངས་བཅུ་བཞི་པར། རིག་འཛིན་ཀུན་བཟང་ཤེས་རབ་ཀྱིས་མཛད་པའི་རྫོགས་པ་ཆེན་པོ་འོད་གསལ་རྡོ་རྗེ་སྙིང་པོའི་ལམ་མཆོག་སྡོམ་གསུམ་བསྟན་པའི་སྒྲོན་མེ། ལྷ་བཙུན་ནམ་མཁའ་འཇིགས་མེད་ཀྱིས་མཛད་པའི་སྒྱུ་འཕྲུལ་བསྟན་པ་འཛིན་པའི་སྐྱེས་བུ་རྣམས་ཀྱིས་བསླབ་བྱ་སྡོམ་གསུམ་བསྟན་པའི་སྙིང་པོ། རྡོ་བྲག་པདྨ་འཕྲིན་ལས་ཀྱིས་མཛད་པའི་ཨེ་ཝཾ་ལྕོག་སྒར་གྱི་བཅའ་ཡིག་བསླབ་བཏུས་སྡོམ་གསུམ་ལམ་གྱི་སྙིང་པོ་གསལ་བྱེད་བཻཌཱུར་དག་པའི་མེ་ལོང་། དགེ་རྩེ་འགྱུར་མེད་ཚེ་དབང་མཆོག་གྲུབ་ཀྱིས་མཛད་པའི་སྡོམ་པ་གསུམ་གྱི་རབ་ཏུ་དབྱེ་བའི་བསྟན་བཅོས་ཆེན་པོས་སྒྱུ་འཕྲུལ་ཕྱོགས་ལ་རྩོད་པ་སྤོང་བ་འདུས་མ་བྱས་ཀྱི་གན་མཛོད། དཔལ་སྤྲུལ་འཇིགས་མེད་ཆོས་ཀྱི་དབང་པོས་མཛད་པའི་སྡོམ་གསུམ་གྱི་གནད་བསྡུས་པ་དང་། སྡོམ་གསུམ་རྣམ་པར་ངེས་པའི་རྩ་བའི་ས་བཅད། ཀུན་མཁྱེན་མི་ཕམ་རྒྱ་མཚོས་མཛད་པའི་སྡོམ་གསུམ་ངོ་བོ་གཅིག་ཏུ་སྒྲུབ་པ། གླག་བླ་བསོད་ནམས་ཆོས་འགྲུབ་ཀྱིས་མཛད་པའི་སྡོམ་པ་གསུམ་གྱི་དྲིས་ལན་ཉི་འོད་སྣང་བ། རིག་འཛིན་འཇིགས་མེད་གླིང་པས་མཛད་པའི་སྙིང་བཤགས་རྡོ་རྗེ་ཐོལ་གླུ། ཁ་ལེགས་སྤྲུལ་སྐུ་པདྨ་ཀུན་བཟང་རང་གྲོལ་གྱིས་མཛད་པའི་སྙིང་བཤགས་རྡོ་རྗེ་ཐོལ་གླུའི་ཚིག་འགྲེལ་ཉུང་བསྡུས་བཅས་མཛད་པ་པོ་དགུས་མཛད་པའི་གསུང་རབ་ཆོས་ཚན་བཅུ་བཞུགས།

པོད་ལྔ་པ་སྤྱི་གྲངས་བཅོ་ལྔ་པར། སློབ་དཔོན་སྒེག་པའི་རྡོ་རྗེས་མཛད་པའི་དམ་ཚིག་གསལ་བཀྲ། ཀཿཐོག་པ་ཆོས་རྗེ་གཙང་སྟོན་རིན་པོ་ཆེ་རྡོ་རྗེ་རྒྱལ་མཚན་གྱིས་མཛད་པའི་དམ་ཚིག་གསལ་བཀྲའི་འགྲེལ་རྣལ་འབྱོར

མིག་གི་སྒྲོན་མ། པྲ་ཛྙཱ་སིདྡྷའམ་ཀ་དམ་པ་བདེ་གཤེགས་ཀྱིས་མཛད་པའི་དམ་ཚིག་གསལ་བཀྲའི་བསྡུས་དོན་གསལ་བྱེད་མེ་ལོང་། ཡེ་ཤེས་རྒྱལ་མཚན་གྱིས་མཛད་པའི་དམ་ཚིག་རྡོ་རྗེ་གསལ་བཀྲའི་འགྲེལ་པ་དག་ལྡན་གསལ་བའི་མེ་ལོང་། འཕྲིན་ལས་བསྟན་འཛིན་གྱིས་མཛད་པའི་རྡོ་རྗེའི་དམ་ཚིག་གི་རྣམ་བཞག་གོ་བདེར་བརྗོད་པ་སྣང་ལེན་གསལ་བའི་མེ་ལོང་། རིག་འཛིན་གར་གྱི་དབང་ཕྱུག་གིས་མཛད་པའི་རྩ་ལྟུང་བཅུ་བཞིའི་འགྲེལ་པ་སྔགས་ཀྱི་སྤྱི་ཁྲུས་དང་། ཡན་ལག་སྦོམ་པོ་བརྒྱད་ཀྱི་ཊཱི་ཀ །རིག་འཛིན་འཇིགས་མེད་གླིང་པས་མཛད་པའི་སྔགས་པ་ལ་སྙིང་པའི་གཏམ་བཤགས་ལེ་བཞི་པའི་ཊཱི་ཀ་དམ་ཚིག་རྒྱ་མཚོའི་གསལ་བྱེད་དང་། བྱང་ཆུབ་སྤྱོད་པའི་སྨོན་ལམ་ཕན་བདེའི་ལྗོན་པའི་ཊཱི་ཀ་རྒྱལ་བའི་གཞུང་ལམ། འཕྲེང་པོ་གཏེར་སྟོན་ཤེས་རབ་འོད་ཟེར་གྱིས་མཛད་པའི་གསང་བ་སྔགས་ཀྱི་སྨོན་ལམ་འདོད་འཇོའི་དགའ་སྟོན། རྒྱ་རོང་ནམ་སྤྲུལ་ཀུན་བཟང་ཐེག་མཆོག་རྡོ་རྗེས་མཛད་པའི་སྔགས་ཀྱི་སྨོན་ལམ་འདོད་འཇོའི་དགའ་སྟོན་གྱི་འགྲེལ་པ་གསར་རྙིང་དགོངས་མཐུན་འཁྲུལ་མེད་ལུང་རིགས་གཏེར་མཛོད་བཅས་མཛད་པ་པོ་དགུས་མཛད་པའི་གསུང་རབ་ཆོས་ཚན་བཅུ་གཅིག་བཞུགས་ལ་དེ་དག་བསྡོམས་པས་མཛད་པ་པོ་སུམ་ཅུ་སོ་དགུས་མཛད་པའི་གསུང་རབ་ཆོས་ཚན་དྲུག་ཅུ་ཐམ་པ་བཞུགས་སོ། །

དཔེ་ཚོགས་འདི་དག་གི་མ་དཔེ་མཁོ་འདོན་ཐད་ལ་བླ་རུང་མཁན་ཆེན་འཆི་མེད་རིག་འཛིན་དང་། ཡ་ཆེན་སྦྲ་འགྱུར་དཔེ་ཚོགས་ཀྱི་མཁན་ཡེ་ཤེས་དོན་རྟོགས་དང་། ཐུབ་འོད། སྨིན་གླིང་དཔེ་ཚོགས་རྩོམ་སྒྲིག་པ་མཁན་ཤེས་བྱ་དང་། འགྱུར་མེད་དོན་འགྲུབ། འགྱུར་མེད་པདྨ་བཀྲ་ཤིས། གོ་འཇོ་ཁ་ལེགས་མཆོག་གྲུབ་བཅས་ཀྱིས་རྒྱབ་སྐྱོར་བླ་མེད་ཐོབ་པ་དང་། ངཚོའི་ལས་ཁུངས་ཀྱི་ཆབ་མདོ་བ་བྱམས་པ་བསྟན་འཛིན་ལགས་ཀྱིས་ལག་བསྟར་རྩོམ་སྒྲིག་དང་། མཐའ་མའི་ཞུ་ཆེན། སྒྲིག་སྦྱོར་བ་བཅས་ཀྱི་འགན་གཅིག་ཚོགས་ཏུ་བཞེས་པའི་གཙོས་ལས་བཟོ་བ་ཡོངས་ཀྱིས་འབད་པ་རྒྱ་ཆེར་བྱས་པས་པོད་ཆེན་ལྔ་ལེགས་འགྲུབ་བྱུང་བ་དང་། ལྷག་པར་གཅིག་ཏུ་བསྟན་འགྲོའི་ལས་དོན་ལ་བརྩོན་པའི་སྐྱེས་ཆེན་དམ་པ་མདོ་ཁམས་རྫོགས་ཆེན་པ་སྤྲུལ་ནག་རབ་དགའ་རིན་པོ་ཆེའི་ཡང་སྲིད། མཆོག་སྤྲུལ་བསྟན་འཛིན་འགྱུར་ལྡན་མཆོག་གིས་མ་བསྐུལ་དང་བླངས་ཀྱི་ཚུལ་གྱིས་ཡིག་གཏུགས་དང་། ཞུས་དག །རྩོམ་སྒྲིག་བཅས་ཀྱི་འགྲོ་གྲོན་ཡོངས་རྫོགས་གནང་བ་དང་། ཁ་བ་གངས་ཅན་པའི་ཆོས་རིག་དར་སྤེལ་ལ་མཛད་རྗེས་བླ་ན་མཐོ་ཞིང་། ཁོ་བོ་ཅག་ལ་བཀའ་དྲིན་བླ་ལྷག་ཏུ་ཆེ་བའི་སྐྱབས་རྗེ་གཞན་དཀར་རིན་པོ་ཆེ་དང་། ལྷག་བསམ་དང་སྙིང་སྟོབས་ལྡན་པའི་རྒན་ཚེ་པོ་ལགས་ཀྱིས་ཐུགས་ཁུར་གྱི་

མཐུས། སེ་ཁྲོན་ཞིང་ཆེན་དཔེ་མཛོད་ཁང་དང་། ཞིང་ཆེན་གནའ་རྫས་སྲུང་སྐྱོབ་ཁང་གིས་དཔེ་སྐྲུན་གྱི་འགྲོ་གྲོན་གནང་བ་བཅས་ལ་བརྟེན། རྒྱལ་ཁབ་དཔེ་མཛོད་ཁང་དང་མཉམ་འབྲེལ་གྱི་ཚུལ་གྱིས་རྒྱ་ཆེན་གཟིགས་པ་པོ་ཡོངས་ཀྱི་སྤྱན་སྔར་འབུལ་ཐུབ་པ་བྱུང་སོང་བས། ཁོང་རྣམ་པ་ལ་སྙིང་ཁུང་རུས་པའི་གཏིང་ནས་ཐུགས་རྗེ་ཆེ་ཞུ་བ་དང་། ཚུལ་འདིར་འབད་པའི་ལེགས་བྱས་རྣམ་དཀར་གྱི་ཕུང་པོ་མཐའ་ཡས་པའི་ལུས་ཅན་ཡོངས་ཀྱི་ཕན་བདེ་གསོས་སུ་འགྱུར་བ་དང་། སྒྲིག་སྟངས་ནོར་བ་དང་། ཡི་གེ་མ་དག་པ་སོགས་ཉེས་པའི་ཆ་ཀུན་མཐོལ་བཤགས་བཟོད་གསོལ་ཡང་ཞུ་བ་ལགས་ན། དབྱིངས་ན་བཞུགས་པའི་སྲས་བཅས་རྒྱལ་བ་ཡོངས་ཀྱིས་འཕྲུལ་ཡུན་གྱི་སྒྲིབ་པར་མི་འགྱུར་བའི་དབུགས་དབྱུངས་དང་། མཁྱེན་ལྡན་རྣམ་པར་ནོར་བ་ཡོ་བསྒྲིང་གི་བཀའ་སློབ་དགོངས་འཆར་ཡོད་པའི་རེ་བསྐུལ་དང་བཅས་གསལ་བཤད་ཀྱི་དོན་ཙམ་དུ།

སེ་ཁྲོན་བོད་ཡིག་དཔེ་རྙིང་བསྡུ་སྒྲིག་ཁང་ནས་འཛམ་གླིང་འབོད་པས་རབ་གནས་རྒྱུ་སྐྱེལ་ལོའི་ཟླ་༥་པའི་ཚེས་༢༧་ལ་བྲིས།

དཀར་ཆག

༄༅། །རང་བཞིན་རྫོགས་པ་ཆེན་པོའི་ལམ་གྱི་ཆ་ལག་སྡོམ་པ་གསུམ་རྣམ་པར་ངེས་པ་ཞེས་བྱ་བའི་བསྟན་བཅོས་བཞུགས་སོ། །

མངའ་རིས་པཎ་ཆེན་པདྨ་དབང་གི་རྒྱལ་པོ།

ན་མོ་གུ་རུ་ལྷེ། དཔལ་ལྡན་ཚོགས་གཉིས་རྒྱ་གཏེར་བརྙེས་པ་ལས། །མཁྱེན་བརྩེའི་འོད་དཀར་ངེས་གསང་གྲུ་ཆར་འབེབས། །གངས་ཅན་མཁས་གྲུབ་ཡོངས་ཀྱི་གཙུག་རྒྱན་མཆོག །མཚོ་སྐྱེས་རྡོ་རྗེ་འགྲོ་བའི་བླ་མར་འདུད། །འགྲོ་བློའི་དྲི་མ་འཕྲུད་མཁས་དྲང་སོང་གིས། །བློ་གྲོས་བཻཌཱུར་ཐུམ་བཟང་རབ་ཐོགས་ནས། །ལེགས་བཤད་སྡོམ་གསུམ་བདུད་རྩིའི་རྒྱུ་སྤྲིན་གྱི། །དོན་གཉེར་སྐྱེ་བོའི་ཚོགས་རྣམས་འདིར་འདུས་ཤིག །རྫོགས་པ་ཆེན་པོ་ཡེ་ཤེས་སྙིང་ཡི་གཟུགས། །ཡོངས་སུ་དག་སྐུ་རྡོ་རྗེ་འཆང་ཆེན་པོ། །འབྲས་བུའི་མཐར་ཐུག་སངས་རྒྱས་ཉག་གཅིག་དེ། །ཟབ་རྒྱས་ཆོས་ཀྱི་སྒོ་འཕར་བགྲང་ཡས་ཀྱང་། །གསང་ཆེན་སྨིན་གྲོལ་ལམ་མཆོག་མ་བསྟེན་པར། །ཐོབ་པ་མིན་ཞེས་རྫོགས་སངས་རྒྱས་དེས་གསུངས། །ཇི་སྲིད་སེམས་ཀྱི་འཇུག་པ་མ་ཟད་བར། །བསམ་ཡས་ཐེག་པའི་གྲངས་མཐར་ཐུག་པ་མེད། །བགྲོད་ཅིག་ལམ་ལ་བགྲི་བའི་ངལ་སྟེགས་ཏེ། །རང་རང་རྗེས་མཐུན་འབྲས་བུ་བླ་དང་བཅས། །ཐོབ་ཀྱང་ཐེག་པ་སོ་སོའི་ངེས་འབྱུང་ལས། །ཐེག་གཅིག་ལམ་ལ་མ་ཞུགས་འབྲས་ཐོབ་ཅི། །འདིར་ནི་རྫོགས་པ་ཆེན་པོའི་རིང་ལུགས་ལྟར། །ཉན་ཐོས་རང་རྒྱལ་བྱང་ཆུབ་སེམས་དཔའ་ལ། །མཚན་ཉིད་རྒྱུ་ཡི་ཐེག་པ་གསུམ་ཞེས་གསུངས། །ཀྲི་ཡ་ཨུ་པ་ཡོ་ག་ཕྱི་རྒྱུད་གསུམ། །བླ་མེད་ཕ་རྒྱུད་མ་ཧཱ་ཡོ་ག་དང་། །མ་རྒྱུད་ཨ་ནུ་ཡོ་གར་གྲགས་པ་དང་། །གཉིས་མེད་རྒྱུད་སྡེ་ཨ་ཏི་ཡོ་ག་ལ། །ནང་རྒྱུད་གསུམ་ཞེས་ཐེག་པ་རིམ་དགུར་བསྡུ། །ཉན་རང་བྱང་སེམས་རིགས་ཅན་སོ་སོ་ལ། །རྡོ་རྗེ་འཛིན་པའི་ལམ་ཞུགས་ཡོད་དོ་ཞེས། །འབུམ་ལྡེའི་རྒྱུད་ཀྱི་ལུང་ལས་གསལ་བར་གྲུབ། །བསམ་པའི་དབྱེ་བས་སྔགས་ལ་འཇུག་པའི་ཚུལ། །ཆོས་སྒོ་མང་ཡང་དེ་དག་སྤྲོ་བྱ་མིན། །འདིར་ནི་དབང་པོ་རབ་འབྲིང་ཐ་གསུམ་ལས། །

རབ་མཆོག་སྤྱངས་པ་མཐར་སོན་སྐལ་ལྡན་ཏ། །དབང་བསྐུར་ཐོབ་པས་སྡོམ་གསུམ་གཅིག་ཅར་སྐྱེས། །རྟོགས་གྲོལ་དུས་མཉམ་ཨིནྡྲ་བྷུ་ཏི་བཞིན། །འབྲིང་ནི་སྡོམ་གསུམ་སོ་སོའི་ཚོ་ག་ལ། །བརྟེན་ནས་རིམ་ཐོབ་ནཱ་གརྫུ་ན་ལྟར། །ཐ་མ་སྐལ་དམན་ཤིན་ཏུ་གདུལ་དཀའ་དེ། །གསོ་སྦྱོང་བསླབ་པའི་གནས་བཅུ་གྲུབ་མཐའ་བཞི། །ཐེ་སྤྱོད་རྣལ་འབྱོར་རྒྱུད་ཀུན་རིམ་ཤེས་ནས། །བླ་མེད་འཇུག་པ་བརྟག་པ་གཉིས་པར་གསུངས། །འདིར་ནི་དབང་པོ་འབྲིང་གི་ཚུལ་འཆད་དེ། །དགེ་སློང་དགེ་ཚུལ་དགེ་བསྙེན་སྡོམ་ལྡན་དེ། །རྡོ་རྗེ་འཛིན་པའི་རབ་འབྲིང་ཐ་ཡིན་ཞེས། །ཕྱུར་པའི་རྒྱུད་དང་དུས་འཁོར་ལས་གསུངས་ཤིང་། །འོན་ཀྱང་ཡེ་ཤེས་ལྡན་པ་གཙོ་བོར་བཟུང་། །སྔ་འགྱུར་རྒྱུད་སྡེའི་རྩ་བ་ཀུན་འདུས་ལས། །རང་དང་གཞན་དོན་ཕན་པ་ཆེ་བཤད་པ། སོ་ཐར་སེམས་བསྐྱེད་དབང་བསྐུར་ཉིད་ཡིན་ཏེ། །སོ་སོར་འཛིན་ན་ཉན་ཐོས་བྱང་སེམས་དང་། །རིག་པ་འཛིན་པ་ཞེས་སུ་མཁས་ལ་གྲགས། །དེ་ལྟར་ཐུན་མོང་སྡོམ་པ་འོག་མ་གཉིས། །འདིར་ནི་བླ་མེད་དབང་གི་ཡན་ལག་ཏུ། །རྒྱུད་སྡེ་རྒྱ་མཚོར་བཤད་ལྟར་འདིར་འཆད་དོ། །སྡོམ་གསུམ་སོ་སོར་ཁོག་དབུབ་གླེང་གཞི་དང་། །དང་པོར་སྡོམ་པ་མ་ཐོབ་ཐོབ་པའི་ཚུལ། །བར་དུ་ཐོབ་པ་མི་ཉམས་བསྲུང་བའི་ཐབས། །ཐ་མར་ཉམས་ན་གསོ་ཚུལ་བཞི་རེས་སྡོམ། །སྡོམ་གསུམ་སྤྱིའི་བཤད་གཞིའི་རིམ་པར་ཕྱེ་བ་སྟེ་དང་པོའོ།། །།

༄ གླེང་གཞི་སྟོན་པས་ཕྲ་ར་ཏྣ་སྒྲི་ར། །ལྷག་པའི་ཚུལ་ཁྲིམས་གཙོར་སྟོན་བདེན་པ་བཞི། །ལྔ་སྡེར་གསུངས་པ་འོད་སྲུངས་སོགས་ཀྱིས་བསྡུས། །བྱེ་བྲག་བཤད་མཛོད་ལ་སོགས་འཕགས་པས་བརྩམས། །ཡོན་ཏན་འོད་དང་ཤཱཀྱ་འོད་ཀྱིས་སྤེལ། །སྔ་འགྱུར་སྡོམ་རྒྱུན་ཞི་བ་འཚོ་དང་ནི། །ཁྲིས་ནས་ཤཱཀྱ་ཤྲཱི་ལས་ཀྱང་དར། །

ངོ་བོ་ངེས་འབྱུང་བསམ་པས་ཀུན་བསླངས་ནས། །གཞན་གནོད་གཞི་བཅས་ལྡོག་པ་ལུས་ངག་ལས། །སྐྱེ་ཕྱིར་གཟུགས་ཅན་ཡིན་ཞེས་འདོད་པ་དང་། །སྤོང་སེམས་རྒྱུན་ཆགས་ས་བོན་ལ་འདོད་པ༑ ༑རང་གི་སྡེ་པ་གོང་འོག་སོ་སོའི་ལུགས། །དབྱེ་བ་བསྙེན་གནས་དགེ་བསྙེན་ཕ་མ་གཉིས། །ཁྱིམ་པའི་ཕྱོགས་ཡིན་དགེ་ཚུལ་ཕ་མ་དང་། །དགེ་སློབ་མ་དང་དགེ་སློང་ཕ་མ་ལྔ། །རབ་བྱུང་

ལ་ཡིན་སོ་ཐར་རིས་བརྒྱད་པོ། །རྫས་སུ་བསྡུ་ན་བཞིར་འདོད་མཛོད་ཀྱི་ལུགས། །དང་པོ་སྡོམ་པ་མ་ཐོབ་ཐོབ་ཚུལ་ལ། །ལེན་ཚུལ་གཉིས་ཏེ་སྔོན་གྱི་ཆོ་ག་ནི། །རང་བྱུང་ཡེ་ཤེས་ཁོང་ཚུད་འཕྲིན་གྱིས་རྫོགས། །སྔོན་པར་ཁས་བླངས་ཚུར་ཤོག་གསོལ་བཞི་དང་། །དྲིས་བའི་ལན་ལྡོན་ལྷི་ཆོས་ཁས་བླངས་སོགས། །གདུལ་བྱ་བློ་དག་མཁན་པོ་འཕགས་པས་ཡིན། །ད་ལྟའི་ཆོ་ག་ངེས་པ་ལྷ་བྲལ་ཞིང་། །མ་ནིང་ལ་སོགས་སྐྱེ་བའི་བར་ཆད་དང་། །རྒྱལ་པོས་མ་གནང་ལ་སོགས་གནས་པ་དང་། །བྱ་རོག་སྐྲོད་མི་ནུས་སོགས་ཁྱད་པར་དང་། །སྐྲ་སེར་ཅན་སོགས་མཛེས་པའི་བར་ཆད་མེད། །ངེས་འབྱུང་བློ་ཅན་སྐལ་བཟང་སྐྱེས་བུ་དེ། །ལེགས་གསུངས་འདུལ་བ་རྒྱ་མཚོ་མཐའ་དག་དང་། །བརྒྱ་རྩ་གཅིག་པའི་ལས་ཕྲན་ལ་བྱུང་བའི། །མཁན་པོར་བཅས་པས་རིམ་བཞིན་བསྙེན་པར་རྫོགས། །སྔ་མ་མ་བྱས་རྫོགས་པའང་མདོ་སྡེར་སྣང་། །ཐོབ་མཚམས་བརྗོད་པ་གསུམ་གྱི་མཐའ་མར་འདོད། །བར་དུ་ཐོབ་པ་མི་ཉམས་བསྲུངས་བ་ལ། །བསླབ་བྱ་སྐྱབས་འགྲོ་ཐུན་མོང་མིན་གསུམ་ནི། །སྐྱབས་གཞན་མི་འཚོལ་སེམས་ཅན་འཚེ་བ་སྤོང་། །མུ་སྟེགས་མི་འགྲོགས་སོ་སོར་གུས་བསྐྱེད་དོ། །

སྲོག་དང་བྱ་དགར་དཀོན་མཆོག་གསུམ་མི་སྤང་། །དགོས་གལ་ཆེ་ཡང་ཐབས་གཞན་མི་འཚོལ་ཞིང་། །དུས་མཆོད་མི་བཅག་རང་གཞན་སྐྱབས་འགྲོར་འགོད། །གར་འགྲོའི་ཕྱོགས་ཀྱི་སངས་རྒྱས་ལ་ཕྱག་འཚལ། །ལྔ་རྣམས་ཐུན་མོང་བསླབ་བྱར་ཇོ་བོ་བཞེད། །རྩ་བཞི་སྤོང་བ་ཚུལ་ཁྲིམས་ཡན་ལག་བཞི། །ཆང་སྤོང་བག་ཡོད་ཡན་ལག་མལ་ཆེ་མཐོ། །གར་ཕྲེང་ལ་སོགས་ཕྱི་དྲོའི་ཁ་ཟས་གསུམ། །བརྟུལ་ཞུགས་ཡན་ལག་བསྙེན་གནས་སྡོམ་པ་ཡིན། །ཡན་ལག་འདི་བརྒྱད་གཏན་དུ་མ་ཡིན་པས། །ཡོན་ཏན་རྟེན་མིན་དེ་ཕྱིར་སོ་ཐར་ནི། །མཚན་ཉིད་ལྡན་པ་རིགས་བདུན་ཁོ་ན་ཡིན། །འདི་བརྒྱད་ཇི་སྲིད་འཚོ་བའི་བར་བསྲུངས་ན། །གོ་མིའི་དགེ་བསྙེན་ཡིན་ཀྱང་ཡོད་སྐྱའི་མིན། །གནས་བརྟན་སྡེ་པའི་ལུགས་སུ་དབྱིག་གཉེན་བཞེད། །གསོད་རྐུ་རྫུན་སྨྲ་འདོད་པས་ལོག་པར་གཡེམ། །སྨྱོས་འགྱུར་སྤོང་རྣམས་དགེ་བསྙེན་སྡོམ་པ་སྟེ། །གང་འདོད་ཁས་ལེན་གྲངས་ལྟར་སྣ་གཅིག་སྤྱོད། །སྣ་འགའ་ཕར་ཆེར་སྤྱོད་དང་ཡོངས་རྫོགས་སྤྱོད། །གཅིག་

གཉིས་གསུམ་དང་ལྔ་སྤོང་དེ་ཡི་སྟེང་། །མི་ཚངས་སྤྱོད་སྤོང་ཚངས་སྤྱོད་དགེ་བསྙེན་ནོ། །འདི་དང་གོ་མི་གཉིས་ནི་ཁྱིམ་པ་དང་། །རང་བྱུང་གཉིས་ཀ་མིན་ཞེས་མཁས་རྣམས་བཞེད། །མི་དགེ་ལྷག་དྲུག་ཕྱོགས་མཐུན་སྤང་བྱ་དང་། །དགེ་བསྙེན་སྡོམ་ལྡན་རིག་པ་འཛིན་པས་ཀྱང་། །རབ་བྱུང་རྟགས་དང་ཆོ་ག་མ་གཏོགས་པ། །ལྷག་རྣམས་ཉམས་སུ་ལེན་པར་དཔྱད་བཟང་བཤད། །སྲོག་གཅོད་རྐུ་དང་མི་ཚངས་སྤྱོད་དང་རྫུན། །ཆང་འཐུང་གར་སོགས་ཕྲེང་སོགས་མལ་ཆེ་མཐོ། །ཕྱི་དྲོའི་ཁ་ཟས་གསེར་དངུལ་སྤོང་བ་སྟེ། །ཞུམ་པ་སྤང་ཕྱིར་རགས་པ་བཅུར་དྲིལ་གསུངས། །ཆོས་གོས་ལྷུང་བཟེད་འཆང་བ་འབྲལ་བ་དང་། །ས་རྐོ་རིན་ཆེན་རེག་དང་མེ་ལ་རེག །སྤངས་ནས་ཟ་དང་ཤིང་འཛོག་ཤིང་གཅོད་དང་། །བྱིན་ལེན་རྩྭ་སྔོན་ཁྲིད་དུ་མི་གཙང་འདོར། །གསོག་འཛོག་ཟ་དང་ས་བོན་འཇོམས་པ་རྣམས། །གནང་བས་ཉེས་མེད་བཅུ་གསུམ་མ་གཏོགས་པ། །དགེ་སློང་ཇི་བཞིན་སྤང་བླང་མཐའ་དག་གཅིག །འཆང་བའི་ཟླུར་བསྟུ་གོས་རྒྱུ་ཟླ་བར་འཛོག །འབྲལ་བའི་ཟླུར་བསྟུ་དགོན་པའི་འབྲལ་སྤང་བྱེད། །གསོག་འཛོག་ཟླུར་བསྟུ་གསོག་འཛོག་བྱེད་པའང་གནང་། །ཁྱིམ་རྟགས་སྤོང་ཉམས་རབ་བྱུང་རྟགས་ལེན་ཉམས། །བརྙས་པས་མཁན་པོར་ཉམས་ཏེ་ཉམས་པ་གསུམ། །སྤང་བ་དགེ་ཚུལ་སྡོམ་པའི་བསླབ་བྱའོ། །དགེ་སློབ་མ་ནི་དགེ་ཚུལ་ཐོབ་པའི་སྟེང་། །གཅིག་འགྲོ་ཆུར་རྐྱལ་སྐྱེས་རེག་ལྷན་ཅིག་འདུག །སྨྱན་བྱ་ཉེས་འཆབ་རྩ་བའི་ཆོས་དྲུག་གོ། །གསེར་བཟུང་འདོམས་སྤུ་འདྲེག་དང་ས་བརྐོ་སྤང་། །བྱིན་ལེན་མེད་དང་གསོག་འཛོག་བྱས་མི་ཟ། །རྩྭ་སྔོན་མི་གཅོད་འདི་རྣམས་རྗེས་མཐུན་དྲུག །དགེ་སློང་ཁྲིམས་ལ་ཉིས་བརྒྱ་ལྔ་བཅུ་གསུམ། །སྡོམ་པའི་རྩ་བ་ཕམ་པ་བཞི་ཞེས་པ། །གཞི་ཡི་ཡན་ལག་ཆ་ཀུན་བཟུང་འོས་པ། །སྐྱེ་གནས་ལམ་དུ་ཕོ་དབང་ལས་རུང་ནི། །བསམ་པ་ངོ་ཚ་འཛེམས་མེད་ཆགས་སེམས་ཀྱིས། །སྦྱོར་བ་དྲུད་པ་མཐར་ཐུག་སིམ་པ་ཐོབ། །དེས་ནི་ཚངས་པར་སྤྱོད་ལས་རྣམ་པར་ཉམས། །བརྐུ་བའི་གཞི་ནི་མི་གཞན་ནོར་ཡིན་པ། །བསམ་པ་རང་ཉིད་འཚོ་ཕྱིར་བརྐུ་སེམས་ཀྱིས། །ཡུལ་དུས་རིན་ཐང་ཚང་བ་སྦྱོར་བས་བརྐུས། །མཐར་ཐུག་བརྐུས་སམ་བརྐུར་བཅུག་རྩད་ནས་ཐོབ། །སྲོག་གཅོད་གཞི་ནི་མི་གཞན་མ་འཁྲུལ་བར། །བསམ་པ་གསོད་སེམས་གསད་བྱ་དེར་ཤེས་པ། །

སྦྱོར་བ་གསོད་པར་བརྩམས་ནས་མ་བཟློག་པ། །མཐར་ཐུག་སྲོག་གི་དབང་པོ་འགགས་པ་དང་། །
གསོད་བཅུག་ཡི་རང་བསྔགས་སོགས་རྐྱེན་བྱས་ཀྱང་། །རྫུན་གྱི་གཞི་ནི་སྨྲ་ཤེས་དོན་གོའི་མིར། །
བསམ་པ་འདུ་ཤེས་བསྒྱུར་ནས་བརྗོད་བློ་སྐྱེས། །སྦྱོར་བ་མངོན་ཤེས་ལ་སོགས་ཡོན་ཏན་ཚོགས། །
མེད་ཀྱང་ཡོད་ཅེས་བླ་མའི་རྫུན་སྨྲས་པ། །མཐར་ཐུག་གཞན་གྱིས་རྫུན་དེ་གོ་ན་ཉམས། །འདི་
བཞི་གང་སྤྱད་དགེ་སློང་དེ་ཕམ་ཕྱིར། །ཕས་ཕམ་བཞི་ཞེས་ཐམས་ཅད་མཁྱེན་དེས་གསུངས། །
དགེ་འདུན་ལྷག་མ་བཅུ་གསུམ་ཞེས་གྲགས་པ། །བསྒྲོད་མིན་གནས་སུ་ཁུ་བ་འབྱིན་པ་དང་། །
ཆགས་པས་བུད་མེད་ལུས་ཀྱི་ཆ་ཤས་འཛིན། །འཁྲིག་ཚིག་རྗེན་སྨྲ་བུད་མེད་ཆགས་ཕྱིར་བཀུར། །
ཕོ་མོ་ཕན་ཚུན་སྨྲིན་བྱས་འདུས་ཏེ་འཕྲད། །རང་དོན་ཚད་ལྷག་ཁང་པ་ཁང་ཆེན་བརྩིགས། །
བརྗོད་གཞི་མེད་དང་སྣང་ཀ་བག་ཙམ་ལ། །བརྟེན་ནས་དགེ་སློང་སྐུར་བཏབ་དགེ་འདུན་དབྱེན། །
དབྱེན་དེའི་རྗེས་ཕྱོགས་བསླབ་པ་དང་འགལ་བ། །ཁྱིམ་སུན་འབྱིན་ཚེ་སྐྲོད་བྱེད་ལ་སྟོན་པ། །
ལྟུང་བྱུང་བསྐུལ་ཚེ་བཀའ་བློ་མི་བདེ་བའོ། །སྤང་བ་ལྟུང་བྱེད་སུམ་ཅུའི་སྡེ་བཤད་པ། །རང་གི་
གོས་ལྷག་ཞག་བཅུ་འདས་པར་འཆང་། །ཆོས་གོས་དང་བྲལ་ཞག་གཅིག་ལོན་པ་དང་། །གོས་
རྒྱུ་ཟླ་གཅིག་འཇོག་དང་དགེ་སློང་མར། །ཆོས་གོས་འཁྲུར་འཇུག་དེ་ལ་གོས་རྒྱུ་ལེན། །ཉེ་མིན་
ཁྱིམ་པར་གོས་རྒྱུ་སློང་བ་དང་། །སྟེར་ན་སྟོད་གཡོགས་སྨད་གཡོགས་ལྷག་པོར་ལེན། །རང་ལ་
སྟེར་བསམ་ཆོས་གོས་གནས་དཔགས་པ། །རིན་དང་ཁྲུ་ཚད་ཀྱིས་སློང་རྟགས་དྲན་སློང་། །གོས་
རིན་རིན་ཆེན་བསྒྱུར་བ་ལེན་རྣམས་སོ། །སྲིན་བལ་ནང་ཚང་བྱས་པའི་སྟན་བྱེད་དང་། །དཀོན་
སར་བལ་ནག་འབའ་ཞིག་སྟན་དུ་འདིངས། །བལ་ནག་ཆ་གཉིས་སྟན་བྱེད་ལོ་དྲུག་ནི། །མ་
སོང་སྟན་གསར་བྱེད་དང་ཚད་ལྡན་གྱི། །འདིང་བ་ཡོད་ཀྱང་སླར་བཟོ་བལ་ནག་ནི། །རྟེད་ནས་
ལམ་གྱི་དཔག་ཚད་གསུམ་མཐར་བྱེད། །དགེ་སློང་མར་ནི་བལ་འཁྲུ་རྨེལ་བཅུག་དང་། །གསེར་
དངུལ་ལེན་དང་ཚོང་འབུན་མངོན་མཚན་ཅན། །ཆེད་དུ་ཚོང་བྱེད་ལྷུང་བཟེད་བྱིན་མ་བརླབས། །
ཞག་བཅུ་འདས་འཆར་ལྷུང་བཟེད་ཟུང་འཆང་བ། །གླ་རྔན་མེད་པར་འཐག་འཇུག་ཐགས་རྒྱུ་
བསྐྱེད། །དགེ་སློང་གོས་བྱིན་སླར་ཕྲོགས་གཏད་བྱུང་གོས། །སྦྱིན་དུས་བཤད་ལས་སྔ་བར་བདག་

གིར་བྱས། །དགོན་པར་འཛིགས་བཅས་གོས་བྲལ་ཞག་བདུན་འདས། །རས་ཆེན་དགག་དབྱེ་
ཟིན་ཀྱང་ཟླ་ཕྱེད་འདས། །དགེ་འདུན་བསྡོམས་པའི་སྙིང་པ་བདག་ཏུ་བཟུང་། །ན་སྨན་ཞག་བདུན་
འདས་ནས་གསོག་འཇོག་གོ། །ལྟུང་བྱེད་འབའ་ཞིག་དགུ་བཅུ་ཐམ་པ་ནི། །ཤེས་བཞིན་རྫུན་སྨྲ་
དགེ་སློང་སྐྱོན་བརྗོད་པ། །ཕྲ་མས་འབྱེད་དང་སྐྱོ་སྡོགས་བཟླུམས་ཀྱང་དབྱེ། །བུད་མེད་ཆོས་
སྟོན་བསྙེན་པར་མ་རྫོགས་དང་། །ལྷན་ཅིག་ཆོས་འདོན་གནས་ངན་ལེན་ལྟུང་བརྗོད། མི་ཆོས་
བླ་མ་བདེན་སྨྲ་བཤེས་ངོར་འཕྱ། །བསླབ་གཞི་ཁྱད་གསོད་ས་བོན་སྐྱེ་བ་གཅོད། །བདག་གི་
ངོར་འཕྱ་བསྒོ་བ་རྣར་གཟོན་ནི། །ལྷུང་བྲུང་གླིང་ལ་མ་ཐོས་ལན་གཞན་འདེབས། །ཁྲི་དང་འདིང་
བ་མ་བསྡུས་གཏིང་སོང་དང་། །དགེ་སློང་སྐྲོད་དང་པོ་འཚམས་ཕྱིས་གནོན་བྱས། །མལ་ཁྲིས་
བུག་དབྱུང་སྒྲིག་ཆགས་ལྡན་པའི་ཆུ། །རྩྭ་འདེབས་གཙུག་ལག་ཕ་གུ་རིམ་གཉིས་བརྩིག །
ཤེས་བཞིན་བགྲིས་སོ་འདི་མན་དགེ་སློང་མར། །མ་བསྐོས་ཆོས་སྟོན་བསྐོས་ཀྱང་ཉི་ནུབ་དང་། །ཁ་
ཟས་ཕྱིར་སྟོན་གོས་བརྩེམས་ཆོས་གོས་སྦྱིན། །དོན་མཐུན་ལམ་འགྲོགས་གྲུ་དེ་གཞན་མཐུར་འགྲོ། །
དབེན་པར་གཅིག་འདུག་པ་དང་འགྲེང་བ་དང་། །སྦྱོར་བཙུག་ཟས་ཟ་རྣམས་ནི་སྤྱང་བར་བྱ། །
ཡང་ཡང་ཟས་ཟ་མུ་སྟེགས་འདུག་པའི་སར། །ཞག་གཅིག་ལྷག་བསྡད་ཟ་དང་ལྟུང་བཟེད་དོ། །
ཟ་དང་ཟོས་ཟིན་བཟའ་བཅའ་ཟ་བ་དང་། །སྤྱང་ནས་ལྟུང་འབྱུང་ཆེད་དུ་རྫུན་གྱིས་སྟོབ། །གནང་
མིན་མཚམས་ནང་ལོགས་སུ་འདུས་ནས་ཟ། །དུས་མིན་ཕྱེད་ཡོལ་ཟ་དང་གསོག་འཇོག་ཟ། །
སྦྱིན་ལེན་མ་བྱས་སྨན་བཞི་ཁར་མིད་པ། །བསོད་པ་ཞིམ་པའི་ཟས་སློང་སྲོག་ཆགས་བཅས། །
ཆུར་སྤྱོད་ཉལ་པོ་བྱེད་པའི་ཤུལ་དུ་ཉལ། །དབེན་པའི་སྐབས་སུ་འགྲེང་དང་གཅེར་བུར་རྒྱུ། །
དམག་བལྟ་དམག་སར་ཞག་གཉིས་ལྷག་པར་བསྡད། །དམག་གི་རུ་བཀོད་བྱེད་དང་དགེ་སློང་
བརྡེག །བརྡེག་བརྩམས་གནས་ངན་ལེན་གྱི་ལྟུང་བ་འཆབ། །དགེ་སློང་ཟས་གཅོད་མེ་ལ་རེག་
ཏུ་བཙུག །དགེ་འདུན་ལས་ལ་འདུན་ཕུལ་ཕྱིར་ལྡོག་སྨྲ། །བསྙེན་མ་རྫོགས་དང་ནུབ་གཉིས་ལྷག་
པར་ཉལ། །སྡིག་ལྟའི་ཆོས་ལུགས་མི་གཏོང་ཕེབས་པར་སྨྲ། །དགེ་ཚུལ་སྡིག་ལྟ་མི་གཏོང་ལྷག་
ཅིག་ཉལ། །རུང་བའི་ཚོན་མིན་ཁ་དོག་ཅན་གོས་གྱོན། །རིན་ཆེན་དམག་ཆས་རོལ་མོའི་ཆས་

ལ་རེག །ཚ་དུས་རང་གར་ཁྲུས་བྱེད་དུད་འགྲོ་གསོད། །དགེ་སློང་བྱས་ལ་འགྱོད་བསྐྱེད་གག་ཆིལ་སྤྲོག །ཆུར་རྩེ་བུད་མེད་གནས་གཅིག་ཉལ་བ་དང་། །དགེ་སློང་དངངས་བྱེད་དེ་ཡི་ཡོ་བྱད་སྦེད། །སྤུར་བྱིན་གདིང་མེད་སླར་བླངས་སྤྱོད་པ་དང་། །གཞི་མེད་སྐུར་བཏབ་བུད་མེད་ལྷན་ཅིག་ཏུ། །སྐྱེས་པ་མེད་པར་ལམ་འགྲོ་རྐུན་མའང་མཚུངས། །ཉི་ཤུ་མ་ལོན་པ་ལ་བསྙེན་རྫོགས་ཕོག །ས་བརྐོ་མགྲོན་པོས་ཟླ་བཞི་ལྷག་པར་ཟོས། །མི་ཤེས་བརྗོད་དང་འཐབ་པའི་ཉན་རྣ་བྱེད། །ཉེས་མེད་མི་སྨྲ་འགྲོ་དང་མི་གུས་འགལ། །ཆང་འཐུང་དུས་མིན་ཕྱི་དྲོ་གྲོང་དུ་རྒྱུ། །ཟས་བཅས་ཕྱི་དྲོ་རྒྱུ་དང་ཁྱིམ་གསུམ་འདས། །རྒྱལ་པོ་བཙུན་མོར་རྩེ་བའི་ཁབ་ཏུ་ཉལ། །མདོ་སོགས་འདོན་ལ་དེ་གདོད་ཤེས་ཟེར་དང་། །རིན་ཆེན་ཁབ་རལ་ཁྲི་རྐང་ཚད་ལྷག་བཟོས། །ངན་སེམས་ཤིང་བལ་ཁྲི་སྟེང་བཏལ་ཏེ་བགོས། །གདིང་གཡན་རས་ཆེན་ཆོས་གོས་ཚད་ལྷག་གོ། །སོ་སོར་བཤགས་བྱའི་སྡེ་ནི་བཞི་ཡིན་ཏེ། །དགེ་སློང་མ་ལས་གྲོང་དུ་ཟས་བླངས་ཟོས། །ཁྱིམ་དུ་དགེ་སློང་མས་བསྒོས་མ་བཟློག་ཟོས། །བསླབ་སྡོམ་སྦྱིན་ལས་ཟང་མིན་བསླངས་ཏེ་ཟོས། །ནགས་མ་མྱུལ་བར་དགོན་པར་བསླངས་ཟོས་བཞིའོ། །ཉེས་བྱས་བརྒྱ་དང་བཅུ་གཉིས་ཞེས་གྲགས་པ། །ཤམ་ཐབས་ཟླུམ་མིན་བརྩེངས་འཛོལ་གླང་སྣ་འདྲ། །ལྟེབ་དང་ཕུར་མ་གདེངས་ཀ་ལྷ་བུ་འདུན། །ཟླུམ་མིན་རིང་ཐུང་སྟོད་གསུམ་གོས་ཀྱི་བཅུའོ། །མ་བསྡམས་བགོ་བ་ཙ་ཙོ་མིག་གཡེངས་དང་། །རིང་བལྟ་མགོ་བསྒྱུམས་གོས་བརྫེས་ཕྲག་ལ་གཟར། །ལག་པ་གཉའ་གོང་བསྣོལ་དང་ལྟག་པར་བསྣོལ། །མཆོང་རྒྱུད་རྐང་པའི་བྲང་དང་རྟེང་བཙུགས་འགྲོ། །ལག་པ་དཀྱུར་བརྟེན་ལུས་བསྒྱུར་ལག་པ་གཡུག །མགོ་བསྒྱུར་ཕྲག་པ་སྤྲད་དང་ལག་སྦྲེལ་རྣམས། །མི་བྱེད་ཁྱིམ་འགྲོའི་སྤྱོད་ཡུལ་ཉི་ཤུའོ། །སྟན་ལ་མ་བསྒོས་མ་བརྟགས་འཕོངས་རྡེབ་དང་། །རྐང་བརྐྱང་བསྣོལ་དང་བརླ་བསྣོལ་ལོང་བུ་བརྩེགས། །ཁྲི་འོག་རྐང་དགུག་རྐང་པ་གདངས་ཏེ་འདུག །འདོམས་མཐོང་རྣམས་སྤངས་འདུག་ཚུལ་དགུ་ཡིན་ནོ། །ལེགས་པར་མི་ལེན་མུ་ཁ་མཉམ་པར་ལེན། །མཐར་ཆགས་མི་ལེན་ལྷུང་བཟེད་ཟུར་མིག་བལྟ། །བཟེད་སྤྱས་སྤྱར་བྱུང་སྤྲས་ནས་བཟེད་པ་དང་། །སྔོད་གཞན་སྟེང་བཞེད་སྤྱང་བ་ཟས་བླང་བརྒྱད། །འགལ་ཟ་ཁམ་ཆེ་ཆུང་དང་རན་པར་མིན། །ཁ་

གདངས་ཟླ་བཞིན་སྨྲ་དང་ཚུག་ཚུག་དང་། །ཅག་ཅག་ཧུ་ཧུ་ཕུ་ཕུ་ལྷེ་ཕྱུང་ཟ། །འབྲུ་ནས་གྲུད་ཕྱེ་ཟས་ལ་སྐྱོན་འཕྱ་དང་། །ཁམ་གཅིག་མཁྱུར་སྒོ་རྐན་ཏོག་ཁམ་འཕྲོ་བཅད། །ལག་པ་ལྡག་འབྲོག་ལག་སྤྱུག་སྐོམ་སྐོམ་བྱེད། །མཆོད་རྟེན་འདྲར་བྱེད་ཉེར་གཅིག་ཟ་ཚེ་སྤང་། །ལྷུང་བཟེད་ལ་འཕྱ་ཕྱིར་བལྟ་ལག་པ་ནི། །ཟས་འབགས་ཆུ་སྣོད་མི་རེག་ཆུ་མི་གཏོར། །མ་འདྲིས་འབགས་ཆུ་འབོ་དང་ཟས་ལྷག་བཞག །ས་རྗེན་གད་ཁ་རི་གཟར་བང་རིམ་བཞིར། །མི་བཞག་གད་གཡང་རྐན་གཟར་དུ་མི་འབྲུ། །ལངས་དང་ཆུ་དྲག་མི་གཙུ་བཙུ་བཞིའོ། །ཆོས་སྟོན་སྟེ་ནི་ལངས་ཉལ་རང་དམར་འདུག །མདུན་ནས་འགྲོ་ལ་ཕྱི་བཤད་ལམ་པོའི་འགྲམ། །མགོ་གཡོགས་བརྫེས་གཟར་ལག་པ་གཉའ་ལྟག་བསྣོལ། །ཏོ་གེར་བཅིངས་དང་ཞྭ་གྱོན་ཅོད་པན་བཏགས། །ཕྲེང་བ་དང་ནི་མགོ་དཀྲིས་གླང་རྟ་ཞོན། །ཁྱོགས་དང་བཞོན་པ་མཆིལ་ལྷམ་གྱོན་པ་དང་། །འཁར་བ་གདུགས་མཚོན་རལ་གྲི་དགྲ་ཆ་མདའ། །གོ་ཆ་གྱོན་ལ་མི་བཤད་ཉེར་དྲུག་གོ། །སྤྱུབ་ཚུལ་གསུམ་ནི་འགྲེངས་ཏེ་བཤང་གཅི་འདོར། །ཆུ་དང་རྩྭ་ལ་བཤང་གཅི་སྣབས་མི་འདོར། །ཤིང་ལ་མི་གང་མཐོར་འཛེག་ཀྱུ་གཅིག་གོ། །དགེ་སློང་མ་ལ་ཕམ་བརྒྱད་ལྷག་ཉི་ཤུ། །སྤང་ལྟུང་སོ་གསུམ་ལྟུང་བྱེད་བརྒྱ་བརྒྱད་ཅུ། །སོར་བཤགས་བཅུ་གཅིག་ཉེས་བྱས་བརྒྱ་བཅུ་གཉིས། །སུམ་བརྒྱ་དྲུག་ཅུ་རྩ་བཞི་མདོ་ཙམ་མོ། །སྤྱུབ་པའི་བསླབ་བྱ་ཡོངས་སུ་སྤྱོང་བའི་ཚུལ། །གསོ་སྦྱོང་དབྱར་གནས་དགག་དབྱེ་གོས་ཀྱི་གཞི། །ཀོ་ལྤགས་གནས་མལ་སྨན་སོགས་གཞན་དུ་ཤེས། །མདོར་ན་ཡེ་ནས་གནང་དང་བཀག་པ་མེད། །བྱར་རུང་དང་ཉེར་མི་རུང་ལྡོག་བྱེད་ན། །དེ་དག་སྤྱོད་ཅིག་མི་རུང་དང་ཉེ་ཞིང་། །རུང་བ་བཀློག་ན་ཀུན་ཏུ་སྤྱོད་ཅེས་གསུངས། །སྐྱེ་བའི་རྟེན་ནི་མུ་སྟེགས་མཚམས་མེད་བྱས། །སྤྲ་མི་སྨན་དང་ཟ་མ་མཚན་གཉིས་དང་། །མ་ནིང་རིགས་ལྔ་མཚན་གསུམ་འགྱུར་པ་དང་། །སྤྱིལ་པ་མ་གཏོགས་གླིང་གསུམ་སྐྱེས་པ་ཡི། །སྐྱེས་པ་བུད་མེད་སྡོམ་པའི་རྟེན་དུ་འདོད། །ཐ་མར་ཉམས་ན་གསོ་བའི་ཚུལ་བཤད་པ། །གཏོང་བ་བསླབ་པ་ཕུལ་དང་ཤི་འཕོས་དང་། །མཚན་གཉིས་ཅིག་ཅར་བྱུང་དང་ལན་གསུམ་གྱུར། །རྒྱུ་འབྲས་མེད་བལྟས་རྩ་བ་ཆད་རྣམས་ལྔ། །ཉི་ཤུ་མ་ལོན་བསྙེན་རྫོགས་རྗེས་སུ་ཤེས། །དགེ་སློང་སྡོམ་གཏོང་རྟེན་ཕྱིར་ཁས་བླངས་འདས། །དགེ་སློབ་མའི་མཚན་འདས

བསྙེན་གནས་ཀྱི། །སྡོམ་པ་གཏོང་རྣམས་སོ་སོའི་ཐུན་མོང་མིན། །རྩ་ལྟུང་བྱུང་དང་དམ་ཆོས་ནུབ་
ནའང་གཏོང་། །ཁ་ཆེའི་ཡུལ་གྱི་བྱེ་བྲག་སྨྲ་བ་རྣམས། །སྡོམ་ལྡན་རྩ་ལྟུང་བྱུང་བ་གཉིས་ལྡན་ན། །
ནོར་ལྡན་བུ་ལོན་ཅན་བཞིན་འདོད་པ་དང་། །ཁ་ཅིག་རྩ་བཞི་གཅིག་སྤྱད་ཀུན་ཉམས་ཟེར། །
དང་པོའི་ལས་ཅན་སེམས་འཁྲུགས་ཆོར་བས་གཟེར། །སྒྲུབ་པར་མ་ནུས་པ་ལ་ཉེས་པ་མེད། །
འཆབ་པ་ཞེས་གྲགས་གསང་སྟེ་མི་བརྗོད་པ། །ཕམ་པ་འཆབ་བཅས་ཚེ་འདིར་གསོར་མི་རུང་། །
འཆབ་པ་མེད་ན་དངོས་པོ་བརྗོད་པ་ཡིས། །དགེ་འདུན་ལ་བཤགས་མཐོང་སྡོམ་པར་གྱིས་འདག །
སྡོམ་པ་སླར་ནོད་ལྷག་མ་བཅུ་གསུམ་སོགས། །ལྕི་ཡང་ལ་ལྟོས་བཤགས་ཏེ་རིམ་པར་ལྡང་། །
མདོར་ན་སྟོབས་བཞིར་མ་འདུས་བཤགས་པ་མེད། །སྔར་བྱས་འགྱོད་བཤགས་ཁོང་དུ་དུག་སོང་
ལྟར། །འགྱོད་པ་སྙིང་ནས་རྣམ་པར་སུན་འབྱིན་སྟོབས། །དུག་ལ་སྨན་བཞིན་འཇུག་པ་དྲག་པོ་
ཡིས། །ཉེས་ཕྱིར་དགེ་བའི་གཉེན་པོ་ཀུན་སྤྱོད་སྟོབས། །དུག་མི་འཐུང་ལྟར་ཕྱིས་ནས་ཉེས་སྡོམ་ལ། །
ངེས་ཤེས་དྲག་པོ་རྣམ་པར་སོར་ཆུད་སྟོབས། །སྨན་པ་བསྟེན་ལྟར་སྐྱབས་སེམས་ལྟུང་བཤགས་
སོགས། །དད་པ་དྲག་པོས་རྟེན་གྱི་སྟོབས་བཞི་སྤྱད། །འོན་ཀྱང་སྡིག་ལྟུང་སྟོབས་ལྡན་རེས་སྤྱོད་ན། །
ས་ཐོབ་ཡུན་དུ་འགོར་བས་མིག་ལྟར་བསྲུང་། །ཕན་ཡོན་ནད་དང་རྒྱལ་པོའི་ཆད་ཕྱིར་བླངས། །
རྐྱེན་འགག་སེལ་ཀྱང་འཇིགས་སྐྱོབས་ཚུལ་ཁྲིམས་ཡིན། །ཕྱི་མའི་ཆེད་བླངས་ལེགས་སྨོན་ཚུལ་
ཁྲིམས་ཞེས། །ལྷ་མིའི་བདེ་འབྲས་ཐོབ་ཀྱང་ཐར་པ་མིན། །ངེས་པར་འབྱུང་བའི་ཚུལ་ཁྲིམས་སྡོམ་ལྡན་
ན༑ ༑དགྲ་བཅོམ་ཐོབ་པ་དགའ་བོའི་རྣམ་ཐར་བཞིན། །སྐྱབས་གསུམ་འཛིན་སོགས་ཡོན་ཏན་ཕྱི་མ་
མཆོག །སྔ་མ་ཕྱི་མའི་ཐུན་མོང་ལམ་ཡིན་ཕྱིར། །སེམས་བསྐྱེད་སྔགས་ཀྱི་གདུལ་བྱའང་དེ་དང་
མཚུངས། །དེ་ཕྱིར་ཡོན་ཏན་ཀུན་གྱི་གཞི་རྟེན་ཡིན། །འདུལ་བ་སོ་ཐར་གྱི་རིམ་པར་ཕྱེ་བ་སྟེ་
གཉིས་པའོ།། །།

༄ བསྐལ་བཟང་འགྲོ་བའི་འདྲེན་པ་ཐུབ་ཆེན་དེས། །བྱ་རྒོད་ཕུང་སོགས་ཐེག་ཆེན་རིགས་
ཅན་ལ། །ཤིན་ཏུ་རྒྱས་པའི་སྡེ་སྣོད་དཔག་ཡས་གསུངས། །འཇམ་དབྱངས་བཀའ་བསྡུས་ཀླུ་སྒྲུབ་
སོགས་ཀྱིས་བཀྲལ། །ཞི་བ་ལྷས་སྤྱིལ་ཟབ་མོ་ལྟ་བའི་ལུགས། །བྱམས་པས་བཀའ་བསྡུས་ཐོགས་

མེད་སྐུ་མཆེད་བཀྲལ། །རྗོ་བོ་རྗེས་སྦྱེལ་རྒྱ་ཆེན་སྤྱོད་པའི་སྒྲོལ། །པདྨའི་རིང་ལུགས་ནཱ་གརྫུ་ན་
མཐུན། །ཇོ་བོ་བྱམས་དང་སྙིང་རྗེས་རྒྱུད་བརླན་ཅིང་། །གཞན་གྱི་དོན་དུ་བྱང་ཆུབ་ཐོབ་འདོད་
པས། །སྒོ་གསུམ་ཉེས་པ་སྤོང་བའི་སེམས་པའོ། །དབྱེ་བ་ཀླུ་སྒྲུབ་ཐོགས་མེད་སྲོལ་གཉིས་གྲགས། །
རེ་རེ་གཅིག་ནས་དྲུག་པར་གཉིས་གཉིས་ཏེ། །དང་པོ་སྟོང་ཉིད་སྙིང་རྗེའི་སྙིང་པོ་ཅན། །ཚོགས་
གཉིས་བསླབ་པ་ཀུན་རྫོབ་དོན་དམ་གཉིས། །ཚུལ་ཁྲིམས་ཏིང་འཛིན་ཤེས་རབ་བསླབ་གསུམ་
དང་། །ཚོགས་སྦྱོར་མོས་པས་སྤྱོད་པའི་སེམས་བསྐྱེད་དང་། །མ་དག་ས་བདུན་ལྷག་བསམ་དག་པ་
དང་། །དག་པ་ས་གསུམ་རྣམ་པར་སྨིན་པ་དང་། །ཐུགས་རྗེ་ཆེན་པོ་སྒྲིབ་ཀུན་སྤངས་པ་ནི། །
སངས་རྒྱས་ས་ཡི་སེམས་བསྐྱེད་དག་དང་བཞི། །ལྔ་ནི་ལམ་ལྔ་དྲུག་ནི་ཕར་ཕྱིན་དྲུག །ས་གསེར་ཟླ་
བ་མེ་སོགས་ཉེར་གཉིས་ནི། །ས་མཚམས་གྱིས་ཕྱེ་ས་བཅུས་བར་དུའོ། །ཀུན་ཀྱང་བསྡུ་ན་སྨོན་
འཇུག་རྣམ་པ་གཉིས། །དེ་ཡང་བསམ་པས་སྨོན་དང་སྦྱོར་བས་ཕྱེ། །འགྲོ་བར་འདོད་དང་
འགྲོ་བ་ཇི་བཞིན་ནོ། །དང་པོ་སྡོམ་པ་མ་ཐོབ་ཐོབ་ཚུལ་ནི། །ལེན་ཚུལ་སྡོམ་གནས་དགེ་བའི་
བཤེས་གཉེན་ལ། །ཐེག་ཆེན་སྣོད་གྱུར་དད་ལྡན་སློབ་མ་ཡིས། །ཡན་ལག་བདུན་མཐར་སྨོན་
འཇུག་སྐབས་གཅིག་ཏུ། །ལེན་ཅིང་རང་གཞན་དགའ་བ་སྒོམ་པ་རྣམས། །ཀླུ་སྒྲུབ་ལུགས་ཡིན་
ཐོགས་མེད་བཞེད་པ་ནི། །སྨོན་སེམས་ལེན་ལ་སོ་ཐར་མི་དགོས་ཀྱང་། །ཡང་དག་བླངས་པ་
རིགས་བདུན་སྡོམ་སོང་ནས། །བར་ཆད་དྲི་དང་བསླབ་པ་ཁས་ལེན་སོགས། །སྨོན་འཇུག་ཆོ་ག
སོ་སོའི་སྒོ་ནས་ལེན། །རྒྱལ་བའི་ རྟེན་ལའང་རུང་བར་སྲོལ་གཉིས་མཐུན། །ཐོབ་མཚན་བརྗོད་
པ་གསུམ་གྱི་མཐའ་ལའོ། །དོན་དམ་སེམས་བསྐྱེད་ཆོ་གས་བླངས་ཐོབ་པ། །གསང་སྔགས་
ལུགས་ཡིན་མདོ་ལས་བཤད་སྲིད་ན། །དམ་བཅའ་ཉིད་ཡིན་སྒོམ་པའི་སྟོབས་ལས་སྐྱེ། །བར་
དུ་མི་ཉམས་བསྲུང་བའི་ཐབས་བཤད་པ། །བྱང་ཆུབ་སེམས་དཔའི་ཚུལ་ཁྲིམས་གསུམ་ཡིན་ཏེ། །
ཉེས་སྤྱོད་སྡོམ་དང་དགེ་བ་ཆོས་སྡུད་དང་། །སེམས་ཅན་དོན་བྱེད་གསུམ་ལས་དང་པོ་ནི། །དཀོན་
མཆོག་དཀོར་འཕྲོག་དང་ནི་ཆོས་སྤོང་ལས། །ཚུལ་ལྡན་ཚུལ་འཆལ་ཁྲིམས་གཅོད་བསླབ་འཕེབས་
སོགས། །མཚམས་མེད་ལས་བྱེད་ལོག་ལྟ་ལྔ་རྒྱལ་པོ། །གྲོང་ལྗོངས་གྲོང་ཁྱེར་གྲོང་བརྡལ་ཡུལ་

འཁོར་རྣམས། །འཇོམས་པར་བྱེད་པའང་བློན་པོར་ངེས་པ་ལྟ། །མ་སྦྱངས་སྟོང་ཉིད་བརྗོད་སྣོས་ཉན་ཐོས་སློན། །རྫོགས་བྱང་ཕྱིར་ལྡོག་ཐེག་དམན་སེམས་བསྐྱེད་དང་། །སོ་ཐར་སྤྱངས་ནས་ཐེག་ཆེན་སློབ་པ་དང་། །ཉན་ཐོས་ཐེག་པས་ཆགས་སོགས་མི་ཟློག་པས། །དེ་ཟློག་དེ་ཡི་འབྲས་བུ་མེད་པར་བྱས། །ཕྲག་དོག་དབང་གིས་བདག་བསྟོད་གཞན་སྨོད་དང་། །རྙེད་དང་བཀུར་སྟིའི་ཆེད་དུ་བདག་འཚོང་དང་། །དགེ་སློང་ཆད་པས་གཙོད་འཇུག་སྲུག་འབུལ་དང་། །སྤྱོང་པའི་ལོངས་སྤྱོད་ཁ་ཏོན་པ་ལ་བྱིན། །ཞི་གནས་འདོར་བཅུག་ཞལ་ལ་འབྱུང་ངེས་བརྒྱད། །དེ་དེར་འབྱུང་ཉེས་བཞག་གི་ཀུན་ལ་ཀུན། །མིང་དུ་བཅོ་བརྒྱད་ཇི་སུ་བཅུ་བཞི་སྟེ། །སློན་འཇུག་སེམས་བཏང་དེ་རྣམས་རྩ་ལྟུང་ཡིན། །ཡན་ལག་ཉེས་བྱས་བརྒྱད་ཅུ་ལ་སོགས་པ། །ཕྲ་ཕྱིར་འདིར་ནི་མ་བཤད་བསླབ་བཏུས་བལྟ། །ཐོགས་མེད་ལུགས་ཀྱི་སློན་པའི་བསླབ་བྱ་ལ། །སེམས་ཅན་བློས་མི་བཏང་དང་ཕན་ཡོན་དྲན། །ཚོགས་བསགས་བྱང་སེམས་སྦྱང་ལ་བརྩོན་པ་དང་། །དཀར་ནག་ཆོས་བརྒྱད་བླང་དོར་སློན་པའི་ཡིན། །མཆོད་འོས་བསླུ་དང་འགྱོད་མེད་འགྱོད་པ་བསྐྱེད། །དམ་པར་སྐུར་འདེབས་འགྲོ་ལ་གཡོ་སྒྱུས་སྤྱོད། །ནག་པོའི་ཆོས་བཞི་སྤང་ཞིང་ལྡོག་པ་ནི། དཀར་པོའི་ཆོས་བཞི་ཡིན་པས་ཀུན་ཏུ་སྤྱད། །རྙེད་བཀུར་ལྷག་ཞེན་བདག་བསྟོད་གཞན་སྨོད་དང་། །སེར་སྣས་ཟང་ཟིང་ནོར་དང་ཆོས་མི་སྟེར། །ཁྲོ་བོས་གཞན་འཚེ་ཤད་སྦྱང་གིས་མི་ལྡོག །གཡོམ་ལས་ཆོས་ལྟར་བཅོས་མོས་སྟོན་པ་བཞི། །རྩ་ལྟུང་བཞི་སྟེ་འཇུག་པའི་བསླབ་བྱའོ། །ཉེས་བྱས་ཁྲ་བ་ཞེ་དྲུག་གཞན་དུ་ཤེས། །དགེ་བ་ཆོས་སྤྱོད་ཕར་ཕྱིན་དྲུག་སློབ་སྟེ། །དབུལ་བ་སེལ་ཕྱིར་ཆོས་ནོར་མི་འཇིགས་སྦྱིན། །སྤྱོང་པའི་སེམས་ཀྱིས་ཚུལ་ཁྲིམས་རྣམ་གསུམ་སྲུང་། །ཁོང་ཁྲོ་ཟབ་མོ་སྡུག་བསྔལ་བཟོད་པར་བྱ། །གོ་ཆ་དགེ་སྤྱོད་གཞན་ཕན་བརྩོན་འགྲུས་བརྩམ། །འཇིག་རྟེན་འཇིག་རྟེན་འདས་པའི་བསམ་གཏན་བསྒོམ། །ཐོས་བསམ་སྒོམ་པའི་ཤེས་རབ་ཟབ་མོ་སྤྱད། །སེམས་ཅན་དོན་བྱེད་ཚུལ་ཁྲིམས་བསྡུ་དངོས་བཞི། །ཐོག་མར་སྦྱིན་པས་གདུལ་བྱ་རབ་བསྡུས་ནས། །སྙན་པར་སྨྲ་བའི་གཏམ་གྱིས་ཡིད་རབ་དྲང་། །ཐེག་པ་རིམ་དགུར་བཀྲི་བ་དོན་སྤྱོད་དེ། །དེ་དག་འདྲེན་ཕྱིར་རང་ཡང་དོན་དེ་སྤྱོད། །མཐུན་ཕྱོགས་ཀུན་སློང་མི་མཐུན་མཐའ་དག་སྤང་། །

རྟག་ཏུ་དྲན་དང་ཤེས་བཞིན་བག་ཡོད་བསྟེན། །འགྲོ་འདུག་ཟ་ཉལ་སྤྱོད་ལམ་རྣམ་པ་བཞིར། །
སྤྱོད་ཡུལ་ཡོངས་སུ་དག་པའི་མདོ་སྡེ་ལྟར། །གང་བྱེད་རིགས་མཐུན་ཚིག་གིས་སྨོན་ལམ་འདེབས། །
མཁྱེན་རབ་དབང་ཕྱུག་ཀློང་ཆེན་རབ་འབྱམས་ནི། །སྨོན་པའི་བསླབ་བྱ་ཚད་མེད་བཞི་བསྒོམ་
ཞིང་། །འཇུག་པའི་བསླབ་བྱ་ཕ་རོལ་ཕྱིན་དྲུག་སྤྱོད། །བསྡུ་ན་དཀར་ནག་ཆོས་བརྒྱད་འདུ་ཞེས་
གསུངས། །འདིར་ནི་ཕན་དང་བདེ་བ་རྣམས་བྱ་ཞིང་། །འདིར་ཡང་མི་ཕན་ཕྱི་མར་གནོད་པ་
སྤང་། །སྲོལ་གཉིས་བསླབ་བྱར་མ་འདུས་མེད་ཅེས་སྨྲ། །སྐྱེ་བའི་རྟེན་ནི་ལྷ་ཀླུ་འཕྲོག་མ་སོགས། །
སྡིག་ཅན་ལ་ཡང་སྐྱེ་བར་ཀླུ་སྒྲུབ་བཞེད། །ཐོགས་མེད་དེའི་རྟེན་སོ་ཐར་དགོས་ཞེས་གསུངས། །སྤྱིར་
ན་སངས་རྒྱས་ཆོས་ལ་དད་བྱེད་ཅིང་། །འབྲས་བུ་བླ་མེད་བྱང་ཆུབ་ལ་དད་དང་། །རྒྱལ་སྲས་
སྤྱོད་པ་རྒྱ་མཚོར་དད་བྱེད་ན། །བྱང་སེམས་སྐྱེ་བར་དགོན་མཆོག་ཏུ་ལར་གསུངས། །ཐ་མར་
ཉམས་ན་གསོ་བའི་ཚུལ་བཤད་པ། །གང་གིས་རིགས་དང་མི་རིགས་མ་བརྟགས་པར། །རྩོམ་
མམ་ལྷོག་གམ་བཏང་སྙོམས་འཇོག་ཀྱང་རུང་། །འོས་ལས་འདས་བྱེད་ཐམས་ཅད་ལྟུང་བའི་སྡེ། །དོན་
ཆེན་བསྒྲུབ་ལ་ཆུང་བཏང་གཟུགས་བརྙན་ཏེ། །ནུས་པའི་ཡུལ་མིན་ཐམས་ཅད་ལྟུང་བ་མེད། །མི་
ནུས་དེར་བརྩོན་དེ་ཡི་གཟུགས་བརྙན་ཡིན། །གཞན་ཕྱིར་ཕན་ན་ལུས་ངག་མི་དགེ་བདུན། །
གནང་བའི་སྐབས་ཡོད་དོན་ལ་དགེ་བ་ཡིན། །ཐུན་འདས་ཉམས་ན་འཕགས་པ་ནམ་སྙིང་ལ། །
ཐོ་རངས་གསོལ་བཏབ་རྨི་ལམ་ལྟུང་བ་འཆགས། །ལྷག་མ་ཕུང་པོ་གསུམ་པ་ཉིན་མཚན་དུ། །
ལན་གསུམ་འདོན་པས་གཞིལ་བ་ཀླུ་སྒྲུབ་ལུགས། །སྨོན་པའི་སེམས་ནི་ནག་པོའི་ཆོས་བཞི་སྤྱད། །
སེམས་ཅན་སྙིང་ནས་བློས་བཏང་དེ་གཏོང་འགྱུར། །རྒྱུན་མི་ཆད་སྤྱོད་ངོ་ཚ་ཁྲེལ་མེད་དང་། །དེས་
མགུ་དགའ་དང་དེ་ཉིད་ཡོན་ཏན་དུ། །ལྟ་བ་ཀུན་དཀྲིས་ཆེན་པོས་སྡོམ་པ་འཇོམས། །ཕམ་པ་ཞེས་
བརྗོད་ཆུང་དང་འབྲིང་ལ་མིན། །ཕས་ཕམ་བྱུང་ན་སླར་བླང་འབྲིང་ནི་གསུམ། །ཐ་མ་གཅིག་མདུན་
དངོས་པོ་བརྗོད་པས་བཤགས། །མཐུན་པའི་གང་ཟག་མེད་ན་ཡིད་ཀྱིས་བསྡམ། །རྒྱ་ཆེན་སྤྱོད་
པའི་རིང་ལུགས་ཟླ་མེད་དོ། །འདི་འདྲའི་བྱང་ཆུབ་སེམས་ཀྱི་རྩིས་ཟིན་ན། །གཉིད་སོགས་བག་
མེད་གྱུར་ལའང་བསོད་ནམས་ཤུགས། །རྒྱུན་མི་ཆད་འབྱུང་རྒྱལ་བའི་སྲས་སུ་འགྱུར། །གྲངས་

མེད་གསུམ་བདུན་སོ་གསུམ་བྱང་ཆུབ་ཐོབ། །བྱང་ཆུབ་སེམས་དཔའི་སེམས་བསྐྱེད་ཀྱི་བསླབ་
བྱ་བཤད་པའི་རིམ་པར་ཕྱེ་བ་སྟེ་གསུམ་པའོ།། །།

༈ ཀུན་བཟང་རྡོ་རྗེ་འཆང་དབང་སྟོན་པ་དེས། །འོག་མིན་ཆེན་པོར་རྒྱུད་སྡེ་རྒྱ་མཚོ་གསུངས། །
ཕྱིས་ནས་འབྲས་སྤུངས་སོགས་སུ་བཟླས་ཏེ་བསྟན། །ཕྱག་རྡོར་དང་ནི་ཞུ་བའི་འཁོར་གྱིས་བསྡུས། །
གྲུབ་ཆེན་བརྒྱད་སོགས་རྒྱ་བོད་མཁས་པས་བཀྲལ། །སྔ་འགྱུར་རིང་ལུགས་བཀའ་གཏེར་གྲགས་
པ་དང་། །གསར་མའི་བཞེད་སྲོལ་དཔག་ཏུ་མེད་ན་ཡང་། །རྒྱུད་སྡེ་སྤྱི་ཡི་དམ་ཚིག་འདིར་འཆད་
དོ༔ ༔ངོ་བོ་སྒོ་གསུམ་ཐབས་ཤེས་ཀྱིས་ཟིན་པར། །བསྡམས་པའི་ཚུལ་ཁྲིམས་སོ་སོའི་རིང་ལུགས་
བཞིན། །དབྱེ་བ་བྱ་སྤྱོད་རྣལ་འབྱོར་བླ་མེད་བཞིར། །རྩ་ལྟུང་བཅུ་བཞི་སོ་སོར་གྲངས་ངེས་པ། །
དུས་ཀྱི་འཁོར་ལོར་བཤད་པ་གཞན་དུ་བལྟ། །བླ་མེད་ལུགས་ལ་བརྟུལ་ཞུགས་ཉི་ཤུ་ལྔ། །རིགས་
ལྔའི་སྡོམ་པ་རྩ་ལྟུང་བཅུ་བཞི་དང་། །སྦོམ་པོ་དང་ནི་རྫོགས་པ་ཆེན་པོའི་སྲོལ། །དང་པོ་མ
ཐོབ་ཐོབ་པའི་ཚུལ་བཤད་པ། །རྟུལ་མཚོན་དང་ནི་དེ་བཞིན་རྡྷ་ག་དང་། །ཀུན་རྫོབ་དོན་དམ
བྱང་སེམས་དཀྱིལ་འཁོར་བཞིར། །བུམ་པ་གསང་བ་ཤེས་རབ་བཞི་པའི་དབང་། །མཚན་ཉིད་
ལྡན་པའི་སློབ་བུར་རིམ་པར་བསྐུར། །སད་རྨི་གཉིད་འཐུག་སྙོམས་འཇུག་གནས་སྐབས་བཞིས། །
བསྐྱེད་པའི་སྒོ་གསུམ་ཤེས་བྱའི་དྲི་མ་སྦྱང་། །བསྐྱེད་རིམ་གཏུམ་མོ་དཔེ་དོན་ཡེ་ཤེས་གཉིས། །
སྒོམ་དང་སྐུ་བཞི་ཐོབ་པའི་ནུས་རུང་བྱ། །དང་པོ་གནས་གསུམ་རྡོ་རྗེ་གསུམ་བསྐྱེད་ནས། །ཐ
མ་དབང་བཞི་ཡོངས་སུ་རྫོགས་པའི་ཚེ། །རིག་འཛིན་སྡོམ་པ་ཐོབ་ཅིང་དེ་ཡི་རྗེས། །ཁས་བླངས་
སྡོམ་དང་དམ་ཚིག་བསླབ་ལ་འབད། །བར་དུ་མི་ཉམས་བསྲུང་བའི་ཐབས་བཤད་པ། །ཐོག་
མའི་བརྟུལ་ཞུགས་དུས་ཀྱི་འཁོར་ལོ་ལས། །གསོད་རྫུན་རྐུ་དང་འདོད་ལོག་ཆང་འཐུང་བ། །
སྤང་བྱ་བསླབ་པའི་གཞི་ལྔ་སྤང་ཞེས་གསུངས། །ཚོ་ལོ་ཁ་ན་མ་ཐོའི་ཟས་ཟ་དང་། །ངན་ཚིག་
འབྱུང་པོ་ལྷ་མིན་ཆོས་བསླབ་པ། །རྣམ་པ་ལྔ་ནི་བྱ་བ་མིན་ལྔའོ། །བ་ལང་བྱིས་པ་སྐྱེས་པ་བུད་
མེད་དང་། །མཆོད་རྟེན་བསྟན་པ་གསོད་པ་ལྔ་རུ་གྲགས། །དགེ་གྲོགས་རྗེ་བོ་སངས་རྒྱས་དགེ་
འདུན་དང་། །བླ་མར་ཁོང་ཁྲོ་སྒྲོམ་རྣམས་འཁྲུ་བ་ལྔ། །གཟུགས་སྒྲ་དྲི་རོ་རེག་བྱ་ཡུལ་ལྔ་ལ། །

མིག་དང་རྣ་བ་སྣ་ལྕེ་ལུས་དབང་ལྔ། །ཞེན་པར་མི་བྱེད་བརྟུལ་ཞུགས་ཉེར་ལྔའོ། །ཐུན་མོང་གྱུར་པ་རིགས་ལྔའི་སྡོམ་པ་ལྔ། །སྨོན་འཇུག་གཉིས་དང་ཚུལ་ཁྲིམས་རྣམ་པ་གསུམ། །སློབ་པ་སངས་རྒྱས་རྣལ་འབྱོར་སྡོམ་པའོ། །རྡོར་དྲིལ་ཕྱག་རྒྱ་བླ་མར་བཟུང་རྡོ་རྗེ། །ནོར་ཆོས་མི་འཇིགས་བྱམས་སྦྱིན་རིན་ཆེན་འབྱུང་། །ཕྱི་ནང་གསང་བའི་ཐེག་འཛིན་པདྨའི་རིགས། །མཆོད་གཏོར་ལས་རིམ་འཛིན་པ་ལས་ཀྱིའོ། །ཁྱད་པར་སྲོག་གཅོད་རྡོ་རྗེའི་རིགས་ཡིན་ཏེ། །ཞིང་བཅུ་ཚང་དང་རླུང་དང་རྟོག་པ་ཡིན། །རིན་ཆེན་རིགས་ལ་མ་བྱིན་ལེན་པ་ནི། །ནོར་དང་བུད་མེད་ཐེག་ཆེན་ཟབ་མོའི་ཆོས། །རང་དང་གཞན་དོན་སྒྲུབ་ལ་དགོངས་པས་གསུངས། །པདྨའི་རིགས་ལ་ལས་ཆོས་དམ་ཚིག་དང་། །ཕྱག་རྒྱ་ཆེ་སྐྱེ་བུད་མེད་བསྟེན་པར་གསུངས། །ལས་ཀྱི་རིགས་ལ་རྫུན་དུ་སྨྲ་གསུངས་པ། །བདག་དང་སེམས་ཅན་མི་དམིགས་བདེན་མེད་སྟོན། །འཁོར་ལོའི་རིགས་ལ་ཆང་དང་ཤ་ལྔ་དང་། །ཡུལ་ཀུན་བསྟེན་གསུངས་ཕྱི་ནང་གསང་བའི་ཐེག །རིམ་པ་མ་ཉམས་སྤྱོད་པ་བླ་མེད་ལུགས། །རྩ་བའི་ལྟུང་བ་བཅུ་བཞི་བསྟན་པ་ནི། །སློབ་དཔོན་རྣམ་གསུམ་སྙིང་ནས་སྨོད་པ་དང་། །བཀའ་དང་ཐུགས་དཀྱུགས་ལྟུང་བའི་སྒོ་ཀུན་ལས། །ཤིན་ཏུ་ལྕི་ཕྱིར་འདི་ཉིད་དང་པོར་བཤད། །བླང་དོར་གནས་སྟོན་བདེ་བར་གཤེགས་པའི་བཀའ། །བླ་མས་གསུངས་ཤིང་རང་གིས་གོ་བཞིན་དུ། །ཁྱད་གསོད་མི་མཐུན་སྤྱོད་འབྲེལ་བཀའ་འདས་གཉིས། །སྤྱི་རིང་ཉེ་དང་ནང་འདྲེས་སྤུན་ལ་ཁྲོས། །འབོན་འཛིན་ཕྲག་དོག་བརྙས་སོགས་གསུམ་པའོ། །སེམས་ཅན་བདེ་བ་ཀུན་དང་བྲལ་ན་བསམ། །སྙིང་ནས་བྱམས་པ་བཏང་བ་བཞི་པའོ། །འདོད་ཆགས་སེམས་ཀྱིས་གནས་སྐབས་མ་ཡིན་པར། །བསམ་བཞིན་ཁུ་བ་འབྱིན་དང་སེམས་ཅན་ལ། །བྱང་ཆུབ་སེམས་བསྐྱེད་བཏང་བ་ལྔ་པ་ཡིན། །ལམ་འཚོལ་མུ་སྟེགས་ལམ་ཞུགས་ཉན་རང་དང་། །ལམ་ཆེན་ཐེག་ཆེན་གྲུབ་མཐར་སྨོད་ན་དྲུག །སྣོད་དང་ཚོ་ག་མ་བྱས་མ་རྫོགས་དང་། །ཉམས་དང་ཟབ་མོས་འཇིགས་ལྔར་གསང་སྒྲོག་བདུན། །ཕུང་ལྔ་སངས་རྒྱས་ལྔ་ལ་བརྙས་པ་ཡིས། །སྨོད་དང་གདུང་བ་བསྐྱེད་ན་བརྒྱད་པ་ཡིན། །གཞི་ལམ་འབྲས་བུའི་རང་བཞིན་དག་པ་ལ། །དགེ་བར་ཐེ་ཚོམ་ཟ་བར་དགུ་པར་བཤད། །བསྒྲལ་བའི་ཞིང་བཅུ་ཚང་བ་ནུས་བཞིན་དུ། །མི་

སྒྲོལ་བ་དང་བྲམས་པར་བྱེད་ན་བཅུ། །མིང་སོགས་བྲལ་ལ་དངོས་དང་དངོས་མེད་རྟོག །རྟོག་
གེས་འཇལ་བར་བྱེད་ན་བཅུ་གཅིག་པའོ། །དད་གསུམ་ལྡན་པའི་སེམས་ཅན་དོན་མི་བྱེད། །
སེམས་མི་བསྲུང་དང་བསླུ་བ་བཅུ་གཉིས་པ། །སྐབས་བབས་ཡོ་བྱད་ལོངས་སྤྱོད་དམ་ཚིག་རྫས། །
དུས་ཚོད་འབྲེལ་ཀྱང་མི་བསྟེན་བཅུ་གསུམ་པ། །སྤྱི་དང་བྱེ་བྲག་ལ་ལྟོས་ཤེས་རབ་མ། །ངོས་
ལྐོག་སྨོད་ཚིམ་སྨད་གོ་བཅུ་བཞི་པའོ། །དེ་ནི་ཡན་ལག་སྡོམ་པོའི་ལྟུང་བ་བཤད། །དབང་དང་
དམ་ཚིག་མ་སྨིན་རིག་མ་བསྟེན། །ཚོགས་ཀྱི་འཁོར་ལོའི་དུས་དུ་ལུས་ངག་རྩོད། །མ་གསུངས་
རིག་མར་རང་སྟོབས་བདུད་རྩི་ལེན། །སྣོད་ལྡན་སློབ་མར་གསང་སྔགས་མི་སྟོན་དང་། །དད་
ལྡན་ཆོས་འདྲི་བ་ལ་ཆོས་གཞན་སྟོན། །ཉན་ཐོས་ནང་དུ་ཞག་བདུན་ལོངས་པར་བསྡད། །རྣལ་
འབྱོར་ཡེ་ཤེས་མི་ལྡན་སྔགས་པར་རློམ། །སྣོད་མིན་ལ་བཤད་ཡན་ལག་ལྟུང་བ་བརྒྱད། །བསྙེན་
སོགས་མ་བྱས་དབང་རབ་ལས་སོགས་འཇུག །ཕྱི་ཆོས་མོས་ལ་ལུས་ཀྱི་ཕྱག་རྒྱ་བསྟན། །སྡོམ་
པ་གཉིས་ཀྱི་བཅས་ལས་དགོས་མེད་འདའ། །ཞེས་སོགས་སྡོམ་པོའི་ལྟུང་བ་དུ་མ་རྣམས། །
ཡོད་ཀྱང་ཉེས་པ་ཆུང་ཞེས་དུས་འཁོར་བཤད། །ཁྱད་པར་སྔ་འགྱུར་རྫོགས་པ་ཆེན་པོའི་སྒྲོལ། །
རྩ་བའི་བླ་མའི་སྐུ་གསུང་ཐུགས་གསུམ་ལ། །དགུ་དགུར་ཕྱེ་བ་ཉི་ཤུ་རྩ་བདུན་དང་། །ཡན་ལག་
དམ་ཚིག་ཉི་ཤུ་རྩ་ལྔ་ནི། །ཧ་ན་ག་ཊ་མ་བྱིན་ལེན་དང་རྫུན། །ངག་འཁྱལ་རྣམས་ནི་སྤྱད་པར་
བྱ་བ་ལྔ། །འདོད་ཆགས་ཞེ་སྡང་གཏི་མུག་ང་རྒྱལ་དང་། །ཕྲག་དོག་ལྔ་ནི་མི་སྤང་དམ་ཚིག་ལྔ། །དྲི་
ཆེན་དྲི་ཆུ་རཀྟ་ཤུ་ཀྲ་དང་། །རྡོ་རྗེ་ཟིལ་པ་དང་དུ་བླང་བ་ལྔ། །ཕུང་ལྔ་འབྱུང་ལྔ་ཡུལ་ལྔ་དབང་
པོ་ལྔ། །ཁ་དོག་ལྔ་རྣམས་ལྷ་རུ་ཤེས་པ་ལྔ། །དེ་བཞིན་གཤེགས་དང་རྡོ་རྗེ་རིན་པོ་ཆེ། །པདྨ་
ལས་རིགས་བསྒྲུབ་བྱ་ལྔ་རྣམས་ནི། །དུས་ཚོད་འབྲེལ་བའི་སྤྱོད་པས་དགོངས་པ་བླང་། །དེ་
སོགས་དམ་ཚིག་རྣམ་བཞག་མང་གསུངས་པ། །རྩ་བ་ཡན་ལག་བཅས་འདི་རམ་འདུས་མེད། །
མདོར་ན་རང་ལུས་རྡོ་རྗེ་གསུམ་ཤེས་ན། །སྔགས་ཀྱི་དམ་ཚིག་ས་ཡ་འབུམ་སྡེ་འདུས། །སྐྱེ་བའི་
རྟེན་ནི་ཉིན་བཞིན་བྲམ་ཟེ་གསོད། །མཚམས་མེད་ལྔ་བྱེད་ལ་སོགས་ཀུན་ལའོ། །ཐ་མར་ཉམས་
ན་གསོ་བའི་ཚུལ་བཤད་པ། །ལྟུང་མཚམས་མི་ཤེས་བླ་མ་སོགས་མི་གུས། །བག་མེད་སྤྱོད་ཅིང་

ཉོན་མོངས་མང་བ་བཞི། །ལྷུང་བ་འབྱུང་བའི་སྒོ་བཞིར་ཐོགས་མེད་བཞེད། །དེ་ཡི་གཉེན་པོར་བསླབ་བྱར་བསླབ་པ་དང་། །ཀུན་ལ་གུས་བསྙེད་ཧྲག་པར་དྲན་ཤེས་བསྟེན། །ཉོན་མོངས་གང་ཆེའི་གཉེན་པོ་འབད་དེ་བསླབ། །སྤྱང་བྱ་བཞིའི་སྟེང་བརྗེད་ངས་དྲན་མི་གསལ། །གཉིས་བསྟན་དམ་ཚིག་ཉམས་པའི་རྒྱུ་དྲུག་ཅེས། །དཔལ་ལྡན་སྡོམ་པའི་རྒྱུད་ལས་གསལ་བར་གསུངས། །ཀུན་ལ་ཡུལ་བསམ་སྦྱོར་བ་མཐར་ཐུག་གམ། །ཀུན་སློང་ཉོན་མོངས་གང་འགལ་དེར་ཤེས་དང་། །ལུས་ངག་སྦྱོར་བྱས་དངོས་གཞིར་བར་ཆོད་པ། །མ་འབྲུལ་སྒྱུད་དང་འགྱོད་མེད་བཤགས་ཚད་འདས། །ཕམ་པ་ཞེས་བརྗོད་དངོས་གཞི་མ་ཚང་ན། །ཐུན་འདས་ལྟུང་བ་ཞེས་བརྗོད་ལྷག་མ་ལྟར། །རིམ་པས་དམན་ན་སྦོམ་པོ་ལྟུང་བྱེད་དང་། །ཉེས་བྱས་ལྟུང་བའི་གཟུགས་བརྙན་ཤེས་པར་བྱ། །ན་དང་དབང་ཉམས་བྱ་བ་གཞན་གྱིས་དང་། །དོན་ཆེན་སྐྱེ་མེད་བརྟན་དང་དགོས་ལྡན་དང་། །ནུས་རྙེད་གནང་དང་བཀའ་བསྒོ་བར་ཆད་ལས། །ཉེས་པ་མེད་ཅེས་སྙིང་པོ་རྒྱན་ལས་གསུངས། །དེ་ལྟར་ཉིན་མཚན་ཐུན་ལ་ལན་དྲུག་ཏུ། །སྤྱང་བླང་དམ་ཚིག་གནས་ལ་སྒྲིམས་ཏེ་དཔྱད། །དྲུག་ཆ་འདས་ན་ཐུན་ཚོད་འདས་ཞེས་བྱ། །ཞག་གཅིག་ཟླ་གཅིག་ལོ་གཅིག་ལོ་གཉིས་འདས། །འགལ་ཉམས་འདས་རལ་ཞེས་བརྗོད་དེ་དག་ཀྱང་། །སྙིང་ནས་བཤགས་ན་གསོར་རུང་ཕྱི་རིམ་ལྟ། །ལོ་གསུམ་འདས་ན་གསོར་མི་རུང་བ་ཡིན། །དབང་བདུན་ཐོབ་ལ་ལྟ་གྲངས་རེ་རེ་ལ། །བཟླས་པ་སུམ་ཁྲི་དྲུག་སྟོང་བྱས་པའི་སྦྱང་། །བུམ་གསང་ཐོབ་ཉམས་སྟོན་དུ་ཆད་ལས་སྦྱང་། །དེ་རྗེས་དཀྱིལ་འཁོར་ཞུགས་ལ་དབང་བཞི་ལེན། །ཤེར་དབང་ཚིག་དབང་ཐོབ་ཉམས་བསྐྱེད་རིམ་དང་། །འཕོ་མེད་རྩུལ་ཁྲིམས་རྫོགས་པའི་རིམ་པ་དང་། །རང་རྒྱུད་བྱིན་རླབས་མ་གཏོགས་གཞན་མི་འདག །འགལ་ན་ཚོགས་འཁོར་ཉམས་ན་བདོག་པས་བསྐང་། །འདས་ན་བུ་དང་ཆུང་མ་ནོར་སོགས་དང་། །རལ་ན་རང་གི་སྲོག་གིས་གསོ་བར་བཤད། །སྙིང་པོ་རྒྱན་ལས་གསོ་བའི་ཚོག་ནི། །ཚོགས་ཞིང་ལ་བཤགས་དྲལ་བའི་ སྔགས་རྒྱ་དང་། །བཟླ་བའི་རིམ་པ་གཏུམ་མོའི་མེས་སྲེག་དང་། །མི་དམིགས་བསྒོམ་དང་དབང་བཞི་བླང་བ་དང་། །ཚོགས་སུ་ཞུ་དང་རྟེན་ལ་སྨྲེ་བ་དང་། །མཐུལ་འབུལ་དང་མཆོད་རྟེན་བྱ་བ་དང་། །མེ་ལ་སྦྱང་དང་གཏོར་

མ་གཏོང་བ་དང་། །གསང་སྔགས་བཟླ་དང་ཟབ་མོའི་བསམ་གཏན་དང་། །སྲོག་སྐྱོབ་བཀའ་
གློག་བླ་མ་བསྟེན་པ་དང་། །བདག་འཇུག་རྒྱལ་བའི་ཡིག་བརྒྱ་དུས་བཟང་བཟླ། །ཕུང་པོ་གསུམ་པ་
རྡོར་སེམས་བླ་མ་དང་། །ཐིག་ལེ་ཕྲ་མོའི་རྣལ་འབྱོར་བསྒོམ་པས་གསོ། །གླང་ཆེན་རབ་འབོག་
རྒྱུད་ལས་གསུངས་པ་ཡི། །རྣལ་འབྱོར་སྤྱི་ཁྲུས་འགྱོད་ཚངས་དོང་སྤྲུག་གི། །བཤགས་པས་མི་
འདག་མེད་ཕྱིར་ཉམས་སུ་བླང་། །མ་བཤགས་ཚེ་འདིར་ཡིད་མི་འོང་བས་མནར། །ཕྱི་མ་རྡོ་རྗེའི་
དམྱལ་བ་ཞེས་བྱ་བ། །མནར་མེད་དོ་ཟླ་མེད་པའི་གནས་སུ་སྐྱེ། །མ་ཉམས་རིང་མཐའ་སྐྱེ་བ་
བཅུ་དྲུག་གམ། །མྱུར་ན་ཚེ་འདིའམ་འཆི་ཁ་བར་དོ་རུ། །ཐུན་མོང་གྲུབ་པ་བརྒྱད་དང་དབང་
ཕྱུག་བརྒྱད། །མཆོག་གི་དངོས་གྲུབ་ཁ་སྦྱོར་བདུན་ལྡན་ཐོབ། །དེ་ཕྱིར་རང་གཞན་དོན་གཉིས་
ལྷུན་གྱིས་གྲུབ། །གསང་སྔགས་རིག་འཛིན་སྡོམ་པའི་རིམ་པར་ཕྱེ་བ་སྟེ་བཞི་པའོ།། །།

༄ དེ་ལྟའི་སྡོམ་གསུམ་གང་ཟག་རྒྱུད་གཅིག་ལ། །རང་ལྡོག་མ་འདྲེས་དགག་དགོས་ཡོངས་
སུ་རྫོགས། །ངོ་བོ་གནས་འགྱུར་ཡོན་ཏན་ཡར་ལྡན་པས། །གནད་ཀྱིས་མི་འགལ་དུས་སྐབས་གང་
གཙོར་སྤྱོད། །དེ་ཡང་བླང་ཡུལ་བསམ་པ་ཆོ་ག་རྣམས། །སོ་སོར་ངེས་ཕྱིར་རང་ལྡོག་མ་འདྲེས་
ཡིན། །དགག་བྱ་ཉོན་མོངས་དགོས་པ་མི་འཆིང་བར། །རང་རང་ལམ་གྱི་ངོས་ནས་ཡོངས་སུ་
རྫོགས། །སྤོང་བསྒྱུར་ལམ་དུ་བྱེད་པ་སོ་སོ་ཡང་། །ཉོན་མོངས་རང་མཚན་སྤོང་བར་མཁས་
རྣམས་མཐུན། །སོ་ཐར་ཀུན་སློང་སེམས་བསྐྱེད་ཀྱིས་ཟིན་ན། །ཉེས་སྤྱོད་སྡོམ་པ་ཞེས་བྱའི་ཚུལ་
ཁྲིམས་ཡིན། །དབང་ཐོབ་རྡོ་རྗེ་འཛིན་པའི་སྡོམ་པར་འགྱུར། །དེ་ཕྱིར་ངོ་བོ་གནས་འགྱུར་ཡིན་
ནོ་ཞེས། །འབུམ་ཕྲག་ལྔ་པའི་ལུང་གིས་གསལ་བར་གྲུབ། །འཇིག་རྟེན་རྣལ་འབྱོར་རྣལ་འབྱོར་
བླ་ཁྱད་ཀྱིས། །གོང་མ་གོང་མས་གནོད་ཕྱིར་འོག་མ་ཡི། །ཡོན་ཏན་ཡར་ལྡན་འོག་མ་ཟིལ་གྱིས་
གནོན། །འདུ་ཤེས་གསུམ་གྱིས་འཁྲིག་ན་རྣལ་འབྱོར་དེ། །ཡུལ་བསམ་སྦྱོར་བ་མཐར་ཐུག་མ་
ཚང་བས། །རྨི་ལམ་ཇི་བཞིན་གནད་ཀྱིས་འགལ་མི་སྲིད། །སྡིག་ཏོ་མི་དགེའི་ཕྱོགས་དང་ཚོགས་
པའི་གསེབ། །འོག་མ་གཙོར་སྤྱོད་འདོད་པས་དབེན་པ་དང་། །སྤྱོད་པའི་དུས་དང་དབེན་པར་
གསང་སྔགས་སྤྱོད། །ཞང་མ་འདོམ་ན་མ་འདྲེས་ཡོངས་རྫོགས་བསྲུང་། །འདོམ་ན་དགག་དགོས་

བརྩི་ཞེས་མཁས་རྣམས་བཞེད། །ལས་དང་པོ་དང་རྣལ་འབྱོར་གྲུབ་ཐོབ་དང་། །ཐམས་ཅད་མཁྱེན་པའི་སྤྱོད་པ་གང་ཡིན་པ། །དུས་ཚོད་འབྲེལ་བར་དགོས་ཞེས་དུས་འཁོར་བཤད། །ཡོན་ཏན་གཞི་རྟེན་སོ་ཐར་གང་ནུས་སྲེང་། །བྱང་ཆུབ་སེམས་བསྐྱེད་སྔགས་ཀྱི་ཡན་ལག་ཡིན། །སྨིན་བྱེད་དབང་ཐོབ་སྡོམ་གསུམ་མིག་ལྟར་བསྲུང་། །གདན་གསུམ་ལྷ་རུ་ཤེས་པའི་བསྐྱེད་རིམ་དང་། །མཚན་བཅས་མཚན་མ་མེད་པའི་རྫོགས་རིམ་བསྒོམ། །ཉེ་རྒྱུའི་སྤྱོད་པས་རིམ་བཞིན་མཚམས་སྦྱར་ན། །འདིའམ་འཆི་ཁ་དང་ནི་བར་དོ་རུ། །རང་བཞིན་སྤྲུལ་སྐུའི་ཞིང་དུ་རྫོགས་འཚང་རྒྱ། །སྡོམ་གསུམ་སྤྱིར་དཔྱད་པའི་རིམ་པར་ཕྱེ་བ་སྟེ་ལྔ་པའོ།། །།

༈ དེང་སང་མ་སྦྱངས་མུ་ཅོར་སྨྲ་བ་བརྒྱུས། །རང་གི་ཡེ་ཤེས་རྟུལ་ཙམ་མ་རྟོགས་པར། །
རང་བཟོའི་ཚིགས་སྒྲོངས་རྣམས་ཆེམ་པའི་དུས། །སྐབས་དེ་བསམས་ཀྱིན་སྙིང་ནས་མཆི་མ་བཀྲུ། །
མདོ་སྔགས་ལམ་རྣམས་མུ་མེད་འགྲོ་བའི་ཕྱིར། །ཚང་ལ་མ་ནོར་ལམ་འདི་རྒྱལ་བས་གསུངས། །
གངས་ཅན་འདི་ན་དེ་དག་ཕྱོགས་རེར་འཛིན། །གཅིག་ཏུ་སེམས་ཀྱང་སྡོམ་གསུམ་མིང་ཙམ་ལུས། །
འདི་ནི་མཁས་གྲུབ་དུ་མའི་ལེགས་བཤད་ལས། །སྙིམས་པའི་བློ་ཡིས་ཕྱོགས་གཅིག་དག་ཏུ་བཀོད། །
དེ་ཕྱིར་ནོངས་པའི་དྲི་མ་མེད་སྙམ་སྙོམ། །དགེ་དེས་ཀུན་བཟང་གོ་འཕང་མྱུར་ཐོབ་ཤོག །

ཅེས་སྡོམ་གསུམ་རྣམ་ངེས་ཚིག་གིས་རིམ་པར་ཕྱེ་བ་འདི་གངས་རིའི་ཕྲེང་བས་བསྐོར་བའི་ཡུལ་ལྗོངས་ལྷོ་ཕྱོགས་ཀྱི་རྒྱུད་དུ་བྱུང་བ་ངེས་པར་འབྱུང་བའི་བསམ་པ་ཅན་མངའ་རིས་ཀྱི་པཎྜི་ཏ་པདྨ་དབང་གི་རྒྱལ་པོས་བཀོད་པ། ཕྱོགས་དུས་ཐམས་ཅད་དུ་རང་བཞིན་རྫོགས་པ་ཆེན་པོའི་བསྟན་པ་ལ་བྱ་བ་བྱེད་ནུས་པར་གྱུར་ཅིག། །།

སུཏྲཱཨིཏྟཛྙཱཀཡུམཏྲཱིནྣཱམསྦིསམྦྲརབིནིཝུཡབྲིཏྟིབིཧརཏིསྨ།

༄༅། །སྡོམ་པ་གསུམ་རྣམ་པར་ངེས་པའི་འགྲེལ་པ་ལེགས་བཤད་ངོ་མཚར་དཔག་བསམ་གྱི་སྙེ་མ་ཞེས་བྱ་བ་བཞུགས་སོ། །

སྨིན་གླིང་ལོ་ཆེན་དྷརྨ་ཤྲཱི།

སྡོམ་པ་གསུམ་རྣམ་པར་ངེས་པའི་བསྟན་བཅོས་ཀྱི་འགྲེལ་པ་ལེགས་བཤད་ངོ་མཚར་དཔག་བསམ་གྱི་སྙེ་མ་ཞེས་བྱ་བ། སངས་རྒྱས་དང་བྱང་ཆུབ་སེམས་དཔའ་ཐམས་ཅད་ཀྱི་བདག་ཉིད་དཔལ་ལྡན་བླ་མ་དམ་པའི་ཞབས་ཀྱི་རྡུལ་དྲི་མ་མེད་པ་ལ་ཕྱག་འཚལ་ཞིང་སྐྱབས་སུ་མཆིའོ། །གང་སྐུའི་གསང་བ་བརྟན་གཡོ་ཀུན་ཁྱབ་གདུལ་བྱའི་མོས་ངོར་ཅིར་ཡང་འཆར་བ་སྤྲུལ་པའི་སྐུ། །གསུང་གསང་བརྗོད་བྲལ་ན་དའི་རང་བཞིན་མཐའ་དག་འགྲོ་བའི་སྒྲ་སྐད་རྗེས་འཇུག་ལོངས་སྤྱོད་རྫོགས། །ཐུགས་ཀྱི་གསང་བ་བདེ་ཆེན་འོད་གསལ་འགྱུར་བ་མི་མངའ་དམིགས་པ་ཀུན་བྲལ་ཆོས་ཀྱི་སྐུ། །གསང་གསུམ་དབྱེར་མེད་ཡེ་ཤེས་རྡོ་རྗེ་གཏེར་ཆེན་བླ་མའི་ཞབས་ཀྱི་པདྨོར་ཕྱག་བགྱིའོ། །སྐུ་གསུམ་བདག་ཉིད་དག་པ་གཉིས་ལྡན་དོན་གཉིས་མཐར་ཕྱིན་རྫོགས་སངས་རྒྱས། །དོན་དམ་བརྗོད་བྲལ་རྣམ་བྱང་བདེན་པ་གསུང་རབ་རྣམ་པར་སྟོན་པའི་ཆོས། །རིག་གྲོལ་གཉིས་ལྡན་རྒྱལ་སྲས་དགེ་འདུན་ཉན་རང་འཕགས་པ་གཉིས་དང་བཅས། །མ་ལུས་འགྲོ་བའི་སྐྱབས་དང་མགོན་གྱུར་སྐྱབས་གནས་དཀོན་མཆོག་གསུམ་ལ་འདུད། །རྒྱལ་ཀུན་མཁྱེན་བརྩེ་ནུས་པའི་ངོ་བོ་ཉིད། །བགྲང་ཡས་དཀྱིལ་འཁོར་འཁོར་ལོར་རྟག་འཆར་ཡང་། །ཞིང་འདིར་སློབ་དཔོན་ཚུལ་བཟུང་ཐེག་མཆོག་གི། །སྟོན་པ་མཚུངས་མེད་པདྨ་ཀཱ་ར་རྒྱལ། །ཚུལ་གནས་བྱང་ཆུབ་སེམས་ཀྱི་ས་གཞི་ལ། །སྨིན་གྲོལ་བདུད་རྩིའི་ཆུ་གླུང་ཆེར་འབབ་ཅིང་། །ལུང་རིགས་ཐ་སྙད་གཡོ་བས་ལུས་ཅན་གྱི། །གདུང་སེལ་བཤེས་གཉེན་ཚོགས

ཀུན་ཕྱུག་གི་གནས། །ཁྱད་པར་ལྔ་རིག་མཁྱེན་པའི་དཀྱིལ་འཁོར་རྒྱས། །འཆད་རྩོད་རྩོམ་པའི་འོད་སྟོང་འཕྲོ་བ་ཅན། །ཐུབ་བསྟན་ཡངས་པའི་མཁའ་ལ་རྟག་འཆར་བ། །པཎ་ཆེན་པདྨ་དབང་གི་རྒྱལ་པོས་སྐྱོངས། །མདོ་རྒྱུད་བསྟན་པའི་ཉམས་ལེན་སྡོམ་པ་གསུམ། །རྣམ་པར་ངེས་པའི་འགྲེལ་པ་ལེགས་བཤད་ཀྱི། །རྩ་བརྟན་ངོ་མཚར་ཕན་བདེའི་འབྲས་སྨིན་པའི། །ལྗོ་ཡི་དཔག་བསམ་སྐྱེ་མ་དེང་འདིར་འཁྲུངས། །གང་འདི་མང་ཐོས་ལུང་རིགས་ལྡེ་མིག་གིས། །མདོ་སྔགས་གྲུབ་མཐའི་སྒོ་བརྒྱ་རབ་ཕྱེ་ནས། །ཐར་མཆོག་རིན་ཆེན་ཁང་པར་འཇུག་འདོད་ལ། །ཤིང་རྟའི་ལམ་སྲོལ་དབྱེའོ་དགའ་བས་ཉོན། །ཞེས་མཆོད་པར་བརྗོད་ཅིང་རྩོམ་པར་དམ་བཅའ་བ་སྔོན་དུ་བཏང་ནས། འདིར་སྟོན་པ་ཡང་དག་པར་རྫོགས་པའི་ སངས་རྒྱས་བཅོམ་ལྡན་ འདས་ཐབས་མཁས་ ལ་ ཐུགས་ རྗེ་ ཚད་ མེད་ པ་ དང་ ལྡན་ པ་ འདིས་ བསྐལ་ པ་ དཔག་ ཏུ་ མེད་ པའི་སྔོན་ རོལ་ དུ་ མངོན་ པར་ སངས་ རྒྱས་ ནས་དེ་ བཞིན་ གཤེགས་པའི་རྣམ་པར་རོལ་བ་ཚད་མེད་པའི་སྒྲོན་མ་བཀོད་དེ། འགྲོ་བ་རྣམས་ཇི་ལྟར་འཚམས་པས་འདུལ་བའི་དོན་བསམ་གྱིས་མི་ཁྱབ་པ་རྒྱུན་ཆད་མེད་ཅིང་ལྷུན་གྱིས་གྲུབ་པར་མཛད་པ་ལས། ཞིང་ཁམས་འདིའི་གདུལ་བྱ་ལས་བརྩམས་ཏེ། སྔར་ཡང་འཚང་རྒྱ་བའི་ཚུལ་བསྟན་ནས། ཆོས་ཕུང་བརྒྱད་ཁྲི་བཞི་སྟོང་གསུངས་པ་ཡང་བསྡུ་ན། ཉན་རང་དང་། བྱང་ཆུབ་སེམས་དཔའ་དང་།རྣམ་པ་ཐམས་ཅད་མཁྱེན་པ་ཉིད་ཀྱི་གོ་འཕང་ལ་སེམས་ཅན་རྣམས་འགོད་པའི་ཕྱིར། ཉན་ཐོས་ཀྱི་དོན་དུ་གསུངས་པ་ཐེག་དམན་གྱི་སྡེ་སྣོད་གསུམ་དང་། བྱང་སེམས་ཀྱི་དོན་དུ་གསུངས་པ་ཐེག་ཆེན་ཕ་རོལ་ཏུ་ཕྱིན་པའི་སྡེ་སྣོད་གསུམ་སྟེ། རྒྱུའི་ཐེག་པའི་སྡེ་སྣོད་གསུམ་དང་། ཐུན་མིན་རིག་པ་འཛིན་པའི་སྡེ་སྣོད་དང་བཞིར་འདུ་བ་ཡིན་ཏེ། ཀུན་བྱེད་ལས། འདོད་ཆགས་འདུལ་བའི་གཉེན་པོར་གསུངས་པ་ནི། །འདུལ་བའི་སྡེ་སྣོད་ཉི་ཁྲི་ཆིག་སྟོང་གསུངས། །ཞེ་སྡང་འདུལ་བའི་གཉེན་པོར་གསུངས་པ་ནི། །མདོ་སྡེའི་སྡེ་སྣོད་ཉི་ཁྲི་ཆིག་སྟོང་གསུངས། །གཏི་མུག་འདུལ་བའི་གཉེན་པོར་གསུངས་པ་ནི། །མངོན་པའི་སྡེ་སྣོད་ཉི་ཁྲི་ཆིག་སྟོང་གསུངས། །ཐམས་ཅད་འདུལ་བའི་གཉེན་པོར་གསུངས་པ་ནི། །སྡེ་སྣོད་བཞི་པ་ཉི་ཁྲི་ཆིག་སྟོང་གསུངས། །ཞེས་འབྱུང་ཞིང་། དེ་བཞིའི་ཉམས་སུ་བླང་བྱ་ཐམས་ཅད་ཀྱང་། སྡོམ་པ་གསུམ་གྱི་ཉམས་ལེན་གྱི་ཁོངས་སུ་འདུ་སྟེ། འདི་ལྟར་ཉན་ཐོས་ཀྱི་འདུལ་བ་དང་ཐུན་

མོང་པའི་བསྟན་པའི་ཉམས་ལེན་སོ་ཐར་དུ་དང་། ཐེག་ཆེན་ཕ་རོལ་ཏུ་ཕྱིན་པ་དང་ཐུན་མོང་བའི་བསྟན་པའི་ཉམས་ལེན་བྱང་སྡོམ་དུ་དང་། རྡོ་རྗེ་ཐེག་པ་ཐུན་མོང་མ་ཡིན་པའི་བསྟན་པའི་ཉམས་ལེན་རིག་འཛིན་སྔགས་ཀྱི་སྡོམ་པའི་ནང་དུ་འདུ་བའི་ཕྱིར་རོ། །དེ་བས་ན་སྡོམ་པ་གསུམ་དང་། དེའི་བསླབ་བྱ་ལ་རྫོགས་པར་སློབ་པའི་ཁོངས་སུ་མདོ་སྔགས་ཀྱི་བསྟན་པ་མཐའ་དག་གི་ཉམས་སུ་བླང་བྱ་མ་ལུས་པ་ཡོངས་སུ་ཚང་བར་གཟིགས་ནས། བདག་ཉིད་ཆེན་པོ་ས་སྐྱ་པཎྜི་ཏ་སོགས་མཁས་མཆོག་མང་པོས་ཀྱང་སྡོམ་པ་གསུམ་གྱི་རྣམ་བཞག་ལུང་དང་མཐུན་ཅིང་རིགས་པས་གྲུབ་པའི་བསྟན་བཅོས་ཀྱིས་བསྟན་པ་གསལ་བར་མཛད་ལ། ཁྱད་པར་འདིར་རྗེ་བཙུན་འཇམ་དཔལ་དབྱངས་ཆོས་ཀྱི་རྒྱལ་པོའི་ཚུལ་བཟུང་བ་མངའ་བདག་ཁྲི་སྲོང་ལྡེའུ་བཙན་ཞེས་ཁ་བ་ཅན་གྱི་ལྗོངས་འདིར་ཐུབ་བསྟན་གསར་དུ་འདྲེན་པའི་ཤིང་རྟ་པ་ཆེན་པོ་དེ་ཉིད་ཀྱི་ཡང་སྲིད། བསྟན་པ་ལ་ཞུགས་པ་ཡོངས་སུ་རྫོགས་པའི་རྟེན་དགེ་སློང་རྡོ་རྗེ་འཛིན་པ། སྤྱིར་མདོ་སྔགས་རིག་གནས་དང་བཅས་པ་དང་། ཁྱད་པར་སྔ་འགྱུར་བཀའ་གཏེར་རྒྱ་མཚོའི་ཕ་རོལ་ཏུ་གཤེགས་པའི་མཁས་པ་ཆེན་པོ། ལས་འཕྲོ་བཟང་པོས་རང་གཏེར་གྱི་བཀའ་བབས་ཤིང་། མདོར་ན་ཐོས་བསམ་སྒོམ་གསུམ་མཐར་ཕྱིན་པས་རང་རྒྱུད་གྲོལ་ནས། གཞན་དོན་འཆད་རྩོད་རྩོམ་པའི་ཕྲིན་ལས་ལ་དབང་འབྱོར་བ་མངའ་རིས་གློ་བོའི་པཎྜི་ཏ་ཆེན་པོ་པདྨ་དབང་རྒྱལ་རྡོ་རྗེ་གྲགས་པ་རྒྱལ་མཚན་དཔལ་བཟང་པོ་ཞེས་རིག་པ་དང་གྲོལ་བའི་སྤོབས་པ་མཆོག་ཏུ་དགེ་བ་གང་གི་ཞལ་སྔ་ནས་སྡོམ་པ་གསུམ་གྱི་བསྟན་བཅོས་ལེགས་བཤད་སྨད་ཏུ་བྱུང་བ་འདི་ཉིད་མཛད་ཅིང་། དེས་རང་གི་གཅུང་རིག་འཛིན་རྗེ་ནས། བྱང་བདག་ཡབ་སྲས། ཆོས་དབང་ལྷུན་འགྲུབ། གསང་བདག་ཕྲིན་ལས་ལྷུན་གྲུབ་ཀྱི་བར་རིམ་པར་བརྒྱུད་ནས། དེ་ལ་བདག་ཅག་གི་རྩ་བའི་བླ་མ་ཤེས་བྱ་ཐམས་ཅད་མཁྱེན་ཅིང་རྡོ་རྗེ་ཐེག་པའི་ལམ་གྱིས་དངོས་གྲུབ་བརྙེས་པས་ཡང་དག་པའི་ལམ་གྱི་ས་མཁན་མཚན་བརྗོད་པར་དཀའ་བ་གཏེར་ཆེན་ཆོས་ཀྱི་རྒྱལ་པོས་གསན་པ་ནི་ལུང་གི་བརྒྱུད་པ་ཡིན་ལ། སྡོམ་པ་གསུམ་སོ་སོའི་བརྒྱུད་པའི་རིམ་པ་ནི། རང་རང་གི་སྐབས་དེ་དང་དེར་འཆད་པར་འགྱུར་བ་ལས་ཤེས་པར་བྱའོ། །

དེས་ན་འདིར་གང་བཤད་པར་བྱ་བའི་ཆོས་ནི། སྡོམ་པ་གསུམ་རྣམ་པར་ངེས་པའི་བསྟན་བཅོས

འདིའོ། །དེ་ཇི་ལྟར་འཆད་པའི་ཚུལ་ལ་གསུམ་སྟེ། བསྟན་བཅོས་ཀྱི་མཚན་དང་། མཚན་དེ་ལྡན་གྱི་བསྟན་བཅོས་དངོས། བསྟན་བཅོས་ཇི་ལྟར་བརྩམས་པའི་མཇུག་བྱང་ངོ་། །དང་པོ་ནི། **རང་བཞིན་རྫོགས་པ་ཆེན་པོའི་ལམ་གྱི་ཆ་ལག་སྡོམ་པ་གསུམ་རྣམ་པར་ངེས་པ་ཞེས་བྱ་བའི་བསྟན་བཅོས།** ཞེས་གླེགས་བམ་གྱི་ཞལ་བྱང་དུ་སྨོས་ཏེ། རང་བཞིན་རྫོགས་པ་ཆེན་པོ་ནི། སེམས་ཉིད་ཡེ་ནས་སངས་རྒྱས་པའི་རང་བཞིན་དུ་བསྟན་པ་སྟེ། དེ་གདན་ལ་འབེབས་པའི་ལམ་ཚང་ལ་མ་ནོར་བ་ནི་གསང་ཆེན་བླ་ན་མེད་པ་ཨ་ཏི་ཡོ་གའི་ཐེག་པ་ཡིན་ཞིང་། དེར་མ་ཟད་འདིའི་ལམ་སྟེགས་སུ་གྱུར་པའི་ཨ་ནུ་སོགས་མདོ་སྔགས་ཀྱི་ཐེག་པ་ཇི་སྙེད་པ་ཐམས་ཅད་ཀྱང་། དངོས་བརྒྱུད་གང་རུང་གི་སྒོ་ནས་དེ་ཉིད་རྟོགས་བྱེད་དུ་འགྲོ་བའི་ཕྱིར། རྒྱལ་བའི་བསྟན་པ་མཐའ་དག་རྫོགས་པ་ཆེན་པོའི་ལམ་གྱི་ཆ་རྐྱེན་ཡིན་པའི་གནད་ཀྱིས། དེ་ཐམས་ཅད་ཀྱི་ཉམས་སུ་བླང་བྱའི་རྩ་བའམ་སྙིང་པོ་སྡོམ་པ་གསུམ་གྱི་ཉམས་ལེན་ཡང་དེར་འགྱུར་ཞིང་། སྡོམ་པ་གསུམ་ནི་ཇོ་བོ་རྗེ་རྩེ་མོ་ལས། སོ་སོ་ཐར་དང་བྱང་ཆུབ་སེམས། །རིག་འཛིན་སྔགས་ཀྱི་སྡོམ་པའོ། །ཞེས་པ་ལྟར་ཡིན་ལ། དེ་གསུམ་གྱི་དོན་སྒྲོ་སྐུར་དང་བྲལ་བར་གཏན་ལ་ཕབ་པས་ན་རྣམ་པར་ངེས་པའོ། །བསྟན་བཅོས་ནི། འདིར་རྩོམ་པ་པོ་རྣམ་གཡེང་མེད་པའི་ཡིད་ཅན་གྱིས་ཐར་པ་ཐོབ་པའི་ཐབས་སུ་བཀའི་དོན་བཤད་པའི་ངག་ཡིན་པས་ན་དེ་སྐད་ཅེས་བྱའོ། །

གཉིས་པ་ལ་གསུམ་སྟེ། བཤད་པ་ལ་འཇུག་པའི་ཡན་ལག །བཤད་པ་རང་གི་ངོ་བོ། བཤད་པ་རྫོགས་པའི་བྱ་བའོ། །དང་པོ་ལ་གཉིས་ཏེ། མཆོད་པར་བརྗོད་པ་དང་། བརྩམ་པར་དམ་བཅའ་བའོ། །དང་པོ་ལའང་གཉིས་ལས། ཐོག་མར་སྡོམ་པ་གསུམ་གྱི་བཀའ་དྲིན་སྩོལ་བའི་བླ་མ་ལ་ཕྱག་མཛད་པ་ནི། **ན་མོ་གུ་རུ་ཝེ།** ཞེས་པ་བསྒྱུར་ན། བླ་མ་ལ་ཕྱག་འཚལ་ལོ། །ཞེས་པ་སྟེ། གུ་རུའི་སྒྲ་ལྕི་བ་ལ་འཇུག་པས་ཡོན་ཏན་གྱི་ཁུར་གྱིས་ལྕི་བའི་ཕྱིར་བླ་མའོ། །གང་དག་བླ་མ་ཞེས་གསང་སྔགས་པ་ལ་གྲགས་ཀྱི། སོ་བྱང་ལས་དེ་འདྲའི་ཐ་སྙད་བཤད་པ་མེད་དོ་སྙམ་ན། མ་ཡིན་ཏེ། དགེ་ཚུལ་གྱི་ཀཱ་རི་ཀཱ་ལྔ་བཅུ་པ་ལས། བླ་མ་གནས་པའི་སྒོ་གླེགས་ལ། །ལག་པས་དལ་གྱིས་བརྡུང་བར་བྱ། །ཞེས་དང་། སྡོམ་པ་ཉི་ཤུ་པར། བླ་མ་སྡོམ་ལ་གནས་ཤིང་མཁས། །ནུས་དང་ལྡན་ལས་བླང་བར་བྱ། །

ཞེས་བཤད་པའི་ཕྱིར་རོ། །

གཉིས་པ་སྐུ་ཚེ་འདིར་ཆོས་ཐམས་ཅད་ཐུགས་སུ་ཆུད་པ་ནི་སྔོན་རབས་དུ་མར་སློབ་དཔོན་ཆེན་པོ་པདྨ་རྗེས་སུ་བཟུང་ནས་ཐུགས་རྒྱུད་བྱིན་གྱིས་བརླབས་པའི་མཐུ་ལས་བྱུང་བར་མཁྱེན་ཅིང་། བླ་ན་མེད་པའི་བྱང་ཆུབ་ཏུ་ལུང་སྟོན་པ་པོའང་ཡིན་པའི་ཕྱིར། དེ་ལ་ཕྱག་མཛད་པ་ནི། **དཔལ་ལྡན་ཚོགས་གཉིས་ཆུ་གཏེར་བསྒྲུབས་པ་ལས། །མཁྱེན་བརྩེའི་འོད་དཀར་ངེས་གསང་གྲུ་ཆར་འཕེབས། །གངས་ཅན་མཁས་གྲུབ་ཡོངས་ཀྱི་གཙུག་རྒྱན་མཆོག །མཚོ་སྐྱེས་རྡོ་རྗེ་འགྲོ་བའི་བླ་མར་འདུད། །**ཅེས་པ་སྟེ། བསོད་ནམས་དང་ཡེ་ཤེས་ཀྱི་ཚོགས་གཉིས་རྫོགས་པའི་དཔལ་དང་ལྡན་པ་དེ་ལས་ཤེས་བྱ་ཐམས་ཅད་ལ་ཆགས་ཐོགས་མེད་པའི་མཁྱེན་རབ་དང་། དམིགས་པ་མེད་པའི་བརྩེ་བ་ཐུགས་རྗེ་ཆེན་པོ་རྩོལ་མེད་དུ་འབྱུང་ཞིང་། ངེས་གདུལ་བྱ་རྣམས་ངེས་དོན་གསང་བ་བླ་ན་མེད་པའི་ལམ་དང་འབྲས་བུར་བགྲོ་ནུས་པའི་ཕྲིན་ལས་མ་འགགས་པར་འཆར་བའི་ཕྱིར། དེ་དག་གི་དཔེ་སྟོན་རྒྱ་མཚོ་བསྒྲུབས་པ་ལས་ཟླ་བ་འཐོན་པའི་རིག་བྱེད་ཀྱི་གཏམ་དང་། ཟླ་འོད་བསིལ་བའི་རང་བཞིན་གྱིས་ཚ་གདུང་སེལ་བའི་བྱེད་ལས་དང་ལྡན་པས་གྲུ་ཆར་གྱི་ངོ་བོར་སྒྱུར་ཏེ་གཟུགས་ཅན་གྱི་རྒྱན་དུ་མཛད་ཅིང་། སློབ་དཔོན་ཉིད་ཀྱི་ཁྱད་པར་གྱི་གདུལ་ཞིང་ཡིན་པའི་དབང་དུ་མཛད་ནས་གངས་ཅན་ཞེས་དམིགས་ཀྱིས་བཀར་ནའང་། དོན་ལ་དེ་བཞིན་བཤེགས་པ་ཐམས་ཅད་ཀྱི་གསུང་རྡོ་རྗེ་རྣམ་པ་སློབ་དཔོན་གྱི་ཚུལ་བཟུང་བ། འཛམ་གླིང་ན་ཆེ་བའི་རིག་སྔགས་འཆང་ཆེན་པོ། རྒྱལ་བའི་བསྟན་པ་ལ་སྟོན་པ་གཉིས་པ་ལྟ་བུ་ཡིན་པས་ན། སའི་སྟེང་གི་མཁས་གྲུབ་ཡོངས་ཀྱི་གཙུག་རྒྱན་མཆོག་ཏུ་བསྟེན་པར་འོས་ཤིང་། གདུལ་བྱ་རྣམས་རང་སྐལ་བཞིན་ཕན་བདེ་ལ་འགོད་པར་མཛད་པས་འགྲོ་བའི་བླ་མ་སྟེ། དེ་ལྟ་བུའི་ཡོན་ཏན་དང་ལྡན་པའི་སློབ་དཔོན་མཚོ་སྐྱེས་རྡོ་རྗེའི་ཞབས་ལ་རྩོམ་པ་པོ་མངོན་པར་དང་བས་འདུད་དོ་ཞེས་སྒོ་གསུམ་མཆོག་ཏུ་གུས་པས་ཕྱག་མཛད་པ་ནི་ཀུན་རྫོབ་ཀྱི་ཕྱག་དང་། ཡུལ་དང་ཡུལ་ཅན་གཉིས་མེད་དུ་རྟོགས་པ་ནི་དོན་དམ་ལྟ་བ་མཇལ་བའི་ཕྱག་གོ། །དགོས་པ་ནི་ཚོགས་རྫོགས་པས་བར་གཅོད་ཞི་ནས་བརྩམས་པ་མཐར་ཕྱིན་པ་དང་། འདི་ལ་ཐོས་བསམ་བྱེད་པ་རྣམས་ཀྱང་ཡུལ་དང་བསྟན་བཅོས་མཆོག་ཏུ་རིག་ནས་གུས་པས་འཇུག་པའི་དགོས་པ་ཡོད་

དེ༑ རྒྱ་ཆེར་རོལ་པ་ལས། བསོད་ནམས་ལྡན་པའི་མི་ཡི་བསམ་པ་རྣམས་ཀུན་འགྲུབ། །ཅེས་དང་། ཀླུ་སྒྲུབ་ཀྱིས། བསྟན་བཅོས་བྱེད་པོས་སྟོན་པ་ལ། །མཆོད་པར་བརྗོད་པ་འབྲས་མེད་མིན། །སྟོན་པ་དང་ནི་བསྟན་བཅོས་ལ། །དད་འདུན་བསྐྱེད་པར་བྱ་ཕྱིར་རོ། །ཞེས་སོ། །

གཉིས་པ་ནི། **འགྲོ་བློའི་དྲི་མ་འཕྲུད་མཁས་དྲང་སྲོང་གིས། །བློ་གྲོས་པིཙྪར་ཐུམ་བཟང་རབ་ཐོགས་ནས། །ལེགས་བཤད་སྡོམ་གསུམ་བདུད་བརྩིའི་ཆུ་སྦྱིན་གྱི། །དོན་གཉེར་སྐྱེ་བོའི་ཚོགས་རྣམས་འདིར་འདུས་ཤིག** །ཅེས་པ་སྟེ། འགྲོ་བློའི་མི་ཤེས་རྨོངས་པའི་དྲི་མ་རྣམས་འཕྲུད་པ་ལ་མཁས་པའི་རྩོམ་པ་པོ་རང་ཉིད་གང་འཇིག་རྟེན་ན་ཡོན་ཏན་དང་ལྡན་པར་གྲགས་པ་དྲང་སྲོང་ལྟ་བུ་དང་། གསུང་རབ་དགོངས་འགྲེལ་དང་བཅས་པའི་ཚིག་དོན་ཕྱིན་ཅི་མ་ལོག་པར་རྟོགས་པའི་བློ་གྲོས་ནི་དེས་ལག་ཏུ་ཐོགས་པའི་པིཙྪུའི་ཐུམ་པ་ལྟ་བུ་དང་། གང་རྩོམ་རྒྱུའི་ལེགས་བཤད་སྡོམ་པ་གསུམ་གྱི་བསྟན་བཅོས་འདི་ནི་འཁོར་བའི་སྡུག་བསྔལ་གྱི་ནད་འཇོམས་པ་ལ་སྨོད་དེར་བླུགས་པའི་སྨན་མཆོག་བདུད་རྩིའི་ཆུ་རྒྱུན་དང་འདྲ་བའི་དཔེ་སྦྱར་ཏེ། དེ་དང་དེའི་གཟུགས་སུ་བཀོད་ཅིང་། དེ་བས་ན་ཐར་པ་དོན་གཉེར་གྱི་བློ་དང་ལྡན་པའི་སྐལ་བཟང་སྐྱེ་བོའི་ཚོགས་རྣམས་ལ་ཁོ་བོས་སྦྱིན་པར་བྱ་ཡི། དགའ་ཞིང་སྤྲོ་བ་དང་བཅས་པས་འདིར་འདུས་ལ་ལོངས་ཤིག་ཅེས་བསྐུལ་བའོ། །འདིས་བསྟན་བཅོས་འདིའི་དགོས་སོགས་ཆོས་བཞི་ལེགས་པར་བསྟན་ཏེ། སྡོམ་པ་གསུམ་ནི་བརྗོད་བྱ། དེ་རྗོད་བྱེད་ཀྱི་ལེགས་བཤད་འདི་ལས་ལེགས་པར་རྟོགས་ཏེ་ཐར་པའི་ལམ་ལ་ཞུགས་པ་ནི་དགོས་པ། ཞུགས་པ་མཐར་ཕྱིན་པས་བྱང་ཆུབ་འགྲུབ་པ་ནི་ཉིང་དགོས། དེ་དག་ཀུང་གཅིག་ལ་བརྟེན་ནས་གཅིག་འབྱུང་བས་འབྲེལ་བ་ཅན་དུ་གྲུབ་པ་ནི་འབྲེལ་བའོ། །

གཉིས་པ་བཤད་པ་རང་གི་ངོ་བོ་ལ་གསུམ་སྟེ། སྤྱིའི་བཤད་གཞི་རིམ་པར་ཕྱེ་བའི་སྒོ་ནས་མདོར་བསྟན། སྡོམ་གསུམ་སོ་སོའི་རང་བཞིན་དང་བསླབ་བྱ་བསྟན་པའི་སྒོ་ནས་རྒྱས་པར་བཤད། དེ་གསུམ་གང་ཟག་གཅིག་གི་རྒྱུད་ལ་འགལ་མེད་དུ་ཉམས་སུ་ལེན་ཚུལ་གྱི་མཐའ་དཔྱད་པས་དོན་བསྡུ་བའོ། །དང་པོ་ལ་གསུམ་སྟེ། ཤེས་ཐོབ་ཀྱི་དམིགས་པར་བྱ་བའི་ཡུལ་སྣང་གཞི་ཁམས་དང་བྲལ་འབྲས་མཐར་ཐུག་གི་འབྲས་བུ་ངོས་བཟུང་། སྒྲུབ་བྱེད་ལམ་གྱི་དབྱེ་བ་སྤྱིར་བཤད། ཐེག་པ་ཐམས

ཅན་གྱི་ལམ་གྱི་གནད་སྡོམ་པ་གསུམ་གྱི་ཉམས་ལེན་དུ་བསྡུས་པའི་འབྲེལ་གྱིས་ཁོག་དབུབ་པའོ། ། དང་པོ་ནི། **རྫོགས་པ་ཆེན་པོ་ཡེ་ཤེས་སྒྱུ་ཡི་གཟུགས། །ཡོངས་སུ་དག་སྐུ་རྡོ་རྗེ་འཆང་ཆེན་པོ། ། འབྲས་བུའི་མཐར་ཐུག་སངས་རྒྱས་ཉག་གཅིག་དེ། །**ཞེས་པ་སྟེ། རྐང་པ་དང་པོ་གཉིས་འཇམ་དཔལ་ཞལ་ལུང་གི་ཚིག་འདིར་དྲངས་པར་སྣང་བས། བི་ཧྨ་པ་དའི་འགྲེལ་པར་རྫོགས་པ་ཆེན་པོ་ཞེས་པ་རིམ་པ་གཉིས་པའི་རིམ་པ་གཉིས་པ་ལ་བཤད་མོད། འདིར་རྐང་པ་དང་པོས་གཞི་འབྲས་ཐུན་མོང་དང་། ཕྱི་མ་གཉིས་ཀྱིས་འབྲས་བུ་སྟོན་པའི་གཞུང་དུ་བཀྲལ་ན་འཆད་བདེ་བར་སྣང་ངོ་། །དེ་ལ་སྦྱང་གཞི་ནི། བདེ་གཤེགས་སྙིང་པོ་སྟེ། སྤྱིར་བསྟན་བཅོས་རྣམས་སུ་རིགས་ཞེས་གྲགས་པ་ལ་གྲུབ་མཐའི་བྱེ་བྲག་གིས་འདོད་པ་མི་འདྲ་བ་དུ་མ་སྣང་སྟེ། འདི་ལྟར་བྱེ་བྲག་ཏུ་སྨྲ་བ་ནི། སྲིད་པ་དང་སྲིད་པའི་ཡོ་བྱད་ལ་མ་ཆགས་པའི་སེམས་བྱུང་ཆོག་ཤེས་པ་ལ་འཕགས་པའི་རིགས་སུ་འདོད། མདོ་སྡེ་པ་ནི། སེམས་ཀྱི་ས་བོན་ཟག་མེད་ཀྱི་ཡེ་ཤེས་འབྱུང་རུང་གི་ནུས་པ་ལ་འདོད། སེམས་ཙམ་པ་ནི། ཐོག་མ་མེད་པ་ནས་སེམས་རྒྱུད་ལ་གནས་པའི་ཟག་མེད་ཀྱི་ཆོས་སྐྱེད་པར་བྱེད་པའི་ནུས་པ་ཆོས་ཉིད་ཀྱི་ཐོབ་པ་ལ་འདོད། དེ་ཐམས་ཅད་འདུས་བྱས་ཏེ་དངོས་པོར་སྨྲ་བའི་ལུགས་སོ། །དབུ་མ་པ་ནི། དྲི་བཅས་ཆོས་ཉིད་དེ་བཞིན་ཉིད་ལ་རིགས་སུ་འདོད་པར་ཕལ་ཆེར་མཐུན་ཡང་། ངོས་འཛིན་ལུགས་མི་འདྲ་བ་མང་དུ་སྣང་མོད། འདིར་ཐེག་ཆེན་ཐུན་མོང་མ་ཡིན་པའི་ལུགས་ལྟར་ན། སེམས་ཉིད་ཡེ་ནས་རང་བཞིན་གྱིས་རྣམ་པར་དག་པ། སྟོང་གསལ་འགག་མེད་ཀུན་ཁྱབ་ཀྱི་ངོ་བོར་འཕོ་འགྱུར་མེད་པར་གནས་པ་ནི་ཁམས་བདེ་བར་གཤེགས་པའི་སྙིང་པོ་སྟེ། ཏིང་འཛིན་རྒྱལ་པོ་ལས། དག་པ་དྭངས་པ་འོད་གསལ་བ། །མི་འཁྲུགས་འདུས་མ་བྱས་པ་ཉིད། །བདེ་བར་གཤེགས་པའི་སྙིང་པོ་སྟེ། །ཡེ་ནས་གནས་པའི་ཆོས་ཉིད་དོ། །ཞེས་སོ། །སྙིང་པོ་དེ་ཡང་རྒྱུད་བླ་མར། རྫོགས་སངས་སྐུ་ནི་འཕྲོ་ཕྱིར་དང་། །དེ་བཞིན་ཉིད་དབྱེར་མེད་ཕྱིར་དང་། །རིགས་ཡོད་ཕྱིར་ན་ལུས་ཅན་ཀུན། །རྟག་ཏུ་སངས་རྒྱས་སྙིང་པོ་ཅན། །ཞེས་རྒྱུ་མཚན་གསུམ་གྱིས་སེམས་ཅན་ཐམས་ཅད་བདེ་གཤེགས་སྙིང་པོ་ཅན་དུ་བསྟན། ངོ་བོ་རྒྱུ་འབྲས་ལས་ལྡན་འཇུག་པ་དང་། །གནས་སྐབས་དེ་བཞིན་ཀུན་ཏུ་འགྲོ་བ་དང་། །རྟག་ཏུ་མི་འགྱུར་ཡོན་ཏན་དབྱེར་མེད་པའི། །དོན་དམ་དབྱིངས་ཀྱི་དགོངས་

དོན་ཡིན་ཞེས་བྱ། །ཞེས་རྣམ་བཞག་བཅུས་སྙིང་པོའི་དོན་གཏན་ལ་ཕབ། ཉོན་མོངས་སྤྱུབས་ནང་གནས་པ་དེ། །དཔེ་དག་གིས་ནི་ཤེས་པར་བྱ། །ཞེས་དྲི་མས་བསྒྲིབས་ཚུལ་དཔེ་དགུའི་སྒོ་ནས་རྒྱས་པར་བསྟན་ཅིང་། དེ་ཉིད་གསང་སྔགས་རྡོ་རྗེ་ཐེག་པར་གཞི་རྒྱུད་རང་བཞིན་ལྷུན་གྱིས་གྲུབ་པའི་དཀྱིལ་འཁོར་ཞེས་གྲགས་ཏེ། མི་འགྱུར་བའི་བདེ་ཆེན་དང་རྣམ་པ་ཀུན་ལྡན་གྱི་སྟོང་ཉིད་དབྱེར་མི་ཕྱེད་པའི་སེམས་ཉིད་ཡེ་ནས་སྐུ་གསུམ་འདུ་འབྲལ་མེད་པའི་དཀྱིལ་འཁོར་ཆེན་པོར་ལྷུན་གྱིས་གྲུབ་ཅིང་ཡོངས་སུ་རྫོགས་པས་ན་རྫོགས་པ་ཆེན་པོ་དང་། དེ་ཉིད་སྲིད་ཞི་ཀུན་ཁྱབ་ཀྱི་ཡེ་ཤེས་ཡིན་པས་ན་ཡེ་ཤེས་ཐམས་ཅད་ཀྱི་སྤྱི་གཟུགས་སོ། །དེ་ལྟར་ཡང་སྒྱུ་འཕྲུལ་ལས། རང་བྱུང་ཡེ་ཤེས་བྱང་ཆུབ་སེམས། །བྱང་ཆུབ་སྙིང་པོ་འདུས་མ་བྱས། །ཀུན་རྫོགས་ཡོན་ཏན་འབར་བས་བརྒྱན། །ལྷུན་འགྲུབ་དཀྱིལ་འཁོར་བླ་མེད་པའོ། །ཞེས་དང་། སྙིང་པོ་ལས། བཅིངས་མེད་རྣམ་པར་གྲོལ་མེད་པའི། །ཡེ་ནས་ལྷུན་རྫོགས་སངས་རྒྱས་ཆོས། །ཞེས་དང་། རྒྱ་མཚོ་ལས། ཡེ་ནས་མངོན་རྫོགས་སངས་རྒྱས་ཆོས། །ལུས་ཅན་ཀུན་ལ་གནས་པའི་ཕྱིར། །ལྷུན་གྲུབ་རྒྱལ་བའི་དཀྱིལ་འཁོར་ནི། །ལུས་ཅན་ཀུན་གྱི་ལུས་ལ་གནས། །ཞེས་དང་། རྒྱས་པ་ལས། རྣམ་རྟོག་ཀུན་གཞི་མ་ཡིན་པ། །རང་བཞིན་མེད་པ་དོན་གྱི་གཞི། །དེ་ནི་ཆོས་ཀྱི་དབྱིངས་ཞེས་བྱ། །དེ་བཞིན་ཉིད་ཀྱི་ཡེ་ཤེས་སོ། །ཞེས་དང་། ཐུགས་ཐིག་ལས། གཞི་གནས་རིག་པ་ངོ་བོ་རང་བཞིན་དང་། །ཐུགས་རྗེ་གསུམ་སྟེ་རྒྱལ་བའི་སྙིང་པོ་ལ། །སྐུ་གསུམ་རང་ཆས་བཞུགས་པར་བཤད་པ་ཡིན། ཞེས་སོ། །སྙིང་པོ་དེ་ལ་རྟེན་དང་བརྟེན་པའི་སྒོ་ནས་དབྱེ་ན། མདོ་སྡེ་རྒྱན་ལས། རང་བཞིན་དང་ནི་རྒྱས་པ་དག །དེ་ནི་རྟེན་དང་བརྟེན་པ་དང་། །ཡོད་མེད་ཉིད་དང་ཡོན་ཏན་ནི། །སྒྲོལ་བའི་དོན་དུ་ཤེས་པར་བྱ། །ཞེས་པས་དབྱིངས་སྟོང་པ་ཉིད་ཀྱི་ཆ་ནི་ཆོས་སྐུ་ངོ་བོ་ཉིད་སྐུའི་བྲལ་རྒྱུ་སྟེ། རིན་པོ་ཆེའི་གཏེར་དགོས་འདོད་འབྱུང་བའི་གཞིར་གྱུར་པ་ལྟར སྐུ་དང་ཡེ་ཤེས་འཆར་བའི་གོ་འབྱེད་པས་ན་རང་བཞིན་གནས་རིགས་དང་། དེ་ལས་ཤར་བའི་ཡེ་ཤེས་སྣང་བའི་ཆ་ནི་གཟུགས་སྐུ་གཉིས་ཀྱི་བྲལ་རྒྱུ་སྟེ། འབྲས་བུ་ཅན་གྱི་ལྗོན་ཤིང་གོང་འཕེལ་ལྟར་རྐྱེན་སྒྲིབ་པ་བྲལ་སྟོབས་ཀྱིས་རང་ལ་ཡོད་པའི་ཡོན་ཏན་མངོན་དུ་འགྱུར་ངེས་པས་རྒྱས་འགྱུར་གྱི་རིགས་སོ། །དེ་ལྟར་ཡང་རྒྱུད་བླར། གཏེར་དང་འབྲས་བུའི་ཤིང་བཞིན་དུ། །རིགས་དེ་རྣམ་གཉིས

ཞེས་བྱ་སྟེ། །ཐོག་མེད་རང་བཞིན་གནས་པ་དང་། །ཡང་དག་བླངས་པ་མཆོག་ཉིད་དོ། །རིགས་འདི་གཉིས་ལས་སངས་རྒྱས་ཀྱི། །སྐུ་གསུམ་ཐོབ་པར་འདོད་པ་ཡིན། །དང་པོས་སྐུ་ནི་དང་པོ་སྟེ། །གཉིས་པ་ཡིས་ནི་ཕྱི་མ་གཉིས། །ཞེས་སོ། །གནས་སྐབས་ཀྱི་སྒོ་ནས་དབྱེ་ན། ཆོས་ཉིད་རིས་མེད་ཀུན་ཁྱབ་ཡིན་པས་རང་ངོས་ནས་དབྱེ་བ་བྱར་མེད་ཀྱང་། དེ་རྒྱུད་ལྡན་གྱི་གང་ཟག་མ་དག་པ་དང་། མ་དག་དག་པ་དང་། ཤིན་ཏུ་རྣམ་དག་གི་གནས་སྐབས་གསུམ་ལ་ལྟོས་ནས་མིང་གསུམ་སྟེ། མ་དག་མ་དག་དག་པ་དང་། །ཤིན་ཏུ་རྣམ་དག་གོ་རིམ་བཞིན། །སེམས་ཅན་བྱང་ཆུབ་སེམས་དཔའ་དང་། །དེ་བཞིན་གཤེགས་པ་ཞེས་བརྗོད་དོ། །ཞེས་སོ། །དེ་བཞིན་དུ་དབྱིངས་ཀྱི་ངོ་བོ་ལ་བཟང་ངན་མེད་ཀྱང་། སད་ཚུལ་ལ་ལྟོས་ནས་ཐེག་པ་གསུམ་གྱི་རིགས་དང་། རྣམ་པར་དག་པའི་ཚ་ཤས་རྫོགས་པའི་རིམ་པ་ལ་ལྟོས་ནས་འཕགས་པའི་གང་ཟག་རྣམས་ཀྱི་རབ་ཏུ་དབྱེ་བ་བསྟན་ཏེ། སྣོད་བཟང་ངན་དུ་སྣང་ཡང་ནང་གི་ནམ་མཁའ་ལ་བཟང་ངན་མེད་པ་བཞིན་ནོ། །དེ་ལྟར་ཡང་དེ་ལས། གཟུགས་ཀྱི་རྣམ་པ་དམན་པ་དང་། །བར་མ་མཆོག་ལ་ནམ་མཁའ་བཞིན། །ཞེས་གསུངས་པའི་ཕྱིར་རོ། །དེ་ལྟར་སྦྱང་གཞི་ཁམས་མདོ་ཙམ་བཤད་ནས། ཕྱོགས་གཉིས་པ་མཐར་ཐུག་གི་འབྲས་བུ་འཆད་པ་ནི། ཆོས་དབྱིངས་བསྟོད་པ་ལས། ཇི་ལྟར་བུམ་ནང་མར་མེ་ནི། །ཕྱི་རོལ་ཀུན་ཏུ་མི་སྣང་ལྟར། །དེ་བཞིན་ཆོས་ཀྱི་དབྱིངས་འདི་ཡང་། །འཁོར་བར་འོད་ནི་གསལ་མ་ཡིན། །བུམ་པ་དེ་ཉིད་བཅག་གྱུར་པ། །ཐམས་ཅད་ཀུན་ཏུ་སྣང་བ་ལྟར། །གང་ཚེ་ཏིང་འཛིན་རྡོ་རྗེ་ཡིས། །སྒྲིབ་པ་ཀུན་ཏུ་བཅོམ་གྱུར་པ། །དེ་ཚེ་ནམ་མཁའི་མཐར་ཐུག་གསལ། །ཞེས་པ་ལྟར་སྦྱང་གཞི་ཆོས་ཉིད་ཀྱི་མདངས་འོད་སྦྱང་བྱའི་དྲི་མ་འཁོར་བའི་ཆོས་དང་འཛོམ་པ་ལས་སྦྱོང་བྱེད་ལམ་གྱི་རྣམ་པར་ཤར་ནས་དེས་སྦྱང་བྱའི་དྲི་མ་སྦྱོང་བའི་གཉེན་པོར་འགྲོ་བ་ཡིན་པས། འདིར་མཐར་ཐུག་གི་འབྲས་བུའི་དབང་དུ་བྱས་ཏེ། སྡོམ་པ་གསུམ་གྱི་ལམ་གྱི་སྙིང་པོ་རིག་པ་འཛིན་པ་སྔགས་ཀྱི་ལམ་སྨིན་གྲོལ་གཉིས་ཀྱིས་ཁམས་ཀྱི་དྲི་མ་སྦྱངས་པས་གཞི་ཇི་ལྟ་བ་མངོན་དུ་གྱུར་པ་མཐར་ཐུག་པ་ན་འབྲས་བུའི་མཆོག་ཡོངས་སུ་རྫོགས་པ་ནི། ཆེན་པོ་གསུམ་གྱི་མཚན་ཉིད་ཅན་ཏེ། སྒྲིབ་གཉིས་བག་ཆགས་དང་བཅས་པ་ཡོངས་སུ་དག་པའི་སྐུ་ནི་སྤོང་བ་ཆེན་པོ། ཤེས་བྱའི་དཀྱིལ་འཁོར་མ་ལུས་པ་ས་ལེར་གཟིགས་

པའི་ཡེ་ཤེས་ནི་རྫོགས་པ་ཆེན་པོ། དེའི་མཐུས་འགྲོ་བ་མཐའ་དག་གི་དོན་རྟག་ཁྱབ་ལྷུན་གྲུབ་ཏུ་མཛད་པ་ནི་སེམས་ཆེན་པོ་སྟེ། མངོན་རྟོགས་རྒྱུད་ལས། སེམས་ཅན་ཀུན་མཆོག་ཉིད་སེམས་དང་། །སྤངས་དང་རྟོགས་དང་གསུམ་པོ་ལ། །ཆེན་པོ་གསུམ་གྱི་རང་འབྱུང་གི། །ཆེད་དུ་བྱ་བ་འདི་ཤེས་བྱ། །ཞེས་སོ། །དེ་ལྟར་གྱུར་པས་སངས་རྒྱས་ཐམས་ཅད་ཀྱི་སྤྱི་གཟུགས་སྐུ་གསུམ་དང་ཡེ་ཤེས་ལྔ་དབྱེར་མི་ཕྱེད་པའི་བདག་ཉིད་རྡོ་རྗེ་འཆང་ཆེན་པོའོ། །དེ་ལ་སྐུ་གསུམ་ནི། ཆོས་ཐམས་ཅད་མཚན་མ་མེད་པར་ཐུགས་སུ་ཆུད་པས་སྤྲོས་པ་ཐམས་ཅད་དང་བྲལ་བའི་ཡེ་ཤེས་རང་བཞིན་རྣམ་དག་མངོན་དུ་གྱུར་པའི་ཆ་ནི་ཆོས་ཀྱི་སྐུ། དེ་གློ་བུར་རྣམ་དག་མཐར་ཐུག་པས་ཁྱད་པར་དུ་བྱས་པ་ན་ཤིན་ཏུ་རྣམ་པར་དག་པའི་ཡེ་ཤེས་ཀྱིས་ཆོས་ཐམས་ཅད་དག་པའི་སྣང་བ་རབ་འབྱམས་སུ་གཟིགས་པའི་ཆ་ནི་ལོངས་སྤྱོད་རྫོགས་པའི་སྐུ། དེ་ལ་མངའ་བའི་ཡོན་ཏན་གདུལ་བྱ་གཞན་སྣང་དུ་སྐུ་དང་མཛད་པའི་རྣམ་རོལ་སྟོན་ནུས་པའི་ཐུགས་རྗེ་དང་ནུས་མཐུའི་ཡེ་ཤེས་ཀྱི་ཆ་ནི་སྤྲུལ་པའི་སྐུ་སྟེ། རང་རྒྱུད་ཀྱིས་བསྡུས་པའི་སྐུ་གསུམ་མོ། །ཡེ་ཤེས་དེ་གཉིས་གདུལ་བྱའི་སེམས་དག་པ་དང་སྨོན་ལམ་གྱི་རྐྱེན་ཉེ་བར་འཛོམ་པ་ལས། གཞན་སྣང་གི་ལོངས་སྤྲུལ་གཉིས་ཆུ་ཟླའི་གཟུགས་བརྙན་ལྟར་འཆར་བ་ཡིན་ཏེ། རྒྱུད་བླར། ཇི་ལྟར་བཻ་ཌཱུར་ས་གཞི་གཙང་མ་ལ། །ལྷ་དབང་ལུས་ཀྱི་གཟུགས་བརྙན་སྣང་བ་ལྟར། །དེ་བཞིན་འགྲོ་སེམས་ས་གཞི་གཙང་མ་ལ། །ཐུབ་པའི་དབང་པོའི་སྐུ་ཡི་གཟུགས་བརྙན་འཆར། །ཞེས་སོ། །ཡེ་ཤེས་ལྔ་ནི། ཤིན་ཏུ་རྣམ་པར་དག་པ་སྤྲོས་བྲལ་གྱི་ཡེ་ཤེས་ནི་ཆོས་དབྱིངས་ཡེ་ཤེས། དེས་ཆོས་ཐམས་ཅད་གསལ་ལ་མི་རྟོག་པར་གཟིགས་པའི་ཆ་ནི་མེ་ལོང་ཡེ་ཤེས། དེ་ལྟར་གཟིགས་པའི་ཆོས་ཐམས་ཅད་མཉམ་པར་རྟོགས་པ་ནི་མཉམ་ཉིད་ཡེ་ཤེས། ངོ་བོ་སྟོང་པ་ཉིད་ལས་མ་གཡོས་བཞིན་དུ་ཆོས་ཅན་ཐམས་ཅད་མ་འདྲེས་པར་མཁྱེན་པ་ནི་སོར་རྟོགས་ཡེ་ཤེས། སེམས་ཅན་ཐམས་ཅད་ལ་མཉམ་པར་འཇུག་པའི་དམིགས་མེད་ཀྱི་ཐུགས་རྗེ་ཆེན་པོ་ནི་འགྲོ་དོན་མཛད་པ་ལ་ཐོགས་པ་མེད་པའི་ཕྱིར་བྱ་གྲུབ་ཡེ་ཤེས་སོ། །དེ་བས་ན་བླ་ན་མེད་པའི་བྱང་ཆུབ་དོན་དུ་གཉེར་བ་རྣམས་བསམ་པ་ཡོངས་སུ་རྫོགས་པས་འབྲས་བུའི་མཐར་ཐུག་ཏུ་ངེས་པ་ནི་རྫོགས་པའི་སངས་རྒྱས་ཉག་གཅིག་སྟེ། དེ་ནི་འཆད་འགྱུར་ལྟར་གསང་སྔགས་བླ་མེད་ཁོ་ནའི་ལམ་གྱིས་བསྒྲུབ་དགོས་པ་ཡིན་

ནོ༔ ༔

གཉིས་པ་ལ་བཞི་སྟེ། བགྲོད་པ་གཅིག་པའི་ལམ་ངོས་བཟུང་། རྣམ་གྲོལ་གྱི་ལམ་ཐམས་ཅད་ཐེག་དགུར་འདུ་ཚུལ་བཤད། རིགས་ཅན་གསུམ་སོ་སོར་སྔགས་ཀྱི་ལམ་ཞུགས་ཡོད་པར་སྒྲུབ། བློ་ཁྱད་ཀྱིས་སྔགས་ལམ་དུ་འཇུག་སྒོ་མི་འདྲ་བ་མང་ཡང་འདིར་བཤད་བྱ་མིན་པར་བསྟན་པའོ། །དང་པོ་ལ་གསུམ་སྟེ། སྔགས་ལམ་ཉིད་མ་བརྟེན་པར་མཐར་ཐུག་གི་འབྲས་བུ་དེ་མི་ཐོབ་པར་བསྟན། ཐེག་པ་གཞན་ཐམས་ཅད་དེའི་ལམ་སྟེགས་སུ་འགྲོ་ཚུལ་བཤད། དེས་སྔགས་ལམ་བགྲོད་པ་གཅིག་པའི་ལམ་ཡིན་པར་གྲུབ་པའོ། །དང་པོ་ནི། **ཟབ་རྒྱས་ཆོས་ཀྱི་སྒོ་འཕར་བགྲང་ཡས་ཀྱང་། །གསང་ཆེན་སྨིན་གྲོལ་ལམ་མཆོག་མ་བརྟེན་པར། །ཐོབ་པ་མིན་ཞེས་རྫོགས་སངས་རྒྱས་དེས་གསུངས། །** ཞེས་པ་སྟེ། ཟབ་པ་ཇི་ལྟ་བ་དང་། རྒྱས་པ་ཇི་སྙེད་པའི་དོན་སྟོན་པའི་ཆོས་སྒོ་བགྲང་བ་ལས་འདས་པ་དག་སྣང་ཡང་། མཐར་ཐུག་གི་འབྲས་བུ་རྫོགས་པའི་སངས་རྒྱས་དེ་གསང་ཆེན་རྡོ་རྗེ་ཐེག་པའི་སྨིན་གྲོལ་གྱི་ལམ་མཆོག་མ་བརྟེན་པར་ཐོབ་པ་མིན་ཏེ། ཅིའི་ཕྱིར་ན་འཁོར་བར་འཆིང་བྱེད་ཀྱི་ཀུན་རྟོག་ཕྲ་བ་སྤྲངས་པ་ཙམ་དུ་མ་ཟད། ཀླུ་བྱང་གི་ལས་མཐའ་རྣམ་འབྱེད་ལས། མགོ་དང་རྐང་ལག་སོགས་བྱིན་ཀྱང་། །སྣང་བ་རྣམ་པར་མ་དག་ཕྱིར། །བྱང་ཆུབ་འབྲས་བུ་ཐོབ་མི་འགྱུར། །ཞེས་གསུངས་པ་ལྟར་སྣང་གསུམ་མམ་འཕོ་བའི་སྒྲིབ་པ་ཡང་མ་ལུས་པར་སྤང་དགོས་ན། དེ་སྤོང་བྱེད་ཀྱི་ལམ་ཕ་རོལ་ཏུ་ཕྱིན་པའི་ཐེག་པར་མ་བཤད་པའི་ཕྱིར། དེས་ན་གསང་སྙིང་ལས། འཇིག་རྟེན་དྲུག་གི་ཕྱོགས་བཅུ་ན། །འདས་དང་ད་ལྟར་བྱུང་བ་ཡི། །རྒྱལ་བའི་དཀྱིལ་འཁོར་མ་ལུས་པ། །བསྙེན་ནས་སྐུ་ལྔ་ལྷུན་གྱིས་རྫོགས། །ཞེས་གསུངས་པས་སོ། །

གཉིས་པ་ནི། **ཇི་སྲིད་སེམས་ཀྱི་འཇུག་པ་མ་ཟད་བར། །བསམ་ཡས་ཐེག་པའི་གྲངས་མཐར་ཐུག་པ་མེད། །བགྲོད་གཅིག་ལམ་ལ་བགྲོ་བའི་ངལ་སྟེགས་ཏེ། །རང་རང་རྗེས་མཐུན་འབྲས་བུ་བླ་དང་བཅས། །**ཞེས་པ་སྟེ། ལངྐར་གཤེགས་པ་ལས། ཇི་སྲིད་སེམས་ནི་འཇུག་པའི་བར། །ཐེག་པའི་མཐའ་ལ་ཐུག་པ་མེད། །ཅེས་གནས་སྐབས་ཐེག་པ་དུ་མའི་རྣམ་བཞག་མཛད་ཀྱང་། རེ་ཞིག་དེ་དང་དེས་འདུལ་བའི་གདུལ་བྱ་དྲང་བའི་ཐབས་སུ་བསྟན་ནས། དེ་དག་མཐར་སངས་རྒྱས་ཐམས་ཅད་

ཀྱི་བགྲོད་པ་གཅིག་པའི་ལམ་རྡོ་རྗེ་ཐེག་པ་མཆོག་ལ་བཀྲི་བའི་ངལ་སྐྱེགས་ཙམ་དུ་གསུངས་པ་སྟེ། ལམ་སྐྱེགས་ཀྱི་ཐེག་པ་དེ་རྣམས་ཀྱིས་རང་རང་དང་རྗེས་མཐུན་གྱི་འབྲས་བུ་རེ་ཐོབ་ཏུ་ཟིན་ཀྱང་། དེས་གོ་མི་ཆོད་པར་ད་དུང་བླ་སྐྱེ་གོང་དུ་བགྲོད་བྱ་དང་བཅས་པའི་ཕྱིར། དེ་ལྟར་ཡང་སྙིང་པོ་ལས། ས་རྣམས་ཁྱད་པར་བཀོད་པ་ཡང་། །གསང་བའི་སྙིང་པོར་འགྲོ་བའི་ལམ། །ཞེས་དང་། དམ་ཆོས་པད་དཀར་ལས། དྲང་སྲོང་རྣམས་ཀྱིས་ཐེག་པ་གསུམ་བསྟན་པ། །རྣམ་འདྲེན་རྣམས་ཀྱིས་ཐབས་ལ་མཁས་པ་སྟེ། །ཐེག་པ་གཅིག་སྟེ་གཉིས་སུ་ཡོད་མ་ཡིན། །བསྒྲི་བའི་དོན་དུ་ཐེག་པ་གསུམ་བསྟན་ཏོ༔ ༔ཞེས་པ་དང་ཚུལ་འདྲ་ཞིང་བསྒྲི་བའི་དོན་ནི། ལཀྐར་གཤེགས་པ་ལས། སྲིད་པའི་ལམ་གྱིས་དུབ་པ་རྣམས། །ངལ་བསོའི་དོན་ཏེ་དེ་ཉིད་མིན། །ཞེས་པ་ལྟར་རེ་ཞིག་ངལ་བསོ་བའི་དོན་ནོ། །

གསུམ་པ་ནི། **ཐོབ་ཀྱང་ཐེག་པ་སོ་སོའི་ངེས་འབྱུང་ལས། །ཐེག་གཅིག་ལམ་ལ་མ་ཞུགས་འབྲས་ཐོབ་ཅི།** །ཞེས་པ་སྟེ། ཉན་རང་བྱང་སེམས་ཀྱི་ཡོག་གི་ཐེག་པ་སོ་སོས་རང་རང་གི་མི་མཐུན་ཕྱོགས་འཁོར་བ་དང་མཐའ་གཉིས་སོགས་ལས་ངེས་པར་འབྱུང་བའི་སྦྱང་འདས་ཀྱི་འབྲས་བུ་རེ་ཐོབ་ཀྱང་། འབྲས་བུ་བླ་ན་མེད་པའི་ཐེག་པ་གཅིག་པུར་ད་དུང་འཇུག་དགོས་ཏེ། རྫོགས་པའི་སངས་རྒྱས་སྨུགས་ཀྱི་ཐེག་མཆོག་ལས་འབྱུང་བའི་ཕྱིར། དེ་བས་ན་དེ་ར་མ་ཞུགས་པར་མཐར་ཐུག་གི་འབྲས་བུ་ཐོབ་པ་ཅི་ཞིག་ཡོད་དེ་མེད་དོ། །དེ་ལྟར་ཡང་འཇམ་དཔལ་སྒྱུ་དྲྭ་ལས། ཐེག་པ་གསུམ་གྱི་ངེས་འབྱུང་ལ། །ཐེག་པ་གཅིག་གི་འབྲས་བུར་གནས། །ཞེས་དང་། དོན་དམ་བསྙེན་པ་ལས་ཀྱང་། ཉན་ཐོས་ཐེག་པ་ཉིད་ནི་ཐེག་པ་མ་ཡིན་ཏེ། །རང་རྒྱལ་འདི་ལྟར་རྒྱལ་བའི་ས་ནི་མིན་པར་གསུངས། ། དཔལ་ལྡན་རྡོ་རྗེ་ཐེག་པ་རྒྱལ་བའི་ཐེག་པ་ཉིད། །དེ་ཡང་གཉིས་ལས་ཐེག་པ་བར་དང་ཐ་མར་བྱེད། །དེ་ཕྱིར་བླ་ན་མེད་པའི་ཐེག་པ་བོར་ནས་ནི། །འདོད་པའི་བླ་མེད་བྱང་ཆུབ་ཐོབ་པར་མི་འགྱུར་རོ༔ ༔ཞེས་སོ། །

གཉིས་པ་ནི། **འདིར་ནི་རྫོགས་པ་ཆེན་པོའི་རིང་ལུགས་ལྟར། །ཉན་ཐོས་རང་རྒྱལ་བྱང་ཆུབ་སེམས་དཔའ་ལ། །མཚན་ཉིད་རྒྱུ་ཡི་ཐེག་པ་གསུམ་ཞེས་གསུངས། །ཀྲི་ཡ་ཨུ་པ་ཡོ་ག་ཕྱི་རྒྱུད་གསུམ། །བླ་མེད་ཕ་རྒྱུད་མ་ཧཱ་ཡོ་ག་དང་། །མ་རྒྱུད་ཨ་ནུ་ཡོ་གར་གྲགས་པ་དང་། །གཉིས་མེད**

རྒྱུད་སྡེ་ཨ་ཏི་ཡོ་ག་ལ། །ནང་རྒྱུད་གསུམ་ཞེས་ཐེག་པ་རིམ་དགུར་བསྡུ། །ཞེས་པ་སྟེ། སྤྱིར་ཡཱ་ནའི་སྒྲ་ལས་ཐེག་པ་ཞེས་བྱ་བ་བཞོན་པ་ལ་འཇུག་པས།འདིར་ལམ་གོང་ནས་གོང་དུ་བགྲོད་པར་བྱེད་པས། དེ་དང་འདྲ་བའི་ཕྱིར་ཐེག་པའོ། །དེ་ལ་ཐེག་པ་རིམ་པ་དགུ་ཞེས་གྲགས་ཀྱང་། ཆོས་ཐ་དད་པའི་རིམ་པ་དགུ་ཡོད་པ་མ་ཡིན་ཏེ། ཉན་རང་གི་ཐེག་པས་དངོས་སུ་ལམ་དང་འབྲས་བུ་ཐར་པའི་ཆ་ཤས་ཙམ་ལས། རྣམ་གྲོལ་གྱི་ལམ་འབྲས་རྫོགས་པར་མ་བསྟན་ཅིང་། རང་འབྲས་མཐར་ཕྱིན་ནས་ཀྱང་ཐེག་ཆེན་ལ་འཇུག་དགོས་པས་རང་རྐྱ་མ་ཐུབ་པའི་ཕྱིར་ཐེག་ཆེན་དུ་འདུ་ལ། ཐེག་ཆེན་ཕ་རོལ་ཏུ་ཕྱིན་པ་དང་སྔགས་ཕྱི་རྒྱུད་གསུམ་དུ་མཐར་ཐུག་གི་འབྲས་བུའི་རྣམ་བཞག་བསྟན་ནའང་། དེར་བགྲོད་བྱེད་ཀྱི་ལམ་རྫོགས་པར་མ་བསྟན་ཅིང་། སྔགས་བླ་མེད་ཀྱི་ཐེག་པས་ནི་ཡོངས་རྫོགས་བསྟན་པས་འཕགས་པར་མ་ཟད། ཡོ་ག་མན་ཆད་ཀྱི་རྒྱུ་དང་འབྲས་བུའི་ཐེག་པའི་ལམ་དང་འབྲས་བུའི་རྣམ་པ་ཐམས་ཅད་སྔགས་བླ་མེད་དུ་ཚང་ལ། བླ་མེད་ཀྱི་ཐུན་མོང་མ་ཡིན་པའི་ཁྱད་ཆོས་རྣམས་དེ་དག་ལ་མེད་ཅིང་། དེ་དང་དེའི་དོད་ཐུབ་ཀྱང་བཞག་ཏུ་མེད་པའི་དོན་གྱིས་ནང་པ་བསྐྱེད་རྫོགས་གསུམ་གྱི་ནང་དུ་ཐམས་ཅད་འདུ་བ་ཡིན་ནོ། །རིམ་པ་དགུ་ནི། སྤྱི་མདོ་ལས། དོན་དམ་ངེས་པའི་ཐེག་པ་ནི། །གསུམ་དུ་ངེས་པར་སྣང་བ་སྟེ། །ཀུན་འབྱུང་འདྲེན་དང་དཀའ་ཐུབ་རིག །དབང་བསྒྱུར་ཐབས་ཀྱི་ཐེག་པའོ། །ཞེས་པ་ལྟར་གསུམ་གྱི་རེ་རེ་ལའང་གསུམ་གསུམ་དུ་ཕྱེ་བས་དགུའོ། །དང་པོ་ཀུན་འབྱུང་འདྲེན་པའི་ཐེག་པ་ལ་གསུམ་ལས། ཉན་ཐོས་ནི། ཆོས་བདག་གཟུང་འཛིན་དོན་དམ་དུ་གཏན་ལ་ཕབ་ནས། རང་ཉིད་ཞི་བདེའི་བསམ་པས། སོ་ཐར་རིགས་བརྒྱད་གང་རུང་གི་ཚུལ་ཁྲིམས་བླངས་ཏེ་ཉེས་སྤྱོད་སྤོང་ཞིང་། ཏིང་ངེ་འཛིན་གྱིས་སེམས་ལས་རུང་དུ་བསྒྲུབས་ཏེ། བདེན་བཞི་རྣམ་པ་བཅུ་དྲུག་སྒོམ་པའི་ཤེས་རབ་ཀྱིས། འབྲས་བུ་རྒྱུན་དུ་ཞུགས་པ་ནས་དགྲ་བཅོམ་པ་ཉིད་ཀྱི་བར་དུ་སྒྲུབ་པར་བྱེད་དོ། །རང་རྒྱལ་ནི། ཤེས་པ་སྣང་ཙམ་དོན་དམ་དུ་བལྟ་ཞིང་། བདེན་བཞི་རྣམ་པ་བཅུ་དྲུག་ཉན་ཐོས་དང་འདྲ་བའི་སྟེང་དུ་རྟེན་འབྲེལ་ཟབ་མོའི་ལམ་བསྟན་ཏེ་བསྒོམས་པས། འབྲས་བུ་རང་རྒྱལ་དགྲ་བཅོམ་ཐོབ་ནས། ལུས་ཀྱི་རྣམ་རིག་གིས་ཆོས་སྟོན་པར་མཛད་དོ། །བྱང་སེམས་ནི། ཆོས་ཐམས་ཅད་བདག་མེད་པར་གཏན་ལ་ཕབ་ནས། གཞན་ཕན་གྱི་བསམ་པས། ཕར

ཕྱིན་བཅུ་དང་བསྡུ་དངོས་བཞི་ལ་སློབ་ཅིང་། རྣམ་པར་མི་རྟོག་པའི་ཏིང་ངེ་འཛིན་གྱིས་སློབ་ལམ་དུ་བྱང་ཆུབ་ཀྱི་ཕྱོགས་ཆོས་སོ་བདུན་བསྒོམས་པས། འབྲས་བུ་མི་སློབ་པའི་ལམ་ཀུན་ཏུ་འོད་ཀྱི་ས་བརྙེས་པར་འདོད་དོ། །དེ་གསུམ་གྱིས་འབྲས་བུ་ལ་སྦྱོར་བའི་ལམ་མཚོན་པར་བྱེད་པས་མཚན་ཉིད་དང་། མཐར་ཐུག་སྔགས་ཀྱི་མྱང་འདས་ཟུང་འཇུག་གི་ཡེ་ཤེས་ལ་ལྟོས་ཏེ། དེའི་རྒྱུའི་ཆེད་ཙམ་དུ་སྦྱོར་བའི་ལམ་ཡིན་པས་རྒྱུ་དང་། ནང་གསེས་ཀྱི་དབྱེ་བས་ཐེག་པ་གསུམ་ཞེས་བྱའོ། །གཉིས་པ་དཀའ་ཐུབ་རིག་བྱེད་ཀྱི་ཐེག་པ་ལ་གསུམ་ལས། ཀྲི་ཡ་སྟེ་བྱ་རྒྱུད་དུ། ཆུ་དང་ཅོད་པན་གྱི་དབང་བསྐུར་བ་སྔོན་དུ་འགྲོ་བས། བདག་གི་དེ་ཁོ་ན་ཉིད་དོན་དམ་པར་མཐའ་བཞི་དང་བྲལ་བའི་དག་པར་རྟོགས་ནས། ལྷའི་དེ་ཁོ་ན་ཉིད་ལྷ་དྲུག་གི་སྒོ་ནས་བདག་དམ་ཚིག་པར་བསྐྱེད་པའི་མདུན་དུ་ཡེ་ཤེས་པ་སྤྱན་དྲངས་ཏེ་རྗེ་ཁོལ་གྱི་ཚུལ་དུ་བལྟས་ལ། སྒྲ་དང་སེམས་དང་གཞི་ལ་གཞོལ་བ་བཟླས་བརྗོད་ཀྱི་དེ་ཉིད་དང་། མི་གནས་སྒྲ་གནས་སྒྲ་མཐའི་དེ་ཉིད་གསུམ་གྱི་བསམ་གཏན་སྒོམ་ཞིང་། ཁྲུས་དང་གཙང་སྦྲ་ལ་གཙོ་བོར་སྤྱོད་པས། རིགས་གསུམ་རྡོ་རྗེ་འཛིན་པའི་ས་ཐོབ་པར་འདོད་དོ། །ཨུ་པ་ཡ་སྟེ་སྤྱོད་རྒྱུད་དུ། ཆུ་དང་ཅོད་པན་གྱི་སྟེང་ཕྱག་མཚན་དང་མིང་དབང་ཡང་བསྐུར་ནས་ལྟ་བ་ཡོ་ག་དང་། སྤྱོད་པ་ཀྲི་ཡ་ལྟར་སྤྱོད་ཅིང་། སྒོམ་པ་རང་ཉིད་དམ་ཚིག་པར་བསྐྱེད་པའི་མདུན་དུ་ལྷ་ཡེ་ཤེས་པ་སྤྱན་ནམ་གྲོགས་པོའི་ཚུལ་དུ་བལྟས་ནས། བཟླས་པ་དང་ཏིང་ངེ་འཛིན་བརྟན་པར་བྱས་པས། རིགས་བཞི་རྡོ་རྗེ་འཛིན་པའི་ས་ཐོབ་པར་འདོད་དོ། །ཡོ་ག་སྟེ་རྣལ་འབྱོར་གྱི་རྒྱུད་དུ་རྡོ་རྗེ་སློབ་མའི་དབང་གི་སྟེང་སློབ་དཔོན་གྱི་དབང་མཐའ་རྟེན་དང་བཅས་པའང་བསྐུར་ནས། དོན་དམ་པར་མཚན་མ་མེད་པའི་ཆོས་ཉིད་ཀྱི་བྱིན་རླབས་ཀུན་རྫོབ་རྡོ་རྗེ་དབྱིངས་ཀྱི་ལྷར་བལྟ་ཞིང་། མངོན་བྱང་ལྔ་དང་ཆོ་འཕྲུལ་བཞིའི་སྒོ་ནས་བདག་ལྷར་བསྒོམས་པ་ལ་ཡེ་ཤེས་པ་དགུག་ཅིང་བསྟིམ་སྟེ་ཕྱག་རྒྱ་བཞིས་རྒྱས་བཏབ་ནས་མཆོད་བསྟོད་བཟླས་པ་སོགས་བྱས་མཐར། ཕྱག་རྒྱ་བཀྲོལ་ནས་གཤེགས་སུ་གསོལ་བ་ཐབས་ཀྱི་རྣལ་འབྱོར་དང་། སེམས་ཀྱི་དེ་ཁོ་ན་ཉིད་སྒོམ་པ་ཤེས་རབ་ཀྱི་རྣལ་འབྱོར་ཏེ། ནང་གི་ཏིང་ངེ་འཛིན་ལ་གཙོ་བོར་འདོན་ཞིང་། གཙང་སྦྲ་སོགས་ཕྱིའི་སྤྱོད་པའང་གྲོགས་སུ་བསྟེན་པས། འབྲས་བུ་སྟུག་པོ་བཀོད་པའི་སར་གྲོལ་བར་འདོད་དོ། །དེ་གསུམ་གྱིས་གང་དང་གང་ལ་བླང་དོར་དང་སྤོང

གཉེན་ཕྱི་མཚན་ཉིད་ཀྱི་ཐེག་པ་དང་ཚུལ་འདྲ་བས་ཕྱི་ཐུབ་པ་རྒྱུད་ཀྱི་ཐེག་པ་གསུམ་ཞེས་བྱའོ། །གསུམ་པ་དབང་སྒྱུར་ཐབས་ཀྱི་ཐེག་པ་ལ་གསུམ་ལས། རྣལ་འབྱོར་བླ་མེད་ཕའི་རྒྱུད་ཅེས་གདགས་པ་རྒྱུད་མ་ཧཱ་ཡོ་ག་ནི། དབང་བཞིས་བསྐུས་པ་ཕན་ནུས་ཟབ་མོའི་དབང་གིས་སྨིན་པར་བྱས་ནས། གཞི་ཆོས་ཐམས་ཅད་སེམས་ཉིད་སྣང་སྟོང་དབྱེར་མེད་ལྷག་པའི་ཆོས་སྐུ་ཆེན་པོར་རྟོགས་པས། ལམ་བསྒོམ་ཚུལ་མ་ཧཱ་ལ་ནང་གསེས་ཀྱིས་ཕ་མ་གཉིས་མེད་ཀྱི་རྒྱུད་གསུམ་དུ་ཕྱེ་བ་ལས། གསང་འདུས་དང་གཤིན་རྗེ་གཤེད་སོགས་ཕ་རྒྱུད་རྣམས་སུ་ཐབས་བསྐྱེད་རིམ་གྱི་སྦྱོར་བ་དང་། རྫོགས་རིམ་གསང་དབང་གི་ཉམས་ལེན་རླུང་གཙོ་བོར་བྱེད་པས་གསལ་སྟོང་རྣམ་པར་མི་རྟོག་པའི་ཡེ་ཤེས་ཡང་དག་དང་འཁོར་ལོ་སྡོམ་པ་སོགས་མ་རྒྱུད་རྣམས་སུ་བསྐྱེད་རིམ་ཆ་ཙམ་ལས། རྫོགས་རིམ་ཤེར་དབང་གི་ཉམས་ལེན་ཁམས་བྱང་ཆུབ་ཀྱི་སེམས་ཐིག་ལེ་གཙོ་བོར་བྱེད་པས་བདེ་སྟོང་རྣམ་པར་མི་རྟོག་པའི་ཡེ་ཤེས། སྒྱུ་འཕྲུལ་དྲྭ་བ་སོགས་གཉིས་མེད་ཀྱི་རྒྱུད་རྣམས་སུ་བསྐྱེད་རྫོགས་ཟུང་འཇུག་དང་། ཁྱད་པར་རྫོགས་རིམ་དབང་བཞི་པའི་ཉམས་ལེན་བདེ་གསལ་རྣམ་པར་མི་རྟོག་པའི་ཡེ་ཤེས་ཆེན་པོ། བསམ་གྱིས་མི་ཁྱབ་པའི་ཆོས་ཉིད། མཆོག་ཏུ་མི་འགྱུར་བའི་འོད་གསལ་རང་བྱུང་གི་ཡེ་ཤེས་གཙོ་བོར་ཉམས་སུ་ལེན་ཞིང་། སྤྱོད་པ་གསུམ་གྱི་ཉེ་རྒྱུས་འབྲས་བུ་ཚེ་འདི་ཉིད་ལ་བླ་ན་མེད་པའི་བྱང་ཆུབ་ཐོབ་པར་འདོད་དོ། །མ་རྒྱུད་ལུང་ཨ་ནུ་ཡོ་ག་ནི། ཕྱི་ནང་སྒྲུབ་གསང་བཞིས་བསྐུས་པའི་དབང་མཆོག་སུམ་ཅུ་རྩ་དྲུག་བསྐུར་ནས། གཞི་ཆོས་ཐམས་ཅད་ཀྱི་གཤིས་ལུགས་དཀྱིལ་འཁོར་རྣམ་གསུམ་མ་འདྲེས་ཡོངས་རྫོགས་སུ་གནས་པ་ཉིད་རྟོག་དཔྱོད་ཀྱི་རྗེས་སུ་འཇུག་པ་ལྟ་བས་གཏན་ལ་ཕབ་སྟེ། དོན་གྱི་རྗེས་སུ་འཇུག་པ་རྣམ་པར་མི་རྟོག་པའི་ཡེ་ཤེས་དང་། ཡི་གེའི་རྗེས་སུ་འཇུག་པ་ལྟའི་ཏིང་ངེ་འཛིན་སྒོམ་པ་གྲོལ་ལམ་དང་། སྟེང་འོག་གི་སྒོ་ལ་བརྟེན་ནས་བདེ་སྟོང་གི་ཡེ་ཤེས་བསྐྱེད་པ་ཐབས་ཀྱི་ལམ་རྣམས་བསྒོམས་པས། འགྱུར་བ་མ་ངེས་པ་ལ་སོགས་ཏེ་ས་བཅུས་བསྡུས་པའི་སློབ་ལམ་བཞི་མཐར་ཕྱིན་ནས། འབྲས་བུ་མི་སློབ་པའི་ལམ་ཚེ་འདིར་བདེ་བ་ཆེན་པོའི་སྐུ་མངོན་དུ་བྱེད་པར་འདོད་དོ། །

གཉིས་སུ་མེད་པའི་རྒྱུད་མན་ངག་ཨ་ཏི་ཡོ་ག་ནི། དབང་བཞི་པ་རྩལ་དུ་བཏོན་པ་རིག་པའི་

རྒྱལ་དབང་སོགས་ཁྱད་པར་གྱི་དབང་བསྐུར་ནས། གཞི་སྣང་སྲིད་འཁོར་འདས་ཀྱིས་བསྡུས་པའི་ཆོས་སོ་ཅོག་ཡེ་ནས་སངས་རྒྱས་པའི་རང་བཞིན་དུ་གཏན་ལ་ཕབ་སྟེ། སེམས་གློང་མན་ངག་གི་སྡེ་གསུམ་སོ་སོའི་དགོངས་པ་ལྟར་ཀ་དག་གི་དོན་སོར་བཞག་གིས་ཉམས་སུ་ལེན་པ་དང་། ཁྱད་པར་ལྷུན་གྲུབ་ལུས་ཀྱི་དཀྱིལ་འཁོར་དེ་བཞིན་གཤེགས་པའི་གསང་མཛོད་སྒོ་ཕྱེ་ནས། རིག་པ་མངོན་སུམ་གྱི་དོན་དང་པོར་མཐོང་བ། བར་དུ་འཕེལ་ཞིང་ཚད་ལ་ཕེབས་པ། ཐ་མར་ཟད་པས་གདིང་བཞིའི་ཚད་དུ་སྐྱེལ་བ་ཐོད་རྒལ་གྱི་ལམ་བསྒོམ་ཞིང་། གནས་སྐབས་ཐམས་ཅད་དུ་ཅིར་སྣང་ཆོས་ཉིད་ཀྱི་རོལ་པར་བལྟས་ཏེ་དགག་སྒྲུབ་བླང་དོར་མེད་པར་སྤྱོད་པས། འབྲས་བུ་ལྷུན་རྫོགས་ཀུན་ཏུ་བཟང་པོའི་ས་ལ་དབྱིངས་ཉིད་ནས་གནས་པ་མཐར་ཕྱིན་ཏེ། གདོད་མའི་སར་གྲོལ་བར་བྱེད་པ་ཡིན་ནོ། །

དེ་གསུམ་གྱིས་སེམས་ཉིད་སྐུ་དང་ཡེ་ཤེས་ཀྱི་དཀྱིལ་འཁོར་དུ་རང་སྣང་བས་དངོས་གྲུབ་གཞན་ནས་མི་འཚོལ་བར་རང་བྱུང་གི་ཡེ་ཤེས་སུ་མཐོང་བས་ནང་རྒྱུད་གསུམ་ཞེས་བྱ་སྟེ། དེས་ན་རྫོགས་པ་ཆེན་པོའི་ལུགས་ལ་རྣམ་གྲོལ་གྱི་ལམ་ཐམས་ཅད་ཐེག་པ་དགུ་པོ་དེར་འདུ་ལ། དེ་ཐམས་ཅད་རང་བཞིན་རྫོགས་པ་ཆེན་པོའི་ཐེག་པ་འདིར་འདུས་ཤིང་རྫོགས་པ་ཡིན་ནོ། །

གསུམ་པ་ནི། **ཉན་རང་བྱང་སེམས་རིགས་ཅན་སོ་སོ་ལ། །རྡོ་རྗེ་འཛིན་པའི་ལམ་ཞུགས་ཡོད་དོ་ཞེས། །འབུམ་ལྡེའི་རྒྱུད་ཀྱི་ལུང་ལས་གསལ་བར་གྲུབ། །**ཅེས་པ་སྟེ། ཇི་སྐད་དུ། རྡོ་ཡི་རིགས་ཀྱི་བྱེ་བྲག་ཅིག །བཞུ་བས་ལྕགས་དང་ཟངས་དངུལ་འབྱུང་། །གསེར་འགྱུར་རྩི་ཡི་དངོས་པོ་ཡིས། །ཀུན་ཀྱང་གསེར་དུ་སྒྱུར་བར་བྱེད། །དེ་བཞིན་སེམས་ཀྱི་བྱེ་བྲག་གིས། །རིགས་ཅན་གསུམ་གྱི་སྡོམ་པ་ཡང་། །དཀྱིལ་འཁོར་ཆེན་པོ་འདིར་ཞུགས་ན། །རྡོ་རྗེ་འཛིན་པ་ཞེས་བྱའོ། །ཞེས་རྒྱུད་འབུམ་པའི་ལུང་དེ་ཁོ་ན་ཉིད་ཀྱི་ཡེ་ཤེས་གྲུབ་པ་ཞེས་བྱ་བ་ལས་བྱུང་བ་སྟེ། དཔེ་ལྕགས་རྡོ། ཟངས་རྡོ། དངུལ་རྡོ་གསུམ་ནི་སྐྱེ་བོ་ཕལ་བ་ཡིན་ལ། དེ་གསུམ་བཞུ་བ་ལས་བྱུང་བའི་ལྕགས་ནི་ཉན་ཐོས། ཟངས་ནི་རང་རྒྱལ། དངུལ་ནི་བྱང་སེམས་ཀྱི་བསླབ་པར་བྱ་བ་ཡིན་ཞིང་། ལྕགས་ཟངས་དངུལ་གསུམ་པོ་འགྱུར་རྩིས་གསེར་དུ་འགྱུར་བ་ནི་རིགས་ཅན་གསུམ་སོ་སོའི་སྡོམ་པ་ཡང་དཀྱིལ་འཁོར་དུ་བཅུག་སྟེ་དབང་བྱིན་པ་ན་གསུམ་ཀ་རིག་པ་འཛིན་པའི་སྡོམ་ལྡན་དུ་འགྱུར་བའི་ཕྱིར། རིགས་ཅན་གསུམ

ག་ལ་སྔགས་ཀྱི་ལམ་ཞུགས་ཡོད་པར་གྲུབ་བོ། །

བཞི་པ་ནི། **བསམ་པའི་དབྱེ་བས་སྔགས་ལ་འཇུག་པའི་ཚུལ། །ཆོས་སྒོ་མང་ཡང་དེ་དག་སྤྱི་བྱ་མིན།** །ཞེས་པ་སྟེ། སྤྱིར་གཞི་ལམ་འབྲས་གསུམ་ག་ནས་སྔགས་ལམ་དུ་འཇུག་པ་ཡོད་པར་བཤད་དེ། གཞི་རིགས་གཅིག་དང་ལམ་རིགས་བཞི། །གསང་ཆེན་བླ་མེད་མི་ལྡོག་བརྟེན། །ཞེས་གསུངས་པའི་ཕྱིར། དེ་ཡང་གཞི་ནས་འཇུག་པ་ཡོད་དེ། རང་བཞིན་གྱི་དབང་རྣོན་ཁ་ཅིག་གྲུབ་མཐས་བློ་ཡེ་མ་བསྒྱུར་བར་ཐོག་མ་ནས་སྔགས་ལམ་དུ་འཇུག་པ་སྲིད་པའི་ཕྱིར། ཨིནྡྲ་བྷཱུ་ཏི་བཞིན་ནོ། །ལམ་ནས་འཇུག་པ་ཡོད་དེ། ལམ་ཆུང་ལས། ལ་ལ་ཐུན་མོང་ལམ་རྣམས་ནས། །རྒྱུན་རྒྱུས་འདིར་འཇུག་སློབ་པར་ངེས། །ཞེས་ལྷ་མི་དང་། ཉན་རང་དང་། བྱང་སེམས་དང་། ཕྱི་རྒྱུད་སྡེ་གསུམ་ལ་བསླབ་བཞིན་པ་ནས་སྔགས་ལམ་དུ་སྙིང་འཇུས་བྱེད་པ་ཡོད་པའི་ཕྱིར། འབྲས་བུ་ནས་འཇུག་པ་ཡོད་དེ། ཉན་རང་གི་དགྲ་བཅོམ་ལྷག་མེད་དུ་ཞུགས་པ་རྣམས་ཡིད་ལུས་ཀྱིས་ཐེག་ཆེན་དུ་འཇུག་པར་བཤད་པ་ལྟར། འདིར་ཡང་མཚུངས་པའི་ཕྱིར་དང་། བྱང་སེམས་དང་ཀྲི་ཡོག་སྡེ་གསུམ་གྱིས་རང་རང་གི་འབྲས་བུ་ཐོབ་ནས་ཀྱང་ད་དུང་སྔགས་བླ་མེད་ཀྱི་ལམ་དུ་འཇུག་པའི་ཕྱིར་ཏེ། ལམ་ཆུང་ལས། ཐུན་མོང་ས་མཐར་བྱས་པའི་ཚེ། །ཡང་དག་སྐུ་གསུང་ཐུགས་བཅོ་ལྔ། །བྱིན་རླབས་འཚམས་པར་མོས་སྣང་བས། །འོག་མིན་ས་ལ་འགྱུར་བར་ངེས། །ཞེས་དང་། གཞན་ལས་ཀྱང་། དེ་བས་སངས་རྒྱས་སེམས་དཔའ་མཆོག །སྔགས་ཀྱི་སྤྱོད་མཆོག་སྤྱོད་པ་རྣམས། །ཞེས་སངས་རྒྱས་དང་བྱང་སེམས་མཆོག་གཉིས་ཀ་སྔགས་ལ་འཇུག་པ་བཤད་པའི་ཕྱིར་དང་། ལམ་རིམ་ལས། ལམ་གྱི་རྩོལ་བས་ངལ་བ་རྣམས། །གྲོད་པ་བསྐྱེད་ཕྱིར་ཀུན་ཏུ་འོད། །རྡོ་རྗེ་འཛིན་སྟུག་བཀོད་པར་བསྟན། །མཐར་ཐུག་ས་གསུམ་ཆ་ནས་བརྗོད། །ཅེས་ཕར་ཕྱིན་དང་སྔགས་གོང་འོག་གི་འབྲས་བུ་ལ་མཆོག་དམན་ཡོད་པར་གསུངས་པའི་ཕྱིར་རོ། །འདིར་མཁས་མཆོག་འགའ་ཞིག །བྱང་སེམས་དང་ཕྱི་རྒྱུད་སྡེ་གསུམ་གྱི་རང་ལམ་ཁོ་ནས་ས་བཅུ་པའི་བྱང་སེམས་སངས་རྒྱས་ཀྱི་རྒྱལ་ཚབ་ཆེན་པོའི་གོ་འཕང་གི་བར་ལས་ལྷག་པ་ཐོབ་མི་ནུས་ཀྱང་། སྐབས་དེར་སྔགས་བླ་མེད་ཀྱི་ལམ་དུ་ཞུགས་ནས་སངས་རྒྱས་ཐོབ་པར་བཞེད། དེ་ལྟར་འདོད་ལུགས་གཉིས་ལས། ཕྱི་མ་འདི་འཆད་བདེ་བར་སྣང་མོད། དེ་ལྟ་ནའང་

རང་གི་ཡི་གེ་སྔ་མ་རྣམས་སུ་འདོད་པ་སྔ་མ་ལྟར་བཀོད་ཅིང་། ལུང་ལས་བཀྲལ་བར་ཡང་མི་ནུས་པས་ད་དུང་དགོངས་པ་ལེན་ཚུལ་དཔྱད་པར་བྱའོ། །ཡང་འཇིག་རྟེན་ལྷ་མི་དང་། ཉན་རང་བྱང་སེམས་རྣམས་ཀྱི་འབྲས་བུ་འང་རང་ལམ་ལ་བརྟེན་ནས་ཚོགས་ཀྱིས་སྒྲུབ་པ་ལ་མི་ལྟོས་པར། དེ་ཐམས་ཅད་རང་རང་གི་བསམ་པས་ཀུན་ནས་བསླངས་ཏེ་སྔགས་ཀྱི་ཐེག་པ་ལ་སྤྱད་པས་ཚོགས་ཆུང་དུས་མྱུར་དུ་འགྲུབ་པ་ཡོད་དེ། དཔེར་ན་ནད་གསོ་བ་ལ་སྨན་སྤྱད་དང་སྤྱོད་ལམ་གྱི་འཕྲོད་བསྟེན་ལ་མི་ལྟོས་པར་རིག་སྔགས་རྣོན་པོས་ཡུད་ཙམ་གྱིས་གསོ་ནུས་པ་བཞིན་ནོ། །དེ་བས་ན་སྔགས་ལ་འཇུག་པའི་སྒོ་དེས་མཚོན་ཏེ་མང་དུ་སྣང་ཡང་འདིར་དེ་དག་སྤྲོ་བྱ་མིན་པར་བསྟན་པའོ། །

གསུམ་པ་ལ་གཉིས་ཏེ། དབང་པོ་རབ་འབྲིང་ཐ་གསུམ་ལ་ལྟོས་པའི་སྡོམ་གསུམ་ལ་བགྲི་ཚུལ་སྤྱིར་བསྟན། བྱེ་བྲག་བསྟན་བཅོས་འདིར་བསྟན་བྱ་དབང་པོ་འབྲིང་གི་ལུགས་ཡིན་པར་བཤད་པའོ། །དང་པོ་ནི། **འདིར་ནི་དབང་པོ་རབ་འབྲིང་ཐ་གསུམ་ལས།** །ཞེས་ཐེག་པ་ཐམས་ཅད་ཀྱི་ལམ་གྱི་གནད་སྡོམ་པ་གསུམ་དུ་འདུས་ཤིང་། དེ་ལ་བགྲི་ཚུལ་ནི། དབང་པོའི་ཁྱད་པར་གྱིས་གསུམ་དུ་ཡོད་དོ་ཞེས་མདོར་བསྟན་ནས། དེའི་དོན་རྒྱས་པར་བཤད་པ་ལ་གསུམ་ལས། དང་པོ་གང་ཟག་དབང་རབ་ཀྱིས་སྡོམ་གསུམ་ཅིག་ཅར་དུ་ཐོབ་ཚུལ་ནི། **རབ་མཆོག་སྦྱངས་པ་མཐར་སོན་སྐལ་ལྡན་ཏེ། །དབང་བསྐུར་ཐོབ་པས་སྡོམ་གསུམ་ཅིག་ཅར་སྐྱེས། །རྟོགས་གྲོལ་དུས་མཉམ་ཨིནྡྲ་བྷུ་ཏི་བཞིན།** །ཞེས་པ་སྟེ། ཇི་ལྟར་ཨོ་རྒྱན་གྱི་རྒྱལ་པོ་ཨིནྡྲ་བྷུ་ཏིས་སྔོན་པ་ཐུབ་པའི་དབང་པོ་ལ་འདོད་ཡོན་མ་སྤངས་པར་སངས་རྒྱས་ཐོབ་པའི་ཐབས་ཞུས་པས། སྟོན་པས་དེར་དཀྱིལ་འཁོར་སྣང་བར་མཛད་ནས་དབང་བསྐུར་བའི་དུས་དེ་ཉིད་དུ་རྒྱལ་པོས་ཟུང་འཇུག་གི་སྐུ་བརྙེས་ཏེ་རྟོགས་གྲོལ་དུས་མཉམ་པ་བཞིན། སྔོན་སྦྱངས་མཐར་སོན་གྱི་ལས་འཕྲོ་སད་པའི་སྐལ་ལྡན་དབང་པོ་ཡང་རབ་མཆོག་ཏུ་གྱུར་པ་རྣམས་ནི། ཚེ་འདིར་ལམ་ཐུན་མོང་པས་རྒྱུད་སྦྱོང་བ་ལ་མ་ལྟོས་པར། དང་པོ་ཉིད་ནས་ཕྱག་རྒྱ་ཆེན་པོའི་དངོས་གྲུབ་ལ་ཡིད་རྟོན་པའི་སྒོ་ནས་དཀྱིལ་འཁོར་ཆེན་པོར་ཞུགས་ཏེ་དབང་ཐོབ་པས། སྔགས་སྡོམ་ཁོ་ན་ལས་ཕྱེ་བའི་སྡོམ་པ་གསུམ་གཅིག་ཅར་སྐྱེས་པ་སྟེ། སྔགས་ཀྱི་ཐུན་མོང་མ་ཡིན་པའི་སྡོམ་པ་གང་ཞིག །གཞན་གནོད་གཞི་བཅས་སྤོང་བ་དང་། གཞན་ལ་ཕན་པ་སྒྲུབ་པ་དང་།

དེ་ཐམས་ཅད་ཀྱང་ཆོས་མཉམ་པ་ཆེན་པོའི་ཐབས་མཁས་ཀྱིས་ཟིན་པའི་སྡོམ་པ་ཐོབ་པའི་ཕྱིར། གསང་སྙིང་ལས། བླ་མེད་མཆོག་གི་དམ་ཚིག་ཏུ། །འདུལ་བའི་དབང་གིས་ཚུལ་ཁྲིམས་དང་། །ཇི་སྙེད་སྡོམ་པ་བསམ་ཡས་པ། །མ་ལུས་ཀུན་འདུས་རྣམ་པར་དག །ཅེས་སོ། །

གཉིས་པ་དབང་འབྲིང་གིས་སྡོམ་པ་གསུམ་སོ་སོར་ལེན་པ་ནི། **འབྲིང་ནི་སྡོམ་གསུམ་སོ་སོའི་ཆོ་ག་ལ། །བརྟེན་ནས་རིམ་ཐོབ་ནཱ་གརྫུ་ན་ལྟར། །**ཞེས་པ་སྟེ། གང་ཟག་དབང་འབྲིང་རྣམས་ནི་འཕགས་མཆོག་ཀླུ་སྒྲུབ་ཀྱི་རྣམ་ཐར་ལྟར་སྡོམ་གསུམ་སོ་སོའི་ཆོ་ག་ལ་བརྟེན་ནས་རིམ་པར་ལེན་པ་སྟེ། ཉན་ཐོས་དང་ཐུན་མོང་བའི་འདུལ་བའི་ཆོ་གས་སོ་ཐར་རིགས་བདུན་གང་རུང་། ཐེག་ཆེན་ཕ་རོལ་ཏུ་ཕྱིན་པ་སྲོལ་གཉིས་གང་རུང་གི་ཆོ་གས་བྱང་སྡོམ། གསང་སྔགས་ཕྱི་ནང་གང་རུང་གི་ཆོ་གས་སྔགས་སྡོམ་བླངས་ཏེ༔ སྡོམ་པ་གསུམ་ལྡན་དུ་ཉམས་སུ་ལེན་པའོ། །

གསུམ་པ་སྐལ་དམན་རིམ་འཇུག་གི་བགྲོ་ཚུལ་ནི། **ཐ་མ་སྐལ་དམན་ཤིན་ཏུ་གདུལ་དཀའ་དེ༔ །གསོ་སྦྱོང་བསླབ་པའི་གནས་བཅུ་གྲུབ་མཐའ་བཞི། །བྱ་སྤྱོད་རྣལ་འབྱོར་རྒྱུད་ཀུན་རིམ་ཤེས་ནས། །བླ་མེད་འཇུག་པ་བརྟག་པ་གཉིས་པར་གསུངས། །**ཞེས་པ་སྟེ། ཀྱེ་རྡོ་རྗེ་བརྟག་པ་ཕྱི་མ་འདུལ་བའི་ལེའུ་ལས། དང་པོར་གསོ་སྦྱོང་སྦྱིན་པར་བྱ། །དེ་རྗེས་བསླབ་པའི་གནས་བཅུ་ཉིད། །དེ་ལ་བྱེ་བྲག་སྨྲ་བ་བསྟན། །མདོ་སྡེ་པའང་དེ་བཞིན་ནོ། །དེ་ནས་རྣལ་འབྱོར་སྤྱོད་པ་ཉིད། །དེ་ཡི་རྗེས་སུ་དབུ་མ་བསྟན། །སྔགས་ཀྱི་རིམ་པ་ཀུན་ཤེས་ནས། །དེ་རྗེས་ཀྱེ་ཡི་རྡོ་རྗེ་བསྟན། །སློབ་མས་གུས་པས་བླངས་ནས་ནི། །འགྲུབ་འགྱུར་འདི་ལ་ཐེ་ཚོམ་མེད། །ཅེས་གསུངས་པ་ལྟར་སྐལ་དམན་དབང་པོ་ཐ་མ་ཤིན་ཏུ་གདུལ་དཀའ་བ་རྣམས་ནི་རིམ་གྱིས་བགྲོ་བའི་ཐབས་ལ་མཁས་པར་བྱ་སྟེ། འཁོར་བའི་ཉེས་དམིགས་དང་མྱང་འདས་ཀྱི་ཕན་ཡོན་བསམ་དུ་བཅུག་པས་བློ་སྦྱངས་ནས། ཐོག་མར་སྤྱོད་པ་ལ་རིམ་གྱིས་སློབ་སྟེ། དང་པོར་གསོ་སྦྱོང་ཡན་ལག་བརྒྱད་པའི་དུས་ཁྲིམས་དང་། དེ་རྗེས་དགེ་བསྙེན་དང་དགེ་ཚུལ་གྱི་བསླབ་པའི་གནས་བཅུ་ནས་དགེ་སློང་གི་སྡོམ་པའི་བར་སྦྱིན་པར་བྱའོ། །དེ་རྗེས་གྲུབ་མཐའ་བཞིའི་ལྟ་བ་སྟོན་ཏེ། བྱེ་བྲག་ཏུ་སྨྲ་བ་དང་མདོ་སྡེ་པའི་གཟུང་བ་རྡུལ་ཕྲན་བསྐོར་བ་བར་བཅས་བར་མེད་དང་། འཛིན་པ་སྐད་ཅིག་མ་དོན་དམ་དུ་འདོད་པ་ལ་སོགས་པའི་

གྲུབ་མཐའ་རྣམས་དང་། དེ་རྗེས་སེམས་བསྐྱེད་ནས། ཆོས་ཐམས་ཅད་སེམས་ཙམ་དུ་གཏན་ལ་འབེབས་པ་སོགས་རྣལ་འབྱོར་སྤྱོད་པའི་གཞུང་དང་། ཆོས་ཐམས་ཅད་སྤྲོས་པའི་མཐའ་བརྒྱད་དང་བྲལ་བར་སྟོན་པ་དབུ་མའི་གྲུབ་མཐའ་སྟེ། དེ་ལྟར་གྲུབ་མཐའ་བཞི་ཤེས་པའི་འོག་ཏུ། ཐུན་མོང་མ་ཡིན་པའི་ཐེག་པ་ལ་རིམ་པར་སློབ་སྟེ། རང་རང་གི་དབང་བསྐུར་བ་སྔོན་དུ་འགྲོ་བས། གཙང་སྦྲའི་སྤྱོད་ལམ་དང་བཟླས་བརྗོད་སོགས་ལུས་ངག་གི་བྱ་བ་གཙོ་བོར་སྟོན་པ་བྱ་བའི་རྒྱུད་དང་། ལུས་ངག་གི་བྱ་བ་དང་སེམས་ཀྱི་ཏིང་འཛིན་ཆ་མཉམ་དུ་སྟོན་པ་སྤྱོད་པའི་རྒྱུད་དང་། སེམས་ཀྱི་ཏིང་འཛིན་གཙོ་བོར་སྟོན་པ་རྣལ་འབྱོར་གྱི་རྒྱུད་ཀུན་རིམ་པར་ཤེས་པའི་འོག་ཏུ། ཐབས་ཤེས་གཉིས་སུ་མེད་པའི་རྣལ་འབྱོར་བདེ་བ་ཆེན་པོས་ཁྱད་པར་དུ་བྱས་པའི་ཐབས་སྟོན་པ་རྣལ་འབྱོར་བླ་ན་མེད་པ་བསྐྱེད་རྫོགས་གསུམ་གྱི་རྒྱུད་སྡེ་ལ་རིམ་གྱིས་གཞུག་པར་བྱ་བ་ཡིན་ནོ། །དེ་དང་མཐུན་པར་ཕྱུར་པ་ཞི་སྣང་ཁྲོས་པའི་རྒྱུད་ལས་ཀྱང་། སོ་སོ་ཐར་པ་དང་པོར་སྦྱིན། །དེ་ལ་ཉན་ཐོས་ཆོས་རྣམས་བསྟན། །དེ་ནས་བྱང་ཆུབ་སྡོམ་ཆེན་སྦྱིན། །དེ་ལ་དབུ་མའི་ཆོས་རྣམས་བཤད། །མཐར་ནི་འབྲས་བུ་ཐེག་ཆེན་གྱི༑ ༑དབང་སྦྱིན་འབྲས་བུའི་རྒྱུད་འདི་བཤད། །ཅེས་སོ། །

གཉིས་པ་ནི། **འདིར་ནི་དབང་པོ་འབྲིང་གི་ཚུལ་འཆད་དེ།** །ཞེས་པས་མདོར་བསྟན་ནས། རྒྱས་བཤད་ལ་བཞི་སྟེ། ཚོགས་གསུམ་སྔགས་ཀྱི་རྟེན་མཆོག་དམན་དུ་འགྲོ་ཚུལ་དམིགས་བསལ་དང་བཅས་པ་བཤད། བསྟན་བཅོས་འདིར་གཏན་ལ་དབབ་བྱའི་སྡོམ་པ་གསུམ་ངོས་བཟུང་། སོ་བྱང་གཉིས་སྔགས་སྡོམ་གྱི་ཡན་ལག་ཏུ་བསྡུ་ཚུལ་བཤད། སྡོམ་གསུམ་སོ་སོའི་ལུས་རྣམ་བཞག་མདོར་བསྟན་པས་ཁོག་དབུབ་པའོ། །དང་པོ་ནི། **དགེ་སློང་དགེ་ཚུལ་དགེ་བསྙེན་སྡོམ་ལྡན་དེ།** **།རྡོ་རྗེ་འཛིན་པའི་རབ་འབྲིང་ཐ་ཡིན་ཞེས།** **།ཕྱུར་པའི་རྒྱུད་དང་དུས་འཁོར་ལས་གསུངས་ཤིང་།** **།འོན་ཀྱང་ཡེ་ཤེས་ལྡན་པ་གཙོ་བོར་བཟུང་།** །ཞེས་པ་སྟེ། སྤྱིར་བཏང་གསང་སྔགས་རྡོ་རྗེ་འཛིན་པའི་སྡོམ་པ་ལ་འཇུག་པའི་རྟེན་དགེ་སློང་རབ། དགེ་ཚུལ་འབྲིང་། དགེ་བསྙེན་ཐ་མ་ཡིན་པར་ཕྱུར་བའི་རྒྱུད་དང་དུས་འཁོར་རྩ་རྒྱུད་ལས་གསུངས་ཏེ། ཇི་སྐད་དུ། གསུམ་ལས་དགེ་སློང་མཆོག་ཡིན་འབྲིང་། །དགེ་ཚུལ་ཞེས་བྱ་དེ་དག་ལས། །ཁྱིམ་ན་གནས་པ་ཐ་མའོ། །ཞེས་གསུངས་ཤིང་། རྟ་མགྲིན་དགོངས་པ་

ལུང་སྟོན་གྱི་རྒྱུད་ལས་ཀྱང་། དམིགས་པ་ཕྲ་བའི་རིག་པ་ནི། །གཙོ་བོའི་བསྙེན་པ་འབུམ་དུ་བྱ། །འཁོར་རྣམས་ལ་ནི་ཁྲི་ཡིན་ཏེ། །དགེ་སློང་རྡོ་རྗེ་འཛིན་པས་བྱ། །ཞེས་དང་། སྔགས་སུ་མ་ཟད་བྱང་སྡོམ་གྱི་རྟེན་ཡང་ཁྱིམ་པ་ལས་རབ་ཏུ་བྱུང་བ་འཕགས་ཏེ། མདོ་སྡེ་རྒྱན་ལས། རབ་ཏུ་བྱུང་བའི་ཕྱོགས་དག་ནི། །ཡོན་ཏན་ཚད་མེད་རྣམས་དང་ལྡན། །དེ་ལྟས་སྡོམ་བརྩོན་ཁྱིམ་པ་ཡི། །བྱང་སེམས་རྣམས་ལས་མཆོག་ཏུ་བཤད། །ཅེས་སོ། །རྟེན་ཁྱིམ་པ་ཡིན་ཡང་ཡེ་ཤེས་དང་ལྡན་པ་སྟེ་ས་ཐོབ་པ་ཡིན་ན་དེ་ཉིད་ཁྱད་པར་དུ་འཕགས་པས་གཙོ་བོར་བསྙེན་པ་དམིགས་བསལ་ཏེ། དུས་འཁོར་ལས། ས་ཐོབ་མ་གཏོགས་ཁྱིམ་པ་ནི། །རྒྱལ་པོས་བླ་མར་མི་བྱ་སྟེ། །ཞེས་སོགས་གསུངས་པའི་ཕྱིར་དང་། དེ་འདྲ་བའི་གང་ཟག་ནི་ཁྱིམ་པའི་རྟགས་ཅན་ཡིན་ཀྱང་སའི་སྙིང་པོ་འཁོར་ལོ་བཅུ་པའི་མདོ་དང་འདུལ་བ་ལུང་ལས་ཁྱིམ་པ་འཕགས་པའི་ཆོས་དང་ལྡན་པ་དོན་དམ་པའི་དགེ་སློང་དུ་བསྡུས་པ་དང་གནད་གཅིག་པ་སྟེ། དཔེར་ན་འདུལ་ལུང་དུ། རྒྱན་གྱིས་བརྒྱན་པར་བྱས་ཀྱང་ཆོས་སྤྱོད་ཅིང་། །དུལ་ཞིང་ཡང་དག་སྡོམ་ལ་ཚངས་པར་སྤྱོད། །འབྱུང་པོ་ཀུན་ལ་ཆད་པ་སྤངས་པ་སྟེ། །དགེ་སློང་དགེ་སྦྱོང་དེ་ཡིན། ཞེས་ཁྱིམ་བདག་གྲགས་པ་དགེ་སློང་དུ་གསུངས་པ་བཞིན་ནོ། །

གཉིས་པ་ནི། **སྔ་འགྱུར་རྒྱུད་སྡེའི་རྩ་བ་ཀུན་འདུས་ལས། །རང་དང་གཞན་དོན་ཕན་པ་ཆེ་བཤད་པ། །སོ་ཐར་སེམས་བསྐྱེད་དབང་བསྐུར་ཉིད་ཡིན་ཏེ། །སོ་སོར་འཛིན་ན་ཉན་ཐོས་བྱང་སེམས་དང་། །རིག་པ་འཛིན་པ་ཞེས་སུ་མཁས་ལ་གྲགས།** །ཞེས་པ་སྟེ། སྤྱིར་སྡོམ་གསུམ་གྱི་ཐ་སྙད་གྲགས་པའི་རྣམ་གྲངས་ལ། སོ་ཐར་གྱི་དགེ་བསྙེན། དགེ་ཚུལ། དགེ་སློང་སྟེ་བསླབ་ཚིགས་གསུམ་དང་། བྱང་སྡོམ་གྱི་ཉེས་སྤྱོད་སྡོམ་པ། དགེ་བ་ཆོས་སྡུད། སེམས་ཅན་དོན་བྱེད་ཀྱི་ཚུལ་ཁྲིམས་གསུམ་དང་། སྔགས་སྡོམ་གྱི་སྐབས་སུ་ཕྲ་རྒྱས་ལས། དེ་ལྟར་སུམ་བརྒྱ་དྲུག་ཅུ་རྣམས། །བདག་གི་རྡོ་རྗེ་མཆོག་གསུམ་པོ། །ལོག་པར་མི་གཏོང་སྡོམ་པའི་དངོས། །ས་གཞི་ལྟ་བུར་གསུངས་པ་ཡིན། །ཞེས་སྐུ་གསུང་ཐུགས་ཀྱི་དམ་ཚིག་གསུམ་ལ་སྡོམ་པ་གསུམ་དུ་བཞག་པ་སོགས་མང་དུ་སྣང་མོད་ཀྱང་། འདིར་སྐབས་དོན་ངོས་བཟུང་བ་ནི། མདོའི་རྩ་རྒྱུད་ཀུན་འདུས་ལས། དེ་ལྟར་སྡོམ་པ་གསུམ་པོ་ཡང་། །རང་དང་གཞན་དོན་ཕན་པ་ཆེ། །ཞེས་པ་ལྟར་སྡེ་སྣོད་གསུམ་གྱི་ནང་ནས་འདུལ་བའི་སྡེ་སྣོད་ཀྱི

བསྟན་དོན་སོ་ཐར། མདོ་སྡེའི་སྡེ་སྣོད་ཀྱི་བསྟན་དོན་བྱང་སྡོམ། སྡེ་སྣོད་བཞི་པ་རིག་པ་འཛིན་པའི་སྡེ་སྣོད་ཀྱི་བསྟན་དོན་སྔགས་སྡོམ་རྣམས་ཡིན་ཞིང་། དེ་ཡང་སོ་ཐར་ནི། ཀུན་སློང་གི་ཁྱད་པར་རང་དོན་ཞི་བདེ་འདོད་པས། ཚོགས་ཀྱི་ཁྱད་པར་ཉན་ཐོས་དང་ཐུན་མོང་བའི་འདུལ་བའི་ཚོག་ལ་བརྟེན་ནས། དུས་ཀྱི་ཁྱད་པར་ཉིན་ཞག་གམ་ཇི་སྲིད་འཚོའི་བར་དུ། སྤང་བྱའི་ཁྱད་པར་ལུས་ངག་གི་མི་དགེ་བ་ཅི་རིགས་སྤོང་བའི་རིགས་རྒྱུད་གང་རུང་ལ་བསླབ་པའོ། །དེ་བཞིན་དུ་བྱང་སྡོམ་ནི། ཀུན་སློང་གི་ཁྱད་པར་གཞན་དོན་དུ་རྫོགས་བྱང་ལ་དམིགས་པས། ཚོགས་ཀྱི་ཁྱད་པར་སྲོལ་གཉིས་གང་རུང་གི་སེམས་བསྐྱེད་ཀྱི་ཚོག་ལ་བརྟེན་ནས། དུས་ཀྱི་ཁྱད་པར་བྱང་ཆུབ་ཀྱི་བར་དུ། སྤང་བྱའི་ཁྱད་པར་བྱང་ཆུབ་སེམས་དཔའི་འཆལ་ཚུལ་གྱི་རྒྱུན་སྤོང་བའི་སྨོན་འཇུག་གཉིས་སམ་གང་རུང་ལ་བསླབ་པའོ། །སྔགས་སྡོམ་ནི། ཀུན་སློང་ཐབས་ཤེས་ཁྱད་པར་ཅན་གྱིས་ཟིན་པའི་གཞན་དོན་རླབས་པོ་ཆེ་སྒྲུབ་པར་འདོད་པས། ཚོགས་ཀྱི་ཁྱད་པར་རྒྱུད་སྡེ་བཞི་གང་རུང་གི་དབང་ལ་བརྟེན་ནས། དུས་ཀྱི་ཁྱད་པར་བླ་ན་མེད་པའི་བྱང་ཆུབ་ཀྱི་བར་དུ། སྤང་བྱའི་ཁྱད་པར་སྔགས་ཕྱི་ནང་སོ་སོ་ལ་ལྟོས་པའི་རང་སྐལ་གྱི་འཆལ་ཚུལ་སྡོམ་པའི་ཚུལ་ཁྲིམས་གང་ཞིག །བཏགས་པ་བ་བརྗོད་པ་ཁས་བླངས་དང་། མཚན་ཉིད་པ་དབང་གི་དངོས་གཞི་ལས་ཐོབ་པའོ། །དེས་ན་རང་སྡེ་སྣོད་གང་ལས་བསྟན་དོན་ལྟར་སོ་སོར་འཛིན་ན། སོ་ཐར་ཉན་ཐོས་དང་། སེམས་བསྐྱེད་བྱང་སེམས་དང་། དབང་ཐོབ་པས་རིག་པ་འཛིན་པ་ཞེས་མཁས་ལ་གྲགས་མོད། འོད་ཀྱང་ཀུན་སློང་གི་ཁྱད་པར་གྱིས་མཐའ་གཅིག་ཏུ་མ་ངེས་ཏེ། རབ་དབྱེ་ལས། བསམ་པ་སེམས་བསྐྱེད་ཀྱིས་ཟིན་པའི། །ཚོག་ཉན་ཐོས་ལུགས་བཞིན་གྱིས། །སོ་སོར་ཐར་པ་རིགས་བརྒྱད་པོ། །བྱང་སེམས་སོ་སོ་ཐར་པར་འགྱུར། །ཞེས་བྱང་སེམས་ཀྱི་སོ་ཐར་ངོས་འཛིན་དངོས་སུ་གསུངས་པས། དེའི་ཤུགས་ཀྱིས་སྔགས་ཀྱི་སོ་ཐར་ཡང་དོན་གྱིས་འཕངས་པའི་ཕྱིར་ཏེ། དཔེར་ན་སྔགས་སྡོམ་རྒྱུད་ལྡན་གྱིས་དགེ་ཚུལ་སློང་གི་སྡོམ་པ་གསར་དུ་བླངས་ན་དེ་དང་དེ་གསང་སྔགས་ཀྱི་ཐུན་མོང་མ་ཡིན་པའི་སོ་ཐར་གྱི་སྡོམ་པར་འགྱུར་དགོས་པ་བཞིན་ནོ། །སྤྲོས་པས་ཆོག་གོ། །

གསུམ་པ་ནི། **དེ་ལྟར་ཐུན་མོང་སྡོམ་པ་འོག་མ་གཉིས། །འདིར་ནི་བླ་མེད་དབང་གི་ཡན་ལག**

ཏུ། །རྒྱུད་སྡེ་རྒྱ་མཚོར་བཤད་ལྟར་འདིར་འཆད་དོ། །ཞེས་པ་སྟེ། བཤད་མ་ཐག་པ་ལྟར་རྒྱུའི་ཐེག་པ་དམན་མཆོག་གཉིས་དང་ཐུན་མོང་བར་གྱུར་པ་སྡོམ་པ་འོག་མ་སོ་བྱང་གཉིས་འདིར་བླ་མེད་དབང་གི་ཡན་ལག་ཏུ་འགྲོ་བ་ཡིན་ཏེ། སོ་བྱང་གི་སྡོམ་ལྡན་དེས་སྔགས་སྡོམ་བླངས་པའི་ཚེ། སོ་ཐར་ནི་སྔགས་ཀྱི་ཉེས་སྤྱོད་སྡོམ་པ་དང་། བྱང་སྡོམ་རྣམ་སྣང་གི་དམ་ཚིག་ཏུ་འགྱུར་བ་གང་ཞིག །སྔགས་བླ་མེད་དུ། སྤྱི་དང་ཁྱད་པར་ལྔག་པའི་དམ་ཚིག་ཅེས་བཤད་པའི་སྤྱིའི་དམ་ཚིག་ཏུ། སོ་བྱང་དང་སྔགས་ཕྱི་རྒྱུད་ཀྱི་དམ་ཚིག་ཐམས་ཅད་ཚང་བའི་ཕྱིར་དང་། དེར་མ་ཟད་སོ་བྱང་སྔོན་དུ་མ་སོང་བའི་རྡོ་རྗེ་འཛིན་པའི་རྒྱུད་ལའང་དབང་བསྐུར་ཁོ་ནས་ཐོབ་པའི་སྐབས་གསུམ་ཙམ་མམ་བསླབ་གཞི་ལྔ་འཛིན་པའི་ཉེས་སྤྱོད་སྡོམ་པ་སོ་ཐར་དང་། དབང་གི་སྔོན་འགྲོར་རྒྱུད་སྡེ་ནས་གསུངས་པའི་སེམས་བསྐྱེད་ཀྱི་ཆོགས་སྒོན་འཇུག་གི་སེམས་བསྐྱེད་བླངས་ཤིང་ཐོབ་པའི་ཕྱིར་རོ། །དེས་ན་སྐབས་འདིར་བསྟན་གྱི་སྡོམ་པ་གསུམ་གྱི་རྣམ་བཞག་འདི་ནི། རྒྱུའི་སྡེ་སྣོད་གསུམ་དུ་མ་གྲགས་པས་འབྲས་བུའི་སྡེ་སྣོད་རྒྱུད་སྡེ་རྣམས་ཀྱི་ཁྱད་ཆོས་ཏེ། རྩ་རྒྱུད་སྙིང་པོ་ལས། བླ་མེད་མཆོག་གི་དམ་ཚིག་ཏུ། །འདུལ་བའི་དབང་གིས་ཚུལ་ཁྲིམས་དང་། །ཇི་སྙེད་སྡོམ་པ་བསམ་ཡས་པ། །མ་ལུས་ཀུན་འདུས་རྣམ་པར་དག །ཅེས་དང་། རྣམ་གློག་ལས། དགེ་སློང་བྱང་ཆུབ་སེམས་དཔའ་དང་། །རྣལ་འབྱོར་རྣལ་འབྱོར་ཆེན་པོ་ཡིན། །ཞེས་དང་འཁོར་ལོ་སྡོམ་པའི་རྒྱུད་ལས། སོ་སོ་ཐར་དང་བྱང་ཆུབ་སེམས། །རིག་འཛིན་ཉིད་ཀྱི་དགེ་སློང་ངོ་། །ཞེས་དང་། རྡོ་རྗེ་རྩེ་མོ་ལས། སྲོག་གཅོད་རྐུ་དང་འཁྲིག་པ་དང་། །རྫུན་དང་ཆང་ནི་རྣམ་སྤངས་ཏེ། །ཁྱིམ་པའི་སྡོམ་པ་ལེགས་གནས་ནས། །གསང་སྔགས་རྒྱལ་པོ་རབ་ཏུ་སྒྲུབ། །གལ་ཏེ་དེ་དག་རབ་བྱུང་འགྱུར། །སྡོམ་པ་གསུམ་དང་ཡང་དག་ལྡན། །སོ་སོ་ཐར་དང་བྱང་ཆུང་སེམས། །རིག་འཛིན་རང་གི་ངོ་བོའོ། །ཞེས་གསུངས་པ་ལྟར་འདིར་འཆད་དོ། །

བཞི་པ་ནི། **སྡོམ་གསུམ་སོ་སོར་ཁོག་དབུབ་གླེང་གཞི་དང་། །དང་པོ་སྡོམ་པ་མ་ཐོབ་ཐོབ་པའི་ཚུལ། །བར་དུ་ཐོབ་པ་མི་ཉམས་བསྲུང་བའི་ཐབས། །ཐ་མར་ཉམས་ན་གསོ་ཚུལ་བཞི་རེས་སྡོམ།** །ཞེས་ལུས་རྣམ་བཞག་གི་ཚིགས་སུ་བཅད་པ་འདི་སྡོམ་པ་གསུམ་སོ་སོར་གཏན་ལ་དབབ་པའི་ལེའུ་གཉིས་པ་དང་། གསུམ་པ་དང་། བཞི་པ་རྣམས་ཀྱིས་རྒྱས་པར་འཆད་པར་འགྱུར་བའི་ཕྱིར།

འདིར་མ་སྤྲོས་སོ། །དེ་ལྟར་བཤད་ཟིན་ནས་ལེའུའི་སྐབས་བསྡུ་བ་ནི། **སྡོམ་གསུམ་སྤྱིའི་བཤད་གཞིའི་རིམ་པར་ཕྱེ་བ་སྟེ་དང་པོའོ།། །།**

ཞེས་པ་སྟེ། བསྟན་བཅོས་འདི་ལ་ལེའུ་ལྔ་ལས། གཞི་འབྲས་ཀྱི་མཚམས་སྦྱོར་ལམ་ཐམས་ཅད་ཀྱི་གནད་སྡོམ་པ་གསུམ་དུ་བསྡུས་པའི་འབྲེལ་སྤྱིར་བསྟན་པའི་སྒོ་ནས་བཤད་བྱའི་གཞི་རིམ་པར་ཕྱེ་བ་སྟེ། ལེའུ་དང་པོའི་འགྲེལ་པའོ། །འདིར་སྨྲས་པ། རང་བཞིན་ལྷུན་རྫོགས་འོད་གསལ་བྱང་ཆུབ་སེམས། །སྒྲིབ་བྲལ་སྐུ་བཞིའི་བྲས་བུར་མཚམས་སྦྱོར་བའི། །རྣམ་དག་ལེགས་པའི་ལམ་མཆོག་སྡོམ་གསུམ་གྱི། །བཤད་བཞིའི་རིམ་པ་ལེགས་པར་བཀྲལ་བའི་མཐུས། །ལུས་ངག་ཉེས་སྤྱོད་འདུལ་བའི་ཐབས་ཀྱིས་ཐུལ། །སེམས་གླང་གཞན་ཕན་ལྷུགས་ཀྱིས་དབང་དུ་བྱས། །མ་དག་སྣང་ཞེན་སྨིན་གྲོལ་ཆོས་ཀྱིས་སྦྱངས། །འགྲོ་ཀུན་རྣམ་གྲོལ་དཔལ་ལ་སྤྱོད་པར་ཤོག། །།

ན་མཀྵྲཐ་ཧླཱྀ་ཡ། གང་ཞིག་མཚན་དཔེའི་གཟུགས་སྐུ་ཞི་བའི་དབྱིངས། །སྙོམས་པར་ཞུགས་ཀྱང་སྡོམ་བརྩོན་འདུས་པའི་དབུས། །གནང་བཀག་འདོམས་པའི་ཆོས་འདུལ་སྐུར་བཞེངས་པ། །སྟོན་དང་བསྟན་པ་གཉིས་གྱུར་ཕྱག་གི་གནས། །ལུང་རིགས་སྦྲང་རྩིས་མྱོས་པའི་བུང་མ་ར། །ཆོས་འདུལ་འདབ་བརྒྱ་བཞད་པའི་སྐྱིད་ཚལ་དུ། །ལེགས་བཤད་རྣམ་པར་འགྲེལ་བའི་སྙན་འགྱུར་སྒྲ། །དཔྱོད་ལྡན་རྣ་བའི་བཅུད་དུ་དེ་རིང་ལེན། །གཉིས་པ་སྡོམ་པ་གསུམ་སོ་སོའི་རང་བཞིན་དང་བསླབ་བྱ་རྒྱས་པར་བཤད་པ་ལ་གསུམ་སྟེ། སོ་ཐར། བྱང་སེམས། སྔགས་ཀྱི་སྡོམ་པ་བཤད་པའོ། །དེ་གསུམ་ག་ལ་སྔར་ལུས་རྣམ་བཞག་གི་སྐབས་སུ། ཁོག་དབུབ་གླེང་གཞི། མ་ཐོབ་པ་འཐོབ་པར་བྱེད་པ། ཐོབ་པ་མི་ཉམས་པར་བསྲུང་བ། ཉམས་ན་ཕྱིར་བཅོས་ཚུལ་དང་བཞིའི་སྡོམ་གྱིས་བསྡུས་ནའང་། འདིར་བློ་གསར་རྣམས་ཀྱི་བློ་ལ་འཆར་བདེ་བའི་ཕྱིར། རྩ་བའི་ས་བཅད་གསུམ་དུ་བསྡུས་ཏེ་འཆད་པར་བྱའོ། །དེ་ལ་དང་པོ་སོ་ཐར་གྱི་སྡོམ་པ་བཤད་པ་ལ་གསུམ་སྟེ། སྟོན་པས་འདུལ་བའི་དམ་ཆོས་གསུངས་ཚུལ། དེ་བསྡུས་ནས་བཤད་སྒྲུབ་ཀྱིས་ཇི་ལྟར་བཟུང་ཚུལ། དེ་ལྟར་བཟུང་བའི་འདུལ་བའི་བརྗོད་བྱ་གཏན་ལ་དབབ་པའོ། །དང་པོ་ནི། **གླེང་གཞི་སྟོན་པས་ཝཱ་ར་ཎཱ་སཱི་རུ། །ལྷག་པའི་ཚུལ་ཁྲིམས་གཙོར་སྟོན་བདེན་པ་བཞི། །ལྔ་སྡེར་གསུངས་པ།** ཞེས་པ་སྟེ། སྟོན་པ་ཡང་དག

པར་རྫོགས་པའི་སངས་རྒྱས་ཤཱཀྱ་ཐུབ་པ་འདིས། སྔོན་བྱང་ཆུབ་མཆོག་ཏུ་ཐུགས་བསྐྱེད་པ་ནས་བརྩམས་ཏེ། བསྐལ་པ་གྲངས་མེད་གསུམ་དུ་ཚོགས་གཉིས་རྫོགས་པར་མཛད་ནས། མི་རྣམས་ཚེ་ལོ་ཉི་ཁྲི་པའི་དུས་སངས་རྒྱས་འོད་སྲུང་འཇིག་རྟེན་དུ་བྱོན་པའི་ཚེ་བྲམ་ཟེའི་ཁྱེའུ་བླ་མར་གྱུར། དེའི་ཕྱི་མ་ལ་དགའ་ལྡན་དུ་དམ་པ་ཏོག་དཀར་པོར་སྐྱེ་བ་བཟུང་ཞིང་། དེ་ནས་ཚེ་ལོ་བརྒྱ་པའི་དུས་སུ་དགའ་ལྡན་ནས་འཕོ་བ་སོགས་ཞིང་འདིར་མཛད་པ་བཅུ་གཉིས་ཀྱིས་དོན་མཛད་པ་ལས། གང་གི་ཚེ་དགུང་ལོ་ཉེར་དགུའི་བར་ཁབ་ཏུ་བཞུགས་པའི་མཐར་རབ་ཏུ་བྱུང་ཞིང་། དཀའ་བ་ལོ་དྲུག་སྤྱད་ནས། དགུང་ལོ་སོ་ལྔ་ལ་བབས་པ་ན་རྡོ་རྗེ་གདན་དུ་ས་ག་ཟླ་བའི་ཚེས་བཅོ་ལྔའི་སྲོད་ལ་བདུད་བཏུལ་ཞིང་། ཐུན་དང་པོའི་སྐབས་དེ་ཉིད་དུ་མཉམ་པར་བཞག་སྟེ། རབ་མཐའི་བསམ་གཏན་ལ་བརྟེན་ནས་རྫུ་འཕྲུལ་གྱི་མངོན་ཤེས་དང་ལྷའི་རྣ་བ་བསྒྲུབས། གུང་ཐུན་ལ་གཞན་སེམས་ཤེས་པ། སྔོན་གནས་རྗེས་དྲན། ལྷའི་མིག་རྣམས་བསྒྲུབས། ཐུན་ཐ་མ་སྐྱ་རེངས་འཆར་ཀ་ལ་ཟག་ཟད་ཀྱི་མངོན་ཤེས་བསྒྲུབས་པས། བླ་ན་མེད་པའི་ཡེ་ཤེས་བརྙེས་ནས་མངོན་པར་རྫོགས་པ་སངས་རྒྱས་ཏེ། དེའི་ཚེ་འཇིག་རྟེན་ན་དགྲ་བཅོམ་པ་གཅིག་གོ། །དེ་ནས་ཞག་བདུན་ཕྲག་བདུན་འདས་པ་ཆུ་སྟོད་ཟླ་བའི་ཚེས་བཞི་ནས་བརྩམས་ཏེ། འདུལ་བའི་དམ་ཆོས་གསུངས་པའི་གླེང་གཞི་ནི། ཡུལ་ཝཱ་ར་ཎ་སཱིའི་དྲང་སྲོང་ལྷུང་བ་རི་དྭགས་ཀྱི་ནགས་སུ། སྟོན་པ་ཐུབ་པའི་དབང་པོས། འཁོར་ལྔ་སྡེ་བཟང་པོ་ལྷ་བརྒྱད་ཁྲི་དང་བཅས་པ་ལ། ཆོས་ལྷག་པ་ཚུལ་ཁྲིམས་ཀྱི་བསླབ་པ་བརྗོད་བྱའི་གཙོ་བོར་སྟོན་པ་ལས་བརྩམས་ཏེ། འདུལ་བའི་འདུལ་བ་བཅས་པ་དང་རང་བཞིན་གྱི་རྣམ་བཞག་ཆེ་ལོང་ཙམ་དང་། འདུལ་བའི་མདོ་སྡེ་ཏིང་ངེ་འཛིན་དང་ཚངས་པར་སྤྱོད་པའི་རྣལ་འབྱོར་དུ་བྱ་བའི་རིམ་པ་དང་། འདུལ་བའི་མངོན་པ་དེ་རྣམས་ཀྱི་རབ་དབྱེ་རྒྱ་ཆེར་བཤད་པ་སོགས་སྤྱོད་གཉེན་གྱི་རིམ་པས་ཉམས་སུ་ལེན་པའི་ཐབས་བདེན་བཞིའི་ཆོས་ཀྱི་རྣམ་གྲངས་གསུངས་པས། ལྔ་སྡེས་དགྲ་བཅོམ་པ་ཐོབ། ལྷ་བརྒྱད་ཁྲིས་བདེན་པ་མཐོང་། དེའི་ཚེ་འཇིག་རྟེན་ན་དགྲ་བཅོམ་པ་དྲུག་གོ། །དེ་ནས་ཉེ་བའི་ལྔ་སྡེ་ལ་སོགས་པ་ནས་རབ་བཟང་གི་བར་བཏུལ་ཏེ། དགུང་ལོ་བརྒྱད་ཅུ་པ་ལ་གྲོང་ཡུལ་རྩྭ་ཅན་དུ་ཤུང་པོ་ལྷག་མ་མེད་པའི་དབྱིངས་སུ་མྱ་ངན་ལས་འདའ་བ་སྟོན་པར་མཛད་དོ། །

དེ་ཡང་ལུང་བཞིས་བསྡུས་པའི་འདུལ་བའི་སྡེ་སྣོད་ནི། སྟོན་པ་སངས་རྒྱས་ནས་མྱ་ངན་ལས་མ་འདས་ཀྱི་བར་དུ་བྱུང་བ་དང་བཅས་པའི་རྣམ་པར་བཞག་པ་ཐམས་ཅད་སྟོན་པའི་ཕྱིར། ཆོས་འཁོར་དང་པོ་ཁོ་ནའི་མཚན་གཞིར་ངེས་པ་མ་ཡིན་ཡང་། འཁོར་བའི་མཚན་ཉིད་སྤང་བྱ་ལས་ལྡོག་པའི་ལམ་སྟོན་པའི་ཕྱིར། གཙོ་ཆེ་བའི་དབང་དུ་བྱས་ཏེ། འདིར་འཁོར་ལོ་དང་པོའི་མཚན་གཞིར་མཛད་པ་ཡིན་ནོ། །

གཉིས་པ་ནི། **འོད་སྲུང་སོགས་ཀྱིས་བསྡུས། །ཁྲི་བྲག་བཞད་མཛོད་ལ་སོགས་འཕགས་པས་བརྩམས། །ཡོན་ཏན་འོད་དང་ཤཱཀྱ་འོད་ཀྱིས་སྤེལ། །སྔ་འགྱུར་སྡོམ་རྒྱུན་ཞི་བ་འཚོ་དང་ནི། །ཕྱིས་ནས་ཤཱཀྱ་ཤྲཱི་ལས་ཀྱང་དར། །**ཞེས་པ་སྟེ། བཀའ་བསྡུ་ལ་གསུམ་ལས། དང་པོ་ནི། ཤཱ་རིའི་བུ་དང་ལྷན་ཅིག་དགྲ་བཅོམ་པ་བརྒྱད་ཁྲི། མོཽདྒལ་གྱི་བུ་དང་ལྷན་ཅིག་དགྲ་བཅོམ་པ་བདུན་ཁྲི། བཅོམ་ལྡན་འདས་དང་ལྷན་ཅིག་དགྲ་བཅོམ་པ་ཁྲི་བརྒྱད་སྟོང་མྱ་ངན་ལས་འདས་པས། དེའི་ཚེ་ལྷ་རྣམས་ཀྱིས། དགེ་སློང་དབང་ཡོད་པ་དག་ཀྱང་མྱ་ངན་ལས་འདས་ཏེ། དམ་པའི་ཆོས་ནི་དུད་པ་ཙམ་དུ་གྱུར། དགེ་སློང་རྣམས་སྡེ་སྣོད་གསུམ་གྱི་སྒྲ་ཡང་མི་སྒྲོག་གོ། །ཞེས་འཕྱ་བ་བསལ་བའི་ཕྱིར། གནས་རྒྱལ་པོའི་ཁབ་ཀྱི་ཉ་གྲོ་དྷའི་ཕུག་ཏུ། མ་སྐྱེས་དགྲས་གནས་མལ་དང་ཡོ་བྱད་ཐམས་ཅད་སྦྱར་ཏེ། དགྲ་བཅོམ་པ་ལྔ་བརྒྱ་འདུས་ནས་དབྱར་གནས་པའི་དུས་སུ། འཕགས་པ་ཀུན་དགའ་བོས་མདོ་སྡེ། ཉེ་བ་འཁོར་གྱིས་འདུལ་བ། འོད་སྲུང་ཆེན་པོས་མངོན་པའི་སྡེ་སྣོད་མཐའ་དག་བསྡུས་པས། ལྷ་རྣམས་ནི་འཕེལ། ལྷ་མིན་རྣམས་ནི་འགྲིབ། སངས་རྒྱས་ཀྱི་བསྟན་པ་ཡུན་རིང་བར་གནས་སོ། །ཞེས་ལྷ་རྣམས་ཀྱིས་འོག་མིན་གྱི་བར་དུ་གོ་བར་བྱས་ཤིང་ཆེད་དུ་བརྗོད་དོ། །

བསྡུ་བ་གཉིས་པ་ནི། སྟོན་པ་མྱ་ངན་ལས་འདས་ནས་ལོ་བརྒྱ་དང་བཅུ་ལོན་པ་ན། ཡངས་པ་ཅན་གྱི་དགེ་སློང་རྣམས་ཀྱིས་རུང་བ་མ་ཡིན་པའི་གཞི་བཅུ་བྱས་པ་དེ། གྲགས་པ་ལ་སོགས་པ་དགྲ་བཅོམ་པ་བདུན་བརྒྱས་སུན་ཕྱུང་ཞིང་། སྡེ་སྣོད་གསུམ་ག་ཚང་བ་ཚར་གཅིག་ལེགས་པར་བཏོན། མཐུན་པ་དང་བཀྲ་ཤིས་པའི་གསོ་སྦྱོང་ཡང་མཛད་པའོ། །བསྡུ་བ་གསུམ་པ་ནི། རྒྱལ་པོ་མྱ་ངན་བྲལ་གྱི་བུ་རྒྱལ་པོ་དཔའ་བོའི་སྡེའི་དུས་ནས་བརྩམས་ཏེ། བདུད་ཀྱིས་བྱིན་གྱིས་བརླབས་པའི་དགེ་

སློང་ལྷ་ཆེན་པོ་དང་། བཟང་པོ་དང་། གནས་བརྟན་གླུ་དང་། ཡིད་བརྟན་རྣམས་རིམ་པར་བྱུང་བས། གཞི་ལྔ་གཞན་ལན་གདབ་དང་མི་ཤེས་པ། །ཡིད་གཉིས་དང་ནི་ཡོངས་སུ་བརྟག །བདག་ཉིད་གསོ་བར་བྱེད་པ་སྟེ། །འདི་ནི་སྟོན་པའི་བསྟན་པ་ཡིན། །ཞེས་སོ། །བསྒྲགས་ཏེ་ཆོས་ལོག་བསྟན་པས། རྒྱལ་པོ་དཔལ་པོའི་སྡེའི་ཚེ་སྣད། དགའ་བོ་དང་། པདྨ་ཆེན་པོའི་ཚེ་རིལ་པོ། ཀ་ནི་ཥྐའི་ཚེ་སྟོད་ཡན་ཏེ་རྒྱལ་པོ་བཞིའི་རིང་དགེ་འདུན་རྣམས་རྩོད་པར་གྱུར་ཅིང་། སྟོན་པས་འདུལ་བ་ཡི་གེར་འབྲི་བར་མ་གནང་བས་ཡུན་རིང་སོང་བ་ན་སོ་སོ་ཐར་པའི་མདོའི་འདོན་ཚུལ་མ་མཐུན་པའི་དབང་གིས་སྡེ་པ་བཅོ་བརྒྱད་དུ་གྱེས་ཏེ། ཇི་ལྟར་ན་གནས་བརྟན་གླུས་རྩོད་པ་སྤེལ་བའི་རྒྱུས་རྩ་བའི་སྡེ་པ་བཞིར་གྱེས། དེ་རྗེས་ཡིད་བརྟན་གྱིས་རྩོད་པ་རྒྱ་ཆེར་སྤེལ་བས་སྡེ་པ་བཞི་ཡང་བཅོ་བརྒྱད་དུ་རིམ་གྱིས་གྱེས་རྗེས། ཕན་ཚུན་རྩོད་པ་ཅུང་ཟད་ཞི་ནས་སོ་སོར་གནས་པའི་དུས་སུ། རྒྱལ་པོ་ཀ་ནི་ཥྐས་སྦྱིན་བདག་བྱས་ནས་བཀའ་བསྡུ་གསུམ་པ་མཛད། དེ་ཡང་ཁ་ཆེའི་ཡུལ་ན་ཀུན་གྱི་གཙུག་ལག་ཁང་དུ། འཕགས་པ་རྩེ་བས་ལོགས་སོགས་དགྲ་བཅོམ་པ་ལྔ་བརྒྱ་དང་། བ་སུ་མི་ཏྲ་སོགས་བཙུན་པ་ཆེན་པོ་བཞི་བརྒྱ་དང་། བྱང་ཆུབ་སེམས་དཔའ་ལྔ་བརྒྱ་རྣམས་ཀྱིས་བསྡུས་ཞེས་ཁ་ཆེ་བ་རྣམས་འདོད། ཛ་ལནྡྷ་རའི་དགོན་པ་ཀུ་བ་ནའི་གཙུག་ལག་ཁང་དུ་དགྲ་བཅོམ་པ་ལྔ་བརྒྱ་དང་། བཙུན་པ་ཆེན་པོ་ལྔ་སྟོང་ཞིག་གིས་བསྡུས་སོ། །ཞེས་འཕགས་ཡུལ་གྱི་པཎྜི་ཏ་ཕལ་ཆེར་བཞེད་གསུངས། དེང་སང་བོད་དུ་གྲགས་པ་ལྟར་ན། སྟོན་པ་མྱ་ངན་ལས་འདས་ནས་ལོ་བཞི་བརྒྱར་ཉེ་བ་ན་དགྲ་བཅོམ་པ་ལྔ་བརྒྱ་དང་། བྱང་ཆུབ་སེམས་དཔའ་ལྔ་བརྒྱ་དང་། སོ་སྐྱེའི་བཙུན་པ་ཆེན་པོ་ལྔ་བརྒྱའམ་ཁྲི་དྲུག་སྟོང་འདུས་ནས་བསྡུས་ཟེར། གང་ལྟར་ཡང་གསེར་ཕྲེང་ཅན་གྱི་རྟོགས་བརྗོད་ཅེས་པར་རྒྱལ་པོ་ཀྲི་ཀྲིའི་རྨི་ལམ་ལུང་བསྟན་པའི་མདོ་དྲངས་ནས་གྱེས་པ་བཅོ་བརྒྱད་པོ་ཐམས་ཅད་སངས་རྒྱས་ཀྱི་བཀར་བསྒྲུབས་ཤིང་། འདུལ་བའི་ཚིགས་ཡི་གེར་བཀོད། མདོ་སྡེ་དང་མངོན་པ་སྔར་ཡི་གེར་མ་འཁོད་པ་རྣམས་ཀྱང་དུས་དེར་ཡི་གེར་བྲིས་པ་ཡིན་ནོ། །

དགོངས་འགྲེལ་གྱི་བསྟན་བཅོས་བྱུང་ཚུལ་ལ་གཉིས་ཏེ། ཉན་ཐོས་ཀྱི་ཐུན་མོང་མ་ཡིན་པ་དང་ཐེག་པ་ཐུན་མོང་གི་འོ། །དང་པོ་ནི། བསྟན་བཅོས་བྱེ་བྲག་བཤད་མཛོད་ཡིན་ལ། འདི་ནི་ཉེར་སྦས

ཀྱི་དུས་དགྲ་བཅོམ་པ་རྣམས་ཀྱིས་སྤྱི་མཐུན་དུ་བརྩམས་ཟེར་བ་དང་། ཁ་ཅིག་དགྲ་བཅོམ་པ་གྲགས་པ་དང་ཐམས་ཅད་འདོད་སོགས་ཀྱིས་བརྩམས་པར་གྲགས་ཤིང་། བོད་རྣམས་གཏམ་དེ་གཉིས་བསྲེས་ཏེ༔ བྱང་ཕྱོགས་རི་བོ་འབིག་བྱེད་གར་མཁན་གྱི་གཙུག་ལག་ཁང་དུ་ཉེར་སྦས་དང་། ཐམས་ཅད་འདོད་དང་། གྲུར་བོ་སོགས་དགྲ་བཅོམ་པ་ལྔ་བརྒྱས་མཛད་ཅེས་འབྱུང་ངོ་། །

གཉིས་པ་ནི། འོད་བྱེད་ཀྱིས་བརྟེན་པ་བྲམ་ཟེའི་བཙུན་པ་སློབ་དཔོན་ཡོན་ཏན་འོད་ཀྱིས་མདོ་རྩ་བ་དང་ཀརྨ་ཤ་ཏཾ་ལ་སོགས་པ་དང་། སློབ་དཔོན་ཤཱཀྱ་འོད་ཀྱིས་སུམ་བརྒྱ་པ་རྩ་འགྲེལ་སོགས་མཛད་ཅིང་སྤེལ་བས། དེང་སང་གི་བར་དུ་སློབ་དཔོན་འདི་གཉིས་ཀྱི་གསུང་ལ་གཙོ་བོར་བརྟེན་པར་བྱེད་དོ། །སོ་སོ་ཐར་པའི་སྡོམ་རྒྱུན་ཇི་ལྟར་བྱུང་ཚུལ་ནི། གངས་ཅན་གྱི་ཁྲོད་འདིར་སྡེ་པ་གཞི་ཐམས་ཅད་ཡོད་པར་སྨྲ་བའི་ལུགས་གཅིག་པུ་ལས་གཞན་མ་བྱུང་། དེ་ལྟ་ནའང་སྡོམ་རྒྱུན་རིམ་པ་གསུམ་སྟེ། སྨད་འགྱུར་གྱི་སྡོམ་རྒྱུན་སྨད་འདུལ་བའི་བརྒྱུད་པ་ནི། ཡང་དག་པར་རྫོགས་པའི་སངས་རྒྱས། ཤཱ་རིའི་བུ། སྒྲས་སྒྲ་གཅན་འཛིན། བྲམ་ཟེ་སྒྲ་གཅན་འཛིན། འཕགས་མཆོག་ཀླུ་སྒྲུབ། སློབ་དཔོན་ལེགས་ལྡན་འབྱེད། དཔལ་སྦས། ཡེ་ཤེས་སྙིང་པོ། མཁན་པོ་ཞི་བ་འཚོ། ཐ་རནྟ། གཙང་རབ་གསལ། བླ་ཆེན་དགོངས་པ་རབ་གསལ། ཀླུ་མེས་ཚུལ་ཁྲིམས་ཤེས་རབ། གཟུས་རྡོ་རྗེ་རྒྱལ་མཚན། སྣེ་པོ་གྲགས་པ་རྒྱལ་མཚན། འབྲེ་ཤེས་རབ་འབར། བྱ་འདུལ་བརྩོན་འགྲུས་འབར། རྩེས་འདུལ་འཛིན་གཞོན་ནུ་སེང་གེ །གྲོ་སྟོན་བདུད་རྩི་གྲགས། མཆིམས་ནམ་མཁའ་གྲགས། ཟེའུ་གྲགས་པ་ཤེས་རབ། མཆིམས་བློ་བཟང་གྲགས་པ། གྲོ་སྟོན་ཀུན་དགའ་རྒྱལ་མཚན། དཔང་གྲུབ་པ་ཤེས་རབ། པཎ་ཆེན་དགེ་འདུན་གྲུབ། གནས་རྙིང་པ་ཀུན་དགའ་བདེ་ལེགས། ཐམས་ཅད་མཁྱེན་པ་དགེ་འདུན་རྒྱ་མཚོ། བདེ་བ་ཅན་པ་དགེ་ལེགས་དཔལ་བཟང་། རྒྱལ་ཁང་རྩེ་པ་དཔལ་འབྱོར་རྒྱ་མཚོ། གླིང་སྨད་ཁྲི་ཆེན་དཀོན་མཆོག་ཆོས་འཕེལ། མཁན་ཆེན་དཀོན་མཆོག་བསྟན་འཛིན། དེ་ལ་བདག་གིས་ཚོགས་གསུམ་དུས་གཅིག་ལ་བར་མ་ཆད་པའི་ཚོགས་བསྙེན་པར་རྫོགས་པ་ཐོབ་བོ། །ཕྱི་འགྱུར་གྱི་སྡོམ་རྒྱུན་ལ་གཉིས་ལས། སྟོད་འདུལ་བ་ནི། ཤར་ཕྱོགས་ཀྱི་པཎྜི་ཏ་དྷརྨ་པཱ་ལའི་མཁན་བུ་པཱ་ལ་རྣམ་གསུམ་སོགས་ནས་བརྒྱུད་པ་སྟེ། དེང་སང་རྒྱུན་ཡོད་པ་མ་ཐོས་ལ། ཁ་ཆེ་བརྒྱུད་པ་ནི།

ཀླུ་སྒྲུབ་ནས། ཤཱ་ཏཱ་མི་ཏྲ། རཏྣ་མི་ཏྲ། ཤྲཱི་རྡྷརྨ་པཱ་ལ། ཤཱ་ཏཱ་པ་ཏི། རྡྷརྨ་མཱ་ལ། ཨཱ་ཀ་ར་ཤཱུདྡྷ། པཎ་ཆེན་ཤཱཀྱ་ཤྲཱི། དེས་འཇམ་དབྱངས་ས་སྐྱ་པཎྜི་ཏ། བྱང་ཆུབ་དཔལ། རྡོ་རྗེ་དཔལ་རྣམས་བསྙེན་པར་རྫོགས་པར་མཛད་པས། དེ་གསུམ་ལས་རྒྱུན་འཕེལ་ནས་དར་བར་གྱུར་ཏོ། །ཞར་བྱུང་འདུལ་བའི་བཤད་རྒྱུན་ནི། སྟོན་པ་སངས་རྒྱས། འཕགས་པ་ཉེ་བ་འཁོར། འོད་སྲུང་ཆེན་པོ་ནས་ལེགས་མཐོང་གི་བར་སངས་རྒྱས་དང་འདྲ་བའི་ཉན་ཐོས་བདུན། ཁྱིར་མི་འོང་བློས་མི་ཕེབས་པ། ཁ་ཆེ་འདུས་བཟང་། མཁས་མཆོག་དབྱིག་གཉེན། འཕགས་པ་ཡོན་ཏན་འོད། སློབ་དཔོན་ཆོས་ཀྱི་བཤེས་གཉེན། ཞི་བ་འོད་དང་། བསོད་ནམས་གྲགས། དེ་གཉིས་ལས་སློབ་དཔོན་ཤཱཀྱ་འོད། པཎྜི་ཏ་སེང་གེའི་གདོང་ཅན། དཱ་ན་ཤཱི་ལ། ཛི་ན་མི་ཏྲ། ཅོག་རོ་ཀླུའི་རྒྱལ་མཚན། རྨ་གཡོ་གཙང་གསུམ། བླ་ཆེན། ཀླུ་མེས། གཟུས། སྣེ་པོ། སོག་འདུལ་འཛིན། རྒྱ་འདུལ། རྨ་ཆོ། བྱ་འདུལ། རྩིས་འདུལ། རོག་ཆོས་དབང་། ཆོས་བྱང་། ཆོས་བརྩོན། ཆོས་གྲགས་རིན་ཆེན། ཀ་བཞི་པ་གྲགས་གཞོན། བསོད་ནམས་གྲགས། ཀུན་མཁྱེན་བུ་སྟོན། དམར་སྟོན་རྒྱ་མཚོ་རིན་ཆེན་ནམ། ཡང་ན་རྨ་ཆོའི་སློབ་མ་སྙིད་ཤོད་པ་ཚུལ་ཁྲིམས་འཕགས་ནས། དམར་སྟོན་དཔལ་ལྡན་རིན་ཆེན་གྱི་བར་བླ་མ་བརྒྱུད་བརྒྱུད་དེ་དམར་སྟོན་རྒྱ་མཚོ་རིན་ཆེན་ནོ། །

དེ་ནས་ཀུན་མཁྱེན་སངས་རྒྱས་འཕེལ། འཇམ་དབྱངས་ཀུན་དགའ་ཆོས་བཟང་། གྲུབ་ཆེན་ནོར་བུ་ཕུན་ཚོགས། ཤངས་སྟོན་བྱམས་པ་ཆོས་བཤེས། འཇམ་གསར་ཤེས་རབ་རྒྱལ་མཚན། གུང་སྟོན་བཀྲ་ཤིས་གྲགས་པ་རྒྱལ་མཚན། མཁས་གྲུབ་རབ་བརྟན་དཔལ་འབར། འབུམ་རབ་འབྱམས་པ་ཐར་པ་རྒྱལ་མཚན། འདུལ་འཛིན་ཆོས་རྣམ་རྒྱལ། འབུམ་རབ་འབྱམས་པ་བྱམས་པ་དགེ་འདུན། དེ་གཉིས་ཀྱི་སློབ་མ་བཀྲ་ཤིས་རྒྱལ་མཚན་དང་། བྱམས་པ་རྒྱལ་མཚན་གཉིས་ལ། ལུང་རིགས་སྨྲ་བའི་དབང་ཕྱུག་སངས་རྒྱས་ཆོས་དར་གྱིས་གསན། དེ་ལ་བདག་གིས་ལེགས་པར་ཐོས་སོ། །གཞན་ཡང་ཁོ་བོས། ལུང་མང་བ་གྲུབ་པ་རྡོ་རྗེ་ལ་འདུལ་ལུང་སྡེ་བཞི་ཁྲིད་འགའ་དང་བཅས་པ། རབ་འབྱམས་པ་སངས་རྒྱས་ཆོས་དར་ལ་མདོ་རྩ་བ་དང་ལུང་རིགས་གཏེར་མཛོད། སྡོམ་བརྩོན་ཀུན་དགའ་དར་རྒྱས་ལ་མེ་ཏོག་ཕྲེང་རྒྱུད་དང་། སུམ་བརྒྱ་པ་རྩ་འགྲེལ། མཁྱེན་བརྩེ་ནུས་པའི་བདག་ཉིད་རིག་འཛིན་

ཆེན་པོ་པདྨ་ཕྲིན་ལས་ལ་ཀུན་མཁྱེན་བུའི་ལས་ཚོག་སོགས་ཀྱི་བཀླགས་ལུང་ཀྱང་ལེགས་པར་ཞུས་ཤིང་། འདུལ་བའི་བརྡའ་ཆད་དང་ལག་ལེན་རགས་ཙམ་གཞོན་ནུའི་དུས་ནས་གཅེན་སྡོམ་བརྩོན་མཁས་པ་ཆེན་པོ་རྒྱལ་བའི་སྲས་པོ་དང་། གྱུང་ཐང་པཎ་ཆེན་གཉིས་ལ་བསྟེན་ཏེ་ཅུང་ཟད་སྦྱངས་སོ༔ ༔

གསུམ་པ་དེ་ལྟར་བཟུང་བའི་བརྗོད་བྱ་གདན་ལ་དབབ་པ་ལ་བདུན་ཏེ། འཐོབ་བྱ་སྡོམ་པའི་ངོ་བོ། དེའི་དབྱེ་བ། མ་ཐོབ་པ་འཐོབ་པར་བྱེད་པའི་ཐབས། ཐོབ་པ་མི་ཉམས་པར་བསྲུང་བའི་ཚུལ། སྐྱེ་བའི་ལུས་རྟེན། ཉམས་ན་གསོ་བའི་ཐབས། བསྲུངས་པའི་ཕན་ཡོན་ནོ། །དང་པོ་ནི། **ངོ་བོ་ངེས་འབྱུང་བསམ་པས་ཀུན་བསླངས་ནས། །གཞན་གནོད་གཞི་བཅས་ལྡོག་པ་ལུས་ངག་ལས། ། སྐྱེ་ཕྱིར་གཟུགས་ཅན་ཡིན་ཞེས་འདོད་པ་དང་། །སྤོང་སེམས་རྒྱུན་ཆགས་ས་བོན་ལ་འདོད་པ། ། རང་གི་སྡེ་པ་གོང་འོག་སོ་སོའི་ལུགས།** །ཞེས་པ་སྟེ། སོ་ཐར་གྱི་སྡོམ་པའི་ངོ་བོ་ལ། མཚན་ཉིད་ནི། ངེས་འབྱུང་གི་བསམ་པས་ཟིན་པའི་ཉེས་སྤྱོད་སྡོམ་པའི་ཚུལ་ཁྲིམས་གང་ཞིག །འདོད་པའི་སས་བསྡུས་པའོ། །ཟུར་དང་པོས་ཕྱི་རོལ་པའི་ཚུལ་ཁྲིམས་དང་། ཟུར་གཉིས་པས་བར་མའི་ཚུལ་ཁྲིམས་དང་། ཟུར་གསུམ་པས་བསམ་གཏན་དང་ཟག་མེད་ཀྱི་སྡོམ་པ་བསལ་ལོ། །འདིར་བྱེ་བྲག་ཏུ་སྨྲ་བ་ལྟར་ན༔ སྡོམ་པ་དེ་གསུམ་འགལ་བར་འདོད་དེ། འདོད་པའི་སས་བསྡུས་པ་སོ་ཐར་དང་། གཟུགས་ཀྱི་སས་བསྡུས་པ་བསམ་གཏན་དང་། ཁམས་གསུམ་གང་རུང་གི་སས་མ་བསྡུས་པ་ཟག་མེད་དོ། །ཐེག་ཆེན་ལྟར་ན་དེ་གསུམ་མི་འགལ་ཏེ། ཐེག་ཆེན་འཕགས་རྒྱུད་ཀྱི་བསམ་གཏན་དངོས་གཞིའི་ངོ་བོར་གྱུར་པའི་སྡོམ་པ་དེ། ཉེས་སྤྱོད་སྤོང་བ་བསམ་གཏན་གྱི་དངོས་གཞིས་བསྡུས་པ། འཕགས་ལམ་གྱི་ངོ་བོ་ཡིན་པའི་ཆ་ནས་དེ་དང་དེ་ཡིན་པའི་ཕྱིར། དེ་ལ་ངེས་འབྱུང་ནི། ལྷག་མེད་ཀྱི་མྱང་འདས་ཏེ། ཐེག་པ་གསུམ་གྱི་དབྱེ་བས་གསུམ་མོ། །དེ་གསུམ་གང་ཡང་རུང་བའི་ཀུན་སློང་གི་བསམ་པས་ཟིན་པའི་སྒོ་ནས། གཞན་གནོད་གཞི་བཅས་ལས་ལྡོག་པ་ལུས་ངག་གི་ཉེས་པ་བདུན་སྤོང་བའི་ལས་ལམ་དངོས་གཞི་དང་། ངེས་དྲངས་པའི་མཇུག་གང་རུང་གི་ངོ་བོར་སྐྱེ་བའི་ཕྱིར། སྡོམ་པའི་ངོ་བོ་གཟུགས་ཅན་ཏེ༔ དེ་ཡང་བྱེ་བྲག་ཏུ་སྨྲ་བ་ལྟར་ན། རྣམ་པར་རིག་བྱེད་མ་ཡིན་པའི་གཟུགས་སུ་གནས་པར་འདོད་དེ།

མཛོད་ལས། རྣམ་རིག་མིན་རྣམ་གསུམ་ཞེས་བྱ། །སྡོམ་དང་སྡོམ་པ་མིན་དང་གཞན། །སྡོམ་པ་སོ་སོར་ཐར་ཞེས་བྱ། །དེ་བཞིན་ཟག་མེད་བསམ་གཏན་སྐྱེས། །ཞེས་དང་། རབ་དབྱེ་ལས། ཉན་ཐོས་སྡོམ་པ་རྣམ་རིག་མིན། །ཞེས་གསུངས་པའི་ཕྱིར། འོ་ན་མཛོད་འགྲེལ་ལས། ཡང་དག་པར་བླངས་པའི་ཚུལ་ཁྲིམས་ནི་རྣམ་པར་རིག་བྱེད་ལ་རག་ལས་པའི་ཕྱིར་ལས་ཀྱི་ལམ་གཟུགས་ཅན་བདུན་ནི་གདོན་མི་ཟ་བར་རྣམ་པར་རིག་བྱེད་དང་རིག་བྱེད་མ་ཡིན་པ་གཉིས་ཀ་ཡོད་དོ། །ཞེས་པས་གནོད་དོ་སྙམ་ན༏ མི་གནོད་དེ། དེ་དུས་རིག་བྱེད་ཡོད་པར་སྟོན་གྱི། དེ་ཉིད་ལས་ལམ་གྱི་དངོས་གཞིར་འཆད་པ་མ་ཡིན་ཏེ། སྦྱོར་བ་དང་མཇུག་ཉིད་དུ་ངེས་པའི་ཕྱིར་རོ། །མདོ་སྡེ་པ་ནི། རྒྱུད་ཡོངས་སུ་འགྱུར་བའི་ཁྱད་པར་ལ་འདོད་དེ། མཛོད་འགྲེལ་ལས། ལས་སྔོན་དུ་འགྲོ་བའི་སེམས་ཕྱིར་ཞིང་འབྱུང་བ་གང་ཡིན་པ་དེ་ནི་རྒྱུད་ཡིན་ནོ། །དེ་གཞན་དང་གཞན་དུ་སྐྱེ་བ་ནི་ཡོངས་སུ་འགྱུར་བ་ཡིན་ནོ། །ཞེས་སོ། །སེམས་ཙམ་པ་ནི། འཆལ་ཚུལ་སྤོང་བའི་སེམས་པ་རྒྱུན་ཆགས་ས་བོན་དང་བཅས་པ་ལ་འདོད་དེ། སེམས་པ་རྒྱང་པ་ལ་བྱས་ན་རྒྱུན་མེད་ཅིང་། བག་ཆགས་ཙམ་ལ་བྱས་ན་གཏོང་རྒྱུ་བྱུང་བའི་གནས་སྐབས་སུའང་རྗེས་སུ་འབྲང་བའི་ཕྱིར་ཏེ། ལས་གྲུབ་པར། གལ་ཏེ་སེམས་པ་ཁོ་ན་ལུས་ཀྱི་ལས་སུ་འགྱུར་ན། སེམས་གཡེང་བ་དང་སེམས་མེད་པ་དག་ལ་སེམས་པ་དེ་མེད་ན་སྡོམ་པ་དང་སྡོམ་པ་མིན་པ་གཉིས་ཇི་ལྟར་ཡོད་ཅེ་ན། སྡོམ་པའི་ཁྱད་པར་གྱི་བག་ཆགས་མ་བཅོམ་པའི་ཕྱིར་སྡོམ་པ་དང་སྡོམ་པ་མ་ཡིན་པ་གཉིས་ཀ་ཡོད་དོ། །ཞེས་སོ། །དབུ་མ་པ་ནི་སྤོང་སེམས་མཚུངས་ལྡན་དང་བཅས་པ་ལ་འདོད་དེ། སྤྱོད་འཇུག་ལས། སྤོང་བའི་སེམས་ནི་ཐོབ་པ་ལ། །ཚུལ་ཁྲིམས་ཕ་རོལ་ཕྱིན་པར་བཤད། །ཅེས་གསུངས་པའི་ཕྱིར། དེ་ལྟར་ན་རང་སྡེའི་གྲུབ་མཐའ་གོང་འོག་ལ་སོ་སོའི་བློ་ཁྱད་ཀྱིས་འདོད་ལུགས་མཐོ་དམའ་བྱུང་བ་ཡིན་ནོ། །

གཉིས་པ་དབྱེ་བ་ནི། **དབྱེ་བ་བསྙེན་གནས་དགེ་བསྙེན་ཕ་མ་གཉིས། །ཁྱིམ་པའི་ཕྱོགས་ཡིན་དགེ་ཚུལ་ཕ་མ་དང་། །དགེ་སློབ་མ་དང་དགེ་སློང་ཕ་མ་ལྔ། །རབ་བྱུང་ལ་ཡིན་སོ་ཐར་རིགས་བརྒྱད་པོ༏ །རྗེས་སུ་བསྟན་བཞིར་འདོད་མཛོད་ཀྱི་ལུགས།** །ཞེས་པ་སྟེ། སོ་ཐར་ལ་དབྱེ་ན་རིགས་བརྒྱད་དེ༏ ཁྱིམ་པའི་ཕྱོགས་ཀྱི་གསུམ་དང་། རབ་ཏུ་བྱུང་བའི་ཕྱོགས་ཀྱི་ལྔ་རྣམས་སུ་ཡོད་པའི་ཕྱིར། བརྒྱད་

པོ་དེ་དག་ཀུང་རྫས་སུ་བསྟུན་བཞིར་འདུ་སྟེ། དགེ་སློང་ཕ་མ་གཉིས། དགེ་ཚུལ་ཕ་མ་དགེ་སློབ་མ་དང་གསུམ། དགེ་བསྙེན་ཕ་མ་གཉིས་རྣམས་མཚན་ཕན་ཚུན་དུ་གྱུར་པ་ལས་མིང་འཕོ་བ་ཙམ་ཡིན་པས་རྫས་རིགས་གཅིག་པ་གང་ཞིག །བསྙེན་གནས་ཀྱི་སྡོམ་པ་དང་རྫས་རིགས་བཞིར་ངེས་པའི་ཕྱིར། དེ་ལྟར་ཡང་མཛོད་ལས། སོ་སོ་ཐར་ཞེས་བྱ་རྣམས་བརྒྱད། །རྫས་སུ་རྣམ་པ་བཞི་ཡིན་ནོ། །མཚན་ལས་མིང་ནི་འཕོ་བའི་ཕྱིར། །ཐ་དད་དེ་དག་འགལ་བ་མེད། །ཅེས་སོ། །བསྙེན་གནས། དགེ་བསྙེན། དགེ་ཚུལ། དགེ་སློང་བཞིའི་སྡོམ་པའི་མཚན་ཉིད་རིམ་བཞིན། རང་གི་སྡོམ་པར་འགྱུབ་བྱེད་ཀྱི་རྒྱུ་ཕུན་སུམ་ཚོགས་པ་ལ་བརྟེན་ནས་ཐོབ་པའི་ངེས་འབྱུང་གི་ཚུལ་ཁྲིམས་གང་ཞིག །ཅེས་པ་བཞི་གའི་མགོར་སྦྱར་ཏེ། བསྙེན་གནས་ཀྱི་སྡོམ་པའི་མི་མཐུན་ཕྱོགས་སུ་གྱུར་པའི་སྤང་བྱ་བརྒྱད་ཉིན་ཞག་ཕྱུགས་གཅིག་ཏུ་སྤོང་བར་ཁས་བླངས་པའི་སྡོམ་པ་དང་པོའི་མཚན་ཉིད། འདི་ལ་དུས་ཁྲིམས་སམ་གསོ་སྦྱོང་ཞེས་བྱ་སྟེ། ཁྲིམ་པ་རྣམས་ཀྱིས་ཉ་སྟོང་ཚེས་བརྒྱད་ཀྱི་དུས་སུ་བླངས་ནས་བསྲུང་བའི་ཕྱིར་དང་། འདི་དགེ་བསྙེན་གྱིས་བླངས་ན་དེའི་བསླབ་བྱ་གསོ་ཞིང་སྤང་བྱ་སྦྱོང་བའི་གསོ་སྦྱོང་དུ་འགྲོ་བས་སོ། །དགེ་བསྙེན་གྱི་སྡོམ་པའི་མི་མཐུན་ཕྱོགས་སུ་གྱུར་པའི་སྤང་བྱ་ཇི་སྲིད་འཚོའི་བར་དུ་སྤོང་བར་ཁས་བླངས་པ་གཉིས་པའི་མཚན་ཉིད། འདི་ལ་འདུལ་བར་ཡོངས་རྫོགས་དགེ་བསྙེན་ལས་གཞན་པའི་འབོགས་ཆོག་མ་བཤད་ཀྱང་། མདོན་པ་ལས་སྐྱབས་གསུམ་འཛིན་པ་དང་སྣ་གཅིག་སྤྱོད་པ་སོགས་དབྱེ་བ་མང་ངོ་། །དགེ་ཚུལ་གྱི་སྡོམ་པའི་མི་མཐུན་ཕྱོགས་སུ་གྱུར་པའི་སྤང་བྱ་བཅུ་ཇི་སྲིད་འཚོའི་བར་དུ་སྤོང་བར་ཁས་བླངས་པ་གསུམ་པའི་མཚན་ཉིད། དགེ་སློབ་མའི་བསླབ་བྱ་རྣམས་ནི་ཇི་སྲིད་འཚོ་དང་ཉིན་ཞག་གི་མཐའ་གང་དུའང་མི་རུང་བས་སོ་ཐར་གྱི་སྡོམ་པ་མཚན་ཉིད་པར་མི་རུང་ངོ་། །སྤོང་བདུན་འཁོར་དང་བཅས་པ་མཐའ་དག་ཇི་སྲིད་འཚོའི་བར་དུ་སྤོང་བར་ཁས་བླངས་པའི་རིགས་གནས་བཞི་པའི་མཚན་ཉིད། སྤོང་བདུན་ནི་ལུས་ངག་གི་ཉེས་པ་བདུན་པོའི་རང་བཞིན་གྱི་ཁ་ན་མ་ཐོ་བའི་ཚ་སྤོང་བའི་དབང་དུ་བྱས་ལ། འཁོར་བཅས་ཞེས་པ་ལུས་ངག་གི་བཅས་ལྡན་གི་དབང་དུ་བྱས་སོ། །གལ་ཏེ་དགེ་བསྙེན། དགེ་ཚུལ། དགེ་སློང་གི་སྡོམ་པ་གསུམ་གང་ཟག་གཅིག་གི་རྒྱུད་ལ་ཇི་ལྟར་ལྡན་ཞེ་ན། སྡོམ་པ་གཟུགས་ཅན་དུ་འདོད་པའི་ལུགས་ལྟར་ན། ཚོགས་གསུམ་རིམ་པར་ནོད་པའི་

གང་ཟག་གི་རྒྱུད་ལ་རྫས་ཐ་དད་དུ་ལྡན་པར་འདོད་དེ། མཛོད་ལས། ཐ་དད་དེ་དག་འགལ་བ་མེད། །ཅེས་སོ། །སྡོམ་པ་ཤེས་པར་འདོད་པའི་ལུགས་ལྟར་ན། ངོ་བོ་གཅིག་ལ་ལྡོག་པ་ཐ་དད་པ་ཡིན་ཏེ། གཙོ་སེམས་གཅིག་གི་འཁོར་དུ་སེམས་པ་རིགས་མཐུན་རྫས་གཞན་གཉིས་མི་འབྱུང་བས་ངོ་བོ་གཅིག་པ་གང་ཞིག །འཐོབ་བྱེད་ཀྱི་རྒྱུ་དང་སྲུང་བྱ་དང་བླང་བྱ་སོ་སོར་ངེས་པས་གསུམ་པོ་ལ་གཞི་མཐུན་མི་སྲིད་པའི་ཕྱིར་ལྡོག་པ་ཐ་དད་པའོ། །

གསུམ་པ་མ་ཐོབ་པ་འཐོབ་པར་བྱེད་པའི་ཐབས་ལ། བསྟན་བཤད་གཉིས་ལས། དང་པོ་མདོར་བསྟན་ནི། **དང་པོ་སྡོམ་པ་མ་ཐོབ་འཐོབ་ཚུལ་ལ། །ལེན་ཚུལ་གཉིས་ཏེ།** ཞེས་པས་ཚོགས་ཆུང་དུས་རྫོགས་པ་སྔོན་གྱི་ཆོ་ག་དང་། ཚོགས་དང་བཅས་པས་རྫོགས་པ་ད་ལྟར་གྱི་ཆོ་ག་སྟེ་ལེན་ཚུལ་གཉིས་སུ་ངེས་སོ། །

གཉིས་པ་རྒྱས་བཤད་ལ་གཉིས་ལས། དང་པོ་**སྔོན་གྱི་ཆོ་ག་ནི། རང་བྱུང་ཡེ་ཤེས་ཁོང་ཆུད་འཕྲིན་གྱིས་རྫོགས། །སྔོན་པར་ཁས་བླངས་ཚུར་ཤོག་གསོལ་བཞི་དང་། །དྲིས་པའི་ལན་ལྡོན་ལྟེ་ཆོས་ཁས་བླངས་སོགས། །གདུལ་བྱ་བློ་དག་མཁན་པོ་འཕགས་པས་ཡིན། །**ཞེས་པ་སྟེ། ད་ལྟར་གྱི་ཆོ་ག་ལ་མ་ལྟོས་པར་བསྒྲུབ་བྱ་བསྙེན་པར་རྫོགས་པར་བྱེད་པའི་ཆོ་ག་དེ་སྔོན་ཆོག་གི་མཚན་ཉིད། དབྱེ་ན་མཛོད་འགྲེལ་ལས། བྱེ་བྲག་ཏུ་སྨྲ་བ་འདུལ་བ་པ་རྣམས་ན་རེ། རྣམ་པ་བཅུས་བསྙེན་པར་རྫོགས་སོ། །ཞེས་པ་ལྟར་བཅུ་སྟེ། རྫོགས་པའི་སངས་རྒྱས་དང་རང་སངས་རྒྱས་གཉིས་ཟད་མི་སྐྱེ་ཤེས་པའི་བྱང་ཆུབ་བརྙེས་པའི་ཚེ་རང་བྱུང་གིས་དང་། ལྔ་སྡེ་བཟང་པོ་མཐོང་ལམ་སྐྱེས་ཚེ་ཡེ་ཤེས་ཁོང་ཆུད་ཀྱིས་ཏེ། དེ་གསུམ་ནི་རང་རྒྱུད་ལ་ངང་གིས་དོན་དམ་པའི་དགེ་སློང་སྐྱེས་པས་བསྙེན་པར་རྫོགས་པའོ། །ཤཱ་རིའི་བུ་སོགས་ཚུར་ཤོག་གིས་དང་། འོད་སྲུང་ཆེན་པོ་སྟོན་པར་ཁས་བླངས་པས་དང་། བཟང་སྡེའི་ཚོགས་དྲུག་ཅུ་ལ་སྐྱབས་གསུམ་ཁས་བླངས་པས་དང་། སྐྱེ་དགུའི་བདག་མོ་སོགས་ལ་ལྟི་ཆོས་བརྒྱད་སྲུང་བར་ཁས་བླངས་པས་དང་། ལེགས་བྱིན་དྲིས་པའི་ལན་ལ་དགྱེས་པས་བསྙེན་པར་རྫོགས་པ་དང་ལྷ་ནི་སྟོན་པའི་བྱིན་རླབས་ཀྱིས་རྫོགས་པའོ། །མཚོད་སྦྱིན་མ་ཕ་མའི་དབང་དུ་སོང་བ་ལ་དགེ་སློང་མ་ཨུཏྤ་ལས་ཕོ་ཉ་བྱས་ཏེ་དགེ་འདུན་གྱིས་འཕྲིན་ཆོག་ལ་བརྟེན་ནས་དང་། དགེ་

འདུན་གྱི་གྲངས་མ་མཐའ་ཡུལ་དབུས་སུ་བཅུ་དང་མཐའ་འཁོབ་ཏུ་ལྔ་ཚོགས་ཀྱིས་གསོལ་བཞིའི་ལས་ཀྱིས་རབ་བྱུང་བསྙེན་རྫོགས་ཅིག་ཅར་དུ་བྱེད་པའོ། །འདི་དག་ལ་སྔོན་གྱི་བསྙེན་པར་རྫོགས་ཚུལ་ཞེས་བྱ་སྟེ། སྔོན་གྱི་གང་ཟག་ལས་ཉོན་རྣམ་སྨིན་གྱི་སྒྲིབ་པ་གསུམ་ཤས་ཆུང་ཞིང་། ཤེས་རབ་དང་རྒྱུད་དང་དབང་པོ་སྨིན་པའི་གདུལ་བྱ་བློ་དག་པ་ཤ་སྟག་གི་རྒྱུད་ལ་བྱུང་བའི་བསྙེན་རྫོགས་ཡིན་པའི་ཕྱིར་དང་། གང་གིས་རྫོགས་པར་མཛད་མཁན་གྱི་མཁན་པོའང་འཕགས་པ་ཁོ་ནའི་ཁྱད་ཆོས་ཡིན་པས་སོ། །དེ་ལྟར་ན་སྔོན་ཆོག་རྣམས་མཁན་སློབ་ལ་ལྟོས་མི་དགོས་པར་བཤད་པ་དང་འགལ་ཞེ་ན། དེ་དག་རྒྱུད་སྒྲིབ་གསུམ་ཤས་ཆེ་ཞིང་སྨིན་ཤས་ཆུང་བ་ད་ལྟར་གྱི་གདུལ་བྱ་བཞིན་དུ་ཚོགས་ཆེན་པོའི་སྒོ་ནས་མཁན་སློབ་ཀྱིས་ཁྲིད་ཅིང་སྐྱོང་བ་ལ་ལྟོས་མི་དགོས་པས་དེ་སྐད་བཤད་ཀྱི། གཞན་དུ་ན་; ཚུར་ཤོག་སོགས་ཀྱི་ཚེ་སྟོན་པ་སངས་རྒྱས་མཁན་པོ་ཡིན་པར་གྲུབ་ལ། གསོལ་བཞིའི་ལས་ཀྱི་སྔོན་ཆོག་བྱས་ཚེ་ལས་བྱེད་པ་པོ་དེའི་དོན་གྲུབ་པ་ན་སློབ་དཔོན་དུ་འགྱུར་དགོས་པའི་ཕྱིར་རོ། །དེ་ཡང་དང་པོ་བདུན་ལ་གསོལ་བཞིའི་ཆོག་མཚན་ཉིད་པ་མེད་པས་སྔོན་ཆོག་བཏགས་པ་བ་དང་། འཕྲིན་ནི་ད་ལྟར་གྱི་ཆོག་ཡིན་མོད། གསོལ་བཞིའི་ལས་ཀྱི་སྔོན་ཆོག་ལ་བརྟེན་པའི་འཕྲིན་ཆོག་ཀྱང་འབྱུང་རུང་བས་མཐའ་གཅིག་ཏུ་མ་ངེས་པའི་ཕྱིར། འདིར་སྔོན་ཆོག་མཚན་ཉིད་པ་ནི། བཅུ་ཚོགས་སམ་ལྔ་ཚོགས་ཀྱི་དགེ་འདུན་ལ་གསོལ་བཏབ་སྔོན་དུ་འགྲོ་བས། གསོལ་བཞིའི་ལས་ཀྱིས་ཅིག་ཅར་རབ་ཏུ་བྱུང་བ་དང་བསྙེན་པར་རྫོགས་པར་བྱེད་པའི་ཆོག་ཉིད་ཡིན་ནོ། །དེ་ལ་རང་བྱུང་ནི་སྟོན་པ་སངས་མ་རྒྱས་པའི་སྔོན་རོལ་ཏུ་བྱུང་ཞིང་། ཚུར་ཤོག་ནི་སངས་རྒྱས་ནས་མྱ་ངན་ལས་འདའ་ཁའི་བར་དུའང་མཛད། འདི་ལ་ཉེས་དམིགས་འགའ་ཞིག་བྱུང་བ་ལ་བརྟེན་ནས་གསོལ་བཞིའི་སྔོན་ཆོག་གནང་ལ། གཞན་རྣམས་སངས་རྒྱས་ནས་རིང་པོ་མ་ལོན་པར་ད་ཆོག་མ་བྱུང་གི་བར་དུ་བྱུང་བས་སྔོན་གྱི་རྫོགས་ཚུལ་ཞེས་བྱའོ། །

གཉིས་པ་ད་ལྟར་གྱི་ཆོག་ལ། སྤྱིའི་དོན་དང་། གཞུང་གི་དོན་ནོ། །དང་པོ་ནི། སྔོན་ཆོག་གི་རྗེས་སུ་བཅས་པ་མཛད་པའི་གསོལ་བཞིའི་ཆོ་ག་འཁོར་དང་བཅས་པ་དེ་ད་ལྟར་གྱི་ཆོ་གའི་མཚན་ཉིད། དབྱེ་ན། བཅུ་ཚོགས་དང་། ལྔ་ཚོགས་སམ་དམིགས་བསལ་ལ་བཞི་ཚོགས་དང་། དགེ་འདུན་

སྡེ་གཉིས་ལས་རྫོགས་པ་དང་། འཕྲིན་གྱིས་ཚོགས་སྤྱི་ཕྱི་རིམ་ཅན་དུ་སྒྲུབ་པར་བྱེད་པ་རྣམས་སོ། །དགེ་སློང་གྲངས་མང་ཉུང་རྙེད་དཀའ་སླའི་ཁྱད་པར་གྱིས་བཅུ་ཚོགས་དང་ལྔ་ཚོགས་སུ་འཛོག་པའི་ཡུལ་དབུས་མཐའི་ས་ཚིགས་ནི། ཚིག་ལེའུར་བྱས་པ་ལས། ལི་ཁ་ར་ན་ཚང་ཚིང་ནགས། །ལི་ཁར་ཤིང་འཕེལ་ཤར་ཕྱོགས་ཉིད། །ཤུ་ཤི་རི་ཞེས་བརྗོད་པ་ཡི། །རི་བོ་མུན་པ་ཅན་ནི་བྱང་། །ཀ་བ་ཉེ་བའི་ཀ་བ་ཡི། །གྲོང་ཁྱེར་ནུབ་ན་གནས་པ་ཡིན། །གྲོང་ཁྱེར་འདམ་བུ་ཅན་གྱི་དྲུང་། །ཆུ་ཀླུང་འདམ་བུ་ཅན་ནི་ལྷོ། །འདི་དག་གི་ནི་བར་རྣམས་ལ། །ཡུལ་དབུས་སུ་ནི་ཤེས་བྱ་སྟེ། །ཕྱི་རོལ་མཐའ་འཁོབ་ཅེས་བྱར་ནི། །མཐའ་ཡས་མཁྱེན་པས་གསུངས་པ་ཡིན། །ཞེས་ས་ཚིགས་ཀྱིས་ཕྱེ་བ་སྟེ། ཆོས་ཚིགས་ཀྱིས་ཕྱེ་ན། ལུང་རྟོགས་ཀྱི་བསྟན་པ་གནས་པའི་ས་ཕྱོགས་ནི་དབུས་སོ། །ད་ཚིག་གི་སྐབ་ནས་སྡོམ་པ་ལེན་པའི་ཆོ་ག་ལ་གཉིས་ཏེ། དུས་ཁྲིམས་དང་། གཏན་ཁྲིམས་སོ། །དང་པོ་ནི། མཛོད་ལས། དམའ་བར་འདུག་སྨྲས་བཟླས་པ་ཡི། །མི་བརྒྱན་ནམ་ནི་ལངས་བར་དུ། །བསྙེན་གནས་ཡན་ལག་ཚང་བར་ནི། །ནངས་པར་གཞན་ལས་ནོད་པར་བྱ། །ཞེས་གསུངས་པ་ལྟར་རོ། །དེ་ལ་བྱེ་བྲག་ཏུ་སྨྲ་བ་ནི། ལེན་པ་པོ་གླིང་གསུམ་གྱི་སྐྱེས་པའམ་བུད་མེད་གང་རུང་གིས། བླང་ཡུལ་ལ་དགེ་སློང་ཁོ་ན་ལས་ལེན་པར་བཞེད། མདོ་སྡེ་པ། དུད་འགྲོའི་རྟེན་ལའང་སྐྱེ་བར་འདོད་ཅིང་། བླང་ཡུལ་ཡང་དགེ་བསྙེན་གསོ་སྦྱོང་ལ་གནས་པ་ཡན་ཆད་ལས་ལེན་པར་འདོད་དོ། །གཉིས་ཀ་དེ་རིང་ཉི་མ་མ་ཤར་གོང་དུ་བླངས་ནས། ཞག་ཕྱི་མའི་ཉི་མ་མ་ཤར་བར་དུ་བསྲུང་བར་བཞེད་པ་མཐུན་མོད། འོན་ཀྱང་དམིགས་བསལ་ལ། ཟླ་བ་བྱུང་ངོ་ཅོག་གི་ཉ་སྟོང་ཚེས་བརྒྱད་ལ་བསྲུང་བར་ཁས་བླངས་པའི་གང་ཟག་དེས་ཀྱང་ཕྱིས་གང་བསྲུང་བའི་དུས་དེ་དང་དེར་ལེན་དགོས་ནའང་། སྔར་སྐབས་གཅིག་ཏུ་བླངས་པའི་དགོས་པ་ནི། བྱེ་སྨྲ་ལྟར་ན་ཟས་ཟོས་རྗེས་བླངས་ཀྱང་སྐྱེ་བ་དང་། མདོ་སྡེ་པ་ལྟར་ན་རྟེན་གྱི་དྲུང་དུ། རང་ཉིད་ཀྱིས་བླངས་ཀྱང་སྐྱེ་བའི་དོན་དུ་འདོད་དོ། །གཉིས་པ་གཏན་ཁྲིམས་ལ། སྐྱེས་པའི་བསླབ་ཚིགས་གསུམ་ལེན་པའི་ཆོ་ག་དང་། དེ་བུད་མེད་ཀྱི་བསླབ་ཚིགས་ལྔ་ལ་ཇི་ལྟར་སྦྱོར་ཚུལ་ལོ། །

དང་པོ་ལ་གཉིས་ཏེ། ཚིགས་སྔ་མའི་དང་། ཕྱི་མའི་ཆོ་གའོ། །དང་པོ་ནི། ཀརྨ་ཤ་ཏཾ་ལས། དྲི་དང་དགེ་བསྙེན་བསླབ་པ་དང་། །ཞུ་དང་མཁན་པོ་དང་པོ་དང་། །རབ་བྱུང་དགེ་ཚུལ་གྲིབ་ཚོད་

དང་། །བསླབ་པ་བརྗོད་པ་ཐ་མ་ཡིན། །ཞེས་པ་སྟེ། ཐོག་མར་སྟོན་དང་ཞེས་འབྱུང་བས་སྟོན་ཚིག་བསྟན་ཀྱང་། སྔར་བཤད་ཚར་བས་འདིར་དྲི་དང་ཞེས་སྦྱར་རོ། །སྡོམ་གྱི་དོན་འཆད་པ་ལ། དགེ་བསྙེན་གྱི་དང་། དགེ་ཚུལ་གྱི་ཆོ་གའོ། །དང་པོ་ནི། རབ་བྱུང་གི་མཁན་པོ་ཉིད་དུ་ཕྱོགས་པའི་དགེ་སློང་དེས་རབ་ཏུ་དབྱུང་བར་རུང་མི་རུང་བརྟག་པའི་ཕྱིར་བར་ཆད་དྲིས་ནས། དག་གོ་ཞེ་ར་ན། བསྒྲུབ་བྱ་དེ་བསྟན་པ་ལ་རིམ་གྱིས་གཞུག་པའི་ཕྱིར་དགེ་བསྙེན་ཉིད་དུ་བསྒྲུབ་པར་བྱ་སྟེ། མདོ་རྩ་ར། སྐྱབས་སུ་འགྲོ་བ་ཁས་བླངས་པའི་ཚིག་རྫོམ་པ་དང་དགེ་བསྙེན་ཉིད་དུ་ཁས་བླང་བའི་ཚིག་བྱའོ། །དེའི་འོག་ཏུ་བསླབ་པ་བརྗོད་པ་ཁས་བླང་བའི་ཚུལ་གྱིས་བྱའོ། །ཞེས་སོ། །སྤྱིར་དགེ་བསྙེན་ནི། ཡུལ་དགེ་བསྙེན་ལས་ཀྱང་ལེན་དུ་རུང་བར་སྡོམ་པ་བརྒྱུད་པར་བཤད་ཀྱང་། འདིར་རབ་བྱུང་གི་མཁན་པོའི་སྔ་གོན་ཉིད་དུ་གནས་པར་མ་ཟད། གཞི་ཐམས་ཅད་ཡོད་པར་སྨྲ་བའི་ལུགས་ཀྱིས་དགེ་སློང་ཉིད་ལས་ལེན་དགོས་པར་བཤད། དགེ་བསྙེན་གྱི་སྡོམ་པ་ལའང་སྣ་གཅིག་སྤྱོད་པ་སོགས་ཉི་ཚེ་བ་དང་། ཡོངས་རྫོགས་གཉིས་ལས། འདིར་ཕྱི་མ་སྟེ། རིགས་བརྒྱུད་ཀྱིས་བླས་ཕྱེ་བའི་དགེ་བསྙེན་དུ་འགྱུར་བ་ལ། བསླབ་གཞི་ལྔ་འཛིན་པའི་ཡོངས་རྫོགས་དགེ་བསྙེན་ཉིད་བགྲང་དགོས་པའི་ཕྱིར་རོ། །

གཉིས་པ་དགེ་ཚུལ་ལ། སྦྱོར་དངོས་རྗེས་གསུམ་ལས། སྦྱོར་བ་ནི། བར་མ་རབ་བྱུང་གི་ཆོ་ག་སྟེ། མཁན་པོར་ཕྱོགས་པའི་དགེ་སློང་རང་ཉིད་ཀྱིས་བསྒྲུབ་བྱ་དེ་དགེ་བསྙེན་དུ་བསྒྲུབས་ཟིན་པའི་འོག་ཏུ། མི་བཀྲུས་སོ་ཞེས་པའི་སྐྲར་པ་སྤྱང་ཞིང་ངོ་ཚ་ཁྲེལ་ཡོད་ཀྱི་བསམ་པ་བསྐྱེད་པའི་ཕྱིར། དགེ་འདུན་ལ་རབ་ཏུ་བྱུང་བར་ཞུ་བ་བྱེད་པའི་དགེ་སློང་ལ་གཏད་ཅིང་། དེས་ཀྱང་ཡོངས་སུ་དག་གམ་ཞེས་དྲིས་པས། དག་ན་མཁན་པོ་མ་གཏོགས་པའི་དགེ་འདུན་ཐམས་ཅད་འདུས་པའམ། གནས་ཁང་སོ་སོར་འཁོད་པ་ལའང་རུང་། བསྒྲུབ་བྱ་དེ་ཁྲིད་ནས་ཞུ་བ་ཡིན་ལ། དགེ་འདུན་གྱིས་གནང་ན་སྔར་སྔ་གོན་དུ་གནས་པའི་དགེ་སློང་དེ་ལ་མཁན་པོར་གསོལ་བ་འདེབས་ཏེ། མཁན་པོ་དེ་རབ་བྱུང་གི་མེད་ན་མི་འབྱུང་བའི་རྒྱུ་ཡིན་པ་གང་ཞིག །གསོལ་བ་མ་བཏབ་ན་མཁན་པོར་མི་འགྱུར་བའི་ཕྱིར་རོ༑ ༑དེའི་འོག་ཏུ་ཆོས་འདི་པའི་བསམ་པ་བསྐྱེད་པའི་ཕྱིར་བཟེ་བ་གསུམ་བྱ་སྟེ། མཁན་པོས་བསྐོས་པའི་དགེ་སློང་ཞིག་གིས་སྤྱི་ར་སྐྲ་དང་ཁ་སྤུ། ཐེ་བྲག་གཙུག་ཕུད་འཕྲེག་ཏུ་འཇུག་ན་བྲེགས་ཏེ། ཁྲུས་

བྱས། མཁན་པོས་ཡོ་བྱད་ལྷ་བྱིན་ནས། རང་ངམ་བསྒོས་པས་བསྒོན་ཞིང་མཚན་བརྟག །དེ་ནས་མིང་སྨོ་ཞིང་། རབ་བྱུང་གི་བསམ་པ་གསལ་བཏབ་ནས། མཁན་པོ་རང་ཉིད་ཀྱིས་བསྒྲུབ་བྱ་དེ་བར་མ་རབ་བྱུང་དུ་སྒྲུབ་སྟེ། སྐྱབས་སུ་འགྲོ་བ་ཙམ་པས་རབ་ཏུ་བྱུང་བ་ཉེ་བར་བསྒྲུབ་པར་བྱའོ། །ཞེས་སོ༏ ༏དངོས་གཞི་ནི། མཁན་པོས་དགེ་ཚུལ་ཉིད་དུ་སྒྲུབ་པར་བྱེད་པའི་དགེ་སློང་ལ་གཏད། དེས་བསྒྲུབ་བྱ་དེ། འགལ་རྐྱེན་བར་ཆད་ཀྱི་ཆོས་བཞི་དང་བྲལ་ཞིང་། མཐུན་རྐྱེན་ལྷ་ཚང་བའི་སྒོ་ནས། སྐྱབས་འགྲོ་ཙམ་བྱེད་དུ་བྱས་ཏེ་དགེ་ཚུལ་ཉིད་དུ་ཉེ་བར་བསྒྲུབ་པར་བྱ་སྟེ། དགེ་ཚུལ་ཉིད་དུ་ཉེ་བར་སྒྲུབ་པར་བྱེད་པའི་དགེ་སློང་ལ་གཏད་པར་བྱའོ། །ཅི་ཡོངས་སུ་དག་གམ་ཞེས་དྲིས་ནས། དག་ན་ཉེ་བར་བསྒྲུབ་པར་བྱའོ། །ཞེས་སོ། །རྗེས་ནི། དགེ་སློང་གཞན་ཞིག་གིས་གྲིབ་ཚོད་གཞལ་ཏེ་དགེ་ཚུལ་ཐོབ་པའི་དུས་གོ་བརྗོད་ཅིང་། སློབ་དཔོན་གྱིས་དགེ་ཚུལ་གྱི་བསླབ་གཞི་བཅུ་བརྗོད་པ་ཁས་བླང་དུ་གཞུག་གོ། །

གཉིས་པ་ཚིགས་ཕྱི་མ་དགེ་སློང་དུ་སྒྲུབ་པའི་ཚོག་ནི། དང་པོར་བྱ་དང་མཁན་པོ་དང་། །ཆོས་གོས་གཉིས་དང་ལྷུང་བཟེད་གཉིས། །སྒྲོ་བྱ་གསོལ་བ་གསང་སྟོན་དང་། །ཞུ་དང་གསོལ་དང་གསོལ་བ་དང་། །དྲི་དང་ལས་དང་གྲིབ་ཚོད་དང་། །ཉིན་མཚན་དུས་ཚོད་གནས་རྣམས་དང་། །ལྷུང་དང་དགེ་སྦྱོང་མཆོག་འདོད་དང་། །ཚུལ་ཁྲིམས་མཉམ་དང་ཚུལ་འབྲེལ་དང་། །དུལ་དང་དགོས་དང་མ་བརྗོད་དང་། །གུས་པ་དང་ནི་བསྒྲུབ་བྱ་ལ། །མུ་སྟེགས་གནས་པ་སྦྱིན་པ་ཡི། །སྟེ་ཚན་ཡང་དག་བསྡུས་པ་ཡིན། །ཞེས་པའི་དོན་འཆད་པ་ལ། སྦྱོར་དངོས་རྗེས་གསུམ་གྱི། སྦྱོར་བ་ལ་དྲུག་ལས། དང་པོ་བསྒྲུབ་བྱ་དེ་ལོ་ཉི་ཤུ་ལོན། ཆོས་གོས་གསུམ་དང་ལྷུང་བཟེད་ཚང་།བསྙེན་པར་རྫོགས་པར་འདོད་ན། ཡོ་བྱད་རྣམས་ཚགས་སུ་བཅུག་ནས། དཀོན་མཆོག་གསུམ་དང་སློབ་དཔོན་མངོན་དུ་འགྱུར་བར་བྱ་བའི་ཕྱིར་དང་པོར་བྱ་བ་ནི། སྤྱིར་དཀོན་མཆོག་གསུམ་ལ། སྐྱབས་འགྲོའི་ཡུལ་དུ་གྱུར་པ་ནི། དོན་དམ་པའི་དཀོན་མཆོག་གསུམ་སྟེ། མཛོད་ལས། གང་ཞིག་གསུམ་ལ་སྐྱབས་འགྲོ་སྟེ༏ ༏སངས་རྒྱས་དགེ་འདུན་བྱེད་པའི་ཆོས། །མི་སློབ་པ་དང་གཉིས་ཀ་དང་། །མྱ་ངན་འདས་ལ་སྐྱབས་སུ་འགྲོ། །ཞེས་པ་ལ་ཡིད་ཆེས་ཀྱི་དད་པ་དང་ལྡན་པས། འདིར་གཙོ་ཆེ་བ་ནི། བརྡར་བཏགས་

པའི་དཀོན་མཆོག་གསུམ་སྟེ། སངས་རྒྱས་སྟོན་པའི་སྐུ་གཟུགས། ཆོས་ལས་ཀྱི་ཚིག་ནན་ཏན་བྱེད་པ་པོའི་རྒྱུད་ལ་བཞུགས་པ། དགེ་འདུན་སྤྱིར་བཏང་བཅུ་ཚོགས་སམ་ལྔ་ཚོགས། དམིགས་བསལ་ལ་བཞི་ཚོགས་ཀྱང་གསུངས། དེའི་གོ་དོན་མཁན་པོ་དང་གསང་སྟོན་མེད་མི་རུང་གི་ཡན་ལག་མ་ཡིན་ཏེ། མཁན་པོའི་བྱ་བ་རྣམས་དེར་གསོལ་བ་མ་བཏབ་པའི་དགེ་སློང་ཞིག་གིས་བསྒྲུབས་ཀྱང་འགྲུབ་པ་དང་། བར་ཆད་མ་དྲིས་ཀྱང་ཚོག་པའི་བསྒྲུབ་བྱ་སྲིད་པའི་ཕྱིར། དེ་ལྟར་ཡང་། མཁན་པོར་མ་གསོལ་བ་ལ་ཡང་ངོ་། །བར་ཆད་མ་དྲིས་པར་ཡང་ངོ་། །ཞེས་སོ། །དེས་ན་མཁན་པོར་འོས་པ་དེས། དགེ་འདུན་དང་། སློབ་དཔོན་ཁ་སྐོང་གི་ཆོས་དང་ལྡན་པའི་དགེ་སློང་གང་ཞིག །དགེ་འདུན་གྱི་དབུས་སུ་ལས་ཀྱི་ཚིག་བརྗོད་པ་ལ་མཁས་པའི་ལས་སློབ་དང་། འགྲོ་བ་བཞི་བྲལ་ཕྱོགས་སུ་བར་ཆད་དྲིས་ནས་ནང་དུ་འོང་བ་ཞུ་བ་ལ་མཁས་པའི་གསང་སྟོན་དུ་འོས་པ་གཉིས་ལ་ཚིག་གིས་གསོལ་བ་བཏབ། དེ་རྣམས་ཀྱིས་ཀྱང་རང་རྒྱུད་ལ་བརྟགས་ཏེ། ལྟུང་བ་ཡོད་ན་བཤགས་བསྡམས་བྱིན་བརླབས་བྱས་ནས་ལས་གྲལ་དུ་འདུས་པའོ། །

གཉིས་པ་མཁན་པོ་མངོན་དུ་གྱུར་པ་ནི། སྤྱིར་བརྟན་མཁས་ཀྱི་ཡོན་ཏན་དང་ལྡན་ཞིང་། ཁྱད་པར་བསྒྲུབ་བྱའི་ངོས་ནས་མཐོང་ཐོས་དོགས་གསུམ་གྱི་སྐྱོན་མེད་པའི་དགེ་སློང་ལ་མཁན་པོར་གསོལ་བ་བཏབ་ཅིང་ཁས་བླངས་པའོ། །གསུམ་པ་ཡོ་བྱད་མངོན་གྱུར་ནི། མཁན་པོས་ཆོས་གོས་གསུམ་བྱིན་གྱིས་བརླབས་ནས་གནང་བའམ། དབུས་ཟིན་མེད་ན་རྒྱུར་རུང་བ་བྱིན་གྱིས་བརླབས་ནས་གནང་བ་སྟེ། ཆོས་གོས་གཉིས་དང་། ལྷུང་བཟེད་དགེ་འདུན་ལ་བསྔོན་པ་དང་མཁན་པོས་བྱིན་གྱིས་བརླབས་ནས་གནང་བ་སྟེ་ལྷུང་བཟེད་གཉིས་སོ། །བཞི་པ་ཡོངས་སུ་དག་པ་མངོན་དུ་གྱུར་པ་ནི། ལས་སློབ་ཏུ་ཕྱོགས་པའི་དགེ་སློང་དེས་ཐོག་མར་འབྲུལ་བཅས་དང་མ་འདུས་པའི་ཉེས་པ་ཁེགས་པའི་ཕྱིར་ལྷུང་མཐུན་བྱིན་བརླབས་དང་། གནས་ལ་བློ་མཐུན་སྟོན་དུ་འགྲོ་བས། གསང་སྟོན་གང་ཡིན་དྲིས་ནས། སྒྲོ་བ་དྲི། དེ་སྒྲོན་གསོལ་བ་འབབ་ཞིག་པའི་ལས་ཀྱིས་གསང་སྟོན་དུ་བསྐོ། བསྐོས་པ་དེས་ཀྱང་བར་ཆད་ཡོད་མེད་བདེན་པར་སྨྲ་བའི་ཕྱིར་དགེ་འདུན་གྱི་ལྐོག་ཏུ་བར་ཆད་དྲི་ཞིང་། བསྒྲུབ་བྱ་བར་ཆད་ཀྱིས་དག་ཚུལ་དགེ་འདུན་ལ་བརྗོད་ནས་ནང་དུ་འོང་བར་ཞུ་བའོ། །

ལྔ་པ་གསོལ་བ་མངོན་དུ་གྱུར་པ་ནི། སྟོད་འདུལ་བ་རྣམས་བརྗོད་པ་གསུམ་གྱི་ཐོག་མར་བྱུང་བའི་གསོལ་བ་ལ་འཆད་པ་ནི་མི་རིགས་ཏེ། ལས་མངོན་དུ་གྱུར་པའི་ཚད་གསོལ་བཞིའི་ལས་ལ་འཆད་དགོས་པས་གནོད་པའི་ཕྱིར་རོ། །དེས་ན་སྨད་འདུལ་བ་ལྟར་གསོལ་བ་འདེབས་པའི་ཚིག་ལན་གསུམ་བརྗོད་པའོ། །འདིར་གང་ལ་གསོལ་བ་འདེབས་པའི་ཡུལ་ནི། མཚན་ཉིད་གསུམ་དང་ལྡན་པའི་དགེ་འདུན་ཏེ་གྲངས་ཚང་བ། འགྲེང་ཡུལ་འདུན་སོགས་ཐུལ་བ་མིན། །མ་རྫོགས་ཉམས་དང་མཚམས་མེད་མིན། །སྡིག་ས་ཐ་དད་འཁྲུལ་བཅས་མིན། །མཚམས་མཚན་དཀོན་མཆོག་གཞན་མིན་པའོ། །ཞེས་ཁ་སྐོང་གི་ཚིག་དང་ལྡན་པ། མ་འདུས་པ་དང་འདུས་པ་ཕྱིར་ལོག་གི་མི་མཐུན་པ་གཉིས་དང་བྲལ་བའོ། །གང་གིས་འདེབས་པ་པོ་ནི། བསྙེན་པར་རྫོགས་འདོད་མངོན་དུ་གྱུར་པ་ཞེས་བསྒྲུབ་བྱ་སྟེ༏ བསམ་པ་ཐག་པ་ནས་ནོད་པར་འདོད་པ། ངེས་འབྱུང་གི་བསམ་པ་བརྟན་པ། ངོ་བོ་ཞིང་ངེས་པ་ལྔ་དང་བྲལ་བ། རྒྱུད་ཚོགས་སུ་མ་ཚང་བ་ཞིག་དགོས་སོ། །དྲུག་པ་ཡོངས་སུ་དག་པར་དགེ་འདུན་ཐུགས་ཡིད་ཆེས་པར་བྱ་བའི་ཕྱིར་ནང་དུ་བར་ཆད་དྲི་བ་ནི། ལས་སློབ་ཏུ་ཕྱོགས་པས་གསོལ་བ་འབའ་ཞིག་པའི་ལས་སྔོན་དུ་འགྲོ་བས་དགེ་འདུན་གྱི་དབུས་སུ་བར་ཆད་དྲི་བའོ། །དེ་ཡང་ཡུལ་རྟེན་གཉིས་ཀའི་ངོས་ནས་བར་ཆད་དང་མི་ལྡན་པར་ཤེས་པ་ཙམ་གྱིས་ཚོག་གི །དོན་ལ་བར་ཆད་དང་མི་ལྡན་པར་དགོས་པའི་ཁྱབ་པ་མེད་དེ། ལོ་ཉི་ཤུ་མ་ལོན་པ་ལ་ལོན་པར་འདུ་ཤེས་པ་བཞིན།

གཉིས་པ་དངོས་གཞི་ནི། ལས་མངོན་དུ་གྱུར་པ་སྟེ། ལས་སློབ་ཏུ་ཕྱོགས་པའི་དགེ་སློང་དེས་བསྒྲུབ་བྱ་ལ། སངས་རྒྱས་ཆོས་དང་དགེ་འདུན་དང་། །མཁན་པོ་སློབ་དཔོན་བསྙེན་རྫོགས་འདོད། །ཡོ་བྱད་ཡོངས་སུ་དག་པ་དང་། །གསོལ་དང་ལས་ནི་མངོན་སུམ་མོ། །ཞེས་བསྡུས་པའི་དོན་ལྟར་གདམས་ངག་གི་བཤད་པ་རྒྱས་བསྡུས་ཅི་རིགས་ཀྱིས་བརྡའ་སྤྲད་ནས། ཆད་ལྷག་ནོར་འཁྲུགས་མེད་པའི་ཚིག་རྣམ་པར་དག་པས་གསོལ་བཞིའི་ལས་བྱས་ཤིང་ཆགས་པའི་སྒོ་ནས་དགེ་འདུན་ལས་བསྙེན་པར་རྫོགས་པའོ། །དེ་ཡང་གཞི་ཐམས་ཅད་ཡོད་པར་སྨྲ་བའི་ལུགས་ལ། མངོན་དུ་གྱུར་པ་བཅུས། རྒྱུའི་རྐྱེན་རང་རྒྱུད་ཀྱི་འབྱུང་བ་བཞི། བདག་རྐྱེན་གཞན་གྱི་རྣམ་རིག །བྱེད་རྒྱུ། ལྷན་ཅིག་འབྱུང་བའི་རྒྱུ། སྐལ་མཉམ་གྱི་རྒྱུ་གསུམ་གྱིས་དགེ་སློང་གི་སྡོམ་པ་རིག་བྱེད་མ་ཡིན་པའི་གཟུགས་

ཀྱི་ངོ་བོར་སྐྱེ་བར་འདོད། མདོ་སྡེ་པ་ཡན་ཆད། ངེས་འབྱུང་གི་བསམ་པས་ཉེར་ལེན་གྱི་རྒྱུ་དང་། མངོན་གྱུར་བཅུས་ལྡན་ཅིག་བྱེད་རྐྱེན་བྱས་ཏེ་སྡོམ་པ་སེམས་པའི་ངོ་བོར་སྐྱེ་བར་འདོད་དོ། །

གསུམ་པ་རྫེས་ལ་གཉིས་ལས། དང་པོ་བསྙེན་བཀུར་གྱི་གནས་དང་གནས་མ་ཡིན་པ་ཤེས་པའི་ཕྱིར་དུས་གོ་ནི། དུས་འགྱུར་སྐྱེན་པས་ཕྲ་རིམ་ནས་གཞལ་དགོས་ཏེ། ཐུར་མ་སོར་བཞི་པས་གྲིབ་ཚོད་གཞལ། ཉིན་མཚན་གྱི་ཆ་ཉི་ཤུ་རྩ་གཉིས་དང་། དུས་ཚོད་རྣམས་ངེས་པར་བྱས་ལ་བརྗོད་དོ༑ ༑དུས་ཚོད་ནི། འཇིག་རྟེན་གྱི་གྲགས་པ་ལྟར་ན་བཞི་སྟེ། དགུན། དཔྱིད། དབྱར། སྟོན་བཞི་རེ་རེ་ལ་ར་འབྲིང་ཐ་གསུམ་དུ་ཕྱེ་བའོ། །ཕྱུག་དར་ཁྲིད་ཀྱི་གོས་ངོས་བཟུང་བའི་ཆེད་དུ་དགུན། དཔྱིད། དབྱར་གསུམ་དུ་ཕྱེ་སྟེ། རེ་རེ་ལ་ཟླ་བ་བཞི་བཞིའོ། །འདི་ལའང་དབྱར་ལ་གསུམ་དུ་ཕྱེ་ན་དུས་ཚིགས་ལྔར་འགྱུར་ཏེ། དབྱར་ཙམ་གྱི་དུས་ཟླ་བ་གཅིག །དབྱར་ཐུང་ངུ་ཉིན་ཞག་གཅིག །དབྱར་རིང་པོ་ཉིན་ཞག་གཅིག་གིས་མ་ཚང་བའི་ཟླ་བ་གསུམ་མོ། །དགོས་པ་ནི། དབྱར་ཕྱི་མ་ཁས་ལེན་གྱི་དུས་རྟོགས་བྱེད་དེ། དབྱར་ཐུང་ངུའི་ཉིན་ཞག་གཅིག་པོ་དེ་ལ་ཁས་མ་བླངས་ན་གཞན་ལ་བླང་དུ་མེད་པའི་ཕྱིར་རོ། །ཡང་གསོ་སྦྱོང་ཞག་མི་ཐུབ་ཀྱི་དུས་ངོ་ཤེས་པའི་ཆེད་དུ། དགུན་དཔྱིད་དབྱར་གསུམ་པོ་རེ་རེ་ལ་གཉིས་གཉིས་སུ་ཕྱེ་ནས་དྲུག་ཏུ་བཤད་དེ། དུས་ཚིགས་རེ་ལ་ཟླ་བ་གཉིས་གཉིས་ཡོད་པའི་ཕྱེད་དང་གཉིས་འདས། ཕྱེད་ལུས་པ་ན་ཞག་མི་ཐུབ་འདོར་བས་གསོ་སྦྱོང་བཅུ་བཞི་པ་གོ་ནུས་པའི་ཕྱིར་རོ། །འོན་དུས་ཚིགས་ཀྱི་འགོ་གང་ནས་འཛིན་ཞེ་ན། རྒྱལ་སྲས་མ་ལས། སངས་རྒྱས་པ་རྣམས་ཀྱི་དུས་ཀྱི་དང་པོ་ནི་དགུན་དག་ཡིན་ལ། ཟླ་བ་ཐམས་ཅད་ཀྱི་མར་གྱི་ངོ་སྔ་སྟེ། ཞེས་པས་མར་ངོ་སྔོན་འགྲོའི་དགུན་ནས་འགོ་འཛིན་ཅིང་། དགུན་གྱི་དང་པོ་ནི། སྟོན་ཟླ་ཐ་ཆུང་རྫོགས་པའི་ཕྱི་དེ་མ་ཐག་པ་ཡིན་ལ། སྟོན་ཟླ་ཐ་ཆུང་གང་ལ་ངོས་འཛིན་ན། ཉི་སྙིང་ལས། བདག་གིས་རྒྱུ་སྐར་སྨིན་དྲུག་བརྗོད། །ཟླ་བ་ཀ་ཚེ་ཟླ་རངས་འགྱུར། །སྟོན་ཟླ་ཐ་ཆུང་ཞེས་བྱ་བ། །འདིར་ནི་རབ་ཏུ་བརྗོད་པ་ཡིན། །ཞེས་པས་ཧོར་ཟླ་བཅུ་པ་སྨིན་དྲུག་གི་ཕྱེད་ཕྱི་མ་ནས་དུས་འགོ་འཛིན་ནོ། །དེ་ཡང་སྐབས་འདིར་དུས་ཚིགས་ལ་ལྔར་ཕྱེ་བ་ཉིད་བཟུང་ལ། བརྗོད་པའི་ཚེ་བསླབ་བྱའི་བློ་ཡུལ་དུ་འཆར་བདེ་བའི་ཕྱིར་ལོ་དང་། ཟླ་བ་དང་། ངོ་དང་། ཞག་དང་། ཉིན་མཚན་གྱི་ཆ་དང་། ཉིན་མོ་ཡིན་ན

གྲིབ་ཆོད་འདི་ཙམ་གྱི་དུས་སུ་ཞེས་རགས་རིམ་ནས་བརྗོད་དེ་གོ་བར་བྱའོ། །

གཉིས་པ་ཐོབ་པ་མི་ཉམས་ཤིང་འཕེལ་བར་བྱ་བའི་ཕྱིར་གདམས་ངག་བཅུ་གཅིག་བརྗོད་པ་ལ; བསླབ་བྱ་ཡུལ་དང་། སློབ་བྱེད་ཡུལ་ཅན་ལ་གདམས་པ་གཉིས། དང་པོ་ལ། བསླབ་བྱའི་གཙོ་བོ་དངོས་སུ་བརྗོད་པ་དང་། མ་བརྗོད་པ་ཡོངས་སུ་ཤེས་པའི་ཐབས་ལ་གདམས་པའོ། །དང་པོ་ལ་རྣམ་དག་རྣམ་པ་བཞི་སྟེ། རྟེན་ས་འཚོ་བ་རྣམ་དག་གནས་བཞི་ལ་བརྟེན་པར། བསྲུང་བྱ་ཚུལ་ཁྲིམས་རྣམ་དག་རྒྱ་བའི་ལྟུང་བ་ཆ་བཅས་སྤོང་བར། ཉམས་ལེན་སྤྱོད་པ་རྣམ་དག་ལ། དགེ་སྦྱོང་གི་ཆོས་ལ་བརྟེན་པར། མཆོག་ཏུ་འདོད་པའི་དོན་གྲུབ་པར། གནས་བརྟན་རྣམས་དང་ཚུལ་ཁྲིམས་མཉམ་པར། འཇིག་རྟེན་གྱི་ཕ་བུའི་ཚུལ་དང་འབྲེལ་བར་མཁན་སློབ་ལ་གུས་པར། གྲོགས་ལ་སེམས་དུལ་བས་གུས་པ་དང་ལྷུར་གདམས་པ་དང་། རྟོགས་དོན་ལྟ་བ་རྣམ་དག་རང་གི་དགོས་པ་རྗེས་སུ་སྒྲུབ་པ་ལུང་རྟོགས་ཀྱི་ཡོན་ཏན་དང་ལྡན་པར་གདམས་པ། གཉིས་པ་འདིར་མ་བརྗོད་པ་སླད་ནས་ཤེས་པར་གདམས་པ་རྣམས་སོ། །གཉིས་པ་ཡུལ་ཅན་ནི། བསླབ་པ་ལ་གུས་པར་སྦྱར་བ་དང་། གུས་པ་བསྐྱེད་དེ་སློབ་པའི་ཐབས་བག་ཡོད་ལ་སྦྱར་བའོ། །འདིར་སྡོམས་སུ། མུ་སྟེགས་གནས་པ་སྦྱིན་པ་ཞེས་པ་ནི། ཤཱཀྱ་དང་མུ་སྟེགས་རལ་པ་ཅན་ལས་གཞན་པའི་མུ་སྟེགས་ཅན་ལ་སེམས་མགུ་བ་བརྟག་པའི་ཆེད་དུ་ཟླ་བ་བཞིར་གནས་པ་སྦྱིན་པའི་གསོལ་བཞིའི་ལས་ཏེ། སྦྱོར་ཆོག་གི་སྦྲིས་པའོ། །

གཉིས་པ་ནི། དགེ་བསྙེན་མ་དང་དགེ་ཚུལ་མར་སྒྲུབ་པའི་ཆོ་ག་ནི། སྒྲུབ་བྱེད་དགེ་སློང་གི་ཚབ་ཏུ་དགེ་སློང་མ་དང་། བསྒྲུབ་བྱ་སྐྱེས་པའི་ཚབ་ཏུ་བུད་མེད་ཙམ་སྒྱུར་བ་མ་གཏོགས་ཕ་ཆོག་དང་འདྲ་ཞིང་། དེ་རྗེས་ཁྱིམ་སོ་མ་བཟུང་ན་ལོ་བཅོ་བརྒྱད་མ་དང་། བཟུང་ན་ལོ་བཅུ་ལོན་པའི་བསྒྲུབ་བྱ་མོ་ལ། ཡུལ་དབུས་མཐའི་ཁྱད་པར་ལས། དགེ་སློང་མའི་དགེ་འདུན་བཅུ་གཉིས་དང་དྲུག་ཚོགས་ཀྱིས་གསོལ་བ་དང་གཉིས་ཀྱི་ལས་ཀྱིས་དགེ་སློབ་མའི་སྡོམ་པ་སྦྱིན། དེ་ནས་དགེ་སློང་མར་སྒྲུབ་པ་ལ་སྦྱོར་དངོས་རྗེས་གསུམ་ལས། སྦྱོར་བ་ནི། བསྒྲུབ་བྱ་མོ་ཁྱིམ་སོ་བཟུང་མ་བཟུང་གི་ཁྱད་པར་ལས་ལོ་བཅུ་གཉིས་དང་ཉི་ཤུ་ལོན་པ་ལ། དགེ་སློང་མའི་དགེ་འདུན་བཅུ་གཉིས་སམ་དྲུག་གི་ཚོགས་ཀྱི་དབུས་སུ་མཁན་མོར་ཕྱོགས་པ་དེས་རྡུལ་གཟན་དང་ཤིང་ང་དཔྱུང་ཆད་གཉིས་བསྟན

ཏེ་ཆོས་གོས་ལྔ་སོགས་རྟགས་སྦྱིན། སློབ་དཔོན་མ་གཉིས་བསྐོས་ཏེ། གསང་སྟོན་མས་བར་ཆད་དྲིས་པའི་རྗེས་སུ་བསྒྲུབ་བྱས་ཚངས་སྤྱོད་ལ་ཉེར་གནས་ཀྱི་སྡོམ་པ་ནོད་པའི་ཆེད་དུ་གསོལ་བ་བཏབ་ཅིང་། དེ་སྒྲུབ་བྱེད་ཀྱི་ལས་སློབ་མས་བར་ཆད་མངོན་དུ་དྲིས་ནས་གསོལ་བ་དང་གཉིས་ཀྱི་ལས་ཀྱིས་ཚངས་སྤྱོད་ལ་ཉེར་གནས་ཀྱི་སྡོམ་པ་སྦྱིན། དེ་ནས་དངོས་གཞི་ནི། དབུས་མཐའི་ཁྱད་པར་གྱིས་དགེ་སློང་ཕའི་དགེ་འདུན་བཅུའམ་ལྔའི་ཚོགས་བསྟན་ནས། གཉིས་ཀའི་དགེ་འདུན་ལ་གསོལ་བ་བཏབ་ལ། ལས་སློབ་ཏུ་ཕྱོགས་པའི་དགེ་སློང་དེས་གསོལ་བཞིའི་ལས་ཀྱིས་དགེ་སློང་མའི་སྡོམ་པ་སྦྱིན་ནོ། །རྗེས་ནི་གཞན་འདྲ་བ་ལས། གདམས་ངག་གི་སྐབས་སུ་གནས་ཤིང་དྲུང་མི་བརྗོད། ལྷུང་བའི་སྐབས་སུ་ཐུན་མོང་མ་ཡིན་པའི་ཕམ་བཞི་བསྟན་ནས་ཕམ་པ་བརྒྱད་དང་། ལྕི་བའི་ཆོས་བརྒྱད་རྗོད་པར་བྱེད་པའོ། །འོན་དགེ་ཚུལ་མ་དང་དགེ་སློང་མའི་བར་དུ་ཐུན་མོང་མིན་པའི་བསླབ་ཚོགས་གཉིས་མེད་པར་ཕའི་དགེ་འདུན་ཙམ་ལ་བརྟེན་ནས་དགེ་སློང་མའི་སྡོམ་པ་སྐྱེ་བ་ཡོད་དམ་ཞེ་ན། སྐྱེ་ལ་ཉེས་བྱས་ཀྱི་དབང་དུ་བྱས་ན་སྐྱེ་བ་ཡོད་དེ། ཚོགས་སྡུ་མ་མེད་པ་ལ་ཉེས་བྱས་ཙམ་དུ་ཟད་པའི་ཕྱིར་དང་། དགེ་སློང་དང་དགེ་སློང་མ་ཉིད་དག་གི་ལས་གཞན་བྱེད་པས་ན་མི་ཆགས་པ་མ་ཡིན་ནོ། །ཞེས་བཤད་པས་སོ། །སྤྱིའི་དོན་བཤད་ཟིན་ཏོ། །

གཉིས་པ་གཞུང་གི་དོན་ནི། **ད་ལྟའི་ཆོ་ག་ངེས་པ་ལྔ་བྲལ་ཞིང་། །མ་ནིང་ལ་སོགས་སྐྱེ་བའི་བར་ཆད་དང་། །རྒྱལ་པོས་མ་གནང་ལ་སོགས་གནས་པ་དང་། །བྱ་རོག་སྐྲོད་མི་ནུས་སོགས་ཁྱད་པར་དང་། །སྐྲ་སེར་ཅན་སོགས་མཛེས་པའི་བར་ཆད་མེད། །ངེས་འབྱུང་བློ་ཅན་སྐལ་བཟང་སྐྱེས་བུ་དེ། །ལེགས་གསུང་འདུལ་བ་རྒྱ་མཚོ་མཐའ་དག་དང་། །བརྒྱ་རྩ་གཅིག་པའི་ལས་ཕྲན་ལ་བྱང་བའི། །མཁན་པོར་བཅས་པས་རིམ་བཞིན་བསྙེན་པར་རྫོགས། །སྔ་མ་མ་བྱས་རྫོགས་པའང་མདོ་སྡེར་སྣང་། །ཐོབ་མཚམས་བརྗོད་པ་གསུམ་གྱི་ཐ་མར་འདོད། །**ཅེས་པ་སྟེ། ད་ལྟར་གྱི་ཆོ་གས་རབ་ཏུ་བྱུང་བའི་ཚོགས་སྔ་ཕྱི་ལེན་པ་ལ། འགལ་རྐྱེན་སྤང་ཞིང་མཐུན་རྐྱེན་ཚང་དགོས་པར་བསྟན་པ། ཚོགས་གསུམ་རིམ་པར་ནོད་མི་ནོད་ཀྱི་ཁྱད་པར། སྡོམ་པའི་ཐོབ་མཚམས་ངོས་བཟུང་བའོ། །དང་པོ། སྡོམ་པ་ལེན་པའི་ཚེ་རང་རང་གི་བསླབ་བྱ་ལ་ལྟོས་ནས་ངེས་པ་ལྔ་བྲལ་དགེ་སློང་ལ་དངོས་དང་། དགེ་

ཚུལ་ལའང་ཆ་འདྲ་ཞིག་དགོས་ཏེ། མཐུན་རྐྱེན་ཚང་བའི་ཡུལ་འདིར་བསྲུང་གི་གཞན་དུ་བསྲུང་མི་ནུས་སྙམ་པ་ལྟ་བུ་ཡུལ། ལོའམ་ཟླ་བ་གཅིག་ཙམ་དུ་སྲོང་གི་དེ་ཕན་ཆད་བསྲུང་མི་ནུས་སྙམ་པ་ལྟ་བུ་དུས། འཐབ་རྩོད་ཀྱི་སྐབས་མ་གཏོགས་གཞན་དུ་བསྲུང་སྙམ་པ་ལྟ་བུ་ཚེ། དགྲ་མ་གཏོགས་པ་གཞན་གྱི་སྲོག་མི་གཅོད་སྙམ་པ་ལྟ་བུ་སེམས་ཅན། བསླབ་བྱ་རགས་པ་འགའ་ཞིག་ལས་ཕྲ་བ་རྣམས་བསྲུང་མི་ནུས་སྙམ་པ་ལྟ་བུ་ཡན་ལག་ངེས་པ་སྟེ། ཡན་ལག་རྒྱུ་ལ་དབྱེ་བ་ཡོད། །ཅེས་དགེ་ཚུལ་ལ་ཡན་ལག་ངེས་པར་མ་བཤད་པས་ངེས་པ་ལྔ་བྲལ་ཆ་འདྲ་ཞེས་བྱའོ། །དེར་མ་ཟད་འགལ་རྐྱེན་བར་ཆད་ཀྱི་ཆོས་དང་བྲལ་བ་ཞིག་དགོས་ཏེ། མ་ནིང་དང་མཚམས་མེད་བྱས་པ་སོགས་ནི་སྐྱེ་བའི་བར་ཆད་དེ། དེ་དག་ལ་སྡོམ་པ་ཕོག་ཀྱང་མི་སྐྱེ་བའི་ཕྱིར། རྒྱལ་པོ་དང་ཕ་མས་མ་གནང་བ་སོགས་གནས་པའི་བར་ཆད་དེ། དེ་དག་ལ་སྡོམ་པ་སྐྱེས་སུ་ཟིན་ཀྱང་རང་དབང་དུ་མ་གྱུར་པས་འབབ་དགོས་པ་སོགས་ཀྱིས་ཡུན་རིང་མི་གནས་པའི་ཕྱིར། བྱ་རོག་སྐྲོད་མི་ནུས་པའམ་ནད་དང་སྡུག་བསྔལ་གྱིས་གཟིར་བ་སོགས་ཁྱད་པར་དུ་འགྱུར་བའི་བར་ཆད་དེ། སྡོམ་པ་གནས་ཀྱང་བསླབ་པ་ལ་སྦྱོར་མི་བཟོད་པས་ཡོན་ཏན་ཁྱད་པར་དུ་འཕགས་མི་ནུས་པའི་ཕྱིར། སྐྲ་སེར་ཅན་དང་ལག་རྡུམ་སོགས་ལུས་ལ་སྐྱོན་ཆགས་པ་དང་གདོལ་པ་སོགས་རིགས་ལ་སྐྱོན་ཆགས་པ་རྣམས་ཧེན་མཛེས་པའི་བར་ཆད་དེ། དེ་དག་ལ་སྡོམ་པ་སྐྱེ་བས་བསྒྲུབ་བྱ་ལ་ཕན་པར་འགྱུར་ནའང་ཁྱིམ་པ་རྣམས་བསྟན་པ་ལ་མ་དད་པའི་རྒྱུ་བྱེད་པའི་ཕྱིར། དེས་ན་དེ་བཞི་དང་བྲལ་བས་རྒྱུད་དག་པ་ཞིག་དགོས་ཏེ། དང་པོ་ལ་མི་སྐྱེ་བ་དང་། གཉིས་པ་ལ་མི་གནས་པས་བསྒྲུབ་བྱར་ཕན་མི་ཐོགས་ཤིང་། ཕྱི་མ་གཉིས་ལ་སྐྱེ་བ་དང་གནས་པའི་སྒོ་ནས་བསྒྲུབ་བྱར་ཕན་པས་འཐོགས་རིགས་ནའང་། སྒྲུབ་པར་བྱེད་པ་པོ་ལ་བཅས་འགལ་གྱི་ཉེས་པ་ཅུང་ཟད་འབྱུང་བའི་ཕྱིར་རོ། །

དེ་ལྟར་དགག་ཕྱོགས་ནས་ངེས་པ་ལྔ་དང་བྲལ་ཞིང་བར་ཆད་བཞི་མེད་ལ། སྒྲུབ་ཕྱོགས་ནས་སྔར་བཤད་པའི་མཐུན་རྐྱེན་ཐམས་ཅད་ཚོགས་ཤིང་། ཁྱད་པར་མྱང་འདས་གསུམ་གང་རུང་ཐོབ་འདོད་ཀྱི་ངེས་འབྱུང་གི་བསམ་པས་ཟིན་པ་ཞིག་དགོས་ཏེ། གཞན་དུ་ན་འཇིགས་སྐྱོབ་དང་ལེགས་སྨོན་ཙམ་དུ་ཟད་པའི་ཕྱིར་རོ། །དེས་ན་འགལ་རྐྱེན་སྤངས་ཤིང་མཐུན་རྐྱེན་ཚང་བའི་བསྒྲུབ་བྱ་སྐལ

པ་ཅན་དེ་ཉིད་དགེ་སློང་དུ་སྒྲུབ་པར་བྱེད་པ་ལ། སྒྲུབ་བྱེད་མཁས་བཙུན་གྱི་ཡོན་ཏན་དང་ལྡན་པ་ཞིག་དགོས་ཏེ། དེ་ལ་བཙུན་པའི་ཡོན་ཏན་ལས་གྲལ་དུ་འདུས་པའི་དགེ་འདུན་ཐམས་ཅད་རང་རྒྱུད་ལ་ཉེས་པ་ཕྲ་མོས་ཀྱང་མ་གོས་པའི་ཚུལ་ཁྲིམས་རྣམ་པར་དག་པ་དང་ལྡན་པ་ཞིག་དགོས་ལ། དེའི་ཡན་ལག་ལས་ལ་འདུ་བའི་སྔོན་དུ། ཐུན་མོང་མ་ཡིན་པའི་ལྟུང་བ་རྣམས་བཤགས་པར་བྱ་ཞིང་། ཐུན་མོང་བ་རྣམས་ལ་བྱིན་བརླབས་དང་། བཤགས་ཡུལ་དུ་འོས་པ་ཡོད་ཀྱང་། བཤགས་བྱ་ལ་ལྟོས་པའི་གྲངས་མ་ལོངས་པ་དང་། ཆད་ལས་སྔོན་དུ་འགྲོ་དགོས་པའི་རིགས་རྣམས་ལས་ལ་འདུ་བའི་གོང་དུ་བཤགས་ཚིག་མི་ཚར་བ་སོགས་ཀྱིས་མ་གྲུབ་པ་རྣམས་བྱིན་གྱིས་རློབ་པ་སོགས་གང་ལ་གང་འོས་ཀྱིས་ཕྱིར་བཅོས་པའི་སྒོ་ནས་དག་པར་བྱས་པའོ། །མཁས་པའི་ཡོན་ཏན་སྤྱིར་སྡེ་སྣོད་གསུམ་དང་། ཁྱད་པར་འདུལ་བ་ལ་མཁས་པ། དེའི་ནང་ནས་ཀྱང་ལས་བྱེད་པ་ལ་འདུལ་བ་འཛིན་པ་ཞེས་གསུངས་ཏེ། དེའི་ཚད་འདུལ་བའི་དོན་ཤེས་པས་ཆོག་པ་མ་ཡིན་གྱི། ལས་བརྒྱ་རྩ་གཅིག་ལས་ཕྲན་སོ་སོ་དང་བཅས་པའི་སྔགས་ཀྱི་ཚིག་དེ་ཉིད་བཟུང་ནས་ཚིག་ཕྱེད་ཀྱང་མ་འཁྲུལ་བར་ཁ་ཏོན་དུ་བྱ་ནུས་པ་ཞིག་དགོས་པ་ཡིན་ནོ། །དེ་ལྟར་སྔགས་ཚིག་དང་ལག་ལེན་ལ་བྱང་བའི་མཁན་སློབ་དགེ་འདུན་དང་བཅས་པ་མཚན་ཉིད་ཚང་བར་ཚོགས་པའོ། །

གཉིས་པ་ནི། ཉེས་མེད་ཕུན་ཚོགས་ཀྱི་དབང་དུ་བྱས་ན། ཚོགས་གསུམ་རིམ་བཞིན་བླང་བའི་སྒོ་ནས་བསྙེན་པར་རྫོགས་པ་བྱ་དགོས་ཏེ། དགེ་བསྙེན་ཉིད་དང་། དགེ་ཚུལ་ཉིད་དང་། དགེ་སློང་ཉིད་དག་གིས་སྔ་མ་བསྙེན་པར་མ་རྫོགས་པ་ལ་ཕྱི་མ་མི་བྱའོ། །ཞེས་གསུངས་པའི་ཕྱིར། གལ་ཏེ་ཚོགས་སྔ་མ་གཉིས་སྔོན་དུ་མ་བྱས་ནའང་བསྙེན་རྫོགས་ཀྱི་སྡོམ་པ་མི་སྐྱེ་བ་མ་ཡིན་ཏེ། ལུང་ལས། ཁྲིམ་པ་རབ་ཏུ་མ་བྱུང་བ་ཞིག་བསྙེན་པར་རྫོགས་པར་བགྱིད་ན། བསྙེན་པར་རྫོགས་ཞེས་བགྱིའམ་མ་རྫོགས་ཞེས་བགྱི། ཉེ་བ་འཁོར་བསྙེན་པར་རྫོགས་ཞེས་བྱའོ། །ཞེས་གསུངས་པའི་ཕྱིར། འོན་ཀྱང་འབོགས་བྱེད་མཁན་སློབ་དགེ་འདུན་དང་བཅས་པ་ལ་བཅས་འགལ་གྱི་ཉེས་པ་འབྱུང་བས། སྐྱེ་ལ་ཉེས་བྱས་ཀྱི་དབང་དུ་བྱས་པ་སྟེ། ཚོགས་སྔ་མ་མེད་པ་ལ་ཉེས་བྱས་ཙམ་དུ་ཟད་དོ། །ཞེས་སོ། །
གཞན་དུ་མདོ་སྡེ་ལས་ཚོགས་ཕྱི་མ་བླངས་པས་སྔ་མ་ཞར་ལ་ཐོབ་ཀྱིས་ཆེད་དུ་བླང་མི་དགོས་པའང་

གནང་སྟེ། དྲིན་ལན་གསབ་པའི་མདོ་ལས། མ་འགག་གས་པས་ཡང་གསོལ་པ།གལ་ཏེ་ཁྲིམ་པ་ཁྲིམས་ལྔ་མ་ནོས་པར་ཐལ་བྱུང་དུ་ཁྲིམས་བཅུ་ནོས་ན་ཁྲིམས་ཐོབ་པར་འགྱུར་རམ། བཀའ་སྩལ་པ། དུས་གཅིག་ཏུ་དགེ་བསྙེན་གྱི་ཁྲིམས་དང་། དགེ་སྦྱོང་གི་ཁྲིམས་རྣམ་པ་གཉིས་ཐོབ་བོ། །གལ་ཏེ་ཁྲིམས་ལྔ་ཡང་མ་ནོས། ཁྲིམས་བཅུ་ཡང་མ་ནོས་པར་ཐལ་བྱུང་དུ་ཁྲིམས་རྫོགས་པར་ནོས་ནའང་། དུས་གཅིག་ཏུ་ཁྲིམས་གསུམ་ཆར་ཐོབ་པར་འགྱུར་རོ། །ཞེས་གསུངས་པའི་ཕྱིར།

གསུམ་པ་ནི། ཚིགས་སུ་མ་གཉིས་ལ་སྦྱགས་ཚིག་ལན་གསུམ་བཟླས་པའི་ཐ་མར། སྐྱབས་བརྗོད། བདག་བརྗོད། གཞན་བརྗོད་གསུམ་གྱི། བདག་བརྗོད་རྫོགས་པ་དགེ་བསྙེན་དུའམ། དགེ་ཚུལ་དུ་ཞེས་རྫོགས་མ་ཐག །དེ་དང་དེའི་སྡོམ་པ་སྐྱེ་ཞིང་། ཚིགས་ཕྱི་མ་དགེ་སློང་ནི། དགེ་འདུན་གྱིས་གསོལ་བཞིའི་ལས་ཉམས་སུ་མྱོང་བ་ལ་རག་ལས་པས་ན། ལས་བརྗོད་པ་གསུམ་པ་ལ། མཆི་སྟེ་ཡན་ཆད་ངོ་བོ་བརྗོད་པ་སྟེ། སྡོམ་པའི་རྒྱུ་རྐྱེན་ཚང་བས་བསྙེན་པར་རྫོགས་རིགས་པའི་ངོ་བོ་བརྗོད་པའི་ཕྱིར། གསོལ་ན་ཞེས་པ་ཡན་ཆད་བྱ་བ་བརྗོད་པ་སྟེ། བསྙེན་པར་རྫོགས་པར་བྱ་བ་བརྗོད་པའི་ཕྱིར། དེའི་སླད་དུ་མན་ཆད་བྱེད་པ་བརྗོད་པ་སྟེ། བྱེད་པ་པོ་དགེ་འདུན་བརྗོད་པའི་ཕྱིར། དེས་ན་བྱ་བ་བརྗོད་པ་རྫོགས་མ་ཐག་དེར་སྡོམ་པ་སྐྱེ་བ་ཡིན་ཏེ། བརྗོད་པ་ཐ་མ་གང་ཡིན་པའི་ཆ་གསུམ་པ་ལ་གྲུབ་པ་ཉིད་དོ། །ཞེས་གསུངས་པའི་ཕྱིར། དེ་དང་དེའི་ཚེ་བྱེད་པ་པོ་དེ་ཡང་སློབ་དཔོན་དུ་འགྱུར་བ་ཡིན་ཏེ། དོན་གྲུབ་པ་ན་གྱུར་པ་ཉིད་དོ། །ཞེས་དགེ་བསྙེན་སོགས་དོན་གྲུབ་པ་ཉིད་ཀྱིས་སློབ་དཔོན་དུ་འགྱུར་བའི་ཕྱིར་རོ། །

བཞི་པ་ཐོབ་པ་མི་ཉམས་པར་བསྲུང་བའི་ཚུལ་ལ། བསྟན་བཤད་གཉིས་ལས། དང་པོ་མདོར་བསྟན་ནི། **བར་དུ་ཐོབ་པ་མི་ཉམས་བསྲུང་བ་ལ།** །ཞེས་པ་སྟེ། མ་ཐོབ་པ་འཐོབ་པར་བྱེད་པའི་ཆོ་གས་སྡོམ་པ་དང་པོར་ཐོབ་པ་ཙམ་གྱིས་མི་ཆོག་གི །དེ་བར་དུ་ཐོབ་ཟིན་མི་ཉམས་པར་བསྲུང་བ་ལ་བསླབ་དགོས་ཏེ། མ་བསྲུངས་ན་ཉེས་དམིགས་དང་། བསྲུངས་ན་ཕན་ཡོན་ཆེན་པོ་དང་ལྡན་པའི་ཕྱིར། དགེ་སློང་ལ་རབ་ཏུ་གཅེས་པའི་མདོ་ལས། ལ་ལའི་ཚུལ་ཁྲིམས་བདེ་བ་སྟེ། །ལ་ལའི་ཚུལ་ཁྲིམས་སྡུག་བསྔལ་ཡིན། །ཚུལ་ཁྲིམས་ལྡན་པ་བདེ་བ་སྟེ། །ཚུལ་ཁྲིམས་འཆལ་བ་སྡུག་བསྔལ་

ཡིན། །ཞེས་གསུངས་པས་སོ། །

གཉིས་པ་རྒྱས་བཤད་ལ་གཉིས་ཏེ། དངོས་བསྟན་བླང་དོར་གྱི་བསླབ་བྱ་རྒྱས་པར་བཤད། ཤུགས་བསྟན་དེའི་རྟུང་མཐུན་བསྡུས་ཏེ་བསྟན་པའོ། །དང་པོ་ལ་གཉིས་ཏེ། ཁྱིམ་པའི་ཕྱོགས་སུ་གཏོགས་པའི་དང་། རབ་ཏུ་བྱུང་བའི་ཕྱོགས་སུ་གཏོགས་པའི་བསླབ་བྱའོ། །དང་པོ་ལ་གསུམ་སྟེ། སྐྱབས་འགྲོའི། བསྙེན་གནས་ཀྱི། དགེ་བསྙེན་གྱི་བསླབ་བྱའོ། །དང་པོ་ལ། ཐུན་མིན་དཀོན་མཆོག་གསུམ་སོ་སོ་ལ་སྐྱབས་སུ་སོང་བའི་བསླབ་བྱ་དང་། གསུམ་ཀའི་ཐུན་མོང་གི་བསླབ་བྱའོ། །དང་པོ་ནི། **བསླབ་བྱ་སྐྱབས་འགྲོ་ཐུན་མོང་མིན་གསུམ་ནི། །སྐྱབས་གཞན་མི་འཚོལ་སེམས་ཅན་འཚེ་བ་སྤོང་། །མུ་སྟེགས་མི་འགྲོགས་སོ་སོར་གུས་བསྐྱེད་དོ།** །ཞེས་པ་སྟེ། འདི་ལ་དགག་སྒྲུབ་གཉིས་ལས། དགག་པའི་བསླབ་བྱར། སངས་རྒྱས་ཆོས་དང་དགེ་འདུན་གསུམ་ལ་སྐྱབས་སུ་སོང་ནས་སོ་སོའི་བསླབ་བྱ་ནི་རིམ་པ་ཇི་ལྟ་བར། སྐྱབས་གཞན་འཇིག་རྟེན་པའི་ལྷ་ལ་རེ་ལྟོས་བཀལ་ནས་སྐྱབས་འགྲོ་མི་བྱ། སེམས་ཅན་ལ་གནོད་འཚེ་སྤོང་། གྲོགས་མུ་སྟེགས་ཅན་དང་མི་འགྲོགས་པ་སྟེ། དེ་དག་དང་འགལ་ན་དཀོན་མཆོག་གསུམ་པོ་དེ་དང་དེའི་སྐྱབས་འགྲོ་གཏོང་བའི་ཕྱིར། མྱང་འདས་ལས།གང་ཞིག་སངས་རྒྱས་སྐྱབས་འགྲོ་བ། །དེ་ནི་ཡང་དག་དགེ་བསྙེན་ཏེ། །ནམ་དུའང་ལྷ་ནི་གཞན་དག་ལ། །སྐྱབས་སུ་འགྲོ་བ་མ་ཡིན་ནོ། །དམ་པའི་ཆོས་ལ་སྐྱབས་འགྲོ་བ། །འཚེ་ཞིང་གནོད་པའི་སེམས་དང་བྲལ། །དགེ་འདུན་ལ་ཡང་སྐྱབས་འགྲོ་བ། །མུ་སྟེགས་ཅན་དང་འགྲོགས་མི་བྱ། །ཞེས་སོ། །སྒྲུབ་པའི་བསླབ་བྱར། སངས་རྒྱས་ཀྱི་སྐུའི་རྟེན་སྣ་ཚྭའི་ཆག་དུམ་ཙམ་དང་། ཆོས་ཀྱི་རྟེན་ཡི་གེ་འབྲུ་གཅིག་ཙམ་དང་། དགེ་འདུན་གྱི་གཟུགས་ལྡན་པ་སེར་པོ་བཏབ་པ་ཡན་ཆད་ལ་དཀོན་མཆོག་དེ་དང་དེའི་འདུ་ཤེས་བཞག་ནས་གུས་པར་བྱ་བའོ། །

གཉིས་པ་ནི། **སྲོག་དང་བྱ་དགར་དཀོན་མཆོག་གསུམ་མི་སྤང་། །དགོས་གལ་ཆེ་ཡང་ཐབས་གཞན་མི་འཚོལ་ཞིང་། །དུས་མཆོད་མི་བཅག་རང་གཞན་སྐྱབས་འགྲོར་འགོད། །གར་འགྲོའི་ཕྱོགས་ཀྱི་སངས་རྒྱས་ལ་ཕྱག་འཚལ། །ལྔ་རྣམས་ཐུན་མོང་བསླབ་བྱར་ཇོ་བོ་བཞེད།** །ཅེས་པ་སྟེ། སྲོག་དང་རྒྱལ་སྲིད་ལ་སོགས་པའི་ཆེད་དུའང་དཀོན་མཆོག་མི་སྤོང་བ་དང་།དགོས་གལ་ཇི་ལྟར་ཆེ་ཡང་

དཀོན་མཆོག་ལ་བློ་གཏོད་པ་ལས་འཇིག་རྟེན་པའི་ཐབས་གཞན་མི་འཚོལ་བ་དང་།རྟག་ཏུ་ཡོན་ཏན་དྲན་པས་དུས་ཀྱི་མཆོད་པ་མི་བཅག་པ་དང་། ཕན་ཡོན་ཤེས་པས་རང་སྐྱབས་སུ་འགྲོ་ཞིང་གཞན་དག་ཀྱང་འགྲོར་གཞུག་པ་དང་།གར་འགྲོའི་ཕྱོགས་ཀྱི་སངས་རྒྱས་དང་དེའི་སྐུ་གཟུགས་ལ་ཕྱག་འཚལ་བ་དང་ལྔའོ། །

གཉིས་པ་ལ། དུས་ཁྲིམས་བསྙེན་གནས་དངོས་ཀྱི་བསླབ་བྱ་དང་། དེ་གཏན་ཁྲིམས་སུ་བྱས་ན་གོ་མིའི་དགེ་བསྙེན་དུ་འགྲོ་ཚུལ་ལོ། །དང་པོ་ནི། **རྩ་བཞི་སྤོང་བ་ཚུལ་ཁྲིམས་ཡན་ལག་བཞི། །ཆང་སྤོང་བག་ཡོད་ཡན་ལག་མལ་ཆེ་མཐོ། །གར་ཕྲེང་ལ་སོགས་ཕྱི་དྲོའི་ཁ་ཟས་གསུམ། །བརྟུལ་ཞུགས་ཡན་ལག་བསྙེན་གནས་སྡོམ་པ་ཡིན། །ཡན་ལག་འདི་བརྒྱད་གཏན་དུ་མ་ཡིན་པས། །ཡོན་ཏན་རྟེན་མིན་དེ་ཕྱིར་སོ་ཐར་ནི། །མཚན་ཉིད་ལྡན་པ་རིགས་བདུན་ཁོ་ན་ཡིན། །**ཞེས་པ་སྟེ། མཛོད་ལས། ཚུལ་ཁྲིམས་ཡན་ལག་བག་ཡོད་པའི། །ཡན་ལག་བརྟུལ་ཞུགས་ཡན་ལག་སྟེ། །བཞི་གཅིག་དེ་བཞིན་གསུམ་རིམ་བཞིན། །ཞེས་པ་ལྟར་མི་ཚངས་སྤྱོད་སོགས་རྩ་བའི་ལྟུང་བ་བཞི་སྤོང་བ་ཚུལ་ཁྲིམས་ཀྱི། ཆང་སྤོང་བ་བག་ཡོད་ཀྱི། མལ་ཆེ་མཐོ་དང་། གར་སོགས་ཕྲེང་སོགས་དང་། དུས་མ་ཡིན་པའི་ཁ་ཟས་ཏེ་གསུམ་སྤོང་བ་བརྟུལ་ཞུགས་ཀྱི་ཡན་ལག་སྟེ། ཡན་ལག་འདི་བརྒྱད་པོ་ཉིན་ཞག་གི་མཐའ་ཚུན་ཆད་དུ་ཁས་བླངས་པའི་དུས་ཁྲིམས་ཡིན་གྱི་གཏན་ཁྲིམས་མ་ཡིན་པས་སྡོམ་པ་གོང་མ་རྣམས་ཀྱི་ཡོན་ཏན་གྱི་རྟེན་དུ་མི་རིགས་པའི་ཕྱིར་མ་ཡིན་ལ། དེས་ན་གོང་མའི་ཡོན་ཏན་གྱི་རྟེན་དུ་གྱུར་པའི་མཚན་ཉིད་ཅན་ནི་རིགས་བདུན་ཉིད་དུ་ངེས་ཏེ། ལམ་སྒྲོན་ལས། སོ་སོ་ཐར་པ་རིགས་བདུན་གྱི། །རྟག་ཏུ་སྡོམ་གཞན་ལྡན་པ་ལ། །བྱང་ཆུབ་སེམས་དཔའི་སྡོམ་པ་ཡི། །སྐལ་བ་ཡོད་ཀྱི་གཞན་དུ་མིན། །ཞེས་གསུངས་པ་ལྟར་རོ། །

གཉིས་པ་ནི། **འདི་བརྒྱད་ཇི་སྲིད་འཚོ་ཡི་བར་བསྲུངས་ན། །གོ་མིའི་དགེ་བསྙེན་ཡིན་ཡང་ཡོད་སྨྲའི་མིན། །གནས་བརྟན་སྡེ་པའི་ལུགས་སུ་དབྱེ་གཉེན་བཞེད། །**ཅེས་པ་སྟེ། གསོ་སྦྱོང་ཡན་ལག་བརྒྱད་ཇི་སྲིད་འཚོའི་བར་དུ་ཁས་ལེན་པ་གོ་མིའི་དགེ་བསྙེན་ཏེ། འདི་གཞི་ཐམས་ཅད་ཡོད་པར་སྨྲ་བའི་འདུལ་བ་ལས་མ་བཤད་ནའང་།འཕགས་པ་གནས་བརྟན་པའི་སྡེ་པའི་ལུགས་སུ་དབྱིག

གཉེན་བཤེད་དེ། གོ་མིའི་དགེ་བསྙེན་ཞེས་བྱ་བ་འདི་ནི་འཕགས་པ་གནས་བརྟན་པའི་མན་ངག་བརྒྱུད་པ་ལས་ཐོས་ཀྱི་བདེ་བར་གཤེགས་པས་གསུངས་པ་ནི་མ་མཐོང་ངོ་། །ཞེས་གསུངས་པའི་ཕྱིར། འོན་ཀྱང་ཐེག་ཆེན་གྱི་སྡེ་སྣོད་ལས་གསུངས་ཏེ། རྒྱལ་བུ་སྙིང་རྗེ་ཆེར་སེམས་ཀྱིས་བསྙེན་གནས་ཡན་ལག་བརྒྱད་རྗེ་སྲིད་འཚོའི་བར་དུ་བླངས་པར་དཀོན་བརྩེགས་ལས་བཤད་པའི་ཕྱིར་རོ། །

གསུམ་པ་དགེ་བསྙེན་གྱི་བསླབ་བྱ་ལ་གསུམ་སྟེ། དགེ་བསྙེན་གྱི་སྤང་བྱ་ལྔ་ངོས་བཟུང་། དེ་བསྲུང་ཚུལ་གྱི་གྲངས་ལས་དགེ་བསྙེན་གྱི་དབྱེ་བ་བཤད། ཕྱོགས་མཐུན་གྱི་བསླབ་བྱ་བསྟན་པའོ། །དང་པོ་ནི། **གསོད་རྐུ་རྫུན་སྨྲ་འདོད་པས་ལོག་པར་གཡེམ། །སྨྱོས་འགྱུར་སྤོང་རྣམས་དགེ་བསྙེན་སྡོམ་པ་སྟེ།** །ཞེས་པས་དགེ་བསྙེན་གྱི་སྤང་བྱ་ལ་རྩ་བ་དང་།ཡན་ལག་གཉིས་ལས། རྩ་བ་ནི་བཞི་སྟེ། སྲོག་གཅོད་པ་དང་། མ་བྱིན་པར་ལེན་པ་དང་། འདོད་པས་ལོག་པར་གཡེམ་པ་དང་།རྫུན་དུ་སྨྲ་བའོ། །འདི་དག་ལ་ཡུལ་གྱི་ཡན་ལག་ཏུ་མི་ཡིན་པ་དགོས་ཏེ། དེ་མ་ཚང་ན་རྩ་བར་གཏོགས་པའི་ཉེས་པ་ཙམ་དུ་ཟད་ཀྱི། རྩ་བ་དངོས་མ་ཡིན་པས་སྡོམ་པ་ཉམས་པར་མི་འགྱུར་ཞིང་། འདིར་བསླབ་གཞིར་མི་ཚངས་སྤྱོད་མི་འཛོག་པར་འདོད་ལོག་འཛོག་པ་ནི། ཁྱིམ་པས་བསྲུང་སླ་བ་སོགས་ཀྱི་ཕྱིར་ཏེ། མཛོད་ལས། ལོག་གཡེམ་ཤིན་ཏུ་དམད་ཕྱིར་དང་། །སླ་ཕྱིར་མི་བྱེད་ཐོབ་ཕྱིར་རོ། །ཞེས་སོ། །ཡན་ལག་ནི། སྨྱོས་འགྱུར་སྤོང་བ་སྟེ། དེ་མ་སྤངས་ན་བསླབ་པ་གཞན་རྣམས་བསྲུང་མི་ནུས་པའི་ཕྱིར། དེ་ལས། བཅས་པའི་ཁ་ན་མ་ཐོ་བ། །སྨྱོས་འགྱུར་ལས་གཞན་སྲུང་ཕྱིར་རོ། །ཞེས་སོ། །

གཉིས་པ་ལ། དེ་ལས་ཕྱེ་བ་ཉན་ཐོས་སྡེ་པའི་ལུགས་དང་།དེ་ལས་གཞན་པ་སྡེ་པ་གཞན་གྱི་ལུགས་སོ། །དང་པོ་ནི། **གང་འདོད་ཁས་ལེན་གྲངས་ལྟར་སྣ་གཅིག་སྤྱོད། །སྣ་འགའ་ཕལ་ཆེར་སྤྱོད་དང་ཡོངས་རྫོགས་སྤྱོད། །གཅིག་གཉིས་གསུམ་དང་ལྔ་སྤོང་།** ཞེས་པ་སྟེ། སྐྱབས་འགྲོ་བླངས་ནས་དེའི་བསླབ་བྱ་ཙམ་བསྲུང་བ་སྐྱབས་གསུམ་འཛིན་པའི་དགེ་བསྙེན་ཞེས་སྔར་བཤད་པ་དེ་ལ། ཉི་འོག་པ་དང་མདོ་སྡེ་པ་དག །དེ་དགེ་བསྙེན་གྱི་སྡོམ་པ་མ་ཡིན་ཡང་དགེ་བསྙེན་མཚན་ཉིད་པ་ཡིན་ཟེར། བྱེ་བྲག་ཏུ་སྨྲ་བ། དགེ་བསྙེན་གྱི་སྡོམ་པ་མེད་ན། དེ་དགེ་བསྙེན་མཚན་ཉིད་པ་མ་ཡིན་པར་འདོད། བཤད་མ་ཐག་པའི་དགེ་བསྙེན་གྱི་སྤང་བྱ་ལྔ་ལས། སྲོག་གཅོད་ཙམ་སྤོང་བ་སྣ་གཅིག་སྤྱོད

པ་དང་། དེའི་སྟེང་མ་བྱིན་ལེན་ཙམ་སྤོང་བ་སྣ་འགའ་སྤྱོད་པ་དང་། དེ་གཉིས་ཀྱི་སྟེང་རྫུན་དང་གསུམ་སྤོང་བ་ཕལ་ཆེར་སྤྱོད་པ་དང་། དེ་གསུམ་གྱི་སྟེང་དུ་འདོད་ལོག་དང་ཆང་སྟེ་ལྔ་ཆར་སྤོང་བ་ཡོངས་རྫོགས་དགེ་བསྙེན་ནོ། །དེ་བཞི་ལ་བྱེ་བྲག་ཏུ་སྨྲ་བ་ལྟར་ན། སྡོམ་པ་ལེན་པའི་ཚེ་དགེ་བསྙེན་ཙམ་དུ་ཁས་བླངས་ནས་ཕྱིས་བསྲུང་དུས་སྣ་གཅིག་སོགས་གང་འདོད་བསྲུང་བ་ལ་དེ་དག་སྤྱོད་ཅེས་འདོད་དེ། མཛོད་ལས། སྣ་གཅིག་སྤྱོད་སོགས་ཇི་ལྟ་བུ། །དེ་བསྲུང་བ་ལ་བསྲུང་ཞེས་གྲགས། །ཞེས་སོ། །མདོ་སྡེ་པ་ལྟར་ན། ལེན་པའི་ཚེ་བདག་སྣ་གཅིག་སྤྱོད་པའི་དགེ་བསྙེན་དུ་བཟུང་དུ་གསོལ་ཞེས་པ་ལྟ་བུ་གང་འདོད་ཁས་བླངས་ནས་དེ་བསྲུང་བ་སྟེ། དེ་ལས་གཞན་དུ་ཡོངས་རྫོགས་བླངས་ནས་ཕྱིས་དེ་མ་བསྲུངས་ན་ཚུལ་འཆལ་དུ་འགྱུར་བའི་ཕྱིར། ཅེས་འདོད་དོ། །

གཉིས་པ་ནི། **དེ་ཡི་སྟེང་། །མི་ཚངས་སྤྱོད་སྤོང་ཚངས་སྤྱོད་དགེ་བསྙེན་ནོ། །འདི་དང་གོ་མི་གཉིས་ནི་ཁྱིམ་པ་དང་། །རབ་བྱུང་གཉིས་ཀ་མིན་ཞེས་མཁས་རྣམས་བཞེད།** །ཅེས་པ་སྟེ། ཡོངས་རྫོགས་དགེ་བསྙེན་གྱི་སྲུང་བྱའི་སྟེང་མི་ཚངས་སྤྱོད་སྤོང་བ་ནི་ཚངས་སྤྱོད་ཀྱི་དགེ་བསྙེན་ཏེ། རྒྱན་གྱིས་བརྒྱན་པར་བྱས་ཀྱང་ཆོས་སྤྱོད་ལ། །ཞེས་སོགས་ཀྱིས་བསྟན་པར་མདོ་སྡེ་པ་འདོད་ཅིང་།འདི་དང་གོ་མིའི་དགེ་བསྙེན་གཉིས་ཆོ་འཕྲུལ་བསྟན་པའི་མདོ་ལས་ཀྱང་གསུངས་ཏེ། ཇི་སྐད་དུ། རབ་བྱུང་ཡོན་ཏན་དུ་མ་ལྡན་པ་ཞེས། །དེ་བཞིན་གཤེགས་པ་རྣམས་ཀྱིས་བསྔགས་མོད་ཀྱི། །སེམས་ཅན་ཀུན་ལ་སྙིང་རྗེར་གྱུར་པས་ན། །འགྲོ་ལ་ཕན་ཕྱིར་བདག་གིས་རྒྱལ་སྲིད་སྐྱབ། །ཇི་སྲིད་འཚོའི་བར་ཚངས་པར་སྤྱོད་བྱེད་ཅིང་། །གསོ་སྦྱོང་ཡན་ལག་བརྒྱད་པའང་བླང་བར་བགྱི། །ཞེས་གསུངས་པའི་ཕྱིར། འདི་གཉིས་ཁྱིམ་པ་དང་རབ་བྱུང་གཉིས་ཀ་མ་ཡིན་ཏེ། ཁྱིམ་ཐབ་སྤངས་པས་འདོད་པ་འཁྲིག་བཅས་ཀྱི་ཁྱིམ་པ་མ་ཡིན་པ་གང་ཞིག །རབ་བྱུང་གི་རྟགས་མ་བླངས་པས་དེ་ཡང་མ་ཡིན་པའི་ཕྱིར་རོ། །

གསུམ་པ་དགེ་བསྙེན་གྱི་ཕྱོགས་མཐུན་གྱི་བསླབ་བྱ་ལ། དངོས་དང་། ཞུགས་པ་ཁྱིམ་པས་ཀྱང་འདུལ་བའི་བསླབ་བྱ་ལ་གཅེས་སྤྲས་བྱ་དགོས་པར་གདམས་པའོ། །དང་པོ་ནི། **མི་དགེ་ལྷག་དྲུག་ཕྱོགས་མཐུན་སྤང་བྱ་དང་།** །ཞེས་པ་སྟེ། སྤྱིར་མི་དགེ་བ་བཅུ་ལས་མི་གསོད་པ་སོགས་ལུས་

ཀྱི་ལས་གསུམ་དང་། ངག་གི་རྫུན་སྨྲ་བ་རྣམས་ནི་རྩ་བ་ཡིན་པའི་ཕྱིར། དེ་བཞི་བྱུང་ན་སྡོམ་པ་གཏོང་བས་སླར་བླང་བར་བྱ་ཞིང་། མི་མ་ཡིན་གསོད་པ་སོགས་བཞི་དང་ཆང་འཐུང་བའི་ཉེས་པ་སྟེ་ལྔ་བྱུང་ན་སྡོམ་ལྡན་གྱི་དྲུང་དུ་བཤགས། དེ་ལས་གཞན་པ་ཕྲ་མ་སོགས་ངག་གི་ལས་གསུམ་དང་ཡིད་ཀྱི་ལས་གསུམ་སྟེ་མི་དགེ་བ་ལྷག་མ་དྲུག་ནི་ཕྱོགས་མཐུན་གྱི་སྤང་བྱ་སྟེ། དེ་དག་ཀྱང་འགྱོད་སྡོམ་གྱི་སེམས་ཀྱིས་ཕྱིར་འཆོས་པར་བྱ་བ་ཡིན་ནོ། །

གཉིས་པ་ནི། **དགེ་བསྙེན་སྡོམ་ལྡན་རིག་པ་འཛིན་པས་ཀྱང་། །རབ་བྱུང་རྟགས་དང་ཆོ་ག་མ་གཏོགས་པ། །ལྷག་རྣམས་ཉམས་སུ་ལེན་པར་དཔུང་བཟང་བཤད། །**ཅེས་པ་སྟེ། དགེ་བསྙེན་གྱི་སྡོམ་ལྡན་སྔགས་ལ་ཞུགས་པ་ཡིན་ན། དེ་ལྟ་བུའི་དགེ་བསྙེན་རིག་པ་འཛིན་པ་དེས་ཀྱང་།ངུར་སྨྲིག་བགོ་བ་དང་ལྷུང་བཟེད་འཆང་བ་སོགས་རབ་བྱུང་གི་རྟགས་ཀྱི་སྐོར་དང་། ལས་ཀྱི་ཆོ་ག་དང་བཅས་རྐྱང་འགའ་ཞིག་མ་གཏོགས་ལྷག་རྣམས་འདུལ་བ་ནས་ཇི་ལྟར་འབྱུང་བ་བཞིན་དུ་ཉམས་སུ་ལེན་དགོས་པར་གསུངས་ན་སྔགས་པ་རབ་བྱུང་གིས་ལྟ་སྨོས་ཀྱང་ཅི་དགོས་ཏེ། དཔུང་བཟང་ལས། རྒྱལ་བ་ངས་གསུངས་སོ་སོ་ཐར་པ་ཡི། །ཚུལ་ཁྲིམས་རྣམ་དག་འདུལ་བ་མ་ལུས་ལས། །སྔགས་པ་ཁྱིམ་པས་རྟགས་དང་ཆོ་ག་སྤང་། །ལྷག་མ་རྣམས་ནི་ཉམས་སུ་བླང་བར་བྱ། །ཞེས་གསུངས་པའི་ཕྱིར་རོ། །

གཉིས་པ་རབ་ཏུ་བྱུང་བའི་ཕྱོགས་སུ་གཏོགས་པའི་བསླབ་བྱ་ལ་གསུམ་སྟེ། དགེ་ཚུལ་ཕ་མའི། དགེ་སློབ་མའི། དགེ་སློང་གི་བསླབ་བྱའོ། །དང་པོ་ལ་གསུམ་སྟེ། དགེ་ཚུལ་གྱི་བླངས་འདས་དངོས། ཕྱོགས་མཐུན་བསྡམ་བྱའི་ཉེས་བྱས། རབ་བྱུང་གི་དུས་སུ་བླངས་པ་ལས་འདས་པའི་ཕྱོགས་མཐུན་ནོ༏ ༏དང་པོ་ནི **།སྲོག་གཅོད་རྐུ་དང་མི་ཚངས་སྤྱོད་དང་རྫུན། །ཆང་འཐུང་གར་སོགས་ཕྲེང་སོགས་མལ་ཆེ་མཐོ། །ཕྱི་དྲོའི་ཁ་ཟས་གསེར་དངུལ་སྤོང་བ་སྟེ། །ཞུམ་པ་སྤོང་ཕྱིར་རགས་པ་བཅུར་དབྱེ་ཡུལ་གསུངས། །**ཞེས་པ་སྟེ། འདི་ལ། དངོས་སུ་བཤད་པ་རགས་པ་བཅུ། དེ་ལས་ཞིབ་མོར་ཕྱེས་ན་སུམ་ཅུ་རྩ་གསུམ་དུ་འགྱུར་བའོ། །དང་པོ་ནི་བྲི་ཧྀའི་བུ་བཞིན་དུ་བསླབ་གཞི་མང་པོ་ཐོས་པས་ཞུམ་སྟེ༏ སྡོམ་པ་ལེན་པ་ལས་ལྡོག་པ་སྲིད་པའི་ཆེད་དུ་རགས་པ་བཅུར་དབྱེ་ཡུལ་ནས་གསུངས་པའང་གཉིས་སུ་འདུ་སྟེ། རྩ་བ་དང་། ཡན་ལག་གོ །དང་པོ་བཞི་ལ་རྩ་བ་ཞེས་བྱ་སྟེ། བསྲུངས་ན་ཚུལ་ཁྲིམས་སུ

འགྱུར་ཞིང་མ་བསྲུངས་ན་ཁྲིམས་འཆལ་དུ་འགྱུར་བས་སོ། །ཕྱི་མ་དྲུག་ལ་ཡན་ལག་ཅེས་བྱ་སྟེ། རྩ་བ་བཞི་པོ་དེ་བསྲུང་བའི་ཐབས་སུ་གྱུར་པས་དེ་སྐད་ཅེས་བྱའོ། །དེ་ཡང་ཆང་གིས་དྲན་པ་ཉམས་པར་བྱེད་པས་དེ་སྤོང་བ་བག་ཡོད་ཀྱི་ཡན་ལག་དང་། གཞན་ལྔ་བརྟུལ་ཞུགས་ཀྱི་ཡན་ལག་སྟེ། གར་སོགས་ཀྱིས་དྲེགས་པ་བསྐྱེད་ཅིང་གསེར་དངུལ་ལེན་པ་གསོག་འཇོག་གི་རྩ་བར་གྱུར་པའི་ཕྱིར་རོ། །

དེ་ལ་དགེ་ཚུལ་གྱི་ལྟུང་བ་ཐམས་ཅད་ཉེས་བྱས་ཁོ་ནར་འདུས་པས་ཕམ་འདྲའི་ཉེས་བྱས་ནི། མིའམ་མིར་ཆགས་པའི་སྲོག་བཅད་པ། རིན་ཐང་ཚང་བའི་དངོས་པོ་རྐུ་བ། མི་ཚངས་པར་སྤྱོད་པ། མི་ཆོས་བླ་མའི་རྫུན་སྨྲ་བ་སྟེ། འདི་བཞི་ལ་དགེ་སློང་གི་སྐབས་སུ་འཆད་འགྱུར་ལྟར་གཞི་བསམ་སྦྱོར་བ་མཐར་ཐུག་གི་ཡན་ལག་ཚང་ན་ཕམ་འདྲའི་ཉེས་བྱས་སུ་འགྱུར་ཞིང་།འཆབ་མེད་ལ་གསོར་རུང་དང་འཆབ་བཅས་བྱུང་ན་གསོར་མི་རུང་བའང་དགེ་སློང་དང་འདྲ་སྟེ། སུམ་བརྒྱ་པ་ལས། མི་གསོད་ལ་སོགས་བཞི་རྣམས་ཀྱིས། །དགེ་ཚུལ་ལས་ནི་ཉམས་གྱུར་ན། །དགེ་སློང་བཞིན་དུ་དགེ་ཚུལ་ལའང་། །ཕྱི་ནས་སྡོམ་སྐྱེའི་སྐལ་བ་མེད། །ཅེས་སོ། །བཤགས་བྱའི་ཉེས་བྱས་ལ་དྲུག་སྟེ། སྨྱོས་འགྱུར་འཐུང་བ། རྐོད་བག་གིས་རང་དགར་གླུ་གར་རྩེ་ཞིང་རོལ་མོ་འཁྲོལ་བ་སྟེ་གར་སོགས་གསུམ་དང་། འཕྱོར་སྒེག་གིས་རྒྱན་ཕྲེང་འདོགས་པ་ཁ་དོག་འཆང་བ་སྤོས་བྱུག་པ་སྟེ་ཕྲེང་སོགས་གསུམ། རྒྱུ་རིན་ཐང་ཅན་དང་ཁྲི་གང་ལས་ལྷག་པའི་མལ་ཆེ་མཐོ། ཕྱི་དྲོ་དུས་རུང་གི་ཟས་ལ་སྤྱོད་པ། གསེར་དངུལ་ལེན་པ་སྤོང་བའོ། །

གཉིས་པ་ནི། རྩ་བཞི་གསོད་གསུམ་བཞི་མེད་ནས། །སུན་འབྱིན་བར་ལྔ་ཤེས་བཞིན་བཤེས། །འཕྱ་དང་ཟས་ཅུང་ལྷག་མས་སྐྱུར། །ཉེར་འཇོག་འབྲས་ཆན་འགེབས་དང་ཆང་། །གར་གསུམ་ཕྲེང་གསུམ་མལ་ཆེ་མཐོ། །དུས་མིན་རིན་ཆེན་བར་མ་གསུམ། །དེ་ལྟར་སུམ་ཅུ་རྩ་གསུམ་མོ། །ཞེས་པ་ལྟར། རྩ་བ་བཞི་དང་། སྲོག་གཅོད་ཀྱི་ཕམ་འདྲའི་ཆར་གཏོགས་དུད་འགྲོ་གསོད་པ། སྲོག་ཆགས་དང་བཅས་པའི་རྩྭ་དང་ཆུར་འདེབས་པ། སྲོག་ཆགས་དང་བཅས་པའི་ཆུར་སྤྱོད་པ་སྟེ་གསོད་པ་གསུམ། རྫུན་གྱི་ཆར་གཏོགས་པ། གཞི་མེད་དང་། བག་ཙམ་གྱིས་ཕམ་པའི་སྐུར་འདེབས། དགེ་འདུན་དབྱེན། དེ་རྗེས་ཕྱོགས། ཁྱིམ་སུན་འབྱིན་པ། ཤེས་བཞིན་དུ་རྫུན་དུ་སྨྲ་བ། བཤེས་ངོར

འཕྲུ་བ། ཞལ་ཏ་པར་འཕྲུ་བ། ཟས་ཅུང་ཟད་ཀྱི་ཕྱིར་ཆོས་སྟོན་ཅེས་སྐྱུར་འདེབས། ལྷག་མའི་སྐྱུར་འདེབས། བསླབ་པ་ལ་ཁྱད་གསོད་ཀྱིས་སྨོད་པ། ལྷག་པོ་ལེན་ཕྱིར་འབྲས་ཆན་འགེབས་པ་སྟེ་བཅུ་གཉིས། དེ་ལྟར་རྩ་བཞི་དང་དེའི་ཆར་གཏོགས་བཅོ་ལྔ་སྟེ་བཅུ་དགུ། ཆང་། གར་སོགས་གསུམ། ཕྲེང་སོགས་གསུམ། མལ་ཆེ་མཐོ་རྣམས་སོ་སོར་བགྲངས་པ་དང་། ཕྱི་དྲོའི་ཁ་ཟས། གསེར་དངུལ་ལེན་པ་རྣམས་བསྣན་པས་སུམ་ཅུ་དང་། འོག་ནས་འབྱུང་བའི་ཉམས་པ་གསུམ་དང་བཅས་པས་བླངས་འདས་སུམ་ཅུ་རྩ་གསུམ་མོ། །ལུང་རིགས་གཏེར་མཛོད་དུ། སྲོག་གཅོད་གསུམ་དང་། རྫུན་ལས་འབྲས་ཆན་འགེབས་པ་དོར་བའི་ལྷག་བཅུ་གཅིག་སྟེ་བཅུ་བཞི་པོ་སྔར་ལྟར་ལས། དེའི་སྟེང་དུ་མ་བྱིན་ལེན་གྱི་ཆར་གཏོགས་ཁང་པ། ཁང་ཆེན། རིན་པོ་ཆེའི་ཁབ་རལ་བྱེད་པ་གསུམ་དང་། མི་ཚངས་སྤྱོད་ཀྱི་ཆར་གཏོགས་དགེ་འདུན་གྱིས་སྤྱངས་པའི་མཚན་མི་མཐུན་པ་དང་ལྷན་ཅིག་ཉལ་བ་སྤྱོད་པ། རྩ་བ་བཞི་གའི་ཆར་གཏོགས་གསོ་སྦྱོང་། དབྱར་གནས། དགག་དབྱེ། གནས་སྦྱོང་ལ་བརྟེན་ནས་གནས་པ་རྣམས་ཏེ། རྩ་ལྟུང་བཞིའི་ཆར་གཏོགས་ཉེར་གཉིས་སུ་བཞེད་དོ། །

གཉིས་པ་ཕྱོགས་མཐུན་བསྡམ་བྱའི་ཉེས་བྱས་ནི། **ཆོས་གོས་ལྷུང་བཟེད་འཆང་བ་འབྲལ་བ་དང་། །ས་ཆོ་རིན་ཆེན་རེག་དང་མེ་ལ་རེག །བཏང་ནས་ཟ་དང་ཤིང་འཛོག་ཤིང་གཅོད་དང་། །བྱིན་ལེན་རྩྭ་སྔོན་ཁྲོད་དུ་མི་གཙང་འདོར། །གསོག་འཛོག་ཟ་དང་ས་བོན་འཛོམས་པ་རྣམས། །གནང་བས་ཉེས་མེད་བཅུ་གསུམ་མ་གཏོགས་པ། །དགེ་སློང་ཇི་བཞིན་སྤྱང་བླང་མཐའ་དག་གཅིག །འཆང་བའི་ལྷར་བསྒྱུ་གོས་རྒྱུ་ལྷ་བར་འཛོག །འབྲལ་བའི་ལྷར་བསྒྱུ་དགོན་པའི་འབྲལ་སྤྱང་བྱེད། །གསོག་འཛོག་ལྷར་བསྒྱུ་གསོག་འཛོག་བྱེད་པའང་གནང་།** །ཞེས་པ་སྟེ། ཉེས་མེད་བཅུ་གསུམ་པོ་འདི་ནི་བསྟན་བཅོས་བྱེ་བྲག་བཤད་པ་ལས། འཆང་བ་དང་ནི་འབྲལ་བ་དང་། །དེ་བཞིན་ས་ནི་རྐོ་བ་དང་། །རིན་ཆེན་རེག་དང་མེ་ལ་རེག །སྤངས་ནས་ཟ་བར་བྱེད་པ་དང་། །ལྡོན་ཤིང་འཛོག་དང་ཤིང་གཅོད་དང་། །བྱིན་ལེན་མ་བྱས་ཟ་བ་དང་། །རྩྭ་སྔོན་མི་གཙང་འདོར་བ་དང་། །དེ་བཞིན་གསོག་འཛོག་ཟ་བ་དང་། །ས་བོན་འཛོམས་དང་བསླབ་པའི་གཞི། །བཅུ་པོ་རྣམས་ནི་མ་གཏོགས་པ། །སོ་སོ་ཐར་པར་བསྟན་པ་དག །བླངས་པའི་ཕྱོགས་མཐུན་ཤེས་པར་བྱ། །ཞེས་གསུངས་པའི་འཆང་བ་ལ་གཉིས་

སུ་ཕྱེ་བས་ཉེས་མེད་བཅུ་གསུམ་དང་། དེའི་སྟེང་དུ་བོད་ཀྱི་འདུལ་འཛིན་རྣམས་ཀྱིས་རྫུང་མཐུན་སྦྱར་བ་ལ། ཟླ་འཛོག་གསོག་འཛོག་དགོན་པ་འབྲལ། །མ་སླུས་འདུན་སྒྱུར་མ་རྫོགས་ཉལ། །ཞེས་པ་ལྟར་དྲུག་བསྟན་ནས་ཉེས་མེད་བཅུ་དགུར་འདོད་ཅིང་། འདི་ནི་ཟླ་འཛོག །དགོན་པའི་འབྲལ་སྐྱང་། གསོག་འཛོག་གི་སྐྱང་བ་རྣམས་ཉེས་མེད་དུ་ཞུ་བ་ཁ་ཆེ་བ་ལས་དངོས་སུ་བཤད་ཅེས་མཁས་མཆོག་བུ་སྟོན་རིན་པོ་ཆེས་གསུངས་པ་ལྟར་མཛད་ལ། འདུལ་འཛིན་འགའ་ཞིག འདུན་པ་ཕྱིར་སྒྱུར་དོར་ནས་ལས་ཀྱི་གནས་ནས་མི་སླ་བར་འགྲོ་བ་དང་། དགེ་ཚུལ་ནང་དུ་ནུབ་ལྷག་ཉལ་བསྲུང་མི་དགོས་ཀྱང་ཁྲིམ་པ་དང་བསྲུང་དགོས་པའི་ཕྱེད་དེ། དེ་ལྟར་ཉེས་མེད་ཕྱེད་དང་བཅོ་བརྒྱད་དོ་ཞེས་བཞེད། གང་ལྟར་ཡང་བསླབ་པའི་གཞི། བཅུ་པོ་རྣམས་ནི་མ་གཏོགས་པ། །ཞེས་སྔར་དྲངས་པ་ལྟར་གྱི་དངོས་སུ་བླངས་འདས་རྣམས་ཕམ་འདྲ་དང་བཤགས་བྱའི་ཉེས་བྱས་ཅི་རིགས་སུ་འགྱུར་བའི་ཕྱིར་དེ་རྣམས་དང་། གནང་བའི་ཉེས་མེད་རྣམས་མ་གཏོགས་པའི་གཞི་དང་རྣམ་འབྱེད་ནས་བཤད་པའི་སྤང་བླང་ཕལ་ཆེར་དགེ་སློང་ལྟར་ལས། དེ་ཐམས་ཅད་དགེ་ཚུལ་གྱི་སྐབས་འདིར་ཕྱོགས་མཐུན་གྱི་ཉེས་བྱས་སུ་འགྱུར་ཞིང་། དེ་དག་བཤགས་ཡུལ་ལ་མི་ལྟོས་པར་ཡིད་ཀྱིས་བསྡམས་པ་ཙམ་གྱིས་འདག་པ་ཡིན་ཏེ། མདོ་རྩར། དེའི་ཕྱོགས་དང་མཐུན་པ་ལ་ནི་ཡིད་ཀྱིའོ། །ཞེས་སོ། །

གསུམ་པ་རབ་བྱུང་གི་དུས་སུ་བླངས་པ་ལས་འདས་པའི་ཕྱོགས་མཐུན་ནི། **ཁྲིམ་རྟགས་སྤོང་ཉམས་རབ་བྱུང་རྟགས་ལེན་ཉམས། །བཀླས་པས་མཁན་པོར་ཉམས་ཏེ་ཉམས་པ་གསུམ། །སྤང་བ་དགེ་ཚུལ་སྡོམ་པའི་བསླབ་བྱའོ།** །ཞེས་པ་སྟེ། ཁྲིམ་པའི་རྟགས་སྤོང་བ།རབ་བྱུང་གི་རྟགས་ལེན་པ། མཁན་པོར་གསོལ་བ་བཏབ་པ་རྣམས་ལས་ཉམས་པའི་ཕྱོགས་མཐུན་གྱི་ཉེས་པའོ། །གལ་ཏེ་འདི་གསུམ་རབ་བྱུང་གི་བླངས་འདས་དངོས་དང་ཁྱད་པར་ཡོད་དམ་མེད། མེད་ན་དགེ་ཚུལ་གྱི་བླངས་འདས་སུ་ཇི་ལྟར་འགྱུར། ཡོད་ན་ཁྱད་པར་གང་ཡིན་ཞེ་ན། དེའི་ཁྱད་པར་ཡོད་ཚུལ་འདི་ཡིན་ཏེ། རབ་བྱུང་གི་སྡོམ་པས་མ་བསྡམས་པའི་རབ་བྱུང་བར་མ་ཙམ་ཞིག་བླངས་པ་དེས་ནི་བར་མའི་དུས་ཐོབ་པའི་བླངས་འདས་དངོས་གསུམ་པོ་དེ་བསྲུངས་པས་ཆོག་ལ། གལ་ཏེ་དེ་མ་བསྲུངས་ན་རབ་བྱུང་གཏོང་བྱེད་ཀྱི་རྒྱུར་ཡང་གསུངས་ཏེ། བསམ་པ་ཐག་པ་ནས་ཁྲིམ་པའི་རྟགས་ཉིན་གཅིག་ཙམ

བླངས་པས་ཀྱང་དེ་གཏོང་བའི་ཕྱིར། མཛོད་ལས། བར་མ་ཤུགས་བླངས་བྱ་བ་དང་། །དོན་ཆེ་རྒྱ་བ་ཆད་པ་ལས། །ཞེས་སོ། །དགེ་ཚུལ་གྱིས་ནི་བར་མའི་དུས་དངོས་སུ་བླངས་པ་གསུམ་དུ་མ་ཟད། དེའི་ཕྱོགས་མཐུན་སུམ་བརྒྱ་པར་གྲས་པར་བཤད་པ་རྣམས་ཀྱང་བསྲུང་དགོས་པའི་ཁྱད་པར་ཡོད་ཅིང་། ཕྱོགས་མཐུན་རྣམས་ཀྱིས་ནི་བར་མ་གཏོང་བའང་མ་ཡིན་ཏེ། འདིར་བཤགས་བྱ་དང་བསྡམ་བྱའི་ཉེས་བྱས་ཅི་རིགས་སུ་བཤད་པའི་ཕྱིར་རོ། །

གཉིས་པ་དགེ་སློབ་མའི་བསླབ་བྱ་ནི། **དགེ་སློབ་མ་ནི་དགེ་ཚུལ་ཐོབ་པའི་སྟེང་།** །ཞེས་པས་དགེ་ཚུལ་གྱི་བསླབ་གཞི་བཅུ་ཐོབ་པའི་སྟེང་དུ་དགེ་སློབ་མའི་སྡོམ་པ་བླངས་ནས་ལོ་གཉིས་སུ་དེའི་བསླབ་བྱ་ལ་སློབ་པ་སྟེ། དེ་ལ་གཉིས། རྩ་བའི་ཆོས་དྲུག་དང་། རྗེས་མཐུན་གྱི་ཆོས་དྲུག་གོ །དང་པོ་ནི། **གཅིག་འགྲོ་ཆུར་རྐྱལ་སྐྱེས་རེག་ལྷན་ཅིག་འདུག །སྨྱན་བྱ་ཉེས་འཆབ་རྩ་བའི་ཆོས་དྲུག་གོ།** །ཞེས་པ་སྟེ། འདི་རྣམས་ནི་ས་གའི་ལྟས། གཅིག་པུར་ལམ་དུ་མི་འགྲོ་ཞིང་། །ཆུ་བོའི་ཕ་རོལ་རྐྱལ་མི་བྱ། །སྐྱེས་པ་ལ་ནི་མི་རེག་ཅིང་། །དེ་དང་ལྷན་ཅིག་འདུག་མི་བྱ། །ཁ་ན་མ་ཐོ་མི་འཆབ་ཅིང་། །གཉེན་དུ་འགྱུར་བར་མི་བྱ་སྟེ། །རྩ་བའི་ཆོས་དྲུག་འདི་དག་ནི། །དགེ་སློབ་མ་ལ་གསུངས་པ་ཡིན། །ཞེས་སོ། །

གཉིས་པ་ནི། **གསེར་བཟུང་འདོམས་སྤུ་འབྲེག་དང་ས་རྐོ་སྔང་། །བྲིན་ལེན་མེད་དང་གསོག་འཇོག་བྱས་མི་ཟ། །རྩྭ་སྔོན་མི་གཅོད་འདི་རྣམས་རྗེས་མཐུན་དྲུག** །ཅེས་པ་སྟེ། དེ་ལས། ས་ལེ་སྦྲམ་ནི་ལེན་པ་དང་། །གསང་བའི་གནས་ཀྱི་སྤུ་འབྲེག་དང་། །ས་རྣམས་རྐོ་བར་བྱེད་པ་དང་། །རྩྭ་སྔོན་ལ་སོགས་གཅོད་པ་དང་། །བྲིན་ལེན་མ་བྱས་ཟ་བ་དང་། །གསོག་འཇོག་བྱས་པ་ཟ་བ་ལས། །ལྡོག་པ་ཞེས་བྱ་དེ་བཞིན་གཞན། །རྗེས་མཐུན་ཆོས་ནི་དྲུག་ཏུ་འདོད། །ཅེས་གསུངས་ཤིང་། དེ་དག་དགེ་སློབ་མའི་བླངས་པ་ལས་འདས་པའི་ཉེས་བྱས་ཡིན་ལ། ཕྱོགས་མཐུན་བསྡམ་བྱ་ནི། ཉེས་མེད་བདུན་མ་གཏོགས་པ་དགེ་སློང་མའི་བསླབ་གཞི་གཞན་དག་ནི་འདིར་བླངས་པའི་ཕྱོགས་མཐུན་ཡིན་པས། དེ་དག་ལས་འདས་ན་ཡིད་ཀྱི་བསྡམ་བྱའོ། །དེ་ལ་ཉེས་མེད་བདུན་ནི། འཆང་དང་འབྲལ་དང་མེ་རེག་དང་། །སྔངས་པ་ཟ་དང་ས་བོན་འཇིག །རྩྭ་སྔོན་ཡོད་པའི་ཕྱོགས་དག་ཏུ། །མི་

གཙང་འདོར་དང་ཤིང་ལ་འཛེག །ཅེས་སོ། །

གསུམ་པ་དགེ་སློང་གི་བསླབ་བྱ་ལ་གསུམ་སྟེ། གང་ཟག་གཞན་ལ་བརྟེན་ནས་བསྲུང་བ། རང་གི་བསམ་སྦྱོར་ཕུན་སུམ་ཚོགས་པས་བསྲུང་བ། ཇི་ལྟར་བསྲུང་བའི་བསླབ་བྱ་བཤད་པའོ། །དང་པོ་ནི༑ དགེ་ཚུལ་དང་བསྙེན་རྫོགས་བྱས་མ་ཐག་པ་དེས། རང་ཉིད་བསྙེན་པར་རྫོགས་ནས་ལོ་བཅུ་བར་མ་ཆད་དུ་ལོན་པ་དང་ལྷ་ཕྲུགས་དང་ལྡན་པ་སྟེ་བརྟན་མཁས་ཀྱི་ཡོན་ཏན་གཉིས་དང་ལྡན་པ་མ་བྱུང་གི་བར་དུ་གནས་ཀྱི་བླ་མ་ཁྱད་པར་ཅན་ལ་བརྟེན་ནས་བླང་དོར་མ་ནོར་བར་བྱེད་པ་སྟེ། དེ་ལ་གནས་དང་གནས་པའི་མཚན་ཉིད་ནི། སུམ་བརྒྱ་པ་ལས། ཚུལ་ཁྲིམས་ལྡན་ཞིང་འདུལ་བའི་ཆོ་ག་ཤེས། །ནད་པར་སྙིང་བརྩེ་འཁོར་ནི་དག་པ་དང་། །ཆོས་དང་ཟང་ཟིང་ཕན་འདོགས་ཀྱིས་བརྩོན་པ༑ །དུས་སུ་འདོམས་པ་དེ་དག་བླ་མར་བསྔགས། །ཞེས་པས་བརྟན་མཁས་ཕན་འདོགས་ཀྱི་ཡོན་ཏན་དང་ལྡན་པ་གནས་ཀྱི་མཚན་ཉིད། དེ་ལས། སློབ་དཔོན་ལ་གུས་ཚུལ་ཁྲིམས་ཡང་དག་དང་། །བསམ་གཏན་དང་ནི་འདོན་ལ་རྟག་བརྩོན་དང་། །ཁྲིམས་ཤིང་དུལ་ལ་བཟོད་དང་ལྡན་པ་ནི། །སྡོམ་བརྩོན་གནས་པའི་ཆོས་ལྡན་ཤེས་པར་བྱ། །ཞེས་གནས་པ་སློབ་མའི་མཚན་ཉིད་དོ། །གནས་ཇི་ལྟར་བཅའ་ཚུལ་ནི། མཁན་པོ་ཡོད་ན་དེར་གྱུར་པ་ཉིད་ཀྱིས་གནས་ཀྱི་བླ་མར་ཡང་གྱུར་ཟིན་ཡིན་པས་གནས་གསར་དུ་འཆའ་མི་དགོས་ཏེ། མཁན་པོ་དེ་ཉིད་གནས་ཉིད་ཡིན་ནོ། །ཞེས་གསུངས་པའི་ཕྱིར། མཁན་པོ་མེད་ན་བླ་མར་འོས་པའི་དགེ་སློང་ཞིག་ལ་གནས་འཆའ་བའི་ཆོ་ག་བྱས་ཏེ། ལྷན་ཅིག་གནས་ནས་ཞག་གཉིས་པའི་སྐྱ་རེངས་ཤར་བའི་ཚེ་དེ་ཉིད་གནས་ཀྱི་སློབ་དཔོན་དུ་འགྱུར་ཞིང་། བླ་མ་གཅིག་གི་འཁོར་དུ་གནས་པ་དགེ་སློང་གི་ཚོགས་མང་པོ་དག་རུང་མོད། དགེ་ཚུལ་ནི་གཅིག་ལས་བཞག་ཏུ་མི་རུང་བར་བཤད་ལ། དེ་ཡང་ནུབ་གསུམ་ལས་ལྷག་པར་ལྷན་ཅིག་གནས་སུ་མི་རུང་བས། ལྷན་ཅིག་གནས་པ་ཞེས་ནི་མི་བྱ་སྟེ། ཉེ་གནས་ཞེས་བྱའོ། །གནས་ཀྱི་སློབ་དཔོན་ལ་བརྟེན་ཚུལ་ནི། གནས་པས་གནས་ལ་མ་ཞུས་པར་བྱ་བ་མི་བྱའོ། །ཞེས་པས་ཉེ་འཁོར་གྱི་མཆོད་རྟེན་ལ་ཕྱག་བྱ་བ་དང་གཤང་གཅི་འདོར་བ། ཞག་གཅིག་གནས་གཞན་དུ་ཕྱིན་པ་ལ་སོགས་པའི་བྱ་བ་དང་དུས་ཀྱི་དམིགས་བསལ་གསུངས་པ་རྣམས་མ་གཏོགས་བྱ་བ་ཐམས་ཅད་རང་ཉམས་སུ

མི་གཏོང་བར་དེ་ལ་ལྟ་ཞིང་། དེས་ཀྱང་ལེགས་པར་འདོམས་པའི་སློ་ནས་ཚུལ་བཞིན་དུ་བསྟེན་པ་ཡིན་ནོ། །གནས་བཅས་པ་འཇིག་པའི་རྒྱུ་ནི། གཉིས་ཀ་ལ་ལྟོས་མེད་ཀྱི་འདུ་ཤེས་སྐྱེས་པའོ། །

གཉིས་པ་ལ། བསམ་པ་དང་སྦྱོར་བའོ། །དང་པོ་ནི། བླང་དོར་ལ་སྤྱོ་བའི་བརྩོན་འགྲུས་དང་། འཇིག་ལྟོག་གི་གནས་ལ་གཟོབ་པ་ལྟར་ལེན་པའི་བག་ཡོད་དང་། རང་རྒྱུད་ལ་ཉེས་པ་བྱུང་མ་བྱུང་རྟོག་པའི་ཤེས་བཞིན་རྣམས་ལ་རྟག་ཏུ་བསྟེན་དགོས་ཏེ། ཉེས་པ་འབྱུང་བའི་རྒྱུའི་གཙོ་བོ་ནི། མི་ཤེས་པ་དང་། མ་གུས་པ་དང་བག་མེད་པ་དང་། ཉོན་མོངས་པ་མང་བ་རྣམས་ཡིན་པས། དེ་དག་རྣམ་པར་སྲུན་འབྱིན་པའི་གཉེན་པོ་བསྟེན་པར་བྱ་དགོས་པའི་ཕྱིར་རོ། །

གཉིས་པ་ནི། རང་གིས་ཇི་ལྟར་ཁས་བླངས་པའི་བླང་དོར་གྱི་གནས་རྣམས་ཤེས་པའི་ཆེད་དུ་འདུལ་བའི་སྡེ་སྣོད་ལ་ཐོས་བསམ་ལེགས་པར་བྱ་དགོས་ཏེ། རིན་ཆེན་ཕྲེང་བ་ལས། དེ་ནས་རབ་ཏུ་བྱུང་བ་ཡིས། །དང་པོར་བསླབ་ལ་རབ་གུས་བྱ། །སོ་སོར་ཐར་པ་འདུལ་བཅས་པ། །མང་ཐོས་དོན་གཏན་དབབ་ལ་བསྒྲིམས། །ཞེས་གསུངས་པའི་ཕྱིར།

གསུམ་པ་ལ་གཉིས་ཏེ། དགག་པའི་དང་། སྒྲུབ་པའི་བསླབ་བྱའོ། །དང་པོ་ལ། སྤྱི་དང་། ཡན་ལག་གི་དོན་གཉིས་ལས། དང་པོ་ལའང་། བསླབ་པ་འཆའ་བའི་རྒྱུ། བཅས་པའི་ཕན་ཡོན། ཕན་ཡོན་ཅན་གྱི་བསླབ་བྱའོ། །དང་པོ་ནི། སྟོན་པས་གང་ལ་བརྟེན་ནས་བསླབ་པ་འཆའ་བར་མཛད་པ་བྱུང་བ་དང་བཅས་པའི་གླེང་གཞི་རྣམས་ཏེ། ཡུལ་གང་དུ། གང་ཟག་གང་གིས། ཉོན་མོངས་པ་ཇི་ལྟ་བུས་ཉེས་པ་གང་བྱས་པ་རྣམས་ཀྱིས་ཤེས་པར་བྱའོ། །འོན་བཅས་པ་མཛད་པ་དུས་ནམ་གྱི་ཚེ་ཡིན་ཞེ་ན། །ཁ་ཅིག་ད་ལྟར་གྱི་ཚིག་དང་དུས་མཚུངས་པར་བྱུང་བ་དང་བཅས་པ་མཛད་ཟེར་ཡང་། མི་འཐད་དེ། སྟོན་པ་སངས་རྒྱས་ནས་ལོ་དྲུག་པ་ལ་འཆར་ཀ་དཀོག་གིས་རྗོགས་པར་བཤད་ཅིང་། བཅས་པ་མཛད་པ་ནི་ལོ་བཅུ་གཉིས་འདས་ནས་ཡིན་པར་གསུངས་པའི་ཕྱིར། དེ་ལྟར་ཡང་། ས་གའི་ལྟས། སྟོན་ཀའི་ཆུ་བཞིན་དྲི་མེད་པར། །སྟོན་པའི་བསྟན་པ་བཅུ་གཉིས་ལོར། །ལྟུང་བ་མེད་པར་ལེགས་གནས་ཏེ། །ཉོན་མོངས་སྤྱོང་བར་བྱེད་པ་ཡིན། །ཞེས་སོ། །

གཉིས་པ་ནི། བསླབ་པ་བཅས་པ་ལ་ཕན་ཡོན་བཅུ་གསུངས་ཏེ། དེའི་སྡོམས་ནི། དགེ་འདུན་

བསྔུ་དང་ལེགས་པར་བསྔུ། །བདེར་གནས་གནོད་མི་འགྱུར་ཚར་གཅོད། །ངོ་ཚ་ཤེས་རྣམས་བདེར་གནས་དང་། །མ་དད་དད་དང་དད་རྣམས་འཕེལ། །འདི་ཡི་ཟག་བསྡམ་ཕྱི་མའི་ལྡོག །བསྟན་པ་ཡུན་རིང་གནས་པའོ། །ཞེས་པའི་དོན་ནི། རྣམ་པར་བཤད་པའི་སྒོ་བསྡུ་བ་ལས། དང་པོ་ནི་མདོར་བསྟན་ནོ། །གཉིས་པ་ནི་འདོད་པ་བསོད་ཉམས་ཀྱི་མཐའ་སྤོང་བའོ། །གསུམ་པ་ནི་ངལ་ཞིང་དུབ་པའི་མཐའ་སྤོང་བའོ། །བཞི་པ་ནི་ཚུལ་འཆལ་རྣམས་ནན་ཏུར་བྱ་བའི་ཕྱིར་རོ། །ལྔ་པ་ནི་ཚུལ་ལྡན་རྣམས་སྡིག་པའི་འགྱོད་པ་མེད་པའི་ཕྱིར་རོ། །དྲུག་པ་ནི་མ་ཞུགས་པ་རྣམས་གཞུག་པའི་ཕྱིར་རོ། །བདུན་པ་ནི་ཞུགས་པ་རྣམས་སྨིན་པའི་ཕྱིར་རོ། །བརྒྱད་པ་ནི་ཀུན་དཀྲིས་རྣམ་པར་གནོན་པ་དང་མཐུན་པའི་ཕྱིར་རོ། །དགུ་པ་ནི་ལེགས་སྨོན་གྱི་ཚངས་སྤྱོད་རྣམས་བསལ་བའི་ཕྱིར་རོ། །བཅུ་པ་ནི་བསྟན་པ་རྒྱུན་མི་ཆད་པར་བྱ་བའི་ཕྱིར་རོ། །ཞེས་བཤད་དོ། །

གསུམ་པ་ལ། ལྟུང་བའི་རྒྱུ། ངོ་བོ། མཚན་ཉིད། དབྱེ་བའོ། །དང་པོ་ལ་གསུམ་སྟེ། སྡེ་ལྔའི་དངོས་གཞི་ཇི་ལྟ་བ་བཞིན་སྐྱེད་པའི་རྒྱུ་རྐྱེན་གྱི་གང་ཟག་ནི། སྡོམ་པ་གསོར་རུང་ཡན་ཆད་དང་ལྡན་པ༑ སྡོན་པའི་བཅས་པ་དང་འབྲེལ་བ། ཤེས་པ་རང་བཞིན་དུ་གནས་པ་དང་གསུམ་ཚང་བ་ཞིག་དགོས་སོ། །ཀུན་སློང་ཐུན་མོང་པའི་རྒྱུ་ནི། འདུལ་བའི་མ་མོ་བསྡུ་བར། དེ་ཡི་རྒྱུ་ཡང་རྣམ་བཞི་སྟེ། །མི་ཤེས་པ་དང་བག་མེད་དང་། །ཉོན་མོངས་མང་དང་མ་གུས་པའོ། །ཞེས་སོ། །བྱེད་རྒྱུ་ཐུན་མོང་མ་ཡིན་པ་ནི། གཞི་གང་ལ་ལྟུང་བ་འབྱུང་བ་གཙོ་བོའི་རྒྱུ་སྟེ། མིའམ་མིར་ཆགས་པ་ལ་དེར་འདུ་ཤེས་པ་ནི་སྲོག་གཅོད་ཀྱི་ཕམ་པའི་བྱེད་རྒྱུ་ཡིན་པ་བཞིན་ནོ། །གཉིས་པ་ནི། སྟོན་པས་རབ་བྱུང་གི་རྟེན་ལ་བཅས་པའི་བསླབ་པ་ལས་འདས་པའི་ལུས་ངག་གི་ལས་ནི་ལྟུང་བའི་ངོ་བོ་སྟེ། སྤྱོང་བདུན་གྱི་རང་བཞིན་ཚུལ་ཁྲིམས་ཀྱི་མི་མཐུན་ཕྱོགས་སུ་གྱུར་པའི་ལྟུང་བ་ཡིན་པའི་ཕྱིར། མཛོད་ལས། འཆལ་པའི་ཚུལ་ཁྲིམས་མི་དགེའི་གཟུགས། །དེ་སྤོང་ཚུལ་ཁྲིམས་རྣམ་གཉིས་སོ། །སངས་རྒྱས་ཀྱིས་ནི་བཅད་པ་ཡང་། །ཞེས་སོ། །གསུམ་པ་ནི། སོ་ཐར་གྱི་སྡོམ་ལྡན་དུ་ཁས་འཆེ་བའི་གང་ཟག་གིས་ལུས་ངག་གི་བཅས་པ་ལས་འདས་པའི་ཁ་ན་མ་ཐོ་བའོ། །འོན་དགེ་སློང་མས་ཟླ་བོའི་ཕམ་པ་འཆབ་པ་དང་། གསོ་སྦྱོང་གི་དུས་སུ་ཅི་འདི་ལ་ཁྲོད་ཡོངས་སུ་དག་གམ་ཞེས་དྲིས་པ་ན་ལྟུང་བ་ཤེས་བཞིན་

དུ་འཆབ་པ་དག་ལྟུང་བ་མ་ཡིན་པར་ཐལ། ལུས་ངག་གི་བཅས་པ་ལས་འདས་པ་མ་ཡིན་པའི་ཕྱིར་ཞེ་ན། དེ་དག་ལ་ལུས་ངག་གི་རིག་བྱེད་རགས་པ་མེད་ཀྱང་ཁ་འགྱུར་བ་དང་བསྡུ་གཡོ་བ་སོགས་ཀྱི་རིག་བྱེད་ཕྲ་མོ་དང་ལྡན་པའི་གཟུགས་ཡོད་པའི་ཕྱིར་སྐྱོན་མེད་དོ། །དེས་ན། ཡིད་ཀྱི་སྡོམ་པ་ལེགས་པ་སྟེ། །ཞེས་པའང་བླང་དོར་མི་བརྗེད་པའི་དྲན་ཤེས་ལ་ཡིད་ཀྱི་སྡོམ་པའི་མིང་གིས་བཏགས་པ་ཙམ་དུ་ཟད་དེ། ཡིད་ཁོ་ན་ལ་ལྟུང་བ་རྣམ་པར་བཞག་པ་མེད་པའི་ཕྱིར། ལུང་གཏམ་གྱི་གཞི་ལས། སེམས་ལས་བྱུང་བ་འབའ་ཞིག་གི་ལྟུང་བ་མེད་དོ། །ཞེས་སོ། །བཞི་པ་ལ། །ངོ་བོའི། ཡན་ལག་གི །རྒྱུ་འབྲས་ཀྱི། སྡེ་ཚན་གྱི་སྒོ་ནས་དབྱེ་བའོ། །དང་པོ་ལ། རང་བཞིན་དང་བཅས་པའི་ཁ་ན་མ་ཐོ་བ་གཉིས་ཏེ། སྤྱིར་བཅས་པ་མེད་པའི་རྒྱུད་ལ་འབྱུང་བའི་མི་དགེ་བ་ལ་རང་བཞིན་གྱི་ཁ་ན་མ་ཐོ་བ་ཞེས་གྲགས་ཀྱང་འདིར་འཆད་པའི་སྐབས་མ་ཡིན་ལ། འདིར་ལྟུང་བར་གྱུར་པའི་རང་བཞིན་གྱི་ཁ་ན་མ་ཐོ་བའི་མཚན་ཉིད། བཅས་ལྡན་དགེ་སློང་གི་རྒྱུད་ཀྱི་བཅས་འགལ་གྱི་ལྟུང་བ་གང་ཞིག །ལྟུང་བ་ཁྱོད་ཀྱི་དུས་ཀྱི་ཀུན་སློང་དེ་ཉོན་མོངས་པ་ཅན་གྱིས་ངེས་པར་བྱེད་དགོས་པའོ། །དེ་གང་ཞིག །ལྟུང་བ་ཁྱོད་ཀྱི་དུས་ཀྱི་ཀུན་སློང་གི་རིགས་ལ་ཉོན་མོངས་པ་ཅན་ཡང་སྲིད་ལུང་མ་བསྟན་ཡང་སྲིད་པ་དེ་བཅས་རྐྱང་གི་མཚན་ཉིད་དོ། །དེས་ན་མ་བྱིན་ལེན་གྱི་ཕམ་པ་ལྟ་བུ་རང་བཞིན་དང་འབྲེལ་པའི་བཅས་ལྟུང་དང་། སྐྱེ་བ་གཅོད་པའི་ལྟུང་བྱེད་ལྟ་བུ་བཅས་རྐྱང་གི་ལྟུང་བ་ཡིན་ལ། དེ་གཉིས་འགལ་བ་མ་ཡིན་ཏེ། བསྙེན་པར་རྫོགས་པའི་རྒྱུད་ཀྱི་མ་བྱིན་ལེན་གྱི་ཕམ་པ་དེ། རྣམ་སྨིན་སྡུག་བསྔལ་བསྐྱེད་པའི་ཆ་ནས་རང་བཞིན་དང་། སྡོན་པའི་བཅས་འགལ་གྱི་ཆ་ནས་བཅས་ལྟུང་དུ་བཞག་པའི་ཕྱིར་རོ། །དེ་ལ་ཅི་བྲག་ཏུ་སྨྲ་བས་ནི། ལྟུང་བའི་ངོ་བོ་གཟུགས་ཅན་དུ་འདོད་དེ། སོ་ཐར་གྱི་སྡོམ་པའི་འགལ་ཟླའི་ཉེས་པ་ཡིན་ན་ལུས་ངག་གི་ལས་ཡིན་དགོས་པ་གང་ཞིག །དེ་ལ་རིག་བྱེད་ཡིན་མིན་གྱི་དབྱེ་བས་གཉིས་སུ་འབྱེད་དོ། །ཇི་ལྟར་ན། རང་བཞིན་གྱི་ཁ་ན་མ་ཐོ་བའི་སྦྱོར་མཇུག་གི་ལྟུང་བ་ལ་རིག་བྱེད་ཡིན་མིན་གཉིས་ཀ་ཡོད་ཅིང་། དངོས་གཞིའི་ལྟུང་བ་ལ་རིག་བྱེད་མ་ཡིན་པས་ཁྱབ་པ་དང་། བཅས་པའི་ཁ་ན་མ་ཐོ་བའི་དབང་དུ་བྱས་པའི་དངོས་གཞི་ལའང་རིག་བྱེད་ཀྱི་གཟུགས་འདོད་པའི་སྐབས་ཡོད་དེ། དཀྲ་བཅོམ་པའི་རྒྱུད་ཀྱི་བཅས་ལྟུང་བཞིན་ནོ། །དེ་ཡང་ལུང

གདམ་གྱི་གཞི་ལས། དགེ་སློང་དགྲ་བཅོམ་པས་བྱེད་ན་ཉེས་པ་དེ་ཐམས་ཅད་ཀྱང་ལུང་དུ་མ་བསྟན་པའི་སེམས་ཀྱིས་བྱེད། ཅེས་གསུངས་པ་ལྟར་དེ་འདྲ་དེ་ལུང་མ་བསྟན་ཡིན་པས་རིག་བྱེད་མིན་པའི་གཟུགས་སུ་མི་འཐད་དེ། མཛོད་ལས། རྣམ་རིག་མིན་ལུང་བསྟན་མིན་མེད། །ཅེས་གསུངས་པའི་ཕྱིར། གཉིས་པ་ཡན་ལག་གི་སྒོ་ནས་དབྱེ་ན། དངོས་པོ་གཙོ་བོར་གྱུར་པ་དང་། འདུ་ཤེས་གཙོ་བོར་གྱུར་པ་གཉིས། དང་པོ་ནི། མི་ཚངས་སྤྱོད་ཀྱི་ཕམ་པ་ལྟ་བུ། གཉིས་པ་ནི། རྫུན་སྨྲ་བའི་ལྟུང་བ་ལྟ་བུའོ། །གསུམ་པ་རྒྱུ་འབྲས་ཀྱི་སྒོ་ནས་ཕྱེ་ན་གསུམ་སྟེ། སྦྱོར་བའི་སྦྱོར་བ་དང་། སྦྱོར་བ་དང་། དངོས་བཞིའི་ལྟུང་བའོ། །དང་པོ་ནི། བྱ་བ་དེ་རྫོམ་པའི་ཕྱིར་སེམས་བསྐྱེད་པ་དང་སྟན་ལས་ལྡང་བ་ལ་སོགས་པ་སྟེ། ཉེས་བྱས་ཁོ་ན་ཡིན་ལ། དེ་ཡང་ཡིད་ལ་འགྱུ་བ་ཙམ་ལ་བསྡམ་བྱ་དང་། ལུས་ངག་ཏུ་འཐོན་ནས་བཤགས་བྱའི་ཉེས་བྱས་སོ། །གཉིས་པ་ནི་བྱ་བ་དེ་ལ་དངོས་སུ་སྦྱོར་བར་བྱེད་པའི་ལུས་ངག་གི་ལས་ཏེ། དབྱེ་ན། ཕམ་ལྷག་གི་སྦྱོར་བ་ནི་སྦོམ་པོ་དང་། གཞན་རྣམས་ཀྱི་སྦྱོར་བ་ནི་ཉེས་བྱས་ཁོ་ན་ཡིན་ནོ། །

གསུམ་པ་ནི། བྱ་བ་དེ་མཐར་ཐུག་པའོ། །འཕྲོས་དོན་སྦོམ་པོ་ལ། སྤྱིར་ཡོན་ཏན་གྱི་སྒྲའི་སྦོམ་པོ་ཞེས་ཕམ་ལྷག་ལྟ་བུ་ལྟེ་བ་དང་ལྟུང་བྱེད་མན་ཆད་ལྟ་བུའི་ཉེས་པ་མང་བ་ལ་ཟེར་བའི་ལུགས་ཀྱིས་སྡེ་ལྔ་ག་ལ་དེའི་མིང་གིས་བཏགས་ནས་བསྟན་པས་ན་སྦོམ་པོ་བཏགས་པ་བ་ཡིན་ལ། འདིར་མིང་དུ་ཆགས་པའི་སྦོམ་པོ་ཞེས་པ་སྦོམ་པོ་མཚན་ཉིད་པ་སྟེ། དབྱེ་ན། ཕམ་ལྷག་གང་རུང་གི་དངོས་གཞི་སྐྱེད་ངེས་པའི་སྔོན་འགྲོའི་སྦོམ་པོ་ལྟ་བུ་སྦྱོར་བའི་སྦོམ་པོ་དང་། དངོས་གཞིའི་དུས་སུ་ཕམ་ལྷག་གང་རུང་སྐྱེད་པར་མི་བྱེད་ཀྱང་རང་གི་ངོ་བོ་ཕམ་ལྷག་གང་རུང་གི་སྦྱོར་བ་དང་ཆ་འདྲ་བ་སྦྱོར་བའི་རྣམ་པའི་སྦོམ་པོ་སྟེ། དཔེར་ན་མིའི་འགྲོ་བ་པ་ལ་འཆི་ངེས་ཀྱི་མཚོན་བསྣུན་ནས་གསོད་སེམས་ལོག་པའི་སྦྱོར་བ་ལྟ་བུའོ། །ཕམ་ལྷག་གང་རུང་གི་མཐར་ཐུག་གི་རིགས་སུ་གནས་ཀྱང་རྒྱུ་ཚོགས་འགའ་ཞིག་མ་ཚང་བས་རང་གི་ངོ་བོ་ཕམ་ལྷག་གི་དངོས་གཞིའི་ཆར་གཏོགས་པའི་ཉེས་པ་རྣམས་ནི་དངོས་གཞིའི་རྣམ་པའི་སྦོམ་པོ་སྟེ། དཔེར་ན་ལྷའི་རྟེན་གྱི་དགྲ་བཅོམ་པ་བསད་པ་དང་། གསོད་སེམས་མེད་ཀྱང་ཞེ་སྡང་གིས་མིའི་འགྲོ་བ་པའི་ལག་པ་གཅོད་པའི་དངོས་གཞིའི་ལྟུང་བ་ལྟ་

བྱའོ། །བཞི་པ་སྡེ་ཚན་གྱི་སྒོ་ནས་ཕྱེ་ན། སྡེ་ལྔ་སྟེ། ཕམ་པ་དང་། ལྷག་མ་དང་། ལྟུང་བྱེད་དང་། སོར་བཤགས་དང་། ཉེས་བྱས་སོ། །ལྟུང་བྱེད་ལ་གཉིས་ཏེ། དངོས་པོ་དེ་སྤངས་ནས་བཤགས་དགོས་པ་སྤང་ལྟུང་དང་། དེ་འདྲའི་ཆད་ལས་ལ་མི་ལྟོས་པ་འབའ་ཞིག་པའོ། །དེ་ཡང་སྡོམ་པོ་ནི་ཕམ་ལྷག་གང་རུང་དང་། སྦྱོར་བའི་ཉེས་བྱས་རྣམས་ཀྱང་རང་རང་གི་སྡེ་ཚན་དེ་དང་དེར་གཏོགས་ལ༑ གཞི་བཅུ་བདུན་ནས་བཤད་པའི་ཉེས་བྱས་རྣམས་ཀྱང་ཉེས་བྱས་ཀྱི་སྡེ་ཚན་ལས་གཞན་མ་ཡིན་པས་སྡེ་ལྔའི་རིགས་སུ་མ་འདུས་པའི་ལྟུང་བ་མེད་ཅིང་དེས་ན་ཉེས་བྱས་ཡིན་ན་སོ་ཐར་གྱི་མདོའི་སྡོམ་ཚིག་གིས་བསྡུས་པའི་ཉེས་བྱས་ཡིན་པས་མ་ཁྱབ་བོ། །སྡེ་ཚན་ལྔ་པོའི་ཁྱད་པར་ཡང་ཀུན་སློང་གི་སྒོ་ནས་འབྱེད་དགོས་ཏེ། དཔེར་ན་བུད་མེད་ལ་རེག་པ་ལྟ་བུ་མི་ཚངས་སྤྱོད་ཀྱི་ཀུན་སློང་གིས་བསླངས་ན་དེའི་སྦྱོར་བ་དང་། དེས་མ་བསླངས་ན་དགེ་འདུན་ལྷག་མར་འགྲོ་བ་བཞིན་ཏེ། དེའི་ཆ་ནས་དེར་རྟོགས་སོ། །ཞེས་གསུངས་པའི་ཕྱིར། །

གཉིས་པ་ཡན་ལག་གི་དོན་ལ་གཉིས་ཏེ། དགེ་སློང་ཕའི་བསླབ་བྱ་དང་། དགེ་སློང་མའི་བསླབ་བྱ་བཤད་པའོ། །དང་པོ་ནི། **དགེ་སློང་ཁྲིམས་ལ་ཉིས་བརྒྱ་ལྔ་བཅུ་གསུམ།** །ཞེས་པ་སྟེ། ཕམ་པ་བཞི། ལྷག་མ་བཅུ་གསུམ། སྤང་ལྟུང་སུམ་ཅུ། འབའ་ཞིག་པ་དགུ་བཅུ། སོར་བཤགས་བཞི། ཉེས་བྱས་བརྒྱ་དང་བཅུ་གཉིས་ཏེ། ཉིས་བརྒྱ་དང་ལྔ་བཅུ་རྩ་གསུམ་མོ། །དང་པོ་ལ། བསྟན་བཤད་བསྡུ་གསུམ་ལས། དང་པོ་ནི། **ཕམ་པའི་རྩ་བ་ཕམ་པ་བཞི་ཞེས་པ།** །ཞེས་པས་བཅས་ལྡན་དགེ་སློང་གིས་འདི་བཞི་གང་རུང་ལ་སྤྱད་ནས་སྐད་ཅིག་མ་གཅིག་བཅབས་ཀྱང་སྡོམ་པ་ལྷག་མ་མེད་པར་གཅོད་པར་བྱེད་པས་ན་རྩ་བའི་ལྟུང་བ་སྟེ། མི་མཐུན་ཕྱོགས་ཀྱིས་གཉེན་པོ་མཐུ་མེད་པར་བཅོམ་པའི་ཕྱིར་ཕམ་པ་བཞི་ཞེས་བྱའོ། །མཚན་ཉིད་ནི། བསྙེན་པར་རྫོགས་པའི་རྒྱུད་ཀྱི་བཅས་འགལ་གྱི་ལྟུང་བ་གང་ཞིག །རང་གི་དག་བྱེད་བསླབ་པ་བྱིན་ནས་སྤྱོད་པའི་རིགས་གནས་ཕམ་པ་ཙམ་གྱི་མཚན་ཉིད། ཕམ་པ་གང་ཞིག །རྟེན་དེ་ལ་རྒྱུད་གསོར་རུང་དུ་བྱས་པ་འཆབ་མེད་དང་། སོར་ཆུད་པ་མི་སྲིད་པ་ཕམ་པ་འཆབ་བཅས་ཀྱི་མཚན་ཉིད་དོ། །

གཉིས་པ་རྒྱས་བཤད་ལ་བཞི་ལས། དང་པོ་མི་ཚངས་སྤྱོད་ཀྱི་ཕམ་པ་ནི། **གཞི་ཡི་ཡན་ལག**

ཆ་ཀུན་བཟུང་འོས་པ། །སྐྱེ་གནས་ལམ་དུ་ཕོ་དབང་ལས་ལྡང་ནི། །བསམ་པ་ངོ་ཚ་འཛེམས་མེད་ཆགས་སེམས་ཀྱིས། །སྦྱོར་བ་དྲུད་པ་མཐར་ཐུག་སིམ་པ་ཐོབ། །དེས་ནི་ཚངས་པར་སྤྱོད་ལས་ཉམས་པར་ཉམས། །ཞེས་པ་སྟེ། གླེང་གཞི་སྟོན་པ་མངོན་པར་རྫོགས་པ་སངས་རྒྱས་ནས་ལོ་བཅུ་གསུམ་པ་ལ་ཡུལ་སྦྱོང་བྱེད་དུ་གང་ཟག་དགེ་སློང་བཟང་བྱིན་གྱིས་ཉེན་མོངས་པ་འདོད་ཆགས་ཀྱིས་ཉེས་པ་སྤྱར་གྱི་ཁྲིམ་ཐབ་ལ་མི་ཚངས་སྤྱོད་སྤྱད་པ་ལ་བརྟེན་ནས་བཅས་པ་མཛད་དོ། །དེ་ཡང་གཞི་བསམ་སྦྱོར་བ་མཐར་ཐུག་གི་ཡན་ལག་བཞི་ལས། གཞི་ནི་བརྟེན་བྱ་ཡུལ་འཁྲིག་པའི་རོའི་བདེ་བ་བསྐྱེད་ནུས་ཀྱི་ཡན་ལག་དེ་ཉིད་ཚང་བ་ནི་ཡན་ལག་གི་ཆ་ཀུན་བཟུང་བར་འོས་པ་སྟེ། ལུས་ཕྱེད་དུ་ལོངས་པ་ཡན་ཆད་ཀྱི་སྐྱེ་གནས་སུ་གཏོགས་པའི་ཁའམ་གཤང་ལམ་མམ་ཆུ་ལམ་གསུམ་པོ་གང་ཡང་རུང་བ་མ་ཉམས་པ་དོན་བྱེད་ནུས་པའོ། །རྟེན་བྱེད་རང་གི་ཕོ་དབང་ནད་མེད་ལས་སུ་རུང་བའོ། །བསམ་པ་ངོ་ཚ་དང་འཛེམས་སྐྲག་མེད་ཅིང་ཆགས་པར་གྱུར་པས་ཀུན་སློང་རེག་བདེ་ཉམས་སུ་མྱོང་འདོད་ཀྱིས། སྦྱོར་བ་བརྟེན་བྱར་སྤྲུལ་ཞིང་དྲུད་པས། མཐར་ཐུག་ལམ་གསུམ་གྱི་མཚམས་ལས་འདས་ནས་སིམ་པ་ཐོབ་པ་སྟེ། བདེ་བ་ལུས་ཀྱིས་མྱོང་ཞིང་ཡིད་ཀྱིས་བདག་གིར་བྱས་པའོ། །དེ་ལྟ་བུའི་ཡན་ལག་ཚང་ན་མི་ཚངས་སྤྱོད་ཀྱི་ཕམ་པའི་དངོས་གཞིར་འགྱུར་ཏེ། ས་གའི་ལྟས། །ཁ་ཤུན་སོ་དང་བགས་པ་ལས། །ནོར་བུ་འདས་ན་ཕས་ཕམ་སྟེ། །ཕྱི་རོལ་ཆར་ནི་ཅི་རིགས་པར། །སྦོམ་པོའམ་དགེ་འདུན་ལྷག་མའོ། །ཞེས་སོ། །

གཉིས་པ་མ་བྱིན་ལེན་གྱི་ཕམ་པ་ནི། **བརྐུ་བའི་གཞི་ནི་མི་གཞན་ནོར་ཡིན་པ། །བསམ་པ་རང་ཉིད་འཚོ་ཕྱིར་རྐུ་སེམས་ཀྱིས། །ཡུལ་དུས་རིན་ཐང་ཚང་བ་སྦྱོར་བས་བརྐུས། །མཐར་ཐུག་བརྐུས་སམ་བརྐུར་བཅུག་རྩད་ནས་ཐོབ།** །ཅེས་པ་སྟེ། གླེང་གཞི་རྒྱལ་པོའི་ཁབ་ཏུ་དགེ་སློང་ནོར་ཅན་གྱིས་རང་གི་ཁང་པ་བཅིག་པའི་ཕྱིར་མ་སྦྱིན་དཔའི་ཤིང་བརྐུས་པ་ལ་བརྟེན་ནས་བཅས་སོ། །ཡན་ལག་ལ་བཞི་ལས། གཞི་ནི་ཡུལ་རང་དང་ནོར་མི་གཅིག་པའི་མིའི་འགྲོ་བ་པས་བདག་ཏུ་བཟུང་བའི་རྫས། དངོས་པོ་ཁ་ཟས་དང་དུར་ཁྲོད་ཀྱི་རྫས་སོགས་དམན་པ་མ་ཡིན་པ། ཡུལ་གང་དུ་དུས་དེར་སྦྱོར་བ་གཅིག་གི་ནང་དུ་བརྐུ་བྱ་རྐུ་བྱེད་གཉིས་ཀ་ལ་ལྟོས་པའི་རིན་ཐང་ཚང་བ་སྟེ། དེའི་ཚད་ནི་ཀཱ་

རི་ཀཱ་ལྔ་བཅུ་པ་ལས། ཀར་ཤ་པ་ནའི་བཞི་ཆ་བཀྲུས། །དེ་བཀྲུས་ཚུལ་ཁྲིམས་ཞིག་པར་འགྱུར། །ཞེས་པའི་ཀར་ཤ་པ་ནའི་བཞི་ཆ་རིན་ཐང་གི་ཚད་ཡིན་ལ། དེ་ཡང་རྒྱ་གར་དུ་མགྲོན་བུ་བསྒྲིགས་པའི་ཐལ་བ་ལ་རྩིས་པོ་ཆེར་བྱེད་པས་མགྲོན་བུའི་རིན་ཐང་དང་སྦྱར་ན། ཀ་ཀ་ནི་རེ་ལ་མགྲོན་བུ་ཉི་ཤུ། ཀ་ཀ་ནི་བཞི་ལ་མ་ཤ་ཀ་གཅིག་སྟེ་མགྲོན་བུ་བརྒྱད་ཅུ། མ་ཤ་ཀ་ཉི་ཤུ་ལ་ཀར་ཤ་པ་ན་གཅིག་སྟེ་མགྲོན་བུ་སྟོང་དྲུག་བརྒྱ་ཡིན། དེའི་བཞི་ཆ་མགྲོན་བུ་བཞི་བརྒྱའི་ཚད་མ་ཤ་ཀ་ལྔ་རིན་ཐང་གི་ཚད་དེ། སྤྱིར་མ་ཤ་ཀ་ཧི་ཙམ་ལ་ཀར་ཤ་པ་ནར་བྱེད་པའི་ཚད་མཐའ་གཅིག་ཏུ་མ་ངེས་ཀྱང་། འདིར་མདོ་རྩ་བ་ལས་འབྱིང་ཚད་མ་ཤ་ཀ་ལྔ་ལ་མཛད་པ་ལྟར་རོ། །དེ་གསེར་གྱི་རིན་ཐང་དུ་རྩིས་ན། ཀ་ཀ་ནི་ཞེས་གྲུཏྟི་སྟེ་མ་རུ་མགོ་ནག །དེ་བཞི་ལ་མ་ཤ་ཀ་སྟེ་གསེར་སེ་བ་དོ། དེ་ལྔ་ལ་ཀར་ཤ་པ་ནའི་བཞི་ཆ་སྟེ་གསེར་སེ་བ་བཅུ་ཡིན་པས། འདིར་ནས་ཁལ་ལྔ་ཙམ་རིན་ཐང་གི་ཚད་དུ་རིགས་ཏེ། མུ་གེ་མེད་པའི་དུས་སུ་གསེར་སེ་བ་ཉི་ཤུ་ལ་དབུས་ཞོ་གང་དུ་བྱས་པའི་ཞོ་རེ་ལ་ནས་ཁལ་བཅུ་མ་བྱེད་པའི་ཕྱིར། བསམ་པ་མིའི་རྫས་ལ་དེ་ཡིན་པར་འདུ་ཤེས་པའམ་ཡིད་གཉིས་ཟ་བས་ཀུན་སློང་རང་འཚོ་བའི་ཆེད་དུ་བརྐུ་འདོད་ཀྱིས། སྦྱོར་བ་རིན་ཐང་ཚང་བའི་དངོས་པོ་ལུས་ངག་གི་རིག་བྱེད་དུ་གྲུབ་པས་རྐུ་བར་རྩོམ་པ། མཐར་ཐུག་རང་གིས་བཀྲུས་སམ་གཞན་བཀྲུར་བཅུག་པའམ་རྒྱད་པ་གང་ཡང་རུང་བས་བརྐུ་བྱའི་རྫས་བདག་པོ་དང་ཁྲལ་ནས་བདག་གིར་བྱས་པའི་ཚུལ་གྱིས་ཐོབ་བློ་སྐྱེས་པའོ། །

གསུམ་པ་སྲོག་གཅོད་ཀྱི་ཕམ་པ་ནི། **སྲོག་གཅོད་གཞི་ནི་མི་གཞན་མ་འཁྲུལ་བར། །བསམ་པ་གསོད་སེམས་གསད་བྱ་དེར་ཤེས་པ། །སྦྱོར་བ་གསོད་པར་བརྩམས་ནས་མ་བཟློག་པ། །མཐར་ཐུག་སྲོག་གི་དབང་པོ་འགགས་པ་དང་། །གསོད་བཅུག་ཡི་རང་བསྔགས་སོགས་རྐྱེན་བྱས་ཀྱང་། །**

ཞེས་པ་སྟེ། གླེང་གཞི་ཡུལ་སྤྱོང་བྱེད་དུ་དགེ་སློང་མང་པོ་མི་སྡུག་པའི་ཏིང་ངེ་འཛིན་བསྒོམས་པས་ལུས་མི་གཙང་བས་ཡིད་བྱུང་ནས་དགེ་སྦྱོང་སྦྱིད་ལ་གསོད་དུ་བཅུག་པ་ལ་བརྟེན་ནས་བཅས་སོ། །ཡན་ལག་ལ་བཞི་ལས། གཞི་ནི་མིའམ་མིར་ཆགས་པ་རང་ལས་རྒྱུད་གཞན་པ། བསད་དོ་བསམ་པ་དེ་ཉིད་མ་འཁྲུལ་པའོ། །བསམ་པ་གསད་བྱ་དེར་འདུ་ཤེས་པས་ཀུན་སློང་གསོད་སེམས་རྒྱུན་མ་ཆད་པ། སྦྱོར་བ་དུག་མཚོན་སོགས་ཀྱིས་གསོད་པར་བརྩམས་པ་ལས་མ་བཟློག་པས། མཐར་ཐུག་

དེའི་ཚེའམ་གཞན་གྱི་ཚེ་གསོད་པ་པོ་རང་ཉིད་མ་ཤི་བའི་སྔ་རོལ་ཏུ་གསད་བྱའི་སྲོག་འགགས་པ་སྟེ། སུམ་བརྒྱ་པར། གང་ཞིག་རང་བཞིན་གནས་ལ་བསླབ་བཅས་པས། །མི་གཞན་ཡིན་ལ་མིར་ནི་འདུ་ཤེས་དང་། །བསད་པའི་བསམ་པས་འཁྲུལ་མེད་གསོད་བྱེད་ཅིང་། །མི་ཤི་རྨི་ལམ་མ་གཏོགས་དེས་བརླག་འགྱུར། །ཞེས་སོ། །དེ་ཡང་རང་གིས་བསད་པ་ཙམ་དུ་མ་ཟད། གཞན་གསོད་དུ་བཅུག་པ་དང་གསོད་པ་ལ་ཡི་རང་བའི་བསྔགས་པ་བརྗོད་པ་ལ་སོགས་པས་རྐྱེན་བྱས་ཏེ་ཤི་ནའང་འདྲ་ཞིང་། དགེ་སློང་མང་པོས་གྲོས་བྱས་ནས་གཅིག་གིས་བསད་ཀྱང་ཐམས་ཅད་ལ་ཕམ་པ་འབྱུང་སྟེ། མཛོད་ལས། དམག་ལ་སོགས་པ་དོན་གཅིག་ཕྱིར། །ཐམས་ཅད་བྱེད་པ་པོ་བཞིན་ལྡན། །ཞེས་གསུངས་པའི་ཕྱིར།

བཞི་པ་རྫུན་སྨྲའི་ཕམ་པ་ནི། **རྫུན་གྱི་གཞི་ནི་སྨྲ་ཤེས་དོན་གོའི་མིར། །བསམ་པ་འདུ་ཤེས་བསྒྱུར་ནས་བརྗོད་བློ་སྐྱེས། །སྒྱུར་བ་མངོན་ཤེས་ལ་སོགས་ཡོན་ཏན་ཚོགས། །མེད་ཀྱང་ཡོད་ཅེས་བླ་མའི་རྫུན་སྨྲས་པ། །མཐར་ཐུག་གཞན་གྱིས་རྫུན་དེ་གོ་ན་ཉམས།** །ཞེས་པ་སྟེ། གླིང་གཞི་ཡུལ་ཡངས་པ་ཅན་དུ་ཉ་པ་ལས་རབ་ཏུ་བྱུང་བའི་དགེ་སློང་ལྔ་བརྒྱས་མི་ཆོས་བླ་མའི་རྫུན་སྨྲས་པ་ལ་བརྟེན་ནས་བཅས་སོ། །ཡན་ལག་ལ་བཞི་ལས། གཞི་ནི་གང་ལ་སྨྲ་བའི་ཡུལ་རང་ལས་རྒྱུད་གཞན་པའི་མི་ཐ་སྙད་ལྔ་ལྡན་ཏེ། སྨྲ་ཤེས་པ། དོན་གོ་བ། ཤེས་པ་རང་བཞིན་དུ་གནས་པ། མ་ནིང་དང་མཚན་གཉིས་པ་མ་ཡིན་པའོ། །གང་སྨྲ་བའི་དངོས་པོ་ནི་འདོད་ཁམས་ལས་གོང་དུ་འཕགས་པ་བསམ་གཏན་དང་པོ་ནས་སངས་རྒྱས་ཀྱི་བར་གྱི་འཇིག་རྟེན་དང་འཇིག་རྟེན་ལས་འདས་པའི་ཡོན་ཏན་གང་རུང་སྟེ། ས་གའི་ལྷས། འདིར་ནི་སྒྲིབ་པ་རྣམ་པ་ལྔ། །མི་རྣམས་ཀྱི་ནི་ཆོས་སུ་ཐོས། །དེ་ཟད་བླ་མའི་ཆོས་སུ་འདོད། །ཅེས་སོ། །བསམ་པ་འདུ་ཤེས་བསྒྱུར་ནས་རྫུན་བརྗོད་འདོད་ཀྱི་བློ་སྐྱེས་པ། སྒྱུར་བ་མངོན་ཤེས་སོགས་གཞན་ལས་ཁྱད་པར་དུ་གྱུར་པའི་ཡོན་ཏན་གྱི་ཚོགས་མེད་ཀྱང་ཡོད་ཅེས་ངག་མཚན་ཉིད་དྲུག་ལྡན་གྱིས་མི་ཆོས་བླ་མའི་རྫུན་མངོན་པའི་ང་རྒྱལ་མེད་པར་སྨྲ་བའམ། གཞན་གྱིས་སྨྲས་པ་དང་དུ་ལེན་པར་རློམ་པའོ། །ངག་མཚན་ཉིད་དྲུག་ལྡན་ནི། ངག་ཡིན་པ། རང་གི་ཡིན་པ། བདག་ཉིད་དང་འབྲེལ་བ། མ་ནོར་བ། གསལ་པོར་དང་། མངོན་སུམ་དུ་སྨྲ་བའོ། །

མཐར་ཐུག་གཞན་གྱིས་དེ་ལྟར་གོ་ན་ཕམ་པའོ། །

གསུམ་པ་དོན་སྡུ་བ་ནི། **འདི་བཞི་གང་སྤྱད་དགེ་སློང་དེ་ཕམ་ཕྱིར། །ཕས་ཕམ་བཞི་ཞེས་ཐམས་ཅད་མཁྱེན་དེས་གསུངས།** །ཞེས་པ་སྟེ། དེ་ལྟར་བཤད་མ་ཐག་པའི་ཆོས་བཞི་པོ་འདི་གང་ལ་སྤྱད་ཀྱང་རང་རང་གི་རྒྱུ་ཚོགས་སུ་བཤད་པ་ལྟར་གྱི་ཡན་ལག་མཐའ་དག་མ་ཚང་ན་སྦོམ་པོ་དང་། ཚང་ན་ཕམ་པ་དངོས་གཞི་སྟེ། མི་མཐུན་ཕྱོགས་ཀྱིས་གཉེན་པོ་བཅོམ་པས་དགེ་སློང་དེ་ཕམ་པར་བྱས་པའི་ཕྱིར་ཕས་ཕམ་བཞི་ཞེས་སྟོན་པ་ཐམས་ཅད་མཁྱེན་དེས་གསུངས་སོ། །དེ་ལྟར་ཡང་སོ་སོ་ཐར་པ་ལས། དགེ་སློང་དག་གིས་དེ་དག་ལས་ལྟུང་བ་གང་ཡང་རུང་བ་ཞིག་བྱས་ན། ཐོག་མ་ཇི་ལྟ་བར་ཕྱིས་ཀྱང་དེ་བཞིན་དུ་ཕམ་པར་འགྱུར་བ་ཡིན་ཏེ་དགེ་སློང་རྣམས་དང་ལྷན་ཅིག་གནས་པ་དང་ལོངས་སྤྱོད་དུ་མི་དབང་གིས་གནས་པར་མི་བྱའོ། །ཞེས་སོ། །

གཉིས་པ་དགེ་འདུན་ལྷག་མའི་སྡེ་ལ་བསྟན་བཤད་གཉིས་ལས་དང་པོ་ནི། **དགེ་འདུན་ལྷག་མ་བཅུ་གསུམ་ཞེས་གྲགས་པ།** །ཞེས་པ་སྟེ། གསོ་བ་དགེ་འདུན་ལ་རག་ལས་ཤིང་སྡོམ་པ་རྣམ་དག་གི་ལྷག་ལུས་པས་ན་དགེ་འདུན་ལྷག་མ་ཞེས་བྱ་སྟེ། དེའི་མཚན་ཉིད། བསྙེན་པར་རྫོགས་པའི་རྒྱུད་ཀྱི་བཅས་འགལ་གྱི་ལྟུང་བ་གང་ཞིག །ལྷག་མའི་མིང་གིས་ཕྱིར་བཅོས་ན་དག་ཏུ་རུང་བའོ། །དབྱེ་ན། ནང་སེམས་ཅན་ལ་ཆགས་པ་ལྔ་དང་ཕྱི་རོལ་ཡོ་བྱད་ལ་ཆགས་པ་གཉིས་ཏེ་འདོད་པ་ལས་གྱུར་པ་བདུན། གནོད་པ་ལས་གྱུར་པ་གཉིས། བསྒོ་བ་ལས་གྱུར་པ་བཞི་སྟེ་བཅུ་གསུམ་མོ། །

གཉིས་པ་རྒྱས་བཤད་ནི། **བསྒྲོད་མིན་གནས་སུ་ཁུ་བ་འབྱིན་པ་དང་། །ཆགས་པས་བུད་མེད་ལུས་ཀྱི་ཆ་ཤས་འཛིན། །འཁྲིག་ཚིག་རྗེན་སྨྲ་བུད་མེད་ཆགས་ཕྱིར་བཀུར། །ཕོ་མོ་ཕན་ཚུན་སྨྱན་བྱས་འདུས་ཏེ་འཕྲད། །རང་དོན་ཚད་ལྷག་ཁང་པ་ཁང་ཆེན་བརྩིགས། །བརྗོད་གཞི་མེད་དང་སྐད་ཀ་བག་ཙམ་ལ། །བརྟེན་ནས་དགེ་སློང་སྐུར་བཏབ་དགེ་འདུན་དབྱེན། །དབྱེན་དེའི་རྗེས་ཕྱོགས་བསླབ་པ་དང་འགལ་བ། །ཁྱིམ་སུན་འབྱིན་ཚེ་སྒྲོད་བྱེད་ལ་སྨོན་པ། །ལྟུང་བྱུང་བསྒྲུལ་ཚེ་བཀའ་བློ་མི་བདེ་བའོ།** །ཞེས་པ་ལྟར་བཅུ་གསུམ་ལས། དང་པོ་འབྱིན་པའི་ལྷག་མ་ནི། འདི་ནས་བསྙེན་བཀུར་གྱི་བར་བཞིའི་གླེང་གཞི་གཉན་ཡོད་དུ་འཆར་ཀ་ལ་བརྩས་ཏེ། བསྒྲོད་བྱའི་ཡུལ་ལམ་

གསུམ་མིན་པའི་རང་ངམ་གཞན་གྱི་ཡན་ལག་གི་གནས་སུ་དབྱུང་འདོད་ཀྱི་བསམ་པས་རང་གི་ནོར་བུ་རེག་ཅིང་རྩོལ་བ་ལས། །ཁུ་བ་གནས་ནས་འཕོས་ཤིང་བདེ་བ་མྱོང་བའོ། །གཉིས་པ་འཛིན་པའི་ལྷག་མ་ནི། ཡུལ་ལུས་བརྟེན་རུང་གི་བུད་མེད་ལ་ཆགས་སེམས་ཀྱིས་རེག་པར་འདོད་པས། དེའི་ལུས་དངོས་སམ་སྐྲ་སོགས་ཆ་ཤས་ལ་བར་དུ་ཆོད་པ་མེད་པར་རེག་པ་ལས་བྱུང་བའི་བདེ་བ་མྱོང་བའོ། །གསུམ་པ་འཁྲིག་ཚིག་ནི། ཡུལ་བརྡ་འཕྲོད་པའི་བུད་མེད་བརྟེན་རུང་ལ་ཆགས་སེམས་ཀྱིས་ཡུལ་དུས་དེར་འཁྲིག་པའི་དངོས་མིང་དུ་གྲགས་པའི་ཚིག་རྗེན་པར་སྨྲས་པ་ཡུལ་དེས་གོ་བའོ། །བཞི་པ་བསྙེན་བཀུར་བསྔགས་པ་ནི། ཡུལ་བུད་མེད་ལ་ཆགས་སེམས་ཀྱིས་འཁྲིག་པ་དོན་དུ་གཉེར་ཕྱིར་བདག་ལྟ་བུའི་དགེ་སློང་ལ་འཁྲིག་པས་བསྙེན་བཀུར་ན་བསྙེན་བཀུར་རྣམས་ཀྱི་ནང་ནས་མཆོག་གོ་ཞེས་རང་གིས་སྨྲས་སམ་ཡུལ་གྱིས་སྨྲས་པ་དང་དུ་བླངས་ཀྱང་རུང་སྟེ། གོ་ཡུལ་དེ་ལ་བརྡ་འཕྲོད་པའོ། །ལྔ་པ་སྨྱན་བྱེད་པ་ནི། གཉན་ཡོད་དུ་དྲུག་སྡེ་ལ་བཅས་ཏེ། སྤྲད་བྱ་རང་ལས་གཞན་པའི་ཕོ་མོ་སྤྲད་དུ་རུང་བ་ཕན་ཚུན་སྦྱོར་འདོད་ཀྱིས་རང་ངམ་བསྐོས་པས་འཕྲིན་གསུམ་གྱི་སྒོ་ནས་སྨྱན་བྱས་པས་དེ་གཉིས་འདུས་ཏེ་དབང་པོ་འཕྲད་པའོ། །དྲུག་པ་ཁང་པའི་ལྷག་མ་ནི། འདི་དང་ཁང་ཆེན་གཉིས་སྟོན་པ་ཀཽ་ཤམྦིར་བཞུགས་པའི་ཚེ་དྲུག་སྡེ་ལ་བཅས། དེ་ཡང་བཞི་སྒྲོག་ཆགས་མང་ཞིང་རྩོད་པ་ཅན་དང་འཇིག་རྐྱེན་ཡོད་པས་མི་རུང་བའི་སར་གཞན་ལ་འབད་པས་བཙལ་བའི་ཡོ་བྱད་ཀྱིས་དགེ་འདུན་ལས་གནང་བ་མ་ཐོབ་པར་རང་དོན་དུ་ཁང་པ་རྩིག་འདོད་ཀྱིས་སྲིད་དུ་མིའི་ཁྲུ་བཅོ་བརྒྱད་དང་ཞེང་དུ་ཁྲུ་ཕྱེད་དང་བཅུ་གཅིག་གི་ཚད་ལས་ལྷག་པའི་ཁང་པ་རང་ངམ་གཞན་ལ་བསྐོས་ཀྱང་རུང་སྟེ། རྩིག་པས་ཀུན་ནས་བསྐོར་ཞིང་ཐོག་ཕུབ་ཟིན་པའོ། །བདུན་པ་ཁང་ཆེན་ནི། གང་ཟག་བཞིར་ལོངས་པ་ཡན་ཆད་ཀྱི་དོན་དུ་བརྩིགས་པ་སྟེ་འདི་ལ་བཙལ་བ་དང་ཚད་ལྷག་ཡན་ལག་ཏུ་མི་དགོས་ཤིང་། གཞན་ཐམས་ཅད་སྔར་དང་འདྲ་བའོ། །བརྒྱད་པ་གཞི་མེད་ཀྱི་སྐུར་འདེབས་ནི༑ འདི་དང་བག་ཙམ་གྱི་སྐུར་འདེབས་གཉིས་རྒྱལ་པོའི་ཁབ་དུ་མཛའ་བོ་དང་ས་ལས་སྐྱེས་ལ་བཅས། ཡུལ་དགེ་སློང་གཞན་ལ་བརྗོད་པའི་གཞི་མཐོང་ཐོས་དོགས་གསུམ་མེད་པར་ཕམ་བཞི་གང་རུང་གི་སྒོ་ནས་སྐུར་འདེབས་ཀྱི་ཚིག་གསལ་པོར་སྨྲས་པ་ཡུལ་གྱིས་གོ་བའོ། །དགུ་པ་བག་ཙམ་གྱི་སྐུར་འདེབས་

ནི༏ ཡུལ་དགེ་སློང་གཞན་ལ་གླིང་བའི་སྐད་ཀ་བག་ཙམ་ཡོད་པ་ལ་བརྟེན་ནས་ཚིག་ཟུར་གྱི་ཤུགས་ཀྱིས་ཕམ་པའི་སྒོ་ནས་སྐུར་པ་བཏབ་ཅིང་གོ་བའོ། །བཅུ་པ་དགེ་འདུན་གྱི་དབྱེན་ནི། རྒྱལ་པོའི་ཁབ་ཏུ་ལྷས་སྦྱིན་ལ་བཅས་ཏེ། མཚམས་ནང་གཅིག་ཏུ་བཅས་ལྡན་དགེ་སློང་གིས་རང་མི་ཐེ་བའི་དབྱེ་བ་དགེ་འདུན་དུ་ལོངས་པ་གཉིས་ཆོས་མིན་གྱི་ལྟ་བས་ཕན་ཚུན་འབྱེད་པ་ལ་ཟློག་བྱེད་ལྔས་བཟློག་ཀྱང་དེའི་ཐ་མ་བརྗོད་པ་གསུམ་པའི་མཐའ་ལ་མ་བཏང་བའོ། །ཟློག་བྱེད་ལྔ་ནི། གཞམས་སྒོ་དང་། དགེ་འདུན་གྱི་གསོལ་བ་དང་། བརྗོད་པའི་ལས་གསུམ་མོ། །དེ་ལས་ལྷུང་བ་བསྐྱེད་ཚུལ་ནི། དང་པོ་བཞིའི་མཐར་སྦྱོམ་པོ་རེ་རེ་དང་། བརྗོད་པ་གསུམ་པའི་མཐར་མི་གཏོང་ན་ལྷག་མའི་དངོས་གཞི་སྐྱེ༏ འོག་མ་གསུམ་ལའང་འགྲེའོ། །འདིར་དབྱེན་གྱི་ལྷག་མ་དང་། དེའི་མཚམས་མེད་ལ་ཁྱད་པར་ཡོད་དམ་མེད་ཅེ་ན། ཡོད་དེ། མཚམས་མེད་ལ་དགེ་འདུན་བྱེ་བ་ཞིག་ངེས་པར་དགོས་ཤིང་། འབྱེད་པ་པོའང་དགེ་སློང་དུ་ངེས་ལ་ལྷག་མ་ལ་ནི་དགེ་འདུན་ཕྱེ་བར་མ་ནུས་ཀྱང་། དེའི་སྦྱོར་བར་ཞུགས་པ་ལ་ཟློག་བྱེད་ལྔའི་མཐར་མ་བཏང་བ་ཉིད་ཀྱིས་ཆོག་ཅིང་། འབྱེད་པ་པོའང་དགེ་སློང་ཉིད་དུ་མ་ངེས་ཏེ༏ དགེ་སློང་མ་ལའང་དབྱེན་གྱི་ལྷག་མ་འབྱུང་བའི་ཕྱིར་རོ། །བཅུ་གཅིག་པ་དབྱེན་དེའི་རྗེས་སུ་ཕྱོགས་པ་ནི། རྒྱལ་པོའི་ཁབ་ཏུ་ལྷས་སྦྱིན་གྱི་གྲོགས་བྱེད་པའི་དགེ་སློང་ཀོ་ཀ་ལི་ཀ་སོགས་བཞི་ལ་བཅས་ཏེ། དགེ་སློང་གང་དགེ་འདུན་གྱི་དབྱེན་ལ་ཞུགས་པའི་དགེ་སློང་དེའི་གྲོགས་བྱེད་འདོད་ཀྱིས་རྗེས་སུ་ཞུགས་ཤིང་ཟློག་བྱེད་ལྔའི་མཐའ་ལ་མ་བཏང་བའོ། །བཅུ་གཉིས་པ་ཁྱིམ་སུན་འབྱིན་པ་ནི། གཉན་ཡོད་དུ་ནབས་སོ་དང་འགྲོ་མགྱོགས་ལ་བཅས་ཏེ། བུད་མེད་དང་ལྷན་ཅིག་རྩེད་འཛོ་དང་བཟའ་བཏུང་ལ་སྤྱོད་པ་སོགས་བསླབ་པ་དང་འགལ་བའི་ངན་སྤྱོད་ཀྱིས་ཁྱིམ་པའི་སེམས་སུན་ཕྱུང་སྟེ་མ་དད་པར་བྱེད་པ་པོའི་དགེ་སློང་གང་དགེ་འདུན་གྱིས་བསྐྲད་པ་ན། སྐྲོད་བྱེད་དགེ་འདུན་ལ་འགྲོ་མིན་བཞིའི་སྐྱོན་ཚིག་གིས་སྐུར་འདེབས་ལ་ཞུགས་ཤིང་ཟློག་བྱེད་ལྔའི་མཐར་མ་བཏང་བའོ། །བཅུ་གསུམ་པ་བཀའ་བློ་མི་བདེ་བ་ནི། ཀཽ་ཤཱམྦཱིར་འདུན་པ་ལ་བཅས་ཏེ། ལྷུང་བ་བྱུང་བར་གླེང་དྲན་བྱས་ལ་ཆགས་པའི་དགེ་སློང་ལ་ལྷག་པའི་ཚུལ་ཁྲིམས་ཀྱི་དབང་དུ་བྱས་ཏེ་དགེ་འདུན་གྱིས་ཕྱིར་བཅོས་བྱ་བར་བསྐུལ་བ་ན། ཁྱེད་ཅག་དགེ་ཡང་རུང་སྡིག་ཀྱང་རུང་ཁོ་བོ་ལ་ཅི་ཡང་མ་སྨྲ་ཞིག་ཅེས

བཀའ་བློ་མི་བདེ་བའི་གཞིར་ཞུགས་པ་ཉིད་ཟློག་བྱེད་ལྟ་བའི་མཐའ་ལ་མ་བཏང་བའོ། །འཕྲོས་དོན་རྩ་བའི་མདོར། དབེན་པ་སྐྱབས་ཡོད་འདུག་པའོ། །ཞེས་མ་ངེས་པ་གཉིས་གསུངས་ཏེ། ཁྲིམས་གྲོགས་མེད་པའི་དབེན་པ་སྐྲིབ་བྱེད་ཀྱི་སྐྱབས་ཡོད་པའི་གནས་སུ་དགེ་སློང་དང་བུད་མེད་ལྷན་ཅིག་ཏུ་འདུག་པའི་ཚེ། གནས་དེ་མི་ཚངས་སྤྱོད་བྱར་རུང་མི་རུང་གི་ཁྱད་པར་ལས། དགེ་སློང་དེ་ལ་ཕམ་ལྷག་ལྟུང་བྱེད་གསུམ་གང་རུང་ངམ། ལྷག་མ་དང་ལྟུང་བྱེད་གཉིས་གང་བྱུང་མ་ངེས་པའམ་དངོས་པོ་ལ་མཐའ་གང་དུ་འགྱུར་མ་ངེས་པའོ། །མ་ངེས་པ་གཉིས་གཞུང་འདིར་ཚིག་ཟིན་ལ་མི་འབྱུང་བ་ནི། གནས་དེར་འདུག་ཙམ་ལྟུང་བྱེད་དང་དེའི་འབྲས་བུར་གྱུར་པ་ཕམ་ལྷག་གང་རུང་གི་ནང་དུ་འདུས་པས་ལོགས་སུ་མ་གསུངས་སོ། །

གསུམ་པ་སྤང་བ་ལྟུང་བྱེད་ཀྱི་སྡེ་ལ་བསྟན་བཤད་གཉིས་ལས། དང་པོ་ནི། **སྤང་བ་ལྟུང་བྱེད་སུམ་ཅུའི་སྡེ་བཤད་པ།** །ཞེས་པ་སྟེ། གང་ལ་ལྟུང་བ་བྱུང་བའི་དངོས་པོ་དེ་སྤངས་པའི་སྒོ་ནས་ཕྱིར་བཅོས་དགོས་ཤིང་། མ་བཅོས་ན་རྣམ་སྨིན་ངན་སོང་དུ་ལྟུང་བར་བྱེད་པས་ན་སྤང་ལྟུང་ཞེས་བྱ་སྟེ། དེའི་མཚན་ཉིད་ནི་བསྙེན་པར་རྫོགས་པའི་རྒྱུད་ཀྱི་བཅས་འགལ་གྱི་ལྟུང་བ་གང་ཞིག སྤང་བ་ལྟུང་བྱེད་ཀྱི་མིང་གིས་ཕྱིར་བཅོས་ན་དག་ཏུ་རུང་བའོ། །དབྱེ་ན། གོས་ཀྱི་སྡེ། སྟན་སོགས་ཀྱི་སྡེ། ལྟུང་བཟེད་སོགས་ཀྱི་སྡེ་གསུམ་རེ་རེ་ལ་བཅུ་བཅུ་སྟེ། སྤང་ལྟུང་སུམ་ཅུའོ། །

གཉིས་པ་རྒྱས་བཤད་ལ། བཅུ་ཚན་གསུམ་ལས། དང་པོ་ནི། **རང་གི་གོས་ལྷག་ཞག་བཅུ་འདས་པར་འཆང་། །ཆོས་གོས་དང་བྲལ་ཞག་གཅིག་ལོན་པ་དང་། །གོས་རྒྱུ་ཟླ་གཅིག་འཇོག་དང་དགེ་སློང་མར། །ཆོས་གོས་འཁྲུར་འཇུག་དེ་ལ་གོས་རྒྱུ་ལེན། །ཉེ་མིན་ཁྱིམ་པར་གོས་རྒྱུ་སློང་བ་དང་། །སྟེར་ན་སྟོད་གཡོགས་སྨད་གཡོགས་ལྷག་པོར་ལེན། །རང་ལ་སྟེར་བསམ་ཆོས་གོས་གནས་དཔགས་པ། །རིན་དང་ཁྲུ་ཚད་ཀྱིས་སློང་རྟགས་དྲན་སློང་། །གོས་རིན་རིན་ཆེན་བསྐུར་བ་ལེན་རྣམས་སོ།** །ཞེས་པ་ལྟར་བཅུ་ལས། དང་པོ་འཆང་བའི་སྤང་བ་ནི། འཆང་འབྲལ་འཇོག་གསུམ་གཉན་ཡོད་དུ་དགེ་སློང་མང་པོ་ལ་བཅས། དེ་ཡང་སྲ་བརྐྱང་མ་བཏིང་བའི་གང་ཟག་གིས། རང་དབང་ཞིང་བདག་ཏུ་བཟུང་བའི་གོས་ལྷག་པོ། ཚད་འཁོར་གསུམ་ཁེབས་པའི་མཐའི་ཚད་དུ་ལོངས་

པའམ། གལ་ཏེ་བྱིན་གྱིས་བརླབ་རྒྱུད་ཀྱི་ཆོས་གོས་རྣམ་གསུམ་ཡོད་པ་དང་མེད་ཀྱང་ཆོས་གོས་ཀྱི་ཁ་བསྐང་བའི་རེ་བ་མེད་ན་ཁྲུ་གང་གི་ཚད་དུ་ལོངས་པ།རང་མིང་ངམ་རྣམ་བརྟགས་གང་རུང་གིས་བྱིན་གྱིས་མ་བརླབས་པའམ་བརླབས་ཀྱང་ཤན་དང་རྗེས་སུ་འབྲེལ་བས། རང་སྟོབས་སམ་ཤན་སྟོབས་གང་རུང་གིས་ཞག་བཅུ་འདས་ནས་བཅུ་གཅིག་པའི་སྐྱ་རེངས་དང་པོ་ཤར་བའོ། །འདི་ལ་གོས་ལྷག་པོ་ལྟ་ཅི་སྨོས། རང་དབང་ཞིང་གནས་སྐབས་དབང་བྱར་ཡོད་པའི་གོས་རྙེད་ནས་ཞག་བཅུའི་ནང་དུ། གོས་བྱིན་བརླབས་ཅན་སྔར་མེད་ན་འཚོ་བའི་ཡོ་བྱད་བཅུ་གསུམ་པོ་གང་རུང་དུ་རང་མིང་གིས་བྱིན་གྱིས་རློབ་ཅིང་། གལ་ཏེ་བྱིན་བརླབས་ཅན་སྔ་མ་ཡོད་ན། ཕྱིས་རྙེད་པ་དེ་ཞེ་ཐག་པ་ནས་གཞན་ལ་བསྔོ་བ་དང་། ལྷག་པོའམ་མཁོ་བའི་ཡོ་བྱད་དུ་རྣམ་བརྟགས་ཀྱིས་བྱིན་གྱིས་བརླབས་པ་གང་རུང་བྱ་དགོས་པ་ཡིན་ནོ། །འོ་ན་ལྟུང་བ་བསྐྱེད་པ་ལ་བྱིན་གྱིས་མ་བརླབས་པའི་གོས་དེས་རང་སྟོབས་རང་ཉིད་ཀྱིས་ཞག་བཅུ་འདས་དགོས་སམ་སྙམ་ན་མི་དགོས་ཏེ། བྱིན་གྱིས་མ་བརླབས་པའི་གོས་སྔ་མས་ཞག་གཅིག་ནས་དགུའི་བར་གང་རུང་ལོན་ལ། དེའི་རྗེས་སུ་གོས་གཉིས་པ་ཞིག་རྙེད་ན། དེ་ཉིད་ཀྱི་ཉིན་པར་སྔ་མའི་ཞག་ཤན་ཕྱི་མ་ལ་འབྱུང་བས། སྔ་མས་ཞག་གང་ལོན་དེ་ཕྱི་མས་ཀྱང་ལོན་པར་འཛོག་དགོས་པའི་ཕྱིར་ཏེ། འདི་ལ་གཞན་ཡོད་ན་བྱིན་གྱིས་མ་བརླབས་པ་དེའི་ཤན་ཚུན་ཆད་ནས་སོ། །ཞེས་གསུངས་པའི་ཕྱིར། བྱིན་གྱིས་བརླབས་པ་ཙམ་གྱིས་ཉེས་པ་དེ་ཁེགས་སམ་ཞེ་ན། སྔ་ཕྱི་གཉིས་ཀ་བརླབས་པའམ། ཤན་མ་འདྲེས་གོང་དུ་སྔ་མ་དེ་བརླབས་ན་ཁེགས་མོད། སྔ་མ་བྱིན་གྱིས་མ་བརླབས་ན་ཕྱི་མ་བརླབས་ཀྱང་སྔ་མའི་ཤན་སྟོབས་ཀྱིས་དེའི་ཉེས་པ་མི་ཁེགས་ཏེ། འབྲེལ་ཡང་རྗེས་སུ་ཞུགས་པ་དང་བཅས་པ་ལའོ། །ཞེས་སོ། །སྔ་མ་བརླབས་པས་རྟིང་མ་ལ་ཤན་མི་འབྱུང་ནའང་། དེས་རྟིང་མ་བྱིན་གྱིས་བརླབས་པའི་གོ་མི་ཆོད་དེ། རྟིང་མས་ཞག་བཅུ་ལོན་པའི་ཚེ་རང་སྟོབས་ཀྱིས་ལྟུང་བ་བསྐྱེད་པ་ཡིན་ནོ། །སྤྱིར་ཤན་གྱི་རྣམ་གྲངས་ལ་བཞི་སྟེ། གོས་ཀྱི། ལྟུང་བཟེད་ཀྱི། སྨན་གྱི། ལྟུང་བའི་ཤན་ནོ། །དང་པོ་ལ། ཞག་བཅུ་པའི་དང་། ཟླ་འཛོག་གི་ཤན་གཉིས་ཡོད། དེ་གཉིས་སྤྱིར་བཏང་ལ་བརྟེན་བྱ་རྟེན་བྱེད་དུ་མི་རུང་མོད། དམིགས་བསལ་ལ་མུ་བཞི་ཡོད་དེ། སྔར་རྙེད་པའི་ཟླ་འཛོག་གི་གོས་ཏེ། ཕྱིས་ཆོས་གོས་ཡོངས་རྫོགས་རྙེད་པའི་སྟོབས་ཀྱིས་ཞག་བཅུ་

པའི་གོས་སུ་རིགས་ལོག་ཅིང་། གོས་ཕྱི་མ་དེ་སྔ་མའི་ཕྱི་དྲོ་དེ་ཀ་རྙེད་པ་ཡིན་ན་ཤན་མི་འབྱུང་ལ། ཞག་ཕྱི་མ་རྣམས་ལ་རྙེད་ན་ཤན་ཡང་འབྱུང་བ་དང་། ཡང་གོས་སྔ་རྗེང་གཉིས་ཀ་བླ་བར་བཞག་ཏུ་རུང་བའི་གོས་ཡིན་ན་རིག་མ་ལོག་མོད། རྗེང་མ་རྙེད་པའི་གོས་དེ་ཞག་ཕྱི་མའམ། ཞག་དེ་ཀའི་ནང་དུ་རྙེད་པའི་ཁྱད་པར་ལས་ཤན་འབྱུང་མི་འབྱུང་སྟེ། དེ་ལྟར་མུ་བཞིའོ། །

དེས་ན་གོས་དང་ལྷུང་བཟེད་ཀྱི་ཤན་ནི། རྗེག་བྱེད་བྱིན་གྱིས་མ་བརླབས་པ་ཉིད་ཀྱིས། བརྗེག་བྱ་རང་དང་དུས་མཉམ་པའམ་རྗེང་ལ་རྙེད་པའི་གོས་དང་ལྷུང་བཟེད་བྱིན་གྱིས་བརླབས་མ་བརླབས་གང་ཡིན་ཡང་འདྲ་སྟེ་ཤན་འཛུག་པ་ཡིན་ནོ། །སྨན་གྱི་ཤན་ནི་རྗེག་བྱེད་བྱིན་གྱིས་བརླབས་པ་ཉིད་ཀྱིས། བརྗེག་བྱ་བྱིན་གྱིས་བརླབས་པ་དང་མ་བརླབས་པ་གཞན་ལ་ཤན་རྗེག་པ་ཡིན་ཞིང་། དེ་ཡང་སྔ་དྲོ་ཐུན་ཚོད་དུ་རུང་བའི་སྨན་གཉིས་དང་ཞག་དང་པོ་ལ་ཞག་བདུན་པའི་སྨན་ཐུ་རམ་ལྟ་བུ་གཉིས་རྙེད་པ་ལས་སྨན་གཅིག་བྱིན་གྱིས་བརླབས། གཅིག་མ་བརླབས་པར་བཞག་པ་ན། ཐུན་ཚོད་ཀྱི་མཐའ་དང་ཞག་བདུན་པ་འདས་ནས་བརྒྱད་པའི་སྐྱ་རེངས་ཤར་བའི་ཚེ་བྱིན་གྱིས་བརླབས་པས་རང་སྟོབས་དང་། མ་བརླབས་པས་ཤན་སྟོབས་ཀྱིས་གསོག་འཛོག་གི་སྤྱང་བ་བསྐྱེད་ལ། ཡང་དུས་མི་མཉམ་པའི་དབང་དུ་བྱས་ན། ཐུན་ཚོད་ཀྱི་སྨན་སྔ་དྲོ་རྙེད་པ་དང་། ཚེས་གཅིག་ལྟ་བུར་བུ་རམ་གྱི་སྨན་རྙེད་པ་བྱིན་གྱིས་བརླབས་ནས་བཞག །ཕྱི་དྲོ་ཐུན་ཚོད་ཀྱི་སྨན་གཉིས་པ་དང་། ཞག་གཉིས་སམ་བདུན་གྱི་བར་བུ་རམ་གྱི་སྨན་གཉིས་པ་རྙེད་པ་བྱིན་གྱིས་བརླབས་སམ་མ་བརླབས་ཀྱང་འདྲ་སྟེ༑ རང་རང་གི་དུས་འདས་པའི་ཚེ་སྔ་མས་རང་སྟོབས་དང་ཕྱི་མས་ཤན་སྟོབས་ཀྱིས་ལྟུང་བ་བསྐྱེད་ཅིང་། ཁྱད་པར་ཞག་བདུན་པའི་སྨན་ཤན་ནི་བུ་རམ་གྱིས་བུ་རམ་ལ་རྗེག་པ་ལྟ་བུ་སྨན་སྔ་ཕྱི་རིགས་མཐུན་པ་དགོས་ཏེ། ཞག་བདུན་པ་ནི་རིགས་མཐུན་པ་ལའོ། །ཞེས་གསུངས་པའི་ཕྱིར། གཞན་རྣམས་ལ་ནི་བཅས་པ་རིགས་འདྲ་བས་ཚོག་གི་རྫས་སྔ་ཕྱི་རིགས་མཐུན་པ་མི་དགོས་ཤིང་། འཚོ་བཅངས་ཀྱི་སྨན་ནི་ཧ་ཅིག་འཚོའི་བར་དུ་གནང་བས་ཤན་མི་འབྱུང་ངོ་། །ལྟུང་བའི་ཤན་ནི། སྤང་ལྟུང་སུམ་ཅུ་ལས་གང་རུང་བྱུང་བ་ཕྱིར་བཅོས་མ་བྱས་པའི་བར་ལ་གོས་སོགས་འཚོ་བའི་ཡོ་བྱད་གང་རྙེད་ཀྱང་རུང་སྟེ། ལྟུང་བ་སྔ་མ་དེ་ཕྱིར་བཅོས་བྱེད་པའི་ཚེ་དེའི་རྒྱུར་གྱུར་བའི་རྫས་དེ་ཉིད་དུ

མ་ཟད། ཡོ་བྱད་རྫིང་མ་དེ་རྣམས་ཀྱང་སྡེ་མའི་ཤན་གྱིས་སྤྱོད་དགོས་པ་ཡིན་ཏེ། ལྷུང་བ་དེ་ཡོད་ན་ཡོ་བྱད་ཙམ་བདག་གིར་བྱས་པ་ལ་སྤང་བ་ཉིད་དོ། །ཞེས་སོ། །འཆང་འབྲལ་འཇོག་གསུམ་གྱི་ཉེས་པ་འདི་ནི། ཟླ་བརྒྱད་བཏིང་ཆགས་ཀྱི་གང་ཟག་ལ་མི་འབྱུང་སྟེ། དེ་ལ་དེ་གསུམ་བག་ཡངས་ཀྱི་ཚུལ་དུ་གནང་བའི་ཕྱིར་རོ། །

གཉིས་པ་འབྲལ་བའི་སྤང་བ་ནི། སྣམ་སྦྱར་ལ་འབྲལ་བའི་གནང་བ་མ་ཐོབ་ཅིང་ཟླ་བརྒྱད་མ་བཏིང་བའི་གང་ཟག་གིས་འཇིགས་བཅས་ཀྱི་དགོན་པ་ལས་གཞན་དུ་བྱིན་གྱིས་བརླབས་པའི་ཆོས་གོས་གསུམ་པོ་ཐམས་ཅད་དམ་གང་རུང་བཞག་པའི་གནས་ཉེ་འཁོར་དང་བཅས་པ་ལས་ཞག་གཅིག་ཐལ་ནས་ཞག་ཕྱི་མའི་སྐྱ་རེངས་ཤར་བའོ། །གསུམ་པ་ཟླ་འཇོག་གི་སྤང་བ་ནི། ཟླ་བརྒྱད་མ་བཏིང་ཞིང་ཆོས་གོས་གསུམ་གང་རུང་མེད་པའི་གང་ཟག་གིས་ཁ་བསྐང་བའི་རེ་བ་དང་བཅས་པའི་ཆོས་གོས་ཀྱི་རྒྱུ་ཁྲུ་གང་གི་ཚད་དུ་ལོངས་ཤིང་འཁོར་གསུམ་མི་ཁེབས་པ། བྱིན་གྱིས་མ་བརླབས་པའམ། བརླབས་ཀྱང་ཤན་དང་རྗེས་སུ་འབྲེལ་བས། རང་སྟོབས་སམ་ཤན་སྟོབས་གང་རུང་གིས་ཞག་སུམ་ཅུ་འདས་ནས་སོ་གཅིག་པའི་སྐྱ་རེངས་ཤར་བའོ། །བཞི་པ་འབྱུར་འཇུག་པའི་སྤང་བ་ནི། གཉན་ཡོད་དུ་འཆར་ཀ་ལ་བཅས་ཏེ། བདུན་བརྒྱུད་ཚུན་ཆད་ཀྱི་ཉེ་དུ་མ་ཡིན་པའི་དགེ་སློང་མ་ལ་རང་གི་ཆོས་གོས་གསུམ་དང་གདིང་བ་རྙིང་པ་ལས་གང་རུང་འཁྲུར་བཅུག་པ་ན། གོས་ཀྱི་ཕྱོགས་གཅིག་ཙམ་འཁྲུ་བའི་ལས་བྱས་པའོ། །ལྔ་པ་གོས་ལེན་པའི་སྤང་བ་ནི། འདི་ནས་བསྐྱུར་བའི་བར་དྲུག་ཀ་གཉན་ཡོད་དུ་ཉེར་དགའ་ལ་བཅས་ཏེ། ཆོས་གོས་རྣམ་གསུམ་ཡོད་པའི་དགེ་སློང་གིས་ཉེ་དུ་མ་ཡིན་པའི་དགེ་སློང་མ་ལ་འཁོར་གསུམ་ཁེབས་པའི་མཐའི་ཚད་དུ་ལོངས་པ་ཡན་ཆད་ཀྱི་གོས་བསླངས་པས་ལག་ཏུ་ཐོབ་པའོ། །དྲུག་པ་སློང་བའི་སྤང་བ་ནི། ཆོས་གོས་རྣམ་གསུམ་ཡོད་པའི་དགེ་སློང་གིས་ཉེ་དུ་མ་ཡིན་པའི་ཁྱིམ་པ་ལ་འཁོར་གསུམ་ཁེབས་པའི་ཚད་དུ་ལོངས་པའི་གོས་བསླངས་ཏེ་ཐོབ་པའོ། །བདུན་པ་སློང་བར་རིགས་པའི་སྤང་བ་ནི། ཆོས་གོས་རྣམ་གསུམ་མེད་པའི་དགེ་སློང་གིས་ཁྱིམ་པ་ཉེ་དུ་མ་ཡིན་པ་ལ་བསླངས་པས་གོས་མང་པོ་སྟེར་ནའང་སྟོད་གཡོགས་དང་སྨད་གཡོགས་ཙམ་བླང་རིགས་ཀྱིས། དེ་ལས་ལྷག་པ་ལེན་ན་ལྟུང་བའོ། །བརྒྱད་པ་དཔགས་པ

སློང་བའི་སྤྱང་བ་ནི། ཁྲིམ་པ་ཉེ་དུ་མ་ཡིན་པས་སྦྱིན་གནས་དགེ་སློང་རང་ཉིད་ལ་སྔེར་བར་བསམ་པའི་གོས་འདི་འབུལ་ཞེས་བློས་དཔགས་པ་ལས། དངོས་སུ་འབུལ་ལོང་མེད་པར་སྔ་ཚོམས་སུ་རིན་དང་ཁྲུ་ཚད་ཀྱིས་དྲན་པ་བརྗོད་ནས་བསླངས་པས་ཐོབ་པའོ། །དགུ་པ་སོ་སོ་ནས་དཔགས་པ་སློང་བའི་སྤྱང་བ་ནི། ཉེ་དུ་མ་ཡིན་པའི་ཁྲིམ་བདག་ཕོ་མོ་སོ་སོ་ནས་གོས་རེ་རེའམ་མང་པོ་དགེ་སློང་རང་ལ་འབུལ་བར་དཔགས་པ་དེ་ཐོས་ནས་འབུལ་མི་འབུལ་བརྟགས་པའི་བསམ་པས་དྲན་པ་བརྗོད་དེ་བསླངས་པས་ཐོབ་པའོ། །འདི་གཉིས་རང་ལ་བསྔོས་ཆོད་ལས་ལྷག་པའི་དངོས་པོ་ཐོབ་པ་ཞིག་དགོས་གསུངས་ནའང་། མདོའི་དངོས་བསྟན་ལ་འབུལ་ལོང་མེད་པར་སྔ་ཚོམས་སུ་བླངས་པའི་ཉེས་པ་ཉིད་གསལ་ལོ། །བཅུ་པ་བསྐུར་བའི་སྤྱང་བ་ནི། སྦྱིན་བདག་ཕོ་ཉ་བ་ཞལ་ཏ་པ་སྟེ་ཁྲིམ་པ་གསུམ་ལས། སྦྱིན་བདག་གིས་གོས་རིན་རུང་བ་མ་ཡིན་པ་གསེར་དངུལ་ལྟ་བུ་ཞིག་བསྐུར་བ་ཕོ་ཉས་དགེ་སློང་ལ་ཕུལ་བས། དེ་ལེན་དུ་མི་རུང་ཞེས་སྨྲས་པ་ན། ཕོ་ཉ་དེས་དགེ་སློང་རང་གི་ཞལ་ཏ་པ་ལ་གཏད་ནས་གོས་སྒྲུབ་ཏུ་བཅུག་པ་ལས། གོས་དུས་སུ་མ་བྱུང་ན་དགེ་སློང་གིས་ཞལ་ཏ་པ་ལ་དངོས་སུ་བསྐུལ་བ་གསུམ་བྱ། དེ་ལ་མ་བྱུང་ན་ལན་གསུམ་མཐོང་སར་ཅང་མི་སྨྲ་བས་བསྡད་ནས་བསླངས་པ་ལ་ཉེས་པ་མེད་ཅིང་། དེ་ལས་ལྷག་པར་བྱས་པས་གོས་ཐོབ་ན་སྤང་བར་འགྱུར་རོ། །

བཅུ་ཚན་གཉིས་པ་ནི། **སྲིན་བལ་ནང་ཚངས་བྱས་པའི་སྟན་བྱེད་དང་། །དཀར་སེར་བལ་ནག་འབའ་ཞིག་སྟན་དུ་འདིང་། །བལ་ནག་ཆ་གཉིས་སྟན་བྱེད་ལོ་དྲུག་ནི། །མ་སོང་སྟན་གསར་བྱེད་དང་ཚད་ལྡན་གྱི། །གདིང་བ་ཡོད་ཀྱང་སླར་བཟོ་བལ་ནག་ནི། །རྐྱེད་ནས་ལམ་གྱི་དཔག་ཚད་གསུམ་མཐར་བྱེད། །དགེ་སློང་མ་ལ་བལ་འཁྲུ་རྨེལ་བཙུག་དང་། །གསེར་དངུལ་ལེན་དང་ཚོང་ཟུན་མངོན་མཚན་ཅན། །ཆེད་དུ་ཚོང་བྱེད།** ཅེས་པ་ལྟར་བཅུ་ལས། སྟན་གྱི་སྤྱང་བ་ལྔ་པོ་གཉན་ཡོད་དུ་དགེ་སློང་མང་པོ་ལ་བཅས། དེ་ལ་དང་པོ་རིན་ཐང་ཆེ་བའི་དངོས་པོ་སྲིན་བལ་སོགས་དང་། གཉིས་པ་གང་དུ་བལ་ནག་དཀར་སེར་བལ་ནག་འབའ་ཞིག་དང་། གསུམ་པ་བལ་ནག་པོ་སྟན་གྱི་ཆ་གཉིས་ལས་ལྷག་པ་སྟེ། དེ་ལྟར་རྒྱུ་དེ་གསུམ་ལས་རང་དམ་གཞན་ལ་བསྒོས་པས་སྟན་ནང་ཚངས་ཅན་གསར་དུ་བྱེད་ན། དེ་དག་བཀྲམ་པ་ཙམ་གྱིས་དེ་དང་དེའི་སྤྱང་བའོ། །བཞི་པ་ལོ་དྲུག་གི་སྤྱང

པ་ནི། སྐྱན་སྐྱུ་མ་ཡོད་བཞིན་དུ་གནང་བ་མ་ཐོབ་པར་ལོ་དྲུག་གི་ནང་དུ་སྐྱན་ནང་ཚངས་ཅན་གཉིས་པ་བྱས་ཤིང་ཟིན་པའོ། །ལྷུ་པ་མཐོ་གང་གི་སྤང་བ་ནི། ཚད་ལྡན་གྱི་འདིང་བ་རྙིང་པ་ཡོད་ན་གསར་དུ་བཟོ་བའི་ཚེ་རྙིང་པ་ནས་ཆུང་ཐ་ཡང་བདེ་བར་གཤེགས་པའི་མཐོ་གང་སྐྱེ་མིའི་ཁྲུ་ཕྱེད་དོ་གསར་པ་ལ་མ་བསྣན་པར་ལོངས་སྤྱད་པའོ། །དྲུག་པ་ལམ་དུ་བལ་ཐོགས་པའི་སྤང་བ་ནི། འདི་ནས་ཉོ་ཚོང་གི་བར་ལྔ་དྲུག་སྟེ་ལ་བཅས་ཏེ། རང་དབང་བའི་དངོས་པོ་བལ་ལ་སོགས་པའི་ཁུར་ཆེན་པོ་ཆགས་སེམས་ཀྱིས་ཁྱེར་ནས་ཉི་མ་གཅིག་གི་ནང་དུ་རྒྱང་གྲགས་ལས་འདས་པ་སྟེ། དེ་ཡང་དགེ་ཚུལ་ལྟ་བུ་ཁུར་ཁྱེར་གྲོགས་གཞན་མེད་ན་དཔག་ཚད་གསུམ་ཚུན་ཆད་གནང་བས། དེ་ནས་བརྩམས་ཏེ་རྒྱང་གྲགས་གཅིག་གི་མཐར་ཕྱིན་པའམ། ཁྱེར་གྲོགས་ཡོད་ན་དང་པོ་ནས་བརྩམས་ཏེ་རྒྱང་གྲགས་འདས་པའོ། །བདུན་པ་འཁྲུར་འཇུག་པའི་སྤང་བ་ནི། ཉེ་དུ་མ་ཡིན་པའི་དགེ་སློང་མ་ལ་དགེ་སློང་གིས་བལ་འཁྲུ་བ་དང་རྨེལ་བ་དང་འཚེད་དུ་བཅུག་པ་ལས་དེས་དེ་དང་དེ་བྱས་པའོ། །བརྒྱད་པ་རིན་ཆེན་ལ་རེག་པའི་སྤང་བ་ནི། དགེ་སློང་གིས་གསེར་དངུལ་སོགས་རུང་བ་མ་ཡིན་པ་ལ་རུང་བ་མ་བྱས་པའི་རིན་པོ་ཆེ་ཆུད་ཟ་བ་སོགས་ཀྱི་ཉེས་པ་མེད་བཞིན་དུ་ཆགས་སེམས་ཀྱིས་རེག་གམ་རེག་ཏུ་བཅུག་སྟེ་བདག་གིར་བྱས་པའོ། །རུང་བ་བྱ་ཚུལ་ལ་གསུམ་སྟེ། སྦྱིན་བདག་བདག་པོ་ཉིད་དུ་མོས་སུ་གཞུག་པ་དང་། ཞལ་ཏ་བྱེད་པ་བདག་པོ་ཉིད་དུ་ཁས་ལེན་དུ་གཞུག་པ་དང་། བྱིན་གྱིས་བརླབས་པའོ། །དགུ་པ་མངོན་མཚན་ཅན་གྱི་སྤང་བ་ནི། དགེ་སློང་གིས་ཉེ་དུ་མ་ཡིན་པའི་ཁྱིམ་པར་འདོད་ཞེན་གྱིས་ཁེ་སྤོགས་འདོད་པས་ཚོང་ཟོག་རིན་པོ་ཆེ་སོགས་མངོན་མཚན་ཅན་བུན་བསྐྱེད་དུ་བཏང་བས། དེ་ལས་བསྐྱེད་གོས་ཁྲུ་གང་དུ་ལོངས་པ་ཐོབ་པའོ། །བཅུ་པ་ཉོ་ཚོང་བྱེད་པའི་སྤང་བ་ནི། དགེ་སློང་གིས་ཁེ་སྤོགས་འདོད་པའི་ཆེད་དུ་ཁྱིམ་པ་ཉེ་དུ་མ་ཡིན་པ་ལ་རིན་པོ་ཆེ་ལས་གཞན་པའི་དངོས་པོ་འབྲུ་དང་གོས་སོགས་མོད་ན་ཉོ་ཞིང་དཀོན་ན་འཚོང་བར་བྱེད་པས་བསྐྱེད་ཐོབ་པའོ། །

བཅུ་ཚན་གསུམ་པ་ནི། **ལྷུང་བཟེད་བྱིན་མ་བརླབས། །ཞག་བཅུ་འདས་འཆང་ལྷུང་བཟེད་ཟུང་འཆང་བ། །བླ་རྫན་མེད་པར་འཐག་འཇུག་ཐགས་རྒྱ་བསྐྱེད། །དགེ་སློང་གོས་བྱིན་སླར་ཕྲོགས་**

གཏད་བྱུང་གོས། །སྦྱིན་དུས་བཤད་ལས་སྔ་བར་བདག་གིར་བྱས། །དགོན་པར་འཇིགས་བཅས་གོས་བྲལ་ཞག་བདུན་འདས། །རས་ཆེན་དགག་དབྱེ་ཟིན་ཀྱང་ཟླ་ཕྱེད་འདས། །དགེ་འདུན་བསྔོས་པའི་རྙེད་པ་བདག་ཏུ་བསྒྱུར། །ན་སྨན་ཞག་བདུན་འདས་ནས་གསོག་འཇོག་གོ། །ཞེས་པ་ལྟར་བཅུ་ལས། དང་པོ་ལྷུང་བཟེད་འཆང་བའི་སྤང་བ་ནི། དྲུག་སྡེ་ལ་བཅས་ཏེ། རང་གི་ལྷུང་བཟེད་ཚད་ལྡན་བྱིན་གྱིས་མ་བརླབས་པའམ་བརླབས་ཀྱང་ཤན་སྤོབས་ཀྱིས་ཞག་བཅུའི་བར་བཅངས་ནས་བཅུ་གཅིག་པའི་སྐྱ་རེངས་ཤར་བའོ། །

གཉིས་པ་ལྷུང་བཟེད་ལྷག་པོ་ཚོལ་བའི་སྤང་བ་ནི། འདི་ནས་བྱིན་གྲོགས་ཀྱི་བར་བཞི་ཉེར་དགའ་ལ་བཅས་ཏེ། རྒྱུ་དབྱིབས་ཁ་དོག་གིས་རུང་ཞིང་མཐེ་བོའི་ལྟོ་གང་གི་ལྷག་མར་ཕྱུར་དགུ་ཤོང་བ་ཡན་ཆད་ཀྱི་ལྷུང་བཟེད་སྤྱད་བཟོད་རང་ལ་ཡོད་བཞིན་དུ་ཁྲིམ་པ་ཉེ་དུ་མ་ཡིན་པ་ལ་བསླངས་པས་ལག་ཏུ་ཐོབ་པའོ། །འདི་ཡང་བྱིན་གྱིས་མ་བརླབས་པར་ཞག་བཅུ་འདས་ན་ལྷུང་བ་སྔ་མར་འགྱུར་རོ། །གསུམ་པ་འཐག་ཏུ་འཇུག་པའི་སྤང་བ་ནི། ཉེ་དུ་མ་ཡིན་པའི་ཐགས་མཁན་ལ་གླ་རྔན་མེད་པར་རང་རམ་བསྐོས་པས་གོས་འཐག་ཏུ་བཅུག་སྟེ་ལག་ཏུ་ཐོབ་པའོ། །བཞི་པ་འཐག་པ་འཕྱེད་པའི་སྤང་བ་ནི། ཉེ་དུ་མ་ཡིན་པའི་ཁྱིམ་པས་རང་ལ་འབུལ་རྒྱུའི་གོས་འཐག་པ་ན། བདག་པོས་མ་གནང་བར་བསྒོས་ཚོད་ལས་ལྷག་པ་འཕྱེད་དུ་བཅུག་སྟེ་ཐོབ་པའོ། །ལྔ་པ་བྱིན་གྲོགས་ཀྱི་སྤང་བ་ནི། དགེ་སློང་གིས་རང་དང་ལྷ་མཚན་མཐུན་པའི་དགེ་སློང་གཞན་ལ་གོས་སམ་ལྷུང་བཟེད་སོགས་ཡོ་བྱད་སྔར་བྱིན་པ་ཕྲོགས་ཏེ་ཕ་རོལ་པོ་ལས་བྲལ་བའོ། །དྲུག་པ་གཏད་པ་ལས་བྱུང་བའི་སྤང་བ་ནི། འདི་དང་དགོན་པའི་འབྲལ་སྤང་གཉིས་གཉན་ཡོད་དུ་དྲུག་སྡེ་ལ་བཅས། དེ་ཡང་དབྱར་གནས་པའི་དགེ་འདུན་ལ་ཕུལ་བའི་རྙེད་པ་དབྱར་ནང་དུ་བདག་གིར་བྱས་པ་དང་། སོ་སོར་བགོས་པ་དང་། དགག་དབྱེའི་ཕྱི་དེ་ཉིན་མ་བགོས་པ་སྟེ། དེ་ལྟར་སྔས་ཕྱིས་ཀྱི་ལྟུང་བ་གསུམ་མོ། །གལ་ཏེ་ལུང་ལས། གཏད་པ་ལས་བྱུང་བའི་གོས་ལྔ་པོ། ནད་པ་དང་། ནད་པའི་ཕྱིར་དང་། འཆི་བ་དང་། འཆི་བའི་ཕྱིར་དང་། འགྲོ་བར་ཆས་པ་ལ་སྦྱིན་པ། ཞེས་གསུངས་པ་ལྟར་དགག་དབྱེའི་གོང་རོལ་ཏུ་སྦྱིན་བདག་གིས་གཏད་པའི་རྙེད་པ་རྐྱེན་ལྡན་དེ་དག་ལ་རྐྱེན་དབང་གིས་དབྱར་མཐའི་ཞག་བཅུའི་

ནང་དུ་སོ་སོར་སྤྱིན་པ་ལ་ཉེས་པ་མེད་ཅིང་། དབྱར་ནང་དུ་ཆོས་སླ་བའི་རྙེད་པ་དང་། ནད་པའི་རིམ་གྲོ་ལ་སོགས་པའི་ཆེད་དུ་སྦྱིན་པའི་རྙེད་པ་ནི་འདིར་མི་གཏོགས་སོ། །བདུན་པ་དགོན་པའི་འབྲལ་སྤང་ནི། དགེ་སློང་དགོན་པ་བས་བྱིན་རླབས་ཅན་གྱི་ཆོས་གོས་རྣམ་གསུམ་དང་ཞག་དྲུག་ཙུན་ཆད་བྲལ་ཡང་ཉེས་པ་མེད་པར་གནང་ལ། གལ་ཏེ་འཇིགས་པ་དང་བྲལ་ཡང་ཞག་དྲུག་ན་མ་སླེབས་པར་བདུན་པའི་སྐྱ་རེངས་ཤར་བའི་ཚེ་སྤང་བའོ། །བརྒྱད་པ་རས་ཆེན་གྱི་སྤང་བ་ནི། གཉན་ཡོད་དུ་དགེ་སློང་རབ་ཏུ་མང་པོ་ལ་བཅས་ཏེ། དབྱར་གྱི་གོས་རས་ཆེན་རང་ཉིད་དབྱར་སྟོ་ཕྱི་གང་ཁས་ལེན་པ་དེའི་ཟླ་གཅིག་གི་སྔ་རོལ་དུ་བཙལ་ཞིང་རྙེད་ན་ཚོལ་སྤྲས་པའི་སྤང་བ་དང་། དགག་དབྱེ་ཟིན་པའི་འོག་ཏུ་ཟླ་ཕྱེད་ལས་འདས་པར་བཅངས་ན་བཞག་འཕྱིས་ཀྱི་སྤང་བའོ། །དགུ་པ་སྔོས་སྒྱུར་གྱིས་སྤང་བ་ནི། མཉན་ཡོད་དུ་ཉེར་དགའ་ལ་བཅས་ཏེ། ཁྱིམ་པས་དགེ་འདུན་ནམ་དགེ་སློང་གཞན་ལ་བསྔོས་པའི་གོས་དང་ལྷུང་བཟེད་ལྷ་བུའི་རྙེད་པ་རང་ཉིད་ལ་བསྒྱུར་ཏེ་བདག་གིར་བཟུང་བའོ། །བཅུ་པ་གསོག་འཛོག་གི་སྤང་བ་ནི། རྒྱལ་པོའི་ཁབ་ཏུ་འཕགས་པ་པི་ལིན྄ྡའི་ལྷན་ཅིག་གནས་པ་ལ་བཅས་ཏེ། ཞག་བདུན་པའི་སྨན་སྨོས་པ་ནི་མདོའི་དངོས་བསྟན་ལྟར་དཔེ་ཙམ་དུ་ཟད་པས། འདིར་སྨན་བཞི་གང་རུང་རང་དུས་ལས་འདས་པར་བཅངས་པ་ལ་གསོག་འཛོག་གི་སྤང་བ་སྟེ། རང་རང་གི་དུས་ནི། བྱིན་གྱིས་མ་བརླབས་ན་སྨན་བཞི་པོ་གང་ཡིན་ཡང་། སྔ་དྲོ་བྱིན་ལེན་བྱས་པ་གུང་ཚིགས་ལས་འདས་པ་དང་། དེ་བཞིན་དུ་ཕྱི་དྲོ་དང་། འོད་དམར་གྱི་མཐའ་དང་། སྲོད་ཀྱི་མཐའ་དང་། མཚན་མོའི་ཐུན་ཐ་མ་བཞི་པོ་རེ་རེ་བཞིན། སྔ་མ་སྔ་མར་བྱིན་ལེན་བྱས་པ། ཕྱི་མ་ཕྱི་མའི་དུས་ལས་འདས་ནའོ། །བྱིན་གྱིས་བརླབས་ན། དུས་རུང་ལ་ནི་བྱིན་རླབས་མ་བཤད་ཀྱང་བྱིན་ལེན་སྔ་དྲོ་བྱས་པ་ཕྱི་དྲོ་མ་ཞིག་པར་བཅངས་པ་དང་། ཐུན་ཚོད་དུ་རུང་བ་སྔ་དྲོ་བརླབས་པ་ཞག་དེའི་མཚན་མོའི་མཐའ་འདས་པ་དང་། ཞག་བདུན་པའི་སྨན་བརླབས་པ་བརྒྱད་པའི་སྐྱ་རེངས་ཤར་བའི་ཚེ་ན་དང་། འཚོ་བཅངས་ཀྱི་སྨན་ནི་ནད་སོས་ཀྱི་བར་དུ་བརླབས་པ་ནད་ལས་གྲོལ་ནས་ཀྱང་བཅངས་པ་སྟེ༑ འདིར་ཇི་སྲིད་འཚོའི་བར་དུ་བརླབས་པ་ལ་ནི་གསོག་འཛོག་ཏུ་མི་འགྱུར་རོ། །དེ་ལྟར་སྤང་ལྟུང་སུམ་ཅུ་ལས་ཕྱིར་བཅོས་ཀྱི་ཚེ་བྱིན་ཕྲོགས་དང་ལྟུང་བཟེད་ཚོལ་བ་གཉིས་ཀྱི་རྫས་རྩ་བ་ནས

སྤྱང་དགོས་ཤིང་། གཞན་རྣམས་ཞག་གཅིག་གི་རིང་སྤྱང་བ་སྔོན་དུ་བཏང་བས་ཆོག་གོ། །

བཞི་པ་ལྟུང་བྱེད་འབའ་ཞིག་པའི་སྡེ་ལ་བསྟན་བཤད་གཉིས་ལས། དང་པོ་ནི། **ལྟུང་བྱེད་འབའ་ཞིག་དགུ་བཅུ་ཐམ་པ་ནི།** །ཞེས་པ་སྟེ། སྤྱད་ན་ངན་སོང་དུ་ལྟུང་བར་བྱེད་ཅིང་། དེ་དག་བཤགས་པ་ལ་སྤང་བྲལ་སྔོན་དུ་གཏོང་མི་དགོས་པས་ན་འབའ་ཞིག་པ་ཞེས་བྱ་སྟེ། དེའི་མཚན་ཉིད་ནི༑ བསྙེན་པར་རྫོགས་པའི་རྒྱུད་ཀྱི་བཅས་འགལ་གྱི་ལྟུང་བ་གང་ཞིག ལྟུང་བྱེད་འབའ་ཞིག་པའི་མིང་གིས་ཁྱེར་བཅོས་ན་དག་ཏུ་རུང་བའོ། །དཔེར་ན། རྩ་བའི་མདོར། ཤེས་བཞིན་དང་ནི་ས་བོན་དང་། །མ་བསྒོས་པ་དང་ཡང་དང་ཡང་། །ཆུ་དང་ཁྲིམ་དང་བསམ་བཞིན་དང་། །མགྲོན་མང་ཀུན་མ་ཆོས་སྟོན་ནོ། །ཞེས་སྡོམ་བསྡོམས་ཀྱིས་མགོ་དྲངས་པའི་སྡེ་ཚན་དགུ་པོ་རེ་རེ་ལའང་བཅུ་བཅུ་སྟེ་དགུ་བཅུ་ཐམ་པའོ། །

གཉིས་པ་རྒྱས་བཤད་ལ། བཅུ་ཚན་དགུ་ལས། དང་པོ་ཤེས་བཞིན་གྱི་སྡེ་ཚན་ནི། **ཤེས་བཞིན་རྫུན་སྨྲ་དགེ་སློང་སྨྱོན་བརྗོད་པ། །ཕྲ་མས་འབྱེད་དང་སྐྱོ་སྟོགས་བརླམས་ཀྱང་དབྱེ། །ཁྱིད་མེད་ཆོས་སྟོན་བསྙེན་པར་མ་རྫོགས་དང་། །ལྷན་ཅིག་ཆོས་འདོན་གནས་ངན་ལེན་ལྟུང་བརྗོད། །མི་ཆོས་བླ་མ་བདེན་སྨྲ་བཤེས་ངོར་འཕྲོ། །བསླབ་གཞི་ཁྱད་གསོད།** ཅེས་པ་ལྟར་བཅུ་ལས། དང་པོ་རྫུན་སྨྲའི་ལྟུང་བྱེད་ནི། གཉན་ཡོད་དུ་ཤཱཀྱ་ལག་རྒྱུད་ལ་བཅས་ཏེ། དངོས་པོ་ཐམ་ལྷག་སྦོམ་པོ་ཉེས་བྱས་སུ་གྱུར་པའི་རྫུན་བཞི་དང་། ལྟུང་བྱེད་རང་གི་ནང་ཚན་གྱི་རྫུན་དྲུག་བཤད་པ། དེ་རྣམས་ལས་གཞན་པའི་དགེ་སློང་གིས་ཤེས་བཞིན་དུ་རྫུན་སྨྲས་པ་ཉན་པ་པོས་བརྡའ་འཕྲོད་ཅིང་དོན་གོ་བའོ། །དེ་ལ་རྫུན་བཞི་ནི། རྫུན་སྨྲའི་ཕམ་པ། གཞི་མེད་དང་བག་ཙམ་གྱི་ལྷག་མ། ཤེས་བཞིན་དུ་ཆོས་མ་ཡིན་པ་ལ་ཆོས་སུ་དང་། ཆོས་ཡིན་པ་ལ་མ་ཡིན་པར་སྨྲ་བ་སྦོམ་པོར་གྱུར་པའི་རྫུན་དང་། གསོ་སྦྱོང་གི་དུས་སུ་ཅི་འདི་ལ་ཁྱེད་ཡོངས་སུ་དག་གམ་ཞེས་དྲིས་པ་ལ་ཅང་མི་སྨྲ་བས་འདའ་བར་བྱེད་པའི་ཉེས་བྱས་རྣམས་སོ། །ལྟུང་བྱེད་ཀྱི་ནང་ཚན་གཞན་པ་དྲུག་ནི། བཤེས་ངོར། འཕྲོ་བ། ཟས་ཅུང་། སྐུར་འདེབས། ཉེར་འཛོག །ཁྱད་གསོད་རྣམས་སོ། །གཉིས་པ་སྨྱོན་བརྗོད་ཀྱི་ལྟུང་བྱེད་ནི། འདི་ནས་ལྔ་བརྒྱད་དགུ་གསུམ་པོ་མ་གཏོགས་དྲུག་སྡེ་ལ་བཅས་ཏེ། དགེ་སློང་གིས་ཡུལ་དགེ་སློང་

གཞན་ལ་ཡུལ་དུས་དེར་སྐྱོན་དུ་གྲགས་པའི་ཚིག་ཕན་སེམས་མ་ཡིན་པར་བརྗོད་པ་ཕ་རོལ་པོས་གོ་བའོ། །གསུམ་པ་ཕྲ་མ་བྱེད་པའི་ལྟུང་བྱེད་ནི། དགེ་སློང་གིས་ཡུལ་དགེ་སློང་མཐུན་པ་དག་ཕྲ་མའི་ཚིག་གིས་འབྱེད་པར་བྱེད་པའོ། །བཞི་པ་སྐྱོ་སྐོགས་བྱེད་པའི་ལྟུང་བྱེད་ནི། དགེ་སློང་གཉིས་རྩོད་པ་དགེ་འདུན་གྱིས་ཆོས་ཕྱོགས་སུ་ཞི་བར་བྱས་ཟིན་ཅིང་། རང་དང་གོ་བྱ་ཞི་བྱེད་ཀྱི་ལས་དེ་བྱེད་པ་ལ་གཏོགས་པས་བརླམས་པ་སླར་དབྱེ་འདོད་ཀྱིས་རྩོད་པ་དེ་ལེགས་པར་མ་ཞི་བས་ཡང་ཞི་བར་བྱེད་དགོས་སོ་ཞེས་སྨྲར་བྱས་ཀྱི་ལས་སྐྱོ་སྐོགས་ཀྱིས་བཤིག་པར་རྩོམ་པའི་ཚིག་སྨྲས་ཤིང་དོན་གོ་བའོ། །ལྔ་པ་བུད་མེད་ལ་ཆོས་སྟོན་པའི་ལྟུང་བྱེད་ནི། འཆར་ཀ་ལ་བཅས་ཏེ། ཁྲིམས་གྲོགས་མེད་པར་ཡུལ་ཉན་འདོད་ཀྱི་བུད་མེད་ལ་དེས་མི་ཤེས་པའི་ཆོས་འདུས་བྱས་མི་རྟག་ཅེས་པ་ལྟ་བུའི་ཚིག་ལྔའམ་དྲུག་ལས་ལྷག་པར་བསྟན་པའོ། །དྲུག་པ་འདོན་པའི་ལྟུང་བྱེད་ནི། དགེ་སློང་གིས་རྐོད་བཀག་གི་བསམ་པས་བསྙེན་པར་མ་རྫོགས་པ་དང་ལྷན་ཅིག་ཏུ་ཆོས་ཀྱི་ཚིག་གདངས་སྡུ་ཚོགས་ཀྱིས་འདོན་པར་བྱས་ནའོ། །བདུན་པ་གནས་ངན་ལེན་བརྗོད་པའི་ལྟུང་བྱེད་ནི། ཕམ་ལྷག་གང་རུང་བྱུང་བའི་དགེ་སློང་ལ་གནས་ངན་ལེན་གླེང་བར་མ་བསྐོས་བཞིན་དུ་བརྗོད་ཡུལ་དགེ་སློང་མིན་པའི་གང་ཟག་བསླབ་བྱ་ལ་མི་མཁས་པའི་དྲུང་དུ་ཕམ་ལྷག་གི་ལྟུང་བ་བརྗོད་ཅིང་གོ་བའོ། །བརྒྱད་པ་མི་ཆོས་བླ་མ་བདེན་པར་སྨྲ་བའི་ལྟུང་བྱེད་ནི། ཉ་པའི་རིགས་ཀྱི་དགེ་སློང་ལྔ་བརྒྱ་ལ་བཅས་ཏེ། མི་ཆོས་བླ་མའི་ཡོན་ཏན་ཐོབ་པའི་དགེ་སློང་གིས་ཡུལ་བསྙེན་པར་མ་རྫོགས་པ་ལ་དགོས་པ་ཁྱད་པར་ཅན་མེད་བཞིན་དུ་དེ་ཐོབ་བོ་ཞེས་སྨྲས་པ་ཡུལ་གྱིས་གོ་བའོ། །དགུ་པ་བཤེས་ངོར་བྱེད་ཅེས་སྐུར་པ་འདེབས་པའི་ལྟུང་བྱེད་ནི། མཛའ་བོ་དང་ས་ལས་སྐྱེས་ལ་བཅས་ཏེ། དགེ་འདུན་གྱི་བྱ་བ་བྱེད་པའི་དགེ་སློང་ལ་ཟས་ལས་གཞན་པའི་རུང་བ་ཚད་ལྡན་གྱི་ཡོ་བྱད་ཅུང་ཟད་བྱིན་པ་ལ་མི་བཟོད་པས། དགེ་འདུན་གྱི་རྫས་གང་ཟག་ལ་བཤེས་ངོར་བྱས་ནས་སྦྱིན་ནོ་ཞེས་འཕྱས་པ་ཕ་རོལ་པོས་གོ་བའོ། །བཅུ་པ་ཁྱད་དུ་གསོད་པའི་ལྟུང་བྱེད་ནི། གསོ་སྦྱོང་གི་དུས་ལྟ་བུ་སོ་ཐར་གྱི་མདོ་འདོན་པའི་ཚེ་བསླབ་པའི་གཞི་ཕྲ་ཞིང་ཕྲ་བ་འདི་དག་འདོན་པས་ཅི་བྱ་ཞེས་ཁྱད་དུ་གསོད་པའི་ཚིག་སྨྲས་པ་གཞན་གྱིས་གོ་བའོ། །

བཅུ་ཚན་གཉིས་པ་ས་བོན་གྱི་སྡེ་ཚན་ནི། **ས་བོན་སྐྱེ་བ་གཅོད། །བདག་གི་ངོར་འཕྱུ་བསྙོ་བ་རྣར་གཞོན་ནི། །ལྟུང་བྱུང་གླེང་ལ་མ་ཐོས་ལན་གཞན་འདེབས། །ཁྲི་དང་གདིང་བ་མ་བསྡུས་བཏིང་སོང་དང་། །དགེ་སློང་སྐྲོད་དང་ཐོ་འཚམས་ཕྱིས་གནོན་བྱས། །མལ་ཁྲིས་ཞུག་དབྱུང་སྲོག་ཆགས་ལྡན་པའི་ཆུ། །རྩྭར་འདེབས་གཙུག་ལག་ཕ་གུ་རིམ་གཉིས་བརྩེག །ཤེས་བཞིན་བགྱིས་སོ།** ཞེས་པ་ལྟར་བཅུ་ལས། དང་པོ་ས་བོན་དང་སྐྱེ་བ་འཇིག་པའི་ལྟུང་བྱེད་ནི། འདི་དང་བཅུ་པ་དག་དྲུག་སྡེ་ལ་བཅས་ཏེ། དགེ་སློང་གིས་ནས་སོགས་ས་བོན་དང་། སྨྱུ་གུ་སོགས་སྐྱེ་བ་གང་རུང་། རང་གི་ཆོས་སུ་གྲུབ་པ། མ་ཉམས་པ། རུང་བ་མ་བྱས་པ། རང་རྒྱུས་བཅིངས་པ་སོགས་ཀྱི་རྐྱེན་དང་ལྡན་པ་མ་ཡིན་པར། རང་གིས་ཉམས་པར་བྱེད་དམ་གཞན་བྱེད་དུ་འཇུག་ཀྱང་རུང་སྟེ། ཉམས་པའི་ཚེ་ཤིང་རེ་རེ་དང་། རྩྭ་ཉག་མ་རེ་རེ་དང་། ས་བོན་རེ་རེ་ལ་དེ་དང་དེ་འཇོམས་པའི་ལྟུང་བྱེད་རེ་རེར་འགྱུར་ཞིང་། སྣར་ཀ་ལ་སོགས་པའི་འབྲས་བུ་སྨིན་པ་སྡོང་བུ་ལས་བྲལ་བར་བྱས་པ་སོགས་ལ་ཉེས་བྱས་སོ༔ ༔འདིར་རུང་བར་བྱས་པ་ནི། ཤིང་ཐོག་སོགས་ལ་མེས་རེག་པ་དང་། མཚོན་དང་སེན་མོ་དང་ནེ་ཙོ་སོགས་ཀྱིས་རྨ་གཏོད་པ་སོགས་ཀྱིས་རུང་བ་དང་། དུས་རུང་མ་གཏོགས་པའི་སྨན་གཞན་གསུམ་ཕྱི་དྲོ་ལོངས་སྤྱོད་པའི་ཚེ་ཆུ་གྲང་མོ་གཏོར་བས་རུང་བར་བྱས་པའོ། །གཉིས་པ་འཕྱུ་བའི་ལྟུང་བྱེད་ནི༔ མཛའ་བོ་དང་ས་ལས་སྐྱེས་དག་ལ་བཅས་ཏེ། དགེ་འདུན་གྱི་ཞལ་ཏ་ཆོས་དང་མཐུན་པར་བྱས་སམ་བྱེད་བཞིན་པའི་དགེ་སློང་རང་ལ་གནས་མལ་སོགས་ངན་པ་སྟོབ་པ་པོ་མ་ཡིན་ཡང་བདག་གི་ངོར་འདིས་ངན་པ་སྟོབ་བོ་ཞེས་སོགས་དངོས་སུའམ་ཁ་ཅིག་འདི་ལྟར་བྱེད་དོ་ཞེས་ཟུར་གྱིས་འཕྱུ་ནའང་རུང་སྟེ་འཕྱུས་པ་གོ་བའོ། །བགྲངས་པ་ལས་དངོས་གཞིའོ། །ཞེས་པས་འཕྱུ་བ་པོ་དེ་ཉིད་དགེ་འདུན་གྱིས་གསོལ་བའི་ལས་ཀྱིས་ངན་པའི་གྲངས་སུ་བཙུག་པ་དེའི་ཚེ་དངོས་གཞིར་འགྱུར་བའོ། །གསུམ་པ་བསྙོ་བ་རྣར་གཞོན་པའི་ལྟུང་བྱེད་ནི། འདི་དང་དགུ་པ་ཀཽ་ཤམྦིར་འདུན་པ་ལ་བཅས་ཏེ། དགེ་སློང་ལྟུང་བ་བྱུང་བ་ཕྱིར་བཅོས་ལ་འགོད་པའི་ཕྱིར་ལྟུང་བ་གླེང་བ་ལྟ་བུ་ཆོས་མཐུན་གྱི་བསྙོ་བ་དང་དྲི་བ་དྲིས་པ་ན། དེ་མ་ཐོས་པ་ལྟར་རམ་ཁྱད་གསོད་ལྟ་བུས། དེའི་ལན་མི་སྨྲ་བར་ལན་གཞན་ལོག་པར་འདེབས་པའི་ཚིག་སྨྲས་པ་ཡུལ་གྱིས་གོ་བའོ། །བཞི་པ་ཁྲི་དང་ཞེས་པ་གནས

མལ་གྱི་ལྟུང་བྱེད་ནི། མཉན་ཡོད་དུ་དགེ་སློང་རབ་ཏུ་མང་པོ་ལ་བཅས་ཏེ། ཁྲི་དང་ཁྲི་འུ་སོགས་དགེ་འདུན་གྱི་གནས་མལ་ལ་སྤྱད་ནས་རང་གིས་མ་བསྡུས་ཤིང་གཞན་ལའང་མ་བཅོལ་བར་བླ་གབ་མེད་སར་བོར་བས་ཆུད་ཟོས་པའམ། མ་ཟོས་ཀྱང་གནས་མལ་གྱི་ཉེ་འཁོར་ནས་འདོམ་ཞེ་དགུ་འདས་ཏེ་ཕྱིན་པའོ། །ལྔ་པ་གདིང་བའི་ལྟུང་བྱེད་ནི། ལྷོ་ལམ་ནས་འོངས་པའི་དགེ་སློང་གཉིས་ལ་བཅས་ཏེ༑ དགེ་འདུན་གྱི་གཙུག་ལག་ཁང་སྲོག་ཆགས་སྐྱེ་བའི་ཉེས་དམིགས་ཡོད་སར་རྩྭ་ལ་སོགས་པའི་གདིང་བ་བཏིང་བ་རང་ངམ་གཞན་བསྐོས་པས་མ་བསྡུས་པར་བོར་བས་སྲོག་ཆགས་སྐྱེས་པ་སོགས་ཆུད་ཟོས་སམ། མ་ཟོས་ཀྱང་ཉེ་འཁོར་ལས་འདས་ཏེ་སོང་བའོ། །དྲུག་པ་སྒྲོད་པའི་ལྟུང་བྱེད་ནི། འདི་དང་ཕྱི་མ་གཉིས་ཀ་འཆར་ཀ་ལ་བཅས་ཏེ། དགེ་འདུན་གྱི་གཙུག་ལག་ཁང་ནས་དགེ་སློང་གཞན་ཞེ་སྡང་གིས་སྒྲོད་དམ་སྒྲོད་དུ་བཅུག་པས་ཕྱི་རོལ་དུ་འཐོན་པའོ། །བདུན་པ་ཕྱིས་གནོན་བྱེད་པའི་ལྟུང་བྱེད་ནི། དགེ་འདུན་གྱི་གཙུག་ལག་ཁང་དུ་སྔར་ཞུགས་པའི་དགེ་སློང་གཞན་ལ་ཐོ་འཚམས་པའི་བསམ་པས་ལུས་ངག་གང་རུང་གིས་གནོད་པ་བརྩམས་ཏེ་ཟིལ་གྱིས་མནན་པའོ། །བརྒྱད་པ་རྩ་བ་འབྲུང་བའི་ལྟུང་བྱེད་ནི། མཉན་ཡོད་དུ་ཉེར་དགའ་ལ་བཅས་ཏེ། དགེ་འདུན་གྱི་གཙུག་ལག་ཁང་གི་སྟེང་ཐོག་སྐྱི་བ་ལ་གནས་མལ་གྱི་ཁྲི་རྐང་རྣོན་པོ་བཙུགས་ཏེ་འདུག་པས་བྲུག་པ་ཐལ་བྱུང་དུ་བརྡོལ་བའོ། །དགུ་པ་འདེབས་པའི་ལྟུང་བྱེད་ནི། སྲོག་ཆགས་དང་བཅས་པའི་ཆུ་དང་རྩྭ་ཤིང་སོགས་ལ་དེར་ཤེས་བཞིན་དུ་འདེབས་པ་དང་སྤྱོད་པ་གང་རུང་བྱེད་དམ་བྱེད་དུ་བཅུག་པས་སྲོག་ཆགས་ཇི་སྙེད་ཤི་བ་དེ་སྙེད་ཀྱི་ལྟུང་བའོ། །བཅུ་པ་རིམ་པ་ལྷག་པར་རྩིག་པའི་ལྟུང་བྱེད་ནི། གཞི་མི་བརྟན་པ་དང་ཆུ་ཁུང་མ་གཏོད་པ་སོགས་འཇིག་རྐྱེན་ཡོད་སར་ཤེས་བཞིན་ཏུ་སྤྱོད་ལམ་བཞི་ཤོང་ཡན་ཆད་ཀྱི་གཙུག་ལག་ཁང་རང་ངམ་བསྐོས་པས་ཉིན་གཅིག་ལ་ཕ་གུའི་རིམ་པ་འཇིམ་པ་དང་བཅས་པ་གཉིས་སམ་གསུམ་ལས་ལྷག་པ་བརྩིགས་པའོ། །

བཅུ་ཚན་གསུམ་པ་མ་བསྐོས་པའི་སྡེ་ཚན་ནི། **འདི་མན་དགེ་སློང་མར། །མ་བསྐོས་ཆོས་སྟོན་བསྐོས་ཀྱང་ཉི་ནུབ་དང་། །ཁ་ཟས་ཕྱིར་སྟོན་གོས་བཅེམས་ཆོས་གོས་སྦྱིན། །དོན་མཐུན་ལམ་འགྲོགས་གྲུ་དེ་གྱེན་ཐུར་འགྲོ། །དབེན་པར་གཅིག་འདུག་པ་དང་འགྲེང་བ་དང་། །སྦྱོར་བཅུག་ཟས**

ཟ་རྣམས་ནི་སྤང་བར་བྱ། །འདི་མན་ཞེས་པ་བཅུ་ཚན་གཅིག་པུ་འདི་དགེ་སློང་མ་ཉིད་ལ་བརྟེན་པར་ཤེས་པའི་ཆེད་དུའོ། །དེ་ལ་བཅུ་ལས། དང་པོ་མ་བསྐོས་པར་སྟོན་པའི་ལྟུང་བྱེད་ནི། འདི་དང་དྲུག་པ་བདུན་པ་བཅུ་པ་རྣམས་དྲུག་སྡེ་ལ་བཅས་ཏེ། དགེ་སློང་མའི་སྟོན་པར་མ་བསྐོས་སམ། བསྐོས་ཀྱང་མཚན་ཉིད་དང་མི་ལྡན་པའི་དགེ་སློང་གིས་དགེ་སློང་མ་ལ་ཆོས་བསྟན་ཅིང་དེས་གོ་བའོ། །གཉིས་པ་ཉི་མ་ནུབ་ཀྱི་བར་དུ་སྟོན་པའི་ལྟུང་བྱེད་ནི། འདི་དང་གསུམ་པ་དགའ་བྱེད་ལ་བཅས་ཏེ། དགེ་སློང་མའི་སྟོན་པར་བསྐོས་ཀྱང་འཇིགས་པ་དང་བཅས་པའི་གནས་སུ་དགེ་སློང་མ་ལ་ཉི་མ་ནུབ་ནས་ཀྱང་ཆོས་བསྟན་ཅིང་དེས་གོ་བའོ། །གསུམ་པ་ཟས་ངོར་སྟོན་པའི་ལྟུང་བྱེད་ནི། དགེ་སློང་མའི་སྟོན་པར་འོས་ཤིང་བསྐོས་པས་རྙེད་པའི་ཕྱིར་ཆོས་མི་སྟོན་ཀྱང་། ཕྲག་དོག་གིས་ཟས་ཅུང་ཟད་ཙམ་གྱི་ཕྱིར་ཆོས་སྟོན་པར་བྱེད་དོ་ཞེས་སྐུར་པ་བཏབ་པ་ཡུལ་གྱིས་གོ་བའོ། །བཞི་པ་གོས་བྱེད་པའི་ལྟུང་བྱེད་ནི། འདི་དང་བརྒྱད་པ་དང་དགུ་པ་རྣམས་འཆར་ཀ་ལ་བཅས་ཏེ། ཉེ་དུ་མ་ཡིན་པའི་དགེ་སློང་མའི་གོས་བཙེམས་ཏེ་བཟོ་གྲུབ་པའོ། །ལྔ་པ་གོས་སྦྱིན་པའི་ལྟུང་བྱེད་ནི། དེད་དཔོན་ལས་རབ་ཏུ་བྱུང་བའི་དགེ་སློང་ལ་བཅས་ཏེ། ཉེ་དུ་མ་ཡིན་པའི་དགེ་སློང་མ་ལ་བཤེས་ངོ་ཙམ་གྱི་ཕྱིར་རང་གི་ཆོས་གོས་རུང་བ་ཚད་ལྡན་བྱིན་པ་དེས་ལག་ཏུ་ཐོབ་པའོ། །དྲུག་པ་ལྷན་ཅིག་ལམ་དུ་འགྲོ་བའི་ལྟུང་བྱེད་ནི། དགེ་སློང་གང་འཇིགས་པ་མེད་པའི་ལམ་དུ་ཉེ་དུ་མ་ཡིན་པའི་དགེ་སློང་མ་དང་ལྷན་ཅིག་དོན་མཐུན་པས་མགྲོན་ཐབས་སུ་འགྲོགས་ཏེ་འགྲོ་ན་རྒྱང་གྲགས་རེ་རེ་འདས་པ་ལ་ལྟུང་བ་རེ་རེ་དང་། རྒྱང་གྲགས་ཕྱེད་རེ་ལ་ཉེས་བྱས་སོ། །བདུན་པ་ལྷན་ཅིག་གྲུར་འཇུག་པའི་ལྟུང་བྱེད་ནི༑ སྔར་བཞིན་དགེ་སློང་མ་དང་ལྷན་ཅིག་གྲུར་ཞུགས་ནས་ཐད་ཀ་མིན་པར་རྒྱུན་ལས་བཟློག་སྟེ་གྱེན་དང་རྒྱུན་ཕྱོགས་སུ་ཐུར་དུ་ཕྱིན་ནས་རྒྱང་གྲགས་ལས་འདས་པའོ། །བརྒྱད་པ་ལྷན་ཅིག་འདུག་པའི་ལྟུང་བྱེད་ནི། ཡུལ་ཉེ་དུ་མ་ཡིན་པའི་བུད་མེད་དང་དབེན་པ་སྐབས་ཡོད་དུ་ཁྲིམས་གྲོགས་མེད་པར་འདོམ་གང་ཙམ་གྱིས་བར་ཆོད་ཀྱང་གཉིས་ཀ་ས་ལ་འདུག་ནའོ། །དགུ་པ་ལྷན་ཅིག་འགྲེང་བའི་ལྟུང་བྱེད་ནི། དབེན་པར་བུད་མེད་དམ་ཁྱད་པར་དགེ་སློང་མ་དང་བར་འདོམ་གང་ཙམ་དུ་གཉིས་ཀ་འགྲེངས་ཏེ་གནས་ནའང་ལྟུང་བའོ། །བཅུ་པ་ཟས་སྦྱོར་དུ་འཇུག་པའི་ལྟུང་བྱེད་ནི། དགེ་སློང་

གིས་དགེ་སློང་མ་ཉེ་དུ་མ་ཡིན་པ་སྦྱིན་བདག་ཁྱིམ་པ་ལ་དགེ་སློང་རང་ཡོན་ཏན་དང་མི་ལྡན་ཡང་ལྡན་ནོ་ཞེས་རྫུན་གྱི་སྒོ་ནས་དུས་རུང་གི་ཟས་སྦྱོར་དུ་བཅུག་སྟེ་ཟོས་པའོ། །

བཅུ་ཚན་བཞི་པ་ཡང་དང་ཡང་གི་སྡེ་ཚན་ནི། **ཡང་ཡང་ཟས་ཟ་མུ་སྟེགས་འདུག་པའི་སར། །ཞག་གཅིག་ལྷག་བསྟད་ཟ་དང་ལྟུང་བཟེད་དོ། །ཟ་དང་ཟོས་རྗེས་བཟའ་བཅའ་ཟ་བ་དང་། །སྤྱངས་ཟས་ལྟུང་འགྱུར་ཆེད་དུ་རྫུན་གྱིས་སྟོབ། །གཞང་མིན་མཚམས་ནང་ལོགས་སུ་འདུས་ནས་ཟ། །དུས་མིན་ཕྱེད་ཡོལ་ཟ་དང་གསོག་འཇོག་ཟ། །བྱིན་ལེན་མ་བྱས་སྨན་བཞི་ཁར་མིད་པ། །བསོད་པ་ཞིམ་པའི་ཟས་སློང་།** ཞེས་པ་ལྟར་བཅུ་ལས། དང་པོ་ཡང་ཡང་ཟ་བའི་ལྟུང་བྱེད་ནི། འདི་ནས་བཞི་པའི་བར་དང་དགུ་པ་དང་བཅུ་པ་རྣམས་དྲུག་སྡེ་ལ་བཅས་ཏེ། བསོད་སྙོམས་ལན་གཅིག་གིས་གསོ་མི་ནུས་པའི་ནད་ཀྱིས་བཏབ་པ་དང་། དགེ་འདུན་དང་མཆོད་རྟེན་གྱི་ལས་དང་། མུ་གེའི་དུས་དང་། དཔག་ཚད་ཕྱེད་དུ་ཕྱིན་པ་མ་ཡིན་ཞིང་། སྔ་བཀྲུང་མ་བཏིང་པའི་དགེ་སློང་གིས། ཁྱིམ་པ་ཉེ་དུ་མ་ཡིན་པ་ལ་ཁྲུ་གང་ཡན་ཆད་ཀྱི་གོས་ཀྱི་རྙེད་པ་མེད་པའི་དུས་རུང་གི་ཁ་ཟས་དུས་ཉི་མ་གཅིག་ལ་ཁྱིམ་གཞན་དུ་ཟོས་ཟིན་ནས་ཡང་ཟས་ཀྱི་བསོད་སྙོམས་གཉིས་དང་གསུམ་སོགས་བསླངས་ཏེ་ཡང་ཡང་ཟོས་པའོ། །གཉིས་པ་འདུག་གནས་སུ་ཟ་བའི་ལྟུང་བྱེད་ནི། ཉེ་དུ་མ་ཡིན་པའི་ཁྱིམ་པའི་གནས་མུ་སྟེགས་པའི་འདུག་གནས་སུ་ཞག་གཅིག་ལས་ལྷག་པར་བསྡད་ནས་སྦྱིན་བདག་གིས་མ་སྟབས་པར་ཉི་མ་གཉིས་པའི་ཟན་ཟོས་པའོ། །གསུམ་པ་ལྟུང་བཟེད་དོ་གསུམ་ལས་ལྷག་པ་ལེན་པའི་ལྟུང་བྱེད་ནི། ཉེ་དུ་མ་ཡིན་པའི་ཁྱིམ་ནས་ཅི་བདེར་སྟོབ་པ་མ་ཡིན་པར་དུས་རུང་གི་ཟས་ལྟུང་བཟེད་ཆེ་ཚད་གང་ངམ། འབྲིང་ཚད་དོ། ཆུང་ཚད་གསུམ་སྟེ་བྲེ་ཕྱེད་དང་ལྔ་བསླང་དུ་རུང་ལ། དེ་ལས་ལྷག་པ་བསླངས་ཏེ་གནས་གཞན་དུ་ཁྱེར་ནས་ཟོས་པའོ། །བཞི་པ་སྤྱངས་པ་ཟ་བའི་ལྟུང་བྱེད་ནི། མུ་གེའི་དུས་དང་ནད་པ་མ་ཡིན་པའི་དགེ་སློང་གིས་དུས་རུང་གི་ཟས་བཟའ་བཅའ་གང་རུང་ཟོས་རྗེས། ད་དེ་རིང་མི་ཟའོ་སྙམ་དུ་བློས་བཅད་ཅིང་ངག་ཏུ་བརྗོད་ནས། སླར་ཡང་ལྷག་པོར་མ་བྱས་པར་དེ་ཉིད་ཟོས་པའོ། །གལ་ཏེ་སྤྱངས་པ་ཟ་ན། ཡུལ་དགེ་སློང་གནས་མ་བཏང་བའི་མདུན་དུ་ཅོག་པུས་བཙུགས་ནས་གསོལ་བ་བཏབ་པས། ཡུལ་དེས་བླངས་ནས་ཁམ་གཉིས་སམ་གསུམ་གྱིས

ཕྱུད་ཟ་ཞིང་། ཟས་སྤྱངས་པ་ཡིན་ན་ཟ་མི་དགོས། གང་ལྟར་ཡང་དེས་ཟ་བ་པོ་ལ་གཏད་ནས་ཟར་རུང་ངོ་། །ཟས་བརྩམས་པས་ལྟུང་བར་མི་བྱའོ། །ཞེས་པའི་དོན་ཟས་ཟ་བའི་འཕྲོ་མ་རྫོགས་པ་ལ་ལངས་ནས་ལྷག་མ་ཕྱིས་ཟ་ན་བརྩམས་ལྟུང་ངོ་། །ལྔ་པ་སྤྱངས་བ་སྟོབ་པའི་ལྟུང་བྱེད་ནི། མཉན་ཡོད་དུ་དགེ་སློང་ཀན་ཞུགས་ཤིག་ལ་བཅས་ཏེ་ཡུལ་དགེ་སློང་གཞན་གྱིས་སྤྱངས་པའི་ཟས་ལྷག་པོར་མ་བྱས་བཞིན་དུ་དེ་ལ་ངན་སེམས་ཀྱིས་ལྟུང་བ་འབྱུང་བའི་ཆེད་དུ་ལྷག་པོར་བྱས་སོ་ཞེས་རྫུན་གྱིས་སྟོབ་པའི་ཚིག་སྨྲས་པ་དེས་གོ་ནས་ཟོས་ན་སྟོབ་པ་པོ་ལ་ལྟུང་བའོ། །དྲུག་པ་འདུས་ཤིང་ཟ་བའི་ལྟུང་བྱེད་ནི། རྒྱལ་པོའི་ཁབ་ཏུ་ལྷས་སྦྱིན་འཁོར་བཅས་ལ་བཅས་ཏེ། ཡང་ཡང་ཟ་བའི་སྐབས་ལྟར་ན་བ་སོགས་གནང་བའི་དུས་མ་ཡིན་པར་མཚམས་ནང་དུ་བསམ་པ་མི་མཐུན་པས་ཀུན་ནས་བསླངས་ཏེ་དགེ་འདུན་སྤྱི་ལས་ལོགས་སུ་དགེ་སློང་གསུམ་ཡན་ཆད་དང་ལྷན་ཅིག་འདུས་ནས་དུས་རུང་གི་ཟས་ཟོས་པའོ། །བདུན་པ་དུས་མ་ཡིན་པར་ཟ་བའི་ལྟུང་བྱེད་ནི། མཉན་ཡོད་དུ་གཞོན་ནུ་བཅུ་བདུན་སྡེ་ལ་བཅས་ཏེ། དུས་རུང་གི་ཟས་ཟ་བའི་དུས་མ་ཡིན་པ་གང་ཞེ་ན། དགེ་སློང་རང་གང་དུ་གནས་པའི་གླིང་གི་ཉི་མ་ཕྱེད་ཡོལ་ནས་སྐྱ་རེངས་དང་པོ་མ་ཤར་གྱི་བར་ཏེ། དུས་དེར་ན་བ་སོགས་ཀྱི་རྐྱེན་མེད་པར་ཟོས་ན་མགུལ་དུ་ཇི་ཙམ་མིད་པ་དེ་སྙེད་ཀྱི་ལྟུང་བར་འགྱུར་ཞིང་། ནད་པས་ཀྱང་ཟ་བའི་ཚེ་ནད་པ་ལ་འདི་ལྟར་གནང་བ་ཡིན་སྙམ་དུ་དྲན་བྱ་དགོས་སོ། །བརྒྱད་པ་གསོག་འཇོག་བྱས་པ་ཟ་བའི་ལྟུང་བྱེད་ནི། དགེ་སློང་ནག་པོ་པ་ལ་བཅས་ཏེ། ན་བ་སོགས་ཀྱི་རྐྱེན་མེད་པར་སྨན་བཞི་པོ་གང་རུང་བྱིན་ལེན་བྱས་པ་རང་དུས་ལས་འདས་པས་གསོག་འཇོག་ཏུ་སོང་ཞིང་མ་ཞིག་པ་མུ་གེའི་དུས་མིན་པར་ཟོས་པའོ། །འདིར་གསོག་འཇོག་ལས་འཕྲོས་པ་བཞི་སྟེ། ལག་ཉ། མཚམས་བཅོས། ཞག་ལོན། དགེ་སློང་གིས་བཅོས་པའོ། །དང་པོ་ནི། ཆུད་ཟ་བ་སོགས་ཀྱི་རྐྱེན་མེད་པར་ཟས་གང་ལ་བྱིན་ལེན་མ་བྱས་པའི་གོང་དུ་དགེ་སློང་རང་གིས་རེག་པའོ། །གཉིས་པ་ནི། དགེ་སློང་རང་དབང་བའི་མཚམས་དངོས་སམ་དེའི་ཉེ་འཁོར་གྱི་ནང་དུ་ཟས་རྗེན་པ་ཞིག་བཅོས་པ། གསུམ་པ་ནི། མཚམས་ནང་དེར་དེ་འདྲའི་དངོས་པོས་ཞག་ལོན་པ། བཞི་པ་ནི། དེ་འདྲའི་དངོས་པོ་མཚམས་ཀྱི་ཕྱི་ནང་གང་རུང་དུ་དགེ་སློང་གིས་བཅོས་པའོ། །དེ་བཞི་ནད་ལ་ཕན་པའམ་མུ་གེའི་དུས་མིན་པར་

ཟློས་ན་ཉེས་བྱས་སུ་འགྱུར་རོ། །དགུ་པ་བྱིན་ལེན་མ་བྱས་པར་ཟ་བའི་ལྟུང་བྱེད་ནི། གནས་སྐབ་མི་སྐན་ནམ་དེ་དང་འདྲ་བ་མ་ཡིན་པ། བདག་ཉིད་ཟན་ཆད་པ་དང་ནད་ལ་ཕན་པ་སོགས་ཀྱི་རྐྱེན་མེད་པར་ཆུ་དང་སོ་ཤིང་མ་གཏོགས་སྨན་བཞི་གང་རུང་བྱིན་ལེན་མ་བྱས་པ་ལ་དེར་འདུ་ཤེས་པས་ཁམ་གཅིག་ཡན་ཆད་མིད་པ་ནའོ། །བྱིན་ལེན་ནི། ནོད་པ་པོ་སྟོབ་པ་པོའི་གླུ་དང་རྒྱབ་ན་གནས་པ་མ་ཡིན་པ་ལ་མཚམས་གཞན་གྱིས་བར་མ་ཆོད་པར་སྟོབ་ཅིང་། ནོད་པ་པོས་ཀྱང་ལག་གཉིས་གན་རྐྱལ་དུ་བཀན་པས་བླང་ངོ་། །བྱིན་ལེན་འཇིག་པའི་རྒྱུ་ནི། ལུང་རྣམ་འབྱེད་ལས། ཕྲོགས་དང་འདྲིལ་དང་རེག་པ་དང་། །བསྔོས་དང་དགེ་སློང་མིན་གྱུར་དང་། །ངོ་བོ་འགྱུར་དང་སྐྱེ་བ་འགྱུར། །དོར་བ་ཡིས་ནི་བྱིན་ལེན་འཇིག །ཅེས་སོ། །བཅུ་པ་ཟས་བསོད་པ་སློང་བའི་ལྟུང་བྱེད་ནི། རང་ཉིད་ན་བ་ལ་སོགས་པའི་རྐྱེན་མེད་ཅིང་དངོས་པོ་འོ་མ་སོགས་ཡུལ་དུས་དེར་བསོད་པར་གྲགས་པ་ཞིམ་པའི་ཟས་བཟང་པོ་ཁྱིམ་པ་ཉེ་དུ་མ་ཡིན་པས་ཅི་བདེར་མ་བསྐུབས་ཀྱང་ཆོག་མི་ཤེས་པར་བསླངས་ཏེ་ཟོས་པའོ། །

བཅུ་ཚན་ལྔ་པ་ཆུ་དང་གི་སྡེ་ཚན་ནི། **སྲོག་ཆགས་བཅས། །ཆུར་སྤྱོད་ཉལ་པོ་བྱེད་པའི་ཤུལ་དུ་ཉལ། །དཔེན་པའི་སྐབས་སུ་འགྲེང་དང་གཅེར་བུར་རྒྱུ། །དམག་བལྟ་དམག་སར་ཞག་གཉིས་ལྷག་པར་བསྡད། །དམག་གི་རུ་བཀོད་བྱེད་དང་དགེ་སློང་བརྡེག །བརྡེག་བརྩམས་གནས་ངན་ལེན་གྱི་ལྟུང་བ་འཆབ། །**ཅེས་པ་ལྟར་བཅུ་ལས། དང་པོ་སྲོག་ཆགས་དང་བཅས་པའི་ཆུར་སྤྱོད་པའི་ལྟུང་བྱེད་ནི། ཀོཽ་ཤམྦྷིར་འདུན་པ་ལ་བཅས་ཏེ། རང་དོན་དུ་སྲོག་ཆགས་དང་བཅས་པའི་ཆུ་ལ་ཁྲུས་དང་བཏུང་བ་དང་གོས་འཁྲུད་པ་དང་འགོག་ཅིང་བསྒྱུར་བ་སོགས་དང་། རྩྭ་ཤིང་གཅོད་ཅིང་མེར་འཇུག་པ་སོགས་སེམས་ཅན་འཆི་བར་མཐོང་ཡང་ལྟོས་མེད་དུ་ལོངས་སྤྱོད་ན་ཤི་བ་དེ་སྙེད་ཀྱི་ལྟུང་བའོ། །དེས་ན་མར་མེའི་འོད་ཁང་བྱ་བ་དང་། ཆུ་ཚགས་བཅང་བར་བྱ་ཞིང་། ཆུ་ཚགས་ཀྱི་དབྱེ་བ་ལ། དཔྱངས་ཚགས་དང་། བུམ་ཚགས་ལྷེའུ་ཅན་དང་། ཆུ་ཚགས་གྲུ་གསུམ་དང་། རིལ་བ་ཞབས་ཚགས་ཅན་དང་། གསལ་ཚགས་རྣམས་སོ། །གཉིས་པ་ཉལ་པོ་བྱེད་པའི་ཁྱིམ་དུ་འདུག་པའི་ལྟུང་བྱེད་ནི། འདི་དང་གསུམ་པ་བརྒྱད་པ་དགུ་པ་བཅུ་པ་རྣམས་འཆར་ཀ་ལ་བཅས་ཏེ། ཁྱིམ་པ་ཕོ་མོ་རང་ཁྱིམ་དུ་ཉལ་པོ་

བྱེད་པ་ལ་ཞུགས་པའམ་དེར་ཕྱོགས་པ་ལ། དེ་དང་ཉེ་བའི་སར་ཉལ་ལམ་འདུག་སྟེ། དེ་དག་གིས་དགེ་སློང་དེར་ཡོད་པ་ཚོར་བའོ། །གསུམ་པ་ཉལ་པོ་བྱེད་པའི་ཁྱིམ་དུ་འགྲེང་བའི་ལྟུང་བྱེད་ནི། ཉེ་བའི་སར་ཞེས་པའི་གནས་སུ་དགེ་སློང་གི་བར་ན་སྐབས་ཡོད་པར་ཞེས་དང་། ཉལ་ལམ་འདུག་སྟེ་ཞེས་པའི་གནས་སུ་འགྲེངས་ཏེ་གནས་པ་ཞེས་བརྗེ་བ་མ་གཏོགས་པ་སྔར་ལྟར་རོ། །བཞི་པ་གཅེར་བུ་པ་ལ་ཟས་བྱིན་པའི་ལྟུང་བྱེད་ནི། ཀུན་དགའ་བོ་ལ་བཅས་ཏེ། མུ་སྟེགས་གཅེར་བུ་པ་ཕོ་མོ་གང་རུང་ལ་ནད་པ་དང་ཉེ་དུ་དང་དགེ་བ་ལ་སྦྱོར་བའི་དོན་མ་ཡིན་པར་རང་དང་དེ་གཉིས་ཀས་ཟར་རུང་བའི་དུས་རུང་གི་ཟས་རང་གིས་ལག་གིས་བྱིན་ཞིང་དེས་ཐོབ་པའོ། །ལྔ་པ་དམག་ལ་བལྟ་བའི་ལྟུང་བྱེད་ནི། འདི་དང་དྲུག་པ་དང་བདུན་པ་རྣམས་དྲུག་སྡེ་ལ་བཅས་ཏེ། རྒྱལ་པོས་བོས་པ་སོགས་རྐྱེན་དགོས་དང་མི་ལྡན་པའི་དགེ་སློང་གིས་རང་གི་གནས་ཀྱི་ཉེ་འཁོར་ལས་འདས་ཏེ་དམག་གི་དཔུང་ལ་བལྟས་པས་མཐོང་བ་ན་ལྟུང་བྱེད་དོ། །དྲུག་པ་དམག་གི་ནང་དུ་གནས་པའི་ལྟུང་བྱེད་ནི། སྔར་བཞིན་རྐྱེན་དགོས་མེད་པར་དམག་གི་ནང་དུ་ཞག་གཅིག་གམ་གཉིས་ལས་ལྷག་པར་བསྡད་པའོ། །བདུན་པ་དཔུང་གི་ཡན་ལག་ཉམས་སུ་མྱོང་བའི་ལྟུང་བྱེད་ནི། རྐྱེན་དགོས་ཀྱི་དམག་ནང་དུ་སྡོད་དགོས་པའི་ཚེ་ཡང་རང་དགར་གོ་མཚོན་ལ་རེག་པ་དང་དམག་དཔུང་གི་རུ་བཤམ་དཀོད་སོགས་བྱས་པའོ། །བརྒྱད་པ་བརྡེག་པའི་ལྟུང་བྱེད་ནི། ཁྲོ་བས་དགེ་སློང་གཞན་ལ་བརྡེག་གམ་བརྡེག་ཏུ་བཅུག་པས་ཕོག་པ་ན་བརྡེག་ཐེངས་དེ་སྙེད་ཀྱི་ལྟུང་བ་རེ་རེའོ། །དགུ་པ་བརྡེག་པར་གཟས་པའི་ལྟུང་བྱེད་ནི། ཁྲོ་བས་དགེ་སློང་གཞན་ལ་བརྡེག་པར་བརྩམས་པ་སྟེ་བརྡེག་ཚུལ་བྱེད་པ་དེས་གོ་བའོ། །བཅུ་པ་གནས་ངན་ལེན་འཆབ་པའི་ལྟུང་བྱེད་ནི། མཐོལ་ཡུལ་མཚན་ཉིད་དང་ལྡན་པ་ཡོད་པའི་དབུས་སུ་དགེ་སློང་གཞན་ལ་གནས་ངན་ལེན་གྱི་ལྟུང་བ་ཕམ་ལྷག་གང་རུང་འབྱུང་བ་ངོ་ཤེས་སམ་ཡིད་གཉིས་ཟ་བ་དགོས་པ་ཁྱད་པར་ཅན་མེད་པར་བཅབས་ཏེ་མཚན་མོ་འདས་ན་ལྟུང་བྱེད་དོ། །ཕམ་ལྷག་ལས་གཞན་པའི་ལྟུང་བ་འཆབ་ན་ཉེས་བྱས་སོ། །

བཅུ་ཚན་དྲུག་པ་ཁྱིམ་དང་གི་སྡེ་ཚན་ནི། **དགེ་སློང་ཟས་གཅོད་མེ་ལ་རེག་ཏུ་བཅུག །དགེ་འདུན་ལས་ལ་འདུན་ཕུལ་ཕྱིར་ཕྱོག་སྨྲ། །བསྙེན་མ་རྫོགས་དང་ཟུབ་གཉིས་ལྷག་པར་ཉལ། །སྡིག**

ལྟའི་ཆོས་ལུགས་མི་གཏོང་ཕེབས་པར་སྨྲ། །དགེ་ཚུལ་སྡིག་ལྟ་མི་གཏོང་ལྷན་ཅིག་ཉལ། །སྡུད་པའི་ཚོན་མིན་ཁ་དོག་ཅན་གོས་གྱོན། །རིན་ཆེན་དམག་ཆས་རོལ་མོའི་ཆས་ལ་རེག །ཚ་དུས་རང་དགར་ཁྲུས་བྱེད། ཅེས་པ་ལྟར་བཅུ་ལས། དང་པོ་ཟན་གཅོད་དུ་འཇུག་པའི་ལྟུང་བྱེད་ནི། འདི་དང་བཞི་པ་དྲུག་པ་བདུན་པ་རྣམས་ཉེར་དགའ་ལ་བཅས་ཏེ། ཁྱིམ་པས་དགེ་སློང་གཞན་ལ་དུས་རུང་གི་ཟས་འདྲེན་པ་ན་དགེ་སློང་ལ་ངན་སེམས་ཀྱིས་དེ་འགོག་པའི་ཚིག་སྨྲས་ནས་གཅོད་དུ་བཅུག་སྟེ་ཁྱིམ་པས་དོན་གོ་བའོ། །གཉིས་པ་མེ་ལ་རེག་པའི་ལྟུང་བྱེད་ནི། འདི་དང་བརྒྱད་པ་དགུ་པ་བཅུ་པ་རྣམས་དྲུག་སྡེ་ལ་བཅས་ཏེ། གྲོད་པག་གི་བསམ་པས་མེ་ལ་རེག་གམ་རེག་ཏུ་བཅུག་ནས་རེག་པའི་ཚེ་ནའོ། །དེ་ཡང་ཆོས་ལྡན་གྱི་བྱ་བའི་ཆེད་དུ་མེ་ལ་རེག་དགོས་ན། དུས་འདིའི་ཚེ་སྟོན་པས་གནང་བ་ཡིན་སྙམ་དུ་དུས་དྲན་བྱས་ནས་རེག་ན་ལྟུང་བར་མི་འགྱུར་རོ། །གསུམ་པ་འདུན་པ་ཕྱིར་བསྒྱུར་གྱི་ལྟུང་བྱེད་ནི། དགའ་བོ་ལ་བཅས་ཏེ། དགེ་འདུན་གྱིས་དགེ་སློང་གི་ཆེད་དུ་ལས་བྱས་ཤིང་ཆགས་པ་ལ་དང་པོར་འདུན་པ་ཕུལ་ནས། སླར་བདག་གི་འདུན་པ་ཕྱིར་བྱིན་ཅིག་ཅེས་ལྡོག་པའི་ཚིག་སྨྲས་ཏེ་དོན་གོ་བའོ། །ལས་མ་ཟིན་གོང་དུ་ཕྱིར་སྒྱུར་ན་ནི། ལས་ཏེ་མི་ཆགས་པར་ཟད་ཀྱི། དེ་ལ་ལྟུང་བ་འདི་འབྱུང་བ་མ་ཡིན་ནོ། །བཞི་པ་ནུབ་ལྷག་ཉལ་གྱི་ལྟུང་བྱེད་ནི། དགེ་སློང་གིས་བསྙེན་པར་མ་རྫོགས་པའི་གང་ཟག་དང་ལྷན་ཅིག་གནས་གཅིག་ཏུ་ནུབ་གཉིས་ཉལ་དུ་རུང་ལ། དེ་ལས་ལྷག་པར་ན་བ་སོགས་ཀྱི་རྐྱེན་དགོས་མེད་པར་ནུབ་གསུམ་འདས་ནས་བཞི་པའི་སྐྱ་རེངས་ཤར་བའོ། །གལ་ཏེ་གནས་ཁང་གཅིག་ཏུ་ཉལ་ཡང་བར་དུ་ཁྲུ་ཕྱེད་དང་དགུས་ཆོད་ན་ལྟུང་བ་མེད་དེ། མདོར། འདི་ལ་བྱ་གག་འཕུར་ནས་འབབ་པའི་ལམ་ནི་བར་དུ་ཆོད་པ་ཉིད་ཡིན་ནོ། །ཞེས་པས་གནས་གཅིག་པར་མི་འགྱུར་བའི་ཕྱིར་རོ། །ལྔ་པ་སྡིག་ལྟ་མི་གཏོང་བའི་ལྟུང་བྱེད་ནི། དགེ་སློང་འཆི་ལྟས་ལ་བཅས་ཏེ། ཆང་འཐུང་བ་དང་ཕྱི་དྲོ་ཟ་བ་སོགས་ལ་ཉེས་པ་མི་འབྱུང་ངོ་ཞེས་སྡིག་ལྟའི་ཆོས་ལུགས་སྨྲ་བ་ཉིད་ཟློག་བྱེད་ལྔ་པའི་མཐའ་ལ་མ་བཏང་བའོ། །དྲུག་པ་སྨྲངས་པའི་རྗེས་ཕྱོགས་ཀྱི་ལྟུང་བྱེད་ནི། དགེ་འདུན་གྱིས་གནས་ནས་ཕྱུང་པའི་དགེ་སློང་དང་ལྷན་ཅིག་གཏམ་ཕེབས་པར་སྨྲ་བ་སོགས་སྤྱོད་ལམ་མཐུན་པར་བྱས་ནས་མཚན་དེའི་མཐའི་སྐད་ཅིག་མ་འདས་པའོ། །བདུན་པ་བསྙིལ་བ་སྟུད་པའི་ལྟུང་

བྱེད་ནི། སྡིག་ལྟ་མི་བཏོང་བའི་དགེ་ཚུལ་དགེ་འདུན་གྱིས་བསྐྱིལ་བ་དང་ལྷན་ཅིག་ཉལ་བ་སོགས་སྤྱོད་ལམ་མཐུན་པར་བྱས་ནས་མཚན་མཐའ་འདས་པའོ། །བརྒྱད་པ་ཁ་མ་བསྒྱུར་བའི་གོས་གྱོན་པའི་ལྟུང་བྱེད་ནི། ཆུ་ཚགས་མ་བཏོགས་རུང་བའི་ཚོན་གསུམ་གྱིས་ཁ་མ་བསྒྱུར་བའི་གོས་ཁྲུ་གང་ཡན་ཆད་ཁ་དོག་དཀར་པོ་ཅན་གཞན་གྱིས་གཡོགས་མེད་པར་གྱོན་ན་ལྟུང་བྱེད་དང་། ནག་པོ་དང་ཁྲ་བོ་དང་ཚོན་ཆེན་བརྒྱད་ཀྱིས་ཁ་བསྒྱུར་བ་ལ་ཉེས་བྱས་སོ། །དགུ་པ་རིན་པོ་ཆེ་ལ་རེག་པའི་ལྟུང་བྱེད་ནི། རྩུད་འཛིང་བ་དང་སྦྱིན་བདག་བསོད་ནམས་འདོད་པས་བསྐྱབས་པ་དང་ཆོས་འཆད་པ་སོགས་དོན་ཁྱད་པར་ཅན་སྒྲུབ་པའི་སྐབས་མ་ཡིན་པར་རང་མི་དབང་བའི་ནོར་བུ་དང་མུ་ཏིག་སོགས་རིན་པོ་ཆེ་འམ། དེར་མིང་གིས་སྨོས་པ་མདའ་མདུང་སོགས་དམག་ཆས་དང་། རྔ་བོ་ཆེ་སོགས་རོལ་མོའི་ཆས་ལ་རྒོད་བག་གི་བསམ་པས་རང་ངམ་བསྐོས་པས་རེག་པའོ། །བཅུ་པ་ཁྲུས་བྱེད་པའི་ལྟུང་བྱེད་ནི། ཚ་བའི་དུས་དབྱར་ཟླ་གསུམ་དང་ནད་ལ་ཕན་པ་སོགས་གནང་བའི་དུས་མ་ཡིན་པར་སྔར་ཁྲུས་བྱས་ནས་ཟླ་བ་ཕྱེད་མ་འདས་པའི་སྔ་རོལ་དུ་ཆུ་ལ་རང་དགར་ཁྲུས་བྱས་ཏེ་ལུས་ཕྱེད་ཆུར་ནུབ་པའོ། །

བཅུ་ཚན་བདུན་པ་བསམ་བཞིན་གྱི་སྡེ་ཚན་ནི། **དུད་འགྲོ་གསོད། །དགེ་སློང་བྱས་ལ་འགྱོད་བསྐྱེད་གག་ཚིལ་སྒྲོག །ཆུར་རྩེ་བུད་མེད་གནས་གཅིག་ཉལ་བ་དང་། །དགེ་སློང་དངངས་བྱེད་དེ་ཡི་ཡོ་བྱད་སྦེད། །སྤར་བྱིན་གདིང་མེད་སླར་བླངས་སྤྱོད་པ་དང་། །གཞི་མེད་སྐུར་བཏབ་བུད་མེད་ལྷན་ཅིག་ཏུ། །སྐྱེས་པ་མེད་པར་ལམ་འགྲོ།** ཞེས་པ་ལྟར་བཅུ་ལས་དང་པོ་དུད་འགྲོ་གསོད་པའི་ལྟུང་བྱེད་ནི། འདི་དང་གཉིས་པ་དང་དྲུག་པ་རྣམས་འཆར་ཀ་ལ་བཅས་ཏེ། གསོད་འདོད་ཀྱི་བསམ་པས་དུད་འགྲོའི་རིགས་སུ་གཏོགས་པ་གསོད་དམ་གསོད་དུ་བཅུག་སྟེ་རང་མ་ཤི་བའི་གོང་དུ་ཤི་ན་ཇི་སྙེད་ཤི་བ་དེ་སྙེད་ཀྱི་ལྟུང་བའོ། །གཉིས་པ་འགྱོད་པ་བསྐྱེད་པའི་ལྟུང་བྱེད་ནི། དགེ་སློང་གཞན་ཡིད་མི་བདེ་བར་བྱ་བའི་ཕྱིར་ཁྱོད་ལ་སྡོམ་པ་མ་སྐྱེས་ཞེས་སམ་ཉམས་སོ་ཞེས་སོགས་འགྱོད་པ་བསྐྱེད་པའི་ཚིག་སྨྲས་པ་དེས་གོ་བའོ། །གསུམ་པ་གག་ཚིལ་བྱེད་པའི་ལྟུང་བྱེད་ནི། འདི་དང་བཞི་པ་བཅུ་བདུན་སྡེ་ལ་བཅས་ཏེ། དགེ་སློང་གཞན་གྱི་ལུས་ལ་སྐྲི་གཡའ་བར་བྱ་བའི་བསམ་པས་མཚན

ཁྱུང་སོགས་ལ་རེག་སྟེ་གག་ཚིལ་སྒྲོག་པའོ། །བཞི་པ་ཆུ་ལ་རྩེ་བའི་ལྟུང་བྱེད་ནི། གྲོད་བག་གི་བསམ་པས་ལུས་ཕྱེད་ནུབ་པའི་ཆུ་ལ་རྩེས་སམ་རྩེར་བཅུག་པ་ལས་གྱུར་པའོ། །ལྔ་པ་བུད་མེད་དང་ལྷན་ཅིག་ཉལ་བའི་ལྟུང་བྱེད་ནི། མ་འགགས་པ་ལ་བཅས་ཏེ་དགེ་སློང་གིས་ཁྲིམས་གྲོགས་མེད་པར་བུད་མེད་དང་ལྷན་ཅིག་གནས་གཅིག་ཏུ་གཉིས་ཀ་ཉལ་བའི་སྤྱོད་ལམ་གྱིས་མཚན་མོའི་མཐའ་འདས་པའོ། །དྲུག་པ་དངངས་པར་བྱེད་པའི་ལྟུང་བྱེད་ནི། དགེ་སློང་གིས་དགེ་སློང་གཞན་དངངས་པར་བྱེད་འདོད་པས་ཡིད་དུ་མི་འོང་བའི་འཇིགས་པ་སྣ་ཚོགས་སྟོན་ནམ་སྟོན་དུ་བཅུག་པས་དེ་སྐྲག་པ་སྐྱེས་པའོ། །བདུན་པ་སྦེད་པའི་ལྟུང་བྱེད་ནི། དྲུག་སྡེ་ལ་བཅས་ཏེ། དགེ་སློང་གིས་རབ་བྱུང་སྡེ་ལྔ་གང་ཡང་རུང་བ་དེའི་ཆོས་གོས་དང་ལྷུང་བཟེད་སོགས་འཚོ་བའི་ཡོ་བྱད་རྒྱུ་འདོད་དང་ཕན་སེམས་མ་ཡིན་པར་སྦེད་དམ་སྦེད་དུ་བཅུག་སྟེ་སྦས་པའོ། །བརྒྱད་པ་གདེངས་མེད་པར་སྤྱོད་པའི་ལྟུང་བྱེད་ནི།། ཉེར་དགའ་ལ་བཅས་ཏེ། དགེ་སློང་གཞན་གྱི་གོས་སྔར་རང་གིས་བྱིན་པ་རྒྱུ་སེམས་དང་ཡིད་གཅུགས་མིན་པར་དེས་གནང་བའི་གདེངས་མེད་བཞིན་དུ་སླར་བླངས་ནས་ཅི་དགར་ལོངས་སྤྱོད་པའོ། །དགུ་པ་སྐུར་འདེབས་ཀྱི་ལྟུང་བྱེད་ནི། མཛའ་བོ་དང་ས་ལས་སྐྱེས་ལ་བཅས་ཏེ། མཐོང་ཐོས་དོགས་གསུམ་གྱི་གཞི་མེད་པའི་དགེ་སློང་གཞན་ལ་ལྷག་མ་བཅུ་གསུམ་གང་རུང་གིས་སྐུར་པ་བཏབ་ཅིང་དེས་གོ་བའོ། །བཅུ་པ་བུད་མེད་དང་ལྷན་ཅིག་ལམ་དུ་འགྲོ་བའི་ལྟུང་བྱེད་ནི། མཉན་ཡོད་དུ་འགྲོ་བའི་དགེ་སློང་ཞིག་ལ་བཅས་ཏེ། དགེ་སློང་གིས་ཉེ་དུ་མ་ཡིན་པའི་བུད་མེད་དང་ལྷན་ཅིག་སྐྱེས་པའི་ཁྲིམས་གྲོགས་མེད་པར་ལམ་དུ་འགྲོ་ན་རྒྱང་གྲགས་རེ་རེ་འདས་པ་ལྟུང་བ་རེ་རེ་དང་། དེའི་ཕྱེད་ལ་ཉེས་བྱས་སོ། །

བཅུ་ཚན་བརྒྱད་པ་མགྲོན་མང་རྐྱེན་མ་ཞེས་པའི་སྡེ་ཚན་ནི། **རྐྱེན་མའང་མཚུངས། །ཉི་ཤུ་མ་ལོན་པ་ལ་བསྙེན་རྫོགས་ཕོག །ས་བརྐོ་མགྲོན་པོས་ཟླ་བཞི་ལྷག་པར་ཟོས། །མི་ཤེས་བརྗོད་དང་འཐབ་པའི་ཉན་རྣ་བྱེད། །ཉེས་མེད་མི་སྨྲ་འགྲོ་དང་མི་གུས་འགལ། །ཆང་འཐུང་དུས་མིན་ཕྱི་དྲོ་གྲོང་དུ་རྒྱུ།** །ཞེས་པ་ལྟར་བཅུ་ལས། དང་པོ་རྐྱེན་མ་དང་ལྷན་ཅིག་ལམ་དུ་འགྲོ་བའི་ལྟུང་བྱེད་ནི། མགྲོན་ལམ་དུ་འགྲོ་བའི་དགེ་སློང་ལ་བཅས་ཏེ། དགེ་སློང་གིས་ཆོམ་རྐྱེན་ནམ་ཤོ་གམ་མ་བྱིན་པའི་

ཚོང་པ་དང་ལྷན་ཅིག་ལམ་དུ་འགྲོ་ནའང་སྔ་མ་དང་མཚུངས་ཏེ། རྒྱང་གྲགས་རེ་རེ་ལ་ལྟུང་བའོ། །གཉིས་པ་ཉི་ཤུ་མ་ལོན་པ་རྫོགས་པར་བྱེད་པའི་ལྟུང་བྱེད་ནི། མཽདྒལ་གྱི་བུ་ལ་བཅས་ཏེ། བསྒྲུབ་བྱ་སྐྱེས་པ་མངལ་ཤོལ་བརྩིས་ཀྱང་ལོ་ཉི་ཤུ་མ་ལོན་པ་ལ་དེར་འདུ་ཤེས་སམ་ཐེ་ཚོམ་ཟ་བས་བསྙེན་རྫོགས་ཕོག་ན། ལས་བརྗོད་པ་གསུམ་པའི་བྱ་བ་བརྗོད་པ་རྫོགས་ནས་བྱེད་པ་བརྗོད་པའི་མགོ་རྩོམ་པའི་ཚེ་མཁན་པོ་ལ་ལྟུང་བྱེད་དང་། སློབ་དཔོན་དང་དགེ་འདུན་ལ་ཉེས་བྱས་སོ། །གསུམ་པ་ས་བརྐོ་བའི་ལྟུང་བྱེད་ནི་འདི་དང་བཞི་པ་དང་ལྔ་པ་རྣམས་དྲུག་སྡེ་ལ་བཅས་ཏེ། དགེ་སློང་གིས་འཇིག་རྟེན་ལ་གྲགས་པའི་ས་སྲ་ཞིང་འཐས་པར་གནས་པ་དགོས་པ་ཁྱད་པར་ཅན་མེད་པར་བརྐོའམ་བརྐོར་བཅུག་སྐྱེ་སོར་བཞི་ཡན་ཆད་བརྐོས་པའོ། །བཞི་པ་མགྲོན་དུ་གཉེར་བ་ལས་རིང་དུ་འདུག་པའི་ལྟུང་བྱེད་ནི། སྦྱིན་བདག་གིས་དུས་ཇི་ཙམ་མགྲོན་དུ་བོས་པ་ལས་ལྷག་པ་འདུག་པའམ། ཚིགས་བཞག་པ་མེད་ན་ཟླ་བ་བཞི་ལས་ལྷག་པར་བསྡད་ནས་ཟས་ཟོས་པའོ། །ལྔ་པ་བསླབ་པ་ཉེ་བར་འཇོག་པ་སྨོང་བའི་ལྟུང་བྱེད་ནི། དགེ་སློང་གཞན་གྱིས་རང་ཉིད་བསླབ་པ་ལ་སློབ་པར་བསྐུལ་བ་ན༑ སྐུལ་བ་པོ་ལ་ཁྱོད་ཀྱིས་མི་ཤེས་པས་གཞན་ཤེས་པ་ལ་མ་དྲིས་ཀྱི་བར་དུ་མི་སློབ་བོ་ཞེས་པ་ལྟ་བུའི་ཁྱད་གསོད་ཀྱིས་སྨོང་བའི་ཚིག་བརྗོད་ཅིང་གོ་བའོ། །དྲུག་པ་ཉན་རྣ་བྱེད་པའི་ལྟུང་བྱེད་ནི། ཉེར་དགའ་ལ་བཅས་ཏེ། དགེ་སློང་རང་དང་རྩོད་ཟླར་གྱུར་པའི་དགེ་སློང་གཞན་གཉིས་མན་ཆད་གྲོས་བྱེད་པ་ལ་རྩོད་པ་ཞི་འདོད་མ་ཡིན་པར་འཐབ་མོ་དེ་སྤར་བའི་ཆེད་དུ་ཉན་རྣ་བྱས་པས་རང་གིས་དོན་གོ་བའོ། །བདུན་པ་མི་སྨྲ་བར་འགྲོ་བའི་ལྟུང་བྱེད་ནི། དགའ་བོ་ལ་བཅས་ཏེ། རང་ཁ་སྐོང་དུ་འོས་པའི་དགེ་སློང་གིས་གསོ་སྦྱོང་སོགས་དགེ་འདུན་གྱི་ཆོས་ལྡན་གྱི་ལས་གྲལ་དུ་དང་པོར་འདུས་ནས་གསོལ་བ་ཙམ་ཡང་མ་བྱས་པའི་གོང་དུ་དགེ་འདུན་མཐུན་པ་སྒྲུབ་བྱེད་ཀྱི་འདུན་པ་མ་ཕུལ་བའམ་ལྷག་འོག་གི་དགེ་སློང་ལ་འགྲོ་བ་མི་སྨྲ་བར་ཐོས་པའི་ཉེ་མཁོར་ལས་འདས་ཏེ་ཕྱིན་པའོ། །གསོལ་བ་ཐོས་ནས་ཕྱིན་ན་ཉེས་བྱས་དང་། རང་ཁ་སྐོང་དུ་མི་འོས་པ་སོགས་ལ་ལྟུང་བ་མེད་དོ། །བརྒྱད་པ་མ་གུས་པའི་ལྟུང་བྱེད་ནི། གླང་ཆེན་ལྷས་ཀྱི་བདག་པོའི་བུ་ནག་པ་ལ་བཅས་ཏེ། དགེ་སློང་གིས་སངས་རྒྱས་དངོས་སུ་བཞུགས་པ་དང་དགེ་སློང་གི་དགེ་འདུན་དང་། དགེ་འདུན་གྱི་ཐ

སྐྱོད་པ་དགེ་བསྐོས་ཏེ་གསུམ་པོ་གང་ཡང་རུང་བས་ཆོས་ལྡན་གྱི་བཀའ་བསྒོ་བའི་དོན་ལ་ཁོ་བོས་སྒྲུབ་མི་ནུས་སོ་ཞེས་ཤད་སྒྲུང་མེད་པར་མ་གུས་པས་དེ་ལས་བཟློག་སྟེ་འགལ་བར་བྱས་པའོ། །དགུ་པ་ཆང་འཐུང་བའི་ལྟུང་བྱེད་ནི། ལེགས་འོངས་ལ་བཅས་ཏེ། ཕབས་བཏབ་པ་འབྲུའི་ཆང་དང་རྒུན་ཆང་སོགས་བཙོས་པའི་ཆང་དང་། དེ་དག་གི་སྦང་མ་དང་ཚིགས་མ་སོགས་མྱོས་པའི་ནུས་པ་ཅན་རྣམས་འཐུང་ངམ་ཟ་བར་འདོད་པས་མགུལ་དུ་མིད་པ་ན་ལྟུང་བྱེད་དེ། བསྐོལ་བས་ཆང་གི་རོ་ནུས་ཉམས་པར་བྱས་པ་དང་། ནད་པ་ལ་ཕན་པའི་ཕྱིར་ཁར་བསྲེལ་པ་ཙམ་དང་ལུས་ལ་བསྐུད་༼བསྐུས༽པ་ཙམ་ལ་ཉེས་པ་མེད་དོ། །བཅུ་པ་དུས་མིན་པར་གྲོང་དུ་འགྲོ་བའི་ལྟུང་བྱེད་ནི། དུས་མ་ཡིན་པའི་ཕྱི་དྲོ་སྟེ། རང་གླིང་གི་ཉི་མ་ཕྱེད་ཡོལ་ནས་སྐྱ་རེངས་མ་ཤར་གྱི་བར་དུ་རྐྱེན་དགོས་མེད་ཅིང་དེར་འཁོད་ཀྱི་གྲོགས་ལ་མ་སླས་པར་ཁྱིམ་པའི་གྲོང་དུ་རྒྱུ་བར་བྱེད་པས་སྒོ་གཏན་དང་ཉེ་འཁོར་ལས་འདས་པའོ། །

བཅུ་ཚན་དགུ་པ་ཆོས་སྟོན་གྱི་སྡེ་ཚན་ནི། **ཟས་བཅས་ཕྱི་དྲོ་རྒྱུ་དང་ཁྱིམ་གསུམ་འདས། །རྒྱལ་པོ་བཙུན་མོར་རྩེ་བའི་ཁབ་ཏུ་ཉལ། །མདོ་སོགས་འདོན་ལ་ད་གདོད་ཤེས་ཟེར་དང་། །རིན་ཆེན་ཁབ་རལ་ཁྲི་རྐང་ཚད་ལྷག་བཟོས། །ངན་སེམས་ཤིང་བལ་ཁྲི་སྟེང་བརྡལ་ཏེ་བགོས། །གདིང་གཡན་རས་ཆེན་ཆོས་གོས་ཚད་ལྷག་གོ།** །ཞེས་པ་ལྟར་བཅུ་ལས། དང་པོ་གྲོང་གཞན་དུ་རྒྱུ་བའི་ལྟུང་བྱེད་ནི༔ འདི་དང་དྲུག་པ་དང་བཅུ་པ་རྣམས་ཉེར་དགའ་ལ་བཅས་ཏེ། དགེ་སློང་གིས་ཕྱི་དྲོ་རང་ཚིག་གིས་སྦྱིན་བདག་ཁྱིམ་པའི་གནས་སུ་ཟས་ལ་སྤྱན་དྲངས་ནས། དུས་ལ་བྲིམ་ཞེས་མ་བསྐོས་པར་རང་ཉིད་ཁྱིམ་གཅིག་ནས་གཅིག་ཏུ་རྒྱུ་བས་ཁྱིམ་གསུམ་འདས་ཏེ་དགེ་འདུན་གྱི་གདུགས་ཚོད་ལ་གནོད་པ་དང་། ཕྱི་དྲོ་ཁྱིམ་བཞི་ཕན་ཆད་འདས་པས་དགེ་འདུན་གྱི་ཆོས་ཀྱི་ལོངས་སྤྱོད་ལ་གནོད་པའོ། །གཉིས་པ་རྒྱལ་པོའི་ཕོ་བྲང་དུ་ནུབ་མོ་འགྲོ་བའི་ལྟུང་བྱེད་ནི། འཆར་ཀ་ལ་བཅས་ཏེ། ཆོས་ལྡན་གྱི་དོན་དུ་བོས་པ་སོགས་དགོས་པ་ཁྱད་པར་ཅན་མེད་བཞིན་དུ་རྒྱལ་པོ་བཙུན་མོ་དང་ལྷན་ཅིག་རྩེ་བའི་ཁབ་སྟེ་བཙུན་མོ་དང་བཅས་པའི་ཕོ་བྲང་དུ་ཉི་མ་དམར་ཐག་ཆོད་ནས་སྐྱ་རེངས་ཐ་མ་མ་ཤར་གྱི་བར་འགྲོ་ན་གནས་དེའི་སྒོ་གཏན་ནམ། དེའི་ཉེ་འཁོར་འདས་པར་སླེབ་པའོ། །ནུབ་མོར་

མ་ཟད་ཉིན་མོ་ཕྱིན་ནས་མཚན་ལ་དེར་ཉལ་ཡང་འདྲའོ། །གསུམ་པ་བསླབ་གཞི་ཁྱད་དུ་གསོད་པའི་ལྟུང་བྱེད་ནི། འདི་དང་ལྔ་པ་དག་དྲུག་སྡེ་ལ་བཅས་ཏེ། སོ་ཐར་གྱི་མདོ་ལན་གཉིས་ཡན་ཆད་ཐོས་ཤིང་མདོ་དེ་ལ་དོན་དེ་ཡོད་པ་སྔར་ནས་ཤེས་ཀྱང་ཤེས་རིན་མི་ཆོག་པར་སྟོན་པའི་ཕྱིར། གསོ་སྦྱོང་གི་དུས་སུ་དོན་འདི་ཡོད་པར་ད་གདོད་ཤེས་སོ་ཞེས་འདུལ་བར་གཏོགས་པའི་བསླབ་པ་ཁྱད་གསོད་ཀྱི་ཚིག་སྨྲས་པ་ཕ་རོལ་པོས་གོ་ན་ལྟུང་བྱེད་དང་། མདོ་སྡེ་སོགས་ལ་ཉེས་བྱས་སོ། །བཞི་པ་ཁབ་རལ་འཆོས་པའི་ལྟུང་བྱེད་ནི། འདི་དང་བདུན་པ་དང་བརྒྱད་པ་དང་དགུ་པ་རྣམས་དགེ་སློང་རབ་ཏུ་མང་པོ་ལ་བཅས་ཏེ། དགོན་ཞིང་རིན་ཐང་ཆེ་བའི་རྫས་བ་སོ་སོགས་ལ་ཁབ་རལ་བྱེད་དམ་བྱེད་དུ་བཅུག་སྟེ་ཟིན་པའོ། །ལྔ་པ་ཁྲི་རྐང་འཆོས་པའི་ལྟུང་བྱེད་ནི། དགེ་སློང་གིས་དགེ་འདུན་གྱི་ཁྲིའམ་ཁྲིའུའི་རྐང་པ་བུ་གར་གཞུག་པ་མན་ཆད་ཁྲུ་གང་ཚད་ཡིན་པས་དེ་ལས་ལྷག་པ་བཟོའམ་བཟོར་བཅུག་སྟེ་ཟིན་པའོ། །དྲུག་པ་ཤིང་བལ་གྱི་གོས་པར་བྱས་པའི་ལྟུང་བྱེད་ནི། དགེ་འདུན་གྱི་ཁྲི་དང་ཁྲིའུའི་སྟེང་དུ་དགེ་སློང་གི་ངན་སེམས་ཀྱིས་ཤིང་བལ་བརྡལ་ཏེ་གོས་པར་བྱས་པའོ། །བདུན་པ་གདིང་བ་དང་། བརྒྱད་པ་གཡན་དགབ་དང་། དགུ་པ་དབྱར་གྱི་གོས་རས་ཆེན་རྣམས་ཚད་ལྷག་བྱེད་པའི་ལྟུང་བྱེད་ནི། དགེ་སློང་གིས་རང་དོན་དུ་དེ་གསུམ་རང་རང་གི་ཚད་ལས་ལྷག་པ་བྱེད་དམ་བྱེད་དུ་བཅུག་སྟེ་ཟིན་པ་ན་དེ་དང་དེའི་ལྟུང་བྱེད་དོ། །ཚད་ནི། གདིང་བ་སྲིད་དུ་ཁྲུ་གསུམ་དང་ཞེང་དུ་ཁྲུ་དོ་དང་སོར་དྲུག །གཡན་དགབ་ཀྱི་སྲིད་དུ་ཁྲུ་དྲུག་དང་ཞེང་དུ་ཁྲུ་གསུམ། རས་ཆེན་གྱི་སྲིད་དུ་ཁྲུ་དགུ་དང་། ཞེང་དུ་ཁྲུ་གསུམ་དང་སོར་བཅོ་བརྒྱད་དོ། །དེ་ཡང་ཁྲུ་དང་སོར་གྱིས་འཇལ་བ་ཐམས་ཅད་ལ་རང་རང་གི་འཇལ་བྱེད་ཀྱིས་ཕྱེད་ཀྱིས་ལྷག་ན་ལྟུང་བའོ། །འདི་དག་གི་ལྟུང་བ་བཤགས་པའི་ཚེ། ཁབ་རལ་བཅག་ཅིང་ཁྲིའི་ཤིང་བལ་བསྡུས་ནས་དང་། ཁྲི་རྐང་གདིང་གཡན་རས་ཆེན་བཞིའི་ལྷག་པོ་བཅད་ནས་བཤགས་དགོས་ཤིང་། བཤགས་ཡུལ་གྱིས་བཅག་གམ། བསྡུས་སམ། བཅད་དམ་ཞེས་མ་དྲིས་ན་ཉེས་བྱས་སོ། །བཅུ་པ་བདེ་བར་གཤེགས་པའི་ཆོས་གོས་ཀྱི་ཚད་ལས་སྒྱུར་པའི་ལྟུང་བྱེད་ནི། སྟོན་པའི་ལུས་ཚད་ཙམ་མེད་པར་དེའི་ཆོས་གོས་ཀྱི་ཚད་དམ། དེ་ལས་ལྷག་པ་བྱེད་དམ་བྱེད་དུ་བཅུག་སྟེ་ཟིན་པ་ལས་སྒྱུར་བའོ། །དེ་ལ་སྟོན་པའི་ཆོས་གོས་ཀྱི་ཚད་ནི། སྲིད་དུ་སྟོན་པ་རང་

གི་ཁྲུ་ལྔ་ཡིན་པས་མི་ཕལ་བའི་ཁྲུ་བཅོ་ལྔ་དང་། ཞེང་དུ་སྟོན་པའི་ཁྲུ་གསུམ་ལ་ཕལ་བའི་ཁྲུ་དགུ་ཡོད་དེ། སྟོན་པའི་ཁྲུ་རེ་ལ་མི་འབྲིང་པོའི་ཁྲུ་གསུམ་རེ་ཡོད་པའི་ཕྱིར་རོ། །

ལྔ་པ་སོར་བཤགས་ལ་བསྟན་བཤད་གཉིས་ལས། དང་པོ་ནི། **སོ་སོར་བཤགས་བྱའི་སྡེ་ནི་བཞི་ཡིན་ཏེ།** །ཞེས་པ་སྟེ། སླེ་སྟུགས་ཀྱི་རྣམ་པས་སོ་སོར་བཤགས་དགོས་པས་ན་སོར་བཤགས་ཀྱི་སྡེ་ཞེས་བྱ་སྟེ། དེའི་མཚན་ཉིད་ནི། བསྙེན་པར་རྫོགས་པའི་རྒྱུད་ཀྱི་བཅས་འགལ་གྱི་ལྟུང་བ་གང་ཞིག སོར་བཤགས་ཀྱི་མིང་གིས་ཕྱེར་བཅོས་བྱས་ན་དག་ཏུ་རུང་བའོ། །དབྱེ་ན། རབ་ཏུ་བྱུང་བའི་དང་། ཁྱིམ་པའི་གཞི་ལས་གྱུར་པ་གཉིས་གཉིས་ཏེ་བཞིའོ། །

གཉིས་པ་རྒྱས་བཤད་ནི། **དགེ་སློང་མ་ལས་གྲོང་དུ་ཟས་བསླངས་ཟོས།** **།ཁྱིམ་དུ་དགེ་སློང་མས་བསྒོས་མ་བཟློག་ཟོས།** **།བསླབ་སྡོམ་སྦྱིན་ལས་རུང་མིན་བསླངས་ཏེ་ཟོས།** **།ནགས་མ་སྨྲུལ་བར་དགོན་པར་བསླངས་ཟོས་བཞིའོ།** །ཞེས་པ་ལྟར་བཞི་ལས། དང་པོ་ཉེར་དགའ་དང་ཕྱི་མ་གསུམ་དྲུག་སྡེ་ལ་བཅས། དེ་ལ་དང་པོ་དགེ་སློང་མ་ལ་ཟས་ལེན་པའི་སོར་བཤགས་ནི། ཉེ་དུ་མ་ཡིན་པའི་དགེ་སློང་མས་རང་ཉིད་བཟའ་བའི་ཆེད་དུ་བསྒྲུབ་པའི་དུས་རུང་གི་ཟས་གྲོང་ངམ། དེའི་ཉེ་འཁོར་རམ། ལམ་པོ་ཆེ་གང་རུང་དུ་དགེ་སློང་གིས་བསླངས་ཏེ་ཟོས་པའོ། །གཉིས་པ་དགེ་སློང་མས་དོས་མགྲོན་བྱེད་པ་མ་བཟློག་པར་ཟོས་པའི་སོར་བཤགས་ནི། དགེ་སློང་གསུམ་ཡན་ཆད་ཁྱིམ་པས་མགྲོན་དུ་བོས་པ་ནི་དགེ་སློང་མས་བསྐོ་བཤམ་སྟེ་གྲལ་རིམ་པར་འབྲིམ་དུ་མི་འཇུག་པར་དོས་མགྲོན་གྱིས་འདི་ལ་ཕུལ་ཅིག་ཅེས་བསྐོ་བ་དེ་དགེ་སློང་གཅིག་གིས་མ་བཟློག་པར་དགེ་སློང་ཇི་སྙེད་པས་ཟོས་པ་དེ་ཐམས་ཅད་ལ་སོར་བཤགས་ཀྱི་ཁ་ན་མ་ཐོ་བར་འགྱུར་རོ། །གསུམ་པ་བསླབ་པ་བྲལ་ཏེ་ཁྱིམ་དུ་འཇུག་པའི་སོར་བཤགས་ནི། དགེ་འདུན་བློ་མཐུན་པས་གསོལ་བའི་ལས་ཀྱིས་ཁྱིམ་པ་ཅི་རིགས་ལས་དགག་བྱ་དང་དགོས་པའི་དབང་གིས་ཟས་མི་སློང་བའི་བསླབ་སྡོམ་སྦྱིན་པ་ན༑ ཁྲིམས་དེར་གཏོགས་པའི་དགེ་སློང་གིས། དེ་ལས་ལེན་རུང་བ་ལོ་མ་སོགས་མོད་པ་མ་ཡིན་པའི་དུས་རུང་གི་ཟས་བསླངས་ཏེ་ཟོས་པའོ། །བཞི་པ་ནགས་མ་བརྟགས་པ་ལས་གྱུར་བའི་སོར་བཤགས་ནི། གྲོང་ནས་རྒྱང་གྲགས་སྤྱགས་པའི་འཇིགས་བཅས་ཀྱི་དགོན་པར་དགེ་འདུན་གྱིས་ནགས

མྱུལ་བར་བསྐོས་པའི་དགེ་སློང་གིས། དགེ་འདུན་དང་སྦྱིན་བདག་གི་གནོད་པ་བསྲུང་བའི་བྱ་བ་འདིས་ཅི་བྱ་སྙམ་པས་ནགས་མ་མྱུལ་བར་ཁྱིམ་པ་ལས་དུས་རུང་གི་ཟས་བསླངས་ཏེ་ཟོས་པའོ། །

དྲུག་པ་ཉེས་བྱས་ལ་བསྟན་བཤད་གཉིས་ལས། དང་པོ་ནི། **ཉེས་བྱས་བརྒྱ་དང་བཅུ་གཉིས་ཞེས་གྲགས་པ།** །ཞེས་པ་ཉེས་པ་ཕྲ་མོའི་རང་བཞིན་ཡིན་པས་ན་ཉེས་བྱས་ཏེ། དེའི་མཚན་ཉིད། བསྙེན་པར་རྫོགས་པའི་རྒྱུད་ཀྱི་བཅས་འགལ་གྱི་ལྟུང་བ་གང་ཞིག །ཉེས་བྱས་ཀྱི་མིང་གིས་ཕྱེར་བཅོས་བྱས་ན་དག་ཏུ་རུང་བ། དབྱེ་ན། མདོའི་སྡོམས་ཀྱིས་བསྡུས་པ་ལ་བརྒྱ་དང་བཅུ་གཉིས་ཏེ། འདི་རྣམས་ཕལ་ཆེ་བ་དྲུག་སྡེ་ལ་བཅས་སོ། །

གཉིས་པ་རྒྱས་བཤད་ལ་དགུ་ལས། དང་པོ་གོས་བགོ་བའི་སྡེ་ནི། **ཤམ་ཐབས་ཟླུམ་མིན་བརྩེངས་འཛོལ་གླང་སྣ་འདྲ། །ལྟེབ་དང་ཕུར་མ་གདེངས་ཀ་ལྟ་བུ་བདུན། །ཟླུམ་མིན་རིང་ཐུང་སྟོད་གསུམ་གོས་ཀྱི་བཅུའོ།** །ཞེས་པ་སྟེ། ཤམ་ཐབས་ཀྱི་གྱོན་ལུགས་ལ། ཡ་མཐའ་དང་མ་མཐའ་མཐོ་དམན་མི་མཉམ་པས་ཟླུམ་པོར་མ་བགོས་པ་དང་། ཧ་ཅང་བརྩེངས་པས་པུས་མོར་མ་སླེབས་པ་དང་། ཧ་ཅང་འཛོལ་བས་ལོང་བུ་ལ་རེག་པ་དང་། གླང་པོའི་སྣ་ལྟར་མས་ཟུར་གྱི་གྲྭ་མདུན་དུ་འཕྱང་བ་དང་། སྣ་རགས་ཀྱི་གོང་དུ་ཏ་ལའི་ལོ་མ་ལྟར་ལྟེབ་པ་དང་། སྣ་རགས་ཀྱི་བར་ནས་འབྲུའི་ཕུར་མ་ལྟར་འབུར་བ་དང་། སྣ་རགས་ཀྱི་སྟེང་དུ་སྦྲུལ་གྱི་གདེངས་ཀ་ལྟར་མཐོ་དམན་དུ་འདུག་པ་མ་ཡིན་པ་སྟེ་བདུན་དང་། སྟོད་གཡོགས་ཀྱི་གྱོན་ལུགས་ལ། སྣམ་སྦྱར་དང་བླ་གོས་ཟླུམ་པོར་མ་བགོས་པ་དང་། ཧ་ཅང་རིང་བ་དང་། ཧ་ཅང་ཐུང་བ་མ་ཡིན་པ་གསུམ་སྟེ། དེ་ལྟར་བཅུ་ལ་བསླབ་པར་བྱའོ། །

གཉིས་པ་སྤྱོད་ཡུལ་དུ་འགྲོ་བའི་སྡེ་ནི། **མ་བསྡམས་བགོ་བ་ཅ་ཅོ་མིག་གཡེངས་དང་། །རིང་བལྟ་མགོ་བསྒྲུམས་གོས་བརྗེས་ཕྲག་ལ་གཟར། །ལག་པ་གཉའ་གོང་བསྣོལ་དང་ལྟག་པར་བསྣོལ། །མཆོང་རྒྱུང་རྐང་པའི་ཁྲང་དང་རྟིང་བཙུགས་འགྲོ། །ལག་པ་དཀུར་བརྟེན་ལུས་བསྒྱུར་ལག་པ་གཡུག །མགོ་བསྒྱུར་ཕྲག་པ་སྒྲུད་དང་ལག་སྦྲེལ་རྣམས། །མི་བྱེད་ཁྱིམ་འགྲོའི་སྤྱོད་ཡུལ་ཉི་ཤུའོ།** །ཞེས་པ་སྟེ། ཁྱིམ་དུ་འགྲོ་བའི་ཚེ་དྲན་ཤེས་ཀྱིས་ལུས་ངག་མ་བསྡམས་པར་འཇུག་པ། བླ་གོས་དང་མཐང་གོས་ལེགས་པར་བགོ་བ་མ་ཡིན་པ། ཅ་ཅོའི་སྒྲ་དང་བཅས་པ། མིག་གཡས་གཡོན་དུ་གཡེངས་པས་བ

ལྟ་བ། མིག་གཉའ་ཤིང་གང་ལས་རིང་བར་བལྟ་བ། མགོ་གོས་ཀྱིས་བསྐུམས་པ། ཞམ་ཐབས་འདོམས་སྣང་བར་བརྗེས་པ། བླ་གོས་ཕྲག་པའི་ཕྱོགས་གཉིས་ཀར་གཟར་བ། ལག་གཉིས་མདུན་ནས་གཉའ་གོང་དུ་བསྣོལ་བ། ལག་གཉིས་རྒྱབ་ནས་ལྟག་པར་བསྣོལ་བ། རང་དགར་མཆོང་ཞིང་འགྲོ་བ། ཧ་ཅང་གོམ་པ་ཆེ་བས་སྒྲིད་པ་བརྐྱང་བསྐུམ་བྱེད་ཅིང་འགྲོ་བ། རྟིང་པ་བཏེགས་ནས་རྐང་པའི་བྲང་གིས་འགྲོ་བ། རྟིང་པ་བཙུགས་ཏེ་ཙོག་པུས་འགྲོ་བ། ལག་དཀུར་བརྟེན་ནས་གྲུ་རྒྱངས་ཏེ་འགྲོ་བ། ལུས་སྐྱོག་པོར་བསྒྱུར་ཞིང་འགྲོ་བ། ལག་པ་གཡོབ་ཅིང་འགྲོ་བ། མགོ་ལྷོག་ཅིང་བསྒྱུར་ནས་འགྲོ་བ། གཞན་དང་ཕྲག་པ་སྦྲད་དེ་འགྲོ་བ། གཞན་དང་ལག་པ་སྦྲེལ་ནས་འགྲོ་བ་རྣམས་ཏེ། དེ་ལྟར་སྐྱོན་ཉི་ཤུ་པོ་དེ་རྣམས་མི་བྱེད་པ་སྟེ་སྤངས་ནས་སྤྱོད་ཡུལ་གྱི་ཁྱིམ་དུ་ཞི་དུལ་གྱི་སྤྱོད་པས་འགྲོ་བ་ལ་བསླབ་པར་བྱའོ། །

གསུམ་པ་སྟན་ལ་འདུག་པའི་སྡེ་ནི། **སྟན་ལ་མ་བསྒྲིམས་མ་བརྟགས་འཕྱོངས་རྫེབ་དང་། །རྐང་བརྐྱང་བསྣོལ་དང་བརླ་བསྣོལ་ལོང་བུ་བརྩེགས། །ཁྲིའི་འོག་རྐང་དགུག་རྐང་པ་གདངས་ཏེ་འདུག །འདོམས་མཐོང་རྣམས་སྤང་འདུག་ཚུལ་དགུ་ཡིན་ནོ། །**ཞེས་པ་སྟེ། ཁྱིམ་གཞན་དུ་ཁྱིམ་བདག་གིས་མ་བསྒྲིམས་པར་སྟན་ལ་འདུག་པ། དེ་བཞིན་དུ་སྟན་ལ་སྲོག་ཆགས་ཡོད་མེད་མ་བརྟགས་པ། ལུས་ཀྱི་ལྕིད་ཕབ་ལ་འཕྱོངས་རྫེབ་པ། རྐང་པ་བརྐྱངས་ཏེ་བསྣོལ་བ། བརླ་བསྣོལ་བ། ལོང་བུའི་སྟེང་དུ་ལོང་བུ་བརྩེགས་ཏེ་འདུག་པ། ཧོར་འདུག་གི་རྣམ་པས་ཁྲིའི་འོག་ཏུ་རྐང་པ་བཀུག་པ། རྐང་པ་ཕན་ཚུན་གདངས་པ། འདོམས་སྣང་བར་བྱས་ནས་སྡོད་པ་སྟེ། དེ་ལྟར་འདུག་ཚུལ་གྱི་སྐྱོན་དགུ་སྤངས་ནས་ཁྱིམ་དུ་མཉམ་བཞག་གི་འདུག་སྟངས་སྐྱིལ་ཀྲུང་གིས་འདུག་གོ། །

བཞི་པ་ཟས་བླང་བའི་སྡེ་ནི། **ལེགས་པར་མི་ལེན་སྣུ་ཁ་མཉམ་པར་ལེན། །མཐར་ཆགས་མི་ལེན་ལྷུང་བཟེད་ཟུར་མིག་བལྟ། །བཟེད་སྐབས་སྐྱུར་བྱུང་སྦྲས་ནས་བཟེད་པ་དང་། །སྣོད་གཞན་སྟེང་བཟེད་སྦྱང་བ་ཟས་བླང་བརྒྱད། །**ཅེས་པ་སྟེ། གྲོང་དང་གཙུག་ལག་ཁང་སོགས་ཐམས་ཅད་དུ་འདུལ་བ་དང་མི་འགལ་བར་ཟས་ལེགས་པར་མི་ལེན་པ། སྣོད་ཀྱི་སྣུ་དང་ཁ་ད་ཆད་དུ་ལེན་པ། འབྲས་ཆན་དང་ཚོད་མ་སྟེ་ཟན་དང་བྱན་མཉམ་པར་ལེན་པ། གྲལ་རིམ་ལྟར་མཐར་ཆགས་སུ་མི་ལེན་པ།

ལྟུང་བཟེད་ལ་ཡིད་གཏད་དེ་མི་ལེན་པར་ཟུར་མིག་གིས་བལྟ་བ། ཟས་འདྲེན་པ་མ་སླེབས་པར་སྣོད་བཟེད་སྟུས་པ། ལྷག་པོ་འདོད་པས་ཟས་སྟར་བྱུང་སྟབས་ནས་ཡང་བཟེད་པ། སྣོད་གཞན་ཟས་ཀྱི་སྟེང་དུ་བཟུང་ནས་བཟེད་པ་སྟེ། དེ་ལྟར་ཟས་བླང་པའི་སྐྱོན་བརྒྱད་སྤང་བ་ལ་བསླབ་པར་བྱའོ། །

ལྔ་པ་ཟས་ཟ་བའི་སྒོ་ནི། **འགལ་ཟ་ཁམ་ཆེ་ཆུང་དང་རན་པར་མིན། །ཁ་གདངས་ཟ་བཞིན་སྨྲ་དང་ཙུག་ཙུག་དང་། །ཅག་ཅག་ཧུ་ཧུ་ཕུ་ཕུ་ལྕེ་ཕྱུང་ཟ། །འབྲུ་ནས་གུད་ཕྱེ་ཟས་ལ་སྐྱོན་འཕྱ་དང་། །ཁམ་གཅིག་མཁུར་སྒྲོ་ཧན་ཧྲོག་ཁམ་འཕྲོ་བཅད། །ལག་པ་འདག་འཕྱག་ལག་ལྡག་སྐྱུམ་སྐྱུམ་བྱེད། །མཆོད་རྟེན་འདྲར་བྱེད་ཉེར་གཅིག་ཟ་ཚེ་སྤང་། །**ཞེས་པ་སྟེ། ཐམས་ཅད་དུ་འདུལ་བ་དང་འགལ་བས་ལེགས་པར་མི་ཟ་བ། ཁམ་ཧ་ཅང་ཆེ་བ། ཧ་ཅང་ཆུང་བ། རང་ངམ་འཛིག་རྟེན་དང་མཐུན་པའི་ཁམ་རན་པ་མ་ཡིན་པ། ཁམ་ཁའི་སྒོར་མ་སླེབས་པར་ཁ་གདངས་པ། ཟ་བཞིན་དུ་གཏམ་སྨྲ་བ། ཟ་བའི་ཚེ་སྐྱུར་བ་ལ་ཙུག་ཙུག །མངར་བ་ལ་ཅག་ཅག །གྲང་བ་ལ་ཧུ་ཧུ། ཚ་བ་ལ་ཕུ་ཕུའི་སྒྲ་དང་བཅས་ཟ་བ། ལྕེ་ཕྱིར་ཕྱུང་སྟེ་ཟ་བ་ནས་ཡོས་སོགས་འབྲུ་རེ་ནས་གུད་དུ་ཕྱེ་ནས་ཟ་བ། སྦྱིན་བདག་གི་ཟས་ལ་སྐྱོན་ཁའོ་སྐྱུར་རོ་སོགས་འཕྱ་སྨོད་བྱེད་པ། ཁམ་གཅིག་མཁུར་བ་གཡས་གཡོན་དུ་སྒྲོ་ཞིང་ཟ་བ། ཧན་ཧྲོག་ཅིང་ཟ་བ། དུད་འགྲོ་ལྟར་ཁམ་འཕྲོ་བཅད་དེ་ཟ་བ། ལག་པ་ལ་ཟས་ཆགས་པ་འདག་པ། ལྟུང་བཟེད་དང་ཕོར་བུ་སོགས་ལྕེས་འདག་པ། ལག་པ་ལ་ཟས་ཆགས་པ་ལྡག་པ། ཟས་དང་བཅས་པའི་ལྟུང་བཟེད་སོགས་སྐྱུམ་སྐྱུམ་བྱེད་པ། ཟས་ལ་མཆོད་རྟེན་གྱི་གཟུགས་འདྲ་བ་བཅོས་ཏེ་གཞོམ་ཞིང་ཟ་བར་བྱེད་པ་རྣམས་ཏེ། དེ་ལྟར་སྐྱོན་ཉེར་གཅིག་པོ་དེ་རྣམས་ཟ་བའི་ཚེ་སྤང་བ་ལ་བསླབ་པར་བྱའོ། །

དྲུག་པ་ལྟུང་བཟེད་ལ་སྤྱོད་པའི་སྒོ་ནི། **ལྟུང་བཟེད་ལ་འཕྱ་ཕྱིར་བལྟ་ལག་པ་ནི། །ཟས་འབགས་ཆུ་སྣོད་མི་རེག་ཆུ་མི་གཏོར། །མ་དྲིས་འབགས་ཆུ་འབོ་དང་ཟས་ལྷག་བཞག །ས་རྗེན་གད་ཁ་རི་གཟར་བང་རིམ་བཞིར། །མི་བཞག་གད་གཡང་ཀན་གཟར་དུ་མི་འཁྲུ། །ཡངས་དང་ཆུ་དྲག་མི་བཅུ་བཅུ་བཞིའོ། །**ཞེས་པ་སྟེ། གཞན་གྱི་ལྟུང་བཟེད་ལ་འཕྱ་བའི་ཕྱིར་བལྟ་བར་མི་བྱ། ལག་པ་ཟས་ཀྱིས་འབགས་པས་ཆུ་སྣོད་ལ་མི་རེག །ཟས་དང་བཅས་པའི་འབགས་ཆུ་དྲུང་ན་གནས་པའི་དགེ་སློང་

ལ་མི་གཏོར། ཁྱིམ་བདག་ལ་མ་དྲིས་པར་ཟས་དང་འབགས་པའི་ཁྲུད་ཆུ་དེའི་ཁྱིམ་དུ་འབོ་བར་མི་བྱ༑ ཟས་ལྷག་ལྷུང་བཟེད་དུ་བཞག་ནས་མི་འདོར། ལྷུང་བཟེད་འོག་གཞི་མེད་པའི་ས་རྗེན་དང་། གད་ཁ་དང་། རི་དོ་ཆད་ཀྱི་གཡང་གཟར་པོ་དང་། བང་རིམ་གཞོལ་པོའི་ཐན་ཏེ་བཞིར་མི་བཞག་གོ། །དེ་བཞིན་དུ་ལྷུང་བཟེད་གད་ཁ་དང་། གཡང་ས་དང་། ཐན་གཟར་དུ་དང་། ལངས་ཏེ་ལམ་གྱི་གཞི་མདོ་རྣམས་སུ་མི་བཀྲུ། འབབ་ཆུ་དྲག་པོའི་རྒྱུན་ལས་ལྡོག་སྟེ་ལྷུང་བཟེད་ཀྱིས་ཆུ་མི་བཅུ་བ་སྟེ། དེ་ལྟར་ལྷུང་བཟེད་ལ་སྤྱོད་པའི་བསླབ་བྱ་བཅུ་བཞིའོ། །

བདུན་པ་ཆོས་འཆད་པའི་སྡེ་ནི། **ཆོས་སྟོན་སྡེ་ནི་ལངས་ཉལ་རང་དམར་འདུག །མདུན་ནས་འགྲོ་ལ་ཕྱི་བཤད་ལམ་པོའི་འགྲམ། མགོ་གཡོགས་བརྗེས་གཟར་ལག་པ་གཉའ་ལྟག་བསྣོལ། །དོ་ཀེར་བཅིངས་དང་ཞྭ་གྱོན་ཅོད་པན་བཏགས། །ཕྲེང་བ་དང་ནི་མགོ་དཀྲིས་གླང་རྟ་ཞོན། །ཁྱོགས་དང་བཞོན་པ་མཆིལ་ལྷམ་གྱོན་པ་དང་། །ལག་ན་འཁར་བ་གདུགས་མཚོན་རལ་གྲི་དགྲ་ཆ་མདའ། །གོ་ཆ་གྱོན་ལ་མི་བཤད་ཉེར་དྲུག་གོ** །ཞེས་པ་སྟེ། ཉན་པ་པོ་མི་ན་བཞིན་དུ་འདུག་པ་ལ་འཆད་པ་པོས་ལངས་ཏེ་ཆོས་མི་འཆད། དེ་བཞིན་དུ་ཉལ་བ་ལ་འདུག་པས་མི་འཆད། སྟན་མཐོན་པོར་འདུག་པ་ལ་འཆད་པ་པོ་རང་དམའ་བར་འདུག་པས་མི་འཆད། མདུན་ནས་འགྲོ་བ་ལ་ཕྱི་བཞིན་འོང་བས་མི་འཆད། ལམ་གྱི་དབུས་ནས་འགྲོ་བ་ལ་ལམ་པོའི་འགྲམ་ནས་འགྲོ་ཞིང་མི་འཆད་དོ། །མི་ན་བར་མགོ་གཡོགས་པ། གོས་བརྗེས་པ། གོས་ཕྲག་པར་གཟར་བ། ལག་པ་གཉའ་གོང་དུ་བསྣོལ་བ། ལག་པ་ལྟག་པར་བསྣོལ་བ། སྐྲ་སྤྱི་བོར་བསྡུས་ཏེ་དོ་ཀེར་བཅིངས་པ། ཞྭ་གྱོན་པ། མགོ་ལ་ཅོད་པན་བཏགས་པ། མགོ་ལ་ཕྲེང་བ་བཅིངས་པ། མགོ་ཐོད་ཀྱིས་དཀྲིས་པ། གླང་པོ་ཆེ་དང་རྟ་ལ་ཞོན་པ༑ ཁྱོགས་ཀྱིས་བཏེག་པ། གཞོན་པ་གཞན་ཤིང་རྟ་སོགས་ལ་ཞོན་པ། མཆིལ་ལྷམ་གྱོན་པ། ལག་ན་འཁར་བ་ཐོགས་པ། གདུགས་ཐོགས་པ། མདུང་སོགས་མཚོན་ཆ་ཐོགས་པ། རལ་གྲི་ཐོགས་པ། དགྲ་ཆ་སྟེ་མདའ་གཞུ་ཐོགས་པ། གོ་ཆ་གྱོན་པ་སྟེ། དེ་ལྟར་ཉེར་དྲུག་ལ་དགེ་སློང་གིས་ཆོས་མི་བཤད་དེ༑ ཉན་པ་པོ་ན་བའི་རྐྱེན་དབང་དུ་གྱུར་པ་ལ་ནི་ཉེས་པ་མེད་དོ། །

བརྒྱད་པ་སླབ་པའི་སྡེ་ནི། **སླབ་ཚུལ་གསུམ་ནི་འགྲེངས་ཏེ་བཤང་གཅི་འདོར། །ཆུ་དང་རྩྭ་ལ**

བཤང་གཅི་སྣབས་མི་འདོར། །ཞེས་པ་སྟེ། མི་ན་བར་འགྲེངས་ཏེ་བཤང་གཅི་མི་འདོར། གཞན་དུ་འདོར་ས་མ་རྙེད་པའི་རྐྱེན་མེད་པར་ཆུའི་ནང་དང་། རྩྭ་སྔོན་ཡོད་པའི་ས་ཕྱོགས་སུ་བཤང་གཅི་དང་མཆིལ་སྣབས་སྐྱུགས་པ་སོགས་མི་འདོར་བ་སྟེ་གཙང་སྦྲ་སྲུབ་པའི་ཚུལ་གསུམ་མོ། །

དགུ་པ་རྒྱུ་བའི་བསླབ་བྱ་གཅིག་ནི། **ཤིང་ལ་མི་གང་མཐོར་འཛེག་རྒྱུ་གཅིག་གོ།** །ཞེས་པ་སྟེ། སྐྲག་ལ་སོགས་པའི་གནོད་པ་མེད་པར་ཤིང་ལ་མི་གང་ཙམ་ལས་མཐོ་བར་འཛེག་པར་མི་བྱའོ། །

གཉིས་པ་དགེ་སློང་མའི་བསླབ་བྱ་བཤད་པ་ནི། **དགེ་སློང་མ་ལ་ཕམ་བརྒྱད་ལྷག་ཉི་ཤུ། །སྤང་ལྟུང་སོ་གསུམ་ལྟུང་བྱེད་བརྒྱ་བརྒྱད་ཅུ། །སོར་བཤགས་བཅུ་གཅིག་ཉེས་བྱས་བརྒྱ་བཅུ་གཉིས། །སུམ་བརྒྱ་དྲུག་ཅུ་རྩ་བཞི་མདོ་ཙམ་མོ།** །ཞེས་པས་དགེ་སློང་མའི་བསླབ་བྱ་ལ་ཁྲིམས་སུམ་བརྒྱ་དྲུག་ཅུ་རྩ་བཞི་སྟེ། དང་པོ་ཕམ་པ་ལ་བརྒྱད་ལས། མི་ཚངས་སྤྱོད་རྐུ་གསོད་དང་རྫུན། །ཞེས་པ་བཞི་ནི་ཐུན་མོང་བ་སྟེ། དགེ་སློང་དང་འདྲའོ། །ཐུན་མོང་མིན་པ་བཞི་ནི། རེག་པ་ལུས་བཀན་འཆབ་དང་བཟློག་པའོ། །ཞེས་སོ། །དེ་ལྟར་ན་དགེ་སློང་མ་ལ་མི་ཚངས་སྤྱོད་ཀྱི་ཕམ་པ་མི་འབྱུང་བར་ཐལ། དེའི་སྔོན་རོལ་དུ་རེག་ཕམ་བྱུང་ཟིན་པའི་ཕྱིར་ཞེ་ན། སྐྱོན་མེད་དེ། སྐྱེས་པའི་ལུས་ཡོངས་རྫོགས་དང་མ་འཕྲད་པར་དབང་པོ་ཉིད་འཕྲད་པ་ཙམ་གྱི་མི་ཚངས་སྤྱོད་འབྱུང་བ་སྲིད་པས་སོ། །གཉིས་པ་ལྷག་མ་ཉི་ཤུ་ལ། བདུན་ནི་ཐུན་མོང་བ་སྟེ། སྨྱན་བྱེད་པ། གཞི་མེད་ནས་བཀའ་བློ་མི་བདེ་བའི་བར་རོ། །ཐུན་མིན་ནི་བཅུ་གསུམ་སྟེ། ཅི་ཡང་ལེན་དང་ལེན་འཇུག་དང་། །མཚན་བྲལ་ཉིན་བྲལ་ལམ་དུ་འཇུག །ཆུ་བརྒལ་རབ་འབྱིན་ཤི་ནོར་ལེན། །བཟོད་བྱེད་སྤོང་དང་མཐབ་ཀྲོལ་བྱེད། །བསྙེན་དང་བསྙེན་དུ་འཇུག་པའོ། །ཞེས་པ་རྣམས་སོ། །གསུམ་པ་སྤང་ལྟུང་སོ་གསུམ་ལ། ཐུན་མོང་པ་ནི་བཅུ་དགུ་སྟེ། བཅུ་ཚན་དང་པོ་དང་། བཅུ་ཚན་གཉིས་པ་ནས་གསེར་དངུལ་ལ་རེག་པ་སོགས་གསུམ་དང་། བཅུ་ཚན་གསུམ་པ་ནས། ལྷུང་བཟེད་འཆང་བ། སྨན་ཕྱིས། དགོན་པ་བ། རས་ཆེན་བཞི་མ་གཏོགས་དྲུག་པོ་རྣམས་སོ། །ཐུན་མིན་ནི་བཅུ་བཞི་སྟེ། ལྷུང་བཟེད་ཞག་གཅིག་འདས་འཆང་བྱིན་མ་བརྟགས། །སྲ་བརྐྱང་འབྱིན་དང་མི་འབྱིན་རིན་ཆེན་སློང་། །གོས་དང་གོས་རྒྱུ་དང་ནི་མལ་ཆའི་རྒྱུ། །དབྱར་ཁང་རྒྱུ་རྣམས་ཟས་སུ་བསྒྱུར་བ་དང་། །མང་ལ་བསྔོས་དང་དགེ་འདུན་བསྔོས་བྱིན་

བརླབས། །བཅིངས་པ་འགྲོལ་འཇུག་གོས་ལྷི་ཡང་བ་བརྟེན། །ཞེས་པ་རྣམས་སོ། །བཞི་བ་ལྟུང་བྱེད་བརྒྱ་དང་བརྒྱད་ཅུ་ལ། ཐུན་མོང་བ་ནི། དགེ་སློང་གི་འབའ་ཞིག་པ་དགུ་བཅུ་ལས། མ་བསྒོས་པ་ལ་སོགས་པའི་བཅུ་ཚན་དང་། སྐྲོད་པ། ཡང་ཡང་ཟ་བ། ཟས་བསོད་པ་སློང་བ། ཉལ་སར་འདུག །འགྲེང་། ཕྱིར་མ་བསླངས་བར་སྤྱོད་པ། མ་ལོན་པ། དབྱར་གྱི་རས་ཆེན་ལས་གྱུར་པ་སྟེ་བཅོ་བརྒྱད་ནི་དགེ་སློང་མ་ལ་མེད་ཅིང་། དེ་ལྷག་བདུན་ཅུ་རྩ་གཉིས་ནི་ཐུན་མོང་བའོ། །ཐུན་མིན་ལ་བརྒྱ་རྩ་བརྒྱད་དེ། སྡོམ་ནི། མ་ལོན་པས་འཛོག་འཁོར་འཛོག་འཁོར་མང་འཛོག །ཁྱིམ་སོ་བཟུང་དང་མ་བཟུང་བྱེ་བྲག་ལས། །བཅུ་གཉིས་ཉེ་ཤུ་མ་ལོན་རྫོགས་པར་བྱེད། །ཚོགས་ལས་འདས་པ་གཉིས་དང་མ་བསླབ་རྫོགས། །བསླབ་ཟིན་མི་རྫོགས་ཆོས་ཚོང་འདྲིད་པ་དང་། །འཁོར་མང་གསོག་དང་མ་གནང་སྤྱོད་པ་དང་། །འབྲུལ་མོ་སྦྲུམ་མ་མྱུ་ངན་གྱིས་གཟིར་དང་། །འཐབ་གྲོལ་ཅན་ཏེ་སྐྱོན་ཅན་སྤྱད་པ་བཞི། །མི་འདོགས་མི་འདྲེན་མི་སློབ་ནད་པའི་གཡོག །མི་བྱེད་པ་སྟེ་ཡལ་བར་འདོར་བ་བཞི། །འདོད་རྟེན་འདོད་རྟེན་ལྷར་བཅས་ལྷར་གནོད་དང་། །བརྟེན་པར་བྱ་བ་འཚོས་པའི་ལྟུང་བྱེད་དོ། །ཁྱིམ་པ་དང་ནི་དགེ་སློང་ཡུལ་དག་ལ། །བརྟེན་ནས་བླ་གབ་ཡོད་མེད་འགྲེང་བ་བཞི། །དེ་བཞིན་ཕན་ཚུན་ཤུབ་ཅིང་སྨྲ་བ་བཞི། །ཁྱིམ་པ་ལས་ནི་རིག་པ་ལེན་དང་གློག །རྨ་བཅིངས་འགྲོལ་དུ་འཇུག་དང་བུ་འཚོ་དང་། །མཚན་མོ་ཁྱིམ་གཞན་ཉལ་དང་མ་བདགས་ཉལ། །གཅིག་ཉལ་སྟན་གཅིག་སྤྱོད་ཅིང་གནས་པ་བཏང་། །རང་ལུས་དགེ་སློང་མ་དང་དགེ་སློབ་མ། །དགེ་ཚུལ་མོ་དང་ཁྱིམ་མོ་མུ་སྟེགས་མོ། །དྲིལ་ཕྱིས་ལྡེ་སྟེ་བཀྲུ་བཤལ་བྱེད་དུ་འཇུག །དྲི་ཞིམ་འབྲུ་མར་ཚིགས་སྐྱུད་ཆུར་ལོངས་སྤྱོད། །སྤྲ་ཤེལ་རྩི་དང་སོ་མངས་སྨྱིག་ཤད་གསུམ། །སོ་སོའམ་གསུམ་གས་སྒྲ་ཤད་སྒྲ་ཚབ་དང་། །ཁྱིམ་པའི་རྒྱན་ཐོགས་བྲོ་གླུ་རོལ་མོ་བྱེད། །གདུགས་ཐོགས་མཆིལ་ལྷམ་གྱོན་དང་ཁྲི་འུར་འདུག །ཕྱིས་གནོན་ལོག་ཐབས་བྱེད་དང་སྐྲུད་པ་འཕབལ། །དགེ་འདུན་མའི་གོས་བདག་གིར་བྱེད་པ་དང་། །ཟས་འཚོང་ཁྱིམ་གྱི་བྱ་བ་རྗེན་པ་འཚོད། །ལྟོ་འདུན་སྙོག་ཟ་སྦེ་གབ་མི་བསྙེན་དང་། །ཆུ་གོས་མི་འཆང་བཀྲུ་བཤལ་གོས་འབྲུར་འཇུག །རྟུང་བའི་གོས་ལ་མ་གྲུས་སྟེར་དང་བརྗེ། །གཞན་བསྟུགས་ཁྱིམ་གནས་རྙེད་ཆོས་སེར་སྣ་ལྷ། །དབྱར་ཁང་ཁྱིམ་གཞན་ནས་སྐྲོད་པོ་འཚམས་པ། །ཡོག

པར་སྟོན་དང་རྣམ་འགྱུར་བརྟན་ཐབས་བྱེད། །སྤྱོ་དང་ཆུ་འཐོར་འབྲུག་ལོང་ཡལ་བར་འདོར། །བློ་མཐུན་མི་བྱེད་གདམས་ངག་མྱོང་མི་བྱེད། །དགེ་སློང་མེད་པར་གསོ་སྦྱོང་དབྱར་གནས་བྱེད། །གཉིས་ཀའི་ཚོགས་ལ་དགག་དབྱེ་མི་བྱེད་དང་། །དབྱུལ་བོ་ཟླ་བརྒྱད་སྦྱོར་འཇུག་དབྱུང་འགྱེད་ཕྱིར། །ཚོགས་པ་མི་སྦྱིན་དབྱར་ཁང་ཡལ་བར་འདོར། །ལྡོངས་རྒྱུར་འགྲོ་དང་མི་འགྲོ་དོགས་བཅས་འགྲོ། །བཀག་པའི་ཕྱོགས་འགྲོ་གཞན་གནས་འཐབ་ཀྲོལ་བྱེད། །སྐབས་མ་ཕྱེ་འདྲི་ཕྱི་སར་གཅིག་པུར་འགྲོ། །རྒྱ་སྟོན་སྟེང་དང་མ་བལྟས་བཤང་གཅི་འདོར། །ཞེས་པ་རྣམས་སོ། །ལྟུ་པ་སོར་བཤགས་ལ་བཅུ་གཅིག་སྟེ། ཐུན་མོང་པ་ནི་བསླབ་པ་བྲལ་ཏེ་ཁྱིམ་དུ་འཇུག་པ་ཉིད་ཡིན་ལ། ཐུན་མིན་བཅུ་ནི། འོ་ཞོ་མར་ཞུན་འབྲུ་མར་སྦྲང་རྩི་དང་། །ཕྱུར་ཁུ་ཉ་ཤ་ཤ་དང་ཤ་སྐམ་རྣམས། །ཁྱིམ་ནས་མི་ན་བཞིན་བསླང་ཟོས་སམ་འཐུངས། །ཞེས་པའོ། །དྲུག་པ་ཉེས་བྱས་ལ་བརྒྱ་དང་བཅུ་གཉིས་ལས། ཐུན་མིན་ནི་གཉིས་ཏེ། ཤམ་ཐབས་སྙེད་པར་སྣང་བར་མི་བགོ་བ་དང་། ཆགས་པར་གྱུར་ཅིང་ཁྱིམ་གཞན་དུ་མི་འགྲོ་བའོ། །ཐུན་མོང་པ་ནི་བརྒྱ་དང་བཅུ་སྟེ། མའི་སྐབས་འདིར་ཕྱིས་གནོན་བྱེད་པ་ཞེས་མ་བསྒོམས་པར་སྟན་ལ་འདུག་པ་དང་། རྒྱ་སྟོན་གྱི་སྟེང་དུ་བཤང་གཅི་འདོར་བ་གཉིས་ལྟུང་བྱེད་དུ་བཤད་ཟིན་པས། དེ་གཉིས་མ་རྫོགས་པའི་ལྷག་རྣམས་དགེ་སློང་དང་འདྲ་བའི་ཕྱིར་རོ། །དེ་དག་ནི་སྤང་བར་བྱ་བ་དགག་པའི་བསླབ་བྱ་སྟེ། མི་མཐུན་ཕྱོགས་ངོ་ཤེས་པའི་སྒོ་ནས་བསྲུང་བའི་ཐབས་སོ།། ||

གཉིས་པ་བསྒྲུབ་པའི་བསླབ་བྱ་ནི། ལུང་བཞི་ལས་གསུངས་པ་རྣམས་ཡིན་ཞིང་། དེ་ལ་ཝསྟུའི་སྒྲ་ལས་གཞི་ཞེས་བྱ་སྟེ། བསླབ་པ་གསུམ་གྱི་རྟེན་བྱེད་པའི་ཕྱིར་རོ། །དབྱེ་ན། གཞི་བཅུ་བདུན་ཏེ། ལུང་ལས། རབ་བྱུང་གསོ་སྦྱོང་གཞི་དང་ནི། །དགག་དབྱེ་དབྱར་དང་ཀོ་ལྤགས་གཞི། །སྨན་དང་གོས་དང་སྲ་བརྒྱད་དང་། །ཀཽ་ཤམྦྷི་དང་ལས་ཀྱི་གཞི། །དམར་སེར་ཅན་དང་གང་ཟག་དང་། །སྤོ་དང་གསོ་སྦྱོང་བཞག་པ་དང་། །གནས་མལ་དང་ནི་རྩོད་པ་དང་། །དགེ་འདུན་དབྱེན་རྣམས་བསྡུས་པ་ཡིན། །ཞེས་སོ། །དེ་ཡང་ཀཽ་ཤམྦྷི་ནི་ལས་བྱེ་བའི་གཞི། དམར་སེར་ཅན་ནི་ཕྱིར་བཅོས་ཀྱི་གཞི། གང་ཟག་ནི་དུས་དང་དུས་མ་ཡིན་པ་བསྡུས་པ་འབྱུང་བའི་གཞི། སྤོ་བ་ནི་ས་གཞན་ན་གནས་པ་སྤྱོད་པའི་གཞི། གསོ་སྦྱོང་བཞག་པ་ནི་ཡོངས་སུ་སྦྱོང་བའི་གཞི། གཞན་གོ་སླའོ། །

གཞི་བཅུ་བདུན་པོ་དེ་རྣམས་བསྡུ་ན་གསུམ་སྟེ། སྡོམ་པ་མ་ཐོབ་པ་འཐོབ་པར་བྱེད་པ། ཐོབ་པ་མི་ཉམས་པར་བསྲུང་བ། ཉམས་ན་ཕྱིར་བཅོས་པ་དང་གསུམ་དུ་འདུ་བའི་ཕྱིར། །དང་པོ་ནི། རབ་བྱུང་གི་གཞི་ཡིན་ཏེ། སྔར་བཤད་གྲུབ་ཅིང་། གསུམ་པ་ནི། ཕྱིར་བཅོས་ཀྱི་གཞི་བདུན་ཏེ། རྩ་བའི་ས་བཅད་དྲུག་པར་འཆད་པར་འགྱུར་ལ། འདིར་གཉིས་པ་བཤད་པར་བྱ་སྟེ། བསླབ་པ་ཡོངས་སྦྱོང་གི་གཞི་གསུམ། བདེ་བར་གནས་པའི་རྐྱེན་གྱི་གཞི་ལྔ། འཐོབ་བྱེད་བསྲུང་ཐབས་ཕྱིར་བཅོས་ཐམས་ཅད་ལ་ཁྱབ་པ་ལས་ཀྱི་གཞིའོ། །དང་པོ་ནི། **བསྲུབ་པའི་བསླབ་བྱ་ཡོངས་སུ་སྦྱོང་བའི་ཚུལ། །གསོ་སྦྱོང་དབྱར་གནས་དགག་དབྱེ།** ཞེས་པ་ལྟར་གསུམ་ལས། དང་པོ་གསོ་སྦྱོང་ནི། རྒྱལ་པོའི་ཁབ་ཀྱི་འོད་མའི་ཚལ་དུ་དགེ་བསྙེན་མང་པོས་ཞུས་པ་ལ་བརྟེན་ནས་གནང་ངོ་། །མཚན་ཉིད་ནི། གཞི་གསུམ་གྱི་ནང་ཚན་བསླབ་གསུམ་རྣམ་པར་དག་བྱེད་ཀྱི་ཐབས་གང་ཞིག །ཞི་མཐུན་གང་རུང་གིས་བསྡུས་པའི་རིགས་གནས། དབྱེ་ན་གཉིས་ཏེ། སྔར་བསགས་ཀྱི་སྒྲིབ་པ་སྦྱོང་ཞིང་ལྷག་པའི་སེམས་དང་ཤེས་རབ་དག་པར་བྱ་བའི་ཕྱིར་ཞི་གནས་ཀྱི་གསོ་སྦྱོང་དང་། ཕྱིས་འབྱུང་གི་རྒྱུན་ཆེ་འདིའི་ཟག་པ་སྡོམ་ཞིང་ལྷག་པའི་ཚུལ་ཁྲིམས་དག་པར་བྱ་བའི་ཕྱིར་མཐུན་པའི་གསོ་སྦྱོང་བཤད་པའོ། །དང་པོ་ནི། མཛོད་ལས། ཚུལ་གནས་ཐོས་དང་བསམ་ལྡན་པས། །སྒོམ་པ་ལ་ནི་རབ་ཏུ་སྦྱོར། །ཞེས་པ་ལྟར་གཞི་ཚུལ་ཁྲིམས་རྣམ་པར་དག་པ་ལ་གནས་པའི་གང་ཟག །དེ་ལས། མ་ཆགས་འཕགས་རིགས་ཞེས་པས་འདོད་ཆུང་ཆོག་ཤེས་དང་ལྡན་པ་དེས། ལམ་གྱི་རྒྱུ་སྡེ་སྣོད་ཀྱི་ལུང་ཐོས་ཤིང་། ཐོས་དོན་བསམ། བསམ་དོན་སྒོམ་པར་བྱེད་པ་སྟེ། དེ་ལ་སྤོང་བའི་གནས་དང་། དེར་འགལ་སྤོང་མཐུན་སྒྲུབ་ཀྱི་རྐྱེན་སྒྲུབ་ཅིང་། སྤོང་བའི་ཞལ་ཏ་པ་བསྐོས་ལ། དེས་བསམ་གཏན་ལས་ལྡང་བའི་དུས་སྦྲོན་པ་སོགས་བྱ་བའོ། །ཇི་ལྟར་བསྒོམ་བྱའི་ལམ་གྱི་ངོ་བོ་ལ། ཞི་ལྷག་གཉིས་ལས། དང་པོ་ནི། མཛོད་ལས། དེ་ལ་འཇུག་པ་མི་སྡུག་དང་། །དབུགས་རྔུབ་འབྱུང་བ་དྲན་པ་ཡིས། །འདོད་ཆགས་རྣམ་རྟོག་ལྷག་རྣམས་སོ། །ཞེས་པས་འདོད་ཆགས་ཤས་ཆེ་བའི་གཉེན་པོར་མི་སྡུག་པའི་སྒོམ་ཚུལ་གསུམ་དང་། རྣམ་རྟོག་ཤས་ཆེ་བའི་གཉེན་པོར་རླུང་འབྱུང་འཇུག་དྲན་པའི་སྒོམ་ཚུལ་དྲུག་སྟེ། དམིགས་པ་གཉིས་པོ་དེ་དམིགས་པ་ལ་སེམས་འཛོག་པ་སོགས་སེམས་གནས་པའི་ཐབས་དགུས་ཞི་གནས་འགྲུབ་

པར་བྱེད་པའོ། །གཉིས་པ་ནི། དེ་ལས། ཞི་གནས་གྲུབ་པར་གྱུར་བ་ཡིས། །དྲན་པ་ཉེར་བཞག་བསྒོམ་པར་བྱ། །ཞེས་པས་ལུས་ཚོར་སེམས་ཆོས་བཞི་ལ་གཙང་བདེ་རྟག་བདག་ཏུ་ལྟ་བའི་གཉེན་པོར། རང་མཚན་མི་གཙང་བ་སོགས་དང་། སྤྱི་མཚན་མི་རྟག་པ་སོགས་བཞིར་སྒོམ་པའི་རྣལ་འབྱོར་ལ་སྦྱོད་ཅིང་། དེ་ལྟར་ཚོགས་ལམ་ལ་སོགས་པའི་ལམ་ལྔ་བྱང་ཕྱོགས་སོ་བདུན་གྱི་རིམ་པས་བགྲོད་དེ༑ རྒྱུན་ཞུགས་ལ་སོགས་པའི་འབྲས་བུ་བཞི་འཐོབ་པར་བྱེད་པའོ། །

གཉིས་པ་མཐུན་པའི་གསོ་སྦྱོང་ནི། ཀརྨ་ཤ་ཏཾ་ལས། མཐུན་པའི་གསོ་སྦྱོང་ནི་རྣམ་པ་ལྔ་སྟེ། བཅུ་བཞི་པ་དང་། བཅོ་ལྔ་པ་དང་། བཀྲ་ཤིས་པའི་གསོ་སྦྱོང་དང་། གནོད་པ་བྱུང་བའི་གསོ་སྦྱོང་དང་བསྡུམ་པའི་གསོ་སྦྱོང་དང་ལྔའོ། །ཞེས་པ་ལྟར་ལྔ་ལས། དང་པོ་ནི། ཆོས་ཞག་ཆུ་ཚོད་ང་དགུ་རྫས་འབྲང་དང་བཅས་པ་དེས་ཉིན་ཞག་ཆུ་ཚོད་དྲུག་ཅུའི་དོད་མ་ཐུབ་པས། ཉིན་ཞག་ལྔ་བཅུ་ང་དགུན་ཆོས་ཞག་དྲུག་ཅུར་ལོངས་པའི་ཕྱིར། དེས་ན་ཧོར་ཟླ་བཅུ་པའི་མར་ངོའི་ཆོས་གཅིག་ནས་དགུན་ར་མགོ་ཟླར་བྱས་ཏེ་དུས་འགོ་བཟུང་བས། དེ་ནས་ཟླ་བ་ཕྱེད་དང་གཉིས་འདས་པ་ཧོར་ཟླ་བཅུ་གཅིག་པའི་མར་ངོ་ལ་རྒྱལ་ཟླའི་བཅུ་བཞི་པ་འབྱུང་བ་ནས། ཧོར་ཟླ་དགུ་པའི་མར་ངོ་ལ་སྨིན་དྲུག་ཟླ་བའི་གསོ་སྦྱོང་བཅུ་བཞི་པར་འབྱུང་བའི་བར་བགྲངས་པས། ལོ་རེ་ལ་གསོ་སྦྱོང་བཅུ་བཞི་པ་དྲུག་སྟེ། ལོ་དྲི་ལས། རྒྱལ་དང་དབོ་དང་ས་ག་དང་། །ཆུ་སྟོད་ཁྲུམས་སྨད་སྨིན་དྲུག་བཅས། །འདི་རྣམས་ཀྱི་ནི་ནག་པོའི་ཕྱོགས། །ཟླ་བྱེད་གསོ་སྦྱོང་བཅུ་བཞི་པའོ། །ཞེས་གསུངས་པའི་ཕྱིར། གཉིས་པ་ནི། ཡར་ངོའི་ཉ་བཅུ་གཉིས་དང་། ཧོར་ཟླ་བཅུ་པ་ནས་བརྒྱད་པའི་བར་གྱི་མར་ངོ་དྲུག་སྟེ་བཅོ་བརྒྱད་དོ། །དེ་ལྟར་ཉིན་ཆོས་ཀྱི་བར་ནས་ཞག་མི་ཐུབ་འཐོན་པ་ལྟར། ཆོས་ཞག་གིས་ཁྱིམ་ཞག་ཆུ་ཚོད་དྲུག་ཅུ་དང་ཆུ་སྲང་ང་གཉིས་ལྷག་བཅས་ཀྱི་དོད་མ་ཐུབ་པས་ཁྱིམ་ཞག་ཕྱེད་བཅས་སོ་གཉིས་ན་ཆོས་ཞག་གཅིག་ཐེབ་ཏུ་དོན་ཏེ་ཆོས་ཞག་ཕྱེད་དང་སོ་གསུམ་དུ་ལོངས་པའི་ཕྱིར། དེ་བསགས་པས་ལོ་གཅིག་གི་བར་ཁྲོད་ལ་ཞག་བཅུ་གཅིག་ལྷག་ཙམ་འོང་བས་ལོ་གཉིས་དང་ཟླ་བ་ཕྱེད་དང་དགུན་ཟླ་བ་གཅིག་བཤོལ་དུ་འཐོན་པ་ཡིན་ཞིང་། དེ་འདོན་ཚུལ་འདུལ་བར་དངོས་སུ་མ་གསུངས་ལ། འོན་ཀྱང་རྒྱལ་པོའི་འཁོར་དུ་རྩིས་མཁན་མཁས་པ་ཐལ་ཆེར་འབྱུང་བར་དགོངས་ཏེ། ཟླ་བཤོལ་དོར་བ་ནི་རྒྱལ

པོའི་རྗེས་སུ་འབྲང་བས་སོ། །རྒྱུ་སྐར་ནི་སྐར་མཁན་གྱི་རྗེས་སུ་འབྲང་བར་ཤེས་པར་བྱའོ། །ཞེས་གསུངས་པའི་ཕྱིར། གང་དག །ཟླ་ཤོལ་གྱི་མར་ངོའི་གསོ་སྦྱོང་ནི་རང་ཐུབ་མི་ཐུབ་གང་ཡིན་དེ་དང་འདྲ་བར་བྱེད་ཅེས་གསུངས་པ་མི་རིགས་ཏེ། མི་ཐུབ་པའི་རྗེས་སུ་མི་ཐུབ་པ་བྱེད་ན་ཉིན་ཞག་སུམ་ཅུ་ན་ཚེས་ཞག་སོ་གཅིག་ཏུ་ལོངས་པར་ཐལ་བའི་ཕྱིར་རོ། །གསུམ་པ་ནི། མི་རུང་བའི་གཞི་བཅུ་ལྷ་བུ་སེལ་བ་དང་། རབ་གནས་སོགས་བཀྲ་ཤིས་པའི་དུས་སུའོ། །བཞི་པ་ནི། ནད་ཡམས་སོགས་གནོད་པ་བྱུང་ཟིན་ཕྱོག་པའམ་སླར་མི་འབྱུང་བའི་ཕྱིར་བྱེད་པའོ། །ལྔ་པ་ནི། དགེ་འདུན་བྱེ་བ་བསྡུམ་པའི་ཕྱིར་གསོ་སྦྱོང་བྱེད་པའོ། །དེ་ལྟར་བཀྲ་ཤིས་པ་སོགས་དུས་མ་ངེས་པའི་གསོ་སྦྱོང་གསུམ་ཡང་། གསོལ་བའི་ལས་ཀྱི་ཚེ་རང་རང་གི་དུས་བརྗོད་དགོས་པའི་ཁྱད་པར་ཙམ་མ་གཏོགས་གཞན་ཆོ་ག་ཐམས་ཅད་དུས་ངེས་པའི་གསོ་སྦྱོང་དང་འདྲའོ། །འདིར་སྐབས་སུ་བབ་པ་བསླབ་པ་སྦྱོང་བྱེད་ནི་དུས་ངེས་པའི་གསོ་སྦྱོང་སྟེ། དེ་ལ་གནས་གང་དུ། གང་ཟག་གང་གིས། གསོ་སྦྱོང་ཇི་ལྟར་བྱ་བའི་ཚུལ་དང་གསུམ་ལས། དང་པོ་ནི། མཚམས་ཆེན་བཅད་ན་དེ་ཉིད་དུ་དང་། ཆེ་ཆུང་གཉིས་ཀ་བཅད་ན་ཆུང་བ་ནས་འཐོན་ནས་ཆེ་བར་དང་། ཆུང་བ་བཅད་ན་གསོ་སྦྱོང་སོགས་ལས་ཐམས་ཅད་དེར་བྱ་ཞིང་། རྒྱིག་པས་བསྐོར་ན་དེ་ཉིད་མཚམས་ཡིན་ལ། མ་བསྐོར་ན་ཕྱ་ཁ་ནས་ཆུ་འཛག་པ་གང་དུ་འབབ་པ་ཚུན་ཆད་ཡིན་པར་བཤད་དོ། །གཉིས་པ་ནི། རབ་བྱུང་སྡེ་ལྔ་ཀས་སོ། །

གསུམ་པ་ལ་སྦྱོར་དངོས་གཉིས་ལས། དང་པོ་ལ། ལས་གྲལ་དུ་མ་འདུས་གོང་གི་བྱ་བ་དང་། འདུས་ནས་བྱ་བའོ། །དང་པོ་ནི། གསོ་སྦྱོང་སྔ་མ་ཟིན་ནས་དེ་རིང་གི་བར་རང་རྒྱུད་ལ་ལྟུང་བ་བྱུང་མ་བྱུང་བརྟགས་ཏེ། བྱུང་ན་བཤགས་བསྡམས་བྱིན་རླབས་གང་ལ་གང་འོས་བྱ་བའོ། །གཉིས་པ་ནི། ཐོག་མར་གཎྜིའི་སྒྲས་དགེ་འདུན་བསྡུ་སྟེ། དེ་ལ་གཎྜིའི་རྒྱུ་ནི། མདོ་ལས། ཙནྡན་བིལྦ་པ་ལ་ཤ །ཤཱིཥྞ་དང་ཙནྡན་དམར། །རྒྱ་སྟར་ཏཱ་ལ་གིམ་ཤུ་ཀ །ཤིང་ཤ་པ་དང་ཏ་མཱ་ལ། །ཨ་མྲ་སྟར་བུ་སྐྱུ་རུ་ར། །ཏིན་ཏི་སྣ་ར་ཨ་ཤོ་ཀ །འདི་དག་ཐམས་ཅད་མེད་ན་ཡང་། །འོར་སེ་ལ་ནི་འབད་དེ་བྱ། །ཞེས་དང་། ཚད་ནི་ཆུ་རུ་སོར་ཚད་ཀྱི། །བརྒྱད་ཅུ་རྩ་བཞི་ཉིད་བྱ་ཞིང་། །ཞེང་དུ་སོར་ནི་དྲུག་པ་སྟེ། །དཔངས་སུ་ཡང་ནི་གཉིས་བྱའོ། །སོར་མོའི་ཚིགས་ཀྱི་ཚད་དག་གིས། །ཟུར་བཞི་ཚད་ནི་གཉིས་པ་ཡིན། །

ལེགས་མཉམ་ཉིད་ནི་ཤིན་ཏུ་གསལ། །རྩེ་གཉིས་སྦྲལ་བའི་མགོ་བཞིན་ནོ། །དེ་ནས་ཐུང་བར་བྱེད་པ་ཡང་། །ཤིང་དེ་ཉིད་ལས་བཅད་དེ་བྱ། །སོར་བཅུ་གཉིས་ཀྱི་ཚད་དག་ལ། །ཟླུམ་ཞིང་རྩེ་གཉིས་ནེའུ་ལེའི་མགོ། །འཆང་བཟུང་ཚད་ཀྱང་དེ་བཞིན་ཏེ། །ཞེས་སོ། །བརྡུང་བ་ནི་རབ་བྱུང་སྡེ་ལྔའམ། གསོ་སྦྱོང་ལ་གནས་པའི་དགེ་བསྙེན་གྱིས་ཀྱང་རུང་སྟེ། རྒྱ་དཔེར་ཀྲྀ་ཏ་ད་ཞེས་ཀྲྀ་ཏ་ཛ་འང་འདུག་མཆན། ཤད་ཙར་གྲགས་པ་ཤད་གསུམ་སྔོན་དུ་འགྲོ་བ་གཞིར་བཞག་ནས། སྤྱིར་དགེ་འདུན་བསྡུ་བའི་དོན་དུ་རྒྱུད་གསུམ་དང་ཏོག་གསུམ་ལས་བྱ་བའི་དོན་དུ་རྒྱུད་གཅིག་དང་ཏོག་གསུམ། ཕུང་པོ་དབྱུང་བའི་དོན་དུ་ཏོག་མེད་པའི་བྱི་བོ། གནོད་པ་བཟློག་པའི་དོན་དུ་ཅི་ཙམ་ཚོག་པ་སྟེ། དེ་ཡང་རྒྱུད་རེ་ལ་བརྟེག་ཐེངས་སོ་དྲུག་གི་གཅིག་ནས་བཅོ་བརྒྱད་བར་ཇེ་ཆེ་དང་བཅུ་དགུ་ནས་སོ་དྲུག་བར་ཇེ་ཆུང་དུ་བརྡུང་ངོ་། །དེ་ལས་འདིར་ལས་ཀྱི་གཎྜི་བསྡུས་ཏེ། དགེ་འདུན་རྣམས་འདུས་ནས་ཉིན་རེ་བཞིན་གྱི་བྱ་བ་རྒྱུད་ཆགས་གསུམ་དང་གཏོར་མ་བཏང་བ། དུས་བཟང་པོ་ལ་ཆོས་འཆད་ཉན་བྱེད་པའི་དོད་མདོ་འདོན་པ་རྣམས་གསོ་སྦྱོང་གི་མེད་མི་རུང་བའི་སྦྱོར་བ་མ་ཡིན་ཡང་ཕྲུག་བཞེས་ལྟར་སྟོན་ལ་གཏང་ནས། དགེ་ཚུལ་གྱི་བཤགས་པ་སྔར་མ་གྲུབ་ན་འདིར་བྱ་ཞིང་། ཡོངས་དག་བླང་ནས་ལོགས་སུ་བཀར་ལ། འདིར་མེད་དུ་མི་རུང་བའི་སྦྱོར་བ་ལ་གསུམ་ལས། དང་པོ་རྒྱུད་དག་པར་བྱེད་པ་ནི། དགེ་འདུན་གྱི་ནང་དུ་ལྟུང་བ་དྲན་ན་དྲུང་ན་མོ་ལ་བྱིན་གྱིས་བརླབ་ཅིང་། ལས་བྱེད་པས་ནི་སེམས་ཀྱིས་བརླབ་སྟེ། ལྟུང་བ་ཐུན་མིན་རྣམས་ཏེ་ཡན་ཆད་ཀྱིས་དག་པར་བགྱིས་ནས། ཐུན་མོང་བ་རྣམས་གསོལ་བ་འབའ་ཞིག་པས་བྱིན་གྱིས་བརླབ་པར་བྱ་བའོ། །

གཉིས་པ་གནས་ཀྱི་བློ་མཐུན་ནི། གསོལ་བ་དང་གཉིས་ཀྱི་ལས་ཀྱིས་གནས་ལ་བློ་བསྟུན་པའམ། མཚམས་ཆེ་ཆུང་གང་རུང་གཅོད་པའོ། །གསུམ་པ་དགེ་འདུན་མཐུན་པ་སྒྲུབ་པ་དང་འདུ་བར་མི་ནུས་པའི་གསོ་སྦྱོང་ཉམས་སུ་མྱོང་བ་སྒྲུབ་པ་ནི། གནས་བརྟན་གྱིས་སོ་ཐར་གྱི་མདོའི་བསྡོད་ར་དང་། དུས་བརྗོད་པ། བག་ཡོད་པར་གདམས་པ་རྣམས་བཏོན་ལ། དགེ་བསྐོས་ཀྱིས་བརྟགས་ནས་ནད་པ་ལྷ་བུམ་ལྷགས་པ་ཡོད་ན་འདུན་པ་བླངས་ནས་ནང་དུ་བརྗོད་པའོ། །གཉིས་པ་དངོས་གཞི་ནི། གནས་བརྟན་གྱིས་སོ་ཐར་གྱི་མདོ་ཉན་པར་གདམས་ནས། གསོལ་བ་འབའ་ཞིག་པའི་ལས་ཀྱིས་དགེ་འདུན་

ཐུགས་བསྟུན་པ། ཚེ་དང་ལྡན་པ་དག་བདག་ཅག་གསོ་སྦྱོང་བྱ་སྟེ། ཞེས་སོགས་ཀྱིས་རྣམ་པར་གཞག་པ་འཛིན་དུ་བཅུག་སྟེ། དེ་ནས་མདོ་འདོན་པ་དངོས་ནི། གླེང་གཞི་དང་། ཕམ་པ་དང་། ལྷག་མ་དང་། མ་ངེས་པ་དང་། རིལ་གྱིས་འདོན་པ་དང་ལྔ་སྟེ། རེ་རེའི་རྗེས་ལ་ཡོངས་སུ་དག་པ་ལན་གསུམ་དྲིའོ། །དེ་ལྟ་མོད་ཀྱི་གླེང་གཞི་ཙམ་ལས་མི་འདོན་ན། དེའི་མཇུག་སྡུད་བརྗོད་ནས་ཡོངས་དག་འདྲི་བ་ཉིད་དངོས་གཞིའོ། །དེ་ལྟར་ཡང་། གླེང་གཞི་འདོན་པ་དང་གསོལ་བ་བརྗོད་པ་ནི་ཚིག་ཏུ་བརྗོད་པ་ཉིད་ཀྱིས་བསྒྲུབ་པར་བྱ་བ་ཉིད་ཡིན་ནོ། །ལྷག་མ་ནི་ཐོས་པ་བསྒྲགས་པས་ཀྱང་ངོ་། །ཞེས་སོ། །གལ་ཏེ་གནས་དེར་དགེ་སློང་གསུམ་མན་ཆད་ལས་མེད་ན་དུས་ཀྱི་བར་དུ་སྒུག་པའམ། ཡང་ན་གསོ་སྦྱོང་ཡོད་པའི་གནས་སུ་འགྲོ། དེ་ལྟར་མ་གྲུབ་ན་དམིགས་བསལ་གྱི་ཆོ་ག་ནི། ཕན་ཚུན་གཅིག་གི་མདུན་དུ་གཅིག་འདུག་ནས་བྱིན་གྱིས་བརླབ་ཅིང་རང་གཅིག་པུ་ལས་མེད་ན་ཡིད་ཀྱིས་བསམ་ཞིང་བརྗོད། དེ་ཙམ་ཡང་མ་གྲུབ་ན་ཐུབ་པའི་སྟོན་གྱི་གསོ་སྦྱོང་ཚིགས་སུ་བཅད་པ་ཕྱེད་དང་བཞི་ཙམ་འདོན་པར་བྱའོ། །གཞན་ཡང་གནས་དེར་དགེ་སློང་བཞི་ཁོ་ན་ཡོད་པ་དེས་ནི་གསོལ་བ་བྱས་ཏེ་གསོ་སྦྱོང་བྱ་ཞིང་ནད་པའི་ཡོངས་དག་མི་ལེན་པ་དང་། གཞི་མགྲོན་ཆོས་གྲངས་མ་མཐུན་ཞིང་གློ་བུར་བ་མང་ན་དེ་དག་གི་འདོད་པ་དང་བསྟུན་ནས་གསོ་སྦྱོང་བྱ་བ་དང་། གཞི་མགྲོན་གང་རུང་གི་དགེ་འདུན་གསོ་སྦྱོང་བྱེད་འཕྲོ་ལ་ཕྱིས་དེ་དག་དང་གྲངས་མཉམ་པའམ་ལྷག་པའི་དགེ་སློང་བྱུང་ན་སླར་ཡང་སྔ་མ་རྣམས་ཀྱིས་གསོ་སྦྱོང་བཟླས་ཏེ་བྱ་བ་དང་། གསོ་དགག་དགོས་པ་གཅིག་པས་དགག་དབྱེ་བྱས་ནས་སླར་གསོ་སྦྱོང་བྱ་མི་དགོས་པ་སོགས་ཀྱི་དམིགས་བསལ་རྣམས་ཀྱང་ཤེས་པར་བྱའོ། །

གཉིས་པ་དབྱར་གནས་ནི། སྟོན་པ་རྒྱལ་བྱེད་ཚལ་ན་གཞུགས་པའི་ཚེ་དགེ་སློང་དག་དབྱར་ལྗོངས་རྒྱུ་བ་ལ་མུ་སྟེགས་པ་རྣམས་འཕྱ་བས་དབྱར་སྔ་མ་བཅས། གང་གི་ཚེ་རི་བོར་གྱི་གཙུག་ལག་ཁང་ཞིག་ཏུ་དབྱར་གནས་པ་ལས་འཇིགས་པ་བྱུང་ནས་དགག་དབྱེ་མ་བྱས་པར་མཉན་ཡོད་དུ་འོངས་པས་དབྱར་ཕྱི་མ་རྗེས་སུ་བཅས་སོ། །མཚན་ཉིད་ནི། གཞི་གསུམ་གྱི་ནང་ཚན་གང་ཞིག གསོ་སྦྱོང་དང་དགག་དབྱེ་གང་རུང་རྣམ་པར་བཅད་པའི་ཚུལ་རྣམ་པར་དག་བྱེད་ཀྱི་རིགས་གནས། དབྱེ་

ན༔ དབྱར་སྔ་མ་དང་། ཕྱི་མའོ། །དེ་གཉིས་ཀྱི་ཁྱད་པར། དབྱར་སྔ་མ་ཡིན་ན་གྲོ་ཞུན་ཟླ་བ་དབྱར་ཟླ་ཐ་ཆུང་གི་མར་ངོའི་ཚེས་གཅིག་དང་། ཕྱི་མ་ཡིན་ན་ཁྲུམས་ཟླ་སྟོན་རའི་མར་ངོའི་ཚེས་གཅིག་ནས་དབྱར་ཟླ་གསུམ་དུ་ཁས་ལེན་པ་སྟེ། ས་གའི་ལྟས། གྲོ་ཞུན་ཟླ་བའི་ཚེ་གཅིག་ནས། །སྔ་མའི་དབྱར་དེ་གཙོ་བོ་ཡིན། །དེ་ཉིད་ཁྲུམས་ཀྱི་ཟླ་བ་ཡི། །ཚེས་གཅིག་ནས་ནི་ཕྱི་མར་གྲགས། །ཞེས་དང་། མདོ་རྩར། དབྱར་གནས་པར་ཁས་བླང་བར་བྱའོ། །ཟླ་བ་གསུམ་དུའོ། །ཞེས་སོ། །འདི་ལ་གཉིས་ཏེ། ཕན་ཡོན་དང་། དེ་ལྡན་གྱི་དབྱར་གནས་ཇི་ལྟར་བྱ་བའོ། །དང་པོ་ནི། ལུང་ལས། འཕྲུ་དང་སྲོག་ཆགས་གནོད་སྤྱོད་དང་། །ལས་སྲོག་གནོད་སྤྱོད་རལ་གྲུམ་འཚོས། །དོན་བྱ་ཞུང་དང་ཐོས་སོགས་འཕེལ། །དགག་དབྱེ་སྲ་བརྒྱད་འབྱུང་བའོ། །ཞེས་སོ། །གཉིས་པ་ལ། ཁས་ལེན་པའི་ཚེ་ག་དང་། ཁས་བླངས་པའི་དམ་ཚིག་བསྲུང་བའོ། །དང་པོ་ལ། སྦྱོར་དངོས་གཉིས་ལས། སྦྱོར་བ་ལའང་། རིང་སྦྱོར་དང་། ཉེ་སྦྱོར་རོ། །དང་པོ་ནི། འཐབ་ཀྲོལ་ཅན་སོགས་མེད་ཅིང་སྡེ་སྣོད་འཛིན་པ་སོགས་ཡོད་པས་བདེ་བར་གནས་པའི་རྐྱེན་ཚང་བ། སྟེང་གཡོགས་སྐོ་གླེགས་དང་བཅས་པའི་གཙུག་ལག་ཁང་རལ་གྲུམ་བཅོས་པ་དང་བྱི་དོར་བྱ་བ་སོགས་ཞག་བཅུའམ་ཟླ་ཕྱེད་ཙམ་གྱི་སྔ་རོལ་ནས་སྔ་གོན་བྱའོ། །གཉིས་པ་ནི། དབྱར་སྔ་མ་ཡིན་ན་དབྱར་འབྲིང་ཧོར་ཟླ་དྲུག་པའི་ཉ་དང་། ཕྱི་མ་ཡིན་ན་དབྱར་ཐ་ཧོར་ཟླ་བདུན་པའི་ཉ་ལ་གསོ་སྦྱོང་བྱས་ནས། གནས་དང་གནས་མལ་དག་སྟོབ་རྒྱུ་ཡོད་ན། དེ་སྟོབ་པ་པོ་དགེ་སློང་གཅིག་གམ་དུ་མ་བསྐོ་ཞིང་། མེད་ན་ཚུལ་ཤིང་བྲིམ་པ་པོ་ཉིད་བསྐོ་བར་བྱ་སྟེ། ལས་བྱེད་པ་པོས་བསྐོ་བྱར་སྤྲོ་བ་དྲི། སྤྲོ་ན་གསོལ་བ་དང་གཉིས་ཀྱི་ལས་ཀྱིས་བསྐོས་ལ་དེས་ཁྲིམས་སུ་བྱ་བ་བསྟན་པར་བརྗོད་ནས། ཚུལ་ཤིང་བླང་བའི་ཕྱིར་ལས་བྱེད་པས་གསོལ་བ་འབའ་ཞིག་པའི་ལས་ཀྱིས་ཐུགས་བསྟུན་ལ། བསྐོས་པས་ཚུལ་ཤིང་བྲིམ་ཞིང་བླང་བའི་གྲངས་གོ་བར་བྱ་བ་དང་། གནས་དང་གནས་མལ་སྟོབ་ཅིང་། གནས་མལ་ལ་ལོག་པར་མི་སྤྱོད་པ་དང་སང་ནངས་པར་གནས་པར་ཁས་བླང་བ་དག་གོ་བར་བྱ་བ་རྣམས་སོ། །

གཉིས་པ་དངོས་གཞི་ནི། ཆོས་བཅུ་དྲུག་གི་ནངས་པར་གནས་སྟེང་གཡོགས་དང་བཅས་པར་དགེ་སློང་གི་མདུན་དུ་ཐུགས་ལན་གསུམ་བརྗོད་པས་ཁས་བླང་ངོ་། །དམིགས་བསལ་ཡུལ་མེད་ན་

འདིར་གནས་པར་བྱའོ་སྙམ་དུ་དམ་བཅས་པས་ཀྱང་གནས་པའི་གོ་ཆོད་དེ། གནས་པར་ཁས་མ་བླངས་པས་གནས་མི་གཏོང་ན་གནས་པ་ཉིད་ཡིན་ནོ། །ཞེས་གསུངས་པའི་ཕྱིར། གཉིས་པ་དམ་ཆོག་བསྲུང་བ་ནི། བྱིན་གྱིས་མ་བརླབས་པར་མཚམས་ཀྱི་ཕྱི་རོལ་དུ་སྐྱ་རེངས་འཆར་བར་མི་བྱའོ། །ཞེས་པས་རྐྱེན་དབང་གིས་འདས་ཀྱང་ཉེས་པ་མེད་པའི་དམིགས་བསལ་གསུངས་པ་རྣམས་མ་གཏོགས་བྱིན་གྱིས་མ་བརླབས་པར། གང་དུ་གནས་པར་ཁས་བླངས་པའི་གནས་དེའི་ཉེ་འཁོར་གྱི་མཚམས་ལས་འདས་ནས་ཕྱི་རོལ་དུ་སྐྱ་རེངས་ཤར་ན་དབྱར་རལ་བའི་ཉེས་པ་འབྱུང་བས། གལ་ཏེ་འགྲོ་དགོས་ན་བྱིན་གྱིས་བརླབ་པར་བྱ་སྟེ། གནང་བ་མ་ཐོབ་པས་ཞག་གཅིག་ནས་བདུན་གྱི་བར་བརླབས་ནས་འགྲོ་བ་དང་། དགེ་འདུན་ལས་ཞག་བཞི་བཅུའི་གནང་བ་ཐོབ་ན།དེས་ཞག་བཞི་བཅུ་མན་ཆད་ཅི་རིགས་པར་བྱིན་གྱིས་བརླབས་ནས་འགྲོ་བར་བཤད་ཅིང་། བདུན་པའི་བྱིན་རླབས་ལན་དུ་མ་བཟླས་སུ་རུང་ཡང་ཐམས་ཅད་བསྡོམས་པ་ལ་ཞག་བཞི་བཅུ་ལས་ལྷག་པ་མི་རུང་ངོ་། །མཐའི་ཞག་དྲུག་ལ་བྱིན་རླབས་མི་ཆགས་སོ། །ཞེས་གསུངས་པའི་དོན་ལ་བྱ་འདུལ་ཆེན་པོ་ནི། དེའི་ཚེ་ཞག་བདུན་ཉིད་མི་ཆགས་པ་ཡིན་གྱི། ཞག་གཅིག་གཉིས་སོགས་ཀྱི་བྱིན་བརླབ་བྱར་རུང་བར་བཞེད་དོ། །

གསུམ་པ་དགག་དབྱེ་ནི། སྟོན་པ་མཉན་ཡོད་ན་བཞུགས་པའི་ཚེ་ལྗོངས་ཤིག་ཏུ་དགེ་སློང་རྣམས་མི་སྨྲ་བའི་ཁྲིམས་བྱས་ཏེ་དབྱར་གནས་པ་ལ་བརྟེན་ནས་མཐོང་ཐོས་དོགས་གསུམ་གྱིས་དབྱར་གནས་པའི་དགེ་འདུན་ལ་དགག་དབྱེ་བྱེད་པར་གནང་ངོ་། །མཚན་ཉིད་ནི། གཞི་གསུམ་གྱི་ནང་ཚན་ཆོས་རྣམ་པར་དག་བྱེད་གང་ཞིག དབྱར་ཚུལ་ལ་བརྟེན་ནས་བྱུང་བའི་དེ་མ་ཐག་གི་རིགས་གནས། དབྱེ་ན། དུས་དང་། དུས་མིན་གྱི་དགག་དབྱེའོ། །དང་པོ་ལ། སྔོན་འགྲོ་དངོས་གཉིས་ལས། སྔོན་བ་ལའང་། རིང་སྔོན་དང་། ཉེ་སྔོན་ནོ། །དང་པོ་ནི། ཞག་བདུན་ལ་སོགས་པའི་སྔ་རོལ་ནས་སྤྱོད་ཡུལ་དུ་གོ་བར་བྱ་ཞིང་འཁོན་རྣམས་སྡོང་བ་དང་། གཙུག་ལག་ཁང་བརྒྱན་པ་སོགས་ཆོས་བཅུ་གསུམ་ཡན་ཆད་ལ་ཚར་བ་བྱས་ནས་བཅུ་བཞིའི་མཚན་ཐོག་ཐག་ཆོས་རྣམ་པར་གཏན་ལ་དབབ་པར་བྱའོ། །གཉིས་པ་ནི། དབྱར་སྟ་མ་ཁས་བླངས་ན་སྟོན་འབྲིང་དགུག་ཟླ་དང་། ཕྱི་མ་ལ་སྟོན་ཟླ་ཐ་ཆུང་སྨིན་དྲུག་ཟླ་བ་གང་རུང་གི་ཚེས་བཅོ་ལྔའི་སྔ་དྲོ་དགེ་འདུན་ཐམས་ཅད་འདུས་ནས་ཕན་ཚུན་

ཕྲུག་བྱས་ལ་དབྱར་ནང་དུ་ཐུགས་དང་འགལ་བ་བཟོད་པར་གསོལ་ཞིང་། རྒྱུད་ཆགས་གསུམ་པ་ནས་དགེ་ཚུལ་གྱི་བཤགས་པའི་བར་གསོ་སྦྱོང་ལྟར་བྱས་ལ་དགེ་ཚུལ་རྣམས་ལོགས་སུ་བཀར་ཏེ། འདུ་བར་མ་ནུས་པའི་འདུན་པ་དང་དགག་དབྱེ་ལེན་དགོས་ན་བླངས་ཏེ་དགེ་འདུན་ལ་བརྗོད། ལྟུང་བ་ཐུན་མོང་མ་ཡིན་པ་རྣམས་གསོ་སྦྱོང་གི་སྐབས་ལྟར་ལས་གྲལ་ལ་མ་འདུས་གོང་དུ་ཕྱིར་བཅོས་བྱ་ཞིང་། འདིར་ལས་བྱེད་པས་ལྟུང་མཐུན་བྱིན་གྱིས་བརླབས་ནས། བསྐོ་བྱ་ལ་སྤྲོ་བ་དྲི། སྤྲིན་གསོལ་བ་དང་གཉིས་ཀྱི་ལས་ཀྱིས་དགག་དབྱེ་བྱེད་པ་པོ་བསྐོས་ནས། དགག་དབྱེ་བྱ་བའི་ཕྱིར་གསོལ་བའི་ལས་ཀྱིས་ཐུགས་བསྟུན་པ་རྣམས་སོ། །གཉིས་པ་དངོས་གཞི་ནི། བསྐོས་པ་དེས་རྩྭ་དཀྲུ་བྲིམ་ཞིང་། དེ་ཡུལ་རྗེན་གཉིས་ཀས་བཙུང་ནས་སྟུགས་ལན་གསུམ་མམ་གཅིག་གིས་ལྟུང་བའི་དགག་དབྱེ་བྱས་ཏེ། བསྐོས་པས་དགག་དབྱེ་ལེགས་པར་བྱས་པ་དགེ་འདུན་ལ་གོ་བར་བྱ་བ་དང་། རྫས་ཀྱི་དགག་དབྱེ་བྱ་བའོ། །དེའི་འོག་ཏུ་དགེ་ཚུལ་དང་། དགེ་སློང་མ་དང་། དགེ་སློབ་མ་དང་། དགེ་ཚུལ་མ་རྣམས་ཀྱི་དགག་དབྱེ་བྱེད་པར་གསུངས་སོ། །དེ་ལྟར་སྤྱིར་བཏང་ནས། དངོས་པོའི་དམིགས་བསལ་ནི། ལྟུང་བ་གླེང་བའི་ཚེ་གཞི་དང་གང་ཟག་གང་རུང་རེ་རེའམ་གཉིས་ཀ་བཞག་པའི་དགག་དབྱེ་བྱར་རུང་བར་བཤད་དོ། །གཉིས་པ་དུས་མིན་གྱི་དགག་དབྱེ་ནི། རྐྱེན་དབང་གིས་ཟླ་བ་གཅིག་གམ། ཕྱེད་དང་གཉིས་འདུས་པའི་ཉ་ཤི་གང་རུང་ལ་དགག་དབྱེ་བྱར་རུང་ཞིང་། གལ་ཏེ་གསོ་སྦྱོང་གཉིས་སོགས་མ་སོང་བ་དང་ཉ་སྟོང་མ་ཡིན་པའི་དུས་སུའང་དམག་འཁྲུག་ལ་སོགས་པའི་རྐྱེན་གྱིས་དགེ་འདུན་ཐམས་ཅད་འགྱེ་དགོས་ན་ཕན་ཚུན་གཅིག་གིས་གཅིག་ལ་ཚོགས་ཀྱིས་དགག་དབྱེ་བྱ་སྟེ། དགེ་སློང་གང་རུང་རྐྱེན་དབང་གིས་འགྲོ་དགོས་ནའང་འདི་བྱར་རུང་ངོ་། །དེ་དག་ནི་དུས་ཀྱི་དམིགས་བསལ་ལོ། །ཡང་གང་ཟག་གི་དམིགས་བསལ་ནི། དགེ་སློང་བཞི་ལས་མེད་ན་དགག་དབྱེ་བྱེད་པ་པོ་མི་བསྐོ་བར། གསོལ་བའི་ལས་དང་དགག་དབྱེ་དངོས་བྱ་ཞིང་། དགེ་སློང་གསུམ་མམ་གཉིས་ལས་མེད་ན་དགག་དབྱེ་བྱིན་གྱིས་བརླབ། རང་གཅིག་པུ་ལས་མེད་ན་དངོས་གཞི་ཙམ་ལན་གསུམ་བརྗོད་དོ། །གཞན་ཡང་དབྱར་བྱིན་གྱིས་བརླབས་ཏེ་སོང་བས་མཚམས་གཞན་དུ་དགག་དབྱེ་བྱེད་པ་དང་ཐུག་ན་དེ་དག་དང་ལྷན་ཅིག་དགག་དབྱེ་བྱས་ཀྱང་ཆགས་པར་བཤད་ཅིང་། དབྱར་

དྲལ་བཞམ་དེ་ཉིན་གློ་བུར་དུ་ལྟུག་པའི་རབ་བྱུང་གཞན་གྱིས་ཀྱང་དགག་དབྱེ་བྱ་དགོས་སོ། །

གཉིས་པ་བདེ་བར་གནས་པའི་རྐྱེན་གྱི་གཞི་ནི། **གོས་ཀྱི་གཞི། །ཀོ་ལྤགས་གནས་མལ་སྨན་སོགས་གཞན་དུ་ཤེས།** །ཞེས་པ་སྟེ། འདི་ལ་གསུམ། གོས་དང་། སྨན་དང་། གནས་མལ་བསྟེན་པའོ། །དང་པོ་ལ། བག་ཡངས་དང་འབྲེལ་བ་སྲ་བརྐྱང་། འཚོ་བའི་ཡོ་བྱད་དང་འབྲེལ་བ་གོས། དམིགས་བསལ་དང་འབྲེལ་བ་ཀོ་ལྤགས་ཀྱི་གཞིའོ། །དང་པོ་ནི། སྟོན་པ་མཉན་ཡོད་ན་བཞུགས་པའི་ཚེ་གནས་བཅས་སུ་དབྱར་གནས་པ་འཕྲོན་ནས་ཕྱག་འཚལ་དུ་འོང་བའི་དགེ་སློང་རྣམས་ཚོགས་ཆེན་པོས་ངལ་བར་གྱུར་པ་ལ་བརྟེན་ནས་གནང་བའོ། །དེ་ལ་ཀ་ཋི་ན་ཞེས་པ་གཏན་པཞམ་སྲ་རྐྱང་སྟེ། དངོས་མིང་ཆོས་གོས་དྲས་དྲུབ་བྱེད་པའི་ཚེ་འདིང་བའི་གཞི་པང་ལེབ་ཀྱི་མིང་ཡིན་ལ། དེ་འདིར་དགེ་འདུན་སྤྱི་(ལ)དབང་བའི་ཆོས་གོས་སུམ་ཕྲུག་ལ་འདྲ་བ་རྒྱུ་མཚན་དུ་བྱས་ནས་བཏགས་པ་སྟེ། ཇི་ལྟར་འདྲ་ན། གཏན་པས་ཆོས་གོས་ལ་ཁྱབ་པས་དང་། འཕྲུམས་པ་བརྐྱང་བ་དང་། དེའི་སྟེང་དུ་ཆོས་གོས་ཀྱི་དངོས་པོ་གཅིག་ཏུ་འགྱུར་བ་ལྟར། འདིས་ཀྱང་འདིང་བ་པོ་ཐམས་ཅད་ལ་ཁྱབ་ཅིང་། གནང་བ་བག་ཡངས་དང་འབྲེལ་པས་བག་རྐྱོང་པ་དང་། འདིང་བ་པོ་རྣམས་བློ་གཅིག་ཏུ་མཐུན་པར་བྱེད་པས་སོ། །ཅིའི་ཕྱིར་འདིང་ཞེ་ན། སྲ་བརྐྱང་བཏིང་ཆགས་ཀྱི་དགེ་སློང་གིས་ཕན་ཡོན་རྣམ་པ་བཅུ་ཐོབ་པའི་ཕྱིར་ཏེ། འཆང་འབྲལ་འཇོག་གསུམ། ཡང་ཡང་དང་། འདུས་ཟ། མ་སྨྲས་པར་འགྲོ་བ། གོས་སློང་བའི་ཉེས་པ་རྣམས་ཁེགས་ཤིང་། འདིང་བ་ལ་གཏོགས་པའི་དགེ་སློང་ཡུལ་གང་ན་འདུག་ཀྱང་རྙེད་པ་ཐུན་མོང་དུ་དབང་བ་དང་། རུང་བ་མ་བྱས་པའི་གོས་འཆང་དུ་རུང་བ་དང་། སྣམ་སྦྱར་མེད་པར་ལྡོངས་རྒྱུར་རུང་བ་རྣམས་སོ། །འདིང་བའི་ཚུལ་ལ་ལྔ་ལས། གང་དུ་འདིང་བའི་གནས་ནི། དབྱར་ཁས་བླངས་པའི་གནས་དེའི་འདིང་ཁར་མཚམས་གཅིག་ཏུ་བྱས་པར་ཡང་རུང་ངོ་། །གང་གི་ཚེ་འདིང་བའི་དུས་ནི། སྨིན་དྲུག་ནས་ནི་ཁྲ་ཡི་བར། །སྲ་བརྐྱང་འདིང་བ་རྗེས་སུ་གནང་། །ཞེས་པས་དགག་དབྱེ་འཕྲོན་པའི་ཕྱི་དེ་ནས་སྨྱིར་བཏང་ལ་ཡུན་ཟླ་བ་ལྔའོ། །གང་གིས་འདིང་བའི་གང་ཟག་ནི། དབྱར་སྔ་མ་ཁས་བླངས་ཤིང་མ་རལ་བའི་དགེ་སློང་རྣམ་དག་གིས་སོ༑ ༑གང་འདིང་བའི་དངོས་པོ་ནི། དབྱར་རྙེད་ཀྱི་རྒྱུ་ལས་བྱུང་ཞིང་དགེ་འདུན་དབང་བའི་ཆོས་གོས

སུམ་ཕྲུགས་གཅིག་ཡན་ཆད་དུ་ཚང་བའོ། །ཇི་ལྟར་འདིང་བའི་ཆོ་ག་ལ་སྦྱོར་དངོས་རྗེས་གསུམ་ལས། དང་པོ་ནི། དགེ་སློང་རྣམས་རང་རང་གི་ཆོས་གོས་ཀྱི་བྱིན་རླབས་ཕྱུང་སྟེ། གདིང་རྒྱུའི་ཆོས་གོས་དབྱར་ནང་གི་ཉི་མ་གང་ལ་གྲུབ་པ་དེ་ནས་ཞག་མ་ལོན་པར་དགེ་སློང་ཐམས་ཅད་མཚམས་ནང་དུ་ཚོགས་པས་དེ་དེར་གདིང་ངོ་ཞེས་མོས་པར་བྱས་ལ། གསོལ་བ་དང་གཉིས་ཀྱི་ལས་ཀྱིས་བློ་བསྟུན་ཏེ༏ འདིང་བ་པོ་བསྔོས་ཏེ། གསོལ་བ་བྱས་ནས་དེ་ལ་གཏད། དེས་ཀྱང་སེམས་གསུམ་བསྐྱེད་ནས་དགེ་འདུན་ལ་སང་གདིང་བར་འགྱུར་གྱི་ཞེས་བརྗོད། གལ་ཏེ་ཆོས་གོས་ཏེ་སྟར་མ་ཟིན་ན་བསྔོས་པས་བཀྲུ་བ་ཁ་བསྒྱུར་བ་དྲུབ་པ་སོགས་སྟོན་དུ་བཏང་ནས། གཉིས་པ་ནི། སྟོན་ཟླ་འབྲིང་པོའི་ཚེས་བཅུ་དྲུག་གི་ནངས་པར་དགེ་འདུན་བསྡུས་ལ། བསྔོས་པས་སྲ་བརྐྱང་འདིང་བའི་སྔགས་ལན་གསུམ་བརྗོད། དེ་ནས་སྲ་བརྐྱང་ཐོགས་ཏེ་རྒན་རིམ་བཞིན་དགེ་སློང་རེ་རེའི་མདུན་དུ་འདུག་ནས་བཏིང་ངོ་ཞེས་གོ་བར་བྱ། གསུམ་པ་ནི། དེ་ལྟར་བརྗོད་པ་ལ་དགེ་འདུན་གྱིས་ལེགས་པར་གདིང་ངོ་ཞེས་སོགས་རྗེས་སུ་ཡི་རང་བར་བྱའོ། །དེ་ལྟར་བཏང་ནས་དུས་དུས་སུ་གསེང་བ་སོགས་དང་། བསྔོས་པ་དེས་ཞག་གིས་ཆོད་པར་མི་འབྲལ་ཞིང་གཞན་དུ་མི་ཁྱེར། བསྲུང་བ་པོ་མེད་པར་མི་འཇོག་པ་སོགས་ཀྱིས་བསྐྱང་ཞིང་། དབྱུང་བ་ལ་གཉིས་ལས། རང་འཇུག་ཐལ་ནི། སྲ་བརྐྱང་གིས་མཚམས་གཞན་དུ་ཕྱིན་པ་དང་། བསྔོས་པའི་དགེ་སློང་མཚམས་གཞན་དུ་སྐྱ་རེངས་ཤར་བ་དང་། མཚམས་དེར་གཏོགས་ཐམས་ཅད་མཚམས་ཁོངས་སུ་མི་གཏོགས་པར་ཆད་པ་ལ་སོགས་པའོ། །བཅོས་མོས་དབྱུང་བ་ནི། ཚོགས་དབྱུང་བ་སྟེ། དེ་ཡང་དབོ་ཟླའི་ཉ་ལ་དབྱུང་བ་དུས་ཅན་དང་། རྐྱེན་དབང་གིས་དེའི་སྔ་རོལ་དུས་མིན་དུ་དབྱུང་བ་གཉིས་སོ། །

གཉིས་པ་གོས་ཀྱི་གཞི་ནི། སྟོན་པས་དབྱར་རྐྱེད་ཀྱི་རས་རྣམས་དྲས་ནས་ཁ་དོག་ངན་པར་བྱས་ཏེ་བཅངས་བར་གནང་བ་ལས། གཟུགས་ཅན་སྙིང་པོས་འཚོ་བ་པོ་མཐོང་བ་ཉན་ཐོས་སུ་འཁྲུལ་ནས་མཚན་མ་གདབ་པར་ཞུས་པས་དྲས་ཤིང་དྲུབ་པའི་གོས་རྗེས་སུ་གནང་ངོ་། །འདི་ལ་ལྔ་སྟེ། རྒྱུའི་ཁྱད་པར་གོས་སྒྲུབ་ལུགས། གོས་ཀྱི་དབྱེ་བ། དབྱེ་བ་སོ་སོའི་རྣམ་བཞག །ཇི་ལྟར་བཅང་བའི་ཚུལ་ལོ༏ ༏དང་པོ་ནི། ལོག་འཚོས་མ་བསྒྲུབས་ཤིང་རྒྱུ་ཧ་ཅང་ངན་པ་དང་བཟང་བ་མ་ཡིན་པའི་རྒྱུར་རུང་

བ་བདུན་ཏེ། ས་གའི་ལྟས། བལ་གོས་ཤ་ན་ཉི་འོག་དང་། །རས་གོས་དང་ནི་ཟར་མ་དང་། །ཀོ་ཏྃ་པ་དང་དུ་ཀུ་ལ། །ཆོས་གོས་རྒྱུ་ནི་རྣམ་པ་བདུན། །ཞེས་གསུངས་ཤིང་། དེ་ཡང་སྲུ་ཤིན་ཏུ་ཆེ་བ་དང་ཁ་ཚར་ཕུན་ཚར་མ་བཅད་པ་སོགས་མ་ཡིན་པའོ། །གཉིས་པ་སླུབ་ལུགས་ནི། རྒྱུ་རུང་བ་ཉིད་ལེགས་པར་བཀྲུས་ལ། མི་རུང་བའི་ཀོན་ཆེན་བརྒྱད་སྤངས་ཏེ་རུང་བའི་ཀོན་གསུམ་གྱིས་ཁ་བསྒྱུར་བར་བྱའོ། །དེ་ལྟར་ཡང་རྒྱ་སྐྱེགས་ལེ་བཀྲན་རྩི་དང་བཙོད། །སྔོན་ཤིང་རྩི་དང་མཐིང་ཤིང་མཚལ། །སིནྡྷུ་ར་དང་གུར་ཀུྃ་སྟེ། །འདི་དག་ཀོན་ཆེན་བརྒྱད་དུ་འདོད། །ཅེས་དང་། སྔོན་པོ་བཙག་དང་དུར་སྨྱིག་རྩི། །འདི་དག་རུང་བའི་ཀོན་གསུམ་སྟེ། །ཞེས་སོ། །དེ་ལ་སྦྱིར་བཏང་དུ་གོས་མཚོན་གྱིས་དྲས་པ་ཞིག་དགོས་ཏེ། མཚོན་གྱིས་མ་དྲས་པའི་གོས་བཅང་བར་མི་བྱའོ། །ཞེས་པས་གྲིས་དྲས་ནས། དྲུབ་པར་འོས་པ་རྣམས་དྲུབ་པར་བྱ་སྟེ། དྲས་ཤིང་དྲུབ་པ་ཆོས་གོས་ཉིད་དུ་བྱིན་གྱིས་བརླབ་པར་བྱའོ། །མཐང་གོས་དང་བླ་གོས་དང་སྣམ་སྦྱར་ལའོ། །དགེ་སློང་མས་ཤིང་ང་དཔུང་ཆད་དང་རྫུལ་གཟན་སྣམ་པ་གང་ཡང་རུང་བའོ། །ཞེས་པས་འགྱོར་ན་དེ་ཐམས་ཅད་དྲས་དྲུབ་དང་། མ་འགྱོར་ན་ལྷན་ཐབས་བྱ་ཞིང་། སྣམ་སྦྱར་མ་གཏོགས་པ་ལ་ཐང་ཐང་པོ་ཡང་རུང་བར་བཤད་དོ། །གང་དག་སྣམ་སྦྱར་ལ་ངེས་པར་དྲས་དྲུབ་དགོས་གསུངས་པ་མི་རིགས་ཏེ། རྒྱུའི་བྱིན་རླབས་ཀྱི་སྤྱགས་ཆོག་ཏུ༔ ཡང་ན་འདི་ལ་ལྷན་ཐབས་སུ་བསླན་ནོ། །ཞེས་དང་། རྒྱ་ཆེར་འགྲེལ་དུ། ཆོས་གོས་རླག་པ་ཉིད་དང་། ཆོས་གོས་འཚོག་པ་ཉིད་ལ་སོགས་པའི་རྐྱེན་དེ་ལྟ་བུ་དག་ཡོད་ན་སྣམ་སྦྱར་ལའང་དྲས་ཤིང་དྲུབ་པ་ཆོས་གོས་ཉིད་དུ་བྱིན་གྱིས་བརླབ་བོ་ཞེས་བྱ་བའི་ངེས་པ་མེད་དོ། །ཞེས་གསུངས་པའི་ཕྱིར། དྲས་དྲུབ་བྱ་ཚུལ་ནི། སྣམ་ཕྲན་སྟྲེལ་གཞི་ཉིད་དང་ལྷག་མ་མཉམ་པ་ཉིད་དང་དབུས་ནས་གཞན་དུ་གླེགས་བུའི་འཕྲོ་ཕྱོགས་ཕྱོགས་སུ་བལྟ་བ་ཉིད་དང་མཐའ་བསྐོར་བ་ཉིད་དག་གིས་སོ། །ཞེས་སོ། །འདི་ལ་གླེགས་བུའི་འཕྲོ་ཞེས་པ་འགྱུར་སྐྱོན་ཏེ། འགྲེལ་པ་ཁ་ཅིག་ཏུ་ཚལ་བུའི་འཕྲོ་ཞེས་འབྱུང་བ་དག་གོ། །ཞེས་རྣམ་བཤད་དྲི་མེད་རྒྱན་པ་བཞེད་དོ། །

གསུམ་པ་དབྱེ་བ་ལ་གསུམ་སྟེ། འཚོ་བའི། ལྷག་པའི། མཁོ་བའི་ཡོ་བྱད་ཀྱི་གོས་རྣམས་སོ། །བཞི་པ་སོ་སོའི་རྣམ་བཞག་ལ་གསུམ་ལས། དང་པོ་འཚོ་བའི་ཡོ་བྱད་ཀྱི་གོས་ལ། མཚན་ཉིད། དབྱེ་བ།

སོ་སོའི་རང་བཞིན། བྱིན་གྱིས་བརླབ་ཚུལ་ལོ། །དང་པོ་ནི། བཅས་ལྡན་དགེ་སློང་གི་ལས་འཚོ་བའི་ཆེད་དུ་གནང་བའི་གོས་རུང་བ་ཚད་ལྡན་རེ་རེར་ངེས་པ་གང་ཞིག །རང་མིང་གིས་བྱིན་གྱིས་བརླབ་རུང་གི་རིགས་གནས། གཉིས་པ་ལ། དངོས་སུ་གྲུབ་པ་དང་། དེའི་བྱིན་རླབས་ཆགས་རུང་གཉིས། དང་པོ་ནི། ཡོ་བྱད་བཅུ་གསུམ་པོ་གང་རུང་ཚད་དང་ལྡན་པར་གྲུབ་པ་སྟེ། སྣམ་སྦྱར། བླ་གོས། མཐང་གོས། ཤམ་ཐབས། ཤམ་ཐབས་ཀྱི་གཟན། རྔུལ་གཟན། རྔུལ་གཟན་གྱི་གཟན། གདོང་ཕྱིས། རྣག་གཟན། གཡན་དགབ། སྐྲ་བཟེད། གདིང་བ། དབྱར་གྱི་གོས་རས་ཆེན་རྣམས་སོ། །གཉིས་པ་ནི༑ རྒྱུའི་བྱིན་བརླབ་འབྲལ་སྤང་ཁེགས་པའི་སྤྱགས་རྟེན། ཆོས་གོས་གསུམ་གང་རུང་གི་རྒྱུར་རུང་བའི་གོས་དང་། ཁྱིམ་པའི་གོས་ལྷ་བུ་གང་རུང་ཁྲུ་གང་ཡན་ཆད་དོ། །གསུམ་པ་སོ་སོའི་རང་བཞིན་ལ༑ སྣམ་སྦྱར་ནི་སྣམ་ཕྲན་དགུ་ནས་ཉེར་ལྔའི་བར་ཏེ། དགུ་མ། བཅུ་གཅིག བཅུ་གསུམ་མ་གསུམ་ནི་གླེགས་བུ་ཕྱེད་དང་གསུམ་པའོ། །བཅོ་ལྔ། བཅུ་བདུན། བཅུ་དགུ་གསུམ་ནི་གླེགས་བུ་ཕྱེད་དང་བཞི་པའོ། །ཉེར་གཅིག ཉེར་གསུམ། ཉེར་ལྔ་གསུམ་ནི་གླེགས་བུ་ཕྱེད་དང་ལྔ་པའོ། །ཚད་ནི་ཆེ་སྐོར་གསུམ་དཔངས་སུ་ཁྲུ་གསུམ་དང་སྲིད་དུ་ཁྲུ་ལྔ། ཆུང་གསུམ་དེ་ལས་ཁྲུ་ཕྱེད་ཕྱེད་ཕྲི་བ༑ འབྲིང་གསུམ་དེ་གཉིས་ཀྱི་བར་རོ། །བླ་གོས་ནི་སྣམ་ཕྲན་བདུན་དང་གླེགས་བུ་ཕྱེད་དང་གསུམ་པ༑ ཚད་སྣམ་སྦྱར་ལྟར་གསུམ་མོ། །མཐང་གོས་ནི་རྣམ་ཕྲན་ལྔ་དང་གླེགས་བུ་ཕྱེད་དང་གཉིས་པ། ཚད་དཔངས་སུ་ཁྲུ་དོ་དང་། སྲིད་དུ་ཁྲུ་ལྔའམ་བཞི། ཐ་ན་འཁོར་གསུམ་ཁེབས་པས་ཀྱང་རུང་ཞིང་། ལུས་སྦོམ་པས་མི་ཡོགས་ན་རལ་ཁ་དཔུང་ཚད་སྣོན་པར་བཤད་དོ། །སྤྱིར་ཁྲུ་ལ་རྔུལ་ཁྲུ། ལག་ཁྲུ། ལུས་ཁྲུ་གསུམ་ལས། འདིར་ལུས་ཁྲུ་སྟེ། མདོ་རྩར་ཁྲུའི་དོན་ནི་ལུས་ཀྱི་ཆ་བདུན་ལས་གཉིས་སོ། །ཞེས་གསུངས་པའི་ཕྱིར། ཤམ་ཐབས་དང་དེའི་གཟན་མཐང་གོས་དང་ཚད་འདྲ་ཞིང་། རྔུལ་གཟན་དང་དེའི་གཟན་བླ་གོས་དང་ཚད་འདྲ་སྟེ། དེ་དང་དེ་ཉིན་མོ་དང་མཚན་མོ་མཐང་གོས་དང་བླ་གོས་ཀྱི་འོག་ཏུ་གྱོན་པའི་གོས་ཡིན་པའི་ཕྱིར། གདོང་ཕྱིས་སྲིད་དང་ཞེང་དུ་ཁྲུ་གང་བ་རྣག་གཟན་བླ་གོས་དང་མཉམ་པ། སྐྲ་བཟེད་སྲིད་དུ་ཁྲུ་གསུམ་དང་ཞེང་དུ་ཁྲུ་ཕྱེད་དང་གཉིས་པ། གཡན་དགབ། གདིང་བ༑ རས་ཆེན་གསུམ་གྱི་ཚད་ནི་ལྷུང་བྱེད་ཀྱི་སྐབས་སུ་བཤད་ཟིན་མོད། འོན་ཀྱང་གདིང་བའི་འཇལ་

བྱེད་རྟུལ་ཁྲུ་ཡིན་ཞེས་གཉག་དབོན་རིན་པོ་ཆེས་གསུངས་ཤིང་། དབྱིབས་ནི་གླེགས་བུ་ཕྱེད་དང་གཉིས་པའོ། །བཞི་པ་ནི། འཚོ་བའི་ཡོ་བྱད་རྣམས་སོ་སོ་རང་མིང་གིས་ངེས་པར་བྱིན་གྱིས་བརླབ་ཅིང་། ཁྱད་པར་ཆོས་གོས་གསུམ་ནི་དངོས་མེད་ན་རྒྱུའི་བྱིན་རླབས་དང་། དངོས་སམ་རྒྱུའི་བྱིན་རླབས་གང་རུང་མི་ཆགས་ན་རྐྱེན་དབང་གིས་བྱིན་གྱིས་བརླབ་པར་བྱའོ། །དེ་ལྟར་བྱིན་གྱིས་བརླབས་པའི་དགོས་པ་ནི། དངོས་སུ་འཆང་འབྲལ་གྱི་ཉེས་པ་ཁེགས་ཤིང་ཤན་མི་འབྱུང་བ་སོགས་དང་། བརྒྱུད་ནས་དངོས་ཞེན་དང་བྲལ་བའི་ཕན་ཡོན་འབྱུང་སྟེ། འོག་མ་གཉིས་ལའང་ཤེས་པར་བྱའོ། །གཉིས་པ་ལྷག་པའི་ཡོ་བྱད་ཀྱི་གོས་ལ་གསུམ་ལས། མཚན་ཉིད་ནི། དགེ་སློང་གི་འཚོ་མཁོ་གང་རུང་གི་ཡོ་བྱད་དུ་གྱུར་པའི་གོས་ལྷག་པོ་གང་ཞིག །གཞན་མིང་ཉིད་ཀྱིས་བརླབ་པའམ་ཡིད་བརྟན་ཏེ་བཅང་རུང་གི་རིགས་གནས། དབྱེ་ན། སྣམ་སྦྱར་གཉིས་པ་ལྟ་བུ་འཚོ་བའི་ཡོ་བྱད་གང་རུང་གི་དབྱིབས་སུ་གྲུབ་པའི་ལྷག་པོ་དང་། སྣ་རགས་གཉིས་པ་ལྟ་བུ་མཁོ་བའི་ཡོ་བྱད་ཀྱི་གོས་ལྷག་པོ་དག་གོ། །བྱིན་གྱིས་བརླབ་པ་ནི། གཞན་ཁོ་ནའི་མིང་གིས་བརླབ་པའམ། ཡོ་བྱད་རུང་བ་ནི་མཁན་པོ་སོགས་དང་མི་རུང་བ་ནི་སྦྱིན་བདག་ལ་ཡིད་བརྟན་ཏེ་བཅིང་བའོ། །གསུམ་པ་མཁོ་བའི་ཡོ་བྱད་ཀྱི་གོས་ལའང་གསུམ་ལས། མཚན་ཉིད་ནི། འཚོ་བའི་ཡོ་བྱད་གང་རུང་གི་དབྱིབས་སུ་མ་གྲུབ་པའི་གོས་ཀྱི་ཁྱད་པར་ཁྲུ་གང་ཡན་ཆད་མ་ངེས་པ་གང་ཞིག །རང་གཞན་གཉིས་ཀའི་མིང་གིས་བརླབས་ཏེ་བཅང་རུང་གི་རིགས་གནས། དབྱེ་ན། དར་གོས་སྣམ་བུ་ལྟ་བུ་ནོར་གྱི་འདུ་ཤེས་སྐྱེ་བ་དང་། ཞྭ་དང་སྣ་རགས་སོགས་གོས་ཀྱི་འདུ་ཤེས་སྐྱེ་བའི་ཡོ་བྱད་དག་གོ། །བྱིན་གྱིས་བརླབ་པ་ནི། བདག་དང་ཚངས་པ་མཚུངས་པར་སྤྱོད་པ་གཉིས་ཀའི་དོན་དུ་བྱིན་གྱིས་བརླབས་པའོ། །ལྔ་པ་བཅང་ཚུལ་ལ་བཞི་ལས། གང་གིས་ན། སྤྱིར་རབ་བྱུང་ཚུལ་ལྡན་གྱིས་བཅང་ཞིང་། ཁྱད་པར་སྣམ་སྦྱར་ནི་དགེ་སློང་གིས་བཅང་ངོ་། །བསམ་པ་ཇི་ལྟ་བུས་ན། ལུས་ལ་རྨ་དང་གོས་ལ་རྨ་དགྲིས་ཀྱིས་དགབ་པ་སོགས་ཀྱི་འདུ་ཤེས་དང་། སྤྱིར་ཡོ་བྱད་ཐམས་ཅད་ལ་མི་རྟག་པས་ཉེན་པའི་བསམ་པས་བཅང་ངོ་། །གང་གི་ཕྱིར་ན། སྤྱིར་ཁྲིམ་པའམ་མུ་སྟེགས་ཅན་དང་། ཁྱད་པར་སྣམ་སྦྱར་ནི་དགེ་ཚུལ་མན་ཆད་ཀྱི་རྟགས་ལས་འཕགས་པར་བྱ་བའི་ཕྱིར་དང་། རང་ཉིད་སྟོན་པའི་རྣམ་ཐར་གྱི་རྗེས་སུ་འཇུག་ཅིང་དགེ་སློང་གི་དྲན་པ་གསོ་བའི་ཆེད་དུ་

བཅང་བའོ། །མཇུག་ཏུ་ཧི་ལྷར་སྒྲུབ་པ་ནི། གོས་རྙིང་ན་ལྷན་པ་གདབ་པ་སོགས་ཀྱིས་བཅོས་ཤིང་། བཅོས་སུ་མི་རུང་ན་སྦྱིན་བདག་གི་བསོད་ནམས་སྤེལ་བ་ལ་སོགས་པའི་ཆེད་དུ་ས་དང་ལྀི་བ་སོགས་ལ་བསྲེས་ནས་མཆོད་རྟེན་དང་གཙུག་ལག་ཁང་གི་སེར་ཁ་ལ་བསྙུན་པར་བཤད་དོ། །

གསུམ་པ་ཀོ་ལྤགས་ཀྱི་གཞི་ནི། ཀཱ་ཏྱཱ་ནའི་སློབ་མ་གྲོ་ཞུན་སྐྱེས་བྱེ་བ་ནི་ཉི་ཤུ་པས་མཐའ་འཁོབ་རྗོ་ཙན་ནས་སྟོན་པ་བལྟར་འོངས་ཏེ་ཞེས་པས་གནང་ངོ་། །དེ་ཡང་གནང་བཀག་གི་མཚམས་ཤེས་པའི་ཕྱིར་དབུས་མཐའི་ས་ཚིགས་ནི། སྟར་རབ་བྱུང་གི་གཞིར་བཤད་པ་བཞིན་ནོ། ། སྤྱིར་ཡུལ་དབུས་སུ་གནས་མལ་སྐྱོབ་པའི་ཕྱིར་ཀོ་ལྤགས་ཀྱི་ལྷམ་ཙམ་དང་། གཙུག་ལག་ཁང་ལས་གཞན་པའི་ཁྲིམ་དུ་སྟན་གཞན་མེད་ན་ཀོ་ལྤགས་ལ་འདུག་པ་ཙམ་གནང་གི །ཉལ་བར་མ་གནང་ངོ་། མཐའ་འཁོབ་ཏུ་ནི་གྲང་བ་སྐྱོབ་པའི་ཕྱིར་གནང་བས་ལྷམ་དང་མལ་སྟན་གཉིས་ཀ་བསྟེན་དུ་རུང་ཞིང་། དེའི་ཁྱད་པར་ཁྲ་བོ་དང་གསེར་དངུལ་གྱི་རྒྱན་ཅན་སོགས་སྙིག་རྫས་དང་སྒྲ་སྒྲོག་པའི་འཆིལ་ལྷམ་བསྟེན་དུ་མི་རུང་། གླང་པོ་ཆེ་དང་སྟག་སེང་རྟ་བོང་སོགས་ཀྱི་ཀོ་ལྤགས་བཅང་དུ་མི་རུང་བའོ། །བྱེ་བྲག་ཡུལ་ཨ་ཤྨ་པ་རནྟར་ནི་ཀོ་ལྤགས་ཀྱི་གོས་ཅི་དགར་བསྟེན་པ་སྒྲུབ་པའི་བསླབ་བྱར་གསུངས་ལ། སྤྱིར་ཆུ་ལ་ཆབ་རོམ་ཙམ་ཆགས་པའི་ཡུལ་དུ་ཞྭ་དང་ལྷམ་ཡུ་ཅན་གཉིས་ཀ་གནང་བའི་བསླབ་བྱར་གསུངས་སོ།། །

གཉིས་པ་སྨན་གྱི་གཞི་ནི། སྟོན་པ་གཉན་ཡོད་ན་བཞུགས་པའི་ཚེ་དགེ་སློང་རྣམས་སྟོན་ཀའི་ནད་ཀྱིས་ཐེབས་ནས་རིད་པས་སྨན་བསྟེན་པར་གནང་ཞིང་། དེ་ཡང་དུས་མ་ཡིན་པར་མ་ཟོས་པས་རིད་པ་ན་སྨན་བཞིར་ཕྱེ་ནས་རྗེས་སུ་གནང་ངོ་། །འདི་ལ་བཞི་སྟེ། སྨན་གྱི་རྒྱུ། སྨན་དངོས། གང་ཟག་གང་གིས་སྤྱོད་པ། བཞག་པའི་གནས་རུང་ཁང་བསྟེན་ཚུལ་ལོ། །དང་པོ་ནི། ལོག་འཚོ་དང་བྲལ་ཞིང་མཐའ་གཉིས་སྤངས་པའི་སྒོ་ནས་བསྒྲུབ་པར་བྱའོ། །གཉིས་པ་ལ། མཚན་ཉིད། དབྱེ་བ། སྒྲ་དོན། བསྟེན་ཚུལ་ལོ། །དང་པོ་ནི། བཅས་ལྡན་དགེ་སློང་གིས་བསྟེན་དུ་རུང་བའི་སྨན་གང་ཞིག དྲི་རོ་རེག་བྱ་གསུམ་གྱི་བདག་ཉིད་དུ་གྱུར་པའི་ཁམ་ཟས་ཏེ། མཛོད་ལས། ཁམ་གྱི་ཟས་ནི་འདོད་པ་ན། །སྐྱེ་མཆེད་གསུམ་གྱི་བདག་ཉིད་དོ། །ཞེས་སོ། །གཉིས་པ་ལ། དུས་རུང་། ཐུན་ཚོད་དུ་རུང་

བ༔ ཞག་བདུན་པ། འཚོ་བའི་བར་དུ་བཅང་བའོ། །དང་པོ་དུས་རུང་ལ། མཚན་ཉིད་དང་། དབྱེ་བའོ། །དང་པོ་ནི། བགྲེས་པའི་ནད་སེལ་བ་ལ་གཙོ་བོར་གནང་བའི་སྨན་གང་ཞིག དགེ་སློང་གིས་སྤྱིར་བཏང་ལ་ཕྱི་དྲོ་ལོངས་སྤྱོད་དུ་མི་རུང་བའོ། །གཉིས་པ་ལ། བཟའ་བ་ལྔ་དང་། བཅའ་བ་ལྔའོ། །དང་པོ་ནི། ས་གའི་ལྟར། སྣ་ཚོགས་འབྲས་ཆན་ཟན་དང་ཤ །ཕྱེ་དང་ཁུར་བ་བཟའ་བ་ལྔ། །ཞེས་སོ༔ ༔གཉིས་པ་ནི། རྩ་བ་སྡོང་བུ་མེ་ཏོག་འབྲས། །ལོ་མ་ཡང་ནི་བཅའ་བ་ལྔ། །ཞེས་སོ། །གཉིས་པ་ཐུན་ཚོད་དུ་རུང་བ་ལ། མཚན་ཉིད། ངོ་བོ། དབྱེ་བའོ། །དང་པོ་ནི། སྐོམ་པའི་ནད་སེལ་བ་ལ་གཙོ་བོར་གནང་བའི་སྨན་གང་ཞིག །དགེ་སློང་གིས་ཐུན་ཚོད་ཀྱི་མཐའི་བར་བྱིན་གྱིས་བརླབས་ནས་ལོངས་སྤྱད་དུ་རུང་བའོ། །གཉིས་པ་ནི། དྲང་སྲོང་ཀ་ནའི་བུས་བཏུང་བའི་རྒྱ་བརྒྱད་ཕུལ་ཏེ། སྨན་གྱི་གཞི་ལས། ཆུ་ཤིང་འབྲས་དང་ཀུ་ཤུ་གོ་ལ་དང་། །ཨ་ཤྭཏྠ་དང་ཨུདུམྦ་ར་དང་། །པ་རུ་ཤ་ཀ་དང་ནི་རྒྱུན་འབྲུམ་དང་། །བརྒྱད་པ་འབྲ་གོ་དག་ནི་ཡིན་པར་བཤད། །ཅེས་དང་། གཞན་ཡང་བཙོས་པའི་ཚ་སྐྱེ་རྒྱུན་ཆང་སོགས་ཀྱི་སངས་པོ། །འབྲུའི་ཚ་སྐྱེ་ནས་ཆང་གྲོ་ཆང་སོགས་ཀྱི་ཤུལ་ནས་བྱུང་བའི་སངས་པོ། ཞོ་ཁ་ཆུ་སྐྱེ་ཞོའི་ཁུ་བ་དར་བའི་དྭངས་མ་སྐྱེ་ཆུར་ཁུ། རྩབ་མོ་སྐྱེ་འབྲས་དང་ཁྲེ་སོགས་བཙོས་ནས་ཕབས་མ་བཏབ་པར་མནན་པའི་ཙད་ཤུ་ཞེས་བོད་དུ་རྩབས་སུ་གྲགས་པ། དེ་དག་ཀྱང་བཏུང་བ་མཚན་ཉིད་ལྔ་ལྡན་ཏེ། ཆུས་བཏབ་པ། ཚགས་ཀྱིས་བཙགས་པ། ཤིན་ཏུ་སླ་བ། གཞིན་སྣང་བ། འདམ་བུ་ཉག་མའི་མདོག་ལྟ་བུའི་བཏུང་བ་རྣམས་སོ། །

གསུམ་པ་ལ། རྒྱུ་དུས་རུང་དང་། ཞག་བདུན་པ་དང་། འཚོ་བཅངས་ལས་སྒྱུར་བའི་ཐུན་ཚོད་དུ་རུང་བའི་སྨན་གསུམ་སྟེ། རིམ་བཞིན་རྒྱུན་ཆུ་དང་། བུར་ཁུ་དང་། སྐྱུ་རུ་རའི་ཁུ་བ་ཤིན་ཏུ་སླ་བ་ལྟ་བུའོ། །གསུམ་པ་ཞག་བདུན་པ་ལ་མཚན་ཉིད་དང་། དབྱེ་བའོ། །དང་པོ་ནི། རླུང་ནད་སེལ་བ་ལ་གཙོ་བོར་གནང་བའི་སྨན་གང་ཞིག །དགེ་སློང་གིས་ཞག་བདུན་པའི་མཐའི་བར་བྱིན་གྱིས་བརླབས་ནས་ལོངས་སྤྱད་དུ་རུང་བའོ། །གཉིས་པ་ནི། ཞུན་མར་དང་། འབྲུ་མར་དང་། སྦྲང་རྩི་དང་། བུ་རམ་གྱི་དབུ་བ་སྟེ། དེས་འཕངས་པ་བུ་རམ་དང་། བུ་རམ་གྱི་ཁ་ཤུན་བསྐུས་པའི་ཕྱེ་མ་ཏྲག་དང་། དེ་བཙོག་པོར་བྱས་པ་ལི་ཁར་སོགས་དང་། ཞུན་མར་དང་ངོ་བོ་འདྲ་བ་བདུད་རྩི་དང་། འབྲུ་མར

དང་འདྲ་བ་ཉ་སོགས་སེམས་ཅན་ལྤའི་ཞག་བསྐོལ་ཞིང་བཙགས་པ་རྣམས་དང་། ས་གའི་ལྤགས་མར་གསར་ཡང་ཞག་བདུན་པར་བཤད་པ། ལུང་སྨན་གྱི་གཞི་ལས་ཞག་བདུན་པ་ནི་མར་དཀར་དང་། ཏིལ་མར་དང་། སྦྲང་རྩི་འོ། །ཞེས་གསུངས་པ་དང་མཐུན་ནོ། །བཞི་པ་འཚོ་བཅངས་ལ། མཚན་ཉིད་དང་། དབྱེ་བའོ། །དང་པོ་ནི། འདུས་པའི་ནད་སེལ་བ་ལ། གཙོ་བོར་གནང་བའི་སྨན་གང་ཞིག །ཇི་སྲིད་ནད་དེ་འཚོའི་བར་བྱིན་གྱིས་བརླབས་ནས་ལོངས་སྤྱད་དུ་རུང་བའོ། །

གཉིས་པ་ལ་ལྔ་སྟེ། རྩ་བའི་སྨན་གླ་སྒང་དང་ཡུང་བ་ལྟ་བུ། སྡོང་བུའི་སྨན་ཙནྡན་དང་སླེ་ཏྲེས་ལྟ་བུ། འདབ་མའི་སྨན་ནིམ་པའི་ལོ་མ་ལྟ་བུ། མེ་ཏོག་གི་སྨན་བ་ཤ་ཀའི་མེ་ཏོག་ལྟ་བུ། འབྲས་བུའི་སྨན་ཨ་བར་སྐྱུར་གསུམ་ལྟ་བུ་སྟེ། དེ་དག་ཀྱང་གཙོ་བོར་ཟས་ཀྱི་དོན་དུ་ཁྱད་པར་བྱེད་པ་མ་ཡིན་པ་རྣམས་སོ། །གསུམ་པ་སྒྲ་དོན་ནི། སྤྱིར་ནད་སེལ་བར་བྱེད་པས་ན་སྨན། བྱེ་བྲག་ཏུ་སྔ་དྲོའི་དུས་ཁོ་ནར་རུང་བའི་དུས་རུང་། རང་མིང་གིས་དུས་ཀྱི་མཐའི་བར་བྱིན་གྱིས་བརླབ་ཏུ་རུང་བས་ན་ཐུན་ཚོད་དང་། ཞག་བདུན་པ་དང་འཚོ་བཅངས་ཞེས་བྱའོ། །བཞི་པ་བསྟེན་ཚུལ་ལ་གཉིས་ལས། ལུས་ཀྱིས་བསྟེན་པ་ནི། མིག་སྨན་གྱི་དོམ་ལྦུགས་ལ་སོགས་པའོ། །ཁར་བསྟེན་པའི་སྨན་ལས། དུས་རུང་གི་སྨན་སྔ་དྲོའི་དུས་ཁོ་ནར་བསྟེན་དུ་རུང་བ་སྟེ། ནད་པར་ཕན་ན་དུས་མིན་དུ་བསྟེན་པ་འང་གནང་ཞིང་། རང་དུས་ལས་འདས་ན་བྱིན་གྱིས་བརླབས་ཀྱང་གསོག་འཇོག་མི་ཁེགས་པའི་ཕྱིར་བྱིན་བརླབ་མ་གསུངས་ལ། སྨན་གཞན་གསུམ་བྱིན་གྱིས་མ་བརླབས་པ་ནི་གང་ཟག་ནད་པ་ཡིན་མིན་ཐམས་ཅད་ལ་གནང་ཞིང་། དུས་ཐམས་ཅད་དུ་བསྟེན་དུ་རུང་མོད། འོན་ཀྱང་བྱིན་གྱིས་མ་བརླབས་ན་བྱིན་ལེན་བྱས་པ་ཉིན་ཐུན་གཉིས་མཚན་ཐུན་གསུམ་སྟེ་ལྔ་པོ་དེ་དང་དེའི་མཐར་གསོག་འཇོག་ཏུ་འགྱུར་བས་དེ་ཁེགས་པའི་ཕྱིར་བྱིན་གྱིས་བརླབ་དགོས་སོ། །དེ་ལྟར་བྱིན་གྱིས་བརླབས་པའི་སྨན་དེ་ནི་ནད་པ་ཁོ་ནས་བསྟེན་དུ་རུང་ཞིང་། དེས་ཀྱང་སྤྱིར་རང་མིང་གི་དུས་ཀྱི་མཐའི་བར་དང་། བྱེ་བྲག་ཐུན་ཚོད་ཀྱི་སྨན་ལ་གསུམ་ལས། རྒྱུ་དུས་རུང་ལས་སྦྱར་བ་ཏེ་མཚན་གྱི་ཐུན་ཐ་མའི་བར་དང་། ཞག་བདུན་པ་ལས་སྦྱར་ཏེ་བརྒྱད་པའི་སྐྱ་རེངས་མ་ཤར་བར་གསོག་འཇོག་ཏུ་མི་འགྱུར་ཞིང་། རྒྱུ་འཚོ་བཅངས་ལས་སྦྱར་བ་དེ་ལ་གསོག་འཇོག་འབྱུང་མི་སྲིད་དོ། །འོན་བྱིན་གྱིས་བརླབས་པའི་སྨན་རང་

དུས་ལས་མ་འདས་ཀྱི་བར་དུ་གསོག་འཇོག་མི་འབྱུང་བས་ཁྲབ་བམ་སྐམ་ན། མ་ཁྲབ་སྟེ། རོ་གཞན་དུ་འགྱུར་ན་བྱིན་རླབས་འཇིག་པས་གསོག་འཇོག་ཏུ་འགྱུར་བ་གང་ཞིག ཕན་རྟེག་བྱེད་ཡོད་ཀྱང་དེར་འགྱུར་བས་ཕྱིར། ཇི་ལྟར་བསྟེན་པའི་ཚིག་ནི། བདག་ཉིད་ལ་ནད་པ་དང་ཟས་ལ་སྨན་གྱི་འདུ་ཤེས་བཞག་སྟེ་དྲན་ཤེས་དང་ལྡན་པས་དཀོན་མཆོག་གསུམ་རྗེས་སུ་དྲན་པའི་སྒོ་ནས། ཟས་ལ་ཆ་བཞིར་བགོ་བྱ་སྟེ། །དང་པོར་ལྷ་ལ་བཤོས་གཙང་འབུལ། །དེ་རྗེས་ཚོས་སྐྱོང་སྲུང་མ་ལ། །གཏོར་མ་ཤིན་ཏུ་རྒྱ་ཆེར་བྱ། །རང་གིས་ཟོས་ཤིང་འཕྲུངས་པ་ཡི། །ལྷག་མ་འབྱུང་པོ་རྣམས་ལ་བྱིན། །ཞེས་པའི་ཚིགས་ཟས་ལ་རན་པར་ལོངས་སྤྱད་དེ་ཡོན་སྦྱིང་མདོ་བསྔོ་རྣམས་བྱ་ཞིང་། སྨན་ཕྱི་མ་གསུམ་དང་། ཞར་བྱུང་སྨན་སྣོད་ལྟུང་བཟེད་བྱིན་གྱིས་བརླབས་པ་དང་། དེ་དང་དེ་དབྱུང་བའི་ཚིག་རྣམས་སོ༔ ༔གསུམ་པ་གང་ཟག་གང་གིས་སྤྱོད་པ་ནི། སྤྱིར་བཏང་དུ་ཚུལ་ཁྲིམས་དང་ལྡན་པའི་རབ་བྱུང་མྱང་འདས་ཀྱི་བསམ་པ་ཅན་གྱིས་སྤྱོད་ཅིང་། དམིགས་བསལ་ཕ་མ་དང་སློང་པ་པོ་སོགས་ལ་སྦྱིན་ནོ༔ ༔

བཞི་པ་སྨན་བཞག་པའི་གནས་རུང་ཁང་བསྟེན་ཚུལ་ནི། མདོ་རྩར། རུང་བ་ཉིད་དུ་བྱིན་གྱིས་བརླབས་པར་བཅོས་པ་དང་གནས་པ་དག་ནི་ཕྱི་རོལ་དང་འདྲའོ། །ཞེས་པས་མཚམས་ནང་ཡིན་ཡང་དེར་རྗེན་བཅོས་དང་ཞག་ལོན་སོགས་བྱར་རུང་བས་ན་རུང་ཁང་ཞེས་བྱའོ། །དེ་ཡང་ཁྱིམ་པའི་གནས་ཁང་དང་གཙུག་ལག་ཁང་ཉེ་འཁོར་དང་བཅས་པ་ལས་ཕྱི་རོལ་ཏུ་གྱུར་བའི་གནས་སུ་མཚམས་བཅོས་དང་ཞག་ལོན་གྱི་ཉེས་པ་མི་འབྱུང་བས་དེ་དག་ཏུ་རུང་ཁང་བྱིན་གྱིས་བརླབ་མི་དགོས་ཤིང་། དེ་ལས་གཞན་གཙུག་ལག་ཁང་ཉེ་འཁོར་དང་བཅས་པའི་ནང་དུ་མ་ཟད། ཁྱིམ་པའི་གནས་ཡིན་ཡང་དེར་ཁྱིམ་པ་མི་སྡོད་པར་དགེ་སློང་ཉིད་དབང་བའི་ཁང་པ་ཡིན་ན། རུང་ཁང་བྱིན་བརླབ་དགོས་པ་ཡིན་ནོ། །ཇི་ལྟར་བྱིན་གྱིས་བརླབ་པའི་ཚུལ་ལ་བཞི་སྟེ། དང་པོ་སོ་ཕག་འགྲིམ་པའི་དུས་སུ་དགེ་སློང་ལག་གིས་བླས་དེའི་འཁྲམ་རྗེ་གཏོང་བ་ན་བརྟེགས་པའི་མཐའ་ལས་བྱུང་བའི་བྱིན་རླབས་དང་། གཉིས་པ་རྩིག་པའི་མགོ་བརྩམས་ནས་མཇུག་མ་ཟིན་པའི་བར་གང་ཡང་རུང་བའི་དུས་སུ་ལག་གི་བླས་སེམས་བསྐྱུས་པའི་མཐའ་ལས་བྱུང་བའི་བྱིན་རླབས་དང་། གསུམ་པ་རུང་

ཁང་དུ་འོས་པའི་ཁང་པ་དེ་གྲུབ་ཟིན་ནས་དེར་དགེ་སློང་གནས་པ་ཉིད་དང་མ་བྲལ་བའི་དུས་སུ་དགེ་འདུན་གྱིས་གསོལ་བ་དང་གཉིས་ཀྱི་ལས་ཀྱིས་བརླབ་པ་དང་། བཞི་པ་སྤར་རུང་ཁང་དུ་བྱིན་གྱིས་བརླབས་སམ་མ་བརླབས་ཀྱང་རུང་སྟེ་གཙུག་ལག་ཁང་སྟོང་པར་དགེ་སློང་དག་གསར་དུ་ཕྱིན་པའི་ཚེ་དེར་སླེབ་མ་ཐག་འཕྲལ་ལས་བྱུང་བའི་བྱིན་བརླབ་བྱ་བའོ། །ཕྱི་མ་གཉིས་པོ་འདི་རུང་ཁང་གསར་དུ་རྩིག་པའམ་ཁང་པ་བྱས་ཟིན་རུང་ཁང་དུ་སྒྲུབ་པ་གཉིས་ཀ་ལ་འཇུག་གོ། །ཡང་བདག་པོ་སོ་སོའི་བ་ལང་རྣམས་ལྷས་གཅིག་ཏུ་འཇུག་པ་ལྟར་མཚམས་ནང་གཅིག་ཏུ་གཙུག་ལག་ཁང་དུ་མའི་རུང་ཁང་གི་བྱ་བ་ཁང་པ་གཅིག་གིས་བྱས་པ་ལ། ལུང་ལས་བ་ལང་གི་ལྷས་ལྟ་བུའི་རུང་ཁང་ཞེས་གསུངས་སོ། །

གསུམ་པ་གནས་མལ་གྱི་གཞི་ནི། ཤྲཱ་ར་དྭ་ཏཱི་ར་ཁྱིམ་བདག་དགེ་བཟང་གིས་སྟོན་པ་ལ་གཙུག་ལག་ཁང་དུ་བརྩིག་པར་ཞུས་པས་གནང་ངོ་། །འདི་ལ་གཉིས་ཏེ། ཕྱག་བྱ་བ་དང་མི་བྱ་བའི་ཚུལ་དང་། གཙུག་ལག་ཁང་བརྩིག་ཅིང་ལོངས་སྤྱོད་པའི་ཚོ་གའོ། །དང་པོ་ནི། སོ་སོ་ཐར་པའི་སྡོམ་པས་མཆོག་ལ་རབ་ཏུ་བྱུང་བས་ཕྱག་བྱའོ། །མཉམ་ན་རྒན་པ་ལའོ། །ཞེས་དང་། ཁྱིམ་པས་རབ་ཏུ་བྱུང་བ་ལའོ། །ཐམས་ཅད་ཀྱིས་སངས་རྒྱས་ལའོ། །ཞེས་སོགས་རྒྱས་པར་གསུངས་པ་ལྟར་རོ། །

གཉིས་པ་ནི་གཙུག་ལག་ཁང་བྱའོ། །ངོས་གཅིག་གི་དབུས་སུ་དྲི་གཙང་ཁང་བྱ་བ་ཉིད་དོ། །དེའི་མདུན་དུ་སྒོ་ཁང་ངོ་། །གྲུ་བཞི་བཟང་བ་ཉིད་དོ། །ཞེས་སོགས་ཀྱི་གཙུག་ལག་ཁང་བརྩིག་པའི་ཚོ་ག་དང་། བརྩིགས་ནས་སྒོར་གནོད་སྦྱིན་ལག་ན་རྡོ་རྗེ་དང་སྒོ་ཁང་དུ་འཁོར་བའི་འཁོར་ལོ་ཆ་ལྔ་པ་སོགས་རི་མོ་འདྲི་བའི་ཚུལ་དང་། གཙུག་ལག་ཁང་ཡལ་བར་མི་དོར་རོ། །ཞེས་སོགས་ཀྱིས་ཇི་ལྟར་བསྐྱང་བའི་སྒོ་ནས་གནས་པར་བྱ་བ་དང་། སྤྱོད་ལམ་ཅི་འདོད་པས་ལུང་དབོག་གོ། །ཞེས་སོགས་ཀྱིས་དེར་ཆོས་དང་ཟང་ཟིང་གི་ལོངས་སྤྱོད་ལ་ཇི་ལྟར་སྤྱོད་པའི་ཚུལ་རྒྱས་པར་གསུངས་པ་བཞིན་ཤེས་པར་བྱའོ། །དེ་ལྟར་གནས་ཁང་དང་གནས་མལ་ལ་མཐའ་མཉིས་སྤངས་ཏེ་ཆགས་མེད་ཞེན་མེད་ཀྱི་ཚུལ་གྱིས་སྤྱོད་པར་གསུངས་ཤིང་། མདོར་ན་བདེ་བར་གནས་པའི་རྐྱེན་གོས་དང་སྨན་དང་གནས་མལ་བསྟེན་པའི་སྐབས་འདིར་ཡོངས་སུ་སྤྱད་པ་རྣམ་པ་ལྔ་ཤེས་པར་བྱ་སྟེ། ཇི་སྐད་དུ། མྱ་

ངན་ལས་འདས་པའི་བསམ་པས་རབ་ཏུ་བྱུང་བ་ཚུལ་ཁྲིམས་དང་ལྡན་པ་ལ་ནི་གོས་སྟོང་ཕྲག་བརྒྱ་པ་དང་། ཟས་རོ་བརྒྱ་པ་དང་། ཁང་པ་བརྩེགས་པ་ལྔ་བརྒྱ་པ་ཡང་འོས་སོ། །དགེ་འདུན་གྱི་རྫས་ཀྱང་ངོ་། །མི་སློབ་པ་མན་ཆད་ཀྱིའོ། །སོ་སོའི་སྐྱེ་བོ་ལ་ཡང་ངོ་། །ཚུལ་ཁྲིམས་འཆལ་བ་ལ་ནི་མ་ཡིན་ནོ། །ལེ་ལོ་ཅན་ལ་ནི་བླངས་པ་དང་ཉེ་བར་སྤྱད་པ་བུ་ལོན་དུ་འགྱུར་རོ། །ཞེས་དང་། ས་གའི་ལྟས། མི་སློབ་པ་ནི་བདག་པོར་སྤྱོད། །སློབ་པ་བྱིན་པ་སྤྱོད་པ་སྟེ། །བསམ་གཏན་ཀློག་དང་ལྡན་པ་ནི༏ ༏རྗེས་གནང་སྤྱོད་པས་ཉེས་པ་མེད། །ལྷག་མ་ལེ་ལོས་བཙོམ་པ་ཡི། །བདག་ཉིད་རྣམས་ནི་བུ་ལོན་སྤྱོད། །ཁྲིམས་འཆལ་རྣམས་ནི་ནམ་དུ་ཡང་། །གཙུག་ལག་ཁང་སོགས་ཉེར་སྤྱོད་བཀག །ཅེས་པ་ལྟར་མི་སློབ་པའི་གང་ཟག་གིས་གཞན་གྱི་ཡོ་བྱད་རང་དབང་བའི་ཚུལ་དང་། སློབ་པ་འཕགས་པས་རང་ལ་བྱིན་པ་རྣམས་ལོངས་སྤྱོད་དུ་རུང་སྟེ། དེ་དང་དེས་ཡོན་སྦྱོང་ནུས་པའི་ཕྱིར། སོ་སྐྱེ་ཁྲིམས་དག་ཀློག་སྒོང་ལ་བརྩོན་པའི་གང་ཟག་གིས་སྤྱད་ཀྱང་ཉེས་པ་མེད་དེ། དེ་ལྟར་སྟོན་པས་གནང་བའི་ཕྱིར། གལ་ཏེ་ཚུལ་ཁྲིམས་དག་ཀྱང་ཐོས་བསམ་སྒོམ་གསུམ་མི་ནུས་པའི་ལེ་ལོ་ཅན་གྱིས་སྤྱད་དུ་མི་རུང་སྟེ། གང་བླངས་བུ་ལོན་དུ་འཕེལ་ནས་སྐྱེ་བ་ཕྱི་མར་འཇལ་དགོས་པའི་ཕྱིར། ཁྲིམས་འཆལ་གྱིས་ནི་དད་རྫས་ལ་ནམ་ཡང་སྤྱོད་པ་བཀག་སྟེ། སྤྱད་ན་དམྱལ་བར་ལྷུང་ནས་སྡུག་བསྔལ་ཉམས་སུ་མྱོང་བར་གསུངས་པའི་ཕྱིར། དེ་ལྟར་ཡང་སྙིང་གི་ཐུར་མ་ལས། ཚུལ་ཁྲིམས་འཆལ་བས་ས་ནི་གོམ་པ་གང་། །ཟས་ནི་ཁམ་གཅིག་བཏུང་བ་ཆུ་ཕོར་གང་། །ཙམ་ཞིག་དགེ་འདུན་རྫས་ལ་ལོངས་སྤྱད་ན། །ལོག་འཚོ་ཡིན་ཏེ་དམྱལ་བར་སྐྱེ་བར་གསུངས། །ཞེས་སོ། །

གསུམ་པ་ཐམས་ཅད་ལ་ཁྱབ་པ་ལས་ཀྱི་གཞི་ལ་ལྔ་སྟེ། ལས་ཆགས་པའི་གཞི་དང་། བསམ་པ་དང་། ལས་ཀྱི་ངོ་བོ་དང་། ཉམས་སུ་མྱོང་བ་དང་། ཆགས་པའི་དུས་སོ། །དང་པོ་ལ། དགེ་འདུན། ལས་མཁན། བསྒྲུབ་བྱ་དང་གསུམ། དང་པོ་ནི། མཚན་ཉིད་གསུམ་ལྡན་ཏེ། བཞི་བཅུ་ཉེར་གཉིས་ཉི་ཤུ་དང་། །བཅུ་གཉིས་བཅུ་གཅིག་བཅུ་དང་དགུ། །བརྒྱད་དྲུག་ལྔ་བཞི་དགོས་པ་ཡི། །ལས་ནི་རྣམ་པ་བཅུ་གཅིག་གོ །ཞེས་པ་ལྟར། ཡུལ་དབུས་སུ་དགེ་སློང་མ་དབྱུང་བ་ལ་ཕ་ཚོགས་ཉི་ཤུ་མ་ཚོགས་ཉི་ཤུ་སྟེ་བཞི་བཅུ་དགོས་པ་སོགས་ལས་བཅུ་གཅིག་པོ་རང་རང་ལ་ལྟོས་པའི་གྲངས་ཚང་བ།

མི་འདུག་པར་འགྲེང་བ་མ་ཡིན་པ་སོགས་ཁ་སྐོང་གི་ཆོས་དང་ལྡན་པ། མི་མཐུན་པ་གཉིས་དང་བྲལ་བའོ། །གཉིས་པ་ལས་མཁན་ནི། སྤྱིར་བཏང་ལ་ཁ་སྐོང་དང་ལྡན་ཞིང་ཆོག་ཤེས་པ་དང་། དམིགས་བསལ་ལ་ཆོག་ཤེས་པ་ཙམ་མོ། །གསུམ་པ་བསླབ་བྱ་ལ། སེམས་ཅན་མ་ཡིན་པ་དང་། སེམས་ཅན་ལ་བྱ་བའོ། །དང་པོ་ནི། མཚམས་ཆེ་ཆུང་བཅད་པ་སོགས་བརྒྱད་དོ། །གཉིས་པ་ལ། ཁྲིམ་པ་དང་། རབ་བྱུང་ལ་བྱ་བའོ། །དང་པོ་ནི། ལྷུང་བཟེད་ཁ་སྦུབ་སོགས་ལྔའོ། །གཉིས་པ་ལ། མ་རྫོགས་པ་དང་། རྫོགས་པའི་རྟེན་ལ་བྱ་བའོ། །དང་པོ་ལ། སྦྱིན་ལས་དང་། ཆད་པས་བཅད་པའི་ལས་གཉིས་ཏེ། འདི་ལ་བསྒོ་བའི་ལས་ནི་མེད་དོ། །གཉིས་པ་རྫོགས་པའི་རྟེན་ལ་བྱ་བ་ནི། ཁང་པའི་གནང་བ་སྟེར་བ་སོགས་སྦྱིན་ལས་ཉེར་གཅིག །གསང་སྟོན་བསྒོ་བ་སོགས་བསྒོ་བའི་ལས་དྲུག ། ནན་ཏུར་དགུ། བསྒོ་གྲུར་བཅུ། གྲངས་སུ་འཇུག་པ་བཞི་སྟེ་མི་མཐུན་པའི་ལས་ཉི་ཤུ་རྩ་གསུམ་རྣམས་སོ། །

གཉིས་པ་བསམ་པ་ལ། འདུ་ཤེས་དང་། ཀུན་སློང་གཉིས། དང་པོ་ནི། སེམས་ཅན་མ་ཡིན་པ་ལ་བྱ་བ་དང་མི་མཐུན་པའི་ལས་ལ་དགེ་འདུན་གྱི་འདུ་ཤེས་དང་། སྦྱིན་པ་དང་བསྒོ་བ་ལ་ཡུལ་གྱི་འདུ་ཤེས་གཙོ་བ་ཡིན་ནོ། །གཉིས་པ་ནི། ཞེ་ཐག་པ་ནས་ལས་བྱེད་པའོ། །གསུམ་པ་ལས་ཀྱི་ངོ་བོ་ལ། ངོ་བོ་དང་། དབྱེ་བའོ། །དང་པོ་ནི། ལས་མཁན་གྱིས་ཆད་ལྟག་ནོར་འཁྲུགས་མེད་པའི་ཆོ་ག་བྱས་ཤིང་ཆགས་པའོ། །གཉིས་པ་ནི། དགེ་སློང་གིས་བྱ་བའི་ལས་རིགས་ལ་བརྒྱ་རྩ་གཅིག་ཡོད་དེ༔ ལུང་ལས། བཙུན་པ་ལས་དུ་དག་འཆིས། ཉེ་བ་འཁོར་བརྒྱ་རྩ་གཅིག་གོ། །ཞེས་པ་ནས། གསོལ་བའི་ལས་ནི་ཉི་ཤུ་རྩ་བཞིའོ། །གསོལ་བ་དང་གཉིས་ཀྱི་ལས་ནི་བཞི་བཅུ་རྩ་བདུན་ནོ། །གསོལ་བ་དང་བཞིའི་ལས་ནི་སུམ་ཅུའོ། །ཞེས་པའི་བར་གསུངས་པའི་ཕྱིར་རོ། །བཞི་པ་ཉམས་སུ་མྱོང་བ་ནི༔ ལས་ཀྱི་ཚིག་ཐོས་ཤིང་དོན་གོ་བའོ། །ལྔ་པ་ཆགས་པའི་དུས་ནི། འབའ་ཞིག་པ་དང་གསོལ་གཉིས་ཀྱི་ལས་ལ་དེ་དང་དེ་རྫོགས་མ་ཐག་ཏུ་དང་། གསོལ་བཞིའི་ལས་ཀྱི་བརྗོད་པ་གསུམ་པ་ལ་ངོ་བོ་བྱ་བྱེད་གསུམ་ལས། བྱ་བ་བྱེད་པ་རྫོགས་མ་ཐག་ཏུ་ལས་ཆགས་པའོ། །

གཉིས་པ་ཤུགས་བསྟན་རྟུང་མཐུན་བསྡུས་ཏེ་བསྟན་པ་ནི། **མདོར་ན་ཡེ་ནས་གནང་དང་**

བཀག་པ་མེད། །ཕྱིར་རུང་དང་ནི་མི་རུང་བཟློག་བྱེད་ན། །དེ་དག་སྤྱོད་ཅིག་མི་རུང་དང་ནི་ཞིང་། །རུང་བ་བཟློག་ན་ཀུན་ཏུ་སྤོངས་ཞེས་གསུངས། །ཞེས་པ་སྟེ། དངོས་སུ་མ་སློས་པའི་གནང་བཀག་གི་བསླབ་བྱ་ཐམས་ཅད་མདོར་བསྡུ་ན་འདི་ཉིད་དུ་འདུས་ཏེ། གཞི་གང་ལ་སྟོན་པས་ཡེ་སྟེ་ཐོག་མ་ཉིད་ནས་དངོས་སུ་གནང་བ་དང་བཀག་པའི་གསལ་ཁ་དོད་པ་མེད་པ་རྣམས་ནི། གང་ཞིག་ཕྱིར་རུང་བར་གསུངས་པ་དང་ནི་ཞིང་མི་རུང་བ་ལས་བཟློག་ན་དེ་དག་ཐེ་ཚོམ་མེད་པར་སྤྱོད་པར་གྱིས་ཤིག །དཔེར་ན་དགེ་ཚུལ་ལ་དགག་དབྱེ་གསུངས་པས་མཚོན་ནས་གསོ་སྦྱོང་བྱ་དགོས་པ་བཞིན་ནོ། །གང་སྤྱད་དུ་མི་རུང་བར་གསུངས་པ་དང་ནི་ཞིང་རུང་བ་ལས་བཟློག་ན་དེ་དག་ཀུན་ཏུ་སྤོངས་ཤིག །དཔེར་ན་སྲིན་བལ་ལ་སྟན་བྱེད་པ་བཀག་པས་དེ་དང་མཉམ་པ་དང་ལྷག་པ་ལ་སྟན་བྱ་མི་རུང་བར་མཐུན་པ་བཞིན་ནོ། །དེ་ལྟར་ཡང་ལུང་ཕྲན་ཚེགས་ལས། བཅོམ་ལྡན་འདས་ཀྱིས་ཡོངས་སུ་མྱ་ངན་ལས་འདའ་བའི་དུས་དེའི་ཚེ་ཉིད་ན་དགེ་སློང་རྣམས་ལ་བཀའ་སྩལ་པ་དགེ་སློང་དག་ངས་ཁྱེད་ལ་འདུལ་བ་རྒྱ་ཆེར་ནི་བསྟན་ན། མདོར་བསྡུས་ཏེ་མ་ཡིན་ནོ། །འོན་ཀྱང་མདོར་བསྡུས་པ་ཡང་ཉོན་ཅིག །དགེ་སློང་དག་ངས་ཁྱེད་ལ་གང་ཞིག་ཐོག་མ་ཉིད་ནས་གནང་བ་ཡང་མེད། བཀག་པའང་མེད། གལ་ཏེ་རུང་བ་དང་ནི་བ་ཡིན་ཞིང་མི་རུང་བ་བཟློག་པར་བྱེད་པ་ཡིན་ན་ནི་རུང་བ་ཡིན་པར་གཟུང་བར་བྱའོ། །གལ་ཏེ་མི་རུང་བ་དང་ནི་བ་ཡིན་ཞིང་རུང་བ་བཟློག་པར་བྱེད་པ་ཡིན་ན་མི་རུང་བ་ཡིན་པས་ཀུན་ཏུ་སྤྱད་པར་མི་བྱའོ། །ཞེས་གསུངས་པ་ཡིན་ནོ། །

ལྷ་བ་སྐྱེ་བའི་ལུས་རྟེན་ནི། **སྐྱེ་བའི་རྟེན་ནི་མུ་སྟེགས་མཚམས་མེད་བྱས། །སྲ་མི་སྐྱན་དང་ཟ་མ་མཚན་གཉིས་དང་། །མ་ནིང་རིགས་ལྷ་མཚན་གསུམ་གྱུར་པ་དང་། །སྤྲུལ་པ་མ་གཏོགས་གླིང་གསུམ་སྐྱེས་པ་ཡི། །སྐྱེས་པ་བུད་མེད་སྡོམ་པའི་རྟེན་དུ་འདོད།** །ཅེས་པ་སྟེ། ལས་ཀྱི་སྒྲིབ་པ་ཤས་ཆེ་བ་མུ་སྟེགས་ཅན་ནམ་དེ་ལུགས་པ། ཕ་མ་དགྲ་བཅོམ་བསད་པ་དང་དགེ་འདུན་གྱི་དབྱེན་དང་དེ་བཞིན་གཤེགས་པའི་སྐུ་ལ་ངན་སེམས་ཀྱིས་ཁྲག་འབྱིན་པ་སྟེ་མཚམས་མེད་ལྔ་བྱས་པ་ལ་སོགས་པ་དང་། རྣམ་སྨིན་གྱི་སྒྲིབ་པ་ཤས་ཆེ་བ་སྲ་མི་སྐྱན་ལྷ་བུ་གནས་རིགས་ཉམས་པ། གང་ཞིག་གྲོང་པའི་ཆོས་མེད་པ། དེ་ནི་ཟ་མ་ཞེས་སུ་བརྗོད། །ཅེས་པ་ལྟར་ཟ་མ་དང་། སྐྱེ་གནས། ཟླ་ཕྱེད།

འཕྲུད་ནས་ལྷུང་བ། ཕྲག་དོག་ཅན། ཉམས་པ་སྟེ་མ་ནིང་རིགས་ལྔ་དང་། མཚན་གཉིས་ཅིག་ཅར་དུ་བྱུང་བ། མཚན་ལན་གསུམ་དུ་གྱུར་པ་སོགས་མཚན་ཉམས་པ། མི་མ་ཡིན་པ་མིའི་རྣམ་པར་སྤྲུལ་པ་དང་། མི་མ་ཡིན་པའི་འགྲོ་བ་པ་སོགས་ནི་འགྲོ་བ་ཉམས་པ་ཞེས་དེ་རྣམས་སྡོམ་པ་སྐྱེ་བའི་བར་ཆད་ཅན་ཡིན་པས་ན་མ་གཏོགས་པ་སྟེ། དེ་ལས་གཞན་ཤར་ནུབ་ལྷོའི་གླིང་གསུམ་དུ་སྐྱེས་པའི་སྐྱེས་པ་དང་བུད་མེད་རྣམས་སོ་ཐར་གྱི་སྡོམ་པ་སྐྱེ་བ་དང་གནས་པ་གཉིས་ཀའི་རྟེན་དུ་འདོད་དེ། མཛོད་ལས། ཟ་མ་མ་ནིང་སྒྲ་མི་སྙན། །མཚན་གཉིས་མ་གཏོགས་མི་རྣམས་ལ། །སྡོམ་མིན་སྡོམ་པའང་དེ་བཞིན་ལ། །ཞེས་དང་། རབ་དབྱེར། གླིང་གསུམ་སྐྱེས་པ་བུད་མེད་ལས། །འགྲོ་བ་གཞན་ལ་སྡོམ་པ་བཀག །ཅེས་གསུངས་པའི་ཕྱིར། །

དྲུག་པ་ཉམས་པ་གསོ་བའི་ཐབས་ལ་བསྟན་བཤད་གཉིས་ལས། དང་པོ་ནི། **ཐ་མར་ཉམས་ན་གསོ་བའི་ཚུལ་གཤད་པ།** །ཞེས་པ་སྟེ། སྡོམ་པ་ཐོབ་ནས་མ་ཉམས་པར་བསྲུང་ཞིང་། གལ་ཏེ་ཉམས་ན་ཕྱིར་བཅོས་པའི་སྒོ་ནས་དག་པར་བྱ་དགོས་ཏེ། ལུང་ལས། གཉིས་ནི་རྣམ་པར་བྱང་བར་འགྱུར་ཞིང་། ཉོན་མོངས་པར་མི་འགྱུར་བ་དང་། གཉིས་ཀྱི་ཟག་པ་འཕེལ་བར་མི་འགྱུར་བ་སྟེ། གཉིས་གང་ཞེ་ན། ལྟུང་བ་མི་འབྱིན་པ་གང་ཡིན་པ་དང་། ལྟུང་བ་བྱུང་ནས་ཆོས་བཞིན་དུ་ཕྱིར་འཆོས་པ་གང་ཡིན་པའོ། །ཞེས་གསུངས་པས་གསོ་ཚུལ་བཤད་པར་བྱའོ། །

གཉིས་པ་རྒྱས་བཤད་ལ་གཉིས་ཏེ། སྡོམ་པ་གཏོང་བའི་རྒྱུ་དང་། ཕྱིར་བཅོས་དངོས་བཤད་པའོ། །དང་པོ་ལ། ཐུན་མོང་དང་། ཐུན་མོང་མ་ཡིན་པ་གཉིས། དང་པོ་ནི། **ལྟུང་བ་བསླབ་པ་ཕུལ་དང་ཤི་འཕོས་དང་། །མཚན་གཉིས་ཅིག་ཅར་བྱུང་དང་ལན་གསུམ་གྱུར། །རྒྱུ་འབྲས་མེད་བལྟས་རྩ་བ་ཆད་རྣམས་ལྟ།** །ཞེས་པ་སྟེ། སོ་ཐར་གྱི་སྡོམ་པ་སྤྱིའི་གཏོང་རྒྱུ་ནི་བཞི་སྟེ། བརྡ་འཕྲོད་པའི་དྲུང་དུ་བསམ་པ་ཐག་པ་ནས་བསླབ་པ་ཕུལ་བས་གཏོང་སྟེ། ཡང་དག་པར་བླངས་པ་དང་འགལ་བའི་རྣམ་རིག་བསྐྱེད་པའི་ཕྱིར། ཇི་ལྟར་འབུལ་བ་ནི། སྡོམ་པ་རང་གི་ངོ་བོ། རྩ་བ་དཀོན་མཆོག་གསུམ། རྒྱུ་སྡེ་སྣོད་གསུམ། སྒྲུར་བྱེད་མཁན་སློབ། སློབ་པའི་གནས་རྟེན། སློབ་པའི་གྲོགས་རྣམས་འབུལ་ཚུལ་གསུངས་པ་ལྟར་ཡིན་ལ། ཚངས་པར་སྤྱོད་དཀའོ་ཞེས་སོགས་ནི་འབུལ་བའི་རྒྱུ་བསྟན་པས

ཉམས་པར་བྱས་པ་ཡིན་གྱིས་ཕུལ་བ་མ་ཡིན་ཡང་སྡོམ་པ་གཏོང་བ་ལ་ཁྱད་པར་མེད་དེ། ལུང་ལས། བསླབ་པ་མ་ཕུལ་བསླབ་པ་ཉམས་པར་མ་བྱས་པར། ཞེས་གསུངས་པའི་ཕྱིར། དེ་བཞིན་དུ་ཤི་འཕོས་པས་གཏོང་སྟེ། རྟེན་བོར་བའི་ཕྱིར། མཚན་གཉིས་གཅིག་ཅར་བྱུང་བ་དང་མཚན་ལན་གསུམ་གྱུར་པས་གཏོང་སྟེ། རྟེན་ཉམས་པའི་ཕྱིར། རྒྱུ་འབྲས་མེད་ལྟའི་ལོག་ལྟ་སྐྱེས་པས་གཏོང་སྟེ། དགེ་བའི་རྩ་བ་ཆད་པས་སྡོམ་པའི་རྟེན་གཞི་མེད་པའི་ཕྱིར། འདི་ནི་ཐེག་པ་ཆེ་ཆུང་ཐམས་ཅད་ཀྱི་སྡོམ་པའི་གཏོང་རྒྱུར་བཤད་པས་ཤིན་ཏུ་ལྡི་བའོ། །དེ་ལྟར་སྤྱིའི་གཏོང་རྒྱུ་བཞིའི་སྟེང་བསྙེན་གནས་ཀྱི་གཏོང་རྒྱུ་བསྣན་པས་ལྔར་བཤད་དེ། མཛོད་ལས། བསླབ་པ་ཕུལ་དང་ཤི་འཕོས་དང་། །མཚན་གཉིས་དག་ནི་བྱུང་བ་དང་། །རྩ་བ་ཆད་དང་མཚན་འདས་ལས། །སོ་སོ་ཐར་པའི་འདུལ་བ་གཏོང་། །ཞེས་དང་། རང་འགྲེལ་ལས། དེ་དག་ནི་མདོར་བསྡུ་ན་གཏོང་བའི་རྒྱུ་ལྔ་ཡིན་ནོ། །ཞེས་གསུངས་པའི་ཕྱིར། །

གཉིས་པ་ལ། བྱེ་བྲག་སོ་སོའི་གཏོང་རྒྱུ། སྤྱི་ལ་འདོད་པ་མི་འདྲ་བའི་ཁྱད་པར། རྩ་ལྟུང་གཏོང་རྒྱུ་ཡིན་མིན་ལས་འཕྲོས་ཏེ་སྡེ་ལྔའི་དངོས་གཞི་མི་བསྐྱེད་པའི་རྒྱུ་བཤད་པའོ། །དང་པོ་ནི། **ཉི་ཤུ་མ་ལོན་བསྙེན་རྫོགས་རྗེས་སུ་ཤེས། །དགེ་སློང་སྡོམ་གཏོང་རྟེན་ཕྱིར་ཁས་བླངས་འདས། །དགེ་སློབ་མའོ་མཚན་འདས་བསྙེན་གནས་ཀྱི། །སྡོམ་པ་གཏོང་རྣམས་སོ་སོའི་ཐུན་མོང་མིན།** །ཞེས་པ་སྟེ༑ ལོ་ཉི་ཤུ་མ་ལོན་པ་ལ་ལོན་པར་འདུ་ཤེས་ནས་བསྙེན་རྫོགས་བླངས་པ་དེ། ཕྱིས་ཉི་ཤུ་མ་ལོན་གོང་དུ་དེ་ལྟར་ངོ་ཤེས་ན། དེའི་ཚེ་མངལ་ཤོལ་གྱི་ཟླ་བས་ཁ་བསྐང་བར་བྱ་ཞིང་། དེ་ལྟར་བསྐང་ཡང་མ་ཚང་ན་བསྙེན་རྫོགས་ཀྱི་སྡོམ་པ་གཏོང་སྟེ། མདོར། ཤེས་ན་ནི་དེ་ཞིག་གོ། །གལ་ཏེ་དེ་སྐྱེས་པ་ན་མ་ལོན་པའི་འོ། །མངལ་ན་གནས་པ་དང་ཤོལ་གྱི་ཟླ་བ་དག་དང་ཡང་བཅས་ཏེའོ། །ཞེས་སོ། །མི་ཚངས་སྤྱོད་བསྟེན་པར་བྱེད་པའི་ཕྱིར་ཁས་བླངས་པ་དགེ་སློབ་མའི་སྡོམ་པ་གཏོང་སྟེ། བསྟེན་པའི་ཕྱིར་གཞན་ལ་ཁས་བླངས་པ་ན། བསླབ་པ་འཇུགས་པ་ཉིད་དོ། །ཞེས་སོ། །མཚན་མོ་མཐའི་སྐད་ཅིག་མ་འདས་པས་བསྙེན་གནས་ཀྱི་སྡོམ་པ་གཏོང་སྟེ། དེ་སྲིད་དུ་འཕངས་པའི་ཕྱིར་རོ། །དེ་ལྟར་གསུམ་པོ་སྔར་གྱི་སྤྱིའི་གཏོང་རྒྱུ་བཞིས་གཏོང་བར་མ་ཟད། རང་རང་གི་གཏོང་རྒྱུ་སོ་སོས་སྡོམ་པ་

དེ་དང་དེ་གཏོང་བས་ན་ཐུན་མོང་མ་ཡིན་པའི་གཏོང་ཚུལ་ལོ། །

གཉིས་པ་ནི། **རྩ་ལྟུང་བྱུང་དང་དམ་ཆོས་ནུབ་ནའང་གཏོང་། །ཁ་ཆེའི་ཡུལ་གྱི་བྱེ་བྲག་སྨྲ་བ་རྣམས། །སྡོམ་ལྡན་རྩ་ལྟུང་བྱུང་བ་གཉིས་ལྡན་ན། །ནོར་ལྡན་བུ་ལོན་ཅན་བཞིན་འདོད་པ་དང་། །ཁ་ཅིག་རྩ་བཞི་གཅིག་སྤྱད་ཀུན་ཉམས་ཟེར། །**ཞེས་པ་སྟེ། མདོ་སྡེ་པ་ན་རེ། རྩ་ལྟུང་འཆབ་བཅས་བྱུང་བས་གཏོང་སྟེ་རྒྱུད་ངོ་ཚ་ཁྲེལ་མེད་ཆེན་པོས་ཉམས་པའི་ཕྱིར་ཟེར། གོས་དམར་བའི་སྡེ་པ་ན་རེ། ལུང་གི་དམ་ཆོས་ནུབ་པས་གཏོང་སྟེ། བསླབ་པའི་མཚམས་རྣམ་པར་བཞག་པ་མེད་པའི་ཕྱིར་ཟེར། དེ་ལ་ཐོགས་མེད་སྐུ་མཆེད་ལུང་ཆོས་ནུབ་པ་ཙམ་གྱིས་སྡོམ་པ་སྔར་ཡོད་མི་གཏོང་སྟེ། རྟོགས་པའི་དམ་ཆོས་མ་ནུབ་པའི་ཕྱིར། འོན་ཀྱང་དེ་ཚེ་སྔར་མེད་གསར་སྐྱེ་མེད་དེ། འབོགས་བྱེད་ཀྱི་ཆོ་གའི་རྣམ་བཞག་མེད་པའི་ཕྱིར་གསུངས། ཁ་ཆེ་བྱེ་བྲག་ཏུ་སྨྲ་བ་རྣམས་ན་རེ། རྩ་ལྟུང་འཆབ་བཅས་བྱུང་ཡང་སྡོམ་པ་མི་གཏོང་སྟེ། ཕྱོགས་གཅིག་ཉམས་པས་སྡོམ་པ་ཟད་པར་གཏོང་བ་མི་རིགས་པའི་ཕྱིར། དེ་འདྲ་དེ་སྡོམ་ལྡན་དང་ཚུལ་འཆལ་གཉིས་ཀ་ཡིན་ཏེ། མི་འགའ་ཞིག་ལ་ནོར་ཡང་ལྡན་ལ་བུ་ལོན་ཡང་ཆགས་པ་བཞིན་ནོ་ཞེས་འདོད། དེ་ལྟར་ཡང་མཛོད་ལས། ཁ་ཅིག་ལྟུང་བར་གྱུར་ལས་སྨྲ། །གཞན་དག་དམ་ཆོས་ནུབ་པ་ལས། །ཁ་ཆེ་རྣམས་ནི་བྱུང་བ་ལ། །བུ་ལོན་ནོར་བཞིན་གཉིས་སུ་འདོད། །ཅེས་གསུངས་པའི་ཕྱིར། འདུལ་འཛིན་ཁ་ཅིག །ཕམ་པ་སྡོམ་པའི་གཏོང་རྒྱུ་མ་ཡིན་ཏེ། ཕམ་པ་བྱུང་བའི་དགེ་སློང་ལ་དགེ་སློང་གི་སྡོམ་པའི་རྫས་ཚང་བར་ཡོད་པའི་ཕྱིར། ཉམས་ཚུལ་ལ་ལྟོས་ན་ཀུན་ཉམས་ཡིན་ཏེ། རྩ་བཞི་ལས་སྲོག་གཅོད་ཀྱི་ཕམ་པ་འཆབ་བཅས་ལྟ་བུ་གཅིག་སྤྱད་པའི་ཚེ། སྡོམ་པ་མཐའ་དག་དགོས་པ་བསྒྲུབ་ནུས་ལས་ཉམས་པའི་ཕྱིར་ཏེ། རྒྱ་ཆེར་འགྲེལ་ལས། དགེ་སློང་ཕམ་པར་གྱུར་པ་ལ་ནི་སྡོམ་པ་ཡོད་དུ་ཟིན་ཀྱང་། དེ་ལྟ་མོད་ཀྱི་དགོས་པ་མེད་པ་ཉིད་དུ་འགྱུར་ཏེ། ཚངས་པ་མཚུངས་པར་སྤྱོད་པ་རྣམས་དང་ལྷན་ཅིག་གནས་པ་དང་ལོངས་སྤྱོད་པ་མེད་པའི་ཕྱིར་དང་། སྡོམ་པ་ཡང་དག་པར་བླངས་པ་ནི་རྣམ་པར་གྲོལ་བ་ཐོབ་པའི་ཆེད་ཡིན་ལ། དེས་རྣམ་པར་གྲོལ་བ་ཐག་རིང་དུ་བྱས་པའི་ཕྱིར། དེས་ན་དེའི་སྡོམ་པ་ནི་མེད་པ་དང་འདྲ་བའོ། །ཞེས་གསུངས་པའི་ཕྱིར། །

གསུམ་པ་ནི། **དང་པོའི་ལས་ཅན་སེམས་འཁྲུགས་ཆོར་བས་གཟིར། །སྐྱབ་པར་མ་ནུས་པ་ལ་ཉེས་པ་མེད། །**ཅེས་པ་སྟེ། བཤད་མ་ཐག་པ་ལྟར་ཕམ་པ་འཆབ་བཅས་ཀྱིས་སྡོམ་པ་གསོར་མི་རུང་དུ་སོང་བའི་གང་ཟག་གིས་སྤྱད་ཀྱང་སྟེ་ལྟའི་དངོས་གཞི་ཇི་ལྟ་བ་བཞིན་མི་བསྐྱེད་དེ། ཉམས་པ་དང་མ་ཆགས་པ་གཉིས་ལྷུང་བ་ལ་སྦྱོར་ན་ཉེས་བྱས་སོ། །ཞེས་པས་ཉེས་བྱས་ཙམ་ལས་མི་བསྐྱེད་པའི་ཕྱིར་དེ་བཞིན་དུ་ལས་དང་པོ་པས་སྤྱད་ཀྱང་མི་བསྐྱེད་དེ། སྟོན་པའི་བཅས་པ་དང་མ་འབྲེལ་བའི་ཕྱིར། དགེ་སློང་བཟང་སྦྱིན་ལ་མི་ཚངས་སྤྱོད་ཀྱི་ཕམ་པ་མ་བྱུང་བ་བཞིན་ནོ། །སེམས་འཁྲུགས་ཆོར་བས་གཟིར་ནས་སེམས་རྣལ་དུ་མ་ཕེབས་པས་སྤྱད་ཀྱང་མི་བསྐྱེད་དེ། བསམ་པ་རང་བཞིན་དུ་གནས་པ་མ་ཡིན་པའི་ཕྱིར། སྨྱོན་པས་མི་བསད་པ་བཞིན་ནོ། །སྐྱབ་མ་ནུས་པའི་གནས་སྐབས་སུ་སྤྱད་ཀྱང་མི་བསྐྱེད་དེ། རྨི་ལམ་དུ་མི་ཚངས་སྤྱོད་ཀྱང་ཕམ་པ་མི་འབྱུང་བའི་ཕྱིར། དེས་ན་དེ་འདྲའི་རྟེན་གྱི་གང་ཟག་གིས་ལྷུང་བ་ལ་སྤྱད་ཀྱང་དངོས་གཞིའི་ཉེས་པ་ཇི་ལྟ་བ་བཞིན་བསྐྱེད་པ་མེད་དོ། །

གཉིས་པ་ཕྱིར་བཅོས་དངོས་ལ། ལྷུང་བ་ཕྱིར་བཅོས། དེ་ལས་འཕྲོས་ནས་རྗོད་པ་ཕྱིར་བཅོས། ཉེས་ལྷུང་སྦྱོང་བའི་ཐབས་སྟོབས་བཞིར་འདུ་ཚུལ། ཉེས་དམིགས་ཤེས་པའི་ནན་ཏན་དུ་བསྒྲུང་བར་གདམས་པའོ། །དང་པོ་ལ། མི་སྤྲོ་བ་ནན་ཏུར་གྱིས་ཕྱིར་བཅོས་པ་དང་། སྤྲོ་བ་མཐོལ་བཤགས་སོགས་ཀྱིས་ཕྱིར་བཅོས་པའོ། །དང་པོ་ནི། འོག་ཏུ་གཞུག་ཅིང་བཤུང་བའི་དོན་གྱིས་ནན་ཏུར་ཞེས་བྱ་བ་སྟེ། དབྱེ་ན། བསྡིགས་དམད་བསྐྲད་པ་ཕྱིར་འགྱེད་བཞི། གནས་དབྱུང་བདུན། གསོ་དགག་བཞག་པ་གཉིས་ཏེ་བཅུ་གསུམ་མམ། གནས་དབྱུང་བདུན་པོ་གཅིག་ཏུ་བྱས་ན་ནན་ཏུར་བདུན་ནོ། །དེ་ལ་བསྡིགས་པ་ནི། འཐབ་ཀྲོལ་བྱེད་པ་ལ་བྱ་བ་འདི་ཐོང་ཞིག་མི་གཏོང་ན་གནས་ནས་དབྱུང་ངོ་ཞེས་བསྡིགས་པའོ། །དམད་པ་ནི་ལྐུག་མ་ཕྱིར་མི་འཆོས་པར་རྒྱུན་དུ་བྱེད་པ་ལ་གང་ཟག་རང་དབང་ཅན་ཡིན་ཡང་གཞན་ལ་གནས་ཆོས་ཤིག་ཅེས་སློད་པའོ། །བསྐྲད་པ་ནི་ཁྱིམ་སུན་འབྱིན་པ་གནས་དེ་ནས་སྐྲོད་པའོ། །ཕྱིར་འགྱེད་ནི་ཁྱིམ་པ་སོགས་ལ་བརྙས་ཐབས་བྱེད་པ་ལ་མཛའ་གཙུགས་ཀྱི་དངོས་པོས་སྦྱང་ན་ཕྱིར་འགྱེད་པའོ། །གནས་དབྱུང་བདུན་ནི། མ་མཐོང་བ་གནས་ནས་དབྱུང་བ། ཕྱིར་མི་འཆོས་པ། སྡིག་ལྟ་ཅན། འཐབ་ཀྲོལ་བྱེད་པ། འཐབ་ཀྲོལ་གྱི་རྒྱུ་ཉེ་བར་སྒྲུབ་པ། དགེ་སློང་

མ་དང་འདྲེས་ཤིང་གནས་པ། ཆོས་རྣམ་པར་གཏན་ལ་ཕབ་པས་ཞི་བར་མ་གྱུར་པ་གནས་ནས་དབྱུང་བའོ། །གདམས་ངག་བཞག་པས་མ་ཐུལ་བ་ལ་དགེ་འདུན་དང་ལྷན་ཅིག་གསོ་སྦྱོང་དང་དགག་དབྱེ་བྱེད་དུ་མི་འཇུག་པ་ནི་དེ་དང་དེ་བཞག་པའོ། །ལྟུང་བཟེད་ཁ་སྦུབ་ནི་སྤྱིར་ནན་ཏུར་ཡིན་ཡང་ཡུལ་ཁྱིམ་པ་ལ་བྱ་བ་ཡིན་པས་འདིར་མི་བགྲང་ངོ་། །དེ་ཡང་ནན་ཏུར་གང་ལ། གང་གིས། གང་གི་ཚེ། ཇི་ལྟར་བྱ་བ། བྱས་པའི་དགོས་པའོ། །དང་པོ་ནི། ནན་ཏུར་སོ་སོའི་གཞི་མ་ཞི་བར་ཡོད་ཅིང་དགེ་འདུན་བྱེ་འགྱུར་གྱི་དགག་བྱ་མེད་པའི་གང་ཟག་མདོན་དུ་འདུག་པ་ལའོ། །གཉིས་པ་ནི། དགེ་འདུན་མཚན་ཉིད་དང་ལྡན་པས་སོ། །གསུམ་པ་ནི། དབྱར་གྱི་ནང་མ་ཡིན་པའོ། །བཞི་པ་ལ་སྦྱོར་བ་གླེང་དྲན་དང་གཞམས་བསྒོ། དངོས་གཞི་གསོལ་བཞིའི་ལས། རྗེས་ལས་ཀྱི་མཇུག་སྡུད་དང་། འདི་ཉིད་དུ་ལྟུང་བ་ཕྱིར་བཅོས་པར་གྱིས་ཤིག །དགེ་འདུན་གྱིས་ཁྱོད་བག་ཡངས་སུ་བྱེད་པར་འགྱུར་རོ༑ ༑ཞེས་གོ་བར་བྱའོ། །ལྔ་པ་ནི། བྱ་བ་ངན་པ་རྒྱུ་བཅས་ལ་བཟློག་པ་དང་ལྟུང་བ་ཕྱིར་བཅོས་སུ་གཞུག་པའོ། །དེ་ལྟར་ནན་ཏུར་བྱས་པ་ལ་བརྟེན་ནས་བཟོད་པ་འབུལ་ན། དེ་རང་བཞིན་དུ་གནས་པ་ཐོབ་པའི་ཕྱིར་དགེ་འདུན་མཚན་ཉིད་དང་ལྡན་པས་བཟོད་པ་བླང་བ་ནི། སྦྱོར་བ་གསོལ་བཏབ་སྔོན་དུ་འགྲོ་བས། དངོས་གཞི་ལས་དང་། མཇུག་སྤྲོ་བ་སྐྱེད་པར་བྱེད་པའོ། །དེ་ཡང་ནན་ཏུར་བཅུ་གསུམ་ལས། དང་པོ་བཅུ་གཅིག་པོ་ས་གཞན་ན་གནས་པ་ཡིན་ལ། གསོ་དགག་བཞག་པ་ནི་ནན་ཏུར་ཡིན་ཡང་གཞན་ན་གནས་པ་མ་ཡིན་ནོ། །

གཉིས་པ་སྤྲོ་བ་མཐོལ་བཤགས་སོགས་ཀྱིས་ཕྱིར་བཅོས་པ་ལས། ལྷག་མེད་འཆབ་བཅས། ལྷག་མེད་འཆབ་མེད། ལྷག་མ་ཅན་གྱི་ཕྱིར་བཅོས་དང་གསུམ། དང་པོ་ལ། འཆབ་ཉེས་ངོས་བཟུང་བ༑ ལྷག་མེད་དེ་ལྡན་ལ་ཇི་ལྟར་བྱ་བའོ། །དང་པོ་ནི། **འཆབ་པ་ཞེས་གྲགས་གསང་སྟེ་མི་བརྗོད་པ༑** ༑ཞེས་པ་སྟེ། ལྟུང་བ་བྱུང་བ་གསང་འདོད་ནི་འཆབ་སེམས་ཡིན་ལ། དེས་ཀུན་ནས་བསླངས་ཏེ་མི་བརྗོད་པར་གསང་བའི་ལུས་ངག་གི་ལས་ནི་འཆབ་པའི་ལྟུང་བ་སྟེ། དེ་ལའང་གང་གིས་ཉེས་པར་བྱེད་པ་རིག་བྱེད་དང་། གང་ཉེས་པར་བྱ་བའི་ངོ་བོ་རིག་བྱེད་མ་ཡིན་པའོ། །གང་ལ་འབྱུང་བའི་རྟེན་ནི་ལྟུང་བ་དང་ལྟུང་མིན་གྱི་རྣམ་དབྱེ་ཤེས་ཤིང་དྲན་ནུས་པའི་དགེ་སློང་ཉིད་ལས་གཞན་ལ་མི་

འབྱུང་ཞིང་། སྤྱིར་འཆབ་ཉེས་ཙམ་གྱི་དབང་དུ་བྱས་ན་འཆབ་སེམས་སྐད་ཅིག་མ་གཅིག་སྐྱེས་ཀྱང་ལྡང་བ་དེ་འཆབ་བཅས་སུ་འགྱུར་ལ། ཁྱད་པར་དགེ་འདུན་ལྷག་མའི་སྤོ་སྤྱོད་ལ་ཞག་ཏུ་བཅབས་པ་དགོས་ཏེ། ཉིན་མཚན་གྱི་མཐའ་མ་ཡིན་པ་ལ་འཆབ་ཉེས་མི་འབྱུང་ངོ་། །ཞེས་སོ། །

གཉིས་པ་ནི། **ཕམ་པ་འཆབ་བཅས་ཚེ་འདིར་གསོར་མི་རུང་།** །ཞེས་པ་སྟེ། བསླབ་པ་མ་ཕུལ་བར་ཕམ་པ་བཞི་གང་རུང་བྱུང་ནས་སྐད་ཅིག་མ་གཅིག་བཅབས་ཀྱང་ཚེ་འདིར་ལྡང་བ་ཕྱིར་བཅོས་སུ་ཡོད་པ་མ་ཡིན་ཏེ། རྒྱུད་གསོར་མི་རུང་དུ་སོང་བའི་ཕྱིར། དེ་ལྟར་ཡང་། ཉེས་རྩོམ་བྱེད་དང་ཁྲིམ་སུན་འབྱིན་པ་དང་། །འདིར་ནི་གསུམ་པ་ཚུལ་ཁྲིམས་འཆལ་བ་དག །འཐབ་མོ་སྤྱངས་ཏེ་གཎྜི་བརྡུངས་བྱས་ནས། །ཆུ་ཤིང་རུལ་བ་བཞིན་དུ་དེ་བསྐྲད་བྱ། །ཞེས་སོ། །ཉེས་དམིགས་ནི། ཚུལ་འཆལ་དང་ལྷན་ཅིག་ཞག་ལོན་དུ་ཉལ་ན་ལོ་བྱེ་བ་ཕྲག་བཅུ་བཞི་དང་སྟོང་ཕྲག་བཅུ་བཞིར་དམྱལ་བར་སྐྱེ་བར་བཤད་དོ། །གལ་ཏེ་བསྐྲད་པ་དེ་སྡེ་སྣོད་འཛིན་པ་ཡིན་ན་དགེ་འདུན་དང་ལྷན་ཅིག་ལོངས་སྤྱོད་དུ་མི་དབང་ཡང་གནས་ལོངས་སྦྱིན་པ་སོགས་ཀྱིས་རྗེས་སུ་གཟུང་བར་བྱ་ཞིང་། དེ་འདྲ་དེས་བཟོད་པ་གསོལ་བའི་དུས་སུ་མ་བླངས་ན། དེ་ནས་བཟུང་སྟེ་གནས་ཆོས་ཀྱི་རྙེད་པའི་རིན་ཐང་རྩིས་ནས་ཚང་ན་དགེ་འདུན་ལ་ཕམ་པ་འབྱུང་བར་གསུངས་སོ། །

གཉིས་པ་ལྷག་མེད་འཆབ་མེད་ནི། **འཆབ་པ་མེད་ན་དངོས་པོ་བརྗོད་པ་ཡིས། །དགེ་འདུན་ལ་བཤགས་མཐོང་སྡོམ་བར་གྱིས་འདག །སྡོམ་པ་སླར་ནོད།** ཅེས་པ་སྟེ། འདིར་དགེ་འདུན་ལ་བཤགས་ནས་སྡོམ་པ་སླར་ནོད་པ་ལྟ་བུར་གསུངས་པ་ནི་སེམས་ཙམ་པ་ཡན་ཆོད་སླར་ཡང་གསོལ་བཞིའི་ལས་ཀྱིས་དགེ་སློང་གི་སྡོམ་པ་སྦྱིན་རྗེས་ཆད་པ་ལས་ཀྱིས་བསླབ་པ་སྟེར་བར་བཞེད་པ་དང་དགོངས་པ་མཐུན་ནམ་སྙམ་སྟེ་དཔྱད་པར་བྱ་ཞིང་། མདོའི་དགོངས་པ་ལྟར་ན། ཕམ་པ་བྱུང་ནས་སྐད་ཅིག་ཙམ་ཡང་མ་བཅབས་པ་ལ་ཆད་པ་ལས་ཀྱི་བསླབ་པ་སྦྱིན་ཏེ་སྤྱོད་པའི་སྒོ་ནས་ཕྱིར་བཅོས་པའོ། །ཇི་ལྟར་ན། དེས་གནོང་འགྱོད་དྲག་པོ་དང་བཅས་པས་དགེ་འདུན་གྱི་དྲུང་དུ་ཕྱིན་ནས་རྗེས་སུ་བཟུང་བར་ཞུས་ཏེ། སྦྱོར་བ་གསོལ་གདབ་སྔོན་དུ་འགྲོ་བས། དངོས་གཞི་གསོལ་བཞིའི་ལས་ཀྱིས་བསླབ་པ་སྦྱིན་ནས་ཇི་སྲིད་འཚོའི་བར་དུ་དམན་པའི་སྤྱོད་པ་ལྔ་དང་དུ་ལེན་ཞིང་ཁྱད་པར་གྱི་

སྤྱོད་པ་ལྟ་སྤྱོང་བར་བསླབ་པའོ། །གང་གི་ཚེ་དགྲ་བཅོམ་པ་ཐོབ་ན་དེ་རང་བཞིན་དུ་གནས་པར་འགྱུར་ཏེ། འབྲུལ་བའི་རྒྱུ་ཐམས་ཅད་སྤངས་པའི་ཕྱིར། དེར་མ་ཟད་རྟ་ལྟུང་ཐུན་མིན་བྱུང་སྟེ་བསླབ་པ་སྦྱིན་པ་མཚན་གྱུར་ནའང་བསླབ་པ་སྦྱིད་མི་དགོས་སོ། །གལ་ཏེ་ཕམ་པ་འཆབ་མེད་ཅན་གྱིས་བསླབ་པ་ཕུལ་ཏེ་བླངས་ན་བསྙེན་རྫོགས་ཀྱི་སྡོམ་པ་སྐྱེ་ཞིང་། དགེ་ཚུལ་ལའང་བསླབ་སྦྱིན་རུང་བར་གསུངས་སོ།། །།

གསུམ་པ་ལྟུང་མ་ཅན་གྱི་ཕྱིར་བཅོས་ནི། **ལྟུང་མ་བཅུ་གསུམ་སོགས། །ལྷག་ཡང་ལ་ལྟོས་བཤགས་ཏེ་རིམ་པར་ལྟང་།** །ཞེས་པ་སྟེ། འདི་ལ་གཉིས། ནུས་པ་ཕྱིར་བཅོས་ཚུལ་དང་། མི་ནུས་པ་བྱིན་གྱིས་བརླབ་ཚུལ་ལོ། །དང་པོ་ལ་བཞི་ལས། དགེ་འདུན་ལྷག་མའི་ཕྱིར་བཅོས་ནི། ཞག་དང་མ་འབྲེལ་བའི་འཆབ་ཉེས་རྣམས་བསྒྲོ་གྱུར་ཡིན་ན་མཚམས་ནང་གི་དགེ་སློང་ཐམས་ཅད་དང་། མ་ཡིན་ན་དགེ་སློང་གཅིག་གི་དྲུང་དུ་མཐོལ་ལ། དངོས་གཞི་དག་བྱེད་དུ་མགུ་བ་ནོད་ནས་དབྱུང་བས་ཆོག་ཅིང་། གལ་ཏེ་ཞག་ཏུ་ལོངས་པའི་བཅབས་ཉེས་ནི། གང་ཟག་ཁྱད་པར་ཅན་མིན་པས་ཇི་ཙམ་བཅབས་པའི་གྲངས་དང་མཉམ་པའི་སྤོ་བ་མ་སྤྱད་པར་བཅབས་ཉེས་མི་འདག་པས་སྤོ་བ་ནོད་དགོས་ཏེ། སྦྱོར་བ་གསོལ་བ་གདབ་པ། དངོས་གཞི་གསོལ་བཞིའི་ལས་ཀྱིས་སྤོ་བའམ། གཞི་ནས་སྤོ་བའམ། ཡང་གཞི་ནས་བསླང་བའི་སྤོ་བ་གསུམ་གང་རུང་སྟེར་བ་སྟེ། དེ་ལྟར་གསུམ་ནི་སྤོ་བ་བྱེད་བཞིན་པ་ལ་རིགས་འདྲའི་ལྟུང་མ་གཉིས་པ་དང་གསུམ་པ་བྱུང་བའི་དབང་དུ་བྱས་པ་སྟེ། མགུ་བ་ལའང་འདྲ་ཞིང་། རིགས་འདྲ་བཞི་པ་བྱུང་ན་དམད་པ་ནན་ཏུར་བྱ་བའོ། །དེ་ལྟར་སྤོ་བ་སྤྱད་ཚར་བའམ། མ་བཅབས་ན་སྤོ་སྤྱོད་མི་དགོས་པས། ལྟུང་མའི་དངོས་གཞི་འདག་པའི་ཆེད་དུ་དགེ་སློང་གིས་ཞག་དྲུག་དང་དགེ་སློང་མས་ཟླ་ཕྱེད་ཀྱི་བར་མགུ་བ་སྤྱད་དགོས་ཏེ། སྦྱོར་བ་གསོལ་གདབ། དངོས་གཞི་གསོལ་བཞིའི་ལས་ཀྱིས་མགུ་བ་གསུམ་གང་རུང་བྱིན། སྤོ་མགུ་གཉིས་ཀྱི་ལས་སུ་བྱ་བ་ནི་ཕལ་ཆེར་བསླབ་བྱིན་དང་འདྲ་བ་ལས། ཁྱད་པར་བྱིན་ལེན་སྟོབ་ཏུ་མི་རུང་། གཞན་མེད་ན་གསོ་སྦྱོང་གི་མདོ་འདོན་དུ་རུང་། གྲལ་ནི་སྤོ་བ་སྤྱོད་པས་བསླབ་བྱིན་གྱི་གོང་དང་མགུ་སྤྱོད་ཀྱི་འོག །མགུ་བ་སྤྱོད་པས་དགེ་སློང་རང་བཞིན་དུ་གནས་པ་རྣམས་ཀྱི་འོག་དང་སྤོ་སྤྱོད་ཀྱི་གོང་དུ་སྡོད་ཅིང་། དེ་

གཉིས་ཀ་ལ་ཞག་རེ་བཞིན་དུ་འདས་འབྱུང་བརྗོད། གལ་ཏེ་སྔོ་བ་སྤྱོད་བཞིན་པའམ་སྤྱད་ཚར་ནས་མགུ་བའི་བར་དང་མགུ་བ་སྤྱོད་བཞིན་པའམ་ཟིན་ནས་དབྱུང་བའི་བར་རྣམས་སུ་འཐབ་ཀྲོལ་ཅན་འོང་བ་སོགས་ཀྱིས་རེ་ཞིག་འཕྲོ་འཇོག་དགོས་ན་བཞག་པས། དེ་དག་ལ་སྔོ་ལྡན་དང་མགུ་ལྡན་ཞེས་བྱ་ཞིང་། རྐྱེན་གྲོལ་རྗེས་སླར་འཕྲོ་ནས་སྤྱད། དེ་ལྟར་སྔོ་མགུ་སྤྱོད་པ་པོ་ཕ་མའི་ཁྱད་པར་གྱིས་གནས་དེའི་དགེ་སློང་རང་བཞིན་དུ་གནས་པ་བཞི་དང་། དགེ་སློང་ཕ་མ་བཞི་བཞི་སྟེ་བརྒྱད་ཡན་ཆད་ལ་སྤྱད་དགོས་སོ། །མགུ་བ་སྤྱད་ཟིན་ནས་དེ་ཉིད་ས་རང་བཞིན་དུ་གནས་པ་ཐོབ་པའི་ཕྱིར་དབྱུང་བ་བྱ་སྟེ། གནས་དེར་དགེ་སློང་དབྱུང་བ་ལ་དགེ་སློང་རང་བཞིན་དུ་གནས་པ་ཉི་ཤུ་དང་། དགེ་སློང་མ་དབྱུང་བ་ལ་ཕ་མ་ཉི་ཤུ་ཉི་ཤུ་སྟེ་བཞི་བཅུ་ཡན་ཆད་ཚང་བ་ལ་གསོལ་གདབ་སྔོན་དུ་བཏང་ནས། དངོས་གཞི་གསོལ་བཞིའི་ལས་བསྒྲིགས་པ་དང་བཅས་པ་བྱས་ལ། མཇུག་ཏུ་གཟེངས་བསྟོད་ཅིང་ཡི་རང་བས་རང་བཞིན་གྱི་གནས་སུ་དབྱུང་སྟེ། གཞན་གྱི་དཀུར་གནས་སུ་བྱེད་པའོ། །དམིགས་བསལ་གང་ཟག་ཁྱད་པར་ཅན་གྱི་ལྷག་མའི་ཕྱིར་བཅོས་ནི། ཇི་སྐད་དུ། ངོ་ཚ་དང་ལྡན་པ་དང་། མདོ་སྡེ་འཛིན་པ་དང་། འདུལ་བ་འཛིན་པ་དང་། མ་མོ་འཛིན་པ་དང་ཤེས་པས་ནི་གཅིག་གི་མདུན་བཤགས་པས་དགེ་འདུན་ལྷག་མ་ལས་ལྡང་ངོ་། །ཞེས་སོ། །གཉིས་པ་སྦོམ་པོ་ཕྱིར་བཅོས་ལ། ཕམ་པར་གཏོགས་པའི་སྦོམ་པོ་ལྕི་བ་ལ་ཡུལ་དགེ་སློང་དྲུག །ཡང་བ་ལ་ལྔ། ལྷག་མར་གཏོགས་པའི་སྦོམ་པོ་ལྕི་བ་ལ་བཞི། ཡང་བ་ལ་དགེ་སློང་གཅིག་གི་དྲུང་དུ་བཤགས་པས་འདག་གོ། །གསུམ་པ་སྤང་ལྟུང་ནི། གང་ལ་བརྟེན་ནས་ལྟུང་བ་བྱུང་བའི་རྫས་ཏེ། ཆགས་པའི་ཞག་གཅིག་གི་གོང་རོལ་དུ་གཞན་ལ་སྤངས་ནས་བཤགས་པར་བྱ་བའོ། །བཞི་པ་འབའ་ཞིག་པ་སོགས་ནི་ཡུལ་དགེ་སློང་གཅིག་གི་དྲུང་དུ་རང་མིང་གིས་བཤགས་པར་བྱ་ཞིང་། ཁྱད་པར་སོར་བཤགས་མཚམས་ཀྱི་ཕྱིར་སོང་སྟེ་བཤགས་སོ༑ ༑སྤྱིར་ལྟུང་བ་གང་དང་གང་ཡིན་ཡང་འདྲ་སྟེ། ལུས་ངག་ཏུ་མ་འཐོན་པའི་ཡིད་ཀྱི་ཉེས་པ་རྣམས་ནི་འགྱོད་སྡོམ་གྱི་སེམས་བརྟེན་པ་ཙམ་གྱིས་ལྟུང་བ་ལས་ལྡང་བར་འགྱུར་ལ། ལུས་ངག་ཏུ་འཐོན་ནས་རང་རང་གི་ཕྱིར་བཅོས། ཐོག་མར་བཅབས་ཉེས་བཤགས་རྗེས་དངོས་གཞིའི་ཉེས་ལྟུང་དང་། ཡུལ་ཡོད་བཞིན་དུ་ཕྱིར་མ་བཅོས་པའི་ཉེས་པ་བཤགས་པ་སོགས་ལྟུང་བ་རང་རང་གི་མིང་རིགས

ཕྱི་ནས་ཕྱིར་བཅོས་ཚུལ་ལ་མཁས་པར་བྱའོ། །མདོར་ན་ལྟུང་བ་བྱུང་རིས་ཀྱིས་མཐོལ་བ་དང་བཤགས་པ་དང་བསྡམས་པ་ལ་ཉེན་རེ་བཞིན་འབད་པར་བྱ་ཞིང་འཆི་ཁའི་ཚེ་ལྟུང་བ་མ་དག་པ་ཡོད་ན། ལུས་ངག་གིས་བཤགས་སྡོམ་བྱ་དགོས་མོད། དེ་ཙམ་མ་གྲུབ་ན་ཡིད་ཀྱིས་བཤགས་པས་ཀྱང་འདག་པར་འགྱུར་ཏེ། མདོར། མཐར་དེ་ལ་རྒྱལ་བ་རྐྱེན་མ་འགྱོར་བ་ཉིད་ན་ལས་བྱས་པ་དང་འདྲའོ། །ཞེས་གསུངས་པའི་ཕྱིར།

གཉིས་པ་མི་ནུས་པ་བྱིན་གྱིས་བརླབ་ཚུལ་ལ་གཉིས་ལས། ལས་གྲལ་དུ་མ་འདུས་གོང་དུ་བྱ་བ་ནི། ཕམ་པར་གཏོགས་པའི་སྦོམ་པོ་དང་དགེ་འདུན་ལྷག་མ་མན་ཆད་ཀྱི་ལྟུང་བ་རྣམས་ཆད་ལས་དགོས་པ་དག་སྔོན་དུ་མ་གྲུབ་པ་དང་། བཤགས་ཡུལ་མེད་པ་དང་། ལྟུང་ཕྱིར་རྩོད་པ་སོགས་ཀྱི་རྐྱེན་དབང་གིས་དུས་དེར་བཤགས་མ་ནུས་པ་རྣམས་བྱིན་གྱིས་བརླབས་པ་ཙམ་གྱིས་དག་པར་འཛོག་པ་ཡིན་ཏེ། བྱིན་གྱིས་བརླབས་པས་དག་པ་ཉིད་དུ་འགྱུར་རོ། །ཞེས་སོ། །གཉིས་པ་ལས་གྲལ་དུ་འདུས་ནས་བྱིན་གྱིས་བརླབ་པ་ནི། དེར་འདུས་ནས་བཤགས་པར་བྱ་བ་མི་རུང་བས་ལྟུང་བ་གང་དྲན་ཡང་ཐུན་མིན་གྱི་བྱིན་བརླབ་དང་། ཐུན་མོང་བ་གསོལ་བ་འབའ་ཞིག་པའི་ལས་ཀྱི་བྱིན་གྱིས་བརླབ་པ་ཡིན་ནོ། །

ཞར་བྱུང་དགེ་ཚུལ་གྱི་ཕྱིར་བཅོས་ལ། རྩ་བ་འཆབ་བཅས་ལ་ཕྱིར་བཅོས་མེད། འཆབ་མེད་ནི་དགེ་སློང་གི་དགེ་འདུན་ལས་བསླབ་པ་ནོས་ནས་སྤྱོད། རྩ་བ་མིན་པའི་ བླངས་འདས་ཀྱི་ཉེས་པ་གང་བྱུང་དེ་དང་དེའི་མིང་རིགས་བརྗོད་ནས་དགེ་སློང་གཅིག་གི་དྲུང་དུ་མཐོལ་བཤགས་ལྟན་ཅིག་ཏུ་བྱ། བླངས་པ་དངོས་དང་གནང་བའི་ཉེས་མེད་རྣམས་མིན་པའི་ཉེས་པ་རྣམས་ཡིད་ཀྱིས་བསྡམས་པ་ཙམ་གྱིས་འདག་པ་ཡིན་ཞིང་། སྡིག་ལྟ་མི་གཏོང་བ་སོགས་ལ་དགེ་སློང་གི་དགེ་འདུན་གྱིས་ནན་ཏུར་གྱི་ལས་ཀྱང་བྱ་བ་ཡིན་ཏེ། རབ་ཏུ་བྱུང་ཞིང་བསྙེན་པར་མ་རྫོགས་པ་ལའང་དེ་དག་བྱ་བ་ཉིད་ཡིན་ནོ། །ཞེས་གསུངས་པའི་ཕྱིར། དེ་དག་གིས་ནི་ཕྱིར་བཅོས་དངོས་གཞི་དང་། དུས་དང་དུས་མིན་བསྡུས་པའི་གཞི་དང་། ས་གཞན་ན་གནས་པ་སྤྱོད་པའི་གཞི་རྣམས་ཀྱི་དོན་མདོ་ཙམ་བསྡུས་ནས་བཤད་པ་ཡིན་ལ། དེ་ལྟར་ནན་ཏུར་དང་བཤགས་པ་གཉིས་ཀྱིས་རང་ཉིད་ཀྱི་ལྟུང་བ་ཕྱིར་བཅོས

ཚུལ་བཤད་ཟིན་ནས། ད་ཡོངས་སུ་སྦྱོང་བའི་གཞི་ལས་བྱུང་བ་གང་ཟག་གཞན་གྱི་ལྟུང་བ་ཕྱིར་བཅོས་ཚུལ་ནི། ཡུལ་ལྟུང་བ་གླེང་བའི་གཞི་ཡོད་ཅིང་དགེ་འདུན་བྱེ་འགྱུར་གྱི་དགག་བྱ་མེད་པའི་གང་ཟག་ལ;། གླེང་བ་པོ་ཀུན་གྱི་མཐུན་སྣང་དུ་གྲུབ་པའི་དགེ་སློང་རྣམ་པར་དག་པས། ཕྱིར་བཅོས་ལ་འགོད་པར་འདོད་པའི་ལྷག་བསམ་གྱིས། དབྱར་ནང་ལ་སོགས་པ་མ་ཡིན་པའི་དུས་སུ། དངོས་པོ་ཚུལ་ཁྲིམས་ལྟ་སྤྱོད་འཚོ་བ་ཉམས་པ་བཞི་ལས་གང་རུང་། ཚིག་ལྟུང་བ་ཡོད་མེད་རྣམ་པར་བརྟགས་ནས་གླེང་བའི་སྐབས་ཕྱེ་སྟེ་གླེང་བར་བྱེད་པའོ། །དེ་ལྟར་གླེང་ནས་ཇི་ལྟར་བསྒྲུབ་པ་ནི། ཁས་ལེན་ན་ཕྱིར་འཆོས་སུ་གཞུག །མི་དྲན་ནོ་ཞེས་ཁྱད་དུ་གསོད་ན་ངོ་བོ་ཉིད་འཚོལ་བ་བྱིན། རྫུན་གྱིས་ཁྱད་དུ་གསོད་ན་མ་མཐོང་བའི་གནས་དབྱུང་བྱེད། གླེང་ཡང་དེའི་སྐབས་མི་འབྱེད་ན་བརྗོད་བཅས་དང་། མཉན་པར་མི་བྱེད་ན་ཕུར་བཅས་བྱ་ཞིང་། གལ་ཏེ་དགེ་འདུན་ཐམས་ཅད་ལ་མི་ཉན་པའི་བཀའ་བློ་མི་བདེ་བ་བྱེད་ན་གླེང་དྲན་ལ་སོགས་པའི་སྒོ་ནས་གཞམས་བསྒོ་བྱེད། དེས་མ་དུལ་ན་གདམས་ངག་གི་འཕྲོ་དང་གསོ་དགག་འཇོག་པ་སྟེ། དེ་ཐམས་ཅད་ཀྱི་མཐའ་ལ་མ་བཏང་ན་གནས་དབྱུང་བྱ་བའོ། །

གཉིས་པ་རྟེན་པ་ཕྱིར་བཅོས་ལ་གསུམ་སྟེ། ལས་ཀྱི། འཁོར་ལོའི། དེ་ལས་གཞན་པའི་རྟེན་པ་ཞི་བྱེད་དོ། །དང་པོ་ནི། མཚམས་ནང་གཅིག་ཏུ་ཆོས་མ་ཡིན་པར་སྨྲ་བའི་དགེ་སློང་བཞིར་ལོངས་པས་ཆོས་སྨྲ་བའི་དགེ་འདུན་ལས་ལོགས་སུ་གསོ་སྦྱོང་སོགས་ལས་བྱས་པ་ཟིན་པ་ན་ལས་བྱེད་པའི་དབྱེན་དུ་འགྱུར་ཏེ། མཛོད་ལས། ལས་ཀྱི་དབྱེན་ནི་གླིང་གསུམ་ན། །དེ་ནི་བརྒྱད་དག་ཡན་ཆད་ཀྱིས། །ཞེས་དང་། ལུང་ལས། སུ་དག་གིས་ཀོ་ཤཱམྦཱི་པའི་དགེ་འདུན་ཕྱེ་བར་གྱུར། ཆོས་མ་ཡིན་པ་སྨྲ་བ་དག་གིས་མཚམས་ཀྱི་ནང་དུ་གནས་གཅིག་ཏུ་གསོ་སྦྱོང་མ་འདྲེས་པར་བྱས། ཞེས་གསུངས་པའི་ཕྱིར། ཞི་བྱེད་ལ་གཉིས་ལས། རྒྱུ་སྦྱོང་བ་ནི། དགེ་འདུན་བྱེ་བའི་དགག་བྱ་ཡོད་པའི་ལྟུང་བ་གླེང་བ། ནན་ཏུར། བསྒོ་གྱུར། གྲངས་སུ་འཛུག་པ་སོགས་སྤང་ཞིང་། གཉེན་པོ་བསྟེན་པ་ནི། ནང་གི་གཉེན་པོ་དགེ་སྦྱོང་གི་ཆོས་བཞི་ལས་མི་འདའ་ཞིང་། ཕྱིའི་གཉེན་པོ་ལས་བྱེ་བའི་རྟེན་པ་བྱུང་ན་དགེ་འདུན་ལ་བཟོད་པ་གསོལ་ནས། དགེ་འདུན་གྱིས་གསོལ་བཞིའི་ལས་ཀྱིས་བཟོད་པ་དང་། མཐུན་པ་དང་། མཐུན་པའི་གསོ་སྦྱོང་བྱིན་ནས། དེའི་རྗེས་སུ་ཕན་ཚུན་མཉམ་དུ་མཐུན་པའི་གསོ་སྦྱོང་བྱ་

བའོ། །

གཉིས་པ་ནི། ཆོས་ཀྱི་འཁོར་ལོའི་མི་མཐུན་ཕྱོགས་སུ་བྱེ་བ་སྟེ། ལས་བྱེ་བ་དང་མི་འདྲ་བའི་ཁྱད་པར་ནི། འདིར་འབྱེད་པ་པོ་གཅིག་གིས་དགེ་འདུན་གཉིས་སོ་སོར་ཕྱེ་ཞིང་། དེའང་སྟོན་པ་དང་ལམ་གཞན་ལ་བཟོད་པས་ཚུལ་ཤིང་བྲིམ་ཞིང་བླངས་པ་ཡིན་ལ། ལས་བྱེ་བའི་གཞི་ནི་འབྱེད་པ་པོ་དགེ་འདུན་དུ་ལོངས་པས་དབྱེ་བྱ་དང་དབྱེ་བྱེད་ཐ་དད་དུ་ཕྱེ་བ་སྟེ། ཆོས་མིན་སྨྲ་བ་དག་གིས་མཚམས་ནང་གཅིག་ཏུ་ལས་ཐ་དད་དུ་བྱས་པ་ཙམ་དུ་ཟད་པའི་ཕྱིར། དེས་ན་དབྱེན་ལ་གཉིས་ཏེ། དགེ་འདུན་ལྷག་མར་གྱུར་བ་དང་། མཚམས་མེད་དུ་གྱུར་པའོ། །དང་པོ་ནི། སྟོན་པ་དང་མཆོག་ཟུང་གཅིག་འདས་པའི་འོག་ཏུ་ལས་དང་པོ་པ་མ་ཡིན་པའི་དགེ་སློང་གིས། བསླབ་ཚིགས་ལྔ་ལྟ་བུ་སློབ་པའི་ཆེད་དུ་ཚུལ་ཤིང་བྲིམས་པའི་ལས་བྱས་པ་སྟེ། དེའི་ཚེ་ལྡོག་བསྒྲོའི་མཐར་མ་བཏང་ན་བྲིམ་པ་པོ་ལ་དབྱེན་གྱི་ལྷག་མ་དང་། ལེན་པ་པོ་ལ་དེ་ཉེས་ཕྱོགས་ཀྱི་ལྷག་མར་འགྱུར་རོ། །གཉིས་པ་ནི༑ མཛོད་ལས། དགེ་སློང་ལྟ་སྤྱོད་ཚུལ་ལྡན་པས། །འབྱེད་དོ་གཞན་དུའོ་བྱིས་པ་རྣམས། །སྟོན་དང་ལམ་གཞན་ལ་བཟོད་པ། །བྱེ་བའོ་དེ་ནི་མི་གནས་སོ། །དེ་ནི་འཁོར་ལོའི་དབྱེན་དུ་འདོད། །འཛམ་བུའི་གླིང་ནའོ་དགུ་སོགས་ཀྱིས། །ཞེས་དང་། དང་པོ་མཐའ་སྨིན་ཟུང་གཅིག་གི །སྔ་རོལ་ཐུབ་པ་ནོངས་པ་དང་། །མཚམས་མ་བཅད་པ་དག་ཏུ་ཡང་། །འཁོར་ལོའི་དབྱེན་ནི་མི་འབྱུང་ངོ་། །ཞེས་པས་འབྱེད་པ་པོ་དགེ་སློང་ལྟ་སྤྱོད་ཚུལ་ལྡན་གྱིས། གནས་སྟོན་པའི་མདུན་ལས་གཞན་དུ། དབྱེ་བྱ་བྱིས་པའི་དགེ་འདུན། མཐར་ཐུག་སངས་རྒྱས་ལས་གཞན་པའི་སྟོན་པ་ལྟས་བྱིན་དང་། དམ་ཆོས་ལས་གཞན་པ་ལྟས་བྱིན་གྱི་བརྟུལ་ཞུགས་ལྔ་ལ་ལམ་དུ་བཟོད་ཅིང་ཚུལ་ཤིང་བླངས་པ་ན་བྱེ་བའོ། །ཕྱི་ནས་ཞག་རངས་པར་མི་གནས་ཤིང་། གླིང་འཛམ་བུ་གླིང་ལས་གཞན་ན་མེད་ལ། དབྱེ་བྱ་ཕན་ཚུན་དགེ་སློང་བཞི་བཞི་དང་འབྱེད་པ་པོ་གཅིག་སྟེ་དགུ་ཚང་བ་དགོས་སོ། །དུས་ནི་སྟོན་པ་བཞུགས་ཤིང་མྱ་ངན་ལས་འདའ་ཁ་མ་ཡིན་པ་དང་། བསྟན་པ་ལ་སྐྱོན་བྱུང་བའི་དུས་མ་ཡིན་པ། མཆོག་ཟུང་གཅིག་བསྐྲོས་པའི་དུས་སུ་མཚམས་ནང་གཅིག་ཏུ་བྱུང་བའོ། །འདི་ལ་ལྟུང་བ་ནི་དབྱེན་དུ་གཏོགས་པའི་སྦོམ་པོ་དང་། སྡིག་པ་མཚམས་མེད་པའོ། །འདིའི་ཕྱིར་བཅོས་ནི་ལུང་ལས་མཆོག་ཟུང་གཅིག

གིས་འདུམས་མཛད་པར་བཤད་པ་དེའོ། །སྡེ་མ་ལ་བཟོད་གསོལ་དང་མཐུན་པ་བྱིན་རྗེས་མཐུན་པའི་གསོ་སྦྱོང་དང་ཤ་ཟིའི་གསོ་སྦྱོང་ལྟ་བུ་ཅིག་ཏུ་བྱ་ཞིང་། སྤོ་མགུ་སོགས་ལྷག་མའི་ཕྱིར་བཅོས་ཆོ་ག་བཞིན་དུ་བྱ་བ་སྟེ། འདི་བཟློག་བསྒོའི་མཐར་མ་བཏང་ཞིང་དགེ་འདུན་མ་བྱེ་བའི་དབང་དུ་བྱས་ལ༑ དེས་དགེ་འདུན་བྱེ་བར་གྱུར་ན་འབྱེད་པ་པོ་ལ་མཚམས་མེད་དུ་འགྱུར་རོ། །དབྱེན་གྱི་ཉེས་དམིགས་ནི། དགེ་འདུན་ཕྱེས་ནས་མ་འདུམས་ཀྱི་བར་དུ་སྟོན་པ་གཅིག་གི་ཞིང་ཁམས་སུ་ལམ་ལྟ་གང་ཡང་མི་སྐྱེའོ། །ཞེས་སོ། །

གསུམ་པ་དེ་ལས་གཞན་པའི་རྩོད་པ་ལ། ཞི་བྱ་དང་། ཞི་བྱེད་གཉིས། དང་པོ་ལ། ངོ་བོ། རྒྱུ། དབྱེ་བའོ། །དང་པོ་ནི། ཕ་རོལ་པོས་མི་མཐུན་པར་སྨྲས་པའི་ཚིག་གི་ཕྱིར་སེམས་གཞོལ་བའི་འཁོན་དུ་འཛིན་པའི་འབྲུགས་ལོང་། གཉིས་པ་ནི། ནང་གི་རྒྱུ་བདག་འཛིན་དང་ཕྱིའི་རྒྱུ་དངོས་པོའི་དེ་བཞིན་ཉིད་ལ་ལོག་པར་སྒྲུབ་པ། གདམས་ངག་སྤོང་བ། ལྟུང་བ་དང་བཅས་པ། ལས་ལ་མཐུན་པ་མི་སྦྱིན་པ་སྟེ་འབྲུགས་ལོང་གི་རྒྱུ་བཞིའོ། །གསུམ་པ་དབྱེ་བ་ལ། རྒྱུ་བཞི་པོ་དེའི་རིམ་པ་དང་མཐུན་པའི་རྩོད་པ་བཞི་ཡོད་དེ། འདུས་བྱས་རྟག་མི་རྟག་ལྟ་བུར་རྩོལ་ཕྱིར་རྩོལ་རྩོད་པ་ལྟ་བུ་འགྱེད་ཕྱིར་གྱི་རྩོད་པ་དང་། གདམས་ངག་གསོ་དགག་བཞག་པ་ལ་འཛོག་པ་པོ་དང་གཞག་བྱ་རྩོད་པ་ལྟ་བུ་མི་གདམས་པའི་ཕྱིར་གྱི་རྩོད་པ་དང་། ལྟུང་བ་གླེང་བས་ཁས་མི་ལེན་པ་གླེང་བྱ་གླེང་བྱེད་རྩོད་པ་ལྟུང་ཕྱིར་རྩོད་པ་དང་། རྩོད་པ་དེ་གསུམ་གྱི་དབང་གིས་གསོ་སྦྱོང་སོགས་ཀྱི་ལས་ལ་མཐུན་པ་མི་སྦྱིན་པས་རྩོད་པར་གྱུར་པ་བྱ་ཕྱིར་གྱི་རྩོད་པ་དང་བཞིའོ། །གཉིས་པ་ཞི་བྱེད་ལ་གཉིས་ལས། སྤྱིར་རང་གི་ངང་གིས་ཞི་བ་ནི། རྩོད་པ་བྱེད་པ་པོ་རྣམས་ཤི་བའམ། བབས་པའམ། ཤེས་རབ་དང་སྙིང་རྗེ་ཁྱད་པར་ཅན་རྒྱུད་ལ་སྐྱེས་པའི་སྟོབས་ཀྱིས་རྩོད་པ་རང་ཞིར་སོང་བའོ། །གཉིས་པ་སོ་སོའི་ཞི་བྱེད་ཀྱི་ཆོས་ནི། རྩ་བའི་ལུང་ལས། མངོན་སུམ་དྲན་པ་མ་མྱོས་དང་། །དེ་བཞིན་གང་མང་ངོ་བོ་ཉིད། །རྩྭ་རྣམས་བཀྲམ་པ་ལྟ་བུ་དང་། །ཁས་བླངས་པར་ནི་བྱ་བའོ། །ཞེས་པ་ལྟར་ཞི་བྱེད་བདུན་འདུག་སྟེ། དེ་ལ་འགྱེད་ཕྱིར་རྩོད་པ་ནི། མངོན་སུམ་དང་གང་མང་གིས་ཞི་བར་བྱེད་པའོ། །མངོན་སུམ་ནི་བརྒྱད་དེ། གྲོལ་དང་གཟུ་དང་དགེ་འདུན་གཞི་པོ་དང་། །གསལ་བ་དང་ནི་གསལ་བའི་གསལ་བ་

དང་། །དགེ་འདུན་གཞན་དང་སྡེ་སྣོད་འཛིན་པ་དང་། །གནས་བརྟན་མཐུ་དང་ལྡན་པའི་མངོན་སུམ་མོ། །དེ་དག་སྔ་མ་སྔ་མས་མ་ཞི་ན་ཕྱི་མ་ཕྱི་མས་ཞི་བར་བྱེད་པའོ། །གང་མང་ནི། མངོན་སུམ་གྱིས་ཞི་བར་མ་ནུས་ན། དགེ་འདུན་གྱིས་ཚུལ་ཤིང་བྲིམས་ཏེ་གང་མང་གི་ཕྱོགས་ལ་དག་པ་བྱིན་ནས་ཞི་བར་བྱེད་པའོ། །མི་གདམས་པའི་ཕྱིར་རྩོད་པ་ཞི་བྱེད་ནི། གང་ཟག་དེ་ལ་ལྟུང་བ་གླེང་རྒྱུ་ཡོད་པ་ལ་སྔར་བཞིན་མངོན་སུམ་པས་ཞི་བར་བྱེད། དེའི་ཚེ་གླེང་རྒྱུ་མེད་པ་ལ་བཞི་སྟེ། གཞི་མེད་པར་གླེང་བ་དང་། གཞི་གཞན་ལ་གཞན་གྱིས་གླེང་བ་དང་། ཕྱིར་བཅོས་ཟིན་གླེང་བ་དང་། སྨྱོན་པས་བྱས་པ་ལ་གླེང་བ་དང་བཞི་ལས། དང་པོ་གསུམ་ལ། གང་ཟག་འདི་ནི་དྲན་པ་དང་ལྡན་པ་ཡིན་པས་འདི་ལ་ལྟུང་བ་མེད་དོ་ཞེས་གསོལ་བཞིའི་ལས་ཀྱིས་དྲན་པས་འདུལ་བ་བྱིན་པ་དང་། བཞི་པ་ལ་འདི་མ་སྨྱོས་པའི་དུས་སུ་ཉེས་པ་མ་བྱས་པས་སྨྱོས་པ་ལ་ལྟུང་བ་མེད་དོ་ཞེས་གསོལ་བཞིའི་ལས་ཀྱིས་མ་སྨྱོས་པས་འདུལ་བ་བྱིན་ནོ། །ལྟུང་ཕྱིར་གྱི་རྩོད་པ་ཞི་བྱེད་ལ་གཉིས་ཀྱི། ཉེས་པ་རང་གི་ངོ་བོ་མི་ཤེས་པ་ལ་ངོ་བོ་ཉིད་འཚོལ་བ་གསོལ་བཞིས་བྱིན་ནོ། །རང་གི་ངོ་བོ་ཤེས་པ་ལའང་གཉིས་ཀྱི། གླེང་བྱ་གླེང་བྱེད་གཉིས་ཁོ་ན་ལས་གཞན་ལ་ཕྱིར་འགྲོས་པ་མེད་པ་ཁས་བླངས་ཀྱིས་ཞིའོ། །གཞན་ལ་ཕྱིར་འགྲོས་པ་དང་བཅས་པ་ལའང་གཉིས་ལས། གང་ཟག་ཉི་ཚེ་བ་དང་འབྲེལ་བ་ལ་མངོན་སུམ་གྱིས་འདུལ་བ་དང་། དགེ་འདུན་མཐའ་དག་དང་འབྲེལ་བ་ནི་རྩྭ་བཀྲམ་པ་ལྟར་ཕན་ཚུན་འདུད་དེ་ཐམས་ཅད་བློ་རྩེ་མཐུན་པས་ཞི་བར་བྱེད་དོ། །བྱ་ཕྱིར་གྱི་རྩོད་པ་ནི། ལས་ལ་མཐུན་པ་སྦྱིན་པས་དངོས་སུ་ཞི་བར་བྱེད་ཅིང་། བརྒྱུད་ནས་ཞི་བྱེད་བདུན་པོ་ཐམས་ཅད་འཇུག་པ་ཡིན་ཏེ། རྩོད་པ་སྔ་མ་གསུམ་ལ་བརྟེན་ནས་ལས་ལ་མཐུན་པ་མི་སྦྱིན་པ་འབྱུང་བའི་ཕྱིར་རོ། །

གསུམ་པ་ཉེས་ལྟུང་སྦྱོང་བའི་ཐབས་སྟོབས་བཞིར་འདུ་ཚུལ་ནི། **མདོར་ན་སྟོབས་བཞིར་མ་འདུས་བཤགས་པ་མེད། །སྔར་བྱས་འགྱོད་བཤགས་དུག་འཐུངས་སྐྱུག་པ་ལྟར། །འགྱོད་པ་སྙིང་ནས་རྣམ་པར་སུན་འབྱིན་སྟོབས། །དུག་ལ་སྨན་བཞིན་འཇུག་པ་དྲག་པོ་ཡིས། །ཉེས་ཕྱིར་དགེ་བའི་གཉེན་པོ་ཀུན་སྤྱོད་སྟོབས། །དུག་མི་འཐུང་ལྟར་ཕྱིས་ནས་ཉེས་སྡོམ་ལ། །ངེས་ཤེས་དྲག་པོ་རྣམ་པར་སོར་ཆུད་སྟོབས། །སྨན་པ་བསྟེན་ལྟར་སྐྱབས་སེམས་ལྟུང་བཤགས་སོགས། །དད་པ་དྲག**

པོས་རྟེན་གྱི་སྟོབས་བཞིན་སྤྱད། །ཅེས་པ་སྟེ། སྡིག་ལྟུང་གང་ཡིན་ཡང་སྦྱོང་བའི་གཉེན་པོ་མདོར་བསྡུ་ན་སྟོབས་བཞིར་མ་འདུས་པ་མེད་དེ། དཔེར་ན་སྐྱེས་བུ་དུག་བཏུངས་པས་དུག་ནད་ཀྱིས་ཉེན་པ་ཞིག །སྔར་བཏུངས་པ་ལ་འགྱོད་པ་དང་། ཕྱིས་མི་འཐུང་བའི་སྡོམ་སེམས་དང་། དུག་ནད་སྦྱོང་བའི་གཉེན་པོར་སྨན་དང་སྨན་པ་བསྟེན་པ་བཞིན་ནོ། །དེ་ལྟར་ཡང་། ཆོས་བཞི་བསྟན་པའི་མདོ་ལས། བྱམས་པ་བྱང་ཆུབ་སེམས་དཔའ་ཆོས་བཞི་དང་ལྡན་ན་སྡིག་པ་བྱས་ཤིང་བསགས་པ་ཐམས་ཅད་ཟིལ་གྱིས་གནོན་པར་འགྱུར་རོ། །བཞི་གང་ཞེ་ན། འདི་ལྟ་སྟེ། རྣམ་པར་སུན་འབྱིན་པ་ཀུན་ཏུ་སྤྱོད་པ་དང་། གཉེན་པོ་ཀུན་ཏུ་སྤྱོད་པ་དང་། སོར་ཆུད་པའི་སྟོབས་དང་། རྟེན་གྱི་སྟོབས་སོ། །ཞེས་གསུངས་པའི་ཕྱིར་རོ། །དེ་ཡང་བཤགས་པས་འདག་པའི་རྒྱུའི་གཙོ་བོ་ནི་འགྱོད་སྡོམ་གྱི་སེམས་དྲག་པོ་སྟེ། བསམ་པས་ལྟུང་བ་ལས་ལྡང་གི །ཆད་པ་ལས་ཀྱི་ནི་མ་ཡིན་ནོ། །ཞེས་དང་། རྒྱ་ཆེར་འགྲེལ་ལས། བཤགས་པར་བྱ་བའི་ལྟུང་བ་ལས་ནི་བསྡམ་པར་བྱ་བ་དེ་དང་བཅས་པའི་བཤགས་པ་བྱས་ན་ལྡང་བ་སྟེ། དགེ་པ་དང་མ་དགེ་པ་ནི་བསམ་པའི་གཞི་ལས་བྱུང་བ་ཡིན་པས། བསྡམ་པར་བྱ་བ་མེད་ན་བཤགས་པས་ཅིར་ཡང་མི་འགྱུར་རོ། །འདིར་གཞུང་ནི། ཕྱིན་ཆད་སྡོམ་མམ། སྡོམ་མོ་ཞེས་གསུངས་པ་ཡིན་ནོ། །ཚིག་ཏུ་བརྗོད་པ་ནི་སེམས་ལྡོག་པ་སྟོན་དུ་བཏང་བས་ཡིན་གྱི། གཞན་དུ་རྫུན་སྨྲ་བ་ཁོ་ནར་འགྱུར་རོ། །ཞེས་སོ། །དེས་ན་སྔར་སྨོས་པ་ལྟར་འགྱོད་སྡོམ་དྲག་པོས་རང་རང་གི་ཚོ་གའི་ལྟུང་བ་ལས་ལྡང་བའི་ཐབས་ལ་མཁས་པར་བྱ་ཞིང་། དེ་ལས་གཞན་དུ་ལྟུང་བཤགས་སོགས་ཐེག་པ་གཞན་གྱི་སྟོབས་བཞི་ཚང་བའི་བཤགས་པས་ནི་ཆོས་འདི་པའི་ལུགས་ཀྱི་རྒྱུ་ལྟུང་བ་ལས་ལྡང་མི་ནུས་ལ། དེ་ལྟ་ནའང་ལྟུང་བའི་འབྲས་བུ་ཕྱི་མའི་སྡུག་བསྔལ་བསྐྱེད་ནུས་རྣམས་འདག་ནུས་པའི་ཕྱིར་འབད་པར་བྱས་ན་དོན་དང་ལྡན་པ་ཁོ་ནའོ། །

བཞི་པ་ཉེས་དམིགས་ཤེས་པས་ནན་ཏན་དུ་བསྲུང་བར་གདམས་པ་ནི། **འོན་ཀྱང་སྡིག་ལྟུང་སྟོབས་ལྡན་རེས་སྤྱོད་ན། །ས་ཐོབ་ཡུན་དུ་འགོར་བས་མིག་ལྟར་བསྲུང་།** །ཞེས་པ་སྟེ། དཔེར་ན་རྩ་ལྟུང་འཆབ་མེད་ལ་བསླབ་པ་སྦྱིན་ནས་ཕྱིར་བཅོས་སུ་ཡོད་མོད། འོན་ཀྱང་དེ་སྲིད་དགྲ་བཅོམ་པ་མ་ཐོབ་ཀྱི་བར་དེ་སྲིད་དུ་ཕམ་པའི་དངོས་གཞི་འདག་མི་ནུས་ཤིང་། དེ་འདྲ་དེས་དགྲ་བཅོམ་པ་ཐོབ་

པ་ཡང་གཞན་ལས་ཆེས་དཀའ་བ་བཞིན་དུ། སྤྱང་བྱ་སྡིག་ལྟུང་སྟོབས་ལྡན་རེ་རེ་ཙམ་ལ་སྤྱད་ནས། དེའི་གཉེན་པོར་སྦྱོང་བྱེད་ལ་འབད་དུ་ཟིན་ཀྱང་རྒྱུད་ཉེས་པས་བསྒྲིབས་པ་དེས་རྣམ་གྲོལ་གྱི་ས་ཐོབ་པ་ལ་យུན་རིང་དུ་འགྱངས་ཏེ་འགོར་བ་ཡིན་ནོ། །དེ་ལྟར་ཡང་སྤྱོད་འཇུག་ལས། དེ་ལྟར་ལྟུང་བ་སྟོབས་ལྡན་དང་། །བྱང་ཆུབ་སེམས་སྟོབས་ལྡན་པ་དག །འཁོར་བར་རེས་ཀྱིས་འདྲེ་བྱེད་ན། །ས་ཐོབ་པ་ལ་ཡུན་རིང་ཐོགས། །ཞེས་དང་། འདུལ་ལུང་དུ་ཚུལ་ཁྲིམས་མ་བསྲུངས་པའི་ཉེས་དམིགས་བཅུ་གསུམ་པའི་ནང་ཚན་དུ། དམ་ཆོས་ཐོས་པར་མི་འགྱུར་ལ། །ཐོས་པ་མྱུར་དུ་བརྗེད་པར་འགྱུར། །ས་ལམ་རྟོགས་པའང་ཡོངས་མི་སྐྱེ། །ཞེས་དང་། འཇམ་དཔལ་རྩ་རྒྱུད་ལས། བློས་པ་འདི་ལ་ཚུལ་ཁྲིམས་ཉམས། །དེ་ལ་གྲུབ་པ་མཆོག་མེད་ཅིང་། །གྲུབ་པ་འབྲིང་པོའང་ཡོད་མིན་ཏེ། །གྲུབ་པ་ཐ་མའང་ཡོད་མ་ཡིན། །ཚུལ་ཁྲིམས་འཆལ་ལ་ཐུབ་དབང་གིས། །སྔགས་འགྲུབ་པ་ནི་མ་གསུངས་ཏེ། །མྱ་ངན་འདས་གྲོང་འགྲོ་བ་ཡི། །ཡུལ་དང་ཕྱོགས་ཀྱང་མ་ཡིན་ནོ། །ཞེས་གསུངས་པའི་ཕྱིར། དེས་ན་ལྟུང་བ་ཕྲ་ཞིང་ཕྲ་བ་ནས་མིག་གི་འབྲས་བུ་ལྟར་བཅེས་སྤྲས་ཀྱིས་བསྲུང་དགོས་ཏེ། ཉེས་པ་ཆུང་ངུས་ཀྱང་རྣམ་སྨིན་ཆེན་པོ་བསྐྱེད་ནུས་པའི་ཕྱིར་ཏེ། ལུང་ལས། གང་ཞིག་སྟོན་པ་ཐུགས་རྗེའི་བསྟན་པ་ལ། །ཡང་བར་སེམས་ཤིང་ཅུང་ཟད་འདའ་བྱེད་པ། །དེ་ནི་དེ་ལས་སྡུག་བསྔལ་གཞན་དབང་ཐོབ། །སྐྱེ་ག་ཚལ་བྲེགས་པས་ཨ་མྲའི་ཚལ་ཉམས་བཞིན། །འདི་ན་ལ་ལ་རྒྱལ་པོའི་ཚིག་ཆེན་པོ། །ལན་འགའ་འདས་ནའང་ཆད་པ་ཐོབ་མི་འགྱུར། །ཐུབ་པའི་བཀའ་ལུང་ཚུལ་མིན་འདས་བྱས་ན། །དུད་འགྲོར་སྐྱེ་འགྱུར་ཨེ་ལའི་འདབ་གླུ་བཞིན། །ཞེས་གསུངས་ཤིང་། མདོར་ན་ཕམ་ལྕག་སྡོམ་པོ་ལྟུང་བྱེད་སོར་བཤགས་ཉེས་བྱས་རྣམས་ལས་འདས་ན་རིམ་པར་ཚ་བའི་དམྱལ་བ་ནས་ཡང་སོས་ཀྱི་བར་དུ་སྐྱེ་བར་མདོ་ལས་བཤད་དོ། །

བདུན་པ་བསྲུངས་པའི་ཕན་ཡོན་ལ་གསུམ་སྟེ། ཚུལ་ཁྲིམས་ཙམ་གྱི་ཕན་ཡོན། སོ་ཐར་གྱི་སྡོམ་པའི་ཕན་ཡོན། དེ་ཡོན་ཏན་ཐམས་ཅད་ཀྱི་གཞི་རྟེན་དུ་འགྱུར་བའི་ཕན་ཡོན་ནོ། །དང་པོ་ནི།

ཕན་ཡོན་ནད་དང་རྒྱལ་པོའི་ཆད་ཕྱིར་བླངས། །རྐྱེན་འགའ་སེལ་ཡང་འཇིགས་སྐྱོབ་ཚུལ་ཁྲིམས་ཡིན། །ཕྱི་མའི་ཆེད་བླངས་ལེགས་སྨོན་ཚུལ་ཁྲིམས་ཞེས། །ལྷ་མིའི་བདེ་འབྲས་ཐོབ་ཀྱང་ཐར་པ

མིན། །ཞེས་པ་སྟེ། ཚེ་འདིར་ནད་དང་རྒྱལ་པོའི་ཆད་པ་སོགས་ལས་ཐར་བའི་ཕྱིར་བླངས་པ་འཇིགས་སྐྱོབ་ཀྱི་ཚུལ་ཁྲིམས་དང་། ཕྱི་མར་ལྷ་མིའི་བདེ་འབྲས་ཙམ་ཐོབ་པའི་ཕྱིར་བླངས་པ་ནི་ལེགས་སྨོན་གྱི་ཚུལ་ཁྲིམས་ཞེས་བྱ་སྟེ། དེ་དང་དེས་རང་རང་གི་འདོད་འབྲས་ཚེ་འདིའི་འགལ་རྐྱེན་སེལ་བ་དང་ཕྱི་མར་ལྷ་མིའི་བདེ་འབྲས་ཙམ་ཐོབ་པར་འགྱུར་ཡང་། ངེས་འབྱུང་གི་བསམ་པས་མ་ཟིན་པས་འཁོར་བ་ལས་ཐར་བའི་ཐབས་མ་ཡིན་ནོ། །

གཉིས་པ་ནི། **ངེས་པར་འབྱུང་བའི་ཚུལ་ཁྲིམས་སྡོམ་ལྡན་ན། །དགྲ་བཅོམ་ཐོབ་པ་དགའ་བོའི་རྣམ་ཐར་བཞིན།** །ཞེས་པ་སྟེ། འཁོར་བ་ལས་ངེས་པར་འབྱུང་བ་མྱང་འདས་གསུམ་གང་རུང་གི་བསམ་པས་ཟིན་པའི་སྒོ་ནས་ལེགས་པར་བླངས་པའི་ཚུལ་ཁྲིམས་རིགས་བརྒྱད་པོ་གང་ཡིན་ཡང་སོ་ཐར་གྱི་སྡོམ་པ་སྟེ། འཁོར་བ་ལས་ངེས་པར་ཐར་བར་བྱེད་པའི་སྡོམ་པ་ཡིན་པའི་ཕྱིར། སྡོམ་པ་དེ་དང་ལྡན་ན་བསླབ་བྱ་ཕྲ་མོ་གཅིག་ལ་བསླབས་པ་ཡན་ཆད་མྱང་འདས་ཀྱི་རྒྱུར་འགྲོ་བས་ཚེགས་མེད་པར་དགྲ་བཅོམ་པའི་འབྲས་བུ་ཐོབ་པར་འགྱུར་ཏེ། དཔེར་ན་གཅུང་དགའ་བོས་དང་པོར་སྟོན་པའི་བཀས་དབང་མེད་དུ་སྡོམ་པ་བླངས། དེ་རྗེས་སྟོན་པའི་རྫུ་འཕྲུལ་གྱིས་ཁྲིད་དེ་ལྷའི་བུ་མོ་བསྟན་པས་ཕྱི་མ་དེ་དང་ལྷན་ཅིག་སྐྱེ་བར་འདོད་ནས་བསླབ་པ་ལ་བརྩོན་པས་སྔར་གྱི་སྡོམ་རྒྱུན་དེ་ལེགས་སྨོན་གྱི་ཚུལ་ཁྲིམས་སུ་གྱུར། དེའི་འོག་ཏུ་དམྱལ་བའི་སྡུག་བསྔལ་བསྟན་པས་ངེས་འབྱུང་སྐྱེས་ཏེ། དེ་ཕྱིན་ཆད་སོ་ཐར་གྱི་སྡོམ་པར་གྱུར་ནས་ལེགས་པར་བསླབས་པས་དགྲ་བཅོམ་པའི་འབྲས་བུ་ཐོབ་པ་བཞིན་ནོ། །དེ་ར་མ་ཟད་གནས་སྐབས་ཀྱི་ཕན་ཡོན་ཡང་། ཚངས་པ་མཚུངས་པར་སྤྱོད་པ་མཁས་པ་རྣམས་ཀྱིས་བསྔགས་པར་འོས་པ་དང་། འཕགས་ནོར་བདུན་གྱིས་ཕྱུག་པ་དང་། འགྱོད་པ་མེད་པར་འཆི་བའི་དུས་བྱས་ནས། སྐྱེ་བ་ཕྱི་མར་ཕམ་པ་བསྲུངས་པས་གཞན་འཕྲུལ་དབང་བྱེད། དགེ་འདུན་ལྷག་མས་འཕྲུལ་དགའ། སྤོམ་པོས་དགའ་ལྡན། ལྟུང་བྱེད་ཀྱིས་འཐབ་བྲལ། སོར་བཤགས་དང་ཉེས་བྱས་རྣམས་བསྲུངས་པས་རི་རབ་ལ་གནས་པའི་ལྷའི་གནས་སུ་སྐྱེ་བར་འགྱུར་ཞིང་། མཐར་ཐུག་འགྱོད་པ་མེད་པའི་ཚུལ་ཁྲིམས་རྣམ་པར་དག་པ་ལ་བརྟེན་ནས་དམིགས་པ་ལ་རྩེ་གཅིག་པའི་ཏིང་ངེ་འཛིན་འགྲུབ་ཅིང་། དེ་ལ་བརྟེན་ནས་རྣམ་པར་མི་རྟོག་པའི་ཤེས་རབ་ཀྱིས་འཁོར་

བའི་རྩ་བ་བདག་ཏུ་འཛིན་པ་བཅད་ནས་ངེས་པར་འབྱུང་བ་ལྷག་མེད་ཀྱི་མྱང་འདས་ཐོབ་པར་འགྱུར་ཏེ། ས་གའི་ལུས། རབ་སྟུགས་ནོར་ནི་ཕུན་ཚོགས་ཤིང་། །ལྷ་ཡི་ཁང་བཟང་དམ་པར་སྐྱེ། ། ཏིང་ངེ་འཛིན་དང་ངེས་འབྱུང་ཐོབ། །ཚུལ་ཁྲིམས་འདི་ནི་འབྲས་བུ་ཆེ། །ཞེས་དང་། དགེ་སློང་ལ་རབ་ཏུ་གཅེས་པའི་མདོ་ལས། ཤིན་ཏུ་ལེགས་པར་ཚུལ་ཁྲིམས་གང་། །བསྡམས་པའི་མི་དེ་མཛེས་པའི་གཟུགས། །འདུལ་བ་ལ་ནི་ཉེ་བར་གནས། །ཚུལ་ཁྲིམས་བསླབ་པ་རང་ཡིད་ཆེས། །མི་དེ་ཉི་མ་གཅིག་ལ་ཡང་། །བསོད་ནམས་ཕུང་པོ་དཔག་ཏུ་མེད། །གསོག་ཅིང་སངས་རྒྱས་འབྲས་བུ་འགྲུབ། ། ཅེས་དང་། སླན་གཞི་ལས། དགེ་སློང་དག་ཚུལ་ཁྲིམས་གོམས་པར་བྱས་ན། ཏིང་ངེ་འཛིན་ཡུན་རིང་དུ་གནས་པར་འགྱུར་རོ། །ཏིང་ངེ་འཛིན་གོམས་པར་བྱས་ན་ཤེས་རབ་ཡུན་རིང་དུ་གནས་པར་འགྱུར་རོ། །ཤེས་རབ་གོམས་པར་བྱས་ན་འདོད་ཆགས་དང་ཞེ་སྡང་དང་གཏི་མུག་ལས་སེམས་ཡང་དག་པ་ཁོ་ནར་རྣམ་པར་གྲོལ་བར་འགྱུར་རོ། །ཞེས་སོ། །

གསུམ་པ་ནི། **སྐྱབས་གསུམ་འཛིན་སོགས་ཡོན་ཏན་ཕྱི་མ་མཆོག །ཕྱི་མ་ཕྱི་མའི་ཐུན་མོང་ལམ་ཡིན་ཕྱིར། །སེམས་བསྐྱེད་སྔགས་ཀྱི་གདུལ་བྱའང་དེ་དང་མཚུངས། །དེ་ཕྱིར་ཡོན་ཏན་ཀུན་གྱི་གཞི་རྟེན་ཡིན།** །ཞེས་པ་སྟེ། མྱང་འདས་ལས། གང་སུ་གསུམ་ལ་སྐྱབས་འགྲོ་བ། །དེ་དག་མྱུར་དུ་སངས་རྒྱས་འགྱུར། །ཞེས་གསུངས་པ་ལྟར་གྱི་སྐྱབས་གསུམ་འཛིན་པའི་ཕན་ཡོན་དེས་ཡོངས་རྫོགས་དགེ་བསྙེན་དང་། དེས་དགེ་ཚུལ་དང་། དེས་དགེ་སློང་གི་སྡོམ་པའི་ཕན་ཡོན་གྱི་བརྒྱའམ་སྟོང་ལ་སོགས་པའི་ཆར་ཡང་མི་འགྲོ་བས་ཕྱི་མ་ཕྱི་མ་མཆོག་ཏུ་གྲུབ་ཅིང་། སྔ་མ་སྔ་མ་ཕྱི་མ་ཕྱི་མའི་ལམ་སྐེགས་ཡིན་པས་ཐུན་མོང་གི་ལམ་དུ་རིམ་པར་འགྲོ་བའི་ཕྱིར། སོ་ཐར་གྱི་སྡོམ་པ་དེ་དག་ཀྱང་བྱང་སེམས་དང་སྔགས་སྡོམ་གྱི་རྟེན་དུའང་འགྲོ་བར་མཚུངས་ཤིང་། རྒྱུ་མཚན་དེའི་ཕྱིར་ན་ངེས་འབྱུང་གི་ཚུལ་ཁྲིམས་ནི་ཐེག་པ་ཀུན་གྱི་ལུང་རྟོགས་ཀྱི་ཡོན་ཏན་བསྐྱེད་པའི་གཞི་དང་། སྐྱེས་པ་གོང་དུ་འཕེལ་བར་བྱེད་པའི་གཞི་རྟེན་དུ་འགྱུར་བ་ཡིན་ཏེ། བཤེས་སྤྲིངས་ལས། ཁྲིམས་ནི་རྒྱུ་དང་མི་རྒྱུའི་ས་བཞིན་དུ། །ཡོན་ཏན་ཀུན་གྱི་གཞི་རྟེན་ལགས་པར་གསུངས། །ཞེས་སོ། །མདོར་ན་སྟོན་པ་པ་དར་བའི་དུས་སུ་ལོ་དཔག་ཏུ་མེད་པར་བསླབ་གཞི་ཡོངས་སུ་རྫོགས་པའི་ཚུལ་ཁྲིམས་རྣམ་པར

དག་པ་བསྒྲུངས་པ་ལས། ད་ལྟ་བསྟན་པ་ནུབ་པ་ལ་ཉེ་བ་འདི་ལྟ་བུའི་དུས་སུ་ཉིན་ཞག་གཅིག་གི་བར་དུ་བསླབ་གཞི་གཅིག་ཙམ་ཞིག་བསྲུངས་པ་ཕན་ཡོན་ཆེ་བར་གསུངས་ཏེ། ཏིང་འཛིན་རྒྱལ་པོ་ལས། བསྐལ་པ་བྱེ་བ་གང྄་གཱའི་བྱེ་སྙེད་དུ། །དང་བའི་སེམས་ཀྱིས་ཟས་དང་སྐོམ་རྣམས་དང་། །གདུགས་དང་བ་དན་མར་མེའི་ཕྲེང་བ་ཡིས། །སངས་རྒྱས་བྱེ་བ་ཁྲག་ཁྲིག་རིམ་གྲོ་བྱས། །གང་ཞིག་དམ་ཆོས་རབ་ཏུ་འཇིག་པ་དང་། །བདེ་གཤེགས་བསྟན་པ་འགག་པར་འགྱུར་བའི་ཚེ། །ཉིན་མཚན་དུ་ནི་བསླབ་པ་གཅིག་སྤྱོད་པ། །བསོད་ནམས་འདི་ནི་དེ་བས་ཁྱད་པར་འཕགས། །ཞེས་གསུངས་པའི་ཕྱིར་རོ། །

དེ་ལྟར་མཐར་ཕྱིན་ནས་ལེའུའི་སྐབས་བསྡུ་བ་ནི། **འདུལ་བ་སོ་ཐར་གྱི་རིམ་པར་ཕྱེ་བ་དེ་གཉིས་པའོ།** །ཞེས་པ་སྟེ། བསྟན་བཅོས་འདི་ལ་ལེའུ་ལྔ་ལས། ཉན་ཐོས་ཀྱི་འདུལ་བ་དང་ཐུན་མོང་བའི་བསྟན་པའི་ཉམས་ལེན་སོ་ཐར་གྱི་རིམ་པར་ཕྱེ་བ་སྟེ་ལེའུ་གཉིས་པའི་འགྲེལ་པའོ། །འདིར་སྨྲས་པ། ཚོགས་མཆོག་འདུས་པའི་གངས་རི་ལ་གནས་ཤིང་། །འཇིགས་མེད་བླང་དོར་སྟོན་པའི་གདོང་ལྔ་ཅན། །ཆོས་འདུལ་སེང་གེའི་སྐུར་སྟོན་སྟོན་པ་ཆེ། །ལུང་རིགས་རྗེས་འགྲོའི་ལེགས་བཤད་འདིས་མཆོད་དོ། །མཁས་པའི་ངག་སྒྲོས་བདུད་རྩི་དད་རྩོན་གྱིས། །འཐུངས་ལས་ཤེས་རབ་དབང་པོ་རབ་རྒྱས་པས། །སྐྱེ་བར་ཚུལ་གནས་དམ་ཆོས་ལེགས་བཟུང་སྟེ། །འགྲོ་ལ་ཅི་དགར་སྟེར་བའི་དཔལ་ཐོབ་ཤོག། །།

ན་མཿསརྦ་བུདྡྷ་བོ་དྷི་ས་ཏྭ་བྷྱཿ སྲས་བཅས་ཕྱོགས་བཅུའི་རྒྱལ་བ་མ་ལུས་ཀུན། །སྟོང་ཉིད་སྙིང་རྗེ་ཟུང་འཇུག་སེམས་ལས་འཁྲུངས། །དེ་ཕྱིར་བྱང་ཆུབ་སེམས་དང་དེ་སྟོན་པའི། །ལམ་མཁན་དགེ་བའི་བཤེས་ལ་ཕྱག་བགྱིའོ། །རྟག་ཆད་མཐར་འཛིན་གཅོང་རོང་མ་འགྲིམས་པར། །ལུང་རིགས་དབུ་མའི་འཇུག་ངོགས་བདེ་བ་ལས། །ལེགས་བཤད་ལྷུང་ལྷུང་འབབ་པ་བདུད་རྩིའི་རྒྱུན། །སྐལ་བཟང་འཆི་བ་མེད་པའི་དགའ་སྟོན་བྱ། །

གཉིས་པ་བྱང་སེམས་ཀྱི་སྡོམ་པ་བཤད་པ་ལ་གསུམ་སྟེ། སྟོན་པས་ཕ་རོལ་ཏུ་ཕྱིན་པའི་སྡེ་སྣོད་ཇི་ལྟར་གསུངས་ཚུལ། དེ་བསྡུས་ནས་བཤད་སྲོལ་གྱིས་ཇི་ལྟར་བཟུང་ཚུལ། དེ་ལྟར་བཟུང་བའི་བརྗོད་བྱ་གཏན་ལ་དབབ་པའོ། །དང་པོ་ནི། **བསྐལ་བཟང་འགྲོ་བའི་འདྲེན་པ་ཐུབ་ཆེན་དེས།** །བྱ་

གཏོད་ཕྱུང་སོགས་ཐེག་ཆེན་རིགས་ཅན་ལ། །ཤིན་ཏུ་རྒྱས་པའི་སྡེ་སྣོད་དཔག་ཡས་གསུངས། །ཞེས་པ་སྟེ། སྟོན་པ་འདི་སྟོན་བསྐལ་པ་གྲངས་མེད་བསམ་གྱིས་མི་ཁྱབ་པའི་སྔ་རོལ་དུ་སངས་རྒྱས་སུ་ཟིན་ཀྱང་བསྐལ་པ་བཟང་པོ་འདི་ལ་ཞིང་འདིའི་འགྲོ་བ་རྣམས་སྡུག་བསྔལ་ལས་འདྲེན་པའི་ཆེད་དུ། སླར་ཡང་མཛད་པ་བཅུ་གཉིས་ཀྱི་སྒོ་ནས་བླ་ན་མེད་པའི་བྱང་ཆུབ་ཆེན་པོ་བརྙེས་པའི་ཚུལ་བསྟན་ཏེ། རྒྱུད་བླ་མ་ལས། ཐུགས་རྗེ་ཆེན་པོས་འཇིག་རྟེན་མཁྱེན། །འཇིག་རྟེན་ཀུན་ལ་གཟིགས་ནས་ནི། །ཆོས་ཀྱི་སྐུ་ལས་མ་གཡོས་པར། །སྤྲུལ་པའི་རང་བཞིན་སྣ་ཚོགས་ཀྱིས། །སྐྱེ་བ་མངོན་པར་སྐྱེ་བ་དང་། །དགའ་ལྡན་གནས་ནས་འཕོ་བ་དང་། །ཞེས་པ་ནས། ཡོངས་སུ་མ་དག་ཞིང་རྣམས་སུ། །སྲིད་པ་ཇི་སྲིད་གནས་པར་སྟོན། །ཞེས་པའི་བར་གསུངས་པའི་ཕྱིར། དེ་ལྟར་སངས་རྒྱས་ནས་ཆོས་ཀྱི་འཁོར་ལོ་རིམ་པ་གསུམ་གདུལ་བྱའི་བློ་ལ་ལྟོས་ཏེ་དུས་རིམ་གྱིས་སམ་ཅིག་ཅར་དུ་སྣང་བར་མཛད་དེ། མདོ་སྡེ་ཡོན་ཏན་བཀོད་པའི་རྒྱལ་པོ་ལས། ང་ཡིས་ཅི་ཡང་མ་གསུངས་པར། །སེམས་ཅན་རྣམས་ལ་ཁྱབ་བརྡལ་སྣང་། །གང་ཚེ་རིམ་གྱིས་མངོན་འདོད་པ། །དེ་དག་ཀུན་ལ་དེ་བཞིན་ཏེ། །དུས་གཅིག་ཉིད་དུ་འདུག་ཅན་ལ། །ཆོས་ཀྱི་རྣམ་གྲངས་རྫོགས་པར་སྣང་། །ཡིད་བཞིན་རེ་བ་རྣམ་སྐོང་བའི། །གསུང་གི་ཆེ་བ་དེ་ཉིད་དོ། །ཞེས་སོ། །ཁྱད་པར་ཤིན་ཏུ་རྒྱས་པ་ཆེན་པོ་བྱང་ཆུབ་སེམས་དཔའི་སྡེ་སྣོད་ཇི་ལྟར་གསུངས་པའི་ཚུལ་ནི། སྟོན་པ་ཐུབ་པ་ཆེན་པོས་འཁོར་སྤྱིར་ཐེག་པ་ཆེན་པོའི་རིགས་ཅན་དུ་གྱུར་པ། བྱེ་བྲག་འཁོར་རྣམ་པ་བཞི་དང་། ལྷ་དང་ཀླུ་དང་ལྷ་མ་ཡིན་དང་དྲི་ཟ་སོགས་ཐུན་མོང་བའི་འཁོར་དང་ཐུན་མོང་མ་ཡིན་པའི་འཁོར་ས་ཆེན་པོ་ལ་བཞུགས་པའི་བྱང་ཆུབ་སེམས་དཔའ་དཔག་ཏུ་མེད་པ་ལ། གནས་བྱ་གཏོད་ཕྱུང་རེར་ལྷག་པ་སེམས་ཀྱི་བསླབ་པ་གཙོ་བོར་སྟོན་པ་ལས་བརྩམས་ཏེ། མདོ་སྡེའི་འདུལ་བ་བྱང་སེམས་ཀྱི་སྡོམ་པའི་མཚམས་རྣམ་པར་བཞག་པ་དང་། མདོ་སྡེའི་མདོ་སྡེ་ཏིང་ངེ་འཛིན་ཟབ་ཅིང་རྒྱ་ཆེ་བ་དང་། མདོ་སྡེའི་མངོན་པ་ས་ལམ་དང་གཟུངས་ཏིང་གི་རབ་དབྱེ་ཇི་སྙེད་པ་རྣམས་སྟོན་པ་བཀའ་བར་པ་མཚན་ཉིད་མེད་པའི་ཆོས་ཀྱི་རྣམ་གྲངས་དང་། ཡང་གནས་གཅིག་ཏུ་མ་ངེས་པར་ལྷག་པ་ཤེས་རབ་ཀྱི་བསླབ་པ་གཙོ་བོར་སྟོན་པ་མངོན་པའི་ནང་ཚན་གྱི་སྡེ་སྣོད་གསུམ་སྟེ། ཚིགས་ཆུང་ཞིང་ཐབས་སླ་བས་ཉོན་མོངས་པ་འདུལ་བའི་ཐབས་སྟོན་པ

མངོན་པའི་འདུལ་བ་དང་། དེ་ཁོ་ན་ཉིད་ཟབ་མོའི་དོན་ལ་འཇུག་པའི་ཚུལ་སྟོན་པ་མངོན་པའི་མདོ་སྡེ་དང་། རྒྱ་ཆེ་བ་ཕུང་ཁམས་སྐྱེ་མཆེད་སོགས་དང་ཁྱད་པར་དེ་བཞིན་གཤེགས་པའི་སྙིང་པོའི་ཁམས་གཏན་ལ་འབེབས་པ་མངོན་པའི་མངོན་པ་སྟེ། བཀའ་ཐ་མ་ངེས་པ་དོན་གྱི་རྣམ་གྲངས་སྟོན་པ་ལེགས་པ་རྣམ་པར་ཕྱེ་བའི་ཆོས་འཁོར་ཏེ། དེ་ཡང་འཁོར་ལོ་གསུམ་གྱི་དང་པོར་ཀུན་རྫོབ་ཀྱི་བདེན་པ་གཙོ་བོར་བསྟན་པས་དྲང་དོན་ཡིན་པར་ཐམས་ཅད་མཐུན་ལ། བར་ཐ་གཉིས་དྲང་ངེས་གང་ཡིན་ལ་བཞེད་པ་མི་མཐུན་པ་མང་ཡང་། བར་པ་ངེས་དོན་དང་ཕྱི་མ་དྲང་དོན་དུ་གསལ་བར་སྟོན་པའི་མདོ་སྡེའི་ལུང་མེད་ཅིང་། ནད་པའི་སྨན་དང་ཡི་གེ་སློབ་པའི་དཔེའི་དགོངས་དོན་དང་ཡང་འགལ་བས། རང་ལུགས་ནི་བར་པ་དྲང་ངེས་ཕྱེད་མཉམ་གནས་སྐབས་པའི་ངེས་དོན་དང་། ཐ་མ་ཉིད་ངེས་དོན་དུ་འདོད་དེ། མདོ་སྡེ་དགོངས་པ་ངེས་འགྲེལ་དང་མྱང་འདས་ཆེན་པོ་དང་། སོར་ཕྲེང་གི་མདོ་སོགས་ལས་གསལ་བར་བཤད་པའི་ཕྱིར། དེ་ལྟར་ཡང་དགོངས་པ་ངེས་འགྲེལ་དུ། འཁོར་ལོ་བསྐོར་བ་དེ་ཡང་། བླ་ན་མཆིས་པ། སྐབས་མཆིས་པ། དྲང་བའི་དོན། རྩོད་པའི་གཞིའི་གནས་སུ་གྱུར་པ། ཞེས་འཁོར་ལོ་དང་པོ་གཉིས་ཀྱི་སྐབས་སུ་གསུངས་ཤིང་། ཐ་མའི་སྐབས་སུ། ངོ་མཚར་རྨད་དུ་བྱུང་བའི་ཆོས་ཀྱི་འཁོར་ལོ་གསུམ་པ་བསྐོར་ཏེ། འཁོར་ལོ་བསྐོར་བ་འདི་ནི། བླ་ན་མ་མཆིས་པ། སྐབས་མ་མཆིས་པ། ངེས་པའི་དོན་ལགས་ཏེ། རྩོད་པའི་གཞིའི་གནས་སུ་གྱུར་པ་མ་ལགས་སོ། །ཞེས་དང་། མྱང་འདས་དང་གཟུངས་དབང་གིས་ཞུས་མདོར། འོ་མའི་སྨན་གྱི་དཔེ་དང་། ནོར་བུ་སྦྱོང་བའི་དཔེ་སོགས་ཀྱིས་གང་ཟག་བཀྲི་ཚུལ་གྱི་རིམ་པ་དང་སྦྱར་ནས་གསུངས་པའི་ཕྱིར་རོ། །

གཉིས་པ་ནི། **འཇམ་དབྱངས་བཀའ་བསྡུས་ཀླུ་སྒྲུབ་སོགས་ཀྱིས་བཀྲལ། །ཞི་བ་ལྷས་སྤེལ་ཟབ་མོ་ལྟ་བའི་ལུགས། །བྱམས་པས་བཀའ་བསྡུས་ཐོགས་མེད་སྐུ་མཆེད་བཀྲལ། །ཇོ་བོ་རྗེས་སྤེལ་རྒྱ་ཆེན་སྤྱོད་པའི་སྲོལ། །པདྨའི་རིང་ལུགས་ནཱ་གརྫུ་ན་མཐུན།** །ཞེས་པ་སྟེ། སྤྱིར་བཀའ་བསྡུ་ལ་ཐུན་མོང་བ་ནི་བཀའ་བསྡུ་རིམ་པ་གསུམ་སྔར་བཤད་ལྟར་ཡིན་ལ། ཐེག་ཆེན་ཐུན་མོང་མ་ཡིན་པ་ལྟར་ན༑ རྟོག་གེ་འབར་བ་ལས། ཐེག་པ་ཆེན་པོ་སངས་རྒྱས་ཀྱིས་གསུངས་པ་ཡིན་ཏེ། རྩ་བའི་སྡུད་པ་པོ་ཀུན་ཏུ་བཟང་པོ་དང་། འཇམ་དཔལ་དང་། གསང་བའི་བདག་པོ་དང་། བྱམས་པ་ལ་སོགས་པ་

རྣམས་ཀྱིས་བསྡུས་པའི་ཕྱིར་རོ། །ཞེས་པ་ལྟར་རྒྱལ་པོའི་ཁབ་ཀྱི་ལྷོ་ཕྱོགས་བི་མ་སཾ་བྷ་བའི་རི་ལ་རྒྱལ་སྲས་འབུམ་ཕྲག་བཅུ་འདུས་ཏེ། བྱམས་པ་འཇམ་དབྱངས་གསང་བདག་གསུམ་གྱིས་སྡེ་སྣོད་གསུམ་བསྡུས་པར་བཤད་དོ། །འདིར་ཁྱད་པར་བ་ཤིང་རྟ་ཆེན་པོའི་སྲོལ་གཉིས་ཀྱི་དབང་དུ་བྱས་ན༑ ཐེག་པ་ཆེན་པོའི་སྡེ་སྣོད་རྣམས་ལས། ཟབ་མོ་ལྟ་བའི་ཕྱོགས་རྣམས་རྗེ་བཙུན་འཇམ་དབྱངས་དང་། རྒྱ་ཆེན་སྤྱོད་པའི་ཕྱོགས་རྣམས་རྒྱལ་ཚབ་བྱམས་པ་མགོན་པོས་བཀའ་བསྡུས་ཏེ། དེ་དང་དེས་རྗེས་སུ་བཟུང་བའི་ཐེག་པ་ཆེན་པོའི་སློབ་དཔོན་ནི་མགོན་པོ་ཀླུ་སྒྲུབ་དང་། འཕགས་པ་ཐོགས་མེད་གཉིས་ཡིན་ཞིང་། དེ་གཉིས་ཀའང་དབུ་མ་ཆེན་པོ་ངེས་དོན་འཆད་པ་ལ་འཁྲུལ་མེད་ཉིད་དུ་རྒྱལ་བས་ལུང་བསྟན་པ་ཡིན་ཏེ།ཇི་སྐད་དུ། དགེ་སློང་དཔལ་ལྡན་ཞེས་གྲགས་པ། །དེ་མིང་ཀླུ་ཞེས་བོད་པ་སྟེ། །ཡོད་དང་མེད་པའི་ཕྱོགས་འཇིག་བྱེད། །ང་ཡི་ཐེག་པ་འཇིག་རྟེན་དུ། །བླ་མེད་ཐེག་པ་རབ་བསྒྲུབས་ནས། །ཞེས་དང་། ཐོགས་མེད་ཅེས་བྱའི་དགེ་སློང་ནི། །བསྟན་བཅོས་དེ་ཡི་དོན་ལ་མཁས། །མདོ་སྡེ་དྲང་དོན་ངེས་པའི་དོན། །རྣམ་པ་མང་པོ་རབ་ཏུ་འབྱེད། །ཅེས་གསུངས་སོ། །གང་དག་བྱམས་མགོན་གྱིས་གཞན་སྟོང་གི་སྲོལ་ཕྱེ་བ་བཞིན་དུ་འཇམ་དབྱངས་ཀྱིས་རང་སྟོང་སྲོལ་འབྱེད་ཀྱི་བསྟན་བཅོས་མཛད་དོ་ཞེས་སྨྲ་བ་ནི་མི་འཐད་དེ། དེས་རང་སྟོང་སྟོན་བྱེད་ཀྱི་བསྟན་བཅོས་མཛད་པ་མི་སྣང་ཞིང་། འཇམ་དཔལ་ཞལ་ལུང་དང་ལྟ་འདོད་མདོར་བསྟན་ལས་ནི་གཞན་སྟོང་གི་ཚུལ་གསལ་བའི་ཕྱིར་རོ། །དེས་ན་ཤིང་རྟའི་སྲོལ་འབྱེད་པ་པོ་ནི། བྱམས་མགོན་དང་སློབ་དཔོན་ཀླུ་སྒྲུབ་གཉིས་ཏེ། དགོངས་འགྲེལ་མཛད་པ་པོ་གཞན་དག་འདི་གཉིས་ཀྱི་བསྟན་བཅོས་ལ་བརྟེན་ནས་འཇུག་པའི་ཕྱིར། དེ་ཡང་ཀླུ་སྒྲུབ་ཞབས་ཀྱིས་འཁོར་ལོ་བར་པའི་དགོངས་འགྲེལ་དུ་ཆོས་ཐམས་ཅད་རང་སྟོང་དུ་གཏན་ལ་འབེབས་བྱེད་དབུ་མ་རིགས་ཚོགས་དང་། འཁོར་ལོ་ཐ་མའི་དགོངས་འགྲེལ་གཞན་སྟོང་དུ་གཏན་ལ་འབེབས་བྱེད་བསྟོད་ཚོགས་སོགས་ཀྱིས་བཀའི་དགོངས་པ་ལེགས་པར་བཀྲལ་ཞིང་། དེ་དང་དེའི་སྲོལ་འཛིན་རིམ་བཞིན་ངོ་བོ་ཉིད་མེད་པར་སྨྲ་བའི་ཐལ་རང་གི་སློབ་དཔོན་རྣམས་དང་། འཇིགས་མེད་ཆོས་སྐྱོང་ཞབས་ཡིན་ལ། སེམས་བསྐྱེད་ཀྱི་ཕྱག་བཞེས་ནི་ཞི་བ་ལྷ་དང་ཛེ་ཏཱ་རི་སོགས་ཀྱིས་རྒྱ་ཆེར་སྤེལ་ལོ། །ཡང་སྲོལ་འབྱེད་གཉིས་པ་ནི། རྒྱལ་ཚབ་མི་ཕམ་མགོན་

གྱིས་གཞན་སྟོང་དུ་གཏན་ལ་འབེབས་པའི་བསྟན་བཅོས་བྱམས་ཆོས་སྡེ་ལྔ་མཛད་དེ་འཕགས་པ་ཐོགས་མེད་ལ་བསྟན་པ། སྐུ་མཆེད་གཉིས་ཀྱིས་ལེགས་པར་བཀྲལ་བའི་སྲོལ་དེ་ཉིད་ཕྱོགས་གླང་ཆོས་གྲགས་དང་ཙནྡྲ་གོ་མི་ལ་སོགས་པས་བཟུང་ཞིང་། སེམས་བསྐྱེད་ཀྱི་ཕྱག་བཞེས་དེ་བོད་ཡུལ་འདིར་ཇོ་བོ་ཨ་ཏི་ཤས་སྤེལ་བར་མཛད་དོ། །རིན་ཆེན་འབྱུང་གནས་ཞི་བའི་ཞབས་ཀྱིས་ནི་ཀླུ་སྒྲུབ་དང་ཐོགས་མེད་རྣམ་གཉིས་གྲུབ་མཐའ་གཅིག་པར་བཀྲལ་ཏེ། དེས་མཛད་པའི་དབུ་མ་རྒྱན་ལས། བྱམས་པ་ཐོགས་མེད་ཀྱིས་གསུངས་ཤིང་། །ཀླུ་སྒྲུབ་ཀྱང་ནི་བཞེད་པ་ཡི། །ཚད་མ་ལུང་དང་ལྡན་གྱུར་པའི། །བདེན་པ་གཉིས་པོ་འདིར་བཤད་བྱ། །ཞེས་འབྱུང་ཞིང་། ཞི་བ་འཚོ་ལ་སོགས་པ་རྣམས་ཀྱང་འདི་དང་དགོངས་པ་ཕྱོགས་མཐུན་པར་སྣང་ངོ་། །དེ་ལྟར་ལུགས་སྲོལ་གཉིས་ཀྱི་སེམས་བསྐྱེད་ཀྱི་ཆོ་ག་ལ། མཁས་མཆོག་སྔ་མ་རྣམས་དབུ་སེམས་ཀྱི་ལུགས་སོ་སོར་བཞེད་ཅིང་། དེ་གཉིས་ལྟ་བ་ཐ་དད་པའི་བྱེ་བྲག་གིས་སྡོམ་པ་ལེན་པའི་སྣོད་ལ་རྒྱ་ཆེ་ཆུང་གི་རྣམ་བཞག་སོགས་ཁྱད་པར་དུ་མ་ཡོད་པར་གསུངས་ཏེ། རབ་དབྱེ་ལས། ཐེག་པ་ཆེན་པོའི་སེམས་བསྐྱེད་ལ། །དབུ་མ་སེམས་ཙམ་རྣམ་པ་གཉིས། །དེ་གཉིས་ལྟ་བ་ཐ་དད་པས། །ཆོ་ག་ཡང་ནི་ཐ་དད་ཡིན། །ཞེས་གསུངས་པའི་ཕྱིར། དེ་ལྟར་ན་འདིར་ཐོགས་མེད་སྐུ་མཆེད་དབུ་མ་པར་བཤད་ནས། དེའི་ཕྱག་ལེན་བྱང་སར་གསུངས་པའི་སེམས་བསྐྱེད་ཀྱི་ཆོ་ག་སེམས་ཙམ་པའི་ལུགས་སུ་འདོད་པ་མི་འགལ་ལམ་སྙམ་ན། དབུ་མ་པའི་གང་ཟག་གིས་གྲུབ་མཐའ་འོག་མའི་ཚོགས་གདུལ་བྱ་རྗེས་སུ་འཛིན་པའི་ཕྱག་བཞེས་མཛད་པ་ལ་འགལ་བ་མེད་དེ། ཅིའི་ཕྱིར་ན། ཐེག་ཆེན་གྱི་གང་ཟག་གིས་ཉན་ཐོས་དང་ཐུན་མོང་བའི་ཚོགས་དགེ་སློང་གི་སྡོམ་པ་འབོགས་པ་དང་། གསང་སྔགས་བླ་མེད་ཀྱི་རྣལ་འབྱོར་པས་བྱ་སྤྱོད་ཀྱི་ཚོགའི་སྒོ་ནས་གཞན་རྗེས་སུ་འཛིན་པ་ཡོད་པའི་ཕྱིར་དང་། གཞན་དུ་ན་སྟོན་པ་དང་རྒྱལ་ཚབ་བྱམས་མགོན་ཡང་སེམས་ཙམ་པར་ཐལ་བ་བཟློག་ཏུ་མེད་དོ། །འོན་ཀྱང་འདིར་ནི་དེ་འདྲའི་འགལ་སྤོང་སྨྲ་མི་དགོས་ཏེ། གཞུང་འདིར་སྲོལ་གཉིས་ཀྱི་སེམས་བསྐྱེད་ལ་དབུ་སེམས་ཀྱི་ཐ་སྙད་མ་མཛད་པའི་རྒྱུ་མཚན་གྱིས་སོ། །དེ་ཡང་སྤྱིར་གསང་སྔགས་ཀྱི་རྒྱུད་སྡེ་རྣམས་ལས་གསུངས་པའི་བྱང་སྡོམ་ཐོབ་ཚུལ་དང་། དེའི་བསླབ་བྱའི་རྐང་གྲངས་ཀྱང་ཕལ་ཆེར་ཀླུ་སྒྲུབ་ཀྱི་ལུགས་དང་མཐུན་པར་འབྱུང་བའི་

གནད་ཀྱིས་རང་ཅག་སློབ་དཔོན་ཆེན་པོ་པདྨ་སཾ་བྷ་ཝའི་རྗེས་སུ་འཇུག་པ་སྔ་འགྱུར་གྱི་རིང་ལུགས་པ་རྣམས་ཀྱི་སེམས་བསྐྱེད་ཀྱི་ཆོ་གའི་ཕྱག་བཞེས་ཀྱང་ནཱ་གརྫུ་ན་དང་མཐུན་པར་སྣང་མོད། འོན་ཀྱང་ལྟ་བ་ནི་དེ་ར་མ་ངེས་ཏེ། ཀླུ་སྒྲུབ་ཀྱི་བསྟོད་ཚོགས་དང་མི་འགལ་ཡང་གཙོ་བོར་ཐོགས་མེད་སྐུ་མཆེད་ཀྱིས་ཇི་ལྟར་བཀྲལ་བ་དང་མཐུན་ཏེ། རྣམ་གྲངས་མ་ཡིན་པའི་དོན་དམ་མེད་དགག་ལ་མི་བྱེད་པར་མ་ཡིན་དགག་གི་སྟོང་ཉིད་ལ་བྱེད་པའི་ཕྱིར་དང་། འཁོར་ལོ་ཐ་མ་ངེས་དོན་དུ་བཞེད་པའི་ཕྱིར་རོ། །འདིར་རང་གི་སྐལ་བས་ཇི་ལྟར་ཐོབ་པའི་སེམས་བསྐྱེད་སྡོམ་རྒྱུན་ཀུན་མཁྱེན་ཆེན་པོ་ལས་བརྒྱུད་པ་ལ་གསུམ་སྟེ།དང་པོ་སྟོན་པ་སངས་རྒྱས། རྒྱལ་སྲས་འཇམ་དཔལ། མགོན་པོ་ཀླུ་སྒྲུབ། ཟླ་བ་གྲགས་པ། རིག་པའི་ཁུ་བྱུག ཀུ་སུ་ལ་ཆེ་ཆུང་། བལ་ཡུལ་གྱི་སྦྱཾ་བི་ཏ་རར་བཞུགས་པའི་ཇོ་བོ་ཐང་པ་ཛ་སྟེ་མཚན་དངོས་ཛྙཱ་ན་ཀཱ་ར། བྱང་སེམས་ཟླ་རྒྱལ། གྲོ་ལུང་པ། སྤྱི་བོ་ལྷས་པ། རྨ་ཤཱཀྱ་སེང་གེ །མཆིམས་ནམ་མཁའ་གྲགས། སྨོན་ལམ་ཚུལ་ཁྲིམས། བྱང་ཆུབ་གྲུབ། གཞོན་ནུ་རྡོ་རྗེ། རིས་ཀུན་མཁྱེན་དྲི་མེད་འོད་ཟེར་ལའོ། །འདིར་ཇོ་བོ་ཐང་པ་ཛ་ལ་ཡིག་སྐྱོན་གྱིས། ཇོ་བོ་རྗེ། བལ་པོ་ཐང་པ་ཛ། ཨ་བྷ་ཡ་ཀཱ་ར་ཞེས་བླ་མ་གསུམ་དུ་འཕྲུལ་བ་དང་། མཆིམས་ཀྱི་ཡིག་རྙིང་ལས། གྲོ་ལུང་པའི་ཚབ་ཏུ་དགེ་བཤེས་རྗེ་ལུང་པ། ཞེས་དང་། དེ་དང་སྤྱི་བོ་ལྷས་པའི་བར་དུ་དགེ་བཤེས་གྲགས་པ་ཞེས་སྣང་བས་དཔྱད་པར་བྱ་ཞིང་། འགའ་ཞིག་ཟླ་གྲགས་ཀྱིས་ཀླུ་སྒྲུབ་ཀྱི་ཞབས་མ་ཟིན་གསུང་ཡང་ཐེག་ཆེན་གྱི་སྐབས་འདིར་ཡེ་ཤེས་ཀྱི་སྐུས་རྗེས་སུ་བཟུང་བའང་མི་འགལ་བ་མ་ཟད། ཇོ་བོའི་བདེན་གཉིས་ལས། ཀླུ་སྒྲུབ་སློབ་མ་ཟླ་གྲགས་ཡིན། །དེ་ལས་བརྒྱུད་པའི་མན་ངག་གིས། ། ཆོས་ཉིད་བདེན་པ་རྟོགས་པར་འགྱུར། །ཞེས་པས་ཟིན་པ་འཐད་དོ། །

གཉིས་པ་ཐུབ་དབང་། རྒྱལ་ཚབ་བྱམས་པ། འཕགས་པ་ཐོགས་མེད། མཁས་མཆོག་དབྱིག་གཉེན། འཕགས་པ་རྣམ་གྲོལ་སྡེ། བཙུན་པ་གྲོལ་སྡེ། མཆོག་གི་སྡེ། དུལ་བའི་སྡེ། རྣམ་པར་སྣང་མཛད། སེང་གེ་བཟང་པོ། སངས་རྒྱས་ཡེ་ཤེས་ཞབས། ཡོན་ཏན་བཤེས་གཉེན། རིན་ཆེན་རི་བོ། ཟླ་བ་བཟང་པོ། འབུམ་ཕྲག་གསུམ་པ། རྔོག་ལོ་ཆེན་པོ། འབྲི་ཤེས་རབ་འབར། ཨར་བྱང་ཆུབ་ཡེ་ཤེས། ཁུ་གཞོན་བརྩོན། དཀར་ཆུང་རིང་མོ་བ། ཞང་གཡེ་བ། གཉལ་ཞིག །རྒྱ་འཆིང་རུ་བ། ཆུ

མིག་པ་སེང་གེ་དཔལ། ལྷོ་བྲག་པ། དེས་བཙན་དགོན་པ་བ་དང་དབེན་དགེ་བ། གཉིས་ཀས་བླ་བྲང་པ་དང་ཆོས་གྲགས་གཉིས་ལ། དེ་གཉིས་ཀ་ལ་ཀུན་མཁྱེན་ཆེན་པོས་གསན་ནོ། །གསུམ་པ་འཇམ་དཔལ། ཀླུ་སྒྲུབ། ཞི་བ་ལྷའམ། ཉེ་བརྒྱུད་འཇམ་དཔལ་ནས་ཞི་བ་ལྷ། ཨེ་ལ་ཧྲ་རི། མ་ཧཱ་ཤྲཱི་རཏྣ། ཧྲ་བ་བཛྲ། གསེར་གླིང་པ། ཇོ་བོ་དཱི་པཾ་ཀཱ་ར། སུ་མ་ཏི། ཇོག་པོ། ཞང་ཚེ་སྤོང་། ཕྱྭ་བ་ཆོས་སེང་། དན་ཕག་པ་སྨྲ་སེང་། དར་མ་བཀྲ་ཤིས། ཤེས་རབ་བློ་གྲོས། ཤེས་རབ་དབང་ཕྱུག །སངས་རྒྱས་བརྩོན་འགྲུས། དབེན་དགེ་བ་ཤཱཀ་སེང་། བླ་བྲང་པ་ཆོས་དཔལ་རྒྱལ་མཚན། དེས་ཀུན་མཁྱེན་ཆེན་པོའོ། །དེ་ལྟར་བརྒྱུད་ཚུལ་གསུམ་ཀ་ཀུན་མཁྱེན་ཆོས་རྗེ་ནས། ཁྱབ་བདལ་ལྷུན་གྲུབ། གྲགས་པ་འོད་ཟེར། སངས་རྒྱས་དཔོན་པོ། ཟླ་བ་གྲགས་པ། ཀུན་བཟང་རྡོ་རྗེ། ཀུན་དགའ་རྒྱལ་མཚན་དཔལ་བཟང་། སྣ་ཚོགས་རང་གྲོལ། བསྟན་འཛིན་གྲགས་པ། མདོ་སྔགས་བསྟན་འཛིན། རིག་འཛིན་ཕྲིན་ལས་ལྷུན་གྲུབ། བཀའ་དྲིན་མཉམ་མེད་གཏེར་ཆེན་ཆོས་ཀྱི་རྒྱལ་པོ་འགྱུར་མེད་རྡོ་རྗེ༑ དེ་ལ་བདག་གིས་སྲོལ་གཉིས་ཀྱི་སེམས་བསྐྱེད་ལན་མང་དུ་ནོད་ཅིང་། བརྒྱུད་པ་དེ་དང་མཐུན་པའི་མན་ངག་གཞུང་བཤད་དང་བཅས་པ་ཡོངས་རྫོགས་དང་། བརྒྱུད་པ་གཞན་ལས་བྱུང་བའི་བློ་སྦྱོང་གི་གདམས་པ་སོགས་ཀྱང་ལེགས་པར་ཐོབ་བོ། །སེམས་བསྐྱེད་ཀྱི་བརྒྱུད་པའི་ཁྱད་པར་གཞན་ཡང་སྣ་ཚོགས་རང་གྲོལ་གྱིས་ཀླུ་སྒྲུབ་ལུགས་ཛེ་ཏཱ་རི་ནས་ས་ལུགས་ལ་བརྒྱུད་པ་དང་། ཨཱརྱ་དེ་བ་ནས་པཎ་ཆེན་ནགས་རིན་ལ་བརྒྱུད་པ། ཐོགས་མེད་ལུགས་ཇོ་བོ་རྗེ་ནས་བརྒྱུད་པ་རྣམས་ཤ་མི་དཔལ་འབྱོར་བཟང་པོ་ལ་གསན་པ་དང་། ཡང་རྗེ་བླ་མས་སྲོལ་གཉིས་ཇོ་བོ་ཨ་ཏི་ཤའི་ལུགས་ཤ་ར་བ་ནས་དུས་མཁྱེན་ལ་བརྒྱུད་པ་ཡབ་རྗེ་དང་། རྒྱ་ལྕགས་རི་བ་ནས་དྭགས་པོ་ཟླ་འོད་གཞོན་ནུ་ལ་བརྒྱུད་པ་བཟང་པོའི་མཚན་ཅན་ལ་དང་། ཐོགས་མེད་ལུགས་ཤ་ར་བ་ནས་སྣར་ཐང་པ་ལ་བརྒྱུད་པ་རིག་འཛིན་ཆེན་པོ་པདྨ་ཕྲིན་ལས་ལ་གསན་པ་རྣམས་སོ། །གཞན་ཡང་བདག་གིས་ཛེ་ཏཱ་རི་ནས་བརྒྱུད་པ་ས་པཎ་གྱི་སེམས་བསྐྱེད་ཆེན་མོ་དང་ཤངས་ལུགས་དབང་གི་སྔོན་འགྲོའི་ཡི་གེ་ལས་ཆོས་སྐྱོང་རྒྱལ་མཚན་ལ་ཞུས་ཤིང་། ཇོ་བོ་ཨ་ཏི་ཤའི་སྐྱེས་བུ་གསུམ་གྱི་ལམ་རིམ་ལྟར་སེམས་བསྐྱེད་གདམས་ངག་དང་བཅས་པ་རྗེ་ཐམས་ཅད་མཁྱེན་པ་ལྔ་པ་ཆེན་པོ་ལས་བརྒྱུད་དེ་བླ་མ་དམ་པའི་སྐུ་གསུང་

ཐུགས་ཀྱི་ཐྲས་མཆོག་པདྨ་འགྱུར་མེད་རྒྱ་མཚོ་ལས་ཐོབ་པ་ཡིན་ནོ། །ཞར་བྱུང་ཕར་ཕྱིན་གྱི་བཤད་པའི་བརྒྱུད་པ་ནི། བྱམས་པ་ནས་ལྷོ་བྲག་པའི་བར་སྔར་ལྟར་ལས། དེ་ནས་བསོད་ནམས་མགོན། བུ་སྟོན་རིན་ཆེན་གྲུབ། རིན་ཆེན་རྣམ་རྒྱལ། གཡག་རོང་རྣམ་གཉིས། དམར་ཁམ་པ། ཀུན་མཁྱེན་སངས་རྒྱས་འཕེལ། འཇམ་དབྱངས་ཀུན་དགའ་ཆོས་བཟང་། དེ་ལས་གཞུང་བརྒྱ་པ་ནས་སངས་རྒྱས་ཡར་འཕེལ་གྱི་བར་སྔོན་བརྒྱུད་དང་། ནོར་བུ་ཕུན་ཚོགས་ནས་བཀྲ་ཤིས་རྒྱལ་མཚན་བར་སྔར་བརྒྱུད་དོ། དེ་གཉིས་ལ་ལུང་རིགས་སྨྲ་བའི་བཤེས་གཉེན་སངས་རྒྱས་ཆོས་དར་གྱིས་གསན། དེ་ལ་བདག་གིས་ཐོབ་བོ། །སྔ་འགྱུར་གྱི་བརྒྱུད་ལུགས་ལྟར་ན། ཛཱ་ན་མི་ཏྲ་ལ་སྐ་ཅོག་ཞང་གསུམ་གྱིས་གསན། དེ་ནས་སྦས་རྒྱལ་བ་ཡེ་ཤེས། གྲུམ་རྒྱལ་བའི་ཡེ་ཤེས། གྲུམ་མཆོག་གི་ཡེ་ཤེས། གྲུམ་གྱི་མཁན་བུ་སེ་བཙུན་དབང་ཕྱུག་གཞོན་ནུ། དེ་ལ་འབྲི་ཤེས་རབ་འབར་གྱིས་གསན་པ་སྟེ། དེབ་སྔོན་ལས། ཁོང་གི་བཤད་པ་དེ་ནི་བསྟན་པ་སྤྱི་དར་གྱི་ཕ་རོལ་ཏུ་ཕྱིན་པའི་བཤད་རྒྱུན་ཁམས་སུ་འཕོས་པ་ལས་བྱུང་བ་ཡིན་ནོ། །ཞེས་གསུངས་ཤིང་། འབྲི་ཆེན་པོས་ཕྱིས་རྔོག་ལོ་ལའང་མཁས་ཉན་མཛད་པས་དེ་མན་ཆད་བརྒྱུད་པ་གཅིག་ཏུ་འདྲེས་པ་ཡིན་ནོ། །གཞན་ཡང་གྲུང་ཐང་པཎ་ཆེན་ལ་དབུ་མའི་བཤད་པ་གཞི་ལམ་འབྲས་གསུམ་གྱི་སྟོང་ཐུན་ཙམ་ཞིག་དང་། གྲུབ་པ་རྡོ་རྗེ་ལ་བཀའ་བར་ཐའི་མདོའི་ལུང་མང་པོ་དང་། བྱམས་ཆོས་ལྔ། སྤྱོད་འཇུག །རིག་འཛིན་མཆོག་གི་སྤྲུལ་པའི་སྐུ་པདྨ་ཕྲིན་ལས་ལ་བཤེས་སྤྲིངས། སངས་རྒྱས་ཆོས་དར་ལ་དབུ་མ་རྩ་འཇུག་བཞི་གསུམ། འགྲེལ་ཚུང་དོན་གསལ། ཐུབ་པ་དགོངས་གསལ། ལུང་རིགས་རྒྱ་མཚོ། ཀུན་དགའ་དར་རྒྱས་ལ་དབུ་མའི་བསྟོད་ཚོགས་སྐོར། སྡོམ་པ་ཉི་ཤུ་པ། ལམ་སྒྲོན་སོགས་ཇོ་བོའི་ཆོས་ཚུང་རྣམས་ཀྱང་ལེགས་པར་ཐོས་སོ། །

གསུམ་པ་དེ་ལྟར་བཟུང་བའི་བརྗོད་བྱ་གདན་ལ་དབབ་པ་ལ་བདུན་ཏེ། འཐོབ་བྱའི་ངོ་བོ། དེའི་དབྱེ་བ། མ་ཐོབ་པ་འཐོབ་པར་བྱེད་པ། ཐོབ་པ་མི་ཉམས་པར་བསྲུང་བ། སྐྱེ་བའི་རྟེན། ཉམས་པ་གསོ་ཚུལ། བསྲུངས་པའི་ཕན་ཡོན་ནོ། །དང་པོ་ནི། **ངོ་བོ་བྱམས་དང་སྙིང་རྗེས་རྒྱུད་བརླན་ཞིང་། །གཞན་གྱི་དོན་དུ་བྱང་ཆུབ་ཐོབ་འདོད་པས། །སྡོམ་གསུམ་ཉེས་པ་སྤོང་བའི་སེམས་པའོ། །**ཞེས་པ་སྟེ། དེ་ལ་སེམས་བསྐྱེད་སྤྱིའི་མཚན་ཉིད་ནི། གཞན་དོན་དུ་རྫོགས་བྱང་གི་སྒྲུབ་པ་ཁྱད་པར་ཅན་གྱི་མཁྱེན་

པའོ། །འདི་ལ་ཆེད་དུ་བྱ་བ་གཞན་དོན་ཡིན་པར་འདྲ་ཡང་། དམིགས་ཡུལ་རྫོགས་བྱང་ལ་ཆོས་ཉིད་དང་ཆོས་ཅན་གྱི་ཁྱད་པར་ལས། དོན་དམ་དང་ཀུན་རྫོབ་ཀྱི་སེམས་བསྐྱེད་གཉིས་སོ། །འོ་ན་སངས་རྒྱས་སའི་སྒྲིབ་པ་དག་པའི་སེམས་བསྐྱེད་ལ་མ་ཁྱབ་བོ་ཞེ་ན། རྫོགས་བྱང་གི་སྒྲུབ་པ་ཁྱད་པར་བ་དེ་བསྒྲུབ་བྱ་ལ་སྒྲུབ་པར་བཏགས་པའི་ཕྱིར་སྐྱོན་མེད་དོ། །ཁྱད་པར་བརྡ་ལས་བྱུང་བའི་སེམས་བསྐྱེད་ཀྱི་མཚན་ཉིད་ནི། གཞན་དོན་དུ་རྫོགས་བྱང་ལ་དམིགས་པའི་སྒྲུབ་པ་ཁྱད་པར་ཅན་གང་ཞིག །དེའི་མི་མཐུན་ཕྱོགས་སྡོ་གསུམ་གྱི་ཉེས་པ་སྤྱོང་བའི་སེམས་པ་རྒྱུན་ཆགས་པ་སྟེ། མངོན་རྟོགས་རྒྱན་ལས། སེམས་བསྐྱེད་པ་ནི་གཞན་དོན་ཕྱིར། །ཡང་དག་རྫོགས་པའི་བྱང་ཆུབ་འདོད། །ཅེས་སོ། །དེ་ལ་གཞན་དོན་གྱི་སེམས་ནི། ཚད་མེད་པའི་སེམས་ཅན་ཐམས་ཅད་མས་བུ་གཅིག་པ་ལྟར་ཡིད་དུ་འོང་བར་མཐོང་བའི་བྱམས་པས་དྲངས་ཏེ། དེ་ཐམས་ཅད་སྡུག་བསྔལ་སྣ་ཚོགས་ཀྱིས་གཟིར་བ་ལ་མི་བཟོད་པའི་སྙིང་རྗེ་ཤུགས་དྲག་པོས་རྒྱུད་བརླན་པ་ལས་གཞན་གྱི་སྡུག་བསྔལ་བསལ་འདོད་ཀྱི་བློ་སྐྱེ་བའི་ཕྱིར། སྙིང་རྗེས་སེམས་ཅན་ལ་དམིགས་པ་ཡིན་ལ། དེ་ལས་གཞན་གྱི་དོན་དུ་བླ་ན་མེད་པའི་བྱང་ཆུབ་ཐོབ་པར་འདོད་པའི་འདོད་པ་དང་མཚུངས་ལྡན་གྱི་སེམས་ཁྱད་པར་ཅན་སྐྱེ་བའི་ཕྱིར། ཤེས་རབ་ཀྱིས་རྫོགས་བྱང་ལ་དམིགས་པའོ། །དེ་ལྟར་ཐབས་ཤེས་ཟུང་དུ་འཇུག་པའི་སེམས་སྨོན་འཇུག་གིས་བསྡུས་པ་ཕྱིན་དྲུག་གི་ངོ་བོར་གྱུར་བའི་སྒྲུབ་པ་ཁྱད་པར་བ་སྟེ། དེའི་མི་མཐུན་ཕྱོགས་ནི་གཞན་ལ་ཕན་པའི་གེགས་དང་རང་གི་རྫོགས་བྱང་ཐོབ་པ་ལ་བར་ཆད་དུ་གྱུར་བ་ཉིད་ཡིན་པས་ན། སྡོ་གསུམ་གྱི་ཉེས་པ་མ་ལུས་པ་སྤྱོང་བའི་སེམས་པ་ནི་བྱང་སྡོམ་གྱི་ངོ་བོའོ། །དེ་ལྟར་ཡང་སྤྱོད་འཇུག་ལས། སྤོང་བའི་སེམས་ནི་ཐོབ་པ་ལས། །ཚུལ་ཁྲིམས་ཕ་རོལ་ཕྱིན་པར་བཤད། །ཅེས་སོ། །དེ་ཡང་འཕགས་སེང་གཉིས་ལྟར་ན། གཞན་དོན་དུ་རྫོགས་བྱང་ལ་དམིགས་པའི་གཙོ་སེམས་དང་། དེ་ཡང་ཡིད་ཤེས་ཉིད་བཟུང་གི་གཞན་ནི་མ་ཡིན་ཏེ། གཞན་དོན་དང་བྱང་ཆུབ་ལ་དམིགས་མི་នུས་པའི་ཕྱིར་སྙམ་དུ་དགོངས་སོ། །ཐོགས་མེད་སྐུ་མཆེད་གཉིས་ཀ་སེམས་བྱུང་དུ་བཞེད་དེ། བྱང་སར། བྱང་ཆུབ་སེམས་དཔའི་སྨོན་ལམ་གྱི་མཆོག་ནི་སེམས་བསྐྱེད་པ་སྟེ། ཞེས་དང་། རྒྱན་ལས། དོན་གཉིས་ལྡན་པའི་སེམས་བྱུང་བ། །ཞེས་པའི་འགྲེལ་པར་དབྱིག་གཉེན་ཞབས་ཀྱིས། དོན་གཉིས་ལ་དམིགས་

པའི་སེམས་པ་ནི་སེམས་བསྐྱེད་པའོ། །ཞེས་གསུངས་པའི་ཕྱིར། དེས་ན་འདིར་སེམས་རང་གིས་བསྐྱེད་པར་བྱ་བས་ན་སེམས་བསྐྱེད་ཅེས་པ་བྱ་བ་ལ་བཤད་ན་གཙོ་སེམས་དང་། སེམས་བསྐྱེད་པར་བྱེད་པས་ན་སེམས་བསྐྱེད་ཅེས་བྱེད་པ་ལ་བཤད་ན་སེམས་བྱུང་ཡིན་པས། གཉིས་ཀ་ལ་སེམས་བསྐྱེད་ཀྱི་སྒྲ་བཤད་དུ་ཡོད་ཅེས་རོང་སྟོན་ཆེན་པོས་གསུངས་ཤིང་། ཀུན་མཁྱེན་ཆེན་པོ་ནི། སེམས་ནི་དོན་གྱི་ངོ་བོ་རིག་པ་ཡིན་ལ། སེམས་བྱུང་དེའི་ཁྱད་པར་ལ་དཔྱོད་པས་ན། འདིར་ངོ་བོ་བསྐྱེད་པས་ཁྱད་པར་ཞར་ལ་བསྐྱེད་པར་འགྱུར་ཏེ། འདུན་པ་སེམས་བསྐྱེད་ལ་སོགས་པ་ཞར་ལ་ཐོབ་པ་བཞིན་ནོ། །ཞེས་གསུངས་སོ། །

གཉིས་པ་དབྱེ་བ་ལ་བསྟན་བཤད་བསྡུ་གསུམ་ལས། དང་པོ་མདོར་བསྟན་ནི། **དབྱེ་བ་སྙུ་སྐྱབ་ཐོགས་མེད་སྲོལ་གཉིས་གྲགས། །རེ་རེ་གཅིག་ནས་དྲུག་བར་གཉིས་གཉིས་ཏེ།** །ཞེས་པས་སྲོལ་གཉིས་རེ་རེ་ལ་གཅིག་ནས་དྲུག་ཚན་གྱི་བར་དང་། དེ་ཡང་དབྱེ་གཞི་ལ་ལྟོས་ནས་སམ་སྦྱོན་འཇུག་གི་དབྱེ་བས་གཉིས་གཉིས་སོ། །

གཉིས་པ་རྒྱས་བཤད་ལ། གཅིག་ནས་དྲུག་ཚན་བར་གྱི་དང་། ས་མཚམས་ཀྱི་དབྱེ་བའོ། །དང་པོ་ནི། **དང་པོ་སྟོང་ཉིད་སྙིང་རྗེའི་སྙིང་པོ་ཅན། །ཚོགས་གཉིས་བསྒྲུབ་པ་ཀུན་རྫོབ་དོན་དམ་གཉིས། །ཚུལ་ཁྲིམས་ཏིང་འཛིན་ཤེས་རབ་བསླབ་གསུམ་དང་། །ཚོགས་སྦྱོར་མོས་པས་སྤྱོད་པའི་སེམས་བསྐྱེད་དང་། །མ་དག་ས་བདུན་ལྷག་བསམ་དག་པ་དང་། །དག་པ་ས་གསུམ་རྣམ་པར་སྨིན་པ་དང་། །ཐུགས་རྗེ་ཆེན་པོ་སྒྲིབ་ཀུན་སྤངས་པ་ནི། །སངས་རྒྱས་ས་ཡི་སེམས་བསྐྱེད་དག་དང་བཞི། །ལྔ་ནི་ལམ་ལྔ་དྲུག་ནི་ཕར་ཕྱིན་དྲུག** །ཅེས་པ་ལྔར་ཚན་པ་དྲུག་ལས། དང་པོ་གཅིག་ཚན་ནི། སྟོང་ཉིད་རྟོགས་པའི་ཤེས་རབ་ཀྱིས་དེ་མ་རྟོགས་པ་ལ་སྙིང་རྗེས་དྲངས་པའི་བྱང་ཆུབ་ཀྱི་སེམས་སྐྱེས་པ་ལ་ལྟོས་ནས་སྟོང་ཉིད་སྙིང་རྗེའི་སྙིང་པོ་ཅན་གྱི་སེམས་བསྐྱེད་ཅེས་བྱའོ། །གཉིས་ཚན་ནི། བསོད་ནམས་དང་ཡེ་ཤེས་ཀྱི་ཚོགས་ཀྱི་བསྒྲུབ་པ་ལ་ལྟོས་ནས་གཉིས་སམ། རགས་པ་བརྡའ་ལས་བྱུང་བ་དང་ཕྲ་བ་ཆོས་ཉིད་ཀྱིས་ཐོབ་པའི་ཁྱད་པར་ལས་ཀུན་རྫོབ་དང་དོན་དམ་གྱི་སེམས་བསྐྱེད་གཉིས་ཏེ༑ མྱང་འདས་ལས། ཀུན་རྫོབ་དོན་དམ་དབྱེ་བ་ཡིས། །བྱང་ཆུབ་སེམས་དེ་རྣམ་པ་གཉིས། །ཞེས

སོ༔ ༔གསུམ་ཚན་ནི། དག་པར་བྱེད་པ་ཚུལ་ཁྲིམས། གནས་པར་བྱེད་པ་ཏིང་འཛིན། གྲོལ་བར་བྱེད་པ་ཤེས་རབ་ཀྱི་བསླབ་པ་གསུམ་ལ་ལྟོས་ནས་སེམས་བསྐྱེད་གསུམ་དང་། གཞན་ཡང་སྡོམ་སྡུད་དོན་བྱེད་ཀྱི་ཚུལ་ཁྲིམས་གསུམ་ལ་ལྟོས་ནས་ཀྱང་གསུམ་དུ་དབྱེར་ཡོད་དོ། །བཞི་ཚན་ནི། ཚོགས་སྦྱོར་དང་། མ་དག་ས་བདུན་དང་། དག་པ་ས་གསུམ་དང་། སངས་རྒྱས་ཀྱི་ས་རྣམས་ན་རིམ་པར་མོས་པས་སྤྱོད་པའི་སེམས་བསྐྱེད་སོགས་བཞི་ཡོད་དེ། མདོ་སྡེ་རྒྱན་ལས། སེམས་བསྐྱེད་དེ་ནི་ས་རྣམས་ལ། །མོས་དང་ལྷག་བསམ་དག་པ་དང་། །རྣམ་པར་སྨིན་པ་གཞན་དུ་འདོད། །དེ་བཞིན་སྒྲིབ་པ་སྤངས་བའོ། །ཞེས་སོ། །ལྔ་ཚན་ནི། ཚོགས་སྦྱོར་མཐོང་སྒོམ་མི་སློབ་པའི་ལམ་དང་ལྔའི་སེམས་བསྐྱེད་པ་ལྔ་སྟེ། ཉི་ཁྲི་ལས། ལས་དང་པོ་པའི་སེམས་བསྐྱེད་པ་དང་། ཡོངས་སུ་སྦྱང་བ་བྱས་པའི་སེམས་བསྐྱེད་པ་དང་། ཆོས་མཐོང་བའི་སེམས་བསྐྱེད་པ་དང་། རྣམ་པར་གྲོལ་བའི་སེམས་བསྐྱེད་པ་དང་། བསམ་གྱིས་མི་ཁྱབ་པའི་སེམས་བསྐྱེད་པ་སྟེ། ཞེས་སོ། །དྲུག་ཚན་ནི། ཕ་རོལ་ཏུ་ཕྱིན་པ་དྲུག་ལ་ལྟོས་ནས་སེམས་བསྐྱེད་དྲུག་སྟེ། དེ་ལས། ཕ་རོལ་ཏུ་ཕྱིན་པ་དྲུག་དང་ལྡན་པའི་སེམས་བསྐྱེད་པ་དྲུག་པོ་གང་དང་ལྡན་པས། ཞེས་སོ། །

གཉིས་པ་ནི། **ས་གསེར་ཟླ་བ་མེ་སོགས་ཉེར་གཉིས་ནི། །ས་མཚམས་ཀྱིས་ཕྱེ་ས་བཅུའི་བར་དུའོ།** །ཞེས་པ་སྟེ། མངོན་རྟོགས་རྒྱན་ལས། དེ་ཡང་ས་གསེར་ཟླ་བ་མེ། །གཏེར་དང་རིན་ཆེན་འབྱུང་གནས་མཚོ། །རྡོ་རྗེ་རི་སྨན་བཤེས་གཉེན་དང་། །ཡིད་བཞིན་ནོར་བུ་ཉི་མ་གླུ། །རྒྱལ་པོ་མཛོད་དང་ལམ་པོ་ཆེ། །བཞོན་པ་བཀོད་མའི་ཆུ་དང་ནི། །སྒྲ་སྙན་ཆུ་བོ་སྤྲིན་རྣམས་ཀྱིས། །རྣམ་པ་ཉི་ཤུ་རྩ་གཉིས་སོ། །ཞེས་དཔེ་ཉེར་གཉིས་ཀྱིས་མཚོན་པའི་དོན་ནི་རིམ་པ་ཇི་ལྟ་བར། འདུན་པ་དང་། བསམ་པ་དང་། ལྷག་པའི་བསམ་པ་དང་། སྦྱོར་བ་དང་། སྦྱིན་པ་ནས་ཡེ་ཤེས་ཀྱི་བར་ཕར་ཕྱིན་བཅུ་དང་། མངོན་ཤེས་དང་། བསོད་ནམས་དང་ཡེ་ཤེས་དང་། བྱང་ཕྱོགས་དང་མཐུན་པའི་ཆོས་དང་། སྙིང་རྗེ་དང་ལྷག་མཐོང་དང་། གཟུངས་སྤོབས་དང་། ཆོས་ཀྱི་དགའ་སྟོན་དང་། བགྲོད་པ་གཅིག་པའི་ལམ་དང་། ཆོས་ཀྱི་སྐུ་དང་ལྡན་པ་རྣམས་ཏེ། འདུན་པ་ས་ལྟ་བུ་ནས་ཆོས་སྐུ་དང་མཚུངས་པར་ལྡན་པ་སྤྲིན་ལྟ་བུའི་བར་དུ་སྦྱར་རོ། །དེ་ལ་ས་མཚམས་ནི། འདུན་པ་སོགས་གསུམ

ཚོགས་ལམ་གསུམ་ནའོ། །སྦྱོར་བ་ནི་སྦྱོར་ལམ་ནའོ། །སྨིན་པ་ནས་ཡེ་ཤེས་ཀྱི་བར་བཅུ་ནི་མཐོང་སྒོམ་གྱིས་བསྡུས་པའི་ས་བཅུ་ནའོ། །མངོན་ཤེས་ནས་གཟུངས་སྤོབས་ཀྱི་བར་ལྔ་ནི་ཁྱད་པར་གྱི་ལམ་དག་པ་ས་གསུམ་ཀ་ལ་ཁྱབ་པར་ཡོད་དོ། །ཆོས་ཀྱི་དགའ་སྟོན་སོགས་གསུམ་ནི་སངས་རྒྱས་ཀྱི་ས་ཞེས་ཐེག་ཆེན་དགྲ་བཅོམ་ཞུགས་པའི་ས་སྟེ་ས་བཅུ་པའི་སྦྱོར་དངོས་རྗེས་གསུམ་ན་ཡོད་དོ། །མདོ་སྡེ་རྒྱན་ལས། རྒྱལ་སྲས་རྣམས་ཀྱི་སེམས་བསྐྱེད་པ། །སྨིན་དང་འདྲ་བར་བསྟན་པ་ཡིན། །ཞེས་སོ། །དེ་ཡང་ས་སོགས་དཔེ་དང་། འདུན་པ་སོགས་གྲོགས་དང་། ཆོས་མཐུན་ནི། འགྲེལ་བར། ཆོས་དཀར་པོ་ཐམས་ཅད་ཀྱི་གཞིའི་དངོས་པོ་དང་། ཞེས་པ་ནས། དགའ་ལྡན་གྱི་གནས་ན་བཞུགས་པ་ལ་སོགས་པ་ཀུན་ཏུ་སྟོན་པར་རུང་བ་ཉིད་ཀྱི་གྲངས་བཞིན་ནོ། །ཞེས་པའི་བར་གསུངས་ཤིང་། དཔེ་གྲོགས་ཆོས་གསུམ་སྦྱོར་ཚུལ་ནི། གྲོགས་བྱང་ཆུབ་དོན་གཉེར་གྱི་འདུན་པ་དང་མཚུངས་པར་ལྡན་པའི་སེམས་བསྐྱེད་ཆོས་ཅན། དཔེ་ས་ལྟ་བུ་ཡིན་ཏེ། ཆོས་དཀར་པོ་ཐམས་ཅད་བསྐྱེད་པའི་གཞིའི་དངོས་པོ་བྱེད་པས་ཆོས་མཐུན་པའི་ཕྱིར། ཞེས་ཐམས་ཅད་ལ་འགྲེ་ཤེས་པར་བྱའོ། །འོ་ན་སངས་རྒྱས་ཀྱི་ས་ན་སེམས་བསྐྱེད་ཡོད་དམ་མེད་སྙམ་ན། ཚ་གའི་བརྡ་ལས་ཐོབ་པའི་སེམས་བསྐྱེད་ནི་མེད་དེ། ཁས་བླངས་པའི་དུས་ལས་འདས་པའི་ཕྱིར། དོན་དམ་སེམས་བསྐྱེད་ནི་ཡོད་དེ། ཆོས་ཉིད་ཀྱིས་ཐོབ་པའི་སེམས་བསྐྱེད་ཐོབ་ལ་མ་ཉམས་པ་གོང་འཕེལ་དུ་ཡོད་པའི་ཕྱིར་དང་། ཐུགས་རྗེ་ཆེན་པོ་སྙིང་པ་དང་བྲལ་བའི་སེམས་བསྐྱེད་ཀྱིས་དོན་མཛད་པ་ཡོད་པའི་ཕྱིར་རོ། །

གསུམ་པ་ངོ་བསྡུ་བ་ནི། **ཀུན་ཀྱང་བསྡུ་ན་སྨོན་འཇུག་རྣམ་པ་གཉིས། །དེ་ཡང་བསམ་པས་སྨོན་དང་སྦྱོར་བས་ཁྱབ། །འགྲོ་བར་འདོད་དང་འགྲོ་བ་ཇི་བཞིན་ནོ། །**ཞེས་པ་སྟེ། དབྱེ་སྒོ་བདུན་གྱི་སྒོ་ནས་བཤད་པའི་སེམས་བསྐྱེད་དེ་དག་ཀུན་ཀྱང་མདོར་བསྡུ་ན་སྨོན་འཇུག་གཉིས་གཉིས་སུ་འདུས་ཏེ། དེ་ཡང་བསམ་པས་སྨོན་པའི་ཆ་ནི་སྨོན་པ་སེམས་བསྐྱེད་དེ། གཞན་དོན་དུ་བྱང་ཆུབ་ཐོབ་པར་འདུན་པ་ཙམ་ཡིན་པའི་ཕྱིར་སྐྱེས་བུ་ལམ་དུ་འགྲོ་འདོད་པ་བཞིན་ནོ། །སྦྱོར་བས་ལག་ལེན་ལ་ཁྱབ་པར་བྱེད་པའི་ཆ་ནི་འཇུག་པ་སེམས་བསྐྱེད་དེ། བྱང་ཆུབ་ཀྱི་ཆེད་དུ་དེའི་ཆོས་ཕ་རོལ་ཏུ་ཕྱིན་པ་དྲུག་ལ་འཇུག་པས་སྦྱོད་པའི་ཕྱིར། ལམ་དུ་ཞུགས་ནས་འགྲོ་བཞིན་པ་ལྟ་བུའོ། །དེ་ལྟར་ཡང་སྤྱོད་

འཇུག་ལས། བྱང་ཆུབ་སེམས་དེ་མདོར་བསྡུ་ན། །རྣམ་པ་གཉིས་སུ་ཤེས་བྱ་སྟེ། །བྱང་ཆུབ་སྨོན་པའི་སེམས་དང་ནི། །བྱང་ཆུབ་འཇུག་པ་ཉིད་ཡིན་ནོ། །འགྲོ་བར་འདོད་དང་འགྲོ་བ་ཡི། །བྱེ་བྲག་ཇི་ལྟར་ཤེས་པ་ལྟར། །དེ་བཞིན་མཁས་པས་འདི་གཉིས་ཀྱི། །བྱེ་བྲག་རིམ་བཞིན་ཤེས་པར་བྱ། ། ཞེས་སོ། །དེ་ལ་ལམ་དུ་ཞུགས་པའི་ཚེ་ཡང་འགྲོ་འདོད་མི་འདོར་བ་ལྟར་འཇུག་པ་ཕྱིན་དྲུག་ལ་སློབ་པ་ན་འང་སྨོན་པ་སེམས་བསྐྱེད་ནི་ཡོད་དེ། འཇུག་སྡོམ་བླངས་པས་སྨོན་པ་འཕེལ་བར་འགྱུར་བའི་ཕྱིར། ལམ་སྒྲོན་ལས། འཇུག་སེམས་བདག་ཉིད་སྡོམ་པ་མ་གཏོགས་པར། །ཡང་དག་སྨོན་པ་འཕེལ་བར་འགྱུར་མ་ཡིན། །ཞེས་པ་ལྟར་རོ། །མཚན་ཉིད་ནི། སྨོན་པ་དང་འཇུག་པ་གང་རུང་གི་བྱང་ཆུབ་ཀྱི་མཆོག་ཏུ་སེམས་བསྐྱེད་ནས། དེ་དང་དེའི་བསླབ་བྱ་ལ་སློབ་པར་ཁས་བླངས་པའི་སེམས་པ་རྒྱུན་ཆགས་པ། རིམ་བཞིན་སྨོན་འཇུག་གི་སྡོམ་པའི་མཚན་ཉིད། དེ་ཡང་སྨོན་སེམས་ཙམ་ནི་བྱང་ཆུབ་ཏུ་སྨོན་པའི་སེམས་བསྐྱེད་མ་ཐག་ནས་ཡོད་ལ། འཇུག་སེམས་ནི་འཇུག་སྡོམ་བཟུང་བ་ནས་རྒྱུན་མཐའི་བར་དུ་ཡོད་དོ། །གལ་ཏེ་པཎྜི་ཏ་ཡེ་ཤེས་གྲགས་ཀྱིས། འདུན་སོགས་གསུམ་གྱི་དབྱེ་བ་ཡིས། ། སྨོན་པའི་སེམས་ནི་རྣམ་པ་གསུམ། །འཇུག་པ་ཞེས་བྱའི་བདག་ཉིད་ནི། །བཅུ་དགུ་དག་ཏུ་ཤེས་པར་བྱ། །ཞེས་ཐེག་ཆེན་ཚོགས་ལམ་པའི་རྒྱུད་ཀྱི་སེམས་བསྐྱེད་གསུམ་སྨོན་པ་དང་། སྦྱོར་ལམ་ཡན་ཆད་ཀྱི་སེམས་བསྐྱེད་འཇུག་པར་བཞེད་ཅིང་། དཾ་ཥྚ་སེ་ན་སོགས་ཐེག་ཆེན་གྱི་འཕགས་ལམ་མ་ཐོབ་པར་སྨོན་པ་དང་། ཐོབ་ནས་འཇུག་པར་བཞེད་པ་རྣམས་ནི་མི་འཐད་དེ། ཀུན་དཀྲིས་ཆེན་པོས་བཙད་པའི་རྒྱ་ལྟུང་གིས་འཇུག་སྡོམ་ལས་ཉམས་པ་མི་སྲིད་པར་འགྱུར་བའི་ཕྱིར་དང་། སྨོན་འཇུག་གཉིས་ཀུང་ཆོ་གས་བསྐྱེད་པ་ལས་དེ་དང་དེའི་སེམས་བསྐྱེད་དང་སྡོམ་པར་འགྱུར་ནའང་། བྱང་སེམས་ཀྱི་རྩ་ལྟུང་རྣམས་བསྲུང་བའི་སྡོམ་ལྡན་དུ་འགྱུར་བ་འཇུག་སེམས་བསྐྱེད་པ་ལ་ལྟོས་དགོས་པས་ཀུང་གནོད་པའི་ཕྱིར་ཏེ། བསླབ་བཏུས་ལས། འཇུག་སེམས་བྱང་ཆུབ་སེམས་དཔའི་སྡོམ་པ་དང་དོན་གཅིག་པར་གསུངས་པའི་ཕྱིར་རོ། །

གསུམ་པ་མ་ཐོབ་པ་འཐོབ་པར་བྱེད་པ་ལ་གཉིས་ཏེ། ཀུན་རྫོབ་སེམས་བསྐྱེད་སྐྱེ་བའི་ཆོ་ག་བཤད། དོན་དམ་སེམས་བསྐྱེད་ཐོབ་པ་ཆོ་ག་ལ་ལྟོས་མི་དགོས་པར་བསྟན་པའོ། །དང་པོ་ལ་

བསྟན་བཤད་གཉིས་ལས། མདོར་བསྟན་ནི། **དང་པོ་སྡོམ་པ་མ་ཐོབ་འཐོབ་ཚུལ་ནི། །ལེན་ཚུལ་** ཞེས་པས་མདོར་བསྟན་ནས།

གཉིས་པ་རྒྱས་བཤད་ལ། སྤྱིར་བསྐྱེད་བྱའི་མཚན་ཉིད་ནི། གཞན་དོན་དུ་རྫོགས་བྱང་ལ་དམིགས་པའི་ཐེག་ཆེན་སློབ་པའི་སེམས་བསྐྱེད་གང་ཞིག །བྱང་འཕགས་ཀྱི་མཉམ་བཞག་གི་ངོ་བོར་གྱུར་བའི་སེམས་བསྐྱེད་རྣམ་པར་བཅད་པའོ། །མཚན་གཞི་ནི། ཐེག་ཆེན་ཚོགས་སྦྱོར་བའི་རྒྱུད་ཀྱི་སེམས་བསྐྱེད་རྣམས་དང་། བྱང་འཕགས་ཀྱི་རྗེས་ཐོབ་ཀྱི་ངོ་བོར་གྱུར་པའི་སེམས་བསྐྱེད་ལྟ་བུའོ། །དབྱེ་ན། གྲོགས་དགེ་བའི་བཤེས་གཉེན་གྱི་སྟོབས་དང་། རྒྱུ་རིགས་སད་པའི་སྟོབས་དང་། དགེ་རྩ་རྒྱས་པའི་སྟོབས་དང་། ཐེག་ཆེན་གྱི་སྡེ་སྣོད་ཐོས་པའི་སྟོབས་དང་། ཐོས་པ་མང་དུ་གོམས་པས་བསྐྱེད་པ་དང་ལྔ་ལས། དང་པོ་གྲོགས་ལ་རག་ལས་པས་མི་བརྟན་པའི་སེམས་བསྐྱེད་དང་། ཕྱི་མ་བཞི་མི་མཐུན་ཕྱོགས་ཀྱིས་ཉམས་དཀའ་བས་བརྟན་པའི་སེམས་བསྐྱེད་དེ། མདོ་སྡེ་རྒྱན་ལས། གྲོགས་སྟོབས་རྒྱུ་སྟོབས་རྩ་བའི་སྟོབས། །ཐོས་སྟོབས་དགེ་བ་གོམས་པ་ལས། །མི་བརྟན་པ་དང་བརྟན་འབྱུང་བ། །གཞན་གྱིས་བསྟན་པའི་སེམས་བསྐྱེད་བཤད། །ཅེས་གསུངས་པ་ལྟར། གཙོ་བོར་གཞན་གྱི་མཐུ་ལས་བྱུང་བ་ཀུན་རྫོབ་སེམས་བསྐྱེད་ལེན་ཚུལ་ལ་བཞི་སྟེ། གང་ལས་བླང་བའི་སློབ་དཔོན། གང་གིས་ཇི་ལྟར་ལེན་པའི་ཆོ་ག །རྟེན་ལས་ཀྱང་ལེན་རུང་བའི་དམིགས་བསལ། སྡོམ་པའི་ཐོབ་མཚམས་ངོས་བཟུང་བའོ། །

དང་པོ་ནི། **སྡོམ་གནས་དགེ་བའི་བཤེས་གཉེན་ལ། །**ཞེས་པས་སྲོལ་གཉིས་མཐུན་པར་བླང་ཡུལ་བྱང་སེམས་ཀྱི་སྡོམ་པ་ལ་གནས་ཤིང་། དེ་འབོགས་པའི་ཆོ་ག་དང་བསླབ་བྱ་ལ་བགྲོ་མཁས་པའི་དགེ་བའི་བཤེས་གཉེན་མཚན་ཉིད་དང་ལྡན་པ་ལས་ལེན་ཏེ། སྤྱོད་འཇུག་ལས། རྟག་པར་དགེ་བའི་བཤེས་གཉེན་ནི། །ཐེག་ཆེན་དོན་ལ་མཁས་པ་དང་། །བྱང་ཆུབ་སེམས་དཔའི་བརྟུལ་ཞུགས་མཆོག །སྲོག་གི་ཕྱིར་ཡང་མི་བཏང་ངོ་། །ཞེས་དང་། སྡོམ་པ་ཉི་ཤུ་པ་ལས། བླ་མ་སྡོམ་ལ་གནས་ཤིང་མཁས། །ནུས་དང་ལྡན་ལས་བླང་བར་བྱ། །ཞེས་སོ། །དེ་ཡང་བྱང་ཆུབ་བཟང་པོས་ལེན་པ་ལ་བླ་མ་ཡོད་མེད་གང་རུང་གིས་ཆོག་ཀྱང་ཕྱིས་ཉམས་པ་གསོ་བ་ལ་བླ་མ་ངེས་པར་དགོས

ཞེས་གསུངས་སོ། ཞི་བ་འཚོ་ལེན་གསོ་གཉིས་ཀའི་དབང་དུ་མཛད་པ་ལེགས་སོ། །གཉིས་པ་ལ། ཀླུ་སྒྲུབ་དང་། ཐོགས་མེད་ཀྱི་ལུགས་གཉིས་ལས། དང་པོ་ལ། གང་གིས་བླང་བའི་གང་ཟག་དང་། ཇི་ལྟར་ལེན་པའི་ཆོ་གའོ། །

དང་པོ་ནི། **ཐེག་ཆེན་སྣོད་གྱུར་དད་ལྡན་སློབ་མ་ཡིས།** །ཞེས་པ་སྟེ། ཀླུ་སྒྲུབ་ཀྱི་ལུགས་ལ་བརྟའ་ཞེས་ཤིང་སྡོམ་པ་ལེན་འདོད་ཡོད་ན་དལ་འབྱོར་གྱི་ལུས་རྟེན་ཁོ་ན་དགོས་པར་མ་ངེས་ཏེ། རྫོགས་བྱང་དོན་གཉེར་གྱི་བསམ་པ་དངོས་སུ་སྐྱེ་རུང་དུ་ཡོད་པའི་སེམས་ཅན་ཀུན་ཐེག་ཆེན་སེམས་བསྐྱེད་ཀྱི་སྣོད་དུ་བཞེད་པའི་ཕྱིར། །

གཉིས་པ་ནི། **ཡན་ལག་བདུན་མཐར་སྨོན་འཇུག་སྐབས་གཅིག་ཏུ། །ལེན་ཞིང་རང་གཞན་དགའ་བ་བསྒོམ་པ་རྣམས། །ཀླུ་སྒྲུབ་ལུགས་ཡིན།** ཞེས་པ་སྟེ། མཚན་ཉིད་ནི། བྱང་ཆུབ་སེམས་དཔའི་སྡོམ་པ་གང་ཞིག །སྨོན་འཇུག་གི་སྡོམ་པ་གཉིས་སྐབས་གཅིག་ཏུ་ལེན་པའི་ཆོག་ཐོབ་པའི་སྡོམ་པའོ། །འོ་ན་སྨོན་འཇུག་གི་སེམས་བསྐྱེད་དང་སྡོམ་པ་གཉིས་ཀྱི་ཁྱད་པར་གང་ཞེ་ན། གཞན་དོན་དུ་རྫོགས་བྱང་དོན་གཉེར་གྱི་བློ་དང་དེ་ཉིད་མི་ཉམས་པར་བསྲུང་བའི་བློ་ནི་རིམ་བཞིན་སྨོན་འཇུག་གི་སེམས་བསྐྱེད་དང་། བྱང་སེམས་ཀྱི་བསླབ་པ་མཐའ་དག་འཛིན་པར་ཁས་ལེན་པའི་སེམས་པ་དང་ཇི་ལྟར་བཟུང་བ་བཞིན་ཉམས་སུ་ལེན་པར་ཁས་ལེན་པའི་སེམས་པ་ནི་རིམ་བཞིན་སྨོན་སྡོམ་དང་འཇུག་པའི་སྡོམ་པའོ། །དེ་ཡང་ཇོ་ཏྲ་རི་ནི་སེམས་བསྐྱེད་གཉིས་སྐབས་གཅིག་ཏུ་ལེན་ཞིང་། དེའི་རྗེས་སུ་སྡོམ་པ་གཉིས་སྐབས་གཅིག་ཏུ་ལེན་པར་མཛད་སོ། འདིར་འཕགས་མཆོག་ཀླུ་སྒྲུབ་དང་ཞི་བ་ལྷའི་ཕྱག་བཞེས་ལྟར་སེམས་བསྐྱེད་དང་སྡོམ་པ་སྐབས་གཅིག་ཏུ་ཆོགས་ལེན་ཏེ། འདི་ལ་སྦྱོར་དངོས་རྗེས་གསུམ་ལས། སྦྱོར་བ་ནི། གདམས་ངག་ཁྱད་པར་ཅན་འཁོར་བའི་མཐའ་ལ་སྐྱོ་བ་བསྐྱེད་ཅིང་ཞི་བའི་མཐའ་ལ་ཞེན་པ་བཀག་ནས་མཐའ་གཉིས་སྤངས་པའི་བྱང་ཆུབ་ཀྱི་སེམས་ལ་སྤྲོ་བ་བསྐྱེད་པའི་ཐབས་གསུམ་གྱིས་བློ་བཙོས་པ་སྔོན་དུ་འགྲོ་བས། ཡུལ་ཁྱད་པར་ཅན་སློབ་དཔོན་ལ་མཎྜལ་ཕུལ་ནས་གསོལ་བ་བཏབ་རྗེས། རྟེན་ཁྱད་པར་ཅན་དཀོན་མཆོག་གསུམ་ལ་སྐྱབས་འགྲོ་བྱ་ཞིང་། ཐབས་ཁྱད་པར་ཅན་ཡན་ལག་བདུན་པའི་ཚོགས་བསགས་པ་རྣམས་སོ། །དངོས་

གཞི་ལ། བློ་སྦྱོང་བ་དང་། དམ་བཅའ་བ་གཉིས་ལས། དང་པོ་ནི། སེམས་ཅན་ཐམས་ཅད་རང་གི་ཕ་མ་དྲིན་ཅན་ཡིན་ལ། དེ་ཐམས་ཅད་སྡུག་བསྔལ་གྱིས་གཟིར་བ་ལ་སྙིང་རྗེའི་ཤུགས་དྲག་པོས། དེ་དག་གི་གནས་སྐབས་དང་མཐར་ཐུག་གི་ཕན་བདེའི་རྒྱུར་རང་གི་བདེ་དགེ་ཐམས་ཅད་གཏོང་ཞིང་སྡུག་བསྔལ་ཐམས་ཅད་དང་དུ་བླང་བར་བྱའོ་སྙམ་དུ་ཞེ་ཐག་པ་ནས་བློ་སྦྱོང་བ་སྟེ། ཞི་བ་ལྷས། ལུས་དང་དེ་བཞིན་ལོངས་སྤྱོད་དང་། །དུས་གསུམ་དགེ་བ་ཐམས་ཅད་ཀྱང་། །སེམས་ཅན་ཀུན་གྱི་དོན་སྒྲུབ་ཕྱིར། །ཕོངས་པ་མེད་པར་བཏང་བར་བྱ། །ཞེས་སོ། །

གཉིས་པ་ནི། དགོངས་གསོལ་སྔོན་དུ་འགྲོ་བས། ཇི་ལྟར་སྔོན་གྱི་བདེ་གཤེགས་ཀྱིས། །ཞེས་སོགས་སྤྱོད་འཇུག་ལྟར་ཚིགས་སུ་བཅད་པ་གཉིས་པོ་ལན་གསུམ་བཟླས་པས་བླང་ངོ་། །དེ་ལ་ཚིགས་བཅད་དང་པོས་ནི་སྔོན་གྱི་སངས་རྒྱས་དང་བྱང་ཆུབ་སེམས་དཔའ་རྣམས་ཀྱིས་ཐུགས་བསྐྱེད་ཚུལ་བསྟན་ནས། ཚིགས་བཅད་གཉིས་པས་དེ་དག་གིས་ཇི་ལྟར་བསླབ་པ་དེ་བཞིན་དུ་བདག་གིས་ཀྱང་བསླབ་བོ་ཞེས་དམ་འཆའ་བས་སྨོན་འཇུག་གཉིས་ཀྱི་སེམས་བསྐྱེད་དང་སྡོམ་པ་ལེན་པར་བྱེད་པ་ཡིན་ཏེ། དེ་ལྟར་ཡང་། དེ་བཞིན་འགྲོ་ལ་ཕན་དོན་དུ། །བྱང་ཆུབ་སེམས་ནི་བསྐྱེད་བགྱི་ཞིང་། །ཞེས་པས་སྨོན་པ་དང་འཇུག་པའི་སེམས་བསྐྱེད་དང་། དེ་བཞིན་དུ་ནི་བསླབ་པ་ལ། །རིམ་པ་བཞིན་དུ་བསླབ་པར་བགྱི། །ཞེས་པའི་སྨོན་འཇུག་གི་སྡོམ་པ་ལེན་པའི་ཚིག་གསལ་བོར་བསྟན་ཏོ། །རྗེས་ལ། རང་དགའ་བ་བསྒོམ་པ་དང་། གཞན་དགའ་བ་བསྒོམ་དུ་གཞུག་པ་གཉིས་ལས། དང་པོ་ནི། དེང་དུས་བདག་ཚེ་འབྲས་བུ་ཡོད། །ཅེས་སོགས་དང་། གཉིས་པ་ནི། བདག་གིས་དེ་རིང་སྐྱོབ་པ་ཐམས་ཅད་ཀྱི། །ཞེས་སོགས་བརྗོད་ནས། གཏང་རག་དབུལ་ཞིང་བསླབ་བྱ་མདོ་ཙམ་བཤད་པ་རྣམས་སོ། །

གཉིས་པ་ཐོགས་མེད་ལུགས་ལ། གང་གིས་བླང་བའི་གང་ཟག་དང་། ཇི་ལྟར་ལེན་པའི་ཆོ་ག་འོ། །དང་པོ་ནི། **ཐོགས་མེད་བཞེད་པ་ནི། །སྨོན་སེམས་ལེན་ལ་སོ་ཐར་མི་དགོས་ཀྱང་། །ཡང་དག་བླངས་པ་རིགས་བདུན་སྡོམ་སོང་ནས།** །ཞེས་པ་སྟེ། འདིར་སྨོན་སེམས་ཀྱི་རྟེན་ལ་སོ་ཐར་མི་དགོས་ཀྱང་། འཇུག་སྡོམ་མ་ཐོབ་པ་འཐོབ་པར་བྱེད་པའི་རྟེན་ལ་སོ་ཐར་རིགས་བདུན་གང་རུང་གི་སྡོམ་པ་སྔོན་དུ་འགྲོ་དགོས་ཏེ། ལམ་སྒྲོན་ལས། སོ་སོར་ཐར་པ་རིགས་བདུན་གྱི། །རྟག་ཏུ་སྡོམ་

གཞན་ལྡན་པ་ལ། །བྱང་ཆུབ་སེམས་དཔའི་སྡོམ་པ་ཡི། །སྐལ་བ་ཡོད་ཀྱི་གཞན་དུ་མིན། །ཞེས་སོ། །

གཉིས་པ་ནི། **བར་ཆད་དྲི་དང་བསླབ་པ་ཁས་ལེན་སོགས། །སྨོན་འཇུག་ཚོ་ག་སོ་སོའི་སྒོ་ནས་ལེན།** །ཞེས་པ་སྟེ། མཚན་ཉིད་ནི། བྱང་ཆུབ་སེམས་དཔའི་སྡོམ་པ་གང་ཞིག །སྨོན་སེམས་དང་ཉེས་སྤྱོད་སྡོམ་པའི་ཚུལ་ཁྲིམས་སྔོན་དུ་བཏང་ནས། དེའི་འཇུག་སྡོམ་ལེན་པའི་ཚོགས་ཐོབ་པའི་སེམས་པ་རྒྱུན་ཆགས་སོ། །འདི་ལེན་པའི་ཚོག་ལ་སྤྱིར་འཕགས་པ་ཐོགས་མེད་དང་ཙནྡྲ་གོ་མི་སོགས་ཀྱི་གཞུང་དུ་སྨོན་སེམས་ཟུར་དུ་ལེན་པའི་འགྲོས་མི་གསལ་ནའང་། ཇོ་བོ་རྗེས་མཛད་པའི་ཚོ་གར་འཇུག་སྡོམ་གྱི་སྔོན་དུ་སྨོན་སེམས་ལེན་ཚོག་བཤད་ཅིང་། དེ་ཉིད་བྱམས་མགོན་གྱི་མན་ངག་ཏུ་ཡོད་པ་ཇོ་བོས་གསལ་བར་མཛད་ཅེས། དམ་པ་རྣམས་གསུངས་པའི་ཕྱིར། དོན་ལ་ཐོགས་མེད་ཀྱི་ཡང་དགོངས་པར་འགྱུར་ཏེ། བྱམས་པ་ནས་ཇོ་བོའི་བར་སྙན་བརྒྱུད་ཀྱི་གདམས་པ་ཡིན་པར་བཤད་པའི་ཕྱིར། དེས་ན་འདིའི་ཚོག་ལ་དོན་གསུམ་སྟེ། རྟེན་ངེས་པར་བྱ་བ། སྦྱོར་བ་རྗེས་སུ་བསླབ་པ། རང་བཞིན་གཏན་ལ་དབབ་པའོ། །དང་པོ་ནི། སྔར་ལྟར་མཐའ་གཉིས་ཀྱི་ཞེན་པ་བཀག་ནས་བྱང་སེམས་ལ་སྤྲོ་བ་བསྐྱེད་པའོ། །གཉིས་པ་ལ། སྨོན་པ་དང་། འཇུག་པའོ། །དང་པོ་ལ་སྦྱོར་དངོས་རྗེས་གསུམ་ལས། སྦྱོར་བ་ནི། ཡུལ་ཁྱད་པར་ཅན་ལ་མཎྜལ་ཕུལ་ནས་གསོལ་འདེབས་དང་། རྟེན་ཁྱད་པར་ཅན་ལ་སྐྱབས་འགྲོ་བྱས་ནས། ཐབས་ཁྱད་པར་ཅན་ཚོགས་བསག་པ་ལ་སྡོམ་པ་ཉི་ཤུ་པར། ཕྱོགས་བཅུའི་སངས་རྒྱས་ཐམས་ཅད་ལ། །གུས་པས་ཕྱག་འཚལ་ཅི་ནུས་མཆོད། །ཅེས་པས་ཕྱག་མཆོད་ཙམ་གྱིས་ཆོག་པར་བཞེད་པ་སྣང་ཡང་། ཕྱག་ལེན་ལ་ཇོ་བོའི་རྗེས་སུ་འབྲང་ནས་ཡན་ལག་བདུན་པ་ཚང་བར་མཛད་དོ། །དངོས་གཞི་ལ། རང་སྟོབས་རིགས་སད་པ། གཞན་སྟོབས་རྫོགས་བྱང་གི་ཕན་ཡོན་མཐོང་བ་ལ་སོགས་པ། སྦྱོར་བའི་སྟོབས་འདུ་ཤེས་གསུམ་བསྐྱེད་དེ། ཕྱོགས་བཅུ་ན་ཞེས་སོགས་ཀྱི་དགོངས་གསོལ་སྔོན་དུ་འགྲོ་བས། བདག་མིང་འདི་ཞེས་བགྱི་བ་སྐྱེ་བ་འདི་དང་། ཞེས་པ་ནས། མྱ་ངན་ལས་འདའ་བར་བགྱིའོ། །ཞེས་པའི་བར་ལན་གསུམ་བཟླས་པས་བླང་ངོ་། །རྗེས་སྤྲོ་བ་བསྐྱེད་པ། བསླབ་བྱ་བསྟན་པ། བཏང་རག་བཏང་བ་རྣམས་སོ། །

གཉིས་པ་འཇུག་སྡོམ་ནི། སོ་ཐར་རིགས་བདུན་གང་རུང་བླངས་ནས་བྱང་སེམས་ཀྱི་སྨེ་སྣོད

ལ་སྦྱངས་པས་དད་ཅིང་སྒྲུབ་པར་ནུས་པ་ན་དེ་བླང་བའི་ཆོ་ག་ལ་སྦྱོར་དངོས་རྗེས་གསུམ་ལས། སྦྱོར་བ་ནི་གསོལ་བ་གདབ་པ། བསམ་པ་བརྟག་པ། མྱུར་དུ་སྦྱིན་པར་གསོལ་བ་འདེབས་པ། བར་ཆད་དྲི་བ། བསླབ་པའི་གནས་གོ་བར་བྱས་ནས་སྦྲོ་བ་དྲི་བ་རྣམས་སོ། །དངོས་གཞི་ནི། སློབ་དཔོན་གྱིས། རིགས་ཀྱི་བུ་མིང་འདི་ཞེས་བྱ་བ་ཁྱོད། ཅེས་པ་ནས། སེམས་ཅན་གྱི་དོན་བྱེད་པའི་ཚུལ་ཁྲིམས་ཉོན་དམ། ཞེས་ལན་གསུམ་བརྗོད་ཅིང་། སློབ་མས་ཀྱང་ཉོན་ལགས་ཞེས་ཁས་བླངས་པས་སྡོམ་པ་ཐོབ་པར་འགྱུར་རོ། །རྗེས་ཆོག་ལ། མཁྱེན་པར་གསོལ་བ། ཕན་ཡོན་བསྟན་པ། གསང་བར་གདམས་པ། བསླབ་བྱ་བསྟན་པ། བཏང་རག་འབུལ་བ་རྣམས་སོ། །གསུམ་པ་ནི། སྨོན་འཇུག་གི་རྒྱུ་དང་། ངོ་བོ་དང་། དབྱེ་བ་དང་། ཕན་ཡོན་རྣམས་ཤེས་པར་བྱ་བ་སྟེ། དེ་ལས་ཆོ་གའི་སྐབས་འདིར་ཕན་ཡོན་བརྗོད་པ་ཙམ་ཞིག་མཛད་དོ། །

གསུམ་པ་ནི། **རྒྱལ་བའི་རྟེན་ལའང་རུང་བར་སྲོལ་གཉིས་མཐུན།** །ཞེས་པ་སྟེ། སྤྱིར་བླ་མ་ལས་བླངས་ན་ངོ་ཚ་ཁྲེལ་ཡོད་ཀྱི་རྟེན་དུ་འགྱུར་བ་ལ་སོགས་པའི་དགོས་པ་ཡོད་མོད། གལ་ཏེ་བླ་མ་མཚན་ཉིད་དང་ལྡན་པ་མ་རྙེད་ན། སྲོལ་གཉིས་ཀ་དགོངས་པ་མཐུན་པར་རྒྱལ་བའི་སྐུ་གཟུགས་ཀྱི་རྟེན་གྱི་དྲུང་དུ་བདག་ཉིད་ཀྱིས་བླངས་ཀྱང་རུང་བར་བཤད་ཀྱང་། རང་སྟོབས་ཀྱི་ནུས་པ་ཡོད་ན་འཇམ་དཔལ་ཞིང་གི་ཡོན་ཏན་བཀོད་པའི་མདོ་ལས་གསུངས་པ་ལྟར། རྒྱལ་བ་སྲས་བཅས་མདུན་གྱི་ནམ་མཁར་བློས་བསམ་པ་ལས་ལེན་པར་གནང་སྟེ། ལམ་སྒྲོན་ལས། གལ་ཏེ་བླ་མ་མ་རྙེད་ན། །དེ་ལ་གཞན་སྡོམ་ཉོན་པ་ཡིས། །ཆོ་ག་ཡང་དག་བཤད་པར་བྱ། །དེ་ལ་སྔོན་ཚེ་འཇམ་པའི་དཔལ། །ཨམྦ་རཱ་ཛར་གྱུར་པ་ཡིས། །ཇི་ལྟར་བྱང་ཆུབ་ཐུགས་བསྐྱེད་པ། །འཇམ་དཔལ་གྱི་ནི་སངས་རྒྱས་ཞིང་། །རྒྱན་གྱི་མདོ་ལས་བཤད་པ་ལྟར། །དེ་བཞིན་འདིར་ནི་རབ་གསལ་བྲི། །མགོན་པོ་རྣམས་ཀྱི་སྤྱན་སྔ་རུ། །རྫོགས་པའི་བྱང་ཆུབ་སེམས་བསྐྱེད་ཅིང་། །འགྲོ་བ་ཐམས་ཅད་མགྲོན་དུ་གཉེར། །དེ་དག་འཁོར་བ་ལས་བསྒྲལ་ཏོ། །གནོད་སེམས་ཁྲོ་བའི་སེམས་ཉིད་དང་། །སེར་སྣ་དང་ནི་ཕྲག་དོག་ཉིད། །དེང་ནས་བཟུང་སྟེ་བྱང་ཆུབ་མཆོག །ཐོབ་ཀྱི་བར་དུ་མི་བྱའོ། །ཚངས་པར་སྤྱོད་པ་སྤྱད་བྱ་ཞིང་། །སྡིག་དང་འདོད་པ་སྤང་བར་བྱ། །ཚུལ་ཁྲིམས་སྡོམ་པ་ལ་དགའ་ཞིང་། །སངས་རྒྱས་རྗེས་

སྲུ་བསླབ་པར་བྱ། །བདག་ཉིད་སྨྱུར་བའི་ཚུལ་གྱིས་ནི། །བྱང་ཆུབ་ཐོབ་པར་མི་སྤྲོ་ཞིང་། །སེམས་ཅན་གཅིག་གི་ཕྱིར་ཡང་ནི། །ཕྱི་མའི་མུ་མཐར་གནས་པར་བགྱི། །ཚད་མེད་བསམ་གྱིས་མི་ཁྱབ་པའི། །ཞིང་དག་རྣམ་པར་སྦྱང་བར་བྱ། །མིང་ནས་བཟུང་བ་བྱས་པ་དང་། །ཕྱོགས་བཅུ་དག་ཏུ་རྣམ་པར་གནས། །བདག་གི་ལུས་དང་ངག་གི་ལས། །ཐམས་ཅད་དུ་ནི་དག་པར་བྱ། །ཡིད་ཀྱི་ལུས་ཀྱང་དག་བྱ་སྟེ། །མི་དགེའི་ལས་རྣམས་མི་བྱའོ། །ཞེས་གསུངས་པ་ལྟ་བུའི་ཚུལ་གྱིས་སེམས་བསྐྱེད་བླང་བར་བྱའོ། །

བཞི་པ་ནི། **ཐོབ་མཚམས་བརྗོད་པ་གསུམ་གྱི་མཐའ་ལའོ།** །ཞེས་པ་སྟེ། སྡོམ་པ་ཐོབ་མཚམས་ལ་རྒྱ་མཚོའི་སྤྲིན་ལས། དེ་ལ་བརྗོད་པ་དང་པོ་དང་གཉིས་པ་དང་གསུམ་པ་དག་གིས་སློན་པ་དང་འཇུག་པ་དང་གཉིས་ཀ་ནས་བསྟན་པའི་མཆོག་ཉིད་ཐོབ་པར་འགྱུར་ཏེ། ཞེས་གསུངས་པའང་སྣང་མོད། འོན་ཀྱང་སློན་འཇུག་སོ་སོར་ལེན་པའི་ཚོ་ག་ལ་དེ་འདྲ་མི་རུང་བའི་ཕྱིར། དེས་ན་རང་གི་རྗེ་བླ་མས་མཛད་པའི་ཚོ་ག་རྒྱལ་སྲས་ལམ་བཟང་དུ་འདིར་གསུངས་པ་དང་མཐུན་པར་འབྱུང་བ་ཉིད་ལེགས་པས། སྲོལ་གཉིས་གང་ཡིན་ཡང་རུང་སྟེ། དངོས་གཞི་འབོགས་ཚིག་ལན་གསུམ་བཟླས་པའི་བརྗོད་པ་ཐ་མ་ལ་ཐོབ་པ་ཡིན་ནོ། །

གཉིས་པ་ནི། **དོན་དམ་སེམས་བསྐྱེད་ཆོགས་བླང་ཐོབ་པ། །གསང་སྔགས་ལུགས་ཡིན་མདོ་ལས་བཤད་སྲིད་ན། །དམ་བཅའ་ཉིད་ཡིན་སྒོམ་པའི་སྟོབས་ལས་སྐྱེ།** །ཞེས་པ་སྟེ། འདི་ལ་དོན་དམ་སེམས་བསྐྱེད་ངོས་བཟུང་བ་དང་། དེ་བསྐྱེད་ཚུལ་ལ་དཔྱད་པའོ། །དང་པོ་ལ། མཚན་ཉིད་ནི། རྣམ་པར་མི་རྟོག་པའི་ཆོས་ཉིད་མངོན་སུམ་དུ་རྟོགས་པའི་ཡེ་ཤེས་གང་ཞིག །བྱང་འཕགས་ཀྱི་མཉམ་བཞག་གི་ངོ་བོར་གྱུར་པའི་དང་སངས་རྒྱས་སའི་མཉམ་རྗེས་དབྱེར་མེད་ཀྱི་ངོ་བོར་གྱུར་པའི་སེམས་བསྐྱེད། དབྱེ་ན་ཐེག་ཆེན་མདོ་སྔགས་ཀྱི་ཁྱད་པར་ལས་ངོས་འཛིན་མི་འདྲ་བ་གཉིས་བྱུང་སྟེ། ཕར་ཕྱིན་ཐེག་པའི་སྐབས་འདིར་དོན་དམ་ཆོས་དབྱིངས་དང་། སེམས་བསྐྱེད་པ་ནི་དེ་མངོན་སུམ་དུ་རྟོགས་པའི་ཡེ་ཤེས་ལ་བཤད་ཅིང་། འདི་ལ་མདོ་སྡེ་རྒྱན་ལས་ཡོངས་འཛིན་དང་རྗེས་སྒྲུབ་དང་རྟོགས་པ་སྟེ་དམ་པ་གསུམ་གྱིས་ཟིན་པའི་སེམས་བསྐྱེད་ཅེས་བཤད་དེ། ཚོགས་སྦྱོར་གྱི་གནས་སྐབས་

སུ་བདག་རྐྱེན་རྫོགས་པའི་སངས་རྒྱས་མཉེས་པར་བྱས་ཤིང་། རྒྱུ་བསོད་ནམས་དང་ཡེ་ཤེས་ཀྱི་ཚོགས་བསྐལ་པ་གྲངས་མེད་གཅིག་ཏུ་བསགས་པའི་སྟོབས་ཀྱིས། ས་དང་པོར་ཆོས་ཀྱི་བདག་མེད་མངོན་སུམ་དུ་རྟོགས་པའི་ཡེ་ཤེས་རང་གི་ངང་གིས་སྐྱེས་པ་ལ་དོན་དམ་སེམས་བསྐྱེད་དུ་འཇོག་པའི་ཕྱིར་ཏེ། རྫོགས་པའི་སངས་རྒྱས་རབ་མཉེས་བྱས། །བསོད་ནམས་ཡེ་ཤེས་ཚོགས་རབ་བསགས། །ཆོས་ལ་མི་རྟོག་ཡེ་ཤེས་ནི། །སྐྱེས་ཕྱིར་དེ་ནི་དམ་པར་འདོད། །ཅེས་དང་། མདོ་སྡེ་རྒྱན་གྱི་འགྲེལ་པ་ལས་ཀྱང་། དོན་དམ་པའི་སེམས་བསྐྱེད་པ་དེ་ཡང་ས་དང་པོ་རབ་ཏུ་དགའ་བ་ལ་ཡིན་པས། ཞེས་ས་མཚམས་ཀྱང་གསུངས་སོ། །སྔགས་ཀྱི་ཐེག་པར་ནི། དོན་དམ་བྱང་ཆུབ་ཀྱི་སེམས་ཞེས་པ་གཟུང་འཛིན་གཉིས་མེད་ཀྱི་ཡེ་ཤེས་ལ་བཞེད་དེ། སྒྱུ་དྲྭ་ལས། ཨེ་མ་མཚར་ལྷ་དང་། གསང་འདུས་རྩ་རྒྱུད་ལས། དངོས་པོ་ཐམས་ཅད་དང་བྲལ་བ། །ཕུང་པོ་ཁམས་དང་སྐྱེ་མཆེད་དང་། །གཟུང་དང་འཛིན་པ་རྣམ་སྤངས་པ། །ཆོས་བདག་མེད་པར་མཉམ་ཉིད་པས། །རང་སེམས་གདོད་ནས་མ་སྐྱེས་པ། །སྟོང་པ་ཉིད་ཀྱི་རང་བཞིན་ནོ། །ཞེས་སོ། །

གཉིས་པ་ནི།སྒྱུ་དྲྭ་དང་། སྣམ་སྣང་མངོན་བྱང་དང་། བྱང་ཆུབ་སེམས་འགྲེལ་དང་། རིམ་པ་ལྔ་པ་སོགས་ལས་དོན་དམ་སེམས་བསྐྱེད་བླང་བའི་ཆོ་ག་བཤད་པ་རྣམས་གསང་སྔགས་ལུགས་ཡིན་པས། འབྲས་བུ་ཡེ་ཤེས་ཀྱི་རྣམ་པ་ལམ་བྱེད་དུ་བྱས་ནས་དེའི་རྗེན་འབྲེལ་སྒྲིག་བྱེད་ཙམ་དུ་རྗེས་མཐུན་ཀུན་རྫོབ་ཀྱི་རྣམ་པས་བསྐྱེད་པ་སྟེ། བྱང་ཆུབ་སེམས་འགྲེལ་ལས། བྱང་ཆུབ་སེམས་དཔའ་གསང་སྔགས་ཀྱི་སྒོར་སྤྱོད་པ་སྤྱོད་པ་རྣམས་ཀྱིས་དེ་ལྟར་ཀུན་རྫོབ་ཀྱི་རྣམ་པས་བྱང་ཆུབ་ཀྱི་སེམས་སྨོན་པའི་རང་བཞིན་ཅན་བསྐྱེད་ནས། དོན་དམ་པའི་བྱང་ཆུབ་ཀྱི་སེམས་བསྒོམས་པའི་སྟོབས་ཀྱིས་བསྐྱེད་པར་བྱ་བ་ཡིན་ཏེ། ཞེས་པས་སྔགས་ལུགས་ཀྱི་ཆོ་ག་དེ་ཡང་སྒོམ་བྱུང་ལ་མ་ལྟོས་པར་ཆོ་ག་རྐྱང་པས་བསྐྱེད་ནུས་པ་མ་ཡིན་པའི་ཕྱིར། མཚན་ཉིད་པ་མ་ཡིན་ལ། གལ་ཏེ་སྦྱང་སྙིང་ཕྱག་བརྒྱ་པར། དོན་དམ་པའི་བྱང་ཆུབ་ཀྱི་མཆོག་ཏུ་སེམས་བསྐྱེད་པར་བྱའོ། །ཞེས་གསུངས་པ་ལྟར་མདོ་ལས་བཤད་པ་སྲིད་ནའང་། དེ་འདྲ་དེ་དམ་བཅའ་ཙམ་དུ་ཟད་ཀྱི། ཆོ་གའི་སྒོ་ནས་བསྐྱེད་པ་མ་ཡིན་ཏེ། གཞན་དུ་ན་བཟོ་ལས་བྱུང་བའི་སེམས་བསྐྱེད་དུ་ཐལ་བར་འགྱུར་རོ། །དེ་ལྟར་ཡང་རབ་

དབྱེ་ལས། དོན་དམ་སེམས་བསྐྱེད་ཅེས་བྱ་བ། །སྒོམ་པའི་སྟོབས་ཀྱིས་སྐྱེ་མོད་ཀྱི། །ཆོ་གའི་སྒོ་ནས་འདི་མི་སྐྱེ། །གལ་ཏེ་ཆོ་གས་སྐྱེ་ན་ནི། །བརྡ་ལས་བྱུང་བའི་སེམས་བསྐྱེད་འགྱུར། །འདི་ནི་དོན་དམ་ཆོས་ཉིད་ཀྱིས། །ཐོབ་པ་ཞེས་བྱའི་སེམས་བསྐྱེད་ཡིན། །ཞེས་དང་། དོན་དམ་སེམས་བསྐྱེད་བྱའོ་ཞེས། །གལ་ཏེ་རྒྱ་ལ་གསུངས་སྲིད་ཀྱང་། །དམ་བཅའ་ཡིན་གྱི་ཆོ་ག་མིན། །ཞེས་སོ། །དེས་ན་དོན་དམ་སེམས་བསྐྱེད་མཚན་ཉིད་པ་ནི་སྒོམ་པའི་སྟོབས་ལས་ངང་གིས་སྐྱེ་བ་ཡིན་ཏེ། དགོངས་པ་ངེས་འགྲེལ་ལས། དོན་དམ་པ་བྱང་ཆུབ་ཀྱི་སེམས་དེ་ནི་འཇིག་རྟེན་ལས་འདས་པ། སྤྲོས་པ་མཐའ་དག་དང་བྲལ་བ། ཤིན་ཏུ་གསལ་བ། དོན་དམ་པའི་སྤྱོད་ཡུལ། དྲི་མ་མེད་པ། མི་གཡོ་བ། རླུང་མེད་པའི་མར་མེའི་རྒྱུན་བཞིན་དུ་མི་གཡོ་བའོ། །དེ་འགྲུབ་པ་ནི་རྟག་ཏུ་གུས་པས་ཞི་གནས་དང་ལྷག་མཐོང་གི་རྣལ་འབྱོར་གོམས་པ་ལས་འགྱུར་རོ། །ཞེས་ཀ་མ་ལ་ཤཱི་ལས་སྒོམ་རིམ་དུ་དྲངས་པ་ལྟར་རོ། །

བཞི་པ་ཐོབ་པ་མི་ཉམས་པར་བསྲུང་བའི་ཚུལ་ལ། བསྟན་བཤད་བསྡུ་གསུམ་ལས། དང་པོ་མདོར་བསྟན་ནི། **བར་དུ་མི་ཉམས་བསྲུང་བའི་ཐབས་བཤད་པ། །བྱང་ཆུབ་སེམས་དཔའི་ཚུལ་ཁྲིམས་གསུམ་ཡིན་ཏེ། །ཉེས་སྤྱོད་སྡོམ་དང་དགེ་བ་ཆོས་སྡུད་དང་། །སེམས་ཅན་དོན་བྱེད།** ཅེས་པ་སྟེ། དེ་ལྟར་སྡོམ་པ་ཐོབ་ནས་མི་ཉམས་པར་བསྲུང་དགོས་པས། དེའི་ཐབས་བཤད་པ་ལ། ཇི་ལྟར་བསྲུང་ཚུལ་དང་། གང་བསྲུང་བྱའི་ཚུལ་ཁྲིམས་གཉིས་ལས། དང་པོ་ནི། བསླབ་བཏུས་ལས། བྱང་ཆུབ་སེམས་དཔའི་སྡོམ་པ་ནི། །རྒྱས་པར་ཐེག་པ་ཆེ་ལས་འབྱུང་། །ཞེས་དང་། དགེ་བའི་བཤེས་གཉེན་མི་བཏང་ཞིང་། །མདོ་སྡེ་དག་ལ་རྟག་བལྟ་བས། །ཞེས་པས་བྱང་ཆུབ་སེམས་དཔའི་བསླབ་པའི་གཞི་རྣམས་ཤེས་པར་བྱ་བའི་ཕྱིར། བདག་རྐྱེན་ཐེག་པ་ཆེན་པོའི་དགེ་བའི་བཤེས་གཉེན་མི་གཏོང་བར་གུས་པས་བསྟེན་ཅིང་། དམིགས་པའི་རྐྱེན་སྤྱིར་ཐེག་པ་ཆེན་པོའི་མདོ་སྡེ་རྣམས་དང་ཁྱད་པར་བྱང་ས་དང་བསླབ་བཏུས་སོགས་བྱང་སེམས་ཀྱི་བསླབ་པའི་གནས་རྒྱ་ཆེར་སྟོན་པའི་མདོ་དང་བསྟན་བཅོས་དྲི་མ་མེད་པ་རྣམས་ལ་ཐོས་བསམ་གྱི་སྒོ་ནས་སྒྲོ་འདོགས་བཅད་དེ་མཁས་པར་བྱའོ། །དེ་ལྟར་མཁས་པར་བྱས་པ་དེས་ཀྱང་། ཤེས་པ་ཙམ་དུ་མ་བཞག་པར་རང་ནུས་ཅི་ཡོད་ཀྱིས་འབད་དེ་ཚུལ་བཞིན་དུ་སྒྲུབ་དགོས་ཀྱི། གཞན་དུ་ན་བླང་དོར་གྱི་གནས་ལ་མ་རྨོངས་པར་ཤེས་པ

དོན་མེད་དུ་འགྱུར་བའི་ཕྱིར་རོ། །དེ་ལྟར་ཡང་སྤྱོད་འཇུག་ལས། ལུས་ཀྱིས་འདི་དག་སྤྱད་པར་བྱ། །ཚིག་ཙམ་བརྗོད་པས་ཅི་ཞིག་འགྲུབ། །སྨན་དཔྱད་ཀློགས་པ་ཙམ་གྱིས་ནི། །ནད་པ་དག་ལ་ཕན་འགྱུར་རམ། །ཞེས་གསུངས་པས་ཕྱིར་རོ། །ཇི་ལྟར་བསྲུང་བའི་ཁྱད་པར་ལ་གཉིས་ཏེ། འགལ་རྐྱེན་རང་གཞན་གྱི་སྤྱོད་པ་ཉམས་པའི་རྒྱུ་བདུན་སྤོང་བ་དང་། མཐུན་རྐྱེན་མི་ཉམས་པའི་རྒྱུ་དང་འཕེལ་བའི་རྐྱེན་ལ་བསླབ་པའོ། །དང་པོ་ལ། རང་དོན་ཤེས་རབ་ཀྱི་གེགས་གསུམ་དང་། གཞན་དོན་སྤྱོད་པའི་སྐྱོན་བཞི་སྤོང་བའོ། །དང་པོ་ནི། ཐོས་པ་ལ་མི་མོས། བསམ་པ་ལ་གཡེལ། སྒོམ་པ་ལ་ལྷོད་པ་གསུམ་སྤོང་བའོ། །གཉིས་པ་ནི། སྦྱོར་བ་ལེ་ལོ་ཆེ་བ། སྤྱོད་པ་གཞན་མི་དད་པ་ལ་སྦྱོར་བ། ཀུན་སློང་སྙིང་རྗེ་མེད་པ། བྱེད་ལས་ཕྱིན་ཅི་ལོག་སྒྲུབ་པ་བཞི་སྤོང་བའོ། །གཉིས་པ་ལ། མི་ཉམས་པའི་རྒྱུ་གསུམ་དང་། འཕེལ་བའི་རྐྱེན་དགུ་ལ་བསླབ་པའོ། །དང་པོ་ལ་གསུམ་ལས། དང་པོ་ཚེ་འདིར་མི་ཉམས་པའི་རྒྱུ་ནི། དྲན་པ་གསུམ་སྟེ། སེམས་བསྐྱེད་སྐྱེས་པའི་ཕན་ཡོན། ཉམས་པའི་ཉེས་དམིགས། སྙེད་པར་དཀའ་བ་ཡང་ཡང་དྲན་པར་བྱེད་པའོ། །གཉིས་པ་ཕྱི་མར་མི་ཉམས་པའི་རྒྱུ་ནི། ཕྱིན་ཅི་མ་ལོག་པའི་ཐབས་གསུམ་སྟེ། དུས་གསུམ་དུ་ཡན་ལག་བདུན་པ་བྱེད་པ། རྒྱལ་བ་སྲས་བཅས་ལ་གསོལ་བ་འདེབས་པ། ཆོས་དང་འགལ་བའི་བདུད་ལས་སྤོང་བའོ། །གསུམ་པ་འདི་ཕྱི་གཉིས་ཀར་མི་ཉམས་པའི་རྒྱུ་ནི། གཅེས་པ་ལྔ་སྟེ། བསྒྲུབ་བྱ་སེམས་ཅན་ལ་རང་བས་གཅེས་པ། སྒྲུབ་བྱེད་ཆོས་ལ་ནོར་བས་གཅེས་པ། གཙོ་བོ་བྱང་སེམས་ལ་སྙིང་བས་གཅེས་པ། བདག་རྐྱེན་བཤེས་གཉེན་ལ་ཕ་མ་བས་གཅེས་པ། འཐོབ་བྱ་སངས་རྒྱས་ལ་ལོངས་སྤྱོད་བས་གཅེས་པ་ལྔ་ལ་བསླབ་པར་བྱའོ། །

གཉིས་པ་ལ། དྲན་པ་ལྔ་དང་། བྱ་བ་བཞི་སྟེ། འདུས་བྱས་ཀྱི་གཡོ་བ། སྡུག་བསྔལ་གྱི་མཐའ། ཆོས་ཀྱི་ཕན་ཡོན། སྟོན་པའི་ཆེ་བ། བྱང་སེམས་ཀྱི་ཕན་ཡོན་དྲན་པ་ལྔ་དང་། ཤེས་བཞིན་གྱི་མིག་གིས་བལྟ་བ། བརྩོན་འགྲུས་ཀྱི་རྟ་མཆོག་གིས་འགྲོ་བ། ངེས་འབྱུང་གི་ལྕུག་གིས་བསྐྱུལ་བ། ཐར་པའི་གྲོང་ཁྱེར་ཡིད་ལ་བྱ་བ་བཞིའོ། །མདོར་ན་ཀུན་མཁྱེན་ཆེན་པོས། རྟག་ཏུ་དྲན་དང་ཤེས་བཞིན་བག་ཡོད་ཀྱིས། །མི་དགེ་སྤང་ཞིང་དགེ་ཆོས་རྒྱ་མཚོ་སྒྲུབ། །ཅེས་གསུངས་པ་ལྟར་དྲན་པ

དང་བག་ཡོད་དང་ཤེས་བཞིན་གསུམ་མི་ཉམས་པར་བསྐྱེད་དེ། འཆད་འགྱུར་གྱི་རྒྱ་བ་དང་ཡན་ལག་གི་ལྟུང་བས་མི་གོས་པར་བྱ་བ་དང་། ཉིན་མཚན་དུས་དྲུག་ཏུ་རྒྱུན་བཤགས་བྱ་ཞིང་སེམས་བསྐྱེད་ཚོ་ག་བཞིན་དུ་བླང་བའམ། ཡང་ན་མཚན་མོ་གཉིད་ཐམས་ཅད་ཐབས་ཤེས་གང་རུང་གི་དགེ་བའི་གཉིད་དུ་བཏང་ནས་ཉིན་པར་གྱི་དུས་ལ་ཆ་དྲུག་ཏུ་བཅད་ནས་དེ་ལྟར་བསླབ་བོ། །འོན་ལས་དང་པོ་པ་རྣམས་ཀྱིས་མདོ་སྡེ་དག་ལས་གསུངས་པའི་བྱང་སེམས་ཀྱི་བསླབ་བྱ་རྣམས་ལས་ཇི་ཙམ་ཞིག་བསླབ་པར་བྱ་ཞེ་ན། ལས་དང་པོ་པས་མགོ་གཏོང་བ་སོགས་ནུས་པ་མེད་བཞིན་དུ་སྒྲུབ་པ། སྟོན་པས་དངོས་སུ་བཀག་པ་ལས་སྤྱད་པས་ལྟུང་བར་བཤད་པ་དང་། མ་བཀག་ཀྱང་ལས་དང་པོ་པའི་སྐབས་སུ་ཉམས་སུ་བླང་མི་རུང་བ་གཉིས་མ་གཏོགས་པ། བྱང་སེམས་ཀྱི་བསླབ་བྱ་ནུས་པའི་ཡུལ་དུ་གྱུར་བ་མཐའ་དག་ལ་བསླབ་དགོས་ཏེ། བསླབ་བཏུས་ལས། མདོར་ན་རང་གི་ནུས་པའི་ཡུལ་མ་ཡིན་པའི་བྱ་བ་རྣམས་ལ་ལྟུང་བ་མེད་དེ། དོན་མེད་པ་ཉིད་ཀྱིས་དེ་ལ་བསླབ་པ་བཅས་པ་མེད་པའི་ཕྱིར་རོ། །གཞན་ལ་ནི་རང་བཞིན་གྱི་ཁ་ན་མ་ཐོ་བ་དང་བཅས་པ་ཉིད་དུ་བཟུང་བ་ཁོ་ནའོ། །རང་གི་ནུས་པའི་ཡུལ་མ་ཡིན་པ་གང་ཞིག་ལ་བརྩོན་པར་བྱེད་ན་ལྟུང་བར་འགྱུར་ཏེ། དེ་ནི་བསམ་མི་དགོས་པར་སྤྱིར་སྡིག་པ་བཤགས་པའི་ཁོངས་སུ་འདུས་པས་དེ་ལས་གྲོལ་བར་འགྱུར་རོ། །དེ་དག་ནི་མདོར་ན་བྱང་ཆུབ་སེམས་དཔའི་བསླབ་པའི་ཁོག་པ་ཡིན་ཏེ། རྒྱས་པར་ནི་བསྐལ་བ་དཔག་ཏུ་མེད་པ་མཐའ་ཡས་པར་བཤད་དུ་ཡོད་དོ། །ཞེས་སོ། །གཉིས་པ་གང་བསྲུང་བའི་ཚུལ་ཁྲིམས་ལ་ལྔ་སྟེ། དབྱེ་གཞི། དབྱེ་ངོ་། གྲངས་ངེས། གོ་རིམ། བསླབས་པའི་ཕན་ཡོན་ནོ། །དང་པོ་ནི། བྱང་སེམས་ཀྱི་སྡོམ་པ་ཙམ་མོ། །གཉིས་པ་ནི། ཚུལ་ཁྲིམས་གསུམ་སྟེ། དགོན་བརྩེགས་ལས། འོད་སྲུང་། དེ་ལ་བྱང་ཆུབ་སེམས་དཔའི་ཚུལ་ཁྲིམས་ནི་རྣམ་པ་གསུམ་སྟེ། སྡོམ་པའི་ཚུལ་ཁྲིམས་དང་། དགེ་བའི་ཆོས་རྣམས་སྡུད་པའི་ཚུལ་ཁྲིམས་དང་། སེམས་ཅན་གྱི་དོན་སྒྲུབ་པའི་ཚུལ་ཁྲིམས་སོ། །ཞེས་གསུངས། དེ་གསུམ་ཀྱང་ངོ་བོ་གཅིག་ལ་ལྡོག་པས་ཕྱེ་བ་ཙམ་དུ་ཟད་དེ། དཔེར་ན་ནོར་བུ་གཅིག་ཉིད། མུན་པ་སེལ་བ། འདོད་དགུའི་ནོར་སྟེར་བ། རིམས་ནད་ལ་ཕན་པ་བཞིན་ནོ། །གསུམ་པ་ནི། བྱང་ཆུབ་སེམས་དཔའ་རྣམས་ཀྱི་བྱ་བ་ལ་རང་གཞན་གྱི་དོན་གཉིས་སུ་ངེས་པ་ལས། སེམས་ཅན་

དོན་བྱེད་ཀྱིས་གཞན་རྒྱུད་དང་། སྡོམ་སྡུད་གཉིས་ཀྱིས་རང་རྒྱུད་སྨིན་པར་བྱེད་པའི་ཕྱིར། གསུམ་དུ་གྲངས་ངེས་སོ། །བཞི་པ་ནི། སྡོམ་པའི་ཚུལ་ཁྲིམས་དང་པོར་སྨོས་ཏེ། ཚུལ་ཁྲིམས་གཞན་གཉིས་ཀྱི་གཞི་རྟེན་དུ་འགྲོ་བའི་ཕྱིར། དེའི་འོག་ཏུ་དགེ་བ་ཆོས་སྡུད་དང་སེམས་ཅན་དོན་བྱེད་གཉིས་རིམ་པར་བཞག་སྟེ། རང་རྒྱུད་ལ་དགེ་ཆོས་མ་བསྡུས་པར་སེམས་ཅན་གཞན་གྱི་དོན་བྱེད་མི་ནུས་པའི་ཕྱིར་རོ། །ལྔ་པ་ནི། ཚུལ་ཁྲིམས་འདི་གསུམ་ལ་ལེགས་པར་བསླབས་པས་ནམ་ཞིག་འཚང་རྒྱ་བའི་ཚེ༑ སྤངས་རྟོགས་ཕྲིན་ལས་དང་བཅས་པ་འཐོབ་པར་བྱེད་དེ། སྡོམ་པའི་ཚུལ་ཁྲིམས་ཀྱིས་སྤངས་པ་ཕུན་ཚོགས། དགེ་བ་ཆོས་སྡུད་ཀྱིས་རྟོགས་པ་ཕུན་ཚོགས། སེམས་ཅན་དོན་བྱེད་ཀྱིས་ཕྲིན་ལས་ཕུན་ཚོགས་འཐོབ་པའི་རྒྱུར་འགྲོ་བ་ཡིན་ནོ། །

གཉིས་པ་རྒྱས་པར་བཤད་འདོད་ནས། **གསུམ་ལས་དང་པོ་ནི།** །ཞེས་སྨོས་ཏེ། འདི་ལ་ཉེས་སྤྱོད་སྡོམ་པ། དགེ་བ་ཆོས་སྡུད། སེམས་ཅན་དོན་བྱེད་གསུམ་དུ་ཡོད་པ་ལས། དང་པོ་ཉེས་སྤྱོད་སྡོམ་པའི་ཚུལ་ཁྲིམས་ལ། མཚན་ཉིད་དང་། དབྱེ་བ་གཉིས། དང་པོ་ནི། བྱང་སེམས་ཀྱི་སྤང་བྱ་ཉེས་སྤྱོད་ཆ་དང་བཅས་པ་གཞན་དོན་དུ་སྤོང་བའི་སེམས་པ་རྒྱུན་ཆགས་པའོ། །

གཉིས་པ་ལ། སྲོལ་གཉིས་ཀྱི་ལུགས་སོ་སོར་བཤད་པ་དང་། དེ་གཉིས་ཀྱི་ཁྱད་པར་ལ་དཔྱད་པའོ། །དང་པོ་ལ། ནམ་མཁའི་སྙིང་པོ་དང་ཐབས་ལ་མཁས་པའི་མདོའི་རྗེས་སུ་འབྲང་བ་ཀླུ་སྒྲུབ་ལུགས་ཞི་བ་ལྷས་བསླབ་བཏུས་སུ་ཕྱེ་བ་དང་། ཐོགས་མེད་ཀྱི་བྱང་སའི་ལུགས་ཙནྡྲ་གོ་མིས་སྡོམ་པ་ཉི་ཤུ་པར་ཕྱེ་བའོ། །དང་པོ་ལ། ཟ་ལྟུང་གི་རྣམ་བཞག་བསྟན་པ་དང་། ཡན་ལག་གི་ཉེས་པ་གཞན་དུ་ཞལ་འཕངས་པའོ། །དང་པོ་ལ། ཟ་ལྟུང་བཅོ་བརྒྱད་སོ་སོའི་དབྱེ་བ། རྟེན་དང་ལྟུང་བའི་དབྱེ་བསྡུ། ཐུན་མོང་སྨོན་འཇུག་སྤངས་པ་ཟ་ལྟུང་དུ་བསྟན་པའོ། །དང་པོ་ལ་གསུམ་སྟེ། རྒྱལ་པོ་ལ་ངེས་པ་ལྔ། བློན་པོ་ལ་ངེས་པ་ལྔ། ཐལ་བ་ལ་ངེས་པ་བརྒྱད་དོ། །དང་པོ་ནི། **དཀོན་མཆོག་དཀོར་འཕྲོག་དང་ནི་ཆོས་སྤོང་ལས། །ཚུལ་ལྡན་ཚུལ་འཆལ་ཁྲིམས་གཅོད་བསླབ་འབེབས་སོགས། །མཚམས་མེད་ལས་བྱེད་ལོག་ལྟ་ལྔ་རྒྱལ་པོ།** །ཞེས་པ་སྟེ། ཟ་ལྟུང་དང་པོ་དཀོན་མཆོག་གི་དཀོར་འཕྲོག་པ་ནི། སངས་རྒྱས་ཀྱི་མཆོད་རྟེན་ནམ་སྐུ་གཟུགས་ཀྱི་རྫས་དང་། དམ་པའི་ཆོས་ཀྱི་གླེགས

བམ་དང་ཆོས་སླ་བའི་ཆ་རྐྱེན། དགེ་འདུན་རིས་སུ་ཆད་པའམ་མ་ཆད་པ་ལ་བསྔོས་ཤིང་འདུ་བའི་རྫས་ཞིང་ལ་སོགས་པ་གང་ཡང་རུང་བ། རིན་ཐང་མ་ཚང་ཡང་འདྲ་སྟེ། ཀུན་སློང་དྲག་པོས་འཕྲོག་པ་དང་རྐུ་བར་བྱེད་དམ། གཞན་བྱེད་དུ་བཅུག་ཀྱང་ཕམ་པར་འགྱུར་ཞིང་། དགེ་འདུན་ལས་རྐུན་བདག་ཉིད་དེའི་གྲངས་སུ་གཏོགས་པར་ཤེས་ན་ལྟུང་བ་མེད་དོ། །རྩ་ལྟུང་གཉིས་པ་དམ་ཆོས་སྤོང་བ་ནི། ཐེག་པ་གསུམ་གང་ཡང་རུང་བའི་ལུང་གི་ཆོས་སྡེ་སྣོད་གསུམ་དང་། རྟོགས་པའི་ཆོས་བསླབ་པ་གསུམ་ལས་གང་རུང་དུ་གཏོགས་པའི་དགེ་བ་རྣམས་སྟོན་པའི་བཀའ་དང་ཐར་པ་ཐོབ་པའི་ཐབས་མ་ཡིན་ནོ་ཞེས་རང་གིས་སྤོང་བར་བྱེད་དམ་གཞན་སྤོང་དུ་འཇུག་པའོ། །རྩ་ལྟུང་གསུམ་པ་དགེ་སློང་ལ་ཆད་པས་གཅོད་པ་ནི། བསླབ་པ་བཟུང་མ་བཟུང་གི་རབ་བྱུང་དམ། ཚུལ་ཁྲིམས་འཆལ་མ་འཆལ་གྱི་དགེ་སློང་གང་ཡིན་ཡང་རུང་སྟེ་རབ་བྱུང་གི་ཆ་ལུགས་འཛིན་པ་ལ། ཀུན་སློང་ཞེ་སྡང་བས།དེའི་དུར་སྨྲིག་གི་གོས་འཕྲོག་གམ། བརྡེག་གམ། བཙོན་དུ་འཇུག་གམ། ཁྲིམ་སར་འབེབས་སམ། གསོད་པར་བྱེད་པ་ལས་གང་རུང་རེ་རེའམ་མང་དུ་བྱས་སམ་བྱེད་དུ་བཅུག་པའོ། །རྩ་ལྟུང་བཞི་པ་མཚམས་མེད་ལྔ་བྱེད་པ་ནི། ཕ་མ་དགྲ་བཅོམ་གསུམ་གསོད་པ། དགེ་འདུན་གྱི་དབྱེན་བྱེད་པ། སངས་རྒྱས་ལ་ངན་སེམས་ཀྱིས་ཁྲག་འབྱིན་པ་སྟེ་མཚམས་མེད་པའི་ལས་ལྔ་ལས་གང་ཡང་རུང་བ་བྱེད་པའོ། །རྩ་ལྟུང་ལྔ་པ་ལོག་ལྟ་འཛིན་པ་ནི། ལས་རྒྱུ་འབྲས་མེད་ཅེས་ལོག་པར་ལྟ་བས་མི་དགེ་བ་བཅུ་ལས་གང་ཡང་རུང་བ་ཞིག་བྱེད་དམ་བྱེད་དུ་བཅུག་པ་སྟེ། འདི་ནི་སེམས་ཀྱི་ལས་ཡིན་པས་སྐྱེས་ཙམ་ཉིད་ནས་དགེ་རྩ་ཆད་པས་ལྟུང་བར་འགྱུར་མོད། མི་དགེ་བའི་ལས་ལ་སྦྱོད་པའི་ཡན་ལག་གཞན་ཚང་ན་ཤིན་ཏུའང་ལྕི་བར་འགྱུར་རོ། །དེ་དག་ཀྱང་བསླབ་བཏུས་ལས། དཀོན་མཆོག་གསུམ་གྱི་དཀོར་འཕྲོག་པ། །ཕས་ཕམ་པ་ཡི་ལྟུང་བར་འདོད། །དམ་པའི་ཆོས་ནི་སྤོང་བྱེད་པ། །གཉིས་པར་ཐུབ་པས་གསུངས་པ་ཡིན། །ཚུལ་ཁྲིམས་འཆལ་བའི་དགེ་སློང་ལའང་། །དུར་སྨྲིག་འཕྲོག་དང་རྡེག་པ་དང་། །བཙོན་རར་འཇུག་པར་བྱེད་པ་དང་། །རབ་ཏུ་བྱུང་བ་འབེབས་པ་དང་། །མཚམས་མེད་ལྔ་པོ་བྱེད་པ་དང་། །ལོག་པར་ལྟ་བ་འཛིན་པ་དང་། །ཞེས་སོ། །

གཉིས་པ་ནི། **གྲོང་ལྗོངས་གྲོང་ཁྱེར་གྲོང་བརྡལ་ཡུལ་འཁོར་རྣམས། །འཇོམས་པར་བྱེད་པའང་**

བློན་པོར་ངེས་པ་ལྔ། །ཞེས་པ་སྟེ། གྲོང་ནི་ཁྱིམ་གཅིག་པ་ལ་སོགས་པ་དང་། ལྗོངས་ནི་མི་རིགས་བཞི་གནས་པའི་ཕྱོགས་དང་། གྲོང་ཁྱེར་ནི་བཟོ་སྣ་བཅོ་བརྒྱད་ཡོད་པའི་གནས་དང་། གྲོང་བརྡལ་ནི་ཚོང་བ་མང་པོ་འདུ་བའི་གནས་དང་། ཡུལ་འཁོར་ནི་ཙམ་པ་ཀ་སོགས་ཡུལ་ཆེན་པོ་རྣམས་ལས་གང་ཡང་རུང་བ་ཞེ་སྡང་གིས་མེ་ལ་སོགས་པས་འཇོམས་པར་བྱེད་པའོ། །འང་གི་སྒྲ་ནི་སྡུད་པར་བྱེད་པ་སྟེ། ལོག་ལྟ་དོར་བའི་སྔར་གྱི་རྩ་ལྟུང་དང་པོ་བཞི་དང་། དེའི་སྟེང་དུ་གྲོང་སོགས་འཇོམས་པ་ལྔ་པོ་གཅིག་ཏུ་བགྲངས་པའང་རྩ་ལྟུང་ཡིན་པས་བློན་པོར་ངེས་པ་ལྔ་སྟེ། དེ་ལས་གྲོང་ལ་སོགས་པ་འཇིག་པ་ཡང་། །རྩ་བའི་ལྟུང་བར་རྒྱལ་བས་གསུངས། །ཞེས་སོ། །

གསུམ་པ་ནི། **མ་སྦྱངས་སྟོང་ཉིད་བརྗོད་སྐྱེས་ཉན་ཐོས་སློན། །རྫོགས་བྱང་ཕྱིར་ལྡོག་ཐེག་དམན་སེམས་བསྐྱེད་དང་། །སོ་ཐར་སྤངས་ནས་ཐེག་ཆེན་སློབ་པ་དང་། །ཉན་ཐོས་ཐེག་པས་ཆགས་སོགས་མི་ཟློག་པས། །དེ་ཟློག་དེ་ཡི་འབྲས་བུ་མེད་པར་བྱས། །ཕྲག་དོག་དབང་གིས་བདག་བསྟོད་གཞན་སྨོད་དང་། །རྙེད་དང་བཀུར་སྟིའི་ཆེད་དུ་བདག་འཚོང་དང་། །དགེ་སློང་ཆད་པས་གཅོད་འཇུག་ཤུག་འབུལ་དང་། །སྒོང་བའི་ལོངས་སྤྱོད་ཁ་དོན་པ་ལ་བྱིན། །ཞི་གནས་འདོར་བཅུག་ཕལ་ལ་འབྱུང་ངེས་བརྒྱད།** །ཅེས་པ་སྟེ། ལས་དང་པོ་པའི་རྩ་ལྟུང་ལ་བརྒྱད་ལས། །དང་པོ་ནི། བློ་མ་སྦྱངས་པའི་སེམས་ཅན་ལ་སྟོང་མ་བརྟགས་པར་ཟབ་མོ་སྟོང་པ་ཉིད་བསྟན་པས་སྐྲག་ནས་བྱང་ཆུབ་ཀྱི་སེམས་བཏང་སྟེ་ཉན་རང་གི་བྱང་ཆུབ་ཏུ་སྨོན་ན་སྟོན་པ་པོ་ལ་ལྟུང་བར་འགྱུར་ཞིང་། གལ་ཏེ་ཡུལ་ཡང་འཇུག་སྡོམ་དང་ལྡན་ན་དེ་ལའང་ལྟུང་བ་འབྱུང་ངོ་། །ལྟུང་བ་གཉིས་པ་ནི། སངས་རྒྱས་སྒྲུབ་པའི་ལམ་དུ་ཞུགས་པ་ལ་དེར་ཤེས་བཞིན་དུ་ཁྱོད་ཀྱིས་རྒྱ་ཕྱིན་དྲུག་ལ་སྤྱོད་པ་དང་འབྲས་བུ་སངས་རྒྱས་ཐོབ་པར་མི་ནུས་པས་ཉན་ཐོས་སམ་རང་རྒྱལ་དུ་སེམས་སྐྱེད་ཅིག་དང་། དེས་ཁྱོད་འཁོར་བ་ལས་ངེས་པར་འབྱུང་བར་འགྱུར་རོ་ཞེས་རྫོགས་བྱང་ལས་ཕྱིར་ལྡོག་པར་བྱེད་པའོ། །ལྟུང་བ་གསུམ་པ་ནི། ཉན་ཐོས་ཀྱི་རིགས་ཅན་སོ་སོ་ཐར་པ་ལ་སློབ་པའམ། རབ་ཏུ་བྱུང་མ་ཟིན་ཀྱང་སློབ་པར་འདོད་པ་དག་ལ། དགོས་པ་ཁྱད་པར་ཅན་མེད་པར་ཁྱོད་སོ་ཐར་ལ་བསླབས་པས་ཅི་ཞིག་བྱ་སྟེ། རྫོགས་བྱང་དུ་སེམས་སྐྱེད་ལ་ཐེག་པ་ཆེན་པོ་ལྟོགས་ཤིག་དང་། དེས་ཉེས་པར་བྱས་པའི་ལས་རྣམས་བྱང་

ཆུབ་ཀྱི་སེམས་ཀྱི་མཐུས་འཇོམས་སོ་ཞེས་ཐེག་ཆེན་ལ་སློབ་ཏུ་འཇུག་པའོ། །ལྟུང་བ་བཞི་པ་ནི། ཉན་ཐོས་ཀྱི་ཐེག་པས་ཆགས་སོགས་ཉོན་མོངས་པ་སྤོང་མི་ནུས་པས་ཐེག་ཆེན་ཉིད་ལ་སློབས་ཤིག །ཅེས་ཉན་ཐོས་ལ་ཐར་ལམ་མེད་པར་རང་འཛིན་ཅིང་། དགོས་པ་ཁྱད་པར་ཅན་མེད་པར་གཞན་ཡང་འཛིན་དུ་འཇུག་པའོ། །ལྟུང་བ་ལྔ་པ་ནི། རྙེད་བཀུར་གྱི་ཕྱིར་རྙེད་བཀུར་ཅན་གྱི་བྱང་སེམས་གཞན་ལ་ཕྲག་དོག་གིས་དེའི་སྐྱོན་བདེན་པའམ་རྫུན་པ་གང་རུང་བརྗོད་པས་སྨོད་ཅིང་། བདག་ཉིད་ལ་མི་ཆོས་བླ་མའི་ཡོན་ཏན་མེད་ཀྱང་ཡོད་པར་བསྒྲགས་པ་གཞན་གྱིས་གོ་བའོ། །ལྟུང་བ་དྲུག་པ་ནི་རྙེད་བཀུར་གྱི་ཕྱིར་མ་རྟོགས་བཞིན་དུ་བདག་གིས་ཆོས་ཟབ་མོ་སྟོང་པ་ཉིད་མངོན་སུམ་དུ་རྟོགས་སོ་ཞེས་མི་ཆོས་བླ་མའི་རྫུན་ལོག་པར་སྨྲས་པ་གཞན་གྱིས་གོ་བའོ། །ལྟུང་བ་བདུན་པ་ནི། རྒྱལ་རིགས་ལྟ་བུ་དབང་པོ་ཆེ་དང་། ཆོས་འདི་པའི་དགེ་སློང་ཕྲ་མས་ཕྱེ་ནས། དབང་པོ་ཆེའི་ཕྱོགས་ལ་བརྟེན་ཏེ། དགེ་སློང་ལ་ནོར་གྱི་ཆད་པས་གཅོད་དུ་འཇུག་པ་དང་། དེའི་རྐྱེན་གྱིས་དགེ་སློང་གིས་དཀོན་མཆོག་གི་དཀོར་བརྐུས་ནས་ཕྲ་མ་བྱེད་པ་ལ་ཕག་སུག་ཏུ་ཕུལ་བ། དེ་དག་ཕྲ་མ་བྱེད་པ་རང་གིས་ལེན་ནམ། དབང་པོ་ཆེ་ལ་བྱིན་པས་ནོར་བདག་གིར་བྱས་ན་དེ་གཉིས་ཀ་ལ་ལྟུང་བར་འགྱུར་རོ། །ལྟུང་བ་བརྒྱད་པ་ནི། ཆོས་ལྡན་དགེ་སློང་ལ་གནོད་པའི་ཁྲིམས་ངན་བཅས་ཏེ། ཞི་གནས་ཀྱིས་མཚོན་པའི་རྣལ་འབྱོར་འདོར་དུ་འཇུག་པ་དང་། དགེ་སློང་སྤོང་བ་བསམ་གཏན་པའི་ལོངས་སྤྱོད་ཕྲོགས་ནས་ཀློག་པ་ཁ་ཏོན་པ་ལ་སྦྱེར་བའམ་སྦྱེར་དུ་འཇུག་པ་སྟེ། ལེན་པ་པོ་ཡང་ཕྲོག་པ་པོའི་ཕྱོགས་སུ་གཏོགས་ན་རྩ་ལྟུང་འབྱུང་ངོ་། །དེ་དག་ཀྱང་། བློ་སྦྱངས་མ་བྱས་སེམས་ཅན་ལ། །སྟོང་པ་ཉིད་ནི་བརྗོད་པ་དང་། །སངས་རྒྱས་ཉིད་ལ་ཞུགས་པ་དག །རྫོགས་པའི་བྱང་ཆུབ་ལྡོག་པ་དང་། །སོ་སོ་ཐར་པ་ཡོངས་སྤངས་ཏེ། །ཐེག་པ་ཆེ་ལ་སྦྱོར་བ་དང་། །སློབ་པའི་ཐེག་པས་ཆགས་ལ་སོགས། །སྤོང་བར་འགྱུར་བ་མིན་ཞེས་འཛིན། །ཕ་རོལ་དག་ཀྱང་འཛིན་འཇུག་དང་། །རང་གི་ཡོན་ཏན་བརྗོད་པ་དང་། །རྙེད་པ་དང་ནི་བཀུར་སྟི་དང་། །ཚིགས་བཅད་སླུ་ཡིས་གཞན་སྨོད་དང་། །བདག་ནི་ཟབ་མོ་བཟོད་པའོ་ཞེས། །ལོག་པ་ཉིད་ནི་སྨྲ་བ་དང་། །དགེ་སློང་ཆད་པས་གཅོད་འཇུག་དང་། །དཀོན་མཆོག་གསུམ་གྱི་སྦྱིན་བྱེད་དང་། །སྦྱིན་པ་ལེན་པར་བྱེད་པ་དང་། །ཞི་གནས་འདོར་བར་བྱེད་པ་

དང་། །ཡང་དག་འཇོག་པའི་ལོངས་སྤྱོད་རྣམས། །ཁ་དོན་བྱེད་ལ་སྦྱིན་པ་རྣམས། །དེ་དག་རྩ་བའི་ལྟུང་བ་སྟེ། །སེམས་ཅན་དམྱལ་བ་ཆེན་པོའི་རྒྱུ། །ཞེས་སོ། །

གཉིས་པ་ནི། **དེ་དེར་འབྱུང་ཉེའི་བཞག་གིས་ཀུན་ལ་ཀུན། །མིང་དུ་བཅོ་བརྒྱད་རྗེས་སུ་བཅུ་བཞི་སྟེ།** །ཞེས་པས་འདིར་རྒྱལ་པོ་དང་། བློན་པོ་དང་། ལས་དང་པོ་པའི་ལྟུང་བ་ཞེས་སྨོས་པ་ནི༑ གཙོ་བོར་དེ་དང་དེ་ལ་འབྱུང་ཉེ་བས་བཞག་པ་སྟེ། དཔེར་ན་ལྟུང་བའི་རྟེན་བྱང་སེམས་ཀྱི་སྡོམ་ལྡན་ཡིན་ཕྱིན་འདི་ར་མི་དང་མི་མ་ཡིན་ལ་ངེས་པ་མེད་ཀྱང་བསླབ་བཏུས་ཀྱི་ལས་དང་པོ་པའི་ལྟུང་བའི་མཚམས་སྦྱོར་དུ། རིགས་ཀྱི་བུའམ་རིགས་ཀྱི་བུ་མོ་ཞེས་འབྱུང་ཉེ་བའི་དབང་དུ་མཛད་ནས་ཕོ་མོ་གང་རུང་དངོས་སུ་སྨོས་པ་བཞིན་ནོ། །དེས་ན་བྱང་ཆུབ་སེམས་དཔའ་སྤྱོད་པ་ལ་ཞུགས་པ་ཡན་ཆད་ལ་རྩ་ལྟུང་འབྱུང་བ་མི་སྲིད་པས། སོ་སོ་སྐྱེ་བོའི་གང་ཟག་མི་དང་གནོད་སྦྱིན་སོགས་གང་ཡང་རུང་བ་བྱང་ཆུབ་སེམས་དཔའི་སྡོམ་པ་དང་ལྡན་པའི་ལས་དང་པོ་པ་ཀུན་གྱི་ལྟུང་བ་ཡིན་པར་གསུངས་ཏེ༑ བསླབ་བཏུས་ལས། གང་དག་ལ་མང་དུ་འབྱུང་བ་དེ་དག་ལ་དེ་རང་གི་མིང་གིས་སྨོས་ཏེ་བསྟན་པ་འཇིགས་པ་བསྐྱེད་པའི་ཕྱིར་བཟློག་གོ། །ཐམས་ཅད་ཀྱིས་ཀྱང་ཕན་ཚུན་དུ་ལྟུང་བ་སྤང་བར་བྱའོ། །ཞེས་སོ། །དེ་ལྟར་བཅོ་བརྒྱད་པོ་དེ་རྣམས་མིང་གི་སྒོ་ནས་སམ་དོན་གྱི་སྒོ་ནས་ཕྱེ་བ་གང་ཡིན་ཞེ་ན། མདོ་ལས་མིང་བཅོ་བརྒྱད་དུ་ཕྱེ་ཡང་དོན་གྱི་སྒོ་ནས་རྗེས་བཅུ་བཞིར་འདུ་སྟེ། བློན་པོའི་རྩ་ལྟུང་དང་པོ་བཞི་རྒྱལ་པོའི་རྩ་ལྟུང་དང་པོ་བཞི་ལས་ལྟུང་བ་ཐ་དད་མེད་པའི་ཕྱིར་རོ། །

གསུམ་པ་ནི། **སྨོན་འཇུག་སེམས་བཏང་དེ་རྣམས་རྩ་ལྟུང་ཡིན།** །ཞེས་པ་སྟེ། ཐེག་པ་དམན་པར་སེམས་བསྐྱེད་པའམ། སེམས་ཅན་བློས་སྤངས་ན་སྨོན་སེམས་བཏང་བ་སྟེ། གསང་ཆེན་ཐབས་ལ་མཁས་པའི་མདོ་ལས། རིགས་ཀྱི་བུ་བྱང་ཆུབ་སེམས་དཔའ་ཉན་ཐོས་དང་རང་སངས་རྒྱས་ཡིད་ལ་བྱེད་པས་གནས་པ་འདི་ནི་བྱང་ཆུབ་སེམས་དཔའི་རྩ་བའི་ལྟུང་བ་ལྕི་བའོ། །ཞེས་པས་སྔར་གྱི་རྩ་ལྟུང་བཅོ་བརྒྱད་ཀྱི་སྟེང་དུ་སྨོན་པ་བཏང་བས་བཅུ་དགུ་དང་། དེའི་སྟེང་དུ་དཀོན་བརྩེགས་ལས་བཤད་པ་ལྟར་འཇུག་སེམས་སྤངས་ཏེ་དགེ་ལ་མི་སྦྱོར་བ་བསྟན་པས་རྩ་ལྟུང་ཉི་ཤུར་འགྱུར་རོ། །དེ་ཡང་བྱང་ཆུབ་སེམས་དཔའ་དབང་པོའི་རིམ་པས་ཕྱེ་ན་བསླབ་བྱ་གསུམ་སྟེ། ནམ་མཁའི་སྙིང་

པོའི་མདོ་དང་བསླབ་བཏུས་ལས་གསུངས་པའི་བཅོ་བརྒྱད་དམ་བཅུ་བཞི་ནི་དབང་རྣོན་གྱི་ཐུན་མོང་མ་ཡིན་པའི་རྩ་ལྟུང་ཡིན་ལ། དབང་འབྲིང་ཡན་ཆད་ཀྱི་བསླབ་བྱ་ལ་བཞིར་བསྟན་ཏེ། ཐབས་ལ་མཁས་པའི་མདོའི་དོན་བསླབ་བཏུས་ལས། བྱང་ཆུབ་སེམས་ནི་ཡོངས་འདོར་དང་། །ཆགས་དང་སེར་སྣ་མི་ཟད་པས། །སློང་ལ་སྦྱིན་པར་མི་བྱེད་དང་། །བསྒྲིམས་ཏེ་དགའ་བར་བྱེད་པ་ན། །སེམས་ཅན་ལ་ནི་མི་བཟོད་པས། །ཁྲོས་པས་སེམས་ཅན་རྡེག་པ་དང་། །ཉོན་མོངས་པ་དང་གནས་མཐུན་པས། །ཆོས་ལྟར་བཅོས་པ་སྟོན་པའོ། །ཞེས་སོ། །དབང་རྟུལ་ལ་བསླབ་བྱ་གཅིག་ཏུ་བསྟན་པ་ནི། བཤད་མ་ཐག་པའི་སྨོན་སེམས་མི་འདོར་བ་ལ་བསླབ་པ་ཉིད་ཡིན་ལ། འདི་ནི་བྱང་སེམས་དབང་པོ་རྣོ་རྟུལ་འབྲིང་གསུམ་མཐའ་དག་གིས་ངེས་པར་སློབ་དགོས་པའི་བསླབ་བྱ་སྟེ། གཞན་དོན་དུ་རྫོགས་བྱང་དོན་གཉེར་གྱི་སྨོན་སེམས་ཉམས་ན། བྱང་སེམས་ཀྱི་སྡོམ་པ་ལས་ཉམས་བྱེད་ཀྱི་རྩ་ལྟུང་ཤིན་ཏུ་ལྕི་བ་ཡིན་པའི་ཕྱིར། དེ་ལྟར་ཡང་རྒྱལ་པོ་ལ་གདམས་པའི་མདོ་ལས། རྒྱལ་པོ་ཆེན་པོ། ཁྱོད་ནི་འདི་ལྟར་བྱ་བ་མང་བ། བྱེད་པ་མང་བ་སྟེ། ཐམས་ཅད་ཀྱིས་ཐམས་ཅད་དུ་སྦྱིན་པ་ནས་ཤེས་རབ་ཀྱི་ཕ་རོལ་ཏུ་ཕྱིན་པའི་བར་ལ་བསླབ་པར་མི་ནུས་ཀྱིས། དེ་བས་ན་རྒྱལ་པོ་ཆེན་པོ་ཁྱོད། ཡང་དག་པར་རྫོགས་པའི་བྱང་ཆུབ་ལ་འདུན་པ་དང་། དད་པ་དང་། དོན་དུ་གཉེར་བའི་སྨོན་པ་དང་གསུམ་འགྲོ་ཡང་རུང་། འདུག་ཀྱང་རུང་། ཉལ་ཡང་རུང་། སད་ཀྱང་རུང་། ཟ་ཡང་རུང་། བཏུང་ཡང་རུང་། རྟག་པར་རྒྱུན་དུ་དྲན་པས་ཡིད་ལ་བཟུང་སྟེ་སྒོམས་ཤིག །གཞན་གྱི་དགེ་བ་ལ་རྗེས་སུ་ཡི་རང་བར་གྱིས་ཤིག །རྗེས་སུ་ཡི་རང་ནས་ཀྱང་། སངས་རྒྱས་དང་བྱང་ཆུབ་སེམས་དཔའ་དང་ཉན་ཐོས་དང་རང་སངས་རྒྱས་ཐམས་ཅད་ལ་ཕུལ་ཅིག །ཕུལ་ནས་སེམས་ཅན་ཐམས་ཅད་དང་ཐུན་མོང་དུ་གྱིས་ཤིག །དེ་ནས་སེམས་ཅན་ཐམས་ཅད་ཀྱིས་སངས་རྒྱས་ཀྱི་ཆོས་ཡོངས་སུ་རྫོགས་པར་འགྱུར་བར་ཉིན་གཅིག་བཞིན་དུ་བླ་ན་མེད་པའི་བྱང་ཆུབ་ཏུ་བསྔོས་ཤིག །རྒྱལ་པོ་ཆེན་པོ། དེ་ལྟར་ན་རྒྱལ་སྲིད་ཀྱང་བྱེད་ལ། རྒྱལ་པོའི་བྱ་བ་ཡང་ཉམས་པར་མི་འགྱུར་ལ། བྱང་ཆུབ་ཀྱི་ཚོགས་ཀྱང་ཡོངས་སུ་རྫོགས་པར་འགྱུར་རོ། །ཞེས་དང་། སྤྱོད་པ་ལས་ཀྱང་། གལ་ཏེ་བསྐལ་པ་བྱེ་བར་དགེ་བའི་ལས་ལམ་བཅུ། །སྤྱོད་ཀྱང་རང་རྒྱལ་དགྲ་བཅོམ་ཉིད་ལ་འདོད་བསྐྱེད་ན། །དེ་ཚེ་ཚུལ་ཁྲིམས

སྐྱོན་བྱུང་ཚུལ་ཁྲིམས་ཉམས་པ་ཡིན། །སེམས་བསྐྱེད་དེ་ནི་ཕས་ཕམ་བས་ཀྱང་ཤིན་ཏུ་ལྗི། །ཞེས་སོ། །འོ་ན་དབང་པོའི་ཁྱད་པར་གྱིས་བྱང་སེམས་ཀྱི་བསླབ་བྱ་ལ་མང་ཉུང་སོ་སོར་སྟོན་པའི་འཐད་པ་གང་སྙམ་ན། སྤྱིར་སྡོམ་པ་ལེན་ཚོག་ཏུ། ཀླུ་སྒྲུབ་ལུགས་ལ་སྨོན་འཇུག་སྐབས་གཅིག་ཏུ་ལེན་པར་བཤད་པ་དེ་ཡང་མཐའ་གཅིག་ཏུ་ཡོངས་རྫོགས་ལེན་པར་མ་ངེས་ཏེ། སྨོན་པའི་བསླབ་བྱ་རྫོགས་བྱང་བར་ངེས་པར་བླང་དགོས་ཀྱང་། འཇུག་པའི་བསླབ་བྱ་གང་ཟག་གི་བློ་རིམ་དང་བསྟུན་ནས་ཇི་ཙམ་བསྲུང་ནུས་པ་ཙམ་ཞིག་བླངས་ནས་བསླབ་རུང་བར་བཤད་པའི་ཕྱིར་དེ་ལྟར་ཡང་བསླབ་བཏུས་ལས། བསླབ་པ་གཅིག་སྒྲུབ་པ་ན་བསླབ་པ་བཞན་བསྲུང་མ་ནུས་ཀྱང་ལྟུང་བར་མི་འགྱུར་ཏེ། ཞེས་དང་། སྡོམ་པ་བདག་ཉིད་ཀྱི་སྟོབས་དང་ཡང་སྦྱར་ཏེ་བླངས་ནས་སྡོམ་པ་བཟུང་བར་བྱའོ། །ཞེས་སོ། །དེས་ན་གཞན་དོན་དུ་རྫོགས་བྱང་ཐོབ་འདོད་ཀྱི་སྨོན་སྡོམ་བཟུང་བ་དེས། འཇུག་པ་ལ་ཇི་ཙམ་ནུས་བློའི་སྟོབས་དང་རིམ་གྱིས་སྦྱར་ནས། བློའི་མཐུས་ཉམས་འོག་ཏུ་ཆུག་པ་དང་ལེན་པ་ནི་གདུལ་བྱ་བཀྲི་ཚུལ་གྱི་ཐབས་ལ་མཁས་པ་ཡིན་ནོ། །

གཉིས་པ་ནི། **ཡན་ལག་ཉེས་བྱས་བརྒྱད་ཅུ་ལ་སོགས་པ། །ཕྲ་ཕྱིར་འདིར་ནི་མ་བཤད་བསླབ་བཏུས་བལྟ།** །ཞེས་པ་སྟེ། བསླབ་བཏུས་ལས། བྱང་ཆུབ་སེམས་དཔའ་སེམས་ཅན་ཐམས་ཅད་ཀྱི་ད་ལྟར་དང་། མ་འོངས་པའི་སྡུག་བསྔལ་དང་། ཡིད་མི་བདེ་བ་ཐམས་ཅད་ཞི་བར་བྱ་བ་དང་། ཞེས་སོགས་གསུངས་པ་ལྟར། ཡན་ལག་གི་ཉེས་བྱས་བརྒྱད་ཅུ་སྟེ། བདེ་སྡུག་ཡལ་བར་འདོར་བ་ཉི་ཤུ་རྩ་བཞི། སྒྲུབ་པ་ཡལ་བར་འདོར་བ་བཅུ་དྲུག །དེ་དག་ལས་ཕྱེ་བས་བརྒྱད་ཅུའོ། །དང་པོ་ནི། གཞན་གྱི་སྡུག་བསྔལ་དང་ཡིད་མི་བདེ་བ་ཞི་བར་ནུས་བཞིན་དུ་ཞི་བར་མི་བྱེད་པ་དང་། བདེ་བ་དང་ཡིད་བདེ་བ་བསྐྱེད་ནུས་བཞིན་དུ་བསྐྱེད་པར་མི་བྱེད་པ་གཉིས་ཏེ་དབྱེ་གཞིའོ། །དེ་གཉིས་ལ་ལུས་དང་སེམས་ཀྱི་རྟེན་སོ་སོས་ཕྱེ་བས་བཞི། དེ་ལ་ད་ལྟ་དང་མ་འོངས་པའི་དུས་ཀྱིས་ཕྱེ་བས་བརྒྱད། དེའི་ཆེད་དུ་སྒོ་གསུམ་མི་བརྩོན་པ་དང་། ཕན་པའི་རྒྱུ་རྐྱེན་མི་ཚོལ་བ་དང་། གཉེན་པོའི་ཕྱོགས་ལ་མི་འབད་པ་སྟེ། དེ་ལྟར་རྗེས་སྒྲུབ་ཀྱི་སྒོ་གསུམ་པོ་དེས་ཕྱེ་བས་ཉི་ཤུ་རྩ་བཞིའོ། །གཉིས་པ་ནི། སྡུག་བསྔལ་དང་ཡིད་མི་བདེ་བ་ཆེན་པོའི་གཉེན་པོར་ཆུང་ངུ་མི་བསྐྱེད་པ་གཞིར་བཞག་ནས། དེ་གཉིས

ལ་འདི་དང་ཕྱི་མའི་སྐྱེ་བས་ཕྱེ་བས་བཞི། རང་དང་གཞན་གྱི་རྒྱུད་ཀྱིས་ཕྱེ་བས་བརྒྱད། ཡང་བདེ་བ་དང་ཡིད་བདེ་བ་ཆེན་པོའི་ཕྱིར་ཆུང་ངུ་ཉམས་པར་མི་བྱེད་པ་གཞིར་བཞག་ནས། སྔར་ལྟར་སྐྱེ་བ་དང་རྒྱུད་ཀྱིས་ཕྱེ་བས་བརྒྱད་དེ་བཅུ་དྲུག་གོ། །གསུམ་པ་ནི། དེ་ལྟར་བཞི་བཅུ་པོ་རེ་རེ་ལའང་། རེ་ཞིག་ཡལ་བར་འདོར་བ་དང་། གཏན་དུ་ཡལ་བར་འདོར་བ་གཉིས་གཉིས་སུ་ཕྱེ་བས་བརྒྱད་ཅུའོ། །སོགས་ཁོངས་ནས་ནི་ཕྱོགས་མཐུན་གྱི་ཉེས་པ་ཐེག་ཆེན་གྱི་མདོ་སྡེ་སྣ་ཚོགས་སུ་ཐོར་བུར་བཤད་པ། མི་དགེ་བ་བཅུ་དང་། འཇིག་རྟེན་གྱི་ཆོས་བརྒྱད་དང་། ལོག་པའི་རྟོག་པ་བརྒྱད་དང་། ལོག་འཚོ་ལྔ་དང་། སྤྱོད་ཡུལ་མིན་པ་ལྔ་དང་། སྡིག་གྲོགས་དང་། སྡིག་ལྟ་འཛིན་པ་སོགས་བདུད་ཀྱི་ལས་རྣམས་དང་། ལྟ་བས་གཟིངས་པ་དང་། དགེ་བ་འཛད་པའི་རྒྱུ་བཞི་ལ་སོགས་པ་རྣམས་སྤང་བར་བྱ་ཞིང་། ཡན་ལག་གི་ལྟུང་བ་གཞན་ཡང་། རྩ་བར་མ་གཏོགས་པའི་ལུས་ངག་ཡིད་ཀྱི་དགག་པ་དང་སྒྲུབ་པའི་བསླབ་བྱ་རྣམས་ལས་ཉམས་པ་སྟེ། དོན་མེད་པའི་རྒྱུག་མཆོང་ལ་སོགས་པ་དང་། བྲེ་མོའི་གཏམ་སྨྲ་བ་ལ་སོགས་པ་དང་། ཆགས་སྡང་མི་སྤྱོང་བ་སོགས་དགག་པའི་བསླབ་བྱ་ལས་ཉམས་པ་དང་། མིག་ཐབ་སྟེ་བལྟ་བར་བྱ་བ་ལ་སོགས་པ་དང་། ལེགས་པར་འོངས་སོ་ཞེས་བྱ་བ་ལ་སོགས་པ་དང་། བྱམས་སྙིང་རྗེ་སྒོམ་ཞིང་དྲན་པ་དང་ཤེས་བཞིན་དང་བག་ཡོད་བསྟེན་པ་སོགས་སྒྲུབ་པའི་བསླབ་བྱ་ལས་ཉམས་པ་སྟེ། དེ་རྣམས་ཀྱི་ནང་དུ་དབང་པོ་འབྲིང་རྟུལ་གྱི། ཉེས་པ་ཐམས་ཅད་ཀྱང་འདུ་བར་གསུངས་སོ། །

གཉིས་པ་ཐོགས་མེད་ཀྱི་ལུགས་ལ་གཉིས་ཏེ། སྨོན་པའི་བསླབ་བྱ་དང་། འཇུག་པའི་བསླབ་བྱའོ། །དང་པོ་ལ། སྤྱིར་བཏང་བ་དང་། དཀར་ནག་ཆོས་བརྒྱད་བྱེ་བྲག་ཏུ་བཤད་པའོ། །དང་པོ་ནི།

ཐོགས་མེད་ལུགས་ཀྱི་སྨོན་པའི་བསླབ་བྱ་ལ། །སེམས་ཅན་བློས་མི་བཏང་དང་ཕན་ཡོན་དྲན། །

ཚོགས་བསགས་བྱང་སེམས་སྦྱོང་ལ་བརྩོན་པ་དང་། །དཀར་ནག་ཆོས་བརྒྱད་བླང་དོར་སྨོན་པའི་ཡིན། །

ཞེས་པ་ལྟར་ལྟ་ལས། རྩ་བའི་བསླབ་བྱ་སྨོན་སེམས་མི་འཆོར་བའི་ཐབས་ནི། སེམས་ཅན་བློས་མི་གཏོང་བ་སྟེ། སེམས་ཅན་གང་ཡང་རུང་བས་རང་གི་སེམས་སུན་ཕྱུང་བ་ལ་བརྟེན་ནས། ད་ནི་ཁྱོད་ལ་ཕན་ཐོགས་པའི་དུས་བྱུང་ཡང་མི་གདགས། གནོད་པ་བཟློག་པའི་དུས་བྱུང་ཡང་མི་བཟློག་སྙམ

པ་ནི་སེམས་ཅན་དེ་ཉིད་བློས་སྤངས་པ་སྟེ། དེ་ལས་བཟློག་ནས་རང་གིས་ཕན་བཏགས་པ་ལ་ལན་དུ་གནོད་པ་བྱས་ནའང་ཡང་ལན་སྙིང་རྗེས་སློན་པ་ནི་སེམས་ཅན་བློས་མི་གཏོང་བ་སྟེ། མ་དྲོས་པས་ཞུས་པའི་མདོ་ལས། བྱང་ཆུབ་སེམས་དཔའ་ཆོས་གཅིག་དང་ལྡན་ན་རྣམ་པ་ཐམས་ཅད་ཀྱི་མཆོག་དང་ལྡན་པའི་སངས་རྒྱས་ཀྱི་ཆོས་རྣམས་ཡོངས་སུ་འཛིན་ཏོ། །ཆོས་གཅིག་པུ་གང་ཞེ་ན། སེམས་ཅན་བློས་ཡོངས་སུ་མི་བཏང་བའོ། །ཞེས་སོ། །རྟག་ཏུ་བྱང་སེམས་ཀྱི་ཕན་ཡོན་དྲན་པས་གཅེས་པར་འཛིན་པ་ནི་མི་ཉམས་པའི་ཐབས་ཏེ། ལམ་སྒྲོན་ལས། དེ་ལྟར་སྨོན་པའི་སེམས་དག་ནི། །བསྐྱེད་པའི་ཡོན་ཏན་གང་ཡིན་པ། །དེ་ནི་སྡོང་པོ་བཀོད་པ་ཡི། །མདོ་ལས་བྱམས་པས་རབ་ཏུ་བཤད། །ཅེས་པའི་སྡོང་པོ་བཀོད་པའི་མདོར་དཔེ་ཉིས་བརྒྱ་དང་སུམ་ཅུས་བཤད་པ་རྣམས་ལེགས་པར་བལྟས་ལ་དྲན་པར་བྱའོ། །དགེ་བའི་འདུན་པ་སྔོན་དུ་བཏང་སྟེ། སྦྱིན་སོགས་བསོད་ནམས་ཀྱི་སྤྱོད་པ་དང་། དེ་ཡང་འཁོར་གསུམ་མི་རྟོག་པས་ཟིན་པ་ཡེ་ཤེས་ཀྱི་ཚོགས་ཏེ། ཚོགས་གཉིས་ཟུང་འབྲེལ་དུ་བསགས་པ་ནི། སེམས་དེའི་སྟོབས་བསྐྱེད་པ་སྟེ། ཚོགས་ཀྱི་གཏམ་ལས། དེ་རིང་བདག་གིས་བསོད་ནམས་དང་། །ཡེ་ཤེས་ཚོགས་ནི་གང་བྱ་དང་། །སེམས་ཅན་ཕན་པ་གང་བྱ་ཞེས། །བྱང་ཆུབ་སེམས་དཔས་རྟག་ཏུ་བསམ། །ཞེས་སོ། །ཡང་ཡང་བྱང་ཆུབ་ཀྱི་སེམས་སྦྱང་བ་ལ་བརྩོན་པ་ནི། འཕེལ་བའི་ཐབས་ཏེ། རྒྱུ་ལ་སྦྱང་བ་བྱམས་སྙིང་རྗེ་སྒོམ་པ། སེམས་དངོས་སྦྱང་བ་ཉིན་མཚན་ཐུན་དྲུག་ཏུ་སེམས་བསྐྱེད་བླང་བ། བྱང་སེམས་ཀྱི་སྤྱོད་པ་སྦྱང་བ་རང་གི་བདེ་དགེ་སེམས་ཅན་ལ་བསྔོ་ཞིང་གཞན་གྱི་སྡིག་སྡུག་བདག་ལ་ལེན་པའི་གཏོང་ལེན་སྦྱོང་བ་སྟེ། ལམ་སྒྲོན་ལས། བྱང་ཆུབ་སྨོན་པའི་སེམས་དག་བསྐྱེད་ནས་ནི། །འབད་པ་མང་པོས་ཀུན་ཏུ་འཕེལ་བྱ་ཞིང་། །ཞེས་སོ། །བྱང་ཆུབ་ཀྱི་སེམས་མི་བརྗེད་པའི་ཐབས་སུ་ཀུན་མཁྱེན་ཆེན་པོས། མདོར་ན་ནག་པོའི་ཆོས་བཞི་སྤང་བྱ་ཞིང་། །དཀར་པོའི་ཆོས་བཞི་དག་ལ་ནན་ཏན་བྱ། །ཞེས་པའི་དཀར་ནག་གི་ཆོས་བརྒྱད་ལ་བླང་དོར་མ་ནོར་བར་བྱའོ། །དེ་དག་ཀྱང་རྗེ་བཙུན་སྒམ་པོ་པས། སེམས་ཅན་བློས་མི་བཏང་བ་དང་། །སེམས་དེའི་ཕན་ཡོན་དྲན་བྱ་དང་། །ཚོགས་གཉིས་བསག་པར་བྱ་དང་། །ཡང་ཡང་བྱང་སེམས་སྦྱང་བ་དང་། །དཀར་ནག་ཆོས་བརྒྱད་བླང་དོར་ཏེ། །ལྔ་པོས་སྨོན་པའི་བསླབ་བྱ་བསྟུས། །ཞེས་གསུངས་

པ་ལྟར་རོ། །

གཉིས་པ་ནི། **མཆོད་འོས་བསྙུ་དང་འགྲོད་མེད་འགྲོད་པ་བསྐྱེད། །དམ་པར་སྒྲུར་འདེབས་འགྲོ་ལ་གཡོ་སྒྱུ་སྤྱོད། །ནག་པོའི་ཆོས་བཞི་སྤང་ཞིང་ལྡོག་པ་ནི། །དཀར་པོའི་ཆོས་བཞི་ཡིན་པས་ཀུན་ཏུ་སྤྱད། །**ཅེས་པ་སྟེ། རྟེན་གྱིས་བླ་མ་དང་མཁན་སློབ་ཀྱི་དབུ་བསྐོར་བ་སོགས་ནག་པོའི་ཆོས་བཞི་སྤང་བར་བྱ་སྟེ། དཀོན་བརྩེགས་ཀྱི་འོད་སྲུང་གིས་ཞུས་པའི་ལེའུ་ལས། འོད་སྲུང་། ཆོས་བཞི་དང་ལྡན་ན་བྱང་ཆུབ་ཀྱི་སེམས་བརྗེད་པར་འགྱུར་ཏེ། བཞི་གང་ཞེ་ན། བླ་མ་དང་མཆོད་པར་འོས་པ་བསླུ་བ་དང་། གཞན་འགྲོད་པའི་གནས་མ་ཡིན་པ་ལ་འགྲོད་པ་བསྐྱེད་པ་དང་། སེམས་བསྐྱེད་པའི་བྱང་ཆུབ་སེམས་དཔའ་ལ་སྡང་སེམས་ཀྱིས་སྐྱོན་ནས་བརྗོད་པ་དང་། སེམས་ཅན་ལ་གཡོ་དང་སྒྱུས་སྤྱོད་པའོ། །ཞེས་སོ། །དེ་བཞི་ལས་ལྡོག་པ་ནི། དཀར་པོའི་ཆོས་བཞི་ཡིན་པས་བསྒྲུབ་པར་བྱ་སྟེ༑ དེ་ཉིད་ལས། འོད་སྲུང་ཆོས་བཞི་དང་ལྡན་ན་བྱང་ཆུབ་ཀྱི་སེམས་བརྗེད་པར་མི་འགྱུར་ཏེ། བཞི་གང་ཞེ་ན། ཤེས་བཞིན་དུ་རྫུན་དུ་མི་སྨྲ་བ་དང་། བྱང་ཆུབ་སེམས་དཔའ་ལ་སྟོན་པའི་འདུ་ཤེས་བསྐྱེད་པ་དང་། སེམས་ཅན་ལ་གཡོ་སྒྱུ་མེད་པར་ལྷག་པའི་བསམ་པས་གནས་པ་དང་། སེམས་ཅན་ཐམས་ཅད་ཐེག་པ་ཆེན་པོ་ལ་ཡང་དག་པར་འགོད་པའོ། །ཞེས་སོ། །

གཉིས་པ་འཇུག་པའི་བསླབ་བྱ་ལ། རྩ་ལྟུང་བཤད་པ་དང་། ཡན་ལག་གི་ཉེས་པ་གཞན་དུ་ཞལ་འཕངས་པའོ། །དང་པོ་ནི། **རྙེད་བཀུར་ལྷག་ཞེན་བདག་བསྟོད་གཞན་སྨོད་དང་། །སེར་སྣས་ཟང་ཟིང་ནོར་དང་ཆོས་མི་སྟེར། །ཁྲོ་བས་གཞན་འཚེ་ཤད་སྦྱོང་གིས་མི་ལྡོག །གཡོས་ལས་ཆོས་ལྟར་བཅོས་མོས་སྟོན་པ་བཞི། །རྩ་ལྟུང་བཞི་སྟེ་འཇུག་པའི་བསླབ་བྱའོ། །**ཞེས་པ་སྟེ། རྩ་ལྟུང་བཞི་པོ་འདི་དག་མདོ་སྡེ་ན་འཐོར་ནས་བཞུགས་པ་འཕགས་པ་ཐོགས་མེད་ཀྱིས་བྱང་སར་བསྡུས་པ་ཡིན་ཏེ། དེ་ཉིད་ལས། བཅོམ་ལྡན་འདས་ཀྱིས་མདོ་སྡེ་གཞན་དེ་དང་དེ་དག་ཏུ་འཐོར་བུར་གསུངས་པ་དེ་དག །བྱང་ཆུབ་སེམས་དཔའི་སྡེ་སྣོད་ཀྱི་མ་མོ་འདིར་ཚང་བར་བཤད་དོ། །ཞེས་སོ། །དེ་ལ་ཆགས་པ་དང་། སེར་སྣ་དང་། ཞེ་སྡང་དང་། གཏི་མུག་ལས་གྱུར་པའི་དབྱེ་བས་རྩ་ལྟུང་བཞི་སྟེ། འདི་ལྟར་རྙེད་པ་ཡོན་འབུལ་བའམ། བཀུར་སྟི་གདན་སྟོབ་པ་སོགས་ལ་ལྷག་པར་ཞེན་པའི་ཀུན་དཀྲིས

ཆེན་པོས་སྙེད་བཀུར་ཐོབ་ཕྱིར་བདག་ལ་བསྟོད་པའམ། སྙེད་བཀུར་ཅན་གཞན་ལ་སྨོད་པ། ཕ་རོལ་པོ་གང་ཡང་རུང་བས་གོ་ན་བྱང་སེམས་ཀྱི་ཕམ་པའི་གནས་ལྟ་བུའི་ཆོས་དང་པོའོ། །སྡུག་བསྔལ་བ་དང་བགྲེན་པ་དང་མགོན་མེད་པའི་སློང་བ་པོ་ལ་སེར་སྣའི་ཀུན་དཀྲིས་ཆེན་པོས་ཟང་ཟིང་འདོད་པ་ལ་ནོར་ཅུང་ཟད་ཙམ་མམ། སྣོད་དུ་གྱུར་ཀྱང་དམ་པའི་ཆོས་མི་སྟེར་བ་ནི་གཉིས་པའོ། །གཞན་གྱིས་བྱ་བ་མི་རིགས་པ་བྱས་པ་ཤད་ཀྱིས་སྦྱངས་ཀྱང་འཁོན་ཞེ་ལ་བཟུང་བའི་ཀུན་དཀྲིས་ཆེན་པོས་མི་ལྡོག་པའམ། ཁྲོ་བས་ཚིག་རྩུབ་སྨྲས་པ་ཙམ་གྱིས་མི་ཚིམ་པར་གཞན་ལ་བརྡེག་ཅིང་འཚོག་པས་འཚེ་བར་བྱེད་པ་ནི་གསུམ་པའོ། །གཏི་མུག་གི་ཀུན་དཀྲིས་ཆེན་པོས་བྱང་ཆུབ་སེམས་དཔའི་སྡེ་སྣོད་ལ་བཀའ་མ་ཡིན་ཞེས་པ་ལྟ་བུའི་སྐུར་འདེབས་ཀྱིས་སྤོང་བའམ། རང་ངམ་གཞན་དག་གི་གཡོམ་ལས་ཆོས་ལྟར་བཅོས་པ་ལ་མོས་ནས་དམ་པའི་ཆོས་མ་ཡིན་པ་ཆོས་སུ་བཅོས་ཏེ་སྟོན་པར་བྱེད་ན་བཞི་པའོ། །དེ་ལྟར་ཡང་སྡོམ་པ་ཉི་ཤུ་པ་ལས། ཉོན་མོངས་དྲག་ལས་བྱུང་བ་ཡིས། །སྡོམ་པ་ཞིག་པར་གང་གྱུར་པ། །དེ་ཡི་ཉེས་པ་བཞི་པོ་ནི། །ཕམ་པར་འདྲ་བ་དགོངས་པ་ཡིན། །སྙེད་དང་བཀུར་སྟིར་ཆགས་པ་ཡིས། །བདག་བསྟོད་གཞན་ལ་སྨོད་པ་དང་། །སྡུག་བསྔལ་མགོན་མེད་གྱུར་བ་ལ། ། སེར་སྣས་ཆོས་ནོར་མི་སྟེར་དང་། །གཞན་གྱིས་བཤགས་ཀྱང་མི་ཉན་པར། །ཁྲོས་པས་གཞན་ལ་འཚོག་པ་དང་། །ཐེག་པ་ཆེན་པོ་སྤོང་བྱེད་ཅིང་། །དམ་ཆོས་འདྲར་སྣང་སྟོན་པའོ། །ཞེས་སོ། ། འདིར་ཕམ་འདྲ་ཞེས་པ་ནི། བྱང་སེམས་ཀྱི་ཕམ་འགྱུར་བཞིན་པ་ནི་མ་ཡིན་ཏེ། ཉན་ཐོས་ཀྱི་དགེ་སློང་ལ་ཕམ་པ་ལྕི་བ་དང་འདྲ་བར་འདི་བཞི་པོ་བྱང་སེམས་ལ་ཉེས་པ་ལྕི་བའི་རྩ་ལྟུང་ཡིན་པར་སྟོན་པའོ། །དེ་ལྟར་ཆགས་པ་ལས་གྱུར་པ་སོགས་བསམ་པའི་སྒོ་ནས་རྩ་ལྟུང་བཞི་ཡིན་ཡང་། སྦྱོར་བའི་སྒོ་ནས་བཞི་པོ་རེ་རེ་ལ་གཉིས་གཉིས་སུ་ཕྱེ་ནས་བརྒྱད་དུ་འགྱུར་བར་ཇོ་བོ་རྗེ་བཞེད་དེ། བདག་བསྟོད་གཞན་སྨོད་གཉིས་དང་། ཆོས་དང་ནོར་མི་སྟེར་བ་གཉིས་དང་། ཉེས་པ་ཤད་སྦྱངས་བྱས་ཀྱང་མི་ཉན་པ་དང་གཞན་ལ་འཚོག་པ་གཉིས་དང་། ཐེག་ཆེན་སྤོང་བ་དང་དམ་ཆོས་འདྲར་སྣང་སྟོན་པ་གཉིས་ཏེ་བརྒྱད་དོ། །བྱང་ས་ལས་ཀྱང་། ཁྲོས་པས་སེམས་ཅན་རྡེག་པ་དང་། །གཞན་གྱིས་བཤགས་ཀྱང་མི་ཉན་དང་། །ཞེས་རྩ་ལྟུང་སོ་སོར་བྱས་སོ། །

གཉིས་པ་ནི། **ཉེས་བྱས་ཕྲ་བ་ཞེ་དྲུག་གཞན་དུ་ཤེས།** །ཞེས་པས། སྡོམ་པ་ཉི་ཤུ་པར་ཉེས་བྱས་ཕྲ་བ་བཞི་བཅུ་རྩ་དྲུག་གསུངས་ཏེ། དགེ་བ་ཆོས་སྡུད་དང་འགལ་བ་སོ་བཞི་དང་། སེམས་ཅན་དོན་བྱེད་དང་འགལ་བ་བཅུ་གཉིས་སོ། །དང་པོ་ལ་སྤྱི་ཚན་དྲུག་ལས། སྦྱིན་པ་དང་འགལ་བ་བདུན་ནི། དཀོན་མཆོག་གསུམ་ལ་གསུམ་མི་མཆོད། །འདོད་པའི་སེམས་ཀྱི་རྗེས་སུ་འཇུག །རྒན་པ་རྣམས་ལ་གུས་མི་བྱེད། །དྲིས་པ་ལ་ནི་ལན་མི་འདེབས། །མགྲོན་པོས་བདག་གིར་མི་བྱེད་ཅིང་། །གསེར་ལ་སོགས་པ་ལེན་མི་བྱེད། །ཆོས་འདོད་པ་ལ་སྦྱིན་མི་བྱེད། །ཅེས་སོ། །ཚུལ་ཁྲིམས་དང་འགལ་བ་དགུ་ནི། ཚུལ་ཁྲིམས་འཆལ་རྣམས་ཡལ་བར་འདོར། །ཕ་རོལ་དད་ཕྱིར་སློབ་མི་བྱེད། །སེམས་ཅན་དོན་ལ་བྱ་བ་ཆུང་། །སྙིང་བརྗེར་བཅས་ན་མི་དགེ་མེད། །འཚོ་བ་ལོག་པ་དང་དུ་ལེན། །འཕྱར་ཞིང་རབ་ཏུ་རྐྱེན་པ་སོགས། །འཁོར་བ་གཅིག་པུས་བགྲོད་པར་སེམས། །གྲགས་པ་མ་ཡིན་མི་སྤོང་བ། །ཉོན་མོངས་བཅས་ཀྱང་འཚོས་མི་བྱེད། །ཅེས་སོ། །བཟོད་པ་དང་འགལ་བ་བཞི་ནི། །གཤེ་ལ་ལན་དུ་གཤེ་ལ་སོགས། །ཁྲོས་པ་རྣམས་ནི་ཡལ་བར་འདོར། །ཕ་རོལ་ཤད་ཀྱིས་འཆགས་པ་སྤོང་། །ཁྲོས་པའི་སེམས་ཀྱིས་རྗེས་སུ་འཇུག །ཅེས་སོ། །བརྩོན་འགྲུས་དང་འགལ་བ་གསུམ་ནི། རྙེད་བཀུར་འདོད་ཕྱིར་འཁོར་རྣམས་སྡུད། །ལེ་ལོ་ལ་སོགས་སེལ་མི་བྱེད། །ཆགས་པས་བྲེ་མོའི་གཏམ་ལ་བརྟེན། །ཞེས་སོ། །བསམ་གཏན་དང་འགལ་བ་གསུམ་ནི། ཏིང་ངེ་འཛིན་གྱི་དོན་མི་འཚོལ། །བསམ་གཏན་སྒྲིབ་པ་སྤོང་མི་བྱེད། །བསམ་གཏན་རོ་ལ་ཡོན་ཏན་བལྟ། ། ཞེས་སོ། །ཤེས་རབ་དང་འགལ་བ་བརྒྱད་ནི། ཉན་ཐོས་ཐེག་པ་སྤོང་བར་བྱེད། །རང་ཚུལ་ཡོད་བཞིན་དེ་ལ་བརྩོན། །བརྩོན་མིན་ཕྱི་རོལ་བསྟན་བཅོས་བརྩོན། །བརྩོན་པར་བྱས་ཀྱང་དེ་ལ་དགའ། །ཐེག་པ་ཆེན་པོ་སྤོང་བར་བྱེད། །བདག་ལ་བསྟོད་ཅིང་གཞན་ལ་སྨོད། །ཆོས་ཀྱི་དོན་དུ་འགྲོ་མི་བྱེད། །དེ་ལ་སྨོད་ཅིང་ཡི་གེར་རྟོན། །ཞེས་སོ། །

གཉིས་པ་ལ་སྤྱི་ཚན་གསུམ་ལས། གཞན་དོན་ལས་ཉམས་པའི་ཉེས་པ་བཞི་ནི། དགོས་པའི་གྲོགས་སུ་འགྲོ་མི་བྱེད། །ནད་པའི་རིམ་གྲོ་བྱ་བ་སྤོང་། །སྡུག་བསྔལ་སེལ་བར་མི་བྱེད་དང་། །བག་མེད་པ་ལ་རིགས་མི་སྟོན། །ཅེས་སོ། །གཞན་ལ་ཕན་མི་འདོགས་པའི་ཉེས་པ་དྲུག་ནི། བྱས་ལ་

ལན་དུ་ཕན་མི་འདོགས། །གཞན་གྱི་སྨྱུ་ངན་སེལ་མི་བྱེད། །ནོར་འདོད་པ་ལ་སྦྱིན་མི་བྱེད། །འཁོར་རྣམས་ཀྱི་ནི་དོན་མི་བྱེད། །གཞན་གྱི་བློ་དང་མཐུན་མི་འཇུག །ཡོན་ཏན་བསྔགས་པ་སྨྲ་མི་བྱེད། །ཅེས་སོ། །ངན་པ་ཚར་མི་གཅོད་པའི་ཉེས་པ་གཉིས་ནི། རྐྱེན་དང་འཚམས་པར་ཚར་མི་གཅོད། །རྫུ་འཕྲུལ་སྡིག་ལ་སོགས་མི་བྱེད། །ཅེས་སོ། །དེ་ལྟར་བཞི་བཅུ་ཞེ་དྲུག་པོ་འདི་དག་ཅི་རིགས་པར་གསུམ་གསུམ་དུ་ཕྱེ་ནས་བཤད་དེ། འགྲེལ་པར། གལ་ཏེ་མ་གུས་པ་དང་སྙོམས་ལས་དང་ལེ་ལོས་ཉེས་པ་བྱུང་ན་ནི་ཉོན་མོངས་པ་ཅན་གྱི་ཉེས་པར་འགྱུར་རོ། །གལ་ཏེ་བརྗེད་པས་ཉེས་པ་བྱུང་ན་ནི་ཉོན་མོངས་ཅན་མ་ཡིན་པའི་ཉེས་པར་འགྱུར་ལ། སེམས་འཁྲུགས་པ་ལ་ནི་ཉེས་པ་མེད་དོ། །ཞེས་སོ། །འོན་ཉེས་སྤྱོད་སྡོམ་པ་དང་འགལ་བའི་ཉེས་པ་གང་ཞེ་ན། དེ་འདིར་བཤད་མི་དགོས་ཏེ། བྱང་ས་ལས། བྱང་ཆུབ་སེམས་དཔའི་སྡོམ་པའི་ཚུལ་ཁྲིམས་ནི་སོ་སོ་ཐར་པའི་སྡོམ་པ་རིགས་བདུན་པོ་གང་ཡིན་པ་སྟེ། ཞེས་པས་ཕལ་ཆེར་ཉན་ཐོས་དང་མཐུན་པའི་ཕྱིར། རྟེན་རབ་བྱུང་ཡིན་ན་སོ་ཐར་གྱི་ཕམ་བཞི་འདིར་ཡང་རྩ་ལྟུང་དང་། དེར་མ་གཏོགས་པའི་ཉེས་ལྟུང་རྣམས་བྱང་སེམས་ཀྱི་ཡན་ལག་གི་ཉེས་པར་འགྱུར་མོད། འོན་ཀྱང་རབ་བྱུང་གི་བཅས་ལྟུང་རྣམས་བསླབ་བཏུས་ལ་སོགས་པར་བྱང་སེམས་ཀྱི་ལྟུང་བ་ཉིད་དུ་མི་བགྲང་བ་ནི་ཁྱིམ་པ་བྱང་ཆུབ་སེམས་དཔའ་འགའ་ཞིག་ལ་ལྟུང་བར་མ་ངེས་པའི་ཕྱིར་སྙམ་དུ་དགོངས་སོ། །

གཉིས་པ་སྲོལ་གཉིས་ཀྱི་ལྟུང་བའི་ཁྱད་པར་ལ་དཔྱད་པ་ནི། རྩ་ལྟུང་བཅོ་བརྒྱད་དང་རྩ་ལྟུང་བཞིར་གསུངས་པ་གཉིས་མི་འགལ་ལམ་ཞེ་ན། འདི་ལ་བཞེད་ལུགས་མི་འདྲ་བ་གསུམ་ལས། དང་པོ་སློབ་དཔོན་བྱང་ཆུབ་བཟང་པོ་ནི། བྱང་སའི་བཞི་པོ་རྩ་ལྟུང་དངོས་ཡིན་ལ། དེ་ལས་གཞན་པ་རྩ་ལྟུང་བཅོ་བརྒྱད་པོ་ནི་སྔར་བསྙེན་པའི་དགེ་རྩ་རྣམ་པར་གཅོད་པ་ལས་སྡོམ་པ་འཇིག་པའི་རྒྱུ་མ་ཡིན་པས་རྩ་ལྟུང་བཏགས་པ་བའོ་ཞེས་སྡོམ་པ་ཉི་ཤུ་པའི་འགྲེལ་བར་བཤད་དོ། །གཉིས་པ་སློབ་དཔོན་ཨ་བྷ་ཡཱ་ཀ་རའི་བཞེད་པ་ནི། ཐུབ་པ་དགོངས་རྒྱན་ལས་སྟེ་སྣོད་ལས་གསུངས་པའི་བཞི་པོ་ཉིད་ཀྱིས་གཞན་འདི་རྣམས་ཡང་དག་པར་བསྡུས་པས་སོ། །ཞེས་པས་བྱང་ཆུབ་སེམས་དཔའི་རྩ་ལྟུང་ནི་བྱང་ས་ལྟར་བཞི་པོ་ཉིད་ཡིན་ལ། ནམ་མཁའི་སྙིང་པོའི་མདོ་ལས་གསུངས་པ་དེ་རྣམས་རྩ་

ལྟུང་མཚན་ཉིད་པ་ཡིན་ཡང་བཞི་པོའི་ཁོངས་སུ་འདུས་པར་བཞེད་དོ། །ཇི་ལྟར་ན། རྒྱལ་བློན་གྱི་རྩ་ལྟུང་གཉིས་པ་དམ་པའི་ཆོས་སྤོང་བ་དང་། ལས་དང་པོ་པའི་རྩ་ལྟུང་དང་པོ་བློ་མ་སྦྱངས་པར་སྟོང་ཉིད་སྟོན་པ། ཐབས་ལ་མཁས་པའི་མདོར་གསུངས་པའི་བྱང་ཆུབ་ཀྱི་སེམས་འདོར་བ་གསུམ་ཐེག་ཆེན་སྤོང་བ་དང་། རྒྱལ་པོའི་རྩ་ལྟུང་ལྔ་པ་ལོག་ལྟས་གཞན་མི་དགེ་བ་བཅུ་ལ་དགོད་པ། ལས་དང་པོ་པའི་རྩ་ལྟུང་གཉིས་པ་རྫོགས་བྱང་ལས་ལྡོག་པ་གཉིས་དམ་ཆོས་འདྲར་སྣང་སྟོན་པས། དེ་ལྟར་ལྔ་དང་མཚམས་མེད་ཀྱི་ནང་ཚན་དགེ་འདུན་དབྱེན་དང་དྲུག་བྱང་སའི་རྩ་ལྟུང་བཞི་པར་འདུའོ། །ལས་དང་པོ་པའི་རྩ་ལྟུང་གསུམ་པ་དང་བཞི་པ་ནི་གཞན་སྨོད་དང་། དྲུག་པ་བདག་བསྟོད། ལྔ་པ་བདག་བསྟོད་གཞན་སྨོད་གཉིས་ཀ་ཡིན་པས། དེ་ལྟར་བཞི་ནི་བྱང་སའི་རྩ་ལྟུང་དང་པོར་འདུའོ། །རྒྱལ་བློན་གྱི་རྩ་ལྟུང་གསུམ་པ་ལས་རབ་བྱུང་ལ་རྡེག་པ་སོགས་བྱེད་པ་དང་། དབྱེན་མ་གཏོགས་པའི་མཚམས་མེད་གཞན་བཞི་པོ་དང་། བློན་པོའི་གྲོང་སོགས་འཇོམས་པ་གསུམ་ནི་བྱང་སའི་རྩ་ལྟུང་གསུམ་པར་འདུའོ། །རྒྱལ་བློན་གྱི་རྩ་ལྟུང་དང་པོ་དང་། གསུམ་པ་ལས་དུར་སྤྲིག་འཕྲོག་པ་དང་། ལས་དང་པོ་པའི་རྩ་ལྟུང་བདུན་པ་དཀོན་མཆོག་གི་དཀོར་རྐུར་འཇུག་ཅིང་རྐུ་བ་གཉིས་དང་། བརྒྱད་པ་ཞི་གནས་པའི་ནོར་ཁ་ཏོན་པ་ལ་སྦྱེར་བ་དང་། ལེན་པ་སྟེ་དྲུག་ནི་ནོར་གྱི་སེར་སྣ་དང་། ཞི་གནས་འདོར་འཇུག་ཆོས་ཀྱི་སེར་སྣ་ཡིན་པས། དེ་ལྟར་བདུན་པོ་བྱང་སའི་རྩ་ལྟུང་གཉིས་པར་འདུ་སྟེ༑ དེས་ན་རྩ་ལྟུང་བཞི་པོ་ལས་གཞན་མེད་དོ་ཞེས་བཞེད། འདིར་མཁས་པ་དག །ལས་དང་པོ་པའི་རྩ་ལྟུང་གསུམ་པ་དང་བཞི་པས་ཐེག་ཆེན་གྱི་ཕྱོགས་གཅིག་སྡོམ་པའི་ཚུལ་ཁྲིམས་སྤོང་པ་དང་། བརྒྱད་པ་དམ་ཆོས་འདྲར་སྣང་སྟོན་པར་བྱས་ནས་བྱང་སའི་རྩ་ལྟུང་བཞི་པར་བསྡུས་ཤིང་། ལས་དང་པོ་པའི་རྩ་ལྟུང་བདུན་པ་བྱང་སའི་གསུམ་པར་བསྡུས་པའང་སྣང་སྟེ་གང་ལྟར་ཡང་མི་འགལ་ལོ། །

གསུམ་པ་སློབ་དཔོན་ཆེན་པོ་ཞི་བ་ལྷའི་དགོངས་པ་ནི། བསླབ་བཏུས་ལས་རྩ་ལྟུང་བཅོ་བརྒྱད་གསུངས་ཏེ། ནམ་སྙིང་གི་མདོ་ལྟར་དབང་རྣོན་གྱི་རྩ་ལྟུང་རྗེས་སུ་བསྡུས་པ་བཅུ་བཞི་དང་། ཐབས་ལ་མཁས་པའི་མདོ་ལྟར་དབང་འབྲིང་ཡན་ཆད་ཀྱི་རྩ་ལྟུང་བཞི་སྟེ་བཅོ་བརྒྱད་པོ་ཐམས་ཅད་རྩ་ལྟུང་མཚན་ཉིད་པར་བཞེད་ཅིང་། བྱང་སའི་རྩ་ལྟུང་བཞི་ལས། ཕྱི་མ་གསུམ་གྱི་ནང་ཚན་ཐེག་ཆེན་

སྤྱོང་བ་མ་གཏོགས་པ་རྣམས་ནི་བསླབ་བཏུས་ཀྱི། ཆགས་དང་སེར་སྣ་མི་ཟད་པ། །ཞེས་སོགས་ཀྱིས་བསྟན་ལ། དང་པོ་མ་སྨོས་པ་ནི་ལས་དང་པོ་པའི་རྩ་ལྟུང་ལྔ་པར། རང་གི་ཡོན་ཏན་བརྗོད་པ་དང་། །སྙིང་པ་དང་ནི་བཀུར་སྟི་དང་། །ཚིགས་བཅད་སྨྲ་ཡིས་གཞན་སྨོད་དང་། །ཞེས་དང་། བཞི་པའི་ནང་ཚན་ཐེག་ཆེན་སྤྱོང་བ་ནི་རྒྱལ་བློན་གྱི་རྩ་ལྟུང་གཉིས་པ་དམ་ཆོས་སྤོང་བ་ཉིད་ཡིན་ནོ། །དེས་ན་རྩ་ལྟུང་དེ་ཐམས་ཅད་དབང་པོའི་ཁྱད་པར་གྱིས་སོ་སོའི་སྡོམ་པའི་གཏོང་རྒྱུར་བཞེད་དེ། ཇི་སྐད་དུ། རྩ་བའི་ལྟུང་བ་དེ་དག་གིས་དགེ་བའི་རྩ་བ་སྔོན་བསྐྱེད་པ་ཐམས་ཅད་ཐལ་བར་རློག་གོ། །ཞེས་པའི་ཕྱིར་དགེ་བ་ཐམས་ཅད་ཐལ་བར་རློག་ན་བྱེ་བྲག་སྡོམ་པའང་ཐལ་བར་རློག་པར་འགྱུར་བས་སོ། །ཞེས་བཞེད་དོ། །དེ་ལྟར་གསུམ་ལས་འདིར་པཎྜི་ཏ་གཞན་གཉིས་ཀྱི་དགོངས་པ་བཏང་སྙོམས་སུ་བྱས་ཏེ། སློབ་དཔོན་ཞི་བ་ལྷས་བསླབ་བཏུས་ཀྱི་རྩ་ལྟུང་བསྡུ་བར་རྩ་ལྟུང་བཅོ་བརྒྱད་ཚིགས་བཅད་དུ་བསྡུས་པའི་རྗེས་སུ་འབྲང་བར་བྱའོ། །

གཉིས་པ་དགེ་བ་ཆོས་སྡུད་ཀྱི་ཚུལ་ཁྲིམས་ལ་བསྟན་བཤད་གཉིས་ལས། དང་པོ་མདོར་བསྟན་ནི༔ **དགེ་བ་ཆོས་སྡུད་ཕར་ཕྱིན་དྲུག་སློབ་སྟེ།** །ཞེས་པ་སྟེ། དེ་ལ་སྤྱིར་ཐུན་མོང་གི་རང་བཞིན་ལ། མཚན་ཉིད། སྒྲ་དོན། དབྱེ་བ། གྲངས་ངེས། གོ་རིམ། སྒྲུབ་ཚུལ། ཕན་ཡོན་དང་བདུན། དང་པོ་ནི། བྱང་སེམས་ཀྱི་སྒྲུབ་པའི་བསླབ་བྱ་གང་ཞིག །ཁྱད་ཆོས་བཞི་དང་ལྡན་པའི་ཕ་རོལ་ཏུ་ཕྱིན་པ་དྲུག་གིས་བསྡུས་པའི་དགེ་བ་མཐའ་དག་སྒྲུབ་པའི་སེམས་པ་མཚུངས་ལྡན་དང་བཅས་པའོ། །ཁྱད་ཆོས་བཞི་ནི། རང་རང་གི་མི་མཐུན་ཕྱོགས་དང་བྲལ་བ། གྲོགས་འཁོར་གསུམ་མི་རྟོག་པའི་ཤེས་རབ་ཀྱིས་ཟིན་པ། བྱེད་ལས་གཞན་གྱི་འདོད་དོན་རྫོགས་པར་བྱེད་པ། དེ་ལྟར་བྱས་ནས་ཆོས་བསྟན་པས་གདུལ་བྱའི་རྒྱུད་སྐལ་བ་དང་འཚམས་པར་བྱང་ཆུབ་གསུམ་དུ་སྨིན་པར་བྱེད་པ་སྟེ། མདོ་སྡེ་རྒྱན་ལས། སྦྱིན་པ་མི་མཐུན་ཕྱོགས་ཉམས་དང་། །རྣམ་པར་མི་རྟོག་ཡེ་ཤེས་ལྡན། །འདོད་པ་ཐམས་ཅད་ཡོངས་རྫོགས་བྱེད། །སེམས་ཅན་རྣམ་སྨིན་བྱེད་རྣམ་གསུམ། །ཞེས་དང་། དེ་བཞིན་དུ། ཚུལ་ཁྲིམས་མི་མཐུན་ཕྱོགས་ཉམས་དང་། །ཞེས་ལྷག་མ་ལྔ་ལའང་སྦྱར་རོ། །རང་རང་གི་མི་མཐུན་ཕྱོགས་རིམ་པར། སེར་སྣ་ཚུལ་འཆལ་ཁོང་ཁྲོ་དང་། །ལེ་ལོ་རྣམ་གཡེང་ཤེར་འཆལ་དྲུག །བྱེད་

ལས་ནི། ཟང་ཟིང་སོགས་སྦྱིན་ཡིད་དང་བ། །གཞན་གནོད་བཟོད་ཅིང་ཕན་གྲོགས་བརྩོན། །རྫུ་འཕྲུལ་བླང་དོར་རྣམ་འབྱེད་པ། །གཞན་གྱི་འདོད་པ་ཡོངས་རྫོགས་བྱེད། །ཅེས་སྨྲས་སོ། །གཉིས་པ་ནི། པ་ར་མ་ཕ་རོལ་དང་། ཨི་ཏ་ཕྱིན་པ་སྟེ། འཇིག་རྟེན་པ་དང་ཉན་རང་གི་དགེ་བ་ཀུན་ལས་ཕུལ་དུ་བྱུང་བའི་ཕ་རོལ་ཏུ་འགྲོ་བས་ན་ཕ་རོལ་ཏུ་ཕྱིན་པའོ། །གསུམ་པ་ནི། སྦྱིན་སོགས་ཕར་ཕྱིན་དྲུག་སྟེ། ཀུན་མཁྱེན་ཆེན་པོས། རྒྱལ་སྲས་རྣམས་ཀྱིས་ཀུན་ལ་བསླབ་བྱ་སྟེ། །གཙོ་བོར་ཕ་རོལ་ཕྱིན་པ་དྲུག་ལ་བསླབ། །ཅེས་སོ། །དྲུག་པོ་རེ་རེ་ལའང་སྦྱིན་སོགས་དྲུག་རེར་དབྱེ་ན། གཞན་ཕ་རོལ་ཏུ་ཕྱིན་པ་དྲུག་ལ་འགོད་པ་སྦྱིན་པའི་སྦྱིན་པ་སོགས་སོ་སོའི་སྦྱིན་པ། དེ་བཞིན་དུ་རང་རང་གི་མི་མཐུན་ཕྱོགས་ཀྱིས་མ་གོས་པར་སྤྱོད་པ་སོ་སོའི་ཚུལ་ཁྲིམས། རང་རང་གི་དཀའ་སྤྱད་བཟོད་པས་སྤྱོད་པ་སོ་སོའི་བཟོད་པ། དགའ་སྤྲོ་དང་བཅས་པས་སྤྱོད་པ་སོ་སོའི་བརྩོན་འགྲུས། དེ་ལྟར་བརྩོན་པས་སེམས་ཟིན་ཏེ་གཞན་དུ་མི་གཡེང་བས་སྤྱོད་པ་སོ་སོའི་བསམ་གཏན། འཁོར་གསུམ་མི་རྟོག་པའི་སྒོ་ནས་ཕྱིན་དྲུག་ལ་སྤྱོད་པ་སོ་སོའི་ཤེས་རབ་སྟེ་སུམ་ཅུ་རྩ་དྲུག་ཏུ་འགྱུར་རོ། །དེ་ལྟར་ཡང་མངོན་རྟོགས་རྒྱན་ལས། དེ་དག་སོ་སོར་སྦྱིན་ལ་སོགས། །རྣམ་པ་དྲུག་ཏུ་བསྡུས་པ་ཡི། །གོ་ཆའི་སྒྲུབ་པ་གང་ཡིན་དེ། །དྲུག་ཚན་དྲུག་གིས་ཇི་བཞིན་བཤད། །ཅེས་སོ། །བཞི་པ་ནི། བྱང་སེམས་ཀྱི་སྒྲུབ་པའི་ཆོས་ཐམས་ཅད་བསླབ་པ་གསུམ་དུ་འདུ་བ་ལ་ལྟོས་ནས་ཕ་རོལ་ཏུ་ཕྱིན་པ་དྲུག་ཏུ་གྲངས་ངེས་པ་ཡིན་ཏེ། སྦྱིན་པས་ལོངས་སྤྱོད་ལ་ཆགས་པ་དང་བྲལ་བ་ལས་ཚུལ་ཁྲིམས་ཕུན་སུམ་ཚོགས་པར་འགྱུར་ལ། དེ་ལས་དགེ་སྦྱོང་དུ་བྱེད་པའི་ཆོས་བཞི་དང་ལྡན་པར་འགྱུར་བས་བཟོད་པ་སྟེ། དེ་གསུམ་ནི་རྒྱུ་དང་ངོ་བོ་དང་ཁྱད་པར་གྱི་སྒོ་ནས་ལྷག་པ་ཚུལ་ཁྲིམས་ཀྱི་བསླབ་པར་བསྡུས་སོ། །བསམ་གཏན་ནི་ཏིང་ངེ་འཛིན་གྱི་བསླབ་པ་དང་། ཤེས་རབ་ནི་ལྷག་པ་ཤེས་རབ་ཀྱི་བསླབ་པར་བསྡུས་ལ། བརྩོན་འགྲུས་ནི་དེ་ཐམས་ཅད་ཀྱི་གྲོགས་སུ་འགྱུར་བ་ཡིན་ཏེ། མདོ་སྡེ་རྒྱན་ལས། བསླབ་གསུམ་དབང་དུ་མཛད་ནས་ནི། །རྒྱལ་བས་ཕ་རོལ་ཕྱིན་པ་དྲུག །ཡང་དག་བཤད་དེ་དང་པོ་གསུམ། །ཐ་མ་གཉིས་ཀྱིས་རྣམ་པ་གཉིས། །གཅིག་ནི་གསུམ་ཆར་ལ་ཡང་གཏོགས། །ཞེས་སོ། །ལྔ་པ་ནི། སྔ་མ་སྔ་མ་ལས་ཕྱི་མ་ཕྱི་མ་འབྱུང་བས་རྒྱུ་འབྲས་དང་། སྔ་ཕྱི་དམན་མཆོག་དང་རགས་ཕྲའི་ཕྱིར་གོ་

རིམ་དེ་ལྟར་དུ་བཞག་སྟེ། དེ་ཉིད་ལས། ཐུ་མ་ལ་བརྟེན་ཕྱི་མ་སྐྱེ། །དམན་དང་མཆོག་ཏུ་གནས་ཕྱིར་དང་། །རགས་པ་དང་ནི་ཕྲ་བའི་ཕྱིར། །དེ་དག་རིམ་པས་བསྟན་པ་ཡིན། །ཞེས་སོ། །དྲུག་པ་ནི༑ ལན་དང་རྣམ་སྨིན་ལ་མི་རེ་བའི་སྒོ་ནས་སྦྱིན་པ་གཏོང་བ། ཡང་སྲིད་བདེ་འགྲོ་ལ་རེ་སྨོན་དང་བྲལ་བའི་ཚུལ་ཁྲིམས་བསྲུང་བ། སེམས་ཅན་ཐམས་ཅད་ལ་ཞེ་འགྲས་པ་མེད་པའི་བཟོད་པ་སྒོམ་པ༑ རང་གཞན་གྱི་དགེ་ཆོས་མཐའ་དག་སྡུད་པ་ལ་དང་གིས་སྤྲོ་བའི་བརྩོན་འགྲུས་བརྩོན་པ། བསམ་གཟུགས་ཀྱི་སྙོམས་འཇུག་བསལ་བའི་བསམ་གཏན་ལ་མཉམ་པར་འཇོག་པ། ཐབས་སྙིང་རྗེ་ཆེན་པོ་དང་མ་བྲལ་བའི་ཤེས་རབ་སྒྲུབ་པར་བྱེད་པ་སྟེ། དེ་ཉིད་ལས། རེ་བ་མེད་པའི་སྦྱིན་པ་དང་། །ཡང་སྲིད་མི་འདོད་ཚུལ་ཁྲིམས་དང་། །ཐམས་ཅད་ལ་ནི་བཟོད་པ་དང་། །ཡོན་ཏན་ཀུན་སྡུད་བརྩོན་འགྲུས་དང་། །དེ་བཞིན་བསམ་གཏན་གཟུགས་མེད་མིན། །ཤེས་རབ་ཐབས་དང་ལྡན་པ་ཡིས། །ཕ་རོལ་ཕྱིན་པ་དྲུག་པོ་ལ། །བརྟན་པ་རྣམས་ཀྱིས་ཡང་དག་སྦྱོར། །ཞེས་སོ། །དེ་ཐམས་ཅད་ཀྱང་དམ་པ་དྲུག་དང་ལྡན་པར་ཉམས་སུ་བླང་དགོས་ཏེ། རྟེན་དམ་པ་བྱང་ཆུབ་ཀྱི་སེམས་དང་ལྡན་པ། དངོས་པོ་དམ་པ་སྦྱིན་སོགས་ཕྱོགས་རེ་མ་ཡིན་པར་གཞི་ཐམས་ཅད་ལ་འཇུག་པ། ཆེད་དུ་བྱ་བ་དམ་པ་སེམས་ཅན་ཐམས་ཅད་ཀྱི་དོན་དུ་སྦྱོར་བ། ཐབས་དམ་པ་འཁོར་གསུམ་མི་རྟོག་པའི་ཤེས་རབ་ཀྱིས་ཟིན་པ། བསྔོ་བ་དམ་པ་བླ་ན་མེད་པའི་བྱང་ཆུབ་ཏུ་བསྔོ་བ། རྣམ་དག་དམ་པ་སྒྲིབ་གཉིས་ཀྱི་དངོས་གཉེན་དུ་སྤྱོད་པ་རྣམས་སོ། །བདུན་པ་ལ། ཕྱིན་དྲུག་སོ་སོའི་ཡོན་ཏན་དང་། དེ་ཉམས་སུ་བླངས་པའི་འབྲས་བུའོ། །དང་པོ་ནི། རྣམ་པ་བཞི་སྟེ། གཞན་དོན་དུ་རྫོགས་བྱང་ལ་དམིགས་པས་རྒྱ་ཆེ་བ་དང་། ལན་དང་རྣམ་སྨིན་ལ་རེ་བ་སོགས་སོ་སོའི་མི་མཐུན་ཕྱོགས་དང་བྲལ་བས་ཟང་ཟིང་མེད་པ་དང་། སེམས་ཅན་ཐམས་ཅད་མངོན་མཐོ་དང་ངེས་ལེགས་བྱང་ཆུབ་གསུམ་ལ་འགོད་པས་དོན་ཆེ་བ་དང་། རེ་རེ་བཞིན་ཡང་སྟོང་ཉིད་སྙིང་རྗེ་ཟུང་འཇུག་གི་ཐབས་དང་བསྔོ་བས་ཟིན་པས་གོང་ནས་གོང་དུ་འཕེལ་བའི་ཕྱིར་མི་ཟད་པ་སྟེ། དེ་ཉིད་ལས། རྒྱ་ཆེ་བ་དང་ཟང་ཟིང་མེད། །དོན་ཆེ་བ་དང་མི་ཟད་པ། །སྦྱིན་པ་ལ་སོགས་ཐམས་ཅད་ཀྱི། །ཡོན་ཏན་བཞིར་ནི་ཤེས་པར་བྱ། །ཞེས་སོ། །གཉིས་པ་ལ་གཉིས་ཀྱི། གནས་སྐབས་ཀྱི་འབྲས་བུ་ནི། རིན་ཆེན་ཕྲེང་བ་ལས། སྦྱིན་པས་ལོངས་

སྤྱོད་ཁྲིམས་ཀྱིས་བདེ། །བཟོད་པས་མདངས་ལྡན་བརྩོན་པས་བརྗིད། །བསམ་གཏན་གྱིས་ཞི་བློ་ཡིས་གྲོལ། །ཞེས་སོ། །མཐར་ཐུག་གི་འབྲས་བུ་ནི། ཕར་ཕྱིན་དྲུག་གིས་བསྡུས་པའི་བསོད་ནམས་ཀྱི་ཚོགས་ཀྱིས་སངས་རྒྱས་ཀྱི་གཟུགས་སྐུ་དང་། ཡེ་ཤེས་ཀྱི་ཚོགས་ཀྱིས་ཆོས་སྐུའི་རྒྱུ་བྱེད་པ་སྟེ། མདོ་སྡེ་རྒྱན་ལས། སྦྱིན་དང་ཚུལ་ཁྲིམས་བསོད་ནམས་ཀྱི། །ཚོགས་ཡིན་ཤེས་རབ་ཡེ་ཤེས་ཀྱི། །གསུམ་ནི་གཉིས་ཆར་ལ་ཡང་གཏོགས། །ལྔ་ཆར་ཡང་ནི་ཡེ་ཤེས་ཚོགས། །ཞེས་དང་། རིན་ཆེན་ཕྲེང་བར། གཟུགས་ཀྱི་སྐུ་ནི་མདོར་བསྡུ་ན། །བསོད་ནམས་ཚོགས་ལས་འབྱུང་བ་སྟེ། །ཆོས་ཀྱི་སྐུ་ནི་མདོར་བསྡུ་ན། །རྒྱལ་པོ་ཡེ་ཤེས་ཚོགས་ལས་འབྱུངས། །ཞེས་སོ། །

གཉིས་པ་རྒྱས་བཤད་ལ་ཕ་རོལ་ཏུ་ཕྱིན་པ་དྲུག་ལས། དང་པོ་སྦྱིན་པ་ནི། **དབུལ་བ་སེལ་ཕྱིར་ཆོས་ནོར་མི་འཇིགས་སྦྱིན།** །ཞེས་པའི་དོན་ལ་གསུམ་ལས། ངོ་བོ་ནི། ཁྱད་ཆོས་བཞི་ལྡན་གྱི་གཏོང་སེམས་དགེ་བ་ས་བོན་དང་བཅས་པའོ། །སྒྲ་དོན་ནི། དཱ་ན་ཞེས་པའི་སྒྲ་ལས་སྦྱིན་པ་སྟེ། དཱ་རི་དྲ་ངན་པར་འགྲོ་བའི་ཕྱིངས་ལས་དབུལ་བ་དང་། ནཱ་ཤ་ཡ་འདོར་བའམ་སེལ་བ་ལ་འཇུག་པས། ཕ་རོལ་གྱི་དབུལ་བ་འདོར་བའི་དོན་གྱིས་ན་སྦྱིན་པའོ། །དབྱེ་ན། མདོ་སྡེ་རྒྱན་ལས། དེ་ཡང་སེར་སྣ་མེད་ལྡན་དང་། །ཆོས་དང་མི་འཇིགས་ཟང་ཟིང་གཏོང་། །སྦྱིན་པ་དེ་འདྲ་ཡོངས་ཤེས་ནས། །མཁས་པས་ཡང་དག་སྒྲུབ་པར་བྱེད། །ཅེས་པ་ལྟར་གསུམ་ལས། ཟང་ཟིང་གི་སྦྱིན་པ་ནི། སྤྱོད་འཇུག་ལས། ཚོད་མ་ལ་སོགས་སྦྱིན་པ་ལ། །འདྲེན་པས་ཐོག་མར་སྦྱོར་བར་མཛད། །དེ་ལ་གོམས་ནས་ཕྱིས་ནས་ནི། །རིམ་གྱིས་རང་གི་ཤ་ཡང་གཏོང་། །ཞེས་པས་སྦྱིན་མི་ནུས་པ་ལས་བཟློག་པའི་ཆེད་དུ་ཐོག་མར་ཚུང་དུ་སྟེར་བ་ནས་རིམ་པར་བསླབས་ཏེ། མཐར་གང་ལ་ཅི་འདོད་གཏོང་བས་ཕན་འདོགས་པའོ། །དེ་ཡང་ཟས་གོས་རྟ་དང་ཤིང་རྟ་སོགས་ཟང་ཟིང་དངོས་སྟེར་བ་ནི་གཏོང་བ། བུ་དང་ཆུང་མ་སོགས་སྟེར་བ་ནི་གཏོང་བ་ཆེན་པོ། མགོ་དང་མིག་དང་རྐང་ལག་སོགས་བྱ་དཀའ་བའི་གནས་སྟེར་བ་ནི་ཤིན་ཏུ་གཏོང་བ་སྟེ། དེ་ཉིད་ལས། སྙིང་རྗེའི་བསམ་པ་མ་དག་པས། །ལུས་འདི་གཏང་བར་མི་བྱ་སྟེ། །ཅི་ནས་འདི་དང་གཞན་དོན་དུ། །དོན་ཆེན་འགྲུབ་པའི་རྒྱུར་བཏང་ངོ་། །ཞེས་སོ། །མི་འཇིགས་པའི་སྦྱིན་པ་ནི། གནས་སྐབས་ནད་གདོན། ཆོམ་རྐུན། གཅན་གཟན། རྒྱལ་

པོ་སོགས་ཀྱི་འཇིགས་པ་དང་། མཐར་ཐུག་འཁོར་བ་དང་ངན་སོང་གི་འཇིགས་པ་ལས་རང་ནུས་ཅི་ཙམ་ཡོད་པས་བསྲུང་ཞིང་སྐྱོབ་པར་བྱེད་པའོ། །ཆོས་ཀྱི་སྦྱིན་པ་ནི། སྣོད་བརྟགས་ཏེ་སྙིང་རྗེ་ཆེན་པོས་གདུལ་བྱའི་སྐལ་བ་དང་འཚམས་པར་ལེགས་བཤད་ཀྱི་དགའ་སྟོན་འགྱེད་པ་སྟེ། འོད་སྲུང་གི་མདོ་ལས། དགེ་ཅིང་ཟང་ཟིང་མེད་པའི་སེམས་ཀྱིས་སུ། །ཆོས་ཀྱི་སྦྱིན་བྱེད་རྒྱལ་བས་རབ་ཏུ་བསྔགས། །ཞེས་སོ། །དེ་ཡང་བྱང་སེམས་ཁྱིམ་པས་ཟང་ཟིང་དང་རབ་ཏུ་བྱུང་བས་ཆོས་སྦྱིན་གཙོ་བོར་གཏོང་བར་བཤད་ཅིང་། རྒྱལ་སྲིད་དང་བུ་དང་ཆུང་མ་དང་མགོ་དང་རྐང་ལག་སོགས་གཏོང་བ་ནི་མི་སྐྱེ་བའི་ཆོས་ལ་བཟོད་པ་ཐོབ་པའི་སྤྱོད་ཡུལ་ཏེ། ཡུམ་ལས། ཐབས་ལ་མཁས་པས་སྦྱིན་པའི་ཕ་རོལ་ཏུ་ཕྱིན་པ་ཡོངས་སུ་རྫོགས་པར་བྱེད་པ་ན་འཁོར་ལོས་སྒྱུར་བ་ལ་སོགས་པའི་ལུས་བླངས་ཏེ། ང་ལས་ཡོ་བྱད་རྣམས་ལོངས་ལ་སྦྱིན་པ་ཐོངས། ཚུལ་ཁྲིམས་སྲུངས། ཞེས་བྱ་བ་ནས། ང་ནི་ནང་གི་ལུས་ལའང་ཆགས་པ་མེད་ན་ཕྱིའི་ལོངས་སྤྱོད་ལ་ལྟ་ཅི་སྨོས། ཞེས་སོགས་གསུངས་པ་ལྟར་རོ། །

གཉིས་པ་ཚུལ་ཁྲིམས་ནི། **སྤོང་བའི་སེམས་ཀྱིས་ཚུལ་ཁྲིམས་རྣམ་གསུམ་སྲུང་།** །ཅེས་པའི་དོན་ལ་གསུམ་ལས། ངོ་བོ་ནི། ཁྱད་ཆོས་བཞི་ལྡན་གྱི་སྤོང་སེམས་དགེ་བ་ས་བོན་དང་བཅས་པའོ། །སྒྲ་དོན་ནི། ཤཱི་ལའི་སྒྲ་ལས་ཚུལ་ཁྲིམས་ཏེ། ཤཱི་ཏ་བསིལ་བ་དང་། ཊ་ལ་ཧླཿཐོབ་པའི་ཕྱིངས་དོན་ལས། ཡུལ་གྱི་གདུང་བས་མི་བརྗི་བར་བསིལ་བ་ཐོབ་པར་བྱེད་པས་ན་ཚུལ་ཁྲིམས་སོ། །དབྱེ་ན་ཀུན་མཁྱེན་ཆེན་པོས། སྡོམ་དང་ཆོས་སྡུད་སེམས་ཅན་དོན་བྱེད་དེ། །རྒྱལ་སྲས་རྣམས་ཀྱིས་ཚུལ་ཁྲིམས་གསུམ་རྟག་བསྲུང་། །ཞེས་པ་ལྟར་གསུམ་ལས། ཉེས་སྤྱོད་སྡོམ་པའི་ཚུལ་ཁྲིམས་ནི། བྱང་སར་སོ་ཐར་རིགས་བདུན་ལ་བཤད་པས། དེ་དག་གང་རུང་གི་སྟེང་དུ་སྨོན་འཇུག་གི་སེམས་བསྐྱེད་ནས་རང་རྒྱུད་ཉེས་སྤྱོད་ལས་སྡོམ་པའི་ཚུལ་ཁྲིམས་ཏེ། དེ་ཡང་རིགས་བདུན་སྟོན་དུ་སོང་མ་སོང་གང་ཡིན་ཡང་རུང་སྟེ་བྱང་སེམས་ཀྱི་སྡོམ་པ་དེའི་ལྡོག་པ་ལས་གཞན་གནོད་གཞི་བཅས་སྤོང་བའི་ཆ་ནི་སོ་ཐར་དང་། གཞན་ལ་ཕན་པ་སྒྲུབ་པའི་ཕྱིར་ཉེས་སྤྱོད་སྤོང་བའི་ཆ་ནི་བྱང་སྡོམ་མོ། །དགེ་བ་ཆོས་སྡུད་ཀྱི་ཚུལ་ཁྲིམས་ནི། ཚོགས་གཉིས་དང་ཕྱིན་དྲུག་གིས་བསྡུས་པའི་དགེ་ཆོས་རང་རྒྱུད་ལ་མ་སྐྱེས་པ་བསྐྱེད་ཅིང་སྐྱེས་པ་སྤེལ་བའི་ཕྱིར་མི་དགེ་བའི་ཆོས་གཞི་བཅས་སྤོང་བའི་སེམས་པའོ། །

སེམས་ཅན་དོན་བྱེད་ཀྱི་ཚུལ་ཁྲིམས་ནི། བསམ་སྦྱོར་ཐམས་ཅད་སེམས་ཅན་གྱི་དོན་དུ་སྤྱོད་པའི་ཐབས་མཁས་ཀྱིས་དངོས་སམ་བརྒྱུད་པས་གཞན་དོན་སྒྲུབ་པའི་ཕྱིར་དེ་དང་འགལ་བ་གཞི་བཅས་ལས་བསྲུང་བའི་སྡོང་སེམས་སོ། །དེ་ཡང་གཞན་དོན་དུ་འགྱུར་ན་རང་གི་སྡོམ་སྟོད་ཀྱི་ཚུལ་ཁྲིམས་དང་འགལ་བ་ལྟར་སྣང་ཡང་སྤྱོད་པར་གནང་སྟེ། དེད་དཔོན་སྙིང་རྗེ་ཆེན་པོ་དང་བྲམ་ཟེའི་ཁྱེའུ་སྐར་མ་བཞིན་ནོ། །

གསུམ་པ་བཟོད་པ་ནི། **ཁོང་ཁྲོ་ཟབ་མོ་སྡུག་བསྔལ་བཟོད་པར་བྱ།** །ཞེས་པའི་དོན་ལ་གསུམ་ལས། ངོ་བོ་ནི། ཁྱད་ཆོས་བཞི་ལྡན་གྱི་མི་འཁྲུགས་པའི་སེམས་པ་དགེ་བ་ས་བོན་དང་བཅས་པའོ། །སྒྲ་དོན་ནི། ཀྵཱནྟིའི་སྒྲ་ལས་བཟོད་པ་སྟེ། ཀྵ་མུ་དཀའ་བ་ལ་སྟེ་བཟོད་པ་ལ་ཡང་ངོ་ཞེས་པའི་བྱིངས་དོན་ལས། སྡུག་བསྔལ་སོགས་ལ་ཐྲན་ཚུགས་པས་ན་བཟོད་པའོ། །དབྱེ་ན་གསུམ་ལས། སྡུག་བསྔལ་དང་དུ་ལེན་པའི་བཟོད་པ་ནི། ཞུགས་ཀྱི་བདེ་བ་བླ་ན་མེད་པའི་དོན་དུ་འཕྲལ་གྱི་སྡུག་བསྔལ་ཆོས་སྒྲུབ་པའི་དཀའ་སྤྱད་ཀྱིས་མི་སྐྱོ་བར་དང་དུ་ལེན་པ་དང་། ནད་ཀྱི་ཟུག་རྡུ་འབྱིན་པའི་ཕྱིར་སྤྱད་བསྟེན་པ་བཞིན་ནོ། །དེ་ལྟར་ཡང་སྤྱོད་འཇུག་ལས། གསོད་བྱའི་མི་ཞིག་ལག་བཅད་དེ། །གལ་ཏེ་ཐར་ན་ཅིས་མ་ལེགས། །གལ་ཏེ་མི་ཡི་སྡུག་བསྔལ་གྱིས། །དམྱལ་བ་བྲལ་ན་ཅིས་མ་ལེགས། །ཞེས་སོ། །གནོད་བྱེད་ལ་ཇི་མི་སྙམ་པའི་བཟོད་པ་ནི། བདག་གམ་བདག་གི་ཡིད་དུ་འོང་བ་ལ་ཕ་རོལ་གྱིས་རྡེག་པ་དང་གཤེ་བ་སོགས་གནོད་འཚེ་བྱས་པ་ལ། དཔེར་ན་མེ་ཆུང་དུས་རྩྭ་ཕུང་ཆེན་པོ་སྲེག་པ་ལྟར་ཁོང་ཁྲོ་གཅིག་གིས་བསྐལ་པ་སྟོང་དུ་བསགས་པའི་ལེགས་སྤྱད་རྣམས་འཇོམས་འགྱུར་གྱི་ཉེས་དམིགས་ཤེས་པས། སེམས་མི་འཁྲུགས་པ་དང་། ཕྱིར་གནོད་ལན་མི་བྱེད་པ་དང་། འཁོན་ཞེ་ལ་མི་འཛིན་པས་བཟོད་པར་བྱ་སྟེ། དེ་ཉིད་ལས། ཞེ་སྡང་ལྟ་བུའི་སྡིག་པ་མེད། །བཟོད་པ་ལྟ་བུའི་དཀའ་ཐུབ་མེད། །དེ་བས་བཟོད་ལ་ནན་ཏན་དུ། །སྣ་ཚོགས་ཚུལ་གྱིས་བསྒོམ་པར་བྱ། །ཞེས་པ་ལྟར་ཐབས་དུ་མའི་སྒོ་ནས་བཟོད་པའི་དཀའ་ཐུབ་ཀྱིས་ཐྲན་ཚུགས་པ་ལ་སྦྱར་བར་བྱའོ། །ཆོས་ལ་ངེས་རྟོག་གི་བཟོད་པ་ནི། སྙིང་རྗེས་གཞན་དོན་ལ་མི་སྐྱོ་ཞིང་། ཤེས་རབ་ཀྱིས་ཆོས་ཟབ་མོ་སྟོང་པ་ཉིད་ཀྱི་དོན་ལ་མི་སྐྲག་པའི་བཟོད་པའོ། །

བཞི་པ་བརྩོན་འགྲུས་ནི། **གོ་ཆ་དགེ་སྡུད་གཞན་ཕན་བརྩོན་འགྲུས་བརྩམ།** །ཞེས་པའི་དོན་ལ་གསུམ་ལས། ངོ་བོ་ནི། ཁྱད་ཆོས་བཞི་ལྡན་གྱི་སྤྲོ་བའི་སེམས་པ་དགེ་བ་ས་བོན་དང་བཅས་པའོ། །སྒྲ་དོན་ནི། བཱིར་ཡའི་སྒྲ་ལས་བརྩོན་འགྲུས་ཏེ། བཱི་ར་རྣམ་པར་གནོན་པ་ལ་འཇོ་ཞེས་པའི་བྱིངས་དོན་ལས། སྙིང་སྟོབས་མ་ཞུམ་པས་མཆོག་གི་གནས་ལ་སྦྱོར་བས་ན་བརྩོན་འགྲུས་སོ། །དབྱེ་ན་གསུམ་ལས། བསམ་པ་གོ་ཆ་ཆེན་པོ་བགོས་པའི་བརྩོན་འགྲུས་ནི། བདུད་ཀྱིས་མི་བརྫི་བའི་རྒྱུ་སེམས་ཅན་ཐམས་ཅད་རྫོགས་བྱང་ལ་མ་འགོད་བར་དུ་བདག་གིས་བརྩོན་པ་འདོར་བར་མི་བྱའོ་སྙམ་དུ་ཞེ་ཐག་པ་ནས་བསམ་པའོ། །སྦྱོར་བ་ལག་ལེན་ལ་འདེབས་པའི་བརྩོན་འགྲུས་ནི། ལམ་ལྔ་དང་ས་བཅུ་རྫོགས་པར་བྱེད་པའི་རྒྱུ་སྤྱངས་རྟོགས་ཀྱི་ཡོན་ཏན་འཐོབ་འགྱུར་ལ་སྤྲོ་དགའ་དང་བཅས་པས་དགེ་ཚོགས་སྡུད་པ་ལ་འཇུག་ཅིང་། ཞུགས་ནས་ཀྱང་སྒྲུབ་པ་ལ་དཔའ་མི་ཞུམ་པ་དང་། ཡོན་ཏན་ཅུང་ཟད་ཙམ་གྱིས་མི་ངོམས་པ་དང་། གཞན་རྐྱེན་གྱིས་མི་ལྡོག་པའི་སྒོ་ནས་གུས་རྟག་གི་སྦྱོར་བས་འབད་པར་བྱ་སྟེ། ལུང་ལས། བརྩོན་ལ་བྱང་ཆུབ་འདི་གནས་ཏེ། །མི་བརྩོན་པ་ལ་གནས་མ་ཡིན། །བརྩོན་པས་དགེ་བ་ཐམས་ཅད་སྡུད། །བརྩོན་པས་ཡོན་ཏན་རྣམ་པར་འཕེལ། །ཞེས་སོ། །གཞན་དོན་ལ་སྤྲོ་བའི་བརྩོན་འགྲུས་ནི། དོན་གཉིས་འགྲུབ་པའི་རྒྱུ་སེམས་ཅན་གྱི་དོན་བྱེད་པ་ལ་སྤྲོ་བའི་བརྩོན་འགྲུས་སོ། །དེ་ཡང་སྤྱོད་འཇུག་ལས། ལེ་ལོ་ངན་ལ་ཞེན་པ་དང་། །སྒྱིད་ལུག་བདག་ཉིད་བརྙས་པའོ། །ཞེས་པ་ལྟར་བརྩོན་འགྲུས་ཀྱི་མི་མཐུན་ཕྱོགས་ལེ་ལོ་གསུམ་སྤངས་ནས་འབད་རྩོལ་གྱི་བརྩོན་པ་ལ་ཡང་དག་པར་བསླབ་པར་བྱ་སྟེ། མདོ་སྡེ་རྒྱན་ལས། མགོ་ལ་སེམས་ཅན་ཁུར་ཆེན་ཁྱེར་བ་ཡི། །བྱང་སེམས་མཆོག་ནི་དལ་གྱིས་འགྲོ་མི་མཛེས། །བདག་གཞན་སྣ་ཚོགས་འཆིང་བས་རབ་བཅིངས་པས། །བརྩོན་པ་བརྒྱ་འགྱུར་དུ་ནི་བྱ་བའི་རིགས། །ཞེས་སོ། །

ལྔ་པ་བསམ་གཏན་ནི། **འཇིག་རྟེན་འཇིག་རྟེན་འདས་པའི་བསམ་གཏན་བསྒོམ།** །ཞེས་པའི་དོན་ལ་གསུམ་ལས། ངོ་བོ་ནི། ཁྱད་ཆོས་བཞི་ལྡན་གྱི་དམིགས་པ་ལ་རྩེ་གཅིག་པའི་སེམས་པ་དགེ་བ་ས་བོན་དང་བཅས་པའོ། །སྒྲ་དོན་ནི། ཛྷཱ་ན་ཞེས་པའི་སྒྲ་ལས་བསམ་གཏན་ཏེ། ཛྷཻ་སེམས་པ་ལའོ་ཞེས་པའི་བྱིངས་དོན་ལས། སེམས་པའི་རྒྱུད་གཞན་དུ་མི་གཡེངས་པར་འཛིན་པས་ན་བསམ

གཏན་ནོ། །དབྱེ་ན། འཇིག་རྟེན་པའི་བསམ་གཏན་ནི། ཕྱི་རོལ་པ་དང་ཐུན་མོང་པར་གྱུར་པའི་བསམ་གཟུགས་ཀྱི་སྙོམས་འཇུག་བརྒྱད་དང་། འཇིག་རྟེན་ལས་འདས་པའི་བསམ་གཏན་ནི། འདས་ལམ་གྱིས་ཐོབ་པའི་མཐར་གནས་སྙོམས་འཇུག་དགུའམ་ཐེག་གསུམ་སོ་སོའི་བསམ་གཏན་ནོ། །དེ་ཡང་ལངྐར་གཤེགས་པ་ལས། བྱིས་པ་ཉེར་སྤྱོད་བསམ་གཏན་དང་། །དོན་རབ་འབྱེད་པའི་བསམ་གཏན་དང་། །དེ་བཞིན་གཤེགས་དགེའི་བསམ་གཏན་ཏེ། །ཞེས་གསུངས་ཤིང་། དེ་དག་གི་ས་མཚམས་ནི་ས་སྔེ་ལས་རིམ་པར། ལམ་མ་ཞུགས་ཀྱི་རྒྱུད་ཀྱི་བསམ་གཟུགས་ཀྱི་ཏིང་ངེ་འཛིན་དང་། ལམ་ཞུགས་ཚོགས་སྦྱོར་གྱི་ཏིང་ངེ་འཛིན་དང་། མཐོང་ལམ་ཡན་ཆད་འཕགས་པའི་ཏིང་ངེ་འཛིན་རྣམས་ལ་བཤད་དོ། །བསམ་གཏན་ཇི་ལྟར་བསྒོམ་པའི་ཚུལ་ནི། གནས་གྲོགས་ལོངས་སྤྱོད་སོགས་ཀྱི་འདུ་འཛི་དང་སེམས་ཀྱི་རྣམ་གཡེང་སྤངས་ནས། དབེན་པར་སྟན་ལ་སྐྱིལ་ཀྲུང་མཉམ་བཞག་དང་ལྡན་པས་འདུག་སྟེ། དམིགས་པ་ལ་ནི་སེམས་གཏད་ནས། །དེ་རྒྱུན་རྣམ་པར་གཡེང་མི་བྱ། །ཞེས་པ་ལྟར་དགེ་བའི་དམིགས་ཡུལ་གང་ཡང་རུང་བ་ཞིག་ལ་སེམས་གཏད་དེ་རྣམ་པར་རྟོག་པས་མི་གཡོ་བར་མཉམ་པར་བཞག་པས། ཡུལ་སྣང་མ་འགགས་ལ་དེར་འཛིན་གྱི་རྟོག་པ་ཞི་བའི་ཏིང་ངེ་འཛིན་སྐྱེ་ཞིང་། དེ་ལས་ལངས་པའི་རྗེས་ཐོབ་ཏུ་ས་བདུན་པ་ཚུན་ཆད་དུ་གཟུང་འཛིན་གྱི་ཞེན་པ་དང་བཅས་པ་ཡོད་ལ། དེ་ཕན་ཆད་དུ་མཉམ་རྗེས་ངོ་བོ་སོ་སོ་བ་མེད་དེ། རྒྱུད་བླ་ར། བྱ་བ་སྒྲུབ་ལ་རྟག་ཏུ་བློ། །མེ་བཞིན་དུ་ནི་འབར་བ་དང་། །ཞི་བའི་བསམ་གཏན་སྙོམས་འཇུག་ལའང་། །རྟག་ཏུ་སྙོམས་པར་འཇུག་པ་ཡིན། །ཞེས་སོ། །དེ་ལྟར་བསྒོམས་པས་སྦྱོས་པའི་སྣང་བ་ནུབ་སྟེ། ནང་དུ་བསམ་གཏན་ལས་སྐྱེས་པའི་དགའ་བདེ་ཐོབ་པ་ནི་མཐོང་བའི་ཆོས་ལ་བདེ་བར་གནས་པའི་བསམ་གཏན་དང་། ཕྱིན་དྲུག་སོགས་དགེ་ཚོགས་སྒྲུབ་དུས་སེམས་རྩེ་གཅིག་པའི་ཆའམ་ཟད་པར་ཟིལ་གནོན་སོགས་དང་རྣམ་ཐར་གཟུངས་སྤོབས་རྒྱ་མཚོ་སྒྲུབ་པ་ནི་ཡོན་ཏན་སྒྲུབ་པའི་བསམ་གཏན་དང་། སེམས་ཅན་གྱི་དོན་ལ་རྩེ་གཅིག་པའམ་བསམ་གཏན་གྱི་དངོས་གཞིའི་སེམས་ལ་རྫུ་འཕྲུལ་འདོད་དགུར་སྒྱུར་བའི་བཀོད་པས་གདུལ་བྱ་འདུལ་བ་ནི་སེམས་ཅན་དོན་བྱེད་ཀྱི་བསམ་གཏན་ནོ། །

དྲུག་པ་ཤེས་རབ་ནི། **ཐོས་བསམ་སྒོམ་པའི་ཤེས་རབ་ཟབ་མོ་སྤྱོད།** །ཅེས་པའི་དོན་ལ་གསུམ་

ལས། ངོ་བོ་ནི། ཁྱད་ཆོས་བཞི་ལྡན་གྱི་ཆོས་རབ་རྣམ་པར་འབྱེད་པའི་སེམས་པ་དགེ་བ་ས་བོན་དང་བཅས་པའོ། །སྒྲ་དོན་ནི། པྲ་ཛྙཱ་ཞེས་པའི་སྒྲ་ལས་ཤེས་རབ་སྟེ། ཉེར་བསྒྱུར་པྲ་སྔོན་མའི་ཛྙཱ་ཁོང་དུ་ཆུད་པའམ་རྟོགས་པ་ལའོ་ཞེས་པའི་བྱིངས་དོན་ལས། རབ་ཏུ་རྟོགས་པའམ་རབ་ཏུ་ཁོང་དུ་ཆུད་པ་སྟེ། རྟོགས་བྱའི་ཡུལ་ནི་དོན་དམ་པ་ཡིན་ལ། དེའི་དམ་པ་ནི་འཕགས་རྒྱུད་ཀྱི་མཉམ་བཞག་ཡེ་ཤེས་དང་། དོན་ནི་དེའི་སྤྱོད་ཡུལ་དུ་གྱུར་པ་སྟེ་དེ་ཉིད་རྟོགས་པའམ་ཁོང་དུ་ཆུད་པས་ན་ཤེས་རབ་བོ། །དབྱེ་ན། ཀླུ་སྒྲུབ་ཀྱིས། ཤེས་རབ་རྒྱས་བྱེད་པ་ནི་ཐོས་པ་སྟེ། །བསམ་པ་དང་ནི་གཉིས་པོ་ཡོད་གྱུར་ན། །དེ་ལ་སྒོམ་པ་ཡང་ནི་རབ་ཏུ་འབྱུང་། །ཞེས་གསུངས་པ་ལྟར་གསུམ་ལས། ཐོས་པ་ལས་བྱུང་བའི་ཤེས་རབ་ནི། གང་ལ་ཐོས་པ་བྱ་བའི་ཡུལ་རྒྱལ་བའི་གསུང་རབ་དགོངས་འགྲེལ་དང་བཅས་པ་ནང་རིག་པ་དང་། དེ་དག་གི་གདུལ་བྱ་རྗེས་སུ་འཛིན་པའི་ཡན་ལག་ཏུ་ཐུན་མོང་གི་རིག་གནས། གཞན་དག་ཚར་གཅོད་པའི་རིག་པ་སྒྲ་ཚད་དང་། གཞན་དག་རྗེས་སུ་འཛིན་པའི་རིག་པ་བཟོ་གསོ་གཉིས་ཏེ་བཞི་ལའང་བསླབ་དགོས་ཏེ། ཐམས་ཅད་མཁྱེན་པའི་གོ་འཕང་ཐོབ་པར་བྱ་དགོས་པའི་ཕྱིར། དེ་ལྟར་ཡང་། རིག་པའི་གནས་ལྔ་དག་ལ་མཁས་པར་མ་བྱས་ན། །འཕགས་མཆོག་གིས་ཀྱང་ཐམས་ཅད་མཁྱེན་ཉིད་མི་འགྱུར་ཏེ། དེ་ལྟ་བས་ན་གཞན་དག་ཚར་བཅད་རྗེས་བཟུང་དང་། །བདག་ཉིད་ཀུན་ཤེས་བྱ་ཕྱིར་དེ་ལ་དེ་རྩོན་བྱ། །ཞེས་དང་། རྒྱལ་སྲས་རྣམས་ཀྱིས་མི་སློབ་པ། །དེ་ནི་གང་ནའང་ཡོད་མ་ཡིན། །ཞེས་སོ། །ཁྱད་པར་གསུང་རབ་ཀྱི་དོན་རྣམས་དཔྱིས་ཕྱིན་པ་ཁོང་དུ་ཆུད་པར་བྱེད་པ་ལ། དྲང་ངེས་དང་དགོངས་ལྡེམ་དགོངས་ལ་སོགས་པའི་ཐབས་ཀྱིས་འཇལ་དགོས་ནའང་དེ་དག་གཞན་དུ་ཤེས་པར་བྱ་ཞིང་། འདིར་ཤེས་རབ་ནི་ལྷག་མཐོང་སྟེ། དོན་དམ་པའི་བདེན་པ་ཡིན་ལ། དེ་ཉིད་གཏན་ལ་འབེབས་པར་བྱེད་པའི་རིགས་པ་ལ་གཏན་ཚིགས་ཆེན་པོ་ལྔ་སྟེ། ངོ་བོ་ལ་དཔྱོད་པ་གཅིག་དུ་བྲལ། རྒྱུ་ལ་དཔྱོད་པ་རྡོ་རྗེ་ཟེགས་མ། འབྲས་བུ་ལ་དཔྱོད་པ་ཡོད་མེད་སྐྱེ་འགོག །རྒྱུ་འབྲས་གཉིས་ཀ་ལ་དཔྱོད་པ་མུ་བཞི་སྐྱེ་འགོག་དང་བཞི་ནི་ཡོད་པ་སྒྲོ་འདོགས་ཀྱི་མཐའ་སེལ་བའི་རིགས་པའོ། །གཞན་ལ་རག་ལས་པའི་ཕྱིར་ངོ་བོ་ཉིད་ཀྱིས་མ་གྲུབ་ལ་ཐ་སྙད་དུ་མེད་པ་མ་ཡིན་པས་ཡོད་མིན་གཉིས་ཀའི་སྐྱོན་པ་གཅོད་པ་རྟེན་འབྲེལ་གྱི་རིགས་པ་སྟེ། དེ་ལྟར་གཏན་ཚིགས

ཆེན་པོ་ལྟར་ཆོས་ཐམས་ཅད་མཐའ་བྲལ་དབུ་མར་གཏན་ལ་འབེབས་པ་ཡིན་ནོ། །དེ་ཡང་སྤྲོས་པ་གཅོད་ལུགས་ལ། རང་སྟོང་དང་། གཞན་སྟོང་གཉིས་ལས། རང་སྟོང་ནི། ཆོས་ཅན་ཇི་ལྟར་སྣང་བ་འདི་དག་སྣང་ཙམ་ཉིད་ནས་རང་རང་གི་ངོ་བོས་སྟོང་པས་མེད་དགག་གི་སྟོང་ཉིད་དོན་དམ་པར་བཞེད་ཅིང་། ངོ་བོ་ཉིད་མེད་པར་སྨྲ་བའི་དབུ་མ་པ་ལ་དོན་དམ་དུ་ཐ་དད་མེད་ཀྱང་། ཀུན་རྫོབ་ཏུ་གྲུབ་པ་སྒྱུ་མ་ལྟར་ཞེས་རང་རྒྱུད་ཀྱི་དམ་བཅའ་འགོད་པ་དང་། ཐལ་འགྱུར་ཁོ་ན་འཕེན་པས་ཁས་ལེན་པའི་ཀུན་རྫོབ་ཙམ་ཡང་འགོག་པའི་སྲོལ་གཉིས་སྣང་ངོ་། །གཞན་སྟོང་དུ་གཏན་ལ་འབེབས་པའི་དབུ་མ་པ་རྣམས་ལ། ཤེས་བྱ་ཐམས་ཅད་མཚན་ཉིད་གསུམ་དུ་འདོད་པ་དང་། ཀུན་བརྟགས་དང་ཡོངས་གྲུབ་གཉིས་སུ་བསྡུ་བའི་ཁྱད་པར་ལས། ཆོས་ཅན་ངོས་འཛིན་ཚུལ་མི་འདྲ་བ་གཉིས་བྱུང་སྟེ། རྣལ་འབྱོར་སྤྱོད་པའི་གཞུང་དུ། སྟོང་གཞི་གཞན་དབང་དགག་བྱ་ཀུན་བཏགས་ཀྱིས་སྟོང་བའི་ཡོངས་གྲུབ་ཏུ་བཤད་པ་དང་། རྒྱུད་བླ་མ་སོགས་ལས་ཆོས་ཉིད་ཡོངས་གྲུབ་དགག་བྱ་ཀུན་བརྟགས་ཀྱིས་སྟོང་པར་གསུངས་སོ། །དེས་ན་ཡོངས་གྲུབ་སེམས་ཀྱི་ཆོས་ཉིད་དོན་དམ་པའི་དབྱིངས་འདིའི་ངོ་བོ་ལ་དོར་བྱའི་དྲི་མ་དང་སྤང་མེད་ཀྱི་ཡོན་ཏན་གསར་དུ་སྒྲུབ་ཏུ་མེད་དེ། ཡེ་ནས་རང་བཞིན་གྱིས་རྣམ་པར་དག་ཅིང་ཡོན་ཏན་ལྷུན་གྲུབ་ཡིན་པའི་ཕྱིར། སྐྱོན་ཡོན་གྲུབ་བསལ་ལས་འདས་པས་དོན་དམ་གྱི་དབྱིངས་དེ་ཁོ་རང་ཁོ་རང་གི་ངོ་བོས་སྟོང་པ་མ་ཡིན། གློ་བུར་འཁྲུལ་སྣང་གི་ཆོས་གཟུང་འཛིན་སྤྲོས་པའི་ཚ་རྣམས་གཤིས་ལ་མ་གྲུབ་པས་ཀུན་རྫོབ་རང་གི་ངོ་བོས་སྟོང་པ་ཡིན་ལ། དེ་འདྲ་དེ་དོན་དམ་ཆོས་ཉིད་ལས་གཞན་ཡིན་པས་དོན་དམ་གཞན་གྱི་ངོ་བོས་སྟོང་བ་ཞེས་བཤད་དེ། རྒྱུད་བླ་མ་ལས། རྣམ་དབྱེར་བཅས་པའི་མཚན་ཉིད་ཅན། །གློ་བུར་དག་གིས་ཁམས་སྟོང་གི། །རྣམ་དབྱེར་མེད་པའི་མཚན་ཉིད་ཅན། །བླ་མེད་ཆོས་ཀྱིས་སྟོང་མ་ཡིན། །ཞེས་སོ། །མདོར་ན་ཀུན་རྫོབ་ཀྱི་ཕྱོགས་ནས་གཞལ་ན་མེད་དགག་དང་མ་ཡིན་དགག་གི་སྟོང་ཉིད། དོན་དམ་དབྱིངས་ཀྱི་ཕྱོགས་ནས་གཞལ་ན་རང་ལས་གཞན་རྟོག་པའི་ཡུལ་གྱིས་སྟོང་པའོ། །འོ་ན་དོན་དམ་རང་གི་ངོ་བོས་སྟོང་པ་ལྟར་གསུངས་པའི་དགོངས་པ་གང་སྙམ་ན། དོན་དམ་ལ་དམིགས་ནས་བློས་བཟུང་བ་ལྟར་མ་གྲུབ་པ་ལ་དགོངས་པ་ཡིན་ནོ། །དེ་དག་ནི་སོ་སོ་སྐྱེ་བོའི་སར་ཐོས་བྱུང་གི་ཤེས་རབ་གལ་ཆེ་བས

གདན་ལ་འབེབས་ཚུལ་གྱི་སྒོ་ཙམ་བསྟན་པ་སྟེ། མ་ཐོས་པར་བསམ་སྒོམ་མི་ནུས་པའི་ཕྱིར། དེ་ལྟར་ཡང་། ཤེས་རབ་མཆོག་ཡིན་དེའི་གཞི་ནི། །ཐོས་པ་དེ་ཕྱིར་ཐོས་པ་མཆོག །ཅེས་སོ། །བསམ་བྱུང་གི་ཤེས་རབ་ནི། ཐོས་པ་ཙམ་དུ་མ་བཞག་པར་དེའི་དོན་ངེས་པར་བསམ་པ་ལ་རག་ལས་པའི་ཕྱིར། བསམ་པའི་ཤེས་རབ་བསྐྱེད་པར་བྱ་སྟེ། ཡིད་བཞིན་མཛོད་ལས། དེ་ལྟར་ཐོས་པ་དམ་པས་བརྒྱན་རྗེས་སུ། །བསམ་པའི་ཤེས་རབ་ངེས་པར་རྒྱུད་ལ་བསྐྱེད། །ཅེས་སོ། །

དེ་ཡང་ཇི་སྐད་ཐོས་པའི་དོན་ལ་ཉེ་བར་དཔྱོད་པས་ནང་དུ་སེམས་པར་འཇུག་པ་ན། དོན་སྤྱི་ཙམ་དུ་མ་ལུས་པར་བྱེ་བྲག་འབྱེད་པའི་བསམ་ཤེས་ཀྱིས། རེ་རེ་ནས་ཚིག་དང་དོན་གྱི་རིམ་པ་རྣམས་ནོར་མ་ནོར་བསམ་པས་བརྟག་ཅིང་ངེས་པར་བྱ་བ་སྟེ། ཡེ་ཤེས་སྙིང་པོ་ཀུན་ལས་བཏུས་ལས། བསྲེགས་བཅད་བདར་བས་གསེར་བཞིན་དུ། །ལེགས་པར་བརྟགས་ལ་ང་ཡི་བཀའ། །བླང་བར་བྱ་ཡིས་གུས་ཕྱིར་མིན། །ཞེས་པའི་དགོངས་མདོ་རྒྱུད་ཀྱི་ཚིག་དོན་རྣམས་ལ་དད་པས་འཇུག་པ་ཙམ་མ་ཡིན་པར་ཡིད་ཆེས་བསྐྱེད་པའི་ལུང་དང་། དངོས་སྟོབས་ཀྱི་རིགས་པ་དང་། སྔ་ཕྱི་མི་འགལ་བ་གསུམ་གྱིས་བརྟགས་ནས་བླང་བར་བྱ་བ་སྟེ། བཞི་བརྒྱ་པ་ལས། དོན་གང་ལུང་དང་རིགས་པ་ཡིས། །ལེགས་པར་མངོན་པར་བརྗོད་པ་དང་། །སྔ་ཕྱི་འགལ་བ་མེད་པ་སྟེ། །དམ་པ་རྣམས་ཀྱིས་ཡོངས་སུ་བཟུང་། །ཞེས་སོ། །གཞན་དག་ཤེས་བྱ་གནས་གསུམ་ལུང་རིགས་གཉིས་ཀྱིས་བརྟག་པར་འཆད་དོ༑ ༑སྒོམ་བྱུང་གི་ཤེས་རབ་ནི། ཡིད་བཞིན་མཛོད་ལས། དེ་ལྟར་བསམ་བྱ་ཡོངས་སུ་རྫོགས་པ་ན། །སྒོམ་བྱུང་ཤེས་རབ་རྒྱུད་ལ་བསྐྱེད་པར་བྱ། །ཞེས་པས་སྤྱིར་ཇི་ལྟར་ངེས་པའི་དོན་རྣམས་བླང་དོར་གྱི་སྒོ་ནས་སྒྲུབ་ཅིང་ཉམས་སུ་ལེན་པ་དང་། ཁྱད་པར་ལྷག་མཐོང་གི་ཤེས་རབ་རྣམ་པར་མི་རྟོག་པའི་ཡེ་ཤེས་བསྒོམ་པ་ལ་འཇུག་སྟེ། སྤྱོད་འཇུག་ལས། ཞི་གནས་རབ་ཏུ་ལྡན་པའི་ལྷག་མཐོང་གིས། །ཉོན་མོངས་རྣམ་པར་འཇོམས་པར་ཤེས་བྱ་སྟེ། །ཞེས་སོ། །དེ་ལ་སྒོམ་པས་ཉམས་སུ་མྱོང་བྱའི་ལྟ་བ་ལ། འཁོར་ལོ་བར་པའི་དངོས་བསྟན་རིགས་ཚོགས་སུ་བཀྲལ་བ་ལྟར་ན། ངེས་དོན་མེད་དགག་ལ་བཞེད་པས། ཅི་ཡང་མི་སྒོམ་པ་ལ་སྟོང་ཉིད་སྒོམ་པ་དང་། ཅི་ཡང་མ་མཐོང་བ་ལ་དེ་ཁོ་ན་ཉིད་རྟོགས་པར་འཆད། འཁོར་ལོ་ཐ་མའི་དགོངས་པ་བྱམས་ཆོས་ཀྱི་གཞུང་ཐོགས་མེད་སྐུ་མཆེད་

ཀྱིས་བཀྲལ་བ་དང་ཀླུ་སྒྲུབ་ཞབས་ཀྱིས་བསྟོད་ཚོགས་སུ། གཟུང་འཛིན་གཉིས་མེད་ཀྱི་ཡེ་ཤེས་ཉིད་སྒོམ་པས་ཉམས་སུ་མྱོང་བྱར་བཤད་ཅིང་། དེ་ཉིད་གསང་སྔགས་ཀྱི་རྒྱུད་སྡེ་ཟབ་མོ་རྣམས་དང་ཡང་དགོངས་པ་མཐུན་པ་ཡིན་ནོ། །དེས་ན་ཀུན་མཁྱེན་ཆོས་ཀྱི་རྒྱལ་པོ་དྲི་མེད་འོད་ཟེར་ཞབས་ཀྱིས་ཀྱང་། གྲུབ་མཐའ་མཛོད་དང་ཡིད་བཞིན་མཛོད་རྩ་འགྲེལ་ལ་སོགས་པའི་གསུང་རབ་རྣམས་སུ་ཐོས་པས་གཏན་ལ་དབབ་བྱ་ངོས་འཛིན་པའི་སྐབས་སུ་དབུ་མ་ཐལ་འགྱུར་བ་རྒྱུའི་ཐེག་པ་ཆེན་པོའི་རྩེ་མོར་སྒྲུབ་པར་མཛད་ཅིང་། སྒོམ་པ་ཉམས་མྱོང་གིས་གཏན་ལ་འབེབས་པའི་སྐབས་རྣམས་སུ་མྱོང་བྱ་གཟུང་འཛིན་གཉིས་དང་བྲལ་བའི་སོ་སོ་རང་རིག་པའི་ཡེ་ཤེས་ལ་བཞེད་པ་གཉིས་མི་འགལ་ལམ་སྙམ་ན། མི་འགལ་ཏེ། སོ་སྐྱེའི་སར་ལྟ་བ་ཐོས་བསམ་གྱིས་གཏན་ལ་འབེབས་པའི་ཚེ་བློའི་མཚན་འཛིན་གཞིག་དཀའ་བས། དེ་ཐོས་བསམ་ལས་བྱུང་བའི་ཤེས་རབ་ཀྱིས་འགོག་པར་བྱེད་པ་ལ། སྒྲོ་འདོགས་གཅོད་བྱེད་ཀྱི་རིགས་པ་ཐལ་འགྱུར་བ་རྣོ་བའི་ཕྱིར་དང་། ཡང་སྒོམ་བྱུང་ཉམས་མྱོང་གིས་གཏན་ལ་འབེབས་པའི་སྐབས་སུ་འཁོར་ལོ་ཐ་མར་གསུངས་པའི་དབུ་མའི་ལྟ་བ་དེ་ཉིད་ཟབ་ཅིང་ཆེས་བཟང་བ་ཡིན་ཏེ། དབྱིངས་རང་བཞིན་གྱིས་རྣམ་པར་དག་པ་དོན་དམ་པའི་བདེན་པ་རང་བྱུང་གི་ཡེ་ཤེས་དེ་ཉིད་ཆོས་ཐམས་ཅད་ཀྱི་གདོད་མའི་གནས་ལུགས་ཡིན་པ་གང་ཞིག །གསང་སྔགས་ཀྱི་རྒྱུད་སྡེ་ཟབ་མོ་རྣམས་ནས་བཤད་པའི་ལྟ་བའི་ཉམས་ལེན་དང་ཡང་མཐུན་པའི་ཕྱིར་སྙམ་དུ་དགོངས་སོ། །དེས་ན་སྙིང་པོའི་མདོ་སྡེ་རྣམས་ཀྱི་དགོངས་པ་རྒྱུད་བླ་མ་དང་དབུ་མ་ཆོས་དབྱིངས་བསྟོད་པར་གསུངས་པ་ལྟར། དེ་བཞིན་གཤེགས་པའི་སྙིང་པོའི་ཚུལ་ཁོང་དུ་ཆུད་པར་བྱས་ལ། རིགས་ཅན་དེས་བྱང་ཆུབ་མཆོག་ཏུ་སེམས་བསྐྱེད་ནས། གནས་ལུགས་ཁམས་ཀྱི་དོན་དེ་ཉིད་མངོན་དུ་འགྱུར་བའང་རྣམ་པར་མི་རྟོག་པའི་ཏིང་ངེ་འཛིན་གྱི་སྒོ་ལ་རག་ལས་པས་ན། སྙན་བརྗོད་པ་ལ་སྐྱིལ་མོ་ཀྲུང་བཅས་ཏེ། འདི་ལ་བསལ་བྱ་ཅི་ཡང་མེད། །བཞག་པར་བྱ་བ་ཅུང་ཟད་མེད། །ཡང་དག་ཉིད་ལ་ཡང་དག་བལྟ། །ཡང་དག་མཐོང་ནས་རྣམ་པར་གྲོལ། །ཞེས་པ་ལྟར་རྣམ་རྟོག་གི་མཚན་མ་དང་དམིགས་པ་གང་ཡང་ཡིད་ལ་མི་བྱེད་པར། གང་ཤར་གྱི་རང་ངོ་ལ་བསལ་བཞག་མེད་པར་སལ་ལེ་སིང་ངེ་ངོས་བཟུང་ཐམས་ཅད་དང་བྲལ་བའི་རང་ཞལ་ལ་རྩེ་གཅིག་ཏུ་མཉམ་པར་བཞག་པས། སེམས

དང་སེམས་བྱུང་གི་སྤྲོས་པ་ཐམས་ཅད་འགགས་ནས་གཟུང་འཛིན་གཉིས་དང་བྲལ་བའི་རྣམ་པར་མི་རྟོག་པའི་ཡེ་ཤེས་སོ་སོ་རང་གི་རིག་པའི་ངོ་བོ་ཉིད་དུ་མཐོང་བར་འགྱུར་ཏེ། རྒྱུད་བླ་མ་ལས། ནང་གི་བདག་ཉིད་ཆོས་སྐུ་ནི། །ཡེ་ཤེས་མིག་གིས་མཐོང་བར་འགྱུར། །ཞེས་དང་། ཆོས་དབྱིངས་བསྟོད་པར། མིག་དང་གཟུགས་ལ་བརྟེན་ནས་ནི། །དྲི་མ་མེད་པའི་སྣང་བ་འབྱུང་། །ཞེས་དང་། སྒྲ་གཅན་འཛིན་གྱིས་ཡུམ་ལ་བསྟོད་པ་ལས། སྨྲ་བསམ་བརྗོད་མེད་ཤེས་རབ་ཕ་རོལ་ཕྱིན། །མ་སྐྱེས་མི་འགག་ནམ་མཁའི་ངོ་བོ་ཉིད། །སོ་སོ་རང་རིག་ཡེ་ཤེས་སྤྱོད་ཡུལ་བ། །དུས་གསུམ་རྒྱལ་བའི་ཡུམ་ལ་ཕྱག་འཚལ་ལོ། །ཞེས་སོ། །དེ་ཡང་སྦྱིན་དེངས་པས་ཉི་མའི་དཀྱིལ་འཁོར་གསལ་བ་ལྟར་མཉམ་བཞག་གི་རིག་ངོ་ན་ངོས་བཟུང་གང་དུའང་མ་གྲུབ་པའི་བློ་བྲལ་གྱི་ཡེ་ཤེས་རང་གསལ་རྗེན་པར་གནས་པ་ནི་སེམས་རང་བཞིན་གྱིས་འོད་གསལ་བའི་ཡེ་ཤེས་ཁོང་ནས་རིག་པ་སྟེ། སྤྱོད་འཇུག་ལས། གང་ཚེ་དངོས་དང་དངོས་མེད་དག །བློ་ཡི་མདུན་ན་མི་གནས་པ། །དེ་ཚེ་རྣམ་པ་གཞན་མེད་པས། །དམིགས་པ་མེད་པར་རབ་ཏུ་ཞི། །ཞེས་སོ། །དེ་ལྟར་སྙིང་པོའི་དོན་ལ་སྒོམ་བྱུང་གིས་ငེས་པ་རྙེད་པའི་ཚེ། རང་གནས་ཀྱི་ཡེ་ཤེས་མ་རྟོགས་པའི་སེམས་ཅན་རྣམས་ལ་སྙིང་རྗེའི་ཤུགས་ཆེན་པོས་བླ་ན་མེད་པའི་བྱང་ཆུབ་ཀྱི་གོ་འཕང་ལ་སྦྱོར་བའི་སྙིང་སྟོབས་བཅོས་མ་མ་ཡིན་པར་སྐྱེ་ཞིང་། དེའི་རྒྱུར་རྣམ་པར་མི་རྟོག་པའི་ཏིང་ངེ་འཛིན་སྒོམ་པ་ལ་དང་གིས་འཇུག་པ་འབྱུང་བས་ཟབ་མོའི་རྒྱུ་འབྲས་ཀྱི་འབྲེལ་བ་འཁོར་ལོ་ལྟར་འཁོར་བར་འགྱུར་རོ། །མདོར་ན་མཉམ་བཞག་ཏུ་རྣམ་པར་མི་རྟོག་པའི་ཡེ་ཤེས་བསྒོམ་ཞིང་། དེ་ལས་ལངས་ཏེ་རྗེས་ཐོབ་ཏུ་སྣང་བ་ཐམས་ཅད་སྒྱུ་མ་ལྟར་སྣང་ལ་རང་བཞིན་མ་གྲུབ་པར་བལྟས་ནས། སྒྱུ་མ་ལྟ་བུའི་སེམས་ཅན་གྱི་དོན་དུ་བསྔོ་བ་བྱ་བ་ཡིན་ནོ། །དེ་ལྟར་ཕ་རོལ་ཏུ་ཕྱིན་པ་དྲུག་པོ་ཀུན་ཀྱང་སྦྱོར་བ་བྱང་ཆུབ་ཀྱི་སེམས་ཀྱིས་ཟིན་པ། དངོས་གཞི་འཁོར་གསུམ་མི་རྟོག་པའི་ཤེས་རབ་ཀྱིས་ཟིན་པ། རྗེས་དགེ་བ་རྫོགས་བྱང་དུ་བསྔོ་བས་ཟིན་པ་སྟེ། སྦྱོར་དངོས་རྗེས་གསུམ་ཚང་བས་ཕྱིན་ཞིའི་ཕ་རོལ་ཏུ་ཕྱིན་པར་འགྱུར་རོ། །

གསུམ་པ་སེམས་ཅན་དོན་བྱེད་ཀྱི་ཚུལ་ཁྲིམས་ལ། དོན་བྱེད་ཀྱི་ཚུལ་ཁྲིམས་དངོས་དང་། ཚུལ་ཁྲིམས་གསུམ་ཀ་དང་འབྲེལ་བའི་བསླབ་སྤྱོད་བཤད་པའོ། །དང་པོ་ལ་བསྟན་བཤད་གཉིས་ལས།

མདོར་བསྟན་ནི། **སེམས་ཅན་དོན་བྱེད་ཚུལ་ཁྲིམས་བསྡུ་དངོས་བཞི།** །ཞེས་པ་སྟེ། དགེ་བ་ཆོས་སྡུད་ཀྱིས་རང་རྒྱུད་སྨིན་ནས་གཞན་རྒྱུད་སྨིན་ཕྱིར་སེམས་ཅན་དོན་བྱེད་ཀྱི་ཚུལ་ཁྲིམས་བསྡུ་དངོས་བཞི་ལ་འཇུག་གོ། །

གཉིས་པ་རྒྱས་བཤད་ནི། **ཐོག་མར་སྦྱིན་པས་གདུལ་བྱ་རབ་བསྡུས་ནས། །སྙན་པར་སྨྲ་བའི་གཏམ་གྱིས་ཡིད་རབ་དྲངས། །ཐེག་པ་རིམ་དགུར་བཀྲི་བ་དོན་སྤྱོད་དེ། །དེ་དག་འདྲེན་ཕྱིར་རང་ཡང་དོན་དེ་སྤྱོད།** །ཅེས་པ་ལ། མཚན་ཉིད། དབྱེ་བ། གྲངས་ངེས། བསྡུ་ཚུལ་དང་བཞི། དང་པོ་ནི། བྱང་སེམས་ཀྱི་སྒྲུབ་པའི་བསླབ་བྱ་གང་ཞིག །སེམས་ཅན་ཡོངས་སུ་སྨིན་པར་བྱ་བའི་ཆེད་དུ་ཐབས་ལ་མཁས་པས་གཞན་ལ་ཕན་པ་ལྷུར་ལེན་པར་འདོད་པའི་སེམས་པ་མཚུངས་ལྡན་དང་བཅས་པའོ། །དབྱེ་ན། སྦྱིན་པ། སྙན་པར་སྨྲ་བ། དོན་སྤྱོད་པ། དོན་མཐུན་པ་དང་བཞི། དང་པོ་ནི། གདུལ་བྱ་འཁོར་དུ་མ་འདུས་པ་བསྡུ་བར་བྱ་བའི་ཕྱིར་ཐོག་མར་ཟང་ཟིང་གི་སྦྱིན་པས་མགུ་བར་བྱེད་པ་སྟེ། པདྨ་སྤུངས་པ་ལས། སྦྱིན་པའི་གཡབ་མོས་ལེགས་བོས་ཏེ། །ཞེས་སོ། །གཉིས་པ་ནི། འཁོར་དུ་འདུས་ནས་སྙན་པར་སྨྲ་བའི་གཏམ་གྱིས་བློ་རིམ་གྱིས་དྲངས་ཏེ་དམ་པའི་ཆོས་བསྟན་པས་དེ་སྒྲུབ་པ་ལ་དོན་གཉེར་གྱི་མོས་འདུན་དང་སྤྲོ་བ་བསྐྱེད་དུ་འཇུག་པ་སྟེ། དེ་ཉིད་ལས། སྙན་པར་སྨྲ་བའི་ཚིག་གིས་བསྡུ། །ཞེས་སོ། །གསུམ་པ་ནི། བྱིས་པ་ཁ་ཟས་འཇམ་རྒྱབ་ཀྱིས་རིམ་པར་གསོ་བ་ལྟར་ཆོས་གཅིག་གིས་བློ་རིས་ཐ་དད་སྨིན་པར་མི་ནུས་པས་གདུལ་བྱའི་བློ་དང་འཚམས་པའི་ཆོས་ལ་སྤྱོད་དུ་འཇུག་པ་སྟེ། བློ་ཐ་མའི་ཆུང་འབྲིང་ཆེ་གསུམ་ནི་ཉན་རང་བྱང་སེམས་གསུམ་དང་། འབྲིང་གསུམ་ནི་བྱ་སྤྱོད་རྣལ་འབྱོར་གསུམ་དང་། རབ་གསུམ་ནི་བསྐྱེད་པ་དང་རྫོགས་པ་དང་རྫོགས་པ་ཆེན་པོ་གསུམ་སྟེ། ཐེག་དགུ་ལ་བློའི་རིམ་པ་ལྟར་བཀྲི་བ་སོགས་དངོས་དང་བརྒྱུད་པའི་སྒོ་ནས་སེམས་ཅན་གྱི་ཕན་བདེ་སྒྲུབ་པའི་ཐབས་ལ་མཁས་པར་བྱ་བ་སྟེ། ཞི་བ་ལྷས། དམན་ལ་མཆོག་གི་ཆོས་མི་སྟོན། །རྒྱ་ཆེན་ཆོས་ཀྱི་སྣོད་གྱུར་པ། །དམན་པའི་ཆོས་ལ་སྦྱར་མི་བྱ། །ཞེས་དང་། སྡེ་མ་ལས། དོན་སྤྱོད་གྲོས་ཆེན་གདབ་པར་བྱ། །ཞེས་སོ། །བཞི་པ་ནི། སེམས་ཅན་དེ་དག་དམ་པའི་ཆོས་དང་དགེ་བའི་སྤྱོད་པ་ལ་འདྲེན་པའི་ཕྱིར་རང་ཡང་དོན་དེ་ལ་མཐུན་པར་སློབ་དགོས་ཏེ།

རང་གིས་མ་བསྒྲུབས་ན་མཛེ་ཕོའི་བྱ་ཁྱུང་གི་སྒྲུབ་ཐབས་ལྟར་གཞན་ལ་འཇུག་ཕྱོག་གི་བསླབ་བྱ་འདོམས་ཀྱང་ཉན་དུ་མི་འདོད་པའི་ཕྱིར། དེ་ཉིད་ལས། དོན་མཐུན་པ་ཡིས་བག་ཕབ་སྟེ། །ཞེས་སོ། །

གསུམ་པ་གྲངས་ངེས་ནི། གདུལ་བྱ་ལ་གནས་སྐབས་སུ་ཕན་པའི་ཕྱིར་ཟང་ཟིང་དང་། མཐར་ཐུག་གི་ཕན་པའི་རྒྱུར་ཆོས་འཛིན་པ་དང་། དེའི་དོན་ལ་འཇུག་པ་དང་། དོན་དེ་ལ་ཡང་ནས་ཡང་དུ་རྗེས་སུ་འཇུག་པའི་ཕྱིར་ཕྱི་མ་གསུམ་སྟེ་བཞིར་གྲངས་ངེས་སོ། །དེ་ལྟར་ཡང་མདོ་སྡེ་རྒྱན་ལས། སྦྱིན་མཚུངས་དེ་སྟོན་ལེན་འཇུག་དང་། །བདག་ཉིད་རྗེས་སུ་འཇུག་རྣམས་ཀྱིས། །སྙན་པར་སྨྲ་དང་དོན་སྤྱོད་དང་། །དོན་མཐུན་ཉིད་དུ་འདོད་པ་ཡིན། །ཞེས་དང་། ཕན་པར་བྱེད་པའི་ཐབས་དང་ནི། །འཛིན་དང་འཇུག་པར་བྱེད་པ་དང་། །དེ་བཞིན་རྗེས་སུ་འཇུག་བྱེད་པས། །བསྡུ་བའི་དངོས་པོ་བཞིར་བཤད་དོ། །ཞེས་སོ། །ཡང་ཆོས་ཀྱི་སྣོད་རུང་དུ་སྒྲུབ་པ་དང་། མོས་པ་དང་། སྒྲུབ་པ་དང་། མཐར་ཕྱིན་པར་བྱ་བའི་ཕྱིར་ཡང་བཞིར་ངེས་ཏེ། དེ་ལས། དང་པོས་སྣོད་གྱུར་དངོས་པོ་སྟེ། །གཉིས་པ་ཡིས་ནི་མོས་པ་ཡིན། །གསུམ་པ་ཡིས་ནི་སྒྲུབ་པ་སྟེ། །བཞི་པས་རྣམ་པར་སྦྱོང་བའོ། །ཞེས་སོ། །དེས་ན་འདས་མ་འོངས་ད་ལྟར་གསུམ་གྱིས་བསྡུས་པའི་སེམས་ཅན་སྨིན་བྱེད་ཀྱི་ཐབས་ཐམས་ཅད་འདིར་འདུ་སྟེ། དེ་ཉིད་ལས། བསྡུས་དང་བསྡུད་པར་འགྱུར་བ་དང་། །གང་དག་ད་ལྟར་སྡུད་བྱེད་པ། །དེ་ཀུན་དེ་འདྲ་དེ་ལྟ་བས། །འདི་ནི་སེམས་ཅན་སྨིན་བྱེད་ཐབས། །ཞེས་སོ། །བཞི་པ་ནི༏ སེམས་བསྐྱེད་ཀྱིས་ཟིན་པའི་སྒོ་ནས་སེམས་ཅན་ལ་དངོས་སམ་བརྒྱུད་པས་ཕན་བདེ་སྒྲུབ་པ་ཐམས་ཅད་ཡིན་ཡང་། བསྡུ་ན་བཞི་པོ་དེར་འདུ་ཞིང་། དེ་ཡང་འཁོར་དུ་མ་འདུས་པ་བསྡུ་བ་དང་། འདུས་པ་སྨིན་པར་བྱེད་པ་གཉིས་སུ་བསྡུར་རུང་ངོ་། །གཞན་ལས་དོན་བྱེད་ཚུལ་བཅུ་གཉིས་སུ་བསྡུས་པའང་སྣང་སྟེ། བྱང་ས་ལས། བྱ་བ་དོན་དང་ལྡན་པ་ལ་གྲོགས་སུ་འགྲོ་བ་དང་། སེམས་ཅན་སྡུག་བསྔལ་བ་རྣམས་ཀྱི་སྡུག་བསྔལ་སེལ་བ་དང་། །ཐབས་མི་ཤེས་པ་རྣམས་ལ་རིག་པ་སྟོན་པ་དང་། བྱས་པ་བཟོ་ཞིང་ཆེར་ཏེ་ལན་དུ་ཕན་འདོགས་པ་དང་། འཇིགས་པ་རྣམས་ལ་བསྲུང་བ་དང་། སྡུག་བསྔལ་བ་རྣམས་ཀྱི་མྱ་ངན་སེལ་བ་དང་། ཡོ་བྱད་མེད་པ་རྣམས་ལ་ཡོ་བྱད་སྟོབ་པ་དང་། ཆོས་ཀྱི་འཁོར་ལེགས་པར་སྡུད་པ་དང་། སེམས་དང་མཐུན་པར་འཇུག་པ་དང་། ཡང་དག་པའི་ཡོན་ཏན

གྱིས་དགའ་བར་བྱེད་པ་དང་། ལེགས་པར་ཚར་གཅོད་པ་དང་། རྫུ་འཕྲུལ་གྱིས་སྐྲག་པ་དང་འདུན་པར་བྱེད་པའོ། །ཞེས་གསུངས་ཏེ་སྔར་གྱི་བཞི་པོའི་ཁོག་ཏུ་དངོས་ཤུགས་གང་རུང་གིས་འདུས་སོ། །

གཉིས་པ་ལ། ཕྱོགས་གཉིས་ལ་ལྟོས་ནས་སྤང་བླང་བྱ་བ། འཇུག་ལྟོག་གི་ཐབས་དྲན་ཤེས་བག་ཡོད་གསུམ་ལ་སྦྱར་བ། སྤྱོད་ལམ་ཐམས་ཅད་དགེ་བས་དུས་འདའ་བ་ལ་བསླབ་པའོ། །དང་པོ་ནི། **མཐུན་ཕྱོགས་ཀུན་སློབ་མི་མཐུན་མཐའ་དག་སྤང་།** །ཞེས་པ་སྟེ། སྤྱིར་བསླབ་བཏུས་ལས། གང་གིས་ལྟུང་བར་མི་འགྱུར་པ། །གནད་ཀྱི་གནས་རྣམས་འདིས་རིག་བྱ། །ཞེས་བྱང་ཆུབ་སེམས་དཔའི་བསླབ་གཞི་རྒྱ་ཆེན་རྣམས་ཀྱི་གནད་ཀྱི་གནས་གང་ཞེ་ན། དེ་ཉིད་ལས། བདག་གི་ལུས་དང་ལོངས་སྤྱོད་དང་། །དུས་གསུམ་དགེ་བ་སྐྱེས་པ་རྣམས། །སེམས་ཅན་ཀུན་ལ་བཏང་བ་དང་། །དེ་བསྲུང་དག་པ་སྤེལ་བའོ། །ཞེས་པས་གཞི་གསུམ་བཏང་བ་དང་། བསྲུང་བ་དང་། དག་པ་དང་། སྤེལ་བ་བཞིས་བྱང་སེམས་ཀྱི་སྡོམ་པ་མཐའ་དག་བསྡུས་པར་བཤད་ཅིང་། ཇི་ལྟར་སྒྲུབ་ཚུལ་ཡང་ལས་དང་པོ་པས་བསྲུང་བ། མོས་སྤྱོད་པས་དག་པ། མ་དག་ས་བདུན་ལ་གནས་པས་བཏང་བ། དག་པ་ས་གསུམ་ལ་གནས་པས་སྤེལ་བ་གཙོ་བོར་སྒྲུབ་པར་བཤད་དེ། རྒྱས་པར་བསླབ་བཏུས་ཉིད་དུ་བལྟ་བར་བྱ་ཞིང་། འདིར་ནི་དེ་རྣམས་ཀྱི་སྒྲུབ་པ་མཐར་ཕྱིན་པར་འགྲུབ་པའི་མན་ངག་བསྡུས་པ་སྟེ། དེ་ཉིད་ལས། འགྲུབ་པ་ཡང་དག་སྤོང་རྣམས་ཏེ། །ཞེས་པས་རྫོགས་བྱང་སྒྲུབ་པའི་མཐུན་ཕྱོགས་སུ་གྱུར་བ་དགེ་བའི་ཆོས་ཀུན་མ་སྐྱེས་པ་རྣམས་བསྐྱེད་པ་དང་། སྐྱེས་པ་རྣམས་གནས་པ་དང་འཕེལ་བའི་ཕྱིར་དང་པོར་འདུན་པ་དྲག་པོ་བསྐྱེད་ནས་སྒོ་གསུམ་འབད་པར་བྱེད། ཕྱི་བཤོལ་མེད་པའི་བརྩོན་འགྲུས་བརྩམ། དགེ་བའི་དམིགས་པ་མ་བརྗེད་པར་སེམས་འཛིན་ཅིང་ཡང་དག་པར་འཇོག་པ་ལ་བསླབ་པར་བྱའོ། །དེ་བཞིན་དུ་རྫོགས་བྱང་སྒྲུབ་པའི་མི་མཐུན་ཕྱོགས་སུ་གྱུར་པ་སྡིག་པ་མི་དགེ་བའི་ཆོས་མཐའ་དག་མ་སྐྱེས་པ་མི་བསྐྱེད་ཅིང་སྐྱེས་པ་སྤང་བའི་ཕྱིར་འདུན་པ་སོགས་དེ་ལྟར་བྱེད་པ་སྟེ། དབུས་མཐའ་རྣམ་འབྱེད་ལས། མི་མཐུན་ཕྱོགས་དང་གཉེན་པོ་རྣམས། །རྣམ་པ་ཐམས་ཅད་ཡོངས་ཤེས་ནས། །དེ་དག་སྤང་ཕྱིར་བརྩོན་འགྲུས་ནི། །རྣམ་པ་བཞི་དག་རབ་ཏུ་འབྱུང་། །ཞེས་སོ། །གཞན་ཡང་བྱང་ཆུབ་ཀྱི་སེམས་སྐྱེས་པ་དེ་ཉིད་བཟུང་དག་སྤེལ་གསུམ་གྱི་

ཐབས་ལ་བརྟེན་པས་བསྐྱང་བར་བྱ་སྟེ། སྤྱོད་འཇུག་ལས། དེ་ལྟར་བདག་གི་སེམས་འདི་ནི། །ལེགས་བཟུང་ལེགས་པར་བསྲུང་བར་བྱ། །སེམས་བསྲུང་བརྟུལ་ཞུགས་མ་གཏོགས་པ། །བརྟུལ་ཞུགས་མང་པོས་ཅི་ཞིག་བྱ། །ཞེས་སོ། །དེ་ཡང་སེམས་དེ་ཉིད་མི་ཉམས་པར་བཟུང་བ་ནི། སྨོན་འཇུག་གི་རང་བཞིན་ལ་སེམས་གནས་པ་སྟེ། མཐུན་ཕྱོགས་བསླབ་པར་བྱ་བའི་གནས་སོ། །སེམས་དེའི་དྲི་མ་དག་པར་བྱེད་པ་ནི། ཉེས་སྤྱོད་ཐམས་ཅད་ལས་བཟློག་པར་བྱེད་པ་སྟེ། མི་མཐུན་ཕྱོགས་སྤོང་བའི་བསླབ་བྱའོ། །དགེ་བ་སྤེལ་བའི་ཐབས་ནི། བདག་གི་བདེ་བ་དང་གཞན་གྱི་སྡུག་བསྔལ་བརྗེ་བ་ལ་སྤེལ་མར་སྦྱོང་སྟེ། མཐུན་ཕྱོགས་ཀྱི་བསླབ་བྱའོ། །དེ་ལྟར་ཡང་སྤྱོད་འཇུག་ལས། བདག་བདེ་གཞན་གྱི་སྡུག་བསྔལ་དག །ཡང་དག་བརྗེ་བར་མ་བྱས་ན། །སངས་རྒྱས་ཉིད་དུ་མི་འགྲུབ་ཅིང་། །འཁོར་བ་ན་ཡང་བདེ་བ་མེད། །ཅེས་སོ། །

གཉིས་པ་ནི། **རྟག་ཏུ་དྲན་དང་ཤེས་བཞིན་བག་ཡོད་བསྟེན།** །ཅེས་པ་སྟེ། བསླབ་བཏུས་ལས། བག་ཡོད་པ་དང་མ་བྲལ་ཞིང་། །དྲན་པ་དང་ནི་ཤེས་བཞིན་དང་། །ཚུལ་བཞིན་དུ་ནི་སེམས་པས་སོ། །ཞེས་པ་ལྟར་དུས་རྟག་ཏུ་བསྲུང་སེམས་མི་བརྗེད་པའི་དྲན་པ་དང་། རང་རྒྱུད་ལ་ཉེས་པ་བྱུང་མ་བྱུང་རྟོག་པའི་ཤེས་བཞིན་དང་། འཇུག་ལྡོག་གི་གནས་ལ་གཟབ་པ་ལྷུར་ལེན་པའི་བག་ཡོད་དང་གསུམ་བསྟེན་པས་སེམས་བསྲུང་བར་བྱ་སྟེ། སྤྱོད་འཇུག་ལས། སེམས་བསྲུང་འདོད་པ་རྣམས་ལ་ནི། །དྲན་པ་དང་ནི་ཤེས་བཞིན་དག །སྲོག་ལ་བབ་ཀྱང་སྲུངས་ཤིག་ཅེས། །བདག་ནི་དེ་ལྟར་ཐལ་མོ་སྦྱོར། །ཞེས་དང་། བཤེས་སྤྲིངས་ལས། བག་ཡོད་བདུད་རྩིའི་གནས་ཏེ་བག་མེད་པ། །འཆི་བའི་གནས་སུ་ཐུབ་པས་བཀའ་སྩལ་ཏེ། །དེ་བས་ཁྱོད་ཀྱིས་དགེ་ཆོས་སྤེལ་སླད་དུ། །གུས་པས་རྟག་ཏུ་བག་དང་ལྡན་པར་མཛོད། །ཅེས་སོ། །

གསུམ་པ་ནི། **འགྲོ་འདུག་ཟ་ཉལ་སྤྱོད་ལམ་རྣམ་པ་བཞིར། །སྤྱོད་ཡུལ་ཡོངས་སུ་དག་པའི་མདོ་སྡེ་ལྟར། །གང་བྱེད་རིགས་མཐུན་ཚིག་གིས་སྨོན་ལམ་འདེབས།** །ཞེས་པ་སྟེ། སྤྱིར་སྤྱོད་ལམ་རྣམ་བཞིའི་དུས་ཐམས་ཅད་དུ་སྒོ་གསུམ་གྱི་སྤྱོད་པ་ལ་བརྟགས་ནས་དྲན་ཤེས་མ་ཉམས་པས། འགྲོ་བའི་ཚེ་མིག་གཉའ་ཤིང་གང་ཙམ་དུ་བལྟ་ཞིང་། གཞན་དང་ཕྲད་ན་འཛུམ་པའི་མདངས་ཀྱིས

ལེགས་པར་འོངས་སོ་ཞེས་བསུས་ཏེ། སྟན་པའི་གདམ་གྱིས་ཕ་རོལ་པོའི་ཡིད་དགའ་བར་བྱ་བ་དང་། འདུག་པའི་ཚེ་སྐྱིལ་ཀྲུང་དྲང་པོར་བསྲངས་ཏེ། འཆད་ཉན་དང་སྒོམ་པ་སོགས་ཆོས་སྤྱོད་བཅུའི་སྒྲུབ་པ་ཅི་རིགས་པ་ལ་འཇུག་པ་དང་། ཟས་ཟ་བའི་ཚེ་དཀོན་མཆོག་གསུམ་རྗེས་སུ་དྲན་པས་ཕུད་དང་གཏོར་མ་ཕུལ་ལ་ཆགས་མེད་སྤྱངས་ཏེ། ལུས་གསོ་བ་དང་སྲིན་བུའི་རིགས་ལ་ཕན་པའི་བློས་ཁམས་དང་ཏིང་ངེ་འཛིན་ལ་ཇི་ཙམ་འཕྲོད་པ་ཙམ་དུ་ལོངས་སྤྱོད་དེ་ཟས་ཀྱི་བསྔོ་བ་བྱ་བ་རྣམས་དང་། མཚན་མོ་ཉལ་བའི་ཚེ་གཞོག་གཡས་ཕབ་ལ་མགོ་བྱང་དུ་བསྟན་ནས་ཉལ་ཏེ། འཆི་བ་དྲན་པ་དང་། དཀོན་མཆོག་གསུམ་སྐྱབས་སུ་དྲན་པ་དང་། དགེ་བའི་བྱ་བ་ལ་ལྡང་བ་དང་སྣང་བའི་འདུ་ཤེས་བཞག་ནས་ཆོས་ཉིད་ཀྱི་ངང་དུ་བློ་གནས་པས་ཉལ་ཞིང་། ནངས་པར་ལྡང་བ་ན་དཀོན་མཆོག་གསུམ་དང་བྱང་ཆུབ་ཀྱི་སེམས་དྲན་པས་ལངས་ཏེ། སྒོ་ལམ་དུ་སྡིག་པ་མཐོང་ན་འཕྲལ་དུ་བཤགས་ཤིང་དགེ་ན་ཡི་རང་བ་ཙམ་བྱས་ནས། རང་གཞན་ལ་ཕན་པར་འགྱུར་བའི་ཆོས་སྤྱོད་ཀྱིས་དུས་འདའ་བར་བྱ་སྟེ༑ མདོ་སྡེ་རྒྱན་ལས། རྒྱལ་སྲས་སྤྱོད་ཚེ་ཇི་ལྟ་ཇི་ལྟ་བུར། །དབང་པོའི་སྤྱོད་ཡུལ་སྣ་ཚོགས་འཇུག་འགྱུར་བ། །དེ་ལྟ་དེ་ལྟར་རིགས་ཤིང་མཐུན་ཚིག་གིས། །སེམས་ཅན་ཕན་ཕྱིར་དེ་མངོན་འདུ་བྱེད་དོ༑ ༑ཞེས་སོ། །ཁྱད་པར་ཕལ་པོ་ཆེའི་སྤྱོད་ཡུལ་ཡོངས་སུ་དག་པའི་མདོ་སྡེ་ལས་ཇི་སྐད་གསུངས་པ་ལྟར། བྱང་ཆུབ་སེམས་དཔའ་ཁང་པའི་ནང་དུ་འཇུག་པའི་ཚེ་སེམས་ཅན་ཐམས་ཅད་ཀྱིས་ཐར་པའི་གྲོང་ཁྱེར་ཐོབ་པར་གྱུར་ཅིག་སྙམ་དུ་སེམས་བསྐྱེད་དོ། །ཉལ་བའི་ཚེ་སངས་རྒྱས་ཀྱི་ཆོས་སྐུ་ཐོབ་པར། སྒོ་ལམ་སྒོ་བ་ན་ཆོས་ཐམས་ཅད་སྒོ་ལམ་ལྟ་བུར་རྟོགས་པར། གཉིད་སད་པ་ན་མ་རིག་པ་ལས་སད་པར། ལྡང་བ་ན་སངས་རྒྱས་ཀྱི་གཟུགས་སྐུ་ཐོབ་པར། གོས་གྱོན་པ་ན་ངོ་ཚ་དང་ཁྲེལ་ཡོད་ཀྱི་གོས་གྱོན་པར། སྐ་རགས་འཆིང་བ་ན་དགེ་བའི་རྩ་བ་དང་འབྲེལ་བར། སྟན་ལ་འདུག་པ་ན་རྡོ་རྗེའི་གདན་ཐོབ་པར། རྒྱབ་བརྟེན་པ་ན་བྱང་ཆུབ་ཀྱི་ཤིང་ཐོབ་པར། མེ་གཏོང་བ་ན་ཉོན་མོངས་པའི་བུད་ཤིང་བསྲེག་པར། འབར་བ་ན་ཡེ་ཤེས་ཀྱི་མེ་འབར་བར། གཡོས་ཟིན་པ་ན་ཡེ་ཤེས་ཀྱི་བདུད་རྩི་ཐོབ་པར། ཁ་ཟས་བཟའ་བ་ན་བསམ་གཏན་གྱི་ཟས་ཐོབ་པར། ཕྱིར་འགྲོ་བ་ན་འཁོར་བའི་གྲོང་ལས་ཐར་བར། སྐས་ལ་འབབ་པ་ན་སེམས་ཅན་གྱི་དོན་ལ་འཁོར་བར་འཇུག་པར། སྒོ་འབྱེད་པ

ན་ཐར་པའི་གྲོང་གི་སྒོ་འབྱེད་པར། སྒོ་གཅོད་པ་ན་ངན་སོང་གི་སྒོ་གཅོད་པར། ལམ་དུ་འཇུག་པ་ན་འཕགས་པའི་ལམ་དུ་འཇུག་པར། གྲེན་ལ་འགྲོ་བ་ན་སེམས་ཅན་ཐམས་ཅད་མཐོ་རིས་ཀྱི་བདེ་བ་ལ་འགྲོ་བར། ཐུར་ལ་འབབ་པ་ན་ངན་སོང་གསུམ་རྒྱུན་གཅོད་པར། སེམས་ཅན་དང་འཕྲད་པ་ན་སངས་རྒྱས་དང་མཇལ་བར། རྐང་པ་འཛོག་པ་ན་སེམས་ཅན་ཐམས་ཅད་ཀྱི་དོན་ལ་འགྲོ་བར། རྐང་པ་འདེགས་པ་ན་འཁོར་བ་ནས་འདོན་པར། རྒྱན་དང་ལྡན་པ་མཐོང་ན་མཚན་དཔེའི་རྒྱན་ཐོབ་པར། རྒྱན་མེད་པ་མཐོང་ན་སྦྱངས་པའི་ཡོན་ཏན་དང་ལྡན་པར། སྣོད་གང་བ་མཐོང་ན་ཡོན་ཏན་གྱིས་གང་བར། སྟོང་པ་མཐོང་ན་སྐྱོན་གྱིས་སྟོང་པར། སེམས་ཅན་དགའ་བ་མཐོང་ན་ཆོས་ལ་དགའ་བར། མི་དགའ་བ་མཐོང་ན་འདུས་བྱས་ཀྱི་དངོས་པོ་ལ་མི་དགའ་བར། སེམས་ཅན་བདེ་བ་མཐོང་ན་སངས་རྒྱས་ཀྱི་བདེ་བ་ཐོབ་པར། སྡུག་བསྔལ་བ་མཐོང་ན་སེམས་ཅན་གྱི་སྡུག་བསྔལ་ཐམས་ཅད་ཞི་བར། ནད་པ་མཐོང་ན་ནད་ལས་གྲོལ་བར། དྲིན་དུ་གཟོ་བ་མཐོང་ན་སངས་རྒྱས་དང་བྱང་ཆུབ་སེམས་དཔའ་ཐམས་ཅད་ལ་དྲིན་ལན་ལྡོན་པར། དྲིན་དུ་མི་གཟོ་བ་མཐོང་ན་ལྟ་བ་ལོག་པ་ལ་དྲིན་དུ་མི་བཟོ་བར། རྩོལ་བ་མཐོང་ན་ཕས་ཀྱི་རྒོལ་བ་ཐམས་ཅད་ཚར་གཅོད་ནུས་པར། བསྟོད་པ་མཐོང་ན་སངས་རྒྱས་དང་བྱང་ཆུབ་སེམས་དཔའ་ཐམས་ཅད་ལ་བསྟོད་པར། ཆོས་ཀྱི་གཏམ་བྱེད་པ་མཐོང་ན་སངས་རྒྱས་ཀྱི་སྤོབས་པ་ཐོབ་པར། སྐུ་གཟུགས་མཐོང་ན་སངས་རྒྱས་ཐམས་ཅད་མཐོང་བ་ལ་སྒྲིབ་པ་མེད་པར། མཆོད་རྟེན་མཐོང་ན་འགྲོ་བ་ཐམས་ཅད་ཀྱི་མཆོད་རྟེན་དུ་འགྱུར་བར། ཚོང་བྱེད་པ་མཐོང་ན་འཕགས་པའི་ནོར་བདུན་ཐོབ་པར། ཕྱག་འཚལ་བ་མཐོང་ན་ལྷ་དང་བཅས་པའི་འཇིག་རྟེན་གྱིས་སྤྱི་གཙུག་བལྟར་མི་མངོན་པ་ཐོབ་པར་གྱུར་ཅིག་སྙམ་དུ་སེམས་བསྐྱེད་པར་བྱའོ། །ཞེས་སོ། །

གསུམ་པ་དོན་བསྡུ་བ་ལ། མཁས་པའི་བཞེད་པ་བརྗོས་པ་དང་། རང་བཞེད་འགོད་པའོ། །

དང་པོ་ནི། **མཁྱེན་རབ་དབང་ཕྱུག་གླིང་ཆེན་རབ་འབྱམས་ནི། །སྨོན་པའི་བསླབ་བྱ་ཚད་མེད་བཞི་བསྒོམ་ཞིང་། །འཇུག་པའི་བསླབ་བྱ་ཕ་རོལ་ཕྱིན་དྲུག་སྤྱོད། །བསྡུ་ན་དཀར་ནག་ཆོས་བརྒྱད་འདུ་ཞེས་གསུངས།** །ཞེས་པ་སྟེ། ཚད་མེད་བཞིས་བློ་སྦྱངས་ནས་སེམས་ཅན་གྱི་ཕན་བདེ་སྙིང་ཁོང་དུ་ཆུབ་པ་ནི་སྨོན་པའི་བསླབ་བྱའི་གནད་བསྡུས་པ་སྟེ། བྱང་ཆུབ་ཀྱི་སེམས་མི་འདོར་བ་ཉིད་སྨོན་པ

མི་འཆོར་བའི་བསླབ་བྱར་བཤད་པའི་ཕྱིར། འཇུག་པའི་བསླབ་བྱ་ཕྱིན་དྲུག་ཏུ་འདུ་ཚུལ་ནི་ཕྱིར་བཤད་པའི་དཀྱུས་ཀྱིས་གོ་བར་འགྱུར་རོ། །དེ་དག་ཀྱང་སེམས་ཉིད་ངལ་གསོ་ལས། སྨོན་པའི་བསླབ་བྱ་ཚད་མེད་བཞི་པོ་བསྒོམ། །དེ་ཡི་མི་མཐུན་ཕྱོགས་སྤང་སེམས་བསྐྱེད་བྱ། །འཇུག་པའི་བསླབ་བྱ་ཕ་རོལ་ཕྱིན་དྲུག་སྤྱད། །དེ་ཡི་མི་མཐུན་ཕྱོགས་སྤང་བརྩོན་པར་བྱ། །ཞེས་པས་བསྟན་ཏོ། །ནག་པོའི་ཆོས་བཞི་སྤྱད་ནས་ཐུན་ཚོད་འདས་ན་སྨོན་སེམས་གཏོང་བར་བཤད་ལ། དེ་བཏང་ན་འཇུག་སེམས་ཀྱང་འཆོར་ཏེ། འཇུག་སེམས་ཀྱི་རྟེན་སྨོན་སེམས་ཡིན་པས། གྱང་མེད་ན་རི་མོ་མེད་པ་བཞིན་ནོ་སྙམ་དུ་དགོངས་ནས། འདིར་བསྡུ་ན་ཆོས་བརྒྱད་དུ་འདུ་བར་འཕངས་ནས་མཛད་པ་སྟེ། ཚིག་གི་དངོས་བསྟན་ལ། མདོར་ན་ནག་པོའི་ཆོས་བཞི་སྤང་བྱ་ཞིང་། །དཀར་པོའི་ཆོས་བཞི་དག་ལ་ནན་ཏན་བྱ། །ཞེས་པའི་སྐབས་ཀྱི་འགྲེལ་བའི་མཚམས་སྦྱོར་དུ། ད་ནི་སྨོན་འཇུག་སོ་སོའི་བསྲུང་ཚུལ་བཤད་དེ། དེ་ཡང་དང་པོར་སྨོན་པ་བསྲུང་ཚུལ་ལའང་། སྤང་བླང་གི་སྒོ་ནས་བསྲུང་བ་ནི། བསླབ་པ་ཇི་སྙེད་པའི་ཕྱོགས་དེ་དག་གི་རིམ་པ། ཞེས་འབྱུང་བས་འཇུག་པ་གསལ་བར་མ་བསྟུས་མོད། དེ་ལྟ་ན་འང་གྲུབ་མཐའ་མཛོད་དུ་སྲོལ་གཉིས་ཀྱི་རྩ་ལྟུང་གི་དབྱེ་བ་བཤད་ནས། དེ་ཇི་ལྟར་བསྲུང་ཚུལ་འཆད་པའི་སྐབས་སུ། དྲན་དང་ཤེས་བཞིན་མ་ཉམས་པས་ནག་པོའི་ཆོས་བཞི་དོར་ནས། དཀར་པོའི་ཆོས་བཞི་སྤྱོད་པ་ལ་བསླབ་པར་བྱའོ། །ཞེས་པ་འདིས་བསྟན་པར་དགོངས་ནས་དེ་སྐད་ཅེས་འགྲེལ་པར་མཛད་དོ། །

གཉིས་པ་ནི། **འདིར་ནི་ཕན་དང་བདེ་བ་རྣམས་བྱ་ཞིང་། །འདིར་ཡང་མི་ཕན་ཕྱི་མར་གནོད་པ་སྤང་། །སྲོལ་གཉིས་བསླབ་བྱར་མ་འདྲེས་མེད་ཅེས་སྨྲ། །**ཞེས་པ་སྟེ། འདིར་ནི་སེམས་ཅན་ལ་རྗེས་སུ་ཆགས་པའི་བྱམས་པས་ཀུན་ནས་བསླངས་ཏེ། གང་ཅི་སྤྱོད་ཀྱང་རུང་། དེ་ཐམས་ཅད་གནས་སྐབས་སུ་རང་གཞན་ལ་ཕན་ཞིང་མཐར་ཐུག་བདེ་བ་སྒྲུབ་པའི་ཐབས་མཁས་སུ་འགྲོ་བའི་ཕྱིར་བླང་བར་བྱ་ཞིང་། ཞེ་སྡང་གིས་ཀུན་ནས་བསླངས་ཏེ་ཁྲོ་རྩོད་ཀྱིས་ནི་ཕན་ཚུན་གཉིས་ཀའི་རྒྱུད་མ་རུངས་པར་བྱས་པས་ཚེ་འདིར་ཡང་རང་གཞན་གཉིས་ཀ་ལ་མི་ཕན་ཏེ་གནོད་པའི་ཕྱིར་དང་། ཕྱི་མར་ནི་ངན་སོང་རྣམས་ལས་སྡུག་བསྔལ་ཆེ་ཞོས་དམྱལ་བར་འཕེན་པས་གནོད་པའི་ཕྱིར་སྤང་

དགོས་པར་མ་ཟད། འདིར་བདེ་བ་ལྟར་སྣང་ཡང་ཕྱི་མར་གནོད་ན་ནུས་པ་ཅི་ཡོད་ཀྱིས་འབད་དེ་སྤང་དགོས་སོ། །དེ་ལྟར་ཡང་བྱང་ས་ལས། བཅོམ་ལྡན་འདས་ཀྱིས་བྱང་ཆུབ་སེམས་དཔའི་ཉེས་པ་ནི་ཕལ་ཆེར་ཞེ་སྡང་ལས་འབྱུང་གི །འདོད་ཆགས་ལས་འབྱུང་བ་ནི་མ་ཡིན་པར་རིག་པར་བྱའོ། །ཞེས་གང་གསུངས་པ་དེ་ལ་དགོངས་པ་ནི་འདི་ཡིན་པར་བལྟ་བར་བྱ་སྟེ། བྱང་ཆུབ་སེམས་དཔའ་སེམས་ཅན་ལ་རྗེས་སུ་ཆགས་ཤིང་སེམས་ཅན་ལ་བྱམས་པའི་དབང་དུ་བྱས་ནས། གང་ཅི་སྤྱོད་ཀྱང་རུང་། དེ་ཐམས་ཅད་ནི་བྱང་ཆུབ་སེམས་དཔའི་བྱ་བ་ཡིན་ཏེ། མི་བྱ་བ་མ་ཡིན་ལ། བྱ་བར་རིགས་པ་བྱེད་པ་ནི་ཉེས་པར་འགྱུར་བ་མི་རིགས་སོ། །བྱང་ཆུབ་སེམས་དཔའ་སེམས་ཅན་རྣམས་ལ་སྡང་བ་ནི་བདག་དང་གཞན་རྣམས་ལ་ཕན་པར་སྤྱོད་པ་མ་ཡིན་ལ། དེ་ཡང་བྱང་ཆུབ་སེམས་དཔའི་བྱ་བ་མ་ཡིན་ཏེ། དེ་ལྟར་བྱ་བ་མ་ཡིན་པ་བྱེད་པ་ནི་ཉེས་པར་འགྱུར་བར་རིགས་སོ། །ཞེས་གསུངས། དེ་དག་ཇི་ལྟར་སློབ་པའི་ཐབས་ནི་ཤིང་རྟའི་སྲོལ་གཉིས་ཀྱི་བསླབ་བྱ་སྟེར་བཤད་པ་ལ་མ་འདུས་པ་མེད་དོ། །

ལྔ་པ་སྐྱེ་བའི་རྐྱེན་ནི། **སྐྱེ་བའི་རྐྱེན་ནི་ལྷ་ཀླུ་འཕྲོག་མ་སོགས། །སྡིག་ཅན་ལ་ཡང་སྐྱེ་བར་ཀླུ་སྒྲུབ་བཞེད། །ཐོགས་མེད་དེའི་རྐྱེན་སོ་ཐར་དགོས་ཞེས་གསུངས། །སྤྱིར་ན་སངས་རྒྱས་ཆོས་ལ་དད་བྱེད་ཅིང་། །འབྲས་བུ་བླ་མེད་བྱང་ཆུབ་ལ་དད་དང་། །རྒྱལ་སྲས་སྤྱོད་པ་རྒྱ་མཚོར་དད་བྱེད་ན། །བྱང་སེམས་སྐྱེ་བར་དཀོན་མཆོག་ཏཱ་ལར་གསུངས། །**ཞེས་པ་སྟེ། ཀླུ་སྒྲུབ་ཀྱི་ལུགས་ལྟར་ན། བརྡ་ཤེས་དོན་གོ་ལ་ལེན་འདོད་ཡོད་ན་འགྲོ་བ་མཐའ་དག་ལ་སྐྱེ་བས་རྐྱེན་གྱི་གང་ཟག་རྒྱ་ཆེ་སྟེ། སྡིག་ཅན་སོགས་ལེན་པ་པོ་ཇི་ལྟར་དམན་ཡང་སྨོན་པའི་སེམས་བསྐྱེད་ཙམ་ཞིག་ངེས་པར་སྐྱེ་བ་ལ་དགོངས་པའི་ཕྱིར། དཀོན་མཆོག་བརྩེགས་པ་ལས། དེའི་ཚེ་ཆོས་ཀྱི་རྣམ་གྲངས་འདི་བཤད་པ་ན་ལྷ་དང་ཀླུ་དང་ལྷ་མ་ཡིན་དང་ནམ་མཁའ་ལྡིང་དང་ལྟོ་འཕྱེ་ཆེན་པོ་བགྲང་བ་ལས་འདས་པ་དག་གིས་བླ་ན་མེད་པ་ཡང་དག་པར་རྫོགས་པའི་བྱང་ཆུབ་ཏུ་སེམས་བསྐྱེད་དོ། །ཞེས་སོ། །འཕགས་པ་ཐོགས་མེད་ཀྱི་ལུགས་ལྟར་ན། འཇུག་སྡོམ་མ་ཐོབ་པ་འཐོབ་པར་བྱེད་པའི་རྐྱེན་གླིང་གསུམ་གྱི་སྐྱེས་པ་བུད་མེད་མཚན་དོན་བྱེད་ནུས་པ་ཡིན་དགོས་ཏེ། སོ་ཐར་རིགས་བདུན་གང་རུང་དང་ལྡན་པའི་རྐྱེན་ལ་སྐྱེ་བར་བཤད་པའི་ཕྱིར། ལམ་སྒྲོན་ལས། སོ་སོ་ཐར་པ་རིགས་བདུན་གྱི། །རྟག་ཏུ་སྡོམ་གཞན་

ལྡན་པ་ལ། །བྱང་ཆུབ་སེམས་དཔའི་སྡོམ་པ་ཡི། །སྐལ་བ་ཡོད་ཀྱི་གཞན་དུ་མིན། །ཞེས་གསུངས་ཏེ༑ བྱང་སའི་ལུགས་འདིར་བསླབ་པའི་གྲངས་དང་སློབ་པའི་དུས་རྒྱུད་ཚོད་དང་སྦྱར་བའི་འཇུག་སྡོམ་ཉི་ཚེ་བ་མ་བཤད་པས་སྡོམ་པ་རྒྱ་ཆུང་བ་ལྟར་རྟེན་ཡང་རྒྱ་ཆུང་བ་ཡིན་པར་མངོན་ནོ། །དེ་ལྟ་ནའང་སྙིལ་གཉིས་པོ་དོན་ལ་གནད་གཅིག་སྟེ། རིགས་བདུན་སྟོན་དུ་སོང་མ་སོང་གང་ཡིན་ཡང་རུང་། སྣ་གཅིག་སྤོང་སེམས་ཙམ་ཡང་མེད་ན་བྱང་སྡོམ་མི་སྐྱེ་བས། དོན་ལ་ཉེས་སྤྱོད་སྤོང་བར་དམ་འཆའ་ནུས་པ་ཞིག་ངེས་པར་དགོས་པའི་ཕྱིར་ཏེ། གཞན་དུ་ན་སེམས་བསྐྱེད་ཀྱི་བསླབ་བྱ་དང་འགལ་བའི་ཕྱིར་རོ། །དེ་བས་བཤེད་པ་སྤྱིར་བཤད་ན་གང་ལེན་པ་པོའི་འགྲོ་བའི་ས་པས་བསྡུས་པ་ནི་ལུས་རྟེན་ཡིན་ལ། འདིར་གཙོ་བོ་ནི་བསམ་པའི་རྟེན་ཏེ། དད་སོགས་ཀྱི་བློ་ཁྱད་པར་ཅན་དངོས་སུ་སྐྱེར་རུང་བ་ཉིད་དོ། །དེ་ལྟར་ཡང་དཀོན་མཆོག་ཏྲ་ལའི་མདོ་ལས། རྒྱལ་དང་རྒྱལ་བའི་ཆོས་ལ་དད་གྱུར་ཅིང་། །བྱང་ཆུབ་བླ་ན་མེད་ལའང་དད་གྱུར་ལ། །རྒྱལ་སྲས་རྣམས་ཀྱི་སྤྱོད་ལ་དད་བྱེད་ན། །བློ་དང་ལྡན་པ་རྣམས་ཀྱི་སེམས་སྐྱེའོ། །ཞེས་གསུངས་པའི་ཕྱིར། གནས་པའི་རྟེན་ནི། གང་ལ་སྐྱེས་པའི་རྟེན་དེའམ་ཚེ་བརྗེས་པའི་རྟེན་གཞན་ལའང་རུང་སྟེ། གཏོང་བྱེད་ཀྱི་རྒྱུ་གང་ཡང་མ་བྱུང་ན་ཚེ་བརྗེས་ཏེ་འགྲོ་བ་གང་དུ་སྐྱེས་ཀྱང་བྱང་སྡོམ་མི་གཏོང་བས། དེའི་དབང་གིས་རང་བཞིན་གྱིས་ཉེས་སྤྱོད་ལ་མཛེམ་ཞིང་དགེ་བ་ལ་དང་གིས་སྦྲོ་བར་འགྱུར་བ་དང་ཚེ་འཕོས་པས་བརྗེད་ནའང་ཚོགས་ཆུང་དུས་དགེ་བའི་བཤེས་གཉེན་དང་འཕྲད་ནས་སྔར་ཡོད་དྲན་གསོའི་ཚུལ་དུ་སྡོམ་པ་ནོད་པར་འགྱུར་གྱི། གསར་དུ་ཡང་དག་པར་ལེན་དགོས་པ་ནི་མ་ཡིན་ཏེ། གཏོང་བྱེད་ཀྱི་རྒྱུ་མ་བྱུང་ན་རྫོགས་བྱང་གི་བར་དེ་སྲིད་དུ་མི་གཏོང་བའི་ཕྱིར་རོ། །

དྲུག་པ་ཉམས་པ་གསོ་ཚུལ་ལ་བསྟན་བཤད་གཉིས་ལས། མདོར་བསྟན་ནི། **ཐ་མར་ཉམས་ན་གསོ་བའི་ཚུལ་བཤད་པ།** །ཞེས་པ་སྟེ། སྨོན་འཇུག་གི་བསླབ་བྱ་ཇི་སྙེད་པ་ཐམས་ཅད་ཤེས་པར་བྱས་ནས་མི་ཉམས་པར་བསྲུང་ཞིང་། གལ་ཏེ་ཉམས་ན་གསོ་བ་ལ་འབད་པར་བྱའོ། །

གཉིས་པ་རྒྱས་བཤད་ལ་གསུམ་སྟེ། ལྟུང་བའི་རྣམ་གཞག་མུ་བཞིར་བསྟན་པ། གནང་བཀག་ཤེས་ནས་བསླབ་ཚུལ། ཕྱིར་བཅོས་དངོས་བཤད་པའོ། །དང་པོ་ནི། **གང་གིས་རིགས་དང་མི་རིགས་མ་**

བརྟགས་པར། །རྩོམ་མམ་ལྡོག་གམ་བཏང་སྙོམས་འཇོག་ཀྱང་རུང་། །འོས་ལས་འདས་བྱེད་ཐམས་ཅན་ལྟུང་བའི་སྡེ། །དོན་ཆེན་བསྒྲུབ་ལ་ཆུང་བཏང་གཟུགས་བརྙན་ཏེ། །ནུས་པའི་ཡུལ་མིན་ཐམས་ཅན་ལྟུང་བ་མེད། །མི་ནུས་དེར་བརྩོན་དེ་ཡི་གཟུགས་བརྙན་ཡིན། །ཞེས་པ་སྟེ། གང་ཟག་གང་གིས་བྱ་བ་གང་ལའང་བློའི་ནུས་པ་ཅི་ཡོད་ཀྱིས་རུང་མི་རུང་བརྟག་དགོས་པ་ལས། དགག་སྒྲུབ་རིགས་པ་དང་མི་རིགས་པ་མ་བརྟགས་པར། ལྡོག་པར་བྱ་བའི་གནས་ལ་བརྩོན་པའམ། བརྩམ་པར་བྱ་བ་ལས་ལྡོག་པའམ། འཇུག་ལྡོག་གི་གཞི་ལ་བཏང་སྙོམས་སུ་འཇོག་ཀྱང་རུང་སྟེ་ལྟུང་བ་དང་བཅས་པ་ཡིན་ལ། དེ་ཡང་མུ་བཞི་སྟེ། བརྟགས་བཞིན་དཔྱད་པས་ཤེས་བཞིན་དུ་བྱ་བར་འོས་པ་ལས་འདས་ཏེ། མནར་སེམས་ཀྱིས་སྲོག་གཅོད་པ་ལྟ་བུ་མི་རིགས་པ་བྱེད་པ་དང་། སེར་སྣས་མི་སྦྱིན་པ་ལྟ་བུ་རིགས་པ་མི་སྒྲུབ་པ་ཐམས་ཅད་ལྟུང་བའི་སྡེ་ཡིན་ལ། དོན་ཆེན་བསྒྲུབ་ཕྱིར་དོན་ཆུང་གཏོང་བ་དཔེར་ན་སྦྱིན་པ་བྱས་པས་ཚུལ་ཁྲིམས་འཆོར་ན། དཀོན་བརྩེགས་ལས། གང་ཞིག་དགའ་བའི་ཡིད་ཀྱིས་ནི། །ལོ་བརྒྱར་སྦྱིན་པ་བྱིན་པ་བས། །གང་གིས་ཉིན་གཅིག་ཚུལ་ཁྲིམས་དག །བསྲུངས་པ་དེ་ནི་ཁྱད་པར་འཕགས། །ཞེས་པ་ལྟར་སྦྱིན་པ་ལས་ཚུལ་ཁྲིམས་མཆོག་ཡིན་པས། དེའི་ཚེ་སྦྱིན་པ་གཏོང་བ་བཏང་སྙོམས་སུ་འཇོག་པ་ལྟ་བུའམ། སྡུག་བསྔལ་དང་ཡིད་མི་བདེ་བ་ཆུང་ངུས་དེ་དང་དེ་ཆེན་པོའི་གཉེན་པོར་འགྲོ་བ་བྱིས་པ་གཡང་ཁར་འཕྱུན་པ་མས་བརྡུང་བ་ལྟ་བུ་རྣམས་ནི་ལྟུང་བའི་གཟུགས་བརྙན་ཏེ་དོན་ལ་ལྟུང་བ་མེད་པ་ཡིན་ནོ། །ལས་དང་པོ་པས་མགོ་དང་མིག་སོགས་མི་གཏོང་བ་ལྟ་བུ་རང་གིས་ནུས་པའི་ཡུལ་མིན་པས་མི་སྒྲུབ་པའམ་ནུས་པའི་ཡུལ་ལ་འཇུག་ལྡོག་མ་ནོར་བར་སྒྲུབ་པ་ཐམས་ཅད་ལྟུང་མེད་དོ། །ལས་དང་པོ་པས་མགོ་སྟེར་བ་ལྟ་བུ་རང་གིས་ནུས་པའི་ཡུལ་མིན་ཡང་དེར་བརྩོན་པར་བྱེད་པའམ་ཀུན་སློང་གནག་ན་སྦྱོར་བ་དཀར་ཡང་ལྟུང་བ་མེད་པའི་གཟུགས་བརྙན་ཏེ་དོན་ལ་ལྟུང་བ་ཡིན་ནོ། །དེ་དག་ཀྱང་ཚུལ་ཁྲིམས་གསུམ་ལ་དཔེ་སྦྱར་ན། སྡོམ་པའི་ཚུལ་ཁྲིམས་ལ། ཞེ་སྡང་གིས་སྲོག་གཅོད་པ་ལྟུང་བ། ཕན་སེམས་ཀྱིས་གསོད་ན་ལྟུང་བའི་གཟུགས་བརྙན། སྙིང་རྗེས་མི་གསོད་པ་ལྟུང་མེད། གཞན་ལ་ཕན་ཡང་མི་གསོད་པ་ལྟུང་མེད་ཀྱི་གཟུགས་བརྙན་ནོ། །དགེ་བ་ཆོས་སྡུད་ལ། སེར་སྣས་མི་སྦྱིན་པ་ལྟུང་བ། ཕན་སེམས་ཀྱིས་མི་སྟེར་

བ་ལྟུང་བའི་གཟུགས་བརྙན། བསམ་པ་དག་པས་སྟེར་བ་ལྟུང་མེད། གཞན་ལ་གནོད་ཕྱིར་སྟེར་བ་ལྟུང་མེད་ཀྱི་གཟུགས་བརྙན་ནོ། །སེམས་ཅན་དོན་བྱེད་ལ། ནད་གཡོག་མ་བྱས་པ་ལྟུང་བ། དོན་ཆེན་སྒྲུབ་ཕྱིར་ནད་གཡོག་མ་བྱས་པ་ལྟུང་བའི་གཟུགས་བརྙན། བརྩེ་བས་ནད་གཡོག་བྱེད་པ་ལྟུང་མེད། ནད་གཡོག་གཞན་ཡོད་བཞིན་དུ་རང་གི་ཀློག་སྦྱོང་སོགས་དོན་ཆེན་དོར་ནས་ནད་གཡོག་བྱས་ན་ལྟུང་མེད་ཀྱི་གཟུགས་བརྙན་ནོ། །

གཉིས་པ་ནི། **གཞན་ཕྱིར་ཕན་ན་ལུས་ངག་གི་མི་དགེ་བདུན། །གནང་བའི་སྐབས་ཡོད་དོན་ལ་དགེ་བ་ཡིན། །**ཞེས་པ་སྟེ། གཞན་ལ་ཕན་པའི་ཐབས་སུ་འགྱུར་ན། རང་གི་མི་དགེ་བཅུའི་ཉེས་སྤྱོད་སྡོམ་པ་ལས་ལུས་ངག་གི་བདུན་གནང་བའི་སྐབས་ཡོད་དེ། འདི་ལྟར་མང་པོའི་སྲོག་སྐྱབ་ཕྱིར་གཤེད་མ་གསོད་པ་ལྟ་བུ་སྲོག་གཅོད་དང་། བཀྲེས་པས་སྲོག་ལ་ཉེན་པ་སྐྱབ་ཕྱིར་འབྱོར་ལྡན་ལས་བརྐུས་ནས་སྟེར་བ་ལྟ་བུ་མ་བྱིན་ལེན་དང་། བུད་མེད་འདོད་པས་གདུངས་ཏེ་འཆི་ངེས་སྐྱབ་ཕྱིར་དེར་སྤྱོད་པ་ལྟ་བུ་འདོད་ལོག་དང་། གསོད་ངེས་ཀྱི་སྐྱེས་བུ་ཐར་ཕྱིར་སྦྲ་བ་ལྟ་བུ་རྫུན་དང་། སྡིག་གྲོགས་ཀྱིས་བསླུས་ནས་ངན་འགྲོར་ཁྲིད་པ་ལས་ལྡོག་ཕྱིར་དེ་གཉིས་འབྱེད་པ་ལྟ་བུ་ཕྲ་མ་དང་། མུ་ངན་གྱིས་ནོན་པ་བསང་བའམ་གཏམ་ལ་དགའ་བས་ཆོས་ལ་འཇུག་པའི་དགོས་པ་མཐོང་ན་སྒྲུང་དང་གཏམ་རྒྱུད་སོགས་སྨྲ་བ་ངག་འཁྱལ་དང་མི་དགེའི་བྱ་བ་ལས་ལྡོག་ཕྱིར་གཤེ་བ་ལྟ་བུ་ཚིག་རྩུབ་སྟེ། དེ་རྣམས་མི་དགེ་བ་ལྟར་སྣང་ཡང་དོན་ལ་དགེ་བ་ཡིན་པས་བྱ་བར་གནང་སྟེ། སེམས་ཀྱི་འཕེན་པ་ལས་གཞན་པའི་དགེ་སྡིག་ཡོད་པ་མ་ཡིན་པའི་ཕྱིར། དེ་ལྟར་ཡང་བཞི་བརྒྱ་པ་ལས། བསམ་པས་བྱང་ཆུབ་སེམས་དཔའ་ཡི། །དགེའམ་ཡང་ན་མི་དགེ་བ། །ཐམས་ཅད་དགེ་བ་ཉིད་འགྱུར་ཏེ། །གང་ཕྱིར་སེམས་དེ་གཙོ་བོའི་ཕྱིར། །ཞེས་དང་། སེམས་ཀྱི་སྒྲིབ་སྦྱོང་ལས། དགེ་སློང་རང་གིས་ཕ་རྒན་ལ། །མྱུར་འདོང་ཞེས་ནི་བསྐུལ་གྱུར་ནས། །ཕྱུལ་བས་དེ་ནི་ཤི་གྱུར་ཀྱང་། །མཚམས་མེད་སྦྱོར་བ་མ་ཡིན་ནོ། །བསམ་པ་བཟང་པོས་མཆིལ་ལྷམ་ཞིག །ཐུབ་པའི་དབུ་ལ་བཞག་པ་དང་། །དེ་བཞིན་གཞན་གྱིས་བསལ་བྱས་པ། །གཉིས་ཀས་རྒྱལ་སྲིད་འཐོབ་པར་འགྱུར། །དེ་ཕྱིར་བསམ་པའི་རྩ་བ་ལ། །བསོད་ནམས་སྡིག་པ་རྣམ་པར་གནས། །ཞེས་དང་། སྡོམ་པ་ཉི་ཤུ་པ་ལས། སྙིང་རྗེར་ལྡན

ཞིང་བྱམས་ཕྱིར་དང་། །སེམས་དགེ་བ་ལ་ཉེས་པ་མེད། །ཅེས་སོ། །དེས་ན་དགེ་སྡིག་གི་ལས་ནི་སེམས་ཀྱི་འཕེན་པ་ཉིད་ལ་རག་ལས་པའི་ཕྱིར་ཡིད་ཀྱི་ལས་གསུམ་ནི་ནམ་ཡང་གནང་བ་མེད་དོ། །

གསུམ་པ་ལ་སྦྲེལ་གཉིས་ལས། མགོན་པོ་ཀླུ་སྒྲུབ་ཀྱི་ལུགས་ནི། **ཐུན་འདས་ཉམས་ན་འཕགས་པ་ནམ་སྙིང་ལ། །ཕྱི་རངས་གསོལ་བཏབ་རྨི་ལམ་ལྟུང་བ་འཆགས། །ལྷག་མ་ཕུང་པོ་གསུམ་པ་ཉིན་མཚན་དུ། །ཡན་གསུམ་འདོན་པས་གཞིལ་བ་ཀླུ་སྒྲུབ་ལུགས།** །ཞེས་པ་སྟེ། སྤྱིར་བྱང་སེམས་ཀྱི་སྡོམ་པའི་གཏོང་རྒྱུ་ནི། རྟེན་གཞི་སྨོན་སེམས་བཏང་བ། འགལ་ཟླ་རྩ་ལྟུང་བྱུང་བ། སྤོང་རྒྱུན་སྡོམ་པ་ཕུལ་བ་གསུམ་དུ་འདུ་བ་ལས། དེ་ཡང་སྔར་བཤད་ཀྱི་རྩ་ལྟུང་བཅོ་བརྒྱད་དམ་ཉི་ཤུ་པོ་ཐམས་ཅད་སྤོང་བ་ནི་དབང་རྣོན་གྱི་ཡུལ་ཡིན་པས་དབང་པོ་འབྲིང་རྟུལ་གཉིས་ལ་ནི། རང་བློའི་སྟོབས་དང་སྦྱར་བའི་སོ་སོའི་བསླབ་བྱ། དེ་དག་བསྲུངས་པས་བྱང་སེམས་ཀྱི་བསླབ་པ་ལས་ཉམས་པར་མི་འགྱུར་ཏེ༑ སྡོམ་ཚིག་ཏུ། བྱང་ཆུབ་སེམས་ནི་བསྐྱེད་བགྱི་ཞིང་། །ཞེས་སྨོན་པ་བླངས་ནས། དེ་བཞིན་དུ་ནི་བསླབ་པ་ལ། །རིམ་པ་བཞིན་དུ་བསླབ་པར་བགྱི། །ཞེས་འཇུག་པ་བློའི་ནུས་ཚོད་དང་སྦྱར་ཏེ་རིམ་གྱིས་བསླབ་པ་ལས། ཐོག་མ་ཉིད་ནས་བསླབ་བྱ་ཐམས་ཅད་ལ་སློབ་པར་དམ་མ་བཅས་པའི་ཕྱིར་རོ༑ ༑ཉམས་པའི་ཉེས་དམིགས་ནི། ལྟུང་བ་སྤྱིའི་ཉེས་དམིགས་ལ་གསུམ་ལས། དང་པོ་ཁས་བླངས་ཉམས་པས་སྨད་པའི་གནས་སུ་འགྱུར་ཏེ། སྟོན་པ་སངས་རྒྱས་བསླུས་པའི་སངས་རྒྱས་མི་མཉེས། ཡུལ་སེམས་ཅན་བསླུས་པས་དེ་དག་མི་མགུ། རང་བསླུས་པས་རང་དོན་ཉམས་ཤིང་ཀུན་གྱིས་སྨད་པའི་གནས་སུ་འགྱུར་བའི་ཕྱིར་རོ། །གཉིས་པ་མིང་དོན་ཤོར་བས་མི་འདོད་པ་ཐམས་ཅད་འདུ་སྟེ། རྒྱལ་པོ་རྒྱལ་སྲིད་ཉམས་པ་ལྟར་ཚེ་འདིར་བཀྲ་མི་ཤིས་ཤིང་འཆི་ཁར་སྨུ་ངན་གྱིས་གདུང་བར་གསུངས་པའི་ཕྱིར་རོ། །གསུམ་པ་ཉེས་པ་ལྕི་བས་ཕྱི་མ་ངན་འགྲོར་ལྟུང་ཞིང་དེ་ལས་ཐར་དཀའ་སྟེ། བསླབ་བཏུས་ལས། རྫོགས་སངས་རྒྱས་ཀྱིས་གསུངས་ཚུལ་དུ། །འབད་པ་མེད་ན་ངན་འགྲོར་འགྲོ། །ཞེས་གསུངས་པའི་ཕྱིར་རོ། །ཁྱད་པར་རྩ་ལྟུང་གི་ཉེས་དམིགས་ནི། སྨོན་བསྐྱེད་པའི་བྱང་སེམས་ཀྱི་དགེ་རྩ་ཐམས་ཅད་ཐལ་བར་རློག་པ་དང་། དེ་ཉིད་ཀྱིས་ནི་དཀོན་མཆོག་ལྷ་དང་བཅས་པ་བསླུས་པ་དང་། དེས་ནི་སྤྱིར་ངན་འགྲོ་དང་ཁྱད་པར་སེམས་ཅན་དམྱལ་བ་ཆེན་པོར་སྐྱེ་བར་འགྱུར་ཏེ། དེ་

ལས་དེ་དག་རྒྱ་བའི་ལྟུང་བ་སྟེ། །སེམས་ཅན་དམྱལ་བ་ཆེན་པོའི་རྒྱུ། །ཞེས་སོ། །སྡོམ་པ་ཕུལ་བ་ནི། སོ་ཐར་ལས་བསྲུང་མི་ནུས་ན་འབུལ་བ་བསླབ་བྱར་གནང་མོད། བྱང་སྡོམ་ཕུལ་ན་ནི་ཉེས་པ་ཆེས་ལྕི་བར་འགྱུར་ཏེ། རྒྱལ་བ་སྲས་བཅས་ཀྱི་སྤྱན་སྔར་འགྲོ་བའི་ཕན་བདེ་སྒྲུབ་པར་དམ་བཅས་པ་ཉིད་བཏང་བའི་ཕྱིར། སྤྱོད་འཇུག་ལས། བླ་ན་མེད་པའི་བདེ་བ་ལ། །བསམ་པ་ཐག་པས་མགྲོན་གཉེར་ནས། །འགྲོ་བ་ཐམས་ཅད་བསླུས་བྱས་ན། །བདེ་འགྲོར་ཅི་ག་འགྲོ་འགྱུར་རམ། །ཞེས་དང་། སེམས་ཅན་གཅིག་གི་བདེ་བ་ཡང་། །བཤིག་ན་བདག་ཉིད་ཉམས་འགྱུར་ན། །ནམ་མཁའ་མ་ལུས་མཐའ་ཀླས་པའི། །ལུས་ཅན་བདེ་བཤིག་སྨོས་ཅི་དགོས། །ཞེས་སོ། །དེ་ལྟར་ཉེས་དམིགས་བསམ་ནས་ལྟུང་བས་མ་གོས་པར་བྱ་བ་ལ་འབད་དུ་ཟིན་ཀྱང་། མི་ཤེས་པ་དང་། བག་མེད་པ་དང་། ཉོན་མོངས་པ་མང་བ་དང་། མ་གུས་པ་སྟེ་རྒྱུ་བཞིས་ལྟུང་བ་བྱུང་ན་ཕྱིར་བཅོས་པའི་སྒོ་ནས་ཉེས་པ་ལས་ལྡང་བར་བྱའོ། །དེ་ལ་ཐུན་འདས་ཞེས་པ་ནི། ཉིན་ལ་ཆ་གསུམ་མཚན་ལ་ཆ་གསུམ་སྟེ་ཐུན་དྲུག་ཏུ་ཕྱེ་བའི་ཉིན་ཞག་གི་དྲུག་ཆའི་མཇུག་ཏུ་གཉེན་པོས་སླེབས་ན་དེའི་ཚུལ་ཁྲིམས་རྒྱུན་མི་ཆད་ཅིང་རྣམ་པར་དག་པར་འགྱུར་རོ། །དེ་ལ་སྔ་དྲོ་ལྟ་བུ་ཐུན་སྔ་མའི་ཐོག་ཐ་བར་གསུམ་གང་རུང་ལ་ལྟུང་བ་བྱུང་ན། གུང་ཚིགས་ལྟ་བུ་དེ་མ་ཐག་གི་ཐུན་ཕྱི་མའི་ཐོག་ཐ་བར་གསུམ་གང་རུང་དེ་དང་དེའི་དུས་སུ་བྱང་ཆུབ་ཀྱི་སེམས་དང་མ་བྲལ་བ་ཉིད་ཀྱིས་བཤགས་པས་སོར་ཆུད་པའི་དོན་ནོ། །དེ་ལྟར་བཤགས་ཚད་ལས་མ་འདས་ན་རྩ་ལྟུང་ཡང་ཡང་བྱུང་ཡང་བཤགས་པས་སོར་ཆུད་པར་འགྱུར་བས་ཕྱིར་བཅོས་སུ་ཡོད་པ་ཡིན་ལ། གལ་ཏེ་བཤགས་ཚད་ལས་འདས་ན་ནི་ཚུལ་ཁྲིམས་གཏུགས་པ་ཡིན་པས་ཕྱིར་བཅོས་ཀྱིས་གསོ་བར་མི་ནུས་ཀྱི། བཤགས་བསྡམས་སྔོན་དུ་འགྲོ་བས་སླར་ཚིག་བཞིན་དུ་བླང་བར་བྱ་ཞིང་། གྲངས་ངེས་པ་མེད་དོ། །དེ་ལྟ་ནའང་འདིར་སྡོམ་པ་བསྐྱར་བར་མ་བཤད་པ་ནི། སླར་སྐྱེ་བས་ཞོར་ཡང་སླའོ་སྙམ་དུ་ནན་ཏན་མི་བྱེད་པ་སྤང་ཕྱིར་བསླབ་བཏུས་སུ་དངོས་སུ་མ་གསུངས་པ་བཞིན་དུ་འདིར་ཡང་དེ་ལྟར་མཛད་ལ། འོན་ཀྱང་དེར་ཉེ་བ་འཁོར་གྱི་མདོ་དྲངས་ནས་ཉན་ཐོས་དང་བྱང་སེམས་ཀྱི་རྩ་ལྟུང་བྱུང་བ་བཅོས་སུ་ཡོད་མེད་ཀྱི་ཁྱད་པར་བཤད་པས་དོན་གྱིས་གསུངས་པར་མངོན་ཏེ། བཅོས་སུ་ཡོད་པའང་ཉེས་པ་བཤགས་པ་དང་སྡོམ་པ་ལེན་པ་ལས་མ་འདས་པའི་ཕྱིར་

རོ༑ ༑དེས་ན་ཕྱིར་བཅོས་ཚུལ་ལ་དབང་པོའི་ཁྱད་པར་གྱིས་གསུམ་ལས། དབང་འབྲིང་ལྷའི་རྣལ་འབྱོར་ལ་ནན་ཏན་དུ་བྱེད་པ་དག་གིས། རང་གི་ཡི་དམ་གྱི་ལྷའི་མདུན་དུ་ཡན་ལག་བདུན་པ་བྱས་ལ་བཤགས་པས་ལྡང་མོད། རིག་སྔགས་སྤྱིའི་ལྷ་འཕགས་པ་ནམ་མཁའི་སྙིང་པོའི་མདུན་དུ་བཤགས་པར་འདོད་ན། ཉིན་མཚན་གྱིས་བར་མ་ཆོད་པར་བཤགས་པར་བྱ་སྟེ། གང་གི་ཚེ་ལྟུང་བ་བྱུང་ནས་བཟུང་ཁྲུས་དང་གཙང་སྦྲ་བྱ། སྤོས་བདུལ་ཏེ། འཕགས་པ་ནམ་མཁའི་སྙིང་པོའི་མཚན་ནས་བརྗོད་ཅིང་ཕྱག་འཚལ་བ་དང་། འཕགས་པས་བདག་ལ་ཞལ་བསྟན་ཏེ་སྡིག་པ་དག་པར་མཛད་དུ་གསོལ། ཞེས་གསོལ་བ་དྲག་ཏུ་བཏབ་པས། དངོས་སམ་རྨི་ལམ་དུ་སྣལ་བ་དང་འཚམས་པར་དེ་ཉིད་ཀྱི་གཟུགས་སམ་ མི་ ནས་བུའི་ བར་ཅི་ རིགས་ པའི་ གཟུགས་ ཀྱིས་ ལྟུང་ བ་ ལས་ འབྱིན་ པའི་ ཐབས་ སྟོན་ པར་ འགྱུར་ལ། གལ་ཏེ་སྟོན་པར་མི་བྱེད་ན་ཐོ་རངས་ལངས་ལ་གཙང་སྦྲ་དང་བཅས་པས་ཤར་ཕྱོགས་སུ་བལྟས་ཏེ། སྤོས་བདུལ་བས་མཆོད་ཅིང་། སྐྱ་རེངས་སྐྱ་རེངས་སྙིང་རྗེ་ཆེན་པོ་ལེགས་པ་ཆེན་པོ་ཁྱོད་ཛམྦུའི་གླིང་དུ་ཤར་མ་ཐག་ཏུ་བདག་ལ་ཐུགས་རྗེས་ཁྱབ་པར་མཛོད་ཅིག ༑ནམ་མཁའི་སྙིང་པོ་སྙིང་རྗེ་ཆེན་པོ་དང་ལྡན་པ་ལ་ཡང་བདག་གི་ཚིག་གིས་མྱུར་དུ་བསྐུལ་ཏེ། ཐབས་གང་གིས་ལྟུང་བ་མྱུར་དུ་འཆགས་པར་འདོད་པ་དང་། ཐེག་པ་ཆེན་པོའི་འཕགས་པ་ལ་ཐབས་དང་ཤེས་རབ་འཐོབ་པར་འགྱུར་པའི་ཐབས་དེ་བདག་གི་རྨི་ལམ་དུ་བསྟན་དུ་གསོལ། ཞེས་བརྗོད་ནས་ཉལ་བས་སྐྱ་རེངས་འཆར་བའི་ཚེ་རྨི་ལམ་དུ་ནམ་སྙིང་གི་གཟུགས་སྣལ་བ་བཞིན་སྟོན་པས་ལྟུང་བ་འཆགས་སུ་འཇུག་གོ༑ ༑དབང་པོ་དམན་པ་དག་གིས་ནི་སྟོབས་བཞིའི་སྒོ་ནས་བཤགས་པར་བྱའོ། ༑དེ་ལ་རྟེན་གྱི་སྟོབས་ནི་གཉིས་ཏེ། བཤགས་ཡུལ་གྱི་རྟེན་དགེ་བའི་བཤེས་གཉེན་ནམ་དེ་བཞིན་གཤེགས་པའི་རྟེན་ཁྱད་པར་ཅན་མཆོད་པའི་དབུས་སུ་སྤྱན་དྲང་ཞིང་དམིགས་པས་ཀུང་མདུན་གྱི་ནམ་མཁར་རྒྱལ་བ་སྲས་བཅས་བསམ་པའོ། ༑རང་རྒྱུད་ཀྱི་རྟེན་ནི་སྐྱབས་སེམས་ཡིན་པས་སེམས་ཅན་ཐམས་ཅད་སྒྲོལ་འདོད་ཀྱི་སྙིང་རྗེས་རྫོགས་བྱང་གི་སེམས་དང་ལྡན་པས་སྐྱབས་འགྲོ་སྤྱི་དང་། ཁྱད་པར་གཙོ་རྒྱལ་མས་འཇིགས་པ་ལས་སྐྱོབ་པར་གསོལ་བ་འདེབས་པའོ། ༑རྣམ་པར་སུན་འབྱིན་པའི་སྟོབས་ནི། སྡིག་ལྟུང་དྲན་ཞིང་འགྱོད་པ་དྲག་པོས་ལྟུང་བ་གང་དང་གང་བྱུང་དེ་དང་དེའི་མིང་ནས་བརྗོད་དེ་བཤགས

པའོ། །གཉེན་པོ་ཀུན་ཏུ་སྤྱོད་པའི་སྟོབས་ནི། སངས་རྒྱས་དང་བྱང་སེམས་ཀྱི་མཚན་བཟུང་བ། སྐུ་གཟུགས་དང་མཆོད་རྟེན་བཞེངས་པ། རྟེན་ལ་ཕྱག་མཆོད་དང་བསྐོར་བ་བྱ་བ། མདོ་རྒྱུད་ཟབ་མོ་ཀློག་པའམ་ཁ་ཏོན་བྱ་བ། དེ་བཞིན་གཤེགས་པའི་ཡིག་བརྒྱ་སོགས་སྡིག་སྦྱོང་ལ་བསྔགས་པའི་གཟུངས་སྔགས་བཟླས་བརྗོད་བྱ་བ། སྟོང་པ་ཉིད་ལ་མོས་པ་ཞེས་སྡིག་པའི་ངོ་བོ་ལ་ཇི་ལྟ་བུ་གང་ན་གནས་སོ་སོར་བརྟགས་ནས་མི་དམིགས་པའི་ངང་ལ་མཉམ་པར་འཇོག་པ་སྟེ། དེ་དག་ལ་གཉེན་པོ་ཀུན་ཏུ་སྤྱོད་པའི་སྒོ་དྲུག་ཅེས་གྲགས་སོ། །སོར་ཆུད་པའི་སྟོབས་ནི། ཕྱིན་ཆད་སྲོག་ལ་བབ་ཀྱང་སྡིག་པའི་ལས་འདི་དག་མི་བྱའོ་ཞེས་དམ་བཅས་ནས་ཉེས་སྤྱོད་ཀྱི་ལས་མི་བྱེད་པའོ། །གཞན་ཡང་ཡུལ་གྱི་ཁྱད་པར་སེམས་ཅན་ལ་གནོད་པའི་ཞེ་སྡང་གི་དང་ཆོས་ལ་གནོད་པའི་གཏི་མུག་གི་ཀུན་དཀྲིས་ལྟི་བ་གཉིས་དང་། དེ་ལས་གཞན་པའི་ཆགས་སེམས་དང་ཞེ་སྡང་ཙམ་གྱི་ཀུན་དཀྲིས་རྣམས་རིམ་པར་ཐེག་ཆེན་གྱི་སྡོམ་ལྡན་བཅུ་ཚོགས་དང་ལྔ་ཚོགས་དང་གང་ཟག་གཅིག་གམ་གཉིས་ལ་བཤགས་པར་བྱའོ། །གལ་ཏེ་དེ་ལྟ་བུའི་ཡུལ་མ་རྙེད་ན་ཐམས་ཅད་དཀོན་མཆོག་གི་དྲུང་དུ་བཤགས་སོ། །ཁྱད་པར་ཉིན་མཚན་དུས་དྲུག་ཏུ་སངས་རྒྱས་སོ་ལྔ་ལ་ཕྱག་བྱས་ནས་བཤགས་པ་ཡི་རང་བསྔོ་བའི་ཕུང་པོ་གསུམ་གྱི་མདོ་ཁ་ཏོན་དུ་བྱས་པས་རྩ་བ་ལས་གཞན་པའམ། བརྗེད་ངས་དང་ཤེས་བཞིན་གྱིས་མ་ཟིན་པས་ཕྱིར་བཅོས་མ་གྲུབ་པའི་ལྟུང་བའི་ལྷག་མ་རྣམས་བྱང་ཞིང་སོར་ཆུད་པར་འགྱུར་ཏེ༑ སྤྱོད་འཇུག་ལས། ཉིན་དང་མཚན་མོ་ལན་གསུམ་དུ། །ཕུང་པོ་གསུམ་པ་འདོན་བྱ་ཞིང་། །རྒྱལ་དང་བྱང་ཆུབ་སེམས་བསྟེན་ན། །ལྟུང་བའི་ལྷག་མ་དེས་ཞི་བྱ། །ཞེས་སོ། །དབང་རྣོན་གྱི་གང་ཟག་དམ་པ་ཁ་ཅིག་གིས་ནི། ཐོག་མར་སྐྱུ་མ་རྨི་ལམ་ལྟ་བུའི་ཚུལ་གྱིས་མཁའ་ཁྱབ་ཀྱི་རྒྱལ་བ་སྲས་དང་བཅས་པའི་སྤྱན་སྔར་ཚིག་གིས་བཤགས་རྗེས། ཉེས་པ་དེ་ཉིད་ཀྱི་ངོ་བོ་ལ་བརྟགས་ཤིང་དཔྱད་པས་དམིགས་མེད་ནམ་མཁའ་ལྟ་བུའི་རང་བཞིན་དུ་ཤེས་པའི་ངང་ལ་མཉམ་པར་བཞག་པས་ཉེས་ལྟུང་ཐམས་ཅད་ལས་གྲོལ་བར་འགྱུར་ཏེ། ཕྱོགས་བཅུ་རྒྱས་པའི་མདོ་ལས། གང་ཞིག་འགྱོད་ཚངས་བྱེད་འདོད་ན། །དྲང་པོར་འདུག་ལ་ཡང་དག་ལྟོས། །ཡང་དག་ཉིད་ལ་ཡང་དག་བལྟ། །ཡང་དག་མཐོང་ན་རྣམ་པར་གྲོལ། །དེ་ནི་འགྱོད་ཚངས་མཆོག་ཡིན་ནོ། །ཞེས་སོ། །

དེ་ལྟར་དབང་པོའི་ཁྱད་པར་གྱིས་ཕྱིར་བཅོས་གསུམ་དུ་བསྡུས་པ་འདི་ནི་ནག་པོ་པའི་དགོངས་པ་སྟེ། ཇི་སྐད་དུ། དམན་པ་ཁ་ཅིག་ནི་དངོས་པོར་འཛིན་པའི་དབང་གིས་འགྱོད་ཅིང་ཡིད་ལ་གཅགས་པས་གཞན་གྱི་དྲུང་དུ་ཉེས་པ་འཆགས་ཤིང་། ཕྱིས་སྡོམ་པས་རིམ་གྱིས་ཉེས་པ་དེ་ལས་རིང་ཞིག་ན་ལྡང་བ་ཡོད་དོ། །བར་མ་ཁ་ཅིག་ནི་རིག་སྔགས་དང་གསང་སྔགས་ཀྱི་ལྷ་བྱང་ཆུབ་སེམས་དཔའ་ནམ་མཁའི་སྙིང་པོ་ལ་སོགས་པ་མཉེས་པར་བྱས་ཏེ་ལྷས་རྗེས་སུ་གནང་བ་ཐོབ་པས་ལྡུང་བ་ལས་ལྡང་ངོ་། །དམ་པ་ཁ་ཅིག་ནི་གང་གིས་ལྡུང་བར་བརྗོད་པ་དེ་ཉིད་ལ་བྱང་ཆུབ་ཀྱི་སེམས་སུ་ཤེས་པས་ཚོགས་མེད་པར་གནས་ཏེ་ཇི་ལྟར་འཕགས་པའི་ཆོས་ཐམས་ཅད་འབྱུང་བ་མེད་པར་བསྟན་པ་ཞེས་བྱ་བ་ཐེག་པ་ཆེན་པོའི་མདོ་ལས་གསུངས་པ། འཇམ་དཔལ། བྱང་ཆུབ་སེམས་དཔའ་གང་གིས་ལས་མེད་ཅིང་རྣམ་པར་སྨིན་པ་མེད་པར་ཤེས་པ་དེས་ལས་ཀྱི་སྒྲིབ་པ་རྣམ་པར་དག་པ་ཐོབ་བོ། །ཞེས་གསུངས་པ་ལྟར་རོ། །

གཉིས་པ་འཕགས་པ་ཐོགས་མེད་ཀྱི་ལུགས་ལ། གཏོང་རྒྱུ་ངོས་བཟུང་བ་དང་། ཉེས་ལྡུང་ཕྱིར་བཅོས་ཚུལ་ལོ། །དང་པོ་ནི། **སྨོན་པའི་སེམས་ནི་ནག་པོའི་ཆོས་བཞི་སྤྱད། །སེམས་ཅན་སྙིང་ནས་བློས་བཏང་དེ་གཏོང་འགྱུར། །རྒྱུན་མི་ཆད་སྤྱོད་ངོ་ཚ་ཁྲེལ་མེད་དང་། །དེས་མགུ་དགའ་དང་དེ་ཉིད་ཡོན་ཏན་དུ། །ལྟ་བ་ཀུན་དཀྲིས་ཆེན་པོས་སྡོམ་པ་འཇོམས། །ཕམ་པ་ཞེས་བརྗོད་ཆུང་དང་འབྲིང་ལ་མིན།** །ཞེས་པ་སྟེ། རྒ་བ་སེམས་ཅན་བློས་བཏང་བ་དང་། ཡན་ལག་ནག་པོའི་ཆོས་བཞི་སྤྱད་ན་རྟེན་གཞི་སྨོན་སེམས་གཏོང་ལ། དེ་བཏང་བས་བརྟེན་པ་འཇུག་སེམས་ཀྱང་བཏང་བར་འགྱུར་རོ༑ །རྙེད་བཀུར་གྱི་ཕྱིར་བདག་བསྟོད་གཞན་སྨོད་སོགས་ཕམ་པའི་གནས་ལྟ་བུའི་ཆོས་བཞི་རྒྱུན་མི་ཆད་དུ་སྤྱོད་པ་དང་། ངོ་ཚ་དང་ཁྲེལ་ཡོད་ཆུང་ངུ་ཙམ་ཡང་མི་བསྐྱེད་པ་དང་། དེས་མགུ་ཞིང་དགའ་བར་བྱེད་པ་དང་། དེ་ཉིད་ལ་ཡོན་ཏན་དུ་བལྟ་བ་སྟེ་ཡན་ལག་བཞི་ཚང་ན་ཀུན་དཀྲིས་ཆེན་པོའི་ལྡུང་བ་སྟེ། སྡོམ་པ་འཇོམས་པར་བྱེད་པས་ན་ཕམ་པ་ཞེས་བརྗོད་པར་བྱའོ། །ཡན་ལག་གང་རུང་ཚང་ལ་ངོ་ཚ་དང་ཁྲེལ་ཡོད་ཅུང་ཟད་སྐྱེ་ཞིང་གཞན་གྱིས་བསྐུལ་བས་ལྡོག་ན་ཀུན་དཀྲིས་འབྲིང་དང་། ཡན་ལག་གང་རུང་དེ་ལ་ངོ་ཚ་ཆེར་བསྐྱེད་ཅིང་གཞན་རྐྱེན་ལ་མ་ལྟོས་པར་རང་ཉིད་ཀྱིས་དེ་ལས

སྦྱུར་དུ་ལྡོག་པར་བྱེད་ན་ཀུན་དཀྲིས་ཆུང་ངུ་སྟེ། དེ་གཉིས་ཀྱིས་སྡོམ་པ་གཏོང་བ་མ་ཡིན་ནོ། །འོ་ན་གཏན་ལ་དབབ་པ་བསྡུ་བར། གཏོང་བྱེད་དེ་གཉིས་གཅིག་ཏུ་བྱས་པའི་སྟེང་དུ་བཟློག་ཟླ་སྡོམ་མིན་སྐྱེས་པ། སྡོམ་པ་ཕུལ་བ། ཀུན་དཀྲིས་འབྲིང་ཡན་ཆོད་ཀྱི་བཞི་ཚང་བ་རྣམས་བསྟན་ནས་གཏོང་བྱེད་བཞིར་གསུངས་པ་དང་འགལ་ལོ་ཞེ་ན། མི་འགལ་ཏེ། འདིར་བཤད་ཀྱི་གཏོང་བྱེད་གཉིས་ནི་བྱང་སའི་དགོངས་པ་ལྟར་དབང་པོ་འབྲིང་རྟུལ་གྱི་དབང་དུ་བྱས་པ་རགས་པའི་རྣམ་གཞག་སྟེ། ཐབས་མཁས་ཀྱི་མདོ་ལྟར་བསླབ་བཏུས་ཀྱི་རྩ་ལྟུང་བཞི་པོ་དབང་འབྲིང་གི་རྩ་ལྟུང་ཡིན་པ་ལྟར། དེ་དང་ཆ་འདྲ་བ་བྱང་སའི་བཞི་ཡང་དབང་འབྲིང་གི་རྩ་ལྟུང་དུ་དོན་གྱིས་ཐོབ་པའི་ཕྱིར་རོ། །དེས་ན་བསྡུ་བར་ཟག་པ་འབྲིང་པོས་སྤྱད་པ་གཏོང་བྱེད་དུ་བཞེད་པ་ནི་དབང་རྣོན་གྱི་དབང་དུ་མཛད་པ་སྟེ། འདིས་འཕགས་པ་ཐོགས་མེད་ཀྱི་ལུགས་ལའང་དབང་རྣོན་གྱི་སྡོམ་པ་བཞེད་པར་མངོན་ནོ། །

གཉིས་པ་ནི། **ཕས་ཕམ་བྱུང་ན་སླར་བླང་འབྲིང་ནི་གསུམ། །ཐ་མ་གཅིག་མདུན་དངོས་པོ་བརྗོད་པས་བཤགས། །མཐུན་པའི་གང་ཟག་མེད་ན་ཡིད་ཀྱིས་བསྡམ། །རྒྱ་ཆེན་སྤྱོད་པའི་རིང་ལུགས་ཟླ་མེད་དོ།** །ཞེས་པ་སྟེ། སློན་སེམས་བཏང་བ་དང་། ཀུན་དཀྲིས་ཆེན་པོས་ཕམ་པའི་གནས་ལྟ་བུའི་རྩ་ལྟུང་གིས་གཏོང་བས། དེ་དག་བྱུང་ན་བཤགས་བསྡམས་དང་བསག་སྦྱངས་ལ་ནན་ཏན་བྱས་ལ༔ སྡོམ་པ་སླར་བླང་བར་བྱ་ཞིང་། གྲངས་ནི་གསུམ་ལས་ལྷག་པ་བསྐྱར་དུ་མེད་པར་བྱང་ས་ལས་བཤད་ཅེས་ཀུན་མཁྱེན་ཆེན་པོས་གསུངས་སོ། །ཀུན་དཀྲིས་འབྲིང་གིས་སྤྱད་པའི་ཕམ་འདྲ་རྣམས་ནི་གང་ཟག་གསུམ་ཡན་ཆད་དང་། ཀུན་དཀྲིས་ཆུང་ངུས་སྤྱད་པའི་རྩ་ལྟུང་དང་། དེ་ལས་གཞན་པའི་ཉེས་བྱས་ཞེ་དྲུག་ལ་ཀུན་སློང་གི་དབང་གིས་ཉོན་མོངས་ཅན་ཡིན་མིན་དང་ལྟུང་མེད་དུ་འགྱུར་བའང་ཡོད་པས། དེ་དག་གང་བྱུང་གང་ཟག་གཅིག་ཡན་ཆད་ཀྱི་དྲུང་དུ་བཤགས་ཤིང་བསྡམས་པས་དག་པར་འགྱུར་ཏེ། སྡོམ་པ་ཉི་ཤུ་པ་ལས། སྡོམ་པ་སླར་ཡང་བླང་བར་བྱ། ཟག་པ་འབྲིང་ནི་གསུམ་ལ་བཤགས། །གཅིག་གི་མདུན་དུ་ལྷག་མ་རྣམས། །ཉོན་མོངས་མི་མོངས་བདག་སེམས་བཞིན། །ཞེས་སོ། །དེ་ཐམས་ཅད་ལ་བཤགས་ཡུལ་མཐུན་པའི་གང་ཟག་མེད་ན་རྒྱལ་བ་སྲས་བཅས་ཡིད་ཀྱིས་བསམ་པའི་སྤྱན་སྔར་བཤགས་ཤིང་བསྡམ་པར་བྱའོ། །དེ་ཡང་ལམ་སྒྲོན་འགྲེལ་པར། དུམ་

བུ་དང་པོར་ལེགས་པར་གསོ་བྱེད་པ། །སྐྱེས་བུ་རབ་ཡིན་འབྲིང་ནི་གཉིས་ལའོ། །དུམ་བུ་ཐ་མར་གསོ་བ་ཐ་མ་སྟེ། །ཞེས་སྤྱིར་དུས་དྲུག་དང་ཁྱད་པར་དུས་རེ་རེ་ལ་ཆ་གསུམ་གསུམ་དུ་ཕྱེ་ནས། དེ་དང་དེར་གཉེན་པོས་སློབ་པ་གང་ཟག་རབ་འབྲིང་ཐ་གསུམ་གྱི་གསོ་ཚུལ་ཡིན་པར་བཤད་དོ། །

བདུན་པ་ཕན་ཡོན་ལ། བསོད་ནམས་རྒྱུན་ཆགས་སུ་འབྱུང་བའི། སངས་རྒྱས་ཀྱིས་སྲས་སུ་འགྱུར་བའི། བླ་ན་མེད་པའི་བྱང་ཆུབ་ཐོབ་པའི་ཕན་ཡོན་ནོ། །དང་པོ་ནི། **འདི་འདྲའི་བྱང་ཆུབ་སེམས་ཀྱི་རྩིས་ཟིན་ན། །གཉིད་སོགས་བག་མེད་གྱུར་ལའང་བསོད་ནམས་ཤུགས། །རྒྱུན་མི་ཆད་འབྱུང་།** ཞེས་པ་སྟེ། རེ་ཞིག་སྨོན་པ་སེམས་བསྐྱེད་ཀྱི་དབང་དུ་བྱས་ན། འདིའི་འབྲས་བུ་སངས་རྒྱས་ཉིད་དུ་འགྱུར་བ་ལྟ་ཞོག་གི །གནས་སྐབས་སུའང་འཁོར་ལོས་སྒྱུར་བ་དང་ལྷའི་དབང་པོ་སོགས་མཐོ་རིས་ཀྱི་འབྲས་བུ་ལན་གྲངས་དུ་མར་སྤྱོད་ཡང་། མངོན་མཐོའི་འབྲས་བུ་འབྱིན་པའི་ནུས་པ་ནམ་ཡང་ཟད་པར་མི་འགྱུར་ཏེ། སྤྱོད་འཇུག་ལས། དགེ་བ་གཞན་ཀུན་ཆུ་ཤིང་བཞིན་དུ་ནི། །འབྲས་བུ་བསྐྱེད་ནས་ཟད་པར་འགྱུར་བ་ཉིད། །བྱང་ཆུབ་སེམས་ཀྱི་ལྗོན་ཤིང་རྟག་པར་ཡང་། །འབྲས་བུ་འབྱིན་པས་མི་ཟད་འཕེལ་བར་འགྱུར། །ཞེས་སོ། །འཇུག་སེམས་ཀྱི་རྩིས་ཟིན་ན་ནི་འབྲས་བུ་མི་ཟད་པ་འབྱུང་བར་མ་ཟད། འབྲས་བུའི་རྒྱུ་བསོད་ནམས་ཀྱང་རྒྱུན་མི་ཆད་དུ་འབྱུང་བས་སྨོན་པ་དང་ཁྱད་ཞུགས་པ་ཡིན་ཏེ། དེ་ལས། བྱང་ཆུབ་སྨོན་པའི་སེམས་ལས་ནི། །འཁོར་ཚེ་འབྲས་བུ་ཆེ་འབྱུང་ཡང་། །ཇི་ལྟར་འཇུག་པའི་སེམས་བཞིན་དུ། །བསོད་ནམས་རྒྱུན་ཆགས་འབྱུང་བ་མིན། །གང་ནས་བཟུང་སྟེ་སེམས་ཅན་ཁམས། །མཐས་ཡས་རབ་ཏུ་བསྒྲལ་བྱའི་ཕྱིར། །མི་ལྡོག་པ་ཡི་སེམས་ཀྱིས་ནི༏ ༏སེམས་ཏེ་ཡང་དག་བླང་གྱུར་པ། །དེ་ནས་བཟུང་སྟེ་གཉིད་ལོག་གམ། །བག་མེད་གྱུར་ཀྱང་བསོད་ནམས་ཤུགས། །རྒྱུན་མི་ཆད་པར་དུ་མ་ཞིག །ནམ་མཁའ་མཉམ་པར་རབ་ཏུ་འབྱུང་། །ཞེས་དང་། ཕན་པར་བསམ་པ་ཙམ་གྱིས་ཀྱང་། །སངས་རྒྱས་མཆོད་ལས་ཁྱད་འཕགས་ན། །སེམས་ཅན་མ་ལུས་ཐམས་ཅད་ཀྱི། །བདེ་དོན་བརྩོན་པ་སྨོས་ཅི་དགོས། །ཞེས་སོ། །

གཉིས་པ་ནི། **རྒྱལ་བའི་སྲས་སུ་འགྱུར།** །ཞེས་པ་སྟེ། བྱང་ཆུབ་ཀྱི་སེམས་སྐྱེས་མ་ཐག་ནས་རྒྱལ་བ་རྣམས་ཀྱི་སྲས་ཞེས་མིང་འཕོ་ཞིང་ཕྱག་བྱ་བའི་གནས་སུ་གྱུར་པ་སྟེ། དེ་ལས། བྱང་ཆུབ

སེམས་སྐྱེས་གྱུར་ན་སྐད་ཅིག་གིས། །འཁོར་བའི་བཙོན་རར་བསྡམས་པའི་ཉམ་ཐག་རྣམས། །བདེ་གཤེགས་རྣམས་ཀྱི་སྲས་ཞེས་བརྗོད་བྱ་ཞིང་། །འཇིག་རྟེན་ལྷ་མིར་བཅས་པས་ཕྱག་བྱར་འགྱུར། །ཞེས་སོ། །གལ་ཏེ་ཉེས་པ་འགའ་ཞིག་བྱུང་ཡང་སྨོན་སེམས་མ་བཏང་ན་རིགས་ཀྱི་སྒོ་ནས་ཉན་རང་དགྲ་བཅོམ་ཟིལ་གྱིས་གནོན་ཅིང་། བྱང་སེམས་ཀྱི་མིང་ཡང་མི་འདོར་བ་ཡིན་ཏེ། བྱམས་པའི་རྣམ་ཐར་ལས། རིགས་ཀྱི་བུ་འདི་ལྟ་སྟེ། དཔེར་ན་རྡོ་རྗེ་རིན་པོ་ཆེ་ནི་ཆག་ཀྱང་གསེར་གྱི་རྒྱན་ཐམས་ཅད་ཟིལ་གྱིས་གནོན་ཅིང་། རྡོ་རྗེ་རིན་པོ་ཆེའི་མིང་ཡང་མི་འདོར་ལ། དབུལ་བ་ཡང་རྣམ་པར་བཟློག་གོ། །དེ་བཞིན་དུ་རྣམ་པ་ཐམས་ཅད་མཁྱེན་པར་སེམས་བསྐྱེད་པའི་རྡོ་རྗེ་རིན་པོ་ཆེ་ནན་ཏན་དང་བྲལ་ཡང་། ཉན་ཐོས་དང་རང་སངས་རྒྱས་ཀྱི་ཡོན་ཏན་ཐམས་ཅད་ཟིལ་གྱིས་གནོན་ཅིང་། བྱང་ཆུབ་སེམས་དཔའི་མིང་ཡང་མི་འདོར་ལ། འཁོར་བའི་དབུལ་བ་ཐམས་ཅད་ཀྱང་རྣམ་པར་བཟློག་གོ༔ ༔ཞེས་སོ། །

གསུམ་པ་ནི། **གྲངས་མེད་གསུམ་བདུན་སོ་གསུམ་བྱང་ཆུབ་ཐོབ།** །ཅེས་པ་སྟེ། བྱང་ཆུབ་སེམས་དཔའ་ལའང་དབང་པོའི་རིམ་པས་གྲོལ་ཚུལ་གསུམ་སྟེ། རྒྱལ་པོ་ལྟ་བུའམ་འདོད་ཆེན་པོའི་སེམས་བསྐྱེད་ཅེས་རང་གྲོལ་ནས་གཞན་སྒྲོལ་བར་འདོད་པའི་བྱང་སེམས་དབང་རྟུལ་རྣམས་ནི། བསྐལ་པ་གྲངས་མེད་སུམ་ཅུ་རྩ་གསུམ་ཐོགས་ཏེ། ཚོགས་སྦྱོར་དུ་གསུམ་དང་། ས་བཅུ་རེ་རེ་ལ་གསུམ་གསུམ་མོ། །མཉན་པ་ལྟ་བུའམ་ཡེ་ཤེས་དམ་པའི་སེམས་བསྐྱེད་ཅེས་རང་དང་འགྲོ་བ་མཉམ་དུ་ཐར་བར་འདོད་པ་བྱང་སེམས་དབང་འབྲིང་རྣམས་ནི་གྲངས་མེད་བདུན་ཐོགས་ཏེ། ཚོགས་སྦྱོར་གཉིས་སུ་གཉིས་རེ། མཐོང་ལམ་དུ་གཅིག །སྒོམ་ལམ་དུ་གཉིས་སོ། །རྫི་བོ་ལྟ་བུའམ་དཔེ་མེད་པའི་སེམས་བསྐྱེད་ཅེས་སེམས་ཅན་ཐམས་ཅད་བསྒྲལ་ནས་རང་ཉིད་གྲོལ་བར་འདོད་པ་བྱང་སེམས་དབང་རྣོན་རྣམས་ནི་གྲངས་མེད་གསུམ་ཐོགས་པ་ལས། དང་པོ་ལ་མོས་སྤྱོད་ཀྱི་ས་ཚོགས་སྦྱོར་གཉིས་རྫོགས་ཏེ། ཚོགས་ལམ་གསུམ་དུ་དྲན་པ་ཉེར་བཞག་བཞི། ཡང་དག་སྤོང་བཞི། རྫུ་འཕྲུལ་རྐང་པ་བཞི་རྣམས་བསྒོམས་པས་ཚོགས་ལམ་ཆེན་པོར་གནས་སྐབས་ཀྱི་ཡོན་ཏན་མངོན་ཤེས་ལྔ་དང་ཁྱད་པར་གྱི་འབྲས་བུ་ཆོས་རྒྱུན་གྱི་ཏིང་ངེ་འཛིན་ཐོབ། དེ་ནས་སྒོམ་བྱུང་གཙོ་བོར་གྱུར་པ་

སྦྱོར་ལམ་དུ་ངེས་འབྱེད་ཡན་ལག་བཞི་སྟེ། དྲོད་ཀྱིས་ཀུན་ནས་ཉོན་མོངས་པ་དང་རྩེ་མོས་རྣམ་བྱང་གི་གཞུང་རྟོག །བཟོད་པས་གང་ཟག་རྫས་ཡོད་དང་ཆོས་མཆོག་གིས་བཏགས་ཡོད་བཞི་སྤོང་ཞིང་། དང་པོ་གཉིས་སུ་དབང་པོ་ལྔ་དང་། ཕྱི་མ་གཉིས་སུ་དེ་གོམས་པས་མི་མཐུན་ཕྱོགས་ཀྱིས་མི་བརྫི་བའི་སྟོབས་ལྔ་སྒོམ་མོ། །དེ་ནས་འཕགས་ལམ་ལ་ས་བཅུ་ལས། གྲངས་མེད་གཉིས་པས་མ་དག་ས་བདུན་དང་། གསུམ་པས་དག་པ་ས་གསུམ་རྫོགས་པར་བྱེད། དེའང་ས་དང་པོ་མཐོང་བའི་ལམ་དུ་ཆོས་ཉིད་ཀྱི་བདེན་པ་མངོན་སུམ་དུ་མཐོང་བས་ཀུན་བརྟགས་ཀྱི་བུར་གྱི་སྒྲིབ་པ་ཐམས་ཅད་བཅོམ་ནས་སྐད་ཅིག་གཅིག་ལ་སངས་རྒྱས་ཀྱི་ཞིང་བརྒྱ་བགྲོད་པ་སོགས་ཡོན་ཏན་བརྒྱ་ཕྲག་བཅུ་གཉིས་ཐོབ། དེས་བྱང་ཆུབ་ཀྱི་ཡན་ལག་བདུན་ཉམས་སུ་ལེན་ཞིང་སྦྱིན་པའི་ཕར་ཕྱིན་ལ་གཙོ་བོར་སྤྱོད། མཐོང་བའི་དོན་དེ་སྤྱང་བྱ་ལྷན་སྐྱེས་སྤོང་བའི་གཉེན་པོར་རྒྱུན་གོམས་པར་བྱེད་པས། ས་གཉིས་པ་ནས་བཅུ་པའི་བར་གྱི་སྒོམ་ལམ་ས་དགུར་རང་སྐལ་གྱི་སྒྲིབ་པ་ལས་གྲོལ་བའི་གློ་བུར་རྣམ་དག་གི་ཆ་རེ་ཐོབ་པས་སྔར་མཐོང་ལམ་གྱི་ཡོན་ཏན་དེ་ཉིད་སྟོང་འགྱུར་སོགས་གོང་ནས་གོང་དུ་འཕེལ་ཞིང་། དེ་རྣམས་སུ་སྦྱིར་འཕགས་ལམ་ཡན་ལག་བརྒྱད་སྒོམ་ལ། བྱེ་བྲག་སོ་སོར་ཚུལ་ཁྲིམས་ནས་ཡེ་ཤེས་ཀྱི་བར་གྱི་ཕྱིན་བཅུ་ལ་གཙོ་བོར་སྤྱོད་དོ། །དེ་ལྟར་གྲངས་མེད་གསུམ་གྱིས་སློབ་ལམ་རྫོགས་ནས་སྒྲིབ་གཉིས་བག་ཆགས་དང་བཅས་པ་མི་སྐྱེ་བའི་ཆོས་ཅན་དུ་བྱས་པས་དེའི་གཉེན་པོ་ལ་སློབ་མི་དགོས་པར་མི་སློབ་ལམ་དུ་ཕྱིན་ཏེ་བླ་ན་མེད་པའི་བྱང་ཆུབ་བརྙེས་པ་ཡིན་ནོ། །དེ་ལྟར་ཡང་སེམས་ཉིད་ངལ་གསོ་ལས། དེ་ལྟར་བྱང་ཆུབ་ཕྱོགས་ཆོས་སུམ་ཅུ་བདུན། །སློབ་པའི་ལམ་བཞིར་སྒོམ་པའི་རྗེས་ཐོགས་སུ། །མི་སློབ་ས་ལ་མི་གནས་མྱ་ངན་འདའ། །ཞེས་སོ། །དེ་ལ་འདིར་དབང་རྣོན་གྱི་གྲངས་མེད་གསུམ་ཡང་སེམས་སྟོབས་ཤིན་ཏུ་ཆེ་བས་སྐད་ཅིག་རེ་རེ་ལ་བསྐལ་པ་མང་པོའི་ཚོགས་བཟླུམས་པར་བཤད་པས་གྲངས་ཇི་ལྟ་བ་བཞིན་དུ་གསོག་མི་དགོས་པར་མ་ཟད། མཐོང་ལམ་ཐོབ་ནས་ནི་རང་དབང་འགྱུར་བའི་ཕྱིར། ཅི་དགར་གྲོལ་བར་ནུས་ཏེ། ཡུམ་བར་མ་ལས། ཆོས་རྣམས་ལ་ཆོས་ཀྱི་མིག་རྣམ་པར་དག་པ་ཐོབ་པའི་བྱང་ཆུབ་སེམས་དཔའ་ཆེན་པོའི་དེས་འདོད་ན་ཞག་བདུན་གྱིས་ཀྱང་བླ་ན་མེད་པའི་བྱང་ཆུབ་ཏུ་མངོན་པར་རྫོགས་པར་

འཚང་རྒྱ། ཞེས་སོ། །དེ་དག་ཀྱང་དཀོན་མཆོག་བརྩེགས་པ་ལས། དེ་ལ་འདོད་ཆེན་པོའི་སེམས་བསྐྱེད་པས་ནི་གྲངས་མེད་སུམ་ཅུ་རྩ་གསུམ་གྱིས་འཁོར་བ་ལས་ཐར་བ་ཡིན་ནོ། །ཡེ་ཤེས་དམ་པའི་སེམས་བསྐྱེད་པས་ནི་གྲངས་མེད་པ་བདུན་གྱིས་ཚར་ཕྱིན་པ་ཡིན་ནོ། །དཔེ་མེད་པའི་སེམས་བསྐྱེད་པས་ནི་གྲངས་མེད་པ་གསུམ་གྱིས་མངོན་པར་རྫོགས་པ་བྱང་ཆུབ་པ་ཡིན་ནོ། །དེ་ཅིའི་ཕྱིར་ཞེ་ན། སེམས་སྟོབས་ཆུང་ངུ་དང་། འབྲིང་དང་། ཆེན་པོར་གྱུར་པའི་ཕྱིར་ཏེ། འདི་དག་དཔེར་བྱ་ན། འཁོར་ལོས་སྒྱུར་བའི་རྒྱལ་པོ་དང་། གྲུའི་ཁ་ལོ་པ་དང་། སྐྱོང་བྱེད་ལྟ་བུའོ། །ཞེས་གསུངས་སོ། །

དེ་ལྟར་བཤད་ཟིན་ནས་ལེའུའི་སྐབས་བསྡུ་བ་ནི། **བྱང་ཆུབ་སེམས་དཔའི་སེམས་བསྐྱེད་ཀྱི་བསླབ་བྱ་བཤད་པའི་རིམ་པར་ཕྱེ་བ་སྟེ་གསུམ་པའོ།** །ཞེས་པ་སྟེ། བསྟན་བཅོས་འདི་ལ་ལེའུ་ལྔ་ལས། ཐེག་ཆེན་ཕ་རོལ་ཏུ་ཕྱིན་པ་དང་ཐུན་མོང་བའི་བསྟན་པའི་ཉམས་ལེན་བྱང་ཆུབ་སེམས་དཔའི་སེམས་བསྐྱེད་ཀྱི་བསླབ་བྱ་སྲོལ་གཉིས་ཀྱི་རིང་ལུགས་ལྟར་བཤད་པའི་རིམ་པར་ཕྱེ་སྟེ་ལེའུ་གསུམ་པའི་འགྲེལ་པའོ།། །།

འདིར་སྨྲས་པ། ཉེས་སྤྱོད་རྟོག་བྲལ་རྒྱ་མཚོ་བསྲུབས་ལས་འཐོན། །ལེགས་སྤྱོད་དགེ་བའི་ཆ་ཤས་ཡོངས་སུ་རྫོགས། །གཞན་དོན་སྤྱོད་པའི་རྒྱ་སྐར་ཕྲེང་བས་མཛེས། །རྒྱལ་སྲས་སྤྱོད་མཆོག་སྟོན་བྱེད་རྨད་བྱུང་གཞུང་། །ལེགས་པར་འགྲེལ་པའི་ངག་ཚིག་ཀུནྡའི་གཉེན། །ལྷ་དབང་ཕྱོགས་ཀྱིས་འཛིན་རྩེར་འཛེགས་ནས། །ཆོས་དཀར་བདུད་རྩིའི་དཔལ་འདིས་འགྲོ་ཀུན་གྱི། །སྲིད་ཞིའི་གདུང་སེལ་བླ་ན་མེད་གྱུར་ཅིག། །།

ན་མོ་ཧྲཏྣཱ་ར་ཀ་ཤྲཱི་སཾ་གུ་ར་ཝེ། རང་རིག་ཡེ་ཤེས་གཟུང་འཛིན་འཆིང་བ་ལས། །རྣམ་པར་གྲོལ་བའི་མི་འགྱུར་མཆོག་བདེའི་གར། །གྲངས་མེད་རྒྱལ་བའི་འཁོར་ལོར་སྒྱུར་བ་པོ། །ཁྱབ་བདག་རྡོ་རྗེ་སློབ་དཔོན་ལ་བཏུད་ནས། །རྣམ་དག་ལུང་གི་ཉི་མ་འོད་པོ་ཆེ། །རྣམ་དཔྱོད་རིག་པའི་ཤིང་རྟ་ལ་ཆིབས་པ། །རྣམ་འཕྲུལ་མན་ངག་རྟ་བདུན་གྱིས་དྲངས་ནས། །རྣམ་གྲོལ་སྣང་བ་མཆོག་གི་དགའ་སྟོན་སྤྲོ། །

གསུམ་པ་སྔགས་ཀྱི་སྡོམ་པ་བཤད་པ་ལ་གསུམ་སྟེ། སྟོན་པས་གསང་སྔགས་ཀྱི་རྒྱུད་སྡེ་ཇི་

ལྟར་གསུངས་ཚུལ། དེ་བསྡུས་ནས་བཤད་སྐབས་ཀྱིས་ཇི་ལྟར་བཟུང་ཚུལ། དེ་ལྟར་བཟུང་བའི་བརྗོད་བྱ་གཏན་ལ་དབབ་པའོ། ། དང་པོ་ནི། **ཀུན་བཟང་རྡོ་རྗེ་འཆང་དབང་སྟོན་པ་དེས། །འོག་མིན་ཆེན་པོར་རྒྱུད་སྡེ་རྒྱ་མཚོ་གསུངས། །ཕྱིས་ནས་འབྲས་སྤུངས་སོགས་སུ་བཟླས་ཏེ་བསྟན།** །ཅེས་པ་སྟེ། བདག་ཅག་གི་སྟོན་པ་འདི་ཉིད་གཞི་གདོད་མའི་དབྱིངས་སུ་རིག་པའི་ཡེ་ཤེས་གྲོལ་བས་མངོན་པར་བྱང་ཆུབ་སྟེ། སྐུ་དང་ཡེ་ཤེས་འདུ་འབྲལ་མེད་པའི་ངང་ལ་དུས་གསུམ་གྱི་སངས་རྒྱས་ཐམས་ཅད་དང་དགོངས་པ་རོ་གཅིག་ཏུ་བཞུགས་པ་ལས། རང་སྣང་ཤིན་ཏུ་རྣམ་པར་དག་པ་རྡོ་རྗེའི་ཞིང་ཁམས་འོག་མིན་ཆེན་པོར། སྟོན་པ་ལོངས་སྤྱོད་རྫོགས་པའི་སྐུ་དཔལ་ཀུན་ཏུ་བཟང་པོ་རྡོ་རྗེ་འཆང་ཆེན་པོ་ཉིད་རྒྱལ་ཚབ་ཞི་ཁྲོ་རིགས་ལྔའི་རྣམ་པ་དང་བཅས་པར་སྣང་བས། ཉིད་ལས་མི་གཞན་པའི་རང་སྣང་གི་འཁོར་རྒྱལ་བ་ཞི་ཁྲོའི་དཀྱིལ་འཁོར་ཚད་མེད་པས་ཡོངས་སུ་བསྐོར་བའི་དབུས་ན། ཆོས་ཡེ་ཤེས་འོད་གསལ་བའི་དགོངས་པ་བརྗོད་དུ་མེད་པ་ཉིད། དུས་གཞི་རྫོགས་འཕོ་འགྱུར་མེད་པའི་དབྱིངས་སུ་རང་ཤར་བའི་ཚུལ་གྱིས་སྣང་བར་གྱུར་ཏོ། །དེ་ཉིད་ཀྱི་ངང་ལས་ས་བཅུ་རྒྱུན་མཐའ་ལ་སྣང་བའི་གཞན་སྣང་ལོངས་སྤྱོད་རྫོགས་པའི་ཞིང་ཁམས་ཁྱད་པར་ཅན་གྱི་འོག་མིན་དུ་སྟོན་པ་རིགས་ལྔ་པའི་རྣམ་པས་འཁོར་ས་མཐའི་བྱང་ཆུབ་སེམས་དཔའ་རིག་པ་འཛིན་པ་མཆོག་རྣམས་ལ་གསང་སྔགས་ཀྱི་རྒྱུད་དཔག་ཏུ་མེད་པ་དགོངས་པ་བརྡའི་གསུང་གིས་འགྲོ་སྒྲོལ་གྱི་བར་དུ་རྒྱུན་མི་ཆད་པར་སྟོན་ཏེ། གསང་སྙིང་ལས། འོག་མིན་བླ་མེད་གནས་མཆོག་ཏུ། །སྐུ་ནི་རྣམ་པར་སྣང་མཛད་ཚུལ། །བྱང་ཆུབ་སེམས་དཔའི་འཁོར་རྣམས་ལ། །དེ་བཞིན་གསུང་མཆོག་མི་སྨྲ་སྟེ། །སྐུ་ཡིས་ཆོས་རྣམས་མངལ་བར་སྟོན། །ཅེས་སོ། །དེ་བཞིན་དུ་བྱང་སེམས་ས་དགུ་པ་ལ་སྣང་བའི་འོག་མིན་ཙམ་པོ་དང་། ས་བརྒྱད་པ་ལ་སྣང་བའི་བདགས་པའི་འོག་མིན་རྣམས་སུ་འང་ཚུལ་ཏེ་དང་ཆ་འདྲ་བས་རྒྱུད་གསུང་ཞིང་། དེ་དག་གི་ཚེ་དྲག་པོ་འཇིགས་བྱེད་སོགས་གདུལ་བྱ་གདུག་པ་ཅན་རྣམས་ཀྱི་དོན་དཔལ་ཧེ་རུ་ཀའི་རྣམ་པར་སྣང་བས་ཁྲོ་བོའི་དཀྱིལ་འཁོར་སྤྲུལ་བཤད་ཀྱིས་དོན་མཛད་པ་དང་། ཞིང་ཁམས་དེ་རྣམས་སུ་བགྲོད་པར་མི་ནུས་པའི་གདུལ་བྱ་དག་པ་རྣམས་ལ་བདེ་བ་ཅན་སོགས་རང་བཞིན་སྤྲུལ་པའི་དག་ཞིང་རང་དབང་ཅན་རྣམས་དང་། གདུལ་བྱ་དག་མ་དག་སྣ་ཚོགས་པའི་

ཛོར་འགྲོ་འདུལ་སྤྲུལ་པའི་ཞིང་རྣམས་སུ་དུས་གསུམ་དུ་བཤེགས་བཞུགས་འགྲོན་པའི་རྡོ་རྗེ་འཆང་གང་འདུལ་ཞི་ཁྲོའི་རོལ་པ་མ་འགགས་པར་སྟོན་པས་དུས་དང་ཚད་མ་ངེས་པར་གསུངས་པ་ནི་དཔག་ཏུ་མེད་པ་ཡིན་ཏེ། དེ་ལས། དེ་ཚེ་མི་མཐུན་སྣ་ཚོགས་ལ། །སོ་སོ་འདྲ་བར་སྣང་བ་ནི། །དེ་བཞིན་ཉིད་ལས་མ་གཡོས་ཀྱང་། །ལས་འཕྲོའི་དབང་གིས་སོ་སོར་སྣང་། །ཞེས་དང་། འཇམ་དཔལ་སྒྱུ་དྲྭ་ལས། འདས་པའི་སངས་རྒྱས་རྣམས་ཀྱིས་གསུངས། །མ་འོངས་རྣམས་ཀྱང་གསུང་འགྱུར་ལ། །ད་ལྟར་བྱུང་བའི་རྫོགས་སངས་རྒྱས། །ཡང་དང་ཡང་དུ་གསུངས་པ་གང་། །ཞེས་སོ། །དེ་ལྟར་ཐོག་མ་མེད་པའི་དུས་ནས་འོག་མིན་ལ་སོགས་པར་བསྟན་པའི་རྒྱུད་རྣམས་ཕྱིས་བཟླས་ཏེ་གསུངས་པའང་མང་སྟེ། འདི་ལྟར་དུས་འཁོར་བ་རྣམས་ནི། སྟོན་པ་ཤཱཀྱ་ཐུབ་པ་ཞིང་འདིར་འཚང་རྒྱ་ཚུལ་བསྟན་ནས་ཐེག་པ་གསུམ་བསྟན་པའི་རྗེས་སུ་དཔྱིད་འབྲིང་ཟླ་བའི་ཉ་ལ་དཔལ་ལྡན་འབྲས་སྤུངས་ཀྱི་མཆོད་རྟེན་དུ། འོག་ཏུ་ཆོས་དབྱིངས་གསུང་དབང་དང་སྟེང་དུ་དཔལ་ལྡན་རྒྱུ་སྐར་གྱི་དཀྱིལ་འཁོར་སྤྲུལ་ཏེ་འདུས་པའི་འཁོར་ལ་དབང་བསྐུར་ནས་རྣལ་འབྱོར་དང་རྣལ་འབྱོར་མའི་རྒྱུད་སྡེ་མཐའ་དག་བསྟན་པར་བཞེད་དེ། དམ་པ་དང་པོའི་རྒྱུད་ལས། སྟོན་པས་བྱ་རྒོད་ཕུང་པོ་རུ། །ཤེས་རབ་ཕ་རོལ་ཕྱིན་ཚུལ་བཞིན། །ཆོས་བསྟན་དཔལ་ལྡན་འབྲས་སྤུངས་སུ། །དེ་བཞིན་གསང་སྔགས་ཚུལ་རབ་གསུངས། །ཞེས་སོ། །ཡང་སློང་པོའི་འགྲེལ་པ་ཉི་འོད་སེང་གེས་མཛད་པར་རྒྱལ་བུ་དོན་འགྲུབ་ཀྱིས་བཏགས་པའི་ལུས་དཀའ་ཐུབ་ཀྱི་གནས་ནི་ནཻ་རཉྫ་ནའི་འགྲམ་དུ་བཞག་ནས། ཡེ་ཤེས་ཀྱི་ལུས་འོག་མིན་དུ་གཤེགས་པ་ལ་དེ་བཞིན་གཤེགས་པ་ཐམས་ཅད་ཀྱིས་མངོན་བྱང་ལྔས་བྱིན་གྱིས་བརླབས་པས་རྡོ་རྗེ་དབྱིངས་ཆེན་པོར་སངས་རྒྱས་ཏེ། རི་རབ་ཀྱི་རྩེ་རྡོ་རྗེ་ནོར་བུའི་ཁང་པ་དང་། རྒྱ་མཚོའི་འགྲམ་དུ་རིམ་པར་བྱོན་ནས་ཡོ་གའི་རྒྱུད་རྣམས་གསུངས། དེ་ནས་ཨོ་ཊི་ཡ་ན་དང་ས་ཧོ་རའི་ཡུལ་དུ་གཤེགས་ཏེ་ཨིནྡྲ་བྷཱུ་ཏི་སོགས་ལ་གསང་བའི་རྒྱུད་སྡེ་ཐམས་ཅད་བསྟན་ནས། སླར་བཏགས་པའི་ལུས་ལ་ཞུགས་ཏེ་རྡོ་རྗེ་གདན་དུ་འཚང་རྒྱ་ཚུལ་བསྟན་པར་བཞེད་ཅིང་། ཡང་ཁ་ཅིག་ཨོ་རྒྱན་གྱི་རྒྱལ་པོ་ཨིནྡྲ་བྷཱུ་ཏིས་སྟོན་པའི་ཉན་ཐོས་མཁའ་ལ་འཕུར་ཏེ་འགྲོ་འོང་བྱེད་པ་གཟིགས་པ་ན་ཐག་རིང་བས་ཆ་མ་ཕྱེད་དེ། བློན་པོ་ལ་བྱ་དམར་པོའི་ཕྲུ་འདི་དག་ཅི་ཡིན་དྲིས་པ་དང་། དེ་རྣམས་ན་རེ།

འདི་ནི་བྱ་མ་ལགས་ཏེ། སངས་རྒྱས་ཀྱི་ཉན་ཐོས་ལགས་སོ་ཞུས་པས། རྒྱལ་པོ་སངས་རྒྱས་བལྟ་འདོད་ནས་གསོལ་བ་བཏབ་པས། ནངས་པར་ཕྱྭ་ར་ཙ་སྙི་ནས་བཅོམ་ལྡན་འདས་འཁོར་དགྲ་བཅོམ་པ་ལྔ་བརྒྱ་དང་བཅས་པ་རྫུ་འཕྲུལ་གྱིས་བྱོན། དེར་རྒྱལ་པོས་མཆོད་ནས་འཚང་རྒྱ་བའི་ཐབས་ཞུས་པས། རབ་ཏུ་བྱུང་ལ་བསླབ་པ་གསུམ་རྒྱུད་ལ་བསྟེན་ཅིག་གསུངས་པས། ཛམྦུའི་ཚལ་ནི་ཉམས་དགའ་བར། །ཕ་སྐྱེས་ཉིད་དུ་གྱུར་ཀྱང་སླའི། །འདོད་ཡོན་སྤངས་པའི་ཐར་པ་ནི། །ནམ་ཡང་མི་འདོད་གཏོ་ཏམ། །ཞེས་ཞུས་པ་དང་། སྐད་ཅིག་ལ་ཉན་ཐོས་ཀྱི་ཚོགས་རྣམས་མི་སྣང་བར་གྱུར་ཏེ། འདི་ན་གང་ཟག་བརྒྱུད་མེད་ཅིང་། །ཉན་ཐོས་རང་རྒྱལ་འགའ་ཡང་མེད། །བྱང་ཆུབ་སེམས་དཔའ་རྫུ་འཕྲུལ་ཆེ། །དེ་དག་དེ་ཡི་གཟུགས་སུ་སྤྲུལ། །ཞེས་ནམ་མཁའ་ནས་སྒྲ་འབྱུང་བ་དང་། དེར་ཡེ་ཤེས་ཀྱི་དཀྱིལ་འཁོར་སྤྲུལ་ནས་རྒྱལ་པོ་ལ་དབང་བསྐུར་བས། དེ་ཉིད་དུ་ཟུང་འཇུག་གི་སྐུ་འགྲུབ་སྟེ། དེ་ལ་སྟོན་པས་རྒྱུད་ཐམས་ཅད་གཏད་པར་བཞེད་དོ། །གཞན་ཡང་རི་བོ་བྱ་རྐང་ཅན་དང་བསིལ་བ་ཚལ་དང་། ལྡཱའི་བདག་པོ་སྒྲ་སྒྲོགས་ཀྱི་གནས་ལ་སོགས་པར་སྟོན་པ་ཉིད་དཀྱིལ་འཁོར་གྱི་བདག་པོའི་རྣམ་པར་བསྒྱུར་བའམ། མ་བསྒྱུར་བ་ཆགས་བྲལ་གྱི་རྣམ་པ་ཅི་རིགས་པས་རྒྱུད་སྡེ་མང་དུ་གསུངས་སོ། །དེས་ན་རྒྱུད་གཞུང་གཅིག་ལའང་གདུལ་བྱའི་སྣང་བས་གླེང་གཞི་ཐ་དད་པ་འབྱུང་བ་མི་འགལ་ཏེ། འཇམ་དཔལ་སྒྱུ་དྲྭའི་བཤད་རྒྱུད་ལས་གླེང་གཞི་རྣམ་པ་གསུམ་ཡིན་ཏེ། །འོག་མིན་གནས་དང་རི་རབ་རྩེ། །ཛམྦུའི་གླིང་འདིར་གྲགས་པ་ཡིན། །བྱང་ཆུབ་སེམས་དང་ལྷ་རྣམས་དང་། །མི་རྣམས་ཀྱི་ནི་དོན་དུ་གསུངས། །སྟོན་པ་ཡང་ནི་རྣམ་གསུམ་སྟེ། །སངས་རྒྱས་རྡོ་རྗེ་འཆང་ཆེན་དང་། །སྤྲུལ་སྐུ་འཁོར་ལོ་སྒྱུར་བ་དང་། །ཤཱཀྱ་ཐུབ་པ་ཉིད་ཀྱིས་གསུངས། །དེས་ནི་གདུལ་བྱ་འདུལ་བའི་ཚེ། །འཁོར་རྣམས་འདུས་པའི་དུས་དེར་གསུངས། །ཞེས་སོ། །

གཉིས་པ་ནི། **ཕྱག་རྡོར་དང་ནི་ཞུ་བའི་འཁོར་གྱིས་བསྡུས། །གྲུབ་ཆེན་བརྒྱད་སོགས་རྒྱ་བོད་མཁས་པས་བཀྲལ། །སྔ་འགྱུར་རིང་ལུགས་བཀའ་གཏེར་གྲགས་པ་དང་། །གསར་མའི་བཞེད་སྲོལ་དཔག་ཏུ་མེད་ན་ཡང་། །རྒྱུད་སྡེ་སྤྱི་ཡི་དམ་ཚིག་འདིར་འཆད་དོ།** །ཞེས་པ་སྟེ། ཕྱིར་གསང་སྔགས་རྡོ་རྗེ་ཐེག་པའི་རྒྱུད་རྣམས་ཕྱག་ན་རྡོ་རྗེས་བསྡུས་ཏེ། སཾ་སྐྲི་ཏ་དང་། པྲཱ་ཀྲི་ཏ་དང་། །ཨ་པ་བྷྲཾ་

ཤ་དང་། ཊ་ཀི་ནིའི་སྐད་དང་། ཀླ་ཀློའི་སྐད་ལ་སོགས་པ་སྐད་རིགས་དང་ཡིག་རིགས་སྣ་ཚོགས་པས་གླེགས་བམ་ལ་བཀོད་པར་བཤད་དེ། ཡེ་ཤེས་ཐིག་ལེའི་རྒྱུད་ལས། མ་འོངས་པའི་དུས་སུ་གསང་བའི་རྒྱུད་སྐལ་བ་དང་ལྡན་པའི་སེམས་ཅན་ལ་སུས་འཆད་པར་བྱེད། བཀའ་སྩལ་པ། ཕྱག་ན་རྡོ་རྗེ་མགོན་པོས་བཤད་པར་བྱེད་དོ། །ཞེས་དང་། ཨིནྡྲ་བྷཱུ་ཏིས་མཛད་པའི་བདེ་མཆོག་རྩ་རྒྱུད་ཀྱི་འགྲེལ་པ་ལས། ཕྱི་དུས་རིམ་པར་ལུང་བསྟན་སྟོད་པ་པོས། །རི་བོ་མཆོག་རབ་བྱང་ཤར་ལྷ་གནས་མཆོག །ལྕང་ལོ་ཅན་གྱི་ཕོ་བྲང་ཆེན་པོར་ནི། །རྒྱུད་རྣམས་མ་ལུས་སེམས་དཔའ་ཆེན་པོའི་ཚོགས། །བྱེ་བ་ཕྲག་ནི་དགུ་བཅུ་རྩ་དྲུག་སོགས། །འདུས་ཏེ་རྗེ་བཙུན་གསང་བའི་བདག་པོ་ལ། །གསོལ་བ་བཏབ་ཚེ་འདི་སྐད་བདག་ཐོས་ཞེས། །རབ་ཏུ་གསུངས་པ་གསེར་གྱི་གླེགས་བུ་ལ། །བཻཌཱུརྻ་ཡི་ཞུན་མས་ཡི་གེར་བཀོད། །ཅེས་སོ། །ཁྱད་པར་རྒྱུད་ཀྱི་ཞུ་བ་པོ་གང་ཡིན་དང་། མཇུག་ཏུ་གང་ལ་གཏད་པ་དེ་ཉིད་སྡུད་པ་པོ་ཡིན་པ་ཤས་ཆེ་སྟེ། རྡོར་སེམས་སྒྱུ་དྲྭ་ལྟ་བུ་གང་ལ་གཏད་པ་དེས་བསྡུས་པར་རྒྱ་མཚོ་ལས། འཁོར་གྱི་ནང་ན་སྐལ་མཆོག་ལྡན། །འདུལ་བའི་དུས་བབ་གསང་བའི་བདག །ལག་ན་རྡོ་རྗེས་བསྡུ་བ་མཛད། །ཅེས་སོ། །དེ་བཞིན་དུ། དུས་འཁོར་རྩ་རྒྱུད་ཟླ་བ་བཟང་པོས། བརྟག་གཉིས་རྡོ་རྗེ་སྙིང་པོས། སྡོམ་འབྱུང་ཕྱག་རྡོར་གྱིས། རྡོ་རྗེ་མཁའ་འགྲོ་ཕག་མོས་བསྡུས་པ་ལྟར་རོ། །དེ་ལྟར་སྟོན་པ་པོ་དང་སྡུད་པ་པོ་ཐ་དད་དུ་བསྟན་ཀྱང་། ངེས་པའི་དོན་ལ་སྟོན་འཁོར་རྒྱུད་ཐ་དད་དུ་གྱུར་པ་མ་ཡིན་ཏེ། བདེ་འདུས་ཞི་བ་འདུས་པ་རྩ་བའི་རྒྱུད་ལས། ང་ནི་ཆེ་བའི་རྒྱལ་པོ་སྟེ། །འཆད་དང་ཉན་པའང་ང་ཉིད་ཡིན། །ཞེས་དང་། གསང་བ་གྲུབ་པ་ལས། རྒྱུད་འཆད་པ་དེ་ཐུགས་རྡོ་རྗེ། །འཆད་པ་པོ་དེ་སྡུད་པའང་དེ། །ཞེས་གསུངས་པའི་ཕྱིར། གལ་ཏེ་མདོ་སྡེ་གདམས་ངག་འབོགས་པའི་རྒྱལ་པོ་ལས། འདྲེན་པའི་ཐེག་པ་གསུམ་པོ་དག །བཅོམ་ལྡན་ངེས་པར་གསུངས་ལགས་ན། །རྒྱུ་འབྲས་ལྷུན་འགྲུབ་ཏུ་སྤྱོད་ཅིང་། །སངས་རྒྱས་གཞན་ནས་མི་འཚོལ་བའི། །ངེས་པའི་ཐེག་པ་ཅིས་མ་གསུངས། །ཞེས་ཞུས་པའི་ལན་དུ། རྒྱུ་ལ་མོས་པ་རྒྱུ་ཆོས་ཀྱི། །འཁོར་ལོ་རབ་ཏུ་བསྐོར་བྱས་ན། །རྡོ་རྗེ་ཐེག་པའི་ཉེ་ལམ་ཞིག །མ་འོངས་དུས་ན་འབྱུང་བར་འགྱུར། །ཞེས་པའི་རྒྱུའི་ཐེག་པའི་སྡེ་སྣོད་གསུམ་སྟོན་པས་དངོས་སུ་ཞལ་ནས་གསུངས་པའི་བཀའ

དང་། འབྲས་བུའི་ཐེག་པ་རིག་པ་འཛིན་པའི་སྡེ་སྣོད་རྗེས་སུ་གནང་བའི་བཀའོ། །ཞེས་མཁས་པ་དག་གསུངས་ཀྱང་། དང་པོ་ལ་ཤེས་རབ་སྙིང་པོའི་མདོ་ལྟ་བུས་མ་ངེས། ཕྱི་མ་ལ་མཚན་བརྗོད་དུ། དེ་ནས་བཅོམ་ལྡན་ཤཱཀྱ་ཐུབ། །རྫོགས་པའི་སངས་རྒྱས་རྐང་གཉིས་མཆོག །ཉིད་ཀྱི་ཞལ་ནས་ལྷུགས་བཟང་བ། །ཞེས་སོགས་ཀྱིས་མ་ངེས་པ་རང་ལུགས་གདུལ་བྱ་དབང་རྣོན་སྐལ་བ་མཆོག་ཏུ་གྱུར་པ་རྣམས་ལ་ཐུབ་པའི་དབང་པོས་མིའི་འཇིག་རྟེན་དུའང་རྒྱུད་མང་དུ་གསུངས་མོད། དེ་ལྟ་ནའང་འདིར་མ་གསུངས་པ་ལྟར་བཤད་པ་ནི། རེ་ཞིག་གསང་སྔགས་ཀྱི་སྐྲ་མིའི་འཇིག་རྟེན་དུ་ཐལ་ལ་མ་གྲགས་པའི་དབང་དུ་མཛད་ཅིང་། ཕྱིས་འབྱུང་བར་ལུང་བསྟན་པ་ནི་ཡོངས་སུ་གྲགས་པ་ལ་དགོངས་པའོ། །འོ་ན་ལྷ་མིའི་འཇིག་རྟེན་དུ་ཇི་ལྟར་གྲགས་ཚུལ་ནི། གསང་སྔགས་སྤྱི་འགྱུར་བ་ལྟར་ན། རྒྱུད་སྡེ་དང་། སྒྲུབ་སྡེ་གཉིས་ལས། དང་པོ་ནི། སྤྱི་མདོ་ལས། ང་ནི་འདི་ནས་མི་སྣང་ནས། །ལོ་ནི་བརྒྱད་དང་བཅུ་གཉིས་ན། །ལྷ་གནས་གསུམ་དུ་གྲགས་པ་ཡི། །བསྟན་པའི་སྙིང་པོ་དམ་པ་ཞིག །འཛམ་གླིང་ཤར་གྱི་ཕྱོགས་མཚམས་ཀྱི། །མི་ལས་སྐལ་ལྡན་རིགས་ཅན་དེ། །རྒྱལ་པོ་ཛཿཞེས་བྱ་བ་ལ། །སྟོན་དུ་ལྟས་སྣང་སྣང་གྱུར་ཏེ། །དྲག་ཤུལ་ཅན་ཞེས་བྱ་བའི་རྗེར། །ཕྱོགས་ཀྱི་སེམས་དཔའ་དམན་པའི་ལུས། །ལནྐའི་བདག་པོ་ལ་སོགས་པར། །ལག་ན་རྡོ་རྗེས་སྣང་བར་འགྱུར། །ཞེས་པ་ལྟར་ཐུབ་པའི་དབང་པོ་མྱ་ངན་ལས་འདས་ནས་ལོ་ཉི་ཤུ་རྩ་བརྒྱད་ན། དམ་པའི་རིགས་ཅན་དྲྭ་མ་ལྔ་ལནྐའི་ཡུལ་གྱི་རི་བོ་མ་ལ་ཡའི་རྩེར་རང་རང་གི་མངོན་ཤེས་དང་རྫུ་འཕྲུལ་གྱིས་འདུས་ཏེ། གདུང་ཚིག་ཉི་ཤུ་རྩ་གསུམ་བཏོན་པས་གསང་བདག་མངོན་སུམ་དུ་བྱོན་ནས་རིགས་ཅན་ལྔ་སོགས་རིག་འཛིན་འདུས་པ་ཐལ་མོ་ཆེ་ལ་སྟོན་འོག་མིན་དང་། དགའ་ལྡན་དང་། སུམ་ཅུ་རྩ་གསུམ་རྣམས་སུ་གྲགས་པའི་གསང་བའི་ཐེག་པ་ཉིད་སྟོན་པར་མཛད་ཅིང་། དེ་རྣམས་སྲིན་པོ་བློ་གྲོས་ཐབས་ལྡན་གྱིས་གསེར་གྱི་གླེགས་བམ་ལ་བཻཌཱུརྻའི་ཞུན་མས་བྲིས་ནས་དགོངས་པའི་རྩལ་བདུན་གྱིས་ནམ་མཁའ་ལ་སྦས་སོ༑ ༑དེའི་ཚེ་དེའི་བྱིན་རླབས་ཀྱིས་ས་ཧོ་རའི་རྒྱལ་པོ་ཛཿལ་རྨི་ལྟས་ངོ་མཚར་བ་བདུན་རྨིས་པ་ལ་བརྟེན་ནས་སྒྲུབ་པ་མཛད་པས། རྨི་ལྟས་དང་མཐུན་པར་རྒྱུད་སྡེའི་གླེགས་བམ་རྣམས་མི་ཡུལ་དུ་དངོས་སུ་བབས་ཏེ། ཀུ་ཡའི་རྒྱུད་རྣམས་ཟླ་ར་ཊྚ་སྒོ། ཡོ་ག་རྣམས་མེ་རི་འབར་བའི་རྩེ་མོར། མ་ཧཱ་ཡོ་ག

རྣམས་ས་ཧོར་གྱི་ཡུལ་རྒྱལ་པོ་ཛའི་ཁང་སྟེང་། ཨ་ནུ་ཡོ་ག་རྣམས་ལངྐའི་ཡུལ་དུ་གྲགས་པ་སེངྒ་ལའི་གླིང་གི་ནགས་ཚལ་དུ་གླེགས་བམ་དང་བཅས་བབས་ཤིང་། ཨ་ཏི་ཡོ་ག་རྣམས་ནི་ནུབ་ཕྱོགས་ཨོ་ཌྜི་ཡ་ནའི་ཡུལ་དུ་སློབ་དཔོན་ཆེན་པོ་དགའ་རབ་རྡོ་རྗེས་དཔལ་རྡོ་རྗེ་སེམས་དཔའམ་ཕྱག་ན་རྡོ་རྗེ་ལ་དངོས་སུ་གསན་པ་ལྟར་བསྡུ་བ་མཛད་དེ་གླེགས་བམ་ལ་བཀོད་པར་བཤད་དོ། །སྤྲུལ་སྐུ་ནི་སྟོན་འོག་མིན་གསང་བ་མཆོག་གི་གནས་སུ་སྟོན་པ་ཀུན་བཟང་ཆེ་མཆོག་ཧེ་རུ་ཀས་ཆོས་ཉིད་ཀྱི་རང་སྒྲས་གསུངས་པའི་རྒྱུད་རྣམས་གསང་བདག་རྡོ་རྗེ་ཆོས་ཀྱི་རང་ཉིད་ཚོམ་བུ་དགུའི་དཀྱིལ་འཁོར་གྱི་ནང་དུ་སྣང་བར་མཛད་ནས་ཐོག་མར་ངག་ཏུ་བསྡུས། དེ་ནས་གླེགས་བམ་ལ་བཀོད་དེ་དགོངས་འགྲེལ་དུ་ལུང་ལྔ་ཡང་མཛད་ནས་མཁའ་འགྲོ་མ་ལས་ཀྱི་དབང་མོ་ཆེ་ལ་གཏད། དེས་སྤྱི་དང་བྱེ་བྲག་གི་རྒྱུད་རྣམས་ཕྱེས་ནས་རིན་པོ་ཆེའི་སྒྲོམ་སོ་སོར་བཅུག་སྟེ་མཆོད་རྟེན་བདེ་བྱེད་བརྩེགས་པར་གཏེར་དུ་སྦས་པ། ནམ་ཞིག་གི་ཚེ་གྲུབ་པ་ཐོབ་པའི་སློབ་དཔོན་བརྒྱད་ཀྱིས་གཏེར་སྒྲུང་རྣམས་ལ་བཀའ་བསྒོས་པས། མཁའ་འགྲོ་མས་བཀའ་བྱེ་བྲག་གི་སྒྲོམ་བུ་བརྒྱད་པོ་བཀའ་བབས་ཀྱི་སློབ་དཔོན་བརྒྱད་ལ་གཏད། སྤྱི་རྒྱུད་ཀྱི་སྒྲོམ་བུ་རིན་པོ་ཆེ་སྣ་བརྒྱད་ལས་བྱས་པ་རྒྱ་མ་ཁྲོལ་བས་སླར་དེ་ཉིད་དུ་སྦས། ཕྱིས་ཀུན་འདུས་རིག་འཛིན་སློབ་དཔོན་ཆེན་པོ་པདྨ་སམ་བྷ་བས་སྤྱན་དྲངས་ཏེ། རྗེ་འབངས་སྙིང་གི་བུ་དགུའམ་ཉི་ཤུ་རྩ་ལྔ་ལ་ལེགས་པར་གདམས་སོ། །གསང་སྔགས་གསར་མའི་གྲགས་ཚོད་ལྟར་ན་ཨོ་རྒྱན་གྱི་རྒྱལ་པོ་ཨིནྡྲ་བྷཱུ་ཏིས་རྒྱུད་རྣམས་གླེགས་བམ་དུ་བྱས་ཤིང་། སྐྱེ་བོ་རྣམས་ལ་བསྟན་པས་ཡུལ་དེའི་སྲོག་ཆགས་ཕྲ་མོ་ཡན་ཆད་ཐམས་ཅད་ཀྱིས་དངོས་གྲུབ་ཐོབ་སྟེ་འཇའ་ལུས་སུ་སོང་། དེ་ནས་ཨོ་རྒྱན་གྱི་ཡུལ་སྟོངས་པ་མཚོར་གྱུར་ཏེ་ཀླུས་གང་བ་ལ་གསང་བདག་གིས་རྒྱུད་སྡེ་རྣམས་གཏད་ཅིང་སྨིན་པར་མཛད་པས། དེ་དག་རིམ་གྱིས་མིར་གྱུར་ནས་མཚོ་འགྲམ་དུ་གྲོང་བཅས་ཏེ་ཉམས་སུ་བླངས་པས་གྲུབ་པ་ཐོབ། དེ་རྣམས་ཀྱི་བུ་དང་བུ་མོ་རྣམས་མཁའ་འགྲོ་དང་མཁའ་འགྲོ་མར་གྱུར་པའི་ཨོ་རྒྱན་མཁའ་འགྲོའི་གླིང་ཞེས་གྲགས། མཚོ་དེ་ཡང་བསྐམས་ཏེ་ཧེ་རུ་ཀའི་ལྷ་ཁང་རང་བྱུང་ཞིག་ཀྱང་བྱུང་བས། དེའི་དཀོར་མཛོད་དུ་རྒྱུད་ཀྱི་གླེགས་བམ་རྣམས་བཞུགས་པ་ལས། ཕྱིས་རྒྱལ་པོ་བ་སུ་ཀལྤ་དང་། ཀླུ་སྒྲུབ་དང་། ཀུ་ཀུ་རི་པ་སོགས་གྲུབ་ཐོབ་རྣམས་ཀྱིས་

རྒྱུད་ཤས་ཆེ་བ་ཞིག་དེ་ནས་བླངས། དེ་བཞིན་དུ་ཤམྦྷ་ལ་སོགས་ཡུལ་གཞན་དག་ནས་ཀྱང་བླངས་ཏེ་རིམ་གྱིས་དར་རོ་ཞེས་འདོད་དོ། །

དེ་ལ་གསར་རྙིང་གི་ཁྱད་པར་ནི། རྒྱ་གར་ན་སོ་སོར་ཕྱེ་བ་མེད་ནའང་བོད་འདིར་འགྱུར་སྔ་ཕྱིས་གྲགས་པ་སྟེ། སློབ་ཀྱི་པཎྜི་ཏ་སངས་རྒྱས་གསང་བ་དང་། བོ་དྷི་ས་ཏྭ་དང་། ཨོ་རྒྱན་གྱི་སློབ་དཔོན་པདྨ་འབྱུང་གནས་དང་། པཎ་ཆེན་བི་མ་ལ་མི་ཏྲ་ལ་སོགས་པ་དང་། ལོ་ཙྪ་བ་བཻ་རོ་ཙ་ན་རྨ་གཉགས་ཟླ་ཅོག་ཞང་གསུམ་སོགས་ཀྱིས་བསྒྱུར་བ་ནས་བཟུང་པཎྜི་ཏ་སྨྲྀ་ཏི་བྱོན་པ་ཡན་ཆད་ལ་བསྒྱུར་བའི་མདོ་རྒྱུད་དགོངས་འགྲེལ་དང་བཅས་པ་ཐམས་ཅད་ལ་རྙིང་མའམ་སྔ་འགྱུར་ཞེས་བྱ་ལ། ལོ་ཆེན་རིན་ཆེན་བཟང་པོའི་འགྱུར་མགོ་ཚུགས་པ་ནས་བཟུང་ལོ་ཆེ་ཆུང་མར་མལ་འགོས་འབྲོག་ར་འབྲོ་སོགས་ཀྱིས་རྒྱ་བལ་གྱི་པཎྜི་ཏ་ཅི་རིགས་སྤྱན་དྲངས་ཏེ་བསྒྱུར་བ་རྣམས་ལ་གསར་མའམ་ཕྱི་འགྱུར་ཞེས་གྲགས་སོ། །འགྱུར་འདི་གཉིས་ལ་གོ་དཀའ་སླ་དང་དབྱིངས་འཇལ་བ་ལ་ཀླབས་ཆེ་ཆུང་འབྱུང་བ་ནི། སློབ་ཀྱི་ལོ་པཎ་རྣམས་སངས་རྒྱས་བྱང་སེམས་ཀྱི་རྣམ་འཕྲུལ་ཤ་སྟག་ཡིན་པས་དོན་ཇི་ལྟ་བ་བཞིན་དུ་གཏན་ལ་ཕབ་ནས་བསྒྱུར་བས་ཚིག་གོ་སླ་ཞིང་དབྱིངས་འཇལ་བ་ལ་ཀླབས་ཆེ། ཕྱིས་འགྱུར་གྱི་ལོ་ཙྪ་བ་དུས་དེར་བོད་དུ་གྲགས་ཆུང་བའི་ཆོས་རེ་ལ་འདོད་པའི་དམིགས་བཙུགས་ཏེ་རྒྱ་བལ་ཐེངས་འགའ་རེ་བསྐོར་ནས་སྦྱངས་པའི་མཁས་པ་རྣམས་ཀྱིས་དོན་ཇི་ལྟ་བ་བཞིན་དུ་མ་ལྡོངས་ཏེ་སྒྲ་འགྱུར་གཙོ་བོར་བཏོན་པས་ཚིག་སྒྲིམ་ཞིང་གོ་དཀའ་དབྱིངས་འཇལ་བ་ལ་ཀླབས་ཆུང་བ་ལྟར་སྣང་བ་ཡིན་ཏེ། དཔེར་ན་གསང་བ་སྙིང་པོའི་རྒྱུད་རྨ་གཉགས་ཀྱི་འགྱུར་དང་ཐར་ལོའི་འགྱུར་ལ་བལྟས་པས་འགྱུར་སྔ་ཕྱིའི་ཁྱད་པར་ཤེས་པར་འགྱུར་རོ། །དེར་མ་ཟད་སྔ་འགྱུར་ནི་སྔོན་འཕགས་ཡུལ་དུ་བསྟན་པ་གྲྭ་མ་ཉམས་པའི་དུས་སུ་བསྒྱུར་བས་ཐར་ལོའི་གསར་འགྱུར་བཅུ་གསུམ་ཙམ་མ་གཏོགས་མདོ་ཐམས་ཅད་དང་བྱ་རྒྱུད་ཤས་ཆེ་བའི་ཕྱི་རྒྱུད་དང་འཇམ་དཔལ་སྒྱུ་དྲྭ་གསང་འདུས་མཉམ་སྦྱོར་སོགས་གསར་མ་དང་ཐུན་མོང་བའི་རྒྱུད་ཀྱང་མང་དུ་འགྱུར་ལ། རྒྱུད་སྡེའི་བྱུང་ཚུལ་གྱི་བབས་ཀྱང་མི་འདྲ་བ་མེད་པར་གཅིག་ཏུ་བབ་ཅིང་། ཕྱིས་ཀྱི་ལོ་པཎ་རྣམས་ཀྱི་སྤྱོད་ཡུལ་དུ་མ་གྱུར་པའི་ལུང་ཨ་ནུ། མན་ངག་ཨ་ཏི། སྒྲུབ་སྡེ་དང་བཅས་པའི་རྒྱུད་མཐའ་ཡས་པ་ཞིག་ཀྱང་

གངས་ལྗོངས་ཀྱི་གདུལ་བྱའི་དཔལ་དུ་བྱོན་ལ། ཕྱི་འགྱུར་རྣམས་ནི་ཕྱིས་རྒྱ་གར་དུ་འང་དར་ནུབ་ཅི་རིགས་བྱུང་བས་སྐད་ཀྱི་ཡུལ་ཐ་དད་ནས་གྲུབ་ཐོབ་འགའ་རེས་དཔེ་གསར་དུ་བླངས་ཏེ་སྤྱད་པས་ལོ་རྒྱུས་མི་མཐུན་པ་སྣ་ཚོགས་དང་ཆོས་ཀྱང་བྱ་སྤྱོད་ཅི་རིགས་ལས་གཙོ་བོར་རྣལ་འབྱོར་ཕྱི་ནང་ཐུན་མོང་བ་ཙམ་དུ་སྣང་ངོ་། །ཡང་རྙིང་མ་བཀའ་གཏེར་གྱི་ཁྱད་པར་ནི། བཀའ་མ་ལྟར་ན། ཕྱི་རྒྱུད་སྡེ་གསུམ་ཀ་སློབ་དཔོན་སངས་རྒྱས་གསང་བའི་ལུགས་གཙོ་ཆེ་ཞིང་སྟོན་བཤད་སྒྲུབ་ཀྱི་སྲོལ་ཤིན་ཏུ་དར་བར་བྱུང་ངོ་། །རྣལ་འབྱོར་ནང་པ་ལ་གསུམ་གྱི། མ་ཧཱ་ཡོ་ག་ལས་ཐུན་མོང་མ་ཡིན་པ་སྒྱུ་དྲྭའི་སྐོར་རྣམས། རྒྱལ་པོ་ཛཿནས་སྲས་མོ་གོ་མ་དེ་ཝཱིའི་བར་སྤྱོད་པའི་ཉེ་རྒྱུས་རང་རང་གི་ཚོམ་བུ་དང་བཅས་པ་རྡོ་རྗེ་འཆང་གི་སར་གཤེགས་ནས། སྲས་མོའི་སློབ་མ་སངས་རྒྱས་གསང་བས་བི་མ་ལ་མི་ཏྲ་ལ་བཤད། དེ་ལ་ལོ་ཙྪ་བ་རྨ་གཉགས་གཉིས་ཀྱིས་གསན་ནས་རིམ་པར་གནུབས་དང་ཟུར་ལ་བབས་སོ། །ལུང་ཨ་ནུ་ཡོ་ག་རྣམས་ནི་གནུབས་ཆེན་སངས་རྒྱས་ཡེ་ཤེས་ཀྱིས་རྒྱ་བལ་བྲུ་ཤའི་ཡུལ་གྱི་ལོ་པཎ་རྣམས་ལ་གསན་པ་ཡིན་ལ། ཨ་ཏི་ཡོ་ག་རྣམས་ནི། སྤྲུལ་པའི་སྐུ་དགའ་རབ་རྡོ་རྗེས་རྗེས་སུ་བཟུང་བ་འཇམ་དཔལ་བཤེས་གཉེན་ཡིན། དེས་ཤྲཱི་སིང་ཧ་ལ་བཤད། དེའི་སློབ་མ་ཨོ་རྒྱན་སངས་རྒྱས་གཉིས་པ། པཎ་ཆེན་བི་མ་ལ་མི་ཏྲ། ལོ་ཆེན་བཻ་རོ་ཙ་ན་གསུམ་ལས་རྒྱ་ཆེར་འཕེལ་ལོ༑ ༑དེ་ཐམས་ཅད་ཀྱང་སྤྱི་མདོ་ལས། རྒྱལ་བ་སེམས་དཔའ་རྣལ་འབྱོར་པ། །དགོངས་རིག་རྣ་བར་བརྒྱུད་པ་སྟེ། །གང་ལ་ཐུག་གི་བར་དུའོ། །ཞེས་པ་ལྟར་བརྒྱུད་པའི་བབས་ལུགས་གསུམ་དུ་བསྡུས་ནས་འཆད་དོ། །གཏེར་མ་ལྟར་ན། ཇི་སྐད་དུ། ཤིན་ཏུ་ཟབ་པའི་མཐར་ཐུག་སྙིང་པོ་རྣམས། །སྤྱིར་ཡང་བོད་རྣམས་གསར་ངས་ཆེ་བ་དང་། །སྙིགས་མའི་འགྲོ་ལ་ལྷག་པར་སྙིང་རྗེ་བས། །མཐའ་དབུས་ཐམས་ཅད་གཏེར་གྱིས་བཀང་ནས་བཞག །ལས་ཅན་བུ་དང་འཕྲད་པའི་སྨོན་ལམ་བཏབ། །ཅེས་པ་ལྟར་མ་འོངས་པའི་སྐལ་ལྡན་རྣམས་ཀྱི་དོན་དུ་བླ་རྫོགས་ཐུགས་གསུམ་དང་སྒྲུབ་སྡེ་བརྒྱད་སྤྱི་བྱེ་བྲག་གི་ཟབ་ཆོས་རྣམས་གཏེར་གནས་སོ་སོར་གཏེར་སྲུང་ལ་གཉེར་གཏད་དེ་སྦས་པ་ལོ་པཎ་རྗེ་འབངས་ས་ཆེན་པོ་ལ་བཞུགས་པ་རྣམས་དབང་འབྱོར་བའི་གང་འདུལ་སྤྲུལ་པའི་སྐུར་བསྟན་པས་རིམ་པར་སྤྱན་དྲངས་ཏེ་དུས་བབས་ཀྱིས་འགྲོ་དོན་མཛད་ཅིང་། བརྒྱུད་པའི་བབས་ལུགས་ཀྱང་

སྤྱར་ལྟར་གསུམ་གྱི་སྟེང་དུ། བཀའ་བབས་ལུང་བསྟན། སྨོན་ལམ་དབང་བསྐུར། མཁའ་འགྲོ་གཏད་རྒྱ་སྟེ་གསུམ་བསྟན་པས་བརྒྱུད་པ་དྲུག་ལྡན་གྱི་ཐ་སྙད་བྱུང་བ་ཡིན་ནོ། །དེ་ལ་སྤྱིར་རྒྱུད་སྡེ་རྣམས་དབང་ཐོབ་པའི་བྱང་ཆུབ་སེམས་དཔའ་དང་། དཔའ་བོ་དང་། རྣལ་འབྱོར་མ་དང་། འཛམ་བུ་གླིང་གི་གདོད་ནས་གྲུབ་པའི་དུར་ཁྲོད་བརྒྱད་དུ་གྲུབ་པ་ཐོབ་པའི་གདོད་ནས་གྲུབ་པའི་ལྷའི་སློབ་དཔོན་བརྒྱད་སོགས་ཀྱིས་བཟུང་ནས་གནས་སོ་སོར་དར་ཞིང་སྤྱོད་ལ། དེ་དག་ལས་མིའི་འགྲོ་བའི་བསོད་ནམས་སུ་ཆ་ཤས་ཙམ་སྣང་བ་ལ་རིག་འཛིན་གྱི་ས་མཆོག་བརྙེས་པའི་གྲུབ་ཆེན་བརྒྱད་དང་གྲུབ་ཐོབ་བརྒྱད་ཅུ་སོགས་རྒྱ་བོད་ཀྱི་མཁས་གྲུབ་དུ་མས་དོན་ལ་རྟོན་པའི་དགོངས་འགྲེལ་གྱིས་ལེགས་པར་བཀྲལ་ཞིང་བཤད་སྒྲུབ་ཀྱིས་ཇི་ལྟར་བསྐྱངས་ཚུལ་དང་། བྱེ་བྲག་གསར་རྙིང་གི་བཞེད་སྲོལ་ཡང་མཐའ་ཡས་པ་ཞིག་འཆད་དུ་ཡོད་ནའང་། འདིར་སྐབས་དོན་རྒྱུད་སྡེ་སྤྱིའི་རྣམ་ཆོག་ཉིད་བཤད་བྱའི་གཙོ་བོར་སྣང་བས། དེ་དག་གི་རྣམ་དབྱེ་ཧ་ཅང་མང་ན་གཙོ་བོའི་དོན་ལ་སྒྲིབ་ཅིང་ཡི་གེས་ཀྱང་འཇིགས་པས་དེ་ཙམ་མོ། །དེ་ལྟར་རྡོ་རྗེ་ཐེག་པའི་ཆོས་སྒོ་བསམ་གྱིས་མི་ཁྱབ་པ་ལས། རང་གི་སྐལ་བས་ཇི་ཙམ་ཞིག་ཐོབ་པ་ནི། བཀའ་མ་མདོ་སྒྱུ་སེམས་གསུམ་དང་ཡང་ཕུར་གཤིན་རྗེ་གཤེད་ཀྱི་སྐོར་སོ་སོའི་ནང་གསེས་ཐ་དད་པ་རྣམས་ཀྱི་དབང་ལུང་མན་ངག་བཤད་སྲོལ་དང་བཅས་པ་དེང་སང་རྒྱུན་ཡོད་དོ་ཅོག་ལྟ་བུ་དང་། གཏེར་མ་བླ་རྫོགས་ཐུགས་གསུམ་སྒྲུབ་སྡེ་བརྒྱད་སྤྱི་བྱེ་བྲག་གི་དབང་ལུང་མན་ངག་རྒྱུན་བཞུགས་པ་ཕལ་མོ་ཆེ་དང་། དེ་ཐམས་ཅད་ཀྱི་རྩ་བ་རྒྱུད་འབུམ་དང་བཅས་ཏེ། རྙིང་མ་བཀའ་གཏེར་གྱི་ཆོས་ཚུལ་ཟབ་རྒྱས་རྒྱ་མཚོ་ལྟ་བུ་རྣམས་ནི། རྗེ་བླ་མ་དམ་པ་བཀའ་དྲིན་མཚུངས་པ་མེད་པ་གཏེར་ཆེན་ཆོས་ཀྱི་རྒྱལ་པོ་འགྲོ་འདུལ་གཏེར་བདག་གླིང་པ་མཆོག་གི་ཞབས་པད་དང་པའི་སྤྱི་བོས་རྟག་ཏུ་བསྟེན་པའི་བཀའ་དྲིན་ཁོ་ན་ལས་ནོད་པ་ཡིན་ལ། གསར་མ་ནི་རྗེ་བླ་མ་དམ་པ་ལས་ཀྱང་མང་ཞིག་ཐོབ་མོད། གཞན་དུ་ན་བསྟན་པའི་རྩ་ལག་རིག་འཛིན་མཆོག་གི་སྤྲུལ་པའི་སྐུ་ཀུན་བཟང་པདྨ་ཕྲིན་ལས། མཁས་གྲུབ་ཆོས་སྐྱོང་རྒྱལ་མཚན། རིང་རི་ཀུན་སྤངས་པ་བློ་གྲོས་བརྟན་པ། གྲུབ་པའི་དབང་ཕྱུག་བློ་གྲོས་རྒྱ་མཚོ། ཡོངས་ཀྱི་བཤེས་གཉེན་ངག་དབང་བསྟན་འཛིན། ཀུན་དགའ་བསྟན་པ་དར་རྒྱས་སོགས་ལས་དབང་རྗེས་གནང་ལུང་མན་

ངག་དང་བཅས་པ་མང་དུ་ནོས་སོ། །

གསུམ་པ་དེ་ལྟར་བཟུང་བའི་བཟློད་བྱ་གདན་ལ་དབབ་པ་ལ་བདུན་ཏེ། འཐོབ་བྱའི་ངོ་བོ། དེའི་དབྱེ་བ། མ་ཐོབ་པ་འཐོབ་པར་བྱེད་པ། ཐོབ་པ་མི་ཉམས་པར་བསྲུང་བ། སྐྱེ་བའི་རྟེན། ཉམས་པ་གསོ་ཚུལ། བསྲུངས་པའི་ཕན་ཡོན་ནོ། །དང་པོ་ནི། **ངོ་བོ་སྒོ་གསུམ་ཐབས་ཤེས་ཀྱིས་ཟིན་པར། །བསྡམས་པའི་ཚུལ་ཁྲིམས་སོ་སོའི་རིང་ལུགས་བཞིན།** །ཞེས་པ་སྟེ། སྔགས་སྡོམ་གྱི་ངོ་བོ་ལ། མཚན་ཉིད་ནི། སྡོམ་བྱེད་ཐབས་ཤེས་ཁྱད་པར་ཅན་གྱིས་ཟིན་པའི་བདེ་བ་ཆེན་པོའི་ཡེ་ཤེས་ཀྱིས། བསྡམ་བྱ་སྒོ་གསུམ་ཕྲ་བའི་བག་ཆགས་དང་མཚན་འཛིན་གྱི་རྟོག་པ་སྡོམ་པར་བྱེད་པའི་སེམས་པ་ས་བོན་དང་བཅས་པ་གང་ཞིག །རང་རྒྱུ་དབང་བསྐུར་བ་ལས་གསར་དུ་ཐོབ་པའི་ཚུལ་ཁྲིམས་སོ། །དེ་ལྟར་ཡང་གྲུར་ལས། དེ་ཕྱིར་དཀྱིལ་འཁོར་འཁོར་ལོ་ཞེས། །ཐབས་ནི་བདེ་བའི་སྡོམ་པ་སྟེ། །ཞེས་སོ། །དེ་ལ་རྒྱུད་སྡེ་བཞི་སོ་སོའི་ལུགས་ལྟར་དབྱེ་ན་གཉིས་ཏེ། རྒྱུད་སྡེ་འོག་མ་གསུམ་གྱི་དང་། གོང་མའི་སྔགས་སྡོམ་མོ། །དང་པོ་ལ། བྱ་བ། སྤྱོད་པ། རྣལ་འབྱོར་རྒྱུད་གསུམ་གྱི་སྡོམ་པའི་མཚན་ཉིད་རིམ་པ་བཞིན། བལྟས་པའི་བདེ་བ། དགོད་པའི་བདེ་བ། ལག་བཅངས་ཀྱི་བདེ་བ་གང་རུང་ལམ་དུ་བྱས་པའི་སྒོ་ནས་ཆགས་པ་དེ་དང་དེ་དག་པར་བྱེད་པའི་ཡེ་ཤེས་རང་རྒྱུད་ལ་འཛིན་པའི་ཐབས་ཤེས་ཁྱད་པར་ཅན་གྱིས་སྒོ་གསུམ་གྱི་བག་ཆགས་དང་མཚན་རྟོག་སྡོམ་པར་བྱེད་པའི་སེམས་པ་ས་བོན་དང་བཅས་པ་གང་ཞིག །རང་རྒྱུ་རྒྱུད་སྡེ་རང་ལ་ལྟོས་པའི་དབང་ལས་ཐོབ་པའི་ཚུལ་ཁྲིམས། ཁྱད་པར་བླ་མེད་ཀྱི་སྔགས་སྡོམ་ལ། དབང་པོ་གཉིས་སྦྱོར་གྱི་བདེ་བ་ལམ་དུ་བྱས་པའི་སྒོ་ནས་ཆགས་པ་དེ་དག་པར་བྱེད་པའི་སོགས་གང་ཞིག །རང་རྒྱུ་བླ་མེད་ཀྱི་དབང་ལས་ཐོབ་པའི་ཚུལ་ཁྲིམས། དབྱེ་ན་གཉིས་ཏེ། བུམ་དབང་ལས་ཐོབ་པའི་དང་། དབང་གོང་མ་ལས་ཐོབ་པའི་སྡོམ་པའོ། །དང་པོའི་མཚན་ཉིད། སྦྱོར་བའི་དུས་སུ་རིགས་ལྔ་སྤྱི་དང་བྱེ་བྲག་གི་དམ་ཚིག་ཁས་བླངས་ཤིང་། དངོས་གཞིའི་དུས་སུ་བུམ་དབང་འཁོར་བཅས་བསྐུར་བ་ལས་གསར་ཐོབ་ཀྱི་ཚུལ་ཁྲིམས་གང་ཞིག །ཐབས་ཤེས་ཁྱད་པར་ཅན་བསྐྱེད་རིམ་གྱིས་ཐ་མལ་སྣང་ཞེན་གྱི་མཚན་རྟོག་སྡོམ་པར་བྱེད་པའི་སེམས་པ། དབྱེ་ན། བཏགས་པ་བ་བཟློད་པ་ཁས་བླངས་ཀྱིས་དང་། མཚན་ཉིད་པ་བསྒོམ་བྱ་དབང་ལས་ཐོབ་

པའོ། །གཉིས་པའི་མཚན་ཉིད། རང་འཐོབ་བྱེད་ཀྱི་རྒྱུ་དབང་གོང་མ་གང་རུང་བསྐུར་བ་ལ་བརྟེན་ནས་མངོན་དུ་གྱུར་པ་གྱ་ནོམ་ལྷར་ཞེན་གྱི་མཚན་རྟོག་ལས་སྐྱོབ་པའི་ཚུལ་ཁྲིམས་གང་ཞིག །ཐབས་ཤེས་ཁྱད་པར་ཅན་རང་བྱིན་བརླབས་པས་སེམས་གསལ་སྟོང་གི་ངོ་བོར་སྡོམ་པའི་སེམས་པ་གསང་དབང་གི །དེ་གང་ཞིག །ཐབས་ཤེས་ཁྱད་པར་ཅན་ཀུན་རྫོབ་ཞུ་བདེས་མཚོན་བྱེད་དཔེའི་ཡེ་ཤེས་བདེ་སྟོང་གི་ངོ་བོར་སྡོམ་པའི་སེམས་པ་ཤེར་དབང་གི །དེ་གང་ཞིག །ཐབས་ཤེས་ཁྱད་པར་ཅན་འཕོ་མེད་བདེ་ཆེན་གྱིས་ཟུང་འཇུག་ལྷན་ཅིག་སྐྱེས་པའི་ཡེ་ཤེས་མཚོན་བྱ་དོན་དམ་པའི་ངོ་བོར་སྡོམ་པ་དབང་བཞི་པའི་སྔགས་སྡོམ་གྱི་མཚན་ཉིད། དེ་བས་ན་དགྱེས་རྡོར་ལས། སངས་རྒྱས་ཀུན་གྱི་སྡོམ་པ་ནི། །ཨེ་ཝཾ་རྣམ་པར་རབ་ཏུ་གནས། །ཨེ་ཝཾ་རྣམ་པའི་བདེ་ཆེན་པོ། །དབང་ལས་ཡང་དག་ཤེས་པར་བྱ། །ཞེས་ཨེ་ཝཾ་གྱིས་མཚོན་པའི་རྣམ་ཀུན་མཆོག་ལྡན་གྱི་སྟོང་གཟུགས་ཕྱག་རྒྱ་ཆེན་མོས་ཞུ་བདེ་དྲངས་པས། འདོད་ཆགས་ཆེན་པོའི་ཐིག་ལེའི་འགྲོས་ལས་ཤར་བའི་ལྷན་ཅིག་སྐྱེས་པའི་བདེ་བ་སྟོང་གཟུགས་དང་ངོ་བོ་གཅིག་ཏུ་གྱུར་པ་ནི་ཟུང་འཇུག་གི་ཡེ་ཤེས་མི་འགྱུར་བའི་བདེ་བ་ཆེན་པོ་ཞེས་སངས་རྒྱས་ཀུན་གྱི་སྡོམ་པ་སྟེ། དེས་སྤང་བྱ་འཛག་བདེ་འཕོ་བའི་བག་ཆགས་དང་མཚན་རྟོག་ལས་ཡིད་བདེ་མྱུར་གྱི་སྒོ་ནས་སྐྱོབ་པའི་ཕྱིར་ན་དབང་བཞི་པའི་སྡོམ་པ་ཡིན་ལ། བུམ་གསང་ཤེར་དབང་གསུམ་ཡང་མཚན་རྟོག་ལས་ཡིད་སྐྱོབ་པར་བྱེད་པའི་བདེ་ཆེན་གྱི་ཡེ་ཤེས་དེ་འདྲེན་བྱེད་ཀྱི་ཐབས་རིང་བ་དང་ཉེ་བ་དང་ཤིན་ཏུ་ཉེ་བ་གསུམ་དུ་རིམ་པར་འགྱུར་བ་ཡིན་ནོ། །

འོ་ན་ལྷན་ཅིག་སྐྱེས་པའི་ཡེ་ཤེས་དེ་གདོད་མ་ནས་ལུས་ཅན་ཐམས་ཅད་ལ་གནས་པ་མ་ཡིན་ནམ་ཞེ་ན། ཡིན་མོད། འོན་ཀྱང་རང་གནས་ཀྱི་ཡེ་ཤེས་དེ་ངོས་ཟིན་པ་དང་འཆལ་ཚུལ་གྱི་གཉེན་པོར་འགྲོ་བ་དབང་གོང་མ་ལ་ལྟོས་དགོས་ཏེ། དེ་ལས། གཞན་གྱིས་བརྗོད་མིན་ལྷན་ཅིག་སྐྱེས། །གང་དུ་ཡང་ནི་མི་རྙེད་དེ། །བླ་མས་དུས་ཐབས་བསྟན་པ་དང་། །བདག་གི་བསོད་ནམས་ལས་རིག་བྱ། །ཞེས་གསུངས་པའི་ཕྱིར། ཡང་སྦྱོར་བའི་དུས་རིགས་ལྔའི་སྡོམ་བཟུང་ལན་གསུམ་བཟླས་པའི་བརྗོད་པ་གསུམ་པའི་ཆ་ཐ་མ་ལ་གང་བཟུང་བའི་སྡོམ་པ་དེ་ཉིད་ཐོབ་བམ་མི་ཐོབ་ཅེ་ན། དངོས་བརྟགས་མ་ཕྱེ་བའི་དབང་དུ་བྱས་ན་ཐོབ་སྟེ། རྡོ་རྗེ་རྩེ་མོ་ལས། སྡོམ་པ་གསུམ་ལ་

ལེགས་བཀོད་ནས། །དེ་ལ་དཀྱིལ་འཁོར་བསྟན་པར་བྱ། །ཞེས་དང་། རོང་ཟོམ་ཆེན་པོས་མཛད་པའི་སྡོམ་ཚིག་ལས་ཀྱང་། ཐུན་མོང་བའི་སྡོམ་པ་ནོས་ནས། དེ་ནས་ཁྱད་པར་གྱི་སྡོམ་པ་ནོས་ཏེ། དཀྱིལ་འཁོར་དུ་ཞུགས་ནས་དབང་ཐོབ་པར་བྱས་ལ། དངོས་གྲུབ་ཀྱི་སྣོད་དུ་གྱུར་བར་བྱའོ། །ཞེས་གསུངས་པའི་ཕྱིར། གལ་ཏེ་མི་ཐོབ་ན། སོ་བྱང་གི་སྡོམ་ཚིག་ལས་ཀྱང་དེ་དང་དེའི་སྡོམ་པ་མི་སྐྱེ་བར་མཚུངས་ཏེ། དེ་དང་དེ་ལ་སྐྱེ་བའི་ནུས་པ་ཡོད་པ་དང་། འདི་ལ་མེད་པའི་ལུང་རིགས་ཚད་མ་མེད་པའི་ཕྱིར་རོ། །གཞན་དུ་ན་རྒྱལ་བས་སྡོམ་ཚིག་གསུངས་པའང་དོན་མེད་དུ་ཐལ་ལོ། །ཁོ་ན་རེ། དབང་མ་ཐོབ་པར་རིགས་ལྔའི་སྡོམ་པ་བཟུང་བ་ཙམ་གྱིས་སྔགས་སྡོམ་ཐོབ་ན། གང་ཟག་དེ་འདྲ་དེ་ཆོས་ཅན། ཁྱོད་ལ་སློབ་དཔོན་སྨད་པ་ལ་སོགས་པའི་རྩ་ལྟུང་འབྱུང་བ་སྲིད་པར་ཐལ། སྔགས་སྡོམ་རྒྱུད་ལྡན་གྱི་གང་ཟག་ཡིན་པའི་ཕྱིར། འདོད་མི་ནུས་ཏེ། འགྲེལ་ཆེན་དྲི་མེད་འོད་ཀྱི་རྩ་ལྟུང་སྟོན་པའི་སྐབས་ལས། གང་དག་རྡོ་རྗེ་ཐེག་པར་གནས་པ་རྣམས་ལ་སྟེ། དབང་བསྐུར་བ་རྣམས་ལའོ། །ཞེས་པ་རྡོ་རྗེ་འཛིན་པའི་ངེས་པའོ། །ཞེས་གསུངས་པའི་ཕྱིར་ཟེར་ན། སྐྱོན་མེད་དེ། སྨོན་པ་སེམས་བསྐྱེད་ཀྱི་སྡོམ་པ་ཐོབ་པ་དེ་བྱང་སྡོམ་རྒྱུད་ལྡན་ཙམ་ཡིན་ཡང་། དེ་འདྲ་དེས་སྨོན་སེམས་མ་བཏང་ན་རྒྱལ་པོ་ལ་ངེས་པ་ལྟ་བུའི་རྩ་ལྟུང་བཅུ་བཞི་གང་རུང་ལ་སྤྱད་ཀྱང་སྨོན་སྡོམ་མི་གཏོང་བ་བཞིན་ནོ། །དེས་ན་རིགས་ལྔའི་སྡོམ་བཟུང་གི་སྐབས་སུ་དམ་ཚིག་ལ་གནས་པར་སྨོན་པ་ཙམ་ཡིན་པས། དངོས་གཞི་ལ་ལྟོས་ནས་བསྲུང་བར་དབང་བའི་དམ་ཚིག་རྣམས་རིགས་ངེས་པ་ཁས་བླངས་ཀྱིས་ཐོབ་པ་སྟེ། སྔགས་སྡོམ་བཏགས་པ་བ་ཡིན་ལ། སླར་དབང་བསྐུར་བས་ཡེ་ཤེས་ཁོང་ཆུད་ཀྱིས་ཐོབ་པ་ནི་སྔགས་སྡོམ་མཚན་ཉིད་པའོ། །དེ་ཡང་དབང་བསྐུར་བས་རང་གནས་ཀྱི་ཡེ་ཤེས་གསོས་ཐེབས་ནས་ནུས་པ་མཐུ་ཅན་དུ་གྱུར་པ་དེས་གཉེན་པོའི་ཕྱོགས་བཟུང་ནས། རང་དང་ལྷན་ཅིག་གནས་པའི་སྒྲིབ་བྱ་དང་ནུས་པ་འགྲན་པའི་ཚུལ་གྱིས་སུན་འབྱིན་པར་བྱེད་ལ། གལ་ཏེ་དབང་དུས་སུ་ཡེ་ཤེས་དངོས་སུ་མ་སྐྱེས་ཀྱང་སྐྱེ་རུང་གི་ནུས་པ་བཞག་པ་དེས་དྲི་མ་སྦྱོང་བ་དང་ཡོན་ཏན་སྐྱེ་བའི་མགོ་རྩོམ་པ་ཡིན་པས་རྒྱུད་འགྱུར་བའི་ཁྱད་པར་ཏེ། དེ་ལ་རྒྱུད་སྨིན་པ། དབང་ཐོབ་པ། དམ་ཚིག་དང་སྡོམ་པ་ཐོབ་པ་ཞེས་པའི་ཐ་སྙད་ཐོབ་ཅིང་། ཚོགས་སེམས་རྒྱུད་ཀྱི་ཡོན་ཏན་དགེ་བའི་ས་བོན་

གསོས་བཏབ་པའི་ཆ་དེ་སངས་རྒྱས་ཀུན་གྱི་གསང་བའི་རྡོ་རྗེ་གསུམ་འཛིན་པའི་ཆ་ནས་དམ་ཚིག་ཀྱང་ཡིན་ལ། རང་རྒྱུད་སྡོམ་པའི་ཆ་ནས་སྡོམ་པའང་ཡིན་པའི་ཕྱིར་ཏེ། དཔེར་ན་བུམ་པ་ཉིད་བྱས་པའང་ཡིན་ལ་མི་རྟག་པའང་ཡིན་པ་བཞིན་ནོ། །དེ་ལྟར་ཡང་གསང་སྙིང་གི་རྒྱུད་ཕྱི་མ་ལས། གང་ཞིག་ནན་ཏན་ལས་མི་འགོང་། །མི་ལམ་དུ་ཡང་དམ་ཚིག་བརྗོད། །དམ་བཅའ་བ་ནི་སྡོམ་པར་འདོད། །ཅེས་དང་། ཕྲ་རྒྱས་ལས། དེ་ལྟར་སུམ་བརྒྱ་དྲུག་ཅུ་རྣམས། །བདག་གི་རྡོ་རྗེ་མཆོག་གསུམ་པོས། །ལོག་པར་མི་གཏོང་སྡོམ་པའི་དངོས། །ས་གཞི་ལྟ་བུར་གསུངས་པ་ཡིན། །ཞེས་སོ། །ཡང་སྒྱུ་འཕྲུལ་ཞི་ཁྲོ་ལྟ་བུའི་དབང་ཐོབ་ལ་མ་ཉམས་པའི་གང་ཟག་གིས། སྔར་དེ་ཉིད་དམ་སངས་རྒྱས་མཉམ་སྦྱོར་ལྟ་བུའི་དབང་ཐོབ་པའི་ཚེ་སྔགས་སྡོམ་གསར་ཐོབ་ཡོད་དམ་མེད་ཅེ་ན། གསར་ཐོབ་ཀྱི་ཆ་ནི་ཡོད་དེ། དེ་འདྲ་དེ་ལ་བླ་མས་དབང་བསྐུར་རམ། སྡོམ་ལྡན་རང་ཉིད་ཀྱིས་དབང་བླངས་ཀྱང་རུང་སྟེ། སྔར་རྒྱུད་ལ་ཡོད་པའི་སྔགས་སྡོམ་གྱི་རྒྱུན་དེ་ཉིད་ཕྱིས་དབང་བསྐུར་རེ་རེ་ཐོབ་པའི་ཚེ་གོང་འཕེལ་དུ་འགྲོ་བས་ན། ཇི་ཙམ་འཕེལ་བའི་ཆ་དེ་གསར་ཐོབ་ཡིན་མོད། འོན་ཀྱང་འཐོབ་བྱ་དབང་གི་ངོ་བོ་རིགས་མཐུན་ཕྱིན་ཆད་སྡོམ་པ་རིགས་མི་འདྲ་བ་དང་ངོ་བོ་ཐ་དད་དུ་འཇུག་པའང་མེད་པས་སྡོམ་པ་དངོས་གཞི་གསར་ཐོབ་མེད་པའི་ཕྱིར་དབང་དང་པོ་དེ་ལ་སྨིན་བྱེད་ཀྱི་དབང་ཞེས་སྔགས་སྡོམ་གསར་དུ་འཐོབ་བྱེད་ཀྱི་དབང་ཡིན་ཞིང་། ཕྱི་མ་རྣམས་ལའང་རང་སྐལ་གྱིས་སྨིན་པར་བྱས་པའི་ཆ་རེ་ཡོད་ཀྱང་སྨིན་བྱེད་དང་སྡོམ་པ་གསར་ཐོབ་ཀྱི་ཐ་སྙད་མི་སྦྱོར་ཏེ། སྨིན་ཚུལ་དེ་ཙམ་ཞིག་སངས་རྒྱས་མ་ཐོབ་པའི་བར་དུ་འབྱུང་བའི་ཕྱིར་རོ། །སྦྱོར་གཞི་ལམ་འབྲས་གསུམ་ལ་ལྟོས་ནས་ཀྱང་སྔགས་སྡོམ་གསུམ་དུ་བཤད་དེ། ཆོས་ཐམས་ཅད་ཀྱི་རང་བཞིན་ལྷན་ཅིག་སྐྱེས་པའི་ཡེ་ཤེས་ཀྱི་ངོ་བོར་སྡོམ་པ་ནི་གཞི་རྒྱུད་ཀྱི་སྔགས་སྡོམ་སྟེ། རྣམ་གློག་ལས། ཆོས་ཀུན་ཡེ་ནས་དག་པའི་ཕྱིར། །ལོག་རྟོག་ཡེ་ནས་རྣམ་པར་དག །དེ་བས་སྡོམ་པ་རྣམ་པར་དག །ཅེས་དང་། རྒྱུད་གཞན་ལས་ཀྱང་། རང་བཞིན་ལྷན་ཅིག་སྐྱེས་ཞེས་བརྗོད། །རྣམ་པ་ཐམས་ཅད་སྡོམ་པ་གཅིག །ཅེས་སོ། །དེ་ཉིད་རྟོགས་པའི་ཐབས་ཁྱད་པར་ཅན་སྨིན་གྲོལ་གྱི་ལམ་གྱིས་མཚན་རྟོག་སྡོམ་པར་བྱེད་པ་ལམ་རྒྱུད་ཀྱི་སྔགས་སྡོམ་སྟེ། དེ་ཕྱིར་དཀྱིལ་འཁོར་འཁོར་ལོ་ཞེས། །ཐབས་ནི་བདེ་བའི་སྡོམ་པ་སྟེ། །

ཞེས་སོ། །ཆོས་ཐམས་ཅད་རང་སྣང་གི་ཡེ་ཤེས་ཀྱི་ངོ་བོར་སྡོམ་པ་འབྲས་རྒྱུད་ཀྱི་སྔགས་སྡོམ་སྟེ། དེ་ནས་ཆོས་ཀུན་སྡོམ་གཅིག་པའི། །རྡོ་རྗེ་སེམས་དཔའ་ཞེས་བྱར་བཤད། །ཅེས་སོ། །དེ་ལྟར་གསུམ་གྱི་དང་པོ་བཏགས་པ་བ་དང་། ཕྱི་མ་གཉིས་མཚན་ཉིད་པར་བཞེད་དེ། ཞར་ལས་འཕྲོས་པའོ། །

གཉིས་པ་དབྱེ་བ་ལ་གཉིས་ཏེ། རྒྱུད་སྡེ་བཞིའི་ལུགས་སྤྱིར་དབྱེ་བ་དང་། བླ་མེད་ཀྱི་ལུགས་བྱེ་བྲག་ཏུ་དབྱེ་བའོ། །དང་པོ་ནི། **དབྱེ་བ་བྱ་སྤྱོད་རྣལ་འབྱོར་བླ་མེད་བཞིར། །རྩ་ལྟུང་བཅུ་བཞི་སོ་སོར་གྲངས་ངེས་པར། །དུས་ཀྱི་འཁོར་ལོར་བཤད་པ་གཞན་དུ་བལྟ།** །ཞེས་པ་སྟེ། འདིར་གང་དག །བྱ་སྤྱོད་གཉིས་སུ་རྩ་ལྟུང་མ་བཤད་པས་བྱང་སེམས་ཀྱི་སྡོམ་འཇུག་བསླབ་བྱ་ལས་གཞན་པའི་བསྲུང་རྒྱུ་མེད་དོ་གསུངས། དེ་ལྟར་ན། འཇམ་དཔལ་རྩ་རྒྱུད་ལས། ལྔ་པོ་འདི་ནི་རྩ་བའི་ལྟུང་བ་ཡིན་པར་བསྟན་ཏེ། ཞེས་རྩ་ལྟུང་ལྔ་བཤད་པ་དང་། རྣམ་སྣང་མངོན་བྱང་ལས། ལྟུང་བའི་རྩ་བ་བཞི་ནི་སྲོག་གི་ཕྱིར་ཡང་ཡོངས་སུ་ཉམས་པར་མི་བྱའོ། །ཞེས་རྒྱས་པར་བཤད་པ་རྣམས་ཀྱང་བྱང་སེམས་ཀྱི་རྩ་ལྟུང་ཡིན་པར་འགྱུར་ལ། དེ་ཡིན་ན་བྱང་སེམས་ཀྱི་ལྟུང་བའི་གྲངས་ངེས་ཀྱང་ཉམས་པ་དང་། བྱ་སྤྱོད་གཉིས་སུ་རྩ་ལྟུང་མེད་ན་ཡན་ལག་གི་ལྟུང་བའང་འབྱུང་མི་རིགས་ལ། དེ་ཡང་འདོད་ན། མངོན་བྱང་དང་ལེགས་གྲུབ་ལས་སྔགས་ཀྱི་འདུལ་བ་གསུངས་པ་དང་ཡང་འགལ་བར་འགྱུར་རོ། །དེར་མ་ཟད་བྱ་སྤྱོད་གཉིས་ཀྱི་དབང་བསྐུར་བ་ལ་བརྟེན་ནས་དེ་དང་དེའི་སྔགས་སྡོམ་ཐོབ་པ་མེད་པར་འགྱུར་ཞིང་། འདོད་ན། རྒྱུད་སྡེ་གོང་མ་གཉིས་ལའང་སྔགས་སྡོམ་སྐྱེ་བའི་ནུས་པ་མེད་པར་འགྱུར་ཏེ། དེ་དང་དེའི་དབང་ལ་སྔགས་སྡོམ་སྐྱེ་བའི་ནུས་པ་ཡོད་མེད་འགྲོ་ལྡོག་མཚུངས་པའི་ཕྱིར་རོ། །དེས་ན་དུས་འཁོར་འགྲེལ་ཆེན་ལས་རྒྱུད་སྡེ་བཞི་ག་ཡང་རྩ་ལྟུང་བཅུ་བཞི་པ་ཅན་དུ་གྲངས་འདྲ་བར་གསུངས་པ་ལྟར་བཤད་པར་བྱ་བ་ཡིན་ཏེ། དེ་ལ་བཞི་ལས། བྱ་རྒྱུད་ཀྱི་རྩ་ལྟུང་ནི། གསང་བ་སྤྱི་རྒྱུད་ལས། དེ་རིང་ཕྱིན་ཆད་ཁྱེད་རྣམས་ཀྱིས། །སངས་རྒྱས་ཆོས་དང་དགེ་འདུན་དང་། །བྱང་ཆུབ་སེམས་དཔའ་རྣམས་དང་ནི། །གསང་སྔགས་རིག་སྔགས་ཚོགས་རྣམས་ལ། །དད་པ་རབ་ཏུ་བརྟན་པར་བྱ། །ཐེག་པར་ཐེག་པ་ཆེན་པོ་ལ། །ཁྱད་པར་དུ་ནི་མོས་པར་བྱ། །དམ་ཚིག་ཅན་དང་མཛའ་བོ་དང་། །བླ་མ་ལ་ཡང་གུས་པར་བྱ། །ལྷ་རྣམས་ཀུན་ལ་སྡང་མི་བྱ། །དུས་མཚམས་དག་ཏུ

མཆོད་པར་བྱ། །སྟོན་པ་གཞན་གྱི་གཞུང་མི་མཆོད། །རྟག་ཏུ་བློ་བུར་མགྲོན་མཆོད་བྱ། །སྲོག་ཆགས་ཀུན་ལ་བྱམས་པའི་སེམས། །རབ་ཏུ་བརྟན་པ་ཉེ་བར་གཞག །ཐེག་ཆེན་ལ་ནི་དགའ་རྣམས་ཀྱིས། །བསོད་ནམས་དག་ལ་ནན་ཏན་སྐྱེད། །བཟླས་བརྗོད་བྱེད་ལ་འབད་པ་ཡིས། །གསང་སྔགས་སྤྱོད་ལ་བརྩོན་པར་བྱ། །གསང་སྔགས་རྒྱུད་ལས་བསྟན་པ་ཡི། །དམ་ཚིག་རྣམས་ཀྱང་བསྲུང་བར་བྱ༑ ༑དམ་ཚིག་མེད་པ་རྣམས་ལ་ནི། །སྔགས་དང་ཕྱག་རྒྱ་མི་སྦྱིན་ནོ། །གསང་སྔགས་རྒྱུད་ནི་ལེགས་བསྲུང་ཞིང་། །དེ་ཡང་བདག་གིས་རྟོགས་པར་བྱ། །ཞེས་གསུངས་པ་ལྟར་བཅུ་བཞི་སྟེ། དཀོན་མཆོག་ལ་དད་པ།། སྔགས་ལ་དད་པ། ཐེག་ཆེན་ལ་མོས་པ། བླ་མ་དང་མཆེད་གྲོགས་ལ་གུས་པ། འདས་མ་འདས་ཀྱི་ལྷ་གཞན་ལ་མི་སྨད་པ། རང་གི་ལྷ་དུས་ཚིགས་སུ་མཆོད་པ། གཞུང་གཞན་མི་མཆོད་པ། བློ་བུར་བའི་མགྲོན་མཆོད་པ། བྱམས་པ་མི་གཏོང་བ། སེམས་ཅན་གྱི་དོན་ལ་བརྩོན་པ་མི་འདོར་བ། བཟླས་བརྗོད་ལ་བརྩོན་པ། དམ་ཚིག་གཞན་ཡང་ཅི་ནུས་བསྲུང་བ། སྣོད་མིན་ལ་སྔགས་རྒྱ་མི་སྦྱིན་པ། རང་གི་སྔགས་རྒྱུད་བསྲུང་ཞིང་རྟོགས་པར་བྱ་བ་རྣམས་སོ། །དེ་དག་གི་ལྡོག་ཕྱོགས་རྩ་ལྟུང་དུ་འགྱུར་བའང་། དེ་ཉིད་ལས། ཇི་སྐད་བཤད་པའི་དམ་ཚིག་རྣམས། །གལ་ཏེ་ཉམས་པར་གང་གྱུར་པ། །དེ་ནི་རང་རིགས་སྙིང་པོའི་སྔགས། །ཁྲིག་འབུམ་དུ་ནི་བཟླས་བརྗོད་བྱ། །ཡང་ན་མེས་རྫོངས་བྱེད་པའི་གཟུངས། །སྟོང་དུ་བཟླས་བརྗོད་བྱས་ཀྱང་རུང་། །ཡང་ན་ཞི་བའི་སྦྱིན་སྲེག་བྱ། །ཡང་ན་དཀྱིལ་འཁོར་དུ་ཡང་འཇུག །ཅེས་གསུངས་པའི་ཕྱིར་རོ། །

གཉིས་པ་སྤྱོད་རྒྱུད་ཀྱི་རྩ་ལྟུང་བཅུ་བཞི་ནི། མི་དགེ་བ་བཅུ་དང་། རྩ་བ་བཞི་སྤང་བ་སྟེ། དང་པོ་ནི། མངོན་བྱང་ལས། བཅུ་པོ་འདི་དག་བྱང་ཆུབ་སེམས་དཔའ་གསང་སྔགས་ཀྱི་སྒོར་སྤྱོད་པའི་བསླབ་པ་ཐམས་ཅད་ཀྱི་རྩ་བ་ཡིན་པས་གཞི་ཞེས་བྱའོ། །ཞེས་སོ། །གཉིས་པ་ནི་། དེ་ལས། རྩ་བའི་ལྟུང་བ་བཞི་ནི་སྲོག་གི་ཕྱིར་ཡང་ཡོངས་སུ་ཉམས་པར་མི་བྱའོ། །ཞེས་གསུངས་ཤིང་། བཞི་གང་ཞེ་ན། དེ་ཉིད་ལས། དེ་རིང་ཕྱིན་ཆད་ཁྱོད་ཀྱིས། །དམ་པའི་ཆོས་དང་བྱང་ཆུབ་སེམས། །སྲོག་གི་ཕྱིར་ཡང་དེ་ཕྱིན་ཆད། །ཡོངས་སུ་བཏང་བར་མི་བྱའོ། །ཁྱོད་ཀྱི་སེར་སྣ་དང་ནི་གང་། །སེམས་ཅན་གནོད་པ་མི་བྱའོ། །དམ་ཚིག་འདི་དག་སངས་རྒྱས་ཀྱི། །བརྟུལ་ཞུགས་བཟང་པོ་ཁྱོད་

ལ་བཤད། །ཅེས་པས་དེ་བཞིའི་ལྡོག་ཕྱོགས་དམ་ཆོས་སྤོང་བ་སོགས་བཞིའོ། །འོ་ན་མི་དགེ་བཅུ་སྤོང་ནི་ལྷ་མིའི་ཐེག་པ་དང་ཉན་རང་ལའང་ཡོད་པས་སྔགས་ཀྱི་ཁྱད་པར་གྱི་རྩ་ལྟུང་དུ་ཅིའི་ཕྱིར་འཛོག་ཅེ་ན། འདིར་བྱང་སེམས་སྔགས་ཀྱི་སྡོམ་སྤྱོད་པ་རྣམས་ཀྱིས་འདུས་མ་བྱས་པའི་ཚུལ་ཁྲིམས་ཀྱི་ཕུང་པོ་བཟུང་ནས་དེའི་དམ་ཚིག་ཏུ་བཅུ་པོ་བཟུང་བས་ན་ཁྱད་པར་ཡོད་དེ། དེ་ལས། གང་དག་འདས་དང་མ་བྱོན་དང་། །གང་ཡང་ད་ལྟའི་མགོན་པོ་རྣམས། །ཐབས་དང་ཤེས་རབ་ལྡན་པ་ལ། །བསླབས་ནས་བླ་མེད་བྱང་ཆུབ་ནི། །འདུས་མ་བྱས་པ་དེ་ཐོབ་པོ། །ཐབས་དང་མི་ལྡན་ཡེ་ཤེས་དང་། །བསླབ་པ་དག་ཀྱང་བཤད་པ་ནི། །དཔའ་བོ་ཆེན་པོས་ཉན་ཐོས་རྣམས། །དེ་ལ་གཟུད་པའི་ཕྱིར་བཤད་དོ། །ཞེས་སོ། །

གསུམ་པ་རྣལ་འབྱོར་རྒྱུད་ཀྱི་རྩ་ལྟུང་བཅུ་བཞི་ནི། ཇི་ལྟར་དུས་གསུམ་མགོན་པོ་རྣམས། །ཞེས་སོགས་རིགས་ལྔའི་སྡོམ་བཟུང་གི་སྐབས་སུ་གསུངས་པ་ལྟར། དེ་བཞིན་གཤེགས་པའི་རིགས་ཀྱི་དམ་ཚིག་ལ་དཀོན་མཆོག་གསུམ་སྐྱབས་གནས་སུ་འཛིན་པ་སྡེ་གསུམ། རྡོ་རྗེའི་རིགས་ལ་རྡོ་རྗེ། དྲིལ་བུ། ཕྱག་རྒྱ། སློབ་དཔོན་བཟུང་བ་སྡེ་བཞི། རིན་ཆེན་རིགས་ལ་སྦྱིན་པ་རྣམ་བཞི་གཏོང་བ་སྡེ་བཞི། པདྨའི་རིགས་ལ་དམ་ཆོས་མ་ལུས་པ་འཛིན་པ་སྡེ་གཅིག །ལས་ཀྱི་རིགས་ལ་སྔར་གྱི་སྡོམ་པ་རྣམས་ཅི་ནུས་འཛིན་པ་དང་། མཆོད་པའི་ལས་ལ་འབད་པ་སྡེ་གཉིས་དེ་རྣམས་སྒྲུབ་པའི་བསླབ་བྱ་ཡིན་ལ། དེ་ལས་གཞན་པ་བཅུ་བཞི་ནི། ཕས་ཕམ་པར་ནི་རབ་ཏུ་བཤད། །སྤོང་བ་དོར་བར་མི་བྱ་སྟེ༏ ༏རྩ་བའི་ལྟུང་བ་ཞེས་བཤད་དོ། །ཞེས་པ་ལ་ངོས་འཛིན་མི་མཐུན་པ་མང་ཡང་། འདིར་སྒྲུབ་པའི་བསླབ་བྱ་བཅུ་བཞི་པོ་དེ་ལས་གཞན་པ་སྟེ། དེའི་ལྡོག་ཕྱོགས་བཅུ་བཞི་པོ་དེ་ཉིད་རྩ་ལྟུང་དུ་སློབ་དཔོན་ཀུན་དགའ་སྙིང་པོ་བཞེད་པ་ཡིན་ཏེ། དེ་ཉིད་སྣང་ཆེན་ལས། དེ་བཞིན་གཤེགས་པ་ཐམས་ཅད་ཀྱི་ཚུལ་ཁྲིམས་ནི། ཇི་ལྟར་དུས་གསུམ་མགོན་པོ་རྣམས། །བྱང་ཆུབ་ཏུ་ནི་ངེས་མཛད་པ། །ཞེས་བྱ་བ་ལ་སོགས་པར་ཕས་ཕམ་པ་བཅུ་བཞི་ལས་ལྡོག་པའི་མཚན་ཉིད་ཅན་ནོ། །ཞེས་དང་། དཔལ་མཆོག་འགྲེལ་ཆེན་ལས་ཀྱང་། ཕྱག་རྒྱ་ལ་སོགས་པ་འདི་དག་གིས་ཅི་ཞིག་བྱ། ཞེས་བྱ་བས་འདི་ཡོངས་སུ་སྤྲངས་ན་ཕམ་པར་འགྱུར་རོ། །ཞེས་གསུངས་པའི་ཕྱིར་རོ། །བཞི་པ་རྣལ་འབྱོར་བླ་མེད་

ཀྱི་རྩ་ལྟུང་བཅུ་བཞི་ནི། ཀུན་ལ་གྲགས་པ་ལྟར་དེ་འཆད་པར་འགྱུར་རོ། །

གཉིས་པ་བླ་མེད་ཀྱི་ལུགས་བྱེ་བྲག་ཏུ་དབྱེ་བ་ནི། **བླ་མེད་ལུགས་ལ་བརྟུལ་ཞུགས་ཉི་ཤུ་ལྔ། །རིགས་ལྔའི་སྡོམ་པ་རྩ་ལྟུང་བཅུ་བཞི་དང་། །སྦོམ་པོ་དང་ནི་རྫོགས་པ་ཆེན་པོའི་སྲོལ།** །ཞེས་པ་སྟེ། རྒྱུད་སྡེ་འོག་མ་གསུམ་གྱི་དབང་ལས་ཐོབ་པའི་སྔགས་སྡོམ་ཡང་ཡོད་མོད་ཀྱི། བསྟན་བཅོས་འདིར་ཁྱད་པར་དུ་འཕགས་པ་བླ་མེད་ཀྱི་དབང་ལས་ཐོབ་པའི་སྔགས་སྡོམ་སྟོན་པ་ཡིན་པས། འདི་དག་འོག་ཏུ། ཐོག་མའི་བརྟུལ་ཞུགས་དུས་ཀྱི་འཁོར་ལོ་ལས། །ཞེས་སོགས་ཀྱིས་རྒྱས་པར་འཆད་པའི་ཕྱིར། འདིར་མ་བཀྲལ་ལོ། །

གསུམ་པ་མ་ཐོབ་པ་འཐོབ་པར་བྱེད་པ་ལ། བསྟན་བཤད་གཉིས་ལས། མདོར་བསྟན་ནི། **དང་པོ་མ་ཐོབ་འཐོབ་པའི་ཚུལ་བཤད་པ།** །ཞེས་པས་བསྟན་ཏོ། །དེ་ལ་འདིར་སློབ་མ་ཇི་ལྟར་བཀྲི་ཚུལ་གྱི་སྤྱི་དོན་མདོ་ཙམ་ཞིག་བཤད་པར་བྱ་སྟེ། རྒྱུད་དག་པའི་ཕྱིར་དཀྱིལ་འཁོར་དུ་འཇུག་པ་དང་འབྲེལ་བར་དམ་ཚིག་དང་སྡོམ་པ་འཛིན་ཚུལ། རྒྱུད་དག་པའི་རྟེན་ལ་སྨིན་བྱེད་ཀྱི་དབང་བསྐུར་བའི་རིམ་པས་དམ་ཚིག་དང་སྡོམ་པ་ཐོབ་ཚུལ། དམ་ཚིག་དང་སྡོམ་པས་རྒྱུད་བསྡམས་ནས་ལམ་ཇི་ལྟར་བསྒོམ་ཚུལ་ལོ། །དང་པོ་ནི། རྒྱུད་སྡེ་བཞིའི་དམ་ཚིག་དང་སྡོམ་པ་འཛིན་པ་དབང་དང་འབྲེལ་བ་ལ་ངེས་པར་ལྟོས་པས། །ཐོག་མར་བྱ་རྒྱུད་ལྟར་ན། སངས་རྒྱས་དང་བྱང་ཆུབ་སེམས་དཔའ་ལ་དགོངས་གསོལ་སྔོན་དུ་འགྲོ་བས། བདག་འབུལ་བ། བདག་ལ་བྱིན་གྱིས་བརླབ་པར། དམ་ཚིག་ཆེན་པོའི་དངོས་གྲུབ་སྩོལ་བར་གསོལ་བ་འདེབས་པའི་སྒོ་ནས་འཛིན་པར་དམ་ཚིག་གསུམ་བཀོད་ལས་གསུངས་སོ། །སྤྱོད་རྒྱུད་དུ་བདག་འབུལ་བའི་སྡོམ་པ་སྔར་ལྟར་བླངས་པའི་རྗེས་སུ་གཉིས་མེད་ཀྱི་ཡེ་ཤེས་ངོ་ཤེས་པར་བྱས་ནས་འཛིན་པ་དུས་གསུམ་སྒྲིབ་པ་མེད་པའི་ཡེ་ཤེས་ཀྱི་སྡོམ་པ་ཞེས་བྱ་བ་དེ་འཛིན་པར་མངོན་བྱང་ལས་བཤད་དོ། །དེ་ཡང་བྱ་སྤྱོད་ཀྱི་སྡོམ་ཚིག་དེ་ལ་ཐམས་ཅད་རྣལ་འབྱོར་དུ་སེམས་བསྐྱེད་པའི་དོན་ཡང་ཚང་ཞིང་། ཇི་ལྟར་འཛིན་པའང་བྱ་རྒྱུད་དུ་དེ་ལ་འཇུག་པའི་ཚུལ་དང་སྤྱོད་རྒྱུད་དུ་གནས་པའི་ཚུལ་གྱིས་འཛིན་པར་བཞེད་དོ། །ཡོ་གའི་རྒྱུད་དུ་གང་འཛིན་རྒྱུའི་སྡོམ་པ་བསྒྲགས་ཏེ། ཇི་ལྟར་དུས་གསུམ་མགོན་པོ་རྣམས། །ཞེས་སོགས་ཀྱིས་ལེན་པ་ཡིན་ལ། རྣལ་འབྱོར་

བླ་མེད་ཀྱི་རྒྱུད་དུ་འཛིན་ཚུལ་དེ་དང་འདྲ་བ་ལ། ཁྱད་པར་དུས་ཀྱི་འཁོར་ལོར་ཐོག་མར་བརྟུལ་ཞུགས་ཉེར་ལྔ་དང་། དེ་ནས་དེ་བཞིན་གཤེགས་པ་རིགས་དྲུག་གི་སྡོམ་པ་འཛིན་པར་བཤད་ཅིང་། རྒྱུད་གཞན་རྣམས་སུ་རིགས་དྲུག་པ་ལྔ་པའི་ཁོངས་སུ་གཏོགས་པར་བྱས་ཏེ། དོན་གྲུབ་ལ་སྡོམ་པ་ཐམས་ཅད་འཛིན་པར་བཤད་དོ། །ཁ་ཅིག་ཡོ་གའི་སྡོམ་པ་བཟུང་བས་བླ་མེད་ཀྱི་སྡོམ་པའང་ཐོབ་སྟེ། དེ་གཉིས་རིགས་ལྔའི་སྡོམ་བཟུང་གི་ཚིག་འདྲ་བའི་ཕྱིར་ཟེར་བ་མ་བརྟགས་པ་སྟེ། རིགས་ལྔའི་སྡོམ་བཟུང་གི་ཚིག་ཙམ་འདྲ་ཡང་དོན་མི་འདྲ་བའི་ཕྱིར། འདིའི་དོན་འོག་ཏུ་བླ་མེད་ཀྱི་དམ་ཚིག་འཆད་པ་ལས་རྟོགས་པར་འགྱུར་རོ། །

གཉིས་པ་ནི། རྒྱུད་སྡེ་བཞི་ལ་དབང་གི་བབས་མི་འདྲ་བ་བཞི་ཡོད་དེ། ཡེ་ཤེས་ཐིག་ལེ་ལས། ཆུ་ཡི་དབང་བསྐུར་དབུ་རྒྱན་དག །བྱ་བའི་རྒྱུད་ལ་རབ་ཏུ་གྲགས། །རྡོ་རྗེ་དྲིལ་བུ་དེ་བཞིན་མིང་། །སྤྱོད་པའི་རྒྱུད་ལ་རབ་ཏུ་གསལ། །ཕྱིར་མི་ལྡོག་པ་ཡི་ནི་དབང་། །རྣལ་འབྱོར་རྒྱུད་དུ་གསལ་བར་བྱས། །དེ་ནི་དྲུག་པའི་བྱེ་བྲག་དབང་། །དེ་ནི་སློབ་དཔོན་དབང་ཞེས་བྱ། །རྣལ་འབྱོར་བླ་མ་ཡི་ནི་མཚན། །གསང་བ་ཡི་ནི་དབང་རྒྱལ་བཤད། །ཤེས་རབ་ཡེ་ཤེས་བླ་ན་མེད། །བཞི་པ་དེ་ཡང་དེ་བཞིན་ནོ། །ཞེས་གསུངས་པས་བྱ་རྒྱུད་ལ་འཇིག་རྟེན་ལས་འདས་པའི་རིགས་གསུམ་གང་རུང་གི་དཀྱིལ་འཁོར་དུ་ཞུགས་ནས། གཟུངས་དང་དབང་སྔགས་བཟླ་བཞིན་པར་དབང་བུམ་གྱིས་ཆུའི་དབང་དང་། རིགས་གང་ཡིན་གྱི་དམ་ཚིག་གི་ཕྱག་རྒྱས་ཅོད་པན་གྱི་དབང་། མཐའ་རྟེན་བཟླས་ལུང་། བྱབ་བཀྲུ་བསྲུང་གསུམ། བཀྲ་ཤིས་རྫས་བརྒྱད་བྱིན་པ་རྣམས་ཀྱིས་དབང་བསྐུར་བའོ། །སྤྱོད་རྒྱུད་ལ་དཀྱིལ་འཁོར་དུ་བཅུག་ནས། ཆུ་དང་ཅོད་པན་གྱི་སྟེང་དུ། རྡོ་རྗེ། དྲིལ་བུ། མིང་དབང་རྣམས་དང་། མེ་ལོང་། ཐུར་མ། ཆོས་འཆད་ཀྱི་རྗེས་གནང་སོགས་ཀྱི་དབང་འཁོར་བཅས་བསྐུར་བའོ། །རྣལ་འབྱོར་གྱི་རྒྱུད་དུ། སློབ་མའི་དབང་ལྔ་དང་། སློབ་དཔོན་གྱི་དབང་དྲུག་སྟེ་བཅུ་གཅིག་ལས། དང་པོ་ལ་ལྔའི་ཆུ་དབང་ནི། དཀྱིལ་འཁོར་དུ་ཞུགས་ལ་དམ་ཚིག་དང་སྡོམ་པ་བཟུང་། ཡེ་ཤེས་པ་ཕབ། མེ་ཏོག་དོར་བས་ལྷག་པའི་ལྷ་ངེས་པར་བྱས་ནས། གང་བུམ་གྱི་ཁྲུས་སྟོན་དུ་འགྲོ་བས། ལྷག་པའི་ལྷའི་བུམ་པ་དང་རྣམ་རྒྱལ་སོགས་ལྷ་བུམ་གྱི་ཆུའི་དབང་དང་། རྡོ་རྗེ་རིན་པོ་ཆེའི་

ཅོད་པན་སོགས་རིགས་གང་ཡིན་གྱི་ཅོད་པན་དང་། དེ་བཞིན་གཤེགས་པའི་རྡོ་རྗེ་སོགས་རིགས་ཀྱི་རྡོ་རྗེ་དང་། དེ་རྣམས་ཀྱིས་མཚན་པའི་དྲིལ་བུ། ལྷག་པའི་ལྷ་དང་མཐུན་པའི་མིང་དབང་སྟེ་ལྔའོ། ། སློབ་དཔོན་གྱི་དབང་དྲུག་ནི། ཕྱིར་མི་ལྡོག་པ་དམ་ཚིག་གསུམ་བཟུང་བ། གསང་དཀྱིལ་དུ་གསང་བའི་འཇུག་པས་ཞུགས་ཤིང་མཐོང་བ། ལྷ་དང་དཀྱིལ་འཁོར་གྱི་དེ་ཁོ་ན་ཉིད། སློབ་དཔོན་གྱི་ལས་རིམ་རྣམས་ཤེས་པར་བྱ་བ། ཐུན་མོང་མ་ཡིན་པའི་ཆོས་འཆད་རྗེས་གནང་དང་། ལུང་བསྟན། དབུགས་དབྱུང་། གཟེངས་བསྟོད་དེ་བཅུ་གཅིག་གོ། །རྣལ་འབྱོར་བླ་མེད་ཀྱི་དབང་ནི། ས་བོན་འདེབས་པ་ལ་ཞིང་ས་སྦྱོང་དགོས་པ་ལྟར་རྟུལ་ཚོན་སོགས་རྒྱ་རྟེན་གྱི་དཀྱིལ་འཁོར་བཞིར་བཙུག་ནས། འབྲས་བུ་སྐུ་བཞིའི་རྟེན་འབྲེལ་སྒྲིག་པའི་ཕྱིར་དབང་བཞི་བསྐུར་ཏེ། གསང་བ་སྙིང་པོའི་རྒྱུད་ཕྱི་མ་ལས། སློབ་དཔོན་གསང་བ་ཤེས་རབ་དང་། །དེ་མ་ཐག་པ་བཞི་པ་སྟེ། །རྣམ་རྟོག་དྲི་མ་དག་བྱའི་ཕྱིར། །དབང་བསྐུར་རྣམ་པ་བཞི་ཡིན་ནོ། །ཞེས་གསུངས། དེ་ཡང་ཐུང་ཟད་ཕྱེ་ན། བུམ་དབང་ལ་རིག་པའི་དབང་ལྔ་དང་། དྲུག་པ་རྡོ་རྗེ་འཆང་གི་དབང་སྟེ་སློབ་མའི་དབང་དྲུག་གི་སྟེང་། རྡོ་རྗེ་སློབ་དཔོན་གྱི་དབང་དང་བཅས་པས་བུམ་དབང་དངོས་གཞི་ལ་བདུན་དང་། དེའི་ཡན་ལག་རྗེས་གནང་། ལུང་བསྟན། དབུགས་དབྱུང་། གཟེངས་བསྟོད་དེ་བཅུ་གཅིག །མཆོག་དབང་གོང་མ་གསུམ་དང་བཅུ་བཞིའོ། །དེ་ལྟར་ཡང་བཤད་རྒྱུད་རྡོར་ཕྲེང་ལས། དང་པོའི་དབང་ནི་གཙོ་བོ་སྟེ། །གཉིས་པ་གསང་བའི་མིང་ཅན་ནོ། །གསུམ་པ་ཀུན་ནས་སྦྱོར་བ་སྟེ། །བཞི་པ་དོན་ནི་དམ་པའོ། །གཙོ་བོའི་དབྱེ་བ་བཅུ་གཅིག་སྟེ། །བཅུ་གཉིས་པ་ནི་གསང་བའོ། །བཅུ་གསུམ་པ་ནི་ཡང་དག་སྦྱོར། །བཅུ་བཞི་པ་ནི་དོན་དམ་སྟེ། །དབང་བསྐུར་རེ་རེ་ས་རེའོ། །རྣམ་པ་གསུམ་ནི་རྒྱུ་ཡི་དབང་། །བཞི་པ་འབྲས་བུར་ཤེས་པར་བྱ། །ཞེས་སོ། །ཡང་ཡེ་ཤེས་ཐིག་ལེ་ལས། རྣལ་འབྱོར་རྒྱུད་ལ་མོས་པ་ལ། །དབང་བརྒྱད་ཕྱེ་ལ་བྱིན་པར་བྱ། །རྣལ་འབྱོར་བླ་མ་ལ་མོས་ལ། །བཅུ་གཅིག་བདག་ཉིད་བྱིན་པར་བྱ༔ ༔ཞེས་པ་ལྟར་བུམ་དབང་ལ་བརྒྱད་དུ་ཕྱེ་ནས་བཅུ་གཅིག་ཏུ་བསྡུས་པའམ། དུས་འཁོར་ལས་བྱིས་འཇུག་གི་དབང་བདུན་དང་། དབང་གོང་མ་ལ་འཇིག་རྟེན་པ་གསུམ་དང་། འཇིག་རྟེན་ལས་འདས་པའི་བཞི་པ་སྟེ་བཅུ་གཅིག་ཏུ་བསྡུས་པའོ། །དེ་ལྟར་ཡང་རྩ་རྒྱུད་ལས། ཆུ་དང་ཅོད་པན་དར

དང་ནི། །རྡོ་རྗེ་དྲིལ་བུ་བརྟུལ་ཞུགས་དང་། །མིང་རྒྱལ་དབང་ནི་རྣམ་པ་བདུན། །ཁྲིས་པ་རྣམས་ནི་
བཟུང་ཕྱིར་ཡིན། །གསུམ་པ་འཇིག་རྟེན་ཀུན་རྫོབ་དང་། །བཞི་པ་དོན་གྱི་དམ་པའོ། །བུམ་པ་གསང་
བའི་དབང་དང་ནི། །ཤེས་རབ་ཡེ་ཤེས་ཞེས་བྱ་དང་། །དེ་ནས་ཤེས་རབ་ཆེན་པོ་ཡི། །ཡེ་ཤེས་ཞེས་
བྱ་རྫོགས་པ་དག །འགྱུར་དང་མི་འགྱུར་བར་ཆད་ཅན། །བར་ཆད་མེད་པ་དེ་ལས་གཞན། །ཞེས་
སོ༔ ༔གཞན་ཡང་སམྦུ་ཊིའི་རྒྱུད་ཕྱི་མར་རིག་པའི་དབང་གི་སྐབས་སུ་གོས་ཀྱི་དབང་། མི་གཡོ་བླ་
མེད་ལས་གྱི་ཞགས་ཀྱི་དབང་སོགས་གྲངས་དང་རྣམ་པ་མི་འདྲ་བ་མང་དུ་འབྱུང་སྟེ་བརྗོད་པར་མི་
ལང་ཞིང་། ཁྱད་པར་སྔ་འགྱུར་བླ་མེད་ཀྱི་རྒྱུད་ཐུན་མོང་མ་ཡིན་པའི་ལུགས་ལ། རྒྱུད་ལུང་མན་ངག་
སྒྲུབ་སྡེ་བཞིའི་དབྱེ་བས། རྒྱུད་སྒྱུ་འཕྲུལ་དྲྭ་བ་ལྟར་ན། སྙིང་པོ་ལས། དད་བརྩོན་བརྟུལ་ཞུགས་
རབ་རྟོགས་ན། །ཕན་པའི་དབང་སྤྱིན་ནུས་པའི་དབང་། །རིམ་པ་བཞིན་དུ་བྱིན་པར་བྱ། །ཞེས་པ་
ལྟར་དད་པ་ཅན་ལ་དབུ་རྒྱན་ཅོད་པན་སོགས་ཕྱི་ཕན་པའི་དབང་བཅུ། བརྩོན་འགྲུས་ཅན་ལ་གསུམ་
གྱི༔ བདག་དོན་ནུས་པ་ལ་ཉན་སྒོམ། གཞན་དོན་ནུས་པ་ལ་འཆད་ཁྲིད། གཉིས་ཀའི་དོན་ནུས་པ་
ལ་རྡོ་རྗེ་རྒྱལ་པོ་བཀའ་རབ་འབྱམས་ཀྱི་དབང་སྟེ་ནུས་དབང་ལྔ། སྤྱོད་རིག་མཉམ་པའི་བརྟུལ་ཞུགས་
ཅན་གསུམ་ལ་ཟབ་མོའི་དབང་གསུམ་བསྐུར་བའོ། །ཡང་ལུང་ཨ་ནུ་ཡོ་ག་ལ། ཀུན་འདུས་ལས།
ཕྱི་ཡི་དབང་དང་ནང་གི་དབང་། །སྒྲུབ་པའི་དབང་དང་གསང་བའི་དབང་། །བཅུ་དང་བཅུ་གཅིག་
བཅུ་གསུམ་དང་། །རྣམ་པ་གཉིས་ཀྱིས་རྫོགས་པར་འགྱུར། །ཞེས་པའི་དོན་རྒྱུད་དང་མན་ངག་གི་
ལུགས་ལྟར་བསྐུར་ཚུལ་གཉིས་ཏེ། རང་བཞིན་གྱིས་སྣོད་དུ་གྱུར་པ་ཟབ་མོའི་དོན་ལ་མོས་པའི་སློབ་
མ་ཁྱད་པར་ཅན་ལ་མདོ་རྩ་བའི་དཀྱིལ་འཁོར་དུ་རྒྱུད་ཀྱི་དངོས་བསྟན་ལྟར་ཆུ་བོ་བཞི་རྫོགས་ཀྱི་
དབང་སུམ་ཅུ་རྩ་དྲུག་བསྐུར་བ་དང་། སྦྱངས་པས་སྣོད་དུ་གྱུར་པ་རྒྱ་ཆེ་བ་ལ་མོས་པའི་སློབ་མ་ཐུན་
མོང་བ་ལ་མདོ་ཡོངས་རྫོགས་ཀྱི་ལུགས་ཡན་ལག་གི་དཀྱིལ་འཁོར་སོ་སོར་ཕྱེ་ནས་བདེ་བ་གསལ་
མཛད་ཀྱི་ལས་ཐོ་ལྟར་ཐེག་པ་ཐམས་ཅད་འདུས་པའི་མདོ་དབང་རྩ་བ་སོ་དྲུག་ལས་ཡན་ལག་རགས་
པ་བརྒྱད་བརྒྱ་སོ་གཅིག་ཏུ་ཕྱེ་ནས་བསྐུར་བ་གཉིས་ལས། དེང་སང་བླ་མ་རྣམས་ཀྱི་ཕྱག་བཞེས་སུ་
རྒྱུད་དང་མན་ངག་གི་ལུགས་དེ་གཉིས་འདོར་ལེན་གྱི་གནད་ཀྱིས་གཅིག་ཏུ་དྲིལ་ནས་བསྐུར་བར

མཛད་ཅིང༌། དེ་ལྟར་མཛད་པས་གནས་སྐབས་སུ་བྱ་སླ་ཞིང༌། བརྒྱུད་ནས་ལུགས་གཉིས་གཅིག་གིས་གཅིག་མི་ནུབ་པར་ཆབས་ཅིག་ཏུ་འཕེལ་བའི་དགོས་པ་ཁྱད་པར་ཅན་ཡོད་དོ། །ལུགས་དེ་གཉིས་ཀས་ཡོ་ག་བཞི་རྫོགས་དང༌། ཐེག་དགུའི་དབང་རྫོགས་པ་ལ་འདྲ་བ་ཡིན་ཏེ། དབང་དོན་རྣམ་པར་འབྱེད་པ་ལས། བཅུ་ཡིས་བྱང་ཆུབ་རིགས་ཅན་འགྱུར། །བཅུ་གཅིག་གསང་བ་ནང་པར་འགྱུར། །བཅུ་གསུམ་བླ་མ་ཆེན་པོར་གྲགས། །གཉིས་ཀྱིས་ཐེག་དགུའི་དབང་རྫོགས་པའོ། །ཞེས་གསུངས་ལ༏ དེས་ན་མདོ་ཡོངས་རྫོགས་ཀྱི་ལུགས་དེ་ཡང་ཐེག་བརྒྱད་སྣོན་ཀྱི་ཆོག་སོ་སོ་ནས་བཏུས་ཏེ་སྤྱིའི་ཆོ་གར་བྱས་པ་ནི་མ་ཡིན་གྱི། འདིར་མདོ་རང་ལུགས་ཀྱི་ས་དང་པོ་འགྱུར་བ་མ་ངེས་པ་ནས། ས་བཅུ་པ་རྫོགས་པ་ཅིར་ཆིབ་ཀྱི་བར་ནོན་པར་བྱ་བའི་ཆེད་དུ་ལྷ་མི་ནས་བརྩམས་ཏེ་ཨ་ནུ་རང་ལུགས་ཀྱི་རྫོགས་རིམ་མཐར་ཐུག་པ་ཨ་ཏིའི་བར་ལ་བྱ་སྤྱོད་སོ་སོར་གྲངས་པས་དབང་རིམ་བཅུ་བྱུང་བ་དེ་ཉིད་བྱ་སྤྱོད་གཅིག་ཏུ་བསྡུས་ནས་ཐེག་དགུ་དང་རྩལ་འདྲ་བས་ཐེག་དགུའི་དབང་ཞེས་གྲགས་ཤིང༌། དེ་ལྟ་བུའི་ལམ་སྟེགས་ཀྱི་ཐེག་པ་རྣམས་སོ་སོའི་ལམ་དང་འདྲ་རུང་དུ་བྱུང་ཡང༌། དོན་ལ་སྔགས་ཀྱི་ཐབས་མཁས་ཀྱིས་ཟིན་པས་ཐེག་པ་རང་རང་གི་སྤྱངས་ཐོབ་དང་རིགས་འདྲའི་ཡོན་ཏན་དེ་དང་དེ་སྐྱེ་བའི་མྱུར་ལམ་དུའང་འགྲོ་བ་ཡིན་ནོ། །

མན་ངག་ཨ་ཏི་ཡོ་གའི་དབང་རྣམས་ནི། དབང་གསུམ་པའི་དཔེའི་ཡེ་ཤེས་ལ་ལྟོས་མི་དགོས་པར་ཐོག་མ་ནས་དོན་དམ་བྱང་ཆུབ་སེམས་ཀྱི་དཀྱིལ་འཁོར་དུ་འཇུག་རུང་བའི་སྐལ་ལྡན་ལ་རྫོགས་པ་ཆེན་པོ་རིག་པའི་རྩལ་དབང་བསྐུར་བ་སྟེ། སློབ་དཔོན་འཇམ་དཔལ་བཤེས་གཉེན་གྱིས་མཛད་པའི་འཇམ་དཔལ་སྒྱུ་དྲྭའི་ཁོག་དོན་ལས། ཟབ་པ་དོན་གྱི་དབང་མཆོག་ནི། །རིག་པའི་རྩལ་དབང་ཐོབ་པ་སྟེ། །ཆོས་ཉིད་རྟོགས་པས་དབང་ཞེས་བྱ། །ཡེ་ཤེས་དབང་བསྐུར་ཅོད་པན་ཅན། །ཞེས་གསུངས་པ་ལྟར་རོ། །ཁྱད་པར་མན་ངག་གི་སྡེ་ལྟར་ན། རྫོགས་པ་རང་བྱུང་ལས། སྤྲོས་བཅས་སྤྲོས་པ་མེད་པ་དང༌། །ཤིན་ཏུ་སྤྲོས་མེད་རབ་སྤྲོས་མེད། །དབང་ནི་རྣམ་པ་བཞི་ཡིས་ཀྱང༌། །སྐལ་བ་ལྡན་པ་སྨིན་པར་བྱ། །ཞེས་པའི་དབང་བཞིས་རིམ་པ་ལྟར། ལུས་ངག་ཡིད་གསུམ་དང་ཤེས་བྱ་ལ་རྨོངས་པའི་སྒྲིབ་པ་སྦྱོང༌། སྐུ་གསུང་ཐུགས་དང་རང་བྱུང་འོད་གསལ་གྱི་ནུས་པ་འཇུག །བསྐྱེད་

རིམ་དང་། གཏུམ་མོ་སྒོམ་པ། བདེ་སྟོང་ཟུང་འཇུག་སྒོམ་ཞིང་ཀ་དག་གི་ཡེ་ཤེས་རྟོགས་པ་དང་། མངོན་སུམ་ལྷུན་གྲུབ་ཀྱི་དོན་ཉམས་སུ་ལེན་པ་བཞི་ལ་དབང་བ་ཡིན་ནོ། །འདི་ནི་དབང་གོང་མ་ཉིད་ལ་དབང་བཞིར་ཕྱེ་བ་ཡིན་པས་བླ་མེད་ཐུན་མོང་པའི་དབང་བཞི་དང་གྲངས་འདྲ་ཡང་དོན་མི་འདྲ་བར་ཤེས་དགོས་ཤིང་། དེར་མ་ཟད། བླ་མེད་ཐུན་མོང་གི་དབང་བཞི་པའི་སྔགས་སྡོམ་རྒྱུད་ལྡན་ཞིག་གིས་འདི་ཉིད་ཐོབ་ན་སྡོམ་པ་སྔར་མེད་གསར་ཐོབ་ཀྱང་འདོད་དགོས་ཏེ། བླ་མེད་ཀྱི་ཆོག་གཞན་རྣམས་རྒྱས་བསྡུས་དང་རྣམ་གྲངས་མི་འདྲ་བ་ཙམ་ལས་ཕན་ཚུན་གཅིག་གི་དོད་གཅིག་གིས་ཐུབ་པས་མཚུངས་པའི་ཕྱིར། དེ་དག་སོ་སོ་ལས་ཐོབ་པའི་སྡོམ་པ་རྣམས་ཀྱང་ངོ་བོ་གཅིག་ཏུ་འགྱུར་མོད། ཞུ་བདེ་ལྷན་སྐྱེས་ཀུན་རྫོབ་པ་དཔེའི་ཡེ་ཤེས་ཙམ་ལ་ངོ་སྤྲོད་པའི་བཞི་པ་བཏགས་པ་བ་དེས་དོན་དམ་ལྷན་སྐྱེས་ཟུང་འཇུག་གི་ཡེ་ཤེས་ལ་འཇུག་པའི་ཐབས་བཞི་པ་མཚན་ཉིད་པ་འདིའི་དོད་མི་ཐུབ་པས་མཚུངས་པ་མ་ཡིན་པའི་ཕྱིར་རོ། །སྐབས་སྐབས་འདིར་ལ་སྤྱི་བཀའ་བདེ་འདུས་ལྟར་ན། མདོ་བྱང་ཊཱི་ཀ་ལས། ཕྱི་དབང་ནང་དབང་གསང་དབང་དང་། །ཐེག་པ་ལྷ་བ་སྤྱི་འབྲུམས་དབང་། །རིམ་གྱིས་དབང་ནི་རྫོགས་པར་བསྐུར། །ཞེས་པ་ལྟར་ཕྱི་ནང་གསང་བ་དེ་ཁོ་ན་ཉིད་ཀྱི་དབང་དང་བཞི་ལས། གཏུལ་བྱ་ཞེ་སྡང་ཅན་སྒྲོལ་བ་ལམ་དུ་ཁྱེར་བའི་ཕྱིར་བུམ་པ་སོགས་ཕྱི་ནང་གི་རྫས་བརྒྱ་རྩ་བརྒྱད་ལ་བརྟེན་ནས་ཕྱི་དབང་བསྐུར་བ། ང་རྒྱལ་ཅན་ལྷ་ལམ་དུ་ཁྱེར་བའི་ཕྱིར་ནང་དབང་ལུས་ལ་བརྟེན་ནས་བསྐུར་བ། འདོད་ཆགས་ཅན་སྦྱོར་བ་ལམ་དུ་ཁྱེར་བའི་ཕྱིར་གསང་དབང་ཡུམ་ལ་བརྟེན་ནས་བསྐུར་བ། གཏི་མུག་ཅན་རྣམ་རྟོག་ལམ་དུ་ཁྱེར་བའི་ཕྱིར་དེ་ཁོ་ན་ཉིད་ཀྱི་དབང་སེམས་ལ་བརྟེན་ནས་བསྐུར་བ་དང་བཞི་ཡིན་ནོ། །སྐབས་སྐབས་འདིའི་དགོས་བཀའ་ཡང་ཕུར་སོགས་ལ་ཐུན་མོང་བ་བླ་མེད་སྤྱི་བཀའ་ལྟར་དབང་བཞི་བསྐུར་བ་དང་། ཟབ་ཁྱད་སྒྲུབ་དབང་གི་ལུགས་སུ་བསྐུར་བ་སོགས་མང་སྟེ་ཐམས་ཅད་བརྗོད་པར་མི་ནུས་ཤིང་། སྤྱི་ལྡོག་ནས་བླ་མེད་ཀྱི་དབང་ཐམས་ཅད་དབང་བཞིར་འདུ་བ་ཡིན་ནོ། །

གསུམ་པ་ལ་བཞི་ལས། དང་པོ་བྱ་བའི་རྒྱུད་ནི། དོན་དམ་པར་མཐའ་བཞི་དང་བྲལ་བའི་དག་པར་རྟོགས་པས་ཀུན་རྫོབ་ཏུ་དངོས་གྲུབ་གཞན་ལ་རེ་ཞིང་རྩོལ་བའི་ཐབས་སུ་གྱུར་པ་སྟེ།

སློབ་དཔོན་སངས་རྒྱས་གསང་བས་སྒྱུ་འཕྲུལ་ལམ་རིམ་དུ། གཉིས་མེད་མཉམ་པར་མ་ཤེས་པས། །དོན་དམ་དག་པ་ཆོས་ཉིད་ཙམ། །ཡེ་ཤེས་བཞི་ཡོན་ཀུན་རྫོབ་ལྷ། །རིས་བསྒོམ་བྱ་བ་ལས་ཀྱིས། །ཞེས་སོ། །དེའི་ལམ་གྱི་ཁྱད་པར་ལ། དཔུང་བཟང་འགྲེལ་པར་སྤྱོད་པའི་སྒོ་བཞིས་བསྡུས་ཏེ། འཇུག་པའི་སྤྱོད་པ་ནི། དབང་གིས་སྣོད་རུང་དུ་བྱེད་པ། སྦྱོར་བའི་སྤྱོད་པ་ནི། རིགས་གསུམ་གང་རུང་གི་ལྷ་བསྙེན་པ། སྒྲུབ་པའི་སྤྱོད་པ་ནི། མཚན་མ་མཐོང་ནས་རྫས་དང་སྔགས་གཡོག་འཛོམ་པས་བརྩོན་འགྲུས་བར་མ་ཆད་པར་བཟླས་བརྗོད་བྱ་བ། གྲུབ་པའི་མཐའ་འབྲས་བུའི་སྤྱོད་པ་ནི། དེ་ལྟར་བསྒྲུབས་པས་རྫས་ལུས་ལོངས་སྤྱོད་རྣམས་འདོད་པའི་ལྷ་དང་སྐལ་བ་མཉམ་པའི་རིག་འཛིན་ནམ་མཁའ་སྤྱོད་འགྲུབ་ནས། རྟེན་དེ་ལ་བརྟེན་ནས་སྔགས་ཀྱི་ཕྱིན་དྲུག་གི་སྤྱོད་པ་སྤྱད་པས་མཐར་ཐུག་གི་འབྲས་བུ་རྒྱུད་སྡེ་འདིར་བཤད་པའི་སྐུ་གསུང་ཐུགས་ཀྱི་མཚན་ཉིད་ཅན་གྱི་བྱང་ཆུབ་རིགས་གསུམ་རྡོ་རྗེ་འཛིན་པའི་ས་མངོན་དུ་བྱེད་པར་འདོད་དེ། ཧེ་རུ་ཀ་གལྤོ་ལས། མི་ཚེ་བདུན་ན་སངས་རྒྱས་ས། །རིགས་གསུམ་མགོན་པོས་འགྲོ་བ་འདུལ། །ཞེས་འབྱུང་། འདིའི་མི་ཚེ་བདུན་ཡང་རིག་འཛིན་གྲུབ་པས་རིང་པོར་འཚོ་བའི་དབང་དུ་བྱས་པ་སྟེ། གཞན་ལས་བྱ་རྒྱུད་རང་ལམ་གྱི་བསྐལ་ཆེན་བརྒྱད་ནས་འབྲས་བུ་ལ་སྦྱོར་བར་བཤད་པ་དང་མི་འགལ་བར་ཤེས་དགོས་སོ། །དེ་ལྟར་ངེས་པར་བྱས་ནས་རྣལ་འབྱོར་གྱི་ངོ་བོ་ཉམས་སུ་ལེན་ཚུལ་ལ། བྱ་རྒྱུད་ཙམ་པོ་རྣམས་སུ་བདག་ལྷར་བསྐྱེད་པ་མེད་པས། མདུན་དུ་ལྷ་སྤྱན་དྲངས། རང་དེའི་འཁོར་དུ་གཏོགས་པ་ཙམ་གྱི་འདུ་ཤེས་བཞག་སྟེ། ཁྲུས་དང་གཙང་སྦྲ་སོགས་ཕྱིའི་བྱ་བ་གཙོ་བོར་གྱུར་པས་བསྙེན་པ་བྱ་བ་སྟེ། ཡེ་ཤེས་རྡོ་རྗེ་ཀུན་ལས་བཏུས་ལས། བདག་ཉིད་ལྷ་ཡི་སྙེམས་པ་མེད་པ་དང་། །ཞེས་སོ། །འོན་ཀྱང་བྱ་རྒྱུད་ཁྱད་པར་ཅན་ལས་བདག་ཉིད་ལྷར་བསྐྱེད་པ་བཤད་དེ། ཇི་ལྟར་ན། དེ་ཁོ་ན་ཉིད་བཞི་ལས། བདག་གི་དེ་ཁོ་ན་ཉིད་ནི། རྒྱུད་འདིར་གང་ལྟ་བས་གཏན་ལ་དབབ་པར་བྱ་བའི་གཞི་སེམས་ཉིད་དོན་དམ་སྟོང་གསལ་གྱི་ཡེ་ཤེས་ཡོད་མེད་སྣང་སྟོང་གི་མཐའ་བཞི་དང་བྲལ་བའི་ཆོས་ཉིད་དུ་རྟོགས་པའི་ཡོན་ཏན་ཀུན་རྫོབ་ཡོངས་སུ་དག་པའི་ལྷའི་མཚན་ཉིད་དུ་ལྟ་བ་སྟེ། ལ་ཤན་ལས། རང་སེམས་མཐའ་བཞི་ཡོངས་བྲལ་བ། །རིག་ཕྱིར་ཡེ་ཤེས་གཞན་ལས་མིན། །རྐྱེན་བསླང་སྣང་བའི་ཡེ་ཤེས་ཀྱིས། །སྣང་བའི་

དངོས་པོ་མཐོ་འཛམ་རྩུབ། །དྲུག་སྦྱོད་རིགས་ཀྱི་དཀྱིལ་འཁོར་དུ། །མཐོང་བ་རྣམ་པར་དག་ཅེས་
བྱ༑ ༑ཞེས་སོ། །ལྷའི་དེ་ཁོ་ན་ཉིད་ནི། སངས་རྒྱས་གསང་བས། དང་པོ་ཁྲུས་བྱས་རྣལ་འབྱོར་པས། །
རྡོ་རྗེའི་གདན་ལ་འདུག་ནས་ནི། །མཆོད་དང་གསོལ་བས་ལྷ་དྲུག་བསྒོམ། །སྟོང་པ་ཡི་གེ་སྒྲ་གཟུགས་
དང་། །ཕྱག་རྒྱ་མཚན་མ་དྲུག་ཡིན་ནོ། །ཞེས་པས་བདག་གི་དེ་ཁོ་ན་ཉིད་སྒོམ་པ་སྟོང་པའི་ལྷ། དེ་
ཉིད་ཀུན་རྫོབ་ཟླ་དཀྱིལ་གྱི་རྣམ་པར་སྒོམ་པ་ཡི་གེའི་ལྷ། དེའི་སྟེང་དུ་བཟླ་བྱའི་སྔགས་གཟུགས་
རང་སྒྲ་སྒྲོག་པ་སྒྲའི་ལྷ། སྔགས་དེ་ཉིད་ཟླ་དཀྱིལ་ལ་འདྲེས་ནས་སླར་ཡང་སྔགས་ཕྲེང་བཀོད་པ་ལས་
འོད་ཟེར་སྤྲོ་བསྡུས་སངས་རྒྱས་ཀྱི་མཛད་པ་བསྒྲུབས་ཏེ། ཟླ་བ་སྔགས་ཕྲེང་དང་བཅས་པ་ཡོངས་
སུ་གྱུར་པ་ལས་རིགས་གསུམ་གྱི་ལྷ་དེ་དང་དེའི་གཟུགས་སུ་སྒོམ་པ་གཟུགས་ཀྱི་ལྷ། དེ་ལ་རིགས་
གང་ཡིན་དེ་དང་དེའི་དམ་རྒྱས་འདེབས་པ་ཕྱག་རྒྱའི་ལྷ། གནས་སྐབས་ཀུན་ཏུ་ཏིང་ངེ་འཛིན་གྱིས་
ལྷའི་འདུ་ཤེས་དང་མི་འབྲལ་བར་བྱེད་པ་མཚན་མའི་ལྷ་སྟེ། རང་གི་ལྷ་སྒོམ་པའི་རྣལ་འབྱོར་དྲུག་
གོ༑ ༑དེ་ནས་རང་ཤར་ལས། ལྷ་དང་རྣལ་འབྱོར་དག་པ་གཉིས། །རྗེ་དང་འབངས་ཀྱི་ཚུལ་དུ་བལྟ། །
ཞེས་པ་ལྟར་རང་གི་མདུན་དུ་ཡང་དག་པའི་སྨོན་ལམ་གྱི་སྟོབས་ལས་བྱུང་བའི་ཞིང་ཁམས་ཕོ་བྲང་
དང་བཅས་པ་གསལ་བཏབ་པའི་ནང་དུ་ཡེ་ཤེས་ཀྱི་ལྷ་སྤྱན་དྲངས་ནས་བཞུགས་སུ་གསོལ་བ་རྗེ་
དང་། རང་ཉིད་ལྷར་བསྐྱེད་པ་བྲན་གྱི་ཚུལ་དུ་བལྟས་ཏེ། མཆོད་བསྟོད་དང་རྒྱུན་བཤགས་བྱ་བའོ། །
བཟླས་བརྗོད་ཀྱི་དེ་ཁོ་ན་ཉིད་ནི། རིགས་གསུམ་སོ་སོའི་བགྲང་ཕྲེང་ཆོག་བཞིན་དུ་འདུ་བྱས་པ་བཟུང་
སྟེ༑ བདག་མདུན་གཉིས་ཀའི་ཐུགས་ཀར་ཟླ་དཀྱིལ་ལ་བཟླ་བྱའི་སྔགས་ཕྲེང་རང་སྒྲ་སྒྲོག་པ་བཀོད་
པ་ལ་དམིགས་ཏེ། སྲོག་རྩོལ་བསྡམས་ནས་བཟླ་བ་སྤྱི་དང་། ཁྱད་པར་བ་ནི། གཞི་བདག་མདུན་
ལྷར་བསམ་པ། སེམས་ནི་ཐུགས་ཀར་ཟླ་དཀྱིལ་བསམ་པ། སྒྲ་ནི་དེའི་སྟེང་སྔགས་ཀྱི་སྒྲ་གདངས་
བསམ་ལ། སྲོག་རྩོལ་བསྡམས་ནས་མདུན་གྱི་ལྷ་ཟླ་བ་སྔགས་བཅས་ལ་དམིགས་ནས་བཟླ་བ་དང་།
ཡང་སྲོག་དབྱུང་བའི་ཚེ་རང་གི་ལྷ་ཟླ་བ་སྔགས་ཕྲེང་ལ་དམིགས་པ་དང་། སྔགས་བཟླ་བའང་སྐྱོན་
དང་བྲལ་བར་མ་ཉམས་པར་བཟླ་ཞིང་། དེས་སྐྱོ་ན་མི་རྟོག་པའི་ངང་དུ་ངལ་གསོ་བ་སྟེ། བསམ་
གཏན་ཕྱི་མ་ལས། སྒྲ་དང་སེམས་དང་གཞི་ལ་གཞོལ། །གསང་སྔགས་མི་འགྱུར་གཞི་ལ་གནས། །

ཡན་ལག་མ་ཉམས་གསང་སྔགས་བཟླས། །ངལ་ན་བདག་ལ་ངལ་གསོས་ཤིག །ཅེས་སོ། །བསམ་གཏན་གྱི་དེ་ཁོ་ན་ཉིད་ནི། དེ་ལས། གསང་སྔགས་མེར་གནས་དངོས་གྲུབ་སྟེར། །སྒྲར་གནས་རྣལ་འབྱོར་སྟེར་བར་དྲན། །སྒྲ་མཐས་ཐར་པ་སྟེར་བར་བྱེད། །ཅེས་པས་རང་ལྟར་གསལ་བའི་སྙིང་གར་མེ་འབར་བའི་ནང་དུ་ཟླ་བ་ལ་སྔགས་བཀོད་ནས་སྲོག་བསྡམ་པའི་སྦྱོར་བས་བསླབ་པ་མེར་གནས་ཏེ། ཞི་སོགས་ལས་སྒྲུབ་པའི་གཞིའོ། །དེ་ལས་སྔགས་ཀྱི་ཡི་གེ་རྣམས་རང་སྒྲ་དྲིལ་བུའི་སྒྲ་ལྟར་གྲགས་པར་བསམ་ནས་སྲོག་བསྡམ་པ་ནི་སྒྲར་གནས་ཏེ། ཞི་གནས་སྐྱེ་བའི་བརྟེན་གཞིའོ། །སྔགས་ཀྱི་སྒྲ་ཙམ་དེ་ཡང་དཔྱད་ཅིང་གཞིགས་ནས་རྣམ་པར་མི་རྟོག་པའི་ཡེ་ཤེས་ཀྱི་ངང་ལ་མཉམ་པར་འཇོག་པ་སྒྲ་མཐའ་སྟེ། དེ་ལས་ལྷག་མཐོང་འཆར་ཞིང་ཐར་པའི་ཉེར་ལེན་དུ་འགྱུར་བའོ། །

གཉིས་པ་སྤྱོད་རྒྱུད་ནི། རང་ཤར་ལས། ཨུ་པ་ཡ་ནི་འདི་ལྟ་སྟེ། །ལྟ་བ་ཡོ་གར་ལྟ་བ་ལ། །སྤྱོད་པ་ཀྲི་ཡར་སྤྱོད་པའོ། །དེ་ཕྱིར་གཉིས་ཀའི་རྒྱུད་ཅེས་གྲགས། །ཞེས་དང་། ལྟ་ཕྲེང་ལས། གཉིས་ཀ་ལ་བརྟེན་པ་ལས་གྲུབ་པའོ། །ཞེས་དང་། ལྟ་རིམ་སྣང་བ་བཅུ་བདུན་པ་ལས། གཉིས་ཀ་རྒྱུད་ཀྱི་འདོད་པ་ནི། །ལྟ་སྤྱོད་གོང་འོག་རྗེས་སུ་མཐུན། །ཞེས་པས་ལྟ་བ་ཡོ་ག་ལྟར་བལྟ་ཞིང་། སྤྱོད་པ་ཀྲི་ཡ་ལྟར་གཙང་སྦྲ་ལ་གནས་པའི་སྒོ་ནས། བསྒོམ་བྱ་མངོན་པར་རྟོགས་པའི་ཁྱད་པར་ལ། འཇུག་པའི། སྦྱོར་བའི། གྲུབ་པའི་སྤྱོད་པ་གསུམ་ལས། འཇུག་པ་ལ་གཉིས་ཀྱི། ཕྱིའི་འཇུག་པའི་སྤྱོད་པ་ནི། དབང་གིས་སྣོད་རུང་དུ་བྱེད་པ། ནང་གི་འཇུག་པའི་སྤྱོད་པ་ལ། མཚན་བཅས་དང་། མཚན་མེད་ཀྱི་རྣལ་འབྱོར་གཉིས་གསུངས་པའི་ཚུལ་གྱིས་བསྒོམ་བྱའི་ལྷ་ལ་རྒྱུད་ལས། ཡི་གེ །ཕྱག་རྒྱ། གཟུགས་ཀྱི་ལྷ་དང་གསུམ་བཤད་པའི་རེ་རེ་ལའང་གཉིས་གཉིས་ཏེ། ཡི་གེ་ལ་བྱང་ཆུབ་ཀྱི་སེམས་དང་སྒྲའི་ལྷ། ཕྱག་རྒྱ་ལ་འཁོར་ལོ་སོགས་དབྱིབས་བཅས་དང་ཆོས་འབྱུང་ཐལ་ཁྱབ་མཚོན་པའི་སྟོང་ཉིད་གཟུགས་དབྱིབས་མེད་པ། གཟུགས་ལ་ཡོངས་སུ་དག་པ་སྙིང་པོའི་དོན་རང་རིག་མངོན་སུམ་གྱིས་མཐོང་བ་དང་། ཡོངས་སུ་མ་དག་པ་ཞལ་ཕྱག་ལ་སོགས་པའི་གཟུགས་སུ་རྣམ་པར་རྟོག་པས་བསྒོམ་པའོ། །དེ་ལྟར་ཤེས་པར་བྱས་ནས་མཚན་བཅས་ཀྱི་རྣལ་འབྱོར་སྒོམ་པའི་རིམ་པ་ནི། རྣམ་སྣང་མངོན་བྱང་ལས། ཡི་གེ་དང་ནི་ཡི་གེ་སྦྱོར། །དེ་བཞིན་གཞི་ལས་གཞིར་འགྱུར་ཉིད། །ཤིན་ཏུ

བསྡམས་པས་ཡིད་ལས་ནི། །བཟླས་བརྗོད་འབུམ་ཕྲག་གཅིག་བྱའོ། །ཞེས་པ་ལྟར་བདག་གནས་རྣལ་འབྱོར་བསྒྲུང་བ་སོགས་སྔོན་དུ་འགྲོ་བས། ཡི་གེ་དང་པོ་དོན་དམ་བྱང་ཆུབ་ཀྱི་སེམས་སྟོང་ཉིད་ཀྱི་ངང་ལས། དེའི་སྣང་ཆ་ཀུན་རྫོབ་ཟླ་དཀྱིལ་གྱི་རྣམ་པར་བསྒོམ་པ། ཡི་གེ་གཉིས་པ་དེའི་སྟེང་དུ་བཟླ་བྱའི་སྔགས་རང་སྒྲ་སྒྲོག་པ། དེ་ཐམས་ཅད་ཡོངས་སུ་གྱུར་པ་ལས་གཞི་དང་པོ་བདག་ཉིད་ལྟར་བསྐྱེད་པ་ལ་སྔགས་རྒྱ་ལ་སོགས་པས་བྱིན་གྱིས་བརླབས། དེ་ནས་གཞི་གཉིས་པ་རང་གི་མདུན་དུ་ལྷ་བསྐྱེད་པའི་ཐུགས་ཀར་ཟླ་དཀྱིལ་ལ་སྔགས་ཕྲེང་བཀོད་ནས། སྲོག་བསྡམ་ཞིང་རྩེ་གཅིག་པའི་སྒྱུར་བས་ཧིང་ངེ་འཛིན་བརྟན་པར་བྱེད་པའོ། །གཉིས་པ་མཚན་མེད་ཀྱི་རྣལ་འབྱོར་ནི། ཕུང་སོགས་ཆོས་ཐམས་ཅད་ལ་མཐའ་བཞིས་རྣམ་པར་དཔྱད་པས་སྐྱེ་མེད་དུ་རྟོགས་པ་འཇུག་པའི་སེམས། དེ་རྣམ་པར་མི་རྟོག་པའི་ངོ་བོར་མངོན་དུ་གྱུར་པ་གནས་པའི་སེམས། དེ་ལྟར་མ་རྟོགས་པ་ལ་སྙིང་རྗེ་ཆེན་པོས་རྗེས་སུ་འཇུག་པ་ལྡང་བའི་སེམས་ཏེ། འཇུག་གནས་ལྡང་གསུམ་གྱིས་ཁྱད་པར་དུ་བྱས་པའི་དོན་དམ་བྱང་ཆུབ་ཀྱི་སེམས་བསྒོམ་པའོ། །དེ་ལྟར་རྣལ་འབྱོར་གཉིས་ལ་གོམས་པ་ལས། མཚན་མ་དང་བཅས་པའི་དང་། མཚན་བཅས་མཚན་མེད་གཉིས་ཀའི་དངོས་གྲུབ་འགྲུབ་པའོ། །

གཉིས་པ་སྒྲུར་བའི་སྤྱོད་པ་ལ་ཕྱི་ནང་གཉིས་ལས། ཕྱི་ནི་བཟླས་བརྗོད་ཡན་ལག་བཞི་ལྡན་གྱི་སྒོ་ནས་མཚན་མའམ་གྲངས་ཀྱི་བསྙེན་པ་བྱེད་པ་ཡིན་ལ། ནང་ནི། རང་ཉིད་ཤཱཀྱ་ཐུབ་པར་གསལ་བའི་ཐུགས་ཀར་ཟླ་བ་ལ་རྣམ་སྣང་བསྒོམས་པའི་ཐུགས་ཀར་ཟླ་དཀྱིལ་ལ་སྔགས་ཕྲེང་བཀོད་དེ། སྲོག་བསྡམ་ཞིང་བཟླས་བརྗོད་རྩེ་གཅིག་པའི་མཚན་ཉིད་ཅན་གྱི་ཞི་ལྷག་ཟུང་འབྲེལ་གྱི་ངོ་བོར་སྒྲུབ་པའོ། །གསུམ་པ་གྲུབ་པའི་སྤྱོད་པ་ལ། ཐུན་མོང་བ་བསྙེན་པ་མཐར་ཕྱིན་ནས་རྫས་སྔགས་ལ་བརྟེན་པའི་རིག་འཛིན་སྒྲུབ་པ་དང་། ཐུན་མོང་མ་ཡིན་པ་འབྱུང་བཞིའི་དཀྱིལ་འཁོར་ལ་བརྟེན་ནས་རླུང་གི་སྦྱོར་བ་བསྒོམས་པ་ལས། རྫུ་འཕྲུལ་དང་མངོན་ཤེས་བསྒྲུབས་ཏེ་རིག་པ་འཛིན་པའི་ནང་དུ་འགྲོ་བ་སོགས་གནས་སྐབས་ཀྱི་འབྲས་བུ་གྲུབ་ཅིང་། རྟེན་དེ་ལ་བརྟེན་ནས་སྔགས་ཀྱི་སྤྱོད་པ་སྤྱད་པས་མི་ཚེ་ལུའམ་ཇི་ལྟར་འགོར་ནའང་བསྐལ་པ་གསུམ་མམ་གཅིག་གིས་མཐར་ཐུག་གི་འབྲས་བུ་རིགས་བཞི་རྡོ་རྗེ་འཛིན་པའི་ས་མངོན་དུ་བྱེད་པར་འདོད་དེ། གཞུང་ལས། རིགས་བཞི

རྡོ་རྗེ་འཆང་སར་གནས། །ཞེས་དང་། ཀུན་བྱེད་ལས། གཉིས་སུ་མེད་ལ་མི་ཆེ་ལྷུས་སྒྲིབ་གོལ། །ཞེས་སོ། །གསུམ་པ་རྣལ་འབྱོར་རྒྱུད་ནི། དོན་དམ་པར་ཆོས་ཐམས་ཅད་སྤྲོས་པའི་མཚན་མ་དང་བྲལ་བའི་རང་བཞིན་འོད་གསལ་སྟོང་པ་ཉིད་དུ་རྟོགས་པའི་ཡེ་ཤེས་ཀྱི་བྱིན་རླབས་ཀུན་རྫོབ་རྡོ་རྗེ་དབྱིངས་ཀྱི་ལྷར་བཏགས་ཏེ། རྟོག་པ་བཟང་ངན་བླང་དོར་གྱི་རྩོལ་བས་འབྲས་བུ་སྒྲུབ་པར་འདོད་པ་སྟེ། ལམ་རིམ་ལས། ལྷུན་གྲུབ་མཉམ་པ་མ་རྟོགས་པས། །ཆོས་ཀུན་རྣམ་དག་ཡེ་ཤེས་ཀྱི། །བྱིན་རླབས་རྡོ་རྗེ་དབྱིངས་སྤྲུལ་ལྷ། །བླང་དོར་བྱེད་པ་ལས་ཀྱིས། །ཞེས་སོ། །དེའི་བསྒོམ་བྱ་ལམ་གྱི་ཁྱད་པར་ལ། བསྙེན་སྒྲུབ་གཉིས་ལས། དང་པོ་ལ། རྟེན་གྱི་གང་ཟག་བྱང་ཆུབ་ཏུ་སེམས་བསྐྱེད་པ། རྒྱུད་ལ་ཡིད་ཆེས་པ། བཀའ་བཞིན་དམ་ཚིག་སྲུང་བ། ལམ་དང་ལམ་གྱི་སྟོན་པ་སོགས་ལ་དད་པ་དང་ལྡན་པ་དེས་ཇི་ལྟར་བསྒོམ་པའི་ལམ་གྱི་ཚིངས་ནི། འཐོབ་བྱའི་འབྲས་བུ་ལ་དམིགས་ནས། དེའི་ཉེར་ལེན་གྱི་རྒྱུ་ནི། ཐོག་མཐའ་མེད་པའི་བྱང་ཆུབ་ཀྱི་སེམས་འོད་གསལ་བ་སོ་སོ་རང་གི་རིག་པའི་བདག་ཉིད་ལྷ་སྔགས་དཀྱིལ་འཁོར་ཕྱག་རྒྱ་ཐམས་ཅད་ཀྱི་འཆར་གཞིར་གྱུར་པའི་སེམས་ཀྱི་དེ་ཁོ་ན་ཉིད་རྒྱུའི་རྒྱུད་ཅེས་བྱ་བ་དེ་ཉིད་ཡིན་ལ། རྒྱུ་དེ་ལས་འབྲས་བུ་མངོན་དུ་བྱ་བའི་ཐབས་ཀྱི་གཙོ་བོ་ནི་གཉིས་ཀྱིས་བསྡུས་ཏེ། ཐབས་དང་། ཤེས་རབ་བོ། དང་པོ་ནི། ཕྱག་རྒྱ་བཞི་དང་འབྲེལ་བའི་ལྷའི་རྣལ་འབྱོར་བསྒོམ་པ་འཁོར་བཅས་ཏེ། དེ་ཡང་སྐུ་ཕྱག་རྒྱ་ཆེན་པོ། ཐུགས་དམ་ཚིག་གི་ཕྱག་རྒྱའི། གསུང་ཆོས་ཀྱི་ཕྱག་རྒྱའི། ཕྲིན་ལས་ལས་ཀྱི་ཕྱག་རྒྱའི་རྣལ་འབྱོར་དང་བཞིས་རིམ་པར། ཀུན་གཞིའི་རྣམ་ཤེས། ཉོན་ཡིད། ཡིད་ཤེས། སྒོ་ལྔ་རྣམས་ཀྱི་གློ་བུར་གྱི་འཁྲུལ་པ་བསལ་ནས། རང་བཞིན་མེ་ལོང་ལྟ་བུ། མཉམ་ཉིད། སོར་རྟོག །བྱ་གྲུབ་ཡེ་ཤེས་བཞི་མངོན་དུ་བྱེད་ཅིང་། ཆོས་དབྱིངས་ཡེ་ཤེས་ནི་དེ་ཐམས་ཅད་ཀྱི་རང་བཞིན་དུ་གནས་པ་ཡིན་ནོ། །དེ་ལྟ་བུའི་ལྷའི་རྣལ་འབྱོར་བསྒོམ་པའི་རིམ་པ་ལ། དབང་རྣོན་རྣམས་སྔོན་བྱང་སྟོན་པ་སངས་རྒྱས་ནས་དཀྱིལ་འཁོར་སྤྲུལ་བཤད་དང་ཕྲིན་ལས་མངོན་པར་འདུ་མཛད་ཚུལ་དང་མཐུན་པར་རྗེས་འཇུག་ལའང་། དང་པོའི་སྦྱོར་བ། དཀྱིལ་འཁོར་རྒྱལ་མཆོག །ལས་རྒྱལ་མཆོག་སྟེ་ཏིང་ངེ་འཛིན་གསུམ་ལ་བརྟེན་ནས་ཉམས་སུ་ལེན་པ་དང་། དབང་རྟུལ་རྣམས་བདག་ཉིད་རང་རིགས་ཀྱི་ལྷ་དམ་ཚིག་པར་བསྒོམ་པ་རྣལ་འབྱོར།

དེ་ལ་ཡེ་ཤེས་པ་བཅུག་སྟེ་རོ་གཅིག་ཏུ་བྱ་བ་རྗེས་སུ་རྣལ་འབྱོར། བརྟན་གཡོ་ཐམས་ཅད་རང་རིགས་ཀྱི་ལྷའི་རྣལ་འབྱོར་དུ་བྱ་བ་ཐམས་ཅད་རྣལ་འབྱོར། དེ་གསུམ་སྔོན་དུ་སོང་བ་ལས་སེམས་རྩེ་གཅིག་པའི་ཏིང་ངེ་འཛིན་མངོན་དུ་གྱུར་པ་ཤིན་ཏུ་རྣལ་འབྱོར་ཏེ། རྣལ་འབྱོར་བཞི་ལ་བརྟེན་ནས་ཉམས་སུ་ལེན་པའོ། །གཉིས་པ་ཤེས་རབ་ནི། སེམས་ཀྱི་དེ་ཁོ་ན་ཉིད་མངོན་དུ་རྟོགས་པ་སོ་སོ་རང་རིག་པའི་ཡེ་ཤེས་ཏེ། དེ་ཉིད་དབང་རྣོན་བྱིན་བརླབས་དང་སྒོམ་བྱུང་གི་སྟོབས་ཀྱིས་མངོན་དུ་བྱེད་པ་དང་། དབང་རྟུལ་ཐོས་སོགས་ཀྱིས་བརྒྱུད་དེ་མངོན་དུ་བྱེད་པའི་ཚུལ་ལོ། །གཉིས་པ་སྒྲུབ་པའི་རིམ་པ་ལ་གཉིས་ཏེ། གཙོ་བོར་ཏིང་ངེ་འཛིན་ལ་བརྟེན་ནས་འདས་པའི་དངོས་གྲུབ་དང་། བརླས་བཟློད་ལ་བརྟེན་ནས་དངོས་གྲུབ་གཉིས་ཀ་སྒྲུབ་པའོ། །དང་པོ་ནི། ཏིང་ངེ་འཛིན་གསུམ་དང་རྣལ་འབྱོར་བཞི་གང་ལ་བརྟེན་ཀྱང་རུང་། རང་གི་ལྷ་འཁོར་གསུམ་ཡོངས་དག་གི་མཆོད་པས་མཉེས་པར་བྱས་ནས། གཞན་དོན་དུ་ཕྱག་རྒྱ་སྒྲུབ། དེ་གྲུབ་ནས་ཕྱག་རྒྱའི་ལས་རབ་འབྱམས་ལ་སྦྱར། དེ་ནས་མངོན་ཤེས་བསྒྲུབས་ཏེ་རང་རིགས་ཀྱི་འཁོར་ལོ་དང་མཐུན་པའི་ཚོགས་ཁང་དུ་ལྷ་གྲངས་དང་མཉམ་པའི་སྒྲུབ་པ་པོས་དཀྱིལ་འཁོར་གྱི་རྣམ་པར་བྱས་ཏེ། འདོད་ཡོན་གྱི་རོལ་པ་གཉིས་སུ་མེད་པའི་ཏིང་ངེ་འཛིན་གྱི་ཡན་ལག་ཏུ་སྤྱོད་པས་ལྷ་མཉེས་ཤིང་དབང་དུ་གྱུར་པའི་ཚུལ་གྱིས་འགྲུབ་ལ། གལ་ཏེ་མ་འགྲུབ་ན་བསྐྱར་བ་དང་དཔོགས་ཆོག་ལ་བརྟེན་ནས་འགྲུབ་པའོ། །གཉིས་པ་ལ། རྫོར་བཟླས་དང་། ཚིག་བཟླས་གཉིས་ལས། དང་པོ་ནི། བདག་ཉིད་ལྷར་བསྐྱེད་པའི་མདུན་དུའང་ལྷ་བསྐྱེད་དེ། སྲོག་དང་དབང་པོ་ནང་དུ་བསྡུས་ནས་སྙིང་པོ་ཡིད་བཟླས་བྱ་ཞིང་། རླུང་ཕྱིར་དབྱུང་བ་ན་མདུན་གྱི་ལྷ་ལ་དམིགས་ཏེ་བཟླ། ནང་དུ་འཇུག་པ་ན་བདག་དང་ལྷ་ཐ་མི་དད་པར་བྱས་ལ་བཟླ་བ་ནི་ཀུན་རྫོབ་དམིགས་བཅས་དང་། བདག་དང་ལྷ་ སྣགས་ཀྱིས་མཚོན་པའི་ཆོས་ཐམས་ཅད་སྟོང་ཉིད་ནམ་མཁའ་ལྟ་བུར་དག་པའི་ངང་ནས་ཡིད་བཟླས་དང་། ཕྱིར་དབྱུང་བ་ན་ལྷའི་མཚན་མ་ཙམ་དྲན་པར་བྱ་ཞིང་། སླར་སྲོག་རྩོལ་ནང་དུ་བསྡུས་ཏེ་སེམས་རྩེ་གཅིག་པའི་ངོ་བོར་རོ་གཅིག་ཏུ་བྱ་བ་དོན་དམ་དམིགས་མེད་ཀྱི་རྫོར་བཟླས་ཏེ། དེ་གཉིས་དབང་རྣོན་གྱི་བཟླ་ལུགས་སོ། །གཉིས་པ་ཚིག་བཟླས་ནི༑ དབང་རྟུལ་གྱི་བཟླ་ལུགས་ཏེ། རང་རིགས་ཀྱི་ལྷའི་སྐྱིལ་ཀྲུང་བཅས་ལ། རིགས་གང་ཡིན་གྱི་

ཁྱུ་ཚུར་བཅས་པའི་ལག་གཡོན་གྱིས་རང་རིགས་ཀྱི་ཕྱག་མཚན་བཟུང་ལ་གོས་ཀྱིས་གཡོགས་གཡས་པས་རིགས་དང་མཐུན་པའི་བགྲང་ཕྲེང་བླངས་ཏེ། རིགས་གང་ལ་ཤེས་པའི་སྒྲ་གདངས་ཀྱིས་བཟླ་བའོ། །དེ་ལྟར་རྫོར་བཟླས་ཀྱིས་འཇིག་རྟེན་ལས་འདས་པའི་དངོས་གྲུབ་དང་། ཚིག་བཟླས་ཀྱིས་ཞྭས་དང་མཁའ་སྤྱོད་ཀྱི་རིག་འཛིན་སོགས་འཇིག་རྟེན་པའི་དངོས་གྲུབ་བསྒྲུབས་ནས་འདས་པའི་དངོས་གྲུབ་ལ་སྦྱོར་ཞིང་། མཐར་ཐུག་མི་ཚེ་གསུམ་མམ་བཅུ་དྲུག་གིས་ཕྱག་རྒྱ་ཆེན་པོ་གྲུབ་ནས་རིམ་གྱིས་རིགས་ལྔ་སྟུག་པོ་བཀོད་པའི་སར་མངོན་བྱང་ལྔའི་ཐབས་ཀྱིས་ཡེ་ཤེས་ལྔའི་ངོ་བོར་འཚང་རྒྱ་བར་འདོད་དེ། ཀུན་བྱེད་ལས། ཡོ་ག་སྟུག་པོ་བཀོད་འདོད་པས། །མི་ཚེ་གསུམ་ན་གྲོལ་བར་འདོད། །ཅེས་སོ། །ཡང་ཡོ་གའི་ཉམས་ལེན་གྱི་སྐབས་འདིར་ཐུན་ཁྱད་གཉིས་འབྱུང་སྟེ། སྤྱོད་འཇུག་དང་ཐུན་མོང་བའི་དབང་དུ་བྱས་པ་རང་ཤར་ལས། ལྷ་དང་རྣལ་འབྱོར་བདག་ཉིད་ཀྱང་། །ཕྱིན་དང་གྲོགས་པོའི་ཚུལ་དུ་འདོད། །ཅེས་པ་ལྟར་ཟུར་ལུགས་ཀྱི་སྙིང་པོའི་ཁོག་དབུབ་རྣམས་སུ་ཡོ་གའི་བཀོལ་མདོར་སྨོས་པ་བཞིན་ནོ། །ཡོ་ག་ཁྱད་པར་བའི་དབང་དུ་བྱས་ན་བདག་ཉིད་ལྷའི་རྣལ་འབྱོར་དུ་བསྒོམས་པ་ལ། ཡེ་ཤེས་པ་དགུག་བསྟིམ་གཉིས་མེད་དུ་བྱེད་པ་སྟེ། རྡོ་རྗེ་འབྱུང་བ་ལས། གཉིས་སུ་མེད་པའི་ཆོས་དབྱིངས་དང་། །བླ་མེད་དངོས་གྲུབ་དམ་པ་བླང་། །ཞེས་གསུངས་པ་བཞིན་ནོ། །

བཞི་པ་རྣལ་འབྱོར་བླ་མེད་ཀྱི་རྒྱུད་ཀྱི་ཉམས་ལེན་ནི། སློབ་དཔོན་ཡེ་ཤེས་གྲགས་པས། གཞན་དོན་ཕུན་ཚོགས་སངས་རྒྱས་ཀྱི། །འབྲས་བུ་གཙོ་བོ་ཡིན་པར་འདོད། །ཅེས་པ་ལྟར་གསང་སྔགས་ཀྱི་སྒོར་ཞུགས་པ་སྤྱོད་པའི་གང་ཟག་རྣམས་ཀྱིས་འདོད་དོན་གཉེར་བྱའི་གཙོ་བོ་ནི་གཞན་དོན་ཕུན་ཚོགས་ཡིན་ལ། དེའི་རྟེན་ནི་རང་དོན་ཕུན་ཚོགས་ཏེ། དེ་ལྟར་དོན་གཉིས་མཐར་ཕྱིན་པའི་བྱང་ཆུབ་ནི་འཐོབ་བྱ་འབྲས་བུའི་རྒྱུད་དོ། །དེ་མངོན་དུ་བྱེད་པ་ཡང་ཉེར་ལེན་གྱི་རྒྱུ་དང་། ལྷན་ཅིག་བྱེད་རྐྱེན་ཚང་བ་ལ་རག་ལུས་པས། དང་པོའི་དབང་དུ་བྱས་ནས་གཞིའམ་རྒྱུའི་རྒྱུད་བཤག །གཉིས་པའི་དབང་དུ་བྱས་ནས་ཐབས་སམ་ལམ་གྱི་རྒྱུད་བཤག་སྟེ། གསང་སྙིང་གི་རྒྱུད་ཕྱི་མ་ལས། རྒྱུད་ནི་རྒྱུན་ཆགས་ལ་བཤད་དེ། །ཐབས་དང་རྒྱུ་ལས་འབྲས་བུའོ། །ཞེས་དང་། གསང་འདུས་ཀྱི་རྒྱུད་ཕྱི་མ་ལས་ཀྱང་། རྒྱུད་ནི་རྒྱུན་ཆགས་ཞེས་བྱ་སྟེ། །རྒྱུན་དེ་རྣམ་པ་གསུམ་དུ་འགྱུར། །གཞི་དང་དེ་ཡི་

རང་བཞིན་དང་། །མི་འགྲོག་པ་ཡི་རབ་དབྱེ་བས། །རང་བཞིན་རྣམ་པ་རྒྱུ་ཡིན་ཏེ། །གཞི་ནི་ཐབས་ཞེས་བྱ་བ་ཡིན། །དེ་བཞིན་མི་འགྲོག་འབྲས་བུ་སྟེ། །གསུམ་གྱིས་རྒྱུད་ཀྱི་དོན་བསྡུས་པའོ། །ཞེས་གསུངས་པའི་ཕྱིར། དེ་ལ་སེམས་ཀྱི་ཆོས་ཉིད་རང་བཞིན་གྱིས་རྣམ་པར་དག་པ་བདེ་བར་བཤེགས་པའི་སྙིང་པོ་ནི་དྲི་མ་སྦྱོང་བའི་གཞི་སྟེ། རྟོགས་མ་རྟོགས་ཀྱི་བྱེད་པས་འཁོར་འདས་གཉིས་ཀའི་གཞི་འམ་རྒྱུར་གྱུར་ཅིང་། རང་བཞིན་འགྱུར་བ་མེད་པར་རྒྱུན་ཆགས་པས་ན་གཞིའམ་རྒྱུའི་རྒྱུད་ཅེས་བྱའོ། །དེ་ལ་མིང་གི་རྣམ་གྲངས། འཆིང་གྲོལ་མེད་པའི་དོན་གྱི་གནས་ལུགས། འབྲས་ཆོས་རྣམས་གཞི་ལ་ཡེ་ནས་ཚང་བས་བདེ་གཤེགས་སྙིང་པོ། སེམས་ཀྱི་ཆོས་ཉིད་དེའི་སྟོང་ཆ་ལས་ཆོས་སྐུ་དང་སྣང་ཆ་ལས་གཟུགས་སྐུའི་ཡོན་ཏན་རྫོགས་པར་ལྡན་ཡང་དྲི་མ་ལས་མ་གྲོལ་བར་སངས་རྒྱས་སུ་མི་འབྱུང་བས་རང་བཞིན་གནས་རིགས་དང་། ཁམས་དང་། དྲི་བཅས་དེ་བཞིན་ཉིད། དྲི་མ་དང་འབྲེལ་ཡང་རང་གི་ངོ་བོ་ལ་གོས་མ་མྱོང་བས་རང་བཞིན་རྣམ་དག་གམ་བྱང་ཆུབ་ལ་སོགས་པའི་ཐ་སྙད་བཏགས་ཤིང་། ཁྱད་པར་སྔགས་ཀྱི་ཐེག་པ་འདིར། ཕྱི་རྒྱུད་དུ་བདག་གི་དེ་ཁོ་ན་ཉིད་དང་། ཐོག་མཐའ་མེད་པའི་བྱང་ཆུབ་ཀྱི་སེམས་ལ་སོགས་པ་དང་། ནང་རྒྱུད་དུ་མ་ཧཱ་ཡོ་ག་བས་རང་རིག་པ་བྱང་ཆུབ་ཀྱི་སེམས་ལྷག་པ་བདེན་པ་དབྱེར་མེད་སྤྱོད་ཡུལ་དང་བྲལ་བའམ། བདེན་པ་དབྱེར་མེད་ལྷག་པའི་ཆོས་སྐུ་ཆེན་པོ། ཨ་ནུ་ཡོ་ག་བས་དབྱིངས་དང་ཡེ་ཤེས་གཉིས་སུ་མེད་པའི་སྲས་བདེ་བ་ཆེན་པོ་རྩ་བ་བྱང་ཆུབ་སེམས་ཀྱི་དཀྱིལ་འཁོར། ཨ་ཏི་ཡོ་ག་བས་འོད་གསལ་བྱང་ཆུབ་ཀྱི་སེམས་སྟོང་གསལ་འགག་མེད་ཀྱི་གནས་ལུགས་ཡེ་ཤེས་གསུམ་ལྡན་དུ་ཡེ་ནས་བཞུགས་པའོ། །དེ་ཡང་བླ་ན་མེད་པའི་རྒྱུད་རྣམས་སུ་ལུས་ཅན་རྣམས་ཀྱི་སྙིང་ག་ཆོས་ཀྱི་ཕོ་བྲང་དུ་རྒྱ་རྒྱུད་ཀྱི་རྟེན་དྭངས་མ་ལྔའི་དབུས་ན་བརྟེན་པ་སེམས་ཉིད་འོད་གསལ་བའི་ཆོས་སྐུ་བྱང་ཆུབ་ཀྱི་སེམས་བཞུགས་པར་བཤད་ཅིང་། འབྱུང་ལྔ་སེམས་དང་བཅས་པའི་དྭངས་མ་དྲུག་ཀྱང་གཉིས་གཉིས་རོ་གཅིག་ཏུ་འདྲུག་པའི་དོན་གྱི་ཤིན་ཏུ་ཕྲ་བའི་སྒོ་གསུམ་གདོད་མ་ནས་རྡོ་རྗེ་མི་ཤིགས་པ་གསུམ་གྱི་ལྷའི་བདག་ཉིད་དུ་གནས་པ་སྟེ། སྒྱུ་འཕྲུལ་རྡོ་རྗེ་ལས། ལུས་ཅན་སྙིང་ལ་གང་གནས་པ། །རང་བྱུང་ཟག་མེད་ཡེ་ཤེས་གཟུགས། །མི་ཤིགས་ཐིག་ལེ་བདེ་ཆེན་པོ། །ནམ་མཁའ་ལྟ་བུར་ཀུན་ཁྱབ་པ། །མི་གནས

ཆོས་སྐུའི་རང་བཞིན་ཡིན། །ཞེས་དང་། དཔེ་ཆུང་རང་གནས་ལས། མི་ཤིགས་ཡེ་ཤེས་ཐིག་ལེ་ནི། །
སྐུ་གསུང་ཐུགས་ཀྱི་རྡོ་རྗེའི་བདག །གཅིག་དང་དུ་མ་རྣམ་སྤྱང་པ། །སྣ་ཚོགས་སྣང་ལ་མཚོན་དུ
མེད། །ཅེས་དང་། རང་ཤར་ལས། ལུས་ལ་ཡེ་ཤེས་ཆེན་པོས་ཁྱབ། །ཏིལ་འབྲུ་ལ་ནི་མར་བཞིན་
དུ༑ ༑ལུས་ཀྱི་བཀྲག་དང་གཟི་མདངས་ནི། །ཡེ་ཤེས་ལྡན་གྱིས་ཁྱབ་པར་བྱེད། །ཅེས་དང་། བརྟག
གཉིས་ལས་ཀྱང་། ལུས་ལ་ཡེ་ཤེས་ཆེན་པོ་གནས། །རྟོག་པ་ཐམས་ཅད་ཡང་དག་སྤངས། །དངོས
པོ་ཀུན་ལ་ཁྱབ་པ་པོ། །ལུས་གནས་ལུས་ལས་མ་སྐྱེས་པའོ། །ཞེས་སོ། །དེས་ན་སེམས་ཀྱི་རང་
བཞིན་འོད་གསལ་བ་དེའང་ཁྱད་ཆོས་བཞི་ལྡན་ཏེ། ཞིང་དང་སྐུ་དང་ཡེ་ཤེས་སོགས་འབྲས་བུའི་
ཆོས་མཐུན་པའི་ཁྱད་པར་ཅན། རང་བཞིན་བདེ་བ་ཆེན་པོ། རྒྱུན་ཆད་མེད་པ། ཆོས་ཉིད་ཀྱིས་ཐོབ
པའོ། །དེ་ཉིད་ཀྱིས་འཁོར་འདས་ཐམས་ཅད་ལ་ཁྱད་པར་མེད་པར་ཁྱབ་པས་གྲོལ་གཞི་ལྷུན་གྲུབ
ཀྱི་ཆོས་ཉིད་རང་ལ་ཡོད་པ་ནི་འབྲས་རྒྱུད་ཀྱི་ཉེར་ལེན་གྱི་རྒྱུར་ངེས་པ་སྟེ། མན་ངག་སྙེ་མ་ལས། དངོས
པོ་རྣམས་ཀྱི་སྟོང་པ་ཉིད་ཀྱི་ངོ་བོ་ནི་རང་བཞིན་དང་རྣམ་པ་ཞེས་པ་དོན་གཞན་མ་ཡིན་ཏེ། རང་གི
ངོ་བོ་ཞེས་པའི་དོན་ནོ། །དེ་རྒྱུ་སྟེ། ཉེ་བར་ལེན་པའི་བྱེད་པ་པོའི་རྡོ་རྗེ་འཛིན་པ་སྟེ། གང་འདི
རྣམས་ཀྱི་ཐོག་མ་མེད་པའི་དྲི་མས་མ་གོས་པའི་ངོ་བོ་ཉིད་ཀྱིས་གྲུབ་པའི་སངས་རྒྱས་ཉིད་དེ། དེ་ཁོ
ན་ནི་དྲི་མ་མེད་པ་ཉིད་ཐོབ་པའི་མཚན་ཉིད་ཅན་སངས་རྒྱས་ཉིད་ཀྱི་རྒྱུའོ། །ཞེས་པའི་དོན་ཏོ། །ཞེས
སོ༑ ༑རྒྱུ་རྒྱུད་རྒྱུན་ཆགས་པ་དེ་ལ་རྡོ་རྗེ་རྩེ་མོར་རྩ་བའི་རྒྱུད་ཅེས་བྱ་བ་དང་། འབྲས་རྒྱུད་ནི་རྒྱུ་རྒྱུད
དེ་ལས་བྱུང་ཞིང་། དེའི་ཕ་རོལ་ཏུ་སོན་པའི་ས་མཐར་ཕྱིན་པའི་རྒྱལ་བ་སྟེ་རྒྱུད་ཕྱི་མ་ཞེས་བཤད་དོ། །
དེ་ལྟར་ཡང་རྩེ་མོར། ཅིའི་ཕྱིར་འདིར་ནི་རྒྱུད་ཕྱི་མ། །རྒྱུད་ནི་རྒྱུན་ཆགས་ཞེས་བྱ་སྟེ། །འཁོར་བ
རྒྱུད་དུ་འདོད་པ་ཡིན། །ཕྱི་མ་ཞེས་བྱ་ཕ་རོལ་ཏེ། །རྒྱུད་ནི་ཕྱི་མར་བརྗོད་པ་ཡིན། །རྒྱུད་ནི་རྒྱུན
ཆགས་ཞེས་བྱ་སྟེ། །ཕྱི་མ་སྔ་མ་ལས་བྱུང་བའི། །དེ་ཉིད་གསང་བ་སྒྲུབ་ཞེས་པ། །རྒྱུད་ནི་ཕྱི་མར
བརྗོད་པ་ཡིན། །ཅི་ཕྱིར་རྒྱུད་དང་ཕྱི་མ་ཡིན། །ས་མཐར་ཕྱིན་པའི་རྒྱལ་བ་མཆོག །སྲིད་པའི་བཙོན
ར་ལས་བཀྲལ་ཡིན། །ཡང་ན་གང་ཞིག་བཀྲལ་གྱུར་པ། །རྒྱུད་ནི་ཕྱི་མ་ཡིན་པར་བཤད། །ཅེས་སོ། །
དེ་ལྟར་རྒྱུ་རྒྱུད་གནས་ལུགས་ཀྱི་དོན་དེ་ཉིད་རྟོག་གེ་རྣམ་པར་འཁྲུམས་པའི་ལུང་རིགས་ཀྱིས་གཏན་ལ

མི་ཕེབས་ཏེ། ཐ་སྙད་ཀྱི་ཤེས་ངོ་ལས་འདས་པའི་ཕྱིར་རོ། །དེ་སྐད་དུ། སྤྱི་མདོ་ལས། དཔེའམ་ཚད་མའམ་གཏན་ཚིགས་སམ། །རྗེས་སུ་དཔག་པའི་ཤེས་རབ་ཀྱིས། །རྟོགས་པར་ནུས་པ་མ་ཡིན་ཏེ། །དམུས་ལོང་མཁའ་ལ་མཐོ་འཇལ་འདྲ། །ཞེས་དང་། དགོངས་པ་ངེས་འགྲེལ་ལས། སོ་སོ་རང་རིག་མཚན་མེད་སྤྱོད་ཡུལ་ནི། །བརྗོད་དུ་མེད་ཅིང་ཐ་སྙད་ཡོངས་ཆད་པས། །རྩོད་དང་བྲལ་བ་དོན་དམ་ཆོས་ཡིན་ཏེ། །དེ་ནི་རྟོག་གེའི་ཡུལ་ལས་འདས་པའོ། །ཞེས་སོ། །འོ་ན་གང་གིས་གཏན་ལ་དབབ་པར་བྱ་ཞེ་ན། སྒྱུ་འཕྲུལ་ལམ་རིམ་ལས། བྱེ་བྲག་བསྡུས་པས་ཀུན་ཁྱབ་གསུམ། །ཞེས་པས་ཤིན་ཏུ་ཕྲོག་སྒྱུར་གྱི་དོན་དེ་ཉིད་འཇལ་ནུས་པ་ནི། ཀུན་ཁྱབ་ཀྱི་ཚད་མ་གསུམ་ལས་གཞན་མེད་དེ། རྡོ་རྗེ་མེ་ལོང་གི་རྒྱུད་ལས། ལུང་དང་རིགས་པ་མན་ངག་གི །ཚད་མ་དག་གིས་གང་གཞལ་བས། །ཤེས་བྱ་ཁོང་དུ་ཆུད་པར་འགྱུར། །ཞེས་གསུངས་པ་ལྟར། རྒྱལ་བའི་བཀའ་དྲི་མ་མེད་པའི་ལུང་ཚད་མ་དང་། མཁས་པས་མཛད་པའི་མན་ངག་ཚད་མ་དང་། དེ་གཉིས་དང་རྗེས་སུ་མཐུན་པར་སྐྱེས་པའི་རིགས་པ་ཚད་མ་གསུམ་གྱིས་གཞལ་བས། རྟོགས་བྱའི་ལྟ་བ་རྒྱུ་རྒྱུད་གནས་ལུགས་ཀྱི་དོན་དེ་ཉིད་གཏན་ལ་ཕེབས་པ་ནི་སྔགས་རང་གཞུང་གི་གྲུབ་མཐའོ། །དེ་ལ་ཕྱི་འགྱུར་བའི་མཁས་པ་ཕལ་ཆེ་བ་ཞིག །བརྟག་གཉིས་ལས། རང་བཞིན་གདོད་ནས་མ་སྐྱེས་པ། །རྫུན་མིན་བདེན་མིན་དེ་བཞིན་དུ། །ཐམས་ཅད་ཆུ་ཡི་ཟླ་བ་ལྟར། །འདོད་པས་རྣལ་འབྱོར་མ་ཤེས་ཀྱིས། །ཞེས་པའི་དགོངས་པ་འགྲེལ་ཚུལ་ལས་སྔགས་ཀྱི་གྲུབ་མཐའ་ནི་ལྟ་བ་དབུ་མ་ལས་ཐབས་ཁྱད་པར་དུ་འཕགས་པས་ཕྱེ་བའོ་ཞེས་བཞེད་མོད། འདིར་སྔ་འགྱུར་གྱི་རང་སྐད་དུ་ཐབས་བཞིན་དུ་ལྟ་བའང་ལྷག་སྟེ། དོན་དམ་པར་སྐྱེ་འགག་མེད་པ་དང་། ཀུན་རྫོབ་ཏུ་ཆོས་ཐམས་ཅད་སྒྱུ་མ་ཙམ་དུ་ལྟ་བ་དབུ་མ་པ་དང་མཐུན་ནའང་། སྔགས་ཀྱི་ཁྱད་པར་ཀུན་རྫོབ་སྒྱུ་མ་ལྟ་བུ་དེ་ཡང་ཡོངས་སུ་དག་པའི་ལྷའི་མཚན་ཉིད་དུ་ལྟ་བ་དང་། བདེན་པ་གཉིས་ཀྱང་དབྱེར་མེད་པར་ལྟ་བས་ཁྱད་པར་དུ་བྱས་པའོ། །

དེ་ལྟར་ཡང་ཀུན་མཁྱེན་ཆེན་པོའི་ཡིད་བཞིན་མཛོད་དུ། དེ་ལ་དང་པོ་གནས་ལུགས་ཤེས་པ་གཅེས། །ཐེག་པའི་དབང་གིས་རྣམ་པ་མང་ན་ཡང་། །ངེས་པའི་སྙིང་པོ་བདེན་པ་དབྱེར་མེད་དེ། །སངས་རྒྱས་རྣམས་ཀྱི་གསང་བའི་མཛོད་ཁང་ཡིན། །ཞེས་གསུངས། ཀུན་རྫོབ་ཏུ་ལྟར་ལྟ་བའང་།

བྱ་རྒྱུད་པས་དག་པ་ཆོས་ཉིད་ཀྱི་ལྷ་དང་། ཡོ་ག་བས་དེའི་སྟེང་དུ་མི་གནས་པའི་ཡེ་ཤེས་ཆེན་པོས་བྱིན་གྱིས་བརླབས་པའི་ལྷ་དང་། རྣལ་འབྱོར་བླ་ན་མེད་པས་དེ་གཉིས་ཀའི་སྟེང་དུ་ལྷུན་གྱིས་གྲུབ་པའི་དཀྱིལ་འཁོར་དུ་ལྷ་བས་ཕྱིར་ན་བདེན་པ་ཐ་དད་དུ་འཛིན་པ་དོར་ནས། དོན་དམ་བདེན་ངོར་མ་ཟད། ཀུན་རྫོབ་དུའང་སྣོད་བཅུད་དག་མཉམ་ཆེན་པོར་གཏན་ལ་འབེབས་པས་འཁོར་འདས་དབྱེར་མེད་ཀྱི་ལྟ་བ་ཞེས་རྒྱུའི་བླ་མེད་ཀྱི་ཐེག་པ་དབུ་མ་པ་ལས་ཐབས་ཀྱི་ཐེག་པ་སྔགས་ཀྱི་ལྟ་བ་འདི་ཉིད་ཆེས་འཕགས་པ་ཡིན་ཏེ། སྒྱུ་འཕྲུལ་རྒྱས་པའི་རྒྱུད་ཚིག་སངས་རྒྱས་གསང་བས་ལམ་རིམ་དུ་དྲངས་པ་ལས། བླ་མེད་ཐེག་པའི་ནང་ནས་ནི། །དོན་དམ་དུ་ནི་དབྱེར་མེད་ལ། །ཀུན་རྫོབ་ཏུ་ནི་ཐམས་ཅད་ལ། །དག་དང་མ་དག་གཉིས་ཀར་འཛིན། །ཐབས་ཀྱི་ཐེག་པ་ཆེན་པོར་ནི། །རྣམ་པར་བྱང་དང་སྡུག་བསྔལ་དག །ཀུན་རྫོབ་ཏུའང་དབྱེར་མེད་དེ། །ལྟ་བ་མཐོ་དམན་དེ་ཙམ་མོ། །ཞེས་གསུངས་པའི་ཕྱིར་རོ། །དེ་བས་ན་ཆོས་ཐམས་ཅད་ངེས་དོན་འབའ་ཞིག་གི་སྙིང་པོར་གཏན་ལ་ཕབ་ནས། ལྷུན་གྲུབ་སྙིང་པོ་ཁམས་ཀྱི་དྲི་མ་བསལ་བ་ཙམ་ལས་རྒྱུ་འབྲས་ཐ་དད་དུ་མི་འདོད་པས་འདུས་མ་བྱས་རང་སྣང་བའི་དཀྱིལ་འཁོར་དུ་ཤེས་པར་བྱས་ནས། དེ་དང་རྗེས་སུ་མཐུན་པའི་ལམ་བསྒོམ་ཞིང་བསྟེན་པས་སྦྱང་བྱའི་དྲི་མ་གཞི་ཐོག་ཏུ་གྲོལ་ཏེ། སྦྱང་གཞི་སྙིང་པོའི་དོན་ཇི་ལྟ་བ་བཞིན་མངོན་དུ་གྱུར་པ་མཐར་ཐུག་པ་ནི་འབྲས་བུའི་རྒྱུད་དོ། །དེ་ལ་གཞིའི་སྟེང་གི་དྲི་མ་སྦྱོང་བྱེད་ཐབས་སམ་ལམ་གྱི་རྒྱུད་དེ་གང་ཞེ་ན། སྨིན་གྲོལ་གཉིས་ལས། སྨིན་བྱེད་ཀྱི་དབང་ནི། བླ་མེད་ཀྱི་སྐབས་འདིར་དབང་བཞི་རྫོགས་པར་བསྐུར་བ་སྟེ། སྔར་བཤད་ཅིང་འཆད་པ་ལས་ཀྱང་ཤེས་པར་འགྱུར་རོ། །གྲོལ་བྱེད་ལམ་གྱི་ངོ་བོ་ནི། གཞི་སྒྲིབ་བྲལ་དུ་བྱེད་པའི་ཐབས་ཁྱད་པར་ཅན་ཏེ། སྦྱང་གཞི་སྙིང་པོ་ཉིད་སྒྲིབ་བྱེད་དུ་གྱུར་བའི་སྦྱང་བྱ་གློ་བུར་གྱི་དྲི་མ་སྦྱོང་བར་བྱེད་པའི་ལམ་དེ་ཡང་། འཁྲུལ་པའི་ཆོས་ལས་ཉོན་སྡུག་བསྔལ་གྱི་རྣམ་པར་ཤར་བའི་རིགས་རྒྱུད་དེ་ཉིད་ལམ་བདེ་བ་ཆེན་པོར་བསྒྱུར་ཏེ་བསྒོམ་པའི་དོན་ནོ། །བསྒྱུར་ཚུལ་ཡང་གང་ཤར་གྱི་རང་ངོ་ལ་བསལ་བཞག་མེད་པར་བསྐྱངས་པས་དེའི་རང་བཞིན་དག་སྣང་དུ་འཆར་བའི་གནད་ཀྱིས་ཏེ། དེའི་ཕྱིར་སྔགས་ཀྱི་ཐེག་པ་འདིར་ཀུན་འབྱུང་བདེན་པའི་རང་བཞིན་ལམ་བདེན་དང་། སྡུག་བསྔལ་བདེན་པའི་རང་བཞིན་འགོག་བདེན་དུ་སྣང་

བས་འབྲས་བུ་ལམ་དུ་བྱེད་པའི་ཕྱིར་སྦྱོང་འགེགས་སྦྱོང་བའི་ལམ་ལས་ཁྱད་པར་དུ་འཕགས་སོ། །
དེ་ལ་དབྱེ་ན། སྣང་བྱ་འཁྲུལ་བ་གློ་བུར་བ་ཀུན་བཏགས་དང་། ས་བོན་གྱི་ཆ་གཉིས་ལ་ལྟོས་ནས་སྦྱོང་བྱེད་བསྐྱེད་རྫོགས་གཉིས་གསུངས་ཏེ། བསྐྱེད་རིམ་ནི། ཨུཏྤཏྟི་ཀྲ་མའི་སྒྲ་ལས་དྲངས་ན། ཨུཏྤཏྟི་ཞེས་པ་བཅོས་པའམ་བརྟགས་པ་ལ་འཇུག་ལ། གང་ལས་བཅོས་ཤིང་བརྟགས་པའི་གཞི་ནི་རྫོགས་རིམ་སྟེ། དེའི་སྐད་དོད་ནིཥྤནྣ་ཀྲ་མ་ཞེས་པའི་ནིཥྤནྣ་ནི་མ་བཅོས་པའམ་གྲུབ་པ་དང་རྫོགས་པ་ལ་འཇུག་ཅིང་། གཉིས་ཀའི་ཀྲ་མ་ནི་རིམ་པ་སྟེ་ཐབས་སམ་ལམ་གྱི་གོ་རིམ་དུ་གྱུར་བས། བཅོས་ཤིང་བརྟགས་པ་རྗེས་དཔག་གི་ལྷའི་རྣལ་འབྱོར་འཁོར་བཅས་ལ་བསྐྱེད་རིམ་དང་། བཅོས་མ་དང་བྲལ་བ་མངོན་སུམ་པའི་ལྷའི་རྣལ་འབྱོར་གྱི་ལམ་འཁོར་བཅས་ལ་རྫོགས་རིམ་ཞེས་བྱ་སྟེ། གསང་སྙིང་གི་རྒྱུད་ཕྱི་མ་ཁ་ཆེ་འགྱུར་ལས། ལྷ་ཡི་རྣམ་པའི་སྦྱོར་བ་ཡི། །ཟླ་བ་རྡོ་རྗེ་ལ་སོགས་རིམ། །བསྐྱེད་པའི་རིམ་པ་ཞེས་སུ་བཤད། །རང་བཞིན་གྲུབ་པའི་རྣལ་འབྱོར་ནི། །རྫོགས་པའི་རིམ་པ་ཞེས་བྱར་བརྗོད། །ཅེས་སོ། །མཚན་ཉིད་ནི། སྐྱེ་འཕགས་གཉིས་ཀྱི་ལམ་གྱི་གནས་སྐབས་ལས། སོ་སྐྱེའི་དུས་སུ། དྲི་བཅས་དེ་བཞིན་ཉིད་ཀྱི་སྣང་བ་གང་ཞིག་ཞུ་བདེ་དང་མཚུངས་ལྡན་དུ་གྱུར་པའི་ལྷ་སྐུ་སྣང་སྟོང་། དབྱེ་ན་བསྐྱེད་རྫོགས་གཉིས་ལས། དང་པོ། དེ་གང་ཞིག །ཞུ་བདེ་དང་མཚུངས་ལྡན་དུ་གྱུར་པ་བཅོས་ཤིང་བརྟགས་པ་ལས་བྱུང་བའི་ལྷ་སྐུ་སྣང་སྟོང་བསྐྱེད་རིམ་གྱི་མཚན་ཉིད། དེ་ཡང་ཁྱད་པར་གྱི་ཆོས་བཞི་ལྡན་ཏེ། ཆོ་གའི་ཁྱད་པར་རྒྱུད་ལས་གསུངས་པའི་བསྐྱེད་ཆོག་ཚང་བ། རང་འབྲས་ཀྱི་ཁྱད་པར་ཐུགས་ཀྱི་མཐུ་བསྐྱེད་ནུས་པ། ངོ་བོའི་ཁྱད་པར་ཞུ་བདེ་དང་སྟོང་ཉིད་ཀྱི་རང་བཞིན། བྱེད་ལས་ཀྱི་ཁྱད་པར་དག་རྫོགས་སྨིན་གསུམ་ཚང་བའོ། །རྫོགས་རིམ་གྱི་མཚན་ཉིད་ནི། དེ་གང་ཞིག །ཞུ་བདེ་དང་མཚུངས་ལྡན་དུ་གྱུར་པའི་བཅོས་མིན་གྱི་ལྷ་སྐུ་སྣང་སྟོང་མི་བརྟན་པ་རྒྱུའི་རྫོགས་རིམ་གྱི་དང་། དེ་བརྟན་པ་འབྲས་བུའི་རྫོགས་རིམ་གྱི་མཚན་ཉིད། དེ་ཡང་རྫོགས་རིམ་ནི་ཁྱད་པར་གྱི་ཆོས་གསུམ་ལྡན་ཏེ། རྒྱུའི་ཁྱད་པར་རྡོ་རྗེའི་ལུས་ལ་གནད་དུ་བསྣུན་པ། བྱེད་ལས་ཀྱི་ཁྱད་པར་རྩ་རླུང་ཐིག་ལེ་དབུ་མར་དག་བྱེད། རྣམ་པའི་ཁྱད་པར་ལྷན་སྐྱེས་ཀྱི་བདེ་བ་སྟོང་གཟུགས་དང་ངོ་བོ་གཅིག་ཏུ་གྱུར་པའི་བདེ་སྟོང་ངོ་། །རྫོགས་རིམ་རྒྱུད་ལ་སྐྱེས་ཟིན་ནས་བསྐྱེད་རིམ་ལ་སློབ་

མི་དགོས་པའི་ཕྱིར། འཕགས་ལམ་གྱི་དུས་ཀྱི་བསྐྱེད་རིམ་ཞེས་པ་མི་འབྱུང་བས། རྫོགས་རིམ་ཟུང་འཇུག་ཡེ་ཤེས་ཀྱི་མཚན་ཉིད་ལ། སློབ་པ་དང་། མི་སློབ་པའི་ཡེ་ཤེས་གཉིས། དང་པོ་ནི། འཕགས་རྒྱུད་ཀྱི་ཡེ་ཤེས་གང་ཞིག །ཞུ་བདེ་དང་མཚུངས་ལྡན་དུ་གྱུར་པའི་ལྷ་སྐུ་ཁ་སྦྱོར། གཉིས་པ་ནི། དག་པ་གཉིས་ལྡན་གྱི་ཡེ་ཤེས་མཐར་ཐུག་གང་ཞིག །ཁ་སྦྱོར་ལ་སོགས་པའི་ཡན་ལག་བདུན་ལྡན་ཏེ། ལོངས་སྤྱོད་རྫོགས་དང་ཁ་སྦྱོར་བདེ་ཆེན་རང་བཞིན་མེད། །སྙིང་རྗེས་ཡོངས་གང་རྒྱུན་མི་ཆད་དང་འགོག་པ་མེད། །ཅེས་པའི་དོན་དེ་བ་ཙནྡྲ་ཤེས་རབ་ཡེ་ཤེས་གསལ་བར། ལོངས་སྤྱོད་རྫོགས་པ་ནི་རྣམ་པ་ཐམས་ཅད་པའོ། །ཁ་སྦྱོར་ནི་སྟོང་ཉིད་སྙིང་རྗེ་ཟུང་འཇུག་གོ། །བདེ་ཆེན་ནི་གཟུང་འཛིན་གྱི་རྟོག་པ་མེད་པའོ། །རང་བཞིན་མེད་པ་ནི་སྐྱེ་བ་མེད་པའོ། །སྙིང་རྗེས་ཡོངས་གང་ནི་མི་འགྱུར་བའི་བདེ་བའོ། །རྒྱུན་མི་ཆད་པ་ནི་རྒྱུན་གྱི་རྟག་པའོ། །འགོག་པ་མེད་པ་ནི་ཆད་པ་མེད་པའོ། །ཞེས་པ་ལྟར་རོ༑ ༑འདིར་འབྲས་བུའི་རྫོགས་རིམ་ཡིན་པ་ཙམ་གྱིས་གཞི་ལམ་འབྲས་གསུམ་གྱི་ཟླས་ཕྱེ་བའི་འབྲས་བུ་ཡིན་པས་མ་ཁྱབ་སྟེ། འཕགས་པ་སློབ་པ་རྣམས་དང་། ཡེ་ཤེས་ཀྱི་སྐུ་འགྲུབ་པའི་སོ་སྐྱེའི་ལམ་གྱི་རྫོགས་རིམ་བཞིན་ནོ། །

རིམ་པ་གཉིས་ཀྱི་དགོས་པ་ནི། སྣོད་བཅུད་ཐ་མལ་དུ་འཛིན་པ་སྤང་ཞིང་། ལམ་མ་དག་ས་བདུན་དང་འབྲས་བུ་གཟུགས་སྐུའི་རྟེན་འབྲེལ་སྒྲིག་པ། ཁྱད་པར་རང་གི་དངོས་འབྲས་ཐུན་མོང་གི་དངོས་གྲུབ་འགྲུབ་པར་བྱེད་པ་ནི་བསྐྱེད་རིམ་དང་། འཕོ་བའི་བག་ཆགས་ཀྱི་དྲི་མ་སྦྱོང་ཞིང་། ལམ་དག་པ་ས་གསུམ་དང་འབྲས་བུ་ལྷན་ཅིག་བྱེད་སྐུའི་རྟེན་འབྲེལ་སྒྲིག་པ། ཁྱད་པར་རང་གི་དངོས་འབྲས་མཆོག་གི་དངོས་གྲུབ་འགྲུབ་པར་བྱེད་པ་ནི་རྫོགས་རིམ་གྱི་དགོས་པ་སྟེ། སྙིང་པོའི་རྒྱུད་ཕྱི་མ་ཁ་ཆེ་འགྱུར་ལས། འཇིག་རྟེན་པ་ཡི་དངོས་གྲུབ་ནི། །བསྐྱེད་པའི་རིམ་པའི་སྦྱོར་བས་ཐོབ། །འཇིག་རྟེན་འདས་པའི་དངོས་གྲུབ་ནི། །རྫོགས་པའི་རིམ་པའི་སྦྱོར་བས་སོ། །ཞེས་སོ། །གལ་ཏེ་བུམ་དབང་དང་དེའི་ལམ་བསྐྱེད་རིམ་གྱིས་ཀྱང་མཆོག་གི་དངོས་གྲུབ་ཐོབ་པར་འགྱུར་ཏེ། དེ་དང་དེ་ས་བདུན་དང་གཟུགས་སྐུའི་རྟེན་འབྲེལ་སྒྲིག་བྱེད་དུ་བཤད་པའི་ཕྱིར་ཞེ་ན། དེ་ལྟར་བཤད་ཀྱང་དེས་དེ་དངོས་སུ་ཐོབ་མི་དགོས་ཏེ། དཔེར་ན་དེ་བཞིན་ཉིད་ཀྱི་ཏིང་ངེ་འཛིན་བསྒོམས་པས་ཆོས་སྐུ་ཐོབ་

པའི་རྟེན་འབྲེལ་བསྒྲིགས་ཀྱང་། དེ་ཙམ་གྱིས་ཆོས་སྐུ་ཐོབ་པར་མི་འགྱུར་བ་བཞིན་នོ། །དེས་ན་བསྐྱེད་རིམ་གྱིས་ས་བདུན་དང་གཟུགས་སྐུའི་རིང་རྒྱུ་ཙམ་བྱེད་ཀྱང་དངོས་རྒྱུ་བྱེད་པ་མི་སྲིད་ཅིང་། བརྒྱུད་རྒྱུ་ལའང་མེད་ན་མི་འབྱུང་བའི་རྒྱུ་མ་ཡིན་ནོ། །གྲངས་ངེས་ནི། སྐྱེ་བ་ཀུན་རྫོབ་དང་འཆི་བ་དོན་དམ་བདེན་པ་ལམ་དུ་བྱས་ནས་དེ་དང་དེ་རྫོགས་པར་སྦྱོང་བ་ལ་ལྟོས་ནས་བསྐྱེད་རིམ་དང་རྫོགས་རིམ་བསྟན་ཏེ། ཡེ་ཤེས་རྡོ་རྗེ་ཀུན་ལས་བཏུས་ལས། སྐྱེ་བ་ཀུན་རྫོབ་བདེན་པ་ཞེས་བྱ་སྟེ། །འཆི་བ་ཡང་ནི་དོན་དམ་བདེན་པ་ཡིན། །བདེན་གཉིས་འདི་ལ་རྣམ་པར་ངེས་བྱས་ནས། །བཤད་པ་གཉིས་ཀྱི་དབྱེ་བ་གསུངས་པ་ཡིན། །ཞེས་སོ། །ཡང་གནས་ལུགས་ཀྱི་ལམ་ལ་འཇུག་པའི་སྔོན་དུ་རྒྱུད་སྦྱང་བ་དང་། བྱང་ནས་གནས་ལུགས་དངོས་སྒོམ་པ་ལ་ལྟོས་ནས་ཀྱང་བསྐྱེད་རྫོགས་གཉིས་སུ་བསྟན་ཏེ། རྡོ་རྗེ་སྙིང་འགྲེལ་ལས། རྣམ་རྟོག་བག་ཆགས་ཀྱིས་བཅིངས་ལ། །ཐོག་མར་རྟོག་པའི་ཚིག་བསྟན། །རྣམ་རྟོག་རང་བཞིན་ཤེས་པ་ན། །མི་རྟོག་པ་ལ་འཇུག་པར་བྱ། །ཞེས་དང་། རིམ་ལྔ་ལས། བསྐྱེད་པའི་རིམ་ལ་ལེགས་གནས་ཤིང་། །རྫོགས་པའི་རིམ་པ་འདོད་རྣམས་ལ། །ཐབས་འདི་རྫོགས་པའི་སངས་རྒྱས་ཀྱིས། །སྐས་ཀྱི་རིམ་པ་ལྟ་བུར་གསུངས། །ཞེས་སོ། །

ད་ནི་རིམ་པ་གཉིས་ཀྱི་ལམ་ཇི་ལྟར་ཉམས་སུ་ལེན་ཚུལ་གྱི་སྒོ་མདོ་ཙམ་ཞིག་བསྟན་པར་བྱ་སྟེ፧ དེ་ལ་བསྐྱེད་རིམ་ནི། སྣང་བྱ་འཁོར་བའི་ཆོས་སྣ་ཚོགས་པར་སྣང་བ་འདི་དག་སྲིད་པར་སྐྱེ་བ་བླངས་པ་ལ་བརྟེན་ནས་འཆར་བས་འཁོར་བའི་ཆོས་ཀྱི་གཙོ་བོ་སྐྱེ་གནས་བཞིའི་བག་ཆགས་སྦྱོང་བ་དང་བསྟུན་ནས། བསྐྱེད་རིམ་སྒོམ་ཚུལ་བཞི་སྟེ། སྒྱུ་འཕྲུལ་དྲྭ་བ་ལས། སྐྱེ་གནས་བཞི་པོ་དག་སྦྱང་བྱའི་ཕྱིར། །བསྐྱེད་པའང་དེ་བཞིན་རྣམ་པ་བཞི། །སྤྲོས་བཅས་སྤྲོས་དང་སྤྲོས་པ་མེད། །ཤིན་ཏུ་སྤྲོས་པ་མེད་བཞིའོ། །ཞེས་པས་སྒོང་སྐྱེས་སྦྱོང་བ་ནི། །དབང་རྟུལ་སྤྲོས་པ་ཅན་གྱི་དབང་དུ་བྱས་ཏེ། དཀྱིལ་འཁོར་གྱི་འཁོར་ལོ་བདེ་ཆེན་བྱང་ཆུབ་སེམས་ཀྱི་ངོ་བོར་ཞུ་བའི་འོད་ཀྱི་ཐིག་ལེ་ལས་ཞུ་བ་གླུས་བསྐུལ་གྱིས་སླར་བཞེངས་ཏེ་དཀྱིལ་འཁོར་གྱི་འཁོར་ལོ་སྒྲོ་བ་བདག་སྲས་གཞན་སྲས་ཀྱི་ཚོགས་ལྟ་བུ་དང་། ཉི་ཟླ་གཡུང་སྒོར་གྱི་ནང་དུ་རང་ལྷའི་ཕྱག་མཚན་ས་བོན་དང་བཅས་པ་ཞུ་ཞིང་འདྲེས་པ་ལས་སྒྲོ་བསྡུས་ལྟར་བསྐྱེད་པ་མངོན་བྱང་ལྔའི་ཆོག་ལྟ་བུའོ། །དེ་ལྟར་ཡང་། སྒྱུ་འཕྲུལ་རྒྱ་མཚོ

ལས། རང་བྱུང་དངོས་དང་མི་འགལ་ཞིང་། །འབྲས་བུ་ཉིད་ལ་ལམ་ཤེས་པས། །མ་ལུས་དཀྱིལ་འཁོར་ཐིག་ལེ་རྣམས། །བདག་གི་སྲས་སུ་བསྒོམ་པར་བྱ། །ཞེས་པས་བདག་སྲས་དང་། གང་གིས་གང་ལ་གསོལ་བཏབ་པས། །ཐུགས་རྗེས་བྱིན་བརླབས་སྤྱངས་བྱས་ནས། །ཐུགས་ཞུགས་འདྲེས་པར་དབྱེར་མེད་ན། །སྲས་གྱུར་དགོངས་པ་ཅི་ལ་གནས། །ཞེས་པས་གཞན་སྲས་བསྟན་ཏོ། །མངོན་བྱང་ལྔ་ནི་དགྱེས་རྫོར་ལས། ཟླ་བ་མེ་ལོང་ཡེ་ཤེས་ཏེ། །བདུན་གྱི་བདུན་པ་མཉམ་པ་ཉིད། །རང་ལྷའི་ས་བོན་ཕྱག་མཚན་ནི། །སོ་སོར་རྟོག་པར་བརྗོད་པར་བྱ། །ཐམས་ཅད་གཅིག་གྱུར་ནན་ཏན་ཉིད། །རྫོགས་པ་ཆོས་དབྱིངས་དག་པ་སྟེ། །ཞེས་སོ། །མངལ་སྐྱེས་སྦྱོང་བ་ནི། དབང་འབྲིང་དང་སྦྱོར་བ་འབྲིང་གི་དབང་དུ་བྱས་ཏེ། ཧེ་རུ་ཀ་གལྤོ་ལས། དང་པོ་སྟོང་པ་བྱང་ཆུབ་སེམས། །གཉིས་པ་ས་བོན་བསྡུ་བ་སྟེ། །གསུམ་པ་ལ་ནི་གཟུགས་རྫོགས་པ། །བཞི་བ་ལ་ནི་ཡི་གེ་དགོད། །ཅེས་འཆི་སྲིད་བར་དོ་དང་བཅས་པ་དང་། དྲི་ཟའི་སེམས་ཁུ་ཁྲག་གི་དབུས་སུ་ཞུགས་པ། དེ་ལས་ལུས་གྲུབ་པ། བཙས་ནས་དབང་པོ་ཡུལ་ལ་སད་པའི་རིམ་པ་ལྟར་རྡོ་རྗེ་བཞིའི་ཆོགས་བསྐྱེད་པ་སྟེ། འདུས་པའི་རྒྱུད་ཕྱི་མ་ལས་ཀྱང་འདི་དང་ཚིག་དོན་འདྲ་བར་འབྱུང་ཞིང་། ཡང་དེ་ལས་བསྡུས་པ་ཆོ་ག་གསུམ་བསྐྱེད་དང་། ལྷ་མངལ་འབྱིན་གྱིས་བསྐྱེད་པ་གཞན་སྲས་ཀྱི་འཁོར་སྤྲོ་བ་ལྟ་བུ་ལ་སོགས་པའོ། །དེ་ལྟར་སྒོང་སྐྱེས་དང་མངལ་སྐྱེས་སྦྱོང་བའི་སྒོམ་ཚུལ་གཉིས་པོ་འདི་ནི་གཙོ་བོར་མ་ཧཱ་ཡོ་གའི་དཀྱིལ་འཁོར་རིམ་བསྐྱེད་ཀྱི་ལུགས་སོ། །དྲོད་གཤེར་སྐྱེས་སྦྱོང་བ་ནི། དབང་རབ་སྤྲོས་མེད་ཀྱི་དབང་དུ་བྱས་ཏེ། བསྐྱེད་སྔགས་བརྗོད་པ་ཙམ་གྱིས་སྐད་ཅིག་དཀྱིལ་འཁོར་གྱི་འཁོར་ལོར་གསལ་ལ་མ་འདྲེས་པར་བསྒོམ་པ་སྟེ། འདི་ནི་བང་མཛོད་འཕྲུལ་ལྡེ་ལས། ཨ་ནུ་ཡོ་གའི་ཐེག་པར་ནི། །སྙིང་པོ་ཙམ་ཞིག་བརྗོད་བྱས་པས། །མ་བསྐྱེད་རྫོགས་པའི་ལྷ་རུ་སྒོམ། །ཞེས་པ་ལྟར་གཙོ་བོར་ཨ་ནུ་ཡོ་གའི་བསྐྱེད་ཚུལ་དང་མཐུན་པའོ། །རྫུས་སྐྱེས་སྦྱོང་བ་ནི། དབང་པོ་ཡང་རབ་ཤིན་ཏུ་སྤྲོས་མེད་ཀྱི་དབང་དུ་བྱས་ཏེ། ལྷ་སྐད་ཅིག་དྲན་རྫོགས་སུ་བསྐྱེད་པའོ། །འདི་ནི་གཙོ་བོར་ཨ་ཏི་ཡོ་གའི་སྣང་སྲིད་གཞིར་བཞེངས་ཀྱི་དཀྱིལ་འཁོར་བསྒོམ་ཚུལ་དང་མཐུན་ཏེ། རྨད་བྱུང་རྒྱལ་པོ་ལས། ཡེ་ནས་ལྷུན་མཉམ་དཀྱིལ་འཁོར་ལ། །ཡིན་པར་ཤེས་ནས་བསྒོམ་པ་ལས། །ཐ་དད་བློ་ཡི་རིམ་པ་ཡིས། །

སྨྱིན་དྲངས་གཤེགས་གསོལ་འདིར་མི་དགོས། །ཞེས་སོ། །

དེ་ལྟར་བསྒོམ་ཚུལ་བཞིས་སྐྱེ་གནས་རང་རང་གི་བག་ཆགས་སྦྱོང་བ་གཙོ་བོ་ཡིན་ནའང་། གང་རུང་རེ་རེས་གཞན་གསུམ་གྱི་བག་ཆགས་ཀྱང་ཞར་ལ་སྦྱོང་བར་ནུས་ཏེ། དཔེར་ན་མངལ་སྐྱེས་སྦྱོང་བྱེད་ཆོ་ག་གསུམ་བསྐྱེད་ལྟ་བུ་ལ་མཚོན་ན། གདན་གྱི་ཉི་ཟླ་ནི་ཁུ་རྡུལ། ས་བོན་ནི་ཁུ་ཁྲག་གི་དབུས་སུ་དྲི་ཟའི་སེམས་འཇུག་པར་ཕྱོགས་པ། ཕྱག་མཚན་ནི་ཕ་མའི་འདུ་འཕྲོད་ཀྱི་འགྱུར་བས་ལུགས་ལྡོག་གི་ཁམས་ལྔ་མྱོང་བའི་རིམ་པས་འཇུག་ཅིང་ཁུ་རྡུལ་སེམས་གསུམ་འདྲེས་པ། སྒྲོ་བསྡུ་ནི་འབྱུང་ལྔས་ལུས་རིམ་གྱིས་གྲུབ་པ། སྐུ་རྫོགས་པ་ནི་དབང་པོ་རྒྱས་ནས་བཙས་པ་རྣམས་ཏེ་གཙོ་བོར་མངལ་སྐྱེས་སྦྱོང་བྱེད་ཡིན་ཡང་། ཞར་ལ་སྒོང་སྐྱེས་ཀྱི་དུས་སུ་གཞན་འདྲ་བ་ལས། ཁྱད་པར་སྒྲོ་བསྡུས་ཡོངས་སུ་གྱུར་པའི་འོད་ཀྱི་གོང་བུ་ནི་སྒོང་། དེ་ལས་ལྷར་བསྐྱེད་པ་ནི་སྒོང་ཁྲིམ་བརྡོལ་ནས་སྐྱེ་བ། དེ་བཞིན་དུ་ཉི་ཟླ་དྲོད་གཤེར། ས་བོན་ཕྱག་མཚན་བར་དོའི་རླུང་སེམས། སྒྲོ་བསྡུ་དང་སྐུ་རྫོགས་པ་དེ་གསུམ་འདུས་པ་ལས་དྲོད་གཤེར་གྱི་དབུས་ནས་འབྱུང་བཞིའི་ལུས་གྲུབ་པ། རྫུས་སྐྱེས་ལ་གདན་སྐྱེ་གནས། ས་བོན་ཕྱག་མཚན་བར་དོའི་རླུང་སེམས། སྒྲོ་བསྡུ་ནི་གནས་ལུས་ལ་སྲིད་ལེན། སྐུ་རྫོགས་པ་ནི་ལུས་སྐད་ཅིག་གིས་འགྲུབ་པ་མཚོན་ནོ། །དེ་ལྟར་བཅུད་ཀྱི་སེམས་ཅན་སྐྱེ་རིམ་བཞི་དང་མཐུན་པར་ལྷ་བསྒོམ་པ་བཞིན་དུ་སྣོད་ཀྱི་འཇིག་རྟེན་ཆགས་རིམ་དང་བསྟུན་ནས་རྟེན་གཞལ་ཡས་ཁང་བསྒོམ་པར་གསུངས་ཏེ། གལ་ཕྲེང་ལས། སྣོད་ཀྱི་རིམ་པ་བྱུང་ཚུལ་གྱིས། །རིམ་བརྩེགས་གཞལ་ཡས་གཞུང་བཞིན་བསྐྱེད། །ཅེས་སོ། །དེས་ན་ཡར་སངས་རྒྱས་ཀྱི་སྐུ་དང་ཞིང་ཁམས་ཀྱི་རྣམ་པ་ལམ་བྱེད་དང་། མར་འཁོར་བའི་སྣོད་བཅུད་ཀྱི་དྲི་མ་སྦྱོང་ཚུལ་དུ། དེ་དང་དེའི་རྣམ་པ་དང་མཐུན་པའི་རྟེན་དང་བརྟེན་པའི་དཀྱིལ་འཁོར་གྱི་འཁོར་ལོ་རྫོགས་པར་བསྒོམ་པ་ཡིན་ལ༑ དེ་ལྟར་དག་པ་ལྷའི་རྣམ་པར་བསྒོམས་པས་མ་དག་པའི་སྣང་བ་དབྱིངས་སུ་སྦྱོང་བར་བྱེད་པ་སྟེ༑ སྒྲུབ་ཐབས་ཀུན་ཏུ་བཟང་པོ་ལས། ཐ་མལ་རྣམ་རྟོག་རྒྱུན་ལས་གཞན་པ་ཡི། །སྲིད་པའི་སྡུག་བསྔལ་ཅི་ཡང་ཡོད་མ་ཡིན། །དེ་དང་རྣམ་པ་འགལ་བར་གྱུར་པའི་སེམས། །འདིས་ནི་མངོན་སུམ་དུ་ནི་རྟོགས་པར་འགྱུར། །ཞེས་གསུངས་པ་བཞིན་ནོ། །དེ་དག་ཀྱང་གུར་ལས། སངས་རྒྱས་གནས་

གཞི་རྫོགས་བྱས་ནས། །ཀུན་ཏུ་བཟང་པོའི་བདེ་བ་དངོས། །རྣམ་པ་ལྔ་པོ་བསྒོམས་བྱས་ཏེ། །རང་ལྷག་ལྷ་ཡི་སྒྲུབ་ཐབས་བྱ། །དེ་བཞིན་དཀྱིལ་འཁོར་རྣམ་བཀོད་ལ། །མཆོད་བསྟོད་བདུད་རྩི་མྱང་སོགས་པ། །རིམ་པ་འདི་ཡིས་བསྒོམས་བྱས་ན། །ཡན་ལག་དྲུག་གི་སྦྱོར་བར་འདོད། །ཅེས་པ་ལྟར་ཡེ་ཤེས་ལྔ་བྱང་སེམས་དང་དྲུག་སངས་རྒྱས་ཀྱི་སར་མཐར་ཕྱིན་པར་བྱ་བའི་དོན་དུ། ཕོ་བྲང་རྣམ་སྣང་། རྗེས་ཆགས་རྡོ་རྗེ་འཆང་། དབང་བསྐུར་མི་བསྐྱོད་པ། མཆོད་པ་དོན་གྲུབ། བསྟོད་པ་རིན་འབྱུང་། བདུད་རྩི་མྱང་བ་འོད་དཔག་མེད་དེ་ཡན་ལག་དྲུག་རྫོགས་བསྒོམ་པར་བཞེད་དོ། །བསྐྱེད་རྫོགས་གཉིས་ཀྱིས་སྐྱེ་འཆི་སོ་སོར་སྦྱོང་བར་བཤད་པ་ཡང་བསྐྱེད་སྐྱོད་ཀྱི་རིམ་པའི་དབང་དུ་བྱས་པ་སྟེ། གཞན་དུ་ན་ལམ་རིམ་ལས། སྲིད་པ་རིམ་པར་སྨིན་ཚུལ་དུ། །འཛུག་པའི་ཡན་ལག་ལྔ་རུ་བཞག །གང་དག་དངོས་ཀུན་རང་རིག་ཕྱིར། །ཤི་བ་དོན་དམ་བདེན་པ་སྟེ། །སྐྱེ་བ་བར་མ་ཀུན་རྫོབ་ཡིན། །སྐྱེས་པའི་རིམ་གསུམ་གཉིས་མེད་དོན། །ཞེས་པས་གཙོ་བོར་རྫོགས་རིམ་གྱི་སྦྱང་བྱ་བསྟན་ཀྱང་། འཆི་བར་སྐྱེ་གསུམ་གྱི་བག་ཆགས་ལ་ཕྲ་རགས་གཉིས་ལས། རགས་པ་དེ་བསྐྱེད་རིམ་གྱིས་སྦྱོང་བར་བྱེད་པའང་ཡིན་པས་འདི་ལྟར། སྟོང་པ་ཆེན་པོ་དང་། སྙིང་རྗེ་སྒྱུ་མ་དང་། ཕྱག་རྒྱ་གཅིག་པ་ཕྲ་རགས་དང་། ཕྱག་རྒྱ་སྤྲོས་བཅས་དང་། ཚོགས་སྒྲུབ་སྟེ་སྦྱོང་བྱེད་ཆོག་ཡན་ལག་ལྔས། མར་འཆི་བར་སྐྱེ་གསུམ་དང་། སྐྱེ་བ་ལའང་དྲི་ཟའི་སེམས་མངལ་དུ་ཞུགས་ཏེ་ལུས་ཆགས་ནས་སྐྱེས་པ་དང་། ལུས་རྫོགས་ནས་བུ་ཚ་འཁོར་འདབ་རྒྱས་པ། བློ་གྲོས་སྨིན་ནས་བཅད་རིས་དང་ཁེ་གྲགས་སྒྲུབ་པ་སྟེ། སྐྱེས་པའི་རིམ་པ་གསུམ་གྱིས་བག་ཆགས་སྦྱོང་། ཡར་སངས་རྒྱས་ཆོས་ལོངས་སྤྲུལ་གསུམ་ཕྲིན་ལས་དང་བཅས་པའི་རྣམ་པ་ལམ་བྱེད་ཀྱིས་རིགས་ཀྱི་ནུས་པ་གསོས་བཏབ་ནས་འབྲས་བུར་རྫོགས་པར་བྱེད། ལམ་གོང་མ་འོད་གསལ་ལས་སྙིང་རྗེ་ཆེན་པོའི་འཕེན་པས་ཟུང་འཇུག་གི་ལྷར་ལྡང་བའི་སྨིན་བྱེད་དུ་འགྲོ་ཞིང་། དམ་ཚིག་པ་ལ་ཡེ་ཤེས་པ་བཟུག་སྟེ་གཉིས་སུ་མེད་པར་བྱས་པས་ནི། ཚོར་བ་དང་འདུ་ཤེས་རྫོགས་ནས་རྒན་རབས་རྣམས་དང་བློ་ནུས་འདྲ་བར་བྱས་ཤིང་སངས་རྒྱས་ཐམས་ཅད་ཡེ་ཤེས་མཉམ་ཉིད་དུ་གྱུར་པ་དང་ལམ་གོང་མའི་ཚེ་ལྟ་བ་འཁོར་འདས་དབྱེར་མེད་དང་རྗེས་སུ་མཐུན་པའི་ཉམས་ལེན་དུ་འགྱུར་ལ། དེ་ལྟར་མཉམ་བཞག་ཏུ་དཀྱིལ་འཁོར་གྱི་

འཁོར་ལོ་བསྒོམ་པ་དེའང་། ཐ་མལ་གྱི་སྣང་བ་ལྡོག་པའི་དོན་དུ་ལྷའི་རྣམ་པ་དང་། ཐ་མལ་གྱི་ཞེན་པ་ལྡོག་པའི་དོན་དུ་ལྷའི་ང་རྒྱལ་ལ་བསླབ་ཅིང་། ང་རྒྱལ་དེ་ཡང་གཟུང་འཛིན་གྱི་སྣང་བ་ལས་འདས་ཏེ་ཡང་དག་པའི་ཡེ་ཤེས་སུ་སྒྱུར་བའི་དོན་དུ་སྒྱུ་མ་ལྟ་བུར་འཆར་བ་ལ་བསླབ་དགོས་སོ། །

བླ་མེད་ཀྱི་ལུགས་འདིར་བདག་བསྐྱེད་ཀྱི་ཡེ་ཤེས་པ་མི་གཤེགས་པས་མཐར་དམ་ཡེ་དབྱེར་མེད་ཀྱི་དཀྱིལ་འཁོར་འོད་གསལ་དུ་བསྡུ་ཞིང་ལྡང་བས་ནི། འཕྲིས་ཉིང་མཚམས་སྦྱོར་བ་ལ་ལྟོས་པའི་སྲིད་པ་ཕྱི་མ་རྣམས་ཀྱི་བག་ཆགས་ཐམས་ཅད་སྦྱོང་བ་དང་རང་བཞིན་ཆོས་སྐུའི་ངང་ནས་འགྲོ་དོན་མཛད་པ་མཚོན་ནོ། །དེ་ལྟར་བསྐྱེད་རིམ་དེ་ཉིད་ལམ་གྱི་གཙོ་བོ་ཡིན་ལ། དེས་སྒྱོན་ངག་གི་ཞེན་པ་ལྡོག་ཅིང་ལྷའི་ཐུགས་རྒྱུད་བསྐུལ་བའི་ཕྱིར་བཟླས་པ་བྱའོ། །དེ་ཡང་ལམ་རིམ་ལས། སྒྱོན་བཅུ་སྤངས་ཏེ་རྣམ་གསུམ་གྱིས། །བཟླས་པ་གྲངས་བཞིན་རྫོགས་པར་བྱ། །ཞེས་པའི་སྒྱོན་བཅུ་ནི། རྫམ་གློག་ལས། སྒྲ་ཆེན་མ་ཡིན་ཆུང་བར་མིན། །མགྱོགས་པར་མ་ཡིན་བུལ་བར་མིན། །དྲག་པོར་མ་ཡིན་ཞན་པར་མིན། །ཡིག་འབྲུ་ཡན་ལག་ཉམས་པར་མིན། །ཡེངས་པས་མ་ཡིན་སྣྲ་བཞིན་མིན། །གླལ་སོགས་བར་དུ་ཆོད་པ་མིན། །ཞེས་སོ། །རྣམ་པ་གསུམ་ནི་བཟླ་ཚུལ་ཏེ། གསལ་བ་གསུམ་དང་། ཕྱི་ནང་གསང་གསུམ་དང་། ཕྲ་མོ་གསུམ་གྱི་བཟླ་ལུགས་སོ། །གཞན་ལས་ནི་ངག་གི་དང་། གཟུགས་ཀྱི་དང་། རྣལ་འབྱོར་གྱི་དང་། རྡོ་རྗེ་བཟླས་པ་དང་བཞི་བཤད་དེ། དང་པོ་ནི། སྦྲོ་བསྡུའམ་དམ་ཚིག་གི་དང་། ཕྱོགས་ཀྱི་དང་། ཕྲ་བོའི་བཟླས་པའོ། །གཉིས་པ་ནི་ལྷའི་རྣམ་པ་དྲན་པས་སོ། །གསུམ་པ་ནི། དེ་ཁོ་ན་ཉིད་ཙམ་སེམས་པས་སོ། །བཞི་པ་ནི། བརྗོད་པ་དང་ནི་དམིགས་པ་དང་། །བརྟར་གྱུར་དང་ནི་དོན་དམ་མོ། །ཞེས་པ་ལྟར་རོ། །གྲངས་ཚད་ནི་སྦྱིར་བཏང་གཙོ་བོ་ལ་འབུམ་དང་འཁོར་ལ་ཁྲི་བཤད་པ་མང་ཡང་། སྡོམ་འབྱུང་ལས། རྫོགས་ལྡན་དུས་ན་གཅིག་བཟླས་པ། །གསུམ་ལྡན་དུས་ན་ཉིས་འགྱུར་བཟླས། །གཉིས་ལྡན་དུས་ན་སུམ་འགྱུར་བཤད། །རྩོད་དུས་བཞི་འགྱུར་དུ་ནི་བཟླས། །སྔགས་ཀྱི་གྲངས་ནི་བཞི་བོ་ཡིས། །ཀྲུན་མི་ཆད་པར་གསང་སྔགས་བཟླ། །ཞེས་པ་ལྟར་དམིགས་བསལ་མེད་པ་རྣམས་ལ་དུས་འགྱུར་བཅྩིས་ནས་བཟླ་བའོ། །གཞན་ཡང་ལས་སྒྲུབ་ཅིང་བར་ཆད་ཞི་བའི་ཕྱིར་གཏོར་མ་དང་། ཟས་ཀྱི་བྱ་བ་བསོད་ནམས་ཀྱི་ཚོགས་སུ་བསྒྱུར་བའི་

ཕྱིར་བཟློག་པའི་རྣལ་འབྱོར་དང་། སྤྱོད་པ་རྣམ་པར་དག་པའི་ཕྱིར་ཐུན་མཚམས་ཀྱི་རྣལ་འབྱོར་དང་། གཉིད་དགེ་བར་བསྒྱུར་བའི་ཕྱིར་ཉལ་ལྡང་གི་རྣལ་འབྱོར་ཏེ། དེ་རྣམས་ནི་མཉམ་བཞག་ལས་ལངས་པའི་དུས་ཀྱི་བྱ་བ་ཡིན་ཞིང་། དེར་མ་ཟད། རབ་གནས་དང་། སྦྱིན་སྲེག་དང་། ལས་ཚོགས་སྒྲུབ་པ་སོགས་གཙོ་བོར་ཕྱི་ལ་གཞོལ་བའི་གང་ཟག་གིས་ཉམས་སུ་བླང་བྱའོ། །དེ་དག་གིས་བསྐྱེད་རིམ་གྱི་ལུས་བསྟན་ནས། ཡན་ལག་ནི། དམ་ཚིག་དང་། སྤྱོད་པ་ཡིན་ལ། དེ་ཡང་བསྐྱེད་རིམ་སྦྱོར་བཅས་མཐར་ཕྱིན་པ་ཞིག་གིས་ཚོགས་ཀྱི་སྤྱོད་པའི་ཉེ་རྒྱུ་ལ་སྤྱད་ན་འཇིག་རྟེན་པའི་དངོས་གྲུབ་ཆེན་པོ་འདོད་པ་དང་གཟུགས་ཀྱི་རིག་པ་འཛིན་པ་མཆོག་གི་བར་དུ་འགྲོ་བར་འགྱུར་རོ། །

གཉིས་པ་རྫོགས་རིམ་ནི། སྦྱོར་ཕ་རྒྱུད་དུ་རིམ་ལྔ། མ་རྒྱུད་དུ་ཕྱག་རྒྱ་བཞི། གཉིས་མེད་ཀྱི་རྒྱུད་དུ་ཡན་ལག་དྲུག་ཅེས་གྲགས་པ་ལས། དང་པོ་ནི། ངག་དབེན་རྡོ་རྗེའི་བཟླས་པས་རླུང་སྦྱངས་ཤིང་། སེམས་དབེན་གྱིས་སེམས་སྦྱངས་ནས། བདག་བྱིན་བརླབས་པའི་རིམ་པ་རླུང་སེམས་ཙམ་ལས་གྲུབ་པའི་མ་དག་པའི་སྒྱུ་ལུས་བསྒོམ་ཞིང་། དེ་ཉིད་རིལ་འཛིན་དང་རྗེས་གཞིག་གིས་འོད་གསལ་དུ་སྦྱངས་ནས། དེ་ལས་དག་པའི་སྒྱུ་ལུས་ཟུང་འཇུག་གི་སྐུར་མངོན་དུ་ལྡང་བ་སྟེ། ཧེ་རུ་ཀ་གསྡོ་ལས། རྡོ་རྗེ་བཟླས་དང་སེམས་ལ་དམིགས། །བདག་བྱིན་རློབས་དང་འོད་གསལ་དང་། །ཟུང་དུ་འཇུག་པ་འདི་ལྔ་ལ། །ཞེས་དང་། བཀའ་བརྒྱད་ཡོངས་རྫོགས་ལས་ཀྱང་། ཐུགས་སེམས་སྒྱུ་ལུས་འོད་གསལ་དང་། །ཟུང་འཇུག་རྫོགས་རིམ་འབྲས་བུའོ། །ཞེས་གསུངས་ཤིང་། སྒྲུབ་སྡེའི་བདེ་གཤེགས་འདུས་པ་ལས་ནི། སྣང་བ་ལྔ། གཡོ་བ་རླུང་། བགོད་པ་བྱང་ཆུབ་ཀྱི་སེམས་ལྔ་སྒོམ་སྤྱོད་འབྲས་བཞིས་སྒོ་གསུམ་སྦྱངས་ནས། རྟེན་རྩ་དང་། བཅུད་ཐིག་ལེའི་རྫོགས་རིམ་སྟེ་ལྔ་ལ་རིམ་ལྔར་བཤད་པས་འདི་དང་སྒོམ་ཚུལ་རྣམ་པ་མི་འདྲའོ། །གཉིས་པ་ནི། རླུང་ལ་དབང་ཐོབ་པས་པདྨ་ཅན་སོགས་ཕྱི་ལུས་ཀྱི་ཕྱག་རྒྱ། ནང་དམ་ཚིག་གི་ཕྱག་རྒྱ་གཏུམ་མོ། སྣང་བ་ཆོས་ཀྱི་ཕྱག་རྒྱ་སྒྱུ་ལུས། ཕྱག་རྒྱ་ཆེན་པོ་འོད་གསལ་དང་ལྡན་ཅིག་སྐྱེས་སྦྱོར་རོ། །ཆོས་དྲུག་གི་དབང་དུ་བྱས་ན། རྨི་ལམ་སྒྱུ་ལུས་ཀྱི་ཡན་ལག །འཕོ་བ་དང་བར་དོ་གཉིས་ཕྱི་མའི་མཚམས་སྦྱོར་ཏེ། རྩ་བ་བཞི་ལས་ཡན་ལག་གསུམ་དུ་ཕྱེ་བའོ། །འདིར་དམ་རྒྱ་གཏུམ་མོ་ལ་བྱེད་པ་ནཱ་རོ་པ་སོགས་ཀྱི་དགོངས་པ་སྟེ།

མངའ་བདག་མི་ཏྲི་པ་འབྲས་བུ་ཟུང་འཇུག་ལ་དམ་རྒྱུར་བཞེད་པ་ལྟར་ན་སོ་སྐྱེའི་གནས་སྐབས་སུ་མེད་པར་འདོད་དགོས་སོ། །གཞན་ཡང་མ་རྒྱུད་དུ་མཆོག་གི་དབྱེབས་ཕྱག་ཆེན་གསུམ་དང་། བདག་བྱིན་བརླབ་པ། སྣ་ཚོགས་རྡོ་རྗེ། ནོར་བུ་འགེངས་པ། རྫ་ལཀྵ་ར། བསམ་མི་ཁྱབ་ཀྱི་རིམ་ལྔ་དང་། དཔྱིད་ཐིག་ལ་སོགས་པའི་རྫོགས་རིམ་མཐའ་ཡས་སོ། །གསུམ་པ་ནི། ཉིན་མཚན་གྱི་རྣལ་འབྱོར་ལ་བརྟེན་ནས་ཤེས་པ་ཡུལ་ལ་འཇུག་པ་འགགས་པས་རྟགས་བཅུའི་སྟོང་གཟུགས་མངོན་དུ་གྱུར་པ་སོར་སྡུད། གསལ་ལ་ངོས་བཟུང་མེད་པའི་སྟོང་གཟུགས་ཀྱི་རང་ཞལ་རིག་པ་ཤེས་རབ་དང་། དེ་ལས་རྟགས་སྣང་རང་སེམས་སུ་སྨིན་བའི་རྟོག་པ་དང་། དེ་ཉིད་མཚན་མེད་དུ་རིག་པའི་དཔྱོད་པ་དང་། དེ་ལས་ལུས་སེམས་ལ་དགའ་བདེ་དང་། ཡུལ་རིག་འདྲེས་པའི་བདེ་བ་སྟེ་ཡན་ལག་ལྔ་དང་ལྡན་པའི་བསམ་གཏན། གཡས་གཡོན་དང་སྙིང་འོག་གི་རླུང་རོ་གཅིག་ཏུ་བསྲེ་བ་སྲོག་རྩོལ། འཁོར་ལོ་ལྔར་བུམ་ཅན་གྲུབ་ནས་རླུང་སེམས་དབུ་མའི་ཐིག་ལེར་ཐིམ་པར་བྱེད་པ་འཛིན་པ། ཕྱག་རྒྱ་གསུམ་གང་རུང་ལ་བརྟེན་ནས་བྱང་སེམས་འདུལ་སྦྱོང་གིས་དབང་པོའི་སྒོར་མི་འཛག་པ་རྗེས་དྲན། འཕོ་མེད་གསུམ་གྱིས་ལས་རླུང་ཉི་ཁྲི་ཆིག་སྟོང་དྲུག་བརྒྱ་རིམ་གྱིས་འགགས་པའི་དབྱེ་བས་མི་འགྱུར་བའི་བདེ་བའང་དེ་སྐྱེད་ཐོབ་པ་ནི་ཏིང་ངེ་འཛིན་གྱི་ཡན་ལག་སྟེ། དུས་འཁོར་རྩ་རྒྱུད་དང་གསང་འདུས་ཀྱི་རྒྱུད་ཕྱི་མ་ལས། སོ་སོར་སྡུད་དང་བསམ་གཏན་དང་། །སྲོག་རྩོལ་དེ་བཞིན་འཛིན་པ་དང་། །རྗེས་སུ་དྲན་དང་ཏིང་ངེ་འཛིན། །སྦྱོར་བ་ཡན་ལག་དྲུག་ཏུ་འདོད། །ཅེས་དང་། ཀཱ་ལ་པ་ལས་ཀྱང་། སྦྱོར་བ་ཡན་ལག་དྲུག་གིས་བསྒྲེན། །ཞེས་སོ། །རྒྱུད་འདིར། འཁོར་འདས་ཐུན་མོང་འཆམ་དང་འདས། །འཇིག་རྟེན་པ་དང་འཁོར་ལོ་བསྐོར། །འཁོར་འདས་ཐུན་མོང་ལམ་བཤད་ན། །སྣང་བ་གསུམ་དུ་བསྟན་པའི་ལམ། །ཀུན་གཞི་ལུས་དང་ཕྱག་རྒྱ་ཆེ། །རྒྱུ་རྒྱུད་ཐབས་དང་འབྲས་བུའི་རྒྱུད། །ཅེས་སྣང་བ་གསུམ་དང་རྒྱུད་གསུམ་གྱིས་དཀྱིལ་ཚུལ་སོགས་ལམ་འབྲས་ཀྱི་རྩ་ཐོ་ཡང་རྒྱས་པར་བཤད་ཅིང་། ཁྱད་པར་ཚངས་པའི་ཐོག་གི་ལམ་སྦྱང་བའི་ཐབས། རླུང་གི་གཞུ་ལ་མེ་ཡི་མདའ། །བྱང་སེམས་ཧཾ་གི་འབེན་ལ་བརྡེག །མྱུར་དུ་ཡེ་ཤེས་འཆར་བར་འགྱུར། །བསྒྱུར་བའི་སྦྱོར་བ་མེད་པའོ། །ཞེས་པ་འདིའང་ཁྲིད་ཡིག་རྣམས་སུ་བླ་མའི་གསུང་གིས་ཞེས་ལུང་ཁུངས་མ་སྨོས་ཀྱང་། རྒྱུད་

འདིའི་བརྟག་པ་བཅུ་བཞི་པ་ནས་འབྱུང་བ་ཡིན་ནོ། །གཞན་ཡང་མ་མོའི་རྒྱུད་ལུང་དང་གླང་པོ་ཆེ་རབ་འབོགས་ཀྱི་བཀོལ་རྒྱུད་སོགས་ལས་ལམ་འབྲས་ཀྱི་གདམས་པའི་གནད་གསལ་བར་བཤད་པ་ལྟ་བུ་ནི་དགྱེས་རྡོར་རང་གི་རྒྱུད་དེང་སང་བོད་འདིར་གྲགས་པ་རྣམས་ཀྱི་དངོས་བསྟན་ལས་གསུངས་པ་མ་མཐོང་ངོ་། །ཁྱད་པར་ཐུན་མོང་མ་ཡིན་པ་སྤྱི་འགྱུར་ལ། རྒྱུད་སྤྱི་འཕྲུལ་དྲྭ་བ་ལྟར་ན། བཤད་རྒྱུད་རྒྱ་མཚོ་ལས། གྲོལ་ལམ་ཐབས་སུ་རྣམ་པར་བསྟན། །ཅེས་པས་ཤེས་རབ་རྣམ་པར་གྲོལ་བའི་ལམ་དང་། ཐབས་ཀྱི་རིམ་པའི་ལམ་གཉིས་ལས། དང་པོ་ནི། རྩ་རྒྱུད་ལས། ཡེ་ཤེས་རྫོགས་པའི་དཀྱིལ་འཁོར་ལ། །ཐོས་བསམ་སྒོམ་པའི་མཉམ་སྦྱོར་གྱིས། །རང་བྱུང་ཀུན་ངམ་ལྷུན་གྱིས་གྲུབ། །ཅེས་པས་རྒྱུ་རྒྱུད་དེ་བཞིན་ཉིད་ཀྱི་དཀྱིལ་འཁོར་ངོས་བཟུང་ནས། གཞི་དེ་ལྟར་ཡིན་པར་ཡིད་ཆེས་པར་བྱས་ལ་ཏིང་ངེ་འཛིན་གྱིས་བསྒྲུབས་པས། གཞི་ཇི་ལྟ་བ་བཞིན་མངོན་དུ་སྣང་བར་འགྱུར་རོ། །དེའི་ཐབས་ནི། ལམ་རིམ་ལས། རང་བཞིན་ཡེ་ཤེས་རང་གནས་དང་། །དེ་མཐོང་དེར་འཇུག་རྣལ་འབྱོར་བཞི། །བར་ཆད་མེད་སྒྲུབ་རྣམ་པར་སྨིན། །དབང་སྒྱུར་ཕྱག་རྒྱ་ལྷུན་གྲུབ་ལམ། །མངོན་བྱས་རིམ་པ་བརྗོད་པར་བྱ། །ཞེས་པས་གཞི་རྒྱུད་རང་གནས་ཀྱི་ཡེ་ཤེས་ཉིད་གཏན་ཚིགས་རྣམས་ཀྱིས་གཏན་ལ་ཕེབས་པས། དེར་མཐོང་གི་རྒྱུ་ཤེས་པའི་མཚན་ཉིད་ལྟ་བ། དེ་ལྟར་རྟོགས་ནས་རྐྱེན་འཇུག་པའི་མཚན་ཉིད་ཏིང་ངེ་འཛིན་བསྒོམ་སྟེ། སྒོ་གསུམ་གྱི་བྱ་བ་བཏང་ནས། འཇོག་ཐབས་གཉིས་གང་རུང་གིས་དོན་དམ་འོད་གསལ་རྣམ་པར་མི་རྟོག་པའི་ཏིང་ངེ་འཛིན་མཚན་མོའི་གཉིད་འཐུག་གི་འོད་གསལ་དང་སྦྲེལ་ཏེ། མཉམ་པར་འཇོག་པ་སྟོང་པ་ཆེན་པོའི་རྣལ་འབྱོར། འོད་གསལ་དེའི་ངང་དུ་སེམས་འགགས་པས་སྟོང་གཟུགས་ཀྱི་སྣང་བ་ཤར་བ་ནི་ཉིན་དུས་སད་པའི་སྣང་བ་དང་མཚན་མོའི་རྨི་ལམ་གྱི་སྣང་བ་ཐམས་ཅད་སྒྱུ་མ་ཆུ་ཟླ་ལྟར་མཐོང་བ་ལས་དམིགས་མེད་བདེ་ཆེན་གྱི་སྙིང་རྗེ་མ་འགགས་པར་ཤར་བ་སྙིང་རྗེ་སྒྱུ་མའི་རྣལ་འབྱོར་དང་། སྣང་བ་རིས་མེད་ལས་སྙིང་རྗེ་ཆེན་པོའི་འཕེན་པ་དང་ཏིང་ངེ་འཛིན་གྱི་རྐྱེན་གྱིས་ཞུ་བདེ་དང་མཚུངས་ལྡན་དུ་བྱུང་བའི་བཅོས་མིན་ཟུང་འཇུག་གི་ལྷ་སྐུ་ཕྱག་རྒྱ་གཅིག་པ་དང་། དེ་ལས་མཆེད་དེ་སྣང་བ་ཐམས་ཅད་ཟུང་འཇུག་གི་ལྟར་མངོན་སུམ་དུ་སྤྲོ་བ་སྤྲོས་བཅས་ཀྱི་རྣལ་འབྱོར་ལ་བརྟན་པ་ཐོབ་ནས། ཉེ་རྒྱུའི་སྤྱོད་པ་གསུམ་

གང་ཟུང་སྦྱོད་པས་ཟག་མེད་རིག་པ་འཛིན་པའི་ལམ་ལ་སྦྱོར་བར་བྱེད་དོ། །

གཉིས་པ་ནི། རྒྱ་མཚོ་ལས། འཁོར་ལོ་གསུམ་གཉིས་སྲོག་ཤིང་གསུམ། །མི་ཕྱུང་འགྲོ་བས་ནམ་མཁའི་བ། །བཟློབས་སྟེང་དུ་རྣམ་པར་གྲགས། །ཞེས་འཁོར་ལོ་དྲུག་ལ་བརྟེན་ནས་འབར་འཛག་གི་སྦྱོར་བས་དགའ་བཞིའི་ཡེ་ཤེས་བསྐྱེད་པ་སྟེང་སྒོ་ཐུན་མོང་པ་དང་། སྙིང་ག་ལྟེ་མགྲིན་སྤྱི་བོའི་འཁོར་ལོ་བཞིར། ཀུན་ཏུ་བཟང་པོའི། ཀུན་ཏུ་བཟང་མོའམ་བདེ་ཆེན་ཐིག་ལེའི། སྦྱོར་བ་དག་པའི། ཁྲབ་བརྡལ་ཆེན་པོའི་མན་ངག་བཞི་རྩ་རྒྱུད་ལེའུ་བཅུ་གསུམ་པ་ལས་བྱུང་བ་ལྟར་བསྒོམས་པས། དྭངས་མའི་དྭངས་མ་རྣམས་འཁོར་ལོ་བཞིའི་ལྟེ་བའི་དྭངས་མ་གཡོ་བྱེད་དང་བྲལ་བའི་འོད་གསལ་ལ་ཚུར་ཐིམ་པས། བདེ་གསལ་རྣམ་པར་མི་རྟོག་པའི་ཡེ་ཤེས་ཆེན་པོ་གཅིག་དང་དུ་མ་མེད་པའི་ཆོས་ཉིད་མཆོག་ཏུ་མི་འགྱུར་བའི་འོད་གསལ་གྱི་ངོ་བོར་འཆར་ཏེ། སྟེང་སྒོ་འཇུ་འདུལ་གྱི་མན་ངག་ཁྱད་པར་ཅན་ནོ། །འོག་སྒོ་ཁམས་གསུམ་རོལ་བའི་མན་ངག་ནི། མཁའ་གསང་གཉིས་ལ་བརྟེན་ནས་དབབ་བཟུང་ལྡོག་ཁྱབ་ཀྱི་སྦྱོར་བས་དགའ་བཞི་ལུགས་འབྱུང་ལྡོག་གིས་བདེ་སྟོང་གི་ཡེ་ཤེས་སྐྱེད་པར་བྱེད་པའོ། །ལུང་ཨ་ནུ་ཡོ་ག་ལས། ཀུན་རྫོབ་བྱང་སེམས་ཀྱི་ཉམས་ལེན་སྟེང་འོག་གི་སྒོ་ལ་བརྟེན་ནས་ལྷན་སྐྱེས་ཀྱི་ཡེ་ཤེས་འདྲེན་པའི་ཐབས་རྒྱུད་དང་བབས་འདྲ་བ་ལས། ཐབས་ལམ་རང་གི་སེམས་བཅུ། སྐབས་བཅུ། དཔེ་བརྟགས་བཅུ་དང་སྦྱར་ནས་འབྲས་བུ་ལ་བགྲོད་པར་སྤྱི་མདོའི་ལྡོན་ཤིང་གི་ལེའུ་ལས་གསུངས་ཤིང་། དོན་དམ་བྱང་སེམས་ཀྱི་ཉམས་ལེན་རྟེན་ཅན་སྙིང་གའི་ཐིག་ལེ་ལ་ཕྱུང་སེམས་ཀྱི་དྭངས་མ་ཐམས་ཅད་ཐིམ་སྟེ་དབྱིངས་རིག་གཉིས་མེད་བདེ་ཆེན་གྱི་ཡེ་ཤེས་འཆར་བས་ཁམས་གསུམ་བདེ་བ་ཆེན་པོར་གྲོལ་བར་བྱེད་པ་དང་། རྟེན་མེད་མི་གཡོ་གསུམ་ལྡན་གྱིས་རྣམ་པར་མི་རྟོག་པའི་ངང་བསྐྱངས་པས། ཡུལ་ཆོས་ཉིད་དོན་གྱི་ཡེ་ཤེས་དང་། ཡུལ་ཅན་ཆོས་སྐུ་གཞིའི་ཡེ་ཤེས་དབྱེར་མེད་པའི་རིག་པ་དབྱིངས་དང་ཡེ་ཤེས་ཟུང་འཇུག་རྩ་བ་བྱང་ཆུབ་སེམས་ཀྱི་དཀྱིལ་འཁོར་མངོན་དུ་རྟོགས་པའི་ཐབས་དོན་གྱི་རྗེས་སུ་འཇུག་པའི་རྣལ་འབྱོར་རྒྱས་པར་བཤད་པ་རྣམས་སོ། །

ཐེག་པ་ཐམས་ཅད་ཀྱི་རྩེ་མོ་ཨ་ཏི་ཡོ་ག་ནི། བླ་མེད་ཀྱི་རྒྱུད་ཐམས་ཅད་ཀྱི་དབང་བཞི་པའི་

རྫོགས་རིམ་མཐར་ཐུག་པ་ཉིད་རྒྱལ་དུ་བཏོན་པས་སྐལ་ལྡན་ཤིན་ཏུ་དབང་རྣོན་གྱི་སྤྱོད་ཡུལ་ཏེ་འདི་ལྟར་སྣང་སྲིད་སྣོད་བཅུད་ཀྱི་སྣང་བ་ཐམས་ཅད་སེམས་ཉིད་རང་བྱུང་གི་ཡེ་ཤེས་བརྗོད་བྲལ་ཆོས་ཀྱི་སྐུར་གཏན་ལ་ཕབ་ནས་བསལ་བཞག་མེད་པར་སྐྱོང་བ་སེམས་སྡེ། རང་བྱུང་གི་ཡེ་ཤེས་དང་དེ་ལས་ཤར་བའི་ཆོས་ཐམས་ཅད་ཡེ་གྲོལ་རང་དག་ཆོས་ཉིད་ཀུན་ཏུ་བཟང་མོའི་ཀློང་ལས་འགྲོ་ས་གཞན་མེད་པར་གཏན་ལ་ཕབ་ནས་ཆོས་ཉིད་དམིགས་མེད་བྱ་རྩོལ་དང་བྲལ་བའི་ངང་དུ་སྐྱོང་བ་ཀློང་སྡེ། ཁྱད་པར་མན་ངག་གི་སྡེ་ལ་ཕྱི་ནང་གསང་བ་ཡང་གསང་བཞི་ལས། འདིར་ཡང་གསང་བླ་མེད་ཀྱི་དབང་དུ་བྱས་ཏེ། སེམས་གཞི་མེད་རྩ་བྲལ་ཀ་དག་ཏུ་གཏན་ལ་ཕབ་ནས། སྣང་སེམས་ཐམས་ཅད་ཡེ་གྲོལ་སོར་བཞག་ཆེན་པོ་ཁྲེགས་ཆོད་ཀྱིས་ཉམས་སུ་ལེན་པ་དང་། ལྷུན་གྲུབ་ལུས་ཀྱི་དཀྱིལ་འཁོར་དེ་བཞིན་གཤེགས་པའི་གསང་མཛོད་སྒོ་ཕྱེ་ནས། རང་གནས་ཀྱི་ཡེ་ཤེས་འོད་གསལ་ལྷུན་གྲུབ་ཀྱི་དཀྱིལ་འཁོར་དུ་ཞལ་ལྟ་བ་ཐོད་རྒལ་སྣང་བཞིའི་ལམ་བསྒོམས་པས། ཆོས་ཉིད་ཟད་པའི་ཚེ་ཕུང་ཁམས་སྐྱེ་མཆེད་ཐམས་ཅད་རང་དག་ནས་ཐོབ་པ་གསུམ་གྱི་གཟེར་ཐེབས་པས་ཤེས་རབ་རང་བྱུང་གི་སྒྲོན་མ་མངོན་དུ་འགྱུར་བ་ཡིན་ནོ། །མདོར་ན་དེ་ཐམས་ཅད་ཀྱང་རྫོགས་རིམ་དངོས་དང་བཏགས་པ་བ། མཚན་བཅས་དང་མཚན་མེད། ཁྱབ་བྱ་དང་ཁྱབ་བྱེད་རྣམས་དང་། དེ་ཡང་རང་བྱིན་བརླབས་ཀྱི་རིམ་པ་རྩ་རླུང་སེམས་གསུམ་ལ་བརྟེན་པ་དང་། དེ་དག་གི་རྒྱས་གདབ་ཏུ་གྱུར་པ་བརྗོད་མེད་ལྷན་ཅིག་སྐྱེས་པའི་རིམ་པ་ཕྱག་རྫོགས་ཀྱི་རྣལ་འབྱོར་རྣམས་སུ་འདུ་བ་ཡིན་ནོ། །དེ་རྣམས་ཀྱི་རྫོགས་རིམ་གྱི་ལུས་བསྟན་པ་སྟེ། གོ་བའི་ཚེངས་ཙམ་ལས་རྩ་རླུང་ཐིག་ལེའི་གནས་ལུགས་དང་ཉམས་སུ་ལེན་པའི་མན་ངག་གི་གནད་རྣམས་ནི་ཟབ་དོན་གསང་སྒྲོགས་སུ་འགྱུར་གྱི་དོགས་ནས་འདིར་ཞིབ་པར་མ་སྨོས་སོ། །ཡན་ལག་ལ་གཉིས་ལས། དམ་ཚིག་ནི། ཁྱོད་ཀྱིས་སྲོག་ཆགས་གསད་པར་བྱ། །ཞེས་སོགས་དགོངས་ཏེ་གསུངས་པ་དང་། མེད་པ་དང་། ཕྲུལ་བ་སོགས་ལྟ་བའི་དམ་ཚིག་དང་། བཟའ་བའི་དམ་ཚིག་ལ་སོགས་པའོ། །སྤྱོད་པ་ནི། སྤྲོས་བཅས་དང་། སྤྲོས་མེད་དང་། ཤིན་ཏུ་སྤྲོས་མེད་དམ། ཡང་ན་གཉིས་སྤྱངས་དང་། ཀུན་བཟང་དང་། ཕྱོགས་ལས་རྣམ་རྒྱལ་གྱི་སྤྱོད་པ་སོགས་མིང་དང་དབྱེ་སྒོ་མང་ཡང་དོན་འདྲའོ། །དེ་ལྟར་སྡོམ་པ་འཛིན་ཚུལ་དང་། ཐོབ་

ཚུལ་དང་། ལམ་བསྒོམ་ཚུལ་གསུམ་གྱི་སྒོ་ནས་སོ་སོའི་དབྱེ་བ་ཕྱེད་པའི་ཕྱིར། རྒྱུད་སྡེ་བཞི་རང་རང་གི་སྨིན་གྲོལ་གྱི་ལམ་ལ་ཇི་ལྟར་བགྲོ་བའི་ཁོག་མདོ་ཙམ་འཕྲོས་དོན་དུ་བཀོད་ནས། དེ་ནི་གཞུང་གི་དགུས་ཉིད་ལ་འཇུག་པར་བྱའོ། །དེ་ཡང་འདིར་རྣལ་འབྱོར་བླ་མེད་ཀྱི་རྣམ་བཞག་ཉིད་སྟོན་ཏེ། འཆད་པ་ལས་ཤེས་པར་འགྱུར་བ་ཡིན་ནོ། །

གཉིས་པ་རྒྱས་བཤད་སྔགས་སྡོམ་འཐོབ་བྱེད་དབང་བསྐུར་གྱི་ཆོ་ག་ལ། གང་དུ་བསྐུར་བའི་དཀྱིལ་འཁོར། གང་བསྐུར་བྱ་དབང་བཞིའི་རྣམ་བཞག་དེ་ལྟར་བསྐུར་བའི་བྲལ་ཐོབ་ཀྱི་ཡོན་ཏན། སྔགས་སྡོམ་ཐོབ་མཚམས་ངོས་བཟུང་བ། དམ་ཚིག་ཁས་བླངས་པ་སོགས་རྗེས་ཀྱི་བྱ་བའོ། །དང་པོ་ནི། **རྡུལ་ཚོན་དང་ནི་དེ་བཞིན་ལྷ་ག་དང་། །ཀུན་རྫོབ་དོན་དམ་བྱང་སེམས་དཀྱིལ་འཁོར་བཞིར། །** ཞེས་པ་སྟེ། དེ་ལ་མཎྜ་ལའི་སྒྲ་ལས། མཎྜ་ནི་སྙིང་པོའམ་བཅུད་དང་། ལ་ནི་འཛིན་པའམ་ལེན་པ་སྟེ། སྙིང་པོའི་ཡོན་ཏན་གྱི་གཞི་འཛིན་ཅིང་ལེན་པར་བྱེད་པས་ན་དཀྱིལ་འཁོར་རོ། །དབྱེ་ན། རྒྱུད་ཚོད་དང་སྒྲུར་བའི་དཀྱིལ་འཁོར་བཞི་དང་། དེ་ལས་སྐབས་དོན་དེང་སང་གི་གང་ཟག་ཕལ་ཆེར་སྨིན་བྱེད་དུ་རུང་བའི་དཀྱིལ་འཁོར་རོ། །དང་པོ་ལ། རང་བཞིན་ཡེ་ཤེས་ཀྱི་དཀྱིལ་འཁོར་དང་། ལྷག་པ་ཏིང་ངེ་འཛིན་གྱི་གཟུགས་བརྙན་ནམ་སྤྲུལ་པའི་དཀྱིལ་འཁོར་དང་། རིག་པ་ཉམས་ཀྱི་དཀྱིལ་འཁོར་དང་། ལྷག་པ་གཟུགས་བརྙན་གྱི་དཀྱིལ་འཁོར་དང་བཞི་ལས། དང་པོ་གསུམ་ནི་རིམ་པར་སློབ་དཔོན་རྫོགས་པའི་སངས་རྒྱས་དང་། མཐར་ལམ་པ་དང་། མཐོང་སྒོམ་ལ་གནས་པས། སློབ་མ་ས་མཐའི་བྱང་སེམས་དང་། མཐོང་སྒོམ་དང་ཚོགས་སྦྱོར་གྱི་ཡོན་ཏན་མཐར་ཕྱིན་པ་རྣམས་ལ་གང་དུ་དབང་བསྐུར་བའི་དཀྱིལ་འཁོར་དུ་སྒྱུ་འཕྲུལ་རྡོ་རྗེ་ལས་བཤད་པས་འཕགས་པ་རྣམས་ཀྱི་སྤྱོད་ཡུལ་ཡིན་ཞིང་། དེ་ལས་འདིར་སྤྲུལ་བའི་དཀྱིལ་འཁོར་ལ་ལྷག་པ་ཏིང་ངེ་འཛིན་གྱི་གཟུགས་བརྙན་ཞེས་པ་ནི་སྒྱུ་འཕྲུལ་བའི་རང་སྐད་དེ། རྡོ་རྗེ་ལས་རིམ་ལས། སློབ་དཔོན་མཐར་ཉེའི་ལམ་གནས་པས། །བཞི་བཅུ་རྩ་གཉིས་གསུམ་འགྲོ་ཞིང་། །སངས་རྒྱས་སྟོང་གི་དཀྱིལ་འཁོར་སོགས། །རྡོ་རྗེའི་ཐིག་ཚད་དོན་ཙམ་གྱིས། །རྒྱང་གྲགས་ལ་སོགས་མཚན་མ་ཡི། །དཀྱིལ་འཁོར་ཕྱག་རྒྱ་གསལ་ལྡན་པས། །ཏིང་འཛིན་ལྷག་པའི་གཟུགས་བརྙན་ཡིན། །ཞེས་གསུངས་པའི་ཕྱིར། བཞི་པ་ནི། ཏིང་ངེ་འཛིན་ལ

བརྟན་པ་རྗེས་མཐུན་ཙམ་ཐོབ་པ་ཡན་ཆད་ཀྱི་སློབ་དཔོན་མཚན་ཉིད་དང་ལྡན་པས། སྐལ་ལྡན་གྱི་སློབ་མ་ལྷག་པ་གཟུགས་བརྙན་གྱི་དཀྱིལ་འཁོར་དུ་དབང་བསྐུར་བ་ཡིན་ལ། དེ་ལའང་གདུལ་བྱའི་དབྱེ་བས། སྐལ་དམན་འཇུག་པ་ལ་རྟུལ་ཆོན། འབྲིང་རས་བྲིས། རབ་ཆོམ་བུ་ལྷ་བུ་དམིགས་རྟེན་ཙུང་ཟད་ཙམ་ལ་བརྟེན་ནས་བསྐུར་རུང་བ་ཡོད་དེ། བཀའ་བརྒྱད་བདེ་འདུས་ཀྱི་དབང་ཆོག་རྩ་བར། དཀྱིལ་འཁོར་གང་དུ་དབང་བསྐུར་ན། །རབ་འབྲིང་ཐ་མར་གསུངས་པ་ཡི། །མེ་ཏོག་བྲིས་སྐུ་རྟུལ་ཆོན་གསུམ། །དཀྱིལ་འཁོར་གསུམ་དུ་དབང་བསྐུར་རོ། །ཞེས་སོ། །དེ་ལས་ཀྱང་བློ་ཆེ་བའི་སྐལ་ལྡན་ཁ་ཅིག་ཐོག་མ་ནས་སློབ་དཔོན་གྱི་ལུས་དཀྱིལ་དུ་འཇུག་རུང་བའང་ཡོད་དེ། །ལུས་དཀྱིལ་ལ་དཀྱིལ་འཁོར་དུ་འདུ་ཤེས་པའི་གང་ཟག་མཁས་པ་དེས་ཕྱི་དཀྱིལ་བསྟེན་དགོས་པའི་ངེས་པ་མེད་པའི་ཕྱིར། དེ་ལྟར་ཡང་སློབ་དཔོན་དྲིལ་བུ་པས། བཅོས་མ་གཉིས་ཀྱི་དཀྱིལ་འཁོར་གང་། །དེ་ནི་གདུལ་བྱའི་དབང་ལས་འདོད། །མཁས་པས་བསྒྲུབ་བྱ་དེ་མ་ཡིན། །ཞེས་གསུངས། དེ་ལྟ་བུའི་མཁས་པ་དེས་བསྒྲུབ་བྱའི་ཡུལ་ནི། དེ་ལས། འགྲོ་བ་འདི་ཀུན་རང་བཞིན་གྱིས། །གྲུབ་པའི་དཀྱིལ་འཁོར་གཉིས་མེད་དོ། །ཞེས་གསུངས་པའི་ཕྱིར་དང་། དོང་སྤྲུགས་ཀྱི་འཇུག་པའི་མེ་ཏོག་དོར་བའི་སྐབས་སུའང་། སློབ་དཔོན་སྐུ་ཡི་དཀྱིལ་འཁོར་དུ། །ཞེས་གསུངས་པས་སོ། །དེའང་སྤྱིར་གང་ཟག་གི་ཁྱད་པར་གྱིས་ལྟོས་ས་གཉིས་ལ་ལྟོས་ནས་འཇུག་ཚུལ་གཉིས་སུ་འགྱུར་ཏེ། རྐྱེན་སད་ཚུལ་ལ་ལྟོས་ནས་གང་ལ་མོས་པ་དེར་ཐོག་མ་ནས་འཇུག་རུང་བ་ཡོད་ཅིང་། ཞུགས་ནས་དེ་དང་མཐུན་པའི་ལམ་བསྒོམ་པ་དང་། རྒྱུད་སྨིན་ཚུལ་ལ་ལྟོས་ནས་གང་ཟག་ཐམས་ཅད་རིམ་གྱིས་པ་ཡིན་ལ། དེ་ཡང་ཆེ་འདི་ཁོ་ན་ལ་བརྩིག་དགོས་པའི་ངེས་པ་མི་སྣང་ཡང་། འདིར་སྐལ་དམན་རིམ་འཇུག་གི་གང་ཟག་སྔར་རྒྱུད་མ་སྨིན་པ་སྨིན་པར་བྱེད་པའི་དབང་དུ་མཛད་ནས། ད་ལྟར་གྱི་བླ་མ་དམ་པ་རྣམས་ཀྱི་ཕྱག་བཞེས་སུ་རྟུལ་ཆོན་དང་རས་བྲིས་ཀྱི་དཀྱིལ་འཁོར་གང་རུང་དུ་དབང་བསྐུར་བར་བཞེད་དོ། །དེ་ལ་རས་བྲིས་སུ་སྨིན་བྱེད་ཀྱི་དབང་བསྐུར་རུང་བའི་ཁུངས་ནི། མི་གཡོ་བླ་མེད་ཀྱི་རྒྱུད་ལས། ཡང་ན་དཀྱིལ་འཁོར་བྲི་བྱ་བ། །རས་བྲིས་ཚུལ་དུ་བྲི་བར་བྱ། །དཀྱིལ་འཁོར་སྔར་བཞིན་བྲིས་བྱས་ནས། །དབུས་སུ་མི་གཡོ་མཐིང་ནག་བྲི། །ཞེས་སོགས་རས་བྲིས་ཀྱི་དཀྱིལ་འཁོར་བཤད་ནས། དེ་

དང་འབྲེལ་བ་ཉིད་དུ་སློབ་མ་དབང་བསྐུར་གྱི་ཆོ་ག་རྒྱས་པར་གསུངས་པའི་ཕྱིར་དང་། སློབ་དཔོན་ཛ་ཡ་སེ་ནས་ཀྱང་། རྟུལ་ཆེན་བྲི་བར་མ་ནུས་ན། །དཀྱིལ་འཁོར་དང་མཉམ་རས་ལ་ནི། །ངེས་པར་བཅོམ་ལྡན་ཧེ་རུ་ཀ །ཕྱག་རྒྱའི་གཟུགས་དང་བཅས་པ་བྲི། །ཞེས་སོ། །

གཉིས་པ་སྐབས་དོན་དེང་སང་གི་གང་ཟག་ཕལ་ཆེར་སྨིན་བྱེད་དུ་རུང་བའི་དཀྱིལ་འཁོར་ནི། དབང་བཞི་ལ་ལྟོས་ནས་རྒྱུ་རྐྱེན་གྱི་དཀྱིལ་འཁོར་བཞི་སྟེ། བུམ་དབང་ལ་ཕྱི་ལྷག་པ་གཟུགས་བརྙན་གྱི་དཀྱིལ་འཁོར་རྟུལ་ཆོན་ནམ། དེའི་བླས་དྲངས་པའི་ཆུ་ཆོན་རས་བྲིས་ཀྱི་དཀྱིལ་འཁོར། མཆོག་དབང་གསུམ་ལ་སྤྱིར་བདག་གི་དེ་ཁོ་ན་ཉིད་ནང་ལུས་རྩའི་དཀྱིལ་འཁོར་དང་། ཁྱད་པར་གསང་དབང་ལ་སྔགས་ཀྱི་དེ་ཁོ་ན་ཉིད་ཡི་གེ་ཧྥ་གའི་དཀྱིལ་འཁོར། ཤེར་དབང་ལ་ལྷའི་དེ་ཁོ་ན་ཉིད་ཀུན་རྫོབ་བྱང་ཆུབ་སེམས་ཀྱི་དཀྱིལ་འཁོར། དབང་བཞི་པ་ལ་ཡེ་ཤེས་ཀྱི་དེ་ཁོ་ན་ཉིད་དོན་དམ་བྱང་ཆུབ་ཀྱི་སེམས་སྙིང་པོ་ཡེ་ཤེས་རླུང་གི་དཀྱིལ་འཁོར་རོ། །དེ་ལྟར་ཡང་དྲིལ་བུ་པས། རི་མོར་གནས་པའི་ལས་དང་ནི། །ཐིག་དང་ཚོན་དགྱེའི་རིམ་པ་བསྟན། །ཅེས་དང་། གསང་འདུས་ལས། ཧྥ་ག་དཀྱིལ་འཁོར་ཞེས་བྱར་བཤད། །བྱང་ཆུབ་སེམས་ཀྱང་དཀྱིལ་འཁོར་ཉིད། །ལུས་ནི་དཀྱིལ་འཁོར་ཉིད་དུ་བརྗོད། །དཀྱིལ་འཁོར་གསུམ་དུ་གསུངས་པ་ཡིན། །ཞེས་དང་། གསང་བའི་དབང་པོ་ཐིག་ལེའི་རྒྱུད་ལས། ཡན་ལག་ཀུན་གྱི་སྒོམ་ལས་འདས། །རྟོག་པས་བརྟགས་པ་རྣམ་པར་སྤངས། །ཐིག་ལེ་ཡི་གེའི་ཆ་ལས་འདས། །དེ་ནི་དཀྱིལ་འཁོར་བླ་ན་མེད། །ཅེས་དང་། དགྱེས་རྡོར་ལས། དཀྱིལ་ནི་སྙིང་པོ་ཞེས་བརྗོད་དེ། །བྱང་ཆུབ་སེམས་ནི་བདེ་ཆེན་པོ། །ལེན་པར་བྱེད་པས་དཀྱིལ་འཁོར་ཉིད། །འདས་པ་དཀྱིལ་འཁོར་ཉིད་དུ་བརྗོད། །ཅེས་སོ། །དེ་ལྟར་དཀྱིལ་འཁོར་བཞི་ལས། ཕྱི་མ་གསུམ་ནི་མཆོག་དབང་གསུམ་གང་དུ་བསྐུར་བའི་དཀྱིལ་འཁོར་ཡིན་ཡང་། དྲིལ་བུ་པས། དབང་བསྐུར་དཀྱིལ་འཁོར་སྔོན་འགྲོ་བར། །རྡོ་རྗེ་འཆང་གིས་གསུངས་པ་སྟེ། །ཞེས་སྔོན་ལ་དཀྱིལ་འཁོར་དུ་བཙུག་ནས་དབང་བསྐུར་བར་གསུངས་པའི་གང་དུ་གཞུག་བྱའི་དཀྱིལ་འཁོར་ནི་དང་པོ་ཉིད་གཙོ་ཆེའོ། །

གཉིས་པ་གང་བསྐུར་བྱ་དབང་བཞིའི་རྣམ་བཞག་ནི། **བུམ་པ་གསང་བ་ཤེས་རབ་བཞི་པའི་**

དབང་། **།མཚན་ཉིད་ལྡན་པའི་སློབ་བུར་རིམ་པར་བསྐུར།** །ཞེས་པའི་དོན་ལ་ལྔ་སྟེ། དབང་བསྐུར་བའི་དགོས་པ། དབང་གི་ངོ་བོ། སྒྲ་དོན། དབྱེ་བ། བསྐུར་ཚུལ་ལོ། །དང་པོ་ནི། རྡོ་རྗེ་ཐེག་པའི་ལམ་གྱི་སྣོད་རུང་དུ་སྒྲུབ་པའི་ཕྱིར་རོ། །

གཉིས་པ་ནི། བྱ་བྱེད་ལས་གསུམ་གྱིས་ཤེས་པར་བྱ་བ་སྟེ། བྱེད་པ་པོ་རྡོ་རྗེ་སློབ་དཔོན་གྱིས། ལས་ནི་རྒྱུད་སྦྱངས་པའི་སློབ་བུ་སྣོད་ལྡན་ལ། བྱེད་པ་རྫས་སྔགས་ཏིང་འཛིན་གསུམ་འཛོམ་པའི་ཆོ་ག་ཁྱད་པར་ཅན་གྱིས། བྱ་བ་སློབ་བུའི་རྒྱུད་བྱིན་གྱིས་བརླབས་པའི་ཁྱད་པར་ལས་སེམས་རྒྱུད་ལ་གནས་པའི་རང་སྐལ་གྱི་དྲི་མ་ཅི་རིགས་དག་པའམ་ཉམས་སྨད་པར་བྱས་ཤིང་། འཐོབ་བྱ་རང་གནས་ཀྱི་ཡེ་ཤེས་ཅི་རིགས་གསོས་ཐེབས་པའི་མཐུས་ལམ་རིམ་པ་གཉིས་ཀྱི་ཡེ་ཤེས་མངོན་དུ་སྐྱེས་སམ་སྐྱེ་ངེས་ཀྱི་ནུས་རུང་དུ་སྨིན་པར་བྱས་པས་རྒྱུད་འགྱུར་བའི་ཁྱད་པར་གང་ཡིན་པའོ། །དེ་ལྟར་ཡང་ཧེ་རུ་ཀ་འདུས་པའི་རྒྱུད་ལས། གང་གིས་གང་ལ་དབང་བསྐུར་བས། །རྒྱུད་དག་ནུས་པ་ཐོབ་ཕྱིར་དབང་། །ཞེས་སོ། །གལ་ཏེ་དབང་དུས་དེར་ཡེ་ཤེས་དངོས་སུ་མ་སྐྱེས་ཀྱང་། དབང་གིས་སྨིན་པའི་ཚད་དུ་འགྲོ་བའི་འཐད་པ་ནི། མདོ་སྡེ་རྒྱན་ལས། ཇི་ལྟར་རྨ་དང་ཟས་ལ་དེ་དག་གིས། །གཟུག་དང་སྤྱོད་དུ་རུང་བས་སྨིན་འདོད་ལྟར། །དེ་ཕྱིར་རྟེན་འདིར་ཕྱོགས་གཉིས་ཞི་བ་དང་། །ཡོངས་སུ་སྤྱོད་པ་ཉིད་དུ་སྨིན་པར་བསྟན། །ཅེས་ཕར་ཕྱིན་ཐེག་པར་རྟེན་དེ་ཉིད་ལ་མཐོང་སྤང་སྤང་རུང་དང་། མཐོང་ལམ་སྐྱེ་རུང་ལ་སྨིན་པའི་ཚད་དུ་འཇོག་པ་ལྟར། སྔགས་བླ་མེད་ཀྱི་ཐེག་པ་འདིར་ཞུགས་ནས་བར་ཆད་མེད་པར་བསྒྲུབས་པའི་དབང་དུ་བྱས་ན། ཚེ་འདི་ཉིད་ལ་སྤང་བྱ་སྤང་རུང་དང་འཐོབ་བྱ་མཆོག་གི་དངོས་གྲུབ་ཐོབ་རུང་གི་ནུས་པ་ཐོབ་པའི་ཕྱིར། དེས་ན་དབང་ཐོབ་པ་ཉིད་རྒྱུད་སྨིན་པའི་ཚད་དེ། ཆུ་ལུད་དྲོད་གཤེར་འཛོམ་དུས་ཞིང་ལ་ས་བོན་ཐེབས་པ་བཞིན་ནོ། །

གསུམ་པ་ནི། ཨ་བྷི་ཥེ་ཀའི་སྒྲ་ལས། མངོན་པར་གཏོར་བའམ་བླུགས་པས་ན་དབང་སྟེ། སྦྱང་བྱའི་དྲི་མ་གཏོར་ཞིང་། ལམ་སྒོམ་རུང་དང་འབྲས་བུ་འཐོབ་རུང་གི་ནུས་པ་འཇོག་པའི་ཕྱིར་ཏེ། དགྱེས་རྡོར་ལས། གཏོར་དང་བླུགས་པ་ཞེས་བྱ་བ། །དེས་ན་དབང་ཞེས་བརྗོད་པར་བྱ། །ཞེས་སོ། །

བཞི་པ་ལ་རྒྱུ་ལམ་འབྲས་བུའི་དབང་གསུམ་ལས། རྒྱུ་དུས་ཀྱི་དབང་ནི་དང་པོར་བླ་མ་ལས

དངོས་སུ་བླང་དགོས་ཏེ། དེ་སྨིན་བྱེད་ཀྱི་དབང་གང་ཞིག །དེ་ཡིན་ན་ལམ་བསྒོམ་པའི་སྔོན་དུ་ཐོབ་དགོས་པའི་ཕྱིར་རོ། །ལམ་དུས་ཀྱི་དབང་ནི། ཕྱིས་བླ་མ་ལས་སམ་སྒོམ་ལྡན་རང་ཉིད་ཀྱིས་བླངས་ཀྱང་རུང་སྟེ། སྔར་རྒྱུད་སྨིན་ཟིན་པའི་དབང་གི་རྒྱུན་དེ་ཉིད་གོང་འཕེལ་དུ་བྱེད་པའི་དབང་ཡིན་པའི་ཕྱིར། འབྲས་དུས་ཀྱི་དབང་ནི། སློབ་ལམ་རྫོགས་པའི་རྒྱུན་མཐའི་དུས་སུ་བསྐུར་ཏེ། དེས་མཐར་ཐུག་གི་འབྲས་བུར་སྒྱུར་བྱེད་ཀྱི་དབང་ཡིན་པའི་ཕྱིར། རྒྱུ་དུས་ཀྱི་དབང་ལའང་བཞིར་ངེས་པ་ཡིན་ཏེ༑ སྒྲུང་བྱ་དྲི་མ་བཞི་དང་། སྦྱོང་བྱེད་བསྐྱེད་རྫོགས་བཞི་དང་། སྦྱང་འབྲས་སྐུ་བཞིར་ངེས་པའི་ཕྱིར། གང་དག་ལམ་སྒྲོན་ལས། གསང་བ་ཤེས་རབ་དབང་བསྐུར་ནི། །ཚངས་པར་སྤྱོད་པས་བླང་མི་བྱ། །ཞེས་དགོངས་པ་ཅན་གྱི་གསུང་སྒྲ་ཇི་བཞིན་པར་བཟུང་ནས་རབ་བྱུང་ལ་དབང་དེ་དང་དེ་མི་བསྐུར་ཟེར་བ་མི་རིགས་ཏེ། རབ་བྱུང་ཐམས་ཅད་བླ་མེད་ཟབ་ལམ་གྱི་སྣོད་མ་ཡིན་པར་ཐལ་བའི་ཕྱིར་རོ། །དེའང་འདོད་ན། དུས་འཁོར་ལས་སྔགས་ཀྱི་རྟེན་མཆོག་དགེ་སློང་ཡིན་པར་གསུངས་པ་དང་འགལ་ལོ༑ ༑

ལྔ་པ་བསྐུར་ཚུལ་ལ། གང་གིས་བསྐུར་བའི་སློབ་དཔོན། གང་ལ་བསྐུར་བའི་སློབ་མ། ཇི་ལྟར་བསྐུར་བའི་ཆོ་གའོ། །དང་པོ་ནི། སྤྱི་མདོ་ལས། སློབ་དཔོན་མཚན་ཉིད་བརྟག་པ་ནི། །ཡེ་ཤེས་སྙིང་པོ་ཁྱད་ཉོན་ཅིག །བརྟན་ཞིང་དུལ་ལ་གཡོ་སྒྱུ་མེད། །གསང་སྔགས་རྒྱུད་ཀྱི་སྦྱོར་བ་ཤེས། །དཀྱིལ་འཁོར་བྲི་བའི་ལས་ལ་མཁས། །དེ་ཉིད་བཅུ་ནི་ཡོངས་ཤེས་ཤིང་། །སེམས་ཅན་རྣམས་ལ་མི་འཇིགས་སྦྱིན། །ཐེག་པ་ཆེ་ལ་རྟག་དགའ་བ། །དེ་ནི་སློབ་དཔོན་ཡིན་པར་གསུངས། །ཞེས་སོ། །དེ་ཉིད་བཅུ་ནི། རྡོ་རྗེ་སྙིང་པོ་རྒྱན་གྱི་རྒྱུད་ལས། ཕྱིར་བཟློག་གཉིས་ཀྱི་ཆོ་ག་དང་། །གསང་དང་ཤེས་རབ་ཡེ་ཤེས་དང་། །ཁ་སྦྱོར་འབྱེད་པའི་ཆོ་ག་དང་། གཏོར་མ་རྡོ་རྗེའི་བཟླས་པ་དང་། །དྲག་ཤུལ་སྒྲུབ་པའི་ཆོ་ག་དང་། །རབ་ཏུ་གནས་དང་དཀྱིལ་འཁོར་སྒྲུབ། །གསང་བའི་དེ་ཉིད་བཅུ་ཡིན་ནོ། །དཀྱིལ་འཁོར་ཏིང་འཛིན་ཕྱག་རྒྱ་དང་། །སྟངས་སྟབས་འདུག་སྟངས་བཟླས་བརྗོད་དང་། །སྦྱིན་སྲེག་མཆོད་པ་ལས་སྦྱོར་དང་། །སླར་ཡང་སྡུད་པའི་རྣམ་པ་ནི། །ཕྱི་ཡི་དེ་ཉིད་བཅུ་ཡིན་ནོ། །ཞེས་ནང་དང་ཕྱིའི་དེ་ཉིད་བཅུ་གསུངས་པ་བླ་མེད་དང་རྒྱུད་སྡེ་འོག་མའི་སློབ་དཔོན་གྱིས་ཤེས་དགོས་པ་ལ

སྒྱུར་རོ། །ཁྱད་པར་རྣམ་གྲོལ་ལས། དུས་དང་གྲངས་དང་མཚན་མ་ཡི། །བསྙེན་པ་རབ་ཏུ་རྫོགས་པ་གཅེས། །ཞེས་མཚན་དུས་གྲངས་གསུམ་གང་རུང་གི་བསྙེན་པ་ཁ་སྐོང་གི་སྦྱིན་སྲེག་དང་བཅས་པ་སྟོན་དུ་སོང་བའི་སློབ་དཔོན་ལ་སློབ་བུས་གསོལ་བ་འདེབས་ན་སྟོད་བཏགས་ཏེ་རུང་ན་གེགས་སྤྱང་ཞིང་བསྲུངས་བར་བྱས་ལ། རྒྱུད་སྦྱོང་བའི་མན་ངག་ཀྱང་བསྟན་ནས། རང་ཉིད་ལྷ་ལ་གནང་བ་ཞུ་བའི་དོན་དུ་བསྙེན་པ་ཁ་གསོ་བ་ལ་འཇུག་སྟེ། འདི་ནི་གཞན་དོན་གཉེར་བའི་སློབ་དཔོན་གྱིས་འདའ་མི་རུང་བའི་དམ་ཚིག་གོ། །

གཉིས་པ་ནི། དད་བརྩོན་ཤེས་རབ་གཏོང་ཕོད་ཆེ་ཞིང་སྒོམ་སྒྲུབ་དང་དམ་ཚིག་ལ་ཡིད་རྟོན་པ་ལ་སོགས་པའི་ཡོན་ཏན་དང་ལྡན་པ་སྟེ། སྒྲུབ་དང་སྒོམ་ལ་དགའ་བ་དང་། །རྟག་ཏུ་བླ་མ་ལ་གུས་ཤིང་། །དུས་གསུམ་བླ་མ་མཆོད་བྱེད་པ། །ཡོན་ཏན་དང་ལྡན་སློབ་མ་ཡིན། །ཞེས་དང་། མན་ངག་གསང་བ་ལས། དད་བརྩོན་བརྟུལ་ཞུགས་ལྡན་པ་སྟོད། །ཅེས་སོ། །

གསུམ་པ་ནི། རྟེ་རུ་ཀ་འདུས་པའི་རྒྱུད་ལས། དང་པོ་ས་ཡི་ཆོ་ག་སྟེ། །གཉིས་པ་ལ་ནི་སྟ་གོན་གནས། །གསུམ་པ་འཇུག་པའི་ཆོ་ག་བྱ། །ཞེས་པ་ལྟར། ཐུབ་དང་པོ་སའི་ཆོ་ག །གཉིས་པ་སྟ་གོན། གསུམ་པ་དངོས་གཞིའི་ཆོ་གའོ། །དང་པོ་ལ་བཞི་ལས། བརྟག་པ་ནི། སྦྱིར་གནམ་ས་བར་གསུམ་གྱི་དཔྱད་དེ་སའི་གཞི་ལ་བརྟག་པ་དང་། བྱེ་བྲག་ལྟོ་འཕྱེའི་ལྟོ་བའི་ཐད་ནས་བརྩིས་ལ་ཟླུག་རྫུ་བསལ་བ་སོགས་ཀྱིས་ས་རང་གི་མཚན་ཉིད་ལ་བརྟག་པའོ། །བསླང་བ་ནི། བརྟགས་པས་རུང་བར་མཐོང་ན་སྣང་བ་དང་མི་སྣང་བའི་ས་བདག་ལ་རིན་འཇལ་ཞིང་བདེན་པ་བརྗོད་པས་བསླང་ངོ། །སྦྱོང་བ་ནི། རྡོ་རྗེ་ལས་རིམ་ལས། སྦྱང་བ་ལས་མི་སྡུགས་ཕྱུག་རྒྱ། །ཏིང་ངེ་འཛིན་གྱིས་དག་པར་འགྱུར། །ཞེས་སོ། །བཟུང་བ་ནི། དཀྱིལ་འཁོར་གྱི་འཁོར་ལོ་བསྒོམས་ཏེ། ཕྱོགས་བཞིའི་སློབ་མའི་གསོལ་གདབ་དང་། སློབ་དཔོན་གྱིས་མཁའ་ཁྱབ་ཏུ་སད་པའི་དེ་བཞིན་གཤེགས་པ་རྣམས་བསྐུལ་ཞིང་བསྟུས་ནས། ཁྲོ་བོའི་སྙེམས་པས་བགེགས་ལ་བཀའ་བསྒོ་ཞིང་འབར་བའི་སྦྱིན་དང་རྡོ་རྗེའི་འགྲོས་ཀྱིས་བརྐྲད་དེ་ས་གཞི་རྡོ་རྗེའི་རང་བཞིན་དུ་བྱིན་གྱིས་བརླབས་པའོ། །བསྲུང་བ་ནི། རྣམ་གྲོལ་ལས། སེང་ལྡེང་ཕུར་བུ་སོར་བརྒྱད་པ། །ཁྲོ་བོར་བྱིན་བརླབས་གདབ་པར་བྱ། །ཞེས་པས་ཁྲོ་བཅུའི་ཕུར་

བུ་ཕྱོགས་མཚམས་བརྒྱད་དང་། སྟེང་འོག་གཉིས་ཤར་གྱི་ཤར་དང་ནུབ་ཀྱི་ནུབ་ཏུ་གདབ་པའོ། །དེ་ལ་དཀྱིལ་འཁོར་ཁང་པ་རྙིང་པར་རྟུལ་ཚོན་ལ་བརྟེན་པའི་ཕྱོགས་ལའང་ས་ཚིག་མེད་པས་ཚིག་མོད། གནས་ཁང་གསར་པར་ནི་རས་བྲིས་ལའང་ས་ཚིག་བྱས་ན་ལེགས་ཏེ། ས་ཚིག་ནི་ས་གཞི་ལ་དཀྱིལ་འཁོར་བྲི་བ་པོ་ནའི་ཆེད་མ་ཡིན་གྱི། ཕྱི་ནང་གི་བདུད་དང་བར་ཆད་གཞོམ་པའི་ཆེད་ཡིན་པའི་ཕྱིར། དེས་ན་རས་བྲིས་ཀྱི་ཕྱོགས་ལ་ས་ཚིག་མཐའ་གཅིག་ཏུ་མི་དགོས་པར་འདོད་པ་ལ་སྙིང་པོ་མེད་དོ། །

གཉིས་པ་ལ་ལྷ་བུམ་སློབ་མའི་སྟ་གོན་གསུམ་ལས། ལྷ་སྟ་གོན་ནི། ལྷ་གནས་སོ་སོར་དྲིའི་ཐིག་ལེ་ཚོམ་བུ་དང་བཅས་པ་བཀོད་ལ་ལྷར་བསྐྱེད་བསྟིམ་མཆོད་བསྟོད་དང་སྔན་གསན་དབབ་སྟེ་ནམ་མཁར་བཏེགས་ནས་བཞུགས་སུ་གསོལ་བའོ། །འདི་ནི་རྟུལ་ཚོན་དུ་མ་ཟད་རས་བྲིས་ཀྱི་ཕྱོགས་ལའང་འགྲུབ་ན་ལེགས་ཏེ། སྔན་གསན་དབབ་པ་ནི་དཀྱིལ་འཁོར་བྲི་བ་པོ་ནར་མ་ཟད་སྒྲུབ་པའི་ཕྱིར་ཡང་ཡིན་པས་སོ། །དེ་ལྟར་གྱི་ཆོ་མཐུལ་ལྷ་བུར་ཚོམ་བུ་འགོད་པའི་ཕྱག་བཞེས་ལ་འབྲེལ་མེད་ཆེན་པོའོ་ཞེས་གསུངས་པའང་དོན་གྱི་གནད་འདི་མ་རྟོགས་པས་ནོངས་པ་ཡིན་ནོ། །བུམ་པ་སྟ་གོན་ནི༑ མཚན་ཉིད་དང་ལྡན་པའི་བུམ་པ་ལྷ་གྲངས་དང་མཉམ་པའམ་རྣམ་རྒྱལ་དང་ལས་བུམ་གཉིས་སུ་བསྡུས་ཀྱང་རུང་སྟེ། ཆས་སུ་བཅུག་ལ་བུམ་རྫས་དང་དྲིའི་ཆུས་བཀང་བ་བཀོད་ནས། རང་རང་གི་ལྷའམ་རྣམ་རྒྱལ་དུ་དཀྱིལ་འཁོར་ཡོངས་རྫོགས་དང་། ལས་བུམ་དུ་ལས་ཀྱི་ལྷ་གང་ཡིན་བསྐྱེད་བསྟིམ་མཆོད་བསྟོད་བཟླས་པ་བྱས་མཐར་འོད་ཞུ་བྱ་བའོ། །འདིར་བླ་མེད་སྤྱིའི་དབང་དུ་བྱས་ལ། གཞན་དུ་སྔ་འགྱུར་གྱི་མདོ་སྒྱུ་ལ་སོགས་པར་ལས་བུམ་ནི་རྡོར་དྲིལ། ཐོད་རྒྱ། ཐིག་ཚོན་དང་བཅས་ཏེ་ཡན་ལག་རབ་གནས་ཀྱི་ཆོ་ག་ཟུར་དུ་མཛད་དོ། །སློབ་མ་སྟ་གོན་ནི། ཡོལ་བའི་ཕྱི་རོལ་དུ་སློབ་བུས་མཎྜལ་ཕུལ་ནས་གསོལ་བ་བཏབ་པ་ལ། སྲུང་བ་བསྐྱེད་ཅིང་ཉན་པར་བསྐུལ་ནས། ཇི་ལྟར་རིགས་པའི་སྡོམ་པ་བཟུང་བ་རྣམས་ལྷར་བསྐྱེད་དེ་སྐུ་གསུང་ཐུགས་བྱིན་གྱིས་བརླབས་པ་ལ་མཆོད། དེ་ནས་དངོས་གྲུབ་ཀྱི་མཚན་ལྟས་བརྟག་པའི་ཕྱིར་སོ་ཤིང་དོར་བ་དང་། རྨི་ལམ་བརྟག་པ་གཉིས་ལས། ཕྱི་མའི་སྔོན་འགྲོར་ཁྲུས་ཆུ། སྲུང་སྐུད། ཀུ་ཤའི་སྔས་སྟན་རྣམས་བྱིན་ལ། མི་ལྡོག

པའི་དོན་དུ་ཆོས་ཀུང་བཤད་ནས། དངོས་གཞི་སྨི་ལམ་བརྟག་ལ་ངན་ན་ནངས་པར་བཟློག་པའི་ཆོ་ག་བྱ་བ་རྣམས་སོ། །

གསུམ་པ་ལ་དཀྱིལ་འཁོར་བྲི་བ། རྒྱན་དགྲམ་པ། སྒྲུབ་ཅིང་མཆོད་པ། དེར་འཇུག་པ། དབང་བསྐུར་བའོ། །དང་པོ་ལ་གཉིས་ལས། ཐིག་གིས་བྲི་བ་ནི། སྲད་བུ་རིང་ཐུང་དཀྱིལ་འཁོར་གྱི་ཉིས་འགྱུར་ལ་སྦོམ་ཕྲ་སྙོའི་ཉི་ཤུ་ཆ་དང་ལྡན་པ་གཉིས་ཡེ་ཤེས་དང་ལས་ཀྱི་ཐིག་སྐུད་དུ་བྱིན་གྱིས་བརླབས་ལ། ཐིག་གཡོག་ཡུམ་དུ་གསལ་བ་ལ་གདད་ནས། ཐིག་ཆེན་བརྒྱད་བསྐོར་འདུག་གི་ཕྱོགས་མ་འཁྲུལ་བས་སྟེང་གི་ནམ་མཁར་ཡེ་ཐིག་གདབ། དེ་བཞིན་དུ་ས་ལ་ལས་ཐིག་ཆ་དབྱེ་བ་ཀླུམ་སྐོར་ཕྱི་ནང་དང་བཅས་པ་ཆོ་ག་བཞིན་དུ་བྲིའོ། །ཚོན་གྱིས་བྲི་བ་ནི། རྡུལ་ཚོན་དང་ལག་པ་བྱིན་གྱིས་བརླབས་ཏེ་ཐོག་མར་དབུས་ཀྱི་ཕྱུར་ཁྱུང་དཀར། དེ་ནས་དབང་ལྡན་ནས་བརྩམས་ཏེ་རྩིག་པ་སྒོ་ཚད་གཅིག་ཙམ་བྲིས་པ་འཕྲིས་སྦྲུལ་བའི་ཚེ་ཕྲ་བརྟག་པའི་ཕྱིར་སྦྲས་ཏེ། ཐིག་ཇི་ལྟར་བཏབ་པའི་གཞི་ལ་ཚོན་རིམ་པར་དགྱེ་ཞིང་། ལྷ་གནས་རྣམས་སུ་རང་རང་གི་གདན་ལ་སོ་སོའི་སྐུ་ཕྱག་རྒྱ་ཆེན་པོ༎ གསུང་ཡིག་འབྲུ། ཐུགས་ཕྱག་མཚན་ནམ་རང་མདོག་དང་མཚུངས་པའི་ཐིག་ལེ་གང་རུང་། ཡང་ན་རྡམ་གློག་ལས། གཙོ་བོ་གཟུགས་སུ་རྫོགས་པར་བྲི། །འཁོར་རྣམས་ཕྱག་རྒྱ་དག་ཏུ་བྱ། །ཐལ་བ་དག་ལ་ཡིག་འབྲུས་སོ། །ཞེས་པའི་རིམ་པ་ལྟར་བྲིས་འབུར་གང་རིགས་འཇོག་པའམ་ཚོན་གྱིས་བྲི་བར་བྱའོ། །གཉིས་པ་ནི། དཀྱིལ་འཁོར་རྒྱན་གྱིས་ལེགས་པར་བརྒྱན་ལ་དབང་རྫས་དང་མཆོད་རྫས་རྣམས་ཚུལ་བཞིན་དུ་བཤམ་པའོ། །གསུམ་པ་ལ། སྦྱོར་བ་དཀྱིལ་འཁོར་རབ་གནས་དང་། སྒྲུབ་མཆོད་དངོས་གཉིས་ལས། དང་པོ་ནི། རྡམ་གློག་ལས། དཀྱིལ་འཁོར་ལ་སོགས་གང་བྱས་ཀྱང་། །རབ་གནས་ཡེ་ཤེས་མི་ལྡན་ན། །ཚོགས་དང་བྲི་བའི་ནུས་པ་མེད། །ཅེས་པ་ལྟར་རྡུལ་ཚོན་དུ་མ་ཟད། རས་བྲིས་ཀྱི་ཕྱོགས་ལའང་དཀྱིལ་འཁོར་གསར་པ་ཡིན་ན་རབ་གནས་བྱ་དགོས་སོ། །

གཉིས་པ་ལ། བདག་མདུན་ཐ་དད་པའི་སྒྲུབ་ཚུལ་དང་། ཐ་མི་དད་པའི་སྒྲུབ་ཚུལ་གཉིས་ལས། དང་པོ་ནི། བདག་མདུན་སོ་སོར་བསྒོམས་ནས་མི་བསྲེ་བར་ཐ་དད་དུ་སྒྲུབ་པ། གཉིས་པ་ལ། ཐོག་མར་བདག་མདུན་སོ་སོར་བསྒོམས་པ་བསྲེས་ནས་བུམ་པ་སྒྲུབ་པ་དང་། ཐོག་མ་ནས་བདག

མདུན་ཁྱིམ་གསུམ་དམ་ཚིག་གི་དཀྱིལ་འཁོར་གཅིག་གིས་བསྡུས་ཏེ་བསྒོམས་ལ། བཟླས་པའི་ཚེ་ཛཔྲ་ཁང་དབྱེ་བའི་ཚོགས་སོ་སོར་ཕྱེ་ནས་བཟླ་ཞིང་། ཁྱད་པར་ཁྱིམ་པ་ལ་གཟུངས་ཐག་གཏད་དེ་བཟླས་མཐར་འོད་ཞུ་བྱ་བ་ཡིན་ནོ། །ཡང་བདག་མདུན་སོ་སོར་བསྒྲེ་བའི་ཕྱོགས་ལ་བདུན་བསྲེས་དང་དྲུག་བསྲེས་སོགས་ཀྱི་ཐ་སྙད་འབྱུང་མོད། རང་ལུགས་སྔ་འགྱུར་བའི་ཕྱོགས་ལ་ཐོག་མ་ནས་ཐ་མི་དད་དུ་སྒོམ་པ་ལ་ཕྱག་ལེན་མཛད་པ་གཙོ་ཆེ་ཞིང་། དཀྱིལ་འཁོར་གསར་པ་ཡིན་ན་རབ་གནས་ཀྱི་ཚེའམ། རས་བྲིས་རྙིང་པ་ལྟ་བུ་རབ་གནས་མི་དགོས་པའི་ཕྱོགས་ལ་དངོས་གཞིའི་ཉིན་དང་པོའི་དུས་སུ། ཏིང་འཛིན་དམ་ཚིག་གི་དཀྱིལ་འཁོར་ལ། རང་བཞིན་ཡེ་ཤེས་ཀྱི་དཀྱིལ་འཁོར་དང་། སྣར་སྐུ་གོན་གྱི་དཀྱིལ་འཁོར་ནམ་མཁར་བཏེགས་པ་གཉིས་བསྟིམ་ནས་གསུམ་བསྲེས་ཀྱི་ཐ་སྙད་མཛད་དེ། སྒྱུ་མདོའི་འགྲེལ་པ་ལུང་བསྟན་མ་ལས། དེ་ནས་ལེའུ་བཅུ་གཉིས་པ་ཚོགས་ཆེན་འདུས་པའི་ལུགས་ཀྱི་དཀྱིལ་འཁོར་བྲི་བ་དང་། རྒྱན་དགྲམ་པ་དང་། སྔོན་དུ་འགྲོ་བ་བྱས་ལ། དཀྱིལ་འཁོར་གསུམ་བསྲེ་བ་དང་། མཆོད་པ་ལ་སོགས་པ་བྱའོ། །ཞེས་གསུངས་པའི་དོན་ནོ། །གང་ལྟར་ཡང་རྣལ་འབྱོར་པའི་ཏིང་ངེ་འཛིན་གྱི་སྣང་ངོ་དེ་རམ་དག་པའི་སྣོད་བཅུད་ཀྱི་སྣང་བ་ནུབ་སྟེ། རྟེན་དང་བརྟེན་པར་བཅས་པའི་དཀྱིལ་འཁོར་གྱི་འཁོར་ལོ་འཆར་ཞིང་ཞེན་པས་མ་བསླད་པར་སློབ་པའི་གནད་ཀྱིས་ཏིང་ངེ་འཛིན་བསྒོམས་ལ། མཆོད་པ་དང་བསྟོད་པ་སོགས་ཅི་རིགས་པར་བྱ་བ་སྟེ། དེ་དག་ནི་དཀྱིལ་འཁོར་སྒྲུབ་ཅིང་མཆོད་པའི་ཚོ་གའོ། །བཞི་པ་ལ། སློབ་དཔོན་དང་། སློབ་མ་གཉིས་ལས། དང་པོ་ནི། ཧེ་རུ་ཀ་འདུས་པ་ལས། ནུས་དང་ལྡན་པའི་ལྟས་ཐོབ་ནས། །རྣལ་འབྱོར་བདག་ཉིད་འཇུག་པར་བྱ། །ཞེས་པས་སློབ་མ་ཇི་ལྟར་འཇུག་པའི་ཚོགས་བདག་ཉིད་ཞུགས་ཏེ་དབང་བླང་བའམ། ཡང་ན་གསང་སྙིང་ལས། ཀུན་བྱུས་དབང་ཕྱུག་རིག་པས་འཇུག །ཅེས་པ་ལྟར་རང་སྣང་གི་དཀྱིལ་འཁོར་དུ་འཇུག་པའི་ཚུལ་གྱིས་རིག་པའི་མེ་ཏོག་དོར་བས་ཀྱང་བདག་ཉིད་འཇུག་པའི་གོ་ཆོད་དོ། །གཉིས་པ་ནི། དེ་ལས། དེ་ནས་སློབ་མ་གཞུག་པར་བྱ། །ཞེས་པའི་དོན་ལ་གཉིས་ཏེ། ཕྱི་ལྷག་པ་གཟུགས་བརྙན་གྱི་དཀྱིལ་འཁོར་དུ་གཞུག་པ་དང་། ནང་ཡེ་ཤེས་ཀྱི་དཀྱིལ་འཁོར་དུ་གཞུག་པའོ། །དང་པོ་ནི། སློབ་བུ་རྣམས་དཀྱིལ་འཁོར་ཁང་པའི་ཕྱི་རོལ་ལམ་ཡོལ་བའི་ཕྱི་རོལ

དུ་ཁྲུས་བྱས། ཕྱག་དང་མཎྜལ་སྔོན་དུ་འགྲོ་བས་གདོང་གཡོགས་ཏེ་མེ་ཏོག་གི་ཕྲེང་བ་ཐོགས་ལ་གསོལ་བ་གདབ། འདོད་དོན་དྲི་ཞིང་ལན་གསོལ། ཐུན་མོང་དང་ཁྱད་པར་གྱི་སྡོམ་པ་བྱིན་ཏེ། བདེན་གཉིས་ཟུང་འཇུག་གི་སེམས་བསྐྱེད་ཅིང་བརྟན་པར་བྱས་ནས། དཀྱིལ་འཁོར་ཁང་པའམ་ཡོལ་བའི་ནང་དུ་དྲང་བའི་ཚེ་སྟགས་རྒྱས་སྒོ་བཞི་ཕྱེ་ནས་ལས་ཀྱི་རྡོ་རྗེས་ཁྲིད་དེ་ཚད་མེད་བཞིའི་འཇུག་པས་ཞུགས་ལ་ཕྱག་བྱ་བ་རྣམས་སོ། །གཉིས་པ་ནི། སྦྱོར་བ་དམ་ལ་བཞག་པ་བཞིས་རྒྱུད་བསྡམས་ནས། དངོས་གཞི་ཡེ་ཤེས་དབབ་པས་བདེ་སྟོང་གི་ཡེ་ཤེས་དངོས་སམ་སྙེ་ཙམ་ཟད་རྟེན་པ་དེ་ཉིད་བརྟན་པར་བྱ་ཞིང་། དེ་ནས་ལྷག་པའི་ལྷ་དངོས་འཛིན་པའི་ཕྱིར་མེ་ཏོག་དོར་བ་དེ་ཉིད་མགོ་བོར་བཅིངས་པས་རིགས་ཀྱི་ལྷ་ལ་གཏད་དེ། མིག་ཕྱེ་ནས་དཀྱིལ་འཁོར་བསྟན་པར་བྱའོ། །དེ་དག་ནི་འཇུག་པའི་ཆོས་ཏེ། ལྷ་དང་སྐལ་པ་མཉམ་པར་བྱས་པའོ། །དེ་ལྟར་ཡང་མཉམ་སྦྱོར་ལས། འཁོར་ལོ་སྔོན་དུ་མཐོང་བ་ཡི། །བསོད་ནམས་རྟག་པ་གང་ཡིན་པ། །འཕྲིས་བྱས་པའང་དེ་བཞིན་ནོ། །ཞེས་སོ། ། གལ་ཏེ་དམ་ཚིག་དང་སྡོམ་པ་མི་འཛིན་པ་སོགས་ཀྱིས་དབང་བསྐུར་དུ་མི་རུང་བའི་གང་ཟག་ཡིན་ནའང་དཀྱིལ་འཁོར་དུ་འཇུག་པ་ཙམ་ཞིག་བྱ་བར་གནང་སྟེ། རྩེ་མོ་ལས། གལ་ཏེ་དེ་ནི་སྣོད་མིན་ན༔ ༔དེ་ལ་གཞུག་པ་བྱིན་པར་བྱ། །ཞེས་དང་། དེ་བཞིན་གཤེགས་པ་ཐམས་ཅད་ཀྱི་གསང་བའི་དཀྱིལ་འཁོར་གྱི་རྒྱལ་པོ་ཆེན་པོ་འདིར་ནི་མ་ལུས་ཤིང་ལུས་པ་མེད་པའི་སེམས་ཅན་གྱི་ཁམས་ཐམས་ཅད་འཇུག་ཏུ་རུང་ངོ་། །སྣོད་དང་སྣོད་མ་ཡིན་པ་ཡོངས་སུ་བརྟག་པར་མི་བྱ་སྟེ། གཞུག་པ་ཙམ་ལ་མངོན་པར་ཞེན་པས་ཡོངས་སུ་གཟུང་བར་བྱའོ། །དེ་ཅིའི་ཕྱིར་ཞེ་ན་སེམས་ཅན་ཐམས་ཅད་ཀྱིས་མཐོང་བ་ཙམ་གྱི་མོད་ལ་ཕྱིར་མི་ལྡོག་པ་ཉིད་དུ་འགྱུར་རོ། །དད་པ་མེད་པ་དང་། དགེ་བའི་རྩ་བ་མ་བསགས་པ་དང་། རྒྱུད་ཡོངས་སུ་མ་སྨིན་པ་དང་། མོས་པ་མེད་པ་མང་དུ་ཟིན་ཀྱང་མཐོང་བ་ཙམ་གྱིས་སོ། །ཞེས་གསུངས་པའི་ཕྱིར་རོ། །ལྔ་པ་ལ། བུམ་པ། གསང་བ། ཤེས་རབ་ཡེ་ཤེས། དབང་བཞི་པའོ། །དང་པོ་ནི། ཞུགས་པའི་དཀྱིལ་འཁོར་དེར་དབང་བསྐུར་བར་མཎྜལ་སྔོན་འགྲོས་གསོལ་བ་གདབ་ལ། དཀྱིལ་འཁོར་གྱི་ཤར་ཕྱོགས་སུ་དབང་སྟེགས་ལ་སློབ་བུ་བཀོད་དེ། གང་གིས་བསྐུར་ན། སྐུ་རྡོ་རྗེ་སྤྲུལ་སྐུའི་ངོ་བོ་བླ་མ་དང་གཉིས་སུ་མེད་པའི་དཀྱིལ་འཁོར་གྱི་ལྷ་དང་། དེ་

ལས་སྤྲུལ་པའི་ལྷ་དང༌། རང་བཞིན་གྱི་གནས་ནས་སྤྱན་དྲངས་པའི་ལྷ་སྟེ། དེ་ཐམས་ཅད་ཀྱང་གདན་གསུམ་ཚང་བའི་རྣམ་པར་བཞུགས་པ་རྣམས་ཀྱིས་སོ། །གང་ལ་བསྒྱུར་ན། སློབ་མའང་དབང་རྫས་ལྟར་རིགས་ཀྱི་ལྷ་སོ་སོར་བསྐྱེད་པའམ། ཡང་ན་ཐམས་ཅད་ལ་ལྷག་པའི་ལྷ་གང་ཡིན་གྱི་རྣམ་པར་བསྐྱེད་པ་གཉིས་ལས། སྔ་འགྱུར་གྱི་དབང་རྣམས་སུ་ཕྱི་མ་ལྟར་མཛད་པ་ཤས་ཆེ། ཇི་ལྟར་བསྒྱུར་ན༑ སློབ་བུའི་ཕུང་ལྔ་དང་ཉོན་མོངས་པ་ལྔ་དག་པ་རིགས་ལྔ་ཡེ་ཤེས་ལྔར་བྱིན་གྱིས་བརླབ་པའི་ཕྱིར། དབང་བསྐུར་བ་པོ་རྣམས་ཀྱིས་བུམ་པ་སོགས་དམ་ཡེ་དབྱེར་མེད་ཀྱི་རིགས་ལྔར་བསྐྱེད་པ་དབང་རྫས་སོ་སོའི་རྣམ་པར་གྱུར་པ་ཉིད་ཐོགས་ཏེ། སྔགས་རྒྱ་ཏིང་འཛིན་གསུམ་དང་ལྡན་པས། བུམ་ཆུ་སྤྱི་བོར་གཏོར་ཞིང་བླུགས་པ་དང༌། དབུ་རྒྱན་རིགས་ལྔ་མགོ་ལ་བཅིངས་པ་དང༌། རྡོ་རྗེ་ལག་གཡས་སུ་བྱིན་པ་གསོར་ཞིང་སྙིང་གར་གཏོད་པ་དང༌། དྲིལ་བུ་གཡོན་དུ་གཏད་པ་དཀྲོལ་ཞིང་དགུར་འཛིན་དུ་འཇུག་པ་དང༌། མེ་ཏོག་ཐོག་པའི་རིགས་ཀྱི་མིང་འདོགས་པ་སྟེ། རིག་པའི་དབང་ལྔ་དང༌། དྲི་བཅས་ཡེ་ཤེས་ཀྱི་ཁམས་ཐབས་རྡོ་རྗེ་སེམས་དཔའི་ངོ་བོར་བྱིན་གྱིས་བརླབ་པའི་ཕྱིར་ཐ་མལ་གྱི་སྤྱོད་པ་བརྟུལ་ནས་རྡོ་རྗེ་སེམས་དཔའི་ཚུལ་ལ་འཇུག་པ་རྡོ་རྗེ་བརྟུལ་ཞུགས་ཀྱི་དབང་ཐུན་མོང་དང༌། ཁྱད་པར་སྤྱོད་པའི་བརྟུལ་ཞུགས་ཀྱི་དབང་ཡོད་པའི་ཕྱོགས་ལ་དེའང་བསྐུར་ཏེ་སློབ་མའི་དབང་དྲུག་གོ། །དེ་ནས་ཐབས་བྱུང་རྒྱལ་བ་རྡོ་རྗེ་འཆང་གི་བྱིན་གྱིས་བརླབས་ཏེ་གཞན་དོན་གྱི་མཐུ་དང་ལྡན་པར་བྱ་བའི་ཕྱིར་རྡོ་རྗེ་ཐུགས། དྲིལ་བུ་གསུང༌། ཕྱག་རྒྱ་སྐུའི་དམ་ཚིག་གསུམ། བྱིན་པས་ཕྱི་ནང་གི་རྡོར་དྲིལ་ཁ་སྦྱོར་ལས་བྱུང་བའི་བདེ་སྟོང་རྡོ་རྗེ་སློབ་དཔོན་གྱི་དབང་སྟེ་བུམ་དབང་གི་དངོས་གཞི་བདུན་དང༌། དེའི་ཡན་ལག་ཏུ་རྗེས་སུ་གནང་བ་ལ་སོགས་པའི་བྱིན་པའོ། །དེ་ཡང་ཉོན་མོངས་པ་ལྔའི་དྲི་མ་རགས་པ་སྦྱངས་པས་ཡེ་ཤེས་ལྔ་ཐོབ་པར་མོས་ནས། ཕུང་པོ་ལྔ་གནས་གྱུར་ཐོབ་པས་འབྲས་བུ་རིགས་ལྔའི་སྤངས་རྟོགས་ཀྱི་ནུས་པ་ཁྱད་པར་ཅན་རྣམས་རིག་པའི་དབང་ལྔའི་ངོ་བོ་དང༌། ཡེ་ཤེས་དང་རྡོ་རྗེ་ལུས་མི་ཤིགས་པའི་དྲི་མ་རགས་པ་སྦྱངས་ནས་གཟུང་འཛིན་དང་གཟུང་འཛིན་རིགས་གསུམ་གནས་གྱུར་ཐོབ་པས་ཐབས་རྡོ་རྗེ་སེམས་དཔའ་དང་ཐབས་བྱུང་རྡོ་རྗེ་འཆང་གི་སྤངས་རྟོགས་ཀྱི་ནུས་པ་ཁྱད་པར་ཅན་དག་བརྟུལ་ཞུགས་དང་རྡོ་རྗེ་སློབ་དཔོན་གྱི་དབང་གི་ངོ་

བོའོ། །དེ་རྣམས་ཀྱི་སྐབས་ཀུན་ཏུ་བུམ་ཆུའི་བྱ་བ་རྗེས་སུ་འགྲོ་བས་བུམ་པའི་དབང་ཞེས་བྱ་ཞིང་། བླ་མེད་ཐུན་མོང་བའི་རིག་དབང་ལྔ་དང་རྡོ་རྗེ་སློབ་དཔོན་གྱི་དབང་འདི་དག །སྤྲུ་འཕྲུལ་བའི་ལུགས་ཀྱི་ཕན་དབང་དང་ནུས་དབང་ཕྱི་མ་གསུམ་དང་རིམ་པར་དོད་མཚུངས་པ་ཙམ་ཡིན་མོད། འོན་ཀྱང་དེ་དང་དེའི་དོད་ཐུབ་པ་ནི་མ་ཡིན་ཏེ། བླ་མེད་ཐུན་མོང་བའི་ལུགས་འདིའི་བུམ་དབང་གི་སྤྱང་བྱ་ཕུང་ལྔ་དང་ཉོན་མོངས་ལྔ་སོགས་ཐེག་པ་སྤྱི་ལ་གྲགས་པ་ལྟར་ཡིན་ལ། སྤྲུ་འཕྲུལ་བའི་ལུགས་ནི་ལམ་རིམ་ལས། གནས་རྟེན་རྩ་དང་ཐིག་ལེ་ལ། །བཅུ་དབང་ལྔ་གསུམ་དབང་རྣམས་ལྡན། །ཞེས་ཕན་ནུས་གཉིས་ཀྱང་ཟབ་དབང་ལྟར་རླུང་སེམས་རྩ་དང་ཐིག་ལེ་ལ་བརྟེན་པའི་ལུས་དཀྱིལ་ཟབ་མོ་དང་འབྲེལ་བས་ཁྱད་པར་ཆེའོ། །

གཉིས་པ་གསང་དབང་ནི། ནམ་ཕྱེད་ཀྱི་དུས་སུ་དཀྱིལ་འཁོར་གྱི་ལྷོར་མཎྜལ་དང་རིག་མ་མཚན་ལྡན་ཕུལ་ལ་གསོལ་བ་བཏབ་ནས། གསུང་རྡོ་རྗེ་ཡོངས་སྤྱོད་རྫོགས་སྐུའི་ངོ་བོ་བླ་མ་ཡབ་ཡུམ་གྱི་ལུས་དང་ཡི་གེ་ཧྲཱ་གའི་དཀྱིལ་འཁོར་དུ་སངས་རྒྱས་ཐམས་ཅད་སྤྱན་དྲངས་ཏེ་བཙུག་པ་རྗེས་ཆགས་ཀྱིས་ཞུ་བ་རྡོ་རྗེ་ནོར་བུ་ནས་བྱོན་པའི་བདུད་རྩི་བྱང་ཆུབ་ཀྱི་སེམས་དཀར་དམར་ནི་སྐལ་མེད་ལ་བསྟན་དུ་མི་རུང་བས་གསང་བ་ཞེས་བྱ་ལ། དེ་ཉིད་སློབ་བུའི་ལྕེ་ཐོག་ཏུ་བྱིན་པ་ནི་དབང་བསྐུར་བ་སྟེ། སྟེར་ལུགས་ཡབ་ཡུམ་གྱི་མཁའ་གསང་ལས་དངོས་སུ་ལེན་པ་ཐབས་དང་ཤེས་རབ་ཀྱི་གསང་དབང་། ཡུམ་ གྱི་མཁར་ལྟུངས་པ་ཡབ་ཀྱི་ལྕེས་བླངས་པ་ལས་སམ། མི་ནུས་ན་མེ་ལོང་ཡུ་བ་ཅན་གྱིས་བླངས་ཏེ་བདུད་རྩི་དང་སྦྱར་ནས་སྟེར་བ་ནི་གཉིས་མེད་ཀྱི་གསང་དབང་ངོ་། དེ་མགྲིན་པ་ནས་འཕེལ་བས་ལུས་གང་། ཆན་ལ་ཕབས་ཀྱིས་ཐེབས་པ་ལྟར་བྱིན་གྱིས་བརླབས་པས། ངག་མི་ཤིགས་པའི་དྲི་མ་རགས་པ་སྦྱངས། གསུང་རྡོ་རྗེའི་སྤྱངས་རྟོགས་ཀྱི་ནུས་པ་ཁྱད་པར་ཅན་བཞག་སྟེ། སེམས་གསལ་སྟོང་བརྗོད་བྲལ་གྱི་ཡེ་ཤེས་སུ་རྟོགས་པས་དབྱིབས་ལ་ལྟར་ཞེན་གྱི་རྟོག་པ་དང་བྲལ་བ་ནི་གསང་དབང་ཐོབ་པའོ། །གསུམ་པ་ཤེས་རབ་ཡེ་ཤེས་ཀྱི་དབང་ནི། ཐ་རངས་དཀྱིལ་འཁོར་གྱི་ནུབ་ཕྱོགས་སུ་མཎྜལ་དང་གསོལ་བ་བཏབ་ནས། བླ་མ་དང་ལྷ་གཉིས་སུ་མེད་པ་ཆོས་ཀྱི་སྐུ་ཐུགས་རྡོ་རྗེ་ཡབ་ཡུམ་ཁ་སྦྱོར་གྱི་ངོ་བོར་བཞུགས་པ་ལས། ཀུན་རྫོབ་བྱང་སེམས་ཀྱི་དཀྱིལ་འཁོར་

དུ་རྟེན་ཤེས་རབ་མ་གདད་ནས། སངས་རྒྱས་ཐམས་ཅད་སློབ་མ་ཡབ་ཡུམ་ལ་བཅུག་སྟེ་སྙོམས་པར་ཞུགས་པས་བརྟེན་པ་ཁམས་ཞུ་བའི་བྱང་ཆུབ་ཀྱི་སེམས་རྒྱུན་ཡས་འབབ་དགའ་བཞིའི་འགྲོས་ཀྱིས་ཕྱིན་པ་རྡོ་རྗེ་ནོར་བུའི་བུམ་པར་འཛག་མེད་དུ་བཟུང་སྟེ་ཞུ་བདེ་ཉམས་སུ་མྱོང་བའི་རྐྱེན་ལས་སྣང་མཆེད་ཐོབ་གསུམ་གྱི་རིམ་པས་རང་བཞིན་ལྷན་ཅིག་སྐྱེས་པའི་འོད་གསལ་བདེ་བ་ཆེན་པོའི་ངོར་ཤར་བས་ཡིད་བྱིན་གྱིས་བརླབས་ཏེ། ཐུགས་རྡོ་རྗེའི་སྦྱངས་རྟོགས་ཀྱི་ནུས་པ་ཁྱད་པར་ཅན་ཐོབ་པ་ནི་དབང་གི་ངོ་བོ་སྟེ། རྟེན་ཤེས་རབ་མ་ལས་བརྟེན་པ་དགའ་བཞིའི་ཡེ་ཤེས་བསྐྱེད་པས་ན་ཤེས་རབ་ཡེ་ཤེས་ཀྱི་དབང་ཞེས་བྱའོ། །དབང་བཞི་པ་ཚིག་དབང་རིན་པོ་ཆེ་ནི། བླ་མ་ངོ་བོ་ཉིད་སྐུ་ཡེ་ཤེས་རྡོ་རྗེའི་བདག་ཉིད་ཅན་ལས་དོན་དམ་བྱང་སེམས་ཀྱི་དཀྱིལ་འཁོར་དུ་བསྐུར་ཏེ། དེའང་སྔར་དབང་གསུམ་པའི་དུས་ཀྱི་ཡས་བབས་ཀྱི་དགའ་བཞི་རྫོགས་ནས་ཐབས་ཀྱིས་ལྡོག་པ་ལས་མས་བརྟན་གྱི་དགའ་བཞིའི་མཐར་ཉམས་སུ་མྱོང་བའི་ཡེ་ཤེས་དང་། རང་སེམས་ལྷན་ཅིག་སྐྱེས་པའི་ཡེ་ཤེས་རོ་གཅིག་ཏུ་ཚིག་ཙམ་གྱི་བརྡས་ངོ་སྤྲོད་པ་ཚིག་གི་བཞི་པ། བསམ་གྱིས་མི་ཁྱབ་པའི་ལྷན་ཅིག་སྐྱེས་པའི་དེ་ཁོ་ན་ཉིད་སྐུ་དང་ཡེ་ཤེས་ཟུང་དུ་འཇུག་པ་དབྱེར་མེད་བདེ་བ་ཆེན་པོ་མཆོག་གི་ཏིང་ངེ་འཛིན་རྒྱུད་ལ་སྐྱེས་པ་དོན་གྱི་བཞི་པ། ཡེ་ཤེས་ངོས་མ་ཟིན་ན་ལས་རྒྱ་ལ་བརྟེན་ནས་ཉམས་མྱོང་འདྲེན་པ་བརྟེན་ཅན་གྱི་བཞི་པ། དེ་ལམ་དུ་གོམས་པར་བྱེད་པ་ལམ་གྱི་བཞི་པ། དགའ་བཞིའི་འགྲོས་རེ་རེ་ལའང་དགའ་ཆུང་བཞི་བཞིར་ཕྱེ་བའི་བཅུ་དྲུག་གི བཞིས་ཚོགས་ལམ། དེ་ནས་རེ་རེས་སྦྱོར་མཐོང་དང་། དགུས་སྒོམ་ལམ། ཐ་མ་བཅུ་དྲུག་པ་མི་སློབ་ལམ་སྟེ། ཡས་བབས་རྒྱུ་དང་མས་བརྟན་འབྲས་བུའི་ས་ལམ་དང་སྦྱར་ཏེ། མས་བརྟན་གྱི་དགའ་བ་བཅུ་དྲུག་པའི་མཐར་ཁྲུ་རྡུལ་སྟེང་འོག་ཏུ་ཐིམ་པའི་སྐད་ཅིག་ལ་རླུང་འགགས་པས། དེ་གསུམ་གྱི་འགྱུར་བ་མྱོང་བའི་ཤེས་རིག་ཀུན་རྒྱུན་ཆད་དེ༔ སྐུ་བཞི་མངོན་དུ་བྱེད་པ་ནི་འབྲས་བུའི་བཞི་པའོ། །དེ་ལྟར་ཡང་རྡོ་རྗེ་ལས་རིམ་ལས། གནས་ནི་ཡེ་ཤེས་བཅུ་དྲུག་པོ། །ཚོགས་སྦྱོར་ལ་སོགས་དང་པོ་ནས། །མཐར་ཕྱིན་སངས་རྒྱས་ས་ཉིད་དེ། །གནས་བཞི་དེ་བཞིན་དབྱེ་བ་ལས། །གཉིས་པའི་གཉིས་པ་རབ་དགའ་སོགས། །ཕ་རོལ་ཕྱིན་དང་ས་མཚན་ཉིད། །མཚུངས་ཕྱིར་རྫོགས་པར་བཤད་པ་ཡིན། །ཞེས་སོ། །

གསུམ་པ་དེ་ལྟར་བསྐུར་བའི་བྲལ་ཐོབ་ཀྱི་ཡོན་ཏན་ནི། **སད་རྨི་གཉིད་འཐུག་སྙོམས་འཇུག་གནས་སྐབས་བཞིས། །བསྐྱེད་པའི་སྒོ་གསུམ་ཤེས་བྱའི་དྲི་མ་སྦྱང་། །བསྐྱེད་རིམ་གཏུམ་མོ་དཔེ་དོན་ཡེ་ཤེས་གཉིས། །སྒོམ་དང་སྐུ་བཞི་ཐོབ་པའི་ནུས་རུང་བྱ།** །ཞེས་པ་སྟེ། དབང་བཞི་བསྐུར་བས་དྲི་མ་གང་དག་ན། བུམ་དབང་གིས་གནས་སྐབས་བཞི་ལས། སད་པའི་གནས་སྐབས་དང་། དེའི་སྣང་བ་ལུས་ཕྱུང་སོགས་རགས་པའི་ཆོས་ཡིན་པས་སྒོ་གསུམ་ལས་ལུས་ཀྱི་ཐིག་ལེའི་སྒྲིབ་པ་དག་ཅིང་། བདུད་བཞི་ལས་ཕུང་པོའི་བདུད་འཇོམས་པར་བྱེད་དོ། །དེ་བཞིན་དུ་གསང་དབང་གིས་རྨི་ལམ་གྱི་གནས་སྐབས་དང་། དེ་ཡིད་ངོར་སྣང་བས་ཕྲ་ཞིང་། དེ་ཉིད་ཐིག་ལེ་རླུང་གིས་བསྐྱོད་པ་ལས་སྣང་བའམ་བརྗོད་འདོད་ཀྱི་རྟོག་པ་དང་འབྲེལ་བས་ངག་གི་ཐིག་ལེ་དང་ཉོན་མོངས་པའི་བདུད། ཤེར་དབང་གིས་གཉིད་འཐུག་གི་གནས་སྐབས་དང་། དེ་ཚོགས་དྲུག་རགས་པ་འགགས་པའི་རྣམ་རྟོག་ཡིན་པས་ཡིད་ཀྱི་ཐིག་ལེ་དང་། འཆི་བདག་གི་བདུད། དབང་བཞི་པས་སྙོམས་འཇུག་གི་གནས་སྐབས་དང་། དེ་འཇག་བདེའི་སྲིད་པ་ཡིན་པས། ཤེས་སྒྲིབ་ཆེས་ཕྲ་བ་འཕོ་བའི་ཐིག་ལེའི་སྒྲིབ་པ་དང་ལྷའི་བུའི་བདུད་དེ། དེ་དང་དེ་དག་ཅིང་འཇོམས་པར་བྱེད་དོ། །གཞན་ཡང་གསེར་འོད་དམ་པ་ལས། ཉོན་མོངས་པའི་སྒྲིབ་པ་དག་པས་ལོངས་སྤྱོད་རྫོགས་པའི་སྐུར་སྣང་བར་འགྱུར་རོ༑ ༑ལས་ཀྱི་སྒྲིབ་པ་རྣམ་པར་དག་པས་སྤྲུལ་པའི་སྐུར་སྣང་བར་འགྱུར་རོ། །ཡེ་ཤེས་ཀྱི་སྒྲིབ་པ་རྣམ་པར་དག་པས་ཆོས་ཀྱི་སྐུར་སྣང་བར་འགྱུར་རོ། །ཞེས་གསུངས་ཏེ། འཐོབ་བྱ་སྐུ་བཞིའི་ངོ་བོའི་སྒོ་ནས་དབྱེར་མེད་ཀྱང་། དག་པའི་ལྡོག་ཆ་ནས་དེ་དང་དེར་དག་པ་ལྟར་ན། བུམ་དབང་གིས་ལས་སྒྲིབ། གསང་དབང་གིས་ཉོན་སྒྲིབ། ཡེ་ཤེས་ཏེ་ཤེས་བྱའི་སྒྲིབ་པ་ལ་ཕྲ་རགས་གཉིས་ལས། ཤེར་དབང་གིས་ཤེས་སྒྲིབ་རགས་པ། དབང་བཞི་པས་ཤེས་སྒྲིབ་ཕྲ་བ་འཕོ་བའི་བག་ཆགས་ཀྱི་སྒྲིབ་པ་རྣམས་གཙོ་བོར་སྦྱོང་བར་བྱེད་ཅིང་། དེར་མ་ཟད་དབང་དང་པོ་གསུམ་གྱིས་སྒོ་གསུམ་སོ་སོར་སྦྱངས་ནས། བཞི་པས་ཆ་མཉམ་སྦྱོང་བར་བཤད་པའང་སྣང་སྟེ། དེའི་ཆ་མཉམ་ནི་ཁུ་རྡུལ་རླུང་གསུམ་ལས་འཁོར་བའི་ལུས་ངག་ཡིད་གསུམ་དང་བདེ་སྡུག་བཏང་སྙོམས་རྣམས་འཆར་བས་དཀར་དམར་རླུང་ལ་ཆ་མཉམ་དུ་འཇུག་པའི་སེམས་དང་བཅས་པར་འཕོ་བའི་བག་ཆགས་ལ་འཇོག་དགོས་པས

གནད་གཅིག་གོ། །ལམ་གང་བསྒོམ་པ་ལ་དབང་ན། བུམ་དབང་གིས་ཕྱི་ནང་གི་བསྐྱེད་རིམ་ལས་ཚོགས་དང་བཅས་པ་བཤད་སྒྲུབ་ཉན་པ་ལ་དབང་ཞིང་ཡུལ་སྣང་སྟོང་ཟུང་འཇུག་ཏུ་འཆར་བའི་ཉམས་སྐྱེ་བར་བྱེད། དེ་བཞིན་དུ་གསང་དབང་གིས་རང་བྱིན་བརླབས་པ་གཏུམ་མོ་དང་སྒྱུ་ལུས་བསྒོམ་པ་ལ་དབང་ཞིང་སེམས་གསལ་སྟོང་གི་ཉམས་སྐྱེ། ཤེར་དབང་གིས་ལས་དང་ཡེ་ཤེས་ཀྱི་ཕྱག་རྒྱ་ལ་བརྟེན་པའི་དཔེའི་ཡེ་ཤེས་བསྒོམ་པ་ལ་དབང་ཞིང་ཞུ་བདེས་ལས་བདེ་སྟོང་གི་ཉམས་སྐྱེ། དབང་བཞི་པས་དོན་གྱི་ཡེ་ཤེས་ཕྱག་རྫོགས་བསྒོམ་པ་ལ་དབང་ཞིང་། ཆོས་ཐམས་ཅད་ཀྱི་རང་བཞིན་དོན་དམ་འོད་གསལ་མཆོག་ཏུ་མི་འགྱུར་བའི་བདེ་བ་ཆེན་པོ་རང་རིག་གི་ངོ་བོར་བྲ་ཕབ་པ་ལྟར་མཐོང་བའི་ཉམས་སྐྱེ་བར་འགྱུར་རོ། །འབྲས་བུ་གང་ཐོབ་ན། དབང་གི་ས་བོན་རྒྱུད་ལ་ཐེབས་པ་དེ་ལམ་རིམ་པ་གཉིས་ཀྱིས་བསྐྱངས་པས་དངོས་བརྒྱུད་ཅི་རིགས་ཀྱི་སྒོ་ནས་མཐར་ཐུག་གི་འབྲས་བུ་སྐུ་གསུང་ཐུགས་ཡེ་ཤེས་རྡོ་རྗེའི་བདག་ཉིད་སྐུ་བཞི་ཐོབ་པའི་ནུས་རུང་དུ་བྱས་པ་ཡིན་ནོ། །

བཞི་པ་སྔགས་སྡོམ་ཐོབ་མཚམས་ངོས་བཟུང་བ་ནི། **དང་པོ་གནས་གསུམ་རྡོ་རྗེ་གསུམ་བསྐྱེད་ནས། །ཐ་མ་དབང་བཞི་ཡོངས་སུ་རྫོགས་པའི་ཚེ། །རིག་འཛིན་སྡོམ་པ་ཐོབ་ཅིང་།** ཞེས་པ་སྟེ། སྡོམ་པ་སྐྱེ་བའི་དང་པོ་ནི། སློབ་མའི་ལུས་ངག་ཡིད་གསུམ་རྡོ་རྗེ་གསུམ་དུ་བྱིན་གྱིས་བརླབས་པའི་དུས་ནས་མགོ་བརྩམས་ཏེ། སྐྱེས་ཟིན་པའི་ཐ་ནི་རྒྱུད་སྡེ་བཞི་རང་རང་གི་དབང་གི་མཐའ་རྟེན་རྫོགས་ཟིན་པའི་དུས་དེ་ཁོ་ན་སྟེ། རྒྱུད་སྡེ་འོག་མ་གསུམ་ལ་རང་གི་དབང་དངོས་གཞིའི་ཆོ་ག་གྲུབ་པ་ན་རང་རང་ལ་ལྟོས་པའི་སློབ་དཔོན་དུ་དབང་བསྐུར་བ་རྫོགས་པས་དེ་དག་གི་མཐའ་དང་། བླ་མེད་ལ་བུམ་དབང་གི་མཐར་བསྐྱེད་རིམ་གྱི་སྔགས་སྡོམ་སོགས་དབང་བཞི་ཡོངས་སུ་རྫོགས་པར་ཐོབ་པའི་ཚེ་བསྐྱེད་རྫོགས་རང་རང་ལ་ལྟོས་པའི་སྡོམ་པ་མཐའ་དག་ཐོབ་ཟིན་པ་ཡིན་ཏེ། དེའི་ཚེ་དེ་འདྲ་བ་དེ་དབང་རང་རང་ལ་ལྟོས་པའི་རྒྱ་ལྟུང་དེ་དང་དེ་བསྐྱེད་པའི་རྟེན་དུ་རུང་བའི་ཕྱིར་རོ། །གང་དག་བླ་མེད་ཀྱི་སྔགས་སྡོམ་ཡོངས་རྫོགས་བུམ་དབང་དངོས་གཞིའི་དུས་སུ་ཐོབ་ཟིན་པས། དབང་གོང་མ་གསུམ་ལ་དམ་ཚིག་གསར་ཐོབ་རེ་རེ་ལས་སྡོམ་པ་གསར་ཐོབ་མེད་དོ་ཞེས་གསུངས་པ་ནི། རབ་དབྱེ་ལས། བླ་མ་བཙལ་ལ་དབང་བཞི་བླང་། །དེ་ཡིས་སྡོམ་པ་གསུམ་ལྡན་འགྱུར། །ཞེས་པ་

དང་འགལ་བ་སྤྱང་དཀའོ། །

ལྔ་པ་དམ་ཚིག་ཁས་བླང་བ་སོགས་རྗེས་ཀྱི་བྱ་བ་ནི། **དེ་ཡི་རྗེས། །ཁས་བླངས་སྡོམ་དང་དམ་ཚིག་བསྲུབ་ལ་འབད། །**ཅེས་པ་སྟེ། དེ་ལྟར་སྨོད་དང་འཚམས་པར་དབང་ཧི་ཙམ་ཞིག་བསྐུར་བ་དེ་དང་དེས་ཆོ་ག་རྫོགས་པའི་མཐའ་རྟེན་དུ་དམ་ཚིག་ཀྲུས་པར་བསྒྲགས་ནས། བསྡུས་ཏེ་ཁས་བླང་བས་བཟུང་བ་དང་། བཟུང་ནས་ཀྱང་སྡོམ་པ་དང་དམ་ཚིག་གི་བླང་དོར་རྣམས་ཚུལ་བཞིན་དུ་བསྲུབ་པ་ལ་འབད་པར་བྱ་ཞིང་། གཞན་ཡང་ཡོན་སྟོབ་པ་དང་དཀྱིལ་འཁོར་གཤེགས་བསྡུ་སོགས་རྗེས་ཀྱི་བྱ་བ་རྣམས་སོ་སོའི་ཆོ་ག་བཞིན་དུ་བྱ་བ་ཡིན་ནོ། །

བཞི་པ་ཐོབ་པ་མི་ཉམས་པར་བསྲུང་བ་ལ། བསྟན་བཤད་བསྡུ་གསུམ་ལས། དང་པོ་མདོར་བསྟན་ནི། **བར་དུ་མི་ཉམས་བསྲུང་བའི་ཐབས་བཤད་པ། །**ཞེས་པས་སྔགས་སྡོམ་དང་པོར་ཐོབ་པ་ཙམ་གྱིས་མི་ཆོག་གི། དེ་བར་དུ་མི་ཉམས་པར་བསྲུང་བའི་ལྷག་བསམ་ཁྱད་པར་ཅན་གྱིས་བསྲུང་བར་བྱ་དགོས་ཏེ། དམ་ཚིག་དང་སྡོམ་པ་ནི་སྔགས་ཀྱི་བསྒྲུབ་པ་ཐམས་ཅད་ཀྱི་གཞི་རྟེན་ཡིན་པས། དེ་ཉམས་ན་བསྒྲུབ་པ་ཐམས་ཅད་དོན་མེད་པར་འགྱུར་བའི་ཕྱིར། དཔེར་ན་སྲོག་གི་དབང་པོ་འགགས་ན་དབང་པོ་ཐམས་ཅད་འགགས་པར་འགྱུར་བ་བཞིན་ནོ། །དེ་བས་ན་གསང་སྙིང་ལས། སྔགས་འཆང་རྣམས་དོན་ཡོད་པར་བྱ་བའི་ཕྱིར་དམ་ཚིག་ཆེན་པོ་འདི་ཆེད་དུ་བརྗོད་དོ། །ཞེས་གསུངས་སོ། །དེ་ཡང་བསྲུང་ཐབས་ཤེས་པ་ལ་རག་ལས་པས་འདིར་དེ་བཤད་པར་བྱའོ། །

གཉིས་པ་རྒྱས་བཤད་ལ་ལྔ་སྟེ། བརྟུལ་ཞུགས་ཉི་ཤུ་རྩ་ལྔ། རིགས་ལྔའི་སྡོམ་པ། རྩ་བའི་ལྟུང་བ་བཅུ་བཞི། ཡན་ལག་སྦོམ་པོའི་ལྟུང་བ། ཁྱད་པར་སྤྱ་འགྱུར་རྫོགས་པ་ཆེན་པོའི་ལུགས་བཤད་པའོ། །དང་པོ་ལ་བསྟན་བཤད་གཉིས་ལས། མདོར་བསྟན་ནི། **ཐོག་མའི་བརྟུལ་ཞུགས་དུས་ཀྱི་འཁོར་ལོ་ལས། །**ཞེས་པ་སྟེ། ཐོག་མར་དམ་ཚིག་དང་སྡོམ་པ་ཐམས་ཅད་ཀྱི་གཞི་རྟེན་དུ་གྱུར་པ་རྡོ་རྗེ་སེམས་དཔའི་དམ་ཚིག་གི་ཡན་ལག་བརྟུལ་ཞུགས་ཉེར་ལྔ་པོ་འདི་ནི་དུས་ཀྱི་འཁོར་ལོ་ལས་གསུངས་ཏེ། འདི་སྐད་དུ། འཚེ་དང་མི་བདེན་གཞན་གྱི་བུད་མེད་སྤང་བར་བྱ། །ཞེས་པ་ནས། དེ་ལྟར་སྲིད་པའི་བདག་པོ་དག་གི་བརྟུལ་ཞུགས་ཉི་ཤུ་ལྔ་། །ཞེས་པའི་བར་རོ། །འདི་དག་ཡེ་ཤེས་ཐབ་

པའི་རྗེས་སུ་སྟེར་བ་ནི་དབང་དངོས་གཞི་མ་ཐོབ་ནའང་ཡེ་ཤེས་འབེབས་པའི་རིམ་པ་དངོས་དང་མོས་སྒོམ་གང་ཐོབ་ཀྱང་བསྒྱུར་དགོས་པའི་དོན་ནོ། །

རྒྱས་བཤད་ལ་ལྔ་ཚན་ལྔ་ལས། དང་པོ་སྡིག་པ་ལྔ་སྤང་བ་ནི། **གསོད་རྫུན་རྐུ་དང་འདོད་ལོག་ཆང་འཐུང་བ། །སྤང་བྱ་བསླབ་པའི་གཞི་ལྔ་སྤང་ཞེས་གསུངས། །**ཞེས་པ་སྟེ། སྲོག་ཆགས་ཕྲ་མོ་ཡན་ཆད་ཀྱི་སྲོག་གཅོད་པ་ལྟ་ཅི་སྨོས་སྐད་ཅིག་ཙམ་མནར་སེམས་པས་འཚེ་བར་བྱེད་པ་དང་། རང་འདོད་ཀྱིས་གཞན་བསླུ་བའི་བསམ་པས་རྫུན་སྨྲ་བ་དང་། དུད་འགྲོ་ཡན་ཆད་ཀྱིས་བདག་ཏུ་བཟུང་བའི་གཞན་ནོར་རྐུ་བ་དང་། གཞན་གྱིས་བདག་ཏུ་བཟུང་བའི་བུད་མེད་བསྟེན་པ་སོགས་འདོད་པས་ལོག་པར་གཡེམ་པ་དང་། ཉེས་པ་བསྐྱེད་པའི་གཞི་ཆང་གི་བཏུང་བས་མྱོས་པར་བྱེད་པ་དང་ལྔ་ནི་འཁོར་བའི་གནས་སུ་འཆིང་བྱེད་དམ་པོ་རྗེ་རྗེའི་ཞགས་པ་དང་མཚུངས་ཤིང་རང་གཞན་གྱི་བདེ་དགེ་ཐམས་ཅད་འཇོམས་པར་བྱེད་པས་ན་དེ་རྣམས་ཕྱོགས་མཐུན་ཆར་གཏོགས་དང་བཅས་པ་སྤང་བར་བྱ་དགོས་ལ། དེ་ལྟ་བསྒྱུར་ནུས་ཤིང་འདོད་ན་བརྟུལ་ཞུགས་ལྷག་མ་ཉི་ཤུ་སྦྱིན་པར་བྱ་བ་ཡིན་པས་བསླབ་པའི་གཞི་ལྔ་ཞེས་གསུངས་སོ། །གཉིས་པ་ཉེ་བའི་སྡིག་པ་ལྔ་སྤང་བ་ནི། **ཚོ་ལོ་ཁ་ན་མ་ཐོའི་ཟས་ཟ་དང་། །ངན་ཚིག་འབྱུང་པོ་ལྷ་མིན་ཆོས་བསླབ་པ། །རྣམ་པ་ལྔ་ནི་བྱ་བ་མིན་ལྔ་འོ། །**ཞེས་པ་སྟེ། ཤོ་དང་མིག་མང་སོགས་ཚོ་ལོ་རྩེ་བ་དང་། བཟའ་བ་དང་རིན་གྱི་དོན་དུ་བསད་པའི་ཤ་སོགས་ཁ་ན་མ་ཐོ་བ་ཆོས་དང་མི་མཐུན་པའི་ཟས་ཟ་བས་འཚོ་བ་དང་། ཉོན་མོངས་པ་ཅན་གྱིས་ཀུན་ནས་བསླངས་པའི་དམག་འཁྲུག་དང་ཚོང་གི་གཏམ་སོགས་ངག་འཁྱལ་སྣ་ཚོགས་པའི་ཚིག་ངན་སྨྲ་བ་དང་། རིག་བྱེད་ལས་བརྗོད་པའི་ཡ་མེས་ཀྱི་མཆོད་གསོལ་བ་སོགས་ཀྱིས་སྤྱོད་པ་དང་གྲོལ་བར་ལྟ་བ་དང་ཕྱུགས་ཀྱིས་མཆོད་སྦྱིན་བྱ་བ་འབྱུང་པོའི་ཆོས་དང་། རང་གིས་བསད་པའི་ཤ་མ་གཏོགས་ལས་ཀྱིས་ཤི་བའི་ཤ་མི་ཟ་ཞིང་གོས་དཀར་པོ་དང་བྱ་གག་གི་བཏུང་བ་འབའ་ཞིག་བསྟེན་པ་སོགས་ལྷ་མིན་གྱི་ཆོས་ལུགས་ཀླ་ཀློའི་ཆོས་ཏེ། བྱ་བ་ངན་པ་དེ་རྣམས་ཀྱིས་དུས་འདས་ན་དགེ་བའི་ཕྱོགས་ཉམས་པར་བྱེད་པའི་ཕྱིར། ཉེ་བའི་སྡིག་པ་ལྔ་ཞེས་གྲགས་པ་བྱ་བར་རིགས་པ་མ་ཡིན་པས་དེ་རྣམས་མི་བྱའོ། །གསུམ་པ་གསོད་པ་ལྔ་སྤང་བ་ནི། **བ་ལང་བྱིས་པ་སྐྱེས་པ་བུད་མེད་དང་། །**

མཆོད་རྟེན་བསྟུན་པ་གསོད་པ་ལྔ་རུ་གྲགས། །ཞེས་པ་སྟེ། རྐང་པ་དང་པོའི་གསོད་པ་བཞི་པོ་འདི་རྣམས་སྔར་གྱི་འཆི་བའི་ནང་དུ་འདུ་ནའང་འདིར་ལོགས་སུ་དགར་ཏེ་འཆད་པ་ནི། མུ་སྟེགས་བྱེད་མང་པོ་ཞིག་སྤྱིར་འཆི་བ་སྡིག་པ་ཡིན་ཡང་དགེ་བར་འདོད་པའི་སྐབས་ཡོད་པ་དགག་པའི་ཕྱིར་ཏེ། ཇི་ལྟར་ན། མཐོ་རིས་འདོད་པའི་མཆོད་སྦྱིན་གྱི་དོན་དུ་བ་ལང་གསོད་པ་དང་། མ་མོ་མཆོད་པ་ལ་བྲེས་པ་གསོད་པ། མིའི་མཆོད་སྦྱིན་སྐྱེས་པའི་དོན་དུ་སྐྱེས་པ་དང་། བུད་མེད་ཀྱི་དོན་དུ་བུད་མེད་གསོད་པ་དང་། ལྷ་མིའི་བླ་མ་གསོད་པ་ཞེས་སངས་རྒྱས་སྲས་བཅས་ཀྱི་སྐུ་གཟུགས་དང་བཀའི་གླེགས་བམ་དང་མཆོད་རྟེན་རྣམས་བསྟུན་ཏེ་བཤིག་པ་ལ་གསོད་པའི་སྒྲས་བཏགས་པ་འདི་ནི་ ཀླ་ཀློ་རྣམས་ཆོས་སུ་འདོད་པ་དགག་པའི་དོན་དུ་མ་ཟད་ཤིན་ཏུ་སྡིག་ཆེ་བས་སྨོས་པ་སྟེ། དེ་ལྟར་གསོད་པ་ལྔ་ལས་ལྡོག་པར་བྱའོ། །བཞི་པ་འཁུ་བ་ལྔ་སྤང་བ་ནི། **དགེ་གྲོགས་རྗེ་བོ་སངས་རྒྱས་དགེ་འདུན་དང་། །བླ་མར་ཁོང་ཁྲོ་སྙོམ་རྣམས་འཁུ་བ་ལྔ།** །ཞེས་པ་སྟེ། ཆོས་དང་འཇིག་རྟེན་གང་རུང་གིས་སྐྱོལ་བའི་མཉམ་པོར་འགྲོགས་པའི་དགེ་གྲོགས་དང་། ལུགས་གཉིས་ཀྱིས་བཀུར་བར་འོས་པའི་རྗེ་བོ་རྒན་རབས་སོགས་དང་། ལྷ་མིའི་བླ་མ་སངས་རྒྱས་དང་། དགེ་སློང་གི་དགེ་འདུན་དང་། ཡིད་བརྟན་པར་འོས་པའི་ཡུལ་མཁན་སློབ་སོགས་བླ་མ་སྟེ། ཡུལ་ལྔ་པོ་དེ་ལ་ཁོང་ཁྲོ་སྙོམ་ཞིང་འཁང་བ་ནི་འཁུ་བ་ལྔ་སྟེ་སྤང་བར་བྱའོ། །དེ་ལྟར་སྡིག་པ་དང་། ཉེ་བའི་སྡིག་པ་དང་། གསོད་པ་དང་། འཁུ་བ་ལྔ་ལྔ་སྟེ་ཉི་ཤུ་པོ་འདི་རྣམས་ནི་འཁྲུལ་སྤྱོད་ལམ་གྱི་སྒོ་ནས་སྤང་ཞིང་ལྡོག་པ་ལ་འབད་པར་བྱ་བ་ཡིན་ནོ། །ལྔ་པ་ཆགས་པ་ལྔ་སྤང་བ་ནི། **གཟུགས་སྒྲ་དྲི་རོ་རེག་བྱ་ཡུལ་ལྔ་ལ། །མིག་དང་རྣ་བ་སྣ་ལྕེ་ལུས་དབང་ལྔ། །ཞེན་པར་མི་བྱེད་བརྟུལ་ཞུགས་ཉེར་ལྔའོ།** །ཞེས་པ་སྟེ། མིག་གི་དབང་པོ་ཡུལ་གཟུགས་ལ་ཆགས་པ་ནས་ལུས་དབང་རེག་བྱ་ལ་ཆགས་པའི་བར་ཏེ། དབང་ཤེས་ཀྱི་རྗེས་སུ་འབྲང་བའི་རྣམ་རྟོག་ཡུལ་ལྔ་ལ་ཞེན་པས་ཆགས་པའོ། །དེ་རྣམས་ནི་ཡང་སྲིད་འཕེན་ནུས་ཀྱི་ལས་སུ་རྫོགས་པས་སྤང་བར་བྱ་དགོས་མོད། འོན་ཀྱང་སོ་སྐྱེ་འདོད་ཁམས་པས་རྩ་བ་ནས་ལྡོག་པར་མི་ནུས་ནའང་། ཉིན་རེ་བཞིན་ཐུན་གསུམ་ལ་སོགས་པར་བཅད་ནས་གཉེན་པོ་བསྒོམ་པ་ལ་འབད་པར་བྱ་ཞིང་། གཉེན་པོའང་བསྐྱེད་རིམ་གྱིས་ཡུལ་དབང་ལྷ་སྐུར་བསྒྱུར་བ་དང་། རྫོགས་རིམ་སོ་

སོར་སྡུད་པའི་རྣལ་འབྱོར་གྱིས་དབང་པོ་ལྔ་ཡུལ་ལྔ་ལ་འཇུག་པ་གཅོད་པའོ། །དེ་ལྟར་བརྟུལ་ཞུགས་ཀྱི་གཙོ་བོ་ཆགས་པ་ལྔ་སྤྱོང་ཐབས་ནི་སོར་སྡུད་ཡིན་ལ། རྡོ་རྗེ་སེམས་དཔའི་ལམ་དུ་བཤད་པ་ལྟར་འདིར་ཡང་སྲིད་པའི་བདག་པོ་རྡོ་རྗེ་སེམས་དཔའི་བརྟུལ་ཞུགས་ཉེར་ལྔ་ཞེས་རྒྱུད་འགྲེལ་ལས་གསུངས་ཏེ། དེ་དག་ལས་འདའ་བར་བྱ་བ་མ་ཡིན་པས་དམ་ཚིག་དང་། སྡོམ་གསུམ་དེའི་ངོ་བོར་སོན་པ་ཉིད་ཀྱིས་ན་བརྟུལ་ཞུགས་སོ། །

གཉིས་པ་རིགས་ལྔའི་སྡོམ་པ་ལ་གཉིས་ཏེ། ཐུན་མོང་དང་། ཁྱད་པར་བའོ། །དང་པོ་ལའང་བསྟན་བཤད་གཉིས་ལས། མདོར་བསྟན་ནི། **ཐུན་མོང་གྱུར་པ་རིགས་ལྔའི་སྡོམ་པ་ལྔ།** །ཞེས་པ་སྟེ༏ འདི་དག་རྣལ་འབྱོར་ཕྱི་པའི་གཞུང་དུ་བཤད་པ་ལས་དོན་འཕགས་ཀྱང་སྒྲ་མཐུན་པར་འབྱུང་ཞིང་། དེར་མ་ཟད་སྨོན་འཇུག་གི་སེམས་བསྐྱེད་དང་ཚུལ་ཁྲིམས་གསུམ་སོགས་ཐེག་པ་ཆེན་པོ་སྤྱིའི་བསླབ་བྱ་དང་ཡང་འདྲ་བར་བྱུང་བས་ན་ཐུན་མོང་པ་སྟེ། གཞི་དེ་ལས་འདིར་རྡོ་རྗེ་ཐེག་པ་མཆོག་གི་དགོངས་པ་ལྟར་འཆད་པར་བྱའོ། །དེ་ལ་རིགས་བྱེ་བྲག་པའི་རྣལ་འབྱོར་པས་ཀྱང་རིགས་ལྔ་ཀའི་སྡོམ་པ་བསྲུང་དགོས་མོད། དེ་ལྟར་ནའང་རང་རིགས་གང་ཡིན་གྱི་སྡོམ་པ་ལ་གཙོ་བོར་བསླབ་དགོས་པས་རིགས་ལྔ་སོ་སོའི་སྡོམ་པའམ་དམ་ཚིག་ཏུ་གྲགས་སོ། །

གཉིས་པ་རྒྱས་པར་བཤད་པ་ནི། **སྨོན་འཇུག་གཉིས་དང་ཚུལ་ཁྲིམས་རྣམ་པ་གསུམ། །སྐྱོབ་པ་སངས་རྒྱས་རྣལ་འབྱོར་སྡོམ་པའོ། །རྡོར་དྲིལ་ཕྱག་རྒྱ་བླ་མ་བཟུང་རྡོ་རྗེ། །ནོར་ཆོས་མི་འཇིགས་བྱམས་སྦྱིན་རིན་ཆེན་འབྱུང་། །ཕྱི་ནང་གསང་བའི་ཐེག་འཛིན་པདྨའི་རིགས། །མཆོད་གཏོར་ལས་རིམ་འཛིན་པ་ལས་ཀྱི་འོ།** །ཞེས་པ་སྟེ། དེ་ལ་ཐོག་མར་དེ་བཞིན་གཤེགས་པའི་རིགས་རྣམ་སྣང་གི་སྡོམ་པ་ནི། ཕྱི་ལྟར་བཤད་ན། སྨོན་པ་དང་འཇུག་པའི་སེམས་བསྐྱེད་ནས། ཉེས་སྤྱོད་སྡོམ་དང་། དགེ་བ་ཆོས་སྡུད་དང་། སེམས་ཅན་དོན་བྱེད་ཀྱི་ཚུལ་ཁྲིམས་རྣམས་སོ་སོའི་མཚན་ཉིད་ཚང་བར་བརྟན་པོར་བཟུང་ཞིང་། དེ་ཐམས་ཅད་ཀྱི་རྟེན་དུ་ཐུན་མོང་མ་ཡིན་པའི་དཀོན་མཆོག་གསུམ་ལ་སྐྱབས་སུ་འགྲོ་བ་སྟེ། སངས་རྒྱས་རྣམ་པར་སྣང་མཛད་ནི་གཙོ་བོར་སྐུའི་རིགས་ཡིན་ལ། སྐུ་ནི་འབྲས་ཆོས་ཐམས་ཅད་ཀྱི་རྟེན་ཡིན་པ་ལྟར། སྤྱིར་ཚུལ་ཁྲིམས་ནི་ཡོན་ཏན་ཀུན་གྱི་རྟེན་གང་ཞིག །སྡོམ་པ

དེ་ཐམས་ཅད་ཀྱི་རྟེན་ནི་སྐྱབས་འགྲོ་ཡིན་པའི་ཕྱིར་རོ། །དེ་སྐད་དུའང་། ཇི་ལྟར་དུས་གསུམ་མགོན་པོ་རྣམས། །བྱང་ཆུབ་ཏུ་ནི་ངེས་མཛད་པའི། །བྱང་ཆུབ་སེམས་ནི་བླ་ན་མེད། །དམ་པ་བདག་གིས་བསྐྱེད་པར་བགྱི། །ཚུལ་ཁྲིམས་ཀྱི་ནི་བསླབ་པ་དང་། །དགེ་བའི་ཆོས་ནི་སྡུད་པ་དང་། །སེམས་ཅན་དོན་བྱེད་ཚུལ་ཁྲིམས་གསུམ། །སོ་སོ་བརྟན་པོར་བཟུང་བར་བགྱི། །སངས་རྒྱས་ཆོས་དང་དགེ་འདུན་ཏེ། །བླ་ན་མེད་པའི་དཀོན་མཆོག་གསུམ། །སངས་རྒྱས་རྣལ་འབྱོར་ལས་བྱུང་བའི། །སྡོམ་པ་དེང་ནས་བརྟན་པོར་བཟུང་། །ཞེས་ཁས་བླང་བར་གསུངས་པའི་ཕྱིར་རོ། །ནང་ལྟར་སྦྱས་དོན་ནི། བདེ་སྟོང་དབྱེར་མེད་ཀྱི་བྱང་སེམས་དང་སེམས་ཉིད་གདོད་ནས་རྣམ་པར་དག་པ་དཀོན་མཆོག་གསུམ་གྱི་རང་བཞིན་དུ་བཟུང་བའོ། །དེ་ཡང་རྣལ་འབྱོར་ཕྱི་པ་མན་ཆད་དམ་རྡོ་རྗེ་སློབ་དཔོན་གྱི་དབང་མི་བསྐུར་ན་རྡོ་རྗེའི་རིགས་སོགས་རིགས་གཞན་གྱི་ཆོ་ག་མེད་ཀྱང་རུང་བར་ཨ་བྷ་ཡཱ་ཀ་ར་བཞེད་དོ། །དེ་ནས་རྡོ་རྗེའི་རིགས་མི་བསྐྱོད་པའི་སྡོམ་པ་ནི། ཕྱི་རྟགས་ཀྱི་རྡོ་རྗེ་དང་དྲིལ་བུ་ཚད་དང་ལྡན་པ་བཟུང་ནས་རང་ཉིད་ལྷ་སྐུ་ཕྱག་རྒྱ་ཆེན་པོར་འཛིན་པ་སྟེ། དེ་ཉིད་འདུས་པ་ལས། དེ་ཉིད་ཀྱིས་ནི་རྡོ་རྗེ་བཟུང་། །ཆོས་ཀྱི་དྲིལ་བུ་དཀྲོལ་བར་བྱ། །དམ་ཚིག་གིས་ནི་ཕྱག་རྒྱ་ཆེར། །བྱིན་གྱིས་བརླབས་ནས་སྙིང་པོ་བཟླ། །ཞེས་པ་ལྟར་རོ། །ནང་གི་རྡོར་དྲིལ་ནི་ཐབས་ཡབ་ཀྱི་ནོར་བུ་རྡོ་རྗེ་དང་ཤེས་རབ་ཡུམ་གྱི་པདྨ་དྲིལ་བུ་སྟེ་ཕྱག་རྒྱ་ནི་ཕན་ཚུན་རྒྱས་བཏབ་ནས་མཉམ་པར་སྦྱོར་བའོ། །དེ་བཞིན་དུ་གསང་བ་ཁམས་དཀར་དམར་གཉིས་འབར་འཛག་གིས་ཟུང་དུ་འཇུག་པ་དང་། དེ་ཁོ་ན་ཉིད་མི་འགྱུར་བའི་བདེ་ཆེན་དང་རྣམ་ཀུན་མཆོག་ལྡན་གྱི་སྟོང་ཉིད་ནི་རྡོར་དྲིལ་དང་། དེ་དག་ཟུང་དུ་འཇུག་པའི་ཡེ་ཤེས་ཀྱི་སྐུ་ནི་ཕྱག་རྒྱ་ཆེན་པོའོ། །དེ་ལྟར་ཕྱི་ནང་གསང་བ་དེ་ཁོ་ན་ཉིད་ཀྱི་རྡོ་རྗེ་དང་དྲིལ་བུ་དང་ཕྱག་རྒྱ་གསུམ་འཛིན་ཅིང་། དེ་དག་གི་དེ་ཁོ་ན་ཉིད་ཕྱིན་ཅི་མ་ལོག་པར་སྟོན་པར་བྱེད་པའི་རྡོ་རྗེ་སློབ་དཔོན་ཡང་བསྟེན་བཀུར་ལ་སོགས་པས་ཆོས་ཀྱི་དོན་དུ་ཡང་དག་པར་བཟུང་ཞིང་བསྟེན་པར་བྱ་སྟེ། རྡོ་རྗེ་རིགས་མཆོག་ཆེན་པོ་ལ། །རྡོ་རྗེ་དྲིལ་བུ་ཕྱག་རྒྱ་ཡང་། །ཡང་དག་ཉིད་དུ་བཟུང་བར་བགྱི། །སློབ་དཔོན་དག་ཀྱང་བཟུང་བར་བགྱི། །ཞེས་གསུངས་ཤིང་། མི་བསྐྱོད་པ་གཙོ་བོར་ཐུགས་ཀྱི་རིགས་ཡིན་ལ། ཐབས་ཤེས་ཁྱད་པར་ཅན་དང་། དེ་སྟོན་བྱེད་ནི་བྱང་ཆུབ་སེམས་ཀྱི་ངོ་

པོ་དང༌། དེའི་ལྡན་ཅིག་བྱེད་རྐྱེན་ཡིན་པས་འདི་ལས་ནམ་ཡང་མི་གཡོ་བའི་ཕྱིར་མི་བསྐྱོད་པའི་དམ་ཚིག་ཏུ་བཞག་གོ །རིན་ཆེན་རིགས་རིན་འབྱུང་གི་དམ་ཚིག་ནི། ཕྱི་ལྟར་ན་ཟང་ཟིང་གི་ནོར་གྱི་སྦྱིན་པ་དང༌། ཆོས་ཀྱི་སྦྱིན་པ་དང༌། མི་འཇིགས་པ་སྐྱབས་ཀྱི་སྦྱིན་པ་དང༌། དེའི་རྒུ་བ་སེམས་ཅན་ཐམས་ཅད་ཀྱིས་བླ་ན་མེད་པའི་བདེ་བ་འཐོབ་པར་གྱུར་ཅིག་སྙམ་པ་བྱམས་པ་ཆེན་པོའི་སྦྱིན་པ་དང་བཞི་པོ་ཉིན་རེ་བཞིན་ཡང་དུས་དྲུག་ཏུ་སྦྱིན་པར་བྱ་བ་དང༌། ནང་ལྟར་ན་སྦས་དོན་རྗེས་ཆགས་ཀྱི་སེམས་བྱང་སེམས་དབབ་ལྡོག་གི་དགའ་བཞིའི་ཡེ་ཤེས་སྦྱིན་པ་སྟེ། རིན་ཆེན་རིག་མཆོག་ཆེན་པོ་ཡི། །དམ་ཚིག་ཡིད་དུ་འོང་བ་ལ། །ཉིན་རེ་བཞིན་དུ་དུས་དྲུག་ཏུ། །སྦྱིན་པ་རྣམ་བཞི་རྟག་ཏུ་སྦྱིན། །ཞེས་སོ། །དེ་ཡང་རིན་འབྱུང་ནི་གཙོ་བོར་རིན་ཆེན་རིགས་ཡིན་ལ། རིན་པོ་ཆེ་ལས་དགོས་འདོད་འབྱུང་བ་ལྟར་སྦྱིན་པ་བཞི་ཡང་དགོས་འདོད་སྟེར་བའི་ངོ་བོ་ཡིན་པས། དེ་ཉིད་རིན་འབྱུང་གི་སྡོམ་པར་བཞག་གོ། །པདྨའི་རིགས་འོད་དཔག་མེད་ཀྱི་དམ་ཚིག་ནི། དངོས་བསྟན་ལྟར་ན་ཕྱི་ཉན་རང་བྱང་སེམས་ཀྱི་ཐེག་པ་དང༌། ནང་བྱ་སྤྱོད་རྣལ་འབྱོར་གྱི་ཐེག་པ་དང༌། གསང་བ་བསྐྱེད་རྫོགས་གསུམ་གྱི་ཐེག་པ་དམ་པའི་ཆོས་མ་ལུས་པ་འཛིན་ཞིང༌། སྦས་དོན་རླུང་དབུ་མར་བཅིངས་པས་གཞོམ་མེད་ཀྱི་གསུང་སྒྲུབ་པ་སྟེ། བྱང་ཆུབ་ཆེན་པོ་ལས་བྱུང་བའི། །པདྨའི་རིགས་ཆེན་དག་པ་ལ། །ཕྱི་ནང་གསང་བའི་ཐེག་པ་གསུམ། །དམ་པའི་ཆོས་ནི་མ་ལུས་བཟུང༌། །ཞེས་སོ། །དེ་ཉིད་པདྨའི་རིགས་ཀྱི་སྡོམ་པར་འཇོག་སྟེ༑ འོད་དཔག་མེད་གསུང་གི་རིགས་ཡིན་པ་ལྟར་དམ་པའི་ཆོས་ཀྱང་དང་པོར་ལུང་ལས་བརྩམས་པས་གསུང་གི་ངོ་བོ་ཡིན་པའི་ཕྱིར་རོ། །ལས་ཀྱི་རིགས་དོན་གྲུབ་ཀྱི་དམ་ཚིག་ནི། ཕྱི་ལྟར་ན་སྔར་གྱི་སྡོམ་པ་དེ་ཐམས་ཅད་དང་ལྡན་པའི་སྟེང་དུ་ཕྱི་ནང་གསང་བའི་མཆོད་པ་དང་གཏོར་མ་སྦྱིན་སྲེག་སོགས་ལས་ཀྱི་རིམ་པ་ཐམས་ཅད་ཀྱང་ཅི་ནུས་སུ་འཛིན་ཅིང༌། སྦས་དོན་དེ་ཐམས་ཅད་ཟུང་འཇུག་ཨེ་ཝཾ་གྱི་སྡོམ་པས་རྒྱས་འདེབས་པ་དང་ཞུ་བདེས་ཕྱུང་ཁམས་དབང་ཡུལ་གྱི་ལྷ་རྣམས་ཚིམ་པར་མཆོད་པ་སྟེ། ལས་ཀྱི་རིགས་མཆོག་ཆེན་པོ་ལ། །སྡོམ་པ་ཐམས་ཅད་ལྡན་པར་ནི། །ཡང་དག་ཉིད་དུ་བཟུང་བར་བགྱི། །མཆོད་པའི་ལས་ཀྱང་ཅི་ནུས་བགྱི། །ཞེས་གསུངས་ཤིང༌། དེ་ཉིད་དོན་གྲུབ་ཀྱི་སྡོམ་པར་འཇོག་སྟེ། དོན་ཡོད་གྲུབ་པ་ནི་ལས་ཐམས་ཅད་པ་དང་ལས་རིགས་ཡིན་པའི་ཕྱིར་རོ། །

དེ་དག་ཀུང་དུས་ཀྱི་འཁོར་ལོར་རིགས་དྲུག་ཏུ་ཕྱེ་སྟེ། བསྡུས་རྒྱུད་ལས། འདོད་པའི་རྡོ་རྗེ་ལ་ནི་རྡོ་རྗེ་དྲིལ་བུ་ཕྱག་རྒྱ་བླ་མ་དག་ཀུང་བཟུང་བར་བགྱི། །རིན་ཆེན་ལ་ནི་སྦྱིན་པ་སྦྱིན་བགྱི་འཁོར་ལོ་འདི་ལ་རྒྱལ་བ་མཆོག་གི་དམ་ཚིག་བསྲུང་བར་བགྱི། །རལ་གྲི་ལ་ནི་མཆོད་པ་བགྱི་སྟེ་གསལ་བར་ཆུ་སྐྱེས་རིགས་ལ་སྡོམ་པ་དག་ནི་བསྲུང་བར་བགྱི། །སེམས་ཅན་རྣམས་ནི་ཐར་པའི་སླད་དུ་རྒྱལ་བ་བསྐྱེད་མཛད་རིགས་ལ་བྱང་ཆུབ་བདག་གིས་བསྐྱེད་པར་བགྱི། །ཞེས་པ་ལྟར་རྣམ་སྣང་དང་འོད་དཔག་མེད་མ་གཏོགས་ཕལ་ཆེར་འདྲ་སྟེ། མི་བསྐྱོད་པའི་དམ་ཚིག་གསུམ་བཟུང་བ་རྩ་བར་བཞག་ནས། ལྟག་མ་རྣམས་ཚོགས་གསུམ་གྱིས་བསྡུས་ཏེ་བསོད་ནམས་ཀྱི་ཚོགས་ནི་ཡུལ་དམན་པ་ལ་བརྟེན་པ་རིན་ཆེན་རིགས་ཀྱི་སྦྱིན་པ་བཅུ་སྟེར་བ་དང་། ཡུལ་མཆོག་ལ་བརྟེན་པ་ལས་རིགས་ཀྱི་མཆོད་པ་སྒྲུབ་པའོ། །ཚུལ་ཁྲིམས་ཀྱི་ཚོགས་ནི་པདྨའི་རིགས་ལ་འཛག་མེད་ཀྱི་ཚུལ་ཁྲིམས་སྒྲུབ་པ་དངོས་དང་། དེའི་རྒྱུར་རྣམ་སྣང་གི་རིགས་ལ་ཤ་ལྔ་བདུད་རྩི་བསྟེན་པའོ། །ཡེ་ཤེས་ཀྱི་ཚོགས་ནི་རྡོ་རྗེ་སེམས་དཔའི་རིགས་ཀྱི་སྟོང་ཉིད་སྙིང་རྗེ་དབྱེར་མེད་པའི་བྱང་ཆུབ་ཀྱི་སེམས་བསྐྱེད་པའོ། །འོ་ན་རྡོ་རྗེའི་རིགས་ཚོགས་གསུམ་གང་དུ་འདུ་ཞེ་ན། དམ་ཚིག་གསུམ་ལ་བསྐྱེད་རྫོགས་ཀྱི་ལུགས་སོ་སོར་ཕྱེ་བ་རིམ་པར་བསོད་ནམས་དང་ཡེ་ཤེས་ཀྱི་ཚོགས་དང་། སློབ་དཔོན་གྱི་དམ་ཚིག་ནི་ཚོགས་གསུམ་ཀ་ལ་སྤྱིར་རོ། །

གཉིས་པ་ཁྱད་པར་གྱི་རིགས་ལྔའི་སྡོམ་པ་ནི། **ཁྱད་པར་སྲོག་གཅོད་རྡོ་རྗེའི་རིགས་ཡིན་ཏེ། །ཞིང་བཅུ་ཚང་དང་རླུང་དང་རྟོག་པ་ཡིན། །རིན་ཆེན་རིགས་ལ་མ་བྱིན་ལེན་པ་ནི། །ནོར་དང་བུད་མེད་ཐེག་ཆེན་ཟབ་མོའི་ཆོས། །རང་དང་གཞན་དོན་སྒྲུབ་ལ་དགོངས་པས་གསུངས། །པདྨའི་རིགས་ལ་ལས་ཆོས་དམ་ཚིག་དང་། །ཕྱག་རྒྱ་ཆེ་སྟེ་བུད་མེད་བསྟེན་པར་གསུངས། །ལས་ཀྱི་རིགས་ལ་རྫུན་དུ་སྨྲ་གསུངས་པ། །བདག་དང་སེམས་ཅན་མི་དམིགས་བདེན་མེད་སྟོན། །འཁོར་ལོའི་རིགས་ལ་ཆང་དང་ཤ་ལྔ་དང་། །ཡུལ་ཀུན་བསྟེན་གསུངས་ཕྱི་ནང་གསང་བའི་ཐེག །རིམ་པ་མ་ཉམས་སྤྱོད་པ་བླ་མེད་ལུགས། །**ཞེས་པ་སྟེ། འདི་ནི་ཐུན་མོང་མ་ཡིན་པ་རྣལ་འབྱོར་བླ་མེད་ལ་གནས་པ་རྣམས་ཀྱི་དམ་ཚིག་སྟེ། རྟེན་གྱི་གང་ཟག་རིགས་ལྔ་སོ་སོའི་རྣལ་འབྱོར་ལ་བརྟན་པ་ཐོབ་ཅིང་ནུས

པ་རྙེད་ནས་རང་གཞན་གྱི་དོན་དུ་འགྱུར་ན་སྒྲ་ཇི་བཞིན་པར་སྤྱོད་པ་དྲང་དོན་བསྐྱེད་རིམ་པའི་དམ་ཚིག་དང་། སྒྲ་བསྒྱུར་ཏེ་དགོངས་པ་ཅན་དུ་གསུངས་པའི་དོན་དེ་ཉིད་སྒྲ་ཇི་བཞིན་མ་ཡིན་པ་ངེས་དོན་གྱི་གསལ་བྱར་བྱས་ཏེ་དབང་གོང་མའི་དམ་ཚིག་དང་སྡོམ་པ་རྫོགས་རིམ་ལ་སྦྱར་བར་བྱ་བ་ཡིན་པས་ན་ཁྱད་པར་ཞེས་བསྟན་ཏོ། །འདིར་སྲོག་གཅོད་པ་ནི་ཞེ་སྡང་རྣམ་པར་དག་པ་རྡོ་རྗེའི་རིགས་མི་བསྐྱོད་པའི་དམ་ཚིག་སྟེ། དེ་ལ་གསུམ་ལས། དྲང་དོན་ལྟར་ན་ཞིང་བཅུ་ཚང་བའི་དགྲ་བོ་དྲག་པོའི་ལས་ཁོ་ནས་མ་གཏོགས་འདུལ་བར་མི་ནུས་པ་རྣམས་ཀྱི་ལས་ངན་གྱི་རྒྱུན་གཅོད་ཕྱིར་མངོན་སྤྱོད་ཀྱི་ལས་ཀྱིས་གསད་པར་བྱ་སྟེ། ངེས་བརྗོད་ལས། སངས་རྒྱས་བསྟན་ལ་གནོད་བྱེད་དང་། །བླ་མར་སྨོད་བརྙོན་མ་རུངས་དང་། །རྟག་ཏུ་སེམས་ཅན་གནོད་བརྙོན་པ། །མཁས་པས་བསྒྲིམས་ཏེ་གསད་པར་བྱ། །ཞེས་གསུངས་ཤིང་། དེ་འདྲ་དེ་སྲོག་བཅད་པ་ལྟར་སྣང་ཡང་རྟོགས་གོམས་ཀྱི་བློ་ངོར་གཅད་བྱ་གཅོད་བྱེད་བཅད་དོ་བའི་འདུ་ཤེས་མ་གྲུབ་པས་ཉེས་པས་གོས་པར་མི་འགྱུར་ཏེ། གསང་སྙིང་ལས། ཡོད་མེད་དབུ་མ་མི་དམིགས་ཤིང་། །སྒྱུ་མ་མིག་ཡོར་ལྟ་བུའི་ཚུལ། །སྲོག་མེད་སྲོག་ཀྱང་བཅད་དུ་མེད། །སྲོག་དང་སྐྱེས་བུ་ལོག་རྟོག་ཙམ། །ཞེས་སོ། །ངེས་པའི་དོན་དུ་སྲོག་ནི་རོ་རྐྱང་གི་རླུང་ཡིན་ལ། དེ་བཅད་པ་ནི་བུམ་ཅན་ལ་སོགས་པའི་ཐབས་ཀྱིས་བཀག་པས་དབུ་མར་སྲོག་རེངས་པ་མཐར་ཐུག་གཙུག་ཏོར་དུ་རླུང་སེམས་བརྟན་པ་སྟེ། དགྱེས་རྡོར་འབུམ་ལྔ་ལས། སྲོག་རླུང་ངེས་པར་འགགས་པ་ན། །བྱང་ཆུབ་སེམས་ནི་འགག་པའོ། །བྱང་ཆུབ་སེམས་ནི་འགགས་པ་ཡིས། །འཕོ་བ་ངེས་པར་འགག་པའོ། །འཕོ་བའི་སྐད་ཅིག་འགགས་པ་ཡིས། །རྣལ་འབྱོར་པ་ཀུན་སངས་རྒྱས་ཉིད། །ཅེས་སོ། །ཡང་ན་སྲོག་ནི་རྣམ་པར་རྟོག་པ་དང་བཅས་པའི་སེམས་ཡིན་ལ། དེ་སྐྱེ་བ་མེད་པར་བྱས་པ་ནི་བསད་པ་སྟེ། བརྟག་གཉིས་ལས། སེམས་གཅིག་སྲོག་ཆགས་གསོད་པ་ནི༑ ༑གང་ཕྱིར་སྲོག་ནི་སེམས་སུ་བརྗོད། །ཅེས་སོ། །མ་བྱིན་པར་ལེན་པ་ནི་ང་རྒྱལ་རྣམ་པར་དག་པ་རིན་པོ་ཆེའི་རིགས་རིན་ཆེན་འབྱུང་ལྡན་གྱི་དམ་ཚིག་སྟེ། དེ་ལ་གསུམ་ལས། དྲང་དོན་གཞན་ལ་ཕན་པར་འགྱུར་ན་སྔགས་ཀྱི་མཐུས་གཞན་ནོར་འཕྲོག་པར་བྱ་སྟེ། རྡོ་རྗེ་ལས། འཇུངས་པ་རྣམས་ལས་ནོར་བླངས་ལ། །སེམས་ཅན་བཀྲེན་ལ་སྦྱིན་པར་བྱ། །དེ་ཕྱིར་མི་ཡི་བདག་པོ་དང་། །ཕྱུག་པོ་

རྣམས་ཀྱི་ནོར་འཕྲོག་གོ། །ཞེས་སོ། །དེ་ལྟར་མ་བྱིན་པར་བླངས་པ་ལྟར་སྣང་ཡང་རྟོགས་གོམས་ཀྱི་བློ་ལ་ལྟོས་ནས་ཉེས་པས་གོས་པར་མི་འགྱུར་ཏེ། འཕྲུལ་དགའི་ལྷའི་ལོངས་སྤྱོད་ལྟར་རྫས་དང་ནོར་བདག་ཀྱང་བདག་ཉིད་ལས་དོན་ལ་ཐ་དད་མ་ཡིན་པའི་ཕྱིར། གསང་སྙིང་ལས། བདེན་པ་གཉིས་ཀ་དབྱེར་མེད་པས། །འཕྲུལ་དགའི་ཚུལ་ཏེ་ཐ་དད་མིན། །གཞན་དང་མ་བྱིན་མེད་པའི་ཕྱིར། །བླངས་མེད་ཐམས་ཅད་ཉིད་ཀྱི་དབྱིངས། །ཞེས་སོ། །ངེས་དོན་ལ་སྟེགས་ཀྱི་ཡེ་ཤེས་བསྒྲུབ་པའི་ཕྱིར་པ་ར་སྟྲིའི་སྒྲ་ལས་མཆོག་གམ་གཞན་ནམ་ཕ་རོལ་གྱི་བུད་མེད་དགུག་པའི་ཐབས་ཀྱིས། ཕྲོག་པ་ལས་བྱང་ཆུབ་ཀྱི་སེམས་དཀར་དམར་ཡང་རླུང་གི་སྟོབས་ཀྱིས་མ་བྱིན་པར་བླངས་ཏེ། བརྟག་གཉིས་ལས། བཙུན་མོའི་ཁུ་བ་མ་བྱིན་བླང་། །གཞན་གྱི་བུད་མེད་རང་མཚུངས་མཛེས། །ཞེས་སོ། །ཡང་ན་དོན་དམ་པའི་བཙུན་མོ་སྟོང་པ་ཉིད་ཡིན་ལ། དེའི་ཁུ་བ་གཉིས་མེད་ཀྱི་ཡེ་ཤེས་ཉིད་གཞན་གྱིས་མ་བྱིན་པར་རང་གིས་ལམ་བསྒོམས་པའི་སྟོབས་ཀྱིས་ཐོབ་པས་ཐེག་ཆེན་ཟབ་མོའི་ཆོས་དོན་གཉིས་སྒྲུབ་པ་ལ་མངའ་དབང་འགྱུར་བ་སྟེ། མདོ་ལས། གང་ཕྱིར་ཐེག་པ་ཆེན་པོ་འདི། །གང་གིས་ཀྱང་ནི་བྱིན་མ་ལགས། །དེ་ཉིད་རྟོགས་པས་མ་བྱིན་བླང་། །ཞེས་སོ། །ཕྱག་རྒྱ་བཞི་བསྟེན་པ་ནི་འདོད་ཆགས་རྣམ་པར་དག་པ་བདྨའི་རིགས་འོད་དཔག་མེད་ཀྱི་དམ་ཚིག་སྟེ། དེ་ལ་བཞི་ལས། འཛག་མེད་ཀྱི་ཡེ་ཤེས་བསྒྲུབ་པའི་ཕྱིར་རྡོ་རྗེ་ལས། སངས་རྒྱས་རྣམས་ནི་མཉེས་བྱ་དང་། །དམ་ཚིག་རྣམས་ནི་བསྲུང་བ་དང་། །གསང་སྔགས་རིགས་པས་སྒྲུབ་པའི་ཕྱིར། །གཞན་གྱི་བུད་མེད་བསྟེན་པར་བྱ། །ཞེས་པས་མཆོག་གམ་ཕ་རོལ་ལམ་གཞན་གྱི་བུད་མེད་ཀྱི་སྒྲ་ཕྱག་རྒྱ་བཞི་ཀ་ལ་འཇུག་པས། རྟོགས་གོམས་ཀྱི་གདེང་དང་ལྡན་པའི་གང་ཟག་གིས་གཉིས་མེད་དུ་ཤེས་པའི་ལྟ་བ་དང་། འདུ་ཤེས་གསུམ་ལྡན་གྱི་སྒོམ་པ་དང་། ཐབས་ཀྱི་སྤྱོད་པ་གསུམ་གྱིས་ཟིན་པའི་སྒོ་ནས་དངོས་རིག་ལས་ཀྱི་ཕྱག་རྒྱ་བསྟེན་པ་སྟེ། གསང་སྙིང་ལས། མ་ཆགས་པ་ལ་ཆགས་པ་དང་། །ཆགས་པ་ཉིད་ན་ཆགས་པ་མེད། །དེ་ནི་ཚངས་མཆོག་རྒྱལ་པོ་སྟེ། །ཤིན་ཏུ་ཆགས་པ་ཆེན་པོ་ཡིན། །ཞེས་སོ། །དེ་བཞིན་དུ་ཡིད་རིག་ཆོས་ཀྱི་ཕྱག་རྒྱ་དང་། གཏུམ་མོ་དམ་ཚིག་གི་ཕྱག་རྒྱ་སྟེ། དེ་གསུམ་ལ་བརྟེན་ནས་ཞུ་བདེ་དཔེའི་ཡེ་ཤེས་ཀྱིས་འཛག་མེད་སྒྲུབ་པ་གསུམ་ལ་དྲང་ངེས་གཉིས་ཀའི་ཆ་ཡོད་ཅིང་། མཆོག་གི་བུད་མེད་རྣམ

ཀུན་མཆོག་ལྡན་གྱི་སྟོང་ཉིད་དང་མི་འགྱུར་བའི་བདེ་ཆེན་ཁ་སྦྱོར་ལས་ལྡན་སྐྱེས་མཆོག་གི་བདེ་སྟོང་དོན་གྱི་ཡེ་ཤེས་སྒྲུབ་པ་ནི་ངེས་དོན་ཉིད་དོ། །དེ་ལྟར་ཡང་རྒྱུད་ལས། རྣམ་པ་ཀུན་གྱི་མཆོག་ལྡན་མ། །སྟོང་ཉིད་ཤེས་རབ་མཛེས་མ་ཉིད། །རྒྱལ་བ་ཐམས་ཅད་བསྐྱེད་པའི་ཡུམ། །དེ་ཉིད་མ་བསྟེན་འཚང་མི་རྒྱ། །ཞེས་སོ། །རྫུན་སྨྲ་བ་ནི། ཕྲག་དོག་རྣམ་པར་དག་པ་ལས་ཀྱི་རིགས་དོན་ཡོད་གྲུབ་པའི་དམ་ཚིག་སྟེ། དེ་ལ་གསུམ་ལས། དྲང་དོན་གཞན་ལ་ཕན་པར་འགྱུར་ན་རྫུན་སྨྲ་བར་བྱ་སྟེ་། རྡོ་རྗེ་ལས། སེམས་ཅན་རྣམས་ལ་ཕན་སྤྱོད་པ། །རྟག་ཏུ་དམ་ཚིག་བླ་མའི་ནོར། །སེམས་ཅན་སྲོག་ནི་བསྲུང་བའི་ཕྱིར། །རྫུན་དུ་ཡང་ནི་སྨྲ་བར་བྱ། །ཞེས་སོ། །དེ་ལྟར་རྫུན་སྨྲས་པ་ལྟར་སྣང་ཡང་རྟོགས་གོམས་ཀྱི་བློ་ལ་ལྟོས་ནས་ཉེས་པས་གོས་པར་མི་འགྱུར་ཏེ། བདག་དང་སེམས་ཅན་མི་དམིགས་པས་ཆོས་ཐམས་ཅད་བཏགས་པ་ཙམ་ལས་བདེན་པར་མ་གྲུབ་པར་རྟོགས་པ་ན་དེ་ལ་ལྟོས་པའི་རྫུན་པའང་མ་གྲུབ་པའི་ཕྱིར། གསང་སྙིང་ལས། ཆོས་རྣམས་སྒྱུ་མ་ལྟ་བུ་ལ། །མིང་དང་ཚིག་ཏུ་བཏགས་པ་རྫུན། །རྫུན་ཉིད་ལ་ནི་རྫུན་སྤྱོད་པས། །རྫུན་ཞེས་བཏགས་ཙམ་ཡོད་མ་ཡིན། །ཞེས་སོ། །ངེས་དོན་དུ་སེམས་ཅན་ཐམས་ཅད་འཁོར་བ་ལས་བསྒྲལ་བར་བྱའོ་ཞེས་པ་ནི་རྫུན་ཚིག་སྨྲ་བ་སྟེ། བསྒྲལ་བྱ་སེམས་ཅན་དང་སྒྲོལ་བར་བྱེད་པ་པོ་བདག་ཀྱང་དོན་དམ་པར་མ་གྲུབ་པའི་ཕྱིར། དེ་ལྟར་ཡང་བརྟག་གཉིས་ལས། འཇིག་རྟེན་བསྒྲལ་བ་ཞེས་བྱ་བ། །རྫུན་གྱི་ཚིག་ནི་རབ་ཏུ་བསྒྲག །ཅེས་དང་། འཇམ་དཔལ་གྱི་བསྟན་པའི་མདོ་ལས། བདག་དང་སེམས་ཅན་མི་དམིགས་ལ། །འཁོར་བ་ལས་སྒྲོལ་རྫུན་གྱི་ཚིག །ཅེས་སོ། །ཡང་སེམས་འགྲེལ་རྣམས་ལས་ནི། སྙིང་གའི་འཁོར་ལོར་རླུང་ཐིམ་པས་རང་སྣང་ལ་གཞོམ་མེད་ཀྱི་སྒྲ་རྣམ་པ་ཐམས་ཅད་པར་ཤར་བ་ངེས་དོན་དང་། དེ་ལས་གཞན་སྣང་དུ་སེམས་ཅན་རྣམས་ལ་ཆོས་སྒོ་སྣ་ཚོགས་པ་ཅིག་ཅར་དུ་སྟོན་པ་དྲང་དོན་དུ་གསུངས་པའང་ཡོད་དེ། རྡོ་རྗེ་སྙིང་འགྲེལ་ལས། གང་གི་སྲོག་རླུང་ཐིམ་པ་ན། །ཅིག་ཅར་འགྲོ་ཀུན་སྐད་ཀྱིས་ནི། །གང་དང་གང་ལ་དེ་དང་དེ། །མཐུན་པའི་ཆོས་སྟོན་རྫུན་པའི་ཚིག །ཅེས་སོ། །ཤ་ལྔ་དང་ཆང་དང་ཡུལ་ཀུན་བསྟེན་པ་ནི་གཏི་མུག་རྣམ་པར་དག་པ་དེ་བཞིན་གཤེགས་པའི་རིགས་རྣམ་སྣང་གི་དམ་ཚིག་སྟེ། དེ་ལ་གསུམ་ལས། དྲང་དོན་དུ་རིགས་ཀྱི་དྲེགས་ཤིང་ང་རྒྱལ་དང་གཙང་དམེའི་

རྟོག་པ་གཞིག་པའི་སླད་དུ་ཡུལ་དབུས་སུ་བཟའ་བའི་དོན་དུ་གསོད་པར་མི་བྱེད་པའི་ཤ་ལྔ་གནང་བ་ལྟར་རང་གི་ལས་ཀྱིས་ཤི་བའི་ཤ་རྣམས་དམ་ཚིག་གི་རྗེས་སུ་རྟུང་བས་བཟའ་བར་བྱ་ཞིང་། མྱོས་པའི་སྐྱོན་མེད་ན་ཆང་ཡང་བཏུང་སྟེ། བརྟག་གཉིས་ལས། དེ་ལ་ག་བུར་རྒྱུ་ཡི་ཕྱིར། །ཤ་ནི་བཟའ་བ་ཉིད་དུ་བྱ། །ཁྱད་པར་དུ་ཡང་ཆང་ཉིད་དོ། །ཞེས་སོ། །དེ་བཞིན་དུ་བདུད་རྩི་ལྔ་དང་གཟུགས་སོགས་ཡུལ་རྣམས་ལ་ཅི་དགར་སྤྱོད་པའི་བདེ་བ་བསྟེན་པ་རྗེས་སུ་གནང་བ་ཡིན་ནོ། །ངེས་དོན་དུ་ཤ་ལྔ་བཟའ་བ་ནི་དབང་པོ་ལྔའི་དྭངས་མ་འཆིང་བ། ཆང་འཐུང་བ་ནི་ཡས་འབབ་ཀྱི་ལྷན་སྐྱེས་ཞུ་བདེ་འཛག་མེད་དུ་འཆིང་བ། བདུད་རྩི་ལྔ་ནི་འབྱུང་ལྔའི་དྭངས་མ་བཅིངས་པ་ལས་ཞུ་བའི་ཐིག་ལེ་རྩལ་ཕྲ་རབ་ཀྱི་ཚོགས་དག་པར་བྱེད་པ་དང་། ཡུལ་ཀུན་བསྟེན་པ་ནི་བཤང་གཅི་ཁུ་བའི་དྭངས་མ་ལྟེ་བར་ལུགས་ལྡོག་ཏུ་བརྟན་པའོ། །ཡང་ན་དེ་དག་བསྟེན་པ་ནི་རྣམ་པར་རྟོག་པ་ཐམས་ཅད་མཉམ་པ་ཉིད་ཀྱི་དབྱིངས་སུ་རོ་གཅིག་ཏུ་བྱེད་པ་སྟེ། ཇི་སྐད་དུ། རྣམ་རྟོག་དང་ནི་ཀུན་རྟོག་གི །དངོས་དང་དངོས་མེད་སོགས་འཁྲུལ་པ། །རྣམ་རྟོག་དྲ་བའི་ས་བོན་ཚོགས། །རྣམ་པར་མི་རྟོག་པ་ཡིས་བཟའ། །སྙིང་རྗེའི་སྣོད་ཀྱི་མཆོག་ཏུ་ནི། །ཡེ་ཤེས་ཆེན་པོ་མཉམ་བཞག་ནས། །བཏུང་ཞིང་རྟག་ཏུ་བཏུང་བར་བྱ། །ཕྱག་རྒྱའི་དམ་ཚིག་ཅེས་སུ་བཤད། །ཅེས་སོ། །དེ་དག་ཀྱང་དུས་འཁོར་ལས། ངེས་པར་རྡོ་རྗེའི་རིགས་ལ་སྲོག་གཅོད་བྱ་སྟེ་རལ་གྲི་ལ་ཡང་བདེན་པ་མིན་པའི་ཚིག །རིན་ཆེན་ལ་ནི་གཞན་ནོར་འཕྲོག་བྱ་མཆོག་གི་པདྨའི་རིགས་ཉིད་ལ་ཡང་གཞན་གྱི་བུད་མེད་འཕྲོག །ཆང་དང་སྒྲོན་མ་སངས་རྒྱས་རྣམས་དང་བཟང་པོའི་ཡུལ་རྣམས་མཐའ་དག་འཁོར་ལོ་ལ་ནི་བསྟེན་པར་བྱ། །གཡུང་མོ་ལ་སོགས་མཐའ་དག་བུད་མེད་རྣམས་ནི་གྲི་གུག་ལ་ཡང་མཁའ་ཡི་པདྨ་སྨད་མི་བྱ། །སེམས་ཅན་དོན་གྱི་སླད་དུ་ནོར་དང་བཅས་པའི་ལུས་འདི་སྦྱིན་པར་བྱ་སྟེ་ཁྱོད་ཀྱིས་བསྲུང་མི་བྱ། །ཞེས་དྲང་ངེས་ཕྱེ་ནས་གསུངས་པ་སྟེ། འདིར་གྲི་གུག་གི་རིགས་ལ་དྲང་དོན་བུད་མེད་ལ་མི་སྨོད་ཅིང་རང་ལུས་བཏོང་བ་དང་། དེ་ངེས་དོན་དུ་འཛག་མེད་ཀྱི་ཚངས་སྤྱོད་ལ་གནས་པར་བཤད་པ་མ་གཏོགས་གཞན་ལྔ་པོ་ཕལ་ཆེར་དོན་འདྲའོ། །དེ་ལྟར་དམ་ཚིག་དང་སྡོམ་པ་དེ་རྣམས་ཀྱི་གོ་རིམ་ཡང་། ཐོག་མར་བརྟུལ་ཞུགས་ཉེར་ལྔ་བསྟན་ཏེ། དེའི་ལྔ་ཚན་དང་པོ་བཞི་སེམས་ཅན་ལ་གནོད་པ་ཤས་ཆེ་བ་དང་

ལྔ་པ་ཡུལ་ལ་དབང་པོ་ཞེན་པའང་ཉོན་མོངས་པ་སྐྱེ་བའི་རྒྱུ་ཡིན་པས་ཕྱི་མཚན་ཉིད་དང་ནང་གི་ཡོག་སྟེ་གསུམ་གྱི་ཐེག་པས་ཀྱང་དོན་ལ་སྤྱང་དགོས་པའི་ཕྱིར། དེ་རྗེས་རིགས་ལྔའི་དམ་ཚིག་ཐུན་མོང་བ་བསྟན་ཏེ། དེའི་དངོས་བསྟན་ཕྱི་བཤད་ལྟར་ན་རྣལ་འབྱོར་རྒྱུད་ཀྱི་ཐེག་པ་དང་སྒྲ་མཐུན་པའི་ཕྱིར། དེ་རྗེས་ཁྱད་པར་གྱི་རིགས་ལྔའི་དམ་ཚིག་རྣམས་བསྟན་ཏེ། དེའི་དྲང་ངེས་ཀྱི་བཤད་ཚུལ་གཉིས་ཀ་གསང་བ་བླ་ན་མེད་པ་རྡོ་རྗེ་ཐེག་པའི་ཁྱད་ཆོས་ཡིན་པའི་ཕྱིར། དེས་ན་གདུལ་བྱ་རྣམས་ལ་འཇུག་པའི་གོ་རིམ་མ་ཉམས་པའི་སྒོ་ནས་དགྲི་ཞིང་སྦྱོད་པ་ནི་རྣལ་འབྱོར་བླ་མེད་ཀྱི་ལུགས་སུ་ཤེས་པར་བྱའོ། །

གསུམ་པ་རྩ་བའི་ལྟུང་བ་བཅུ་བཞི་ལ་བསྟན་བཤད་གཉིས་ལས། མདོར་བསྟན་ནི། **རྩ་བའི་ལྟུང་བ་བཅུ་བཞི་བསྟན་པ་ནི།** །ཞེས་པ་སྟེ། དེ་ལ་སྤྱིར་ཐུན་མོང་གི་རང་བཞིན་ལ། ལྟུང་བའི་ངོ་བོ། སྒྲ་དོན། ཡན་ལག་གི་དབྱེ་བ། གྲངས་ངེས། གོ་རིམ། དབང་བཞི་སོ་སོ་ལ་ལྟོས་པའི་རྩ་ལྟུང་ངོས་བཟུང་བ་དང་དྲུག་གོ །དང་པོ་ནི། ལུས་ངག་ཡིད་གསུམ་གྱི་ནང་ནས་ཡིད་གཙོ་བོར་གྱུར་པ་ཡིན་ཏེ། མི་དགེ་བ་གཟུགས་ཅན་དུ་འདོད་པ་ཤཱཀྱའི་སྲས་མ་ཡིན་པར་གསུངས་པའི་ཕྱིར་རོ། །འོན་ཀྱང་ལུས་ངག་གྲོགས་སུ་དགོས་པའི་ལྟུང་བའང་ཡོད་པས་སྒོ་གསུམ་གྱི་བསྲུང་བྱ་ཞེས་བྱ་སྟེ། ཐུགས་ཐིག་ལས། གསང་སྔགས་ཞུགས་པ་ཐམས་ཅད་ཀྱིས། །སྒོ་གསུམ་རང་གི་བསྲུང་བྱ་ལ། །རྒྱལ་པོའི་བཀའ་རྟགས་ཇི་ལྟ་བར། །མི་འབྲལ་སྡོམ་པ་དེ་ངོ་བོ། །ཞེས་སོ། །མཚན་ཉིད་ནི། སྔགས་བླ་མེད་ཀྱི་སྡོམ་པའི་མི་མཐུན་ཕྱོགས་ཀྱི་ཉེས་པ་གང་ཞིག །སྤྱོད་ན་གང་བླངས་པའི་སྡོམ་པ་རྩ་བ་ནས་ལྟུང་བྱེད་ཀྱི་རིགས་གནས་སོ། །གཉིས་པ་ནི། མུ་ལ་པཏྟིའི་སྒྲ་ལས་རྩ་བའི་ལྟུང་བ་ཞེས་པ་ལྡོན་ཤིང་གི་རྩ་བ་དང་འདྲ་སྟེ། བརྟན་ན་ཡལ་ག་ལོ་འདབ་རྒྱས་ཤིང་བརྟོན་ན་ཐམས་ཅད་བསྐམ་པར་འགྱུར་བ་ལྟར། བསྲུངས་ན་ལམ་དང་འབྲས་བུའི་ཡོན་ཏན་ཐམས་ཅད་བསྐྱེད་པའི་རྩ་བ་ཡིན་ཞིང་། མ་བསྲུངས་ན་ངན་འགྲོར་ལྟུང་བས་སྡུག་བསྔལ་གྱི་ཡང་རྩ་བར་གྱུར་བའི་ཕྱིར་ཏེ། ཁོག་གཞུང་གསལ་སྒྲོན་ལས། ངེས་ཚིག་སྒྲོན་ཡོན་སྐབས་ཀྱིས་སྒྱུར། །ཞེས་སོ། །

གསུམ་པ་ལ། རྟེན་གྱི། ཡུལ་གྱི། རྒྱུའི། དུས་སྐབས་ཀྱི། བསམ་པའི་ཡན་ལག་དང་ལྔ། དང་

པོ་ནི། གང་ཟག་སྔགས་ཀྱི་སྡོམ་པ་དང་ལྡན་ཞིང་ཞེས་པ་རང་བཞིན་དུ་གནས་པ་ཞིག་དགོས་ཏེ། སྡོམ་པ་དང་མི་ལྡན་ན་རང་བཞིན་གྱི་ཁ་ན་མ་ཐོ་བ་ཙམ་ལས་བཅས་ལྟུང་མི་བསྐྱེད་པའི་ཕྱིར་དང་། དྲན་པ་ཉམས་ན་ལྟུང་བ་མི་བསྐྱེད་པར་ཐེག་པ་ཐམས་ཅད་དགོངས་པ་མཐུན་པའི་ཕྱིར་རོ། །གཉིས་པ་ནི། རྩ་ལྟུང་བཅུ་བཞི་པོ་གང་ལ་བརྟེན་ནས་འབྱུང་བའི་ཡུལ་ཏེ། རྩ་ལྟུང་དང་པོའི་ཡུལ་བླ་མ་དམ་པ་ཡིན་པ་བཞིན་ནོ། །གསུམ་པ་ནི། ལྟུང་བ་འབྱུང་བའི་སྒོ་བཞིའམ་རྒྱུ་དྲུག་སྟེ། རྩ་བའི་ས་བཅད་དྲུག་པར་འཆད་དོ། །བཞི་པ་ནི། རྩ་ལྟུང་བཞི་པོ་གང་རུང་ཡན་ལག་ཚང་བར་སྤྱོད་ན། ཡིད་ཁོ་ནས་རྩ་ལྟུང་དུ་འགྱུར་བ་རྣམས་ཐུན་མཚམས་གཅིག་གི་ནང་དུ་གཉེན་པོས་མ་སླེབས་པ་དང་། ངག་དང་འབྲེལ་བ་རྣམས་ཕ་རོལ་པོ་གང་ཡང་རུང་བས་གོ་བ་དང་། ལུས་དང་འབྲེལ་བ་རྣམས་བྱ་བ་དེ་བྱས་ཟིན་པ་ན་རྩ་ལྟུང་དུ་འགྱུར་བ་ཡིན་ལ། སྒོ་གསུམ་གང་རུང་གཅིག་ལ་ལྟོས་པའི་རྩ་ལྟུང་གཅིག་བྱུང་ཟིན་ནས་འཕྲིས་ཅིག་ཤོས་དེ་བྱས་ཀྱང་རྩ་ལྟུང་གཉིས་པར་མི་འགྱུར་མོད། ཉེས་པ་ལྕི་བའི་ཡན་ལག་ཏུ་ནི་འགྲོ་བ་ཡིན་ནོ། །ལྔ་པ་ནི། ལྟུང་བ་སོ་སོའི་ཡུལ་དེ་ལ་དེ་ཡིན་པར་འདུ་ཤེས་མ་འཁྲུལ་བའོ། ། བཞི་པ་ནི། རྩ་བའི་ལྟུང་བ་བཅུ་བཞི་སྟེ། དེ་ལས་མང་མི་དགོས་ཤིང་ཉུང་ན་མི་འདུ་བའི་ཕྱིར། ལྔ་པ་ནི། སྔགས་ཀྱི་དངོས་གྲུབ་ཀྱི་རྩ་བ་བླ་མ་དང་། དེ་ལ་བརྟེན་ནས་ལུང་གི་ཆོས་དང་། ཆོས་སྒྲུབ་པའི་གྲོགས་སྤྱངས་པ་སོགས་གཉེན་པོ་སྔགས་ཀྱི་གོ་རིམ་དང་། སྔ་མ་སྔ་མ་ལྕི་ཞིང་ཕྱི་མ་ཕྱི་མ་ཡང་བས་ལྕི་ཡང་གི་གོ་རིམ་ཡང་ཡིན་ནོ། །དྲུག་པ་ནི། རྩ་ལྟུང་བཅུ་བཞི་ལས་གཙོ་ཆེ་བའི་དབང་དུ་བྱས་ཏེ། ལྟུང་བ་བཅུ་གསུམ་པ་དང་ལྔ་པ་རྒྱུ་འབྲས་སུ་བྱས་ནས་གསང་དབང་དང་ཤེར་དབང་གི་དང་། ཁྱད་པར་ཤེར་དབང་གི་བཅུ་བཞི་པ། དགུ་པ་དང་བཅུ་གཅིག་པ་དབང་བཞི་པའི། ལྷག་མ་དགུ་པོ་བུམ་དབང་དང་འགལ་བའི་རྩ་ལྟུང་ཡིན་ཞིང་། དབང་ཕྱི་མ་ཕྱི་མའི་ཚེ་ན་སྔ་མ་སྔ་མ་ཐུན་མོང་དང་དབང་རང་སྐབས་ཀྱི་དེ་ཉིད་ཐུན་མིན་དུ་འགྱུར་རོ། །དེས་ན་བུམ་དབང་ཙམ་ཐོབ་པས་རང་གི་དགུ་པོ་སྤྱད་ན་རྩ་ལྟུང་དུ་འགྱུར་གྱི། དེ་ལས་གཞན་པ་ལྔ་ལ་སྤྱད་ཀྱང་རྩ་ལྟུང་དངོས་སུ་མི་འགྱུར་ཏེ། དེ་དག་སྡོང་བའི་སྡོམ་པ་མ་ཐོབ་པའི་ཕྱིར་རོ། །

གཉིས་པ་རྒྱས་བཤད་ལ་བཅུ་བཞི་ལས། རྩ་ལྟུང་དང་པོ་ནི། **སློབ་དཔོན་རྣམ་གསུམ་སྙིང་**

ནས་སྨོད་པ་དང་། །བརྙས་དང་ཐུགས་དཀྲུགས་ལྡང་བའི་སྒོ་ཀུན་ལས། །ཤིན་ཏུ་ལྕི་ཕྱིར་འདི་ཉིད་དང་པོར་བཤད། །ཅེས་པ་སྟེ། སྤྱིར་སློབ་དཔོན་དྲུག་བཤད་པ་སོགས་ཡོད་པས་ལྟུང་བ་བྱེད་པོ་རང་ཉིད་སྔགས་སྡོམ་དང་ལྡན་པ་དགོས་ཀྱི། ཡུལ་བླ་མའི་ངོས་ནས་སྔགས་ཚེས་ཁོ་ནས་སྦྲེལ་བ་ཞིག་མི་དགོས་ཀྱང་འདིར་ཁྱད་པར་གྱི་སློབ་དཔོན་ནི་རྣམ་པ་གསུམ་སྟེ། བདེ་བདུས་ཞི་བ་འདུས་པ་རྩ་བའི་རྒྱུད་ལས། རྒྱུད་དགྲོལ་དབང་བསྐུར་དེ་ཉིད་བསྟན། །ཞེས་པས་དབང་བསྐུར། རྒྱུད་བཤད། མན་ངག་བྱིན་པའི་བཀའ་དྲིན་གསུམ་ལྡན་ནམ། གཉིས་ལྡན་ནམ་གཅིག་ལྡན་གང་རུང་ལ། ཞེ་སྡང་ངམ་ཕྲག་དོག་གི་དབང་གིས་སྙིང་ཐག་པ་ནས་སྐུ་འབེབས་པར་འདོད་པས་ངག་གི་འབྲུ་ཞིང་འཕྱུ་བའི་སྒོ་ནས་སྨོད་པ་དང་། བཀུར་སྟི་མི་བྱེད་པར་བརྙས་པ་སོགས་ཀྱིས་ཐུགས་འཁྲུགས་ཏེ་མི་མཉེས་པར་བྱས་པ་དེ་ནི་རྩ་ལྟུང་དང་པོ་སྟེ། རྡོ་རྗེ་སློབ་དཔོན་ནི་སངས་རྒྱས་ཐམས་ཅད་ཀྱི་ངོ་བོ་ཡིན་པས་ཡུལ་གཞན་པར་མ་ཟད། རང་ཉིད་ཀྱི་ལམ་དང་འབྲས་བུའི་ཡོན་ཏན་ཐམས་ཅད་དེ་ཉིད་མཉེས་པས་རྗེས་སུ་བཟུང་བ་ལ་རག་ལས་པའི་ཕྱིར། རྩ་ལྟུང་བཅུ་བཞིའི་ནང་ནས་ཉེས་པ་ཤིན་ཏུ་ལྕི་བས་དང་པོར་བཞག་སྟེ། གང་ཕྱིར་རྡོ་རྗེ་འཛིན་པ་ཡིས། །དངོས་གྲུབ་སློབ་དཔོན་རྗེས་འབྲང་གསུངས། །དེ་བས་དེ་ལ་བརྙས་པ་ནི། །རྩ་བའི་ལྟུང་བ་དང་པོར་བཤད། །ཅེས་སོ། །དེས་ན་ཅི་མཛད་ཡོན་ཏན་དུ་ལྟ་བ་དང་ཅི་མཉེས་སྒྲུབ་པའི་སྤྱོད་པ་ལ་བསླབ་པར་བྱའོ། །

གཉིས་པ་ནི། **བླང་དོར་གནས་སྟོན་བདེ་བར་གཤེགས་པའི་བཀའ། །བླ་མས་གསུངས་ཤིང་རང་གིས་གོ་གཞིན་དུ། །ཁྱད་གསོད་མི་མཐུན་སྤྱོད་འབྲེལ་བཀའ་འདས་གཉིས།** །ཞེས་པ་སྟེ། གདུལ་བྱ་ལ་བླང་དོར་གྱི་གནས་སྟོན་པ་སྡེ་སྣོད་གསུམ་དང་རྒྱུད་སྡེ་བཞིའམ་དྲུག་གིས་བསྡུས་པའི་བདེ་བར་གཤེགས་པའི་བཀའ་ཐམས་ཅད་དང་། དེ་དང་རྗེས་སུ་མཐུན་པའི་འཇུག་ལྡོག་གི་བསླབ་བྱ་བླ་མ་དམ་པས་རང་ལ་འདོམས་པར་མཛད་པ་གང་ཡིན་ཡང་རུང་སྟེ། དེ་དང་དེས་གསུངས་པའི་དོན་གོ་བཞིན་དུ་ཁྱད་གསོད་ཀྱི་བློས་བཀའ་ལས་འདས་ཏེ་མི་མཐུན་པར་སྤྱོད་པའམ། དེ་དང་འབྲེལ་བ་གཞན་ལ་བཤད་ཀྱང་རུང་སྟེ། དངོས་གྲུབ་ཐམས་ཅད་སངས་རྒྱས་དང་བླ་མའི་བཀའི་རྗེས་སུ་འགྲོ་ཞིང་། དེ་ལས་འདས་པ་ན་བླ་མ་ལ་བརྙས་པའི་འོག་ནས་ཉེས་པ་ཆེ་བས་རྩ་ལྟུང་གཉིས་པར་བཞག

གོ༔ ༔

གསུམ་པ་ནི། **སྤྱི་རིང་ཉེ་དང་ནང་འདྲེས་སྤུན་ལ་ཁྲེས། །འཁོན་འཛིན་ཕྲག་དོག་བརྙས་སོགས་གསུམ་པའོ།** །ཞེས་པ་སྟེ། ཡུལ་ནི་སྤྱིའི་མཆེད་སེམས་ཅན་ཐམས་ཅད། རིང་བའི་མཆེད་སངས་རྒྱས་ཀྱི་བསྟན་པ་ལ་ཞུགས་སོ་ཅོག །ཉེ་བའི་མཆེད་སྔགས་ཀྱི་ཐེག་པར་ཞུགས་པ། དེ་ལས་ཀྱང་ཁྱད་པར་ནང་འདྲེས་པའི་མཆེད་བླ་མ་གཅིག་གིས་བསྐུས་པ་ཕ་གཅིག་པའི་སྤུན་དང་། དེའི་ཤུགས་ཀྱིས་དཀྱིལ་འཁོར་གཅིག་གིས་བསྐུས་པ་མ་གཅིག་པའི་སྤུན་ཏེ། དེ་བཞིན་སྔ་མ་སྔ་མ་ལས་ཕྱི་མ་ཕྱི་མ་ཉེ་ཞིང་། ཁྱད་པར་ནང་འདྲེས་ལའང་མ་གཅིག་པ་ལས་ཕ་གཅིག་པ་དང་། དེ་གཉིས་ཀ་གཅིག་པ་ལའང་དབང་ཐོབ་པའི་དུས་སྔ་ཕྱི་ཡོད་ན་སྤུན་རྒན་གཞོན་དང་། དུས་གཅིག་པ་མཚེ་མ་ལྟ་བུ་རྣམས་ཕྱི་རིམ་གྱིས་ཉེ་ལ། དེ་ཡང་དབང་བཞི་ཀ་རྫོགས་པར་ཐོབ་པའི་སྤུན་རྣམས་ཤིན་ཏུ་ཉེ་བ་ཡིན་ནོ། །དེ་ལྟར་ཡང་གསལ་བཀྲ་ལས། མཐའ་ཡས་སེམས་ཅན་རང་རིག་ཕྱིར། །གང་ཡང་བདག་ལས་གཞན་མེད་ཅིང་། །བདེ་གཤེགས་སྙིང་པོའི་སྤུན་ཡིན་ཕྱིར། །མ་འོངས་སངས་རྒྱས་རང་བཞིན་ནོ༔ ༔སྤྱི་ཡི་མཆེད་དེ་ཕ་ཚན་བཞིན། །སངས་རྒྱས་ཆོས་ཞུགས་རིང་བ་དང་། །ལྟ་སྤྱོད་མཐུན་པ་ཉེ་བར་བཤད། །ཕ་གཅིག་དམ་ཚིག་ནང་འདྲེས་པ། །ཞེས་དང་། ཡེ་ཤེས་གྲུབ་པ་ལས། སེམས་ཅན་ཀུན་གྱི་ཡིད་ཁྱབ་པར། །རྡོ་རྗེ་སེམས་དཔའ་རང་ཉིད་བཞུགས། །དེ་ལྟར་བསམ་ནས་རྣལ་འབྱོར་གྱི༔ ༔དབང་པོས་གང་ལའང་བརྙས་མི་བྱ། །ཞེས་དང་། སངས་རྒྱས་ཡེ་ཤེས་ཞབས་ཀྱིས་རིམ་པ་རྣམ་པར་བཞག་པ་ལས། བསྟན་དང་རྡོ་རྗེའི་ཐེག་པ་ལ། །ཞུགས་པ་ཐམས་ཅད་སྤུན་དུ་བརྗོད། །ཀུན་ཀྱང་ཡེ་ཤེས་ལྡན་པས་ན། །རྡོ་རྗེ་སེམས་དཔའི་རྡོ་རྗེའི་སྤུན། །དཀྱིལ་འཁོར་སློབ་དཔོན་རིག་མ་གཅིག །དབང་བཞི་དག་གི་བྱེ་བྲག་གིས། །ཉེ་དང་ཁྱད་པར་བྱེ་བྲག་གོ །ཞེས་སོ། །དེ་ལྟར་སྤུན་དེ་རྣམས་ལ་ཡིད་ཀྱིས་ཁྲེས་ཤིང་འཁོན་ཞེ་ལ་འཛིན་པ་དང་ཕྲག་དོག་གི་བསམ་པས་ལུས་ངག་གིས་བརྙས་པ་དང་། སྐྱོན་བརྗོད་པས་དེའི་སེམས་སུན་ཕྱུང་ན་རྩ་ལྟུང་གསུམ་པའོ། །དེའང་ནང་འདྲེས་པའི་སྤུན་ཡིན་ན་རྡོ་རྗེ་ནང་དམེ་ཡིན་པས་ཤིན་ཏུ་ལྕི་ཞིང་སྦྱང་དཀའ་བའི་རིགས་སོ། །

བཞི་པ་ནི། **སེམས་ཅན་བདེ་བ་ཀུན་དང་བྲལ་ན་བསམ། །སྙིང་ནས་བྱམས་པ་བཏང་བ་བཞི**

པའོ། །ཞེས་པ་སྟེ། ཡུལ་སེམས་ཅན་གང་ཡང་རུང་བ་བདེ་བ་དང་བྲལ་ཞིང་སྡུག་བསྔལ་དང་འཕྲད་ན་ཅི་མ་རུང་སྙམ་དུ་ཁྲོ་བའི་བསམ་པས་སྙིང་ཐག་པ་ནས་བྱམས་པ་བཏང་བ་རྩ་ལྟུང་བཞི་པའོ། །

ལྔ་པ་ནི། **འདོད་ཆགས་སེམས་ཀྱིས་གནས་སྐབས་མ་ཡིན་པར། །བསམ་ཞིང་ཁུ་བ་འབྱིན་དང་སེམས་ཅན་ལ། །བྱང་ཆུབ་སེམས་བསྐྱེད་བཏང་བ་ལྔ་པ་འོ།** །ཞེས་པ་སྟེ། བསྐྱེད་རིམ་པས་སེམས་ཅན་ཐམས་ཅད་ཀྱི་དོན་དུ་རྫོགས་པའི་བྱང་ཆུབ་དོན་གཉེར་གྱི་སྨོན་སེམས་བཏང་བ་དང་། དེ་མ་བཏང་ནའང་འཇུག་པའི་རྩ་ལྟུང་ཐུན་མོང་བ་སྤྱད་པས་འཇུག་སེམས་བཏང་བ་སྤྱི་དང་། ཁྱད་པར་གསང་དབང་གི་ལམ་པས་སྐྱུག་བྲོའི་དབང་གིས་ཐབས་ཤེས་ཀྱི་ཁུ་ཁྲག་སྤྱངས་པ་དང་། ཤེས་རབ་ཡེ་ཤེས་ཀྱི་ལམ་པས་གསང་དབང་བསྒྱུར་བའི་རྫས་དང་བདུད་རྩི་རིལ་བུ་སྒྲུབ་པའི་ཆེད་སོགས་གནང་བའི་གནས་སྐབས་བདུན་མ་ཡིན་པར་མི་འགྱུར་བའི་བདེ་བ་ལ་མ་དད་ཅིང་ཞུ་བདེ་འགྱུར་མེད་ལ་དགོས་མེད་དུ་བསམ་ནས་འདོད་ཆགས་སམ་བསླབ་པ་ཁྱད་གསོད་ཀྱིས་བསམ་བཞིན་དུ་ཁུ་བ་འབྱིན་པས་ནོར་བུའི་ཕྱིར་ལྟུང་ན་རྩ་ལྟུང་ལྔ་པའོ། །དེ་ལ་གནང་བའི་གནས་སྐབས་བདུན་ནི། གསང་བའི་དབང་དང་གསུམ་པ་དང་། །རོ་མཉམ་པ་དང་ལྷ་མཆོད་དང་། །རིགས་བརྒྱུད་སྤེལ་དང་རིལ་བུ་དང་། །འཆི་ལྟས་བརྟག་པའི་དུས་ཡིན་ཏེ། །ཞེས་པ་ལྟར་རོ། །

དྲུག་པ་ནི། **ལམ་འཚོལ་མུ་སྟེགས་ལམ་ཞུགས་ཉན་རང་དང་། །ལམ་ཆེན་ཐེག་ཆེན་གྲུབ་མཐར་སྨོད་ན་དྲུག** །ཅེས་པ་སྟེ། མུ་སྟེགས་ཀྱི་གྲུབ་མཐར་བཤད་པའི་དཀར་ཆོས་རྣམས་ཀྱང་ལམ་གྱི་རྟེན་མཐོ་རིས་སྒྲུབ་པས་ངན་འགྲོ་ལས་ངེས་འབྱུང་གི་ལམ་འཚོལ་བའི་ཕྱིར་དང་ནང་པ་སངས་རྒྱས་པ་ལས་ཉན་རང་ནི་འཁོར་བ་ལས་ངེས་པར་འབྱུང་བའི་ལམ་ལ་ཞུགས་པ་དང་། མཐའ་གཉིས་ལས་ངེས་པར་འབྱུང་བའི་ལམ་ཆེན་པོ་ལ་ཞུགས་པ་ཐེག་ཆེན་ཕ་རོལ་ཏུ་ཕྱིན་པ་སྟེ། དེ་ཐམས་ཅད་ཀྱང་གསང་སྙིང་ལས། ཐེག་པ་བཞི་ཡི་ངེས་འབྱུང་ལ། །ཐེག་པ་གཅིག་གི་འབྲས་བུར་གནས། །ཞེས་སྔགས་ཀྱི་ཐེག་པའི་ལམ་སྟེགས་སུ་འགྱུར་བས་མཐར་ཐུག་ཐེག་པ་གཅིག་ཏུ་གྲུབ་པའི་ཕྱིར། ཐེག་པ་གོང་མ་ལ་དྲང་བའི་ཆེད་སོགས་མ་ཡིན་པར་མཆོག་དམན་དུ་བཟུང་ནས་སྡང་སེམས་ཀྱིས་སྨད་ན་རྩ་ལྟུང་དྲུག་པའོ། །དེ་ལ་འདིར་གཞན་གྱི་གྲུབ་མཐའ་མུ་སྟེགས་པའི་དཀར་ཆོས་ལ་ངོས་འཛིན་

པ་ནི། སྤྱིར་མུ་སྟེགས་པའི་གཞུང་དཀར་ཆོས་མ་ཡིན་ཡང་། དེར་བཤད་པའི་དཀར་ཆོས་ནི་སངས་རྒྱས་པའི་ཡང་དཀར་ཆོས་ཡིན་པས་སྨད་ན་ལྟུང་བར་འགྱུར་དགོས་ཏེ། རྣམ་སྣང་མངོན་བྱང་ལས། རྣམ་པར་སྣང་མཛད་རིང་བའི་རྒྱུ། །མུ་སྟེགས་ཅན་ལ་སྨད་མི་བྱ། །ཞེས་དང་། འཇམ་དཔལ་གྲགས་པས། གྲུབ་པའི་མཐའ་ཡི་བློ་བསྐྱེད་ཕྱིར། །ཕྱི་རོལ་པ་ཡང་ལམ་འཚོལ་ཞུགས། །དེ་ཕྱིར་དེ་ལ་སྨད་མི་བྱ། །ལམ་ཞུགས་ཉན་ཐོས་སློས་ཅི་དགོས། །ཞེས་སོ། །

བདུན་པ་ནི། **སྣོད་དང་ཆོ་ག་མ་བྱས་མ་རྫོགས་དང་། །ཉམས་དང་ཟབ་མོས་འཇིགས་ལྔར་གསང་སྒྲོགས་བདུན།** །ཞེས་པ་སྟེ། སྣོད་ཀྱིས་མ་སྨིན་པ་ལོག་སྲེད་ཅན་དང་། ཆོ་ག་མ་བྱས་པས་མ་སྨིན་པ་བུམ་དབང་མ་ཐོབ་པ་དང་། ཆོ་ག་མ་རྫོགས་པས་མ་སྨིན་པ་མཆོག་དབང་གསུམ་མ་ཐོབ་པ་དང་། ཉམས་པས་མ་སྨིན་པ་རྩ་ལྟུང་བྱུང་ནས་འགྱོད་པས་ཕྱིར་མི་འཆོས་དང་། ཟབ་མོས་འཇིགས་པ་ཉན་རང་སོགས་དབང་པོ་མ་སྨིན་པས་ཟབ་དོན་ལ་སྐྲག་པ་སྟེ། དེ་ལྟར་ཡུལ་རྣམ་པ་ལྔ་ལ་འདུལ་བའི་དུས་དང་བསྟན་བྱ་དེ་ལ་ལྟོས་པའི་སྣོད་ཀྱི་སྐབས་མ་ཡིན་པར་གསང་སྔགས་ཀྱི་ཐུན་མོང་མ་ཡིན་པའི་རྫས་དང་སྤྱོད་པ་དང་ཆོས་ཟབ་དོན་གྱི་གསང་བ་བསྒྲགས་པ། དེས་ཀྱང་གོ་བཞིན་མ་དད་པ་སྐྱེས་ན་རྩ་ལྟུང་བདུན་པའོ། །

བརྒྱད་པ་ནི། **ཕུང་ལྔ་སངས་རྒྱས་ལྔ་ལ་བརྙས་པ་ཡིས། །སྨོད་དང་གདུང་བ་བསྐྱེད་ན་བརྒྱད་པ་ཡིན།** །ཞེས་པ་སྟེ། རྡོ་རྗེ་ཕུང་པོ་ཡན་ལག་ནི། །རྫོགས་པའི་སངས་རྒྱས་ལྔ་རུ་གྲགས། །ཞེས་པ་ལྟར་ཕུང་པོ་ལྔའི་རང་བཞིན་རིགས་ལྔའི་སངས་རྒྱས་ཡིན་པ་ལྟར་དབང་དུས་སུ་ངོ་སྤྲད་ནས། དེ་འདོད་ཡོན་གྱིས་མཉེས་པར་མཆོད་པས་རྟེན་བདེ་བ་འཕེལ། དེས་བརྟེན་པ་ཡེ་ཤེས་མངོན་དུ་འགྱུར་བ་ཡིན་པ་ལས། ཕུང་པོ་ཀུན་འབྱུང་གི་གཙོ་བོར་བཟུང་སྟེ། ལྷའི་ཁྱད་པར་སྒྲུབ་པ་སོགས་ཀྱི་དགོས་པ་མེད་པར་རང་ལུས་མི་གཙང་ངོ་ཞེས་ངག་གིས་སྨོད་ཅིང་སེམས་ཀྱིས་དེ་ལྟར་བཟུང་ནས་བརྙས་པའམ་ཡན་ལག་གཅོད་པ་སོགས་ཀྱི་དཀའ་སྤྱད་དང་སྨྱུང་གནས་སོགས་དཀའ་ཐུབ་ཀྱིས་ལུས་ལ་གདུང་བ་བསྐྱེད་པར་བྱེད་ན་རྩ་ལྟུང་བརྒྱད་པའོ། །

དགུ་པ་ནི། **གཞི་ལམ་འབྲས་བུའི་རང་བཞིན་དག་པ་ལ། །དགྲི་བར་ཐེ་ཚོམ་ཟ་བ་དགུ་པར**

བཤད། །ཅེས་པ་སྟེ། གཞི་ལམ་འབྲས་བུའི་ཆོས་ཐམས་ཅད་རང་བཞིན་གྱིས་རྣམ་པར་དག་པས་དབྱེར་མི་ཕྱེད་པའི་ཟུང་འཇུག་འོད་གསལ་བྱང་ཆུབ་ཀྱི་སེམས་བདེ་བར་གཤེགས་པའི་སྙིང་པོ་གདོད་མའི་གནས་ལུགས་སུ་བཞུགས་པར་བཤད་པ་ནི་ལམ་ལ་དཀྲི་བའི་ཆེད་དུ་སྤྲོ་བ་བསྐྱེད་པ་ཙམ་ལས་དོན་ལ་དེ་ལྟར་མ་ཡིན་སྙམ་དུ་ཐེ་ཚོམ་ཟ་བས་ཡིད་མ་ཆེས་ཏེ་མ་དད་ན་རྩ་ལྟུང་དགུ་པའོ། །

བཅུ་པ་ནི། **བསྒྲལ་བའི་ཞིང་བཅུ་ཚང་བར་ནུས་བཞིན་དུ། །མི་སྒྲོལ་བ་དང་བྱམས་པར་བྱེད་ན་བཅུ།** །ཞེས་པ་སྟེ། དེ་ལ་ཡུལ་ནི་གསལ་བཀྲ་ལས། དཀོན་མཆོག་སློབ་དཔོན་སྐུ་དགྲ་གཉིས། །དམ་ཉམས་ལོག་དང་འཁྲུ་བ་དང་། །འདུ་བར་འོང་དང་ཡོངས་ལ་གནོད། །དམ་དགྲ་ངན་པའི་ངང་ཚུལ་ཅན། །ངན་སོང་གསུམ་དང་བཅུ་པོ་ནི། །རྣལ་འབྱོར་ཀུན་གྱིས་དང་དུ་བླང་། །ཞེས་པས་སྤྱིར་བསྟན་པ་ལ་གནོད་པར་བྱེད་པའི་དཀོན་མཆོག་གསུམ་གྱི་སྐུ་དགྲ་དང་། ཁྱད་པར་བླ་མའི་སྐུ་དགྲ་དང་། སྔགས་ཀྱི་དམ་ཚིག་ཉམས་ནས་གསོ་བར་མི་བྱེད་པ་དང་། སྔགས་ཀྱི་ཐེག་པར་ཞུགས་པ་ལས་ཕྱིར་ལོག་སྟེ་སྤང་པ་དང་། །བླ་མ་དང་མཆེད་ལ་ཞེ་སྡང་བས་འཁྲུ་བ་དང་། སྔགས་སྤྱོད་ལ་འདུ་བར་མི་དབང་བཞིན་དུ་ཀུ་ཐབས་ཀྱིས་འདུས་པའི་ནང་དུ་འོང་བ་དང་། སེམས་ཅན་ཡོངས་ལ་གནོད་པའི་ལས་བྱེད་པ་དང་། དམ་ཚིག་དང་ལྡན་པའི་དགྲར་གྱུར་པ་དང་། མི་དགེ་བའི་ལས་འབའ་ཞིག་ལ་འཇུག་པའི་སྤྱོད་པ་ངན་པའི་ངང་ཚུལ་ཅན་དེ་སྡུག་བསྔལ་གྱི་རྒྱུ་ལ་སྤྱོད་པ་དགུ་དང་། སྡུག་བསྔལ་དངོས་ལ་སྤྱོད་པ་ངན་སོང་གསུམ་པོ་གཅིག་ཏུ་སྡོམ་པས་བཅུ་སྟེ། དེ་ལྟར་བསྒྲལ་བའི་ཞིང་དུ་གྱུར་པ་དེ་རྣམས་མངོན་སྤྱོད་ཀྱི་ལས་ཀྱིས་སྒྲོལ་བར་ནུས་བཞིན་དུ་ཡལ་བར་དོར་ནས་མི་སྒྲོལ་བ་དང་། དེ་ལས་ཀྱང་ཁྱད་པར་བླ་མ་དང་བསྟན་འགྲོར་འཚེ་བའི་གདུག་པ་ཅན་དེ་དག་ལོག་པའི་སྲིད་པས་རང་གི་མཛའ་བོར་བྱས་ནས་ཐ་མལ་པའི་བྱམས་པ་བྱེད་ན་རྩ་ལྟུང་སྟེ། དེས་ན་ལུས་ངག་གི་བྱམས་པ་མི་བྱེད་པར་མ་ཟད། འཕྲལ་དུ་བཟོད་པ་བསྒོམ་པའང་མི་བྱ་སྟེ། གདོང་དྲུག་གི་རྒྱུད་ལས། གདུག་པ་རྣམས་ལ་བཟློག་སྟེ་བྱ། །དངོས་སམ་ཡང་ན་སྔགས་དང་གཞན། །འཕྲུལ་འཁོར་དང་ནི་ཏིང་ངེ་འཛིན། །སྨན་གྱིས་ཀྱང་ནི་བྱ་བ་སྟེ། །ཞེས་གསུངས་པའི་ཕྱིར་རོ། །དེ་ར་མ་ཟད་གཡོ་སྒྱུས་བྱམས་པ་ལྟར་སྟོན་པ་ཁ་འཇམ་ལ་ཞེ་གདུག་པ་ལྟར་བྱེད་ནའང་རྩ་ལྟུང་དུ་འགྱུར་བར་དུས

འཁོར་ལས་བཤད་དོ། །

བཅུ་གཅིག་པ་ནི། **མིང་སོགས་བྲལ་ལ་དངོས་དང་དངོས་མེད་རྟོག །རྟོག་གེས་འཇལ་བར་བྱེད་ན་བཅུ་གཅིག་པའོ།** །ཞེས་པ་སྟེ། མིང་སོགས་མཚན་མ་ཐམས་ཅད་དང་བྲལ་བའི་དོན་དམ་བདེན་པ་དང་། དེ་རྟོགས་པའི་ཐབས་རྣམ་པར་མི་རྟོག་པའི་ལམ་ལ་ཐེ་ཚོམ་ཟ་བས་སོ་སོ་རང་རིག་ལས་གཞན་དུ་རྟོག་གེའི་རིག་པས་དངོས་པོའམ་དངོས་མེད་གང་རུང་དུ་སྒྲོ་འདོགས་པས་རྟོག་ཅིང་ཞེན་པར་བྱེད་ན་རྩ་ལྟུང་བཅུ་གཅིག་པ་སྟེ། གུར་ལས། ཆོས་ཉིད་ཚད་ནི་བཟུང་མི་བྱ། །ཞེས་དང་། ཤྲཱི་པས། ཆོས་ལ་ཚད་མས་གཞལ་མི་བྱའོ། །ཞེས་སོ། །

བཅུ་གཉིས་པ་ནི། **དད་གསུམ་ལྡན་པའི་སེམས་ཅན་དོན་མི་བྱེད། །སེམས་མི་བསྲུང་དང་བསླུ་བ་བཅུ་གཉིས་པ།** །ཞེས་པ་སྟེ། བླ་མ་དང་དཀོན་མཆོག་གི་ཡོན་ཏན་ལ་དང་བ་དང་འདོད་པ་དང་ཡིད་ཆེས་ཀྱི་དད་པ་གསུམ་དང་ལྡན་པའི་སེམས་ཅན་ཆོས་འདོད་ཅིང་སྣྲིན་དུ་རུང་བ་ལ་མི་སྟེར་བ་ལྟ་བུ་དེའི་དོན་བྱེད་ནུས་ཀྱང་མི་བྱེད་པས་སམ། དེའི་སེམས་དང་འགལ་བ་མི་བསྲུང་བར་མི་དད་པར་རིགས་པའི་སྤྱོད་པ་བསྟན་པ་དང་ཆགས་སྡང་གི་སྐྱོན་བརྗོད་པའམ་གཡོ་སྒྱུས་བསླུས་ཀྱང་རུང་སྟེ། དེ་ཉིད་ཀྱི་སེམས་སུན་བྱུང་ནས་དད་འདུན་ལོག་ན་རྩ་ལྟུང་བཅུ་གཉིས་པའོ། །

བཅུ་གསུམ་པ་ནི། **སྐབས་བབས་ཡོ་བྱད་ལོངས་སྤྱོད་དམ་ཚིག་རྫས། །དུས་ཚོད་འབྲེལ་ཡང་མི་བསྟེན་བཅུ་གསུམ་པ།** །ཞེས་པ་སྟེ། སྔགས་ཀྱི་སྤྱོད་པའི་དུས་སུ་ཚོགས་འཁོར་རམ་དཔའ་བོ་དང་དཔའ་མོའི་སྟོན་མོ་གང་ཡིན་ཡང་རུང་སྟེ། དེ་དང་དེའི་ཚེ་བསྟེན་པ་སྐབས་སུ་བབས་པའི་དམ་ཚིག་གི་རྫས་རྡོར་དྲིལ་གོས་རྒྱན་སོགས་བཅང་བའི་ཡོ་བྱད་དང་། ཕྱི་ནང་གི་ཤ་ལྔ་བདུད་རྩི་ལྔ་ཆང་སོགས་བཟའ་བཏུང་གི་ལོངས་སྤྱོད་དང་། གྲོ་གར་གླུ་ཚིག་རིག་མ་སོགས་སྤྱོད་པ་དུས་ཚོད་དང་འབྲེལ་ཡང་། ཉན་ཐོས་ཀྱི་བརྟུལ་ཞུགས་ལ་འཆེལ་བ་ལ་སོགས་པས་ཐེ་ཚོམ་ཟ་བའམ། མི་གཙང་བ་དང་ཉེས་དམིགས་ཀྱི་བསམ་པས་མི་བསྟེན་ཞིང་སྤང་ན་རྩ་ལྟུང་བཅུ་གསུམ་པའོ། །

བཅུ་བཞི་པ་ནི། **སྐྱེ་དང་བྱེ་བྲག་ལ་སྨོས་ཤེས་རབ་མ། །ངོས་སྨྲོག་སྙིང་ཚིམ་སྨད་གོ་བཅུ་བཞི་པ༔** ༔ཞེས་པ་སྟེ། ཡུལ་བུད་མེད་གཅིག་གམ་དུ་མའང་རུང་སྟེ་རིགས་འདོད་པའི་སྔོ་ནས་སྐྱེ་དང་།

བྱེ་བྲག་སྤྱོད་པའི་དུས་ཡིན་ན་རང་གི་བསྙེན་བྱར་འགྱུར་ངེས་ལ་ལྟོས་པའི་བུད་མེད་ཤེས་རབ་ཆོས་འབྱུང་གི་རང་བཞིན་ཅན་དེ་དག་ལ་དངོས་སམ་ལྐོག་ཏུ་ཞེ་ཐག་པ་ནས་སྙིང་ཆེམ་པས་བརྙས་ཐབས་དང་སྨོད་ཚིག་བརྗོད་པ་གཞན་གྱིས་གོ་ན་རྩ་ལྟུང་བཅུ་བཞི་པའོ། །དེ་ཡང་འདིར་ཡུལ་གྱི་བུད་མེད་བླ་མེད་ཀྱི་སྡོམ་ལྡན་མ་ཡིན་པ་ཞིག་དགོས་ཏེ། སྔགས་སྡོམ་དང་ལྡན་པའི་བུད་མེད་ནི་རང་གི་བླ་མའམ་སྤུན་ལས་མི་འདའ་བས་རྩ་ལྟུང་དང་པོ་དང་གསུམ་པར་འགྱུར་བའི་ཕྱིར་རོ། །

བཞི་པ་ཡན་ལག་སྦོམ་པོའི་ལྟུང་བ་ལ་བསྟན་བཤད་བསྡུ་གསུམ་ལས། མདོར་བསྟན་ནི། **ད་ནི་ཡན་ལག་སྦོམ་པོའི་ལྟུང་བ་བཤད།** །ཅེས་པ་སྟེ། འདི་ལ་མཚན་ཉིད། སྒྲ་དོན། དབྱེ་བའོ། །དང་པོ་ནི། སྔགས་བླ་མེད་ཀྱི་སྡོམ་པའི་མི་མཐུན་ཕྱོགས་ཀྱི་ཉེས་པ་གང་ཞིག །སྤྱད་ན་སྡོམ་པའི་ཡན་ལག་ཉམས་བྱེད་ཀྱི་རིགས་གནས་སོ། །གཉིས་པ་ནི། རྩ་བ་བཅུ་བཞི་དང་རྗེས་སུ་མཐུན་པས་ཡན་ལག་དང་། སྡོམ་པ་གཏོང་བྱེད་ཀྱི་ཐམ་པ་མ་ཡིན་ཡང་། དངོས་གྲུབ་མྱུར་དུ་འགྲུབ་པ་ལ་གེགས་བྱེད་པའི་ཕྱིར་ལྗི་བས་སྦོམ་པོ་ཞེས་བྱ་སྟེ། ཤིང་གི་ཡལ་ག་ཆད་ན་སྡོང་པོ་ཉམས་པས་སྐྱར་མི་སྐྱེ་བ་མ་ཡིན་པ་བཞིན་ནོ། །གསུམ་པ་ནི། སྦོམ་པོའི་ལྟུང་བ་བརྒྱད་ལས། ཐོག་མ་གསུམ་རང་རྒྱུད་སྨིན་བྱེད་ཀྱི་ཡན་ལག་དང་། ཕྱི་མ་ལྔ་གཞན་རྒྱུད་སྨིན་བྱེད་ཀྱི་ཡན་ལག་གོ། །

གཉིས་པ་རྒྱས་བཤད་ལ། སྦོམ་པོ་བརྒྱད་བཤད་པ་དང་། འཆད་ཚུལ་གཞན་རྣམ་གྲངས་སུ་འཕྲོས་པའོ། །དང་པོ་ནི། **དབང་དང་དམ་ཚིག་མ་སྨིན་རིག་མ་བསྟེན། །ཚོགས་ཀྱི་འཁོར་ལོའི་དུས་སུ་ལུས་ངག་རྩོད། །མ་གསུངས་རིག་མར་རང་སྟོབས་བདུད་རྩི་ལེན། །སྣོད་ལྡན་སློབ་མར་གསང་སྔགས་མི་སྟོན་དང་། །དད་ལྡན་ཆོས་འདྲི་བ་ལ་ཆོས་གཞན་སྟོན། །ཉན་ཐོས་ནང་དུ་ཞག་བདུན་ལོང་པར་བསྡད། །རྣལ་འབྱོར་ཡེ་ཤེས་མི་ལྡན་སྔགས་པར་རློམ། །སྣོད་མིན་ལ་བཤད་ཡན་ལག་ལྟུང་བ་བརྒྱད།** །ཅེས་པ་སྟེ། དབང་གིས་རྒྱུད་མ་སྨིན་ཅིང་དམ་ཚིག་དང་མི་ལྡན་པའི་རིག་མ་བསྟེན་པ་ཙམ་ལས་དང་པོའོ། །ཚོགས་ཀྱི་འཁོར་ལོའི་གྲལ་དུ་བླ་མའམ། རྡོ་རྗེ་སྤུན་ལ་མནར་སེམས་མེད་པར་ལུས་ངག་གིས་རྩོད་རྙེག་དང་ཁ་ཤགས་ཙམ་བྱས་ན་གཉིས་པའོ། །རྒྱུད་ལས་གསུངས་པའི་མཚན་ཉིད་མ་ཚང་བའི་རིག་མ་ཐལ་པ་ལས་རེལ་བུའམ་བདེ་བའི་རྒྱུར་བདུད་རྩི་ཆོ་ག་བཞིན་དུ་མ་ཡིན་

པར་རང་སྟོབས་ཀྱིས་ལེན་པ་གསུམ་པའོ། །སྣོད་རུང་དོན་དུ་གཉེར་བའི་སློབ་མར་གསང་སྔགས་ཀྱི་ཆོས་དཔེ་མཁྱུད་ཀྱིས་མི་སྟོན་པ་བཞི་བའོ། །དད་ལྡན་ཆོས་དོན་གཉེར་གྱི་དུས་སུ་འདྲི་བ་ལ་ཆོས་དེ་མི་སྟོན་པར་གཞན་སྟོན་པ་ལྔ་པའོ། །སྔགས་ཀྱི་ལྷ་སྤྱོད་ལ་བསྐུར་བ་འདེབས་པའི་ཉན་ཐོས་དངོས་སམ་རྟོག་གེ་བའི་ནང་དུ་ཞག་བདུན་ལོངས་པར་བསྡད་པ་དྲུག་པའོ། །གསང་སྔགས་ཀྱི་རྣལ་འབྱོར་དེ་ཁོ་ན་ཉིད་ཀྱི་ཡེ་ཤེས་དང་མི་ལྡན་པར་རང་ཉིད་སྔགས་འཆང་རྡོ་རྗེ་འཛིན་པར་སྨྲ་ཞིང་རློམ་པ་ནི་བདུན་པའོ། །ནང་གི་སྣོད་མ་ཡིན་པའི་གང་ཟག་འདོད་ཅིང་དོན་དུ་གཉེར་བ་ཚོགས་བཤད་བསྟན་བྱའི་ཡུལ་ལ་ཟབ་དོན་དུས་མ་ཡིན་པར་བཤད་པ་བརྒྱད་པའོ། །དེ་དག་ཀྱང་སློབ་དཔོན་དཔའ་བོས། རབ་ཏུ་བདེ་བ་འཕྲོག་བྱེད་པ། །ཡན་ལག་ཉེས་པ་ངེས་བཤད། །དམ་ཚིག་དག་དང་མི་ལྡན་པའི། །རིག་མ་བསྙེན་པར་དགའ་བ་ནི། །ཡན་ལག་ཉེས་པ་དང་པོ་ཡིན། །ཞེས་སོགས་གསུངས་པ་ལྟར་རོ༔ ༔

གཉིས་པ་ནི། **བསྙེན་སོགས་མ་བྱས་དབང་རབ་ལས་སོགས་འཇུག །ཕྱི་ཆོས་མོས་ལ་ལུས་ཀྱི་ཕྱག་རྒྱ་བསྟན། །སྡོམ་པ་གཉིས་ཀྱི་བཅས་ལས་དགོས་མེད་འདའ། །**ཞེས་པ་སྟེ། བསྙེན་སྒྲུབ་མ་བྱས་པར་སློབ་མ་ལ་དབང་བསྐུར་བ་དང་རབ་གནས་དང་སྦྱིན་སྲེག་གི་ལས་ལ་བསམ་པས་འཇུག་ཅིང་སྦྱོར་བས་ཞུགས་པ་དང་། ཟབ་མོ་སྐྲག་པའི་རིགས་མ་ཡིན་ཡང་ཕྱིའི་ཆོས་ལ་མོས་པའི་གང་ཟག་ལ་དགོས་པ་མེད་པར་ལུས་ཀྱི་ཕྱག་རྒྱ་བསྟན་པ་དང་། སྡོམ་པ་འོག་མ་སོར་བྱང་གཉིས་ཐོབ་པའི་སྔགས་པས་ཕྱི་དྲོའི་ཁ་ཟས་ཟ་བ་ལྟ་བུ་དེ་དང་དེའི་བཅས་པ་ལས་ཚོགས་འཁོར་དང་སྦྱིན་སྲེག་སོགས་དགོས་པ་ཁྱད་པར་ཅན་མེད་པར་འདའ་བར་བྱེད་པ་སྟེ། དེ་སོགས་སྦོམ་པོའི་ངོས་འཛིན་དང་གོ་རིམ་མི་གཅིག་པ་མང་དུ་སྣང་མོད། གཞུང་འདིར་བསྡུ་བར་མཛད་པའི་སྦོམ་པོ་བརྒྱད་ནི་འཇིགས་བྲལ་དཔའ་བོ་དང་དམ་ཚིག་རྒྱ་མཚོ་ལ་སོགས་པའི་དགོངས་པ་དང་མཐུན་ལ། རྗེ་བཙུན་རིན་པོ་ཆེའི་འགྲེལ་སྦྱོང་ལས་ནི་བཤད་མ་ཐག་པའི་གསུམ་པོ་རིམ་པར་སྦོམ་པོ་བརྒྱད་པ་དང་བདུན་པ་དང་དགུ་པར་མཛད་དོ། །དེས་ན་འགྲེལ་སྦྱོང་གི་དགོངས་པའི་ངོ་བོ་དང་གོ་རིམ་ནི་འདི་ཡིན་ཏེ། ཇི་སྐད་དུ༔ ཡན་ལག་དམ་ཚིག་ཅེས་བྱ་བ། །དམ་ཚིག་དང་ནི་མི་ལྡན་པའི། །རིག་མ་བསྙེན་པར་དགའ་བ

དང་། །ཚོགས་ཀྱི་འཁོར་ལོར་རྟོད་པ་དང་། །གསང་བའི་ཆོས་ནི་སྟོན་པ་དང་། །སེམས་ཅན་དད་དང་ལྡན་པ་ལ། །དམ་ཆོས་གཞན་དུ་སྟོན་པ་དང་། །ཉན་ཐོས་དག་དུ་ཉྫོམ་བྱེད་པའི། །ནང་དུ་ཞག་བདུན་གནས་པ་དང་། །སྦྱོར་བ་ངེས་པར་མ་བྱས་པར། །སྐལ་མེད་གསང་བ་སྟོན་པ་དང་། །གང་ཞིག་ཕྱག་རྒྱ་མི་མཁས་པ། །ལུས་ཀྱི་ཕྱག་རྒྱ་སྟོན་པ་དང་། །བསྙེན་སོགས་དག་པར་མ་བྱས་པར། །དཀྱིལ་འཁོར་ལས་ལ་འཇུག་པ་དང་། །སྡོམ་པ་གཉིས་ཀྱི་བཅས་པ་ལ། །དགོས་པ་མེད་པར་འདའ་བ་རྣམས། །ཞེས་སོ། །

གསུམ་པ་དོན་བསྡུ་བ་ནི། **ཞེས་སོགས་སྦོམ་པོའི་ལྟུང་བ་དུ་མ་རྣམས། །ཡོད་ཀྱང་ཉེས་པ་ཆུང་ཞེས་དུས་འཁོར་བཤད།** །ཅེས་པ་སྟེ། དེ་སོགས་སྦོམ་པོའི་ལྟུང་བ་གྲངས་མཐའ་གཅིག་ཏུ་མ་ངེས་པ་དུ་མ་དང་། ཡན་ལག་གང་རུང་མ་ཚང་བའི་ཉེས་བྱས་སོགས་མང་དུ་ཡོད་ཀྱང་ཉེས་པ་ཆུང་བར་བཤད་པས་འདིར་བཏང་སྙོམས་སུ་མཛད་དེ། དུས་འཁོར་འགྲེལ་ཆེན་ལས། ལྟུང་བ་སྦོམ་པོ་རྣམས་ནི་དུ་མ་སྟེ། དེ་རྣམས་ལ་ཆད་པ་ཤིན་ཏུ་ཆུང་བར་འགྱུར་རོ། །ཞེས་པ་ནི་ངེས་པའོ། །ཞེས་གསུངས་པའི་ཕྱིར་རོ། །

ལྔ་པ་ཁྱད་པར་སྒྱུ་འཕྲུལ་རྫོགས་པ་ཆེན་པོའི་ལུགས་བཤད་པ་ལ། བསྟན་བཤད་གཉིས་ལས། མདོར་བསྟན་ནི། **ཁྱད་པར་སྒྱུ་འཕྲུལ་རྫོགས་པ་ཆེན་པོའི་སྲོལ།** །ཞེས་པ་སྟེ། བསྐྱེད་རྫོགས་གསུམ་ལས། མ་ཧཱ་ཡོ་ག་མན་ཆད་དུ་བཤད་པའི་གསར་སྙིང་ཐུན་མོང་བའི་དམ་ཚིག་རྣམས་བསྟན་ཟིན་ནས། ད་ནི་གསར་མའི་རྒྱུད་རྣམས་སུ་མ་གྲགས་པས་ཁྱད་པར་བ་སྟེ། རྫོགས་པ་ཆེན་པོ་གཙོ་བོར་བྱས་པའི་སྒྱུ་འཕྲུལ་གྱི་རྒྱུད་རྣམས་སུ་གསུངས་པའི་ལུགས་སྲོལ་དག་འཆད་པར་བྱའོ། །དེ་ལ་ཐོག་མར་སྤྱིའི་དོན་ཙུང་ཟད་བཤད་ན། དམ་ཚིག་གི་ངོ་བོ་དང་། སྒྲ་དོན་དང་། དབྱེ་བའོ། །དང་པོ་ནི། བསྲུང་བྱའི་དོན་སྔགས་ཀྱི་བརྟུལ་ཞུགས་བཟང་པོ་ལས་མི་འདའ་བར་སྡོམ་པའི་ལྷག་བསམ་ཁྱད་པར་ཅན་ས་བོན་དང་བཅས་པ་གང་ཞིག །སྤྱི་དང་ཁྱད་པར་ལྷག་པ་གསུམ་གྱིས་བསྡུས་པའི་རིགས་གནས་སོ། །གཉིས་པ་ནི། ས་མ་ཡའི་སྒྲ་དངོས་སུ་ཡལ་གམ་བཅས་པའི་ཐ་ཚིག་ལ་འཇུག་པས་ཇི་ལྟར་བཅས་པ་ལས་འདའ་བར་བྱ་བ་མ་ཡིན་པས་དམ་ཚིག་སྟེ། ཀུན་འདུས་ལས། འདའ་དཀའ་རྫོ

རྗེ་དམ་ཚིག་གཏན་གྱི་གཉེར། །ཞེས་སོ། །དེ་ལ་བསྲུངས་མ་བསྲུངས་ཀྱི་ཁེ་ཉེན་གྱིས་དམ་ཚིག་ཏུ་བཞག་པའང་ཡོད་དེ། ཧེ་རུ་ཀ་འདུས་པའི་རྒྱུད་ལས། མི་འདའ་དམ་པ་མཆོག་གྱུར་པ། །འདས་པར་གྱུར་ན་ཚིག་པར་བཤད། །ཅེས་སོ། །གསུམ་པ་ལ། བསྲུང་དུ་མེད་པ་ཅིག་ཅར་བའི་དམ་ཚིག་དང་། བསྲུང་མཚམས་ཅན་རིམ་གྱིས་པའི་དམ་ཚིག་གོ། །དང་པོ་ནི། ཆོས་ཐམས་ཅད་ཡེ་ནས་བླང་དོར་མེད་པར་རྟོགས་པས་སྤང་བླང་བསྲུང་མཚམས་ལས་འདས་པའི་དམ་ཚིག་སྟེ། ཀུན་བྱེད་རྒྱལ་པོ་ལས། ཀྱེ། ཀུན་བྱེད་ངའི་དགོངས་པའི་དམ་ཚིག་ནི། །མ་ཡེངས་དྲན་པས་དངོས་པོ་ཡེ་ཤེས་སུ། །མ་བཅོས་སུས་ཀྱང་མ་བྱས་རང་བྱུང་སྟེ། །རིག་པས་དབང་སྒྱུར་བསྲུང་དང་མི་བསྲུང་མེད། །ཅེས་དང་། སྤྱི་མདོ་ལས། བསྲུང་བྱ་བསྲུང་དུ་མེད་པ་ནི། །ཆོས་ཉིད་དམ་ཚིག་དམ་པ་ཡིན། །ཞེས་སོ། །གཉིས་པ་ནི། དེ་ལས། དམ་ཚིག་འདི་ནི་རྨད་པོ་ཆེ། །ཀུན་གྱི་ཐུན་མོང་མ་ཡིན་ཕྱིར། །མོས་པ་ཆུང་ངུ་ཐམས་ཅད་ལ། །བསྲུང་བའི་མཚམས་དག་བཟུང་བར་གྱིས། །ཞེས་གསུངས། དེ་ལ་དབྱེ་ན། བདེ་འདུས་ཞི་རྒྱུད་ལས། ཉོན་ཅིག་འདུས་པའི་འཁོར་ཚོགས་རྣམས། །དཀྱིལ་འཁོར་འདིར་ནི་གང་ཞུགས་པས། །བསྲུང་ཞིང་བསྡམ་པར་བྱ་བ་དང་། །སྤྱི་དང་ཁྱད་པར་ལྷག་པ་ཡི། །རྣམ་པར་དབྱེ་བས་བཟུང་བྱ་སྟེ། །ཞེས་པས་སྤྱི་དང་། ཁྱད་པར་དང་། ལྷག་པའི་དམ་ཚིག་གསུམ། དང་པོ་ནི། སོ་ཐར་དང་ཕྱི་རྒྱུད་ཀྱི་སྡོམ་པའི་བསྲུང་མཚམས་སུ་གྲགས་པའི་དམ་ཚིག་རྣམས་ཏེ། དེ་ལས། སོ་སོ་ཐར་དང་བྱང་ཆུབ་སེམས། །བྱ་སྤྱོད་རྣལ་འབྱོར་རྒྱུད་རྣམས་ལས། །བསྲུང་བར་བྱ་བ་གང་གསུངས་པ༏ ༏ཐུན་མོང་སྤྱི་ཡི་དམ་ཚིག་ཡིན། །ཞེས་སོ། །གཉིས་པ་ནི། རྩ་བ་སྐུ་གསུང་ཐུགས་ཀྱི་དམ་ཚིག་དང་། །ཡན་ལག་ལྔ་ཚན་ལྔ་སྟེ། སྤྱི་མདོ་ལས། །སྐུ་དང་གསུང་ཐུགས་རྡོ་རྗེ་ཡི། །བསྲུང་དང་སྤྱད་དང་ཡིད་འོང་དང་། །མི་འདོར་ཤེས་བྱ་སྒྲུབ་པ་དང་། །ཞེས་ཉི་ཤུ་རྩ་བརྒྱད་གསུངས་པ་ནི། གཞུང་དོན་རྒྱས་བཤད་ཀྱི་སྐབས་སུ་འཆད་འགྱུར་ལས་ཤེས་པར་བྱའོ། །གསུམ་པ་ནི། ཞི་རྒྱུད་ལས། གཞུང་དོན་ལྷག་པའི་དམ་ཚིག་ནི། །རབ་ཏུ་ལྷག་པར་བསྲུང་བར་བྱ། །གཙན་གཟན་རྒྱལ་པོའི་ཁྲི་མི་ཞིག །ཟ་མ་ཏོག་ཏུ་དུག་མི་བླུག །རིན་ཆེན་ལྕུག་ཕྲན་མི་འབྲེག་ཅིང་། །ཞུན་ཁོལ་ལྷ་བུ་མི་བཏུང་སྟེ། །པདྨའི་ཟེའུ་འབྲུ་ཁ་མི་གསེང་། །བུག་བརྡོལ་སྟོད་དུ་བཙུད་མི་བླུག །དོན་དང་མི་ལྡན་རྫས་མི་

བསྙེན། །ཤེལ་སྒོང་འདམ་དུ་བསུབ་མི་བྱ། །མ་དག་སྟོད་དུ་དག་པ་མེན། །ཡིད་བཞིན་ནོར་བུ་མི་འཕྲིག་སྟེ། །ཁྲུང་ཆེན་གཤོག་པ་ཡ་མི་འབྲལ། །གནམ་ལྕགས་དུར་མོའི་མཚོན་མི་རྡེག །གཅན་གཟན་རོལ་པའི་ལྷག་མི་སྤྱད། །རྡོ་རྗེ་བྲག་ཆེན་མི་གཞིག་ཅིང་། །ར་བ་དྭ་བའི་མཚམས་མི་འདྲལ། །སྒྲོན་མེ་རླུང་གིས་བསད་པ་མེན། །ཡེ་ཤེས་ཆུ་རྒྱུན་གཅོད་པ་སྤང་། །བཀའ་རྟགས་ཕྱག་རྒྱ་མི་དབྱེ་ཞིང་། །རྡོ་རྗེ་ཕ་ལམ་མཁར་མི་ལྷོག །གཙུག་གི་ནོར་བུ་དམའ་མི་དབབ། །འདི་དག་བསྲུང་བར་བྱ་བ་སྟེ། །ལྷག་པར་གཅེས་པའི་དམ་ཚིག་ཡིན། །ཞེས་སྤྱི་དང་ཁྱད་པར་གྱི་དམ་ཚིག་ལ་གནས་པའི་རྣལ་འབྱོར་པས་སྒྲུབ་པ་ལ་སོགས་པའི་སྐབས་སུ་བསྲུང་བ་ལྷག་པར་བསྟན་པའི་དམ་ཚིག་ཉི་ཤུ་ལྔེམ་དགོངས་ཀྱི་སྒྲ་བཤད་པ་སྟེ། རིམ་པ་ལྟར། རྡོ་རྗེ་སློབ་དཔོན་གྱི་སྐུ་ལ་མི་འཚེ་ཞིང་བཀའ་མི་གཅོག་པ་དང་། བླ་མའི་ཡུམ་ལ་མི་སྤྱོད་དང་། དད་པ་ཅན་གྱི་ཚོགས་མི་བཅག་པ་དང་། དཀོན་མཆོག་དང་མཁས་པའི་དཀོར་ལ་མི་འབག་ཅིང་ཆང་མྱོས་པར་མི་འཐུང་བ་དང་། རྡོ་རྗེ་སྲིན་གྱི་ཡུམ་ལ་མི་སྤྱོད་པ་དང་། མཚན་ལྡན་གྱི་གཟུངས་མ་མི་བསྟེན་པ་དང་། མཚན་ཉིད་དང་མི་ལྡན་པའི་དམ་རྫས་མི་བསྟེན་པ་དང་། མཁས་པའི་ཡོན་ཏན་ལ་མི་སྨོད་པ་དང་། སྣོད་མིན་ལ་གསང་ཆོས་མི་སྟོན་པ་དང་། མཚན་ལྡན་གྱི་གཟུངས་མ་དང་སྣོད་ལྡན་གྱི་སློབ་མ་མི་སྤང་པ་དང་། དོན་བདེ་སྟོང་དང་རྟགས་ཡབ་ཡུམ་མི་འབྲལ་བ་དང་། མཆེད་བཀྱལ་ཁ་ཙམ་དུ་འང་ནང་འཐབ་མི་བྱེད་པ་དང་། གཞན་གྱིས་སྤྱད་པའི་ལྷག་མི་སྤྱོད་པ་དང་། བླ་མའི་གདན་ས་མི་ཀློམ་པ་དང་། རང་གཞན་གྱི་མཚམས་མི་འདྲལ་བ་དང་། ཏིང་ངེ་འཛིན་བྱིང་རྒོད་ཀྱི་དབང་དུ་མི་གཏོང་བ་དང་། བཟླས་པ་དང་ཚིག་མི་ཚིག་གིས་བར་མི་གཅོད་པ་དང་། དབང་རྟགས་ཀྱི་ཕྱག་རྒྱ་ལས་མི་འདའ་ཞིང་བརྡ་མི་བརྗེད་པར་བྱ་བ་དང་། རྣལ་འབྱོར་པའི་དཀྱིལ་འཁོར་མི་དཀྲུག་ཅིང་སྐྱེ་བོའི་མཐུ་ལྷོག་མི་བྱེད་པ་དང་། སློབ་དཔོན་གཙུག་ཏུ་འཁྲུར་བ་ལས་ཉམས་པར་མི་བྱ་བ་རྣམས་སོ། །

གཉིས་པ་རྒྱས་བཤད་ལ། ངོ་བོ་དང་། དབྱེ་བ་གཉིས། དང་པོ་ནི། བསྲུང་བྱའི་དོན་ཁྱད་པར་ཅན་ལས་མི་འདའ་བར་སྡོམ་པའི་སེམས་པ་ས་བོན་དང་བཅས་པ་གང་ཞིག རྩ་བ་དང་ཡན་ལག་གིས་བསྡུས་པའི་རིགས་གནས་སོ། །དེ་ལྟར་ཡང་གསང་སྙིང་གི་རྒྱུད་ཕྱི་མ་ལས། གང་ཞིག་ནན་ཏན་

ལས་མི་འགོང་། །ཕྱི་ལམ་དུ་ཡང་དམ་ཚིག་བརྗོད། །དམ་བཅའ་བ་ནི་སྡོམ་པར་འདོད། །ཅེས་སོ། །

གཉིས་པ་ལ། རྒྱ་བའི་དམ་ཚིག་དང་། ཡན་ལག་གི་དམ་ཚིག་གོ །དང་པོ་ནི། **རྩ་བ་བླ་མའི་སྐུ་གསུང་ཐུགས་གསུམ་ལ། །དགུ་དགུར་ཕྱེ་བ་ཉི་ཤུ་རྩ་བདུན་དང་།** །ཞེས་པ་སྟེ། རྩ་བ་རྡོ་རྗེ་གསུམ་གྱི་དམ་ཚིག་ལ་བླ་མ་ཞེས་སྨྲར་བ་ནི་རང་གི་སྒོ་གསུམ་སངས་རྒྱས་ཀུན་འདུས་བླ་མའི་རྡོ་རྗེ་གསུམ་དང་དབྱེར་མི་ཕྱེད་པར་སྡོམ་པས་སམ། ཡང་ན་གུ་རུའི་སྒྲ་ལས་ལྕི་བ་སྟེ་ཉམས་ན་སྦྱང་དཀའ་བའི་དོན་ནོ། །འདི་ནི་རང་བཞིན་རྫོགས་པ་ཆེན་པོ་མན་ངག་སྡེའི་ལུགས་ཀྱི་དམ་ཚིག་རྣམ་པར་བཞག་པ་ཡིན་པས། རྫོགས་པ་ཆེན་པོའི་དམ་ཚིག་ནི་བསྲུང་མཚམས་ལས་འདས་པའི་ཕྱིར་ན་འདའ་ཉམས་མེད་ཀྱང་། ལམ་ཉམས་སུ་ལེན་པའི་གང་ཟག་ལས་དང་པོ་པ་རྣམས་ཀྱིས་རང་རྒྱུད་དག་པར་བྱ་ཕྱིར་སྒོ་གསུམ་རྡོ་རྗེ་གསུམ་གྱི་དམ་ཚིག་ལས་མི་འདའ་བར་བྱ་བའོ། །དེ་ལ་དབྱེ་ན། དམ་ཚིག་རྣམ་པར་བཀོད་པ་ལས། འགྲོ་བའི་སྒྲིན་སོ་གསུམ་དག་ལས། །ཐུགས་ཀྱི་དམ་ཚིག་གསུམ་དུ་བཤད། །དེ་ལ་ཁྱད་པར་ངེས་ཕྱེ་བ། །སྐུ་དང་གསུང་དང་ཐུགས་དག་ལས། །རེ་རེ་ལ་ཡང་དགུ་དགུ་སྟེ། །འདྲུག་དང་ལས་ཀྱི་རྣམ་པས་ཤེས། །ཞེས་པས། རྩ་བ་སྐུ་གསུང་ཐུགས་ལ་ཕྱི་ནང་གསང་གསུམ་དང་། དེ་རེ་རེ་ལའང་གསུམ་གསུམ་དུ་ཕྱེ་བས་ཉི་ཤུ་རྩ་བདུན་ལས། དང་པོ་སྐུའི་དམ་ཚིག་གསུམ་ཚན་གསུམ་གྱི༑ ཕྱིའི་ཕྱི་ནང་གསང་གསུམ་ནི། རིམ་པར་མ་བྱིན་ལེན། མི་ཚངས་སྤྱོད། སྲོག་གཅོད་གསུམ་སྤོང་བའོ། །ནང་གི་གསུམ་ནི། ཕ་མ་རྡོ་རྗེ་སྤུན་སྲིང་དང་རང་ལུས་ལ་སྨོད་པ། ཆོས་དང་གང་ཟག་ལ་སྨོད་པ། རང་ལུས་ལ་བརྡེག་འཚོག་དང་དཀའ་ཐུབ་ཀྱིས་བརྟས་ཤིང་གདུང་བ་རྣམས་སྤོང་བའོ། །གསང་བའི་གསུམ་ནི། རྡོ་རྗེ་སྤུན་སྲིང་གི་ལུས་ལ་བརྡེག་པར་གནས་ཤིང་རྒྱན་ལ་སྨོད་པ། རྡོ་རྗེ་མཆེད་ལྕམ་ལ་བརྡེག་པ་དང་བླ་མའི་ཡུམ་ལ་གཅེས་པ། བླ་མའི་གྲིབ་མར་འགོངས་པ་དང་སྤྱན་སྔར་ལུས་ངག་གི་སྤྱོད་པ་བག་མེད་རྣམས་སྤང་བའོ། །གཉིས་པ་གསུང་གི་དམ་ཚིག་གསུམ་ཚན་གསུམ་གྱི༑ ཕྱིའི་གསུམ་ནི། རྫུན་ཚིག ཕྲ་མ། གཞན་གྱི་ཞེར་འདེབས་ཀྱི་ཚིག་རྩུབ་རྣམས་སྤང་བའོ། །ནང་གི་གསུམ་ནི། ཆོས་ཀྱི་ཚིག་རྩུབ། དོན་ཡིད་ལ་བསམ་པ། གནས་ལུགས་སྒོམ་པར་བྱེད་པ་རྣམས་ལ་གཤེ་སྐུར་འདེབས་པ་སྤང་བའོ། །གསང་བའི་གསུམ་ནི། རྡོ་རྗེ་སྤུན་སྲིང་གི་ཚིག བླ་མའི་

ཕྱག་རྒྱ་དང་ཉེ་འཁོར་གྱི་ཚིག །བླ་མའི་གསུང་རྣམས་ལ་བརྙས་ཤིང་གཅོག་པ་རྣམས་སྤྱང་བའོ། །གསུམ་པ་ཐུགས་ཀྱི་དམ་ཚིག་གསུམ་ཚན་གསུམ་གྱི། ཕྱིའི་གསུམ་ནི། གནོད་སེམས། བརྣབ་སེམས། ལོག་ལྟ་གསུམ་སྤང་བའོ། །ནང་གི་གསུམ་ནི། སྤྱོད་པ་ལོག་པ་བག་མེད། སྒོམ་པ་ལོག་པ་བྱིང་རྒོད་དང་གོལ་སྒྲིབ། ལྟ་བ་ལོག་པ་རྟག་ཆད་འཐར་འཛིན་རྣམས་སྤང་བའོ། །གསང་བའི་གསུམ་ནི། ཉིན་ཞག་གི་ཐུན་རེ་རེ་བཞིན་ལྟ་སྒོམ་སྤྱོད་གསུམ་ཡིད་ལ་མ་བྱས་པ། ཡི་དམ་གྱི་ལྷ་ཡིད་ལ་མ་བྱས་པ། བླ་མའི་རྣལ་འབྱོར་དང་མཆེད་ལྕམ་ལ་བརྩེ་གདུང་ཡིད་ལ་མ་བྱས་པ་རྣམས་སྤང་བའོ། །དེ་དག་གི་གཞུང་དོན་དངོས་བསྟན་བཀྲལ་ཟིན་ནས། ད་ནི་འཕྲོས་དོན་རྒྱུད་ལུང་གཉིས་སུ་ཇི་ལྟར་གསུངས་པའི་རྩ་བའི་དམ་ཚིག་གསུམ་མདོ་ཙམ་བཤད་པར་བྱ་སྟེ། དེ་ལ་སྤྱི་མདོ་ལས། སྐུ་དང་གསུང་ཐུགས་རྡོ་རྗེ་ཡི། །བསྲུང་དང་། ཞེས་གསུངས་ཤིང་། གསང་སྙིང་ལས། བླ་མེད་མི་སྤང་བླ་མ་བཀུར། ། སྔགས་དང་ཕྱག་རྒྱ་རྒྱུན་མི་བཅད། །ཡང་དག་ལམ་དུ་ཞུགས་ལ་བྱམས། །གསང་བའི་དོན་ཕྱིར་སྨྲ་མི་བྱ། །འདི་ནི་རྩ་བ་ལྔ་རྣམས་ཏེ། །སྒྲུབ་དང་བསྲུང་བའི་དམ་ཚིག་མཆོག །ཅེས་གསུངས་པའི་ལྔ་པོའང་རྩ་བ་གསུམ་དུ་འདུ་སྟེ། འདི་དག་མ་ཉམས་ན་ཡན་ལག་ཉམས་ཀྱང་རིམ་གྱིས་སོར་ཆུད་པར་འགྱུར་བས་རྩ་བ་དང་། དེ་ཡང་བླ་མ་དང་མཆེད་ལ་བསྲུང་བ་ནི་ཕན་འདོགས་པ་དང་གནོད་པ་སྤང་བའི་གཞིའི་གཙོ་བོ་ལུས་ཡིན་པས་སྐུའི་དམ་ཚིག་དང་། སྔགས་རྒྱ་རྒྱུན་མི་གཅོད་པ་ནི་བཟླས་བརྗོད་ཀྱི་ཡན་ལག་ཏུ་གཏོགས་པས་གཙོ་བོར་ངག་ཡིན་པའི་ཕྱིར་གསུང་དུ་བསྡུས་པར་རྒྱུད་དང་སྒྲུབ་སྡེ་གཉིས་ཀ་དགོངས་པ་མཐུན་ཞིང་། སྒྲུ་འཕྲུལ་བ་གསང་བཅུ་མི་སྨྲ་བ་དག་ཡིན་ཡང་གང་གསང་བ་ནི་ཐུགས་ལ་གནས་པས་གཙོ་བོ་སེམས་ཀྱི་ཆོས་ཡིན་པའི་ཕྱིར་ཐུགས་སུ་བསྡུ་ནའང་། བདེ་འདུས་ཞི་རྒྱུད་དུ། གསང་བར་བྱ་བ་འདི་རྣམས་ཀྱང་། །སྐུ་གསུང་ཐུགས་ཀྱི་དམ་ཚིག་གོ། །ཞེས་གསུམ་གས་བསྡུས་པར་གསུངས་པ་དང་། བྱང་ཆུབ་སེམས་གསུམ་སྒོམ་པ་ནི། །རྡོ་རྗེ་ཐུགས་ཀྱི་དམ་ཚིག་གོ། །ཞེས་བྱང་སེམས་ཐུགས་སུ་བསྡུ་བར་གསུངས་སོ། །དེ་ལས་འདིར་བྱང་སེམས་དང་གསང་བ་མི་སྨྲ་བ་གཉིས་ཀ་ཐུགས་ཀྱི་དམ་ཚིག་ཏུ་བསྡུས་ན་བདེ་སྟེ། རྩ་བའི་དམ་ཚིག་གསུམ་དུ་བསྡུ་བའི་སྐབས་ཡིན་པའི་ཕྱིར་རོ། །དེ་ཡང་གསལ་བཀྲ་ལས། བྱང་སེམས་རྣམ་གཉིས་སློབ་དཔོན་དྲུག །མཆེད་

བཞི་སྡུགས་གསུམ་ཕྱག་རྒྱ་བཞི། །གསང་བཅུ་རྩ་བར་ཤེས་པར་བྱ། །ཞེས་པ་ལྟར་ལས། དང་པོ་སྐུའི་དམ་ཚིག་གི་ཡུལ་ནི་གཉིས་ཏེ། ཞི་རྒྱུད་ལས། རྒྱུད་དཀྱིལ་དབང་བསྐུར་དེ་ཉིད་བསྟན། །བླ་མ་ཉིད་དང་ལྡན་ཅིག་གྲོགས། །ལུས་ངག་ཡིད་ཀྱིས་བཀུར་བ་ནི། །རྡོ་རྗེ་སྐུ་ཡི་དམ་ཚིག་གོ །ཞེས་སོ། །དེ་ལས་བླ་མ་བཀུར་བ་ལ། ཡུལ་གྱི་དབྱེ་བ་ལ་སྤྱིར་ཀུན་གྱིས་དམ་པར་བཀུར་ཞིང་བཀའ་དྲིན་ཐོབ་པ་སྤྱིའི་སློབ་དཔོན། རབ་བྱུང་གི་མཁན་པོ་ལྟ་བུ་ཆོས་སྒོར་འདྲེན་པའི་སློབ་དཔོན། དམ་ཚིག་འབོགས་ཤིང་དབང་བསྐུར་བ་པོ་དམ་ཚིག་དབང་གི་སློབ་དཔོན། ཉེས་ལྟུང་བཤགས་ཡུལ་དུ་གྱུར་པ་ཉམས་ཆག་སྐོང་བའི་སློབ་དཔོན། ཆོས་འཆད་པའི་སློབ་དཔོན་ལྟ་བུ་ཤེས་རྒྱུད་འགྲོལ་བའི་སློབ་དཔོན། ཟབ་མོའི་གདམས་པ་སྟོན་པའི་བླ་མ་ལྟ་བུ་མན་ངག་ལུང་གི་སློབ་དཔོན་དང་དྲུག་སྟེ། གསལ་བཀྲ་ལས། སྤྱི་དང་འདྲེན་དང་དམ་ཚིག་དབང་། །ཉམས་ཆག་སྐོང་དང་ཤེས་རྒྱུད་འགྲོལ། །མན་ངག་ལུང་གི་སློབ་དཔོན་རྣམས། །ཞེས་པའི་སློབ་དཔོན་དྲུག་ཇི་ལྟར་བཀུར་ཚུལ་གྱི་དཔེ་ཡང་རིམ་བཞིན་དེ་ཉིད་ལས། ཡུལ་ལ་དབང་བའི་རྒྱལ་པོ་དང་། །ཕུ་བོ་ཕ་དང་མ་དང་མིག །སྙིང་བས་ལྷག་པའི་ཚུལ་བལྟས་ཏེ། །ཞེས་དང་། ཁྱད་པར་ཞི་རྒྱུད་ལས་གསུངས་པ་ལྟར་དབང་བསྐུར། རྒྱུད་བཤད། མན་ངག་ནོད་པའི་སློབ་དཔོན་གསུམ་ནི། སངས་རྒྱས་ལས་ལྷག་པའམ། མཉམ་པའམ། དཀོན་མཆོག་བཞི་པར་བལྟ་བ་གང་རུང་གིས་སྒོ་གསུམ་གཡོ་ཟོལ་མེད་པས་ཐུགས་ཅི་མཉེས་དང་བཀའ་ཅི་གསུང་སྒྲུབ་པའི་སྒོ་ནས་བཀུར་བར་བྱའོ། །

གཉིས་པ་མཆེད་ལ་བྱམས་པར་བྱ་བ་ནི། སྔར་བཤད་པ་ལྟར་སྤྱི་རང་ཉེ་བ་འདྲེས་པའི་མཆེད་བཞི་དང་། དེ་རྣམས་ལས་ཀྱང་ཡང་དག་ལམ་དུ་ཞུགས་པའི་མཆེད་ཕྱི་མ་གསུམ་དང་། དེའི་ནང་ནས་ཀྱང་འདྲེས་པའི་མཆེད་ལྷག་པར་ཡང་གཉན་པར་ཤེས་པའི་རིམ་པས་རྟག་ཏུ་མི་འབྲལ་ཞིང་ཕན་འདོགས་པའི་ལྷག་བསམ་གྱིས་བརྩེ་ཞིང་གདུང་བས་བྱམས་པར་བྱ་སྟེ། རྣམ་གློག་ལས། རྡོ་རྗེ་སྤུན་ལ་གདུང་སེམས་ཀྱང་། །འདྲེས་དང་མ་འདྲེས་ཡོངས་ཀྱི་སྤུན། །ཡང་དག་ལམ་དུ་ཞུགས་པ་ལ། །རྫན་དང་བཅས་པའི་སེམས་ཙམ་ཡང་། །རྟག་ཏུ་སྐྱོང་བར་བྱ་བ་ཡིན། །བརྩེ་ཞིང་གདུང་བའི་ཤུགས་ཕྱུང་ལ། །གཅིག་ལ་གཅིག་ནི་མིག་བཞིན་བལྟ། །མདོར་ན་སྲོག་ལའང་མི་ཆགས་པར། །སྤུན་དང་

མིང་སྲིད་དགོས་པ་སྒྲུབ། །ཅིའི་ཕྱིར་རྡོ་རྗེ་སྤྲུན་རྣམས་ནི། །འདི་ནས་བྱང་ཆུབ་བར་དག་ཏུ། །མི་འབྲལ་འགྲོགས་པའི་གྲོགས་མཆོག་སྟེ། །མི་མར་འོད་དང་སྡོང་བུ་འདྲ། །ཞེས་སོ། །གཉིས་པ་གསུང་གི་དམ་ཚིག་ནི། ཞི་རྒྱུད་ལས། རང་གི་ཡི་དམ་ལྷ་མཆོག་གི །སྔགས་དང་ཕྱག་རྒྱ་རབ་འཛིན་པས། །དུས་ཀུན་ཏུ་ནི་རྒྱུན་མི་གཅོད། །རྡོ་རྗེ་གསུང་གི་དམ་ཚིག་ཡིན། །ཞེས་དང་། གསལ་བཀྲ་ལས། རྩ་བ་བསྙེད་དང་ལས་སྔགས་དང་། །དམ་ཚིག་ལས་དང་ཆོས་དང་ནི། །སྐུ་ཉིད་ཕྱག་རྒྱ་ཆེན་པོ་བཞི། །ཞེས་པས་ཡུལ་སྔགས་གསུམ་དང་ཕྱག་རྒྱ་བཞི་བརྩོན་པ་རབ་ཀྱིས་ཆུ་བོའི་རྒྱུན་བཞིན་ནམ་ཉིན་མཚན་གྱི་ཐུན་ལ་གནས་པ་དང་། འབྲིང་གིས་ཟླ་བ་ངོ་རེར་དུས་དྲུག་གམ་བཞི་ལ་སོགས་པ་དང་། ཐ་མས་ཀྱང་ལོ་ཟླའི་དུས་མཆོད་ཀྱི་རྒྱུན་མ་ཆགས་པར་བྱ་སྟེ། དེ་ཉིད་ལས། རང་གི་སྒོ་གསུམ་ཡི་དམ་གྱི། །སྐུ་གསུང་ཐུགས་སུ་མངོན་སྤྲུར་ལ། །རྟག་ཏུ་བཟླས་པ་བྱེད་པ་ནི། །བྱང་ཆུབ་གཟུངས་ལ་ཞུགས་པ་ཡིན། །རབ་ཀྱིས་ཆུ་བོའི་རྒྱུན་བཞིན་ནམ། །ཉིན་གསུམ་མཚན་གསུམ་གཉིས་གཅིག་ཏུ། །མ་ཡེངས་ཙམ་དུ་ངང་གིས་བཟླ། །འབྲིང་གིས་ཟླ་གཅིག་དུས་དྲུག་དང་། །དུས་བཞིའི་བར་དུ་མི་གཅད་ཅིང་། །ཐ་མར་བརྩོན་པའི་རྣལ་འབྱོར་པས། །ཟླ་རེའམ་ར་བའི་དུས་དག་ཏུ། །བརྩོན་པས་འབད་དེ་མི་བྱེད་པ། །བྱང་ཆུབ་ས་བོན་བརླག་པ་ཡིན། །ཚོགས་དང་གཏོར་མའང་དེ་བཞིན་དུ། །ཐ་ན་ལོ་ཟླར་མི་འདའོ། །ཞེས་སོ། །

གསུམ་པ་ཐུགས་ཀྱི་དམ་ཚིག་ལ་གཉིས་ལས། བླ་ན་མེད་པའི་བྱང་ཆུབ་ཀྱི་སེམས་མི་སྤང་བའི་དམ་ཚིག་ནི། ཡུལ་ལྷག་པ་དོན་དམ་དང་ལྷག་པ་ཀུན་རྫོབ་ཀྱི་བདེན་པ་གཉིས་ཡིན་ལ། དེ་མི་སྤོང་བའི་ཚུལ་ནི། ལྷག་པའི་བདེན་པ་དབྱེར་མེད་སྤྱོད་ཡུལ་དང་བྲལ་བའི་གནས་ལུགས་རྟོགས་པ་ལྟ་བུ་དམ་ཚིག དེ་ཉིད་སྤང་ཐོབ་མེད་པར་མངོན་དུ་གྱུར་པའི་འབྲས་བུ་ལ་དམིགས་པ་སྨོན་པ་དང་། དེ་སྒྲུབ་པའི་ཕྱིར་རང་གནས་ཀྱི་ཡེ་ཤེས་དང་རྗེས་སུ་མཐུན་པའི་སྒོ་གསུམ་སྤྱོད་ཡུལ་དང་བཅས་པའི་སྣང་བ་དང་ཐམས་ཅད་ལྷའི་སྐུ་གསུང་ཐུགས་ཀྱི་ཕྱག་རྒྱ་ལས་མི་འདའ་བས་གང་ཤར་དག་པའི་སྣང་བར་ལམ་དུ་ཁྱེར་བ་འཇུག་པའི་སེམས་ལ་བསླབ་པར་བྱ་བ་སྟེ། ཞི་རྒྱུད་ལས། ཇི་ལྟར་སྨོན་དང་འཇུག་པ་ཡིས། །བྱང་ཆུབ་སེམས་གསུམ་སྒོམ་པ་ནི། །ཞེས་དང་། གསལ་བཀྲ་ལས།

རང་ལུས་རྒྱལ་བའི་ཕྱག་རྒྱ་ཆེ། །སེམས་ཅན་ཁམས་ཀྱང་དེར་ཤེས་ཤིང་། །སྣང་སྟོང་གཉིས་མེད་རྡོ་རྗེའི་སྐུ། །བྱུས་མཐོང་ཐོས་པ་ཐམས་ཀྱང་། །སེམས་ཕྱིར་གང་ཡང་བྱུས་སྣང་མེད། །དྲན་དང་ཤེས་བཞིན་སྟོན་བཏང་ལ། །དུས་གསུམ་རྒྱུན་དུ་མ་དྲན་ན། །ཐེག་ཆེན་སྔགས་པར་ཅི་ཡིས་ཆུད། །ཅེས་སོ༔ ༔གཞན་ལས་བླ་ན་མེད་པའི་དཀོན་མཆོག་གསུམ་མི་སྲུང་བར་བཤད་པ་དང་ཡང་གནད་གཅིག་སྟེ༔ དཀོན་མཆོག་འགྲེལ་ལས། འདི་ལྟར་སངས་རྒྱས་དང་དགེ་འདུན་ནི་ཡེ་ཤེས་ཀྱི་བྱེ་བྲག་ཡིན་ལ༔ ཆོས་ནི་དེའི་ཆོས་ཉིད་ཡིན་པས། དེ་བས་ན་ཡེ་ཤེས་དང་ཆོས་ཉིད་ནི་ཀུན་རྫོབ་ཙམ་དུ་ཆོས་དང་ཆོས་ཅན་བདག་ཉིད་གཅིག་པ་ཡིན་པ་དང་། དོན་དམ་པར་སྤྲོས་པ་ཞི་བའི་ཕྱིར་གཉིས་སུ་མེད་དེ༔ དེ་ལྟ་བུའི་དོན་གྱིས་བྱང་ཆུབ་ཀྱི་སེམས་ཡིན་ནོ། །དེའི་རྟགས་ཀྱི་ཕྱག་རྒྱ་ནི་ལྷའི་སྐུ་སྟེ་དེ་བས་ན་ལྷ་གཅིག་པུ་བསྒོམས་པས་གཞུང་ལས། དཀོན་མཆོག་གསུམ་དང་བྱང་ཆུབ་སེམས། །ལྷ་དང་བླ་མ་དེ་བཞིན་ཏེ། །ཞེས་གང་གསུངས་པའི་བླ་མ་མ་གཏོགས་པ་གསུམ་འདུས་པར་འགྱུར་པ་ཡིན་ནོ། །ཞེས་སོ། །

གཉིས་པ་གསང་བ་མི་སྨྲ་བ་ལ། ཡུལ་ནི་ཕྲ་རྒྱུས་ལས། དམ་ཉམས་དམ་ལས་ལོག་པ་དང་། །དམ་མེད་དཀྱིལ་འཁོར་མ་མཐོང་དང་། །འབྲེལ་དང་མ་འབྲེལ་ཐམས་ཅད་ལ། །ཞེས་པས་གང་གསང་བྱ་ལ་ལྟོས་ནས་དེ་རྣམས་ཀྱི་བྱེ་བྲག་དབྱེ་ཤེས་པར་བྱའོ། །ཇི་ལྟར་གསང་བ་ནི། དེ་ལས། སྤྱི་དང་བར་གསང་བཞི་བཞི་དང་། །ཚོས་དང་གཉེར་གཏད་རྣམ་པ་བཅུ། །ཞེས་པ་ལས། སྤྱིར་གསང་བཞི་ནི༔ གསལ་བཀྲ་ལས། ལྟ་ཟབ་སྤྱོད་པ་བརླང་པོ་དང་། །ལྷའི་མིང་གཟུངས་དང་གྲུབ་རྟགས་རྣམས། །སྤྱི་གསང་རྣམ་པ་བཞི་ཡིན་ནོ། །ཞེས་པའི་ལྟ་བ་ཟབ་མོ་ནི་བློ་དམན་དབང་པོ་མ་སྨིན་པ་རྣམས་དང་། སྤྱོད་པ་ནི་གསར་དུ་ཞུགས་པ་རྣམས་ལ་གསང་ངོ་། །ཡི་དམ་གྱི་ལྷའི་མཚན་དང་། དེའི་སྔགས་དང་དེ་གྲུབ་པའི་རྟགས་རྣམས་ནི་མ་འབྲེལ་པ་ལ་བསྟན་ན་དམ་ཚིག་ཉམས་ཤིང་། འབྲེལ་པ་ལའང་རང་དགར་བསྟན་ན་དངོས་གྲུབ་ཉམས་པར་གསུངས་པས་ཐམས་ཅད་དུ་གསང་བར་བྱའོ། །བར་གསང་བཞི་ནི་དེ་ལས། སྒྲུབ་པའི་གནས་དུས་གྲོགས་དང་རྫས། །བར་དུ་གསང་ལ་བསྒྲུབ་པར་བྱ། །ཞེས་པས་གང་དུ་འདུ་བའི་གནས་དང་། འདུ་བའི་དུས་སོགས་ཚོགས་སྒྲུབ་གསང་བའི་སྤྱོད་པ་ལ་ཞུགས

པའི་བར་དེ་སྲིད་དུ་གསང་ངོ་། །གསང་བར་འོས་པ་ནི། ཐུན་མོང་མ་ཡིན་པའི་སྔགས་ཀྱི་སྤྱོད་པ་དང་དམ་རྫས་མཆེད་ཀྱི་ངན་སྤྱོད་སོགས་མཐོང་ཐོས་སུ་མི་རུང་བ་རྣམས་དང་། གཉེར་གཏད་པ་ནི། བླ་མ་དང་མཆེད་ཀྱིས་གསང་བར་བཀའ་རྒྱས་བཏབ་པ་རྣམས་སོ། །དེ་ལྟར་ཡང་ཞི་རྒྱུད་ལས། གཞན་ཡང་སློབ་དཔོན་མཆེད་ལྕམ་གྱིས། །གསང་བར་བསྒྲགས་དང་གནས་སྐབས་སུ། །དེ་ལྟར་འོས་པ་ཤིན་ཏུ་གསང་། །ཞེས་སོ། །དེ་ལྟར་གསང་བ་བཅུ་པོ་རང་རང་གི་ཡུལ་དང་དུས་ཀྱི་དམིགས་ངེས་པས་ཤིན་ཏུ་གསང་བར་བྱའོ། །དེ་ཡང་བྱང་སེམས་དང་སྔགས་རྒྱུ་གཉིས་ཡོན་ཏན་ཁྱད་པར་ཅན་སྐྱུབ་པའི་དམ་ཚིག་ཡིན་ལ། བླ་མ་བཀུར་ཞིང་མཆེད་ལ་བྱམས་པ་གཉིས་ནི་ཐུགས་དང་འགལ་བ་བསྲུང་བ་དང་། གསང་བ་མི་སྒྲོག་པ་དེའི་གྲོགས་སུ་བསྲུང་བར་བྱ་བ་གཙོ་ཆེ་བས་བསྲུང་བའི་དམ་ཚིག་གོ་ཞེས་རོང་ཟུར་གྱི་བཀའ་སྲོལ་ལས་འབྱུང་ཞིང་། ཀུན་མཁྱེན་ཆེན་པོ་ནི་དངོས་གྲུབ་ཀྱི་རྩ་བ་བླ་མ་ཡིན་ལ། དེ་མཉེས་ན་དངོས་གྲུབ་འབྱུང་བས་བླ་མ་བསྙེན་པ་སྒྲུབ་པའི་དམ་ཚིག་སྟེ། མཉམ་སྦྱོར་ལས། སྒྲུབ་པའི་དམ་ཚིག་ཆེན་པོ་ནི། །ལྷ་དང་བླ་མ་མི་སྤང་ཞིང་། །སྔགས་དང་ཕྱག་རྒྱ་རྒྱུན་མི་གཅད། །ཅེས་གསུངས་པས་སོ་ཞེས་བཞེད། དེ་ལྟར་སྐུ་གསུང་ཐུགས་རེ་རེ་ལའང་གསུམ་གསུམ་དུ་གྱུར་ཏེ། བླ་མ་བཀུར་བ་ལྟ་བུ་ལ་ལུས་ཀྱིས་བཀུར། ངག་གིས་བསྟོད། ཡིད་ཀྱིས་གུས་པར་བྱ་བ་བཞིན་དུ་གཞན་ལའང་རིགས་འགྲེ་བའི་ཕྱིར་རོ། །མདོར་ན་འགྲོ་བ་ཐམས་ཅད་གདོད་མ་ནས་རང་བཞིན་གྱིས་རྣམ་པར་དག་པས་སངས་རྒྱས་ཐམས་ཅད་ཀྱི་སྐུ་གསུང་ཐུགས་དང་དབྱེར་མི་ཕྱེད་པ་རྡོ་རྗེའི་བདག་ཉིད་ནི་ཆོས་ཀུན་གྱི་སྲོག་དང་བསླབ་པ་ཐམས་ཅད་ཀྱི་གཞིར་གྱུར་པ་མཉམ་པ་ཆེན་པོའི་དམ་ཚིག་སྟེ། དེ་ཉིད་ཤེས་རབ་དང་ཏིང་ངེ་འཛིན་གྱིས་རྟོགས་ཤིང་གོམས་པར་བྱས་པ་ལས་དངོས་གྲུབ་ཐམས་ཅད་འབྱུང་བའི་ཕྱིར་ཤིན་ཏུ་བརྩོན་པས་བསྲུང་བར་བྱའོ། །དེ་ལྟར་ཡང་སྙིང་པོ་ལས། དམ་ཚིག་རྣམས་ནི་རྡོ་རྗེ་ཆེ། །སངས་རྒྱས་ཀུན་གྱི་བདག་ཉིད་ཡིན། །ཞེས་དང་། མཉམ་ལ་མཉམ་པར་སྦྱོར་བ་ཡི། །མཉམ་པའི་དམ་ཚིག་ལ་གནས་ན། །མཉམ་རྫོགས་ཆེན་པོ་ཐོབ་པར་འགྱུར། །ཞེས་སོ། །

གཉིས་པ་ཡན་ལག་གི་དམ་ཚིག་ལ་བསྟན་བཤད་གཉིས་ལས། མདོར་བསྟན་ནི། **ཡན་ལག**

དམ་ཚིག་ཉི་ཤུ་རྩ་ལྔ་ནི། །ཞེས་པས་རྩ་བའི་གྲོགས་སམ་ཐབས་སུ་གྱུར་པ་ཡན་ལག་གི་དམ་ཚིག་ལྔ་ཚན་ལྔར་ཕྱེ་བས་ཉི་ཤུ་རྩ་ལྔ་སྟེ། སྤྱི་མདོ་ལས། སྤྱད་དང་ཡིད་འོང་དང་། །མི་འདོར་ཤེས་བྱ་བསྒྲུབ་པ་དང་། །ཞེས་དང་། གསལ་བཀྲ་ལས། སྤྱད་པ་ལྔ་དང་མི་སྤང་ལྔ། །དང་དུ་བླང་དང་སྒྲུབ་དེ་བཞིན། །ཤེས་བྱ་ལྔ་རྣམས་ཐུན་མིན་བཤད། །ཅེས་སོ། །རྒྱས་བཤད་ལ་ལྔ་ཚན་ལྔ་ལས། དང་པོ་སྤྱད་པར་བྱ་བ་ལྔ་ནི། **ཏ་ན་ག་ཊ་མ་བྱིན་ལེན་དང་རྫུན། །ངག་འཁྱལ་རྣམས་ནི་སྤྱད་པར་བྱ་བ་ལྔ།** །ཞེས་པ་སྟེ། འདི་དག་རང་དོན་གྱི་ཞེན་འཁྲིས་མེད་ཅིང་ཐབས་ལ་མཁས་པས་གཞན་དོན་དུ་འགྱུར་ན་སྤྱད་པར་བྱ་སྟེ། ཞིང་བཅུ་སྒྲོལ་བའི་ཕྱིར་སྲོག་གཅོད་པ་ནས། སློབ་བུ་མ་རུངས་པའི་རྒྱུད་འཚོས་པའི་ཕྱིར་ངག་འཁྱལ་ལས་ཞི་གཅོད་ཀྱི་བསླང་ཚིག་སྨྲ་བའི་བར་གནང་བའི་ཕྱིར་ཏེ། ཞི་རྒྱུད་ལས། སྦྱོར་སྒྲོལ་མ་བྱིན་ལེན་པ་དང་། །རྫུན་དང་ངག་བསླང་བརྗོད་པ་རྣམས། །ཐབས་མཆོག་ངེས་པས་ཟིན་པ་ཡིས། །གནས་སྐབས་དག་ཏུ་ཤེས་པར་བྱ། །ཞེས་དང་། བྱང་ཆུབ་སེམས་དཔའི་སྡེ་སྣོད་ལས་ཀྱང་། ཐབས་ཆེན་རྣམས་དང་ལྡན་པ་ལ། །ཉོན་མོངས་བྱང་ཆུབ་ཡན་ལག་འགྱུར། །ཞེས་གསུངས་པའི་ཕྱིར། སྦས་དོན་དུ་སྲོག་ནི་རླུང་སྟེ་དབུ་མར་འགོག་པའམ་གཟུང་འཛིན་རྟོག་པའི་སྲོག་རང་རིག་པའི་ཡེ་ཤེས་ཀྱིས་གཅོད་པ། བཙུན་མོའི་ཤུ་ཀྲ་མ་བྱིན་པར་ལེན་པ། ཁ་སྦྱོར་ལས་ཞུ་བདེ་འགྱུར་མེད་སྒྲུབ་པའི་འདོད་སྤྱོད། འཁོར་བ་མེད་སྣང་ལས་འགྲོ་བ་སྒྲོལ་བའི་རྫུན་ཚིག །བརྗོད་མེད་རྟོགས་པས་གབ་སྦས་མེད་པར་སྨྲ་བའི་བསླང་ཚིག་རྣམས་སོ། །

གཉིས་པ་མི་སྤང་བ་ལྔ་ནི། **འདོད་ཆགས་ཞེ་སྡང་གཏི་མུག་ང་རྒྱལ་དང་། །ཕྲག་དོག་ལྔ་ནི་མི་སྤང་དམ་ཚིག་ལྔ།** །ཞེས་པ་སྟེ། འདི་ལ་གསལ་བཀྲ་ལས། ཡང་དག་དུག་ལྔ་ལོག་དུག་ལྔ། །ཞེས་ཡང་ལོག་གཉིས་སུ་བཤད་པ་ལས། ལོག་པའི་དུག་ལྔ་ནི། དུག་ལྔ་རང་མཚན་པ་རྣམས་ཡིན་ལ། དེ་ཡང་ཉན་ཐོས་པ་ལྟར་དགྲར་བལྟས་ནས་མི་སྤོང་ངོ་། །ཅིའི་ཕྱིར་ན། ཆོས་ཐམས་ཅད་རང་རང་གི་ངོ་བོས་སྟོང་པས་སྤང་བྱའི་རྫས་མ་གྲུབ་པའི་ཕྱིར་མི་སྤང་སྟེ། སྨིག་རྒྱུ་ལ་ཆུ་རགས་མི་དགོས་པ་བཞིན་ནོ༑ ༑དེ་ལྟར་ཡང་རྡོ་རྗེ་ལས། ཉོན་མོངས་རྣམས་ནི་སྒྱུ་འདྲ་ངོ་བོས་སྟོང་། །རང་གིས་མི་རྟག་རང་བཞིན་ཤེས་པས་གྲོལ། །ཞེས་སོ། །ཡང་ཐབས་ཀྱིས་ཟིན་ན་སྤྱད་ཀྱང་མི་འཆིང་བར་མ་ཟད་རྣམ་པར

གྲོལ་བའི་མྱུར་ལམ་ཡིན་པས་ཀྱང་མི་སྤྱང་སྟེ། རྣ་བར་ཆུ་ཞུགས་པ་ཆུས་འགུགས་པ་བཞིན་ནོ། །རྒྱུ་མཚོ་ལས། ཉོན་མོངས་ལམ་ནི་དག་པ་ཆེ། །ཐབས་ཀྱི་འདོད་ཡོན་རྒྱན་གྱི་མཆོག །ཐམས་ཅད་ཐམས་ཅད་རོལ་པ་ཡིས། །མྱུར་དུ་ཧེ་རུ་ཀ་དཔལ་འགྱུར། །ཞེས་སོ། །ཉོན་མོངས་པ་ལྔ་ཡེ་ནས་རིགས་ལྔ་ཡེ་ཤེས་ལྔའི་རང་བཞིན་ཡིན་པས་ཀྱང་མི་སྤྱང་སྟེ། སྨུམ་འདོད་པས་ཧིལ་འབྲུ་སྒྲུབ་པ་བཞིན་ནོ༑ ༑ཐབས་ཞགས་ལས། གཏི་མུག་ཞེ་སྡང་ང་རྒྱལ་དང་། །འདོད་ཆགས་ཕྲག་དོག་ཆེན་པོ་ནི། ། བསྒྱུར་བ་མེད་པའི་སྡོམ་པ་ཅན། །དེ་ནི་དམ་ཚིག་རྡོ་རྗེ་ཡིན། །ཞེས་པའི་འགྲེལ་བར་སློབ་དཔོན་ཆེན་པོ་པདྨས། གཏི་མུག་ནི་རྣམ་པར་སྣང་མཛད་ཀྱི་དམ་ཚིག་སྟེ། ཅིའི་ཕྱིར་ཞེ་ན། མ་རིག་པ་ནི་སྤྱང་དུ་མེད། རིག་པ་ནི་སྒྲུབ་ཏུ་མེད་དེ། ཆོས་ཀྱི་དབྱིངས་སུ་རོ་གཅིག་པའི་ཕྱིར་རོ། །ཞེས་སོགས་རྒྱས་པར་གསུངས་པ་དང་། ཞི་རྒྱུད་ལས་ཀྱང་། རང་བཞིན་ཤེས་པས་མི་སྤྱང་སྟེ། །རང་རིག་ཡེ་ཤེས་ཉིད་ཡིན་ནོ། །ཞེས་སོ། །སྤྲུས་དོན་ཡང་དག་པའི་དུག་ལྔ་སྟེ། ཆོས་ཐམས་ཅད་མཉམ་པ་ཉིད་དུ་རྫོགས་པས་ལྟ་བ་ལ་ཕྱོགས་རིས་དང་སྤྱོད་པ་ལ་བླང་དོར་གྱིས་འབྱེད་པ་མེད་པའི་གཏི་མུག །དེ་ལྟར་མ་རྟོགས་པ་ལ་དམིགས་པ་མེད་པའི་སྙིང་རྗེ་ཆེན་པོས་རྗེས་སུ་ཆགས་པའི་འདོད་ཆགས། རང་རིག་པའི་ཡེ་ཤེས་ཀྱིས་ལོག་རྟོག་འཇོམས་པའི་ཞེ་སྡང་། མཉམ་ཉིད་རྟོགས་པའི་ལྟ་བ་གཞོངས་སུ་མི་འབེབས་པའི་ང་རྒྱལ། གཉིས་འཛིན་གྱི་ལྟ་སྤྱོད་མཉམ་ཉིད་ཀྱི་ཀློང་དུ་མི་ཤོང་བའི་ཕྲག་དོག་རྣམས་རྟོགས་གོམས་ཀྱི་ཐབས་ཀྱིས་མི་སྤོང་བའོ། །

གསུམ་པ་དང་དུ་བླང་བ་ལྔ་ནི། **དྲི་ཆེན་དྲི་ཆུ་རཀྟ་མཱཾ་ས་དང་། །རྡོ་རྗེ་ཐིལ་བ་དང་དུ་བླང་བ་ལྔ༑** ༑ཞེས་པ་སྟེ། དམ་རྫས་བདུད་རྩི་ལྔ་ནི། ཆོས་ཉིད་རང་བཞིན་དང་། རང་གི་ངོ་བོ་དང་། མཐུ་དང་། བྱིན་གྱིས་བརླབས་ཀྱིས་གྲུབ་པའི་རྫས་ཁྱད་པར་ཅན་ཡིན་པས་མི་དོར་བར་དང་དུ་བླང་བར་བྱའོ། །ཅིའི་ཕྱིར་ཞེ་ན། ཆོས་ཐམས་ཅད་ཡེ་ནས་བླང་དོར་མེད་པའི་ཆོས་ཉིད་ཀྱི་རོལ་པ་ཡིན་པས་གཙང་དམེའི་རྟོག་པ་མེད་པའི་ཕྱིར་དང་དུ་བླང་སྟེ། ལེ་ལག་ལས། བདུད་རྩི་ཡེ་ནས་དག་པའི་ཆོས། ། བླང་དོར་མེད་པ་ཀུན་ལས་འདས། །ཡེ་བསྒྲུང་ཆེན་པོའི་དམ་ཚིག་ཏུ། །མཁས་པས་དང་དུ་བླང་བར་བྱ། །ཞེས་སོ། །ནད་ལྔ་སེལ་ཞིང་ཐུན་མོང་གི་ཡོན་ཏན་ལྔ་འབྱུང་བ་དང་རིགས་ལྔ་ཡེ་ཤེས་ལྔ

སྒྲུབ་པའི་དམ་རྫས་ཁྱད་པར་ཅན་ཡིན་པས་ཀྱང་དང་དུ་བླང་སྟེ། བྱང་སེམས་དཀར་པོས་ཚ་བའི་ནད་སེལ་བ་དང་མི་བརྗེད་པའི་གཟུངས་ཐོབ་པའི་ཡོན་ཏན་འབྱུང་ཞིང་རྡོ་རྗེའི་རིགས་མེ་ལོང་ལྟ་བུའི་ཡེ་ཤེས་འགྲུབ་པར་བྱེད་དོ། །དེ་བཞིན་དུ་རཀྟས་ཀྱང་ནད་སེལ། བཀྲགས་མདངས་གསལ། པདྨའི་རིགས་སོར་རྟོག །དྲི་ཆེན་གྱིས་དུག་ནད་སེལ། ཚེ་རིང་། བུདྡྷའི་རིགས་ཆོས་དབྱིངས། དྲི་ཆུས་གགས་པ་སེལ། སྐད་སྙན། ལས་རིགས་བྱ་གྲུབ། ཤ་ཆེན་གྱི་དྭངས་མས་མཛེ་ནད་སེལ། མཐུ་ཆེ༏ རིན་ཆེན་རིགས་མཉམ་ཉིད་ཡེ་ཤེས་སོ། །དེ་ལྟར་ཡང་གསལ་བཀྲ་ལས། ནད་ལྔ་བསལ་ཕྱིར་བླང་བ་དང་། །གཙང་དམེའི་རྟོག་པ་སྦྱོང་ཕྱིར་དང་། །ཐུན་མོང་དགོས་པ་ལྔ་ཕྱིར་དང་། །རིགས་ལྔ་གྲུབ་པའི་ཡོན་ཏན་དང་། །སྡུག་བསྔལ་ལས་གྲོལ་དངོས་གྲུབ་ཐོབ། །ཅེས་སོ། །སྦས་དོན་དུ་ཕུང་ལྔའི་དྭངས་མ་འཛག་མེད་འཆང་བས་དང་དུ་བླང་བའོ། །

བཞི་པ་ཤེས་པར་བྱ་བ་ལྔ་ནི། **ཕུང་ལྔ་འབྱུང་ལྔ་ཡུལ་ལྔ་དབང་པོ་ལྔ། །ཁ་དོག་ལྔ་རྣམས་ལྔ་རུ་ཤེས་པ་ལྔ།** །ཞེས་པ་སྟེ། ཆོས་ཐམས་ཅད་ཡེ་ནས་སངས་རྒྱས་པས་ཕུང་པོ་ལྔ་དེ་བཞིན་གཤེགས་པ་ཡབ་ལྔ། འབྱུང་བ་ལྔ་ཡུམ་ལྔ། དབང་པོ་དང་དབང་ཤེས་ལྔ་སེམས་དཔའ། ཡུལ་ལྔ་སེམས་མ། ཁ་དོག་ལྔ་རིགས་ལྔ་ཡེ་ཤེས་ལྔ་སོགས་ལྔ་ཚན་གྱི་རྟོག་ཚོགས་ཐམས་ཅད་སྐུ་དང་ཡེ་ཤེས་ཀྱི་དཀྱིལ་འཁོར་དུ་ཤེས་རབ་ཀྱིས་སྒྲོ་འདོགས་བཅད་ནས་ཤེས་པར་བྱེད་པ་སྟེ། དམ་ཚིག་གསུམ་བཀོད་ལས། དང་པོར་ཤེས་པར་བྱ་བའི་དམ་ཚིག་ནི། ཕུང་པོ་ལྔ་དང་འབྱུང་བ་རྣམ་པ་ལྔ། །རྣམ་ཤེས་དབང་པོ་ཡུལ་ལ་སོགས་པ་རྣམས། །ལྔ་དང་དཀྱིལ་འཁོར་རང་བཞིན་ཤེས་པར་བྱ། །ཞེས་སོ། །

ལྔ་པ་བསྒྲུབ་པར་བྱ་བ་ལྔ་ནི། **དེ་བཞིན་གཤེགས་དང་རྡོ་རྗེ་རིན་པོ་ཆེ། །པདྨ་ལས་རིགས་བསྒྲུབ་བྱ་ལྔ་རྣམས་ནི། །དུས་ཚོད་འབྲེལ་བའི་སྤྱོད་པས་དགོངས་པ་བླང་།** །ཞེས་པ་སྟེ། ཤེས་པར་བྱ་བའི་དམ་ཚིག་ལྔ་པོ་དེ་རྟོགས་གོམས་ཀྱི་སྦྱོར་བས་རང་རྒྱུད་ལ་ཚུལ་བཞིན་དུ་སྒྲུབ་པའི་ཐབས་ལ་བརྩོན་པར་བྱེད་པ་སྟེ། ཞི་རྒྱུད་ལས། སངས་རྒྱས་རྡོ་རྗེ་སེམས་དཔའ་དང་། །རིན་ཆེན་འབྱུང་ལྡན་འོད་དཔག་མེད། །དོན་ཡོད་པ་དང་རྣམ་སྣང་མཛད། །ཡེ་ཤེས་ལྔ་ཡི་རང་བཞིན་ཏེ། །སྐུ་གསུང་ཐུགས་དང་ཡོན་ཏན་དང་། །ཕྲིན་ལས་ལྔ་ཡིས་རབ་ཏུ་སྒྲུབ། །ཅེས་སོ། །དེ་ལ་ཤེས་པར་བྱ་བའི་ལྔ་

བའི་དམ་ཚིག །དེ་ལྟར་རྟོགས་ནས་སྒྲུབ་པར་བྱེད་པ་སྒོམ་པའི་དམ་ཚིག །སྤྱོད་དང་མི་སྤང་དང་དུ་བླང་བ་གསུམ་པོ་ཕྱི་བཤད་ལྟར་ན་སྤྱོད་པའི་དམ་ཚིག་གཙོ་ཆེ་བ་ཡིན་ལ། དེ་བས་ན་ལས་དང་པོ་པ་དང་། ཉམས་མྱོང་ཅུང་ཟད་སྐྱེས་པ་སོགས་ལྟ་དགོངས་ཀྱི་གདེང་དང་ཚོགས་དབེན་ལ་སོགས་པའི་ཡུལ་དུས་ཀྱི་གནས་སྐབས་བརྩིས་ནས་དུས་ཚོད་དང་འབྲེལ་བའི་དགོངས་པ་བླངས་ཏེ་རིམ་པ་མ་ནོར་བར་སྤྱོད་པར་བྱ་བ་ཡིན་ནོ། །

གསུམ་པ་དོན་བསྡུ་བ་ནི། **དེ་སོགས་དམ་ཚིག་རྣམ་བཞག་མང་གསུངས་པ། །རྩ་བ་ཡན་ལག་བཅས་འདིར་མ་འདུས་མེད། །མདོར་ན་རང་ལུས་རྡོ་རྗེ་གསུམ་ཤེས་ན། །ཐུགས་ཀྱི་དམ་ཚིག་སཡ་འབུམ་སྡེ་འདུས།** །ཞེས་པ་སྟེ། གོང་དུ་ཇི་སྐད་བཤད་པ་དེས་མཚོན་ཏེ་སོགས་ཁོངས་ནས། སྒྱུ་འཕྲུལ་རྩ་རྒྱུད་སྙིང་པོ་ལས་རྩ་བ་དང་ཡན་ལག་གི་དམ་ཚིག་བཅོ་ལྔ་ལས་རྣམ་གྲངས་སུམ་བརྒྱ་དྲུག་ཅུར་སྤྲོས་པ་དང་། བྱ་རྒྱུད་རྒྱས་པའི་ལེའུ་དོན་གཉིས་པར་སྤྱོང་བ་རྡོ་རྗེ་ལ་སོགས་པའི་གཙོ་བོར་ཤེས་པར་བྱ་བའི་དམ་ཚིག་དགུ་བཅུ་རྩ་བདུན་དང་། སྤྱི་མདོའི་ལེའུ་རེ་དྲུག་པར། གལ་མདོ་ངེས་པའི་དམ་ཚིག་བཞི། ཐུན་མོང་གི་ཉི་ཤུ་རྩ་བརྒྱད། ལྷག་པའི་དམ་ཚིག་བཞི། བརྟུལ་ཞུགས་ཀྱི་ཉེར་གསུམ། སྒྲུབ་པའི་ཉི་ཤུ། སྤྱོད་ལམ་རྒྱུན་གྱི་བཞི། བདུད་ལྔ་སྤྱོང་བ། དགྲ་བཞི་གཞོམ་པ། ལྟ་བའི་དམ་ཚིག་སྟེ་དགུར་ཕྱེ་བ་དང་། གཞན་ཡང་རྒྱུད་སྡེ་སོ་སོར་རྩ་བ་དང་ཡན་ལག་གིས་བསྡུས་པའི་སྲུང་བའི་དམ་ཚིག་དང་། ཏིང་ངེ་འཛིན་དང་སྤྱོད་ལམ་དང་བཟའ་བའི་དམ་ཚིག་དང་། མི་འབྲལ་བའི་ཡོ་བྱད་ཀྱི་དམ་ཚིག་སོགས་དམ་ཚིག་གི་རྣམ་བཞག་མང་པོ་ཞིག་གསུངས་ནའང་། དེ་ཐམས་ཅད་རྩ་བ་དང་ཡན་ལག་གི་དམ་ཚིག་ཏུ་མ་འདུས་པ་མེད་དེ། གང་སྤྱད་ན་ཐུགས་སྡོམ་གཏོང་བའི་རིགས་དང་། མི་གཏོང་ནའང་ཡན་ལག་ཉམས་པར་བྱེད་པའི་རིགས་གཉིས་སུ་འདུས་པའི་ཕྱིར་རོ། །འོན་གསར་རྙིང་ཐུན་མོང་བའི་རྩ་ལྟུང་བཅུ་བཞི་དང་སྔ་འགྱུར་བའི་ཁྱད་པར་གྱི་རྩ་བའི་དམ་ཚིག་ལྔ་པོ་མི་འགལ་ལམ་སྙམ་ན། མི་འགལ་ཏེ། བཅུ་བཞི་པོ་ལྔ་པོའི་ཁོངས་སུ་འདུས་པའི་ཕྱིར། ཇི་ལྟར་འདུས་ན། བླ་མ་བཀུར་བའི་ནང་དུ་རྩ་ལྟུང་དང་པོ། གཉིས་པ། དྲུག་པ་རྣམས་འདུས་ཏེ། བླ་མ་ལ་བརྙས་པ་ནི་བཀུར་བའི་མི་མཐུན་ཕྱོགས་དང་། བཀའ་འདས་ནི་དེའི་གསུང་ལས་འགོངས་པ་དང་།

རང་གཞན་གྱི་གྲུབ་མཐའ་ལ་སྨོད་པའང་བཀའ་འདས་ཀྱི་ནང་ཚན་ཡིན་པའི་ཕྱིར། མཆེད་ལ་བྱམས་པའི་ནང་དུ་གསུམ་པ། བཞི་པ། བཅུ་པ། བཅུ་གཉིས་པ། བཅུ་བཞི་པ་རྣམས་འདུས་ཏེ། རྡོ་རྗེ་སྤུན་ལ་ཁྲོས་པ་ནི། མཆེད་བྱེ་བྲག་པ་ལ་བྱམས་པའི་མི་མཐུན་ཕྱོགས་དང་། སེམས་ཅན་ལ་བྱམས་པ་སྤོང་བ། སེམས་སུན་འབྱིན་པ། བུད་མེད་ལ་སྨོད་པ་རྣམས་སྤྱིའི་མཆེད་ལ་བྱམས་པ་སྤོང་བའི་མི་མཐུན་ཕྱོགས་དང་། བཅུ་པའང་ཐ་མལ་གྱི་བྱམས་པ་ལྟར་སྣང་བས་དོན་ལ་འདུལ་ནུས་ནའང་མི་འདུལ་བས་བྱམས་པ་བཏང་བ་ཡིན་པའི་ཕྱིར། བླ་ན་མེད་པའི་བྱང་ཆུབ་ཀྱི་སེམས་མི་སྤོང་པ་རྟོགས་གོམས་ཀྱི་དམ་ཚིག་དང་། སྔགས་ཀྱི་རྒྱུན་མི་བཅད་པའང་དེའི་སྒོམ་པའི་དམ་ཚིག་ཇི་ལྟར་སྒྲུབ་པའི་ཐབས་ཡིན་པས་དེ་གཉིས་ཀྱི་ནང་དུ། ལྔ་པ། བརྒྱད་པ། དགུ་པ། བཅུ་གཅིག་པ་རྣམས་འདུས་ཏེ། རང་བཞིན་དག་པའི་ཆོས་ལ་ཐེ་ཚོམ་ཟ་བ། མིང་སོགས་བྲལ་བ་དེར་རྟོག །ཕུང་ལྔ་སངས་རྒྱས་ཡིན་ཚུལ་ནས་ལྔ་བའི་དམ་ཚིག་དང་། ཕྱི་མ་གཉིས་ཀྱི་ཕྱོགས་གཅིག་རྣམ་པར་མི་རྟོག་པའི་ལམ་ལ་རྟོག་པ་དང་། ཡེ་ཤེས་སྐྱེ་བའི་རྒྱུ་ཕུང་པོ་ལ་མི་མཆོད་པ་གཉིས་དང་། བསྐྱེད་རྫོགས་སོ་སོའི་ལམ་པས་ཆོས་ཀྱི་རྩ་བ་བྱང་ཆུབ་ཀྱི་སེམས་སྤྱི་དང་ཁྱད་པར་བ་སྤོང་བ་རྣམས་སྒོམ་པའི་དམ་ཚིག་ཡིན་པའི་ཕྱིར་རོ། །གསང་བའི་དོན་ཕྱིར་མི་སྨྲ་བའི་ནང་དུ། བདུན་པ་མ་སྨིན་པ་ལ་གསང་བ་སྒྲོག་པ་དངོས་སུ་འདུ་ཞིང་། བཅུ་གསུམ་པ་དམ་རྫས་ཇི་བཞིན་མི་བསྟེན་པའང་། གསང་སྤྱོད་ཀྱིས་བསྟེན་བྱ་ཡིན་པའི་ཕྱོགས་ནས་གསང་བར་འོས་པའི་ནང་དུ་འདུ་བས་འདིར་བསྡུ་བའམ། ཡང་ན་བཅང་བ་དང་བཟའ་བ་དང་གླུ་གར་སོགས་སྤྱོད་པའི་ཡོ་བྱད་རྣམས་སྒོམ་པའི་གྲོགས་སུ་བསྟེན་བྱ་ཡིན་པས་སྔགས་རྒྱུའི་ཁོངས་སུ་བསྡུས་ཀྱང་མི་འགལ་ལོ། །དེ་ཐམས་ཅད་མདོར་བསྡུ་ན། གསལ་བཀྲ་ལས། རང་ལུས་རྒྱལ་བའི་ཕྱག་རྒྱ་ཆེ། །ཞེས་སོགས་གསུངས་པ་ལྟར་རང་གི་རྡོ་རྗེའི་ལུས་གཞུག་མའི་རྩ་རླུང་ཐིག་ལེ་ཡེ་ཤེས་དང་བཅས་པ་གདོད་མ་ནས་སྐུ་གསུང་ཐུགས་དབྱེར་མེད་ཡེ་ཤེས་རྡོ་རྗེའི་བདག་ཉིད་དུ་བཞུགས་པ་ཉིད་ཤེས་རབ་ཀྱིས་སྒོ་འདོགས་ཆོད་དེ་རྟོགས་པར་གྱུར་པ་ན་སྤྱི་མདོ་ལས། སྐུ་དང་གསུང་ཐུགས་རྡོ་རྗེ་ཡི། །བསྲུང་དང་སྤྱད་དང་ཡིད་འོང་དང་། །མི་འདོར་ཤེས་བྱ་བསྒྲུབ་པ་དང་། །མེད་དང་ཕྲལ་བ་གཅིག་པུ་དང་། །ལྷུན་གྱིས་གྲུབ་པ་རྣམ་པ་བཅུ། །རྩ་བ་འདི་

ལས་འབུམ་ཕྲག་འབྱུང་། །ཞེས་འཁྲོ་གཞི་རྩ་བ་བཅུ་ལས་ས་མ་ཡ་འབུམ་སྡེར་སྦྲོས་པ་དང་། སྙིང་པོ་ལས། དམ་ཚིག་འདི་ནི་སྨད་པོ་ཆེ། །འཇིག་རྟེན་དྲུག་གི་ཕྱོགས་བཅུ་ན། །སྲིད་གསུམ་འགྲོ་བ་ཇི་སྙེད་པའི། །ཇོག་འདུལ་དམ་ཚིག་དེ་སྙེད་སྤྲོ། །ཞེས་བསམ་གྱིས་མི་ཁྱབ་པར་སྦྲོས་པ་དེ་ཐམས་ཅད་འདུས་ཤིང་རྣམ་པར་དག་པར་འགྱུར་བ་ཡིན་ནོ། །

ལྷ་པ་སྐྱེ་བའི་རྟེན་ནི། **སྐྱེ་བའི་རྟེན་ནི་ཉིན་བཞིན་བྲམ་ཟེ་གསོད། །མཚམས་མེད་ལྔ་བྱེད་ལ་སོགས་ཀུན་ལའོ།** །ཞེས་པ་སྟེ། རྡོ་རྗེ་ཐེག་པའི་ལམ་གྱིས་གསར་དུ་བསྒྲུབས་པས་མཆོག་འགྲུབ་པའི་རྟེན་ནི། གཙོ་བོར་ཁམས་དྲུག་ལྡན་གྱི་མི་ཡིན་པར་བཤད་དེ། དྲི་མེད་འོད་ལས། སྐྱེ་བ་འདིའི་ཞེས་པ་མིའི་སྐྱེ་བ་ལ་སངས་རྒྱས་ཉིད་ཀྱི་འབྲས་བུ་རབ་ཏུ་སྟེར་བ་རྒྱུད་ཀྱི་རྒྱལ་པོའོ། །ལྷ་ལ་སོགས་པ་འགྲོ་བ་ལྔའི་སྐྱེ་བ་ལ་ནི་མ་ཡིན་ནོ། །ཞེས་སོ། །འོ་ན་ཚོགས་གཉིས་བསགས་པ་སྔོན་དུ་སོང་བའི་མིའི་རྟེན་ཅན་ཞིག་གི་དབང་དུ་བྱས་པ་ཡིན་ནམ་སྙམ་ན། མ་ཡིན་ཏེ། མཆོན་རྟུལ་པོས་ཤིང་སྡོང་ཚོད་པ་ལ་ཡུན་རིང་ཐོགས་པ་དེ་མཆོན་རྣོན་པོས་སྐད་ཅིག་ལ་ཚོད་པ་ལྟར་མཚན་ཉིད་ཐེག་པས་ཚེ་རབས་མང་པོར་ཚོགས་བསགས་ནས་འབྲས་བུ་སྒྲུབ་དགོས་པ་དེ་སྔགས་ཀྱི་ཐེག་པ་འདིར་སྔོན་བསགས་རྒྱབ་ཅན་མ་ཡིན་པར་མ་ཟད། ཐེག་པ་གཞན་དུ་སྤང་བའི་གདུལ་བྱ་མཚམས་མེད་སོགས་སྡིག་པ་རྨམ་པོ་ཆེའི་ལས་བྱེད་བཞིན་པ་ཞིག་ཡིན་ཡང་། དབང་རྣོན་སེམས་སྟོབས་ཆེན་སྔགས་ལམ་གྱིས་སྐྱེ་བ་འདི་ལ་སངས་རྒྱས་ཉིད་འགྲུབ་སྟེ། ཐབས་ཟབ་ཅིང་མང་བའི་གནད་ཀྱིས་སོ། །དེ་ལྟར་ཡང་དམ་པ་དང་པོའི་རྒྱུད་ལས། གདོལ་པ་སྨྱིག་མཁན་ལ་སོགས་དང་། །མཚམས་མེད་ལྔ་ནི་བྱེད་པ་རྣམས། །སྔགས་ཀྱི་སྤྱོད་པ་རྗེས་སྤྱད་ན། །ཚེ་འདི་ཉིད་ལ་སངས་རྒྱས་འགྱུར། །ཞེས་དང་། གདན་བཞི་ལས། ཉིན་བཞིན་བྲམ་ཟེ་གསོད་པ་དང་། །མཚམས་མེད་ལྔ་ནི་བྱེད་པ་དང་། །ཆོམ་རྐུན་ལས་ཀྱིས་ལོངས་སྤྱོད་པ། །འདི་ཡི་ལམ་གྱིས་གྲོལ་འགྱུར་ཏེ། །སྡིག་པས་གོས་པར་མི་འགྱུར་རོ༑ ༑ཞེས་དང་། འདུས་པ་ལས་ཀྱང་། སེམས་ཅན་མཚམས་མེད་ལ་སོགས་པའི། །སྡིག་པ་ཆེན་པོ་བྱེད་པ་ཡང་། །རྡོ་རྗེ་ཐེག་པ་རྒྱ་མཚོ་དེར། །ཐེག་པ་མཆོག་ནི་འདི་ལ་གྲུབ། །སྙིང་ནས་སློབ་དཔོན་སྨོད་པ་དག །བསྒྲུབས་ཀྱང་འགྲུབ་པར་ཡོངས་མི་འགྱུར། །ཞེས་གསུངས་པའི་ཕྱིར་རོ། །འོན་ཀྱང

སྐལ་ལྡན་ལས་འཕྲོ་ཅན་བསགས་པ་ཡང་རབ་ཡིན་ན་ནི། མིའི་རྟེན་ཅན་ཁོ་ན་དགོས་པའི་ངེས་པ་མེད་དེ། རྒྱུད་སྡེ་རྣམས་ལས་ལྷ་དང་ལྷ་མིན་སོགས་རྒྱུད་མཉན་པའི་སྣོད་དུ་བསྟུས་པ་དང་། གསང་བདག་གིས་སྔགས་ཀྱི་ཐེག་པ་གསུངས་པའི་གདུལ་བྱའི་གཙོ་བོ་དྲྭ་མ་ལྡ་ལས་ལི་ཙ་བྱི་མ་གཏོགས་གཞན་བཞི་པོ་མིའི་རྟེན་ཅན་མ་ཡིན་པའི་ཕྱིར་དང་། ཨོ་རྒྱན་གྱི་གནས་སུ་ཀླུ་རྣམས་ལ་དབང་བསྐུར་བས་གྲོལ་བར་བཤད་པའི་ཕྱིར་དང་། ཉན་རང་དགྲ་བཅོམ་ལྷག་མེད་དུ་ཞུགས་པ་རྣམས་ཀྱང་སྐྱ་ཚེའི་འདུ་བྱེད་བཏང་སྟེ་ཡིད་ལུས་ཀྱིས་སྔགས་ཀྱི་ཐེག་པར་འཇུག་པ་ཡོད་དགོས་པའི་ཕྱིར་རོ། །

དྲུག་པ་ཉམས་པ་གསོ་ཚུལ་ལ་བསྟན་བཤད་གཉིས་ལས། མདོར་བསྟན་ནི། **ཐ་མར་ཉམས་ན་གསོ་བའི་ཚུལ་བཤད་པ།** །ཞེས་པ་སྟེ། རྩ་བ་དང་ཡན་ལག་གི་དམ་ཚིག་རྣམས་མ་ཉམས་པར་བསྲུངས་ཤིང་། གལ་ཏེ་ཉམས་ན་གསོ་བ་ལ་འབད་དགོས་པས་དེའི་ཚུལ་བཤད་ཅེས་སྦྲེལ་ལོ། །

གཉིས་པ་རྒྱས་བཤད་ལ་གཉིས་ཏེ། ཕྱིར་བཅོས་བྱ་ཚུལ་དང་། མ་བྱས་པའི་ཉེས་པའོ། །དང་པོ་ལའང་ལྔ་སྟེ། ལྟུང་བའི་རྒྱུ་གཉེན་པོ་དང་བཅས་པ། ལྟུང་བ་ལྟི་ཡང་གི་ལྟུང་ཚད། ལྟུང་མེད་ཀྱི་རྒྱུ། བཤགས་ཚད་འདས་པ་གསོར་རུང་མི་རུང་གི་དབྱེ་བ། ཕྱིར་བཅོས་བྱ་ཚུལ་དངོས་སོ། །དང་པོ་ནི། **ལྟུང་མཚམས་མི་ཤེས་བླ་མ་སོགས་མི་གུས། །བག་མེད་སྤྱོད་ཅིང་ཉོན་མོངས་མང་བ་བཞི། །ལྟུང་བ་འབྱུང་བའི་སྒོ་བཞིར་ཐོགས་མེད་བཞེད། །དེ་ཡི་གཉེན་པོར་བསླབ་བྱར་བསླབ་པ་དང་། །ཀུན་ལ་གུས་བྱེད་རྟག་པར་དྲན་ཤེས་བསྟེན། །ཉོན་མོངས་གང་ཆེའི་གཉེན་པོར་འབད་དེ་བསླབ། །སྤང་བྱ་བཞིའི་སྟེང་བརྗེད་ངས་དྲན་མི་གསལ། །གཉིས་བསྣན་དམ་ཚིག་ཉམས་པའི་རྒྱུ་དྲུག་ཅེས། །དཔལ་ལྡན་སྡོམ་པའི་རྒྱུད་ལས་གསལ་བར་གསུངས།** །ཞེས་པ་སྟེ། འདུལ་བ་བསྡུ་བ་ལས། ལྟུང་བའི་རྒྱུ་ཡང་རྣམ་བཞི་སྟེ། །མི་ཤེས་པ་དང་བག་མེད་དང་། །ཉོན་མོངས་མང་དང་མ་གུས་པའོ། །ཞེས་པ་ལྟར། དམ་ཚིག་ལ་བསླབ་པར་འདོད་ཀྱང་ལྟུང་བ་སོ་སོའི་བླང་དོར་གྱི་མཚམས་མི་ཤེས་པ་དང་། ཤེས་ཀྱང་བླ་མ་དང་དེས་འདོམས་པའི་བསླབ་བྱའི་གནས་ལ་མ་གུས་པས་འཇུག་པར་མི་བྱེད་པ་དང་། སྤྱིར་གུས་ཀྱང་ཉེས་དམིགས་མ་མཐོང་བའམ་དྲན་ཤེས་མེད་པའི་འཛེམ་བག་མི་བྱེད་པར་སྤྱོད་པ་དང་། འཛེམ་བག་ཟུང་ཟད་སྐྱེས་ཀྱང་དུག་གསུམ་ཤས་ཆེ་བས་སེམས་ཉོན་མོངས་པའི་དབང་

དུ་ཐལ་བ་ཉོན་མོངས་པ་མང་བ་སྟེ། ལྟུང་བ་འབྱུང་བའི་སྒོ་བཞི་དང་། དེའི་སྟེང་དུ་བརྗེད་ངས་དང་དྲན་པ་མི་གསལ་བ་གཉིས་བསྣན་པས་དྲུག་སྟེ། མཁའ་འགྲོ་སྡོམ་པའི་རྒྱུད་ལས། མི་ཤེས་པ་དང་བག་མེད་དང་། །ཉོན་མོངས་མང་དང་མ་གུས་དང་། །བརྗེད་ངས་དྲན་པ་མི་གསལ་བ། །འདི་དྲུག་དམ་ཚིག་ཉམས་པའི་རྒྱུ། །ཞེས་སོ། །དེ་དག་གི་གཉེན་པོ་ཇི་ལྟར་བསྟེན་ཚུལ་ནི། ལྟུང་བའི་མཚན་ཉིད་མི་ཤེས་པའི་གཉེན་པོར་བསླབ་བྱ་རྣམས་ལེགས་པར་བསླབས་ཏེ་བླང་དོར་གྱི་གནས་རྣམས་ཤེས་པས་བསྲུང་བ་དང་། མ་གུས་པའི་གཉེན་པོར་ཕན་ཡོན་ལ་བྲོད་པ་དང་བཅས་ཏེ་བླ་མ་དང་དེས་འདོམས་པའི་བསླབ་བྱ་ཀུན་ལ་གུས་པ་བསྐྱེད་ནས་བསྲུང་བ་དང་། བག་མེད་ཀྱི་གཉེན་པོར་དགྲ་ཉེན་ཆེ་སར་ཟོན་བྱེད་པ་ལྟར་ཉེས་དམིགས་ལ་འཇིགས་པའི་སེམས་བསྒྲིམས་ཏེ་བསྲུང་བ་དང་། ཉོན་མོངས་པ་གང་སྐྱེས་དེ་དང་དེའི་ཕྱི་ནང་གི་གཉེན་པོ་བསྐྱེད་ནས་བསྲུང་བ་དང་། བརྗེད་ངས་ཀྱི་གཉེན་པོར་གནང་བཀག་གི་མཚམས་མི་བརྗེད་པར་ཡིད་ལ་བྱེད་པའི་དྲན་པ་ཉིན་མཚན་དུ་སེམས་ཤིང་བཤགས་བསྡོམས་བྱེད་པ་དང་། དྲན་པ་མི་གསལ་བའི་གཉེན་པོར་དམ་ཚིག་ལས་འདས་མ་འདས་རྟོག་དཔྱོད་ཀྱིས་བླང་དོར་ལ་འཇུག་པའི་ཤེས་བཞིན་གྱི་བྱ་ར་འཛུགས་པ་རྣམས་དང་། གཞན་ཡང་ཉམས་ན་བདག་ཉིད་ངན་ནོ་སྙམ་དུ་རང་ལ་བརྟེན་ནས་འཛེམ་པས་ངོ་ཚ་ཤེས་པ་དང་། ཉམས་ན་གཞན་ཁྲེལ་ནས་སྨད་པའི་གནས་སུ་འགྱུར་རོ་སྙམ་དུ་གཞན་ལ་བརྟེན་པའི་ཁྲེལ་ཡོད་སོགས་ཀྱི་སྒོ་ནས་འབད་པས་བསྲུང་བར་བྱ་སྟེ། སྡོམ་འབྱུང་ལས། ཨུ་སྟེ་དངོས་གྲུབ་མཆོག་འདོད་ན༏ ༏སྲོག་ནི་ཡོངས་སུ་གཏོང་ཡང་སླ། །འཆི་བའི་དུས་ལ་བབས་ཀྱང་སླའི། །རྟག་ཏུ་དམ་ཚིག་བསྲུང་བར་བྱ། །ཞེས་གསུངས་པའི་ཕྱིར་རོ། །

གཉིས་པ་ནི། **ཀུན་ལ་ཡུལ་བསམ་སྦྱོར་བ་མཐར་ཐུག་གམ། །ཀུན་སློང་ཉོན་མོངས་གང་འགལ་དེར་ཤེས་དང་། །ལུས་ངག་སྦྱོར་བྱས་དངོས་གཞི་བར་ཆོད་པ། །མ་འབྲུལ་སྐྱུད་དང་འགྱོད་མེད་བཤགས་ཚད་འདས། །ཕམ་པ་ཞེས་བརྗོད་དངོས་གཞི་མ་ཚང་ན། །ཐུན་འདས་ལྟུང་བ་ཞེས་བརྗོད་ལྟག་མ་ལྟར། །རིམ་པས་དམན་ན་སྦོམ་པོ་ལྟུང་བྱེད་དང་། །ཉེས་བྱས་ལྟུང་བའི་གཟུགས་བརྙན་ཤེས་པར་བྱ།** །ཞེས་པ་སྟེ། ལྟུང་བ་ཀུན་ལ་ཡན་ལག་བཞི་ལྡན་ནམ་བདུན་ལྡན་ཏེ། དེ་ཡང་

གང་ལ་ལྟུང་བ་འབྱུང་བའི་ཡུལ་དང་། དེ་ཡིན་ལ་དེར་འདུ་ཤེས་པའི་བསམ་པ་དང་། སྤྲུན་ལ་ཁྲོ་བ་ལྟ་བུ་ལ་ཞུགས་པའི་སྦྱོར་བ་དང་། སྒོ་གསུམ་གང་གིས་གྲུབ་པའི་ལས་ལམ་རྫོགས་པར་སྤྱོད་པ་མཐར་ཐུག་སྟེ་ཡན་ལག་བཞི་ལྡན་ནམ། ཡང་ན། ཀུན་སློང་ཉོན་མོངས་པ་དྲག་པོས་བསླང་བ་དང་། གང་ལ་བརྟེན་ནས་དམ་ཚིག་དང་འགལ་བར་འགྱུར་བའི་ཡུལ་དེ་ལ་དེར་ཤེས་པ་དང་། རྩ་ལྟུང་བཅུ་བཞི་ལས་ལྔ་པ་ཁྱད་པར་བ་ཀུནྡ་འདོར་བ་ལྟ་བུ་ལུས་ཀྱི་སྦྱོར་བའི་གྲོགས་ལ་ལྟོས་པས་བྱ་བ་དེ་ཟིན་པ་དང་། བདུན་པ་གསང་སྒྲོག་ལྟ་བུ་ངག་གི་སྦྱོར་བས་གྲོགས་ལ་ལྟོས་པས་བརྗོད་ཅིང་དེ་ཕ་རོལ་གྱིས་གོ་ན་དངོས་གཞི་སྟེ་རྩ་ལྟུང་དུ་གྲུབ་པ་དང་། དགུ་པ་ལྟ་བུ་ཡིད་ཀྱིས་འགྲུབ་པ་རྣམས་ཉིན་མཚན་གྱི་དྲུག་ཆའི་ནང་དུ་གཉེན་པོས་མ་སླེབས་པར་ཐུན་ཚོད་ཀྱིས་བར་ཆོད་པ་དང་། འདུ་ཤེས་མ་འཁྲུལ་བས་སྤྱུད་པ་དང་དེས་མགུ་བས་འགྱོད་པ་མེད་པ་དང་། བཤགས་ཚོད་རང་རང་གི་དུས་ལས་འདས་པ་སྟེ། དེ་ལྟར་ཡན་ལག་བདུན་ཚང་བར་སྤྱད་ན་སྔགས་སྡོམ་གཏོང་བས་ཤིན་ཏུ་ལྕི་ཞིང་མི་མཐུན་ཕྱོགས་ཀྱིས་གཉེན་པོ་བཅོམ་པས་ཕམ་པ་ཞེས་བརྗོད་དོ། །ཡང་རྩ་ལྟུང་གང་རུང་གཉེན་པོ་དང་སྤྲེལ་ནས་སྐྱེས་པ་ལྟ་བུ་དངོས་གཞི་མ་ཚང་ཞིང་མ་བཤགས་པར་ཐུན་ཚོད་འདས་ན་ལྟུང་བ་ཞེས་བརྗོད་དེ་སོ་ཐར་གྱི་དགེ་འདུན་ལྷག་མ་ལྟར་ཕམ་པའི་འོག་ནས་ལྕི་བའོ། །དེ་བཞིན་དུ་རིམ་པས་ཉེས་པ་དམན་ན་ཞེས་སྦྱར་ཏེ། ཕམ་པའི་སྡེར་གཏོགས་ཡན་ལག་མ་ཚང་བ་ཉོན་མོངས་པ་ཅན་ནི་སྦོམ་པོ་དང་། ཡན་ལག་གི་ལྟུང་བ་གཞན་ཐམས་ཅད་ནི་ལྟུང་བྱེད་དང་། ཕྱོགས་མཐུན་གྱི་ཉེས་པ་ཕྲ་མོ་རྣམས་ནི་ཉེས་བྱས་དང་འདྲའོ། །གལ་ཏེ་རྡོ་རྗེའི་མཆེད་ལ་ཕན་པའི་སེམས་ཀྱིས་ཁྲོས་པ་ལྟ་བུ་ནི་ལྟུང་བའི་གཟུགས་བརྙན་ཏེ་དོན་ལ་ལྟུང་མེད་དོ། །དེ་ལྟར་ཡང་སློབ་དཔོན་མཚོ་སྐྱེས་ཀྱི་རྣམ་ཐར་བསྡུས་པ་ལས། དངོས་གྲུབ་ཐམས་ཅད་གཞིར་གྱུར་པ། །རྩ་བ་དང་ནི་ཡན་ལག་གོ །རྩ་བ་དུས་འདས་ཕམ་པ་འདྲ། །ཚད་ལྡན་ལྟུང་བར་བཤད་པ་ཡིན། །ཡན་ལག་གཙོ་བོར་དུས་འདས་པ། །ལྕི་བ་ཞེས་ནི་བཤད་པ་སྟེ། །སྦྱོར་བ་མ་རྫོགས་སྦོམ་པོའོ། །ཡན་ལག་ཕྲ་བ་ཉེས་བྱས་སོ། །ཕྲ་མོའི་ཕྲ་མོ་དཀྱིལ་འཁོར་གཅིག །ཅེས་པ་ལྟར་རོ། །

གསུམ་པ་ནི། **ན་དང་དབང་ཉམས་བྱ་བ་གཞན་གྱིས་དང་། །དོན་ཆེན་སྐྱེ་མེད་བརྟན་དང**

དགོས་ལྡན་དང་། །ནུས་རྙེད་གནང་དང་བཀའ་བསྒོ་བར་ཆད་ལས། །ཉེས་པ་མེད་ཅེས་སྙིང་པོ་རྒྱན་ལས་གསུངས། །ཞེས་པ་སྟེ། དེ་དག་ཀུན་ལ་རང་ཉིད་ན་བ་དང་། དབང་ཉམས་ཞེས་པས་རང་དབང་ཉམས་པའམ་དབང་ཐོབ་པ་ལས་ཉམས་པ་དང་། བྱ་བ་གཞན་དོན་དེ་བས་ཆེ་བར་འགྱུར་བ་དང་། གཞན་དོན་དུ་འགྱུར་བའམ་དོན་ཆེན་པོ་མཐོང་བ་དང་། སྐྱེ་བ་མེད་པའི་དོན་བརྟན་པ་དང་། གཞན་དྲང་པ་སོགས་ཀྱི་དགོས་པ་དང་ལྡན་པ་དང་། རྟོགས་གོམས་ཀྱི་ནུས་པ་རྙེད་པ་དང་། ལྷག་པའི་ལྷ་ལྷ་བུ་ཡུལ་ཁྱད་པར་ཅན་གྱིས་གནང་བ་ཐོབ་པ་དང་། བཀའ་བསྒོ་བ་སྟེ་བླ་མའི་ལུང་དང་། སྲོག་གི་བར་ཆད་འབྱུང་བ་ལ་ཉེས་མེད་དུ་བསྟན་ཏེ། སྙིང་པོ་རྒྱན་ལས། ན་དང་དབང་ཉམས་བྱ་བ་དང་། །གཞན་གྱི་དོན་དང་དོན་ཆེན་དང་། །སྐྱེ་མེད་བརྟན་པ་དགོས་ལྡན་དང་། །ནུས་པ་རྙེད་དང་གནང་བ་དང་། །བཀའ་བསྒོ་བ་དང་བར་ཆད་ལས། །ཉེས་པ་མེད་པར་ཤེས་པར་བྱ། །ཞེས་སོ། །

བཞི་པ་ནི། **དེ་ལྟར་ཉིན་མཚན་ཐུན་ལ་ལན་དྲུག་ཏུ། །སྤང་བླང་དམ་ཚིག་གནས་ལ་བསྒྲིམས་ཏེ་དཔྱད། །དྲུག་ཆ་འདས་ན་ཐུན་ཚོད་འདས་ཞེས་བྱ། །ཞག་གཅིག་ཟླ་གཅིག་ལོ་གཅིག་ལོ་གཉིས་འདས། །འགལ་ཉམས་འདས་རལ་ཞེས་བརྗོད་དེ་དག་ཀྱང་། །སྙིང་ནས་བཤགས་ན་གསོར་རུང་ཕྱི་རིམ་ལྟི། །ལོ་གསུམ་འདས་ན་གསོར་མི་རུང་བ་ཡིན།** །ཞེས་པ་སྟེ། དེ་ལྟར་ཉིན་ཞག་གི་དྲུག་ཆའི་ཐུན་རེ་རེ་བཞིན་ཡང་སྤང་བྱ་དང་བླང་བྱའི་དམ་ཚིག་གི་གནས་རྣམས་ལས་འགལ་ལམ་མ་འགལ་ལེགས་པར་བསྒྲིམས་ཏེ་བརྟག་དཔྱད་བྱས་པས། ཉིན་མཚན་གྱི་དྲུག་ཆའི་ནང་དུ་གཉེན་པོས་མ་སླེབས་ན་ཐུན་ཚོད་འདས་པ་ཞེས་བྱ་བ་དང་། ཞག་གཅིག་གིས་བར་མ་ཆོད་ན་འགལ་བ་དང་། ཟླ་བས་བར་མ་ཆོད་པ་ཚུན་ཆད་ཉམས་པ་དང་། ལོ་གཅིག་ཚུན་ཆད་འདས་པ་དང་། ལོ་གཉིས་སམ་གསུམ་ཚུན་ཆད་རལ་པ་ཞེས་དུས་ལ་ལྟོས་ནས་ཉེས་པ་ཕྱི་རིམ་གྱིས་ལྟི་བ་སྟེ། དེ་ཚུན་ཆད་སྙིང་ནས་བརྩོན་པ་ཆེན་པོས་བཤགས་ན་ལྡང་ལ། ལོ་གསུམ་འདས་པ་ཡན་ཆད་ནི་གསོར་མི་རུང་བ་ཡིན་ཏེ། དམ་ཚིག་བཀོད་པའི་རྒྱུད་ལས། སྤྱིར་ན་དམ་ཚིག་ཁྱད་པར་ལ། །དུས་ལས་ཁྱད་པར་ངེས་ཕྱེ་བ། །དམ་ལས་འགལ་ཞེས་ཉེས་བྱས་གང་། །ཞག་གིས་བར་མ་ཆོད་པར་ནི། །དམིགས་པའི་ཡིད་ལ་བཤགས་བྱས་ན། །དེས་ནི་སོར་ཡང་ཆུད་པའོ། །ཉམས་ཞེས་ཟླ་བས་མ་ཆོད་པར། །

འགྲོད་པ་དྲག་པོས་བཤགས་པས་སོ། །དམ་ལས་འདས་པ་ལོ་དག་གིས། །བར་དུ་མ་ཆོད་བཤགས་པས་སོ། །ལོ་ནི་གཉིས་དང་གསུམ་དག་ལས། །དམ་ཚིག་རལ་པ་ཞེས་བྱ་བ། །མཆོག་ཏུ་དྲག་ན་གསོ་རུ་རུང་། །ལོ་གསུམ་དག་ལས་འདས་པ་ནི། །དེ་ནས་གསོ་རུ་མི་རུང་སྟེ། །གལ་ཏེ་བླངས་ན་གཉིས་ཀ་འཚིག །ངེས་པར་ས་སྤྱོད་སྡུག་བསྔལ་ལ། །རྒྱུན་དུ་སྤྱོད་པ་པོ་ནའོ། །ཞེས་སོ། །དེ་ཡང་ངོ་བོ་ལ་ལྟོས་པ་རྩ་བ་དང་ཡན་ལག་གི་དམ་ཚིག་ཉམས་པ་དང་། དུས་ལ་ལྟོས་པ་ཐུན་འདས་འགལ་ཉམས་སོགས་ཀྱིས་བཤགས་བྱའི་ལྡི་ཡང་ཤེས་པར་བྱའོ། །ཞར་བྱུང་སྤྱི་མདོ་ལས། ལངྐའི་བདག་པོ་གང་འདི་ལས། །ཉམས་པར་གྱུར་པ་གང་ཞེ་ན། །ཀུན་ཏུ་ཉམས་པ་ཆེན་པོ་དང་། །རྩ་བ་ཉམས་དང་ཡན་ལག་ཉམས། །དེ་བཞིན་བླས་ཉམས་ཞར་ཉམས་ལྔ། །ཞེས་པའི་ཀུན་ཏུ་ཉམས་པ་ནི་ཡུལ་ཆེས་གཉན་པ་ལ་ཀུན་དཀྲིས་དྲག་པོས་སྤྱད་པའམ་ལན་གྲངས་མང་དུ་བྱུང་བ་དང་དུས་འདས་རལ་ལ་སོགས་པ་ཡིན་ལ། བླས་ཉམས་ནི་ཉམས་པ་དང་འགྲོགས་པའི་ཉེས་པ་དང་། ཞར་ཉམས་ནི་གཞན་གྱི་ངོ་དགར་ཐལ་བའི་ཉེས་པའོ། །

ལྔ་པ་ཕྱིར་བཅོས་བྱ་ཚུལ་དངོས་ལ་བཞི་སྟེ། དབང་བཞི་ལ་ལྟོས་པའི་གསོ་ཐབས། དུས་འདས་ལ་ལྟོས་པའི་གསོ་ཐབས། སྙིང་པོ་རྒྱན་ལས་བཤད་པའི་ཕྱིར་བཅོས་ཉེར་ལྔ། ཡོ་ག་གསུམ་གའི་རྣལ་འབྱོར་སྤྱི་ཁྲུས་ཀྱིས་གསོ་བའོ། །དང་པོ་ནི། **དབང་བདུན་ཐོབ་ལ་ལྷ་གྲངས་རེ་རེ་ལ། །བཟླས་པ་སུམ་ཁྲི་དྲུག་སྟོང་བྱས་པས་སྦྱང་། །བུམ་གསང་ཐོབ་ཉམས་སྟོན་དུ་ཚད་ལས་སྦྱང་། །དེ་རྗེས་དཀྱིལ་འཁོར་ཞུགས་ལ་དབང་བཞི་ལེན། །ཤེར་དབང་ཚིག་དབང་ཐོབ་ཉམས་བསྐྱེད་རིམ་དང་། །འཕོ་མེད་ཚུལ་ཁྲིམས་རྫོགས་པའི་རིམ་པ་དང་། །རང་རྒྱུད་བྱིན་བརླབས་མ་གཏོགས་གཞན་མི་འདག** །ཅེས་པ་སྟེ། དེ་ཡང་དབང་ཐོབ་མཚམས་ཐ་དད་པའི་དབང་གིས། དེ་ལ་ལྟོས་པའི་ལྟུང་བ་སྦྱོང་བའི་ཐབས་ཀྱང་ཐ་དད་དུ་དུས་ཀྱི་འཁོར་ལོར་གསུངས་ཏེ། འདི་ལྟར་བུམ་དབང་བདུན་ཙམ་ཐོབ་པས་དཀྱིལ་འཁོར་གྱི་ལྷ་གྲངས་རེ་རེའམ་གཙོ་བོའི་བཟླས་པ་སྟོང་ཕྲག་སུམ་ཅུ་རྩ་དྲུག་གིས་སྦྱང་ཞིང་། བུམ་གསང་ཐོབ་པས་ནི། དེའི་སྟེང་དུ་སློབ་དཔོན་གྱིས་གསུངས་པའི་ཚད་ལས་ཀྱི་བརྟུལ་ཞུགས་སྤྱད་པས་སྦྱོང་། ཤེར་དབང་ཡན་ཆད་ཐོབ་པས་དབེན་པའི་གནས་སུ་བསྐྱེད་རྫོགས་བསྒོམ

པ་འབའ་ཞིག་གིས་རང་རྒྱུད་བྱིན་གྱིས་བརླབས་པས་སྲུང་སྟེ། དེ་གསུམ་གས་ཀུང་སྲུང་བ་ལས་དག་པའི་མཚན་མ་མཐོང་བ་ན་སླར་དཀྱིལ་འཁོར་དུ་ཞུགས་ཏེ་སྡོམ་པ་བཟུང་ཞིང་དབང་བླང་བར་བྱ་བ་ཡིན་ལ། དེའི་ཚེ་སྔར་གྱི་དབང་ཐོབ་པའི་བསླབ་བྱ་དང་རྗེད་བཀུར་ལེན་པ་སོགས་མི་བྱ་བར་གསུངས་སོ། །གཉིས་པ་ནི། **འགལ་ན་ཚོགས་འཁོར་ཉམས་ན་བདག་པས་བསྐང་། །འདས་ན་བུ་དང་ཆུང་མ་ནོར་སོགས་དང་། །རལ་ན་རང་གི་སྲོག་གིས་གསོ་བར་བཤད།** །ཅེས་པ་སྟེ། དམ་ཚིག་རྣམ་བཀོད་ལས། འགལ་ན་ཚོགས་ཀྱི་འཁོར་ལོས་བཤགས། །ཉམས་ན་རང་གི་བདག་པས་བསྐང་། །འདས་ན་བུ་དང་ཆུང་མ་དང་། །ཉེ་འཁོར་ལུས་དང་ངག་དག་དང་། །ཡིད་དང་བདག་པར་བཅས་པས་བསྐང་། །རལ་ན་རང་གི་སྲོག་གིས་བསྐང་། །ཞེས་པའི་དགོངས་པ་སྟེ། རལ་བ་ལ་སྲོག་གིས་བསྐང་བ་ནི། བླ་མ་དང་བསྟན་པ་ལྷ་བུའི་ཆེད་དུ་རང་སྲོག་བློས་བཏང་བའི་བརྩོན་པ་དྲག་པོས་བསྐང་ཞིང་། དེ་ཐམས་ཅད་ཀྱི་རྗེས་སུ་ཚོགས་འཁོར་དང་འབྲེལ་བར་སྦྱིར་བླ་མ་དང་ཁྱད་པར་བླ་མའམ་སྤྱུན་ལས་ཉམས་ན་གང་ལས་ཉམས་པ་དེའི་དྲུང་དུའམ་དེ་དག་མེད་ན་སྐུ་གཟུགས་ལ་སོགས་པའི་མདུན་དུ་འགྱོད་སེམས་དང་བཅས་པས་བཤགས་ཤིང་ཕྱིས་སྡོམ་པའི་བརྟུལ་ཞུགས་ལ་གནས་པར་བྱའོ། །གཞན་ཡང་སྤྱི་མདོ་ལས། ལས་དང་རྫས་དང་འདུན་པ་དང་། །ཏིང་ངེ་འཛིན་དང་དེ་ཉིད་དོ། །ཞེས་བསྐང་ཐབས་ལྔར་བཤད་པའི་ལས་ཀྱིས་བསྐང་བ་ནི། སྦྱིན་སྲེག་གམ་བཟླས་བརྗོད་ཀྱིས་བསྐང་བ་སྟེ། གྲངས་ནི་ཀུན་ཏུ་ཉམས་པ་ལ་ཁྲི་ཕྲག་བཅུ་གསུམ། རྩ་བ་ཉམས་པར་སྟོང་ཕྲག་ལྔ་བཅུ་ང་གསུམ། ཡན་ལག་ལ་བརྒྱ་ཕྲག་ང་གསུམ། ཟླས་ཉམས་ལ་ལྔ་བརྒྱ་དང་སུམ་ཅུ། ཞར་ཉམས་ལ་ལྔ་བཅུ་རྩ་གསུམ་མོ། །རྫས་ཀྱིས་བསྐང་བ་ནི། རིགས་ལྔ་གང་གི་དམ་ཚིག་ཉམས་པའི་ཁྱད་པར་ལས། ཡུལ་རྗེད་ན་དམངས་གདོལ་སོ་སོར་ཕྱེ་བའི་མི་རིགས་ལྔའི་བླ་མ་དངོས་སམ་མོས་པ་དེ་བཞིན་གཤེགས་པ་ལྔའི་རང་བཞིན་ཅན་ལ་རྫས་རིན་ཆེན་ལྔ་ལས་རིགས་དང་མཐུན་པའི་རིན་པོ་ཆེ་ཡོངས་པ་མེད་པར་སྟོབ་པས་སྐོང་ཞིང་། འདུན་པས་བསྐང་བ་ནི། དང་བ་དང་འདོད་པའི་དད་པས་ཉེས་བྱས་ལ་གནོང་འགྱོད་དྲག་པོས་གདུང་བས་ང་རོ་དང་བཅས་པས་བཤགས་ཏེ། གཤྲོ་ལས། མི་དག་སྡིག་པའི་བག་ཆགས་རྣམས། །གདུང་བའི་གླུ་དང་བཅས་ཏེ་བཤགས། །ཞེས

སོ༑ ༑ཏིང་ངེ་འཛིན་གྱིས་བསྐྱང་བ་ནི། སྟོབས་བཞི་ཚང་བའི་སྒོ་ནས་བཤགས་པའི་ཡུལ་གྱི་གནས་གསུམ་ལས་འོད་ཟེར་རང་ཉིད་ལ་ཕོག་པས་སྡིག་སྒྲིབ་ཉམས་ཆག་ཐམས་ཅད་སྦྱང་བར་བསམ་པ་སྟེ། དེ་ཡང་ཏིང་ངེ་འཛིན་གྱིས་མེས་སྲེག་པ་དང་། བྱང་ཆུབ་སེམས་ཀྱི་འོད་ཟེར་གྱིས་མུན་པ་བསལ་བ་དང་། སྤྱོད་པ་རླབས་པོ་ཆེའི་ཆུས་བཀྲུ་བ་ལ་སོགས་པའོ། །དེ་ཁོ་ན་ཉིད་ཀྱིས་བསྐྱང་བ་ནི། ཀུན་འདུས་ལས། ཤེས་རབ་ཆེན་པོས་རྒྱུད་ཀྱི་བག་ཆགས་ཐམས་ཅད་རང་བཞིན་མེད་པར་ཤེས་པ་དང་། ཞེས་པས་འཁོར་གསུམ་མི་དམིགས་པའི་ཤེས་རབ་སྒོམ་པ་ནི་སྡིག་སྦྱོང་རྣམས་ཀྱི་ནང་ནས་ཕུལ་དུ་བྱུང་བའོ། །ཁྱད་པར་རྩ་བ་དང་ཡན་ལག་སོ་སོའི་བསྐྱང་ཐབས་ཀྱང་། རྫམ་གློག་ལས། དམ་ཚིག་ཉམས་པར་གྱུར་བ་ན། །མགོན་བཙུན་མཉམ་པའི་དོན་རྟོགས་ན། །དེ་ཉིད་སྐྱོང་བའི་གནས་སུ་འགྱུར། ། བླ་མ་སྤྱན་ལ་སྨད་གྱུར་ན། །ཚེ་འདི་ཉིད་ལ་ཉེས་བྱས་ཏེ། །མཐོལ་བཤགས་དྲག་པོས་འགྱོད་བྱས་ན༑ ༑དེ་ནི་སྐྱོང་བའི་མཆོག་ཏུ་འགྱུར། །གལ་ཏེ་བདག་གམ་བླ་མ་སྤྱན། །མ་བསྐྱང་བར་དུ་ཚེ་འཕོས་ན། །དེ་ནི་བསྐྱང་བའི་ཚད་ལས་འདས། །གསུང་གི་ཐ་ཚིག་རལ་གྱུར་ན། །རྡོ་རྗེ་ཆོས་སུ་བདག་བསྒོམས་ཏེ། །ཐ་ཚིག་གང་བཀླགས་འབུམ་འབུམ་འདོན། །ཐུགས་ཀྱི་དམ་ཚིག་རལ་གྱུར་ན༑ ༑རྡོ་རྗེ་སེམས་དཔར་བདག་བསྒོམས་ལ། །ལོ་གསུམ་བར་དུ་མི་སྨྲ་བར། །བསམ་གཏན་སྦྱོར་བ་རབ་ཏུ་བྱ། །ཡན་ལག་ཐ་ཚིག་རལ་གྱུར་ན། །སོ་སོ་རང་རང་རིགས་ཀྱིས་བསྐྱང་། །ཞེས་རང་གི་སྒོ་གསུམ་དང་སྦྱར་ནས་སྐུ་གསུང་ཐུགས་ཀྱི་ཉམས་ཆག་སྐོང་ཚུལ་གསུངས་སོ། །

གསུམ་པ་ནི། **སྙིང་པོ་རྒྱན་ལས་གསོ་བའི་ཚིག་ནི། །ཚོགས་ཞིང་ལ་བཤགས་དྲལ་བའི་སྔགས་རྒྱུ་དང་། །བཀྲུ་བའི་རིམ་པ་བཏུམ་མོའི་མེས་སྲེག་དང་། །མི་དམིགས་བསྒོམ་དང་དབང་བཞི་བླང་བ་དང་། །ཚོགས་སུ་ཞུ་དང་རྟེན་ལ་སྦྱེ་བ་དང་། །མཚལ་འབུལ་དང་མཆོད་རྟེན་བྱ་བ་དང་། །མེ་ལ་སྦྱང་དང་གཏོར་མ་གཏོང་བ་དང་། །གསང་སྔགས་བཟླ་དང་ཟབ་མོའི་བསམ་གཏན་དང་། །སྲོག་སྒྲིབ་བཀའ་གློག་བླ་མ་བསྙེན་པ་དང་། །བདག་འཇུག་རྒྱལ་བའི་ཡིག་བརྒྱ་དུས་བཟང་བཟླ། །ཕུང་པོ་གསུམ་པ་རྗེར་སེམས་བླ་མ་དང་། །ཐིག་ལེ་ཕྲ་མོའི་རྣལ་འབྱོར་བསྒོམས་པས་གསོ། །**ཞེས་པ་སྟེ། ཚོགས་ཞིང་སྤྱན་དྲངས་པའི་དྲུང་དུ་བཤགས་སྒོམ་བྱ་བ་དང་། ཡི་གར་བཤད་པའི་དྲལ་བའི་སྔགས་

རྒྱས་སྦྱོང་བ་དང་། ཕྱི་བུམ་ཆུ་དང་ནང་ནམ་མཁའི་དབང་ལྔ་ལས་རིག་དབང་ལྔ་ལེན་པ་སོགས་བཀྲུ་བའི་རིམ་པ་དང་། གཏུམ་མོའི་མེས་ལྟེ་བའི་ཀཾ་ཡིག་སྲེག་པ་དང་། འཁོར་གསུམ་མི་དམིགས་པའི་ཤེས་རབ་བསྒོམ་པ་དང་། བླ་མ་ལས་སམ་བདག་འཇུག་གིས་དབང་བཞི་བླང་བ་དང་། ཚོགས་འཁོར་རམ་དཔའ་བོ་དཔའ་མོའི་སྟོན་མོས་མཆོད་ནས་བཤགས་སྡོམ་བྱ་བ་དང་། རྟེན་གསུམ་རབ་གནས་ཅན་གྱི་དྲུང་དུ་ཡན་ལག་བདུན་པ་སྔོན་དུ་འགྲོ་བས་སྨྲེ་སྔགས་ཀྱིས་བཤགས་པ་དང་མཎྜལ་གྱིས་མཚོན་ཏེ་ལུས་ལོངས་སྤྱོད་དགེ་ཚོགས་ཐམས་ཅད་ཕུལ་ལ་བཤགས་པ་དང་། མཆོད་རྟེན་ཚད་ལྡན་བཞེངས་པའམ་སཱཙྪཿགདབ་པ་དང་། ཞི་བའི་སྲེག་བླུགས་རྒྱས་པའམ་ཟ་བྱེད་རྡོ་རྗེ་མཁའ་འགྲོའི་སྦྱིན་སྲེག་ལྔ་བུ་མེས་སྲུང་བ་དང་། གཏོར་མ་སྦྱངས་རྟོགས་སྦྱར་གསུམ་གྱིས་བྱིན་གྱིས་བརླབས་པ་འཁོར་འདས་ཐམས་ཅད་འཁོར་ལོའི་དབང་ཕྱུག་གི་རྣམ་པར་སད་པ་ལ་དབུལ་ཞིང་འདོད་དོན་གསོལ་བ་དང་། རང་གི་ལྷག་པའི་ལྷའི་གསང་སྔགས་བཟླ་བ་དང་། ཟབ་མོའི་བསམ་གཏན་ཞི་ལྷག་གི་ཏིང་ངེ་འཛིན་བསྒོམ་པ་དང་། སྲོག་རླུ་ཉེའུ་འདོན་པ་དང་། མདོ་རྒྱུད་ཟབ་མོའི་བཀའ་ཀློག་པ་དང་། བླ་མ་གཙུག་གི་ནོར་བུ་ལྟར་བསྟེན་པ་དང་། སྙིང་གར་དམ་ཚིག་རྡོ་རྗེ་དོན་གྲུབ་ཡབ་ཡུམ་བསྒོམ་པའི་ཐུགས་ཀའི་ས་བོན་ལས་བདུད་རྩིའི་རྒྱུན་བབས་སྡིག་སྒྲིབ་སྦྱོང་བར་བསམ་ལ་ཨོཾ་ཨཱཿཁཾ་ཧཱུཾ་ཞེས་པས་བསྙེན་པ་སྔོན་དུ་འགྲོ་བའི་ལུས་དཀྱིལ་ལམ་ཞི་དཀྱིལ་གང་རུང་དུ་བདག་འཇུག་བླང་བ་དང་། རྟེན་བྱིན་ཅན་ལ་བསྐོར་བ་བྱེད་པའམ་དྲུང་དུ་འདུག་ནས་དེ་བཞིན་གཤེགས་པའི་ཡིག་བརྒྱ་སྟོང་ཕྲག་ལྔ་བཟླ་བ་དང་། ཡར་ངོའི་བརྒྱད་དང་བཅོ་ལྔའི་དུས་བཟང་པོ་ལ་སྡིག་སྦྱོང་ལ་བསྔགས་པའི་གཟུངས་སྔགས་བྱིན་ཅན་མང་དུ་བཟླ་བ་དང་། ཕུང་པོ་གསུམ་པའི་མདོ་ཉིན་མཚན་དུས་དྲུག་ཏུ་འདོན་པ་དང་། སྤྱི་བོར་བླ་མ་རྡོ་རྗེ་སེམས་དཔའ་བསྒོམ་ལ་སྡིག་སྒྲིབ་བཀྲུ་བའི་དམིགས་པས་ཡི་གེ་བརྒྱ་པ་བཟླ་བ་དང་། རང་གཞུག་མའི་ལྷར་གསལ་བའི་སྤྱི་བོར་བླ་མ་རྡོ་རྗེ་འཆང་བསྒོམས་པའི་གནས་གསུམ་དུ་འབྲུ་གསུམ་གསལ་བ་ལ་དམིགས་ནས་སྲོག་རྩོལ་བསྡམས་ཏེ་འབྲུ་གསུམ་གྱི་ཡིད་བཟླས་བྱ་བ་བླ་མའི་རྣལ་འབྱོར་དང་། རང་ལུས་ལྷར་གསལ་བ་ལ་རྩ་འཁོར་གསལ་བཏབ་སྟེ་རླུང་བུམ་ཅན་དང་སྦྱར་ནས་དཔྱིད་ཐིག་གི་འབར་འཛག་བསྒོམ་པ་ཐིག་ལེའི་རྣལ་འབྱོར་དང་། རྩ་འཁོར་

ལྔའི་ལྟེ་བར་རིགས་ལྔའི་ཕྱག་མཚན་ཕྲ་མོ་གསལ་བ་ལ་སེམས་བཟུང་སྟེ་མགོན་པོ་ལྔའི་རླུང་གཙུན་པ་ཕྲ་མོའི་རྣལ་འབྱོར་བསྒོམ་པའོ། །

བཞི་པ་ནི། **གླང་ཆེན་རབ་འབོགས་རྒྱུད་ལས་གསུངས་པ་ཡི། །རྣལ་འབྱོར་སྤྱི་ཁྲུས་འཕྲོད་ཚངས་དོང་སྤྲུག་གི། །བཤགས་པས་མི་འདག་མེད་ཕྱིར་ཉམས་སུ་བླང་།** །ཞེས་པ་སྟེ། གླང་པོ་ཆེ་རབ་འབོག་གི་རྒྱུད་ལས་རྟོག་པ་གཅིག་ཁོལ་དུ་ཕྱུང་བ་ཀལྤ་དུམ་བུའི་རྒྱུད་དྲི་མེད་བཤགས་རྒྱུད་ལས་ཇི་སྐད་གསུངས་པ་ལྟར། ཡོ་ག་རྣམ་པ་གསུམ་གྱི་སྒོར་ཞུགས་པའི་རྣལ་འབྱོར་པ་རྣམས་ཀྱི་ཉམས་ཆག་སྐོང་ཞིང་རྟོག་སྒྲིབ་སྦྱོང་བའི་སྤྱི་ཁྲུས་རྨད་དུ་བྱུང་བ་ན་རག་དོང་སྤྲུག་གི་མན་ངག་ལ་བརྟེན་ནས། ཕྱི་ཡོ་བྱད་ཚོགས་ཀྱི། ནང་ཕུང་པོ་རྟེན་གྱི། གསང་བ་བྱང་ཆུབ་སེམས་ཀྱི་བསྐང་བཤགས་གསུམ་ཉ་སྟོང་ཚེས་བརྒྱད་ལ་བྱས་ན་དེ་ཚུན་ཆད་ཀྱི་ཉམས་ཆག་ཐམས་ཅད་སོས་པར་གསུངས་ཞིང་། དེ་ལྟར་མ་གྲུབ་ནའང་ཕྱག་གི་བགོལ་བྱང་ཙམ་རྒྱུན་དུ་ཡི་དམ་དུ་བགྲིས་པས་ཀྱང་ཉམས་ཆག་ཐམས་ཅད་འདག་པར་འགྱུར་ཏེ། ཇི་སྐད་དུ། གང་གིས་སྒྱུ་འཕྲུལ་ཞི་ཁྲོ་ཡི། །དཀྱིལ་འཁོར་ལྷ་ལ་ཕྱག་བཙལ་ན། །ཉམས་ཆག་ཀུན་ཀྱང་བྱང་འགྱུར་ཏེ། །མཚམས་མེད་ལྔ་ཡི་སྡིག་ཀྱང་འབྱང་། །ན་རག་གནས་ཀྱང་དོང་སྤྲུགས་ཏེ། །རིག་འཛིན་རྒྱལ་བའི་ཞིང་དུ་གྲགས། །ཞེས་དང་། གོང་གི་དཀྱིལ་འཁོར་གྱི་ལྷ་དེ་རྣམས་ཀྱི་མཚན་རྣལ་འབྱོར་ཕོ་མོ་རྣམས་ཀྱིས་ཐོས་པ་ཙམ་གྱིས་རྩ་བ་དང་ཡན་ལག་གི་དམ་ཚིག་ཉམས་ཆག་ཐམས་ཅད་བསྐངས་ཏེ། ཞེས་སོ། །མདོར་ན་རྨི་ལམ་དུ་བླ་མ་དང་ལྷས་ལེགས་སོ་སྨྲེར་བ་དང་། ཁྲུས་བྱས་པ་དང་། གོས་དཀར་པོ་གྱོན་པ་དང་། རི་བོ་ཆེན་པོའི་རྩེར་འཛེགས་པ། ཉི་ཟླ་ཤར་བ་སོགས་སྡིག་ལྟུང་དག་པའི་རྟགས་མ་བྱུང་གི་བར་དེ་སྲིད་དུ་སྟོབས་བཞི་ཚང་བའི་བཤགས་པ་ལ་འབད་པར་བྱ་ཞིང་། དེ་ཡང་ཡན་ལག་ཚང་བའི་རྩ་ལྟུང་ནི་བཤགས་པས་དག་པའི་རྟགས་བྱུང་བ་དང་སླར་དཀྱིལ་འཁོར་དུ་ཞུགས་ནས་དབང་བླང་བར་བྱ་བ་ཁྱད་པར་རོ། །

གཉིས་པ་ཕྱིར་བཅོས་མ་བྱས་པའི་ཉེས་པ་ནི། **མ་བཤགས་ཚེ་འདིར་ཡིད་མི་འོང་བས་མནར། །ཕྱི་མ་རྡོ་རྗེ་དམྱལ་བ་ཞེས་བྱ་བ། །མནར་མེད་དོ་བླ་མེད་པའི་གནས་སུ་སྐྱེ།** །ཞེས་པ་སྟེ། རྩ་བའི་དམ་ཚིག་ཉམས་པ་མ་བཤགས་ན་ཚེ་འདིར་ཡང་དབང་སྟོད་བསྒྲུབས་པས་ཡུལ་དཀྲར་ལྡང་བ་ལྟར

སྒྲུབ་པ་ཐམས་ཅད་ཡོག་པར་འགྱུར་བ་སོགས་མི་འདོད་པ་ཐམས་ཅད་ཇོ།ཁབ་ལེན་གྱིས་ལྕགས་ཕྱེ་ལེན་པ་བཞིན་དུ་འདུ་ཞིང་། ཕྱི་མ་རྡོ་རྗེའི་དམྱལ་བར་ལྟུང་ནས་བསྐལ་པ་དུ་མར་འཇིག་རྟེན་གྱི་ཁམས་བརྒྱད་ཅིང་སྡུག་བསྔལ་གྱིས་ཉམ་ཐག་པར་འགྱུར་ཏེ། གསང་སྙིང་ལས། རྩ་བའི་དམ་ཚིག་ཉམས་གྱུར་ན། །སྒྲུབ་པ་ཐམས་ཅད་ཡོག་པར་འགྱུར། །ཡིད་དུ་མི་འོང་སྣ་ཚོགས་པའི། །འབྲས་བུ་མི་འདོད་བཞིན་དུ་འདུ། །ཞེས་དང་། སྤྱི་མདོ་ལས། གལ་ཏེ་ཉམས་པར་གྱུར་པ་ན། །ཚད་པའི་སྐྱེ་གནས་དམྱལ་ཆེན་བརྒྱད། །མི་བཟད་སྡུག་བསྔལ་དྲག་པོ་ཡིས། །མཚོན་ཆའི་འཁོར་ལོ་བཞིན་དུ་འཁོར། ། ཞེས་དང་། གསལ་བཀྲ་ལས། རྩ་ཀུན་ཉམས་པའི་འཆལ་པ་དག །གསོ་ལ་ཉེ་བར་མི་རྟེན་པ། །རྡོ་རྗེ་དམྱལ་བར་དེ་ལྟུང་སྟེ། །དམྱལ་བ་ཕལ་པ་ཐམས་ཅད་ཀྱི། །སྡུག་བསྔལ་གཅིག་ཏུ་བསྡོམས་པས་ནི༑ ༑དེ་ཡི་འབུམ་གྱི་ཆར་མི་ཕོད། །སངས་རྒྱས་སྟོང་གི་འོད་ཟེར་དང་། །བྱང་ཆུབ་སེམས་དཔའི་ཕྲིན་ལས་ཀུན། །རྒྱུན་དུ་མཛད་ཀྱང་ཕན་མི་འགྱུར། །བསྐལ་པ་ཐེར་འབུམ་ལ་སོགས་སུ། །དེ་ནི་འཐོན་པར་མི་འགྱུར་རོ། །འཇིག་རྟེན་འཇིག་ན་གཞན་དུ་འཕོ། །སེ་གོལ་གཅིག་གིས་ཕྱིན་པར་བྱེད། །དེ་བས་ཤིན་ཏུ་ནན་ཏན་གྱིས། །ཞེས་དང་། རྩ་ལྟུང་གི་གཞུང་ལས་ཀྱང་། གཞན་དུ་དམ་ཚིག་ལས་ཉམས་ན། །ཉམས་པ་བདུད་ཀྱིས་བཟུང་བར་འགྱུར། །དེ་ནས་སྡུག་བསྔལ་མྱོང་འགྱུར་ཞིང་། །ཐུར་དུ་བལྟས་ཏེ་དམྱལ་བར་འགྲོ། །ཞེས་སོ། །རྩ་ལྟུང་ཅན་དེས་རང་ཉིད་ཉམས་པར་མ་ཟད་གཞན་ལ་ཟླས་ཉམས་ཀྱི་ཉེས་པའང་དང་གིས་སྐྱེར་བར་བྱེད་པ་སྟེ། གསང་སྙིང་ལས། རྩ་བ་ཉམས་པའི་འཆལ་པ་དག །གསོ་ལ་ཉེ་བར་མི་བརྟེན་དང་། །སྐད་ཅིག་ཡུད་ཙམ་སླུ་མ་བྱེད། །ཉམས་གྱུར་ཉེས་པ་བརྗོད་མི་ལང་། །ཞེས་དང་། ཀུན་འདུས་ལས་ཀྱང་། ཇི་ལྟར་འོ་མ་རུལ་བ་དག །རུལ་བས་འོ་མ་ཀུན་རུལ་ལྟར། །རྣལ་འབྱོར་ཉམས་གྱུར་གཅིག་གིས་ནི། །རྣལ་འབྱོར་ཅན་ཀུན་མ་རུངས་བྱེད། །ཅེས་སོ། །དེར་མ་ཟད་ཕྱི་ལམ་དུ་ཉེས་པ་བྱས་པ་དང་། གཞན་ཅི་ཟེར་བརྟག་པའམ་གཞན་གྱི་ངོ་དགར་ཐལ་བའི་ཞོར་ཉམས་བྱུང་ཡང་དེ་མ་ཐག་མ་བཤགས་ན་ཉེས་པ་ཆེན་པོར་འགྱུར་ཏེ། བཀོད་པ་ཆེན་པོ་ལས། བླ་མ་དང་ནི་ཉེ་བའི་འཁོར། །རྡོ་རྗེ་སྤུན་དང་སྲིང་མོ་ལ། །ངན་སྨྲས་ཚིག་གི་ཟུར་ཙམ་ཡང་། །བཟ་འམ་དངོས་པོར་བརྗོད་མི་བྱ། །གལ་ཏེ་ཕྱི་ལམ་དག་ཏུ་ཡང་། །བྱུང་ན་ཡིད་

ཀྱིས་བཞགས་པར་བྱ། །དངོས་དང་ཞེ་ཡིས་བྱས་པ་དང་། །གལ་ཏེ་དྲན་པས་མ་ཟིན་པར། །ཐལ་བར་གྱུར་ཀྱང་མ་བཞགས་ན། །ཐུར་དུ་བལྟས་ཏེ་དམྱལ་བར་འགྲོ། །ཞེས་སོ། །ཡན་ལག་གི་དམ་ཚིག་ཉམས་པའི་ཉེས་པ་ནི། ཚེ་འདིར་དངོས་གྲུབ་མི་འགྲུབ་ཅིང་ཕྱི་མ་ངན་འགྲོར་ལྟུང་སྟེ། གསང་སྙིང་ལས། ཡན་ལག་དམ་ཚིག་ཉམས་གྱུར་ན། །འབྲས་བུ་མེད་ཅིང་ངན་སོང་ལྟུང་། །ཞེས་དང་། རྡོ་རྗེ་སྙིང་རྒྱན་ལས། དེ་ལས་སྟུགས་པས་ཡོངས་འདས་ན། །ངེས་པར་བདུད་དང་འཕྲད་པར་འགྱུར། །ནད་དང་སྡུག་བསྔལ་འཕེལ་འགྱུར་ཏེ། །བསྐོར་མེད་སྤྱིའུ་ཚུགས་དམྱལ་བར་འགྲོ། །སྒོམ་པོ་ལྟུང་བྱེད་ཉེས་དམིགས་ཀྱང་། །དེ་དང་འདྲ་བར་ཤེས་པར་བྱ། །ཞེས་རྩ་བ་དང་ཡན་ལག་གི་ལྟུང་བ་གཉིས་ཀས་དམྱལ་བར་སྐྱེ་བ་འདྲ་བ་ལྟ་བུར་གསུངས་ནའང་། སྡུག་བསྔལ་ཆེ་ཆུང་དང་མནར་ཡུན་རིང་ཐུང་གི་ཁྱད་པར་ཆེའོ། །

བདུན་པ་ཕན་ཡོན་ནི། **མ་ཉམས་རིང་མཐའ་སྐྱེ་བ་བཅུ་དྲུག་གམ། །མྱུར་ན་ཚེ་འདིའམ་འཆི་ཁ་བར་དོ་རུ། །ཐུན་མོང་གྲུབ་པ་བརྒྱད་དང་དབང་ཕྱུག་བརྒྱད། །མཆོག་གི་དངོས་གྲུབ་ཁ་སྦྱོར་བདུན་ལྡན་ཐོབ། །དེ་ཕྱིར་རང་གཞན་དོན་གཉིས་ལྷུན་གྱིས་གྲུབ།** །ཅེས་པ་སྟེ། སྤྱིར་དམ་ཚིག་ནི་ཡོན་ཏན་ཐམས་ཅད་སྐྱེ་བ་དང་གནས་པའི་གཞི་རྟེན་དུ་གྱུར་པ་སྟེ། སྤྱི་མདོ་ལས། ཇི་ལྟར་ས་གཞི་གཤིན་པ་ལ། །བརྟེན་ནས་ས་བོན་བཏབ་པ་ལས། །འབྲས་བུ་སྨིན་པར་གྱུར་པ་ཡིས། །གང་དག་འཚོ་བའི་སྲོག་འཛིན་ལྟར། །ཆོས་རྣམས་ཀུན་གྱི་གཞིར་གྱུར་པ། །དམ་ཚིག་འདི་ལ་གནས་པ་ན། །བླ་མེད་བྱང་ཆུབ་རྣམ་སྨིན་པས། །དགེ་བའི་སྲོག་འཛིན་དམ་པའོ། །ཞེས་སོ། །ཁྱད་པར་གནས་སྐབས་སུའང་བསམ་པའི་དོན་ཐམས་ཅད་ཇི་ལྟ་བ་བཞིན་དུ་འགྲུབ་པ་དང་། ཀུན་གྱི་ཡིད་དུ་འོང་བ་དང་། འཇིག་རྟེན་གྱི་ལྷ་ཆེན་པོ་རྣམས་ཀྱི་བཀུར་གནས་ཐོབ་པ་དང་། སངས་རྒྱས་དང་བྱང་ཆུབ་སེམས་དཔའ་དཔའ་བོ་རྣལ་འབྱོར་མ་རྣམས་ཀྱིས་སྲས་དང་སྤུན་དུ་དགོངས་པས་བྱིན་གྱིས་བརླབ་པ་དང་། དེ་བཞིན་གཤེགས་པ་ཉིད་ཀྱི་སྤྱོད་ཡུལ་ལ་ཞུགས་པས་རིག་པ་འཛིན་པའི་ས་ལ་རིམ་གྱིས་སྦྱོར་བར་བྱེད་པ་སྟེ། སྒྱུ་འཕྲུལ་རྩ་རྒྱུད་ལས། རྒྱལ་བའི་རིག་པ་འཛིན་པ་དེ། །འཇིག་རྟེན་གཙོ་དང་འཁོར་གྱིས་བཀུར། །དམ་པ་མཆོག་དང་དམ་པ་ཡིས། །སྲས་དང་སྤུན་དགོངས་བྱིན་གྱིས་བརླབ། །

བདེ་གཤེགས་ཉིད་ཀྱི་ཡུལ་ལ་ཞུགས། །འཇིགས་མེད་ཀུན་ཏུ་བཟང་པོར་སྨྲ། །ཞེས་དང་། དམ་ཚིག་གསུམ་བཀོད་ལས། གསང་སྔགས་རྡོ་རྗེའི་དམ་ལ་གནས། །དེ་ཡིས་སློན་པ་ཀུན་འགྲུབ་ཅིང་། །ལྷ་རྣམས་ཀྱིས་ཀྱང་རྟག་ཏུ་བསྲུང་། །རྒྱལ་བ་རྒྱལ་མཆོག་སྲས་བཅས་ཀྱིས། །བུ་བཞིན་དགོངས་པ་དམ་པར་མཛད། །ཏིང་འཛིན་ཡོན་ཏན་དཔག་ཡས་ཤིང་། །ཀུན་བཟང་རིགས་ཀྱི་དམ་པ་འགྲུབ། །ཅེས་སོ། །དེ་ཡང་དམ་ཚིག་རྣམ་པར་དག་ཅིང་། ལམ་རིམ་པ་གཉིས་ལ་འབད་པས་དབང་པོ་རྣོན་པོ་ཚེ་འདིར་མཆོག་གི་དངོས་གྲུབ་ཐོབ་པར་འགྱུར་ཏེ། རྡོ་རྗེ་གསང་བའི་རྒྱུད་ལས། བླ་མེད་སྔགས་ཀྱི་དངོས་གྲུབ་གང་། །ཤིན་ཏུ་བརྩོན་པས་གང་བསྒྲུབས་པ། །ཚེ་འདི་ཉིད་ལ་སངས་རྒྱས་ཏེ། །གདུལ་བྱའི་ཞིང་དུ་མཛད་པ་སྟོན། །གྲངས་མེད་རྡོ་རྗེ་འཆང་རྣམས་ཀྱི། །ཟབ་མོའི་ཉེ་ལམ་མཐར་ཐུག་པའོ། །ཞེས་སོ། དབང་པོ་འབྲིང་པོ་རྣམས་ནི། །འཆི་ཁར་དོན་གྱི་འོད་གསལ་མངོན་དུ་བྱས་ནས་བར་དོར་ཟུང་འཇུག་གི་སྐུར་ལྡང་སྟེ། དེ་ཡང་རྗེན་གྱི་གང་ཟག་དེ་དཔེའི་འོད་གསལ་མངོན་དུ་གྱུར་པ་ཞིག་ཡིན་ན། དེ་འཆི་ཁའི་གཞི་དུས་ཀྱི་འོད་གསལ་དང་འཕྲད་པས་དོན་གྱི་འོད་གསལ་དུ་གྱུར་ནས་སློབ་པའི་ཟུང་འཇུག་གི་སྐུར་ལྡང་ལ། གལ་ཏེ་དོན་གྱི་འོད་གསལ་མངོན་དུ་གྱུར་པ་ཞིག་ཡིན་ན། དེ་གཞི་དུས་ཀྱི་འོད་གསལ་དང་འདྲེས་པས་ཡང་དག་པའི་མཐའ་མངོན་དུ་བྱས་ཏེ་མི་སློབ་པའི་ཟུང་འཇུག་གི་སྐུར་ལྡང་བའི་སྒོ་ནས་འཚང་རྒྱ་བ་ཡིན་ཞིང་། ཐ་མ་བར་དོ་ནས་རང་བཞིན་སྤྲུལ་སྐུའི་ཞིང་དུ་དབུགས་དབྱུང་སྟེ་གྲོལ་བར་འགྱུར་རོ། །གལ་ཏེ་ཚེ་འདིར་ལམ་རིམ་པ་གཉིས་ལ་འབད་པར་མ་བྱས་ཀྱང་དམ་ཚིག་མ་ཉམས་ན། སྐྱེ་བ་ཕྱི་མའམ། བདུན་ནམ་ཇི་ལྟར་འགོར་ནའང་སྐྱེ་བ་བཅུ་དྲུག་ལས་མི་འགྱངས་པར་འགྲུབ་སྟེ། རྒྱུད་གསང་བའི་མཛོད་ལས། དབང་བསྐུར་ཡང་དག་སྦྱིན་ལྡན་ན། །སྐྱེ་དང་སྐྱེ་བར་དབང་བསྐུར་འགྱུར། །དེ་ཡི་སྐྱེ་བ་བདུན་ལ་ནི། །མ་བསྒོམས་པར་ཡང་དངོས་གྲུབ་ཐོབ། །གལ་ཏེ་དམ་ཚིག་སྡོམ་ལ་གནས། །སྐྱེ་འདིར་ལས་དབང་གིས་མ་གྲུབ། །སྐྱེ་བ་གཞན་དུ་དངོས་གྲུབ་ཐོབ། །ཅེས་དང་། པདྨ་བཛྲ་གྱི་དམ་ཚིག་ལྔ་པ་ལས། གལ་ཏེ་ལྟུང་བ་མེད་གྱུར་ན། །སྐྱེ་བ་བཅུ་དྲུག་དག་ལ་འགྲུབ། །ཅེས་གསུངས་པ་ལྟར་རོ། །འོན་བསྒྲུབ་བྱའི་དངོས་གྲུབ་དེ་གང་ཞེ་ན། འདི་ལ་གཉིས་ཏེ། ཐུན་མོང་དང་། མཆོག་གི་དངོས་གྲུབ་བོ། །དང་པོ་ལའང་ཆུང་

འབྲིང་ཆེ་གསུམ་ལས། ཆུང་ངུ་ནི་ལས་ཆེན་བརྒྱད་དེ། དགྱེས་རྡོར་ལས། དབང་དང་། མངོན་སྤྱོད་དང་། དགྲའི་སྡེ་འཇིག་པ་དང་། བསྐྲད་པ་དང་། བསད་པ་དང་། དགུག་པ་དང་། ཞི་བ་དང་། རྒྱས་པ་ཡང་དག་པར་འགྲུབ་པར་འགྱུར་རོ། །ཞེས་སོ། །འབྲིང་ནི་གྲུབ་པ་བརྒྱད་དེ། གུར་ལས། གང་ཕྱིར་དེས་ནི་དཀའ་བ་མིན། །མིག་སྨན་དང་ནི་རྐང་མགྱོགས་དང་། །རལ་གྲི་དང་ནི་ས་འོག་གྲུབ། །རིལ་བུ་དང་ནི་མཁའ་སྤྱོད་ཉིད། །མི་སྣང་བ་དང་བཅུད་ཀྱིས་ལེན། །གང་ཕྱིར་དེས་ནི་རྡོ་རྗེ་འཛིན། །མཉེས་པར་བྱས་ལས་མྱུར་དུ་ཐོབ། །ཅེས་སོ། །ཆེན་པོ་ནི་དབང་ཕྱུག་གི་ཡོན་ཏན་བརྒྱད་དེ། ཇི་སྐད་དུ། གཟུགས་ཕྲ་རགས་པ་ཡང་བ་དང་། །ཁྱབ་པ་ཡང་དག་ཐོབ་པ་ཉིད། །རབ་ཏུ་གསལ་བ་ཉིད་བརྟན་པ། །དབང་ཕྱུག་ཉིད་དང་འདོད་དགུར་སྒྱུར། །ཞེས་སོ། །འདི་དག་ལ་ཐུན་མོང་གི་དངོས་གྲུབ་ཅེས་བྱ་སྟེ། འདུས་པ་ལས། མིག་སྨན་ལ་སོགས་དངོས་གྲུབ་རྣམས། །ཐ་མལ་པ་ཞེས་བཤད་པ་ཡིན། །ཞེས་པས་ཕྱི་རོལ་པ་ལའང་ཡོད་ཅིང་། བསྐྱེད་རིམ་ཁོ་ནས་ཀྱང་འཇིག་རྟེན་པའི་དངོས་གྲུབ་མཆོག་འོག་མིན་གྱི་སྲིད་པའི་མཐར་ཐུག་པའི་བར་ཐོབ་ནུས་པའི་ཕྱིར་རོ། །དེ་ཡང་སྔགས་སམ་ཏིང་ངེ་འཛིན་ཙམ་གྱི་མཐུས་ཆང་གི་རོ་སྒྱུར་བ་དང་དུག་ཞི་བ་ལ་སོགས་པའི་དྲོད་མ་ཐོབ་པ་དེ་སྲིད་དུ་ལས་དང་པོ་པ་ཞེས་བྱ་སྟེ། ལས་ཕྲན་ཚོགས་ཀྱི་སྒོ་ནས་ཇི་ལྟར་རིགས་པའི་གཞན་དོན་བྱེད་པ་ནི་ཡོད་དོ། །བསྐྱེད་རིམ་ལ་བརྟན་པ་ཅུང་ཟད་ཐོབ་ནས་སྔགས་ཀྱིས་རྫས་བྱིན་གྱིས་བརླབ་པར་ནུས་པའི་དྲོད་ཚད་རྙེད་པ་དེས་རལ་གྲི་སོགས་རྫས་ཀྱི་རིག་འཛིན་བསྒྲུབས་པས་གྲུབ་པ་ན། ལས་དེ་ཉིད་ཀྱིས་ལྷ་དང་མིའི་གནས་རྣམས་སུ་ལུས་མངོན་དུ་སྣང་བས་རྒྱུ་ཞིང་རིག་སྔགས་ཀྱིས་དོན་བྱེད་པ་དང་། བསྐྱེད་རིམ་བརྟན་པས་སྤྱོད་པའི་ཉེ་རྒྱུ་ལས་ཀྱི་ཕྱག་རྒྱ་ལ་བརྟེན་ནས་འདོད་པའི་ལྷ་དང་སྐལ་པ་མཉམ་པ་ཕྲ་ཡང་གི་ཡོན་ཏན་བརྒྱད་ལྡན་ཐོབ་པ་འདོད་པའི་རིག་པ་འཛིན་པ་དང་། ཡེ་རྒྱ་ལ་བརྟེན་ནས་དབང་པོ་རྣོ་རྟུལ་གྱིས་མིའི་རྟེན་རགས་པའམ་འདོད་པའི་རིག་འཛིན་གྱི་རྟེན་ལས་གཟུགས་ཀྱི་རིག་འཛིན་དུ་གནས་སྒྱུར་བར་བྱེད་ཅིང་། འདོད་པའི་རིག་འཛིན་ནི་མི་རྣམས་ཀྱི་ནང་དུ་འོང་ཡང་མི་མཐོང་ལ། གཟུགས་ཀྱི་རིག་འཛིན་ནི་འོང་བའང་མེད་མོད། འོན་ཀྱང་སྤྲུལ་པ་དུ་མས་སེམས་ཅན་གྱི་དོན་བྱེད་ཅིང་། རང་ཉིད་ཀྱང་རྟེན་དེས་རྫོགས་རིམ་ལ་ཞུགས་ནས་མཆོག་

གི་དངོས་གྲུབ་འགྲུབ་པར་བྱེད་དོ། །དེས་ན་རྫོགས་རིམ་གྱི་རྟོགས་པ་སྐྱེས་རུང་མ་སྐྱེས་རུང་བསྐྱེད་རིམ་བརྟན་ན་ཚོགས་ལམ་བགྲོད་ཅིང་། བསྐྱེད་རིམ་མ་བསྒོམས་པར་རྫོགས་རིམ་གྱིས་ཚོགས་ལམ་དང་སྦྱོར་འབྲིང་ཙམ་བགྲོད་ནའང་། སྦྱོད་ཆེན་པོ་ཐོབ་པ་ལ་རིམ་གཉིས་ཟུང་འཇུག་ཏུ་བསྒོམ་པ་གཅེས་པ་ཡིན་ནོ་ཞེས་བཞེད་དོ། །

གཉིས་པ་ནི་ཡིད་བཞིན་མཛོད་ལས། འཁོར་ལོ་བཞི་པོའི་རླུང་སེམས་ལས་རུང་ཚེ། །ལམ་བཞིའི་ཡོན་ཏན་རིམ་གྱིས་འཆར་བ་སྟེ། །དབུ་མའི་མདུད་པ་གཉིས་གཉིས་གྲོལ་བ་ལས། །ས་བཅུའི་ཡོན་ཏན་ནང་ནས་འཆར་བར་བཞེད། །ཅེས་ལྟེ་བ་སྤྲུལ་པའི་འཁོར་ལོ་ལ་སོགས་ཏེ་འཁོར་ལོ་བཞིའི་རླུང་སེམས་ལས་སུ་རུང་པ་ལས་ཚོགས་སྦྱོར་མཐོང་སྒོམ་གྱི་ལམ་བཞིའི་ཡོན་ཏན་འཆར་ཞིང་། དབུ་མ་ལ་རྩ་རྒྱུང་གི་མདུད་པ་ཉི་ཤུ་རྩ་གཅིག་ཡོད་པའི་གཉིས་གཉིས་གྲོལ་བ་ན་ས་བཅུ་པོ་རེ་རེའི་ཡོན་ཏན་འཆར་ལ། ཐ་མ་གྲོལ་བས་སངས་རྒྱས་ཀྱི་ས་འགྲུབ་པར་བཞེད། དུས་འཁོར་དུ་ལས་རླུང་བརྒྱ་ཕྲག་བཅོ་བརྒྱད་པ་རེ་རེ་འགགས་པ་ལས་མི་འགྱུར་བའི་སྐད་ཅིག་མ་དེ་སྙེད་རེ་མངོན་དུ་བྱེད་ལ་; གང་གི་ཚེ་རླུང་ཉི་ཁྲི་ཆིག་སྟོང་དྲུག་བརྒྱ་འགགས་པས་རྩ་ཐམས་ཅད་གྲོལ་ནས་ཐིག་ལེ་རྣམ་པ་ཀུན་གྱི་མཆོག་དང་ལྡན་པ་ནམ་མཁའ་དང་མཉམ་པ་ན་ས་བཅུ་གཉིས་པའི་དབང་ཕྱུག་ཆེན་པོ་འགྱུར་བར་གསུངས། དེ་ལྟར་བཤད་པའི་ས་བཅུའི་རྣམ་བཞག་དེ་དག་མཁས་པ་ཕལ་ཆེར་འཕགས་པའི་ས་མཚན་ཉིད་པར་བཞེད་པ་དང་། ཡང་མཁས་མཆོག་འགའ་ཞིག །དབང་ཐོབ་པའི་བྱང་ཆུབ་སེམས་དཔའ་དང་སྐལ་པ་མཉམ་པའི་ཡེ་ཤེས་ཀྱི་སྐུ་འགྲུབ་པ་ལ། དེའི་སྔ་ལོགས་སུ་དུས་སྦྱོར་བཅུ་གཉིས་འགགས་ཟིན་པ་ཞིག་དགོས་པས་འཕགས་ལམ་གྱི་ས་བཅུ་མ་ཡིན་མོད། འོ་ན་གང་ཞེ་ན། མི་འགྱུར་བའི་ཡེ་ཤེས་ཀྱི་སྐད་ཅིག་མ་ཉི་ཁྲི་ཆིག་སྟོང་དྲུག་བརྒྱ་པོ་ཐམས་ཅད་རིམ་ལྔའི་རིམ་པ་བཞི་པའི་འོད་གསལ་དང་། སྦྱོར་དྲུག་གི་ཏིང་ངེ་འཛིན་གྱི་ས་ཞེས་བཤད་པ་དེ་ཉིད་ཡིན་ལ། དེ་ལས་འཕགས་ལམ་མངོན་དུ་བརྙེས་པ་ནི་ཟུང་འཇུག་གམ་ཡེ་ཤེས་ཀྱི་སྐུ་སྟེ། དེ་ལ་སངས་རྒྱས་ཞེས་བཏགས་པའོ་ཞེས་གསུངས་སོ། །གང་ལྟར་ཡང་ལམ་རིམ་པར་བགྲོད་ཚུལ་ནི། ཡེ་ཤེས་ཕེབས་པ་དང་། ཡེ་ཤེས་ལ་ཆེས་དབང་བ་དང་། དེ་ཉིད་སྦྱོད་པས་མཐར་ཕྱིན་ནས་ལྟ་སྟངས་རྣམས་ཐོགས

མེད་དུ་གྲུབ་ཅིང་ཆོས་རྒྱུན་གྱི་ཏིང་ངེ་འཛིན་ཐོབ་པས་སངས་རྒྱས་སྤྲུལ་པའི་སྐུ་ལས་མངོན་དུ་གདམས་ངག་ཉན་པ་སྙེད་དེ། དེ་དག་རིམ་པར་དྲན་པ་ཉེར་བཞག །ཡང་དག་སྤོང་བ། རྫུ་འཕྲུལ་རྐང་པ་ཅན་བཞིས་བསྡུས་པའི་ཚོགས་ལམ་ཆུང་འབྲིང་ཆེ་གསུམ་ཡིན་ལ། དེ་ནས་རྫོགས་རིམ་དངོས་ཀྱི་ཞི་བདེ་མཐར་ཐུག་པ་དབང་པོ་ལྔའི་རང་བཞིན་དྲོད་རྩེ་དང་སྟོབས་ལྔའི་རང་བཞིན་བཟོད་པ་ཆོས་མཆོག་སྟེ་སྦྱོར་ལམ་བཞི་ལས། ཐྱི་མ་གསུམ་དུ་དག་པའི་ཡེ་ཤེས་ཀྱི་སྐུ་མ་ཐོབ་ཀྱང་། ཉིན་མཚན་གྱི་སྣང་བ་དང་མཉམ་རྗེས་ཀུན་ཏུ་སྣང་སྟོང་སྒྱུ་མ་ལྟ་བུའི་ལྷ་སྐུ་ཁོར་ཡུག་ཏུ་འབྱུང་བས་སྒྱུ་ལུས་རླུང་སེམས་ཙམ་གྱི་སྐུ་མངོན་དུ་མཛད་པ་ཡིན་ཏེ། དེ་དག་ནི་མོས་པས་སྤྱོད་པའི་སའོ། །དེ་ནས་སྒྱུ་ལུས་རླུང་སེམས་ཀྱི་སྐུ་ཡང་སྦྱོད་པའི་ཉེ་རྒྱུ་ལ་བརྟེན་ནས་མཐོང་ལམ་གྱི་མངོན་བྱང་ལྔའི་འོད་གསལ་དུ་བཙུག་སྟེ། དོན་དམ་སོ་སོ་རང་རིག་བདེ་སྟོང་གི་འོད་གསལ་མངོན་སུམ་དུ་མཐོང་བ་ནི་དང་པོར་བྱང་ཆུབ་ཡན་ལག་མཐོང་བའི་ལམ་རབ་ཏུ་དགའ་བའི་ས་སྟེ། རྣམ་པ་དགའ་བའི་རང་བཞིན་བདེན་པ་བཅུ་དྲུག་གོ། །འདི་ལ་སྒྱུ་འཕྲུལ་ཟུར་ལུགས་ཀྱི་བླ་མ་རྣམས་ཀྱི་བཤད་སྲོལ་ལ། ཆོས་ཉིད་ཀྱི་བདེན་པ་མཐོང་ཡང་བློའི་ནུས་སྟོབས་ཆེ་ཆུང་གིས་འབྱུང་བ་སྐྱིགས་མའི་ལུས་འོད་གསལ་ཡེ་ཤེས་ཀྱི་མེས་སྦྱོང་བར་མ་ནུས་པ་རྣམ་སྨིན་རིག་འཛིན་དང་། སྦྱོང་བར་ནུས་པས་སྐྱེ་འཇིག་མེད་པ་དྭངས་མའི་ལུས་སུ་གྱུར་པ་ལམ་མཆོག་ཡོངས་སུ་རྫོགས་པ་ཚེ་དབང་རིག་འཛིན་ཏེ། ལམ་ཆུང་ལས། ནུས་པ་ཐོབ་དང་མ་ཐོབ་པའི། །མཐོང་ལམ་གཉིས་སུ་འགྱུར་བ་ཡིན། །ཞེས་བཤད་པའི་ཕྱིར་ཞེས་གསུངས་ལ༔ ཀུན་མཁྱེན་ཆོས་ཀྱི་རྒྱལ་པོ་ནི། ལུས་ཐ་མལ་དང་སེམས་ལྷར་སྨིན་པ་རྣམ་སྨིན་རིག་འཛིན་ཚོགས་སྦྱོར་ལ་གནས་པ་སྟེ། དེས་ཆེ་མཆོག་མ་ཐོབ་པར་འདས་ན་བར་དོར་ཕྱག་རྒྱ་ཆེན་པོ་ཐོབ་སྟེ། ལུས་དོར་བ་དང་སེམས་ལྷ་སྐུར་སྨིན་ཟིན་པའི་ཕྱིར། གལ་ཏེ་རྟེན་དེས་ཆོས་མཆོག་ཐོབ་ན་ཚེ་དབང་རིག་འཛིན་ལ་དངོས་སུ་སྦྱོར་ཏེ། ལུས་ཆོས་མཆོག་གི་རྟེན་གང་ཡིན་པའི་རྣམ་པ་དེ་ཉིད་དྭངས་མའི་ལུས་རྡོ་རྗེའི་སྐུར་འགྱུར་ཅིང་སེམས་མཐོང་ལམ་སྐྱེས་པའོ་ཞེས་གསུངས་སོ། །

དེ་ལ་རང་གི་ཡི་གེ་སྔ་མ་རྣམས་སུ་ལམ་རིམ་ཆེ་ཆུང་གི་དངོས་བསྟན་དང་སྦྱར་ནས་ཟུར་ལུགས་ལྟར་བཀོད་པ་ཡིན་ཏེ། དེའི་བཀའ་གྲོལ་འཆད་པའི་ཚེ་དེའི་ལུགས་སུ་འཆད་དགོས་པའི་

ཕྱིར་རོ། །འོན་ཀྱང་མདོ་སྔགས་སྤྱི་གཞུང་གི་བཤད་སྲོལ་དང་བསྟུན་ན་ལུགས་ཕྱི་མ་འདི་ཉིད་འཆད་བདེ་བར་སྣང་ངོ་། །དེ་ནས་མཐོང་ལམ་འོད་གསལ་དེ་ལས་ལངས་པའི་ཟུང་འཇུག་ཡེ་ཤེས་སྒྱུ་མའི་སྐུ་ཅན་ཕྱག་ཆེན་རིག་འཛིན་གྱིས་བསྡུས་པ་སློབ་པའི་ཟུང་འཇུག་རྣམ་པ་དགུ་ནི་དྲི་མ་མེད་པ་སོགས་ས་ལྷག་མ་དགུ་སྟེ་སྒོམ་པའི་ལམ་མོ། །དེ་ལྟར་ཡང་ལམ་རིམ་ལས། རང་སེམས་ཕྱག་རྒྱ་ཆེན་པོ་སྟེ། །བསྒོམས་པས་མངོན་དུ་གྱུར་པའི་ལྷ། །ཐུན་མོང་མཆོག་གི་མཚན་དཔེར་ལྡན། །ལོངས་སྤྱོད་གཉིས་པ་ཕྱག་རྒྱའི་རིགས། །རྡོ་རྗེ་འཁོར་ལོ་རིན་ཆེན་དང་། །པདྨ་རལ་གྲིའི་རིག་འཛིན་འགྱུར། །ཞེས་པས་ས་གཉིས་པ་ནས་ལྔ་པའི་བར་བཞི་ལ་རྡོ་རྗེའི་རིག་འཛིན་ཞེས་བྱ་སྟེ། རྟོགས་པའི་ཡེ་ཤེས་རྡོ་རྗེ་ལྟ་བུས་རང་སའི་སྒྲིབ་པ་འཇོམས་པའི་ཕྱིར་རོ། །ས་དྲུག་པར་ཤེར་ཕྱིན་གཙོ་བོར་སྤྱོད་ཅིང་ཆོས་འཁོར་བསྐོར་བའི་ཕྱིར་དང་། ས་བདུན་པའང་ཐབས་མཁས་པ་འཁོར་ལོ་ལྟར་གྱུར་པས་ས་དེ་གཉིས་སུ་འཁོར་ལོའི་རིག་འཛིན་ཞེས་བྱའོ། །བརྒྱད་པར་མི་རྟོག་པའི་ཡེ་ཤེས་ལ་དབང་ཐོབ་པས་རིན་པོ་ཆེའི་རིག་འཛིན་དང་། དགུ་པར་ཆགས་པ་མེད་པའི་ཞིང་སྦྱོང་ཞིང་དོན་མཛད་པས་པདྨའི་རིག་འཛིན་དང་། བཅུ་པར་ཕྲིན་ལས་ཕུན་སུམ་ཚོགས་པས་སེམས་ཅན་གྱི་དོན་བྱེད་པའི་ཕྱིར་རལ་གྲིའི་རིག་འཛིན་ནོ། །དེ་ཡང་ས་བཅུ་ཙམ་སྒོམ་ལམ་ཕྱག་རྒྱའི་རིག་འཛིན་དུ་བསྡུས་ནས། རྒྱུན་མཐའི་ཡེ་ཤེས་དག་ལས་རྣམ་གྲོལ་ལམ་དང་། ཁྱད་པར་ལམ་ནི་མཐར་ལམ་ལྷུན་གྲུབ་རིག་འཛིན་ཏེ། ཡན་ལག་བདུན་དང་ལྡན་པའི་ཡེ་ཤེས་གོང་མའི་གཞིར་གྱུར་པའོ། །དེ་ལྟར་སྒོམ་ལམ་རྒྱུན་མཐའ་དང་བཅས་པ་འཕགས་ལམ་ཡན་ལག་བརྒྱད་ཀྱི་རང་བཞིན་ཡིན་ལ། ས་བཅུ་པོ་དེ་རྣམས་སུ་ཕ་རོལ་ཏུ་ཕྱིན་པ་བཅུ་ལ་སྤྱོད་པ་དང་། ཡོན་ཏན་བརྒྱ་ཕྲག་བཅུ་གཉིས་ལ་སོགས་པ་ནི་མདོ་སྡེ་བཞིན་དུ་ཤེས་པར་བྱའོ། །དེ་ལ་ས་བཅུ་རྒྱུན་མཐའི་སྟ་ལོགས་ཀྱི་བར་དུའང་བེམ་ཆོས་ལས་འདས་པའི་དཀར་དམར་རླུང་གསུམ་དང་། དེ་གསུམ་ཆ་མཉམ་དུ་འདྲེས་པའི་ཡིད་དང་བཅས་ཤེས་པ་ཙམ་དུ་རིག་པ་ཡོད་པའི་ཕྱིར་ན་གཉིས་སྣང་མ་འགགས་པས། དེ་སྦྱོང་བྱེད་ས་བཅུ་རྒྱུན་མཐར་འདོད་ཆགས་ཆེན་པོའི་ལམ་གྱི་འབྲས་བུའི་དབང་བསྐུར་ཏེ། དབང་གསུམ་པ་དང་བཞི་པའི་རྗེས་ཆགས་ལས་མཐར་ཐུག་འབྲས་བུའི་མངོན་བྱང་ལྟས་ཁུ་རྡུལ་རླུང་གསུམ་འགགས་པ་ན་འགྱུར་བདེ་མྱོང་བའི་ཤེས་རིག་ཀྱང་

རྒྱུན་ཆད་དེ། སྐུ་བཞི་ཡེ་ཤེས་ལྔའི་བདག་ཉིད་མི་སློབ་པའི་ཟུང་འཇུག་མངོན་དུ་བརྙེས་པའོ། །

དེ་ལྟར་ཟུང་འཇུག་གི་སྐུ་ཉིད་ལ་ལྡོག་ཆས་ཕྱེ་ན་ཁ་སྦྱོར་ཡན་ལག་བདུན་ལྡན་ཏེ། ཟུང་འཇུག་སྒྲིབ་པ་ཐམས་ཅད་དང་བྲལ་བ་ཡང་དག་པར་རྫོགས་པའི་སངས་རྒྱས་དེའི་གསུང་རྣམ་པ་ཐམས་ཅད་པ་ནི་ལོངས་སྤྱོད་རྫོགས་པ་དང་། སྐུ་རྣམ་པ་ཐམས་ཅད་པ་ཤེས་བྱའི་སྣང་བརྙན་ཡོད་དཀར་འཆར་བ་ནི་ཁ་སྦྱོར་དང་། བདེ་ཆེན་ནི་གཟུང་འཛིན་གྱི་རྟོག་པ་མེད་པའི་ཟག་མེད་མི་འགྱུར་བའི་བདེ་ཆེན་ལ་རོལ་པ་དང་། རང་བཞིན་མེད་པ་ནི་མེད་དགག་གི་མཚན་ཉིད་ཅན་གྱི་དཔྱད་མཐའ་ལས་རྣམ་པར་གྲོལ་བའི་རང་བཞིན་ལྷན་ཅིག་སྐྱེས་པ་སོ་སོ་རང་རིག་པའི་མཚན་ཉིད་ཅན་དང་། སྙིང་རྗེས་ཡོངས་གང་ནི་ཡིད་བཞིན་གྱི་ནོར་བུ་ལྟར་གཞན་གྱི་དོན་འབད་མེད་ལྷུན་གྲུབ་ཏུ་འབྱུང་བ་དམིགས་པ་མེད་པའི་ཐུགས་རྗེ་དང་། རྒྱུན་མི་ཆད་པ་ནི་ཐུགས་རྗེ་ཆེན་པོ་དེ་ཉིད་ནམ་དུའང་རྒྱུན་ཆད་པ་མེད་པར་འཇུག་པས་རྟག་པ་དང་། འགོག་པ་མེད་པ་ནི་སེམས་ཅན་སོ་སོའི་མོས་པ་དང་དབང་པོ་ཇི་ལྟ་བ་བཞིན་དུ་གཟུགས་སྐུའི་སྣང་བརྙན་དང་ཆོས་ཀྱི་སྒོ་མཐའ་ཡས་པ་འགོག་པ་མེད་པར་འཆར་བའོ། །དེ་ཡང་དང་པོ་བཞིས་རང་དོན་ཕུན་ཚོགས་དང་། ཕྱི་མ་གསུམ་གྱིས་གཞན་དོན་ཕུན་ཚོགས་རྫོགས་པར་བསྟན་པས་ན་དོན་གཉིས་མ་བཙལ་བར་ལྷུན་གྱིས་གྲུབ་པའི་ཕྱིར། བླ་ན་མེད་པ་མཆོག་གི་འབྲས་བུ་མཐར་ཕྱིན་པར་གྱུར་པ་སྟེ། སྙིང་པོའི་ཁོག་གཞུང་གསལ་སྒྲོན་ལས། གྲུབ་པ་མཐར་ཕྱིན་འབྲས་བུར་བརྗོད། །ཅེས་གསུངས་པའི་ཕྱིར། དེ་ལ་དབྱེ་ན། རྟེན་སྐུ། བརྟེན་པ་ཡེ་ཤེས། མཛད་པ་ཕྲིན་ལས་ཀྱི་རྣམ་བཞག་རྒྱས་པར་བཤད་དུ་ཡོད་ཀྱང་། མདོ་ཙམ་ལེའུ་དང་པོར་བཤད་ཟིན་པས་འདིར་ཟློས་ཏེ་མ་བརྗོད་དོ། །

དེ་ལྟར་བཤད་ནས་ལེའུའི་སྐབས་བསྡུ་བ་ནི། **གསང་སྔགས་རིག་འཛིན་སྡོམ་པའི་རིམ་པར་ཕྱེ་བ་སྟེ་བཞི་པའོ།** །ཞེས་པ་སྟེ། བསྟན་བཅོས་འདི་ལ་ལེའུ་ལྔ་ལས། རྡོ་རྗེ་ཐེག་པ་ཐུན་མོང་མ་ཡིན་པའི་བསྟན་པའི་ཉམས་ལེན་གསང་སྔགས་རིག་པ་འཛིན་པའི་སྡོམ་པའི་དོན་རྣམ་པར་བཞག་པ་བསླབ་བྱ་དང་བཅས་པ་བཤད་པའི་རིམ་པར་ཕྱེ་བ་སྟེ་ལེའུ་བཞི་པའི་འགྲེལ་པའོ། །འདིར་སྨྲས་པ། ལེགས་གསུང་རྒྱུད་སྡེའི་དགོངས་དོན་ཇི་ལྟ་བར། །ལེགས་ལམ་གསལ་བར་སྟོན་པའི་གཞུང་བཟང་

གང་། །ལེགས་པར་བྱེ་བའི་རྣམ་འགྲེལ་ཆུ་འཛིན་ལས། །ལེགས་བཤད་བདུད་རྩིའི་ཆར་རྒྱུན་ཅི་ཡང་འབབ། །རྒྱུད་ལུང་མན་ངག་ཆུ་གཏེར་སྦུབ་ལས་གྲོན། །དབང་བཞིའི་དཀྱིལ་འཁོར་རིམ་གཉིས་འོད་སྟོང་ཅན། །ཆོས་དབྱིངས་ཡངས་པའི་མཁའ་ལ་རྟག་འཆར་བས། །ལྷན་སྐྱེས་བདེ་ཆེན་སྣང་བའི་དཔལ་འབར་ཤོག། ༎

ན་མོ་རཏྣ་ཏྲ་ཡཱ་ཡ། རྣམ་དག་ལེགས་པའི་ལམ་སྟོན་རྫོགས་སངས་རྒྱས། །དེ་བསྟན་བཤད་སྒྲུབ་ཀྱིས་འཛིན་བཤེས་གཉེན་ཚོགས། །ཁྱད་པར་བདག་རྒྱུད་སྡོམ་གསུམ་བཀའ་དྲིན་གྱིས། །སྨིན་མཛད་རྩ་བའི་བླ་མར་ཕྱག་བགྱིའོ། །སྦྱང་གཞི་བདེ་གཤེགས་སྙིང་པོའི་གནས་ལུགས་ཤེས། །སྦྱང་འབྲས་རྫོགས་པའི་སངས་རྒྱས་གོ་འཕང་འདོད། །སྦྱང་བྱའི་དྲི་མ་འདོར་ལས་གཞན་མེད་ན། །སྦྱོང་ཐབས་སྡོམ་གསུམ་ལམ་འདིར་ཅིས་མི་འཇུག །གསུམ་པ་སྡོམ་པ་གསུམ་གང་ཟག་གཅིག་གི་རྒྱུད་ལ་འགལ་མེད་དུ་ཉམས་སུ་ལེན་ཚུལ་གྱིས་མཐའ་དཔྱད་པས་དོན་བསྡུ་བ་ལ་གསུམ་སྟེ། བརྗོད་བྱའི་ལུས་ངོས་བཟུང་བའི་སྒོ་ནས་མདོར་བསྟན། ཡན་ལག་རྒྱས་པར་བཤད་པའི་སྒོ་ནས་མཐའ་དཔྱད། སྡོམ་གསུམ་ཉམས་སུ་ལེན་ཚུལ་བསྡུས་ཏེ་བསྟན་པའི་སྒོ་ནས་མཇུག་བསྡུ་བའོ། །དང་པོ་ནི། དེ་

ལྟའི་སྡོམ་གསུམ་གང་ཟག་རྒྱུད་གཅིག་ལ། །རང་ལྡོག་མ་འདྲེས་དགག་དགོས་ཡོངས་སུ་རྫོགས། །
ངོ་བོ་གནས་འགྱུར་ཡོན་ཏན་ཡར་ལྡན་པས། །གནད་ཀྱིས་མི་འགལ་དུས་སྐབས་གང་གཙོར་སྤྱོད། །

ཅེས་པ་སྟེ། དེ་ལྟར་སོ་བྱང་སྔགས་ཀྱི་སྡོམ་པ་གསུམ་པོ་དེ་རིམ་པར་ནོད་པའི་གང་ཟག་གི་རྒྱུད་ལ་ཇི་ལྟར་ལྡན་ཞེ་ན། དེ་བཏན་ལ་འབེབས་པར་བྱེད་པ་ལ་འདིར་དོན་དྲུག་ཏུ་བསྡུས་ནས་གསུངས་པས་ཀུན་མཁྱེན་ཆོས་ཀྱི་རྒྱལ་པོ་དྲི་མེད་འོད་ཟེར་དང་ཡང་དགོངས་པ་གཅིག་ཏུ་འབབ་སྟེ། བསམ་གཏན་ངལ་གསོ་ལས། ཉན་ཐོས་བྱང་ཆུབ་སེམས་དང་རིག་པ་འཛིན། །སྡོམ་པ་གསུམ་པོ་དག་དང་མ་འགལ་བར། །རང་རྒྱུད་སྡོམ་ཞིང་གཞན་ཕན་ཅི་འགྲུབ་དང་། །ཅི་སྣང་དག་པའི་ལམ་དུ་བསྒྱུར་བར་བྱ། །ཞེས་པའི་དོན་འགྲེལ་བ་ཤིང་རྟ་རྣམ་དག་ཏུ་འཆད་པ་ན། ཇི་སྐད་དུ། འོ་ན་གང་ཞེ་ན། གང་ཟག་གཅིག་གི་རྒྱུད་ལ་གསུམ་ལྡན་དུ་བསྲུང་བ་ལ། རང་ལྡོག་མ་འདྲེས། དགག་དགོས་ཡོངས་རྫོགས། ངོ་བོ་གནས་འགྱུར། ཡོན་ཏན་ཡར་ལྡན། སྡོམ་པ་གསུམ་གནད་ཀྱིས་མི་འགལ་བ། དུས

སྐབས་ཀྱིས་གཙོ་བོར་གང་འགྱུར་བྱ་བ་དང་དྲུག་གོ། །ཞེས་གསུངས་པའི་ཕྱིར་རོ། །

གཉིས་པ་ལ་དོན་དྲུག་ལས། དང་པོ་རང་ལྡོག་མ་འདྲེས་པ་ནི། **དེ་ཡང་བླང་ཡུལ་བསམ་པ་ཚོ་ག་རྣམས། །སོ་སོར་ངེས་ཕྱིར་རང་ལྡོག་མ་འདྲེས་ཡིན།** །ཞེས་པ་སྟེ། དེ་ཡང་སྡོམ་པ་གསུམ་པོ་དེ་རང་གང་ལས་བླང་བའི་ཡུལ། གང་གིས་ལེན་པའི་བསམ་པ། ཇི་ལྟར་ལེན་པའི་ཚོ་ག་ཐ་དད་པའི་སྒོ་ནས། ཇི་སྲིད་བླང་བའི་དུས་ཀྱང་སོ་སོར་ངེས་པའི་ཕྱིར། ངོ་བོ་གནས་འགྱུར་ཀྱང་ལྡོག་པ་ལ་གཞི་མཐུན་མི་སྲིད་པས་རང་རང་གི་ལྡོག་ཆ་མ་འདྲེས་པར་ཡོད་དེ། ཐོབ་ལ་མ་ཉམས་པར་སོ་སོར་གནས་པའི་ཕྱིར། དེ་ཡང་ཡིན་ཏེ། སོ་ཐར་ནི་ཇི་སྲིད་འཚོའི་བར་དང་། བྱང་སྡོམ་ནི་སྙིང་པོ་བྱང་ཆུབ་ཀྱི་བར་དུ་ཁས་བླངས་ཀྱི། སྔགས་སྡོམ་ཐོབ་དུས་དེ་དང་དེ་ཉམས་རྗེན་དང་གཏོང་རྒྱུར་མ་བཤད་པའི་ཕྱིར། དཔེར་ན་བསམ་པ་སེམས་བསྐྱེད་ཀྱིས་ཟིན་པས་ཚོ་ག་ཉན་ཐོས་ཀྱི་ལུགས་ལྟར་བླངས་པའི་ཐེག་ཆེན་སོ་ཐར་རམ། ཉན་ཐོས་ཀྱི་དགེ་སློང་གི་སྡོམ་པ་ཉིད་སླར་སེམས་བསྐྱེད་བླངས་པས་དེར་གནས་འགྱུར་པའི་རྒྱུད་ཀྱི་སོ་ཐར་གྱི་སྡོམ་པ་གང་ཡིན་ཡང་རུང་སྟེ། དེ་ལ་ཀུན་སློང་བྱང་ཆུབ་ཀྱི་སེམས་ཀྱི་ལྡོག་པ་དང་། སྡོམ་པའི་ལྡོག་པ་གཉིས་ཡོད་པ་ལས། སྔ་མ་ཚེ་འཕོས་པའི་དུས་སུ་མི་གཏོང་སྟེ། དེ་བྱང་སེམས་ཀྱི་སྡོམ་པའི་གཏོང་རྒྱུ་མ་ཡིན་པའི་ཕྱིར། ཕྱི་མ་སྡོམ་པ་ཁས་བླངས་པའི་དུས་ཀྱི་ལྡོག་ཆ་ནི་ཚེ་འཕོས་པའི་དབང་གིས་གཏོང་སྟེ། དགེ་སློང་གི་སྡོམ་པ་དེ་ཇི་སྲིད་འཚོའི་མཐའ་ཅན་གྱི་སྡོམ་པ་ཡིན་པའི་ཕྱིར། དེ་ལྟར་ཡང་རབ་དབྱེ་ལས། ཐེག་ཆེན་སོ་སོ་མཐར་ཡིན་ཡང་། །དགེ་སློང་ལ་སོགས་སྡོམ་པ་ཡི། །ལྡོག་པ་ཤི་བའི་ཚེ་ན་གཏོང་། །བྱང་ཆུབ་སེམས་ཀྱི་ལྡོག་པ་དང་། །དེ་ཡི་འབྲས་བུ་ཤི་ཡང་འབྱུང་། །ཞེས་གསུངས་པའི་ཕྱིར་རོ། །

གཉིས་པ་དགག་དགོས་ཡོངས་རྫོགས་ནི། **དགག་བྱ་ཉོན་མོངས་དགོས་པ་མི་འཆིང་བར། །རང་རང་ལམ་གྱི་ངོས་ནས་ཡོངས་སུ་རྫོགས། །སྤྱོད་བསྒྱུར་ལམ་དུ་བྱེད་པ་སོ་སོ་ཡང་། །ཉོན་མོངས་རང་མཚན་སྤྱོང་བར་མཁས་རྣམས་མཐུན།** །ཞེས་པ་སྟེ། སྡོམ་པ་གསུམ་ཀས་རང་རྒྱུད་ཀྱི་མི་དགེ་བ་སྡོམ་པར་གཅིག་སྟེ། འདུལ་བ་ལུང་ལས། ཆོས་གང་ཞིག་དངོས་དང་བརྒྱུད་ནས་ཀུན་ཏུ་འདོད་ཆགས་པའི་རྒྱུར་འགྱུར་གྱི། ཀུན་ཏུ་འདོད་ཆགས་དང་བྲལ་བར་མི་འགྱུར་པ་འདི་ནི་ཆོས་མ་ཡིན།

འདུལ་བ་མ་ཡིན། སྟོན་པའི་བསྟན་པ་མ་ཡིན་པར་ཤེས་པར་གྱིས་ཤིག །ཆོས་གང་ཞིག་དངོས་དང་བརྒྱུད་ནས་ཀུན་ཏུ་འདོད་ཆགས་དང་བྲལ་བའི་རྒྱུར་འགྱུར་གྱི་ཀུན་ཏུ་འདོད་ཆགས་པའི་རྒྱུར་མི་འགྱུར་བ་འདི་ཆོས་ཡིན། འདུལ་བ་ཡིན་སྟོན་པའི་བསྟན་པ་ཡིན་པར་ཤེས་པར་གྱིས་ཤིག །ཅེས་ཞེ་སྡང་ལ་སོགས་པའི་བར་དུ་རྒྱས་པར་གསུངས་སོ། །དེ་ཡང་མི་ཚངས་སྤྱོད་ལྟ་བུ་ཉན་ཐོས་པས་སྤྱོད་པའི་ནུས་པ་ཡོད་བཞིན་དུ་མི་སྤྱོད་པ་དང་། སྡོམ་པ་གོང་མ་གཉིས་ཀྱི་ཐབས་ཀྱིས་ཟིན་པས་སྤྱད་པ་གཉིས་དགག་བྱ་ཉོན་མོངས་པ་སྤྲོང་པ་དང་། དགོས་པ་ཉོན་མོངས་པས་མི་འཆིང་བ་གནད་གཅིག་སྟེ༑ དེ་གཉིས་ཀ་ལ་འདོད་པའི་དྲི་མས་མ་གོས་པར་མཚུངས་པའི་ཕྱིར་རོ། །དེས་ན་རང་རང་གི་ལམ་རྣམ་པ་མི་འདྲ་བ་ལྟར་སྣང་ཡང་དོན་གནད་གཅིག་པའི་ངོས་ནས་དགག་དགོས་ཡོངས་སུ་རྫོགས་པ་ཡིན་ཏེ། འདི་ལྟར་ཉན་ཐོས་པ་བདེན་པ་གཉིས་ཀ་རྫས་ཡོད་དུ་ལྟ་བས་སོ་ཐར་གྱིས་ཉོན་མོངས་པ་སྤྲོང་པ་དང་། བྱང་ཆུབ་སེམས་དཔས་ཀུན་རྫོབ་རྫས་ཡོད་དུ་བལྟས་ཏེ་ཉོན་མོངས་པ་ཆོས་ཉིད་དུ་བསྒྱུར་བ་དང་། གསང་སྔགས་པས་ཉོན་མོངས་པ་ལྔའི་རང་བཞིན་ཡེ་ཤེས་ལྔར་བལྟས་ཏེ་ལམ་དུ་བྱེད་པས་ན། དེ་གསུམ་གཉེན་པོའི་རྣམ་པ་སོ་སོ་བ་ལྟར་སྣང་ཡང་། དོན་ཉོན་མོངས་པ་རང་མཚན་པ་སྤོང་བར་གཅིག་པ་ཡིན་ནོ། །དཔེར་ན། དུག་སྤོང་བ་དང་། སྨན་གྱིས་སྦྱོང་བ་དང་། སྔགས་ཀྱིས་བཏབ་སྟེ་ཟ་བ་གསུམ་ཀས་ཀྱང་དུག་གིས་མི་འཆི་བའི་དགོས་པ་སྒྲུབ་པར་གཅིག་པ་བཞིན་ནོ། །

གསུམ་པ་ངོ་བོ་གནས་འགྱུར་ནི། **སོ་ཐར་ཀུན་སློང་སེམས་བསྐྱེད་ཀྱིས་ཟིན་ན། །ཉེས་སྤྱོད་སྡོམ་པ་ཞེས་བྱའི་ཚུལ་ཁྲིམས་ཡིན། །དབང་ཐོབ་རྡོ་རྗེ་འཛིན་པའི་སྡོམ་པར་འགྱུར། །དེ་ཕྱིར་ངོ་བོ་གནས་འགྱུར་ཡིན་ནོ་ཞེས། །འབུམ་ཕྲག་ལྔ་པའི་ལུང་གིས་གསལ་བར་གྲུབ།** །ཅེས་པ་སྟེ། དེ་ལ་སྤྱིར་སྔ་ཕྱིར་བྱོན་པའི་ཆེན་པོ་དག སྡོམ་པ་གསུམ་ངོ་བོ་ཐ་དད་དུ་འདོད་པ་དང་། གནས་གྱུར་ངོ་བོ་གཅིག་ཏུ་འདོད་པའི་ལུགས་གཉིས། ཐ་དད་དུ་འདོད་པ་ལའང་། གོང་མས་འོག་མ་ཟིལ་གནོན་དུ་འདོད་པ་དང་། འོག་མ་གོང་མའི་རྟེན་དུ་བྱས་ཏེ་རྟེན་བརྟེན་པར་འདོད་པའི་ལུགས་གཉིས། དང་པོ་ནི་སྐར་ཟླ་ཉི་གསུམ་གྱི་དཔེས་གོང་མས་འོག་མ་ཟིལ་གྱིས་མནན་ནས་ཀུན་གཞི་ལ་བག་ལ་ཉལ་གྱི

ཚུལ་དུ་གནས་ཀྱི། འོག་མ་མངོན་གྱུར་དུ་མི་གནས་པའི་བཞེད་པ་ཡིན་ནོ། །དེ་མི་འཐད་དེ། བྱང་སེམས་སྡོམ་ལྡན་གྱི་རྒྱུད་ལ་དགེ་སློང་གི་སྡོམ་པ་མངོན་གྱུར་མེད་ཀྱང་ཀུན་གཞི་ལ་དེའི་བག་ལ་ཉལ་ཡོད་པ་ཙམ་གྱིས་དགེ་སློང་གི་གོ་ཆོད་དམ་མི་ཆོད། ཆོད་ན་སེམས་ཅན་ཐམས་ཅད་ཆོས་ཅན། དགེ་སློང་དུ་ཐལ། ཀུན་གཞི་ལ་དགེ་སློང་གི་བག་ཆགས་ཡོད་དགོས་པའི་ཕྱིར། དེར་མ་ཟད་དགེ་སློང་གི་སྡོམ་པ་ཕུལ་བའི་གང་ཟག་ཆོས་ཅན། ཁྱོད་ཀྱི་རྒྱུད་ལ་དགེ་སློང་གི་སྡོམ་པ་ཡོད་པར་ཐལ། དེའི་ཤེས་རྒྱུད་ལ་སྡོམ་པའི་བག་ཆགས་འབྲང་བ་ཡོད་པའི་ཕྱིར། དཔེ་ཡང་མི་འཐད་དེ། ཉི་མའི་འོད་ཟེར་གྱི་འོག་ཏུ་ཟླ་བ་དང་སྐར་མའི་འོད་སྒྲིབ་བྱེད་ཀྱི་ཐུན་མོང་མ་ཡིན་པའི་མུན་པ་སྲིད་པར་ཐལ། སྡོམ་པ་གསུམ་ནང་མ་འདོམ་པའི་ཚེ་གོང་མའི་བཙས་པ་ལས་གཞན་པའི་འོག་མའི་བཅས་འགལ་གྱི་ལྟུང་བ་ཐུན་མོང་མ་ཡིན་པ་དུ་མ་ཞིག་སྲིད་པའི་ཕྱིར་རོ། །གཉིས་པ་ནི། སྣོད་དྭངས་པར་ཆུ་རྙོག་མེད་བླུགས་པའི་ནང་དུ་མཆད་ལྷ་བུ་བཙུག་པ་ན་སྣོད་དང་ཆུ་གཉིས་ཀ་རིན་པོ་ཆེའི་ཁ་དོག་ཏུ་འགྱུར་བས་རིན་པོ་ཆེའི་ཡན་ལག་ཏུ་གྱུར་ཀྱང་། དེ་གསུམ་རྟེན་བརྟེན་པའི་ཚུལ་དུ་རྫས་ཐ་དད་པ་བཞིན་དུ་གོང་མས་ཟིན་པ་ན་འོག་མ་ཡན་ལག་ཏུ་འགྱུར་བ་ལས་རྫས་ཐ་དད་པའོ་ཞེས་བཞེད། དེ་ཡང་མི་འཐད་དེ། སྣོད་དེ་ཆུ་དང་ནོར་བུ་གཉིས་ཀའི་རྟེན་དུ་མེད་མི་རུང་བ་བཞིན་དུ་སྡོམ་པ་གོང་མ་གཉིས་ཀྱི་རྟེན་དུ་སོ་ཐར་ངེས་པར་དགོས་པར་འགྱུར་ལ། དེ་ལྟར་ན་གོང་མ་གཉིས་ཀྱང་རྟེན་གླིང་གསུམ་གྱི་སྐྱེས་པ་བུད་མེད་ཁོ་ན་ལས་གཞན་ལ་སྐྱེ་བ་མེད་པར་ཐལ་ཞིང་། དེར་མ་ཟད་དགེ་སློང་རྡོ་རྗེ་འཛིན་པས་གཞན་དོན་དུ་འགྱུར་ངེས་པར་མཐོང་ནས་དགེ་སློང་གི་བསླབ་པ་ཕུལ་བའི་ཚེ། དེའི་རྒྱུད་ཀྱི་དགེ་སློང་གི་སྡོམ་པ་ཆོས་ཅན། ཁྱོད་ཕུལ་བས་སྡོམ་པ་གོང་མ་གཉིས་ཀྱང་གཏོང་བར་ཐལ། ཁྱོད་སྡོམ་པ་གོང་མ་གཉིས་ཀྱི་སྐྱེ་བ་དང་གནས་པའི་རྟེན་ཡིན་པ་གང་ཞིག །རྟེན་བཏང་ན་བརྟེན་པ་གཏོང་བའི་ཕྱིར་ཏེ། རྟེན་སྣོད་མེད་ན་དེ་ལ་བརྟེན་པའི་ཆུ་དང་ནོར་བུའང་མེད་དགོས་པའི་ཕྱིར་རོ། །ཟིལ་གནོན་དང་རྟེན་བརྟེན་པར་འདོད་པ་གཉིས་ཀའི་སྐྱོན་ཐུན་མོང་བ་ནི། སྡོམ་པ་གསུམ་ངོ་བོ་རྫས་ཐ་དད་དུ་འདོད་པ་དེ་ལྟར་ན། གཙོ་སེམས་གཅིག་གི་འཁོར་དུ་སེམས་བྱུང་སེམས་པ་རིགས་མཐུན་ངོ་བོ་ཐ་དད་པ་གསུམ་ཅིག་ཅར་ཡོད་པར་ཐལ་བའི་ཕྱིར་མི་འཐད་དོ། །དེས་ན་རང་ལུགས་གཞུང་འདིའི

དགོངས་པ་ནི། སྡོམ་པ་གསུམ་གནས་གྱུར་ངོ་བོ་གཅིག་ལ་ལྡོག་པ་ཐ་དད་དུ་བཞེད་པ་ཡིན་ཞིང་། ལུགས་འདི་ནི་སྒྱུ་འཕྲུལ་གྱི་སྤྲུལ་འཕྲུལ་དྲྭ་བ་ལ་སོགས་པ་ནས་གསལ་བར་བསྟན་པ་ལྟར། ལོ་ཙྪ་བ་རོང་ཟོམ་ཆོས་ཀྱི་བཟང་པོ། ཟུར་ལུགས་ཀྱི་བླ་མ་ཕལ་ཆེ་བ་དང་། དེའི་བཤད་སྲོལ་རྒྱལ་འདོན་གྱིས་འཆད་པ་པོ་སྣར་སྟོན་སེང་གེ་འོད། ཁྱད་པར་ཀུན་མཁྱེན་ཆེན་པོ་དྲི་མེད་འོད་ཟེར། བདག་ཅག་གི་རྩ་བའི་བླ་མ་རྗེ་གཏེར་ཆེན་ཆོས་ཀྱི་རྒྱལ་པོ་སོགས་སྒྱུ་འཕྲུལ་གྱི་མཁས་གྲུབ་རྣམས་དང་། གསར་མའི་ལོ་ཆེན་རིན་ཆེན་བཟང་པོ། འཇམ་པའི་དབྱངས་བདག་ཉིད་ཆེན་པོ་ས་སྐྱ་པཎྜི་ཏ་རྗེས་འབྲངས་དང་བཅས་པ་རྣམས་ཏེ། གསར་རྙིང་གི་མཁས་གྲུབ་འགྲན་ཟླ་བྲལ་བ་རྣམས་ཀྱི་དགོངས་པ་རྨ་མེད་པ་ཡིན་པས་མཁས་པའི་སྐྱེས་བུས་བསྟགས་པར་འོས་པའོ། །

དེ་ལ་གནས་འགྱུར་ཚུལ་ནི། སྔ་མ་སྔ་མ་ཕྱི་མ་ཕྱི་མར་གནས་གྱུར་པའི་ཚུལ་གྱིས་སོ། །ཇི་ལྟར་ཞེ་ན། ཉོན་མོངས་པ་རང་ག་མས་སྤྱོད་པའི་སྒོ་གསུམ་གྱི་ལས་ཀྱིས་འཁོར་བར་འཆིང་མོད། དེ་ཉིད་ཤེས་རབ་དང་སྙིང་རྗེ་ཕྱོགས་གཅིག་གིས་བཟུང་ནས་ཉེས་སྤྱོད་སྤོང་བའི་སྡོམ་པ་ལ་ཞུགས་པ་ན་ངན་འགྲོ་ལས་ཐར་ནས་མཐོ་རིས་དང་ཐར་པའི་རྒྱུར་འགྱུར་བ་ནི་ཉན་ཐོས་ཀྱི་སོ་ཐར། དེ་ཉིད་ཐབས་དང་ཤེས་རབ་ཆེན་པོའི་བསམ་པས་ཟིན་ནས་གཞན་དོན་གྱི་བྱ་བ་ལ་ཞུགས་པ་ན་བྱང་ཆུབ་ཆེན་པོར་གྲོལ་བའི་རྒྱུར་འགྱུར་བ་ནི་བྱང་སྡོམ། དེ་ཉིད་ཀྱང་ཐབས་ཤེས་ཆེན་པོའི་ཡང་ཆེན་པོས་ཡོངས་སུ་ཟིན་པར་སྤྱོད་པ་ན་བླ་ན་མེད་པའི་བྱང་ཆུབ་ཆེན་པོར་འབད་རྩོལ་མེད་པར་ལྷུན་གྱིས་གྲུབ་པའི་རྒྱུར་འགྱུར་བ་ནི་སྔགས་སྡོམ་མོ། །དེ་བས་ན། རྒྱུད་འབུམ་པ་ལས། རྡོ་ཡི་རིགས་ཀྱི་བྱེ་བྲག་ཅིག །བཞུ་བས་ལྕགས་དང་ཟངས་དངུལ་འགྱུར། །ཞེས་སོགས་སྔར་དྲངས་པ་ལྟར་རིགས་ཅན་གསུམ་གྱི་སྡོམ་པ་སྔགས་སྡོམ་དུ་འགྱུར་ཚུལ་གསུངས་པ་ལྟར་རམ། ཡང་ན་གསང་བ་སྙིང་པོའི་རྒྱུད་ལས། དཔེར་ན་རྡོ་ལས་ཟངས་སུ་འགྱུར། །ཟངས་ལས་གསེར་གྱི་རྣམ་པ་སྟེ། །ཟངས་ཀྱི་དུས་ན་རྡོ་མེད་ལ། །གསེར་དུ་གྱུར་པས་ཟངས་མི་སྣང་། །རིག་འཛིན་ནང་གི་དགེ་སློང་ལ། །སོ་སོ་ཐར་དང་བྱང་ཆུབ་སེམས། །གཉིས་པོ་གནས་པ་ཉིད་དུ་ནི། །སངས་རྒྱས་ཉིད་ཀྱིས་མ་གསུངས་སོ། །ཞེས་ལོ་ཆེན་རིན་བཟང་གི་སྲི་རྣམ་དང་། ཀུན་མཁྱེན་ཆེན་པོས་ཤིང་རྟ་རྣམ་དག་ཏུ་དྲངས་པ་ལྟར

འཆད་དེ་དཔེར་ན་ཟངས་རྫི་བཞུ་བས་ཟངས་སུ་འགྱུར་ལ། དེ་ལ་གསེར་འགྱུར་གྱི་རྫིས་བཏབ་པས་གསེར་དུ་འགྱུར་བ་བཞིན་དུ། ཉན་ཐོས་ལྟར་དམན་སེམས་ཀྱིས་བླངས་པའི་སོ་ཐར་གྱི་སྡོམ་པ་དེའང་། བྱང་ཆུབ་སེམས་དཔའི་སྡོམ་པས་ཟིན་པ་ན་དམན་སེམས་བཏང་ཡང་རང་གི་ངོ་བོ་གཞན་གནོད་གཞི་བཅས་སྤོང་བའི་ལྡོག་ཆ་དེ་བྱང་ཆུབ་སེམས་དཔའི་ཉེས་སྤྱོད་སྡོམ་པའི་ཚུལ་ཁྲིམས་སུ་གནས་གྱུར་ལ། དེ་གཉིས་ཀས་དབང་ཐོབ་པ་ན་མཉམ་པ་ཆེན་པོའི་ཐབས་ཀྱིས་མ་ཟིན་པའི་ཐ་མལ་སྣང་ཞེན་གྱི་ལྡོག་ཆ་རེ་ཡོད་པ་དེ་བཏང་ནས། སོར་ཐར་གྱི་གཞན་གནོད་གཞི་བཅས་སྤོང་བ་དང་བྱང་སྡོམ་གྱི་གཞན་ལ་ཕན་འདོགས་པའི་ལྡོག་ཆ་གཉིས་པོ་དེ་རྗས་གོང་འཕེལ་གྱི་ཚུལ་གྱིས་མཉམ་པ་ཆེན་པོའི་ཐབས་ཁྱད་པར་ཅན་གྱིས་ཟིན་པའི་སྔགས་ཀྱི་ཉེས་སྤྱོད་སྡོམ་པ་དང་རིགས་ལྔ་སྤྱིའམ་རྣམ་སྣང་གི་དམ་ཚིག་ཏུ་གནས་གྱུར་པ་ཡིན་ནོ་དེས་ན་སྡོམ་གསུམ་གྱི་བྱ་བ་གཞི་གཅིག་ལའང་ཐབས་ཆེ་ཆུང་གི་གོང་མ་གོང་མར་གནས་གྱུར་ཏེ། རིག་འཛིན་སྔགས་ཀྱི་རང་དུས་ན་སོ་བྱང་ཞེས་རྫས་གཞན་ཐ་དད་པ་མེད་དེ། སྔགས་ཀྱི་སྡོམ་རྫས་སུ་ངོ་བོ་གནས་གྱུར་དུ་ཡོད་པའི་ཕྱིར། དེ་ཡང་གཞི་གཅིག་ལ་དཔེར་མཚོན་ན། སོ་བྱང་སྔགས་ཀྱི་དུས་སུ་ཐོབ་པའི་སྲོག་གཅོད་སྤོང་བའི་སེམས་པ་གསུམ་པོ་དེ་སྔ་མ་ཕྱི་མར་གནས་གྱུར་ཏེ་ངོ་བོ་གཅིག་པ་བཞིན་དང་། གཞན་དོན་དུ་བསྐལ་པ་གྲངས་མེད་གསུམ་ན་རྫོགས་བྱང་ཙམ་ཐོབ་འདོད་ཀྱི་སེམས་པ་དང་། སྔགས་ཀྱི་རྫོགས་བྱང་ཚེ་གཅིག་གིས་ཐོབ་པར་འདོད་པའི་སེམས་པ་གཉིས་སྔ་མ་ཕྱི་མར་གནས་གྱུར་ཏེ་ངོ་བོ་གཅིག་པ་བཞིན་ནོ། །དེ་ལྟ་ནའང་སྡོམ་པ་གསུམ་གྱི་སེམས་པའི་ལྡོག་པ་ཐ་དད་པ་གསུམ་པོ་དེ་རྣམས་སྐྱེ་འཇིག་གནས་གསུམ་དུས་གཅིག་པ་མ་ཡིན་ཏེ། དང་པོ་ཇི་ལྟར་བླངས་པ་ལྟར་གནས་འཇིག་བྱེད་པའི་རང་ལྡོག་མ་འདྲེས་པའི་ཕྱིར་དང་། གསུམ་ལྡན་གྱི་རྒྱུད་ཀྱི་སྡོམ་པ་སྔ་མ་རྣམས་ཕྱི་མ་དང་ངོ་བོ་གཅིག་ཀྱང་། ཕྱི་མ་སྔ་མ་དང་གནས་གྱུར་ངོ་བོ་གཅིག་པ་མ་ཡིན་ཏེ། སྔ་མ་སྔ་མ་ལས་ཕྱི་མ་ཕྱི་མ་རྒྱ་ཆེ་བའི་ཕྱིར་དང་། ཕྱི་མ་བླངས་ཚེ་སྔར་གྱི་སྡོམ་པའི་རྫས་རྒྱུན་མ་ཡིན་པའི་སྡོམ་རྫས་གསར་པ་དུ་མ་ཞིག་སྐྱེ་བ་ཡོད་དགོས་པའི་ཕྱིར་རོ། །དེ་ལ་ཁ་ཅིག་ན་རེ། གསུམ་ལྡན་རྡོ་རྗེ་འཛིན་པའི་རྒྱུད་ཀྱི་དགེ་སློང་གི་སྡོམ་པ་ཆོས་ཅན། དེའི་རྒྱུད་ཀྱི་བྱང་སྡོམ་དང་སྔགས་སྡོམ་དུ་ཐལ། དེ་དང་དེར་གནས་གྱུར་པའི་ཕྱིར་ཟེར་ན།

དེའི་ལན་ལ་ཁྱབ་པ་མ་ངེས་པ་དང་། འགལ་བའི་ལན་གཉིས། དང་པོ་ནི། ཁྱོད་ཀྱི་དེ་ལ་ཁྱབ་པ་མ་ངེས་པ་ཡིན་ཏེ། སྡོམ་ཕྱི་མར་གནས་གྱུར་ཀྱང་དེ་དེ་ཡིན་མི་དགོས་པའི་ཕྱིར། ཀུན་གཞི་དང་ཉོན་ཡིད་སངས་རྒྱས་ཀྱི་ཡེ་ཤེས་སུ་གནས་གྱུར་ཀྱང་དེ་དེ་མ་ཡིན་པ་བཞིན་ནོ། །གཉིས་པ་ནི་དངོས་པོ་གཞིར་བྱས་ཀྱི་སྟེང་དུ་ཁྱོད་ཀྱི་ཁྱབ་པ་དེ་འགལ་བ་ཡིན་ཏེ། གསེར་ནུ་རྒྱན་པོར་གནས་གྱུར་ཀྱང་དེ་དང་དེ་འགལ་བ་བཞིན་ནོ། །གཞན་ཡང་གནས་གྱུར་པའི་ཚེ་དེ་དེར་སྟོན་པ་ཡིན་ན། རིགས་ཅན་གསུམ་གྱི་སྡོམ་པ་སྔགས་སྡོམ་དུ་གནས་གྱུར་པའི་ཚེ། ཉན་རང་གཉིས་ཀྱི་སྡོམ་པ་ཆོས་ཅན། ཐེག་ཆེན་གྱི་སྡོམ་པར་ཐལ། རིག་པ་འཛིན་པའི་སྡོམ་པ་ཡིན་པའི་ཕྱིར། ཞེས་པ་ལ་ལན་མེད་དོ། །དཔེས་ཀྱང་དེ་གསུམ་གཞི་མཐུན་པ་མི་སྲིད་པར་སྟོན་ཏེ། ལྕགས་ཟངས་དངུལ་གསུམ་འགྱུར་རྩིས་གསེར་དུ་གྱུར་པའི་ཚེ་དེ་གསུམ་དེར་གནས་གྱུར་ཀྱང་། དེ་གསུམ་དེ་ཡིན་པ་མི་སྲིད་པས་ཕྱིར་རོ། །གཞན་ཡང་གསུམ་ལྡན་གྱི་རྒྱུད་ཀྱི་སོ་བྱང་གཉིས་དེའི་རྒྱུད་ལ་ཡོད་ཅིང་དེར་གནས་གྱུར་བས་སྔགས་སྡོམ་ཡིན་ནོ་སྙམ་ན། དགེ་སློང་གི་རྒྱུད་ཀྱི་དགེ་བསྙེན་དང་དགེ་ཚུལ། སྔགས་པའི་རྒྱུད་ཀྱི་བསྙེད་རྫོགས་ཀྱི་སྡོམ་པ་རྣམས་ཀྱང་དེ་དེར་འདོད་དགོས་པར་ཐལ་བ་བཟློག་ཏུ་མེད་དོ། །

དེ་ལྟར་བཤད་པའི་གྲུབ་དོན་ལ་གཉིས་ཏེ། གནས་གྱུར་ཚུལ་དང་། ངོ་བོ་གཅིག་པའོ། །དང་པོ་ནི། སྡོམ་མ་སྡོམ་མ་ཕྱི་མ་ཕྱི་མར་གནས་གྱུར་པ་སྟེ། ཉེས་སྤྱོད་སྡོམ་པའི་སྤོང་སེམས་སྡོམ་མ་རྣམས་ཕྱི་མར་དང་། དགེ་བ་ཆོས་སྡུད་དང་སེམས་ཅན་དོན་བྱེད་ཀྱི་ཚུལ་ཁྲིམས་སྔར་བྱང་སེམས་ཀྱི་ཐེག་པར་ཐོབ་པ་དེ་དག །ཕྱིས་སྔགས་ཀྱི་ཐེག་པར་ཐོབ་པ་དེ་དང་དེར་གནས་གྱུར་པ་ཡིན་ནོ། །གཉིས་པ་ནི། གསུམ་ལྡན་རྡོ་རྗེ་འཛིན་པའི་རྒྱུད་ཀྱི་གཞན་གནོད་གཞི་བཅས་སྤོང་བའི་སེམས་པ་དང་། གཞན་དོན་སེམས་ཅན་ལ་ཕན་བདེ་སྒྲུབ་པའི་སེམས་པ་དང་།རིག་པ་འཛིན་པའི་དམ་ཚིག་མཐའ་དག་ལ་སློབ་པའི་སེམས་པ་གསུམ་པོ་དེ་ངོ་བོ་གཅིག་པ་ཡིན་ཏེ། དེའི་རྒྱུད་ཀྱི་གཞན་ལ་ཕན་པ་སྒྲུབ་པའི་སེམས་པ་དེ་ཀ་གནོད་པ་སྤོང་བའི་སེམས་པ་དང་སྔགས་ཀྱི་དམ་ཚིག་ལ་སློབ་པའི་སེམས་པ་ཡང་ཡིན་པའི་ཕྱིར་དང་། དེ་བཞིན་དུ་ཅིག་ཤོས་གཉིས་ཀྱང་ཕན་ཚུན་དུ་གཅིག་ལ་གཅིག་ཡིན་པས། དེ་གསུམ་གྱི་ལྡོག་པ་ལ་གཞི་མཐུན་མི་སྲིད་ཀྱང་། ངོ་བོ་ལ་གཞི་མཐུན་སྲིད་པ་ཡིན་ནོ། །

བཞི་པ་ཡོན་ཏན་ཡར་ལྡན་ནི། **འཇིག་རྟེན་རྣལ་འབྱོར་རྣལ་འབྱོར་བློ་ཁྱད་ཀྱིས། །གོང་མ་གོང་མས་གནོད་ཕྱིར་འོག་མ་ཡི། །ཡོན་ཏན་ཡར་ལྡན་འོག་མ་ཟིལ་གྱིས་གནོན།** །ཞེས་པ་སྟེ། དེ་སྐད་དུ་རྣལ་འབྱོར་པ་དང་འཇིག་རྟེན་རྩོད། །ཅེས་དང་། རྣལ་འབྱོར་པ་ཡང་བློ་ཁྱད་ཀྱིས། །གོང་མ་གོང་མ་རྣམས་ཀྱིས་གནོད། །ཅེས་གསུངས་པ་ལྟར་རྟེན་གྱི་གང་ཟག་བློ་ན་འཕར་བའི་སྟོབས་ཀྱིས་འོག་མའི་ཡོན་ཏན་རྣམས་གོང་མར་འདུས་ཤིང་རྣམ་པར་དག་པས་ན། སྔགས་ཀྱི་དམ་ཚིག་མ་ཉམས་པར་ཐུབ་ན་སོ་བྱང་གི་བསྲུང་བྱ་རྣམས་ཞར་ལ་ཐུབ་པའི་ལོགས་སུ་བསྲུང་མི་དགོས་ཏེ། ཅིའི་ཕྱིར་ན་ཞེ་ན། སོ་བྱང་གི་བསླབ་བྱ་མཐའ་དག་སྔགས་ཀྱི་སྤྱིའི་དམ་ཚིག་དང་། ཁྱད་པར་རིགས་ལྔའི་དམ་ཚིག་ལས་རྣམ་སྣང་དང་དོན་གྲུབ་ཀྱི་དམ་ཚིག་ཏུ་འདུས་པ་གང་ཞིག ཆུ་ལྷུང་གཉིས་པའི་ནང་དུའང་འདུ་བའི་ཕྱིར་ཏེ། བྲི་གསུམ་གྱི་ནང་དུ་བྲི་དོ་འདུ་བ་བཞིན་ནོ། །དེ་ལྟར་ཡང་གསལ་བཀྲ་ལས། ཐེག་ཆེན་དམ་ཚིག་ལ་གནས་ན། །འོག་མའི་འདུལ་སྡོམ་དམ་ཚིག་ཀུན། །བསྲུང་བ་མེད་པར་ཐུབ་པས་ན། །དགེ་སློང་བྱང་ཆུབ་སེམས་དཔའ་དང་། །རྣལ་འབྱོར་རྣལ་འབྱོར་ཆེན་པོ་ཡིན། །ཞེས་སོ། །དེ་ཡང་སོ་ཐར་གྱིས་གཞན་གནོད་བཞི་བཅས་སྤོང་བ་དེ་ཉིད་བྱང་སྡོམ་གྱིས་གཞན་ལ་ཕན་འདོགས་པའི་ནང་དུ་ཚང་ཞིང་། དེ་གཉིས་ཀའང་སྔགས་ཀྱིས་སངས་རྒྱས་ཀྱི་མཛད་པ་བསྒྲུབས་ཏེ་མཉམ་པ་ཆེན་པོའི་ངང་ནས་གཞན་དོན་རྩོལ་མེད་ཏུ་མཛད་པའི་ཐབས་མཁས་ཀྱི་ནང་དུ་ཡོན་ཏན་ཡར་ལྡན་གྱི་སྒོ་ནས་ཚང་ཞིང་འདུས་ལ་རྣམ་པར་དག་པ་ཡིན་ཏེ། གསང་སྙིང་ལས། བླ་མེད་མཆོག་གི་དམ་ཚིག་ཏུ། །འདུལ་བའི་དབང་གིས་ཚུལ་ཁྲིམས་དང་། །ཇི་སྙེད་སྡོམ་པ་བསམ་ཡས་པ། །མ་ལུས་ཀུན་འདུས་རྣམ་པར་དག །ཅེས་དང་། ཇི་བཞིན་ཉིད་དང་འདུལ་བའི་ཐབས། །ཇི་སྙེད་སྡོམ་པ་བསམ་ཡས་པ། །མ་ལུས་རྣམ་དག་ལྷུན་གྱིས་གྲུབ། །ཅེས་སོ། །མདོར་ན་སྔགས་ཀྱི་སྡོམ་པ་གཙོ་བོར་ཉམས་སུ་བླངས་པས་འོག་མ་གཉིས་ཀྱི་དགག་བྱ་དང་དགོས་པའང་ཡར་ལྡན་གྱི་ཚུལ་དུ་རྫོགས་པ་ཡིན་ཏེ། དཔེར་ན་སྔགས་ཀྱི་དབང་གསུམ་པའི་ཉམས་ལེན་སྦྱོར་བའི་དམ་ཚིག་ལྟ་བུ་ལའང་རང་རྒྱུད་ཀྱི་ཆགས་པ་དང་མ་བྲལ་ན་སྔགས་ཀྱི་ལམ་དུ་མི་འགྲོ་མོད། རྟོགས་གོམས་ཀྱི་གདེངས་ཀྱིས་ཐ་མལ་གྱི་འཛིན་པ་དང་བྲལ་ཞིང་ཐིག་ལེ་འཛག་མེད་དུ་བརྟན་ན་མི་ཚངས་སྤྱོད་ཀྱི་ཕམ་པས

གོས་པར་མི་འགྱུར་ཏེ། དགག་བྱ་ཉོན་མོངས་པ་ཟིལ་གྱིས་ནོན་པས་འདོད་ཆགས་རང་མཚན་པ་ལས་ལོག་པ་གང་ཞིག །དགོས་པ་ཉོན་མོངས་པའི་བག་ཆགས་མི་གསོག་གི་སྟེང་དུ་བསོད་ནམས་དང་ཡེ་ཤེས་ཀྱི་ཚོགས་རྫོགས་པར་འགྱུར་བའི་ཕྱིར་དང་། སོ་བྱང་གི་ཚུལ་ཁྲིམས་དང་སྡོམ་པ་ཐམས་ཅད་ཕུན་སུམ་ཚོགས་པས་ཡོན་ཏན་ཡར་ལྡན་དུ་འགྱུར་བའི་ཕྱིར་ཏེ། དེ་ཉིད་ལས། བླ་མེད་ཐེག་པར་རབ་ངེས་ན། །ཉོན་མོངས་ལས་རྣམས་ཀུན་སྤྱད་ཀྱང་། །བྱས་ལ་མི་གསོག་ཚོགས་འགྱུར་ཏེ། ཚུལ་ཁྲིམས་སྡོམ་པ་ཕུན་སུམ་ཚོགས། །ཞེས་གསུངས་པའི་ཕྱིར་རོ། །

ལྔ་པ་སྡོམ་པ་གསུམ་གནད་ཀྱིས་མི་འགལ་བ་ནི། **འདུ་ཤེས་གསུམ་གྱིས་འཁྲིག་ན་རྣལ་འབྱོར་དེ༑ །ཡུལ་བསམ་སྦྱོར་བ་མཐར་ཐུག་མ་ཚང་བས། །སྨི་ལམ་ཇི་བཞིན་གནད་ཀྱིས་འགལ་མི་སྲིད། །**

ཅེས་པ་སྟེ། དེ་ཡང་འདི་སྐབས་སུ། སྡོམ་པ་འོག་མ་གཉིས་གོང་མར་འདུས་པ་མི་འཐད་དེ། ཅིའི་ཕྱིར་ཞེ་ན། སོ་ཐར་གྱི་ཕམ་པ་བཞི་ཆ་བཅས་སྤོང་བ་དང་། བྱང་སྡོམ་གྱི་སེམས་ཅན་ལ་འཚེ་བ་ཆ་བཅས་ལས་ལྡོག་ནས་གཞན་ལ་ཕན་འདོགས་པའི་ལྡོག་ཆ་གཉིས་པོ་དེ། འདིར་སྔགས་སྡོམ་གྱི་སྤྱད་པར་བྱ་བའི་དམ་ཚིག་ལྔ་དང་དངོས་སུ་འགལ་བར་སྣང་བའི་ཕྱིར་སྙམ་ན། དེ་ལྟར་འོག་མ་དང་རྣམ་པ་འགལ་བ་ལྟར་སྣང་ཡང་ལྔ་བ་རྟོགས་ཤིང་ཏིང་ངེ་འཛིན་གོམས་པ་དང་ཐབས་མཁས་ཀྱི་སྦྱོད་པས་ཟིན་པའི་གནད་ཀྱིས་མི་འགལ་བར་འོག་མའི་སྡོམ་པ་ཡར་ལྡན་དུ་རྫོགས་པ་ཡིན་ཏེ། རྒྱུ་མཚན་ཉན་ཐོས་ཀྱི་དགེ་སློང་ལ་ཕམ་པ་བཞི་འཆབ་བཅས་བྱུང་ན་སོ་ཐར་གྱི་སྡོམ་པ་ཞིག་པར་གསུངས་པ་ལས། འདིར་མི་ཚངས་སྤྱོད་ལ། བདག་དང་ཡུལ་ལྷ་ཡབ་ཡུམ་དུ་གསལ་བ་ལྷའི་འདུ་ཤེས་དང་། མཁའ་གསང་རྡོ་རྗེ་དང་པདྨར་ཤེས་པ་སྔགས་ཀྱི་འདུ་ཤེས་ཀྱིས་གཞིའི་ཡན་ལག་མ་ཚང་། ཐབས་འདིས་བདེ་བ་ཆེན་པོའི་ཡེ་ཤེས་བསྐྱུབ་པར་བྱའོ་སྙམ་པ་ཆོས་ཀྱི་འདུ་ཤེས་ཀྱི་བསམ་པའི་ཡན་ལག་མ་ཚང་། བྱེད་པ་སྡོམ་པའི་ཐབས་མཁས་ཀྱི་སྦྱོད་པས་ཟིན་ཅིང་ཆགས་པའི་རོ་ཡེ་ཤེས་སུ་གསལ་བས་སྦྱོར་བ་དང་མཐར་ཐུག་གི་ཡན་ལག་མ་ཚང་བའི་ཕྱིར་དང་། ཆོས་ཐམས་ཅད་སེམས་ཉིད་ཀྱི་རང་སྣང་དུ་ཤེས་པས་རྨི་ལམ་དུ་སྤྱད་པ་ལྟར་ཉེས་པས་མི་གོས་ཤིང་འཛག་མེད་ཀྱི་ཡེ་ཤེས་འགྲུབ་པ་སོགས་ཀྱི་དོན་དུ་འགྱུར་བས་དགག་དགོས་གནད་གཅིག་པའི་ཕྱིར་མི་འགལ་ཏེ། དེ་ལས། མ་

ཆགས་པ་ལ་ཆགས་པ་དང་། །ཆགས་པ་ཉིད་ན་ཆགས་པ་མེད། །དེ་ནི་ཚངས་མཆོག་རྒྱལ་པོ་སྟེ། ། ཤིན་ཏུ་ཆགས་པ་ཆེན་པོ་ཡིན། །ཞེས་གསུངས་པའི་ཕྱིར། དེ་ལ་ཁ་ཅིག་ན་རེ། སྦྱོར་དེ་ལྟར་ཡིན་ཡང་། མི་ཚངས་སྤྱོད་ལ་ནི་དངོས་པོ་གཙོ་བས་པགས་རིམ་ལས་འདས་པའི་ཕྱིར་ཕམ་པ་བྱུང་ངོ་ཞེ་ན། དེ་ནི་ཐབས་ལ་མི་མཁས་ཤིང་ཤེས་རབ་མེད་པའི་དབང་དུ་བྱས་པ་སྟེ། ཡང་དག་པར་ན་སྔགས་མེད་པའི་དུག་གིས་འཆི་ཡང་སྔགས་དང་ལྡན་པ་ལ་ཉེས་པ་མེད་པ་བཞིན་དུ་ཐབས་ཤེས་ཁྱད་པར་ཅན་གྱིས་ཟིན་པ་ལ་ཉེས་པ་མེད་དེ། འདིར་མཁའ་གསང་སྔགས་ཀྱི་འདུ་ཤེས་ཀྱིས་བྱིན་གྱིས་བརླབས་པས་འདོད་བྱའི་དངོས་པོ་མ་གྲུབ་པའི་ཕྱིར་དང་། སྒྱུ་མའི་སྐྱེས་བུས་མིག་ཡོར་དུ་སྣང་བའི་བུད་མེད་ལ་སྦྱོར་བ་བརྩམས་པ་བཞིན་བདག་གཞན་ཡང་མ་གྲུབ་པའི་ཕྱིར་རོ། །

དེ་ལྟར་ཡང་དེ་ཉིད་ལས། ཡེ་ནས་སྐྱེ་མེད་དེ་བཞིན་ཉིད། །སྒྱུ་མར་སྣང་བ་མིག་ཡོར་ཚུལ། །སྦྱོར་སྒྲོལ་བྱ་བ་ཀུན་བྱས་ཀྱང་། །རྡུལ་ཆ་ཙམ་ཡང་བྱས་པ་མེད། །ཅེས་དང་། ཡེ་ཤེས་རྒྱས་པའི་མདོ་ལས་ཀྱང་། ཇི་ལྟར་སྒྱུ་མའི་མཁན་པོ་དག །རང་གིས་སྤྲུལ་པའི་སྒྱུ་མ་ལ། །དགེ་དང་མི་དགེ་འདུ་བྱེད་པ། །ཉེས་པ་གང་གིས་མི་གོས་ལྟར། །ཐབས་ལ་མཁས་པའི་རྣམ་པར་སྤྱོད། །ཅེས་སོ། །དེར་མ་ཟད་དགེ་སློང་མ་སེར་སྐྱ་བཟང་མོ་ལ་རྒྱལ་པོ་མ་སྐྱེས་དགྲས་འདོད་པ་ལན་མང་དུ་སྤྱད་ཀྱང་དགེ་སློང་མ་ལ་འདོད་ཆགས་ཀྱི་སེམས་མེད་པའི་ཕྱིར། ལས་དེས་ཕམ་པ་བསྐྱེད་མི་ནུས་པར་ཉན་ཐོས་ཀྱི་ཐེག་པར་ཡང་གསུངས་ན་ཐེག་ཆེན་དུ་ལྟ་སྨོས་ཀྱང་ཅི་དགོས་སོ། །དེ་བཞིན་དུ་སྲོག་བཅད་ལའང་། བསྒྲལ་བྱ་མིག་ཡོར་ལྟ་བུར་ཤེས་པས་གཞི་མ་ཚང་། དེའི་སྡུག་བསྔལ་བྲལ་འདོད་ཀྱི་སྙིང་རྗེས་བསླངས་པས་བསམ་པ་མ་ཚང་། གསོད་པར་བྱེད་པ་པོ་བདག་སྒྱུ་མའི་སྐྱེས་བུ་ལྟ་བུས་གསད་བྱ་མིག་ཡོར་ལྟར་སྲོག་དང་སྐྱེས་བུར་འཛིན་པ་མེད་པས་དེ་བཅད་པའང་མེད་པའི་ཕྱིར་སྦྱོར་བ་མ་ཚང་། རྗེས་མནར་སེམས་ཀྱི་ཡི་རང་མེད་པས་མཐར་ཐུག་མ་ཚང་བའི་ཕྱིར། ཉེས་པས་མི་གོས་ཤིང་བསྒྲལ་བྱའི་ལས་ངན་རྒྱུན་གཅོད་པའི་ཐབས་མཁས་ཀྱིས་ཚོགས་རྫོགས་པར་འགྱུར་བས་དགག་དགོས་གནད་གཅིག་པ་སྟེ། གསང་སྙིང་ལས། ཡོད་མེད་དབུ་མ་མི་དམིགས་ཤིང་། །སྒྱུ་མ་མིག་ཡོར་ལྟ་བུའི་ཚུལ། །སྲོག་མེད་སྲོག་ཀྱང་བཅད་དུ་མེད། །སྲོག་དང་སྐྱེས་བུ་ལོག་རྟོག་ཙམ། །ཞེས་སོ། །མ་བྱིན་པར་

ལེན་པ་ལའང་། བདག་གཞན་གཉིས་མེད་དུ་རྟོགས་ཏེ་རང་སྣང་གི་རྫས་འཕྲུལ་དགའི་ལོངས་སྤྱོད་ལྟར་ལེན་པས་དོན་ལ་བླངས་པ་མེད་པའི་ཕྱིར་གཞི་བསམ་སྦྱོར་བ་མ་ཚང་ལ། འཐོབ་བྱ་འཐོབ་བྱེད་ཀྱི་ཞེན་པ་ལས་གྲོལ་བས་མཐར་ཐུག་ཐོབ་བློ་ཡང་མ་གྲུབ་པའི་ཕྱིར་དགག་དགོས་གནད་གཅིག་པ་སྟེ། དེ་ལས། བདེན་པ་གཉིས་ཀ་དབྱེར་མེད་པས། །འཕྲུལ་དགའི་ཚུལ་ཏེ་ཐ་དད་མིན། །གཞན་དང་མ་བྱིན་མེད་པའི་ཕྱིར། །བླངས་མེད་ཐམས་ཅད་ཉིད་ཀྱི་དབྱིངས། །ཞེས་སོ། །རྫུན་སྨྲ་བའི་ཚེ་ཡང་ཆོས་ཐམས་ཅད་བདེན་པར་མ་གྲུབ་པས། དེ་ལ་ལྟོས་པའི་རྫུན་པའང་མ་གྲུབ་པའི་ཕྱིར་ན་གཞི་ཕ་རོལ་པོ་ལ་རྫུན་པའི་འདུ་ཤེས་ཀྱིས་སྨྲས་ཤིང་དེས་གོ་བའང་མ་དམིགས་པའི་ཕྱིར། །སྨྲས་ཀྱང་ཉེས་པས་མི་གོས་ཤིང་ཇི་ལྟར་ཕན་པ་ལྟར་སྨྲས་པས་དགག་དགོས་གནད་གཅིག་པ་སྟེ། དེ་ལས། ཆོས་རྣམས་སྒྱུ་མ་ལྟ་བུ་ལ། །མིང་དང་ཚིག་ཏུ་བཏགས་པ་རྫུན། །རྫུན་ཉིད་ལ་ནི་རྫུན་སྤྱོད་པས། །རྫུན་ཞེས་བཏགས་ཙམ་ཡོད་མ་ཡིན། །ཞེས་སོ། །མདོར་ན། དེ་ཐམས་ཅད་ཀྱི་སྐབས་སུ། བདག་ཉིད་སྡོམ་ལྡན་ཡིན་པ། ཡུལ་དེ་ཡིན་ལ་ཡིན་པར་མ་འཁྲུལ་བ། སྦྱོར་བ་བརྩམས་ཤིང་མཐར་ཐུག་གྲུབ་པ་ཞིག་དགོས་པ་ལས། འདིར་རྟོགས་གོམས་ཀྱི་ཐབས་ཀྱིས་ཐམས་ཅད་ལྟར་ཤེས་པའི་ཕྱིར་ཉན་ཐོས་ཀྱི་སྡོམ་པ་དང་འགལ་བ་མེད་དོ། །དེ་བཞིན་དུ་གཞན་ལ་ཕན་འདོད་ཀྱི་སྙིང་རྗེ་དང་ཐབས་ཁྱད་པར་ཅན་གྱིས་ཟིན་པའི་བྱང་སྡོམ་དང་ཡང་འགལ་བ་མེད་དེ། དེ་གཉིས་དང་ལྡན་པ་ནི་བྱང་ཆུབ་སེམས་དཔའ་རྣམས་ལའང་གནང་བའི་ཕྱིར། ཉེས་པས་མི་གོས་ཀྱི་སྟེང་དུ་ཕན་ཡོན་ཚད་མེད་པ་ཐོབ་པས་དགག་དགོས་གནད་གཅིག་པ་ཡིན་ཏེ། ཕལ་པོ་ཆེ་ལས། གང་དག་སེམས་ཅན་དོན་འགྱུར་བའི། །ཐབས་དེ་རྒྱལ་སྲས་བསླབ་པའི་མཆོག །སྤྲིན་ལས་ཆར་ཆེན་བབས་པ་ཡིས། །ལོ་ཏོག་ཕུན་སུམ་ཚོགས་པར་བྱེད། །ཅེས་གསུངས་པའི་ཕྱིར། མདོར་ན་སྡོམ་པ་གསུམ་ཀ་ལ་སྐྱོན་དང་ཉེས་པ་བསྐྱེད་ན་འགོག་ཅིང་། ཡོན་ཏན་དང་དགེ་བ་བསྐྱེད་ན་བྱ་བར་གནང་བའི་ཕྱིར། དོན་གཅིག་པས་གནད་ཀྱིས་མི་འགལ་བ་ཡིན་ནོ། །

དྲུག་པ་དུས་སྐབས་ཀྱིས་གཙོ་བོར་གང་འགྱུར་སྤྱད་པ་ནི། **སྡིག་ཏོ་མི་དགེའི་ཕྱོགས་དང་ཚོགས་པའི་གསེབ། །ཚོགས་མ་གཙོར་བྱེད་འདོད་པས་དབེན་པ་དང་། །སྤྱོད་པའི་དུས་དང་དབེན་པར་གསང་**

སྔགས་སྤྱད། །ནང་མ་འདོམ་ན་མ་འདྲེས་ཡོངས་རྫོགས་བསྲུང་། །འདོམ་ན་དགག་དགོས་བཀྱེ་ཞེས་མཁས་རྣམས་བཞེད། །ལས་དང་པོ་དང་རྣལ་འབྱོར་གྲུབ་ཐོབ་དང་། །ཐབས་ཅན་མཁྱེན་པའི་སྤྱོད་པ་གང་ཡིན་པ། །དུས་ཚོད་འབྲེལ་བར་དགོས་ཞེས་དུས་འཁོར་བཤད། །ཅེས་པ་སྟེ། སྡིག་ཏོ་མི་དགེ་བའི་ཕྱོགས་རང་བཞིན་གྱི་ཁ་ན་མ་ཐོ་བ་རྣམས་དང་། ཚོགས་པའི་གསེབ་ཏུ་སྡོམ་པ་འོག་མ་ཉན་ཐོས་ཀྱི་ལུགས་བཞིན་དུ་གཙོ་བོར་བསྲུང་དགོས་ཏེ། གསང་འདུས་ལས། ཕྱི་རུ་ཉན་ཐོས་སྤྱོད་པ་སྐྱོང་། །ནང་དུ་འདུས་པའི་དོན་ལ་དགའ། །ཞེས་དང་། སངས་རྒྱས་གཉིས་པ་སློབ་དཔོན་ཆེན་པོ་པདྨའི་ཞལ་ནས། ཕྱི་ལྟར་ལག་ལེན་མདོ་སྡེའི་ལུགས་སུ་སྤྱད། །རྒྱུ་འབྲས་སྤང་བླང་ཞིབ་པའི་དགོས་པ་ཡོད། །ཅེས་དང་། བྱང་སའི་ཚུལ་ཁྲིམས་ལེའུར་ཡང་། འདུལ་བའི་ནང་ཁྲིམས་བསྲུང་ན་ཉེས་པ་མེད་དོ། །ཞེས་ཡང་ཡང་གསུངས་པའི་ཕྱིར་རོ། །ཡང་ཐེག་པ་ཆེན་པོར་གཞན་དོན་དུ་འགྱུར་ངེས་ན་གནང་བ་རང་འདོད་ཀྱིས་དབེན་པའི་ལྟུང་བ་ལུས་ངག་གི་བཅས་པ་རྣམས་དང་། གསང་སྤྱོད་ཀྱི་དུས་དང་དབེན་པའི་གནས་སུ་གསང་སྔགས་གཙོ་བོར་བསྲུང་སྟེ། དེའི་ཚེ་འོག་མ་ཉམས་པ་སྙམ་བྱེད་ཀྱང་དེ་ནི་ལྟུང་བའི་གཟུགས་བརྙན་ཡིན་པའི་ཕྱིར་རོ། །དེ་ལྟར་ཡང་སྤྱོད་འཇུག་ལས། ཐུགས་རྗེ་མངའ་བས་རིང་གཟིགས་པས། །བཀག་པ་རྣམས་ཀྱང་དེ་ལ་གནང་། །ཞེས་དང་། སེམས་ཀྱི་སྒྲིབ་སྦྱོང་ལས། རྣམ་ཤེས་ངན་པས་བརྟེན་བྱས་ན། །འདོད་པས་འཆིང་བ་ཉིད་དུ་འགྱུར། །དེ་ཉིད་མཁས་པས་བསྟེན་བྱས་ན། །འདོད་པས་ཐར་པ་རབ་ཏུ་སྒྲུབ། །ཅེས་དང་། རང་ལྟར་སྦྱོར་བའི་བདག་ཉིད་ཀྱིས། །འགྲོ་བའི་དོན་བྱེད་བརྩོན་ལྡན་པས། །རྣལ་འབྱོར་འདོད་ཡོན་ལོངས་སྤྱོད་ཀྱང་། །གྲོལ་འགྱུར་གོས་པར་མི་འགྱུར་རོ། །ཞེས་དང་། སློབ་དཔོན་ཆེན་པོས། ནང་ལྟར་གསང་སྔགས་ཐུན་མོང་ལུགས་སུ་སྤྱད། །བསྐྱེད་རྫོགས་དོན་དང་འབྲེལ་བའི་དགོས་པ་ཡོད། །གསང་བ་གསང་ཆེན་ཨ་ཏིའི་ལུགས་སུ་སྤྱད། །ཚེ་གཅིག་འོད་སྐུར་གྲོལ་བའི་དགོས་པ་ཡོད། །ཅེས་གསུངས་པའི་ཕྱིར། གཞན་ཡང་སྤྱོད་འཇུག་ལས། འཇིག་རྟེན་མ་དད་གྱུར་པའི་ཆ། །མཐོང་དང་དྲིས་ཏེ་སྤང་བར་བྱ༔ །ཞེས་པས་གཞན་མ་དད་པར་འགྱུར་བའི་ཆ་སྡོམ་པ་གསུམ་ཀ་མཐུན་པ་རྣམས་འབད་པས་བསྲུང་ཞིང་། གལ་ཏེ་གཞན་འཇུག་པའི་རྒྱུར་འགྱུར་ན་ཐེག་པ་ཆེན་པོ་ལས་གནང་བས་དགག་དགོས་ཤེས

པར་བྱའོ། །དེ་དག་ཀུང་རབ་དབྱེའི་ཐེག་ཆེན་སོ་ཐར་གྱི་སྐབས་སུ། འདི་ལ་སྡིག་ཏོ་མི་དགེའི་ཕྱོགས། །ཕལ་ཆེར་ཉན་ཐོས་ལུགས་བཞིན་བསྲུང་། །འདོད་པས་དབེན་པའི་ལྟུང་བ་འགལ། །བྱང་ཆུབ་སེམས་དཔའི་ལུགས་བཞིན་བསྲུང་། །འཇིག་རྟེན་མ་དད་གྱུར་པའི་ཆ། །གཉིས་ཀ་མཐུན་རྣམས་འབད་པས་བསྲུང་། །འཇིག་རྟེན་འཇུག་པའི་རྒྱུར་གྱུར་ན། །ཐེག་ཆེན་སོ་སོར་ཐར་ལ་གནང་། །ཞེས་གསུངས་པ་ལྟར་རོ། །ཚོགས་དབེན་གང་ཡིན་ཡང་རུང་སྟེ། སྡོམ་པ་གསུམ་གྱི་ལྟུང་བ་ནང་མ་འདོམ་པའི་དུས་སུ་ནི་རང་རང་སོ་སོའི་ལུགས་ལྟར་མ་འདྲེས་ཡོངས་རྫོགས་སུ་བསྲུང་བར་བྱ་ཞིང་། གལ་ཏེ་འདོམ་ན་དགག་དགོས་བརྩི་སྟེ། གང་གི་ལུགས་ལའང་ཉེས་པ་བསྐྱེད་པའི་ཆ་ཐམས་ཅད་དགག་བྱ་ཡིན་པས་དགག་ཅིང་། ཡོན་ཏན་ནམ་དགེ་བའི་ཆ་བསྐྱེད་ན་བསླབས་པའི་དགོས་པ་ཡིན་པས་སྤྱད་པར་བྱ་སྟེ། གནང་བཀག་དང་སྤྱིར་བཏང་དམིགས་བསལ་གྱི་གནད་རྣམས་མ་འདྲེས་པར་ཤེས་པ་གལ་ཆེའོ། །དེ་ཡང་གསུམ་ལྡན་རྡོ་རྗེ་འཛིན་པས་སྤྱོད་པ་ཁ་ན་མ་ཐོ་བ་མེད་ཅིང་དུས་ཚོད་དང་འབྲེལ་བར་སྤྱོད་དགོས་པས་གནས་སྐབས་སོ་སོའི་བླང་དོར་ཡང་ཤེས་པར་བྱ་སྟེ། ལས་དང་པོ་པས་སོ་ཐར་གྱི་དགག་བྱ་གཙོ་བོར་བསྲུང་ཞིང་། བརྟན་པ་ཐོབ་ནས་བཟུང་བློན་འཕར་བའི་རིམ་པ་ལྟར་གོང་མ་གོང་མའི་དགོས་པ་གཙོ་བོར་བསྒྲུབ་སྟེ། འདི་ལྟར་རྣལ་འབྱོར་པ་དང་། གྲུབ་པ་ཐོབ་པ་དང་། ཐམས་ཅད་མཁྱེན་པའི་གནས་སྐབས་ཀྱི་སྤྱོད་པ་རྣམས་མ་འདྲེས་པར་བླང་དོར་བྱའོ། །དེ་ལྟར་ཡང་དུས་འཁོར་འགྲེལ་ཆེན་ལས། དེའི་ཕྱིར་ལས་དང་པོ་པས་རྣལ་འབྱོར་པའི་བྱ་བ་མི་བྱའོ། །རྣལ་འབྱོར་པས་གྲུབ་པའི་བྱ་བ་མི་བྱའོ། །གྲུབ་པས་ཐམས་ཅད་མཁྱེན་པའི་བྱ་བ་མི་བྱའོ། །ཞེས་སོ། །

གསུམ་པ་སྡོམ་གསུམ་ཉམས་སུ་ལེན་ཚུལ་བསྡུས་ཏེ་བསྟན་པའི་སྒོ་ནས་མཇུག་བསྡུ་བ་ནི།

ཡོན་ཏན་གཞི་རྟེན་སོ་ཐར་གང་ནུས་སྲུང་། །བྱང་ཆུབ་སེམས་བསྐྱེད་སྔགས་ཀྱི་ཡན་ལག་ཡིན། །སྨིན་བྱེད་དབང་ཐོབ་སྡོམ་གསུམ་མིག་ལྟར་བསྲུང་། །གདན་གསུམ་ལྷ་རུ་ཤེས་པའི་བསྐྱེད་རིམ་དང་། །མཚན་བཅས་མཚན་མ་མེད་པའི་རྫོགས་རིམ་བསྒོམ། །ཉེ་རྒྱུའི་སྤྱོད་པས་རིམ་བཞིན་མཚམས་སྦྱར་ན། །འདིའམ་འཆི་ཁ་དང་ནི་བར་དོ་རུ། །རང་བཞིན་སྤྲུལ་སྐུའི་ཞིང་དུ་རྫོགས་འཚང་རྒྱ། །ཞེས

པ་སྟེ། རྒྱལ་བའི་གསུང་རབ་ཀྱི་དོན་ཐམས་ཅད་སྡོམ་པ་གསུམ་གྱི་ཉམས་ལེན་དུ་འདུ་སྟེ། འདི་

ལྷར་ཞེན་ཐོས་དང་ཐུན་མོང་བའི་ལམ་འཁོར་བ་ལ་སྐྱོ་ཤས་དང་ངེས་འབྱུང་གིས་ཀུན་ནས་བསླངས་ཏེ། སྤང་བ་བཞིའམ་མདུན་ལྡན་གྱི་སོ་སོ་ཐར་པ་རིགས་བརྒྱད་གང་ནས་བླངས་ལ་ལུས་ངག་གི་ཉེས་སྤྱོད་ལས་ལྡོག་པར་བྱ། དེའི་སྟེང་དུ་མཁའ་ཁྱབ་ཀྱི་སེམས་ཅན་ཐམས་ཅད་གདོད་ནས་རྣམ་པར་དག་ཀྱང་། དེ་ལྟར་མ་རྟོགས་པས་སྡུག་བསྔལ་གྱི་རྒྱུ་དང་འབྲས་བུར་སྤྱོད་པ་རྣམས་ལ་བཅོས་མེད་ཀྱི་བྱམས་པ་དང་སྙིང་རྗེས་ཀུན་ནས་བསླངས་ཏེ། གཞན་དོན་དུ་སྨོན་པ་དང་འཇུག་པའི་བདག་ཉིད་ཅན་གྱི་བྱང་ཆུབ་མཆོག་ཏུ་སེམས་བསྐྱེད་ནས་ཚུལ་ཁྲིམས་གསུམ་ལ་བསླབ་པར་བྱ། དེ་ལྟར་སོ་བྱང་གཉིས་ཀྱིས་རྒྱུད་སྦྱང་རྗེས་རྒྱུ་རྐྱེན་གྱི་དཀྱིལ་འཁོར་བཞིར་ཞུགས་ནས་སྐུ་བཞིའི་རྟེན་འབྲེལ་བསྒྲིག་ཕྱིར་དབང་བཞི་བསྐུར་བས་སྡོམ་པ་གསུམ་ལྡན་དུ་བྱས་ཏེ། སྡོམ་པ་རང་རང་གི་བསླབ་བྱ་རྣམས་དགག་དགོས་ཀྱི་གནད་ཤེས་པའི་སྒོ་ནས་མིག་གི་འབྲས་བུ་ལྟར་གཅེས་སྤྲས་ཀྱིས་བསྲུང་བར་བྱ་ཞིང་། སྨིན་ཟིན་གྲོལ་བར་བྱ་བའི་ཕྱིར་ལམ་རིམ་པ་གཉིས་ལ་འཇུག་སྟེ། དེ་ཡང་རྟེན་གྱི་དཀྱིལ་འཁོར་བཞི་ཀ་ལ་དེ་བཞིན་གཤེགས་པ་དང་གཤེགས་མ། སེམས་དཔའ་དང་སེམས་མ། ཁྲོ་བོ་དང་ཁྲོ་མོ་སྟེ་གདན་གསུམ་ཚང་བར་ཤེས་པས་སྣང་གཞི་སྦྱོང་བྱེད་ངོ་འཕྲོད་པའི་སྒོ་ནས་མ་དག་པའི་སྣང་བ་དབྱིངས་སུ་སྦྱོང་བའི་དཀྱིལ་འཁོར་གྱི་འཁོར་ལོ་བསྒོམ་པ་བསྐྱེད་རིམ་དང་། རྫོགས་རིམ་མཚན་བཅས་རང་བྱིན་གྱིས་བརླབ་པའི་རིམ་པ་རྩ་རླུང་ཐིག་ལེ་ལ་གནད་དུ་བསྣུན་པའི་ཐབས་དང་། དེ་དག་གི་རྒྱས་གདབ་ཏུ་གྱུར་པ་མཚན་མེད་རང་བྱུང་གི་ཡེ་ཤེས་སེམས་ཉིད་འོད་གསལ་དུ་ངོ་སྤྲོད་པ་དེ་ཁོ་ན་ཉིད་ཀྱི་རྫོགས་རིམ་རྣམས་ལེགས་པར་བསྒོམ་ཞིང་། ཉེ་རྒྱུའི་སྤྱོད་པ་སྤྲོས་བཅས་སྤྲོས་མེད་ཤིན་ཏུ་སྤྲོས་མེད་གསུམ་སྤྱད་པས་དབང་པོ་རབ་ཚེ་འདིར་ཟུང་འཇུག་གི་སྐུ་འགྲུབ། འབྲིང་འཆི་ཁའི་འོད་གསལ་ལས་ཟུང་འཇུག་གི་སྐུར་ལྡང་། ཐ་མ་བར་དོ་ནས་བདེན་པའི་བྱིན་རླབས་ཀྱིས་མངོན་པར་དགའ་བ་ལ་སོགས་པ་རང་བཞིན་སྤྲུལ་སྐུའི་ཞིང་བགྲོད་དེ་རྡོ་རྗེ་མི་བསྐྱོད་པ་ལ་སོགས་པའི་དེ་བཞིན་གཤེགས་པ་རང་རིགས་ཀྱི་འཁོར་དང་བཅས་པ་རྣམས་རིམ་པ་ཇི་ལྟ་བ་བཞིན་དུ་ཞལ་མཐོང་བ་དང་། དབང་བསྐུར་བ་དང་། བྱང་ཆུབ་ཏུ་ལུང་བསྟན་པ་དང་། དབུགས་དབྱུང་བ་ཐོབ་ནས་གདོད་མའི་དབྱིངས་སུ་རྫོགས་སངས་རྒྱས་ཏེ། དོན་གཉིས་མཐར་ཕྱིན་པར་འགྱུར་རོ། །

དེ་ལྟར་ཡང་སྒྱུ་འཕྲུལ་མངོན་བྱང་ལས། དག་པ་ས་ཡི་དབང་ཉིད་ཕྱིར། །སྨིན་པ་ལྔ་དང་ཆོས་རབ་ལྔ། །ཡེ་ཤེས་ལྔ་ཡོངས་རྫོགས་པ་ལས། །རྫོགས་པའི་བྱང་ཆུབ་སྙིང་པོར་འགྲོ། །ཞེས་གསུངས་སོ། །

དེ་ལྟར་བཤད་ནས་ལེའུའི་སྐབས་བསྡུ་བ་ནི། **སྡོམ་གསུམ་སྤྱིར་བཤད་པའི་རིམ་པར་ཕྱེ་བ་སྟེ་ལྔ་པའོ།** །ཞེས་པ་སྟེ། བསྟན་བཅོས་འདི་ལ་ལེའུ་ལྔ་ལས། འདིས་སྡོམ་པ་གསུམ་པོ་སྤྱིར་གང་ཟག་གཅིག་གི་རྒྱུད་ལ་འགལ་མེད་དུ་ཉམས་སུ་ལེན་ཚུལ་གྱི་མཐའ་དཔྱད་ནས་བཤད་པའི་རིམ་པར་ཕྱེ་བ་སྟེ་ལེའུ་ལྔ་པའི་འགྲེལ་པའོ། །འདིར་སྨྲས་པ། གཞན་གནོད་སྤོང་དང་གཞན་ཕན་སྒྲུབ་པའི་ཐབས། །སོ་བྱང་རྣམ་གཉིས་སྔགས་ཀྱི་སྡོམ་རྗེས་སུ། །གནས་གྱུར་རང་ལྡོག་མ་འདྲེས་ངོ་བོ་གཅིག །གནང་བཀག་འགལ་མེད་ཉམས་སུ་ལེན་པའི་ཚུལ། །ལེགས་པར་བཀྲལ་བའི་ངག་ཚིག་ལེགས་བཤད་ལས། །ཐོབ་པའི་དགེ་ཚོགས་དབང་ཐོབ་བྱང་སེམས་དང་། །ལྡན་ཅིག་ཆོས་ལ་སྤྱོད་པའི་ལྷན་སྐྱེས་ཀྱི། །བདེ་ཆེན་དཔལ་མངའ་བདེ་ལྡན་མགོན་གྱུར་ཅིག ། །།

གསུམ་པ་བཤད་པ་རྫོགས་པའི་བྱ་བ་ལ་བཞི་སྟེ། རྩོམ་པའི་རྒྱུ་བརྗེ་བའི་སྙིང་རྗེ། རྩོམ་དགོས་པའི་རྒྱུ་མཚན། ཇི་ལྟར་བརྩམས་པའི་ཚུལ། དེས་ཐོབ་དགེ་བ་བསྔོ་བའོ། །དང་པོ་ནི། **དེང་སང་མ་སྦྱངས་མུ་ཅོར་སྨྲ་བ་བརྒྱུས། །རང་གི་ཡེ་ཤེས་རྟུལ་ཙམ་མ་རྟོགས་པར། །རང་བཟོའི་ཚིགས་རྒྱངས་རྣམས་ཆེམ་པའི་དུས། །སྐབས་དེ་བསམ་གྱིན་སྙིང་ནས་མཆི་མ་བཀྲུ།** །ཞེས་པ་སྟེ། སྔོན་གྱི་མཁས་གྲུབ་རྣམས་ནི་གཤེགས། དེ་དག་གི་གཞུང་ལུགས་རྣམས་ཀྱང་རིམ་གྱིས་ནུབ་པས་སྙིགས་མ་ལས་ཀྱང་སྙིགས་མར་གྱུར་པ་དེང་སང་གི་དུས་བསྟན་པ་ཉམས་སྨད་པར་གྱུར་པ་ལ་ཐུགས་སྐྱོ་བའི་ཤུགས་ཀྱིས་གདུལ་བྱ་ལ་སྙིང་རྗེའི་ཀུན་སློང་གཡོས་པ་སྟེ། ཇི་ལྟར་ན། ད་ལྟའི་དུས་འདིར་རང་གིས་གཞུང་ལུགས་རྣམས་ལ་ཐོས་བསམ་གྱི་སྒོ་ནས་ལེགས་པར་མ་སྦྱངས་ཤིང་། སྒོམ་པ་ཉམས་ལེན་གྱི་སྒོ་ནས་རང་གི་ཡེ་ཤེས་འདིར་བསྟན་གྱི་ཆ་ཙམ་ཡང་མ་རྟོགས་པར་བླུན་པོ་མཁས་རློམ་གྱི་མངོན་པའི་ང་རྒྱལ་ཅན་དག་གཞན་ལ་མུ་ཅོར་གྱི་ཁ་ཟེར་བ་དང་། ཟོག་པོ་གྲུབ་རློམ་ཅན་མང་པོས་རང་བཟོའི་ངན་རྟོག་གིས་བསླད་པའི་ཚིགས་རྒྱངས་པ་རྣམས་མགོ་བསྐོར་བ་ལ་སྐྱབས་སུ་བརྟེན་པའི་དུས་འདི་འདྲ་བའང་སྣང་སྟེ། བསམ་གྱིན་སྙིང་ནས་མྱ་ངན་གྱི་མཆི་མ་བཀྲུ་བའི་གནས་སུ་གྱུར་

པ་ཡིན་ནོ། །

གཉིས་པ་ནི། **མདོ་སྔགས་ལམ་རྣམས་མུ་མེད་འགྲོ་བའི་ཕྱིར། །ཚང་ལ་མ་ནོར་ལམ་འདི་རྒྱལ་བས་གསུངས། །གངས་ཅན་འདི་ན་དེ་དག་ཕྱོགས་རེར་འཛིན། །གཅིག་ཏུ་སེམས་ཀྱང་སྡོམ་གསུམ་མིང་ཙམ་ལུས། །**ཞེས་པ་སྟེ། རྒྱལ་བ་ཡང་དག་པར་རྫོགས་པའི་སངས་རྒྱས་ཀྱིས། མཐའ་ཡས་མུ་མེད་པའི་གདུལ་བྱའི་འགྲོ་བ་རྣམས་འདུལ་བའི་ཕྱིར། སོ་སོའི་བློའི་རིམ་པ་ལྟར་མདོ་སྔགས་ཀྱི་གཞུང་ལམ་དཔག་ཏུ་མེད་པ་ཞིག་གསུངས་པ་ཐམས་ཅད་ཀྱང་། གང་ཟག་གཅིག་འཚང་རྒྱ་བའི་ཐབས་ཚང་ལ་མ་ནོར་བའི་རྣམ་དག་ལེགས་པའི་ལམ་འདིར་འདུ་མོད། འོན་ཀྱང་མདོ་སྔགས་ཀྱི་གཞུང་ལུགས་སོ་སོའི་དགོངས་དོན་ཟབ་ཅིང་བསླིང་བས་གཅིག་ཏུ་སྡུད་མ་ཤེས་ཏེ། དེའི་ཕྱིར་གངས་ཅན་འདི་ན་འདུལ་བ་དང་གསང་སྔགས་དག་འགལ་ལོ་ཞེས་གཡག་ཞར་གྱི་རྟ་ལྟར་ཕྱོགས་རེར་འཛིན་ལ། གལ་ཏེ་གཅིག་ཏུ་བསྡུ་བར་སེམས་པ་རྣམས་ཀྱིས་ཀྱང་སྡོམ་པ་གསུམ་སོ་སོའི་འབོགས་ཆོག་གི་ལག་ལེན་ལྟར་སྣང་ཙམ་ལས་གནང་བཀག་གི་བསླབ་བྱ་སྤྱིར་བཏང་དམིགས་བསལ་གྱི་གནས་རྣམས་ལུང་རིགས་མན་ངག་དང་མི་འགལ་བར་འཆད་མི་ཤེས་པས་མིང་ཙམ་དུ་ལུས་པར་ཟད་དོ། །

གསུམ་པ་ནི། **འདི་ནི་མཁས་གྲུབ་དུ་མའི་ལེགས་བཤད་ལས། །སྒྲིན་པོའི་བློ་ཡིས་ཕྱོགས་གཅིག་དག་ཏུ་བཀོད། །དེ་ཕྱིར་ནོངས་པའི་དྲི་མ་མེད་སྙམ་རློམ། །**ཞེས་པ་སྟེ། ཚུལ་དེ་དག་མཐོང་ནས་བསྟན་བཅོས་འདི་ནི་ཕྱོགས་འཛིན་གྱི་བློ་དང་རང་བཟོ་སྤངས་ཏེ་མདོ་རྒྱུད་ཀྱི་དོན་ཇི་ལྟ་བ་བཞིན་དུ་གཏན་ལ་འབེབས་པར་བྱེད་པ་མཁས་གྲུབ་དུ་མའི་ལེགས་བཤད་ལས་ཇི་སྐད་བསྟན་པ་རྣམས་ལ་སྒྲིན་པོའི་བློས་བརྟགས་ཤིང་དཔྱད་ནས། མདོ་རྒྱུད་ཀྱི་དགོངས་དོན་རྣམས་ལུང་རིགས་མན་ངག་དང་མི་འགལ་བར་ཕྱོགས་གཅིག་ཏུ་བསྡུས་ཏེ་བཀོད་པ་ཡིན་ལ། དེ་ཡང་རྒྱལ་བའི་དགོངས་པ་ཕྱིན་ཅི་མ་ལོག་པར་ལེགས་པར་བཤད་པའི་ཕྱིར་མ་རྟོགས་པ་དང་ལོག་རྟོག་གིས་ནོངས་པའི་དྲི་མ་མེད་སྙམ་དུ་རློམ་མོ་ཞེས་གསུང་གསང་མཐོན་པོས་འདོམས་ཤིང་བཟོད་པར་གསོལ་བ་མ་མཛད་དོ། །

བཞི་པ་ནི། **དགེ་དེས་ཀུན་བཟང་གོ་འཕང་མྱུར་ཐོབ་ཤོག** །ཅེས་པ་སྟེ། བསྟན་བཅོས་འདི་བརྩམས་པ་ལས་བྱུང་བའི་དགེ་བ་མཆོག་ཏུ་གྱུར་པ་དེས། མཁའ་ཁྱབ་ཀྱི་འགྲོ་བ་ཐམས་ཅད་འབད་རྩོལ་མེད་པར་དེ་བཞིན་གཤེགས་པ་ཐམས་ཅད་ཀྱི་སྐུ་དང་ཡེ་ཤེས་འདུ་འབྲལ་མེད་པའི་བདག་ཉིད་དཔལ་ཀུན་ཏུ་བཟང་པོའི་གོ་འཕང་མྱུར་དུ་ཐོབ་པར་ཤོག་ཅིག་པའོ། །

གསུམ་པ་བསྟན་བཅོས་ཇི་ལྟར་བརྩམས་པའི་མཛད་བྱང་ནི། **ཅེས་སྡོམ་གསུམ་རྣམ་ངེས་ཚིག་གི་རིམ་པར་ཕྱེ་བ་འདི་གངས་རིའི་ཁྲིད་བས་བསྐོར་བའི་ཡུལ་ལྷོ་ངོས་ལྷོ་ཕྱོགས་ཀྱི་རྒྱུད་དུ་བྱུང་བའི་ངེས་པར་འབྱུང་བའི་བསམ་པ་ཅན་མངའ་རིས་ཀྱི་པཎྜི་ཏ་པདྨ་དབང་གི་རྒྱལ་པོས་བཀོད་པ། ཕྱོགས་དུས་ཐམས་ཅད་དུ་རང་བཞིན་རྫོགས་པ་ཆེན་པོའི་བསྟན་པ་ལ་བྱ་བ་བྱེད་ནུས་པར་གྱུར་ཅིག** །ཅེས་པ་སྟེ། སྡོམ་པ་གསུམ་གྱི་དོན་སྒྲོ་སྐུར་དང་བྲལ་བར་གཏན་ལ་ཕབ་པས་ན་རྣམ་པར་ངེས་པ་སྟེ་བསྟན་བཅོས་ཀྱི་མཚན་ནོ། །དེ་ཡང་ཚིག་ནི་མཁན་པོ་ཐུ་མིས། ཡི་གེའི་ཁོངས་ནས་མིང་བྱུང་སྟེ། །མིང་གི་ཁོངས་ནས་ཚིག་བྱུང་ལ། །ཚིག་གིས་དོན་རྣམས་སྟོན་བྱེད་པ། །ཞེས་པ་ལྟར་ཡི་གེ་འདུས་པ་ལས་མིང་། མིང་འདུས་པ་ལས་ཚིག་དེ་འདུས་པ་ལས་ཚིགས་སུ་བཅད་པ་འདུས་པའི་གཞུང་ཚིགས་ལེའུ་རིམ་པར་ཕྱེ་བ་ལྟའི་བདག་ཉིད་ཅན་འདི་ཉིད་གྲུབ་བོ། །དེ་མཛད་པ་པོ་སུ་ཞིག་ཅེ་ན། གངས་རིའི་ཕྲེང་བས་བསྐོར་བ་བོད་ཀྱི་ཡུལ་ལས་བྱེ་བྲག་ལྷོ་ཕྱོགས་ཀྱི་རྒྱུད་མངའ་རིས་གློ་བོ་མ་ཐང་དུ་སྐྱེ་འཁྲུངས་པ། ཡོན་ཏན་གྱི་ཁྱད་པར་ཤེས་རབ་དང་སྙིང་རྗེས་སྲིད་ཞིའི་མཐའ་གཉིས་ལས་ངེས་པར་འབྱུང་བ་བླ་ན་མེད་པའི་བྱང་ཆུབ་དོན་གཉེར་གྱི་བསམ་པས་ཀུན་ནས་བསླངས་ཏེ་སྒྲོར་བ་གཞན་དོན་སྒྲུབ་པའི་ཐབས་ལ་མཁས་པ་ཅན་རིག་པའི་གནས་ལྔ་ཐུགས་སུ་ཆུད་པའི་པཎྜི་ཏ་མཚན་བརྗོད་པར་དཀའ་བ་པདྨ་དབང་རྒྱལ་རྡོ་རྗེ་གྲགས་པ་རྒྱལ་མཚན་དཔལ་བཟང་པོས་གསུང་རབ་དགོངས་འགྲེལ་དང་བཅས་པའི་དོན་ཇི་ལྟ་བ་བཞིན་དུ་བརྩམས་པར་མཛད་པས་ན་ཐར་འདོད་ཀྱི་སྐྱེས་བུ་རྣམས་ཀྱི་སྒྲི་བོས་བླང་བར་འོས་ཏེ། རྒྱུད་བླ་མ་ལས། གང་ཞིག་རྒྱལ་བའི་བསྟན་པ་འབའ་ཞིག་གི །དབང་བྱས་རྣམ་གཡེང་མེད་ཡིད་ཅན་གྱིས་བཤད། །ཐར་པ་ཐོབ་པའི་ལམ་དང་རྗེས་མཐུན་པ༑ ༑དེ་ཡང་དྲང་སྲོང་བཀའ་བཞིན་སྤྱི་བོས་བླང་། །ཞེས་གསུངས་པའི་ཕྱིར་རོ། །དེ་ལྟར་བསྟན་

བཙོས་བཀོད་པའི་དགེ་བ་ཅི་ཡོད་པ་དེས་ཕྱོགས་བཅུ་དང་དུས་གསུམ་གྱིས་བསྡུས་པའི་འཇིག་རྟེན་གྱི་ཁམས་ཐམས་ཅད་དུ་ཐེག་པ་ཀུན་གྱི་རྩེ་མོར་སོན་པ་རང་བཞིན་རྫོགས་པ་ཆེན་པོ་ཨ་ཏི་ཡོ་གའི་བསྟན་པ་ལ་བཤད་སྒྲུབ་ཀྱི་བྱ་བ་རླབས་པོ་ཆེ་བྱེད་ནུས་པར་གྱུར་ཅིག་ཅེས་སྨོན་ལམ་དུ་མཛད་པ་ནི་བསྔོ་བ་རྣམས་ཀྱི་ནང་ནས་མཆོག་ཏུ་གྱུར་པ་སྟེ། སྨོན་ལམ་ཐམས་ཅད་ཀྱང་དམ་པའི་ཆོས་ཡོངས་སུ་འཛིན་པར་བསྡོས་ན་འདུ་བར་གསུངས་པའི་ཕྱིར། བཟང་སྤྱོད་ལས། རྒྱལ་བ་ཀུན་གྱི་དམ་པའི་ཆོས་འཛིན་ཅིང་། །བྱང་ཆུབ་སྤྱོད་པ་ཀུན་ཏུ་སྣང་བར་བྱེད། །བཟང་པོ་སྤྱོད་པ་རྣམ་པར་སྦྱོང་བ་ཡང་། །མ་འོངས་བསྐལ་པ་ཀུན་ཏུ་སྤྱོད་པར་ཤོག །ཅེས་གསུངས་པ་དང་ཚུལ་མཐུན་པ་ཡིན་ནོ།། །།

དེ་ལྟར་ལེགས་བཤད་འདུལ་བའི་རྩ་བ་བརྟན། །གཞན་ཕན་བྱང་སེམས་ངོ་མཚར་ལོ་འདབ་རྒྱས། །གསང་ཆེན་སྨིན་གྲོལ་འབྲས་བུས་ཡོངས་གང་བའི། །རྣམ་འགྲེལ་དཔག་བསམ་སྙེ་མ་འདི་ལོངས་ཤིག །མཚུངས་མེད་རྣམ་དཔྱོད་སྟོབས་རྒྱས་ཧ་བདུན་གྱིས། །དྲངས་པའི་ལུང་རིགས་ཤིང་རྟ་ལ་ཆིབས་ནས། །ལེགས་བཤད་འོད་སྟོང་སྤྲོ་བཞིན་འདིར་ཤར་གྱིས། །རྒྱལ་བསྟན་པདྨོའི་གེ་སར་གྲོད་མིན་ནམ། །དེང་བདག་འབྱུང་ལུས་ན་བས་དམ་བཅིངས་ཀྱང་། །སེམས་ཀྱི་ཁྲིའུ་ཆུང་ལང་ཚོ་མ་ཉམས་པས། །རྣམ་དཔྱོད་མེ་ལོང་ངོས་ལ་ཚིག་དོན་གཟུགས། །འཕོས་པས་ཟ་འོག་ཐགས་ལ་ངལ་གསོ་སྦྱིན། །སྐྱེ་བར་གོམས་པའི་ཤེས་རབ་མཐུ་ཆུང་ཞིང་། །དད་བརྩོན་སྙིང་སྟོབས་གོམས་ཤུགས་དམན་གྱུར་ཀྱང་། །ཡོངས་འཛིན་དམ་པའི་ཐུགས་རྗེའི་ཕྱག་བཟང་གིས། །དྲངས་པས་ལེགས་བཤད་སྨྲ་བའི་སྤོབས་པ་ཐོབ། །གང་བཤད་འདི་ནི་མདོ་རྒྱུད་སྙིང་པོའི་དོན། །ཐར་འདོད་སྐལ་ལྡན་སྐྱེ་བོ་འཇུག་པའི་སྒོ། །ལྷང་དོར་གསལ་བར་བྱེད་པའི་སྒྲོན་མེ་སྟེ། །འདོད་སྟེར་དཔག་བསམ་སྙེ་མ་འདི་ཡིན་ནོ། །ཇི་ལྟར་གཏིང་མཐའ་གཞལ་དཀའི་ཆུ་གཏེར་ཆེ། །ཉམ་ཆུང་རི་བོང་རྐྱལ་གྱིས་ཚོད་མིན་ལྟར། །གཞུང་དོན་རྟོགས་དཀའ་བདག་བློ་མཐུ་ཞན་ཕྱིར། །ནོངས་པར་གྱུར་གང་དམ་པ་རྣམས་ལ་བཤགས། །དེ་ལྟར་བཤད་ལས་དགེ་བ་གང་ཐོབ་དེས། །བདག་གཞན་སྲིད་ཞིའི་རྒྱ་གཏེར་ལས་སྒྲོལ་ནས། །སྐུ་དང་ཡེ་ཤེས་འདུ་འབྲལ་མེད་པ་ཡི། །ཐར་མཆོག་ཀུན་བཟང་གོ་འཕང་མྱུར་ཐོབ་ཤོག །ལུང་རིགས་མན་ངག་རྗེས་འགྲོའི་རྣམ་བཤད་འདི། །དབང་ཕྱུག་རལ་པའི་རྒྱན་གྱུར་དཀྱིལ་

འཁོར་ལྟར། །ཆོས་སྤྲིའི་སྣང་བས་ཕྱོགས་ཀུན་ཡོངས་ཁྱབ་སྟེ། །འགྲོ་ཀུན་གདུང་སེལ་ཕན་བདེའི་དཔལ་འབར་ཤོག །གནས་སྐབས་སུ་ཡང་འཇིག་རྟེན་ཁམས་མ་ལུས། །ལྷ་ཡུལ་ཇི་བཞིན་དགའ་སྐྱིད་བདེ་བས་འཚོ། །ཁྱད་པར་བསྟན་འཛིན་སྐྱེས་བུས་ཡོངས་གང་ནས། །བསྟན་པ་དྲི་མེད་དར་ཞིང་རྒྱས་པར་ཤོག །བདག་ཀྱང་ཚེ་རབས་ཀུན་ཏུ་སྔ་འགྱུར་གྱི། །བཤད་སྒྲུབ་ཉི་ཟླའི་སྣང་བ་རབ་བཟུང་ནས། །ཐུབ་བསྟན་གླིང་བཞིའི་ཁྱོན་འདིར་རྟག་འཆར་བས། །ཕན་བདེའི་པདྨོ་འདབ་བརྒྱ་འབྱེད་པར་ཤོག །

ཅེས་སྡོམ་གསུམ་རྣམ་པར་ངེས་པའི་བསྟན་བཅོས་ཀྱི་འགྲེལ་པ་ལེགས་བཤད་ངོ་མཚར་དཔག་བསམ་གྱི་སྙེ་མ་ཞེས་བྱ་བ་འདི་ནི། སྔར་མིང་དོན་མཐུན་པའི་གྲོགས་མཆོག་རྟོར་བླ་མ་དགེ་སློང་བསྟན་འཛིན་འགྱུར་མེད་ཀྱིས་བསྐུལ་ནས་རང་ལོ་ཉི་ཤུ་རྩ་བདུན་པ་ལྕགས་ཕོ་སྤྲེའུའི་ལོ་ལེའུ་གཉིས་པ་སོ་ཐར་གྱི་སྐབས་ལས་དགེ་སློང་ཕའི་སྡེ་ལྔ་ཡན་ཆད་འབྲུ་འགྲེལ་དུ་བརྩམས་པ་ཞིག་ཡོད་ནའང༌། དེ་དུས་བློ་གྲོས་མ་སྨིན་པས་དམར་ནག་སྤེལ་བ་ཙམ་གྱི་ཡི་གེ་ལ་དོན་མེད་པར་མཐོང་ནས་སླར་འཕྲོའི་རྩོམ་འདུན་བསྐྱུངས་པ་ལས། ཕྱིས་མདོ་སྔགས་ཀྱི་གཞུང་ལུགས་སྦྱང་བ་རབ་འབྱམས་པ་ཕྲིན་ལས་རབ་འཕེལ་གྱིས་སྡོམ་གསུམ་བསྟན་བཅོས་ལ་རབ་རང་གཞུང་ངམ་གཞན་འགྲེལ་གང་རིགས་སུ་བྱས་པ་དང་ཐ་ནའང་གནས་འགྱུར་ཙམ་ལ་རང་ལུགས་ཀྱི་གྲུབ་མཐའི་གནད་འབྲོལ་བ་ཞིག་ཅེས་ཀྱང་བརྩམ་དགོས་ཞེས་རིང་མོ་ནས་ཡང་ཡང་བསྐུལ་བ་དང༌། ཁྱད་པར་དུས་གསུམ་སངས་རྒྱས་ཐམས་ཅད་ཀྱི་སྤྱི་གཟུགས་རིགས་དང་དཀྱིལ་འཁོར་ཀུན་གྱི་ཁྱབ་བདག་བཀའ་དྲིན་མཉམ་མེད་རྗེ་བླ་མ་དམ་པ་བདེར་ཆེན་ཆོས་ཀྱི་རྒྱལ་པོའི་བཀའ་ལུང་ལྷུ་བས་སྡོམ་གསུམ་རྣམ་ངེས་ཀྱི་བསྟན་བཅོས་ལེགས་བཤད་སྨད་དུ་བྱུང་བ་འདི་ཉིད་ཀྱི་ཞབས་ཏོག་ལ་དམིགས་ཤིང་རང་གི་བློ་གྲོས་ཀྱང་གོམས་པར་བྱ་བའི་ཕྱིར་འགྲེལ་པ་མཐའ་ཚོད་པ་ཞིག་འཕྲལ་དུ་རྩོམ་པར་གྱིས་ཞེས་སྐུལ་བ་གུས་པའི་གཙུག་གིས་མཆོད་དེ་རྩོམ་པ་ལ་ཞུགས་པ་ན། སྔ་འགྱུར་བསྟན་པའི་མངའ་བདག་མཁྱེན་བརྩེ་ནུས་པའི་དབང་ཕྱུག་ཆེན་པོ་རྡོ་རྗེ་བྲག་རིག་འཛིན་མཆོག་གི་སྤྲུལ་པའི་སྐུའི་ཞལ་སྔ་ནས་ཀྱང་སྡོམ་གསུམ་ལ་འགྲེལ་པ་བྱས་པ་ནི་སྔ་འགྱུར་བསྟན་པའི་གསོས་སྣན་དུ་འགྱུར་རོ་ཞེས

དབུགས་དབྱུང་བའི་བཀའ་སྩལ་ཐོབ་པས་ཀྱང་ཡིད་སྤྲོ་བར་གྱུར་ཅིང་། སྦྲ་སྔོན་སྤེལ་སྦྱོར་རྩིས་སྐར་ནག་ལ་བློ་བྱང་བའི་རིག་བྱེད་པ་དགེ་སློང་ཨོ་རྒྱན་དཔལ་འབྱོར་གྱིས་ཀྱང་རྩོམ་གདན་གྱི་ཁྲི་གཞིའི་རྐྱེན་སྦྱར་བ་སོགས་ལ་བརྟེན་ཏེ། གཉིས་ཀྱི་དགེ་སློང་རྨོངས་པ་ཧྲཱུྃ་ཤྲཱིས་རང་ལོ་ལྔ་བཅུ་ང་ལྔ་པའི་ཐོག་ཏུ་སོན་པ་ཀུན་འཛིན་གྱི་ལོ་དབོ་ཟླ་བའི་ཚེས་དགུ་རེས་གཟའ་པ་ཝ་སངས་རྒྱུ་སྐར་ནབས་སོ་དང་རྩེ་བའི་ཕྱི་དྲོ་སེང་གེའི་དུས་སྦྱོར་ལ་ཡོན་ཏན་རིན་པོ་ཆེའི་འབྱུང་གནས་ཨོ་རྒྱན་སྨིན་གྲོལ་གླིང་གི་གཙུག་ལག་ཁང་ཆེན་པོར་སྦྱར་བའོ། །འདིས་ཀྱང་བསྟན་པ་དང་སེམས་ཅན་ལ་ཕན་པ་རྒྱ་ཆེ་རྒྱུན་མི་ཆད་པ་འབྱུང་བའི་གཞིར་གྱུར་ཅིག། །།

ཕ་སྟི། བླ་མེད་སྟོན་པ་རྫོགས་སངས་རྒྱས་དེ་ཡིས། །རང་གིས་བརྙེས་པའི་ཆོས་ཀྱི་རྒྱལ་ཐབས་ལ། །འགོད་ཕྱིར་གདུལ་བྱའི་སྐལ་བ་དང་འཚམས་པར། །ཐེག་གསུམ་ཆོས་སྒོ་བརྒྱད་ཁྲི་བཞི་སྟོང་བསྟན། །སྲིད་མཚོ་ཉམ་ངའི་གྲོང་ལས་རིང་བརྒྱལ་ནས། །རྣམ་གྲོལ་རིན་ཆེན་ལེན་པ་གྲུ་ཡི་རྟེན། །སོ་ཐར་བྱང་སེམས་རིག་འཛིན་སྡོམ་པ་ཡི། །མཐུན་པའི་རླུང་གིས་བསྐུལ་བ་ཉིད་ལ་རག ། དང་པོ་གླང་ཡུལ་མཁན་སློབ་དགེ་འདུན་ལས། །སྲོག་འཚོའི་བར་དུ་གཞན་གནོད་ལས་ལྡོག་པ། ། བདག་དོན་ཉིད་དུ་དབྱ་བཅོམ་རྗེས་སློབ་ཚུལ། །འབྲས་བུ་མྱང་འདས་རྣམ་གཉིས་ཐོབ་ཕྱིར་རོ། ། གཉིས་པ་སློབ་དཔོན་ཉིད་དམ་རྟེན་ལས་ཀྱང་། །བྱང་ཆུབ་བར་དུ་ཚུལ་ཁྲིམས་རྣམ་པ་གསུམ། ། གཞན་དོན་ཉིད་དུ་བྱང་སེམས་རྗེས་སློབ་ཚུལ། །འབྲས་བུ་ས་བཅུའི་གོ་འཕང་ཐོབ་ཕྱིར་རོ། །གསུམ་པ་བླ་མ་དཀྱིལ་འཁོར་འཁོར་ལོ་ལས། །ནམ་མཁའ་ཇི་སྲིད་གཉིས་དོན་ཡེ་ཤེས་ཀྱི། །འཁོར་ལོར་རྒྱས་འདེབས་སངས་རྒྱས་རྗེས་སློབ་ཚུལ། །འབྲས་བུ་རྡོ་རྗེ་འཆང་གི་ས་ཐོབ་ཕྱིར། །གང་ཡང་སྲིད་པའི་འདོད་ཆགས་དུག་ཆེན་ཁམས། །སྤོང་སྦྱོང་ལམ་དུ་བྱེད་པའི་ཁྱད་པར་གྱི། །ཐབས་ལས་ཉོན་མོངས་རང་མཚན་ཉིད་སྤོང་བར། །རྣམ་དབྱེར་མེད་ཕྱིར་དོན་གྱི་དགོངས་པ་མཐུན། །དེ་ཡང་རྒྱུད་གཅིག་ཉིད་ལ་སྡོམ་པ་གསུམ། །མཚན་ཉིད་དྲུག་ལྡན་ངོ་བོ་གཅིག་ཏུ་གནས། །ལེན་ཅིང་རྟེན་དང་ཕྱིར་འཚོས་འགྲུལ་མེད་དུ། །སྤྱོད་པ་སྤེ་སྣོད་གསུང་རབ་ཤེས་ལ་རག །གང་ཡང་གཞུང་མང་གིས་དུབ་ངལ་གསོའི་སྐྱེས། །ཚིག་ཉུང་དོན་རྒྱས་སྡོམ་གསུམ་རྣམ་ངེས་ཀྱི། །ལེགས་བཤད་རིན་ཆེན་

ཞེས་བྱའི་ཆུ་ཀླུང་ཀུན། །འཁྱིལ་བ་པཎ་ཆེན་མཁྱེན་པའི་མཚོ་ལས་བྱུང་། །དེ་ཡི་ཚིག་དོན་མ་འདྲེས་མཚར་པོའི་གཟུགས། །ཇི་བཞིན་གསལ་བྱེད་འགྲེལ་པ་ནོར་བུ་ཡི། །མེ་ལོང་ཉིད་དམ་ལེགས་བཤད་འདོད་འཇོའི་ཕྱིར། །ངོ་མཚར་དཔག་བསམ་སྐྱེ་མར་ལྡན་གྱིས་གྲུབ། །གང་དེ་མཁས་བཙུན་བཟང་པོས་མངོན་མཐོའི་བཞེས། །ཆོས་དཔལ་རྒྱ་མཚོའི་རྣམ་དཔྱོད་ནོར་བུའི་ཏོག །མཆོད་ལས་ཆོས་ཆར་འབེབས་བྱེད་རིགས་ཀྱི་གཙུང་། །ཀུན་དགའ་ཚུལ་ཁྲིམས་བློ་གསལ་འདོད་འཇོའི་དཔྱིད། །བྲི་བསྐོས་བྱེད་པོ་ཨོ་རྒྱན་དཔལ་འབྱོར་དང་། །ཨོ་རྒྱན་ཚོགས་གཉིས་རྡོ་རྗེ་ཆོས་བཟང་རྣམས། །སོར་འཕྲུལ་གཅིག་ལས་འབད་མེད་དུ་མ་རུ། །འཆར་བའི་ངོ་མཚར་པར་གྱིས་མཚོན་པ་གང་། །སྒྲུབ་བྱེད་དོ་དམ་དགེ་སློང་རབ་འཕེལ་དང་། །རིག་བྱེད་འཚོ་རྐྱེན་འདོད་སྟེར་གཉེར་གྱི་ལས། །འཛིན་པ་ངག་དབང་རབ་བརྟན་གྱིས་མཚོན་ཏེ། །ལས་བྱེད་ཀུན་གྱིས་བསམ་སྦྱོར་མཐུན་པར་ཞུགས། །འདིས་ཐོབ་དགེ་ཚོགས་ཤིང་རྟའི་བགྲོད་པ་ཡིས། །སྐུ་གསུམ་ལང་ཚོ་འབར་བའི་ཉི་མ་ནི། །ཕན་བདེའི་སྣང་བ་འགྱེད་ལ་འཇོངས་པའི་དཔལ། །མཐའ་ཡས་འགྲོ་བ་ཀུན་ལ་གསལ་གྱུར་ཅིག །ཐར་འདོད་རྣམས་ཀྱིས་བསླབ་པར་བྱ་བའི་གནས་ནི་སྡོམ་པ་གསུམ་གྱི་བསླབ་བྱ་ལ་ནན་ཏན་སྙིང་པོར་བྱ་བ་ལས་གཞན་དུ་མེད་ལ། ཇི་བཞིན་པ་རང་རྒྱུད་ལ་འབྱོར་བ་ཡང་སྡེ་སྣོད་ཀྱི་གསུང་རབ་རྣམ་ལ་ལྟོས་ཤིང་དེ་དག་སོ་སོར་བསླབས་པར་མི་ནུས་པ་རྣམས་ཀྱི་དོན་དུ་སྡོམ་པ་གསུམ་གྱི་བརྗོད་བྱ་གཞུང་ཚན་གཅིག་གིས་སྟོན་པའི་བསྟན་བཅོས་སྟོན་གྱི་མཁས་པ་རྣམས་ཀྱིས་མཛད་པ་འགའ་ཞིག་འདུག་མོད། སོ་བྱང་གཉིས་ལ་ཁས་ལེན་མི་འདྲ་བའི་ཁྱད་པར་རེ་གཉིས་ཙམ་ལས་བརྗོད་བྱའི་དོན་འདྲ་ཡང་། སྔགས་སྡོམ་གནས་འགྱུར་དང་བཅས་པ་ལ་སྔགས་གསར་རྙིང་གི་དབང་ལས་མི་འདྲ་བའི་ཁྱད་པར་ཆེ་བ་ལ་དགོངས་ནས་པཎ་ཆེན་པདྨ་དབང་གི་རྒྱལ་པོའི་སྡོམ་གསུམ་རྣམ་པར་ངེས་པའི་གཞུང་ལེགས་བཤད་སྙིང་པོར་དྲིལ་བ་མཛད་ཀྱང་། འགྲེལ་པས་མ་བཤད་ན་རྟོགས་དཀའ་བས་བློ་གསལ་དོན་གཉེར་རྣམས་ལ་ཕན་པའི་ཆེད་དུ་གཙུང་མཁན་ཆེན་ལོ་ཙྪ་བ་ཉིད་ལ་རྩོམ་པར་བསྐུལ་བ་བཞིན་རྡོ་རྗེ་བྲག་རིག་འཛིན་མཆོག་སྤྲུལ་དམ་པས་ཀྱང་རང་ལུགས་འཛིན་པ་རྣམས་ལ་ཤིན་ཏུ་མཁོ་བ་ཡོང་འདུག་པས་རྩོལ་བ་བསྐྱེད་པ་ལེགས་སོ་ཞེས་པའི་གསུང་གིས་རྐྱེན་བྱས་མྱུར་དུ་གྲུབ་

པའི་བརྩམ་གདན་ལས་ཐོག་མར་ཕབ་པའི་གླེགས་བམ་རྫོམ་ཕུད་དུ་ཕུལ་བར་ཤིན་ཏུ་དགྱེས་པའི་དགྱེས་དབྱུང་དང་། ད་ཆ་པར་ཞིག་བྱུང་ན་དོན་གཉེར་མཐའ་དག་གིས་འགྲུབ་སླ་ཞིང་ཕན་ཆེ་བ་འདུག་པས་རྩོལ་བ་བསྐྱེད་ཅིག་པར་བཀའ་འཕྲིན་སྩལ་བ་ལས་གཙུང་ཀུན་དགའ་ཚུལ་ཁྲིམས་རྒྱ་མཚོས་འབད་རྩོལ་ཆེན་པོས་པར་དུ་བསྒྲུབས་པའི་སྙིང་སྟོབས་འབྲུར་དུ་བཟུང་བའི་ཚེ་པར་བྱང་དུ་རིག་པ་འཛིན་པ་འགྱུར་མེད་རྡོ་རྗེས་ས་མོ་གླང་གི་ལོ་ལ་བཀོད་པ་བདེ་ལེགས་སུ་གྱུར་ཅིག། ||

མཁན་སློབ་ཆོས་གསུམ་རིང་ལུགས་ཆེ། །འཛམ་གླིང་ས་གསུམ་ཁྱབ་པར་འཕེལ། །འགྲོ་རྒྱུད་མཆོག་གསུམ་སྣང་བ་དང་། །མི་འབྲལ་དུས་གསུམ་དགེ་ལེགས་ཤོག །

༄༅། །ཐུན་དྲུག་ཏུ་སྡོམ་གསུམ་གྱི་བསླབ་བྱ་སྐྱོང་ཚུལ་གྱི་ཡི་གེ་བཞུགས་སོ། །

ལོ་ཆེན་དྷརྨ་ཤྲཱི།

ན་མོ་གུ་རུ་སརྦ་བུདྡྷ་བོ་དྷི་ས་ཏྭེ་བྷྱཿ མི་འགྱུར་བྱང་སེམས་རྩ་བ་བརྟན། །བླ་མེད་ཚོགས་གཉིས་ཡལ་འདབ་རྒྱས། །སྐུ་བཞི་རྡོ་རྗེའི་འབྲས་བུས་དུད། །བླ་མ་དཔག་བསམ་ལྗོན་པ་རྒྱལ། །རྣམ་དག་ལེགས་ལམ་སྡོམ་གསུམ་ལ། །ནན་ཏན་སྙིང་པོར་བསླབ་འདོད་པའི། །སྐལ་བཟང་དང་པོའི་ལས་ཅན་ཆེད། །ཐུན་དྲུག་ཉམས་ལེན་ཆོ་ག་བཤད། །

འདིར་རང་གཞན་གྱི་དོན་དུ་རྣམ་པ་ཐམས་ཅད་མཁྱེན་པའི་གོ་འཕང་ཐོབ་པར་འདོད་པ་རྣམས་ཀྱིས་བསྒྲུབ་པར་བྱ་བའི་ཆོས་ནི། སྤངས་རྟོགས་ཀྱི་ཡོན་ཏན་ཐམས་ཅད་ཀྱི་འབྱུང་གནས་སྡོམ་པ་གསུམ་གྱི་བསླབ་པ་ལ་ནན་ཏན་སྙིང་པོར་བྱེད་པ་ཉིད་ཡིན་ལ། དེའི་ཕྱིར་སྐལ་ལྡན་ལས་དང་པོ་པ་རྣམས་ཀྱི་ཉམས་སུ་བླང་བྱའི་གྲངས་དང་རིམ་པ་ནི་འདི་ཡིན་ཏེ། རྙེད་དཀའ་དལ་འབྱོར་ལ་མི་རྟག་པའི་དྲན་ཤེས་དང་། འཁོར་བའི་སྡུག་བསྔལ་བཟོད་གླགས་མེད་པར་བསམ་པའི་སྐྱོ་ཤས་ཀྱིས་ཡིད་བསྐུལ་ནས་གནས་ཁང་དག་པའི་ཞིང་དུ་མོས་ཏེ། མདུན་གྱི་ནམ་མཁར་སྐྱབས་ཡུལ་གསལ་བཏབ་ལ། རང་གཞན་སེམས་ཅན་ཐམས་ཅད་འཁོར་བའི་སྡུག་བསྔལ་གྱིས་འཇིགས་ནས་སྐྱབས་ཞུ་ན། ཙེ་མཛད་བླ་མ་དཀོན་མཆོག་མཁྱེན་སྣམ་པས། བྱང་ཆུབ་སྙིང་པོར་མཆིས་ཀྱི་བར། །སངས་རྒྱས་རྣམས་ལ་སྐྱབས་སུ་མཆི། །ཞེས་སོགས་ཀྱིས་ཞེ་ཐག་པ་ནས་སྐྱབས་འགྲོ་བྱ་སྟེ། འདི་ནི་སྐྱབས་འགྲོའི་བསླབ་བྱ་ཕན་ཡོན་དྲན་པས་ཉིན་མཚན་དུས་དྲུག་ཏུ་སྐྱབས་འགྲོ་བྱ་བར་བཤད་པ་དང་།

རིགས་ལྔ་སོ་སོའི་དམ་ཚིག་ལས། དེ་བཞིན་རིགས་རྣམ་སྣང་གི་དམ་ཚིག་ཏུ་དཀོན་མཆོག་གསུམ་ལ་སྐྱབས་སུ་འགྲོ་བར་གསུངས་པ་དེ་སྐྱོང་བའི་ཐབས་ཡིན་ནོ། །དེ་ནས་འགྲོ་དྲུག་དྲིན་ཅན་གྱི་མར་ཤེས་པའི་བྱམས་པ་དང་། དེ་རྣམས་སྡུག་བསྔལ་གྱིས་ཉམ་ཐག་པ་ལ་ཚུགས་ཐབས་མེད་པའི་

སྙིང་རྗེས་ཡིད་དྲངས་ཏེ། སེམས་ཅན་ཐམས་ཅད་བདེ་བ་དང་བདེ་བའི་རྒྱུ་དང་ལྡན། སྡུག་བསྔལ་དང་སྡུག་བསྔལ་གྱི་རྒྱུ་དང་བྲལ། སྡུག་བསྔལ་མེད་པའི་བདེ་བ་དང་མི་འབྲལ། ཉེ་རིང་ཆགས་སྡང་དང་བྲལ་བའི་བཏང་སྙོམས་ལ་འགོད་པར་བྱ་སྙམ་དུ་ཚད་མེད་བཞི་བསྒོམ་པར་བྱ་སྟེ། འདི་ནི་རིན་པོ་ཆེའི་རིགས་ལ་སྦྱིན་པ་རྣམ་བཞི་སྟེར་བར་ཁས་བླངས་པའི་ནང་གི་བྱམས་པའི་སྦྱིན་པ་དང་། བཏང་སྙོམས་ཚད་མེད་པས་མི་འཇིགས་པའི་སྦྱིན་པ་གཏོང་བའི་དམ་ཚིག་སྐྱོང་བ་དང་། བླ་ན་མེད་པའི་ཁྱད་པར་གྱི་དམ་ཚིག་ཉི་ཤུ་རྩ་བརྒྱད་ལས་རྩ་བའི་དམ་ཚིག་གསུམ་གྱི་སྐུའི་དམ་ཚིག་གི་ནང་ཚན་སྤྱི་རིང་ཉེ་འབྲེས་ཀྱི་མཆེད་བཞི་ལ་བྱམས་པར་བྱ་བ་དང་། རྩ་ལྟུང་བཅུ་བཞི་ལས། གསུམ་པ་རྡོ་རྗེའི་སྤུན་ལ་ཁྲོས་པ། བཞི་པ་སེམས་ཅན་ལ་བྱམས་པ་སྤོང་བ། བཅུ་པ་ཐ་མལ་གྱི་བྱམས་པས་འདུལ་ནུས་ནའང་ཡལ་བར་དོར་བ། བཅུ་གཉིས་པ་དད་པ་ཅན་གྱི་སེམས་སུན་འབྱིན་པ། བཅུ་བཞི་པ་བུད་མེད་ལ་སྨོད་པ་དང་ལྷ་པོ་སྤོང་བ་རྣམས་ཀྱི་སྲུང་ཐབས་དང་། སེམས་བསྐྱེད་ཀྱི་སྔོན་འགྲོར་ཚད་མེད་ལ་བློ་སྦྱོང་བའང་ཡིན་ནོ། །

དེ་ནས་མཐའ་ཡས་སེམས་ཅན་ཐམས་ཅད་རྫོགས་པའི་སངས་རྒྱས་ཀྱི་གོ་འཕང་ལ་འགོད་པར་བྱའོ་སྙམ་པའི་སེམས་བདག་གིས་རྫོགས་བྱང་མ་ཐོབ་ཀྱི་བར་དེ་སྲིད་དུ་མི་བཏང་བར་བྱའོ་སྙམ་དུ་དམ་འཆའ་བ་ནི་སྨོན་པའི་སེམས་བསྐྱེད་མི་འཆོར་བའི་ཐབས་དང་། བྱང་སེམས་དབང་རྟུལ་རྣམས་ལ་རྩ་ལྟུང་གཅིག་ཏུ་བསྟན་པའི་སྨོན་འཇུག་ཐུན་མོང་གི་བསླབ་བྱ་དེ་སྐྱོང་བའི་ཐབས་སོ། །
དེ་ནས་དུས་དྲུག་ཏུ་རེ་རེའི་ཆ་ལས་ཡན་ལག་ཟུང་ཟད་ཉམས་པ་རྣམས་གསོ་ཞིང་མ་ཉམས་ཀྱང་སྤེལ་བའི་ཆེད་དུ། གཞན་དོན་དུ་རྫོགས་བྱང་ཐོབ་འདོད་དང་། དེའི་ཐབས་བྱང་སེམས་ཀྱི་སྤྱོད་པ་མཐའ་དག་སློབ་པར་འདོད་པས། ཕྱོགས་བཅུའི་སངས་རྒྱས་ཐམས་ཅད་མངོན་སུམ་ལྟ་བུར་དམིགས་ནས། ཇི་ལྟར་སྔོན་གྱི་བདེ་གཤེགས་ཀྱིས་སོགས་སྨོན་འཇུག་སེམས་བསྐྱེད་སྐབས་ཅིག་ཏུ་བླངས་ཏེ། འདིར་ནི་རྣམ་སྣང་གི་དམ་ཚིག་ཏུ་སྨོན་འཇུག་གི་སེམས་བསྐྱེད་ནས་ཚུལ་ཁྲིམས་གསུམ་འཛིན་པར་གསུངས་པ་དང་། རྩ་ལྟུང་བཅུ་བཞི་ལས། ལྔ་པ་བྱང་ཆུབ་ཀྱི་སེམས་སྤོང་བ་བསྲུང་བའི་བསླབ་བྱ་སྐྱོང་ཐབས་སོ། །

མཇུག་ཏུ་དེང་དུས་བདག་ཚེ་སོགས་དགའ་བ་བསྒོམ་པའི་དོན་ཡིད་ལ་དྲན་བཞིན་པར་བརྗོད་པས་ཉིན་མཚན་དུས་དྲུག་ཏུ་སེམས་བསྐྱེད་ཀྱི་ཕན་ཡོན་བསམ་པར་གསུངས་པའི་བསླབ་བྱ་སྐྱོང་ཐབས་སོ། །དེ་ནས་སྲས་བཅས་སངས་རྒྱས་ཐམས་ཅད་དང་། །ཞེས་སོགས་རིགས་ལྔའི་སྡོམ་བཟུང་ཚེ་གའམ་ཡང་ན། ཇི་ལྟར་སྔོན་གྱི་རྒྱལ་བ་སྲས་བཅས་དང་། །རིག་འཛིན་མཁའ་འགྲོ་རྒྱ་མཚོའི་ཚོགས་རྣམས་ཀྱིས། །ཕྱི་ནང་གསང་བ་མཆོག་གི་དམ་ཚིག་དང་། །སྡོམ་པ་རྒྱ་མཚོ་མཐའ་ཡས་བཟུང་བ་ལྟར། །དེང་ནས་བདག་ཀྱང་ལམ་ཆེན་དེར་ཞུགས་ཏེ། །འགྲོ་ལ་ཕན་ཕྱིར་དེ་དག་བཟུང་བར་བགྱི། །ཞེས་པས་སྔར་དབང་དུས་སུ་མནོས་པའི་སྡོམ་པ་བཟུང་བ་སྟེ། ཉིན་མཚན་གྱི་ཐུན་རེ་རེའི་ཆ་ལ་ཡན་ལག་ཟུང་ཟད་ཉམས་པ་རྣམས་གསོ་ཞིང་མ་ཉམས་ཀྱང་གོང་དུ་སྤེལ་བའི་ཐབས་སོ། །

དེ་བས་རང་ཉིད་གཞུག་མའི་ལྷ་ཡི་དམ་གང་རུང་ཞལ་གྱིས་བསྒོམས་པའི་མདུན་གྱི་ནམ་མཁར་སེང་ཁྲི་པདྨ་ཉི་ཟླའི་གདན་མཐོ་ཞིང་ཡངས་པའི་སྟེང་དུ་རྩ་བའི་བླ་མ་དང་གཉིས་སུ་མེད་པའི་ཨོ་རྒྱན་གྱི་སློབ་དཔོན་ཆེན་པོ་པདྨ་འབྱུང་གནས་དེ་ཉིད་གསང་འདུས་རྡོ་རྗེ་སེམས་དཔའ་མཐིང་གའི་རྣམ་པ་ཅན་རྩ་གསུམ་ཀུན་འདུས་ངོ་བོར་བཞུགས་པར་མོས་ལ་རང་ལུས་ཞིང་གི་རྡུལ་སྙེད་དུ་སྤྲུལ་ཏེ་སེམས་ཅན་ཐམས་ཅད་དང་བཅས་བྱེད་ཐུན་མོང་པའི་ངང་ནས། མ་བཅོས་སྤྲོས་བྲལ་བླ་མ་ཆོས་ཀྱི་སྐུ། །ཞེས་སོགས་ཤ་ལོ་ཀ་གཅིག་གིས་ཕྱག་དང་། སྟོད་བཅུད་ཀྱི་འཇིག་རྟེན་བདག་གཞན་གྱི་ལུས་དང་ལོངས་སྤྱོད་དུས་གསུམ་དགེ་རྩ་དང་བཅས་པ་མཆོད་སྤྲིན་མཐའ་ཡས་པར་སྤྲོས་ཏེ། བདག་གི་ལུས་དང་ལོངས་སྤྱོད་དང་། །དུས་གསུམ་དགེ་བའི་དངོས་པོ་རྣམས། །ཀུན་བཟང་མཆོད་སྤྲིན་ཆེར་སྤེལ་ནས། །བླ་མ་རྒྱལ་བ་སྲས་བཅས་མཆོད། །ཅེས་འབུལ་ཏེ། འདིས་ནི་ལས་ཀྱི་རིགས་ཀྱི་དམ་ཚིག་ཏུ། མཆོད་པའི་ལས་ཀྱང་ཅི་ནུས་སུ་བསྒྲུབ་པར་ཁས་བླངས་པའི་དམ་ཚིག་སྐྱོང་བ་མཆོག་ཡིན་ནོ། །དེ་ནས་བླ་མའི་སྐྱོན་དང་ཡོན་ཏན་ལ་རྟོག་པའི་ཉེས་དམིགས་དང་ཕན་ཡོན་ཤེས་པས། ཕྱིན་ཆད་བླ་མའི་སྐྱོན་ཙམ་ཟད་ཀྱང་རྟོག་པར་མི་བྱའོ་སྙམ་པའི་སྡོམ་སེམས་དྲག་པོ་དང་། ཅི་མཛད་འགྲོ་བ་འདུལ་བའི་ཕྲིན་ལས་དང་། ཅི་གསུང་ཚད་མར་འཛིན་པའི་དག་སྣང་སོགས་ཡོན་ཏན་དྲན་པའི་

དད་པ་དྲག་པོས། བ་སྤུ་གཡོ་ཞིང་མཆི་མ་འཁྲུགས་པའི་མོས་གུས་ཀྱིས་ཚིག་བདུན་གསོལ་འདེབས། བླ་མ་སྐུ་གསུམ་མ། དུས་གསུམ་སངས་རྒྱས་ལ་སོགས་གསོལ་འདེབས་ཀྱི་རིམ་པ་ཁ་ཏོན་དུ་བྱ་ཞིང་། བཛྲ་གུ་རུའི་འཛབ་ཀྱང་བཟླས་ནས་ཏིང་ངེ་འཛིན་གྱིས་དབང་བཞི་ཡང་བླངས་ཏེ། མཐར་བླ་མ་རང་གི་སྤྱི་བོའི་སྟེང་གི་ནམ་མཁར་སྤྱན་དྲངས་པ་དགྱེས་པ་ཆེན་པོས་འོད་དུ་ཞུ་ནས་ཐིམ་པས་བླ་མ་དང་རང་སེམས་དབྱེར་མེད་ཀྱི་ངང་ལ་མཉམ་པར་འཇོག །

མཚན་མོ་ཉལ་དུས་ཀྱང་བླ་མ་སྤྱི་བོ་ནས་བྱོན་པས་སྙིང་ནང་དུ་སྐུ་ཁྲ་ཞིང་འབར་བ་ལ་སེམས་བཟུང་སྟེ་ཉལ་བས་འཁྲུལ་བའི་རྨི་ལམ་འོད་གསལ་དུ་འཆར་བའི་དགོས་པ་ཡོད་དོ། །འདིས་ནི་ཐུན་དྲུག་མཉམ་པར་འཇོག་ཏུ་བླ་མའི་རྣལ་འབྱོར་བསྒོམ་པར་གསུངས་པ་དང་། དབང་བླང་བ་དང་། སྔར་རྒྱུ་དུས་སུ་ཐོབ་པའི་དབང་གི་ཆུ་བོ་མི་ནུབ་པར་གོམས་པར་བྱེད་པའི་ཐབས་ལམ་དུས་ཀྱི་དབང་སྐྱོང་བའང་ཡིན་ལ། རིགས་ལྔའི་དམ་ཚིག་ཀྱང་། སློབ་དཔོན་དག་ཀྱང་བཟུང་བར་བགྱི། །ཞེས་པའི་དམ་ཚིག་སྐྱོང་ཐབས་ཀྱང་ཡིན་ཞིང་། དེར་མ་ཟད་དམ་ཚིག་ཉེར་བརྒྱད་ལས་སྐུའི་དམ་ཚིག་གི་ནང་ཚན། སྤྱི་དང་འབྲེན་དང་དམ་ཚིག་དབང་། །ཉམས་ཆག་སྐོང་དང་ཤེས་རྒྱུད་འགྲོལ། །མན་ངག་ལུང་སྟོན་སློབ་དཔོན་དྲུག །ཅེས་པའི་སློབ་དཔོན་བཀུར་བའི་དམ་ཚིག་དང་། རྩ་ལྟུང་བཅུ་བཞི་ལས། དང་པོ་བླ་མ་བརྙས་པ་སྤོང་བ་དང་། ཅི་གསུང་ཚད་འཛིན་གྱི་ཐབས་ཀྱིས་གཉིས་པ་བདེ་གཤེགས་བཀའ་འདས་སྤོང་བ། དེའི་རིགས་སུ་འདུས་པ་དྲུག་པ་རང་གཞན་གྱི་གྲུབ་མཐའ་ལ་སྨོད་པ་སྤོང་བ་རྣམས་ཀྱིས་བསླབ་བྱ་སྲུང་ཚུལ་ཡང་ཡིན་ནོ། །

དེ་ནས་གཟུང་འཛིན་དང་བྲལ་བའི་རྣམ་པར་མི་རྟོག་པ་བློ་བྲལ་གྱི་ཡེ་ཤེས་རང་གསལ་རྗེན་པར་མཐོང་བའི་རྣལ་འབྱོར་རང་བཞིན་གྱིས་འོད་གསལ་བའི་སྟོང་པ་ཉིད་ཀྱི་ངང་ལ་དར་ཅིག་མཉམ་པར་བཞག་པར་བྱ་སྟེ། འདིས་ནི་དམ་ཚིག་ཉེར་བརྒྱད་ལས། རྩ་བའི་ཐུགས་ཀྱི་དམ་ཚིག་བླ་ན་མེད་པའི་བྱང་ཆུབ་ཀྱི་སེམས་ཟུང་འཇུག་གི་ཡེ་ཤེས་རྟོགས་གོམས་ཀྱིས་སྐྱོང་བ་དང་། ཡན་ལག་ཤེས་པར་བྱ་བ་ལྔ་དང་། བསྒྲུབ་པར་བྱ་བ་ལྔ། རྩ་ལྟུང་བཅུ་བཞི་ལས། དགུ་པ་རང་བཞིན་དག་པའི་ཆོས་ལ་སོམ་ཉི་ཟ་བ། བཅུ་གཅིག་པ་མིང་སོགས་བྲལ་བའི་ཆོས་ལ་དེར་རྟོག་པ། བརྒྱད་པ

ཕུང་པོ་སངས་རྒྱས་ལྔ་བདག་ལ་བརྟེན་པའི་ལྟུང་བ་རྣམས་ཀྱིས་མི་གོས་པའི་ཐབས་སོ། །

དེ་ནས་ཡི་དམ་གྱི་ལྷ་གང་ཡང་རུང་བའི་བསྐྱེད་རིམ་གྱི་རྣལ་འབྱོར་བསྒོམ་ཞིང་བཟླས་པ་ཅི་རིགས་བྱ་སྟེ། འདི་ནི་རིགས་ལྔའི་དམ་ཚིག་ལས། རྡོ་རྗེའི་རིགས་ལ་རྡོར་དྲིལ་ཕྱག་རྒྱའི་དམ་ཚིག་གསུམ་འཛིན་པར་བཤད་པ་དང་། འདི་དང་གོང་མ་གཉིས་ཀྱི་དམ་ཚིག་ཉེར་བརྒྱད་ལས། རྩ་བའི་གསུང་གི་དམ་ཚིག་སྔགས་རྒྱ་རྒྱུན་མི་ཆད་པ་དང་། དེ་དག་གི་རྗེས་སྤྱོད་དང་འབྲེལ་བར་གསང་བའི་དོན་ཕྱིར་མི་སྨྲ་བ། ཡན་ལག་སྤྱད་པར་བྱ་བ་ལྔ། དང་དུ་བླང་བ་ལྔ་རྣམས་དང་། རྩ་ལྟུང་བཅུ་བཞི་ལས། བདུན་པ་གསང་སྒྲོག །བཅུ་གསུམ་པ་དམ་ཚིག་གི་རྫས་མི་བསྟེན་པ་གཉིས་སྤྱོང་ཚུལ་རྣམས་ཀྱི་སྐྱོང་ཐབས་སོ། །མཉམ་བཞག་དེ་ལས་ལངས་རྗེས། དང་པོ་འདུལ་བའི་གཞིས་བསྡུས་ཀྱི་བསླབ་བྱ་རགས་པ་དང་། ལྟུང་བའི་འབྱུང་ཉེ་རྣམས་དང་། རྣམ་འབྱེད་ཀྱི་སྡོམ་གྱིས་བསྡུས་པའི་ལྟུང་བ་རྣམས། ཐ་ན་སྡོམ་ཚིག་ཙམ་ལ་བརྟེན་པ་དང་། བྱང་སེམས་ཀྱི་ཚུལ་ཁྲིམས་གསུམ་གྱི་བསླབ་བྱ་རྣམས་དང་། སྔགས་ཀྱི་སྡོམ་པ་སྨྲགས་བཟུང་ནས་འབྱུང་བའི་རིགས་ལྔའི་སྡོམ་པ་དང་། རྩ་བ་ཡན་ལག་གི་ཉེས་ལྟུང་སོགས་ཏེ། མདོར་ན་སྡོམ་པ་གསུམ་སོ་སོའི་ཉེས་ལྟུང་རྣམས་ཁ་ང་གྲངས་ཙམ་ཡིད་ལ་དྲན་པའི་སྒོ་ནས་ངོ་བགྲང་གི་རང་རྒྱུད་ལ་གོས་སམ་མ་གོས་བརྟག་དཔྱད་ལེགས་པར་བྱས་ལ་མ་གོས་པར་འདུག་ན་དགའ་བ་བསྒོམ། གོས་འདུག་ན་གནོང་འགྱོད་ཀྱི་སེམས་དྲག་པོས་མྱུར་དུ་ཕྱིར་འཆོས་པའི་འདུན་པ་དང་། སྔར་གོས་མ་གོས་གང་ལྟར་ཕྱིན་ཆད་སྲོག་ལ་བབ་ཀྱང་མི་གོས་པར་བྱའོ་སྙམ་དུ་སྡོམ་སེམས་དྲག་པོ་བསྒོམ་པར་བྱའོ། །རྡོ་རྗེ་རྩེ་མོའི་རྒྱུད་ལས། ཉིན་དང་མཚན་མོ་ལན་གསུམ་དུ། །ཉིན་རེ་བཞིན་ཡང་བཟླ་བར་བྱ། །གང་ཚེ་ཉམས་གྱུར་རྣལ་འབྱོར་པས། །ཁ་ན་མ་ཐོ་སྨྲ་པོར་འགྱུར། །ཞེས་སྔགས་ཀྱི་དམ་ཚིག་བསྲུང་མཚམས་རྣམས་ཡིད་ལ་བཞག་སྟེ་ཐུན་དྲུག་ཏུ་བསྒོ་བགྲང་བྱ་བར་གསུངས་པ་ལྟར། སོ་བྱང་གཉིས་ལའང་འགྲུབ་ན། སྲུང་བའི་གནད་མཆོག་ཏུ་གྱུར་པ་ཡིན་ནོ། །

སྤྱིར་ཉེས་ལྟུང་འབྱུང་བའི་རྒྱུའང་སྡོམ་པའི་རྒྱུད་ལས། མི་ཤེས་པ་དང་བག་མེད་དང་། །ཉོན་མོངས་མང་དང་མ་གུས་དང་། །བརྗེད་ངས་དྲན་པ་མི་གསལ་བ། །འདི་དྲུག་དམ་ཚིག་ཉམས་པའི་

རྒྱུ༑ ༑ཞེས་རྒྱུ་དྲུག་གསུངས་པ་ལས། དེ་དག་གི་གཉེན་པོ་བསྟེན་ཚུལ་ཡང་། མི་ཤེས་པའི་གཉེན་པོར་བླང་དོར་གྱི་མཚམས་ཤེས་པའི་བསླབ་བྱ་ལ་སློབ་པ་དང་། མ་གུས་པའི་གཉེན་པོར་ཕན་ཡོན་ལ་བྲོད་པ་དང་བཅས་ཏེ་བསྲུང་བ་དང་། བག་མེད་ཀྱི་གཉེན་པོར་དམིགས་པ་ལ་འཛིགས་པས་བསྒྲིམ་སྟེ་བསྲུང་བ་དང་། ཉོན་མོངས་པ་མང་བ་ལ། ཉོན་མོངས་པ་གང་སྐྱེས་ལ་གཉེན་པོ་བསྐྱེད་ནས་བསྲུང་བ་དང་། བརྗེད་ངས་ཀྱི་གཉེན་པོར་གནང་བཀག་གི་མཚམས་རྣམས་ཉིན་མཚན་དུས་དྲུག་ཏུ་དྲན་པར་བྱས་ཏེ་བཤགས་སྡོམ་བྱེད་པ་དང་། དྲན་པས་མི་བསལ་བའི་གཉེན་པོར་ཤེས་བཞིན་གྱི་བྱ་ར་འཛུགས་པའི་སྒོ་ནས་བསྲུང་ཞིང་། དེ་ཡང་ཉེས་ལྟུང་སྟོབས་ལྡན་རེ་རེ་ཙམ་ལ་སྤྱད་ན་དེའི་གཉེན་པོར་བཤགས་སྡོམ་ལ་འབད་དུ་ཟིན་ཀྱང་རྒྱུད་ཉེས་པས་ཐར་པ་ཐོབ་པ་ལ་ཡུན་རིང་འགྱངས་ཤིང་ཐོགས་པར་བྱེད་དེ། སྤྱོད་འཇུག་ལས། དེ་ལྟར་ལྟུང་བ་སྟོབས་ལྡན་དང་། །བྱང་ཆུབ་སེམས་སྟོབས་ལྡན་པ་དག །འཁོར་བར་རེས་ཀྱིས་འདྲེ་བྱེད་ན། །ས་ཐོབ་པ་ལ་ཡུན་རིང་ཐོགས། །ཞེས་གསུངས་པའི་བསླབ་བྱ་ཕྲ་ཞིབ་ནས་མིག་གི་འབྲས་བུ་ལྟར་གཅེས་སྤྲས་ཀྱིས་བསྲུང་བ་ལ་འབད་ཅིང་། རང་ཉིད་བསླབ་བྱའི་གནས་ལ་བརྩོན་པར་མ་ཟད། གཞན་རྗེས་སུ་འཛིན་པའི་ཡན་ལག་ཏུ་དམ་པའི་ཆོས་མ་ལུས་པ་བཤད་སྒྲུབ་ཀྱི་སྒོ་ནས་བཟུང་བར་བྱའོ་སྙམ་དུ་དམ་འཆའ་བ་སྟེ། འདི་ནི་རིགས་ལྡ་ལས་པད་རིགས་ཀྱི་དམ་ཚིག་སྐྱོང་ཐབས་ཀྱང་ཡིན་ལ། ཆོས་སྤྱོད་གི་ལས་སྒྲིབ་ཀྱང་སྦྱབ་པར་འགྱུར་ཞིང་དགེ་བའི་ཆོས་མང་པོའང་སྤྱད་པ་ཡིན་ནོ། །དེ་ལྟར་བསྒྲུབས་པས་མཚོན་ཏེ་བདག་གི་ལུས་ལོངས་སྤྱོད་དུས་གསུམ་བསགས་ཡོད་ཀྱི་དགེ་ཚོགས་རྣམས་སེམས་ཅན་ཐམས་ཅད་ལ་ལྟོས་མེད་དུ་བཏང་ལ་བསྔོ་བར་བྱ་སྟེ། དེ་ལྟར་དེ་དག་ཀུན་བྱས་ཏེ། །དགེ་བ་བདག་གིས་གང་བསགས་པ༑ ༑དེས་ནི་སེམས་ཅན་ཐམས་ཅད་ཀྱི། །སྡུག་བསྔལ་ཐམས་ཅད་སེལ་བར་ཤོག །བདག་གི་ལུས་དང་ལོངས་སྤྱོད་དང་། །དུས་གསུམ་དགེ་བ་ཐམས་ཅད་ཀྱང་། །སེམས་ཅན་ཀུན་གྱི་དོན་གྱི་ཕྱིར། །ཕོངས་པ་མེད་པར་གཏང་བར་བྱ། །ས་སོགས་འབྱུང་བ་ཆེན་པོ་དང་། །ནམ་མཁའ་བཞིན་དུ་རྟག་པར་ཡང་། །སེམས་ཅན་དཔག་ཏུ་མེད་པ་ཡི། །རྣམ་མང་ཉེར་འཚོའི་གཞིར་ཡང་ཤོག །དེ་བཞིན་ནམ་མཁའི་མཐས་གཏུགས་པའི། །སེམས་ཅན་ཀུན་ལ་རྣམ་ཀུན་ཏུ། །ཐམས་ཅད་མྱ་ངན་

འདས་བར་དུ། །བདག་ཀྱང་ཉེར་འཚོའི་གཞིར་ཡང་ཤོག །ཅེས་པ་ལ་སོགས་ཇི་ལྟར་རིགས་པའི་བསྔོ་སྨོན་གྱི་དོན་ཡིད་ལ་བསམ་ཞིང་བརྗོད་པར་བྱ་སྟེ། རིམ་ལྔ་ལས། རིན་ཆེན་རིགས་ལ་སྦྱིན་པ་རྣམ་བཞི་སྟེར། གསུངས་པའི་ནང་ནས། བྱམས་པ་དང་མི་འཇིགས་པའི་སྦྱིན་པ་གཉིས་སྔར་སོང་བས། འདིར་ཟང་ཟིང་གི་སྦྱིན་པ་དང་། ཆོས་ཀྱི་སྦྱིན་པ་གཉིས་སྟེར་བས་དམ་ཚིག་སྐྱོང་བའི་ཐབས་སུ་འགྱུར་ཞིང་། ལྷག་བསམ་སྦྱོང་བ་དང་། ཐེག་ཆེན་གྱི་བསྔོ་བའང་ཡིན་ནོ། །

གཞན་ཡང་ཐུན་དྲུག་པོ་རེ་རེའི་མགོར་ཕུང་པོ་གསུམ་པའི་མདོ་ཚར་རེ་ཁ་ཏོན་ཏུ་བྱས་ན། ཉིན་དང་མཚན་མོ་ལན་གསུམ་དུ། །ཕུང་པོ་གསུམ་པ་གདོན་བྱ་ཞིང་། །རྒྱལ་དང་བྱང་ཆུབ་སེམས་བརྟེན་པས། །ལྟུང་བའི་ལྷག་མ་དེས་ཞི་བྱ། །ཞེས་གསུངས་པའི་ཉམས་ལེན་དུའང་འགྱུར་རོ། །དེ་ལྟར་སྐྱབས་འགྲོ་ནས་བསྔོ་བའི་བར་འདི་ནི་ཉིན་ཞག་ཕྲུགས་གཅིག་ལ་ཉིན་ཆ་གསུམ་མཚན་ཆ་གསུམ་སྟེ། ཐུན་དྲུག་ཏུ་བཅད་ནས་ཉམས་སུ་བླངས་པས་སྡོམ་པ་གསུམ་གྱི་བསླབ་བྱ་རྣམས་ཉིན་རེ་བཞིན་ལན་དྲུག་ཏུ་བཟླ་བར་གསུངས་པའི་ལག་ལེན་རྒྱུད་ཐོག་ཏུ་ཁེལ་བར་འགྱུར་བ་ཡིན་ནོ། །

ཞེས་པ་འདིའང་རྣལ་འབྱོར་པ་བློ་གྲོས་ཀྱི་མཐུ་མངའ་བའི་སྡོམ་བརྩོན་རིག་པ་འཛིན་པ་པདྨ་དབང་འདུས་ཀྱི་ཞལ་ངོར། རྗེ་གཏེར་ཆེན་བླ་མའི་བཀའ་དྲིན་གྱིས་འཚོ་བ་གཉོས་ཀྱི་དགེ་སློང་རྨོངས་པ་ཧྲུམ་ཤྲཱིས་ཆུ་སྟོད་ཟླ་བའི་ཡར་ངོའི་ཚེས་བཅུའི་ཉིན། སྟན་ཐོག་གཅིག་ཏུ་སྦྱེལ་བའི་ཡི་གེ་པ་ནི་འགྱུར་མེད་ཚུལ་ཁྲིམས་སོ། །འདིས་ཀྱང་བསྟན་པ་དང་སེམས་ཅན་ལ་ཕན་པ་རྒྱ་ཆེ་རྒྱུན་མི་ཆད་པ་འབྱུང་བའི་རྒྱུར་གྱུར་ཅིག །མངྒ་ལཾ།། །།

༄༅། །སྡོམ་གསུམ་རྣམ་ངེས་ལས་འཕྲོས་པ་གཞི་ལམ་འབྲས་བུའི་མན་ངག་ངེས་དོན་གྲུབ་མཐའི་སྙིང་པོ་ཞེས་བྱ་བ་བཞུགས་སོ། །

པདྨ་འགྱུར་མེད་རྒྱ་མཚོ།

ཨོཾ་སྭསྟི། མི་འགྱུར་དོན་དམ་འཕོ་མེད་འདུས་མ་བྱས། །བརྟན་གཡོ་ཀུན་ལ་ཁྱབ་པའི་ཆོས་ཉིད་གཤིས། །ཟུང་འཇུག་རྡོ་རྗེའི་གནས་ལུགས་ཇི་བཞིན་དུ། །སྟོན་མཛད་གཏེར་ཆེན་བླ་མ་གཙུག་གིས་མཆོད། ༡ །ངག་ཚིག་བརྗོད་པའི་མཚན་མ་ལས་འདས་ཤིང་། །འཁོར་འདས་ཀུན་ལ་དབང་སྒྱུར་ཆོས་ཀུན་སྒྲོག །དཔལ་ལྡན་ཆོས་དབྱིངས་རྟག་བརྟན་གཡུང་དྲུང་དངོས། །མངོན་དུ་སྣང་མཛད་འགྲོ་བའི་བླ་མར་འདུད། ༢ །སྣང་གཞི་ཆོས་ཉིད་བདེ་གཤེགས་སྙིང་པོའི་ཁམས། །སྣང་བྱ་གློ་བུར་དྲི་མས་བཅིངས་པ་གང་། །སྦྱོང་བྱེད་ཐབས་གྲོལ་ལམ་གྱིས་ཉེར་སྦྱངས་པས། །སྦྱངས་འབྲས་རྣམ་གྲོལ་འགྲུབ་ཕྱིར་ཚུལ་འདི་བཤད། ༣ །

འདིར་སྡོམ་གསུམ་རྣམ་པར་ངེས་པའི་བསྟན་བཅོས་ཀྱི་འགྲེལ་པ་ལེགས་བཤད་ངོ་མཚར་དཔག་བསམ་གྱི་སྙེ་མ་ལས་འཕྲོས་པའི་དཀའ་གནས་འགག་ཞིག་ཟུར་དུ་བཀོལ་བ་ལ་གསུམ། གཞི་བདེ་གཤེགས་སྙིང་པོ་གཏན་ལ་དབབ་པ། ལམ་ལས་འབྲས་བུར་སྒྱུར་ཚུལ་འཕྲོས་དོན་དང་བཅས་པ། ཟུང་འཇུག་འབྲས་བུའི་རྣམ་བཞག་གོ །དང་པོ་ལ་བཞི། བྱེ་བྲག་སྨྲ་བ། མདོ་སྡེ་པ། སེམས་ཙམ་པ། དབུ་མ་པའི་ལུགས་སོ། །དང་པོ་ནི། སྲིད་པ་དང་སྲིད་པའི་ཡོ་བྱད་ལ་མ་ཆགས་པའི་སེམས་བྱུང་ཆོག་ཤེས་པ་ལ་འཕགས་པའི་རིགས་སུ་འདོད། དེ་ཡང་། སྲིད་པའི་ཡོ་བྱད་ལ་ཆགས་པའི་གཉེན་པོར་ཆོས་གོས། བསོད་སྙོམས། གནས་མལ་ངན་ངོན་གྱིས་ཆོག་ཤེས་པ་སྟེ་འཕགས་རིགས་གསུམ། དེའི་སྟེང་དུ། སྲིད་པ་ལ་ཆགས་པའི་གཉེན་པོར་སྤོང་བ་དང་སྒོམ་པ་ལ་ནན་ཏན་དུ་བྱེད་པ་འཕགས་པའི་རིགས་ཏེ་བཞིའོ། །དེ་དག་ལས་འཕགས་རིགས་དང་པོ་གསུམ་གྱིས་ཚུལ་དང་

ཕྱི་མས་ལས་བསྟན་ཏེ། དང་པོ་གསུམ་གྱི་ཚུལ་ལ་གནས་ནས་ཕྱི་མ་ལ་དགའ་བའི་ལས་ཀྱི་མཐུས་འཕགས་པའི་ཆོས་མྱུར་དུ་འགྲུབ་བྱེད་ཡིན་པའི་ཕྱིར། མཛོད་ལས། མ་ཆགས་འཕགས་རིགས་དེ་དག་ལས། །གསུམ་གྱིས་ཚུལ་བསྟན་ཐ་མས་ལས། །སྲིད་པ་སྐྱེ་བའི་གཉེན་པོའི་ཕྱིར། །ཞེས་སོ། །

གཉིས་པ་ནི། སེམས་ཀྱི་ས་བོན་ཟག་མེད་ཀྱི་ཡེ་ཤེས་འབྱུང་རུང་གི་ནུས་པ་ལ་འདོད། དེའི་ཤེས་བྱེད། རྒྱལ་སྲས་མ་ལས། མདོ་སྡེ་པ་དག་གི་རིགས་ཞེས་བྱ་བ་ནི་སེམས་ཀྱི་ས་བོན་ནུས་པ་ཡིན་ཏེ། སོ་སོ་སྐྱེ་བོ་དང་སློབ་པའི་གནས་སྐབས་ན་ཡང་ཡོངས་སུ་ཉམས་པའི་ཆོས་ཅན་གྱི་ས་བོན་ལ་རིགས་ཞེས་བྱའོ། །ཞེས་སོ། །

གསུམ་པ་ནི། ཐོག་མ་མེད་པ་ནས་སེམས་རྒྱུད་ལ་གནས་པའི་ཟག་མེད་ཀྱི་ཆོས་སྐྱེད་པར་བྱེད་ནུས་པ་ཆོས་ཉིད་ཀྱིས་ཐོབ་པ་ལ་འདོད་དེ། ཤེས་བྱེད། མདོ་ལས། བྱང་ཆུབ་སེམས་དཔའ་རྣམས་ཀྱི་རིགས་དེ་ནི་ཐོག་མ་མེད་པ་ནས་འོངས་པ། ཆོས་ཉིད་ཀྱིས་ཐོབ་པའི་སྐྱེ་མཆེད་དྲུག་གི་ཁྱད་པར་གང་ཡིན་པ་སྟེ། ཞེས་སོ། །དེའི་དོན་ཡང་། བྱང་སའི་འགྲེལ་པ་རྒྱ་མཚོ་སྤྲིན་ལས། སྐྱེ་མཆེད་དྲུག་གི་ཁྱད་པར་ནི། ཀུན་གཞིའི་རྣམ་ཤེས་ལ་གནས་པའི་ས་བོན་ཟག་པ་མེད་པའི་ཆོས་སྐྱེད་པར་བྱེད་པའི་ནུས་པའོ། །ཞེས་སོ། །འདི་ནི་ཐོགས་མེད་ཀྱི་བཞེད་པར་སྣང་ལ། འཕྲོས་དོན་ཕྱོགས་སླང་ནི། རྒྱུ་དུས་ཀྱི་བརྟེ་བ་དང་ཤེས་རབ་ཀྱིས་བསྡུས་པའི་དགེ་རྩ་ལ་རིགས་སུ་བཞེད་དོ། །དེ་ཐམས་ཅད་འདུས་བྱས་ཏེ་དངོས་པོར་སྨྲ་བའི་ལུགས་སོ། །

བཞི་པ་ལ། གཞན་ལུགས་འགོད་པ་དང་། རང་ལུགས་བཞག་པ་གཉིས། དང་པོ་ནི། དྲི་བཅས་ཆོས་ཉིད་དེ་བཞིན་ཉིད་ལ་རིགས་སུ་འདོད་པར་ཕལ་ཆེར་མཐུན་ཡང་། ངོས་འཛིན་ལུགས་མི་འདྲ་བ་མང་དུ་སྣང་སྟེ། ཇོ་ནང་ལོ་ཆེན་པོ་རྗེས་འབྲང་དང་བཅས་པ་སྟོབས་སོགས་ཡོན་ཏན་གྱིས་ཁྱད་པར་དུ་མ་བྱས་པའི་གཞི་ལམ་འབྲས་གསུམ་ཐམས་ཅད་དུ་ཁྱབ་པའི་དབྱིངས་རང་བཞིན་གྱིས་རྣམ་པར་དག་པའི་སྟོང་ཉིད་མེད་དགག་གི་ཆ་ལ་བཞེད། ཆོས་ཀྱི་རྗེ་ས་སྐྱ་པཎྜི་ཏ་སོགས་སྟོབས་སོགས་ཡོན་ཏན་གྱིས་ཁྱད་པར་དུ་བྱས་པ་ལ་ངོས་བཟུང་ནས་དེ་སེམས་ཅན་ལ་ཡོད་པ་དྲང་དོན་དུ་བཞེད། གངས་ཅན་གྱི་གློག་པ་པོ་ཕལ་ཆེ་བ་སྙིང་པོའི་ངོས་འཛིན་རང་བཞིན་རྣམ་དག་རྐྱང་པའི་ཆ་

ལ་བཞེད། རྡོ་ཕག་མོ་གྲུབ་པ་སོགས་སློབས་སོགས་ཡོན་ཏན་དེ་དག་རྟོགས་པ་ཆོས་སྐུའི་ཡོན་ཏན་གོ་ཆོད་པོར་བཞེད། པཎ་ཆེན་འཇིགས་མེད་གྲགས་པ་སོགས་རང་བཞིན་ཆོས་སྐུའི་ཡོན་ཏན་དུ་བཞེད་དེ། དེ་ལ་སོགས་པ་བཞེད་ཚུལ་མང་ངོ་། །

གཉིས་པ་ནི། འདིར་ཀུན་མཁྱེན་ཆོས་ཀྱི་རྒྱལ་པོ་དྲི་མེད་འོད་ཟེར། རྡོ་ནང་ཀུན་མཁྱེན་ཆེན་པོ་རྟོན་པ་བཞི་ལྡན། རང་བྱུང་ཞབས་སོགས་ཀྱི་གསུང་རབ་དང་། མཁས་མཆོག་བུ་སྟོན་རིན་པོ་ཆེའི་ཐུན་མོང་མ་ཡིན་པའི་དགོངས་དོན་རྒྱུད་སྡེ་སྤྱི་རྣམ་གྱི་རྒྱ་རྒྱུད་བཤད་པའི་སྐབས་སོགས་སུ་བཀྲལ་བ་བཞིན། ཐེག་ཆེན་ཐུན་མོང་མ་ཡིན་པའི་ལུགས་ལྟར་བཤད་པ་ལ་གཉིས། དངོས་དང་། འཕྲོས་དོན་རིགས་ཀྱི་ཁྱད་པར་རོ། །དང་པོ་ལ་གསུམ། བདེ་གཤེགས་སྙིང་པོའི་རང་བཞིན་སྤྱིར་བསྟན་པ། དེའི་རྣམ་བཞག་རྒྱས་པར་བཤད་པ། ཞར་བྱུང་སྣགས་ལུགས་ལ་ཇི་ལྟར་འདོད་ཚུལ་ལོ། །དང་པོ་ནི། སེམས་ཉིད་ཡེ་ནས་རང་བཞིན་གྱིས་རྣམ་པར་དག་པ། སྟོང་གསལ་འགག་མེད་ཀུན་ཁྱབ་ཀྱི་ངོ་བོར་འཕོ་འགྱུར་མེད་པར་གནས་པ་ནི་ཁམས་བདེ་བར་གཤེགས་པའི་སྙིང་པོ་སྟེ། ཏིང་འཛིན་རྒྱལ་པོ་ལས། དག་པ་དྭངས་པ་འོད་གསལ་བ། །མི་འཁྲུགས་འདུས་མ་བྱས་པ་ཉིད། །བདེ་བར་གཤེགས་པའི་སྙིང་པོ་སྟེ། །ཡེ་ནས་གནས་པའི་ཆོས་ཉིད་དོ། །ཞེས་སོ། །

གཉིས་པ་ལ། དྲི་བཅས་སྙིང་པོའི་མཚན་ཉིད། སྒྲ་དོན། དབྱེ་བ་དང་གསུམ། དང་པོ་ནི། དྲི་མ་དང་བཅས་པའི་དེ་བཞིན་ཉིད་གང་ཞིག སྣང་སྟོང་ཟུང་འཇུག་གི་སེམས་ཉིད་ཀྱང་ཡིན། རང་གི་ངོ་བོ་ཀུན་ཁྱབ་རང་བཞིན་འགྱུར་མེད་དོ། །

གཉིས་པ་ནི། སུ་ག་ཏ་གརྦྷ་རའི་སྒྲ་ལས་དྲངས་ན། ཉེར་བསྒྱུར་སུ་སྔོན་མའི། གསྡི་འགྲོ་བའི་བྱིངས་ལ། ཀྲྀ་བྱིན་ར་ལས་དབྱེ་བར་བྱ་བ་དག་གོས་མ་ཕྱིས་པས་སུ་ག་ཏ། བདེ་གཤེགས། གྲི་འགྲོ་བའི་བྱིངས་ལ། ཀྐཱུ་བྱིན། རའི་འཕེལ་བ། ཨཱར་བྱས་ཏེ་སྦྱར་བས། གརྦྷ་འབྲོ་བའི་དོན་གྱིས་སྙིང་པོ་སྟེ། བདེ་གཤེགས་སྙིང་པོའོ། །

གསུམ་པ་ལ་བཞི། སྙིང་པོའི་རང་བཞིན་བཤད་པ། རྒྱུ་མཚན་གསུམ་གྱིས་སེམས་ཅན་ལ་ཡོད་ཚུལ་བསྟན་པ། རྣམ་གཞག་རྣམ་པ་བཅུས་གཏན་ལ་དབབ་པ། དྲི་མས་བསྒྲིབས་ཚུལ་དཔེས

མཚོན་པའོ། །དང་པོ་ནི། རྒྱུད་བླ་ལས། འདི་ལ་བསལ་བྱ་ཅི་ཡང་མེད། །བཞག་པར་བྱ་བ་ཅུང་ཟད་མེད། །ཡང་དག་ཉིད་ལ་ཡང་དག་ལྟ། །ཡང་དག་མཐོང་ནས་རྣམ་པར་གྲོལ། །ཞེས་གསུངས་པའི་དོན། སྙིང་པོ་ཆོས་ཅན། དོར་བྱའི་དྲི་མ་ཡེ་ནས་མེད་དེ། རང་གི་ངོ་བོ་རང་བཞིན་གྱིས་རྣམ་པར་དག་པའི་ཕྱིར། དེ་ཆོས་ཅན། སྔར་མེད་ཀྱི་ཡོན་ཏན་གསར་དུ་བསྒྲུབ་ཏུ་མེད་དེ། ཡོན་ཏན་ཐམས་ཅད་གདོད་མ་ནས་ལྷུན་གྱིས་གྲུབ་པའི་ཕྱིར། དེ་ཡང་སྔ་མ་ལས། དག་དང་ཉོན་མོངས་མེད་དག་ཕྱིར། །རྣམ་པར་དབྱེ་བ་མེད་ཆོས་ཕྱིར། །ལྷུན་གྲུབ་རྣམ་པར་མི་རྟོག་ཕྱིར། །ཞེས་བསམ་གྱིས་མི་ཁྱབ་པའི་གནས་བཞིས་བསྟན། དེ་ཉིད་མཚན་མའི་བློ་ཅན་རྣམས་ལ་འགལ་འདུ་ལྟར་སྣང་ཡང་། མི་འགལ་བར་དཔེས་བསྟན་པ་ནི། ཤིན་ཏུ་རྒྱས་པ་སངས་རྒྱས་ཕལ་པོ་ཆེའི་མདོའི་དོན་རྒྱུད་བླའི་འགྲེལ་པ་ལས། དེ་ལ་དྲི་མ་མེད་པའི་སངས་རྒྱས་ཀྱི་ཡོན་ཏན་ནི། གཅིག་ཏུ་ཀུན་ནས་ཉོན་མོངས་པ་སོ་སོ་སྐྱེ་བོའི་ས་ལ་ཡང་རྣམ་པར་དབྱེར་མེད་པའི་ཆོས་ཉིད་སྔ་ཕྱི་ཁྱད་པར་མེད་པར་ཡོད་པའི་ཕྱིར་གནས་འདི་བསམ་གྱིས་མི་ཁྱབ་སྟེ། གང་གི་ཕྱིར་གང་ལ་དེ་བཞིན་གཤེགས་པའི་ཡེ་ཤེས་མཐའ་དག་རྗེས་སུ་མ་ཞུགས་པའི་སེམས་ཅན་གྱི་རིགས་ན་འགའ་ཡང་མེད་དོ། །འོན་ཀྱང་འདུ་ཤེས་ཀྱི་འཛིན་པས་དེ་བཞིན་གཤེགས་པའི་ཡེ་ཤེས་མི་མངོན་ནོ། །འདུ་ཤེས་ཀྱི་འཛིན་པ་དང་བྲལ་བ་ལས་ནི་ཐམས་ཅད་མཁྱེན་པའི་ཡེ་ཤེས། རང་བྱུང་གི་ཡེ་ཤེས་ཐོགས་པ་མེད་པར་རབ་ཏུ་འབྱུང་ངོ་། །ཀྱེ་རྒྱལ་བའི་སྲས་འདི་ལྟ་སྟེ། དཔེར་ན་སྟོང་གསུམ་གྱི་སྟོང་ཆེན་པོའི་འཇིག་རྟེན་གྱི་ཁམས་ཀྱི་ཚད་དང་མཉམ་པའི་དར་ཡུག་ཆེན་པོ་གཅིག་ཡོད་པར་གྱུར་ལ། དར་ཡུག་ཆེན་པོ་དེ་ལ་ཡང་སྟོང་གསུམ་གྱི་སྟོང་ཆེན་པོའི་འཇིག་རྟེན་གྱི་ཁམས་ཐམས་ཅད་རྫོགས་པར་བྲིས་པར་གྱུར་ཏེ། འདི་ལྟ་སྟེ། འཁོར་ཡུག་ཆེན་པོ་ཚད་དུ་ནི་འཁོར་ཡུག་ཆེན་པོ་བྲིས། ས་ཆེན་པོའི་ཚད་དུ་ནི་ས་ཆེན་པོ་བྲིས། སྟོང་གཉིས་པ་བར་མའི་འཇིག་རྟེན་གྱི་ཚད་དུ་ནི་སྟོང་གཉིས་པའི་འཇིག་རྟེན་གྱི་ཁམས། སྟོང་གི་འཇིག་རྟེན་གྱི་ཁམས་ཀྱི་ཚད་དུ་ནི་སྟོང་གི་འཇིག་རྟེན་གྱི་ཁམས། གླིང་བཞི་པའི་འཇིག་རྟེན་གྱི་ཁམས་ཀྱི་ཚད་དུ་ནི་གླིང་བཞི་པའི་འཇིག་རྟེན་གྱི་ཁམས། རྒྱ་མཚོ་ཆེན་པོའི་ཚད་དུ་ནི་རྒྱ་མཚོ་ཆེན་པོ། འཛམ་བུ་གླིང་གི་ཚད་དུ་ནི་འཛམ་བུ་གླིང་། ཤར་གྱི་ལུས་འཕགས་གླིང་གི་ཚད་དུ་ནི་ཤར་གྱི་ལུས་འཕགས་གླིང་།

ནུབ་ཀྱི་བ་ལང་སྤྱོད་ཀྱི་ཚད་དུ་ནི་ནུབ་ཀྱི་བ་ལང་སྤྱོད། བྱང་གི་སྒྲ་མི་སྙན་གྱི་གླིང་གི་ཚད་དུ་ནི་བྱང་གི་སྒྲ་མི་སྙན། རི་རབ་ཀྱི་ཚད་དུ་ནི་རི་རབ། ས་ལ་སྤྱོད་པ་ལྷའི་གཞལ་ཡས་ཁང་གི་ཚད་དུ་ནི་ས་ལ་སྤྱོད་པའི་ལྷའི་གཞལ་ཡས་ཁང་། འདོད་པ་ན་སྤྱོད་པ་ལྷའི་གཞལ་ཡས་ཁང་གི་ཚད་དུ་ནི་འདོད་པ་ན་སྤྱོད་པ་ལྷའི་གཞལ་ཡས་ཁང་། གཟུགས་ན་སྤྱོད་པ་ལྷའི་གཞལ་ཡས་ཁང་གི་ཚད་དུ་ནི་གཟུགས་ན་སྤྱོད་པ་ལྷའི་གཞལ་ཡས་ཁང་བྲིས་སོ། །དར་ཡུག་ཆེན་པོ་དེ་ཡང་ཆུ་ཞེང་སྟོང་གསུམ་གྱི་སྟོང་ཆེན་པོའི་འཇིག་རྟེན་གྱི་ཁམས་ཀྱི་ཚད་ཙམ་དུ་གྱུར་ལ། དར་ཡུག་ཆེན་པོ་དེ་ཡང་རྡུལ་ཕྲ་རབ་ཀྱི་རྡུལ་གཅིག་ཏུ་བཅུག་པར་གྱུར་ཏོ། །ཇི་ལྟར་རྡུལ་ཕྲ་རབ་ཀྱི་རྡུལ་གཅིག་ཏུ་དར་ཡུག་ཆེན་པོ་བཅུག་པ་དེ་བཞིན་དུ། རྡུལ་ཕྲ་རབ་ཀྱི་རྡུལ་མ་ལུས་པ་རྣམས་སུ་དེའི་ཚད་ཀྱི་དར་ཡུག་ཆེན་པོ་ནང་དུ་བཅུག་པར་གྱུར་ཏོ། །དེ་ནས་མཁས་པ་འཛངས་པ་གསལ་བ་ཡིད་གཞུངས་པ། དེར་ཉེ་བར་ཞུགས་པའི་དཔྱོད་པ་དང་ལྡན་པའི་སྐྱེས་བུ་འགའ་ཞིག་སྐྱེས་ཏེ། དེའི་མིག་ལྷའི་མིག་ཏུ་གྱུར་ཅིང་ཀུན་ཏུ་ཡོངས་སུ་དག་པ་འོད་གསལ་བར་གྱུར་པ་ཞིག་ལ། དེས་ལྷའི་མིག་གིས་རྣམ་པར་བལྟས་ཏེ། འདི་ལྟ་བུར་གྱུར་པའི་དར་ཡུག་ཆེན་པོ་འདི་རྡུལ་ཕྲ་རབ་ཀྱི་རྡུལ་ཆུང་ངུ་འདི་ཉིད་ལ་གནས་ཏེ། སེམས་ཅན་འགའ་ལ་ཡང་ཉེ་བར་མཁོ་བར་མ་གྱུར་ཏོ། །དེ་འདི་སྙམ་དུ་སེམས་ཏེ། ཀྱི་མ་མ་ལ་གང་བདག་གིས་བརྩོན་པ་ཆེན་པོའི་སྟོབས་དང་མཐུས་རྡུལ་ཕྲ་རབ་ཀྱི་རྡུལ་འདི་ཕྱེ་སྟེ། དར་ཡུག་ཆེན་པོ་འདི་འགྲོ་བ་ཐམས་ཅད་ཀྱི་ཉེ་བར་འཚོ་བར་བྱའོ་སྙམ་པས། དེ་བརྩོན་པ་ཆེན་པོའི་སྟོབས་ཀྱིས་མཐུ་བསྐྱེད་དེ། རྡོ་རྗེ་ཕྲ་མོས་རྡུལ་ཕྲ་རབ་ཀྱི་རྡུལ་དེ་ཕྱེ་ནས་བསམ་པ་ཇི་ལྟ་བ་བཞིན་དུ། དར་ཡུག་ཆེན་པོ་དེས་འགྲོ་བ་མཐའ་དག་ཉེ་བར་འཚོ་བར་བྱེད་ཅིང་གཅིག་ལས་ཇི་ལྟ་བ་དེ་བཞིན་དུ། རྡུལ་ཕྲ་རབ་ལུས་པ་མེད་པ་མཐའ་དག་ལས་དེ་ཁོ་ན་བཞིན་བྱེད་དོ། །ཀྱེ་རྒྱལ་བའི་སྲས་དེ་བཞིན་དུ་དེ་བཞིན་གཤེགས་པ་ཡེ་ཤེས་ཚད་མེད་པའི་ཡེ་ཤེས་སེམས་ཅན་ཐམས་ཅད་ཉེ་བར་འཚོ་བའི་ཡེ་ཤེས་ཀྱང་། སེམས་ཅན་ཐམས་ཅད་ཀྱི་སེམས་ཀྱི་རྒྱུད་ལ་མ་ཚང་བ་མེད་པར་རྗེས་སུ་ཞུགས་ཏེ། སེམས་ཅན་གྱི་སེམས་ཀྱི་རྒྱུད་དེ་དག་ཀྱང་དེ་བཞིན་གཤེགས་པའི་ཡེ་ཤེས་དང་འདྲ་བར་ཚད་མེད་དོ། །ཞེས་གསུངས་སོ། །

གཉིས་པ་ནི། རྒྱུད་བླ་ལས། རྫོགས་སངས་སྐུ་ནི་འཕྲོ་ཕྱིར་དང་། །དེ་བཞིན་ཉིད་དབྱེར་མེད་

ཕྱིར་དང་། །རིགས་ཡོད་ཕྱིར་ན་ལུས་ཅན་ཀུན། །རྟག་ཏུ་སངས་རྒྱས་སྙིང་པོ་ཅན། །ཞེས་པའི་དོན་ལུས་ཅན་ཀུན་ཆོས་ཅན། ཐོག་མ་མེད་པ་ནས་དུས་རྟག་ཏུ་རྒྱུན་མི་ཆད་པར་དོན་དམ་པའི་སངས་རྒྱས་ཀྱི་སྙིང་པོ་ཅན་ཡིན་ཏེ། རྫོགས་པའི་སངས་རྒྱས་ཀྱི་སྐུ་ནི་ཆོས་ཐམས་ཅད་ལ་འཕྲོ་ཞིང་ཁྱབ་པའི་ཕྱིར་དང་། འཁོར་འདས་ཀྱི་ཆོས་ཉིད་དེ་བཞིན་ཉིད་ལ་རྣམ་པར་དབྱེ་བ་མེད་པའི་ཕྱིར་དང་། དེ་བཞིན་གཤེགས་པའི་རིགས་ཆོས་དབྱིངས་རང་བཞིན་གྱིས་རྣམ་པར་དག་པ་ཉིད་སྒྲིབ་པ་སྦྱང་རུང་དུ་སེམས་ཅན་ཐམས་ཅད་ལ་ཡོད་པའི་ཕྱིར། དེ་བཞིན་གཤེགས་པའི་སྙིང་པོའི་མདོ་ལས་ཀྱང་། རིགས་ཀྱི་བུ་དག་འདི་ནི་ཆོས་རྣམས་ཀྱི་ཆོས་ཉིད་དེ་བཞིན་གཤེགས་པ་རྣམས་བྱུང་ཡང་རུང་། མ་བྱུང་ཡང་རུང་། སེམས་ཅན་འདི་དག་ནི། རྟག་ཏུ་དེ་བཞིན་གཤེགས་པའི་སྙིང་པོ་ཅན་ཡིན་ནོ། །ཞེས་སོགས་ལུང་དུ་མས་སེམས་ཅན་ཐམས་ཅད་བདེ་གཤེགས་སྙིང་པོ་ཅན་དུ་བསྟན་ཏོ། །

གསུམ་པ་ལ། བསྟན་བཤད་གཉིས་ལས། དང་པོ་ནི། རྒྱུ་བླ་ལས། ངོ་བོ་རྒྱུ་འབྲས་ལས་ལྡན་འཇུག་པ་དང་། །གནས་སྐབས་དེ་བཞིན་ཀུན་ཏུ་འགྲོ་བའི་དོན། །རྟག་ཏུ་མི་འགྱུར་ཡོན་ཏན་དབྱེར་མེད་ནི། །དོན་དམ་དབྱིངས་ཀྱི་དགོངས་དོན་ཡིན་ཞེས་བྱ། །ཞེས་སོ། །གཉིས་པ་ལ་བཅུ་ལས། དང་པོ་ངག་བྱ་ངོ་བོའི་དོན་ནི། སྔ་མ་ལས། རིན་ཆེན་ནམ་མཁའ་ཆུ་དག་བཞིན། །རྟག་ཏུ་རང་བཞིན་ཉོན་མོངས་མེད། །ཅེས་པའི་དོན། རང་མཚན་གྱི་དབང་དུ་བྱས་ན་དེ་བཞིན་གཤེགས་པའི་ཆོས་སྐུ་ཆོས་ཅན། ཡིད་བཞིན་གྱི་ནོར་བུ་དང་མཚུངས་ཏེ། བསམ་པའི་དོན་ཐམས་ཅད་འགྲུབ་པ་ལ་སོགས་པའི་མཐུ་དང་ལྡན་པའི་ཕྱིར། དེ་བཞིན་ཉིད་ཆོས་ཅན། ནམ་མཁའ་དང་མཚུངས་ཏེ། རང་བཞིན་འགྱུར་བ་མེད་པའི་ཕྱིར། རིགས་ཆོས་ཅན། ཆུ་དང་མཚུངས་ཏེ། སེམས་ཅན་ཐམས་ཅད་ལ་ཁྱབ་པའི་སྙིང་རྗེའི་རླན་དང་འབྲལ་བ་མེད་པའི་ཕྱིར། ཡང་། སྤྱི་མཚན་གྱི་དབང་དུ་བྱས་ན། དོན་གསུམ་དཔེ་གསུམ་གས་མཚོན་པ་ཡིན་ཏེ། རང་བཞིན་གྱིས་རྣམ་པར་དག་པར་མཚུངས་པའི་ཕྱིར།

གཉིས་པ་དག་བྱེད་རྒྱུའི་དོན་ནི། སྔ་མར། ཆོས་མོས་ལྷག་པའི་ཤེས་རབ་དང་། །ཏིང་འཛིན་སྙིང་རྗེ་ལས་བྱུང་བ། །ཞེས་པའི་དོན། གློ་བུར་གྱི་དྲི་མ་རྣམ་པར་དག་པར་བྱེད་པའི་རྒྱུ་ཆོས་ཅན། ཁྱད་ཆོས་བཞི་དང་ལྡན་ཏེ། ཐེག་ཆེན་གྱི་ཆོས་ལ་མོས་པ་དང་། ཐེག་དམན་ལས་ལྷག་པའི་བདག

མེད་རྟོགས་པའི་ཤེས་རབ་དང་། ཏིང་ངེ་འཛིན་གྱི་བདེ་བ་ཚད་མེད་པ་དང་། སེམས་ཅན་ལ་དམིགས་པའི་བརྩེ་བ་སྙིང་རྗེ་ཆེན་པོ་རྣམས་ལས་བྱུང་བའི་བྱང་ཆུབ་ནི་བྲལ་འབྲས་ཡིན་དགོས་པའི་ཕྱིར།

གསུམ་པ་འཐོབ་བྱ་འབྲས་བུའི་དོན་ནི། རྩ་མར། གཙང་བདག་བདེ་དང་རྟག་ཉིད་ཀྱི། །ཡོན་ཏན་ཕ་རོལ་ཕྱིན་པ་འབྲས། །ཞེས་པའི་དོན་ཆོས་མོས་སོགས་བཞིའི་འབྲས་བུ་ཆོས་ཅན། ཁྱད་ཆོས་བཞི་དང་ལྡན་ཏེ། དེ་བཞིན་གཤེགས་པའི་ཆོས་ཀྱི་སྐུ་གཙང་བ་དང་། བདག་དམ་པ་དང་། བདེ་བ་དང་། རྟག་པ་ཉིད་ཀྱི་ཕ་རོལ་ཏུ་ཕྱིན་པ་སྟེ། དོན་དམ་པའི་ཡོན་ཏན་གྱི་ཕ་རོལ་དུ་ཕྱིན་པ་བཞི་དང་ལྡན་པའི་ཕྱིར། དེ་ལ་གཙང་བ་ལ་སོགས་པ་བཞིའི་དོན་ནི། བྲལ་འབྲས་ཆོས་སྐུ་ཆོས་ཅན། གཙང་བའི་ཕ་རོལ་དུ་ཕྱིན་པ་ཡིན་ཏེ། སྤྱིའི་མཚན་ཉིད་གདོད་མ་ནས་རང་བཞིན་གྱིས་རྣམ་པར་དག་པ་གང་ཞིག །ཁྱད་པར་གྱི་མཚན་ཉིད་གློ་བུར་གྱི་དྲི་མ་བག་ཆགས་དང་བཅས་པ་སྤྱངས་པའི་ཕྱིར། དེ་ཆོས་ཅན། བདག་དམ་པའི་ཕ་རོལ་ཏུ་ཕྱིན་པ་ཡིན་ཏེ། མུ་སྟེགས་ལ་སོགས་པས་བརྟགས་པའི་བདག་འཛིན་གྱི་སྤྲོས་པ་དང་། ཉན་རང་ལ་སོགས་པས་བརྟགས་པའི་བདག་མེད་པར་འཛིན་པའི་སྤྲོས་པ་མཐའ་དག་ཉེ་བར་ཞི་བའི་ཕྱིར། དེ་ཆོས་ཅན། བདེ་བའི་ཕ་རོལ་དུ་ཕྱིན་པ་ཡིན་ཏེ། སྡུག་བསྔལ་མ་ལུས་པ་འགགས་པས་ཡིད་ཀྱི་རང་བཞིན་གྱི་ཕུང་པོ་དང་། ཀུན་འབྱུང་མཐའ་དག་སྤྱངས་པས་དེའི་རྒྱུ་མ་རིག་བག་ཆགས་ཀྱི་སའི་ཉོན་མོངས་པ་དང་། ཟག་པ་མེད་པའི་ལས་ཐམས་ཅད་ཀྱང་ཟད་པའི་ཕྱིར། དེ་ཆོས་ཅན། རྟག་པའི་ཕ་རོལ་ཏུ་ཕྱིན་པ་ཡིན་ཏེ། སྲིད་ཞི་རང་བཞིན་མཉམ་ཉིད་དུ་རྟོགས་པས་དོན་གཉིས་རྒྱུན་མི་ཆད་པའི་ཕྱིར།

བཞི་པ་འཐོབ་བྱེད་ལམ་གྱི་དོན་ནི། རྩ་མར། སྡུག་བསྔལ་ཡིད་འབྱུང་ཞི་ཐོབ་པར། །འདུན་དང་སྨོན་པའི་ལས་ཅན་ནོ། །ཞེས་པའི་དོན། འཁོར་འདས་ཀྱི་སྡུག་བདེ་ལ་འདོར་ལེན་གྱི་ཆོས་ཆོས་ཅན། འབྲས་བུ་འཐོབ་བྱེད་ལམ་གྱི་དོན་ཡིན་ཏེ། འཁོར་བའི་སྡུག་བསྔལ་ལ་ཡིད་འབྱུང་བའི་ལས་ཅན་གང་ཞིག །ཞི་བ་མྱང་འདས་ཀྱི་གོ་འཕང་ལ་འདུན་ཞིང་སྨོན་པའི་ལས་ཅན་གཉིས་ནི་ཁམས་ཡོད་པའི་བྱེད་ལས་ཡིན་པའི་ཕྱིར། དཔལ་ཕྲེང་གི་མདོ་ལས། བཅོམ་ལྡན་འདས། གལ་ཏེ་དེ་བཞིན་གཤེགས་པའི་སྙིང་པོ་མ་མཆིས་ན་སྡུག་བསྔལ་ལ་སྐྱོ་བར་ཡང་མི་འགྱུར་ལ། མྱང་ངན་ལས་འདས

པ་ལ་འདོད་པ་དང་དོན་དུ་གཉེར་བ་དང་སློན་པ་ཡང་མེད་པར་འགྱུར་རོ། །ཞེས་དང་། ཀླུ་སྒྲུབ་ཞབས་ཀྱིས་ཀྱང་། ཁམས་ཡོད་ན་ནི་ལས་བྱས་པས། །ས་ལེ་སྦྲམ་དག་མཐོང་བར་འགྱུར། །ཁམས་མེད་པར་ནི་ལས་བྱས་ཀྱང་། །ཉོན་མོངས་འབའ་ཞིག་བསྐྱེད་པར་ཟད། །ཅེས་གསུངས། དེ་དང་མཐུན་པར་སོར་ཕྲེང་གི་མདོ་ལས་ཀྱང་། འཇམ་དཔལ། མི་གསེར་འདོད་པ་རྟོག་པ་དང་ལྡན་པ་བྲག་ལ་རྐོ་ལ་ཅིའི་ཕྱིར་ཤིང་ལ་མི་རྐོ། རྡོ་བ་གསེར་གྱི་ཁམས་ཡོད་པ་ལ་ནི་རྐོ་ཡི་ཤིང་གསེར་མེད་པ་ལ་མི་རྐོའོ། །དེ་བཞིན་དུ་འཇམ་དཔལ། དབྱིངས་ཡོད་པ་ལ་རྟོག་པའི་མི་རྣམས་བདག་སངས་རྒྱས་སུ་འགྱུར་རོ་སྙམ་སྟེ་ཚུལ་ཁྲིམས་བསྲུང་ཞིང་ཚངས་པར་སྤྱོད་དོ། །གཞན་ཡང་འཇམ་དཔལ། དབྱིངས་མེད་ན་ནི་ཚངས་པར་སྤྱད་པ་དོན་མེད་པར་འགྱུར་རོ། །ཞེས་སོ། །

ལྔ་པ་ཡོན་ཏན་གྱི་ཚོགས་དང་ལྡན་པའི་དོན་ནི། རྒྱུད་བླར། རྒྱ་མཚོ་ཆེ་བཞིན་དཔག་མེད་པའི། །ཡོན་ཏན་རིན་ཆེན་མི་ཟད་གནས། །དབྱེར་མེད་ཡོན་ཏན་དང་ལྡན་པའི། །ངོ་བོ་ཉིད་ཕྱིར་མར་མེ་བཞིན། །ཞེས་པའི་དོན། ཆོས་ཀྱི་དབྱིངས་ཆོས་ཅན། རྒྱུའི་ཡོན་ཏན་དང་ལྡན་ཏེ། མོས་པའི་སྣོད་རབ་ཏུ་ཡངས་པར་ཤེས་རབ་དང་ཏིང་ངེ་འཛིན་དཔག་ཏུ་མེད་པའི་ཡོན་ཏན་གྱི་རིན་པོ་ཆེ་དང་ཐུགས་རྗེའི་ཆུ་མི་ཟད་པའི་གནས་སུ་གྱུར་པའི་ཕྱིར། དཔེར་ན་རྒྱ་མཚོ་ཆེན་པོར་རིན་པོ་ཆེ་དང་ཆུ་ཕྲན་དཔག་མེད་འདུ་བ་བཞིན་ནོ། །དེ་ཆོས་ཅན། འབྲས་བུའི་ཡོན་ཏན་དང་ལྡན་ཏེ། མངོན་ཤེས་ལྔ་དང་། ཟག་མེད་ཀྱི་ཡེ་ཤེས་དང་། ཟག་མེད་ཀྱི་སྤངས་པ་རྣམས་རྣམ་པར་དབྱེར་མེད་པའི་ཡོན་ཏན་དང་ལྡན་པའི་ངོ་བོ་ཉིད་ཡིན་པའི་ཕྱིར། དཔེར་ན། མར་མེའི་སྣང་བ་དང་དྲོ་བ་དང་ཁ་དོག་རྣམས་རྣམ་པར་དབྱེ་བ་མེད་པ་བཞིན་ནོ། །མདོ་ལས། ཤཱ་རིའི་བུ། དཔེར་ན། མར་མེ་ནི་འདི་ལྟ་སྟེ། སྣང་བ་དང་། དྲོ་བ་དང་། མདོག་དག་གིས་སམ། ནོར་བུ་སྣང་བ་དང་མདོག་དང་དབྱིབས་དག་གིས་རྣམ་པར་དབྱེར་མེད་པའི་ཆོས་ཅན་ལ་བྲལ་བའི་ཡོན་ཏན་ཅན་ནོ། །ཤཱ་རིའི་བུ། དེ་བཞིན་དུ་དེ་བཞིན་གཤེགས་པས་བསྟན་པའི་ཆོས་ཀྱི་སྐུ་ནི་འདི་ལྟ་སྟེ། གངྒཱའི་ཀླུང་གི་བྱེ་མ་ལས་འདས་པའི་དེ་བཞིན་གཤེགས་པས་བསྟན་པའི་ཆོས་ཀྱི་སྐུ་ནི་འདི་ལྟ་སྟེ། ཆོས་རྣམས་ཀྱིས་རྣམ་པར་དབྱེར་མེད་པའི་ཆོས་ཅན་མ་བྲལ་བའི་ཡེ་ཤེས་ཀྱི་ཡོན་ཏན་ཅན་ནོ། །ཞེས་སོ། །

དྲུག་པ་གང་ཟག་གི་དབྱེ་བས་འཇུག་པའི་དོན་ནི། རྒྱུ་བླར། སོ་སོ་སྐྱེ་འཕགས་རྫོགས་སངས་ཀྱི༔ །དེ་བཞིན་ཉིད་དབྱེའི་འཇུག་པ་ལས། །དེ་ཉིད་གཟིགས་པས་སེམས་ཅན་ལ། །རྒྱལ་བའི་སྙིང་པོ་འདི་བསྟན་ཏོ། །ཞེས་པའི་དོན། དེ་ཁོ་ན་ཉིད་མངོན་སུམ་དུ་གཟིགས་པའི་རྒྱལ་བ་དེ་བཞིན་གཤེགས་པ་ཆོས་ཅན། ཁྱོད་ཀྱིས་སེམས་ཅན་ཐམས་ཅད་ལ་རྒྱལ་བའི་སྙིང་པོ་འདི་ཡོད་པར་བསྟན་ཏེ༔ བྱིས་པ་སོ་སོའི་སྐྱེ་བོ་དང་། འཕགས་པ་སློབ་པ་དང་། རྫོགས་པའི་སངས་རྒྱས་ཀྱི་གནས་སྐབས་ཀྱི་དེ་བཞིན་ཉིད་ཀྱི་དབྱེ་བའི་འཇུག་པ་ལས་བརྩམས་ནས་བསྟན་པའི་ཕྱིར།

བདུན་པ་གནས་སྐབས་ཙམ་གྱི་དོན་ནི། སྔ་མར། མ་དག་མ་དག་དག་པ་དང་། །ཤིན་ཏུ་རྣམ་དག་གོ་རིམ་བཞིན། །སེམས་ཅན་བྱང་ཆུབ་སེམས་དཔའ་དང་། །དེ་བཞིན་གཤེགས་པ་ཞེས་བརྗོད་དོ༔ །ཞེས་པའི་དོན། དེ་བཞིན་གཤེགས་པའི་སྙིང་པོ་ཆོས་ཅན། ཁྱོད་ཀྱི་ངོ་བོ་འགྱུར་བ་མེད་ཀྱང་རྟེན་གྱི་གང་ཟག་ལ་ལྟོས་ནས་གནས་སྐབས་ཀྱི་ཐ་སྙད་གསུམ་དུ་བཏགས་ཏེ། གློ་བུར་གྱི་དྲི་མས་མ་དག་པ་དང་། མ་དག་ལ་དག་པ་དང་། ཤིན་ཏུ་རྣམ་དག་གི་གནས་སྐབས་གསུམ་ལ་ལྟོས་ནས་སེམས་ཅན་སོ་སོ་སྐྱེ་བོ་ཐ་མལ་པ་དང་། བྱང་ཆུབ་སེམས་དཔའ་རྣམས་དང་། དེ་བཞིན་གཤེགས་པ་རྫོགས་པའི་སངས་རྒྱས་ཞེས་བྱ་བར་རིམ་པ་བཞིན་བརྗོད་པའི་ཕྱིར། དེ་ལྟར་ཡང་འཕགས་པ་ཐོགས་མེད་ཀྱིས་རྒྱུད་བླའི་འགྲེལ་པར། གནས་སྐབས་གསུམ་དུ་གོ་རིམ་བཞིན་མིང་གསུམ་བསྟན་པས་བསྟན་པ་རིག་པར་བྱ་སྟེ། འདི་ལྟ་སྟེ། མ་དག་པའི་གནས་སྐབས་སུ་ནི་སེམས་ཅན་གྱི་ཁམས་ཞེས་བྱ་བ་དང་མ་དག་པ་དང་དག་པའི་གནས་སྐབས་སུ་ནི་དེ་བཞིན་གཤེགས་པ་ཞེས་བྱའོ། །ཇི་སྐད་དུ། བཅོམ་ལྡན་འདས་ཀྱིས། ཤཱ་རིའི་བུ། ཆོས་ཀྱི་སྐུ་དེ་ཉིད་ཉོན་མོངས་པའི་སྦུབས་བྱེ་བ་མཐའ་ཡས་པས་བཏུམས་པ་འཁོར་བའི་རྒྱུན་གྱིས་འཁྱེར་བ་ཐོག་མ་དང་ཐ་མ་མེད་པའི་འཁོར་བའི་འགྲོ་བར་འཆི་བ་དང་སྐྱེ་བ་དག་ཏུ་འཁོར་བ་ནི་སེམས་ཅན་གྱི་ཁམས་ཞེས་བརྗོད་དོ། །ཤཱ་རིའི་བུ། ཆོས་ཀྱི་སྐུ་དེ་ཉིད་འཁོར་བའི་རྒྱུན་གྱི་སྡུག་བསྔལ་ལ་སྐྱོ་བར་གྱུར་པ། འདོད་པ་དང་ཡུལ་ཐམས་ཅད་ལ་ཆགས་པ་དང་བྲལ་བ། ཕ་རོལ་ཏུ་ཕྱིན་པ་བཅུའི་ཁོངས་སུ་གཏོགས་པ་ཆོས་ཀྱི་ཕུང་པོ་བརྒྱད་ཁྲི་བཞི་སྟོང་གིས་བྱང་ཆུབ་ཀྱི་དོན་དུ་སྤྱད་པར་སྤྱོད་པ་ནི་བྱང་ཆུབ་སེམས་དཔའ་ཞེས་བརྗོད་དོ། །ཤཱ་

རིའི་བུ། ཆོས་ཀྱི་སྐུ་དེ་ཉིད་ཉོན་མོངས་པའི་སྒྲིབས་ཐམས་ཅད་ལས་ཡོངས་སུ་གྲོལ་བ། སྡུག་བསྔལ་ཐམས་ཅད་ལས་འདས་པ་ཉེ་བའི་ཉོན་མོངས་པའི་དྲི་མ་མཐའ་དག་དང་བྲལ་བ། དག་པ་རྣམ་པར་དག་པ། མཆོག་ཏུ་ཡོངས་སུ་དག་པའི་ཆོས་ཉིད་ལ་གནས་པ། སེམས་ཅན་ཐམས་ཅད་ཀྱིས་བལྟ་བར་བྱ་བའི་ས་ལ་བཞུགས་པ། ཤེས་བྱའི་ས་མཐའ་དག་ལ་གཉིས་སུ་མེད་པའི་སྐྱེས་བུའི་མཐུ་ཐོབ་པ་སྒྲིབ་པ་མེད་པའི་ཆོས་ཅན། ཆོས་ཐམས་ཅད་ཀྱི་དབང་ཕྱུག་གི་སྟོབས་ཐོགས་པ་མེད་པ་ཐོབ་པ་ནི། དེ་བཞིན་གཤེགས་པ་དགྲ་བཅོམ་པ་ཡང་དག་པར་རྫོགས་པའི་སངས་རྒྱས་ཞེས་བརྗོད་དོ། །ཞེས་དྲངས་ཏེ་གསུངས་སོ། །

བརྒྱད་པ་ནམ་མཁའ་ལྟར་ཀུན་ཏུ་འགྲོ་བའི་དོན་ནི། རྒྱུད་བླར། ཇི་ལྟར་རྟོག་མེད་བདག་ཉིད་ཅན། །ནམ་མཁའ་ཀུན་ཏུ་རྗེས་སོང་ལྟར། །སེམས་ཀྱི་རང་བཞིན་དྲི་མེད་དབྱིངས། །དེ་བཞིན་ཀུན་ཏུ་འགྲོ་བ་ཉིད། །ཅེས་པའི་དོན། སེམས་ཀྱི་རང་བཞིན་འོད་གསལ་དྲི་མ་མེད་པའི་དབྱིངས་བདེ་བར་གཤེགས་པའི་སྙིང་པོ་ཆོས་ཅན། སོ་སྐྱེ་སོགས་གནས་སྐབས་གསུམ་པོ་ཀུན་ཏུ་འགྲོ་བའི་དཔེ་ཡོད་དེ། རྟོག་པ་མེད་ཅིང་སྒྲིབ་པ་མེད་པའི་བདག་ཉིད་ཅན་གྱི་ནམ་མཁའ་གཟུགས་ཀྱི་རྣམ་པ་དམན་འབྲིང་མཆོག་གསུམ་ཐམས་ཅད་ལ་དབྱེར་མེད་པར་ཀུན་ཏུ་རྗེས་སུ་སོང་ཞིང་ཁྱབ་པ་ཇི་ལྟ་བ་དེ་ལྟར་གྱི་ཕྱིར། དེ་ལྟར་ཡང་རྒྱུད་བླར། དེ་སྤྱིའི་མཚན་ཉིད་ཉེས་པ་དང་། །ཡོན་ཏན་མཐར་ཐུག་ཁྱབ་པ་སྟེ། །གཟུགས་ཀྱི་རྣམ་པ་དམན་པ་དང་། །བར་མ་མཆོག་ལ་ནམ་མཁའ་བཞིན། །ཞེས་ཀྱང་གསུངས་ཤིང་། དེའི་འགྲེལ་པར་སྔ་མའི་འཕྲོ་ནས་ལུང་དྲངས་པ། ཤཱ་རིའི་བུ། དེའི་ཕྱིར་ན་སེམས་ཅན་གྱི་ཁམས་གཞན་ལ་ཆོས་ཀྱི་སྐུ་ཡང་གཞན་པ་ནི་མ་ཡིན་ཏེ། སེམས་ཅན་གྱི་ཁམས་ཉིད་ཆོས་ཀྱི་སྐུ། ཆོས་ཀྱི་སྐུ་ཉིད་སེམས་ཅན་གྱི་ཁམས་ཏེ་འདི་ནི་དོན་གྱི་གཉིས་སུ་མེད་དོ། །ཡི་གེ་ཙམ་ཐ་དད་པ་ཡིན་ནོ། །ཞེས་སོ། །

དགུ་པ་དུས་རྟག་ཏུ་འགྱུར་བ་མེད་པའི་དོན་ནི། རྒྱུད་བླར། ཉེས་པ་གློ་བུར་དང་ལྡན་དང་། །ཡོན་ཏན་རང་བཞིན་ཉིད་ལྡན་ཕྱིར། །ཇི་ལྟར་སྔར་བཞིན་ཕྱིས་དེ་བཞིན། །འགྱུར་བ་མེད་པའི་ཆོས་ཉིད་དོ། །ཞེས་པའི་དོན། ཆོས་ཀྱི་དབྱིངས་བདེ་བར་གཤེགས་པའི་སྙིང་པོ་ཆོས་ཅན། རང་གི་ངོ་བོ་

ཇི་ལྟར་སྔར་འཁོར་བའི་གནས་སྐབས་སུ་ཡོད་པ་བཞིན་དུ་ཕྱིས་མྱ་ངན་ལས་འདས་པ་ནའང་རང་བཞིན་འགྱུར་བ་མེད་པའི་ཆོས་ཉིད་ཡིན་ཏེ། མ་དག་པའི་གནས་སྐབས་སུ་ཉོན་མོངས་པ་ལ་སོགས་པ་ཉེས་པ་རྣམས་སྤྱང་རྒྱུང་གློ་བུར་བ་ཉིད་དང་ལྡན་པ་ཡིན་གྱིས་རང་བཞིན་དུ་ཡོད་པ་མ་ཡིན་པའི་ཕྱིར་དང་། དག་པའི་གནས་སྐབས་སུ་སྟོབས་ལ་སོགས་པའི་ཡོན་ཏན་མངོན་དུ་གྱུར་པ་རྣམས་ཀྱང་གདོད་མ་ནས་རང་བཞིན་གྱིས་ལྡན་པ་ལས་གསར་དུ་བསྒྲུབ་ཏུ་མེད་པའི་ཕྱིར། ཀླུ་སྒྲུབ་ཀྱིས་ཆོས་དབྱིངས་བསྟོད་པར། དུས་རྣམས་ཀུན་ཏུ་ཉོན་མོངས་མེད། །ཐོག་མ་བར་མཐའ་དྲི་མ་བྲལ། །ཞེས་དང་གཞན་ཡང་། རང་བཞིན་དག་ནི་བཅོས་མིན་དང་། །གཞན་ལ་ལྟོས་པ་མེད་པ་ཡིན། །རང་བཞིན་གཞན་དུ་འགྱུར་བ་ནི། །ནམ་ཡང་འཐད་པ་མ་ཡིན་ནོ། །ཞེས་དང་། འཕགས་པ་ཡོངས་སུ་མྱ་ངན་ལས་འདས་པའི་མདོར་ཡང་། གྲུད་ཀྱི་ནོར་བུའི་དཔེ་སྟོན་དུ་བཏང་ནས་གསུང་པ། རིགས་ཀྱི་བུ། དེ་ལྟར་དེ་བཞིན་གཤེགས་པས་སེམས་ཅན་ཐམས་ཅད་ལ་སངས་རྒྱས་ཀྱི་རང་བཞིན་ཡོད་པར་གསུངས་པ་ཡང་། ཇི་ལྟར་སྨན་པ་མཁས་པས་གྲུད་ཀྱི་རྡོ་རྗེའི་ནོར་བུ་བསྟན་པ་བཞིན་ནོ། །ཞེས་པ་ནས། རིགས་ཀྱི་བུ། སེམས་ཅན་ཐམས་ཅད་ཀྱི་ལུས་ཀྱི་ནང་ན་སྟོབས་བཅུ་དང་། མི་འཇིགས་པ་བཞི་དང་། མཚན་སུམ་ཅུ་རྩ་གཉིས་དང་། དཔེ་བྱད་བཟང་པོ་བརྒྱད་ཅུ་ཡང་ཡོད་དོ། །ཞེས་སོ། །

བཅུ་པ་ཡོན་ཏན་དབྱེར་མེད་ཀྱི་དོན་ནི། རྒྱུད་བླར། གང་ཕྱིར་དེ་ནི་ཆོས་སྐུ་དེ་ནི་དེ་བཞིན་གཤེགས། །དེ་ནི་འཕགས་པའི་བདེན་པ་དོན་དམ་མྱ་ངན་འདས། །དེ་ཕྱིར་ཉི་དང་ཟེར་བཞིན་ཡོན་ཏན་དབྱེར་མེད་པས། །སངས་རྒྱས་ཉིད་ལས་མ་གཏོགས་མྱ་ངན་འདས་པ་མེད། །ཅེས་པའི་དོན་འགྱུར་བ་མེད་པའི་དབྱིངས་ཆོས་ཅན། ཉི་མ་དང་ཉི་མའི་ཟེར་བཞིན་སངས་རྒྱས་ཀྱི་ཡོན་ཏན་ཐམས་ཅད་དབྱེར་མེད་དུ་ལྡན་པས་རྫོགས་པའི་སངས་རྒྱས་ཉིད་མ་གཏོགས་མྱང་འདས་མངོན་དུ་གྱུར་པ་གཞན་མེད་དེ། གང་གི་ཕྱིར་ན་དབྱིངས་རྣམ་པར་དག་པའི་ཆོས་ཉིད་དེ་ནི་རྫོགས་པའི་སངས་རྒྱས་ཀྱི་ཆོས་སྐུ་དང་། དེ་བཞིན་གཤེགས་པ་དང་། འཕགས་པའི་བདེན་པ་དང་། དོན་དམ་པའི་མྱ་ངན་ལས་འདས་པ་ཡང་ཡིན་པས་དེ་རྣམས་མིང་གི་རྣམ་གྲངས་ཙམ་ཡིན་པ་གང་ཞིག །བདེ་གཤེགས་སྙིང་པོ་ལ་དོན་དམ་གྱི་ཡོན་ཏན་ཐམས་ཅད་གདོད་མ་ནས་ལྡན་ཡང་། དེ་རྒྱུད་ལྡན་གྱི་གང་ཟག་སངས

མ་རྒྱས་ཀྱི་བར་དུ་དེའི་ཡོན་ཏན་མི་ཐོབ་པ་དང་། སངས་རྒྱས་ནས་ཡོན་ཏན་མངོན་དུ་གྱུར་པའི་ཚེ་དེ་དག་ཐོབ་པར་འཇོག་དགོས་པའི་ཕྱིར། དེ་ལྟར་ཡང་འཕེལ་འགྲིབ་མེད་པ་བསྟན་པའི་མདོ་ལས། བཅོམ་ལྡན་འདས། དེ་བཞིན་གཤེགས་པའི་སྙིང་པོ་ནི་རྣམ་པར་དབྱེ་བ་མེད་པ། བྲལ་མི་ཤེས་པ། བསམ་གྱིས་མི་ཁྱབ་པའི་སངས་རྒྱས་ཀྱི་ཆོས་གང྄འི་ཀླུང་གི་བྱེ་མ་ལས་འདས་པས་མི་སྟོང་པའོ། །རྒྱུད་བླར། མདོར་ན་ཟག་མེད་དབྱིངས་ལ་ནི། །དོན་གྱི་རབ་ཏུ་དབྱེ་བ་བཞིན། །ཆོས་ཀྱི་སྐུ་ལ་སོགས་པ་ཡི། །རྣམ་གྲངས་བཞིར་ནི་རིག་པར་བྱ། །ཞེས་དང་། དེའི་འགྲེལ་པར་ཐོགས་མེད་ཀྱིས། མདོར་བསྡུ་ན། ཟག་པ་མེད་པའི་དབྱིངས་དེ་བཞིན་གཤེགས་པའི་སྙིང་པོ་ལ་དོན་བཞིའི་དབང་དུ་བྱས་ནས། མིང་གི་རྣམ་གྲངས་བཞིར་རིག་པར་བྱའོ། །ཞེས་དང་། ཀླུ་སྒྲུབ་ཀྱིས་ཆོས་དབྱིངས་བསྟོད་པ་ལས། ཇི་ལྟར་ཟུམ་ནང་མར་མེ་ནི། །ཕྱི་རོལ་ཀུན་ཏུ་མི་སྣང་ལྟར། །དེ་བཞིན་ཆོས་ཀྱི་དབྱིངས་འདི་ཡང་། །འཁོར་བར་འོད་ནི་གསལ་མ་ཡིན། །ཟུམ་པ་དེ་ཉིད་བཅག་གྱུར་པ། །ཐམས་ཅད་ཀུན་ཏུ་སྣང་བ་ལྟར། །གང་ཚེ་ཏིང་འཛིན་རྡོ་རྗེ་ཡིས། །སྒྲིབ་པ་ཀུན་ཏུ་བཅོམ་གྱུར་པ། །དེ་ཚེ་ནམ་མཁའི་མཐར་ཐུག་གསལ། །ཞེས་སོ། །དེ་ཡང་ངག་དོན་དུ་སྒྲིལ་ན། འགྱུར་བ་མེད་པའི་དབྱིངས་ཆོས་ཅན། ཡེ་ནས་ཡོན་ཏན་དབྱེར་མེད་ཡིན་ཏེ། དྲི་མས་བསྒྲིབས་མ་བསྒྲིབས་ཙམ་ལས་གཞི་འབྲས་ཀྱི་ངོ་བོ་འགྱུར་མེད་དུ་བསྟན་ཟིན་པ་དེའི་ཕྱིར། རྒྱུ་མཚན་དེས། རྫོགས་པའི་སངས་རྒྱས་མ་གཏོགས་མྱང་འདས་མཚན་ཉིད་པ་གཞན་མེད་ཅེས་གསུངས་ཏེ། དཔེར་ན་ཉི་མའི་དཀྱིལ་འཁོར་དང་ཉི་མའི་འོད་ཟེར་གཉིས་ནམ་དུའང་འབྲལ་མི་ཤེས་པའི་དབྱེར་མེད་ཡིན་པ་ལྟར། གདོད་མ་ནས་དབྱིངས་བདེ་བར་གཤེགས་པའི་སྙིང་པོ་ལ་ཡང་སྟོབས་སོགས་ཡོན་ཏན་ཐམས་ཅད་དབྱེར་མེད་དུ་ཡོད་པར་འདོད་དགོས་ཤིང་། དེའི་གནད་ཀྱིས། དཔེ་ཉི་མའི་དཀྱིལ་འཁོར་དེ་ཡང་སྤྲིབ་བྱེད་ཀྱི་སྤྲིན་དང་མ་བྲལ་བར་འོད་ཟེར་ཇི་ལྟར་ཡོད་པ་སྣང་མི་នུས་པ་ལྟར། དོན་དབྱིངས་བདེ་བར་གཤེགས་པའི་སྙིང་པོ་དེ་ཡང་། རྒྱུད་ལྡན་གྱི་གང་ཟག་གློ་བུར་གྱི་དྲི་མ་མཐའ་དག་དང་མ་བྲལ་བར་གཞིའི་ཡོན་ཏན་ཇི་ལྟ་བ་སྟོན་པར་མི་ནུས་པས། ཉན་རང་དགྲ་བཅོམ་སོགས་ཀྱང་མྱང་འདས་མཚན་ཉིད་པ་མ་ཡིན་ནོ་ཞེས་བྱ་བའི་དོན་དུ་གསུངས་སོ། །

བཞི་པ་དྲི་མས་བསྒྲིབས་ཚུལ་དཔེས་མཚོན་པ་ལ་བཞི། སྙིང་པོ་ཡོད་ཚུལ་དཔེ་དགུའི་སྒོ་ནས་སྤྱིར་བསྟན་པ། དྲི་མ་དང་སྙིང་པོའི་དཔེ་སོ་སོར་ཕྱེ་སྟེ་ཐོག་མ་མེད་ཚུལ་བསྟན་པ། སྒྲིབ་བྱེད་དྲི་མའི་དབྱེ་བ་བྱེ་བྲག་ཏུ་བཤད་པ། དེས་དབྱིངས་ལ་སྒྲིབ་ཚུལ་གདན་ལ་དབབ་པའོ། །དང་པོ་ནི། རྒྱུད་བླ་མ་ལས། ཉོན་མོངས་སྦུབས་ནང་གནས་པ་དེ། །དཔེ་དག་གིས་ནི་ཤེས་པར་བྱ། །སངས་རྒྱས་པད་ངན་སྦྲང་རྩི་སྦྲང་མ་ལ། །སྦུན་ལ་སྙིང་པོ་མི་གཙང་ནང་ན་གསེར། །ས་ལ་གཏེར་དང་མྱུག་སོགས་འབྲས་ཆུང་དང་། །གོས་རུལ་ནང་ན་རྒྱལ་བའི་སྐུ་དང་ནི། །བུད་མེད་ངན་མའི་ལྟོ་ན་མི་བདག་དང་། །ས་ལ་རིན་ཆེན་གཟུགས་ཡོད་ཇི་ལྟ་བར། །གློ་བུར་ཉོན་མོངས་དྲི་མས་བསྒྲིབས་པ་ཡིས། །སེམས་ཅན་རྣམས་ལ་དེ་བཞིན་ཁམས་འདི་གནས། །ཞེས་པའི་དོན་ངག་དོན་དུ་སྒྲིལ་ན། ལུས་ཅན་ཀུན་ཆོས་ཅན། ཁྱོད་ཀྱི་རྒྱུད་ལ་ཐོག་མ་མེད་པ་ནས་ཉེ་བར་གནས་ཀྱང་མ་འབྲེལ་བའི་རང་བཞིན་གློ་བུར་གྱི་དྲི་མའི་སྦུབས་བྱེ་བ་མཐའ་ཡས་པའི་ནང་ན་དབྱིངས་བདེ་བར་གཤེགས་པའི་སྙིང་པོ་གདོད་མ་ནས་ཡོན་ཏན་དབྱེར་མེད་དུ་བཞུགས་པའི་དཔེ་ཡོད་དེ། པདྨའི་ནང་ན་སངས་རྒྱས་ལ་སོགས་པ་རྣམ་པ་དགུས་མཚོན་པའི་ཕྱིར།

གཉིས་པ་ནི། སྔ་མར། པདྨ་སྡོག་ཆགས་བུང་བ་དང་། །སྦུན་པ་དང་ནི་མི་གཙང་དང་། །འབྲས་ཤུན་གོས་རུལ་བུད་མེད་ཀྱི། །མངལ་དང་ས་ཡི་སྦུབས་ན་ཡང་། །ཞེས་དྲི་མའི་དཔེ་དང་། སངས་རྒྱས་སྦྲང་རྩི་སྙིང་པོ་བཞིན། །གསེར་བཞིན་གཏེར་བཞིན་ལྗོན་པ་བཞིན། །རིན་ཆེན་སྐུ་དང་འཁོར་ལོ་ཡིས། །སྒྱུར་བ་བཞིན་དང་གསེར་གཟུགས་བཞིན། །ཞེས་སྙིང་པོའི་དཔེ་སོ་སོར་ཕྱེ་སྟེ་བཤད་ལ། ཐོག་མ་མེད་ཚུལ་དངོས་ནི། དེ་མ་ཐག་པར་སེམས་ཅན་ཁམས་ཀྱི་ཉོན་མོངས་སྦུབས། མ་འབྲེལ་ཐོག་མ་མེད་པ་ན། །སེམས་ཀྱི་རང་བཞིན་དྲི་མེད་ནི། །ཐོག་མ་མེད་པ་ཡིན་པར་བརྗོད། །ཅེས་པས་སེམས་ཅན་གྱི་ཁམས་ཀྱི་དེ་བཞིན་ཉིད་ལ་སྒྲིབ་བྱེད་ཉོན་མོངས་ལ་སོགས་པའི་དྲི་མའི་སྦུབས་རྣམས་ནི་རང་བཞིན་ལ་མ་འབྲེལ་བས་གློ་བུར་བ་ཡིན་ཡང་། ཆོས་དབྱིངས་དང་ལྡན་ཅིག་ཐོག་མ་མེད་པ་ནས་ཉེ་བར་གནས་ཤིང་། དེ་རྣམས་གང་ན་ཡོད་པ་ན་སེམས་ཀྱི་རང་བཞིན་དྲི་མ་མེད་པའི་དབྱིངས་དེ་ཡང་ཐོག་མ་མེད་པ་ནས་རྒྱུན་མི་ཆད་དུ་བཞུགས་པ་ཡིན་པར་བརྗོད་དོ། །གཞན་ཡང་

སེམས་ཅན་ལ་བདེ་གཤེགས་སྙིང་པོ་ཡོད་ཚུལ་དཔེས་མཚོན་པ་ནི། ཀླུ་སྒྲུབ་ཀྱིས་ཆོས་དབྱིངས་བསྟོད་པ་ལས། གང་ཞིག་ཀུན་ཏུ་མ་ཤེས་ན། །སྲིད་པ་གསུམ་དུ་རྣམ་འཁོར་བ། །སེམས་ཅན་ཀུན་ལ་ངེས་གནས་པ། །ཆོས་ཀྱི་དབྱིངས་ལ་ཕྱག་འཚལ་འདུད། །གང་ཞིག་འཁོར་བའི་རྒྱུར་གྱུར་པ། །དེ་ཉིད་སྦྱང་བ་བྱས་པ་ལས། །དག་པ་དེ་ཉིད་མྱ་ངན་འདས། །ཆོས་ཀྱི་སྐུ་ཡང་དེ་ཉིད་དོ། །ཇི་ལྟར་འོ་མ་དང་འདྲེས་པས། །མར་གྱི་སྙིང་པོ་མི་སྣང་བ། །དེ་བཞིན་ཉོན་མོངས་དང་འདྲེས་པས། །ཆོས་ཀྱི་དབྱིངས་ཀྱང་མི་མཐོང་ངོ་། །ཇི་ལྟར་འོ་མ་རྣམས་སྦྱངས་པས། །མར་གྱི་སྙིང་པོ་དྲི་མེད་འགྱུར། །དེ་བཞིན་ཉོན་མོངས་རྣམས་སྦྱངས་པས། །ཆོས་དབྱིངས་ཤིན་ཏུ་དྲི་མེད་འགྱུར། །ཞེས་དང་། ཇི་ལྟར་རིན་ཆེན་བཻ་ཌཱུརྻ། །དུས་རྣམས་ཀུན་ཏུ་འོད་གསལ་ཡང་། །རྡོ་ཡི་ནང་ན་གནས་གྱུར་ན། །དེ་ཡི་འོད་ནི་གསལ་མ་ཡིན། །དེ་བཞིན་ཉོན་མོངས་ཀྱིས་བསྒྲིབས་པའི། །ཆོས་དབྱིངས་ཤིན་ཏུ་དྲི་མེད་པའང་། །འཁོར་བར་འོད་ནི་གསལ་མ་ཡིན། །མྱ་ངན་འདས་ན་འོད་གསལ་འགྱུར། །ཞེས་དང་། དྲི་མེད་ཉི་མ་ཟླ་བ་ཡང་། །སྤྲིན་དང་ཁུག་རྣ་དུ་བ་དང་། །སྒྲ་གཅན་གདོང་དང་རྡུལ་ལ་སོགས། ། སྒྲིབ་པ་ལྔ་ཡིས་བསྒྲིབས་པར་གྱུར། །དེ་བཞིན་འོད་གསལ་བ་ཡི་སེམས། །འདོད་དང་གནོད་སེམས་ལེ་ལོ་དང་། །རྒོད་པ་དང་ནི་ཐེ་ཚོམ་སྟེ། །སྒྲིབ་པ་ལྔ་ཡིས་བསྒྲིབས་པར་གྱུར། །ཅེས་སོགས་དུ་མར་གསུངས་པས་ཀྱང་མཚོན་ནོ། །

གསུམ་པ་ནི། རྒྱུད་བླར། ཆགས་དང་སྡང་དང་རྨོངས་དང་དེའི། །ཀུན་ལྡང་དྲག་དང་བག་ཆགས་དང་། །མཐོང་སྒོམ་ལམ་སྤང་མ་དག་པའི། །དག་པའི་ས་ལ་བརྟེན་པ་ཡི། །དྲི་མ་རྣམས་དགུ་པདྨ་ཡི། །སྦུབས་སོགས་དཔེས་ནི་རབ་བསྟན་ཏེ། །ཉེ་བའི་ཉོན་མོངས་སྦུབས་ཀྱི་ནི། །དབྱེ་བ་བྱེ་བ་མཐའ་ལས་འདས། །ཞེས་པས། ཇི་ལྟར་མེ་ཏོག་པདྨ་ནི་གནས་སྐབས་སུ་མཛེས་པས་དགའ་བ་བསྐྱེད་ལ་ཕྱིས་བསྙམས་ཤིང་ཡིད་དུ་མི་འོང་བ་བཞིན་དུ། དེ་དང་མཚུངས་པ་འདོད་ཆགས་བག་ལ་ཉལ་དང་། ཇི་ལྟར་སྦྲོག་ཆགས་བུང་བ་ནི་གཞན་གྱིས་སྦྲང་རྩི་བླངས་པ་ན་ཞེ་སྡང་དྲག་པོས་མདུང་བཙེག་པ་བཞིན་དུ། དེ་དང་མཚུངས་པ་ཞེ་སྡང་བག་ལ་ཉལ་དང་། ཇི་ལྟར་འབྲས་ལ་སོགས་པའི་སྙིང་པོ་སྦུན་པ་ལ་སོགས་པས་བསྒྲིབས་ནས་མི་མཐོང་བ་བཞིན་དུ། དེ་དང་མཚུངས་པ་གཏི་མུག་བག་ལ་

ཉལ་ཏེ། དེ་ལྟར་ཁམས་གོང་མ་གཉིས་སུ་འཕེན་བྱེད་བག་ལ་ཉལ་གྱི་དྲི་མ་གསུམ་དང་། ཇི་ལྟར་ལྷན་ལྷིན་མི་གཙང་བའི་ཕུང་པོ་ཡིད་དུ་མི་འོང་ཞིང་ཉམ་ང་བའི་བདག་ཉིད་ཅན་ཡིན་པ་བཞིན་དུ། དེ་དང་མཚུངས་པ་འདོད་པའི་ཁམས་སྐྱུབ་བྱེད་དུག་གསུམ་ཀུན་ནས་ལྡང་བ་དྲག་པོ་དང་། ཇི་ལྟར་ཁྱིམ་གྱི་ས་འོག་ན་ཡོད་པའི་གཏེར་ནི་ས་མང་པོས་བསྒྲིབས་ཤིང་སྦས་པ་ན་ཁྱིམ་བདག་དབུལ་པོས་ངོ་མི་ཤེས་པ་བཞིན་དུ། དེ་དང་མཚུངས་པ་འཕགས་པ་དགྲ་བཅོམ་གྱི་རྒྱུད་ལ་ཡོད་པ་ཡིད་ཀྱི་རང་བཞིན་གྱི་ལུས་སྐྲུབ་བྱེད་མ་རིག་བག་ཆགས་ཀྱི་སས་བསྡུས་པ་དང་། ཇི་ལྟར་ལྗོན་ཤིང་གི་མྱུ་གུ་དང་སྦོང་བུ་སོགས་རིམ་གྱིས་སྐྱེ་བ་ལས་ས་བོན་གྱི་ཤུན་པ་རྣམས་རིམ་གྱིས་གཅོད་པ་བཞིན་དུ། དེ་དང་མཚུངས་པ་ཐེག་དམན་སློབ་པའི་རྒྱུད་ལ་ཡོད་པ་མཐོང་སྤང་གིས་སྤང་བར་བྱ་བ་དང་། ཇི་ལྟར་གོས་རུལ་ནི་རགས་པ་ཟད་པའི་ལྷག་མ་ཡིན་ལ་དྲི་མ་དང་བཅས་པའི་བདག་ཉིད་ཀྱིས་བསྒྲིབས་པ་བཞིན་དུ། ཐེག་དམན་སློབ་པའི་རྒྱུད་ལ་ཡོད་པ་སྒོམ་སྤང་གིས་སྤང་བར་བྱ་བ་དང་། ཇི་ལྟར་བུད་མེད་ཀྱི་མངལ་སྦུབས་ཀྱིས་མཐོང་བྱ་ལ་སྒྲིབ་པ་བཞིན་དུ། དེ་དང་མཚུངས་པ་མ་དག་ས་བདུན་ལ་གནས་པའི་བྱང་སེམས་ཀྱི་རྒྱུད་ཀྱིས་བསྡུས་པ་དང་། ཇི་ལྟར་ས་འདམ་གྱིས་གོས་པའི་གསེར་གྱི་གཟུགས་ནི་ཚོགས་ཆུང་ངུས་དག་པར་བྱེད་ནུས་པ་བཞིན་དུ་དག་པ་ས་གསུམ་ལ་གནས་པའི་བྱང་སེམས་ཀྱི་རྒྱུད་ཀྱིས་བསྡུས་པའི་དྲི་མ་རྣམས་ཏེ། དེ་ལྟར་དྲི་མ་དགུ་པོ་དེ་པདྨའི་སྦུབས་ལ་སོགས་པའི་དཔེ་དགུས་ནི་རབ་ཏུ་བསྟན་ཏེ། དེ་བཞིན་གཤེགས་པའི་སྙིང་པོ་ལ་སྒྲིབ་བྱེད་ཉེ་བའི་ཉོན་མོངས་པའི་སྦུབས་ཀྱི་དབྱེ་བ་བརྒྱད་ཁྲི་བཞི་སྟོང་དང་། དེ་ལས་ཕྱེ་ན་དབྱེ་བ་མཐའ་ལས་འདས་པར་འགྱུར་རོ༔ ༔

བཞི་པ་ནི། སྟ་མར། དྲི་འདི་དག་གིས་བྱིས་རྣམས་དང་། །དགྲ་བཅོམ་སློབ་པ་བློ་ལྡན་རྣམས། །རིམ་བཞིན་བཞི་དང་གཅིག་དང་ནི། །གཉིས་དང་གཉིས་ཀྱིས་མ་དག་ཉིད། །ཅེས་པས། དེ་ལྟར་འདོད་ཆགས་བག་ལ་ཉལ་སོགས་དྲི་མ་དགུ་པོ་འདི་དག་ལས། དང་པོ་བཞིས་བྱིས་པ་སོ་སོ་སྐྱེ་བོ་རྣམས་དང་། ལྔ་པས་འཕགས་པ་དགྲ་བཅོམ་པ། དྲུག་པ་དང་བདུན་པས་ཐེག་དམན་སློབ་པ། བརྒྱད་པ་དང་དགུ་པས་བློ་ལྡན་ས་བཅུའི་བྱང་ཆུབ་སེམས་དཔའ་རྣམས་ཏེ། དེ་དག་སོ་སོའི་རྒྱུད་ལ་ཡོད་

པའི་དབྱིངས་རང་བཞིན་གྱིས་རྣམ་པར་དག་པ་ལ་རིམ་པ་བཞིན་སྒྲིབ་པར་བྱེད་དོ། །དེ་ལྟར་ཡང་འཕགས་པ་ཐོགས་མེད་ཀྱིས་རྒྱུད་བླའི་འགྲེལ་པར། བཅོམ་ལྡན་འདས་ཀྱིས་སེམས་ཅན་ཐམས་ཅད་བྱང་ཆུབ་ཀྱི་སྙིང་པོ་ཅན་ནོ། །ཞེས་བཀའ་སྩལ་པ་གང་ཡིན་པ་དེ་ལ་སེམས་ཅན་ཐམས་ཅད་ནི། མདོར་བསྡུས་ན་རྣམ་པ་བཞིར་བརྗོད་དེ། འདི་ལྟ་སྟེ། སོ་སོའི་སྐྱེ་བོ་དང་། དགྲ་བཅོམ་པ་དང་། སློབ་པ་དང་། བྱང་ཆུབ་སེམས་དཔའོ། །དེ་ལ་འདི་དག་ནི། ཟག་པ་མེད་པའི་དབྱིངས་སུ་གོ་རིམ་ཇི་ལྟ་བ་བཞིན་བཞི་དང་། གཅིག་དང་། གཉིས་དང་། གཉིས་ཀྱིས་མ་དག་པར་བསྟན་ཏོ། །ཞེས་གསུངས་སོ༔ ༔

གསུམ་པ་ཞར་བྱུང་སྔགས་ལུགས་ལ་ཇི་ལྟར་འདོད་ཚུལ་ལ། གཞི་རྒྱུད་ཀྱི་མཚན་ཉིད། དེའི་དོན་སྤྱིར་བཤད་པ། མདོ་ལུགས་ལས་འཕགས་ཚུལ། མིང་གི་རྣམ་གྲངས་དང་བཞི། དང་པོ་ནི། དྲི་མ་ཙུང་ཟད་ཀྱང་མ་སྦྱངས་པའི་དེ་བཞིན་ཉིད་གང་ཞིག །བདེ་སྟོང་ཟུང་འཇུག་གི་སེམས་ཉིད། རང་གི་ངོ་བོ་འགྱུར་མེད་སྲིད་ཞི་ཀུན་ཁྱབ་རང་བཞིན། གཉིས་པ་ལ། བསྟན་བཤད་གཉིས་ལས། དང་པོ་ནི། གཞི་རྒྱུད་རང་བཞིན་ལྷུན་གྱིས་གྲུབ་པའི་དཀྱིལ་འཁོར་ཞེས་གྲགས་ཏེ། མི་འགྱུར་བའི་བདེ་ཆེན་དང་རྣམ་པ་ཀུན་ལྡན་གྱི་སྟོང་ཉིད་དབྱེར་མི་ཕྱེད་པའི་སེམས་ཉིད་ཡེ་ནས་སྐུ་གསུམ་འདུ་འབྲལ་མེད་པའི་དཀྱིལ་འཁོར་ཆེན་པོར་ལྷུན་གྱིས་གྲུབ་ཅིང་ཡོངས་སུ་རྫོགས་པས་ན་རྫོགས་པ་ཆེན་པོ་དང་། དེ་ཉིད་སྲིད་ཞི་ཀུན་ཁྱབ་ཀྱི་ཡེ་ཤེས་ཡིན་པས་ན་ཡེ་ཤེས་ཐམས་ཅད་ཀྱི་སྤྱི་གཟུགས་ཞེས་བྱའོ། །དེ་ལྟར་ཡང་། འཇམ་དཔལ་ཞལ་ལུང་དུ། རྫོགས་པ་ཆེན་པོ་ཡེ་ཤེས་སྤྱི་ཡི་གཟུགས། །ཞེས་སོ། །

གཉིས་པ་ལ། དངོས་དང་། ཁྱབ་ཚུལ་གཉིས། དང་པོ་ནི་སྒྱུ་འཕྲུལ་ལས། རང་བྱུང་ཡེ་ཤེས་བྱང་ཆུབ་སེམས། །བྱང་ཆུབ་སྙིང་པོ་འདུས་མ་བྱས། །ཀུན་རྫོབ་ཡོན་ཏན་འབར་བས་བརྒྱན། །ལྷུན་གྲུབ་དཀྱིལ་འཁོར་བླ་མེད་པའོ། །ཞེས་དང་། གསང་བ་སྙིང་པོ་ལས། བཅིངས་མེད་རྣམ་པར་གྲོལ་མེད་པའི། །ཡེ་ནས་ལྷུན་རྫོགས་སངས་རྒྱས་ཆོས། །ཞེས་པས། འཆིང་གྲོལ་མེད་པའི་གནས་ལུགས་རང་རིག་པ་རང་བྱུང་གི་ཡེ་ཤེས་བདེ་ཆེན་བྱང་ཆུབ་སེམས་ཀྱི་ངོ་བོ་ལྷག་པ་བདེན་པ་དབྱེར་མེད་

སྤྲོད་ཡུལ་དང་བྲལ་བའི་བདག་ཉིད་ནི། གཞིའི་རྒྱུད་བདེ་བར་གཤེགས་པའི་སྙིང་པོ་ཡིན་ལ། དེ་ནི་དུས་རྟག་ཏུ་འཕོ་འགྱུར་གྲི་གང་མེད་པས་འདུས་མ་བྱས་པ་རྟག་པའི་རང་བཞིན་ཅན། འབྲས་བུའི་ཡོན་ཏན་ཐམས་ཅད་མ་བཅོལ་ལྷུན་གྲུབ་ཏུ་རྫོགས་པས་རྒྱལ་བའི་དཀྱིལ་འཁོར་ཆེན་པོར་ཡེ་གདོད་མ་ནས་བཞུགས་པ་སྟེ། རྒྱས་པ་ལས། རྣམ་རྟོག་ཀུན་གཞི་མ་ཡིན་པ། །རང་བཞིན་མེད་པ་དོན་གྱི་གཞི། །དེ་ནི་ཆོས་ཀྱི་དབྱིངས་ཞེས་བྱ། །དེ་བཞིན་ཉིད་ཀྱི་ཡེ་ཤེས་སོ། །ཞེས་དང་། ཐུགས་ཐིག་ལས། གཞི་གནས་རིག་པ་ངོ་བོ་རང་བཞིན་དང༔ ཐུགས་རྗེ་གསུམ་སྟེ་རྒྱལ་བའི་སྙིང་པོ་ལ༔ སྐུ་གསུམ་རང་ཆས་བཞུགས་པར་བཤད་པ་ཡིན༔ ཞེས་དང་། དུང་ཡིག་ཅན་ལས། གཞི་རྒྱུད་དངོས་པོའི་གནས་ལུགས་ཏེ༔ དེ་ཡི་ངོ་བོ་རང་བཞིན་སྟོང༔ སངས་རྒྱས་ཐམས་ཅད་སྐྱེད་པའི་ཡུམ༔ དབྱེ་བ་རྣམ་པ་གསུམ་ཡིན་ཏེ༔ ངོ་བོ་རང་བཞིན་ཐུགས་རྗེའོ༔ ཞེས་སོ། །དེ་ཡང་། ཐབས་ཀྱི་རྐྱེན་གྱིས་ཟིན་མ་ཟིན་གྱི་བྱེད་པས་འཁོར་འདས་གཉིས་ཀའི་གཞིར་གྱུར་པས་ན་གཞི་ཞེས་བྱ་སྟེ། རིམ་གསུམ་ལས། ཐ་སྙད་གཉིས་ཀྱི་ཆོས་རྣམས་ཀུན། །མ་ལུས་འབྱུང་ཕྱིར་གཞི་ཞེས་བྱ། །ཞེས་སོ། །དེ་དག་གི་ངག་དོན། འཆིང་གྲོལ་མེད་པའི་གནས་ལུགས་བདེ་གཤེགས་སྙིང་པོ་ཆོས་ཅན། གཞི་རྒྱུད་ཅེས་བྱ་སྟེ༑ རྟོགས་མ་རྟོགས་ཀྱི་བྱེད་པས་འཁོར་འདས་གཉིས་ཀའི་གཞིར་གྱུར་པ་གང་ཞིག རང་བཞིན་འགྱུར་བ་མེད་པར་རྒྱུན་ཆགས་པའི་ཕྱིར།

གཉིས་པ་ནི། རྒྱ་མཚོ་ལས། ཡེ་ནས་མངོན་རྫོགས་སངས་རྒྱས་ཆོས། །ལུས་ཅན་ཀུན་ལ་གནས་པའི་ཕྱིར། །ལྷུན་གྲུབ་རྒྱལ་བའི་དཀྱིལ་འཁོར་ནི། །ལུས་ཅན་ཀུན་གྱི་ལུས་ལ་གནས། །ཞེས་དང་། དགྱེས་རྡོར་རྒྱུད་དུ། འདི་ཉིད་ཡེ་ཤེས་ཆེན་པོ་སྟེ། །ཐམས་ཅད་ལུས་ལ་རྟག་ཏུ་གནས། །དངོས་དང་དངོས་མེད་བདག་ཉིད་གཙོ། །གཉིས་དང་གཉིས་སུ་མེད་པའི་ཚུལ། །བརྟན་དང་གཡོ་བ་ཁྱབ་ནས་གནས། །ཞེས་པས། དེ་ལྟར་རང་བྱུང་གི་ཡེ་ཤེས་གཞི་རྒྱུད་དེ་བཞིན་གཤེགས་པའི་སྙིང་པོ་དེ་ཉིད་བརྟན་གཡོ་འཁོར་འདས་ཀྱིས་བསྡུས་པའི་ཆོས་ཐམས་ཅད་ལ་དེ་བཞིན་གཤེགས་པའི་སྙིང་པོ་ཏིལ་འབྲུ་ལ་མར་གྱིས་ཁྱབ་པ་བཞིན་དུ་གནས་སོ། །ཞེས་དང་། ནོར་བུ་ཕྲ་བཀོད་ལས། ཏིལ་འབྲུ་འམ་ནི་ཡུངས་འབྲུ་ལ། །མར་ཉིད་ཡེ་ནས་ལྷུན་གྲུབ་བཞིན། །སེམས་ཅན་ལུས་ལྟར་སྣང་

བ་ལ། །དེ་བཞིན་གཤེགས་པའི་ས་བོན་ནི། །མཐུན་པའི་འོད་དང་བཅས་པར་སྣང་། །ཞེས་དང་། ཐལ་འགྱུར་ལས། རང་རིགས་ཡེ་ཤེས་ལུས་ལ་གནས། །ཏིལ་འབྲུ་ལ་ནི་མར་བཞིན་ནོ། །ལུས་ཀྱི་བཀྲག་དང་གཟི་མདངས་ནི། །ཡེ་ཤེས་རླན་གྱིས་ཁྱབ་པར་བྱེད། །ཅེས་དང་། རང་ཤར་ལས། ཡང་དག་སངས་རྒྱས་དགོངས་པ་ནི། །སེམས་ཅན་ཀུན་གྱི་རང་རྒྱུད་ལ། །སྐུ་དང་ཡེ་ཤེས་ཚུལ་དུ་གནས། །ཞེས་སོ། །དེ་དག་གི་ངག་དོན། གཞི་རྒྱུད་ཆོས་ཅན། རིས་མེད་ཀུན་ཁྱབ་ཀྱི་ཡེ་ཤེས་ཡིན་ཏེ། བརྟན་གཡོ་ཀུན་ལ་ཁྱབ་པའི་ཕྱིར།

གསུམ་པ་ནི། ནང་རིག་འགྱུར་མེད་ལ་དེ་བཞིན་ཉིད་དུ་བྱས་པ་ཙམ་ནི་སྙིང་པོའི་སྐོར་གྱི་མདོ་སྡེ་རྣམས་དང་། དེའི་དགོངས་འགྲེལ་རྒྱུད་བླ་དང་ཆོས་དབྱིངས་བསྟོད་པ་སོགས་ཀྱིས་བཀྲལ་བ་ལྟར་ཡིན་པས་མདོ་སྔགས་ཐུན་མོང་དུ་བཞེད་པ་ཡིན་མོད། འདིར་སྔགས་ཀྱི་ཐུན་མོང་མ་ཡིན་པའི་ཁྱད་ཆོས་ནི། རྣལ་འབྱོར་བླ་ན་མེད་པའི་རྒྱུད་སྡེ་རྣམས་སུ་སྙིང་པོ་དེ་ཉིད་གཞི་རྒྱུད་དུ་འཇོག་པའི་སྐབས་འདིར། རིག་པ་དེ་ཡང་བདེ་བ་ཆེན་པོའི་རང་བཞིན་ཡིན་པར་བཞེད་པས་ཁྱད་པར་དུ་འཕགས་ཏེ། མདོ་སྡེ་རྣམས་སུ་དེ་ལྟར་མ་གྲགས་པའི་ཕྱིར། དེ་ཡང་ཞུ་བདེ་ཙམ་ལ་འཛོག་པ་མ་ཡིན་གྱི། རང་བཞིན་ལྷན་ཅིག་སྐྱེས་པ་མི་འགྱུར་བའི་བདེ་བ་ཆེན་པོ་ལ་བཞེད་པ་ཡིན་ནོ། །དེ་ལྟར་ཡང་རྡོ་རྗེ་མེ་ལོང་ལས། ལུས་ཅན་སྙིང་ལ་གང་གནས་པ། །རང་བྱུང་ཟག་མེད་ཡེ་ཤེས་གཟུགས། །མི་ཤིགས་ཐིག་ལེ་བདེ་ཆེན་པོ། །ནམ་མཁའ་ལྟ་བུར་ཀུན་ཁྱབ་པ། །མི་གནས་ཆོས་སྐུའི་རང་བཞིན་ཡིན། །ཞེས་དང་། དུས་འཁོར་བསྡུས་རྒྱུད་ལས། སྲིད་གསུམ་ཕྲ་རགས་གཟུགས་མིན་འདིར་ནི་རྣམ་པར་ཤེས་པའོ་དེ་བཞིན་རྣམ་པར་ཤེས་པ་ཉིད་མེད་དེ། །སངས་རྒྱས་ཤེས་རབ་གང་དུའང་གནས་པ་མ་ཡིན་ཞེས་པའི་ཚིག་ནི་སངས་རྒྱས་པ་རྣམས་སྟོན་པར་འགྱུར། །གང་གིས་འགྱུར་མེད་དང་བྲལ་མི་རྣམས་ཀྱིས་ནི་སྟོང་པ་ཉིད་དེ་བཟུང་ནས་སྟོང་པར་ལྟ་བྱེད་པ། །དེས་ན་གཙོ་བོས་གང་ཞིག་འཕོ་མེད་ལྷན་སྐྱེས་ལུས་ཀྱི་བདེ་བ་དག་ནི་སྔགས་ཀྱི་ཐེག་པར་བསྟན། །ཅེས་དང་། དགྱེས་རྡོར་ལས། རང་རིག་བདག་ཉིད་དག་པ་ཉིད། །དག་པ་གཞན་གྱིས་རྣམ་གྲོལ་མིན། །ཞེས་དང་། གྲུབ་ཆེན་མཚོ་སྐྱེས་ཀྱིས་དེའི་འགྲེལ་པར། རང་རིག་པ་བདེ་བ་ཆེན་པོའི་བདག་ཉིད་ཀྱི་དག་པས་རྣམ་པར

དག་པ་ཡིན་གྱི་གཞན་ཕ་རོལ་དུ་ཕྱིན་པ་ལ་སོགས་པའི་དག་པས་རྣམ་པར་གྲོལ་བ་ནི་མ་ཡིན་ནོ། །ཞེས་སོགས་ཀྱིས་གསལ་བར་གསུངས་སོ། །དེ་དག་གི་ངག་དོན། བདེ་གཤེགས་སྙིང་པོ་ཆོས་ཅན། ཁྱོད་ལ་མདོ་ལུགས་ལས་སྔགས་ལུགས་འཕགས་ཚུལ་ཡོད་དེ། བདེ་བ་ཆེན་པོས་ཁྱད་པར་དུ་བྱས་པའི་ཕྱིར།

བཞི་པ་ནི། སྤྱིར་ཐུན་མོང་དུ། འཆིང་གྲོལ་མེད་པའི་དོན་གྱི་གནས་ལུགས། འབྲས་ཆོས་རྣམས་ཡེ་ནས་ཚང་བས་བདེ་གཤེགས་སྙིང་པོ། སེམས་ཀྱི་ཆོས་ཉིད་ཡོན་ཏན་ཐམས་ཅད་དང་ལྡན་ཡང་དྲི་མ་ལས་མ་གྲོལ་བར་མངོན་དུ་སྣང་མི་ནུས་པས་རང་བཞིན་གནས་རིགས་དང་། ཁམས་དང་། དྲི་བཅས་དེ་བཞིན་ཉིད་དྲི་མ་དང་འབྲེལ་ཡང་རང་གི་ངོ་བོ་ལ་གོས་མ་མྱོང་བས་རང་བཞིན་རྣམ་དག་གམ་བྱང་ཆུབ་ལ་སོགས་པའི་ཐ་སྙད་བཏགས་ཤིང་། ཁྱད་པར་སྔགས་ལུགས་ལ་ཕྱི་རྒྱུད་དུ། བདག་གི་དེ་ཁོ་ན་ཉིད་དང་། ཐོག་མཐའ་མེད་པའི་བྱང་ཆུབ་ཀྱི་སེམས་ལ་སོགས་པ་དང་། ནང་རྒྱུད་དུ། མ་ཧཱ་ཡོ་ག་བས་རང་རིག་པ་བྱང་ཆུབ་ཀྱི་སེམས་ལྷག་པ་བདེན་པ་དབྱེར་མེད་སྤྱོད་ཡུལ་དང་བྲལ་བའམ། བདེན་པ་དབྱེར་མེད་ལྷག་པའི་ཆོས་སྐུ་ཆེན་པོ། ཨ་ནུ་ཡོ་ག་བས་དབྱིངས་དང་ཡེ་ཤེས་གཉིས་སུ་མེད་པའི་སྲས་བདེ་བ་ཆེན་པོ་རྒྱ་བ་བྱང་ཆུབ་སེམས་ཀྱི་དཀྱིལ་འཁོར། ཨ་ཏི་ཡོ་ག་བས་འོད་གསལ་བྱང་ཆུབ་ཀྱི་སེམས་སྟོང་གསལ་འགག་མེད་ཀྱི་གནས་ལུགས་ཡེ་ཤེས་གསུམ་ལྡན་དུ་ཡེ་ནས་བཞུགས་པའོ། །དེ་ཡང་བླ་ན་མེད་པའི་རྒྱུད་རྣམས་སུ་ལུས་ཅན་རྣམས་ཀྱི་སྙིང་ག་ཆོས་ཀྱི་ཕོ་བྲང་དུ་རྒྱུ་རྒྱུད་ཀྱི་རྟེན་དྭངས་མ་ལྔའི་དབུས་ན་བརྟེན་པ་སེམས་ཉིད་འོད་གསལ་བའི་ཆོས་སྐུ་བྱང་ཆུབ་ཀྱི་སེམས་བཞུགས་པར་བཤད་ཅིང་། འབྱུང་ལྔ་སེམས་དང་བཅས་པའི་དྭངས་མ་དྲུག་ཀྱང་གཉིས་གཉིས་རོ་གཅིག་ཏུ་འདྲུག་པའི་དོན་གྱིས་ཤིན་ཏུ་ཕྲ་བའི་སྒོ་གསུམ་གདོད་མ་ནས་རྡོ་རྗེ་མི་ཤིགས་པ་གསུམ་གྱི་ལྷའི་བདག་ཉིད་དུ་བཞུགས་སོ། །

གཉིས་པ་འཕྲོས་དོན་རིགས་ཀྱི་ཁྱད་པར་གཉིས། སྒྲ་དོན་དང་། དེའི་རྣམ་གཞག་གོ། །དང་པོ་ནི། མདོ་སྡེ་རྒྱན་ལས། རང་བཞིན་དང་ནི་རྒྱས་པ་དག །དེ་ནི་རྟེན་དང་བརྟེན་པ་དང་། །ཡོད་མེད་ཉིད་དང་ཡོན་ཏན་ནི། །སྒྲོལ་བའི་དོན་དུ་ཤེས་པར་བྱ། །ཞེས་པས། གོ་ཏྲའི་སྒྲ་ལས་དྲངས་ན།

གོ་ནི་ཕྲུ་ཆ་འབྲུམས་པའི་བྱིངས། ཀའི་རྐྱེན། བྱིངས་མཐའི་ཨ་བརྗོད་དོན་དང་། རྐྱེན་གྱི་ཀ་ཁྲིད་དོན་ཕྱིས་སྦྱོག་གི་ཨ་བཞག །ཕྲུ་ཀུན་ཏུ་བསྒྱུར་བས་གུ་ཆ་སྟེ་ཡོན་ཏན། ཧྲི་རྐྱལ་བ་དང་སྒྲོལ་བའི་བྱིངས་ལ་ཡུ་བྱིན། ཡུ་ཧྲུ་ཛ་སོགས་ཀྱི་ཡུ་ཨན། ཧྲི་ཡོན་ཏན་ཨར། ར་ཀྵ་རི་སོགས་ཀྱིས་ན་ཆར་བྱས་ཏེ་སྒྱུར་བས་ཏ་ར་ཆ་ཞེས་སྒྲོལ་བ་སྟེ། ཡོན་ཏན་ལ་བརྟེན་ནས་འཁོར་བ་ལས་སྒྲོལ་བའི་ཕྱིར་ཡོན་ཏན་སྒྲོལ་བ་ཞེས་བྱ་བར་འགྱུར་རོ། །གཉིས་པ་ནི། སྙིང་པོ་དེའི་དབྱིངས་སྟོང་པ་ཉིད་ཀྱི་ཆ་ནི་ཆོས་སྐུ་ངོ་བོ་ཉིད་སྐུའི་བྲལ་རྒྱུ་སྟེ། རིན་པོ་ཆེའི་གཏེར་དགོས་འདོད་འབྱུང་བའི་གཞིར་གྱུར་པ་ལྟར་སྐུ་དང་ཡེ་ཤེས་འཆར་བའི་གོ་འབྱེད་པས་ན་རང་བཞིན་གནས་རིགས་དང་། དེ་ལས་ཤར་བའི་ཡེ་ཤེས་སྣང་བའི་ཆ་ནི་གཟུགས་སྐུ་གཉིས་ཀྱི་བྲལ་རྒྱུ་སྟེ། འབྲས་བུ་ཅན་གྱི་ལྗོན་ཤིང་གོང་འཕེལ་ལྟར་རྐྱེན་སྒྲིབ་པ་བྲལ་སྟོབས་ཀྱིས་རང་ལ་ཡོད་པའི་ཡོན་ཏན་མངོན་དུ་འགྱུར་ངེས་པས་རྒྱས་འགྱུར་གྱི་རིགས་སོ། །དེ་ལྟར་ཡང་། རྒྱུད་བླར། གཏེར་དང་འབྲས་བུའི་ཤིང་བཞིན་དུ། །རིགས་དེ་རྣམ་གཉིས་ཤེས་བྱ་སྟེ། །ཐོག་མེད་རང་བཞིན་གནས་པ་དང་། །ཡང་དག་བླངས་པ་མཆོག་ཉིད་དོ། །རིགས་འདི་གཉིས་ལས་སངས་རྒྱས་ཀྱི། །སྐུ་གསུམ་ཐོབ་པར་འདོད་པ་ཡིན། །དང་པོས་སྐུ་ནི་དང་པོ་སྟེ། །གཉིས་པ་ཡིས་ནི་ཕྱི་མ་གཉིས། །ཞེས་སོ། །

གཉིས་པ་ལམ་ལས་འབྲས་བུར་སྦྱོར་ཚུལ་འཕྲོས་དོན་དང་བཅས་པ་ལ་གཉིས་ཏེ། མཚམས་སྦྱར་བས་མདོར་བསྟན་པ་དང་། དངོས་སོ། །དང་པོ་ནི། སྦྱང་གཞི་ཆོས་ཉིད་ཀྱི་མདངས་འོད་སྦྱང་བྱའི་དྲི་མ་འཁོར་བའི་ཆོས་དང་འཛོམས་པ་ལས་སྦྱོང་བྱེད་ལམ་གྱི་རྣམ་པར་ཤར་ནས་དེས་སྦྱང་བྱའི་དྲི་མ་སྦྱོང་བའི་གཉེན་པོར་འགྲོ་བ་ཡིན་པས། འདིར་མཐར་ཐུག་གི་འབྲས་བུའི་དབང་དུ་བྱས་ཏེ། སྡོམ་པ་གསུམ་གྱི་ལམ་གྱི་སྙིང་པོ་རིག་པ་འཛིན་པ་སྔགས་ཀྱི་ལམ་སྨིན་གྲོལ་གཉིས་ཀྱིས་ཁམས་ཀྱི་དྲི་མ་སྦྱངས་པས་གཞི་ཇི་ལྟ་བ་བཞིན་མངོན་དུ་གྱུར་པ་མཐར་ཐུག་པ་ན་འབྲས་བུའི་མཆོག་མངོན་དུ་གྱུར་པ་ཞེས་བྱའོ། །

གཉིས་པ་ལ་གཉིས། ས་ལམ་གྱི་བགྲོད་ཚུལ་དང་། དམན་ལམ་ལས་ཐེག་ཆེན་དུ་འཇུག་ཚུལ་ལོ། །དང་པོ་ལ་གཉིས། སོ་སྐྱེ་དང་། འཕགས་ལམ་གྱི་ཡེ་ཤེས་སོ། །དང་པོ་ལ་གསུམ། མཚན་

ཉིད། དབྱེ་བ། གདན་ལ་དབབ་པའོ། །དང་པོ་ནི། དྲི་བཅས་དེ་བཞིན་ཉིད་ཀྱི་སྣང་བ་གང་ཞིག ཞུ་བདེ་དང་མཚུངས་ལྡན་དུ་གྱུར་པའི་ལྷ་སྐུ་སྣང་སྟོང་།

གཉིས་པ་ནི། བརྟགས་པ་ལས་བྱུང་བ་བསྐྱེད་རིམ་གྱི་ལྷ་སྐུ་དང་བཅོས་མིན་གྱི་ལྷ་སྐུ་མི་བརྟན་པ་རྒྱུ་དང་། བརྟན་པ་འབྲས་བུའི་རྫོགས་རིམ་མོ། །གསུམ་པ་ལ་ཚོགས་སྦྱོར་གཉིས་ལས། དང་པོ་ཚོགས་ལམ་ལ། ཡེ་ཤེས་ཕེབས་པ་ནི་ཚོགས་ལམ་ཆུང་ངུ་སྟེ། ལུས་དང་། ཚོར་བ་དང་། སེམས་དང་། ཆོས་བཞི་དྲན་པ་རྒྱུན་ཆགས་སུ་སེམས་ལ་ཉེ་བར་བཞག་ནས་སྒོམ་པར་བྱེད་པ་དྲན་པ་ཉེར་བཞག་བཞིའོ། །ཡེ་ཤེས་ལ་ཆོས་དབང་བ་ནི་ཚོགས་ལམ་འབྲིང་པོ་སྟེ། མི་དགེ་བ་སྐྱེས་པ་སྤོང་བ་དང་། མ་སྐྱེས་པ་མི་བསྐྱེད་པ་དང་། དགེ་བ་སྐྱེས་པ་འཕེལ་བ་དང་། མ་སྐྱེས་པ་སྐྱེས་པའི་ཕྱིར་སྒོམ་པ་སྟེ་ཡང་དག་སྤོང་བ་བཞིའོ། །ཚོགས་ལམ་ཆེན་པོར་དེ་ཉིད་སྦྱོད་པས་མཐར་ཕྱིན་ཅིང་ལྷ་སྣང་ས་རྣམས་ཐོགས་མེད་འགྲུབ་པ་དང་། སངས་རྒྱས་སྤྲུལ་པའི་སྐུ་ལ་མངོན་སུམ་དུ་གདམས་ངག་ཉན་པ་དང་། སྐྱེ་བ་གཅིག་གིས་ཐོགས་པ་ནི་འདུན་པ་དང་། བརྩོན་འགྲུས་དང་། སེམས་དང་། དཔྱོད་པ་སྟེ་རྫུ་འཕྲུལ་གྱི་རྐང་པ་བཞིའོ། །དེ་ལྟར་ཡང་ཀུན་མཁྱེན་ཆེན་པོས་སེམས་ཉིད་ངལ་གསོར། ཁམས་ལྡའི་རིམ་པ་བགྲོད་ལས་གྲོལ་བ་སྟེ། །ཚོགས་ལམ་ཆུང་ངུར་ལུས་ཚོར་སེམས་དང་ཆོས། །དྲན་པ་ཉེར་བར་བཞག་པ་བཞི་སྒོམ་ཞིང་། །འབྲིང་དུ་འདུན་དང་འབད་རྩོལ་བརྩོན་འགྲུས་བཞིས། །དགེ་དང་མི་དགེའི་ཞེན་བཞི་ཡང་དག་སྤོང་། །ཆེན་པོར་འདུན་སེམས་དཔྱོད་དང་དྲན་པ་བཞིས། །རྫུ་འཕྲུལ་རྟེན་སྒྲུབ་རྐང་པ་བཞི་པོ་སྒོམ། །ཞེས་སོ། །

གཉིས་པ་སྦྱོར་ལམ་ལ། རྫོགས་རིམ་དངོས་ཀྱི་སེམས་དཔེན་ཐོབ་པ་ཞུ་བདེ་མཐར་ཐུག་པ་དབང་པོ་ལྔའི་རང་བཞིན་ནི་དྲོད་དང་རྩེ་མོ་སྟེ་དེ་ལ་དབང་པོ་ལྔ་ནི། དད་པ་དང་། བརྩོན་འགྲུས་དང་། དྲན་པ་དང་། ཏིང་ངེ་འཛིན་དང་། ཤེས་རབ་ཀྱི་དབང་པོ་རྣམས་སོ། །ཡེ་ཤེས་ཀྱི་སྐུ་ནམ་མཁའི་མཛོད་ཐོབ་པ་སྟོབས་ལྔ་དང་ལྡན་པ་ནི་བཟོད་པ་དང་། ཆོས་མཆོག་སྟེ། དེ་ལ་སྟོབས་ལྔ་ནི། མ་དད་པ་དང་། ལེ་ལོ་དང་། བརྗེད་ངས་དང་། རྣམ་གཡེང་དང་། རྨོངས་པ་རྣམས་ཀྱིས་མི་ཚུགས་ཤིང་འཇོམས་པར་ནུས་པའི་སྟོབས་རྣམས་སོ། །དེ་ཡང་སྡུ་མ་ལས། སྦྱོར་ལམ་བཞི་སྟེ་དྲོད་དང་རྩེ་

མོ་སྭཱ །དད་བརྩོན་དྲན་དང་ཏིང་འཛིན་ཤེས་རབ་ཀྱི། །དབང་པོ་ལྔ་དང་བཟོད་པ་ཆོས་མཆོག་ཏུ། །དད་སོགས་སྟོབས་ལྔ་རབ་ཏུ་སྒོམ་པར་བྱེད། །ཅེས་སོ། །དེ་ལྟར་སྦྱོར་ལམ་བཞི་ལས། ཕྱི་མ་གསུམ་དུ་དག་པའི་ཡེ་ཤེས་ཀྱི་སྐུ་མ་ཐོབ་ཀྱང་། ཉིན་མཚན་གྱི་སྣང་བ་དང་མཉམ་རྗེས་ཀུན་ཏུ་སྣང་སྟོང་སྒྱུ་མ་ལྟ་བུའི་ལྷ་སྐུ་འཁོར་ཡུག་ཏུ་འབྱུང་བས་སྒྱུ་ལུས་རླུང་སེམས་ཙམ་གྱི་སྐུ་མངོན་དུ་མཛད་པ་ཡིན་ཏེ་དེ་དག་ནི་མོས་པས་སྤྱོད་པའི་སའོ། །

གཉིས་པ་འཕགས་ལམ་གྱི་ཡེ་ཤེས་ལའང་གསུམ། མཚན་ཉིད། དབྱེ་བ། གདན་ལ་དབབ་པའོ། །དང་པོ་ནི། འཕགས་རྒྱུད་ཀྱི་ཡེ་ཤེས་གང་ཞིག ཞུ་བདེ་དང་མཚུངས་ལྡན་དུ་བྱུང་བའི་ལྷ་སྐུ་ཁ་སྦྱོར། གཉིས་པ་ནི། མཐོང་ལམ་དང་། སྒོམ་ལམ་ས་དགུའོ། །

གསུམ་པ་ལ་མཐོང་སྒོམ་གཉིས་ལས། དང་པོ་མཐོང་ལམ་ནི། སྦྱོར་ལམ་གྱི་རྒྱུན་མཐར་སྒྱུ་ལུས་རླུང་སེམས་ཀྱི་ལྷ་སྐུ་ཡང་སྤྱོད་པའི་ཉེ་རྒྱུ་ལ་བརྟེན་ནས། མཐོང་ལམ་གྱི་མངོན་བྱང་ལྟས་འོད་གསལ་གྱི་ལྷ་སྐུར་གྲུབ་སྟེ། དོན་དམ་སོ་སོ་རང་རིག་བདེ་སྟོང་རྣམ་པར་མི་རྟོག་པའི་འོད་གསལ་བ་མངོན་སུམ་དུ་མཐོང་བ་ནི་བྱང་ཆུབ་ཡན་ལག་མཐོང་བའི་ལམ་སྟེ། དགའ་བའི་རང་བཞིན་བདེན་པ་བཅུ་དྲུག་གིས་བསྡུས་པ་དང་པོ་རབ་དགའི་སའོ། །ལམ་འདི་ལ་གནས་པ་དེས་དྲན་པ་དང་། ཆོས་རབ་ཏུ་རྣམ་འབྱེད་དང་། བརྩོན་འགྲུས་དང་། དགའ་བ་དང་། ཤིན་ཏུ་སྦྱངས་པ་དང་། ཏིང་ངེ་འཛིན་དང་། བཏང་སྙོམས་ཏེ་བྱང་ཆུབ་ཡན་ལག་བདུན་ཉམས་སུ་ལེན་པར་བྱེད་དེ། སྔ་མར། མཐོང་བའི་ལམ་སྟེ་རབ་ཏུ་དགའ་བའི་སར། །དད་བརྩོན་དྲན་པ་ཏིང་འཛིན་ཤེས་རབ་དགའ། །ཤིན་ཏུ་སྦྱངས་པ་ཡང་དག་བྱང་ཆུབ་ཀྱི། །ཡན་ལག་བདུན་པོ་དག་ནི་ལེགས་བསྒོམ་ཞིང་། །ཞེས་སོ། །ཕར་ཕྱིན་བཅུ་ལས་སྦྱིན་པའི་ཕར་ཕྱིན་ལ་གཙོ་བོར་སྤྱོད། ཐུན་མོང་གི་ཡོན་ཏན་ནི། དུས་སྐད་ཅིག་ལ་སྟོན་ནུས་པའི་ཡོན་ཏན་བརྒྱ་ཕྲག་བཅུ་གཉིས་དང་སྤྱན་དང་མངོན་ཤེས་དང་། རྫུ་འཕྲུལ་ལ་སོགས་པ་བསམ་གྱིས་མི་ཁྱབ་པ་ཡོད་དོ། །དེ་ལ་ཡོན་ཏན་བརྒྱ་ཕྲག་བཅུ་གཉིས་ནི། སངས་རྒྱས་བརྒྱའི་ཞལ་བལྟ་བ། སངས་རྒྱས་བརྒྱས་བྱིན་གྱིས་བརླབས་པར་ཤེས་པ། སྤྲུལ་པ་བརྒྱ་འགྱེད་པ། བསྐལ་པ་བརྒྱར་སྡོད་པ། སྔོན་དང་ཕྱི་མའི་མཐའ་བརྒྱ་ལ་ཡེ་ཤེས་འཇུག་པ། ཏིང་ངེ་འཛིན་བརྒྱ་ལ་སྙོམས

པར་འཇུག་ཅིང་ལྡང་བ། སེམས་ཅན་བརྒྱ་སྨིན་པར་བྱེད་པ། ཞིང་བརྒྱ་གཡོ་བར་བྱེད་པ། ཞིང་བརྒྱ་འོད་ཀྱིས་གསལ་བར་བྱེད་པ། ཆོས་ཀྱི་སྒོ་མོ་བརྒྱ་འབྱེད་པ། རང་གི་ལུས་བརྒྱར་སྟོན་པ། ལུས་རེ་རེ་ལ་འཁོར་ཕུན་སུམ་ཚོགས་པ་བརྒྱ་བརྒྱས་བསྐོར་བར་སྟོན་པའོ། །ཁྱད་པར་གྱི་ཡོན་ཏན་ནི། གང་ཟག་དབང་པོ་རྣོ་རྟུལ་གྱི་ཁྱད་པར་ལ་བརྟེན་ནས་ཟག་བཅས་རྣམ་སྨིན་གྱི་ལུས་ཟག་མེད་དུ་སྦྱོང་མ་ནུས་པ་ལྷག་མེད་དམ་རྣམ་སྨིན་རིག་འཛིན་དང་། ཟག་མེད་དྭངས་མའི་འཇའ་ལུས་ཁྱད་པར་ཅན་དུ་བསྒྱུར་ནུས་པ་ཚེ་དབང་རིག་འཛིན་ནོ། །དེ་ལ་དྭངས་མའི་ལུས་ནི། གཟུགས་མི་ཐོགས་པའམ་ཆུང་དུ་བསྡུས་ནུས་པས་ཕྲ་བ་དང་། རྒྱུ་མཚན་དེས་ན་རེག་པ་ཡང་བ་དང་། གཟུགས་ཆེན་པོའམ་མང་པོས་ཀུན་ལ་ཁྱབ་པ་དང་། གཟུགས་མཛེས་ཤིང་ནད་མེད་པ་སོགས་དང་སེམས་ལ་བདེ་བ་ཡང་དག་པ་ཐོབ་པ་ཉིད་དང་། ལུས་སྒྱུ་མ་ལྟར་སྣང་ཞིང་སེམས་འོད་གསལ་དུ་སྣང་བས་རབ་ཏུ་གསལ་བ་དང་། དེ་གཉིས་ཀ་རབ་ཏུ་བརྟན་པ་དང་། རང་དབང་དུ་གྱུར་པས་དབང་ཕྱུག་ཉིད་དང་། ལུས་གང་འདོད་སྣ་ཚོགས་དང་སེམས་མཉམ་རྗེས་ལ་ཇི་ལྟར་འདོད་པ་བཞིན་དུ་བསྒྱུར་ནུས་པས་འདོད་རྒྱུར་བསྒྱུར་བ་སྟེ་པྲ་ཕབ་ཀྱི་ཡོན་ཏན་བརྒྱ་ལྡན་ནོ། །དེ་གཉིས་ཀ་རྟེན་གྱི་ཁྱད་པར་མ་གདོགས་སེམས་དག་པའི་ཡེ་ཤེས་ཀྱི་སྐུ་བདེ་སྟོང་འོད་གསལ་གྱི་ལྷ་སྐུ་རྣམ་པར་མི་རྟོག་པའི་ཡེ་ཤེས་ལ་མཉམ་པར་འཇོག་པར་མཚུངས་སོ། །དེ་དག་ལས། རྣམ་སྨིན་གྱིས་གླིང་བཞི་པའི་འཇིག་རྟེན་ཙམ་དང་། ཚེ་དབང་གིས་མཆོག་གི་སྤྲུལ་སྐུའི་ཞིང་ཁམས་ཙམ་དུ་དུས་གཅིག་ལ་སྐུ་གཅིག་གིས་དོན་བྱེད། སྤྲུལ་པ་སྟོན་ཚུལ་ཡང་། གཙོ་བོར་སྙིང་པོའི་རྩ་རྒྱུད་དུ། མི་དང་ལྷ་དང་ཚངས་པ་ཡི། །སྐྱེ་བ་རྣམ་དག་འཛིན་མོད་ཀྱང་། །ཁྱད་པར་ས་ལ་གནས་གྱུར་ཡིན། །ཞེས་སོ། །གཉིས་པ་སྒོམ་ལམ་ནི། ས་དང་པོར་བདེན་པ་མཐོང་བའི་དོན་འོད་གསལ་མཉམ་བཞག་ལས་རྗེས་ཐོབ་ཟུང་འཇུག་གི་སྐུར་ལངས་པ་ནི་རྗེས་ལ་མངོན་རྟོགས་ཏེ། དེ་ལ་སྒོམ་ལམ་ས་དགུའོ། །དེ་དག་ནི། ཡང་དག་པའི་ལྟ་བ་དང་། རྟོག་པ་དང་། ངག་དང་། ལས་ཀྱི་མཐའ་དང་། འཚོ་བ་དང་། རྩོལ་བ་དང་། དྲན་པ་དང་། ཏིང་ངེ་འཛིན་ཏེ། འཕགས་ལམ་ཡན་ལག་བརྒྱད་ཉམས་སུ་ལེན་པར་བྱེད་དེ། ངལ་གསོར། སྒོམ་ལམ་ཆུང་འབྲིང་ཆེན་པོ་རེ་རེ་ཞིང་། །ཆུང་ངུའི་ཆུང་ངུ་ཆུང་ངུའི་འབྲིང་དང་ནི། །ཆུང་ངུའི་ཆེ་སོགས་ས

དགུ་རིམ་པ་བཞིན། །དྲི་མ་མེད་དང་འོད་བྱེད་འོད་འཕྲོ་ཅན། །སྦྱང་དཀའ་མངོན་གྱུར་རིང་སོང་མི་གཡོ་བ། །ལེགས་པའི་བློ་གྲོས་ཆོས་ཀྱི་སྤྲིན་རྣམས་སུ། །ཡང་དག་ལྟ་དང་རྟོགས་པ་ངག་དང་ལས། །འཚོ་རྩོལ་དྲན་པ་ཏིང་འཛིན་འཕགས་ལམ་བརྒྱད། །དེ་ལྟར་བྱང་ཆུབ་ཕྱོགས་ཆོས་སུམ་ཅུ་བདུན། །སློབ་པའི་ལམ་བཞིར་སྒོམ་པའི་མཇུག་ཐོགས་སུ། །མི་སློབ་པ་ལ་མི་གནས་མྱ་ངན་འདའ། །ཞེས་སོ༑ ༑ཕར་ཕྱིན་བཅུ་ལས་ཚུལ་ཁྲིམས་ནས་ཡེ་ཤེས་ཀྱི་བར་ཕར་ཕྱིན་ཕྱི་མ་དགུ་ལ་གཙོ་བོར་སྤྱོད། ཐུན་མོང་གི་ཡོན་ཏན་ནི། ས་དང་པོའི་ཡོན་ཏན་བརྒྱ་ཕྲག་བཅུ་གཉིས་པོ་དེ་དག །གཉིས་པ་དྲི་མ་མེད་པར་སྐད་ཅིག་རེ་རེ་བཞིན་སྟོང་འགྱུར་མངོན་དུ་བྱེད་དོ། །དེ་བཞིན་དུ། གསུམ་པ་འོད་བྱེད་པར་བརྒྱ་སྟོང་འགྱུར་དང་། བཞི་པ་འོད་འཕྲོ་བར་ཁྲག་ཁྲིག་འགྱུར་དང་། ལྔ་པ་སྦྱང་དཀའ་བར་ཁྲག་ཁྲིག་ཕྲག་སྟོང་དང་། དྲུག་པ་མངོན་དུ་གྱུར་པར་ཁྲག་ཁྲིག་ཕྲག་བརྒྱ་སྟོང་དང་། བདུན་པ་རིང་དུ་སོང་བར་བྱེ་བ་ཁྲག་ཁྲིག་བརྒྱ་སྟོང་དང་། བརྒྱད་པ་མི་གཡོ་བར་སྟོང་གསུམ་བརྒྱ་སྟོང་ཕྲག་བཅུའི་རྡུལ་སྙེད་དང་། དགུ་པ་ལེགས་པའི་བློ་གྲོས་སུ་སངས་རྒྱས་ཀྱི་ཞིང་གྲངས་མེད་པ་བརྒྱ་སྟོང་ཕྲག་བཅུའི་རྡུལ་སྙེད་དང་། བཅུ་པ་ཆོས་ཀྱི་སྤྲིན་དུ་སངས་རྒྱས་ཀྱི་ཞིང་བརྗོད་དུ་མེད་པ་བྱེ་བ་ཁྲག་ཁྲིག་བརྒྱ་སྟོང་ཕྲག་བཅུའི་རྡུལ་སྙེད་ཀྱི་གྲངས་དང་མཉམ་པའི་སངས་རྒྱས་ཀྱི་ཞལ་བལྟ་བ་ལ་སོགས་པའི་ཡོན་ཏན་རྣམས་སྟོན་པར་នུས་པ་ཡིན་ནོ། །

ཁྱད་པར་གྱི་ཡོན་ཏན་ནི། ས་གཉིས་པ་ནས་ལྔ་པའི་བར་བཞི་ལ་རྡོ་རྗེའི་རིག་འཛིན་ཞེས་བྱ་སྟེ། རྟོགས་པའི་ཡེ་ཤེས་རྡོ་རྗེ་ལྟ་བུས་རང་སའི་སྒྲིབ་པ་འཇོམས་པའི་ཕྱིར་རོ། །ས་དྲུག་པར་ཤེར་ཕྱིན་གཙོ་བོར་སྤྱོད་ཅིང་ཆོས་འཁོར་བསྐོར་བའི་ཕྱིར་དང་། ས་བདུན་པའང་ཐབས་མཁས་པ་འཁོར་ལོ་ལྟར་གྱུར་པས་ས་དེ་གཉིས་སུ་འཁོར་ལོའི་རིག་འཛིན་ཞེས་བྱའོ། །བརྒྱད་པར་མི་རྟོག་པའི་ཡེ་ཤེས་ལ་དབང་ཐོབ་པས་རིན་པོ་ཆེའི་རིག་འཛིན་དང་། དགུ་པར་ཆགས་པ་མེད་པས་ཞིང་སྦྱོང་ཞིང་དོན་མཛད་པས་པདྨའི་རིག་འཛིན་དང་། བཅུ་པར་འཕྲིན་ལས་ཕུན་སུམ་ཚོགས་པས་སེམས་ཅན་གྱི་དོན་བྱེད་པའི་ཕྱིར་རལ་གྲིའི་རིག་འཛིན་ཞེས་བྱ་སྟེ། སྒྱུ་འཕྲུལ་ལམ་རིམ་དུ། རང་སེམས་ཕྱག་རྒྱ་ཆེན་པོ་སྟེ། །བསྒོམས་པས་མངོན་དུ་གྱུར་པའི་ལྷ། །ཐུན་མོང་ཆོག་གི་མཚན་དཔེར་ལྡན། །ལོངས་སྤྱོད་

གཉིས་པ་ཕྱག་རྒྱའི་རིགས། །རྡོ་རྗེ་འཁོར་ལོ་རིན་ཆེན་དང་། །པདྨ་རལ་གྲིའི་རིག་འཛིན་འགྱུར། ། ཞེས་གསུངས་པའི་ཕྱིར། དེ་ལྟར་རིགས་ལྔས་བསྡུས་པ་ནི་ཡེ་ཤེས་སྒྱུ་མའི་སྐུ་ཅན་ཕྱག་ཆེན་རིག་འཛིན་ཏེ། དེས་ནི་ལོངས་སྐུའི་ཞིང་ཁམས་ཙམ་དུ་དུས་གཅིག་ལ་སྐུ་གཅིག་གིས་དོན་བྱེད། སྤྲུལ་པ་སྟོན་ཚུལ་ཡང་། ལམ་རིམ་དུ། རྟོན་དང་སྣང་འཚོང་ལ་སོགས་པ། །སྤྲུལ་པའི་ལུས་ཀྱིས་འདུལ་བར་བྱེད། །ཅེས་པས་གང་འདུལ་གྱི་བཀོད་པ་ངེས་མེད་དུ་སྟོན་ཏོ། །དེ་ཡང་ས་བཅུ་ཙམ་སྒོམ་ལམ་ཕྱག་རྒྱའི་རིག་འཛིན་དུ་བསྡུས་ནས། རྒྱུན་མཐའི་ཡེ་ཤེས་དག་ལས་རྣམ་གྲོལ་ལམ་དང་། ཁྱད་པར་ལམ་ནི་ཐར་ལམ་ལྷུན་གྲུབ་རིག་འཛིན་ཡིན་ལ། འདི་ལ་དབྱེ་ན། ཕར་ཕྱིན་ཐེག་པའི་ལམ་གྱིས་བསྒྲུབ་པའི་སངས་རྒྱས། ཀྲི་ཡའི་རིགས་གསུམ། ཡོ་གའི་རིགས་ལྔ། མ་ཧཱའི་སྐུ་ལྔ་ལྷུན་གྲུབ་ཀྱི་རྒྱལ་ཚབ་མཛད་པ་སྟེ་བཞིའོ། །དེ་ལྟར་ཡང་ལམ་རིམ་ལས། བྱ་བ་ལྷུན་གྲུབ་རྣལ་འབྱོར་གྱི། །རིག་འཛིན་ཆེན་པོ་ནང་རིག་འཛིན། །ཞེས་སོ། །འདི་དག་མཐར་ཐུག་གི་འབྲས་བུ་ལ་སྦྱོར་ཚུལ་མཚུངས་པས་སྐལ་བ་མཉམ་པ་ཡིན་མོད་ཀྱི། འོན་ཀྱང་ཕྱི་མ་བླ་མེད་ཀྱི་ལམ་གྱིས་བསྒྲུབས་པས་ཡན་ལག་བདུན་དང་ལྡན་པའི་ཡེ་ཤེས་གོང་མའི་གཞིར་གྱུར་པའོ། །ཡོན་ཏན་གྱི་ཁྱད་པར། ཇི་སྙེད་མཁྱེན་པའི་ཡུལ་རྒྱལ་བ་ཉིད་དང་ཤས་ཆེར་མཚུངས་པས་རྗེས་ཐོབ་ཏུ་སེམས་ཅན་སྒྲོལ་བ་ལ་མཛད་པ་བཅུ་གཉིས་ལ་སོགས་པའི་སྒོ་ནས་འགྲོ་བའི་དོན་མཛད་དེ། སྤྱི་མར། ལྷུན་གྲུབ་རིག་འཛིན་སར་བཞུགས་ནས། ། ཞིང་ཁམས་ཐུག་པ་མེད་པ་དག །འདུལ་ཕྱིར་སྤྲུལ་སྐུའི་མཛད་པ་སྟོན། །ཅེས་དང་། གསང་བའི་ཏནྟྲ་སྟོན་པ་དང་། །དེ་བཞིན་བསྟུ་བ་མཛད་པ་དང་། །ཞེས་དང་། ཀུན་མཁྱེན་ཡེ་ཤེས་མངའ་བའི་ཕྱིར། །ཡུལ་ཡང་ཚད་མེད་རྒྱལ་བ་ཉིད། །ཇི་ལྟར་མི་ལོང་ལྟ་བུའི་ཚུལ། །ཞེས་དང་། རྒྱུད་བླ་ལས་ཀྱང་། རྗེས་ཐོབ་དེ་བཞིན་གཤེགས་རྣམས་དང་། །སེམས་ཅན་ཡང་དག་སྒྲོལ་བ་ལ། །འཇིག་རྟེན་ན་ནི་མཉམ་པ་ཉིད། །ཅེས་གསུངས་སོ། །

གཉིས་པ་དམན་ལམ་ལས་ཐེག་ཆེན་དུ་འཇུག་ཚུལ་ལ་གསུམ། ལྡོག་བྱའི་ས་མཚམས་དང་། གཞུག་བྱའི་ས་མཚམས་དང་། འཇུག་པའི་ཚུལ་ལོ། །དང་པོ་ནི། ཉན་ཐོས་རང་ལུགས་ལ་བྲོད་རྩེ་གཉིས་ནས་བྱང་ཆུབ་ཏུ་སེམས་བསྐྱེད་དེ་ཐེག་ཆེན་དུ་འཇུག་པ་ཡང་ཡོད་པར་འདོད་ཅིང་། རང་རྒྱལ་

ནི༑ བཟློད་པ་འབྲིང་ནས་ཀྱང་འཇུག་པར་འདོད་དེ། མཛོད་ལས། གཉིས་སློབ་རིགས་ལས་བཟློག་ནས་ནི། །སངས་རྒྱས་སུ་འགྱུར་གཞན་གསུམ་ཡང་། །ཞེས་སོ། །སེམས་ཙམ་པ་ནི་ཕུང་པོ་ལྷག་བཅས་མན་ཆད་ནས་འཇུག་པ་ཡོད་པར་འདོད་དེ། རྣམ་པར་གཏན་ལ་དབབ་པར་བསྡུས་པ་ལས། ཉན་ཐོས་བྱང་ཆུབ་ཏུ་ཡོངས་སུ་འགྱུར་པ་ཅི་ཕུང་པོ་ལྷག་མ་མེད་པའི་མྱ་ངན་ལས་འདས་པའི་དབྱིངས་ལ་གནས་ཤིང་བླ་ན་མེད་པའི་བྱང་ཆུབ་མངོན་པར་སྒྲུབ་པར་བྱེད་དམ། འོན་ཏེ་ཕུང་པོ་ལྷག་མ་དང་བཅས་པའི་མྱ་ངན་ལས་འདས་པའི་དབྱིངས་ལ་གནས་ཤིང་བྱེད་ཅེ་ན། སྨྲས་པ། ཕུང་པོ་ལྷག་མ་དང་བཅས་པའི་མྱ་ངན་ལས་འདས་པའི་དབྱིངས་ལ་གནས་ཤིང་བྱེད་དེ། འདི་ལྟར་ཕུང་པོ་ལྷག་མ་མེད་པའི་མྱ་ངན་ལས་འདས་པའི་དབྱིངས་ལ་གནས་པ་ནི་བརྩོན་པ་ཐམས་ཅད་དང་བྲལ་ཞིང་། འབད་པ་ཐམས་ཅད་རྒྱུན་ཆད་པ་ཡིན་པའི་ཕྱིར། ཅེས་སོ། །དབུ་མ་པ་ནི་ཕུང་པོ་ལྷག་མེད་དུ་ཞུགས་པ་ཡང་ཐེག་ཆེན་དུ་འཇུག་པར་འདོད་དེ། ལང་ཀར་གཤེགས་པ་ལས། ཏིང་ངེ་འཛིན་གྱི་ལུས་ཐོབ་ནས། །བསྐལ་པའི་བར་དུ་མི་སད་དོ། །དཔེར་ན་སྐྱེས་བུ་མྱོས་པ་ནི། །མྱོས་འགྱུར་མེད་ནས་ལྡང་བ་ལྟར། །དེ་ནི་དེ་དག་ང་ཡི་སྐུ། །སངས་རྒྱས་ཆོས་ཤེས་བྱ་བ་ཐོབ། །ཅེས་སོ། །གཉིས་པ་ནི། ཐེག་ཆེན་གྱི་ཚོགས་ལམ་ཉིད་ནས་འཇུག་དགོས་ཏེ། འདུན་ལྡན་གྱི་སེམས་བསྐྱེད་སྔར་མ་སྐྱེས་ཤིང་གདོད་སྐྱེ་དགོས་པའི་ཕྱིར། དེས་ན་ཚོགས་ལམ་ལ་གནས་པའི་གང་ཟག་ཡིན་ན། སོ་སྐྱེ་ཡིན་པའི་ངེས་པ་མེད་དོ། །

གསུམ་པ་ནི། ཉན་རང་སོ་སྐྱེའི་འཇུག་ཚུལ་སྐྱེ་བོ་ལམ་མ་ཞུགས་ཤིག་དང་པོ་ནས་ཐེག་ཆེན་དུ་འཇུག་པ་དང་ཚུལ་འདྲ་ཞིང་། འཕགས་པ་སློབ་པའི་འཇུག་ཚུལ། སེམས་བསྐྱེད་དེ་ཐབས་ལ་མཁས་པའི་མཐུས་འཕགས་པའི་ཟག་མེད་ཀྱི་དགེ་བ་དེ་འཁོར་བར་སྐྱེ་བའི་རྒྱུར་འགྱུར་ནས་སྐྱེ་བ་འཛིན་ཏེ། མདོ་སྡེ་རྒྱན་ལས། དེ་གཉིས་འཕགས་པའི་ལམ་ཐོབ་པ། །སྲིད་པ་དག་ཏུ་བསྒྱུར་བའི་ཕྱིར། །བསམ་གྱིས་མི་ཁྱབ་བསྒྱུར་བ་ཡི། །སྐྱེ་བ་དག་ནི་ཡང་དག་ལྡན། །ཞེས་སོ། །སྐྱེ་བ་ལེན་ཚུལ་ཡང་སྡེ་མ་ལས། །གཅིག་ནི་སྨོན་ལམ་དབང་གིས་ནི། །སྐྱེ་བ་རབ་ཏུ་སྒྲུབ་པར་བྱེད། །ཅིག་ཤོས་ཕྱིར་མི་འོང་བ་དང་། །ལྡན་ཕྱིར་སྤྲུལ་པས་རབ་ཏུ་སྒྲུབ། །ཅེས་གསུངས་ཤིང་། དེ་དག་ཀྱང་དང་པོ་

ཉིད་ནས་ཐེག་ཆེན་ལ་ཞུགས་པ་བས་ལམ་བྱུལ་བ་ཡིན་ཏེ། སྔ་མར། དེ་གཉིས་ཡང་དང་ཡང་དུ་ནི། །རང་སེམས་ཀུན་ཏུ་འབྱུང་ལྡན་པས། །མྱ་ངན་འདས་ལ་མངོན་དགའི་ཕྱིར། །རྟོགས་པ་བྱུལ་བ་ཡིན་པར་འདོད། །ཅེས་སོ། །མི་སློབ་པ་འཇུག་ཚུལ་ནི། དགྲ་བཅོམ་ལྷག་བཅས་ཐེག་ཆེན་དུ་འཇུག་པའི་ཚེ། རྣ་བའི་ལུས་དེ་གཞན་གྱིས་མི་མཐོང་བའི་དབེན་པའི་གནས་སུ་བཞུགས་ཏེ། སྤྲུལ་པའི་ལུས་ཀྱིས་འགའ་ཞིག་ལ་མྱ་ངན་ལས་འདས་པར་ཡང་སྟོན་ལ་ཚོགས་རྣམས་ཀྱང་སྒྲུབ་པར་བྱེད་དོ། །བསྡུ་བ་ལས། ཇི་ལྟར་སྐྱེ་བ་གཅིག་གིས་བླ་ན་མེད་པ་ཡང་དག་པར་རྫོགས་པའི་བྱང་ཆུབ་སྒྲུབ་ཏུ་རུང་སྟེ། དགྲ་བཅོམ་པ་ལ་ནི་རེ་ཞིག་སྐྱེ་བ་གཅིག་ཀྱང་མེད་ན་སྐྱེ་བའི་རྒྱུན་ལྟ་སྨོས་ཀྱང་ཅི་དགོས་ཤེ་ན། སྨྲས་པ། ཚེའི་འདུ་བྱེད་བསྲིངས་ནས་མངོན་པར་སྒྲུབ་པར་བྱེད་དོ། །ཞེས་སོ། །ཉན་རང་ཕུང་པོ་ལྷག་མེད་དུ་ཞུགས་ཟིན་ནས་ཐེག་ཆེན་དུ་འཇུག་པའི་ཚེ། སྔར་ཚོགས་ཇི་ཙམ་བསགས་པའི་ཡུན་དེ་ཙམ་གཅིག་ཞི་བའི་དབྱིངས་སུ་བློའི་འཇུག་པ་ཐིམ་ཡང་། དེ་ནས་བདེ་བ་ཅན་ལ་སོགས་པ་དག་པའི་ཞིང་ཁམས་རྣམས་སུ་པདྨའི་སྦུབས་སུ་སྐྱེས་ཏེ། ལོ་བདུན་དུ་པདྨ་ཁ་ཟུམ་སྟེ་གནས་སོ། །དེ་ལ་མ་རིག་བག་ཆགས་ཀྱི་ས་དང་། ཟག་མེད་ཀྱི་ལས་ཀྱི་ས་བོན་ཡོད་པའི་ཕྱིར། ཞིང་དེའི་སངས་རྒྱས་ཀྱི་གསུང་གི་འོད་ཟེར་བསྐྲགས་ཏེ་ཏིང་ངེ་འཛིན་ལས་སློང་བའི་ཚིགས་སུ་བཅད་པ་འབྱུང་བ་ནི། དམ་པའི་ཆོས་པདྨ་དཀར་པོ་ལས། འདི་ལྟར་མྱ་ངན་འདས་པ་གང་བརྗོད་པ། །འཁོར་བའི་སྡུག་བསྔལ་དག་ལས་ཁྱེད་ཐར་ཡང་། །ཁྱེད་ནི་ད་དུང་མྱ་ངན་ཡོངས་མ་འདས། །སངས་རྒྱས་ཐེག་པ་འདི་ནི་བཙལ་བར་གྱིས། །ཞེས་ཐོས་མ་ཐག་ཏུ། ཐེག་ཆེན་ཏུ་འཇུག་འདོད་ཀྱི་སྤྲོ་བ་སྐྱེས་པས་པདྨ་ཁ་ཕྱེས་ཏེ། དེ་བཞིན་གཤེགས་པ་དེའི་དྲུང་དུ་སེམས་དེ་བསྒོམས་པས་སྐུ་ཚེ་དེ་ཉིད་ལ་ལམ་ལྔ་ས་བཅུ་རིམ་གྱིས་བགྲོད་ནས་བྱང་ཆུབ་མངོན་དུ་མཛད་དོ། །དེ་ལྟར་ཡང་ལང་གཤེགས་ལས། དེ་བཞིན་གཤེགས་པའི་བྱིན་གྱིས་བརླབས་ཀྱིས་སྐྱེ་བ་ལ་རང་དབང་ཐོབ་པའི་སྒོ་ནས་ཚོགས་གཉིས་ཡོངས་སུ་བསགས་ཏེ་སངས་རྒྱས་ཉིད་ཐོབ་པར་འགྱུར་རོ། །ཞེས་སོ། །

གསུམ་པ་ཟུང་འཇུག་འབྲས་བུའི་རྣམ་གཞག་ལ་གཉིས། ལྷུན་གྲུབ་རིག་འཛིན་ལས་འབྲས་བུར་སྦྱོར་ཚུལ་དང་། གདན་ལ་དབབ་པ་དངོས་སོ། །དང་པོ་ནི། དེ་ཡང་རྒྱུན་མཐའི་སྔ་ལོགས་ཚུན་

ཆད་དུ་ཁུ་རྡུལ་རླུང་གསུམ་གྱི་འགྱུར་བདེ་སྟོང་བའི་ཡིད་དང་བཅས་པའི་གཉིས་སྣང་ཤེས་པ་ཕྲ་ཞིང་ཕྲ་བ་ཞིག་ཡོད་པ་དེ་འདོད་ཆགས་ཆེན་པོའི་ལམ་གྱིས་འབྲས་བུའི་དབང་བསྒྱུར་བས། གསུམ་པ་དང་བཞི་པའི་རྗེས་ཆགས་ཀྱི་རྐྱེན་གྱིས་རླུང་གི་གཡོ་བ་ཕྲ་མོས་དམར་ཆ་ཕྲ་མོ་འབར་བའི་རང་བཞིན་གྱིས་ཕྲ་ཞིང་ཕྲ་བའི་དཀར་ཆ་བཞུ་བ་ལས། ཁུ་བ་རྣམ་པར་དག་པའི་དགའ་བ་བཅུ་དྲུག་ཡས་བབས་ཀྱི་ཚུལ་དུ་ཤར་བའི་ཡེ་ཤེས་ནི་དང་པོ་སེམས་སོ་སོར་རྟོག་པ་ལས་མངོན་པར་བྱང་ཆུབ་པའོ། །མས་བརྟན་གྱི་ཚེ་དཀར་དམར་རོ་གཅིག་ཏུ་གྱུར་པས་ཁུ་རྡུལ་གཉིས་ཀ་རྣམ་པར་དག་པའི་ཡེ་ཤེས་ལྷན་སྐྱེས་མཐར་ཕྱིན་པ་ཕུང་ལྔ་འབྱུང་བཞིས་ཕྱེ་བའི་ཁམས་ཉི་ཤུ་པོ་ཡེ་ཤེས་ལྔ་ཚད་མེད་བཞིས་ཕྱེ་བའི་ལམ་མཐར་ཐུག་གི་ཡེ་ཤེས་སྟོང་ཉིད་ཉི་ཤུར་དག་པ་ནི་གཉིས་པ་བྱང་ཆུབ་ཀྱི་སེམས་ལས་མངོན་པར་བྱང་ཆུབ་པའོ། །མས་བརྟན་དེ་ཉིད་ཀྱི་མཐར་ཁུ་རྡུལ་སྙིང་འོག་ཏུ་ཐིམ་པའི་སྐད་ཅིག་གཉིས་པར་རླུང་ཡང་འགགས་པའི་ཡེ་ཤེས་སྟོང་ཉིད་མཐར་ཐུག་པ་ནི་གསུམ་པ་བརྟན་པའི་རྡོ་རྗེ་ལས་མངོན་པར་བྱང་ཆུབ་པའོ། །དེ་ལྟར་ཁུ་རྡུལ་རླུང་གསུམ་འགགས་པས་གསུམ་ཀ་དག་པའི་ཡེ་ཤེས་ཤེས་བྱ་ཀུན་ལ་ཁྱབ་པ་ནི་བཞི་པ་རྡོ་རྗེའི་བདག་ཉིད་ལས་མངོན་པར་བྱང་ཆུབ་པའོ། །དེའི་དུས་ན་འགྱུར་བདེ་སྟོང་བའི་ཤེས་རིག་ཀྱང་རྒྱུན་ཆད་པས་སྒྲིབ་པ་ལས་རྣམ་པར་གྲོལ་བའི་ཡེ་ཤེས་མི་འགྱུར་བའི་བདེ་བ་ཆེན་པོ་མཁའ་ཁྱབ་མངོན་དུ་གྱུར་པ་ནི་དེ་བཞིན་གཤེགས་པ་ཐམས་ཅད་ཀྱི་བདག་ཉིད་ཇི་ལྟ་བ་དེ་ལྟ་ལས་མངོན་པར་བྱང་ཆུབ་པ་སྟེ། དེ་ལྟར་ཉེ་རྒྱུའི་ཏིང་ངེ་འཛིན་ནང་གི་མངོན་བྱང་ལྔ་ལ་བརྟེན་ནས། དཀར་ཆ་དག་པ་སྐུ་རྡོ་རྗེ་དང་མེ་ལོང་ལྟ་བུའི་ཡེ་ཤེས། དམར་ཆ་དག་པ་གསུང་དང་མཉམ་ཉིད། རླུང་དག་པ་ཐུགས་དང་སོར་རྟོག །ཤེས་རིག་དག་པ་ཡེ་ཤེས་རྡོ་རྗེ་དང་ཆོས་དབྱིངས་ཡེ་ཤེས། བྱ་བ་གྲུབ་པའི་འཕྲིན་ལས་དང་བཅས་པ་མཐར་ཕྱིན་ཏེ་གདོད་མའི་གནས་ལུགས་ཇི་ལྟ་བ་བཞིན་མངོན་དུ་གྱུར་པ་མཐར་ཐུག་པའོ། །དེ་སྐད་དུ་ཡང་། སྒྱུ་འཕྲུལ་བླ་མ་ལས། དོན་གྲུབ་དཀའ་ཐུབ་ལུས་ཅན་ལ། །ཕྱོགས་བཅུའི་རྒྱལ་བ་སྤྲིན་བཞིན་དུ། །འདུས་པས་ལོངས་སྤྱོད་དོན་གྱི་ཕྱིར། །སྲོད་དང་ཐོ་རངས་དུས་ཉིད་དུ། །ཉི་ཟླ་ཟ་བའི་དབང་ཕྱིན་ནས། །རོལ་པའི་ཀ་ར་བསྟན་པ་ཡིས། །དེ་བཞིན་དེ་བཞིན་གཤེགས་པའོ། །ཞེས་སོ། །

གཉིས་པ་ལ་གསུམ། མཚན་ཉིད། སྒྲ་དོན། དབྱེ་བའོ། །དང་པོ་ནི། དག་པ་གཉིས་ལྡན་གྱི་ཡེ་ཤེས་མཐར་ཐུག་གང་ཞིག ཁ་སྦྱོར་ལ་སོགས་པའི་ཡན་ལག་བདུན་ལྡན་ནོ། །དེ་ལ་ཡན་ལག་བདུན་ནི། །ཇི་སྐད་དུ། ལོངས་སྤྱོད་རྫོགས་དང་ཁ་སྦྱོར་བདེ་ཆེན་རང་བཞིན་མེད། །སྙིང་རྗེས་ཡོངས་གང་རྒྱུན་མི་ཆད་དང་འགོག་པ་མེད། །ཅེས་སོ། །

གཉིས་པ་ནི། སྙིང་པོའི་ཁོག་གཞུང་ལས། གྲུབ་པ་མཐར་ཕྱིན་འབྲས་བུར་བརྗོད། །ཅེས་པས། བླ་ན་མེད་པ་མཆོག་གི་འབྲས་བུ་མཐར་ཐུག་པ་དོན་དུ་གཉེར་བ་རྣམས་བསམ་པ་ཡོངས་སུ་རྫོགས་པས་འབྲས་བུའོ། །

གསུམ་པ་ལ་གཉིས། ཆེན་པོ་གསུམ་གྱིས་མདོར་བསྟན་པ་དང་། རྒྱས་པར་བཤད་པའོ། །དང་པོ་ནི། དེ་ཡང་སྒྲིབ་གཉིས་བག་ཆགས་དང་བཅས་པ་ཡོངས་སུ་དག་པའི་སྐུ་ནི་སྤངས་པ་ཆེན་པོ། ཤེས་བྱའི་དཀྱིལ་འཁོར་མ་ལུས་པ་གསལ་ལེར་གཟིགས་པའི་ཡེ་ཤེས་ནི་རྟོགས་པ་ཆེན་པོ། དེའི་མཐུས་འགྲོ་བ་མཐའ་དག་གི་དོན་རྟག་ཁྱབ་ལྷུན་གྲུབ་ཏུ་མཛད་པ་ནི་སེམས་ཆེན་པོ་སྟེ། མངོན་རྟོགས་རྒྱན་ལས། སེམས་ཅན་ཀུན་མཆོག་ཉིད་སེམས་དང་། །སྤངས་དང་རྟོགས་དང་གསུམ་པོ་ལ། །ཆེན་པོ་གསུམ་གྱི་རང་བྱུང་གི །ཆེད་དུ་བྱ་བ་འདི་ཤེས་བྱ། །ཞེས་སོ། །དེའི་དོན་སྦྱོར་ངག་ཏུ་བརྗོད་ན། མཐར་ཐུག་གི་འབྲས་བུ་ཆོས་ཅན། སྤངས་བ་ཆེན་པོ་ཡིན་ཏེ། སྒྲིབ་པ་ཀུན་ལས་རྣམ་པར་གྲོལ་བའི་སྐུ་ཅན་ཡིན་པའི་ཕྱིར། དེ་ཆོས་ཅན། རྟོགས་པ་ཆེན་པོ་ཡིན་ཏེ་ཤེས་བྱ་ཐམས་ཅད་གཟིགས་པ་ཡང་དག་པའི་སྐུ་ཅན་ཡིན་པའི་ཕྱིར། དེ་ཆོས་ཅན། སེམས་ཆེན་པོ་ཡིན་ཏེ། འགྲོ་བའི་དོན་འབད་མེད་ལྷུན་གྲུབ་ཏུ་མཛད་པའི་ཕྱིར། དེ་ཡང་རྒྱུད་བླ་ལས། ཆུ་མཚོ་སོགས་བཞིན་འདོད་ཆགས་སོགས། །གློ་བུར་ཉོན་མོངས་དག་པ་ནི། །མདོར་ན་མི་རྟོག་ཡེ་ཤེས་ཀྱི། །འབྲས་བུ་ཡིན་པར་རབ་ཏུ་བརྗོད། །རྣམ་པ་ཀུན་གྱི་མཆོག་ལྡན་པའི། །སངས་རྒྱས་སྐུ་ནི་ངེས་ཐོབ་པ། །དེ་ནི་རྗེས་ལ་ཐོབ་པ་ཡི། །ཡེ་ཤེས་འབྲས་བུ་ཡིན་པར་བསྟན། །ཅེས་གསུངས་སོ། །དེ་ལྟར་གྱུར་པས་སངས་རྒྱས་ཐམས་ཅད་ཀྱི་སྐུ་གཟུགས་སྐུ་གསུམ་དང་ཡེ་ཤེས་ལྔ་དབྱེར་མི་ཕྱེད་པའི་བདག་ཉིད་རྡོ་རྗེ་འཆང་ཆེན་པོའོ། །

གཉིས་པ་ལ་གཉིས། རང་དོན་གྲུབ་པ་དང་། གཞན་དོན་མཛད་པའོ། །དང་པོ་ལ་གཉིས། སྐུའི་རྣམ་བཞག་དང་། དེ་ལ་མངའ་བའི་ཡོན་ཏན་ནོ། །དང་པོ་ནི། དེ་ལ་རང་སྣང་གི་སྐུ་གསུམ་དུ་དབྱེ་བའི་དབང་དུ་བྱས་ན། ཆོས་ཐམས་ཅད་མཚན་མ་མེད་པར་ཐུགས་སུ་ཆུད་པས་སྤྲོས་པ་ཐམས་ཅད་དང་བྲལ་བའི་ཡེ་ཤེས་རང་བཞིན་རྣམ་དག་མངོན་དུ་གྱུར་པའི་ཆ་ནི་ཆོས་ཀྱི་སྐུ། དེ་གློ་བུར་རྣམ་དག་མཐར་ཐུག་པས་ཁྱད་པར་དུ་བྱས་པ་ན་ཤིན་ཏུ་རྣམ་པར་དག་པའི་ཡེ་ཤེས་ཀྱིས་ཆོས་ཐམས་ཅད་དག་པའི་སྣང་བ་རབ་འབྱམས་སུ་གཟིགས་པའི་ཆ་ནི་ལོངས་སྤྱོད་རྫོགས་པའི་སྐུ། དེ་ལ་མངའ་བའི་ཡོན་ཏན་གདུལ་བྱ་གཞན་སྣང་དུ་སྐུ་དང་མཛད་པའི་རྣམ་རོལ་སྟོན་ནུས་པའི་ཐུགས་རྗེ་དང་ནུས་མཐུའི་ཡེ་ཤེས་ཀྱི་ཆ་ནི་སྤྲུལ་པའི་སྐུ་སྟེ། རང་རྒྱུད་ཀྱིས་བསྡུས་པའི་སྐུ་གསུམ་མོ། །དེ་ལྟར་ཡང་གསེར་འོད་དམ་པར། སྐུ་གསུམ་གྱི་ལེའུ་ལས། དེ་བཞིན་དུ་ཆོས་ཀྱི་དབྱིངས་ལ་རྣམ་པར་རྟོག་པ་ཐམས་ཅད་མི་སྐྱེ་བའི་ཕྱིར། རྣམ་པར་དག་པ་ཞེས་བྱ་སྟེ། སངས་རྒྱས་རྣམས་ཀྱི་ཡང་དག་པའི་སྐུ་ནི་མེད་པ་མ་ཡིན་ནོ། །གཞན་ཡང་རིགས་ཀྱི་བུ་ཆོས་ཀྱི་སྐུ་ནི་ཉོན་མོངས་པའི་སྒྲིབ་པ་རྣམ་པར་དག་པས་ལོངས་སྤྱོད་རྫོགས་པའི་སྐུར་སྣང་བར་འགྱུར་རོ། །ལས་ཀྱི་སྒྲིབ་པ་རྣམ་པར་དག་པས་སྤྲུལ་པའི་སྐུར་སྣང་བར་འགྱུར་རོ། །ཡེ་ཤེས་ཀྱི་སྒྲིབ་པ་རྣམ་པར་དག་པས་ཆོས་ཀྱི་སྐུར་སྣང་བར་འགྱུར་རོ། །དཔེར་ན་ནམ་མཁའ་ལ་བརྟེན་ནས་གློག་འབྱུང་བར་འགྱུར་རོ། །གློག་ལ་བརྟེན་ནས་འོད་སྣང་ངོ་། །དེ་བཞིན་དུ་ཆོས་ཀྱི་སྐུ་ལ་བརྟེན་ནས་ལོངས་སྤྱོད་རྫོགས་པའི་སྐུར་སྣང་བར་འགྱུར་རོ༑ ༑ལོངས་སྤྱོད་རྫོགས་པའི་སྐུ་ལ་བརྟེན་ནས་སྤྲུལ་པའི་སྐུར་སྣང་བར་འགྱུར་རོ། །དེ་ལ་རང་བཞིན་རྣམ་པར་དག་པའི་ཕྱིར་ཆོས་ཀྱི་སྐུ་སྣང་ངོ་། །ཡེ་ཤེས་རྣམ་པར་དག་པས་ལོངས་སྤྱོད་རྫོགས་པའི་སྐུ་སྣང་ངོ་། །ཏིང་ངེ་འཛིན་རྣམ་པར་དག་པས་སྤྲུལ་པའི་སྐུ་སྣང་ངོ་། །དེ་གསུམ་རྣམ་པར་དག་པ་ནི། ཆོས་ཀྱི་དེ་བཞིན་ཉིད་དང་། གཞན་མ་ཡིན་པའི་དེ་བཞིན་ཉིད་དང་རོ་གཅིག་པའི་དེ་བཞིན་ཉིད་དང་། རྣམ་པར་གྲོལ་བའི་དེ་བཞིན་ཉིད་དང་། མཐའ་གླས་པའི་དེ་བཞིན་ཉིད་ཀྱི་ཕྱིར། སངས་རྒྱས་ཐམས་ཅད་ཀྱི་སྐུ་ནི་ཐ་མི་དད་དོ། །རིགས་ཀྱི་བུའམ་རིགས་ཀྱི་བུ་མོ་གང་དེ་བཞིན་གཤེགས་པ་ནི་བདག་གི་སྟོན་པ་ཆེན་པོའོ། །ཞེས་སྨྲ་ཞིང་མོས་པ་དེ་ནི་དེ་བཞིན་གཤེགས་པའི་སྐུ་གཉིས་སུ་

མེད་པར་བསམ་པ་ཐག་པས་ཤེས་པ་ཡིན་ནོ། །ཞེས་གསུངས་སོ། །འདི་ལ་སྤྲུ་འཕྲུལ་དུ་སྐུ་གསུམ་པོ་དེ་དག་ངོ་བོ་དབྱེར་མི་ཕྱེད་པའི་ཆ་ནས་རྡོ་རྗེའི་སྐུ་དང་། སྣང་ཆ་མ་འདྲེས་པའི་ཆ་ནས་མངོན་བྱང་སྐྱེ་སྐུ་ལྔའོ། །ཡང་། གཞན་སྣང་གཙོ་བོའི་དབང་དུ་བྱས་ན། རང་སྣང་སྐུ་གསུམ་ལས་མ་གཡོས་བཞིན་དུ། གདུལ་བྱའི་སེམས་དག་པ་དང་སྨོན་ལམ་གྱི་རྐྱེན་ཉེ་བར་འཛོམས་པ་ལས། གཞན་སྣང་གི་ལོངས་སྤྲུལ་གཉིས་ཆུ་ཟླའི་གཟུགས་བརྙན་ལྟར་འཆར་བ་ཡིན་ཏེ། རྒྱུད་བླ་མ། ཇི་ལྟར་བཻ་ཌཱུར་ས་གཞི་གཙང་མ་ལ། །ལྷ་དབང་ལུས་ཀྱི་གཟུགས་བརྙན་སྣང་བ་ལྟར། །དེ་བཞིན་འགྲོ་སེམས་ས་གཞི་གཙང་མ་ལ། །ཐུབ་པའི་དབང་པོའི་སྐུ་ཡི་གཟུགས་བརྙན་འཆར། །ཞེས་སོ། །དེ་ཡང་ས་བཅུའི་བྱང་ཆུབ་སེམས་དཔའ་རྣམས་ལ་མཚན་དཔེའི་སྣང་བརྙན་ངེས་པ་ལྔ་ལྡན་དུ་འཆར་བ་ནི་ལོངས་སྐུ་སྟེ། མངོན་རྟོགས་རྒྱན་ལས། མཚན་ནི་སུམ་ཅུ་རྩ་གཉིས་དང་། །དཔེ་བྱད་བརྒྱད་ཅུའི་བདག་ཉིད་འདི། །ཐེག་ཆེན་ཉེ་བར་ལོངས་སྤྱོད་ཕྱིར། །ཐུབ་པའི་ལོངས་སྤྱོད་རྫོགས་སྐུར་བཞེད། །ཅེས་སོ། །མ་དག་པའི་གདུལ་བྱ་རྣམས་ལ་བཟོ་དང་། སྐྱེ་བ། མཆོག་གི་སྤྲུལ་སྐུ་སོགས་མདོར་ན་བཏྲན་གཡོ་སྣ་ཚོགས་པས་བསྡུས་པའི་སྤྲུལ་པ་གང་འདུལ་དུ་འཆར་བ་ནི་སྤྲུལ་པའི་སྐུ་སྟེ། སྡོམ་ལས། གང་གིས་སྲིད་པ་ཇི་སྲིད་བར། །འགྲོ་ལ་ཕན་པ་སྣ་ཚོགས་དག །མཉམ་དུ་མཛད་པའི་སྐུ་དེ་ནི། །ཐུབ་པའི་སྤྲུལ་སྐུ་རྒྱུན་མི་ཆད། །ཅེས་དང་། མདོ་སྡེ་རྒྱན་ལས། བཟོ་དང་སྐྱེ་བ་བྱང་ཆུབ་ཆེ། །མྱ་ངན་འདས་པ་རྟག་སྟོན་པ། །སངས་རྒྱས་སྤྲུལ་པའི་སྐུ་དེ་ནི། །རྣམ་པར་གྲོལ་བའི་ཐབས་ཆེན་པོ། །ཞེས་སོ༔ ༔ཡང་སྐུ་ལྔར་དབྱེ་ཚུལ་གྱི་རྣམ་གྲངས་མི་འདྲ་བ་ལྟར་ན། སློབ་དཔོན་འཇམ་དཔལ་གྲགས་པས། ཆོས་སྐུ་སོགས་གསུམ་གྱི་སྟེང་དུ། ངོ་བོ་ཉིད་སྐུ་དང་། ཡེ་ཤེས་ཀྱི་སྐུ་གཉིས་བསྣན་པའི་ལྔར་གསུངས། ཡང་སྐུ་གསུམ་གྱི་སྟེང་དུ་ངོ་བོ་ཉིད་སྐུ་བསྣན་པས་བཞིའམ། ཤིན་ཏུ་བསྡུ་ན་ཆོས་སྐུ་དང་གཟུགས་སྐུ་གཉིས་སུ་འདུས་ཏེ། དེ་ལྟར་དབྱེ་ཚུལ་མང་ངོ་། །

གཉིས་པ་ལ་གཉིས། བརྟེན་པ་ཡེ་ཤེས་ལྔའི་རྣམ་བཞག་དང་། ཡོན་ཏན་དྲུག་ཅུ་རྩ་བཞིའི་དབྱེ་བའོ། །དང་པོ་ནི། ཤིན་ཏུ་རྣམ་པར་དག་པ་སྦྱོར་བྲལ་གྱི་ཡེ་ཤེས་ནི་ཆོས་དབྱིངས་ཡེ་ཤེས་ཏེ། ལེ་ལག་ལས། རྣམ་རྟོག་ཀུན་གཞི་མ་ཡིན་ལ། །རང་བཞིན་མེད་པ་དོན་གྱི་གཞི། །འདི་ནི་ཆོས་ཀྱི་

དབྱིངས་ཞེས་བྱ། །དེ་བཞིན་ཉིད་ཀྱི་ཡེ་ཤེས་སོ། །ཞེས་སོ། །དེས་ཆོས་ཐམས་ཅད་གསལ་ལ་མི་རྟོག་པར་གཟིགས་པའི་ཆ་ནི་མེ་ལོང་ཡེ་ཤེས་ཏེ། མདོ་སྡེ་རྒྱན་ལས། མེ་ལོང་ཡེ་ཤེས་ང་ཡི་མེད། །ཡོངས་སུ་མ་ཆད་རྟག་ཏུ་ལྡན། །ཤེས་བྱ་ཀུན་ལ་མ་རྨོངས་པ། །རྟག་ཏུ་དེ་ལ་མངོན་ཕྱོགས་མིན། །ཞེས་སོ། །དེ་ལྟར་གཟིགས་པའི་ཆོས་ཐམས་ཅད་མཉམ་པར་གཟིགས་པ་ནི་མཉམ་ཉིད་ཡེ་ཤེས་ཏེ། སྔ་མ་ལས། མི་གནས་ཞི་བར་བཞུགས་པ་ནི། །མཉམ་ཉིད་ཡེ་ཤེས་ཡིན་པར་བརྗོད། །ཅེས་སོ། །ངོ་བོ་སྟོང་པ་ཉིད་ལས་མ་གཡོས་བཞིན་དུ་ཆོས་ཐམས་ཅད་མ་འདྲེས་པར་མཁྱེན་པ་ནི་སོར་རྟོག་ཡེ་ཤེས་ཏེ། སྔ་མ་ལས། སོ་སོར་རྟོག་པའི་ཡེ་ཤེས་ནི། །ཤེས་བྱ་ཀུན་ལ་རྟག་མི་ཐོགས། །ཞེས་སོ། །སེམས་ཅན་ཐམས་ཅད་ལ་མཉམ་པར་འཇུག་པའི་དམིགས་མེད་ཀྱི་ཐུགས་རྗེ་ཆེན་པོ་ནི་འགྲོ་དོན་མཛད་པ་ལ་ཐོགས་པ་མེད་པའི་ཕྱིར་བྱ་གྲུབ་ཡེ་ཤེས་ཏེ། སྔ་མ་ལས། བྱ་བ་གྲུབ་པའི་ཡེ་ཤེས་ནི། །ཁམས་རྣམས་ཀུན་ཏུ་སྣ་ཚོགས་ཤིང་། །དཔག་མེད་བསམ་ཡས་སྤྲུལ་པ་ཡིས། །སེམས་ཅན་ཀུན་དོན་སྒྲུབ་པ་པོ། །ཞེས་སོ། །

གཉིས་པ་ལ་བསྟན་བཤད་གཉིས་ལས། དང་པོ་ནི། རྒྱུད་བླ་མར། དང་པོའི་སྐུ་ནི་སྟོབས་ལ་སོགས། །བྲལ་བའི་ཡོན་ཏན་རྣམས་དང་ལྡན། །གཉིས་པ་སྐྱེས་བུ་ཆེན་པོའི་མཚན། །རྣམ་སྨིན་ཡོན་ཏན་དག་དང་ལྡན། །ཞེས་པའི་དོན། ཆོས་སྐུ་དང་གཟུགས་སྐུ་གཉིས་ཆོས་ཅན། གཙོ་ཆེ་ཆུང་གིས་ཡོན་ཏན་གྱི་རིགས་ཀྱི་དབྱེ་བ་གཉིས་དང་ལྡན་ཏེ། སྟོབས་བཅུ་ལ་སོགས་པ་ཡེ་ཤེས་ཀྱི་ཚོགས་ལས་སྒྲིབ་པ་དང་བྲལ་བ་ཙམ་གྱིས་རབ་ཏུ་ཕྱེ་བའི་ཡོན་ཏན་རྣམས་དང་རྣམ་དབྱེར་མེད་པར་ལྡན་པ་གང་ཞིག །སྐྱེས་བུ་ཆེན་པོའི་མཚན་སུམ་ཅུ་རྩ་གཉིས་ལ་སོགས་པ་བསོད་ནམས་ཀྱི་ཚོགས་ལས་རྣམ་པར་སྨིན་པའི་ཡོན་ཏན་དག་དང་ཡང་ལྡན་པའི་ཕྱིར།

གཉིས་པ་ལ་གཉིས། བྲལ་བ་དང་། རྣམ་སྨིན་གྱི་ཡོན་ཏན་ནོ། །དང་པོ་ལ་གསུམ། སྟོབས་དང་། མི་འཇིགས་པ་དང་མ་འདྲེས་པའི་ཡོན་ཏན་ནོ། །དང་པོ་ནི། དེ་བཞིན་གཤེགས་པའི་སྟོབས་བཅུ་སྟེ། གནས་དང་གནས་མ་ཡིན་པ་མཁྱེན་པའི་སྟོབས་དང་། ལས་ཀྱི་རྣམ་པར་སྨིན་པ་དང་། དབང་པོ་མཆོག་དམན་དང་། འཇིག་རྟེན་གྱི་ཁམས་དུ་མ་དང་། མོས་པ་སྣ་ཚོགས་དང་། ཐམས་ཅད་དུ་

འགྲོ་བའི་ལམ་དང་། ཉོན་མོངས་རྣམ་བྱང་དང་། སྟོན་གྱི་གནས་དང་། འཆི་འཕོ་སྐྱེ་བ་དང་། ཟག་པ་ཟད་པ་མཁྱེན་པའི་སྟོབས་རྣམས་སོ། །དེ་ལྟར་ཡང་རྒྱུད་བླར། གནས་དང་གནས་མིན་ལས་རྣམས་ཀྱི། །རྣམ་སྨིན་དང་ནི་དབང་པོ་དང་། །ཁམས་རྣམས་དང་ནི་མོས་པ་དང་། །ཀུན་འགྲོའི་ལམ་དང་བསམ་གཏན་སོགས། །ཉོན་མོངས་དྲི་མ་མེད་པ་དང་། །གནས་ནི་རྗེས་སུ་དྲན་པ་དང་། །ལྷ་ཡི་མིག་དང་ཞི་བ་དག །མཁྱེན་པའི་སྟོབས་ནི་རྣམ་པ་བཅུ། །ཞེས་སོ། །སྦྱོར་ངག་ནི། སྟོབས་བཅུ་ཆོས་ཅན། རྡོ་རྗེ་དང་མཚུངས་ཏེ། རང་རང་གི་མི་མཐུན་ཕྱོགས་འཇོམས་ནུས་པའི་ཕྱིར། གཉིས་པ་ནི། དེ་བཞིན་གཤེགས་པའི་མི་འཇིགས་པ་ནི་རྣམ་པ་བཞི་སྟེ། ཇི་ལྟ་བ་དང་ཇི་སྙེད་པའི་ཆོས་མ་ལུས་པ་མངོན་སུམ་དུ་རྟོགས་པའི་ཚུལ་གྱིས་བདག་ཉིད་མངོན་པར་རྫོགས་པར་སངས་རྒྱས་སོ། །ཞེས་ཞལ་གྱིས་བཞེས་པ་ལ་མི་འཇིགས་པ་དང་། འདོད་ཆགས་ལ་སོགས་པའི་ཉོན་མོངས་པ་རྣམས་ཀྱིས་ཐར་པ་ཐོབ་པ་ལ་སྒྲིབ་པས་འགོག་པར་བྱེད་དགོས་སོ་ཞེས་བར་དུ་གཅོད་པའི་ཆོས་སྟོན་པ་ལ་མི་འཇིགས་པ་དང་། འཁོར་བ་ལས་ངེས་པར་འབྱུང་བའི་ཐེག་པ་གསུམ་གྱི་ལམ་ཐམས་ཅད་སྟོན་པ་ལ་མི་འཇིགས་པ་དང་། སྤང་བྱ་མ་ལུས་པ་ཟད་པའི་འགོག་པ་ཐོབ་ཅེས་ཞལ་གྱིས་བཞེས་པ་ལ་མི་འཇིགས་པ་རྣམས་སོ། །དེ་ཡང་སྡུ་མར། ཆོས་ཀུན་རྫོགས་པར་བྱང་ཆུབ་དང་། །གེགས་ནི་འགོག་པར་བྱེད་པ་དང་། །ལམ་སྟོན་པ་དང་འགོག་སྟོན་ལ། །མི་འཇིགས་པ་ནི་རྣམ་པ་བཞི། །ཞེས་སོ༑ །སྦྱོར་ངག་ནི། མི་འཇིགས་པ་བཞི་ཆོས་ཅན། ཞལ་གྱིས་བཞེས་པ་ལ་འཇིགས་པ་མེད་དེ། གཞན་གྱི་ཆོས་དང་མཐུན་པར་རྒོལ་མི་ནུས་པའི་ཕྱིར། གསུམ་པ་ནི། དེ་བཞིན་གཤེགས་པའི་མ་འདྲེས་པ་བཅོ་བརྒྱད་དེ། དུག་གསུམ་གྱིས་ཀུན་ནས་བསླང་བའི་སྐུའི་སྤྱོད་པ་འཁྲུལ་པ་མི་མངའ་བ་དང་། དེས་ཀུན་ནས་བསླང་བའི་གསུང་གི་སྤྱོད་པ་ཅ་ཅོ་མི་མངའ་བ་དང་། འདས་པའི་དོན་བརྗོད་པའི་དྲན་པ་ཉམས་པ་མི་མངའ་བ་དང་། དུས་རྟག་ཏུ་མཉམ་པར་མ་བཞག་པའི་ཐུགས་མི་མངའ་བ་དང་། འཁོར་འདས་རང་བཞིན་ཐ་དད་དུ་འཛིན་པའི་འདུ་ཤེས་སྣ་ཚོགས་མི་མངའ་བ་དང་། གདུལ་བྱ་དུས་ལ་བབས་ཀྱང་སོ་སོར་མ་བརྟགས་པའི་སྙོ་ནས་ཡལ་བར་འདོར་བའི་བཏང་སྙོམས་མི་མངའ་བས་ཐུགས་ཀྱི་སྤྱོད་པ་བཞི་སྟེ་སྤྱོད་པས་བསྡུས་པ་དྲུག །མཁའ་མཉམ་འགྲོ་བའི་དོན་རྒྱུན་

མི་ཆད་དུ་མཛད་པར་བཞེད་པའི་འདུན་པ་དང་། གཞན་དོན་ལ་སྤྲོ་བའི་བརྩོན་འགྲུས་དང་། ཆོས་ཐམས་ཅད་ཇི་ལྟ་བ་བཞིན་གཟིགས་པའི་དྲན་པ་དང་། ཆོས་རྣམ་པར་འབྱེད་པའི་ཤེས་རབ་དང་། སྒྲིབ་པ་དང་བྲལ་བའི་རྣམ་པར་གྲོལ་བ་དང་། ཆོས་ཐམས་ཅད་ལ་དབང་འབྱོར་པའི་ཤེས་རབ་སྒྲིབ་པ་ལས་རྣམ་པར་གྲོལ་བ་ཉིད་ཀྱི་ཡེ་ཤེས་ཀྱིས་ཤེས་བྱ་ཐམས་ཅད་ལ་གཟིགས་པ་ཉམས་པ་མི་མངའ་བ་རྣམས་ཏེ་རྟོགས་པས་བསྡུས་པ་དྲུག །སྐུ་གསུང་ཐུགས་ཀྱི་འཕྲིན་ལས་རྣམས་ཡེ་ཤེས་སྔོན་དུ་འགྲོ་ཞིང་ཡེ་ཤེས་ཀྱི་རྗེས་སུ་འབྲང་བ་སྟེ་མཛད་པས་བསྡུས་པ་གསུམ། དུས་གསུམ་གྱི་ཆོས་ཐམས་ཅད་ལ་མ་ཆགས་མ་ཐོགས་པའི་ཡེ་ཤེས་ཀྱི་གཟིགས་པ་འཇུག་པ་མཁྱེན་པས་བསྡུས་པ་གསུམ་སྟེ་བཅོ་བརྒྱད་དོ། །དེ་ཡང་སྔ་མར། འཁྲུལ་དང་ཅ་ཅོ་མི་མངའ་སྟེ། །སྟོན་ལ་དྲན་པ་ཉམས་མི་མངའ། །མཉམ་པར་མ་བཞག་ཐུགས་མི་མངའ། །འདུ་ཤེས་སྣ་ཚོགས་ཀྱང་མི་མངའ། །མ་བརྟགས་བཏང་སྙོམས་མི་མངའ་སྟེ། །འདུན་པ་བརྩོན་འགྲུས་དྲན་པ་དང་། །ཤེས་རབ་རྣམ་གྲོལ་རྣམ་གྲོལ་གྱི། །ཡེ་ཤེས་གཟིགས་པ་ཉམས་མི་མངའ། །ལས་རྣམས་ཡེ་ཤེས་སྔོན་འགྲོ་དང་། །དུས་ལ་ཡེ་ཤེས་སྒྲིབ་པ་མེད། །དེ་ལྟར་བཅོ་བརྒྱད་འདི་དང་གཞན། །སྟོན་པའི་མ་འདྲེས་ཡོན་ཏན་ཡིན། །ཞེས་སོ། །སྦྱོར་ངག་ནི། མ་འདྲེས་པ་བཅོ་བརྒྱད་ཆོས་ཅན། སྐྱེ་འཕགས་གཞན་དང་མ་འདྲེས་པས་དེ་སྐད་ཅེས་བྱ་སྟེ༑ སངས་རྒྱས་ཉིད་ཀྱི་ཐུན་མོང་མ་ཡིན་པའི་ཡོན་ཏན་དུ་བཞག་པའི་ཕྱིར།

གཉིས་པ་ནི། དེ་བཞིན་གཤེགས་པའི་སྐྱེས་བུ་ཆེན་པོའི་མཚན་སུམ་ཅུ་རྩ་གཉིས་ཏེ། མངོན་རྟོགས་རྒྱན་ལས། ཕྱག་ཞབས་འཁོར་ལོས་མཚན་དང་རུས་སྦལ་ཞབས། །ཕྱག་དང་ཞབས་སོར་དྲ་བས་འབྲེལ་བ་དང་། །ཕྱག་ནི་ཞབས་བཅས་འཇམ་ཞིང་གཞོན་ཤ་ཆགས། །འདི་ཡི་སྐུ་ནི་བདུན་དག་མཐོ་བ་དང་། །སོར་མོ་རིང་དང་རྟིང་ཡངས་སྐུ་ཆེ་དྲང་། །ཞབས་འབུར་མི་མངོན་སྤུ་ནི་གྱེན་དུ་ཕྱོགས། །བྱིན་པ་ཨེ་ཎ་ཡའི་འདྲ་ཕྱག་རིང་མཛེས། །འདོམས་ཀྱི་སྦ་བ་སྦུབས་སུ་ནུབ་པའི་མཆོག །པགས་པ་གསེར་མདོག་པགས་པ་སྲབ་པ་དང་། །སྤུ་ནི་རེ་རེ་ནས་ཀྱང་གཡས་ལེགས་འཁྱིལ། །ཞལ་མཛོད་སྤུས་བརྒྱན་རོ་སྟོད་སེང་གེ་འདྲ། །འདི་ཡི་དཔུང་པའི་མགོ་ཟླུམ་ཐལ་གོང་རྒྱས། །འདི་ལ་རོ་མི་ཞིམ་པ་རོ་མཆོག་སྣང་། །སྐུ་ནི་ཉ་གྲོ་དྷ་ལྟར་ཆུ་ཞེང་གབ། །གཙུག་ཏོར་དབུར་ལྡན་ལྗགས

རིང་མཛེས་པ་དང་། །ཚངས་དབྱངས་འགྲམ་པ་སེང་གེ་འདྲ་དང་ཆེམས། །ཤིན་ཏུ་དཀར་དང་ཚད་
མཉམ་ཐགས་བཟང་དང་། །གྲངས་ནི་བཞི་བཅུ་ཐམ་པ་ཚང་བ་དང་། །སྤྱན་ནི་མཐོན་མཐིང་སྤྱན་
རྫི་བ་མཆོག་གི །འདྲ་བ་འདི་དག་སུམ་ཅུ་གཉིས་མཚན། །ཞེས་སོ། །དེ་རྣམས་ནི་ཡོན་ཏན་དྲུག་ཅུ་
རྩ་བཞི་སྟེ། རྒྱུད་བླ་མར་ཁྱད་གཞི་མཚན་སོ་གཉིས་དངོས་སུ་གསུངས་ནས་ཁྱད་ཆོས་དཔེ་བྱད་དོན་
ལ་ཚང་བའི་དབང་དུ་མཛད་དེ་མ་སྨོས་ཀྱང་། སྤྲོ་ན། སྡུ་མ་ལས། ཐུབ་པའི་སེན་མོ་ཟངས་མདོག་
དང་། །མདོག་སྣུམ་མཐོ་དང་སོར་མོ་རྣམས། །ཟླུམ་རྒྱས་བྱིན་གྱིས་ཕྲ་བ་དང་། །རྩ་མི་མངོན་དང་
མདུད་པ་མེད། །ལོང་བུ་མི་མངོན་ཞབས་མཉམ་དང་། །སེང་གེ་གླང་ཆེན་བྱ་དང་ནི། །ཁྱུ་མཆོག་
སྟབས་གཤེགས་གཡས་ཕྱོགས་དང་། །མཛེས་གཤེགས་དྲང་དང་འཁྲིལ་བག་ཆགས། །བྱི་དོར་བྱས་
འདྲ་རིམ་པར་འཚམས། །གཙང་དང་འཇམ་དང་དག་པའི་སྐུ། །མཚན་ནི་ཡོངས་སུ་རྫོགས་པ་དང་། །
སྐུ་ཡི་ཁོ་ལག་ཡངས་ཤིང་བཟང་། །གོམ་སྙོམས་པ་དང་སྤྱན་གཉིས་ནི། །དག་དང་གཞོན་ཤ་ཅན་
ཉིད་དང་། །སྐུ་ཞུམ་མེད་དང་རྒྱས་པ་དང་། །ཤིན་ཏུ་གྲིམས་པའི་སྐུ་ཉིད་དང་། །ཡན་ལག་ཤིན་ཏུ་
རྣམ་འབྱེས་དང་། །གཟིགས་པ་སྒྲིབ་མེད་དག་པ་དང་། །དཀུ་ཟླུམ་སྐབས་ཕྱིན་མ་རྙོངས་དང་། །
ཕྱང་ངེ་བ་དང་ལྟེ་བ་ནི། །ཟབ་དང་གཡས་ཕྱོགས་འཁྱིལ་བ་དང་། །ཀུན་ནས་ལྟ་ན་སྡུག་པ་དང་། །
ཀུན་སྤྱོད་གཙང་དང་སྐུ་ལ་ནི། །སྨེ་བ་གནག་བག་མེད་པ་དང་། །ཕྱག་ནི་ཤིང་བལ་ལྟར་འཇམ
དང་། །ཕྱག་རིས་མདངས་ཡོད་ཟབ་རིང་དང་། །ཞལ་ནི་ཧ་ཅང་མི་རིང་དང་། །མཆུ་ནི་བིམ་པ་ལྟར་
དམར་དང་། །ལྗགས་མཉེན་པ་དང་སྲབ་པ་དང་། །དམར་དང་འབྲུག་གི་སྒྲ་ཉིད་དང་། །གསུང་
གཉེན་འཇམ་དང་མཆེ་བ་ཟླུམ། །རྣོ་དང་དཀར་དང་མཉམ་པ་དང་། །བྱིན་གྱིས་ཕྲ་དང་ཤངས་མཐོ་
དང་། །མཆོག་ཏུ་དག་པ་དག་དང་ནི། །སྤྱན་ཡངས་པ་དང་རྫི་མ་སྟུག །པདྨའི་འདབ་མ་འདྲ་བ་
དང་། །སྨིན་ཚུགས་རིང་དང་འཇམ་པ་དང་། །སྣུམ་དང་སྤུ་ནི་མཉམ་པ་དང་། །ཕྱག་རིང་རྒྱས་དང་
སྙན་མཉམ་དང་། །ཉམས་པ་རྣམ་པར་སྤངས་པ་དང་། །དཔྲལ་བ་ལེགས་པར་འབྱེས་པ་དང་། །
དབྱེས་ཆེ་བ་དང་དབུ་རྒྱས་དང་། །དབུ་སྐྲ་བུང་བ་ལྟར་གནག་དང་། །སྟུག་དང་འཇམ་དང་མ་འཛིངས
དང་། །མི་ཤོར་དྲི་ཞིམ་སྐྱེས་བུ་ཡི། །ཡིད་ནི་འཕྲོག་པར་བྱེད་པ་དང་། །དཔལ་གྱི་བེའུ་བཀྲ་ཤིས་ནི། །

གཡུང་དྲུང་འཁྱིལ་པས་བརྒྱན་པ་སྟེ། །སངས་རྒྱས་དཔེ་བྱད་བཟང་པོར་བཞེད། །ཅེས་སོ། །ཕྱིར་དག་ནི། མཚན་བཟང་པོ་ཆོས་ཅན། ཁྱོད་ལ་རྣམ་སྨིན་གྱི་ཡོན་ཏན་ཞེས་བྱ་སྟེ། སྔོན་སློབ་ལམ་དུ་རྒྱུ་སོ་སོ་མཐར་ཕྱིན་པར་བསྒྲུབས་པ་ལས་ཡོན་ཏན་དེ་དག་མངོན་དུ་གྱུར་པའི་ཕྱིར།

གཉིས་པ་གཞན་དོན་མཛད་པ་ལ་གཉིས། རང་སྣང་སྐུ་གསུམ་དབྱེར་མེད་དུ་བཞུགས་ཚུལ་དང་། དེ་ལས་འཕྲིན་ལས་འབད་མེད་དུ་འབྱུང་ཚུལ་དངོས་སོ། །དང་པོ་ནི། དེ་བཞིན་གཤེགས་པ་རྣམས་གང་དུ་འཚང་རྒྱ་བའི་ཞིང་ནི་དོན་ལ་སངས་རྒྱས་ཀྱི་ས་ཞེས་བྱ་བ་དེ་ཡིན་པས་ཕྱོགས་དང་རིས་སུ་ཆད་པ་མེད་ཅིང་། བདེ་སྟོང་དབྱེར་མི་ཕྱེད་པའི་བདག་ཉིད་ཀྱི་སྟོང་པའི་གཟུགས་བརྙན་གྱི་སྣང་ཆ་འོག་མིན་ཆེན་པོའི་གནས་མཐའ་དང་དབུས་མེད་པ་སྟེ། སྙིང་པོའི་འགྲེལ་ཆུང་ལས། མཐའ་དབུས་མེད་པ་ཆོས་ཀྱི་དབྱིངས། །དེ་ནི་གནས་ཀྱི་བླ་མར་འདོད། །ཅེས་སོ། །དེ་ལྟ་བུའི་རང་སྣང་གི་ཞིང་ཁམས་ཤིན་ཏུ་རྣམ་པར་དག་པ་དེ་ལ་ནི། །དོན་གྱི་འོག་མིན་དང་། འོག་མིན་ཆེན་པོ་དང་། རྡོ་རྗེ་བཙུན་མོའི་བྷ་ག་ལ་སོགས་པའི་མིང་གིས་བསྟན་པ་གང་ཡིན་པ་སྟེ། དེར་ སྤྱངས་རྟོགས་མངོན་དུ་འགྱུར་པའི་དེ་བཞིན་གཤེགས་པ་ཐམས་ཅད་ཀྱང་། དོན་ལ་ཆོས་སྐུའི་ཡེ་ཤེས་གཅིག་གི་ངོ་བོར་བཞུགས་པས། དེའི་གཟིགས་ངོར་མ་དག་པའི་སྣང་བ་གཏན་མེད་པའི་དག་པ་རབ་འབྱམས་ཀྱི་སྣང་བ་ཞི་ཁྲོ་རྒྱལ་བའི་དཀྱིལ་འཁོར་ཆེན་པོར་རང་སྣང་བའི་ཡེ་ཤེས་ལས་འགྲོ་དོན་མཛད་པའི་བརྗེ་བ་དང་། ནུས་མཐུའི་ཡེ་ཤེས་མངའ་བ་ནི་རང་སྣང་གི་གཟུགས་སྐུ་གཉིས་ཏེ། སྐུ་གསུམ་ངོ་བོ་གཅིག་ལ་ལྡོག་ཆ་མ་འདྲེས་པའི་བདག་ཉིད་ཅན་དུ་བཞུགས་པ་ཡིན་ཏེ། རྒྱུ་མཚན། གདོད་མ་ནས་འཁོར་བའི་གནས་སྐབས་སུའང་རིགས་མི་འགྱུར་བའི་ཡེ་ཤེས་ལྷག་པ་བདེན་པ་དབྱེར་མེད་ཀྱི་ངོ་བོར་བཞུགས་པ་ཉིད་སྒྲིབ་པ་བྲལ་སྟོབས་ཀྱིས་དེ་ལྟར་སྣང་བའི་ཕྱིར། དེ་ལྟར་ཡང་། སྒྱུ་མ་ལས། སྲིད་གསུམ་འགྲོ་བ་ཐམས་ཅད་ཀྱི། །ཕུང་པོ་ཁམས་དང་སྐྱེ་མཆེད་རྣམས། །བརྗོད་མེད་བརྗོད་ཀྱིས་མི་ལང་བ། །དེ་སྙེད་འཁོར་ལོའི་དཀྱིལ་འཁོར་དུ། །མངོན་རྫོགས་རྒྱལ་པོར་དེ་ཉིད་ངེས། །གཉིས་མེད་ལྷུན་གྲུབ་དཀྱིལ་འཁོར་ན། །ཐམས་ཅད་བདག་ཉིད་རྟག་པར་བཞུགས། །ཞེས་དང་། བརྟག་གཉིས་ལས། ང་ཡིས་འདི་ཀུན་ཁྱབ་པ་སྟེ། །འགྲོ་བའི་རང་བཞིན་གཞན་མ་མཐོང་། །ཞེས་སོ། །

གཉིས་པ་ལ་གཉིས། འབད་མེད་དུ་གཞན་དོན་འབྱུང་ཚུལ་དཔེས་མཚོན་པ་དང་། རྟག་ཁྱབ་ལྷུན་གྱིས་གྲུབ་པའི་སྒོ་ནས་འཕྲིན་ལས་ཇི་ལྟར་མཛད་ཚུལ་ལོ། །དང་པོ་ནི། རྒྱུད་བླར། བརྒྱ་བྱིན་རྔ་སྤྲིན་ཚངས་པ་དང་། །ཉི་མ་ནོར་བུ་རིན་ཆེན་བཞིན། །དེ་བཞིན་གཤེགས་པ་སྒྲ་བརྙན་བཞིན། །ནམ་མཁའ་དང་ནི་ས་བཞིན་ནོ། །ཞེས་པའི་དོན། རང་སྣང་གི་སྐུ་གསུམ་ལས་གཡོས་པ་མེད་བཞིན་དུ་དག་མ་དག་གི་གདུལ་བྱ་རྣམས་ལ་རང་རང་གི་སྐལ་བ་དང་འཚམ་པར་གཞན་དོན་འབད་མེད་དུ་འབྱུང་ཚུལ་ཡོད་དེ། ཇི་ལྟར་བཻ་ཌཱུརྱའི་ས་གཞི་ལ་ལྷའི་དབང་པོའི་གཟུགས་བརྙན་འཆར་བ་བཞིན་དུ་འགྲོ་སེམས་དག་པ་ལ་ཐུབ་པའི་དབང་པོའི་སྐུའི་གཟུགས་བརྙན་འཆར་བ་དང་། ཇི་ལྟར་ལྷའི་རྔ་བོ་ཆེའི་སྒྲས་ལྷ་རྣམས་བག་མེད་པ་ལས་སློང་བ་བཞིན་དུ་སངས་རྒྱས་ཀྱི་གསུང་དེ་ཡང་འབད་རྩོལ་མེད་པར་གདུལ་བྱའི་སྐལ་བ་བཞིན་དུ་ཆོས་སྟོན་པའི་དབྱངས་དང་ལྡན་པ་དང་། ཇི་ལྟར་དབྱར་གྱི་དུས་ན་སྤྲིན་ལས་ལོ་ཏོག་ཕུན་སུམ་ཚོགས་པའི་རྒྱུ་ཆར་ཆུའི་ཕུང་པོ་འབད་མེད་དུ་འབེབས་པ་བཞིན་དུ་ཐུགས་རྗེའི་སྤྲིན་ལས་དམ་པའི་ཆོས་ཀྱི་ཆར་འགྲོ་བའི་དགེ་བའི་ལོ་ཏོག་མངོན་པར་འཕེལ་བའི་རྒྱུར་འབེབས་པ་དང་། ཇི་ལྟར་ཚངས་པ་རང་གི་གནས་ལས་གཡོས་པ་མེད་པར་འདོད་ཁམས་ཀྱི་ལྷའི་ནང་དུ་སྤྲུལ་པ་འབད་མེད་དུ་འབྱུང་བ་བཞིན་དུ་དེ་བཞིན་གཤེགས་པ་དེ་ཡང་ཆོས་ཀྱི་སྐུ་ལས་མ་གཡོས་བཞིན་དུ་གདུལ་བྱ་སྐལ་ལྡན་རྣམས་ལ་འབད་མེད་དུ་སྣང་བ་དང་། ཇི་ལྟར་ཉི་མའི་དཀྱིལ་འཁོར་རྟོག་པ་མེད་ཀྱང་པདྨ་འབྱེད་ཅིང་ཀུ་མུད་ཟུམ་པ་ལ་སོགས་པ་བྱེད་པ་བཞིན་དུ་དེ་བཞིན་གཤེགས་པ་དེ་ཡང་རྣམ་རྟོག་མེད་པར་གདུལ་བྱའི་སྐྱེ་བོའི་པད་ཚལ་རྒྱས་པར་བྱེད་པ་དང་། ཇི་ལྟར་ཡིད་བཞིན་གྱི་ནོར་བུ་འབད་རྩོལ་མེད་པར་དགོས་འདོད་སྟེར་བ་བཞིན་དུ་རང་སྣང་ལས་གཡོ་བ་མེད་པར་གདུལ་བྱའི་རེ་བ་སྐོང་བ་དང་། ཇི་ལྟར་སྒྲ་བརྙན་བྲག་ཆ་ནི་རྣམ་རྟོག་མེད་ཅིང་སྐྱེ་བ་མེད་ཀྱང་རང་འབྱུང་བ་བཞིན་དུ་དེ་བཞིན་གཤེགས་པའི་གསུང་ཡང་རྐན་དང་ལྕེ་ཕྲད་པ་ལ་སོགས་པའི་བྱེད་རྩོལ་མེད་པར་ཆོས་ཀྱི་སྒྲ་རང་འབྱུང་བ་དང་། ཇི་ལྟར་ནམ་མཁའ་ལ་མཐོ་དམན་གྱི་རྣམ་པ་སོགས་གང་ལྟར་སྣང་ཡང་དེ་ལྟ་མ་ཡིན་པ་བཞིན་དུ་དེ་བཞིན་གཤེགས་པ་དེ་ཡང་གདུལ་བྱའི་སྣང་ངོར་ཇི་ལྟར་སྟོན་ཀྱང་དོན་ལ་སྐྱེ་འགག་ཅན་མ་ཡིན་པ་དང་། ཇི་ལྟར་ས་གཞི་

ལ་བརྟེན་ནས་ལྡོན་ཤིང་ལ་སོགས་པ་འཕེལ་ཞིང་རྒྱས་པར་བྱེད་པ་བཞིན་དུ་དེ་བཞིན་གཤེགས་པ་དེ་ཡང་རྣམ་རྟོག་མེད་པར་དེ་ལ་བརྟེན་ནས་འགྲོ་བའི་དགེ་བའི་རྩ་བ་མ་ལུས་པ་སྐྱེད་པར་བྱེད་པ་ཡིན་ཏེ། སྤྱི་མ་ལས། རིན་ཆེན་ལྷ་དབང་སྣང་ཞིང་སྟོན་པ་སྟེ། །ལེགས་པར་འདོམས་མཛད་ལྷ་ཡི་རྔ་དང་འདྲ། །ཁྱབ་བདག་མཁྱེན་དང་བརྩེ་ཆེན་སྤྲིན་ཚོགས་ནི། །མཐའ་ཡས་འགྲོ་ལ་སྲིད་རྩེའི་བར་དུ་ཁྱབ། །ཚངས་བཞིན་ཟག་མེད་གནས་ལས་མི་བསྐྱོད་པར། །སྤྲུལ་པ་རྣམ་པ་དུ་མ་རབ་ཏུ་སྟོན། །ཉི་བཞིན་ཡེ་ཤེས་སྣང་བ་རབ་སྤྲོ་གང་། །རྣམ་དག་རིན་ཆེན་ཡིད་བཞིན་ནོར་འདྲའི་ཐུགས། །རྒྱལ་བ་རྣམས་ཀྱི་གསུང་དེ་བྲག་ཆ་བཞིན་དུ་ཡི་གེ་མེད། །སྐུ་ནི་ནམ་མཁའ་ལྟ་བུར་ཁྱབ་དང་གཟུགས་མེད་རྟག་པ་ཉིད། །ས་བཞིན་འགྲོ་བའི་དཀར་པོའི་ཆོས་ཀྱི་སྨན་རྣམས་མ་ལུས་པའི། །རྣམ་པ་ཀུན་ཏུ་གཞིར་གྱུར་པ་ནི་སངས་རྒྱས་པ་ཡིན་ནོ། །ཞེས་སོ། །དེ་དག་ཀྱང་དཔེ་ལས་ཁྱད་པར་དུ་འཕགས་ཚུལ་གྱིས་ཕྱོགས་རེ་བ་མ་ཡིན་པར་སྒྲུབ་པ་ཡང་། སྤྱི་མ་ལས། སངས་རྒྱས་གཟུགས་བརྙན་ལྟ་བུ་སྟེ༑ ༑དབྱངས་དང་མི་ལྡན་དེ་འདྲ་མིན། །ལྷ་ཡི་རྔ་བཞིན་ཐམས་ཅད་དུ། །དོན་བྱེད་མིན་པ་དེ་འདྲ་མིན། །སྤྲིན་ཆེན་དང་མཚུངས་དོན་མེད་པའི། །ས་བོན་སྤོང་མིན་དེ་འདྲ་མིན། །ཚངས་ཆེན་བཞིན་དུ་གཏན་དུ་ནི། །སྨིན་པར་བྱེད་མིན་དེ་འདྲ་མིན། །ཉི་མའི་གཟུགས་བཞིན་གཏན་དུ་ནི། །མུན་པ་འཇོམས་མིན་དེ་འདྲ་མིན། །ཡིད་བཞིན་ནོར་འདྲ་འབྱུང་བ་ནི། །རྙེད་པར་མི་དཀའ་དེ་འདྲ་མིན། །སྒྲ་སྙན་བཞིན་ཏེ་རྐྱེན་ལས་ནི། །བྱུང་བ་དེ་དང་འདྲ་བའང་མིན། །ནམ་མཁའ་དང་འདྲ་དགེ་བ་ཡི། །གཞི་མིན་དེ་དང་འདྲ་བའང་མིན། །འཛིག་རྟེན་འཛིག་རྟེན་ལས་འདས་པ། །འགྲོ་བའི་ཕུན་ཚོགས་མ་ལུས་པ། །དེ་གནས་པ་ཡི་རྟེན་ཡིན་ཕྱིར། །ས་ཡི་དཀྱིལ་འཁོར་དག་དང་འདྲ། །ཞེས་སོ། །

གཉིས་པ་ལ་གསུམ། རྟག་པ། ཁྱབ་པ། ལྷུན་གྱིས་གྲུབ་པའི་འཕྲིན་ལས་སོ། །དང་པོ་ནི། དེ་བཞིན་གཤེགས་པའི་འཕྲིན་ལས་ཆོས་ཅན། རྟག་པ་ཡིན་ཏེ། འཁོར་བ་ཇི་སྲིད་མ་སྟོངས་ཀྱི་བར་དུ་རྒྱུན་ཆད་པ་མེད་པའི་ཕྱིར། མངོན་རྟོགས་རྒྱན་ལས། དེ་བཞིན་འཁོར་བ་ཇི་སྲིད་འདིའི། །ལས་ནི་རྒྱུན་མི་ཆད་པར་འདོད། །ཅེས་དང་། རྒྱུད་བླ་ལས། གཞན་གྱི་དབང་གིས་ངེས་འབྱུང་དང་། །བདག་དང་སེམས་ཅན་མཚུངས་གཟིགས་དང་། །མཛད་པ་ཡོངས་སུ་མ་རྫོགས་ཕྱིར། །འཁོར་བ

སྲིད་དུ་མཛད་མི་ཆད། །ཅེས་སོ། །གཉིས་པ་ནི། ཕྲིན་ལས་ཆོས་ཅན། ཁྱབ་པ་ཡིན་ཏེ། ནམ་མཁའ་ལྟར་གདུལ་བྱའི་ཁམས་ལ་ཕྱོགས་རིས་མེད་པར་ཁྱབ་པའི་ཕྱིར། རྒྱུད་བླ་ལས། དེ་ལྟར་ནམ་མཁའི་མཐའ་ཀླས་ཀྱི། །འགྲོ་ལ་རྟག་ཏུ་ལྷུན་གྲུབ་པར། །ཐོགས་མེད་བློ་ལྡན་དེ་ཡིས་ནི། །སེམས་ཅན་དོན་ནི་ཡང་དག་འཇུག །ཅེས་སོ། །

གསུམ་པ་ནི། ཕྲིན་ལས་ཆོས་ཅན། ལྷུན་གྱིས་གྲུབ་པ་ཡིན་ཏེ། གདུལ་བྱ་འདུལ་བའི་དུས་ལ་བབ་པ་ན་འབད་རྩོལ་མེད་པར་ངང་གིས་གྲུབ་པའི་ཕྱིར། མདོ་སྡེ་ལས་བརྒྱ་པ་ལས། རྒྱ་མཚོ་ཆུ་སྲིན་གནས་ཀྱི་རླབས། །དུས་ལས་ཡོལ་བར་འགྱུར་སྲིད་ཀྱི། །གདུལ་བར་བྱ་བའི་སྲས་རྣམས་ལ། །སངས་རྒྱས་དུས་ལས་ཡོལ་མི་མངའ། །ཞེས་སོ། །དེ་ལྟར་དེ་བཞིན་གཤེགས་པའི་འཕྲིན་ལས་ནི་གདུལ་བྱ་སོ་སོའི་སྐལ་བ་དང་འཚམ་པར་འབད་རྩོལ་མེད་པར་ལྷུན་གྲུབ་ཏུ་འབྱུང་བ་ཡིན་ཏེ། སྒྱུ་འཕྲུལ་རྒྱས་པ་ལས། ཐུགས་རྗེ་ཆེན་པོའི་བྱིན་རླབས་ཀྱིས། །ཕྱོགས་བཅུའི་འཇིག་རྟེན་རྡུལ་སྙེད་དུ། །འགྲོ་བའི་འཕྲིན་ལས་བསམ་མི་ཁྱབ། །སྐུ་གསུང་ཐུགས་དང་ཡོན་ཏན་དང་། །ལྷུན་གྱིས་གྲུབ་པའི་འཕྲིན་ལས་ཀྱིས། །གདུལ་བྱ་རྣམས་ནི་ཆུད་མི་ཟོན། །ངན་སོང་སྦྱོང་ཞིང་བྱང་ཆུབ་ཞིང་། །ཡེ་ཤེས་ཚོགས་རྫོགས་ཀུན་ཏུ་སྟོན། །ཅེས་གསུངས་པའི་ཕྱིར་རོ། །དེ་ལྟར་ལེགས་པར་བཤད་པ་འདི་ནི་དེ་བཞིན་གཤེགས་པའི་སྙིང་པོའི་མདོ་དང་། གསེར་འོད་དམ་པ་ལ་སོགས་པ་རྒྱལ་བའི་བཀའ་དྲི་མ་མེད་པ་རྣམས་དང་། དེའི་དགོངས་འགྲེལ་རྒྱལ་ཚབ་མི་ཕམ་མགོན་པོས་མཛད་པའི་ཐེག་པ་ཆེན་པོ་རྒྱུད་བླ་མའི་བསྟན་བཅོས་ལ་སོགས་པ་གསུང་རབ་རྣམ་པར་དག་པ་རྣམས་ཀྱི་དགོངས་དོན་བཞིན་དུ་ངེས་པ་དོན་གྱི་ཐམས་ཅད་མཁྱེན་གཟིགས་མཁན་ཆེན་བླ་མ་མཆོག་གི་སྡོམ་གསུམ་རྣམ་པར་ངེས་པའི་བསྟན་བཅོས་ལས་བརྩམས་ཏེ་ལེགས་བཤད་ཀྱི་བཀའ་དྲིན་ནོད་པའི་སྐལ་བཟང་དང་པོར་ཐོབ་པའི་ཚེ། རང་བློས་ཇི་ལྟར་ངེས་པ་རྣམས་གཞིར་བཟུང་། ཀུན་མཁྱེན་རྡོ་རྗེ་གཟི་བརྗིད་སོགས་མཁས་གྲུབ་འགྲན་ཟླ་དང་བྲལ་བ་རྣམས་ཀྱི་གསུང་རབ་རྣམས་ལ་ལེགས་པར་བརྟགས་ཏེ་ཡིད་གཞུངས་པར་བྲིས་པས་རྣམ་པར་དག་པའི་བསྟན་བཅོས་སུ་རློམ་སྟེ། རྒྱུད་བླ་མ་ལས། གང་ཞིག་རྒྱལ་བའི་བསྟན་པ་འབའ་ཞིག་གི། །དབང་བྱས་རྣམ་གཡེང་མེད་ཡིད་ཅན་གྱིས་བཤད། །ཐར་

པ་ཐོབ་པའི་ལམ་དང་རྗེས་མཐུན་པ། །དེ་ཡང་དྲང་སྲོང་བཀའ་བཞིན་སྒྲུབ་པོས་བླངས། །ཞེས་གསུངས་པའི་རྒྱུ་མཚན་གྱིས་སོ། །

བློ་གྲོས་ཀུན་གསལ་བཞིན་གྱི་ཁྱོན་ཡངས་པོར། །གཞི་ལམ་འབྲས་བུའི་མན་ངག་ཉིན་མོར་བྱེད། །དྲི་མེད་ལེགས་བཤད་འོད་ཟེར་འབུམ་བཀྲེ་བས། །རྣམ་དཔྱོད་པདྨོའི་གེ་སར་འཛུམ་གྱིས་བསུ། ༡ །ཕྱོགས་འཛིན་གྲུབ་མཐའི་གནས་ལ་མངོན་ཞེན་པས། །རྩོད་བྲལ་མཁས་གྲུབ་དུ་མའི་བཞེད་གཞུང་ཡང་། །མ་དག་འཁྲུལ་པར་སྨྲ་བ་གང་བྱིས་པའི་བློ། །ཡིན་ཕྱིར་གནས་ངན་ལེན་དུ་གཞོལ་བ་ཉིད། ༢ །ཟུང་འཇུག་ལམ་གྱི་གནད་དོན་མ་རྟོགས་པར། །ཕྱོགས་རེའི་ལྟ་བ་མཛེས་མའི་བསླུ་བྲིད་ཀྱིས། །སེམས་གླང་འཆོལ་བར་དཔྱོད་ལས་རང་བྱུང་གི །ཡེ་ཤེས་ཆེན་པོར་རྫོགས་པའི་ལྟ་བས་དབེན། ༣ །འཁྲུལ་བྲལ་རྒྱལ་བའི་དགོངས་གསང་ངེས་པའི་དོན། །སྙིང་པོའི་སྡེ་སྣོད་རྗེས་འབྲངས་གྲུབ་མཐའི་བཅུད། །ལེགས་བཤད་སྙིང་པོར་ལོངས་ལས་ཐར་འདོད་ལས། །བདེ་ཆེན་སིམ་པ་སྦྱིན་བྱེད་འདི་རྨད་བྱུང་། ༤ །དེ་ཕྱིར་བཀའ་ཡི་འཁོར་ལོ་ཕྱེ་བས་སྟོང་ཅན། །རིམ་པ་གསུམ་དུ་འཁོར་བས་བདུད་སྡེའི་དཔུང་། །ཕ་མཐར་བྱས་ཚེ་དོན་དམ་རྣམ་ངེས་སྒྲོར། །ལེགས་བཤད་དབྱངས་སུ་ལེན་པའི་གར་གྱིས་བྲེལ། ༥ །གསེར་མངལ་ཅན་དང་མཆོད་སྦྱིན་བརྒྱ་པ་སོགས། །དཀར་ཕྱོགས་སྐྱོང་བའི་བྱ་བ་བདུད་རྩིའི་རོར། །དཔྱོད་པའི་སྲུང་མ་ནུས་མཐུར་ལྡན་རྣམས་ཀྱང་། །ཅི་ཕྱིར་ཐུབ་བསྟན་སྤེལ་ལ་བརྩོན་མི་བྱེད། ༦ །དེ་ལྟར་བདག་གིས་ངལ་བས་བསྒྲུབས་པའི་འབྲས། །རྒྱལ་བསྟན་སྙིང་པོ་འགྱུར༷་མེད༷་འདོད་འཇོའི་གཏེར། །སྐལ་ལྡན་སྐྱེ་རྒུའི་གདུང་སེལ་བྱེད་པོ་རུ། །མི་ཕྱེད་རྡོ༷་རྗེ༷འི་ངོ་བོར་འགྲུབ་གྱུར་ཅིག ༧ །

སྡོམ་གསུམ་རྣམ་པར་ངེས་པའི་བསྟན་བཅོས་ཀྱི་འགྲེལ་པ་ལེགས་བཤད་ངོ་མཚར་དཔག་བསམ་གྱི་སྙེ་མ་ལས་འཕྲོས་པའི་དཀའ་གནས་འགའ་ཞིག་ཟུར་དུ་བཀོལ་བ་གཞི་ལམ་འབྲས་བུའི་མན་ངག་ངེས་དོན་གྲུབ་མཐའི་སྙིང་པོ་ཞེས་བྱ་བ་འདི་ཡང་རབ་བྱུང་བཅུ་གཉིས་པ་རྣམ་གྱུར་གྱི་ལོ་དབྱར་ཆོས་ཐོག་མཁན་ཆེན་བླ་མ་མཆོག་གི་ཞབས་དྲུང་དུ་སྡོམ་གསུམ་གྱི་གསུང་བཤད་རྣམ་ཞིབ་མོར་ཉན་པའི་ཚེ་དུས་གསུམ་རྒྱལ་བའི་སྤྱི་གཟུགས་བཀའ་དྲིན་མཉམ་མེད་གཏེར་ཆེན་ཆོས་ཀྱི་

རྒྱལ་པོ་ཉིད་ཀྱིས་དབུགས་དབྱུང་གི་བཀའི་གནང་བས་མདུན་བསུས་ཏེ་གསུང་བཤད་རྣམས་བརྗོད་བྱང་དུ་སྤེལ་ན་རང་ཉིད་ཀྱི་དྲན་གསོ་དང་གཞན་དག་ལ་ཡང་ཕན་པར་འགྱུར་ཞེས་ཤིན་ཏུ་དགྱེས་པའི་བཀའ་སྐུལ་དང་བཀྱའི་གཙུག་གིས་གུས་པར་མཆོད་དེ་གང་གི་བཀའ་དྲིན་གྱིས་འཚོ་བའི་སྐྱོས་ཀྱི་དགེ་སློང་པདྨ་འགྱུར་མེད་རྒྱ་མཚོ་མི་ཕམ་རྣམ་རྒྱལ་རྡོ་རྗེས་རང་ལོ་ཉེར་ལྔ་པ་གྲོ་ཞུན་ཟླ་བའི་དམར་ཕྱོགས་ཀྱི་ཚེས་བཅུ་མཁའ་འགྲོ་འདུ་བའི་དུས་དགེ་བར་སྔ་དྲོ་བརྟན་པ་སེང་གེའི་དུས་སྦྱོར་ཐོག་རྫོགས་པར་སྦྱར་བ་སྟེ། འདིས་ཀྱང་འགྲོ་ཀུན་བདེ་གཤེགས་སྙིང་པོ་རྟོགས་པའི་རྒྱུར་གྱུར་ཅིག། ||

༄༅། །དགེ་ཚུལ་གྱི་བསླབ་བྱ་པད་གླིང་ལྷ་པར་གནང་བ།

སྨིན་གླིང་ལོ་ཆེན་དྷརྨ་ཤྲཱི།

ན་མཿསརྦ་ཛྙཱ་ཡ། སྤངས་རྟོགས་ཡོན་ཏན་མཐར་ཕྱིན་ནས། །མཐའ་ཡས་འགྲོ་བ་འདུལ་བའི་ཐབས། །སྟོན་མཛད་ཐུབ་དབང་ལ་བཏུད་དེ། །དགེ་ཚུལ་བསླབ་བྱ་མདོ་ཙམ་བྲི། །

དེ་ལ་ཐོག་མར་སྡོམ་ནི། སྲོག་གཅོད་རྐུ་དང་མི་ཚངས་སྤྱོད། །རྫུན་སྨྲ་ཆང་དང་ཕྱི་དྲོའི་ཟས། །གར་སོགས་ཕྲེང་སོགས་གསེར་དངུལ་ལེན། །ཁྲི་སྟན་ཆེ་མཐོ་གཉིས་དང་བཅུ། །ཁྱིམ་རྟགས་སྤོང་དང་རབ་བྱུང་རྟགས། །བླངས་དང་མཁན་པོར་གསོལ་བཏབ་ལས། །ཉམས་པ་རྣམ་པ་གསུམ་བསྣན་པས། །སྤང་བྱ་བཅུ་གསུམ་དག་ཏུ་འགྱུར། །དེ་ལྟར་བཅུ་གསུམ་ལས།

དང་པོ་སྲོག་གཅོད་པ་ནི། གསད་བྱའི་ཡུལ་རང་ལས་རྒྱུད་གཞན་པའི་མིའམ་མིར་ཆགས་པ་ཡིན་ལ། དེ་ཡིན་པར་འདུ་ཤེས་མ་འཁྲུལ་བའི་ཀུན་སློང་གསོད་འདོད་རྒྱུན་མ་ཆད་པས། རང་ངམ་གཞན་ལ་བསྐོས་སམ་གྲོས་སུ་གཏོགས་ཀྱང་རུང་སྟེ། མཚོན་དུག་སོགས་ཀྱི་སྦྱོར་བས་རང་མ་ཤི་བའི་སྔ་རོལ་དུ་གསད་བྱའི་སྲོག་འགགས་པའོ། །

གཉིས་པ་རྐུ་བ་ནི། རང་དང་ནོར་མི་གཅིག་པའི་མིའི་འགྲོ་བས་བདག་ཏུ་བཟུང་ཞིང་གསེར་ཞོ་ཕྱེད་ཀྱི་རིན་ཐང་དུ་ལོངས་པའི་ནོར་ཡིན་ལ། དེ་ཡིན་པར་འདུ་ཤེས་ཤིང་རྐུ་འདོད་ཀྱི་བསམ་པས་རང་ངམ་གཞན་ལ་རྐུར་བཅུག་ཀྱང་རུང་སྟེ། མཐུ་དང་འཇབ་བུའམ་གཡོ་སྒྱུའི་སྦྱོར་བས་དུས་གཅིག་ལ་བླངས་ཤིང་རང་དབང་ཐོབ་བློ་སྐྱེས་པའོ། །

གསུམ་པ་མི་ཚངས་སྤྱོད་ནི། རྟེན་རྨ་སྒོ་གསུམ་གང་ཡང་རུང་བར་བརྟེན་བྱེད་པོ་དབང་ལས་རུང་རེག་བདེ་མྱོང་འདོད་ཀྱི་བསམ་པས། བཙུག་རེག་གི་བདེ་བ་ལུས་ཤེས་ཀྱིས་མྱོང་ཞིང་ཡིད་ཤེས

གྱིས་བདག་གིར་བྱས་པའོ། །

བཞི་པ་རྫུན་དུ་སྨྲ་བ་ནི། ཡུལ་སྨྲ་ཤེས་དོན་གོ་བའི་མི་ལ་བདེན་པའི་འདུ་ཤེས་བསྒྱུར་ཏེ་རྫུན་སྨྲ་བར་འདོད་པས་མངོན་ཤེས་སོགས་མི་ཆོས་བླ་མའི་ཡོན་ཏན་རང་ལ་མེད་བཞིན་དུ་ཡོད་པར་སྨྲ་བའམ། གཞན་གྱིས་སྨྲས་པ་དང་དུ་བླངས་ཀྱང་རུང་སྟེ་ཕ་རོལ་པོས་རྫུན་ཚིག་གོ་ཞིང་དོན་གོ་བའོ། །བཞི་པོ་དེ་འཆབ་བཅས་བྱུང་ན་གསོར་མི་རུང་བའི་ཕྱིར་ཕམ་འདྲའི་ཉེས་བྱས་སོ། །

ལྔ་པ་ཆང་ནི། ཕབས་བཏབ་པ་འབྲུའི་ཆང་དང་། མ་བཏབ་པ་རྒྱུན་ཆང་སྟེ་མྱོས་པར་འགྱུར་བ་འཐུང་བའོ། །

དྲུག་པ་ཕྱི་དྲོའི་ཁ་ཟས་ནི། རང་གླིང་གི་ཉི་མ་གུང་ཡོལ་ནས་སང་གི་སྐྱ་རེངས་མ་ཤར་གྱི་བར་དུ་དུས་རུང་གི་ཟས་ལ་ལོངས་སྤྱོད་པའོ། །

བདུན་པ་གར་སོགས་ནི། རྐྱང་བག་ལ་སོགས་པའི་བསམ་པས་རང་གར་གླུ་དབྱངས་ལེན་པ་དང་། བྲོ་གར་འཁྲབ་པ་དང་། རོལ་མོ་འཁྲོལ་བ་སྟེ་གར་སོགས་གསུམ་མོ། །

བརྒྱད་པ་ཕྲེང་སོགས་བཞི་ནི། འཕྱོར་སྒེག་གི་བསམ་པས་རང་གར་མེ་ཏོག་སོགས་མཛེས་བྱེད་ཀྱི་ཕྲེང་བ་འདོགས་པ་དང་། མགུལ་རྒྱན་དང་སོར་གདུབ་སོགས་རྒྱན་གྱིས་བརྒྱན་པ་དང་། ལུས་ལ་དྲིལ་ཕྱིས་བྱེད་པ་སོགས་ཁ་དོག་འཆང་བ་དང་། དྲི་ཞིམ་པོས་བསྒོ་བ་སོགས་སྤོས་ཞུག་པ་སྟེ་ཕྲེང་སོགས་བཞིའོ། །

དགུ་པ་གསེར་དངུལ་ལེན་པ་ནི། རང་དབང་བའི་གསེར་དངུལ་སོགས་རིན་པོ་ཆེ་ལ་རུང་བ་མ་བྱས་པར་ནོར་གྱི་བློས་རེག་པའོ། །

བཅུ་པ་ཁྲི་སྟན་ཆེ་མཐོ་ནི། མཐོ་དམན་གང་ཡིན་ཀྱང་རུང་སྟེ། རྒྱུ་རིན་པོ་ཆེ་སོགས་ལས་བྱས་པའི་ཁྲི་སྟན་རིན་ཐང་ཅན་ལ་རང་གར་འདུག་པ་ཁྲི་སྟན་ཆེན་པོ་དང་། ཤིང་སོགས་རྒྱུ་དམན་ཡང་ཁྲུ་གང་ལས་ལྷག་པའི་ཁྲི་སྟན་ལ་འདུག་པ་ཁྲི་སྟན་མཐོ་བའོ། །དེ་དག་ཀྱང་སུམ་བརྒྱ་པར། གང་ཞིག་སྲོག་གཅོད་གཞན་གྱི་ནོར་འཕྲོག་དང་། །མི་ཚངས་སྤྱོད་རྫུན་བཅོས་པའི་ཆང་ལ་སོགས། །གར་སོགས་ཕྲེང་སོགས་མལ་ཆེ་མཐོ་བ་དང་། །ཕྱི་དྲོའི་ཁ་ཟས་གསེར་དངུལ་ལེན་པ་སྤང་། །ཞེས་

གསུངས་པ་ལྟར་རོ། །

བཅུ་གཅིག་པ་ཁྱིམ་པའི་རྟགས་སྤོང་བར་ཁས་བླངས་པ་ལས་ཉམས་པ་ནི། གོས་དཀར་པོ་དང་ཚོན་ཆེན་གྱིས་བསྒྱུར་བ་སོགས་ཁ་དོག་གིས་མི་རུང་བ་དང་། སྦུ་གུ་ཅན་སོགས་དབྱིབས་ཀྱིས་མི་རུང་བ་གྱོན་པ་དང་། སྐྲ་དང་ཁ་སྤུ་རིང་པོར་འཇོག་པ་ལ་སོགས་པའོ། །

བཅུ་གཉིས་པ་རབ་བྱུང་གི་རྟགས་ལེན་པར་ཁས་བླངས་པ་ལས་ཉམས་པ་ནི། མུ་སྟེགས་པའི་རྟགས་སྤྱོད་ལམ་དཀའ་ཐུབ་སོགས་ལ་སྤྱོད་པའོ། །

བཅུ་གསུམ་པ་མཁན་པོར་གསོལ་བ་བཏབ་པ་ལས་ཉམས་པ་ནི། ཁྱད་གསོད་དང་མཁས་འདོད་ཀྱི་བསམ་པས་མཁན་པོར་བརྙས་ཤིང་མ་གུས་པར་བྱེད་པའོ། །དེའང་ཞིབ་ཏུ་ཕྱེ་ན་བླངས་འདས་སོ་དྲུག་ཏུ་འགྱུར་ཏེ། སྲོག་གཅོད་ཀྱི་ཆར་གཏོགས་པ་དུད་འགྲོ་གསོད་པ། སྲོག་ཆགས་དང་བཅས་པའི་རྩྭའམ་ཆུ་ལ་འདེབས་པ། སྲོག་ཆགས་དང་བཅས་པའི་ཆུ་ལ་སྤྱོད་པ་དེ་གསུམ་མོ། །རྫུན་གྱི་ཆར་གཏོགས་པ་ལ་གཞི་མེད་དང་། བག་ཙམ་གྱི་ཕམ་པའི་སྐུར་འདེབས། དགེ་འདུན་དབྱེན། དེའི་རྗེས་སུ་ཕྱོགས་པ། ཁྱིམ་སུན་འབྱིན་པ། ཤེས་བཞིན་དུ་རྫུན་དུ་སྨྲ་བ། བཤེས་ངོར་སྐུར་འདེབས། ཞལ་ལྟ་པར་འཕྱ་བ། ཟས་ཕྱུང་ཟད་ཙམ་གྱི་ཕྱིར་ཆོས་སྟོན་ཞེས་སྐུར་པ་འདེབས་པ། ལྷག་མའི་སྐུར་འདེབས། ཁྱད་གསོད་ཀྱི་བསླབ་པ་སྤོང་བ། ལྟུང་བ་ལེན་ཕྱིར་འབྲས་ཆན་འགེབས་པ་སྟེ་བཅུ་གཉིས་སོ། །དེ་ལྟར་ཆར་གཏོགས་པས་ཕྱེ་བའི་བཅོ་ལྔ་པོ་སྔར་གྱི་བཅུ་གསུམ་པོའི་སྟེང་དུ་བསྣན་ཅིང་། གར་སོགས་གསུམ། ཕྲེང་སོགས་བཞི། ཁྲི་དང་སྟན་གཉིས་རེ་རེར་ཆེ་མཐོ་གཉིས་ཏེ་དེ་དག་སོ་སོར་བགྲངས་པས་ཁྲོན་སུམ་ཅུ་རྩ་དྲུག་ལས། ཕམ་འདྲ་བཞི་པོ་མ་གཏོགས་པའི་སུམ་ཅུ་རྩ་གཉིས་ནི་བཤགས་བྱའི་ཉེས་བྱས་སོ། །

དེ་ཡང་ཉམས་པ་གསུམ་ནི། རབ་བྱུང་གི་བླངས་འདས་དང་། ལྷག་མ་སུམ་ཅུ་རྩ་གསུམ་ནི། དགེ་ཚུལ་གྱི་དངོས་སུ་བླངས་འདས་ཡིན་ལ། དེ་ལས་གཞན་དུ་འཆང་འབྲལ་སོགས་ལྷུང་མེད་ཕྱེད་དང་བཅོ་བརྒྱད་མ་གཏོགས་པ་གཞི་དང་། རྣམ་འབྱེད་ཀྱི་སྐབས་ནས་བྱུང་བའི་བསླབ་བྱ་རྣམ་གྲངས་ཙམ་གྱི་སྒོ་ནས་དགེ་སློང་དང་མཐུན་པར་གསུངས་ནའང་། དགེ་ཚུལ་ལ་བླངས་པའི་ཕྱོགས་མཐུན་

བསྡམ་བྱའི་ཉེས་བྱས་ཙམ་མོ། །

ཞེས་པ་འདི་ཡང་འགྲོ་བའི་སྐྱབས་མགོན་པད་གླིང་ལྷ་པ་གསུང་སྤྲུལ་ངག་དབང་ཀུན་བཟང་རྡོ་རྗེ་ཚུལ་ཁྲིམས་གྲགས་པ་བཟང་པོས་གཟིགས་པའི་སྐད་དུ་བན་ཆུང་ཆོས་དཔལ་གྱིས་འཕྲུལ་དུ་ཟིན་ཁྲིས་སུ་སྦྱིལ་ཏེ་ཕུལ་བ་དགེ་ལེགས་སུ་གྱུར་ཅིག །

༈ དབྱར་གནས་ཀྱི་ཟིན་ཁྲིས། ཟླ་བ་དྲུག་པའི་ཚེས་བཅོ་ལྔའི་ཉོགས་གསོ་སྦྱོང་རྒྱུན་དང་འདྲ་བ་བྱས་ལ། གཡག་རྫའི་རྩེ་མོ་ཇི་བཞིན་ནོ། །ཞེས་པའི་མཇུག་ཏུ། གནས་བརྟན་རང་ཉིད་ཁྲིའི་སྟེང་དུ་འདུག་བཞིན་པས། དགེ་སློང་ངག་དབང་བཟོད་པ་དང་། དགེ་སློང་བློ་གསལ་རྒྱ་མཚོ་ཞེས་བགྱི་བ་ཁྱེད་དག་དགེ་འདུན་ལ་དབྱར་གྱི་གནས་མལ་སྟོབ་པར་སྤྲོའམ། ཞེས་དྲིས་པའི་ལན་དུ། གཉིས་ཀས་མཉམ་དུ་སྤྲོ་ལགས། ཞེས་ལན་བཏབ་བྱུང་བ་དང་། ཡང་འདི་སྐད་ཅེས། ཁྱོད་དག་སྤྲོ་བར་གདའ་བས་དགེ་འདུན་རྣམས་སྤྱོད་ལམ་བསྟུན་ནས། གནས་མལ་བསྟབ་པར་བསྐོ་བའི་གསོལ་བའི་ལས་ལ་ཐུགས་གཏད་པར་ཞུ། དགེ་འདུན་བཙུན་པ་རྣམས་གསན་དུ་གསོལ། དགེ་སློང་ངག་དབང་བཟོད་པ་དང་། བློ་གསལ་རྒྱ་མཚོ་ཞེས་བགྱི་བ་འདི་དག་དགེ་འདུན་ལ་དབྱར་གྱི་གནས་མལ་སྟོབ་པར་སྤྲོ་ན། གལ་ཏེ་དགེ་འདུན་གྱིས་དུས་ལ་བབ་ཅིང་བཟོད་ན་དགེ་འདུན་གྱིས་གནང་བར་མཛོད་ཅིག་དང་། དགེ་འདུན་གྱིས་དགེ་སློང་ངག་དབང་བཟོད་པ་དང་། དགེ་སློང་བློ་གསལ་རྒྱ་མཚོ་ཞེས་བགྱི་བ་གནས་མལ་སོགས་ནས། དེ་དེ་བཞིན་དུ་འཛིན་ཏོ། ཞེས་བརྗོད་པས། དབྱར་བདག་པ་རྐྱན་པ་ལངས་ནས་ཚུལ་ཤིང་ལོགས་སུ་གསར་ཏེ། འགྲེངས་ཤིང་འདུད་པས། དགེ་འདུན་བཙུན་པ་རྣམས་གསན་དུ་གསོལ། བཀྲ་ཤིས་ཀྱི་གཙུག་ལག་ཁང་སོགས་ནས། ཉེ་བར་བརྟག་པར་དགོངས་སོ། །ཞེས་པའི་བར་ཁྲིམས་བརྗོད་ནས་གྲལ་ལ་བསྟུད་ཚར་བ་དང་། གནས་བརྟན་གྱིས། ཚུལ་ཤིང་བཞེས་པ་དང་སོགས་ནས། འདི་ནི་གསོལ་བའོ། །ཞེས་པའི་བར་བརྗོད། དེ་ནས་དབྱར་བདག་པས་སྟོན་པའི་ཚུལ་ཤིང་ཕུལ། དེ་ནས་གནས་བརྟན་ནས་བཟུང་ཁྲིམ། ལེན་པོ་རྣམས་ཀྱིས་སྟན་ལས་ཆེས་འཕགས་ཀྱིས་ལེན། དགེ་སློང་རྫོགས་ནས། དགེ་ཚུལ་རྣམས་ཀྱི་དགེ་སློང་འོས་པས་ལེན། མཇུག་ཏུ་གནས་བརྟན་གྱིས། འདི་ནི་གཙུག་ལག་ཁང་འདི་ན་གཞུག་མར་གནས་པའི་ལྷའི་འོ། །ཞེས་བླང་། དེ་ནས་དབྱར་བདག་པས་དགེ་གསོལ། བཀྲ་ཤིས་ཀྱི་སོགས་ནས། ཚུལ་ཤིང་བཞེས་སོ། །ཞེས་པའི་བར་གྱིས་མགོ་བར་བྱས་རྗེས། སྔོ་ལྟུགས་ལྷེའུ་མིག་མལ་སྟན་གྱི་དོད་གདིངས་བ་རྣམས་བསྟབས་ནས། མཇུག་ཏུ་དགེ་གསོལ། དགེ་འདུན་སང་གི་གདུགས་ལ་ཞེས་པ་ནས། ཞལ་གྱིས་བཞེས་པར་འགྱུར་རོ། །ཞེས་བརྗོད་པའི་མཇུག་ཏུ་གནས་བརྟན་གྱིས། ཕྱོགས་བཅུ་ན་བཞུགས་པའི་སངས་རྒྱས་དང་བྱང་ཆུབ་སེམས་དཔའ་འཕགས་པ་ཉན་ཐོས་དང་རང་སངས་རྒྱས་སོགས་རྒྱལ་བ་སྲས་དང་སློབ་མར་བཅས་

པ་ཐམས་ཅད་དེང་འདིར་དགོངས་སུ་གསོལ། །ཞེས་མཐུན་འགྱུར་བསྒྲུབ་ཧེ་ས། བསོད་ནམས་འདི་ཡིས༔ འགྲོ་ཀུན་དགེ་བ༔ འགྲོ་བའི་སྡུག་བསྔལ་སྨན༔ འཇིག་རྟེན་བདེ་ཞིང༔ ཕན་བདེ་འབྱུང་བའི༔ ཡོ་རྒྱན་དུས་གསུམ༔ སངས་རྒྱས་སྐུ་གསུམ༔ ཉིན་མོ་བདེ་ལེགས༔ དེ་ལྟར་འགྲུབ་པ་ཡང་སོགས་བསྒྲུབ་ལོ། །ཆོས་བཅོ་ལྔའི་བྱ་བ་རྫོགས་སོ།། །།

༄ དེ་ནས་ཆོས་བཅུ་དྲུག་གི་ཚོགས་སྟ་བར་གཉིས་བསྡུས་ལ། དགེ་སློབ་ཀྱིས། དེང་དབྱར་སྟ་མ་ཞལ་གྱིས་བཞེས་པའི་དུས་ལགས་ཏེ། གཙུག་ལག་ཁང་གི་སོགས་ཀྱིས་བསྒྲུབ་ནས། བཅོམ་ལྡན་འདས་དེ་བཞིན་གཤེགས་པ་སོགས་ནས། ཡིད་ལ་འདོད་པ་ཀུན་འགྲུབ་ཤོག །ཅེས་པའི་བར་གསོ་སྦྱོང་ལྟར་བྱས་ཧེ་ས། དབྱར་ཁས་བླངས་པ་དངོས་ནི། ཐོག་མར་དབྱར་བདག་པས་གནས་བརྟན་གྱི་དྲུང་དུ་ལེན་ཅིང་། དེ་རྗེས་ཡུལ་དགེ་འདུན་དུ་ཡོངས་པའི་དགེ་སློང་གི་མདུན་དུ་ཁས་བླངས་ཏེ། དེའི་ཚིག་ནི། དབྱར་གནས་ཀྱི་ཚིག་ལ་ཐུགས་གཏད་པར་ཞུ། ཞེས་པ་ལྟ་བུས་གསོལ་བ་བཏབ་ཧེ་ས། བཙུན་པ་དགོངས་སུ་གསོལ། བདག་དགེ་སློང་མིང་འདི་ཞེས་བགྱི་བ་ནང་མཆམས་དང་ནས། བདག་གི་དབྱར་གྱི་གནས་ནི་འདི་ལགས་སོའི་བར་ལན་གསུམ་དང་། ཐབས་ལེགས། དགེ་ཚུལ་སློང་ཐམས་ཅད་ཀྱི་ཞལ་བཞེས་སོང་བ་དང་། གནས་བརྟན་གྱིས་ཉིན་སྔ་མ་བཞིན་བསྒོ་བ་བྱའོ། །ཆོས་བཅུ་དྲུག་གི་ཚོགའོ།

༄ དགག་དབྱེའི་ཟིན་བྲིས་ནི། ཟླ་བ་བདུན་པའི་མར་ངོའི་གསོ་སྦྱོང་བཅུ་བཞི་པ་ཡོང་བས། དགག་དབྱེ་ཉེར་དགུའི་ཉིན་བྱེད་དགོས་པས་དེའི་སྔོར་བ་ཉེར་བརྒྱད་ཀྱི་ནུབ་མོ་གཉིས་བསྡུས་ནས། དགེ་སློབ་ཀྱིས་མདོ་བསྒྲུབ་ཏེ། རྒྱུད་ཆགས་གསུམ་པ་ནས་ཚུལ་ཁྲིམས་རབ་བསྔགས་ཀྱི་མདོ་ཡན་ཆད་གསོ་སྦྱོང་ལྟར་བྱས་ལ་ཀྱིས།

༄ སང་ནང་པ་ཉེར་དགུའི་སྔ་དྲོ་སྔ་བར་དགེ་སློང་རྣམས་ཚོགས་ཏེ་ལྡང་བ་ཕྱིར་བཅོས་དང་བྱིན་རླབས་གཞན་གསོ་སྦྱོང་ལྟར་ལས། དེང་དགེ་འདུན་གྱི་གསོ་སྦྱོང་ཞེས་པའི་ཚབ་ཏུ་དེང་ལྡང་བ་བྱིན་གྱིས་བརླབས་ཏེ་དགེ་འདུན་གྱིས་དགག་དབྱེ་མཛད་ལ་ཞེས་བསྒྱུར། དེ་ནས་གཉེ་བཀང་སྐེ་འདུས་མ་ཐག་མཛད་བཅུ་བཏོན་ཧེ་ས། ཐམས་ཅད་ལངས་ནས་ཕན་ཚུན་དུ་ཕྱག་མ་བསྒྲིགས་པར་ཟིང་པོར་བྱས་ཧེ་ས་འཁྲིད་འདུད་དང་བཅས་པས་དབྱར་དགེ་འདུན་གྱི་ནང་དུ་ཚུལ་བཞིན་མ་གྱུར་པས་ཐུགས་དང་འགལ་བ་ཐམས་ཅད་བཟོད་པར་གསོལ་ལོ། །ཞེས་ཐམས་ཅད་ཀྱིས་སྟེབས་སུ་འདོན་ནོ། །དེ་ནས་ཐམས་ཅད་འདུག་ཚར་བ་དང་། དགེ་སློབ་ཀྱིས། དེང་དགེ་འདུན་གྱིས་དབྱར་སྟ་མ་ཞལ་གྱིས་བཞེས་པའི་དགག་དབྱེ་བཅུ་བཞི་པ་ལགས་ཏེ་སོགས་ཀྱིས་མདོ་བསྒྲུབ་ནས། རྒྱུད་ཆགས་གསུམ་པ་ནས་བཟུང་ཚུལ་ཁྲིམས་རབ་བསྔགས་ཀྱི་མདོ་འདོན་པའི་བར་གསོ་སྦྱོང་ལྟར་བྱས་ཧེ་ས། དགེ་ཚུལ་རྣམས་ཀྱི་བཤགས་པ་

བྱ༑ ཡོངས་དག་འབུལ་མི་དགོས། དགེ་ཚུལ་རྣམས་ཀྱི་བཤགས་པ་སོང་རྗེས་ཡོལ་བའི་ཕྱིར་ཕྱུལ་ནས་དགེ་སློང་རྣམས་སྤྱོད་ལམ་བསྟུན་ཏེ་འདུག་པ་ལ། གནས་བརྟན་གྱིས། ལས་ཐམས་ཅད་ཀྱི་སྔོན་དུ་འགྲོ་བ་ལྷུང་བཟུན་བྱིན་གྱིས་རློབ་པ་འདི་ལས་གྲལ་དུ་མ་འདུས་གོང་དུ་བྱ་བར་གསུངས་ཀྱང་མ་གྲུབ་པས་འདིར་བགྱི། དེ་ཡང་ཞེས་པ་ནས། གསོལ་བའི་ལས་ལ་ཐུགས་གཏད་པར་ཞུ། དགེ་གསོལ། དེང་དགེ་འདུན་གྱི་དགག་དབྱེ་བཅུ་བཞི་པ་ལགས་ལ། བདག་ཅག་དགེ་འདུན་ཐམས་ཅད་ནི་ལྷུང་བ་དང་བཅས་པར་གྱུར་ན་ནས། སླར་མཛད་དོ། །འདི་ནི་གསོལ་བའོ། །ཞེས་བར་གྱིས་ལྷུང་བཟུན་བྱིན་བརླབ་བྱས་གནས་ལ་བློ་མཐུན་མི་དགོས་ཀྱང་གནས་བརྟན་གྱིས། དགེ་སློང་མིང་འདི་ཞེས་བགྱི་བ་ཁྱོད་དབྱར་གནས་པའི་ནས། སྤྱོའམ། ཞེས་དྲི། ལན་དུ་སྤྱོ་ལགས་ཟེར་བ་དང་། ཁོང་སྤྱོ་བར་གདའ་བས་ནས། དེ་དེ་བཞིན་དུ་འཛིན་ཏོ། །ཞེས་པའི་བར་ལན་གཅིག་བརྗོད། དགག་དབྱེའི་གསོལ་བ་ནི། གནས་བརྟན་གྱིས། དགག་དབྱེ་བགྱི་བའི་སླད་དུ་དགེ་འདུན་རྣམས་གསོལ་བའི་ནས། འདི་ནི་གསོལ་བའོ། །ཞེས་ཚར་གཅིག་བྱས་ནས། གནས་བརྟན་རང་ཉིད་ཁྲི་ལས་བབས་ཏེ་གྲལ་དུ་འདུག་པ་ལ་དབྱར་བདག་པས་རྩྭ་ཁྲིམ་ཞིང་། ཐོག་མར་དབྱར་བདག་པ་གཉིས་ཀྱིས་གནས་བརྟན་གྱི་དྲུང་དུ་བྱེད། དེ་ནས་དགེ་སློང་གཞན་གསུམ་གསུམ་དབྱར་བདག་པའི་དྲུང་དུ་བསྡད་པ་ལ་རྩྭའི་རྒྱ་བ་མནན་ཅིང་རྩེ་མོ་བཟུང་ལ་དགག་དབྱེ་བྱ་སྟེ། དགག་དབྱེའི་ཚིག་ལ་ཐུགས་གཏད་པར་ཞུ། ནས། སླར་བགྱིའོ། །ཞེས་པའི་བར་ལན་གསུམ་མམ་གཅིག་གང་རིགས་དང་། ཐབས་ལེགས་བྱ། དགེ་སློང་རྣམས་ཚར་བ་དང་དབྱར་བདག་པས་རྩྭ་བསྡུས་ཏེ་འགྲེང་བས་དགེ་གསོལ་ནས། དགག་དབྱེ་མཛད་དོ། །ཞེས་པའི་བར་བྱས་པའི་ལན་དུ་ཐམས་ཅད་ཀྱིས། ལེགས་པར་དགག་དབྱེ་མཛད་དོ། །ཤིན་ཏུ་དགག་དབྱེ་མཛད་དོ། །ཞེས་བརྗོད། དབྱར་བདག་པས་དགེ་གསོལ། རྫས་འདི་ལྟ་བུས་ཀྱང་ནས། བགྱིད་རུང་ངམ། ཞེས་པའི་ལན་དུ། ལེགས་པར་རུང་ངོ་། །ཤིན་ཏུ་རུང་ངོ་། །ཞེས་བརྗོད་ལ་ཡོལ་བ་བཅས་ཏེ། དགེ་ཚུལ་རྣམས་ལ་རྩྭ་བཀྲམ་ནས་སྔར་བཞིན་དགག་དབྱེ་དང་རྫས་དགག་བྱ། དགེ་སློང་རྣམས་ཀྱིས་ལེགས་པར་རུང་ངོ་། །ཤིན་ཏུ་རུང་ངོ་བརྗོད། དགེ་ཚུལ་གྱི་དགག་དབྱེ་ཟིན་པ་དང་། གནས་བརྟན་གྱིས་དེ་ཁར་འདུག་ལ་དབྱར་གནས་ལྷར་བསྔོ་བ་རྒྱས་པར་བྱས་ལ་གྲེས། དེ་ནས་དུང་གིས་བསྡུས་ཏེ་ཚོགས་ཆེན་འཚོགས་ནས་དགག་དབྱེའི་གཏོང་སྒོ་དབྱར་རྟེན་སོགས་ཕུལ། བགྲོ་གླེང་སོགས་བྱས་ལ་དེ་གྱིས་ཁར་ཐམས་ཅད་ལ་ནས་བཀྲ་ནས་བཀྲ་ཤིས་ཞལ་བསྐོར་སོགས་བྱེད་དོ།།

བཅུ་གཅིག་དང་པོ་གསུམ་པ་ལྷ། །བདུན་པ་དགུ་པའི་མར་ངོ་ལ། །ཉིན་ཞག་བཅུ་བཞིའོ་དེ་ལྟག་གི། །ངོ་གཉིས་རེར་ཉིན་ཞག་ནི། །བཅོ་ལྔ་བཅོ་ལྔར་ཤེས་པར་བྱ། །འདི་ལས་གཞན་དུ་སླ་བ་འབྲུལ། །ཅེས་སོ།། །།

༄༅། །ནམ་མཁའི་སྙིང་པོའི་མདོའི་རྩ་བའི་ལྟུང་བ་རྣམས་བྱང་ཆུབ་སེམས་དཔའི་རྩ་ལྟུང་དུ་འདུ་ལུགས་ཀྱི་བཤད་པ་བཞུགས་སོ། །

སངས་རྒྱས་དང་བྱང་ཆུབ་སེམས་དཔའ་ཐམས་ཅད་ལ་ཕྱག་འཚལ་ལོ། །

འདིར་ནམ་མཁའི་སྙིང་པོའི་མདོ་ལས་འབྱུང་བའི་བྱང་ཆུབ་སེམས་དཔའི་རྩ་བའི་ལྟུང་བ་རྣམས་ཀྱི་དོན་ཉུང་ཟད་བརྗོད་པར་བྱ་སྟེ། དེ་ལ་ལྟུང་བའི་རྟེན་ནི། བྱང་ཆུབ་སེམས་དཔའི་འཇུག་པའི་སེམས་བསྐྱེད་པས་ཡང་དག་པར་བླངས་པའི་བྱང་ཆུབ་སེམས་དཔའི་སྡོམ་པ་དང་ལྡན་པའི་སོ་སོ་སྐྱེ་བོའི་གང་ཟག་མི་འམ་གནོད་སྦྱིན་ལ་སོགས་པ་གང་ཡང་རུང་བ་དག་སྟེ། བྱང་ཆུབ་སེམས་དཔའི་སྡོམ་པ་དང་ལྡན་པ་ཐམས་ཅད་ཀྱི་ལྟུང་བ་ཡིན་པར་གསུངས་པའི་ཕྱིར་རོ། །སོ་སོ་སྐྱེ་བོའང་ལས་དང་པོ་པ་སྟེ། སྤྱོད་པ་ལ་ཞུགས་པ་ཡན་ཆད་ལ་རྩ་བའི་ལྟུང་བར་འགྱུར་མི་སྲིད་དོ། །འོན་ཀྱང་དངོས་སུ་སྨོས་པ་ནི། རིགས་ཀྱི་བུའམ་རིགས་ཀྱི་བུ་མོ་ཞེས་པས་བྱང་ཆུབ་སེམས་དཔའི་སྡོམ་པ་དང་ལྡན་པའི་ཕོའམ་མོའམ་གང་ཡང་རུང་བ་སྟེ། འབྱུང་ཉེ་བའི་ཕྱིར་དེ་གཉིས་སྨོས་པ་སྟེ། རྒྱལ་པོ་ལ་འབྱུང་བར་ཉེ་བས་རྒྱལ་པོའི་ལྟུང་བ་ཞེས་བཞག་པ་བཞིན་ནོ། །

དེ་ལས་ལྟུང་བ་དང་པོ་ནི། མདོར། རིགས་ཀྱི་བུ་རྒྱལ་རིགས་སྤྱི་བོ་ནས་དབང་བསྐུར་བས་མཆོད་རྟེན་གྱི་རྫས་འཕྲོག་གམ། དགེ་འདུན་གྱི་དང་ཕྱོགས་བཞིའི་དགེ་འདུན་ལ་ཕུལ་བ་འཕྲོག་གམ་འཕྲོག་ཏུ་འཇུག་པ་ནི་རྩ་བའི་ལྟུང་བ་དང་པོའོ། །ཞེས་གསུངས་པ་སྟེ། འདི་ལ་གཞི་ནི། སངས་རྒྱས་མཆོད་རྟེན་ནམ། སྐུ་གཟུགས་ཀྱི་རྫས་གང་ཡང་རུང་བ་དང་། དམ་པའི་ཆོས་ཀྱི་གླེགས་བམ་དང་། ཆོས་སྨྲ་བའི་ཆ་རྐྱེན་གང་ཡང་རུང་བ་དང་། དགེ་འདུན་གཙུག་མར་གནས་པ་དང་། ཕྱོགས་བཞི་ནས་བློ་བུར་དུ་འབྱུང་བར་འགྱུར་བ་དག་གི་རྫས་ཏེ། ཐེག་པ་ཆེན་པོ་འདིར་ནི་རིན་ཐང་མ་གསུངས་པས་འཇིག་རྟེན་ན་རྫས་སུ་བརྩི་བ་ཙམ་སྟེ། དཀོན་མཆོག་གསུམ་གྱི་ཐྲན་དུ་ཉེ་བར་གནས་པ་

ལྷ་འབབས་ཞེས་གྲགས་ཤིང་། རྒྱལ་པོ་དང་བློན་པོ་ལ་སོགས་པས་བདག་གིར་མ་བྱས་པ་ཡང་ངོ་། །འདུ་ཤེས་ནི། དཀོན་མཆོག་གསུམ་གང་ཡང་རུང་བའི་ཡིན་པར་འདུ་ཤེས་ཤིང་བདག་ཉིད་དེ་ལ་མི་གཏོགས་པར་ཤེས་པའོ། །བསམ་པ་ནི། འཕྲོག་པར་སེམས་པའི་ཉོན་མོངས་པ་གསུམ་གང་ཡང་རུང་བས་ལན་གཅིག་ཙམ་མ་ཡིན་པར་ལན་གཉིས་པར་བྱེད་པའི་ངོ་ཚ་དང་ཁྲེལ་མེད་ཆེན་པོ་དང་ལྡན་པའོ། །སྦྱོར་བ་ནི། བདག་ཉིད་དམ་གཞན་རྐུར་བཅུག་པའོ། །མཐའ་ནི། ལྟུང་བའི་གནས་དེ་ལ་ལན་གཉིས་པ་སྤྱད་དེ་རྫས་བདག་ཉིད་ཀྱི་ཡིན་པར་བློས་ཡོངས་སུ་བཅད་པའི་ཚེའོ། །དེ་ལྟར་རྒྱ་བའི་ལྟུང་བ་གཞན་ཐམས་ཅད་ལའང་ངོ་ཚ་ཤེས་པ་དང་ཁྲེལ་ཡོད་པ་ཐུང་ཟད་ཀྱང་མེད་པའི་ཀུན་ནས་དཀྲིས་པ་ཆེན་པོས་ལན་གཉིས་སུ་སྤྱད་པ་མཐའ་ཡིན་པར་ཤེས་པར་བྱའོ། །འདི་ནི་མ་བྱིན་པར་བླངས་པའི་ལྟུང་བ་ཡིན་པའི་ཕྱིར་བྱང་སའི་ལྟུང་བ་གཉིས་པའོ། །

ལྟུང་བ་གཉིས་པ་ནི། མདོར། གང་ཡང་ཆོས་སྤོང་ཞིང་འགོག་ཏུ་འཇུག་སྟེ། ཉན་ཐོས་ཀྱི་ངེས་པར་འབྱུང་བ་བཤད་པའམ། རང་སངས་རྒྱས་ཀྱི་ངེས་པར་འབྱུང་བ་བཤད་པའམ། ཐེག་པ་ཆེན་པོའི་ངེས་པར་འབྱུང་བ་བཤད་པ་སྤོང་ཞིང་འགོག་ཏུ་འཇུག་པ་འདི་ནི་རྒྱ་བའི་ལྟུང་བ་གཉིས་པའོ། །ཞེས་གསུངས་ཏེ། གཞི་ནི། ཐེག་པ་གསུམ་ལས་གང་ཡང་རུང་བའི་ཆོས། །ཁམས་གསུམ་གྱི་ཉོན་མོངས་པ་མཐའ་དག་སྤང་བར་བྱ་བར་སྟོན་པའི་གསུང་རབ་དང་། དེའི་དོན་ཉམས་སུ་ལེན་པའི་བསླབ་པ་གསུམ་ལས་གང་ཡང་རུང་བར་གཏོགས་པའི་དགེ་བ་རྣམས་སོ། །འདུ་ཤེས་ནི། དེ་ཐར་པ་ཐོབ་པའི་ཐབས་དང་མི་མཐུན་པར་འདུ་ཤེས་པའོ། །ཀུན་སློང་ནི། དེ་ལ་ཞེ་སྡང་བའི་ཉོན་མོངས་པ་ཆེན་པོའོ། །སྦྱོར་བ་ནི། རང་གི་ལུས་ངག་ཡིད་གསུམ་གྱིས་སྤང་བའམ་གཞན་དེ་ལྟར་བྱེད་དུ་འཇུག་པའོ། །མཐའ་ནི། ལྟུང་བའི་གནས་ལན་གཉིས་སུ་སྤྱད་པའི་ཚེའོ། །འདི་ནི་སའི་ལྟུང་བ་བཞི་པའོ། །

ལྟུང་བ་གསུམ་པ་ནི། མདོར། གང་ཡང་ངའི་ཕྱིར་རབ་ཏུ་བྱུང་སྟེ་སྐྲ་དང་ཁ་སྤུ་བྲེགས་གོས་ངུར་སྨྲིག་གྱོན་པ། བསླབ་པ་བཟུང་ཡང་རུང་མ་བཟུང་ཡང་རུང་། ཚུལ་ཁྲིམས་འཆལ་ཡང་རུང་ཚུལ་ཁྲིམས་དང་ལྡན་ཡང་རུང་སྟེ། དེའི་གོས་ངུར་སྨྲིག་འཕྲོག་གམ། ཁྲིམ་ན་གནས་པར་བྱེད་དུ་འཇུག་གམ། ལུས་ལ་ལག་ཆས་བརྡུང་ནམ། བཙོན་རར་འཇུག་གམ། སྲོག་དང་བྲལ་བར་བྱེད་དུ་འཇུག་པ

འདི་ནི་རྩ་བའི་ལྟུང་བ་གསུམ་པའོ། །ཞེས་གསུངས་ཏེ། འདི་ལ་གཞི་ནི། ཚུལ་ཁྲིམས་དང་ལྡན་པ་དང་མི་ལྡན་པ་གང་ཡིན་ཡང་རུང་སངས་རྒྱས་ཀྱི་བསྟན་པ་ལ་རབ་ཏུ་བྱུང་དེའི་ཆ་ལུགས་འཛིན་པའོ། །འདུ་ཤེས་ནི། ནོར་རམ་མ་ནོར་ཡང་རུང་སྟེ་རབ་བྱུང་གི་ཕྱོགས་སུ་གནས་པར་འདུ་ཤེས་པའོ། །བསམ་པ་ནི། སྤྱིར་ངུར་སྨྲིག་ལ་སྡང་བའམ་རང་ཉིད་ཀྱི་འཁོར་ལས་རབ་ཏུ་བྱུང་བར་ཤེས་ནས་སྡང་བའོ། །སྦྱོར་བ་ནི། རྣམ་པ་ལྔ་སྟེ། ངུར་སྨྲིག་འཕྲོག་པ་དང་། བརྡེག་པ་དང་། བཙོན་རར་འཇུག་པ་དང་། ཁྲིམ་པར་འབེབས་པ་དང་། སྲོག་དང་བྲལ་བར་བྱེད་པ་རྣམ་པ་ལྔ་ལས་གང་ཡང་རུང་བ་རེ་རེའམ་མང་དུ་བྱས་ཀྱང་རུང་བའོ། །འདི་ལའང་རང་ཉིད་ཀྱིས་བྱས་སམ་གཞན་བྱེད་དུ་བཅུག་པས་ཀྱང་ངོ་། །མཐའ་ནི། སྡུ་མ་དང་འདྲའོ། །འདི་ནི་སའི་ལྟུང་བ་གསུམ་པའོ། །

རྩ་བའི་ལྟུང་བ་བཞི་པ་ནི། མདོར། རྒྱལ་རིགས་གང་ཡང་ཆེད་དུ་བསམས་ཏེ་མའི་སྲོག་གཅོད་པ་དང་། ཕ་དང་། བཅོམ་ལྡན་འདས་ཀྱི་ཉན་ཐོས་དགྲ་བཅོམ་པའི་སྲོག་གཅོད་པ་དང་། དགེ་འདུན་འདུམ་པ་འབྱེད་པ་དང་། ཆེད་དུ་བསམས་ཏེ་ཡང་དག་པར་རྫོགས་པའི་སངས་རྒྱས་ལ་ངན་སེམས་ཀྱིས་ཁྲག་འབྱིན་པ་སྟེ། མཚམས་མེད་པའི་ལས་ལྔ་པོ་འདི་དག་ལས་གང་ཡང་རུང་བའི་ལས་བྱེད་པ་འདི་ནི་རྩ་བའི་ལྟུང་བ་བཞི་པའོ། །ཞེས་གསུངས་ཏེ། འདི་དག་ནི་ལས་ཆེས་ལྕི་བ་ཡིན་པའི་ཕྱིར་ལན་གཉིས་པ་ལ་མི་ལྟོས་པར་སེམས་སོ། །འདི་ཡང་གཞན་ལ་གནོད་པའི་ལས་ཡིན་པའི་ཕྱིར་སའི་གསུམ་པའོ། །

ལྟུང་བ་ལྔ་པ་ནི། མདོར། རྒྱལ་རིགས་གང་ཡང་རྒྱུ་མེད་པར་སྨྲ་བར་གྱུར་ལ། འཇིག་རྟེན་ཕ་རོལ་ལ་གཡེལ་ཏེ་མི་དགེ་བ་བཅུའི་ལས་ཀྱི་ལམ་ཡང་དག་པར་བཟུང་ནས་གནས་ཤིང་སེམས་ཅན་གཞན་མང་པོ་དག་ཀྱང་མི་དགེ་བ་བཅུའི་ལས་ཀྱི་ལམ་ཡང་དག་པར་འཛིན་དུ་བཅུག་སྟེ་འདུལ་ཞིང་འཇུད་ལ་འགོད་པ་འདི་ནི་རྩ་བའི་ལྟུང་བ་ལྔ་པའོ། །ཞེས་གསུངས་ཏེ། འདི་ལ་རྒྱུ་མེད་པར་སྨྲ་བ་ནི། འཇིག་རྟེན་རྒྱང་ཕན་པ་དག་གི་ལྟ་བ་སྟེ། དེ་མཚོན་པར་བྱེད་པ་ཡིན་ལ། འཇིག་རྟེན་རྒྱང་འཕེན་པའི་ལྟ་བ་མ་བཟུང་དུ་ཟིན་ཀྱང་ལས་དང་འབྲས་བུ་ལ་སྐུར་པ་འདེབས་པ་དང་། དཀོན་མཆོག་གསུམ་ལ་མེད་པར་ལྟ་བས་སྐུར་པ་འདེབས་པ་དག་ནི་ལོག་པར་ལྟ་བ་ཡིན་ཞིང་། རྒྱུ་དེས་སྲོག་གཅོད་པ་ལྟ་

བུའི་མི་དགེ་བ་བཅུ་ལས་གང་ཡང་རུང་བ་ཞིག་བྱས་ནའང་ལྟུང་བར་འགྱུར་ལ། གཞན་དག་བྱེད་དུ་བཅུག་ནའང་ལྟུང་བར་འགྱུར་ཏེ། འདི་ལ་ལོག་པར་ལྟ་བ་ནི་སྐྱེ་བའི་ཡུལ་དཀོན་མཆོག་གསུམ་དང་འཇིག་རྟེན་གཞན་དང་ལས་དང་འབྲས་བུ་དང་བདེན་པ་རྣམས་ལ་མེད་དོ་ཞེས་མཐའ་གཅིག་ཏུ་ལྟ་བ་ཡིན་པས་དེ་རྣམས་ལས་གང་ཡང་རུང་བ་གཅིག་སྐྱེས་ཀྱང་ལོག་པར་ལྟ་བ་ཡིན་གྱི། ལོག་ལྟར་འགྱུར་བ་ལ་ཡུལ་བཞི་ཀ་ལ་སྐུར་པ་བཏབ་པ་མི་དགོས་སོ། །དེ་བས་ན་འདི་ནི་སེམས་ཀྱི་ལས་ཉིད་ཡིན་པས་སྐྱེས་ཙམ་གྱིས་ལྟུང་བར་འགྱུར་ཞིང་། འོན་ཀྱང་གནས་སྐབས་འདིའི་རྩ་བའི་ལྟུང་བར་འགྱུར་བ་ལ་ནི་གཞན་ཡང་ལྟ་བ་དེ་དང་ལྟ་བའི་རྒྱུས་མི་དགེ་བ་ལ་བཀོད་པས་རྫོགས་པར་འགྱུར་བ་འདྲའོ། །འདི་ནི་གཏི་མུག་གིས་ཀུན་ནས་བླངས་ཏེ་ལོག་པར་སྟོན་པ་ཡིན་པས་སའི་ལྟུང་བ་བཞི་པའོ། །དེ་དག་ནི་རྒྱལ་པོ་ལ་འབྱུང་བ་ཉེ་བའི་ཕྱིར་རྒྱལ་པོའི་ལྟུང་བ་ཞེས་བྱའོ། །དེ་དག་ལས་ལོག་པར་ལྟ་བ་དོར་ཏེ་མཚམས་མེད་པ་ཡན་ཆད་བཞི་དང་། གྲོང་ལ་སོགས་པ་ཞི་བ་ལྷའི་བསླབ་བཏུས་ལས། ཡང་གྲོང་འཇོམས་པ་དང་། ལྗོངས་འཇོམས་པ་དང་། གྲོང་ཁྱེར་འཇོམས་པ་དང་། ཡུལ་འཁོར་འཇོམས་པར་བྱེད་པ་འདི་ཡང་རྩ་བའི་ལྟུང་བའོ། །ཞེས་པའི་མཚན་ཞིན་དུ། གྲོང་ནི། ཁྱིམ་གཅིག་ལ་སོགས་པ། ལྗོངས་ནི། མི་རིགས་བཞི་གནས་པའི་ཕྱོགས། གྲོང་ཁྱེར་ནི། བཛོ་སྟ་བཅོ་བརྒྱད་ཡོད་པའི་གནས། ཡུལ་འཁོར་ནི། ཙམ་པ་ཀ་ལ་སོགས་པ་ཡུལ་ཆེན་པོ་རྣམས་སོ། །ཡང་གྲོང་བརྡལ་ནི། ཚོང་པ་མང་པོ་ཡོད་པའོ། །འཇོམས་པའི་ལྟུང་བ་སྔ་ལྔ་ནི། བློན་པོ་ལ་འབྱུང་བར་ཉེ་བའི་ཕྱིར་བློན་པོའི་ལྟུང་བ་ཞེས་ཀྱང་བྱའོ། །དེ་ལ་ལྟུང་བ་འདིའི་གཞི་ནི། གྲོང་ནས་ཡུལ་ལྗོངས་ཀྱི་བར་གང་ཡང་རུང་བའོ། །འདུ་ཤེས་ནི་མི་མཐུན་པའི་ཕྱོགས་ཀྱི་གནས་ཡིན་པར་སེམས་པའོ། །བསམ་པ་ནི། སེམས་ཅན་གཞན་ལ་གནོད་པས་གྲོང་སོགས་འཇོམས་པར་འདོད་པའི་ཞེ་སྡང་ངོ་། །སྦྱོར་བ་ནི་གནས་དེ་དག་མེ་ལ་སོགས་པས་མ་རུངས་པར་བྱེད་པའོ། །མཐར་ཐུག་པ་ནི་ལན་གཉིས་པ་ཉིད་ཀྱི་ཚེའོ། །འདི་ནི་སྲོག་གཅོད་པ་དང་རྗེས་སུ་མཐུན་པའི་ཕྱིར་སའི་ལྟུང་བ་གསུམ་པའོ། །ལས་དང་པོ་པའི་ལྟུང་བ་བརྒྱད་ལས། དང་པོ་ནི། མདོར། སེམས་ཅན་གང་དག་སྔོན་ཉེས་པ་སྤྱད་པའི་རྒྱུས་སྐྱིགས་མ་ལྔ་དང་ལྡན་པ་ཉོན་མོངས་པ་ཅན་གྱི་འཇིག་རྟེན་གྱི་ཁམས་འདིར་སྐྱེས་པ་དེ་དག་ནི་དགེ་བའི་རྩ་བ་ཆུང་བ་སྟེ་དགེ་བའི་བཤེས་གཉེན་ལ་བརྟེན་ནས་ཐེག་པ་ཆེན་པོ་མཆོག་ཏུ་ཟབ་པ་འདི་ཉན་ཏོ། །རིགས་ཀྱི་བུ་བློ་ཆུང་ངུ་དེ་དག་ཀྱང་བླ་ན་མེད་པ་ཡང་དག་པར་རྫོགས་པའི་བྱང་ཆུབ་ཏུ

སེམས་བསྐྱེད་པར་བྱེད་ལ། དེ་དག་གི་ནང་ནས་བྱང་ཆུབ་སེམས་དཔའ་ལས་དང་པོ་པ་གང་དག་སྟོང་པ་ཉིད་དང་ལྡན་པའི་མདོ་སྡེ་མཆོག་ཏུ་ཟབ་པ་འདི་ཉན་པ་དང་ཀློག་པ་དང་།ཁ་ཏོན་བྱེད་པ་དེ་དག་ཇི་ལྟར་ཐོས་པ་དང་ཇི་ལྟར་ཆུབ་པར་བྱས་པ་བཞིན་དུ་སྔ་མའི་བློ་དང་འདྲ་བ་གཞན་དག་གི་མདུན་དུ་དོན་བཟང་པོ་དང་ཚིག་འབྲུ་བཟང་པོ་རྒྱས་པར་དྲན་པར་བྱེད་ཅིང་རབ་ཏུ་སྟོན་ལ། དེ་དག་ནི་ནན་ཏན་དུ་མ་སྦྱངས་པས་བྱིས་པ་སོ་སོའི་སྐྱེ་བོ་དག་སྟེ་མཉན་ནས་སྐྲག་ཅིང་སྐྲངས་ཏེ་དངངས་པར་འགྱུར་ཞིང་། དེ་དག་སྐྲངས་ནས་བླ་ན་མེད་པ་ཡང་དག་པར་རྫོགས་པའི་བྱང་ཆུབ་ཀྱི་སེམས་ལས་ཕྱིར་ལོག་སྟེ་ཉན་ཐོས་ཀྱི་བྱང་ཆུབ་ལ་སྨོན་ན་འདི་ནི་བྱང་ཆུབ་སེམས་དཔའ་ལས་དང་པོ་པའི་རྩ་བའི་ལྟུང་བ་དང་པོ་སྟེ། ཞེས་བྱ་བ་གསུངས་ཏེ། འདི་ལ་ཡུལ་སྨོན་པའམ་འཇུག་པའི་བྱང་ཆུབ་ཀྱི་སེམས་བསྐྱེད་པའི་གང་ཟག་གོ། །འདུ་ཤེས་ནི། བྱང་ཆུབ་སེམས་དཔར་འདུ་ཤེས་པའོ། །སྦྱོར་བ་ནི། སྣོད་མ་བརྟགས་པར་ཟབ་མོ་སྟོང་པ་ཉིད་ཀྱི་ཚིག་དང་དོན་ནན་ཏན་གྱིས་བསྟན་པའོ། །མཐའ་ནི་གཞན་ཏེ་སྟོང་པ་ཉིད་ཀྱིས་སྐྲག་ནས་བྱང་ཆུབ་ཀྱི་སེམས་བཏང་བ་སྟེ། དེ་ཡང་གཏོང་བའི་སེམས་ནི་ཐེག་པ་ཆེན་པོ་ཞེས་བྱ་བ་འདི་མེད་པ་དང་མཐུན་ནོ་ཞེས་སྨྲ་བའི་བློས་བཏང་བའོ། །

ཐེག་པ་དམན་པར་སེམས་བསྐྱེད་པ་ནི། ཕྱོགས་གཅིག་བསྟན་པ་སྟེ། བྱང་ཆུབ་ཀྱི་སེམས་བཏང་བ་ཉིད་ཀྱིས་སྟོན་པ་པོ་ལ་ལྟུང་བར་འགྱུར་ལ་ཡུལ་གྱི་བྱང་ཆུབ་སེམས་དཔའ་དེའང་འཇུག་སྡོམ་དང་ལྡན་ན་དེ་ལའང་ལྟུང་བར་འགྱུར་རོ། །འདི་ནི་དམ་ཆོས་འདྲར་སྣང་སྟོན་པ་སྟེ་སའི་ལྟུང་བ་བཞི་པའོ། །

ལྟུང་བ་གཉིས་པ་ནི། མདོར། གཞན་ཡང་བྱང་ཆུབ་ཏུ་སེམས་དཔའ་ལས་དང་པོ་ཁ་ཅིག་ལ། འདི་སྐད་དུ། ཁྱོད་ཀྱིས་ཕ་རོལ་ཏུ་ཕྱིན་པ་དྲུག་ལ་སྤྱོད་པ་སྤྱད་པར་མི་ནུས། ཁྱོད་ཀྱིས་བླ་ན་མེད་པ་ཡང་དག་པར་རྫོགས་པའི་བྱང་ཆུབ་མངོན་པར་རྫོགས་པར་འཚང་རྒྱ་བར་མི་ནུས་མོད་ཀྱིས། ཁྱོད་ཉན་ཐོས་ཀྱི་ཐེག་པ་དང་རང་སངས་རྒྱས་ཀྱི་ཐེག་པར་མྱུར་དུ་སེམས་བསྐྱེད་ཅིག་དང་། དེས་ཁྱོད་འཁོར་བ་ལས་ངེས་པར་འབྱུང་ངོ་ཞེས་སྨྲ་བ་འདི་ནི་བྱང་ཆུབ་སེམས་དཔའ་ལས་དང་པོ་པའི་རྩ་བའི་ལྟུང་བ་གཉིས་པ་སྟེ། ཞེས་གསུངས་ཏེ། འདི་ལ་ཡུལ་ནི་སྨོན་པ་བྱང་ཆུབ་སེམས་བསྐྱེད་པའོ། །འདུ

ཤེས་ནི་དེ་རང་ཤེས་པའོ། །ཀུན་སློང་ནི་དེ་ལ་བརྟེན་ཏེ་འདིས་ཐེག་པ་ཆེན་པོ་ལ་སློབ་པར་མི་ནུས་སྙམ་དུ་ཁྱད་དུ་གསོད་པའོ། །སྦྱོར་བ་ནི། ཁྱོད་ཀྱིས་རྒྱུ་ཕྱིན་དྲུག་ལ་སློབ་པར་ཡང་མི་ནུས། འབྲས་བུ་སངས་རྒྱས་ཀྱང་ཐོབ་པར་མི་ནུས་པས་ཉན་ཐོས་སུ་སེམས་བསྐྱེད་ཅིག་ཅེས་བརྗོད་པའོ། །མཐའ་ནི་རྒྱུ་དེས་སེམས་བསྐྱེད་པ་བཏང་སྟེ་འདི་དང་སྔ་མ་གཉིས་ཀར་ལན་གཉིས་སུ་སྨྲུད་པ་བརྗོད་པར་བྱའོ། །འདི་ལའང་ཐེག་པ་ཆེན་པོ་སྤྱོད་དུ་འཇུག་པ་སྟེ། སའི་ལྟུང་བ་བཞི་པའོ། །

ལྟུང་བ་གསུམ་པ་ནི། མདོར། གཞན་ཡང་བྱང་ཆུབ་སེམས་དཔའ་ལས་དང་པོ་པ་ཁ་ཅིག་ལ་འདི་སྐད་དུ། ཀྱེ་སོ་སོ་ཐར་པ་དང་འདུལ་བའི་ཚུལ་ཁྲིམས་ལ་ལེགས་པར་བསྲུངས་པས་ཅི་ཞིག་བྱ། ཁྱོད་མྱུར་དུ་བླ་ན་མེད་པ་ཡང་དག་པར་རྫོགས་པའི་བྱང་ཆུབ་ཏུ་སེམས་བསྐྱེད་ལ་ཐེག་པ་ཆེན་པོ་ལྷོགས་ཤིག་དང་། དེས་ན་ཁྱོད་ཀྱིས་ཉོན་མོངས་པའི་རྐྱེན་གྱིས་ལུས་དང་ངག་དང་ཡིད་རྣམས་ཀྱིས་མི་དགེ་བའི་ལས་གང་བསྒྲུབས་པ་དེ་དག་རྣམ་པར་སྨིན་པར་མི་འགྱུར་བར་དག་པར་འགྱུར་རོ། །ཞེས་སྨྲ་བ་འདི་ནི། བྱང་ཆུབ་སེམས་དཔའ་ལས་དང་པོ་པའི་རྒྱ་བའི་ལྟུང་བ་གསུམ་པ་སྟེ། ཞེས་གསུངས་ཏེ། འདི་ལ་ཡུལ་ནི། བྱང་ཆུབ་སེམས་དཔའ་རབ་ཏུ་བྱུང་བའམ་བྱུང་མ་ཟིན་ཀྱང་སོ་ཐར་ལ་སློབ་པར་འདོད་པའོ། །འདུ་ཤེས་ནི། སོ་སོར་ཐར་པ་ཐེག་ཆེན་གྱི་ལམ་དུ་དགོས་པ་མེད་པར་འདུ་ཤེས་པའོ། །སྦྱོར་བ་ནི། སངས་རྒྱས་སྒྲུབ་པ་ལ་སོ་སོ་ཐར་པ་མི་དགོས་ཏེ། ཉོན་མོངས་པ་སྐྱེས་པའང་བྱང་ཆུབ་ཀྱི་སེམས་ཉིད་ཀྱི་མཐུས་འཇོམས་སོ། །ཞེས་སྨྲ་བའོ། །མཐའ་ནི་སོ་སོ་ཐར་པ་བྱང་ཆུབ་སེམས་དཔའི་བསླབ་པར་བྱ་བ་མ་ཡིན་སྙམ་དུ་སེམས་བསྐྱེད་པའོ། །འདི་ཡང་། ཐེག་པ་ཆེན་པོའི་ལམ་གྱི་ཕྱོགས་གཅིག་སྡོམ་པའི་ཚུལ་ཁྲིམས་སྤྱངས་པ་སྟེ། དེས་ན་སའི་ལྟུང་བ་བཞི་པ་ཐེག་པ་ཆེན་པོ་སྤྱངས་པ་ཡིན་ནོ། །

ལྟུང་བ་བཞི་པ་ནི། མདོར། རིགས་ཀྱི་བུ་གཞན་ཡང་བྱང་ཆུབ་སེམས་དཔའ་ལས་དང་པོ་པ་ཞིག་ལ་འདི་སྐད་དུ། རིགས་ཀྱི་བུ་དག་ཁྱེད་ཉན་ཐོས་ཀྱི་ཐེག་པ་པའི་གཏམ་མ་ཉན་ཅིག་མ་ཀློག་ཅིག་གཞན་དག་ལ་ལུང་མ་འབོགས་ཤིག །ཉན་ཐོས་ཀྱི་ཐེག་པའི་གཏམ་ཆོབས་ཤིག །དེས་ནི་ཁྱོད་ཀྱིས་འབྲས་བུ་ཆེན་པོ་རྙེད་པར་མི་འགྱུར་ཞིང་གཞི་དེས་ནི་ཁྱོད་ཀྱིས་ཉོན་མོངས་པ་མཐར་འབྱིན་

པར་མི་ནུས་ཀྱིས། ཐེག་པ་ཆེན་པོའི་གདམ་འདི་ཉིད་ལ་དད་པར་གྱིས་ཤིག །ཐེག་པ་ཆེན་པོ་ཉོན་ཅིག །ཐེག་པ་ཆེན་པོ་ལྷོགས་ཤིག །གཞན་དག་ལའང་ལུང་ཕོག་ཅིག་དང་། དེས་ན་ཁྱོད་ཀྱིས་ངན་འགྲོ་དང་ངན་སོང་གི་ལམ་ཐམས་ཅད་ཞི་བར་འགྱུར། བླ་ན་མེད་པ་ཡང་དག་པར་རྫོགས་པའི་བྱང་ཆུབ་ཏུ་མངོན་པར་རྫོགས་པར་འཚང་རྒྱ་བར་འགྱུར་རོ་ཞེས་སྨྲས་ལ། གལ་ཏེ་དེ་དག་གིས་དེའི་ཚིག་བཞིན་དུ་མཉན་ཏེ་འདི་འདྲ་བའི་བལྟ་བར་གྱུར་པ་བླངས་ན་གཉིས་ཀ་ལའང་རྩ་བའི་ལྟུང་བར་འགྱུར་ཏེ། འདི་ནི་བྱང་ཆུབ་སེམས་དཔའ་ལས་དང་པོ་པའི་རྩ་བའི་ལྟུང་བ་བཞི་པའོ། །ཞེས་བྱ་བ་གསུངས་ཏེ། འདི་ལ་གཞི་ནི་ཉན་ཐོས་ཀྱི་སྡེ་སྣོད་དོ། །འདུ་ཤེས་ནི་གཉིས་ཀས་ཉན་ཐོས་ཀྱི་སྡེ་སྣོད་དུ་འདུ་ཤེས་པའོ། །བསམ་པ་ནི་ཉན་ཐོས་ཀྱི་ཐེག་པས་ཆགས་སོགས་མི་སྤོང་བ་དང་། ཐེག་ཆེན་གྱིས་སྤོང་བར་སེམས་པ་སྟེ། སྦྱོར་བ་ནི། ཉན་ཐོས་ཀྱི་ཐེག་པས་ཉོན་མོངས་པ་སྤོང་མི་ནུས་པས་ཐེག་ཆེན་ཁོ་ན་ལ་སློབས་ཤིག་པར་བརྗོད་པའོ། །མཐའ་ནི་ཉན་ཐོས་ཀྱི་ཐེག་པ་ལ། སྤོང་ལམ་མེད་པར་ལྟ་བ་སྐྱེས་སོ། །དེས་ན་འདི་འདྲ་བའི་ལྟ་བ་སྐྱེས་པ་ཉིད་ཀྱིས་ལྟུང་བར་འགྱུར་བའི་ཕྱིར་གཞན་ལ་ལྟ་བ་དེ་བསྐྱེད་པའི་རྒྱུར་བརྗོད་པ་དགོས་ཀྱང་བརྗོད་པ་པོ་བདག་ཉིད་ལ་ལྟ་བ་སྐྱེས་ཙམ་གྱིས་ལྟུང་བར་འགྱུར་བའི་ཕྱིར། བརྗོད་པ་པོ་ལ་དང་པོར་ལྟུང་བ་བྱུང་ནས་ཡུལ་གཞན་དེ་ལ་ཕྱིས་ལྟུང་བ་འབྱུང་བར་ཤེས་པར་བྱའོ། །འདོམས་པ་པོ་རང་ཉིད་ལ་ལྟུང་བ་འབྱུང་བའི་སྦྱོར་བ་ནི། རྒྱུ་མཚན་ལྟར་སྣང་ལ་བརྟེན་ནས་ཉན་ཐོས་ལ་སྤོང་ལམ་མེད་པའི་རྒྱུ་མཚན་དེ་ཡིད་ལ་བྱེད་པའོ། །ཚུལ་འདིས་ནི་ལྟུང་བ་གསུམ་པ་ལའང་རྟེན་གཉིས་ཀ་ལ་ལྟུང་བ་འབྱུང་བ་འདྲའོ། །འདི་འང་ཐེག་པ་ཆེན་པོའི་ཕྱོགས་གཅིག་སྤོང་བ་ཡིན་པའི་ཕྱིར་སའི་ལྟུང་བ་བཞི་པའོ། །

ལྔ་པ་ལྟུང་བ་ལྔ་པ་ནི། མདོར། གཞན་ཡང་བྱང་ཆུབ་སེམས་དཔའ་ལས་དང་པོ་པ་དག་ལྷེ་གཉིས་བྱེད་པ་ཡིན་ཏེ། གཞན་དུ་སྟོན་ཞིང་བརྗོད་པ་དང་སྒྲ་དང་ཚིགས་སུ་བཅད་པ་དང་ཐོབ་པ་དང་བཀུར་སྟིའི་ཕྱིར་ཐེག་པ་ཆེན་པོ་འདི་ཚིག་ཏུ་འདོན་པ་དང་ཁ་ཏོན་བྱེད་པ་དང་ཀློག་པ་དང་སྟོན་པ་དང་ཐོབ་པ་ཙམ་གཞན་ལའང་སྟོན་ལ། འདི་སྐད་དུ། བདག་ནི་ཐེག་པ་ཆེན་པོ་པ་ཡིན་གྱི། གཞན་ནི་མ་ཡིན་ནོ། །ཞེས་སྨྲ་ཞིང་བདག་གིས་ཕ་རོལ་པོ་གང་དག་ལས་ལོངས་སྤྱོད་དང་། ཡོངས་སུ་སྤྱོད་པ་རྙེད་པར

གྱུར་པ་དེའི་རྐྱེན་གྱིས་ཐོབ་པ་དང་བཀུར་སྟིའི་ཕྱིར་དེ་དག་གཞན་དག་ལ་ཕྲག་དོག་བྱེད་དེ། དེ་དག་འཁྲུག་པར་འགྱུར་ཞིང་དེ་དག་གི་བསྔགས་པ་མ་ཡིན་པ་བརྗོད་དོ། །སྨད་དོ། །གཤུང་ངོ་། །རྣམ་པར་སྨད་དོ། །དེ་དག་ལ་འདུད་པ་དེ་རྣམས་ལའང་ཕྲག་དོག་གི་རྒྱུས་བདག་བསྟོད་ཅིང་མིའི་ཆོས་བླ་མ་བདག་ཉིད་ལ་སྒྲོགས་སོ། །དེའི་ཕྱིར་དེ་དག་དངོས་པོ་ངེས་ཕམ་པར་འགྱུར་ཞིང་། ཞེས་བྱ་བ་གསུངས་ཏེ། འདི་ས་ལས་བཤད་པའི་ལྟུང་བ་དང་པོ་དེ་ཉིད་ཡིན་པར་བཞེད་པ་ན། ས་ལས་ནི་རྙེད་པ་དང་བཀུར་སྟི་ལ་ལྷག་པར་ཞེན་ཏེ་བདག་ལ་བསྟོད་པ་དང་། གཞན་ལ་སྨོད་པ། བྱང་ཆུབ་སེམས་དཔའི་ཕམ་པའི་གནས་ལྟ་བུའི་ཆོས་དང་། ཞེས་པ་ཙམ་ལས་མ་གསུངས་ལ། ནམ་མཁའི་སྙིང་པོའི་མདོ་འདིར་ནི། །མིའི་ཆོས་བླ་མ་སྨྲས་པས་བདག་ཉིད་ལ་བསྟོད་པར་གསུངས་ཏེ། སར་ཡང་མིའི་ཆོས་བླ་མ་སྨྲ་བ་ལྟུང་བའི་ཡན་ལག་ཏུ་བྱ་བའམ། ཡང་ན་འདིར་མིའི་ཆོས་བླ་མ་སྨྲ་བ་བདག་ཉིད་བསྟོད་པའི་ཕྱོགས་གཅིག་ཙམ་ཡིན་གྱི་ངེས་པར་དགོས་སོ། །ཞེས་ནི་མི་བྱ་བར་རིགས་སོ། །ཇི་ལྟར་ཡང་རུང་སྟེ། ཡུལ་ནི་གང་ཟག་གཞན་ཙམ་མ་ཡིན་གྱི་བྱང་ཆུབ་སེམས་དཔའོ། །འདུ་ཤེས་ནི། ཕ་རོལ་བྱང་ཆུབ་སེམས་དཔའ་ཡིན་པར་ཤེས་དཀའ་བས་གཞན་གྱི་བཀུར་སྟིའི་གནས་སུ་འདུ་ཤེས་པ་ཙམ་མོ། །བསམ་པ་ནི་དེ་ལ་སྨད་པས་དེ་ལ་གུས་པའི་སྐྱེ་བོ་དང་ལོངས་སྤྱོད་རྣམས་བདག་ཉིད་ལ་འོང་དུ་རེ་བའོ། །སྦྱོར་བ་ནི། དེའི་རྙེད་བཀུར་ལ་ཕྲག་དོག་པའི་སྒོ་ནས་དེའི་སྐྱོན་བདེན་པའམ་རྫུན་པ་གང་ཡང་རུང་བ་བརྗོད་ཅིང་བདག་ཉིད་ལ་མེད་པའི་ཡོན་ཏན་ཡོད་པར་སྒྲོགས་པའོ། །མཐའ་ནི་བསྟོད་སྨད་ཀྱི་ཚིག་སྐྱེ་བོ་གཞན་གྱིས་གོ་བའོ། །རྗེ་ཆོས་ཀྱི་བཟང་པོ་ནི། བྱང་ཆུབ་ཀྱི་སེམས་གཏོང་བའང་སའི་ལྟུང་བ་དང་པོ་འདི་ཉིད་ཡིན་པར་བཞེད་དེ། དེ་ནི་སྤྱོད་པ་ལ་འཇུག་པ་ལས། གང་ཞིག་གཞན་འབྱོར་ཁྲི་དེ་ལ། །བྱང་ཆུབ་སེམས་ནི་ག་ལ་ཡོད། །ཅེས་གསུངས་པ་དེ་དང་མཐུན་པར་སྣང་ངོ། །

ལྟུང་བ་དྲུག་པ་ནི། མདོར། གཞན་ཡང་མ་འོངས་པའི་དུས་ན་ཁྱིམ་ན་གནས་པ་དང་རབ་ཏུ་བྱུང་བ་ལས་དང་པོ་པའི་བྱང་ཆུབ་སེམས་དཔའ་དག་བྱང་ཆུབ་སེམས་དཔའ་ནན་ཏན་དུ་སྦྱངས་པ་མཁས་པ་སྐྱེས་བུ་ཆེན་པོ་གཟུངས་དང་བཟོད་པ་དང་ཏིང་ངེ་འཛིན་གྱི་ས་ལ་ལེགས་པར་སྦྱངས་པ་བྱས་པ་རྣམས་ཀྱི་སྤྱོད་ཡུལ་མདོ་སྡེ་ཟབ་མོ་སྟོང་པ་ཉིད་དང་ལྡན་པ་གང་ཡིན་པ་ཐེག་པ་ཆེན་པོའི་མདོ

སྡེ་དེ་དག་འཛིན་ཅིང་མཆོག་ཏུ་འདོན་ལ་ཁ་ཏོན་བྱེད་ཅིང་། གཞན་དག་ལའང་རྒྱ་ཆེར་ཀློག་ཅིང་རབ་ཏུ་སྟོན་ཏེ། ཆོས་འདི་དག་ཁོ་བོ་ཉིད་ཀྱི་བློས་རྟོགས་ནས་ཁོ་བོ་སྙིང་རྗེ་བས་དེ་བཞིན་དུ་ཁྱོད་ལ་བསྟན་གྱིས། ཁྱོད་ཀྱིས་ཀྱང་ཅི་ནས་འདི་སངས་རྒྱས་ཀྱི་ཆོས་ཟབ་མོ་རྣམས་ལ་མངོན་སུམ་དུ་འགྱུར་བ་དེ་ལྟར་སྒོམས་ཤིག །དེ་ལྟར་བྱས་ན་ཁྱོད་དེ་ལྟར་ཁོ་བོ་བཞིན་དུ་ཡེ་ཤེས་མཐོང་བར་འགྱུར་རོ་ཞེས་སྨྲའོ། །འདི་སྐད་དུ། ཁོ་བོས་མདོ་སྡེ་ཟབ་མོ་ཟབ་པ་འདི་ལྟ་བུ་བཀླགས་པ་ཙམ་གྱིས་བསྟན་པར་ཟད་ཀྱི་མངོན་སུམ་དུ་བྱས་པ་ནི་མ་ཡིན་ནོ། །ཞེས་པ་སྟེ། སྙིང་པ་དང་བཀུར་སྟིའི་ཕྱིར་བདག་འཚོང་ཞིང་དེའི་རྐྱེན་གྱིས་དུས་གསུམ་དུ་གཤེགས་པའི་དེ་བཞིན་གཤེགས་པ་དགྲ་བཅོམ་པ་ཡང་དག་པར་རྫོགས་པའི་སངས་རྒྱས་དང་བྱང་ཆུབ་སེམས་དཔའ་དང་འཕགས་པའི་གང་ཟག་ཐམས་ཅད་ཀྱི་སྤྱན་སྔར་ཉེས་པ་དང་བཅས་པ་ཡིན་ཏེ། ཐེག་པ་ཆེན་པོའི་ལྟུང་བར་འགྱུར་རོ། །ཞེས་གསུངས་ཏེ། འདི་ལ་གཞི་ནི་ཐེག་པ་ཆེན་པོའི་མཐོང་བའི་ལམ་གྱི་སྒོམ་སྤངས་སྤང་བ་ཡན་ཆད་ཀྱི་སྟོང་ཉིད་མངོན་སུམ་དུ་རྟོགས་པའི་ཡེ་ཤེས་སོ། །དེ་བདག་ཉིད་ལ་མི་ལྡན་པར་ཤེས་པ་ནི་འདུ་ཤེས་སོ། །བསམ་པ་ནི་སྙེད་པ་དང་བཀུར་སྟི་ལ་ཆགས་པས་ཁོ་བོས་ཆོས་འདི་མངོན་སུམ་དུ་བྱས་པར་སྨྲས་ན་སྙེད་པ་དང་བཀུར་སྟི་འོང་དུ་རེ་བའོ། །སྦྱོར་བ་ནི་འདིའི་དོན་མངོན་སུམ་དུ་མ་བྱས་ཀྱང་བྱས་སོ་ཞེས་སྟོང་པ་ཉིད་དང་ལྡན་པའི་མདོ་སྡེ་གཞན་ལ་བཤད་པའམ་མདོ་སྡེ་དངོས་སུ་མ་བཤད་ཀྱང་བདག་ཉིད་ཀྱིས་སྟོང་པ་ཉིད་སྟོང་པ་ཉིད་སྟོན་པའི་ཚིག་མང་དུ་སྨྲས་པའོ། །མཐའ་ནི་ཡུལ་གྱིས་བཤད་པའི་དོན་གཞན་རྟོགས་སམ་མ་རྟོགས་ཀྱང་རུང་བྱང་ཆུབ་སེམས་དཔས་སྟོང་ཉིད་མངོན་སུམ་དུ་བྱས་པར་ཁས་ལེན་ཏེ་སྨྲ་མ་དུ་གོ་བའོ། །འདིའང་སའི་ལྟུང་བ་དང་པོའི་ཁོངས་སུ་གཏོགས་པ་ཡིན་མོད་ཀྱི། ནམ་མཁའི་སྙིང་པོའི་མདོ་ལས་འབྱུང་བའི་ལྟུང་བ་ལྔ་པ་དང་མི་འདྲ་སྟེ། ལྟུང་བ་ལྔ་པ་ནི། བདག་ལ་བསྟོད་པ་དང་འགྲན་ཟླའི་བྱང་ཆུབ་སེམས་དཔའ་གཞན་ལ་སྨོད་པ་ལས་ལྟུང་བར་གྱུར་པ་ཡིན་ལ། འདི་ནི་འགྲན་ཟླ་གཞན་ལ་སྨད་པ་མེད་དུ་ཟིན་ཀྱང་རྫུན་གྱིས་བདག་ཉིད་བསྟགས་པ་ལས་ལྟུང་བར་གྱུར་པ་སྟེ་ཁྱད་པར་ནི་དེ་ཡོད་དོ། །

ལྟུང་བ་བདུན་པ་ནི། མདོར། རིགས་ཀྱི་བུ་གཞན་ཡང་མ་འོངས་པའི་དུས་ན་རྒྱལ་རིགས་

རྣམས་ཀྱི་མདུན་ན་འདོན་གདོལ་པ་དང་བློན་པོ། །གདོལ་པ་དང་ཤོར་པ་གདོལ་པ་བླུན་པོ་མཁས་པའི་ང་རྒྱལ་ཅན་ནོར་ཆེ་བ་ལོངས་སྤྱོད་ཆེ་བ་དག་འབྱུང་སྟེ། དེ་དག་སྦྱིན་པ་ལས་བྱུང་བའི་བསོད་ནམས་བྱ་བའི་དངོས་པོ་རྣམ་པ་ལྔ་མང་པོ་དག་ལ་སྣང་སྟེ། གཏོང་བས་རྒྱགས་ཤིང་དྲེགས་པ་དེ་དག་ང་རྒྱལ་དང་རྒྱགས་པ་དང་དྲེགས་པས་རྒྱལ་རིགས་དང་དགེ་སློང་དང་། དགེ་སློང་དང་རྒྱལ་རིགས་རྣམས་འབྱེད་པའི་དབྱེན་བྱེད་ཅིང་། དེ་དག་རྒྱལ་རིགས་ལ་བརྟེན་ནས་དགེ་སློང་རྣམས་ལ་ཆད་པས་གཅོད་དུ་འཇུག །ཆད་པས་ནོར་འཕྲོག་ཏུ་འཇུག་སྟེ། གནོན་པ་དེས་དགེ་སློང་དེ་དག་གང་ཟག་གིའམ་དགེ་འདུན་གྱིའམ་ཕྱོགས་བཞིའི་དགེ་འདུན་གྱིའམ་མཆོད་རྟེན་གྱི་དག་དགེ་སློང་རྣམས་ཀྲུར་བཙུག་ནས་དེ་དག་ལ་གསུག་ཏུ་འབུལ་ལོ། །གདོལ་པ་དེ་དག་གིས་ཀྱང་རྒྱལ་རིགས་དེ་དག་ལ་འབུལ་བར་འགྱུར་ཏེ། དེ་དག་གཉིས་ཀ་ལ་རྩ་བའི་ལྟུང་བར་འགྱུར་རོ། །འདི་ནི་རྩ་བའི་ལྟུང་བ་བདུན་པའོ། །ཞེས་བྱ་བ་གསུངས་སྟེ། འདི་ལ་གཞི་ནི་རྒྱལ་རིགས་སམ་དེ་མ་ཡིན་ཀྱང་དབང་ཆེ་བ་ཁྲིམ་པའམ་རབ་ཏུ་བྱུང་བ་དག་ཀྱང་རུང་སྟེ། དེ་དང་། ཆོས་འདི་པའི་དགེ་སློང་དང་དགེ་སློང་རྫས་དང་བཅས་པའོ། །འདུ་ཤེས་ནི་དེ་དག་མ་ནོར་བར་ཤེས་པའོ། །བསམ་པ་ནི་དགེ་སློང་དང་དགེ་སློང་དམའ་དབབ་པར་འདོད་པའོ། །སྦྱོར་བ་ནི། བདེན་ནམ་རྫུན་ཡང་རུང་སྟེ་དབང་ཆེ་བ་དང་དགེ་སློང་དང་དགེ་སློང་ཕྲ་མས་ཕྱེ་ནས་དབང་ཆེ་བས་དགེ་སློང་དང་དགེ་སློང་ལ་ཆད་པ་གཅོད་དུ་བཙུག །དེའི་རྐྱེན་གྱིས་ཆད་པ་བཟློག་པའི་ཕྱིར་དཀོན་མཆོག་གི་དཀོར་ཀྲུར་བཙུག །ཀྲུར་བཙུག་པའི་ནོར་དགེ་སློང་དང་དགེ་སློང་གིས་ཕྲ་མ་བྱེད་པ་ལ་གསུག་ཏུ་ཕུལ། ཕྲ་མ་བྱེད་པ་དེས་ནོར་དེ་ལས་དབང་ཆེ་བ་དེ་ལ་ཕུལ་བའོ། །མཐའ་ནི་ཕྲ་མ་བྱེད་པ་དང་དབང་ཆེ་བས་ནོར་དེ་བདག་གིར་བྱས་པའོ། །དེས་ཕྲ་མ་བྱེད་པ་པོ་དང་དབང་ཆེ་བ་གཉིས་ཀ་ལ་ལྟུང་བར་འགྱུར་ལ། ཕྲ་མའི་ཡུལ་དགེ་སློང་དང་དགེ་སློང་ནི་རྒྱལ་པོའི་ལྟུང་བ་གསུམ་པའི་རིགས་པས་ཚུལ་ཁྲིམས་དང་ལྡན་མི་ལྡན་གང་ཡིན་ཀྱང་རུང་བ་འདྲའོ། །འོན་ཡང་རྒྱལ་པོའམ་བློན་པོའི་ལྟུང་བ་ཞེས་མི་གདགས་པ་ཅི་ཞེ་ན། འདི་ཕྲ་མ་བྱེད་པ་པོ་ཡང་བློན་པོར་མ་ངེས་ཀྱི། རབ་ཏུ་བྱུང་བས་བྱས་ནའང་ལྟུང་བར་འགྱུར་ལ། དབང་ཆེ་བའང་ཁྲིམ་པར་མ་ཟད། རབ་ཏུ་བྱུང་བ་ཡིན་ཡང་རུང་བར་བསམས་སོ། །དེ་བས་ན་རྒྱལ་པོ་དང་བློན་པོའི་ལྟུང

བར་མི་གདགས་སོ། །འདི་ནི་གཞན་གྱི་ནོར་འཕྲོག་ཅིང་ཚད་པས་གཅོད་པའི་ཕྱིར་སའི་ལྟུང་བ་གསུམ་པ་ཡིན་នོ། །

ལྟུང་བ་བརྒྱད་པ་ནི། མདོར། རྒྱལ་རིགས་གདོལ་པ་དེ་དག་ཀྱང་དགེ་སྦྱོང་རྣམས་ལ་རབ་ཏུ་སྡང་བར་འགྱུར་ཏེ། ཆོས་འདི་ལྟ་བུ་ནི། ཆོས་མ་ཡིན་པར་འདོགས་ཤིང་ཆོས་སྤྱངས་ནས་ཆོས་མ་ཡིན་པ་ལ་འཛོག་པར་འགྱུར་རོ། །མདོ་དང་འདུལ་བ་དང་བསླབ་པ་ལ་མི་ལྟ་ཞིང་ནག་པོ་བསྟན་པ་དང་ཆེན་པོ་བསྟན་པ་སྤྱངས་ཏེ་སྙིང་རྗེ་ཆེན་པོའི་ཚུལ་དང་ཤེས་རབ་ཀྱི་ཕ་རོལ་ཏུ་ཕྱིན་པའི་བསླབ་པ་དང་། ཐབས་ལ་མཁས་པའི་བསླབ་པ་དང་མདོ་སྡེ་གཞན་དག་ལས་བསླབ་པ་བསྟན་པ་དེ་དག་ཀྱང་སྤྱངས་ནས་ཆོས་འདི་ལྟ་བུ་དང་ལྡན་པའི་དགེ་སློང་རྣམས་ལ་གཙེ་བའི་ཕྱིར་བཀའ་ཁྲིམས་གང་གིས་དགེ་སློང་རྣམས་ལ་གནོད་པར་འགྱུར་བ་དང་། ཞི་གནས་དང་ལྷག་མཐོང་དང་མཐུན་པའི་རྣལ་འབྱོར་ཡིད་ལ་བྱེད་པ་འདོར་བར་བྱེད་པ་དང་། འཕྲུ་བ་དང་། གནོད་སེམས་མང་དུ་འགྱུར་བའི་ཁྲིམས་འཆའ་བར་བྱེད་དོ། །རྒྱུ་དེས་ན་དགེ་སློང་རྣམས་ཉེ་བར་མ་ཞི་བས་ཉོན་མོངས་པ་རྣམས་ཉེ་བར་ཞི་བར་མི་འགྱུར། །བསྲབས་པར་མི་འགྱུར་རོ། །དེའི་ཚེ་དགེ་སློང་དེ་དག་བསམ་པ་ཉམས་པར་འགྱུར། ཚུལ་ཁྲིམས་ཉམས་པར་འགྱུར། ཆོ་ག་ཉམས་པར་འགྱུར། ལྟ་བ་ཉམས་པར་འགྱུར་རོ། །དེ་ཅིའི་ཕྱིར་ཞེ་ན། སྲིད་ལུག་པར་འགྱུར་བ་དང་། བྱ་བ་མང་བར་འགྱུར་བ་དང་། དགེ་སྦྱོང་མ་ཡིན་པར་དགེ་སྦྱོང་དུ་ཁས་འཆེ་བ་དང་། ཚངས་པ་སྤྱོད་པ་མ་ཡིན་པར་ཚངས་པར་སྤྱོད་པར་ཁས་འཆེ་ཞིང་ལུག་པོང་ལྟར་སྤྱོད་པས་སོ། །རིག་པར་བྱ་བའི་ཆོས་སྟོན་པ་དེ་དག་ཀྱང་ལྷག་པར་རྒྱལ་རིགས་འཁོར་དང་བཅས་པའི་བཀུར་སྟི་བྱས་པར་འགྱུར། རིམ་གྲོ་དང་མཆོད་པ་བྱས་པར་འགྱུར་རོ། །དེ་དག་ཀྱང་ཁྲིམ་པ་རྣམས་ལ་དགེ་སློང་སྤྱོང་བ་ལ་བརྩོན་པ་རྣམས་ཀྱི་བསྔགས་པ་མ་ཡིན་པ་བརྗོད་པར་འགྱུར་རོ། །རྒྱལ་རིགས་འཁོར་དང་བཅས་པ་དེའང་དགེ་སློང་སྤྱོང་བ་ལ་བརྩོན་པ་རྣམས་ལ་རབ་ཏུ་སྡང་བར་འགྱུར་འཕྲུ་བར་འགྱུར་ཏེ། དེས་ན་དགེ་སློང་སྤྱོང་བ་ལ་བརྩོན་པ་རྣམས་ཀྱི་ལོངས་སྤྱོད་དང་ཉེ་བར་སྤྱོད་པ་གང་ཡིན་པ་དེ་དགེ་སློང་ཁ་ཏོན་བྱེད་པ་ལ་དགའ་བ་རྣམས་ལ་སྦྱིན་པར་འགྱུར་ཏེ་དེ་དག་གཉིས་ཀའང་རྩ་བའི་ལྟུང་བར་འགྱུར་རོ། །དེ་ཅིའི་ཕྱིར་ཞེ་ན། དགེ་སློང་བསམ་གཏན་པ་ནི་ཞིང་དམ་

པ་ཡིན་གྱི། ཀློག་པ་དང་ཞལ་ཏ་བྱེད་པ་ལ་གནས་པ་དང་ཀློག་པ་ལ་བརྩོན་པ་ནི། ཏིང་ངེ་འཛིན་དང་གཟུངས་དང་བཟོད་པའི་ས་རྣམས་ཀྱི་སྣོད་དུ་གྱུར་པའམ། ཤིན་ཏུ་སྦྱིན་གནས་སུ་གྱུར་པའམ། སྣོད་དུ་གྱུར་པ་དང་། འཇིག་རྟེན་ལ་སྣང་བར་བྱེད་པའམ། ཉེ་བར་སྟོན་པར་བྱེད་པའམ། ལས་ཀྱི་ཞིང་དང་ཉོན་མོངས་པའི་ཞིང་ལས་སེམས་ཅན་རྣམས་སྒྲོལ་བ་དང་མྱ་ངན་ལས་འདས་པར་འགྲོ་བའི་ལམ་ལ་འཛོག་པ་མ་ཡིན་པའི་ཕྱིར་ཏེ། རིགས་ཀྱི་བུ་བརྒྱད་པོ་འདི་དག་ནི་རྩ་བའི་ལྟུང་བའོ། །ཞེས་བྱ་བ་གསུངས་ཏེ། འདི་ལ་གཞི་ནི། བསམ་གཏན་བྱེད་པའི་ལོངས་སྤྱོད་དོ། །འདུ་ཤེས་ནི། སངས་རྒྱས་ཀྱི་བསྟན་པ་དང་བསྟན་པ་མ་ཡིན་པའི་ཁྱད་པར་མི་ཤེས་པས་བསམ་གཏན་པ་དག་ཆོས་མ་ཡིན་པ་ལ་སྤྱོད་པར་ཤེས་ཤིང་ཆོས་སྨྲ་བ་ཁོ་ན་བསྟན་པ་འཛིན་པར་འདུ་ཤེས་པའོ། །བསམ་པ་ནི། བསམ་གཏན་པའི་ལོངས་སྤྱོད་འཕྲོག་པར་སེམས་པ་དང་། ཆོས་སྨྲ་བ་པོས་བསམ་གཏན་པ་ལས་བདག་ཉིད་ཞིང་དམ་པར་ཤེས་པའོ། །སྦྱོར་བ་ནི། བསམ་གཏན་པའི་ལོངས་སྤྱོད་སྤྱོད་པའམ་ལོངས་སྤྱོད་འཕྲོགས་ནས་བདག་གིར་བྱས་པའམ། བསམ་གཏན་པའི་ལོངས་སྤྱོད་ཆོས་སྨྲ་བ་ལ་སྦྱིན་པའོ། །མཐའ་ནི་བསམ་གཏན་པའི་ལོངས་སྤྱོད་ཕྲོག་པ་པོས་ལོངས་སྤྱོད་རྣམས་བདག་ཉིད་ཀྱི་ཡིན་པར་བློས་མཆམས་བྱས་པ་དང་། ཆོས་སྨྲ་བས་ལོངས་སྤྱོད་དེ་རང་ལ་སྦྱིན་པ་ན་ཡང་བདག་ཉིད་ཀྱི་ཡིན་པར་བློས་མཆམས་བྱས་པའོ། །འདི་ནི་དམ་ཆོས་འདྲར་སྣང་སྟོན་པ་སྟེ་སའི་ལྟུང་བ་བཞི་པའོ། །རྩ་བའི་ལྟུང་བ་བཅུ་བཞི་པོའི་རྣམ་པར་བཞག་པ་རང་གི་བློས་ཇི་ཙམ་ནུས་པ་དང་སྦྱར་ཏེ་བཀོད་པ་ཡིན་ལ༑ སློབ་དཔོན་ཤ་ནྟི་ཡས་ནི་ལས་དང་པོ་པའི་ལྟུང་བ་བདུན་པ་དང་བརྒྱད་པ་གཉིས་པོ་སའི་ལྟུང་བ་གསུམ་པ་དང་སྦྱོར་ཏེ། གཉིས་ཀ་མ་སྦྱིན་པར་ལེན་པའི་བྱ་བ་ཡིན་པས་འཐད་པ་འདྲའོ། །གསུམ་པ་དང་བཞི་པ། བདག་བསྟོད། གཞན་སྨོད་དུ་བསྡུ་བར་བཞེད་ཀྱང་། དམ་ཆོས་ལྟར་སྣང་སྟོན་པའི་ཕྱོགས་སུ་བྱས་ན་ཉེའོ། །

སྤྱིར་ན་གནས་འདི་དག་ལ་ཤིན་ཏུ་གསལ་བའི་བཤད་པ་ཉུང་བས་བདག་ཉིད་ཀྱི་བློའི་གོམས་པ་བསྐྱེད་པའི་ཕྱིར་བྲིས་པ་ཡིན་ལ། བྱང་ཆུབ་སེམས་དཔའི་རྩ་བའི་ལྟུང་བ་ཡིན་ཕན་ཆད། སའི་བཞི་པོར་འདུ་བར་མ་བྱས་ན་རྩ་བའི་ལྟུང་བའི་ཕྱོགས་ཙམ་ལས་མ་བརྗོད་པས་སློབ་དཔོན་ཐོགས་མེད་

ཀྱིས་མི་མཁྱེན་པའམ། མཁྱེན་ཡང་བཏང་སྙོམས་སུ་མཛད་ན། མཛད་པར་འོས་པ་མ་མཛད་པའི་ཉེས་པས་གོས་པར་འགྱུར་རོ་སྙམ་དུ་བསམས་ནས། ནམ་མཁའི་སྙིང་པོའི་བཅུ་བཞི་པོ་ཐམས་ཅད་ཐོགས་མེད་ཀྱི་རྒྱ་བའི་ལྟུང་། ནམ་སྙིང་གི་མདོའི་རྩ་ལྟུང་རྣམས་བྱང་སའི་རྩ་ལྟུང་དུ་འདུ་ལུགས་ཀྱི་བཤད་པ་འདི་ནི་ལོ་ཆེན་བསོད་ནམས་རྒྱ་མཚོས་མཛད་པར་སྣང་སྟེ། མ་དཔེའི་ཞབས་ནས་ཉུང་ཟད་མ་ཚང་འདུག་པ་སླར་རྙེད་ན་བསབ་པར་བྱའོ། །སྨོས་བཙུན་སྨོངས་པ་ཧྲྀཿཤྲཱི་ཡིས། །རང་གི་ལྟ་དཔེར་ཡར་འབྲོག་དགའ་ལྡན་དུ། །ཕྱིན་དུས་ཕར་ཕྱིར་ཚུགས་མལ་ས་རུ་བྲིས། །དགེ་དེས་བླ་མེད་ཚུལ་ཁྲིམས་རྣམ་དག་ཤོག ། །།

༄༅། །སྡེ་ལྔའི་སྡོམ་ཚིག་གསལ་བྱེད་མེ་ལོང་ཞེས་བྱ་བ་བཞུགས།

ཐམས་ཅད་མཁྱེན་པ་ལ་ཕྱག་འཚལ་ལོ། ཕམ་པ་༤ལྷག་མ་༡༣ལྟུང་བ་སྤངས་ལྟུང་༣༠དང་། ལྟུང་བྱེད་འབའ་༩༠ཞིག །དང་། །སོར་བཤགས་༤ཉེས་བྱས་༡༡༢སྡེ་ལྔ་ཡིན།

༈ དང་པོ་སྤྱད་ན་གསོར་མེད་པས་གཉེན་པོ་ཕམ་པ་ཕམ་པའི་སྡེ་ནི།

༈ ༡མི་ཚངས་སྤྱོད་ནི། ཁ་ཤུན་སོ་དང་བགས་པ་ལས། །ནོར་བུ་འདས་ན་ཕས་ཕམ་སྐྱེ། །ཞེས་སྐྱེ་གནས་ཀྱི་ལམ་གསུམ་དུ་ཕོ་དབང་བཙུག་རེག་གི་བདེ་བ་མྱོང་བ་དང་། ༢རྐུ་བ་ནི། ཀརྵ་པ་ཎིའི་བཞི་ཆ་རྐུས། །དེ་རྐུས་རྒྱལ་ཁྲིམས་ཞིག་པ་ཡིན། །ཞེས་གསེར་ཞོ་ཕྱེད་ཀྱི་རིན་ཐང་དུ་ལོངས་པའི་ནོར་དུས་གཅིག་ལ་རྐུ་བ་དང་། ཕུང་པོ་ལ་རྐུན་རེ་རེ་ཞིང་ཐ་དད་དོ། །༣མི་ལ་བསད་པར་མི་བྱ་བ། མི་འམ་མིར་ཆགས་པ་རང་ངམ། དམག་ལ་སོགས་པ་དོན་གཅིག་ཕྱིར། །ཐམས་ཅད་བྱེད་པ་པོ་བཞིན་ལྡན། །ཞེས་གཞན་ལ་བསྐོས་པས་བསད་བྱའི་སྲོག་འགགས་པ། ༤རྫུན་དུ་སྨྲ་བ་ནི། འདིར་ནི་སྒྲིབ་པ་རྣམ་པ་ལྔ། །མི་རྣམས་ཀྱི་ནི་ཆོས་སུ་ཐོས། །དེ་སྐད་བླ་མའི་ཆོས་སུ་འདོད། །ཅེས་མངོན་ཤེས་སོགས་མི་ཆོས་བླ་མའི་ཡོན་ཏན་མེད་བཞིན་དུ་ཡོད་པར་སྨྲས་པ་གཞན་གྱིས་གོ་བ་དང་བཅས་པ་ཡི། །ཆོས་བཞི་འདིར་ནི་གསུངས་པ་ཡིན། །

༈ གཉིས་པ་གསོ་བ་དགེ་འདུན་ལ་རག་ལས་ཤིང་སྡོམ་པ་རྣམ་དག་གི་ལྷག་ལུས་པས་ན་དགེ་འདུན་ལྷག་མའི་སྡེ་ནི། ༡ཁུ་བ་བསམ་བཞིན་དུ་ལག་པ་སོགས་ཀྱིས་ཁུ་བ་ཕྱུངས་པ། ༢འཛིན་པ་བུད་མེད་ཀྱི་ལུས་ཀྱི་ཆ་ཤས་ཀྱི་ཤ་རྗེན་པར་རེག་པ། ༣འཁྲིག་ཚིག་བུད་མེད་ལ་ཆགས་སེམས་ཀྱིས་འཁྲིག་ཚིག་སྨྲ་བ། ༤བསྙེན་བཀུར་བུད་མེད་ཀྱི་དྲུང་དུ་འཁྲིག་པས་བསྙེན་བཀུར་ན་མཆོག་གོ་ཞེས་བསྔགས་པ། ༥སྨྱན་གཉེན་དགར་བྱས་པས་སྐྱེས་པ་བུད་མེད་སྤྲད་པ། ༦ཁང་པ་གཞི་དང་ཡོ་བྱད་མི་རུང་བས་རང་དོན་དུ་སྲིད་དུ་ཁྲུ་བཅོ་བརྒྱད་ཞེང་དུ་ཁྲུ་ཕྱེད་དང་བཅུ་གཅིག་ལས་ལྷག་པའི་ཁང་པ་རྩིགས་པ། ༧ཁང་ཆེན་གཞི་མ་དག་པར་དགེ་སློང་བཞི་ཡན་ཆད་ཀྱི་དོན་དུ་བརྩིགས་པ་དང་།

༨ གཞི་མེད་པ་མཐོང་ཐོས་དོགས་གསུམ་མེད་པར་དགེ་སློང་ལ་ཕམ་པས་སྐུར་པ་འདེབས་པ། ༩ བག་ཙམ་དགེ་སློང་ལ་སྐྱོད་བག་ཙམ་ལ་བརྟེན་ནས་ནྲུར་གྱིས་ཕམ་པའི་བསྐུར་འདེབས། ༡༠ དགེ་འདུན་དབྱེན་དང་ཞེས་དགེ་འདུན་དབྱེན། དེ་རྗེས་ཕྱོགས། ཁྱིམ་སུན་འབྱིན་པ། བཀའ་བློ་མི་བདེ་བ་བྱེད་པ་ལ་བཟློག་བྱེད་གླེང་དྲན་གནམ་བགོ་གསོལ་བ་གཅིག་དང་བརྗོད་པ་གསུམ་སོང་བའི་མཐར་མི་གཏོང་ན་དངོས་གཞི་བསྐྱེད་དོ། ། ༡༡ དེ་རྗེས་ཕྱོགས་དགེ་འདུན་དབྱེན་བྱེད་པ་དེའི་གྲོགས་བྱེད་པའི་དགེ་སློང་ལ་བཟློག་ཀྱང་མི་གཏོང་བ། ༡༢ ཁྱིམ་སུན་འབྱིན་སྤྱོད་པ་ངན་པས་ཁྱིམ་པ་མ་དད་པར་བྱས་པ་དགེ་འདུན་གྱིས་བསྐྲད་པ་ན་དགེ་འདུན་ལ་སྐུར་པ་འདེབས་པ་བཟློག་ཀྱང་མི་གཏོང་བ་དང་། ༡༣ བཀའ་བློ་མི་བདེ་བ་ལྟུང་བ་བྱུང་བར་གླེང་བ་ན་བདག་ལ་མ་སྨྲ་ཞེས་འགོག་པར་དགེ་འདུན་གྱིས་བཟློག་ཀྱང་མི་གཏོང་བའོ།

༄ གསུམ་པ་ལྟུང་བ་ལ་གཉིས་ལས། དང་པོ་གང་ལ་ལྟུང་བ་བྱུང་བའི་ཡོ་བྱད་དེ་སྤང་བའི་སྒོ་ནས་ཕྱིར་བཅོས་དགོས་པས་སྤང་ལྟུང་ལ་བཅུ་ཚན་གསུམ་གྱི། དང་པོ་ནི། ༡ འཆང་བ་ཆོས་གོས་ཀྱི་ཁ་སྐོང་བའི་རེ་བ་མེད་པའི་གོས་ལྷག་གང་ལོངས་པ་བྱིན་གྱིས་མ་བརླབ་པའམ་རླབས་ཀྱང་ཤན་སྦྱོར་ཀྱིས་ཞག་བཅུ་འདས་པར་བཅངས་པ། ༢ འབྲལ་བར་རང་གི་ཆོས་གོས་རྣམ་གསུམ་བྱིན་རླབས་ཅན་རང་གི་ཉེ་འཁོར་ལས་གཞན་དུ་བཞག་ནས་ཞག་འདས་པ། ༣ འཇོག་པ་ཆོས་གོས་གསུམ་གང་རུང་མེད་པས་དེའི་རྒྱུར་བསགས་པའི་ཁྲུར་ལོངས་ལ་འཁོར་གསུམ་མི་ཁེབས་པའམ་གོས་བྱིན་མ་རླབས་པའམ་ཤན་སྦྱོར་གྱིས་ཟླ་བ་གཅིག་འདས་པ་དང་། ༤ འཁྲུར་འཇུག་པ་རང་གི་ཆོས་གོས་གསུམ་དང་གདིང་བ་རྙིང་པ་དགེ་སློང་མ་ཉེ་དུ་མ་ཡིན་པར་འཁྲུར་བཅུག་པ་དང་། ༥ ལེན་པ་ཉེ་དུ་མ་ཡིན་པའི་དགེ་སློང་མ་ལས་གོས་སོགས་བླངས་པས་ཐོབ་པ་དང་། ༦ སློང་བ་ཁྱིམ་པ་ཉེ་དུ་མིན་པ་ལས་གོས་བླངས་ཏེ་ཐོབ་པ་དང་། ༧ སྟོད་གཡོགས་སྨད་གཡོགས་རང་གོས་ཀྱིས་འཕོངས་པས་ཁྱིམ་པ་ཉེ་དུ་མིན་པར་གོས་གཉིས་ལས་ལྷག་པ་བླངས་པས་ཐོབ་པ་སློང་བར་རིགས་པའི་སྤྱངས་བ་བཅས། ༨ རིན་ཐང་ཁྱིམ་པ་ཉེ་དུ་མ་ཡིན་པས་རང་ལ་གོས་སྟེར་བར་ཤེས་པ་མ་སྨྲུལ་གོང་ནས་བླངས་ཏེ་ཐོབ་པ་དཔགས་པ་སློང་བའི་ལྟུང་བ། ༩ སོ་སོར་ཁྱིམ་པ་ཉེ་དུ་མིན་པ་གཉིས་ཀྱིས་སྟེར་བར་ཤེས

ནས་སློང་བ། ༡༠ བསྐུར་བ་སྦྱིན་བདག་གིས་བསྐུར་བའི་གོས་ཀྱི་རིན་ཞལ་ཏ་བ་ཁྱིམ་པ་ལ་གཏད་ནས་གོས་སྒྲུབ་ཏུ་བཅུག་པ་བསྐུལ་བ་གསུམ་དང་སྟོད་པ་གསུམ་ལས་ལྷག་པར་ལེན་པའོ། །

༄ བཅུ་ཚན་གཉིས་པ་ནི། ༡ སྲིན་བལ་ཞེས་སྲིན་བལ་སོགས་རིན་ཐང་ཅན་གྱི་གདན་དང་། ༢ འབའ་ཞིག་བལ་ནག་པོ་འབའ་ཞིག་པའོ། །༣ ཆ་གཉིས་བལ་ནག་ཆ་གཉིས་ལས་ལྷག་པ་བསྲེས་ཏེ་གདན་བྱེད་དམ་བྱེད་དུ་བཅུག་པ་ན་དང་སྐེ་བལ་བགྲམ་པ་ཙམ་གྱིས་དེ་དང་དེའི་སྤྱང་ལྟུང་ངོ་། ། ༤ དྲུག་དང་ཞེས་སྟན་སྔ་མས་ལོ་དྲུག་མ་སོང་བར་སྟན་གཉིས་པ་བྱེད་པ། ༥ མཐོ་གང་གདིང་བ་གསར་པ་ལ་རྙིང་པ་ནས་ཁྲུ་བྱེད་དོ་མ་བླན་པར་ལོངས་སྤྱོད་པ། ༦ ལམ་དུ་བལ་ཁུར་དུ་ལོངས་པ་ཆགས་སེམས་ཀྱིས་ཁྱེར་མཁན་ཡོད་ན་རྒྱང་གྲགས་དང་མེད་ན་དཔག་ཚད་ལས་འདས་ནས་ཁྱེར་བ་དང་ནི། ༧ འཁྲུ་གང་ཉེ་དུ་མིན་པའི་དགེ་སློང་མ་ལ་བལ་འཁྲུའམ་འཚེད་དམ་རྨེལ་དུ་འཇུག་པ་དང་། ༨ གསེར་དངུལ་ལེན་རིན་ཐང་མཉམས་པའི་རིན་པོ་ཆེ་ལ་རེག་གམ་རེག་ཏུ་བཅུག་པའོ། ། ༩ མངོན་མཚན་ཅན་ཉེ་དུ་མིན་པའི་ཁྱིམ་པར་རང་དོན་འབུན་བསྐྱེད་བཏང་སྐེ་གོས་ཁྲུ་གང་ཡན་ཙམ་གྱི་བསྐྱེད་ཐོབ་པ་དང་། ༡༠ ཉོ་ཚོང་ངོ་། །ཞེས་རང་དོན་དུ་ཁེ་འདོད་པས་འབྲུ་སོགས་རིན་ཆེན་མིན་པའི་ནོར་མོད་ན་ཉོ་ཞིང་དཀོན་ན་བཙོངས་པས་གོས་ཁྲུ་གང་ཡན་ཆད་ཀྱི་ཁེ་ཐོབ་པའོ།

༄ བཅུ་ཚན་གསུམ་པ་ནི། ༡ ལྷུང་བཟེད་གཉིས་༢ ལྷུང་བཟེད་ལྷག་པོ་བྱིན་མ་རླབས་པའམ་རླབས་ཀྱང་ཤན་སྤོབས་ཀྱིས་ཞག་བཅུ་འདས་པར་འཆང་བ་དང་ལྷུང་བཟེད་རུང་བ་ཚད་ལྡན་ཡོད་བཞིན་དུ་ཁྱིམ་པ་ཉེ་དུ་མ་ཡིན་པ་ལས་ལྷུང་བཟེད་ལྷག་པོ་འཚོལ་བ་དང་། ༣ ཐ་ག་གཉིས་༤། ཁྱིམ་པ་ཉེ་དུ་མ་ཡིན་པར་གླ་རྔན་མ་སྦྱིན་པར་རང་གི་གོས་རྒྱུ་འཐག་ཏུ་བཅུག་པ་དང་སྦྱིན་བདག་གིས་རང་ལ་འབུལ་རྒྱུའི་གོས་ཐ་ག་པ་ལ་རྔན་པ་སྦྱིན་ནས་བསྐྱེད་པའོ། ། ༥ བྱིན་འཕྲོགས་དགེ་སློང་གཞན་ལ་གོས་དང་ལྷུང་སོགས་སྟེར་བྱིན་ནས་སླར་འཕྲོག་པ། ༦ སྟོན་ཟླ་ཐ་ཆུང་དབྱར་གནས་པའི་དགེ་སློང་གིས་དབྱར་བཀྱེད་བདག་གིར་བྱེད་པ་དང་དབྱར་ནང་དུ་བགོད་པ་སྤྲས་པ་དང་དགག་དབྱེའི་ཕྱིས་མ་བགོས་པ་ཕྱིས་པའི་སྤྱང་བ་དང་། ༧ དགོན་པ་བ་འཇིགས་བཅས་ཀྱི་དགོན་པར་སྣམ་སྦྱར་གཞན་དུ་བཅོལ་བ་འཇིགས་པ་དང་བྲལ་ནས་ཀྱང་བཞག་སྟེ་ཞག་བདུན་པའི་སྐྱ་རེངས་ཤར་བ་དང་། ༨ རས་

ཆེན་དབྱར་གྱི་རས་ཆེན་ཚུལ་ཞུགས་ཀྱི་གོང་ཟླ་གཅིག་དང་དགག་དབྱེའི་རྗེས་སུ་ཟླ་ཕྱེད་པར་ལས་ལྷག་པར་འཚོལ་བཅངས་དང་། ༩ བསྡོས་པ་དགེ་འདུན་ནམ་གང་ཟག་གཞན་ལ་བསྡོས་པའི་བརྙེད་པ་རང་ལ་བསྒྱུར་བ་དང་ནི། ༡༠ གསོག་འཇོག་ཟན་ལྔ་བུ་དུས་རུང་། ཇའི་བཏུང་བ་ལྔ་བུ་ཐུན་ཚོད། མར་བུར་སོགས་ཞག་བདུན་པ། ཨ་རུ་ལྔ་བུ་འཚོ་བཅངས་ཏེ་སྨན་བཞི་ལས་དང་པོ་གསུམ་བྱིན་ལེན་བྱས་པ་རང་རང་གི་དུས་ལས་འདས་པར་བཅངས་པ་དག་གོ། །

༄ གཉིས་པ་བཤགས་པ་འབའ་ཞིག་པས་ཕྱིར་བཅོས་དགོས་པས་ལྟུང་བྱེད་འབའ་ཞིག་པ་ལ་བརྒྱ་རྩ་དགུ་ལས། སྤྱི་སྡོམ་ལས། ཤེས་བཞིན་དང་པོ་སོགས་བཅུ་ཚན་དང་པོ་ནི། ༡ རྫུན་གོང་འོག་ཏུ་དམིགས་བསལ་སློས་པ་རྣམས་མ་གཏོགས་པའི་ཤེས་བཞིན་དུ་རྫུན་སྨྲས་པ་གཞན་གྱིས་ཐོས་ཤིང་གོ་བ། ༢ སྐྱོན་གནོད་སེམས་ཀྱིས་དགེ་སློང་གཞན་གྱི་སྐྱོན་ནས་བརྗོད་པ། ༣ དགེ་སློང་ཕྲ་མ་དགེ་སློང་གཉིས་ཕན་ཚུན་དབྱེ་འདོད་ཀྱིས་ཕྲ་མའི་ཚིག་སྨྲ་བ་དང་། ༤ སྐྱོ་སྐྱོགས་བྱེད་དགེ་སློང་ཕན་ཚུན་གཉིས་ཀྱི་རྩོད་པ་ཞི་བ་སླར་བསླང་སྟེ་རྩོད་དུ་འཇུག་པ་དང་། ༥ སྟོན་པ་ཁྲིམས་གྲོགས་མེད་པར་བུད་མེད་ལ་ཚིག་ལྔའམ་དྲུག་ལས་ལྷག་པའི་ཆོས་སྟོན་པ་དང་། ༦ འདོན་དང་ཞེས་ཚོད་བག་གི་དབང་གིས་བསྙེན་པར་མ་རྫོགས་པ་དང་ལྷན་ཅིག་ཚིག་གདངས་སྣ་ཚོགས་ཀྱིས་འདོན་པ་བྱེད་པ། གནས་ངན་ལེན་༧བསྙེན་པར་མ་རྫོགས་པའི་དྲུང་དུ་དགེ་སློང་གི་ཕམ་ལྷག་གི་ལྟུང་བ་གླེང་བར་མ་བསྐོས་པར་འདི་འདི་བྱས་སོ་ཞེས་གླེང་བ་དང་ཆོས་ཡུལ་མ་རྫོགས་པ་དང་འཕགས་པ་མིན་པའི་དྲུང་དུ་རང་གིས་ཐོབ་པའི་མི་ཆོས་བླ་མའི་ཡོན་ཏན་བརྗོད་པས་གོ་བའོ། །༩ བཤེས་ངོར་བྱེད་དགེ་འདུན་གྱི་རྫས་སྟེར་བར་མི་འོས་པ་ལ་མ་བྱིན་ཀྱང་བྱིན་ནོ་ཞེས་བསྐུར་པ་འདེབས་པ་དང་། ༡༠ ཁྲུད་དུ་གསོད་གསོ་སྦྱོང་གི་དུས་སུ་བསླབ་པ་འདི་དང་འདིས་ཅི་བྱ་ཞེས་ཁྲུད་གསོད་ཀྱི་ཚིག་སྨྲས་པ་གཞན་གྱིས་གོ་བའོ། །

༄ ས་བོན་དང་སོགས་བཅུ་ཚན་གཉིས་པ་ནི། ༡ ས་བོན་ནས་ལྔ་བུས་བོན་དང་སྨྱུ་གུ་སྐྱེ་བ་གང་རུང་ཉམས་པར་བྱེད་དམ་བྱེད་དུ་འཇུག་པ། ༢ འཕྱ་བ་དགེ་སློང་ཞལ་ཏ་པ་ལ་འདིས་བདག་ལ་གནས་མལ་དང་ཟས་ངན་པ་སྟོབ་ཅེས་དངོས་པོ་ཟུར་གྱིས་འཕྱ་བ། ༣ བསྙོ་བ་དགེ་འདུན་ནམ་དགེ་སློང་གིས

ཕྱིར་བཅོས་པའི་ལྟུང་བ་གླེང་བའམ་སྐྱིང་ནས་གཏམ་འདྲི་བ་ལ་ཁྲུད་གསོད་ཀྱི་གཞན་ལན་འདེབས་པ་དང་། ༤ ཁྲི་དགེ་འདུན་གྱི་གནས་མལ་ལ་ལོངས་སྤྱད་ནས་བླ་གབ་མེད་པར་བོར་བས་ཆུད་ཟོས་པ་དང་། ༥ གདིང་བ་དགེ་འདུན་གྱི་གནས་སུ་རྩྭ་དང་ལོ་མའི་སྟན་བཏིང་བ་རང་གར་བོར་ནས་སོང་བ་དང་། ༦ བསྐྲོད་པ་དགེ་སློང་གཞན་ལ་གནོད་སེམས་ཀྱིས་དགེ་འདུན་གྱི་གནས་ཁང་ནས་བསྐྲད་དམ་བསྐྲོད་དུ་འཇུག་པ་དང་། ༧ ཕྱིས་གནོན་ལུས་ངག་གིས་དགེ་སློང་གཞན་ལ་གནོད་པ་བྱེད་པས་ཟིལ་གྱིས་གནོན་པ། ༨ འབྱུང་བ་དགེ་འདུན་གྱི་གནས་ཁང་སྟེང་ཐོག་བརྫོལ་ཉེན་ཡོད་པར་ཁྲི་རྐང་རྣོན་པོ་བཙུགས་ཏེ་འདུག་པ། ༩ འདེབས་པ་སྲོག་ཆགས་དང་བཅས་པའི་རྩ་ཆུ་ལ་སྤྱོད་དམ་སྤྱོད་དུ་བཅུག་པས་སེམས་ཅན་ཤི་བ་དང་། ༡༠ རིམ་པ་གཉིས་སུ་རྩིག་པ་སྤྱོད་ལམ་བཞི་ཤོང་ཡན་གྱི་གཙུག་ལག་ཁང་ཆར་ཆུས་འཇིགས་སར་ཉིན་གཅིག་ལ་ཕག་རིམ་གཉིས་ལས་ལྷག་པར་བརྩིགས་པའོ།།

༄ མ་བསྒོས་པ་དང་སོགས་བཅུ་ཚན་གསུམ་པ་ནི། ༡ མ་བསྒོས་མ་བསྒོས་པས་དགེ་སློང་མ་ལ་ཆོས་སྟོན་པ། ༢ ཉི་མ་ནུབ་པ་བསྒོས་ཀྱང་དགེ་སློང་མ་ལ་ཉི་མ་ནུབ་ནས་ཆོས་སྟོན་པ་དང་། ༣ ཟས་དགེ་སློང་མའི་སྟོན་པར་བསྒོས་པའི་དགེ་སློང་ལ་ཟས་ཕྱིར་ཆོས་སྟོན་ནོ་ཞེས་བསྐུར་པ་འདེབས་པ་དང་། ༤ ཆོས་གོས་གཉིས་དག་"ཉེ་དུ་མ་ཡིན་པའི་དགེ་སློང་མའི་གོས་འཚེམས་པ་དང་དགེ་སློང་མ་ལ་ཆོས་གོས་སྦྱིར་བ་དང་། ༦ དོན་མཐུན་དགེ་སློང་མ་དང་ལྷན་ཅིག་ལམ་དུ་ཞུགས་ནས་རྒྱང་གྲགས་ལས་ལྷག་པར་འདའ་བ། ༧གྲུ་དང་ཞེས་དགེ་སློང་མ་དང་ལྷན་ཅིག་གྲུར་ཞུགས་ནས་ཁྲིམས་གྲོགས་མེད་པར་རྒྱུན་ནམ་རྒྱུན་ལས་ལྡོག་ཏེ་རྒྱང་གྲགས་འདས་ནས་འགྲོ་བ། ༨ དབེན་པ་ ༩ གཉིས། དབེན་པ་སྐྱབས་ཡོད་དུ་བུད་མེད་ཉེ་དུ་མ་ཡིན་པ་དང་ལྷན་ཅིག་ཁྲིམས་གྲོགས་མེད་པར་འདུག་སྟེ་གནས་པ་དང་། འགྲེངས་ཏེ་གནས་པ་གཉིས་སོ། ༡༠ དགེ་སློང་མ་ཡིས་སྦྱོར་བཅུག་པ་དགེ་སློང་མ་ཉེ་དུ་མིན་པས་རྫུན་གྱིས་ཡོན་ཏན་བརྗོད་པའི་སྒོ་ནས་སྦྱིན་བདག་ལ་ཟས་སྦྱོར་དུ་བཅུག་པས་ཟོས་པའོ།

༄ ཡང་ཡང་དང་སོགས་བཅུ་ཚན་བཞི་པ་ནི། ༡ ཡང་ཡང་ཁྲིམ་གཞན་དུ་ཁ་ཟས་ཟོས་ནས་ཡང་གཞན་དུ་ཟ་བ་དང་ནི། ༢ འདུག་གནས་གཅིག་ནི་མུ་སྟེགས་པའི་གནས་སུ་ཞག་གཅིག་བསྡད་

ནས་ཁྱིམ་པ་ཉེ་དུ་མ་ཡིན་པ་ལས་ཟས་གཉིས་པ་བླངས་ནས་ཟ་བ། ༣ ཕྱེ་དང་ཞེས་ཁྱིམ་པ་ཉེ་དུ་མིན་པ་ལས་ལྷུང་བཟེད་དོ་གསུམ་ལས་ལྷག་པའི་ཟས་བླངས་པ་གཞན་དུ་ཁྱེར་ནས་ཟ་བ། ༤ བཅའ་དང་ཞེས་ཉིན་ཞག་དེ་ལ་ཁ་ཟས་ཟོས་ཆར་ནས་མི་ཟ་བར་བློ་ཐག་བཅད་པ་སླར་ལྷག་པོར་མ་བྱས་པར་ཟ་བ། ༥ སྤོབ་པ་དགེ་སློང་གཞན་གྱིས་སྤྲངས་པའི་ཟས་ལྷག་པོར་མ་བྱས་པར་བྱས་སོ་ཞེས་རྫུན་གྱིས་སྤོབ་པ་དང་། ༦ འདུས་དང་ཞེས་མཚམས་ནང་དུ་དགེ་འདུན་སྤྱི་ལས་ལོགས་སུ་དགེ་སློང་གསུམ་ཡན་འདུས་ནས་ཟ་བ། ༧ དུས་མིན་རང་གླིང་གི་ཉི་མ་ཕྱེད་ཡོལ་ནས་སྐྱ་རེངས་མ་ཤར་བར་དུས་རུང་གི་ཟས་ཟ་བ། ༨ གསོག་འཇོག་སྨན་བཞི་གང་རུང་གསོག་འཇོག་བྱས་ཏེ་ཟ་བ་དང་། ༩ ཁ་ནས་མིད་དེ་བྱིན་ལེན་མ་བྱས་པར་སྨན་བཞི་གང་རུང་ཟོས་པ་དང་། ༡༠ བསོད་པ་ཉིད་སྨན་བཞི་གང་བྱུང་གིས་ཆོག་མི་ཤེས་པར་བཟང་པོ་བླངས་ཏེ་ཟ་བ་དང་།

༄ ཆུ་དང་སོགས་བཅུ་ཚན་ལྔ་པ་ནི། ༡ སྲོག་ཆགས་བཅས་ཞེས་སྲོག་ཆགས་དང་བཅས་པའི་རྩྭ་ཆུ་ཤིང་སོགས་ལ་རང་དོན་དུ་སྤྱད་པས་སེམས་ཅན་ཇི་སྙེད་ཤི་བ་དེ་སྙེད་ཀྱི་ལྟུང་བ་དང་། ༢ ཉལ་སར་འདུག་ཁྱིམ་པ་ཕོ་མོ་ཉལ་པོ་བྱེད་པའི་ཁྱིམ་དུ་འདུག་པ་ཕན་ཚུན་ཡོད་པར་ཚོར་བ། ༣ འགྲེང་བ་ཁྱིམ་པ་ཉལ་པོ་ཤོམ་པའི་ཁྱིམ་གྱི་དབེན་པའི་སྐྱིབས་སུ་འགྲེངས་ཏེ་གནས་པ་དང་། ༤ གཅེར་བུ་མུ་སྟེགས་གཅེར་བུ་པར་དགོས་པ་ཁྱད་པར་བ་མེད་པར་ཟས་སྟེར་བ། ༥ དམག་དང་ནི་ཞེས་རང་གི་གནས་ཀྱི་ཉེ་འཁོར་ལས་འདས་ནས་དམག་ལ་བལྟ་བ། ༦ ཞག་གཉིས་དམག་གི་ནང་ཞག་གཉིས་ལས་འདས་སྡེ་སྡོད་པ། ༧ བཤམ་དཀྲུག་འགྲོ་བ་དམག་ནང་དུ་གོ་ཆ་སོགས་ལ་རེག་པ་དང་གཡུལ་བཤམས་པའི་རུ་དཀྲུག་པ་སོགས་བྱེད་པ་དང་། ༨ བརྡེག་པ་ཁྲོ་བས་དགེ་སློང་གཞན་ལ་བརྡེག་པས་ཕོག་པ་དང་། ༩ གཟས་པ་དགེ་སློང་ལ་བརྡེག་པར་གཟས་པ་སྟེ་བརྡེག་ཚུལ་བྱས་པ་དང་། ༡༠ གནས་ངན་ལེན་དགེ་སློང་གཞན་ལ་ཕམ་ལྷག་གང་རུང་བྱུང་བ་ཤེས་བཞིན་དུ་བཅབས་ཏེ་མཚན་མོ་འདས་པའོ།

༄ ཁྱིམ་དང་སོགས་བཅུ་ཚན་དྲུག་པ་ནི། ༡ བདེ་དང་ཞེས་ཁྱིམ་པས་དགེ་སློང་གཞན་ལ་ཟས་འདྲེན་པ་འགོག་པའི་ཚིག་གིས་གཅོད་པ། ༢ མེ་དང་ཞེས་གྲོད་པག་གི་བསམ་པས་མེ་ལ་རེག་

གམ་རིག་དུ་བཅུག་པ་སྐྱེ་དགོས་དབང་གིས་རིག་དགོས་ན་འདིའི་ཚེ་སྟོན་པས་གནང་ངོ་སྙམ་དུ་དུས་དྲན་བྱའོ། །༣ འདུན་པ་དགེ་འདུན་གྱི་ལས་ལ་དང་པོར་འདུན་པ་ཕུལ་ནས་ཡང་འདུན་པ་མི་སྐྱེར་བ་དང་། ༤ བསྙེན་པར་མ་རྫོགས་མཚམས་ནང་གཅིག་ཏུ་ཁྲུ་ཕྱེད་དང་དགུས་བར་མ་ཆོད་པར་བསྙེན་པར་མ་རྫོགས་པ་དང་མཉམ་དུ་ནུབ་གཉིས་ལས་ལྷག་པར་ཉལ་བ། ༥ ཆོས་ཞེས་ཚང་འབྲུང་བ་སོགས་ཉེས་པ་མེད་ཅེས་སྡིག་ལྟའི་ཆོས་དེ་བཟློག་བྱེད་ལྟས་བཟློག་ཀྱང་མི་གཏོང་བ་དང་། ༦ སྨྲ་བ་དགེ་འདུན་གྱི་གནས་དབྱུང་བྱས་པའི་དགེ་སློང་དང་ལྷན་ཅིག་གཏམ་སྨྲ་བ་སོགས་སྤྱོད་ལམ་བསྲེས་པ། ༧ དགེ་ཚུལ་ཞེས་དགེ་ཚུལ་གནས་ནས་ཕྱུངས་པ་དང་ལྷན་ཅིག་སྨྲ་བ་སོགས་འདྲ། ༨ ཁ་དོག་བསྒྱུར་བ་ཟུང་བའི་ཚོན་གསུམ་གྱིས་ཁ་མ་བསྒྱུར་བའི་གོས་གྱོན་པ་དང་། ༩ རིན་པོ་ཆེ་ཞེས་རིན་པོ་ཆེ་དང་མཚོན་ཆ་རོལ་ཆ་རྣམས་ལ་རྒོད་བག་གིས་རེག་པ་དང་། ༡༠ ཚ་བའི་དུས་དབྱར་ཟླ་གསུམ་སོགས་དུས་མིན་པར་ཟླ་ཕྱེད་ཀྱི་སྔ་རོལ་དུ་ཁྲུས་བྱེད་པའོ། །

བསམ་བཞིན་དང་སོགས་བཅུ་ཚན་བདུན་པ་ནི། ༡ དུད་འགྲོ་ཞེས་དུད་འགྲོའི་རིགས་ཆེ་ཕྲ་བསད་ན་ཇི་སྙེད་ཤི་བ་དེ་སྙེད་ཀྱི་ལྟུང་བའོ། ༢ འགྱོད་པ་དགེ་སློང་གཞན་ལ་ཁྱོད་ལ་སྡོམ་པ་མ་སྐྱེས་སམ་ཉམས་ཞེས་འགྱོད་པ་སྐྱེར་འཇུག་པ། ༣ སོར་མོ་དགེ་སློང་གཞན་གྱི་མཚན་ཁུང་སོགས་སྐྱི་གཡའ་བའི་གནས་ལ་རེག་པས་གཡའ་སྒྲོག་པ་དང་། ༤ རྩེ་དང་ཞེས་རྒོད་བག་གི་བསམ་པས་ལུས་ཕྱེད་ནུབ་པའི་ཆུ་ལ་རྩེས་སམ་རྩེར་འཇུག་པ། ༥ ལྷན་ཅིག་ཁྲིམས་གྲོགས་མེད་པར་ཁང་པ་གཅིག་ཏུ་བུད་མེད་དང་ལྷན་ཅིག་ཉལ་བ། ༦ དངངས་བྱེད་དགེ་སློང་གཞན་འཇིགས་སྐྲག་སྐྱེ་བའི་ཕྱིར་བསྡིགས་ར་སྟོན་པ་དང་། ༧ སྦེད་པ་རབ་བྱུང་གཞན་གྱི་ཆོས་གོས་སོགས་ཡོ་བྱད་ཐོ་འཚམས་པའི་བསམ་པས་སྦེད་དམ་སྦེད་དུ་བཅུག་པ་དང་། ༨ གདེངས་མེད་དགེ་སློང་གཞན་གྱི་གོས་དེས་བྱིན་པ་སོགས་ཀྱི་གདེངས་མེད་པར་ཅི་དགར་ལོངས་སྤྱོད་པ། ༩ གཞི་མེད་དགེ་སློང་གཞན་ལ་མཐོང་ཐོས་དོགས་པའི་གཞི་མེད་པར་ལྷག་མས་སྐུར་པ་འདེབས་པ་དང་། ༡༠ སྐྱེས་མེད་པར་ལམ་འགྲོ་བ་བུད་མེད་དང་ལྷན་ཅིག་སྐྱེས་པའི་ཁྲིམས་གྲོགས་མེད་པར་རྒྱང་གྲགས་ལས་འདས་པར་ལམ་དུ་འགྲོ་བའོ། །

མགྲོན་མང་ཀུན་མ་སོགས་བཅུ་ཚན་བརྒྱད་པ་ནི། ༡ ཀུ་དང་ཞེས་ཆོམ་ཀུན་དང་ལྷན་

ཅིག་རྒྱང་གྲགས་འདས་ནས་འགྲོ་བ། ༢ ཉི་ཤུ་མ་លོན་དགེ་སློང་མཁན་པོར་གྱུར་པས་བསྒྲུབ་བྱ་ལ་ཤོལ་རྙེས་པའི་ལོ་ཉི་ཤུ་མ་ལོན་པ་ལ་བསྙེན་རྫོགས་ཕོག་པ་དང་། ༣ རྐོ་བ་ས་མ་ཉམས་འཐམས་པ་སོར་བཞི་ཡན་རྐོ་འམ་རྐོར་བཅུག་པ་དང་། ༤ འགྲོན་སྐྱིན་བདག་གིས་མགྲོན་དུ་བོས་པའི་དུས་ལས་འདས་པར་བསྡད་ནས་ཟས་ཟོས་པ་དང་། ༥ བསླབ་པ་དགེ་སློང་གཞན་གྱིས་བསླབ་བྱ་བསླབ་པ་ན་ཁྱོད་ཀྱིས་བསླབས་པ་ལ་མི་ཉན་ཞེས་སྨྲས་པ་གོ་བ་དང་། ༦ འཐབ་དང་ཞེས་རྩོད་ཟླའི་དགེ་སློང་གཞན་དང་གྲོས་བྱེད་པ་ན་རྩོད་པ་སྤྲར་བའི་ཕྱིར་ཉན་ཉན་བྱེད་པ། ༧ མི་སྨྲ་འགྲོ་བ་དགེ་འདུན་གྱི་ལས་ལ་འདུས་ནས་དགེ་སློང་འཁོད་པ་ལ་མ་སྨྲས་པར་ལས་མི་ཐོས་པའི་སར་ཕྱིན་པ་དང་། ༨ མ་གུས་སྟོན་པ་དགེ་འདུན་ཞལ་ཏ་པས་ཆོས་ལྡན་གྱི་བསྒོ་བ་སྒྲུབ་ནུས་བཞིན་དུ་མ་གུས་པས་མ་བསྒྲུབས་པ། ༩ ཆང་འཐུང་བ་མྱོས་པར་ནུས་པའི་ཆང་འཐུང་ཞིང་སྤྱང་མ་སོགས་ཟ་བ། ༡༠ དུས་མིན་པ་གྲོགས་ལ་མ་སྨྲས་པར་ཉིན་ཕྱེད་ཡོལ་ནས་སྐྱ་རེངས་མ་ཤར་བར་ཁྱིམ་པའི་གནས་སུ་འགྲོ་བའོ། །

༄ ཆོས་སྟོན་ནོ་སོགས་བཅུ་ཚན་དགུ་པ་ནི། ༡ ཟས་བཅས་དགེ་འདུན་གདུགས་ཚོད་ལ་སྤྱན་དྲངས་པ་ན་སྦྱིན་བདག་ལ་དུས་ལས་མ་ཡོལ་བར་ཁྱིམ་ཞིག་མ་སྨྲས་པར་སྤྱི་དྲོ་ཁྱིམ་གསུམ་དུ་བགྲུས་པ་དང་། ཡང་ཕྱེད་ཡོལ་ནས་སྐྱ་རེངས་མ་ཤར་བར་ཁྱིམ་བཞིའི་བར་འདས་ནས་འགྲོ་བའོ། །
༢ སྐྱ་རེངས་ཉི་མ་ནུབ་ནས་སྐྱ་རེངས་མ་ཤར་བར་རྒྱལ་པོའི་ཕོ་བྲང་དང་བཙུན་མོའི་གནས་སུ་ཕྱིན་པ། ༣ ད་གདོད་གསོ་སྦྱོང་གི་དུས་སུ་མདོ་དེ་ལ་དོན་དེ་ཡོད་པ་སྟོར་ནས་རྒྱུས་ཡོད་ཀྱང་ཤེས་རིན་མི་ཆོག་པར་ཁྲུད་གསོད་ཀྱི་ཚིག་དོན་འདི་ཡོད་པ་ད་རེས་ཤེས་སོ་ཟེར་བ་དང་། ༤ ཁབ་རལ་བ་སོ་སོགས་རིན་ཐང་ཅན་ལ་ཁབ་རལ་བཟོས་སམ་བཟོར་བཅུག་པས་ཟིན་པ་དང་ནི། ༥ ཁྲི་རྐང་ཁྲུ་གང་ལས་ལྷག་པའི་ཁྲི་རྐང་བཟོས་སམ་བཟོར་བཅུག་པས་ཟིན་པ་དང་། ༦ བརྡལ་བ་དགེ་འདུན་གྱི་གནས་མལ་ལ་ཤིང་བལ་སོགས་བརྡལ་བས་རྩུབ་མོས་གོས་པར་བྱས་པ་དང་། ༧ གདིང་བ་སྲིད་དུ་ཁྲུ་གསུམ་ཞེང་དུ་ཁྲུ་དོ་སོར་དྲུག་བཅས་ལས་ལྷག་པའི་གདིང་བ་བཟོས་པ་དང་། ༨ གཡན་དགབ་སྲིད་དུ་ཁྲུ་དྲུག་དང་ཞེང་དུ་ཁྲུ་གསུམ་ལས་ལྷག་པའི་གཡན་དགབ་བཟོས་པ་དང་། ༩ རས་ཆེན་སྲིད་དུ་ཁྲུ་དགུ་དང་ཞེང་དུ་ཁྲུ་གསུམ་སོར་བཅོ་བརྒྱད་ལས་ལྷག་པའི་རས་ཆེན་བཟོས་པ། ༡༠ བདེ་གཤེགས་ཆོས་གོས་རྒྱལ་

བའི་སྐུ་ཚད་མེད་བཞིན་དུ་དེའི་ཁྲུ་ཚད་ཀྱི་ཆོས་གོས་ཕལ་པའི་ཁྲུ་སྲིད་དུ་བཅོ་ལྔ་དང་ཞེང་ལ་དགུ་བྱས་པས་སོ།

༄ བཞི་པ་དགེ་འདུན་ལ་སླེ་སྤུགས་ཀྱི་སྒྲོ་ནས་སོ་སོར་བཤགས་དགོས་པས་སོར་བཤགས་ཀྱི་སྡེ་ནི། ༡ གྲོང་དགེ་སློང་མ་ལས་གྲོང་དམ་ལམ་དུ་མོ་རང་འཚོ་བའི་ཟས་དེ་ཉིད་བླངས་སྟེ་ཟོས་པ་དང་། ༢ ཁྱིམ་གཞན་ཉིད་དུ་དགེ་འདུན་གདུགས་ཚོད་ལ་སྤྱན་དྲངས་པ་ན་དགེ་སློང་མས་ངོས་མགྲོན་བྱེད་པ་མ་བཟློག་པར་ཟོས་པ་དང་ནི། ༣ བསླབ་པ་ཁྱིམ་གང་ལས་དགེ་འདུན་གྱི་ཟས་མི་སློང་བར་བསྡམས་པ་ལས་ཁྱིམ་དེ་ནས་ཟས་བླངས་ཏེ་ཟ་བ་དང་ནི། ༤ དགོན་པ་སྟེ། འཇིགས་བཅས་ཀྱི་གནས་སུ་དགེ་འདུན་གྱིས་ནགས་ཉུལ་བར་བསྐོས་པའི་དགེ་སློང་གིས་ནགས་མ་ཉུལ་བར་ཁྱིམ་པ་ལས་ཟས་བླངས་ཏེ་ཟོས་པའོ། །སངས་རྒྱས་ཕན་པར་གསུངས་པ་ཡིས། །སོ་སོར་བཤགས་པར་བྱ་བར་གསུངས།

༄ ལྔ་པ་རང་རང་གི་མིང་གིས་བཤགས་པར་བྱ་བ་བསླབ་པར་བྱ་བ་ཉེས་བྱས་ཀྱི་སྡེ་ལས། དང་པོ་གོས་ཀྱི་སྡེ་ནི། ཤམ་ཐབས་ལ་ནི་རྣམ་པ་བདུན། ཤམ་ཐབས་ཟླུམ་པོར་མ་བགོས་པ། ༡ ཧ་ཅང་རྩེངས་པ་༢། ཧ་ཅང་འཛོལ་བ་༣། གླང་རར་བ་༤། མགོ་ལྟེབ་པ་༥། སྣ་རགས་ཀྱི་བར་ནས་འབུར་བ།༦ སྟེང་མཐོ་དམན་དུ་འདུག་པ་༧མིན་པར་བསླབ་བོ། །སྟོད་གཡོགས་ལའང་རྣམ་གསུམ་དང་སྟེ། སྣམ་སྦྱར་དང་བླ་གོས་གཉིས་ཀྱང་ཧ་ཅང་རྩེངས་པ་དང་། ༡ འཛོལ་བ་མིན་པར། ༢ ཟླུམ་པོར་བགོ་བ་ལ་༣བསླབ་བོ།

༄ གཉིས་པ་གྲོང་དུ་འགྲོ་བའི་སྡེ་ནི། ཤིན་ཏུ་བསྡམས་ལ་སོགས་པ་ལྔ། ཁྱིམ་དུ་འགྲོ་ཚེ་ལུས་ངག་བསྡམས་པ་དང་། ༡ གོས་ལེགས་པར་བགོས་པ་དང་། ༢ ཅ་ཅོ་མི་སྒྲ་བ་དང་། ༣ མིག་མི་གཡེང་བ་དང་། ༤གཉའ་ཤིང་གང་ཙམ་དུ་ལྟ་ཞིང་འགྲོའོ། ༥ །མགོ་གཡོགས་ལ་སོགས་རྣམ་པ་ལྔ། མགོ་གོས་ཀྱིས་མི་གཡོགས་པ་དང་། ༡ གོས་མི་བརྫེ་བ་དང་།༢ གོས་དཔུང་པ་གཉིས་སུ་མི་གཟར་བ་དང་། ༣ ལག་གཉིས་གཉའ་གོང་དུ་མི་བསྣོལ་བ་དང་།༤ ལྟག་པར་མི་བསྣོལ་བས་༥འགྲོ་བར་བྱའོ། །མཆོངས་ལ་སོགས་པ་རྣམ་པ་ལྔ། །མཆོངས་ཞིང་མི་འགྲོ། ༡ རྐང་པ་བརྐྱང་ནས་༢མི་སྡོད། རྐང་པའི་

ཐང་གིས་མི་༣འགྲོ། ཅོག་པུས་མི་༤འགྲོ། ལག་དཀུར་བརྟེན་ཏེ་གྲུ་བརྒྱངས་ནས་༥མི་འགྲོའོ། །ལུས་ལ་སོགས་པ་རྣམ་པ་ལྔ། །ལུས་མི་བསྒྱུར། ༡ ལག་མི་གཡུགས།༢ མགོ་མི་ཀྱོག ༣ །གཞན་དང་ཕྲག་པ་༤མི་སྤྲོད། ལག་མ་སྦྲེལ་བར་༥འགྲོའོ།

༄ གསུམ་པ་འདུག་པའི་སྡེ་ནི། འདུག་པར་བྱ་བ་དགུ་དག་དང་སྟེ། སྟན་ལ་མ་བསྒོས་པ་དང་།༡ མ་རྟགས་པར་མི་འདུག༢ །ལུས་ཀྱི་ལྕིད་ཕབ་ནས་མི་འདུག༣།རྐང་པ་རྐྱང་ཏེ་མི་༤བསྡོལ། བརླ་མི་༥བསྡོལ། ལོང་བུ་མི་༦བརྩེག །རྐང་པ་ཁྲི་འོག་ཏུ་མི་དགུག ༧།རྐང་པ་མི་གདངས།༨ འདོམས་མི་སྣང་བར་༩འདུག་གོ། །

༄ བཞི་པ་ཟས་སློང་བའི་སྡེ་ནི། བྱིན་ལེན་བྱ་བ་བརྒྱད་རྣམས་སོ། །ཟས་ལྷུང་བཟེད་ཀྱི་ཁ་ད་ཆད་དང་།༡ འབྲས་ཆན་དང་ཚོད་མ་མཉམ་དུ་མི་བླང་།༢ གྲལ་རིམ་བཞིན་བླང་།༣ ལྷུང་བཟེད་ལ་བལྟ་བཞིན་དུ་བླང་།༤ ཟས་མ་བྱུང་བར་མི་༥བཟེད། ཚོད་མ་འདོད་པས་འབྲས་ཆན་གྱིས་མི་དགབ།༦ ཟས་ཀྱི་སྟེང་དུ་སྣོད་མི་བཟེད།༧ ཟས་ལེགས་པར་བླང་བར་༨བྱའོ།

༄ ལྔ་པ་ཟས་ཟ་བའི་སྡེ་ནི། ཟས་ལ་ལེགས་པར་བྱ་བ་དགུ །ཁམ་ཧ་ཅང་ཆུང་བ།༡ ཧ་ཅང་ཆེ་བ་མིན་པ།༢ ཁམ་རན་པ་དང་།༣ ཟས་མ་སླེབ་པར་ཁ་མི་གདངས།༤ཟ་བཞིན་དུ་མི་སྨྲ། ༥ ལེགས་པར་ཟ་བའོ།༦ །ཙུག་ཙུག་ལ་སོགས་རྣམ་པ་ལྔ། ཟ་བའི་ཚེ་ཙུག་ཙུག༡།ཙག་༢ཙག །ཏུ་༣ཏུ། ཕུ་ཕུ་མི་བྱ་བ་༤དང་། ལྕེ་མི་ཕྱུང་།༥།འབྲུ་ནས་ཐ་དད་བྱེད་པ་ལྔ། །འབྲུ་རེ་རེ་ནས་༡མི་ཟ། ཟས་ལ་འཕྱས་མི་གདགས།༢ མཁུར་༣མི་སྦྱོ། ཀན་སྒྲ་མི་ཏོག ༤།ཁམ་འཕྲོ་བཅད་དེ་མི་ཟའོ།༥།ལག་པ་ལྡག་ལ་སོགས་པ་ལྔ། །ལག་པ་མི་ལྡག ༡།ལྷུང་བཟེད་མི་འབྱག ༢།ལག་པ་མི་སྤྲུགས།༣ ལྷུང་བཟེད་༤མི་སྐྱོམ། ཟས་མཆོད་རྟེན་དབྱིབས་འདྲ་བཅོས་ཏེ་མི་༥ཟའོ། །

༄ དྲུག་པ་ལྷུང་བཟེད་སྤྱོད་པའི་སྡེ་ནི། འཕྱ་བ་ལ་སོགས་རྣམ་པ་བཞི། །གཞན་གྱི་ལྷུང་བཟེད་ལ་འཕྱས་མི་འདོགས།༡ ལག་པ་ཟས་ཀྱིས་སྦགས་པས་ཆུ་སྣོད་མི་བཟུང་།༢ དགེ་སློང་གཞན་ལ་ཟས་དང་འབགས་པའི་ཆུ་མི་གཏོར།༣ ཁྱིམ་བདག་ལ་མ་དྲིས་པར་འབགས་པའི་ཆུ་མི་འབོའོ།༤། ལྷུང་བཟེད་ལ་ཡང་རྣམ་པ་བཅུ། །ཟས་ལྷག་ལྷུང་བཟེད་དུ་བླུག་སྟེ་མི་དོར།༡ ལྷུང་བཟེད་ས་རྗེན་ལ་༢

མི་འཛོག །དེ་བཞིན་དུ་གད་[༣]ཁ། གཡང་ས།[༤] རྐན་གཟར་པོ་རྣམས་སུ[༥]མི་འཛོག །གད་ཁ།[༦] གཡང་ས།[༧] རྐན་གཟར་དུ་མི་འཁྲུ།[༨] འཕྲེངས་ཏེ་མི་འཁྲུ།[༩] འབབ་ཆུའི་རྒྱུན་ལས[༡༠]ལྡོག་སྟེ་མི་གཙུའོ།

༄ བདུན་པ་ཆོས་བསྟན་པའི་སྡེ་ནི། འགྲེང་བ་ལ་སོགས་རྣམ་པ་ལྔ། །ཆོས་ཉན་པ་པོ་མི་ན་བཞིན་དུ་འདུག[༡]པ། ཉལ་བ།[༢] སྟན་མཐོ་བ།[༣] མདུན་དུ[༤]འགྲོ་བ། ལམ་ནས་འགྲོ་བ[༥]ལྔ་ལ་མི་འཆད་དོ། །མགོ་གཡོགས་ལ་སོགས་རྣམ་པ་ལྔ། །ཉན་པ་པོ་མི་ན་བཞིན་དུ་མགོ་གཡོགས་པ།[༡] གོས་བརྗེས་པ།[༢] ཕྲག་གཟར།[༣] ལག་གཉའ་བ་དང་།[༤] ལྟག་པར་བསྣོལ་བ[༥]ལྔ་ལ་མི་འཆད་དོ། །དོ་ཀར་ཅན་ལ་སོགས་པ་ལྔ། །ཉན་པ་པོ་དོ་ཀར་ཅན།[༡] ཞྭ་གྱོན་པ་དང་།[༢] ཅོད་པཎ་ཅན།[༣] ཕྲེང་བ་ཅན།[༤] མགོ་ཐོད་ཀྱིས[༥]དཀྲིས་པ་ལྔ་ལ་ཆོས་མི་འཆད་དོ། །གླང་ཆེན་ལ་སོགས་ཞོན་པ་ལྔ། །ཉན་པ་པོ་མི་ན་བར་གླང་ཆེན་དང་།[༡] རྟ་ཞོན་པ་དང་།[༢] བཞོན་པ་གཞན་གྱི་སྟེང་དང་།[༣] འཁྲོགས་ཀྱི་སྟེང་ན་འདུག་པ།[༤] མཆིལ་ལྷམ་གྱོན་པ[༥]རྣམས་ལ་མི་འཆད་དོ། །ལག་ན་འཁར་བ་ལ་སོགས་དྲུག །ཉན་པ་པོ་མི་ན་བར་ལག་ན་འཁར་བ།[༡] གདུགས།[༢] མཚོན་དང་།[༣] རལ་གྲི།[༤] དགྲ་ཆ་སྟེ་མདའ་གཞུ་ཐོགས་པ།[༥] གོ་ཆ་གྱོན་པ་རྣམས[༦]ལ་ཆོས་མི་འཆད་དོ།

༄ བརྒྱད་པ་སྐྱབ་པའི་སྡེ་ནི། ན་བ་རྣམ་པ་བཞི་རྣམས་སོ། །མི་ན་བར་ལངས་ཏེ་བཤང་གཅི་མི་འདོར།[༡] ཆུ་ནང་དང་།[༢] རྩྭ་སྔོན་ཡོད་པའི་ཕྱོགས་སུ་བཤང་གཅི་མཆིལ་སྣབས་སོགས་མི་འདོར།[༣] གནོད་པ་མེད་པར་ཤིང་ལ་མི་གང་ལས་མཐོ་བར་མི་འཛེགས་པ[༤]རྣམས་སོ། །སྡེ་ལྔའི་སྡོམ་ཚིག་གསལ་བྱེད་མཚན། །སློབ་བཙུན་དྷརྨ་ཤྲཱིས་བཏབ། །འགྲོ་བའི་འཆལ་ཚུལ་དུག་བཅོམ་ནས། །བླ་མེད་བྱང་ཆུབ་ཐོབ་པར་ཤོག །དགེ་ལེགས་འཕེལ།། །།

༄༅། །སྡོམ་གསུམ་རྣམ་པར་ངེས་པའི་མཆན་འགྲེལ་རིག་པ་འཛིན་པའི་འཇུག་ངོགས་ཞེས་བྱ་བ་བཞུགས་སོ། །

མཁན་ཆེན་ཡོན་ཏན་རྒྱ་མཚོ།

བླ་མ་དམ་པའི་ཞབས་ལ་གུས་པས་ཕྱག་འཚལ་ཞིང་སྐྱབས་སུ་མཆིའོ། །བྱིན་གྱིས་བརླབས་པར་མཛད་དུ་གསོལ། །ཆོས་དབྱིངས་མཁའ་ལས་ཡེ་ཤེས་ཉི་མ་ནི། །དམ་ཆོས་འོད་ཀྱི་དྲྭ་བ་འགྱེད་བཞིན་དུ། །འཕགས་མཆོག་གསེར་རིའི་བླ་རུ་ཆས་པ་ན། །གདུལ་འགྲོའི་གླིང་གི་རྨོངས་མུན་བསལ་བ་དང་། །ཆབ་གཅིག་བསྟན་པའི་པད་ཚལ་རབ་རྒྱས་ཏེ། །ཐར་འདོད་སྐལ་བཟང་བུང་བའི་ཚོགས་རྣམས་ལ། །བསླབ་གསུམ་བཅུད་མཆོག་རོལ་པའི་དཔལ་སྟེར་བ། །ཐུབ་དབང་བསྟན་པའི་གཉེན་དེར་གུས་པས་འདུད། །སེམས་ཀྱི་ཐ་བར་ངེས་འབྱུང་བརླན་བཀྲམ་སྟེ། །གཞན་ཕན་བྱང་ཆུབ་སེམས་ཀྱི་མྱུ་གུ་དང་། །རྣམ་དག་དབང་བཞིའི་འབྲས་བུ་འབྱིན་པའི་ཐབས། །མ་ནོར་འདོམས་པའི་ལེགས་བཤད་སྡོམ་པ་གསུམ། །རྣམ་པར་ངེས་པའི་རྣམ་བཤད་རྩོམ་པ་ཡི། །རྣམ་དཔྱོད་ཤེས་རབ་བདག་ལ་མེད་ནའང་། །རྣམ་གྲོལ་སྒྲུབ་པའི་གྲོགས་ཀྱི་ཐུགས་བཞེད་བཞིན། །རྣམ་པར་བསྡུས་པའི་མཆན་ཙམ་བྲི་བར་བྱ། །

དེ་ལ་འདིར་བདག་ཅག་གི་སྟོན་པ་ཐབས་མཁས་ལ་ཐུགས་རྗེ་ཆེན་པོ་དང་ལྡན་པ་དེས་བསྐལ་བ་དཔག་ཏུ་མེད་པའི་སྔོན་རོལ་དུ་མངོན་པར་རྫོགས་པར་སངས་རྒྱས་ནས་དེ་བཞིན་གཤེགས་པའི་རྣམ་པར་རོལ་བ་ཚད་མེད་པའི་སྒྲོན་མ་བཀོད་དེ་འགྲོ་བ་རྣམས་ཇི་ལྟར་འཚམས་པས་འདུལ་བའི་དོན་བསམ་གྱིས་མི་ཁྱབ་པ་རྒྱུན་ཆད་མེད་ཅིང་ལྷུན་གྱིས་གྲུབ་པར་མཛད་པ་ལས། ཞིང་འདིའི་གདུལ་བྱ་ལས་བརྩམས་ཏེ་སླར་ཡང་འཚང་རྒྱ་བའི་ཚུལ་བསྟན་ནས་ཆོས་ཕུང་བརྒྱད་ཁྲི་བཞི་སྟོང་གསུངས་པ་ཐམས་ཅད་བསྡུ་ན་སྡེ་སྣོད་བཞིར་འདུ་ཞིང་། དེ་དག་གི་དགོངས་པ་འགྲེལ་

པའི་ བསྟན་ བཅོས་ ཀྱང་ འཕགས་ བོད་ ཀྱི་ པཎ་ གྲུབ་ རྣམས་ ཀྱིས་ མཛད་ པ་ མང་ དུ་ ཡོད་ པ་ ལས། སྐབས་ འདིར་ རྗེ་ བཙུན་ འཇམ་ དཔལ་ དབྱངས་ ཆོས་ ཀྱི་ རྒྱལ་ པོའི་ ཚུལ་ བཟུང་ བ་ མངའ་ བདག་ ཁྲི་སྲོང་ལྡེའུ་བཙན་གྱི་ཡང་སྲིད་མཁས་པའི་ཕུལ་དུ་ཕྱིན་ཅིང་གྲུབ་པའི་ས་མཐོར་གཤེགས་པ་མངའ་ རིས་ ཀྱི་ པཎྜི་ ཏ་ ཆེན་ པོ་ པདྨ་ དབང་ རྒྱལ་ རྡོ་ རྗེ་ གྲགས་ པ་ རྒྱལ་ མཚན་ དཔལ་ བཟང་ པོས་ གསུངས་ རབ་ དགོངས་ འགྲེལ་ དང་ བཅས་ པ་ དེ་ དག་ གི་ ཉམས་ སུ་བླང་ བྱ་ ཐམས་ ཅད་ སྡོམ་ པ་ གསུམ་ གྱི་ ཉམས་ ལེན་ གྱི་ ཁོངས་ སུ་ འདུ་ བར་ གཟིགས་ ནས་ མཛད་ པའི་ ལེགས་ བཤད་ རྨད་ དུ་ བྱུང་ བ་ འདི་ འཆད་པར་བྱ་བ་ལ།

གསུམ་སྟེ། ཀླད་ཀྱི་དོན། གཞུང་གི་དོན། མཇུག་གི་དོན་ནོ། དང་པོ་ལ་གསུམ་ལས། ཐོག་མར་དབང་པོ་རབ་འབྲིང་ཐ་མ་གསུམ་གྱིས་རིམ་བཞིན་གཞུང་གི་དོན་ཐམས་ཅད་དང་། ཕྱོགས་ཙམ་དང་། གླེགས་བམ་ཙམ་ངོ་ཤེས་པའི་ཕྱིར་མཚན་སྨོས་པ་ནི། སེམས་ཀྱི་རང་བཞིན་ལ་སྐུ་གསུམ་གྱི་ཡོན་ཏན་ཐམས་ཅད་ལྷུན་གྱིས་གྲུབ་པར་རྫོགས་པ་ནི་ཆོས་ཐམས་ཅད་ཀྱི་གནས་ལུགས་ཡིན་པས་ཆེན་པོ་སྟེ་དེའི་ཚུལ་མ་ནོར་བར་དངོས་སུ་གཏན་ལ་འབེབས་པར་བྱེད་པ་ནི་ལམ་ཐམས་ཅད་ཀྱི་མཐར་ཐུག་ཨ་ཏི་ཡོ་ག་ཡིན་ཞིང་། ཨ་ནུ་མན་ཆད་མདོ་སྔགས་ཀྱི་ལམ་ཐམས་ཅད་བརྒྱུད་ནས་དེ་རྟོགས་བྱེད་དུ་འགྲོ་བས་ཆ་ལུག་དང་། དེ་ཐམས་ཅད་ཀྱི་ཉམས་ལེན་གྱི་སྙིང་པོ་ནི་སྡོམ་པ་གསུམ་ཡིན་ལ། དེའི་དོན་ཚད་མ་གསུམ་གྱིས་སྒྲོ་སྐུར་དང་བྲལ་བར་གཏན་ལ་ཕབ་པས་རྣམ་པར་ངེས་པའི་རྩོམ་པ་པོ་རྣམ་གཡེང་མེད་པའི་ཡིད་ཅན་གྱིས་དགོས་ཆེད་ཐར་བ་ཐོབ་པའི་དོན་དུ་བརྗོད་བྱ་བཀའི་ཡི་དོན་བཤད་ཅིང་། བྱེད་ལས་ཉོན་མོངས་པའི་དགྲ་འཆོས་ཤིང་ངན་འགྲོའི་སྲིད་པ་ལས་སྐྱོབ་པས་བསྟན་བཅོས་ཏེ། རྣམ་བཤད་རིག་པ་ལས། ཉོན་མོངས་དགྲ་རྣམས་མ་ལུས་འཆོས་པ་དང་། །ངན་འགྲོའི་སྲིད་ལས་སྐྱོབ་བྱེད་གང་ཡིན་པ། །འཆོས་སྐྱོབ་ཡོན་ཏན་ཕྱིར་ན་བསྟན་བཅོས་ཏེ། །གཉིས་པོ་འདི་དག་གཞན་གྱི་ལུགས་ལ་མེད། །ཅེས་གསུངས། ཞེས་བྱ་བ་ནི་མིང་སྨྲག་པའོ། །དེ་ནས་མཚན་དེ་དང་ལྡན་པའི་བསྟན་བཅོས་དངོས་བཤད་པའི་ཐོག་མར། ཇི་སྐད་དུ། མགོན་པོ་ཀླུའི་ཞལ་ནས། བསྟན་བཅོས་བྱེད་པོས་སྟོན་པ་ལ། །མཆོད་པར་བརྗོད་པ་འབྲས་མེད་མིན། །སྟོན་པ་དང་ནི་

བསྟན་བཅོས་ལ། །དད་འདུན་བསྐྱེད་པར་བྱ་ཕྱིར་རོ། །ཞེས་པ་ལྟར། རང་གི་ཚོགས་རྫོགས་ནས་བརྩམས་པ་མཐར་ཕྱིན་པ་དང་། རྗེས་འཇུག་རྣམས་ཀྱིས་བསྟན་བཅོས་མཆོག་ཏུ་རིག་ནས་གུས་པས་འཇུག་པའི་ཕྱིར།

གཉིས་པ། ཡུལ་དམ་པ་རྣམས་ལ་མཆོད་པར་བརྗོད་པ་ནི། ན་མོ་ཞེས་པ་ཕྱག་འཚལ་བའི་དོན་ནོ། །གང་ལ་ན། གུ་རུ་ཞེས་གུ་རུའི་སྒྲ་ལྡི་བ་ལ་འཇུག་པས། སྡོམ་པ་གསུམ་གྱི་བཀའ་དྲིན་ནོད་པའི་བླ་མ་རྣམས་ཡོན་ཏན་གྱི་ཁུར་དང་ཕན་གནོད་ཀྱི་ཡུལ་དུ་ལྡི་བས་ན་དེ་རྣམས་ལའོ། །གང་དག་གསང་སྔགས་མ་གཏོགས་སོར་བྱང་གཉིས་སུ་བླ་མ་ཞེས་པའི་སྒྲ་བཤད་པ་ཡོད་དམ་སྙམ་ན་ཡོད་དེ། ཀ་རི་ཀ་ལྔ་བཅུ་པ་ལས། བླ་མ་གནས་པའི་སློ་གླིགས་ལ། །ལག་པས་དལ་གྱིས་བཏུང་བར་བྱ། །ཞེས་དང་། སྡོམ་པ་ཉི་ཤུ་པར། བླ་མ་སྡོམ་ལ་གནས་ཤིང་མཁས། །ནུས་དང་ལྡན་ལས་བླང་བར་བྱ། །ཞེས་སོ། །

ཁྱད་པར་དུ་ཚེ་རབས་དུ་མར་རྗེས་སུ་བཟུང་ཞིང་བྱང་ཆུབ་ཏུ་ལུང་སྟོན་པ་པོའི་བཀའ་དྲིན་དྲན་པས་མཆོད་པར་བརྗོད་པ་ནི། རིགས་བྱེད་ཀྱི་གཏམ་ལས་རྒྱ་མཚོ་བསྲུབས་པ་ལས་ཟླ་བ་ཐོན་པའི་གཏམ་དང་ཆོས་མཚུངས་སྦྱར་ཏེ་གཟུགས་ཅན་གྱི་རྒྱན་དུ་མཛད་ནས་རྒྱུ་བསོད་ནམས་དང་ཡེ་ཤེས་ཀྱི་དཔལ་ཕུན་སུམ་ཚོགས་པ་དང་ལྡན་པའི་ཚོགས་གཉིས་ཀྱི་རྒྱ་གཏེར་བསྲུབས་ཤིང་བསགས་པ་ལས། འབྲས་བུ་ཆོས་ཐམས་ཅད་ལ་ཆགས་ཐོགས་མེད་པའི་མཁྱེན་པ་དང་དམིགས་པ་མེད་པའི་བརྩེ་བའི་ཐུགས་རྗེ་ཆེན་པོ་ཟུང་དུ་འཇུག་པ་འོད་དཀར་ཏེ་ཟླ་བའི་དཀྱིལ་འཁོར་ཆ་ཤས་ཡོངས་སུ་རྫོགས་པ་ལྟ་བུ་ལས་གདུལ་བྱ་རྣམས་ངེས་གསང་བླ་ན་མེད་པའི་ལམ་དང་འབྲས་བུ་དགྲི་ནུས་པའི་ཕྲིན་ལས་རྩོལ་མེད་དུ་བྱུང་བས་ཕྱོགས་ཀྱི་ཐ་གྲུ་ཐམས་ཅད་ཁྱབ་པའི་ཆོས་ཀྱི་ཆར་འབེབས་པ་ནི་ཟླ་བའི་བསིལ་ཟེར་དང་ཆོས་མཚུངས་སྦྱར་ལ། དེ་ལྟ་བུའི་མཁྱེན་བརྩེ་ནུས་གསུམ་གྱི་ཡོན་ཏན་དང་ལྡན་པ་ཉིད་ནི་གདུལ་བྱ་ཁྱད་པར་བ་གདངས་ཅན་གྱི་ལྗོངས་འདིའི་མཚོན་པའི་སའི་སྟེང་གི་མཁས་པ་དང་གྲུབ་པ་ཡོངས་ཀྱི་གཙུག་གི་རྒྱན་མཆོག་ཏུ་བརྟེན་པར་འོས་པ་འཛམ་གླིང་ན་ཆེ་བའི་རིག་སྔགས་འཆང་ཆེན་པོ། རྒྱ་མཚོ་དྲི་མེད་མདངས་ལྡན་དུ། ཕའི་རྒྱུ་དང་མའི་རྐྱེན་ལ་མ

ལྟོས་པར་རིག་པ་ཐོལ་སྐྱེས་ཀྱི་ཚུལ་དུ་འབྱུངས་ཤིང་། གནས་ལུགས་དོན་དམ་པའི་ཡེ་ཤེས་གཟུང་འཛིན་གྱི་རྣམ་པར་རྟོག་པས་མི་ཕྱེད་པ་དང་། ཡེ་ཤེས་ཀྱི་སྐུ་སྐྱེ་འཆི་བགྲེས་རྒྱུད་དང་བྲལ་བས་རྡོ་རྗེ། གདུལ་བྱ་རྣམས་རང་རང་གི་སྐལ་བ་བཞིན་ཕན་བདེ་ལ་འགོད་པར་མཛད་པའི་འགྲོ་བའི་བླ་མ་དེ་ལ་རྩོམ་པ་པོ་མཐོན་པར་དང་བ་བཅས་པར་གུས་པས་འདུད་དོ་ཞེས་ཕྱག་མཛད་པ་ནི་ཀུན་རྫོབ་ཀྱི་ཕྱག་དང་། ཡུལ་དང་ཡུལ་ཅན་གཉིས་མེད་དུ་རྟོགས་པ་ནི་དོན་དམ་ལྟ་བ་མཐལ་བའི་ཕྱག་གོ། །

དེ་ལྟར་མཆོད་པར་བརྗོད་ནས། གསུམ་པ། བརྩམ་པར་བྱ་བ་བར་མ་དོར་ཡལ་བར་མི་འདོར་ཞིང་རྗེས་འཇུག་རྣམས་ཐར་བ་ལ་བསྐུལ་བའི་ཕྱིར་དམ་བཅའ་བ་ནི། འགྲོ་བའི་བློའི་སྒྲིབ་གཉིས་ཀྱི་དྲི་མ་འབྱུད་པ་ལ་མཁས་པའི་རྩོམ་པ་པོ་རང་ཉིད་འཇིག་རྟེན་ན་ཡོན་ཏན་དང་ལྡན་པར་གྲགས་པའི་དྲང་སྲོང་གི་གཟུགས་སུ་བཀོད་ནས་གསུང་རབ་དགོངས་འགྲེལ་དང་བཅས་པ་མཁྱེན་པའི་བློ་གྲོས་ནི་བཱི་ཏྟ་ཏྲཱའི་བུམ་པ་བཟང་པོ་རབ་ཏུ་དག་པ་དྲང་སྲོང་དེའི་ལག་ཏུ་ཐོགས་པ་དང་མཚུངས་ཆོས་སྦྱར་ནས་མ་རྟོགས་ལོག་རྟོག་སོགས་ཀྱི་སྐྱོན་མེད་པའི་ལེགས་བཤད་སྡོམ་པ་གསུམ་གྱི་བསྟན་བཅོས་ནི། བུམ་པ་དེའི་ནང་དུ་ཡོད་པའི་བདུད་རྩིའི་རྒྱུས་གྲིབ་ནད་སོགས་སེལ་བ་ལྟར་སྡོམ་པ་གསུམ་པོས་འཁོར་བའི་སྡུག་བསྔལ་ཐམས་ཅད་ཀྱི་རྩ་བ་ཉོན་མོངས་མ་ལུས་སེལ་བར་བྱེད་པ་འདི་སྦྱིན་པ་ཡིན་གྱི། ཐར་བ་མཆོག་གི་གོ་འཕང་ཐོབ་པའི་ལམ་མ་ནོར་བ་སྡོམ་པ་གསུམ་གྱི་ཉམས་ལེན་དོན་དུ་གཉེར་བའི་བསྐལ་བ་དང་ལྡན་པའི་སྐྱེ་བོའི་ཚོགས་རྣམས་འདིར་འདུས་ལ་ཐོས་བསམ་ལ་སོགས་པས་གཏན་ལ་ཕབ་ནས་དོན་བཅུད་སྨྱོང་བར་གྱིས་ཤིག་ཅེས་པའོ། །འདིས་བསྟན་བཅོས་འདིའི་དགོས་སོགས་ཆོས་བཞི་ལེགས་པར་བསྟན་ཏེ། སྡོམ་པ་གསུམ་ནི་བརྗོད་བྱ། དེ་རྗོད་བྱེད་ཀྱི་ལེགས་བཤད་འདི་ལས་ལེགས་པར་རྟོགས་ཏེ་ཐར་པའི་ལམ་ལ་ཞུགས་པ་ནི་དགོས་པ། ཞུགས་པ་མཐར་ཕྱིན་ནས་བྱང་ཆུབ་གྲུབ་པ་ནི་ཉིང་དགོས། དེ་དག་ཀྱང་གཅིག་ལ་བརྟེན་ནས་གཅིག་འབྱུང་བས་འབྲེལ་བ་ཅན་དུ་གྲུབ་པ་ནི་འབྲེལ་བའོ། །

གཉིས་པ་གཞུང་གི་དོན་ལ་ལེའུ་ལྔ་ཡོད་པའི་དང་པོ་སྡོམ་གསུམ་སྤྱིའི་བཤད་གཞིའི་རིམ་པར་ཕྱེ་བ་ལའང་ལྔ་ལས། དང་པོ། དེ་ལྟར་ཐར་བ་ལ་བསྐུལ་བའི་འབྲས་བུ་མཆོག་མཐར་ཐུག་པ

བྱང་ཆུབ་ཆེན་པོའི་ངོ་བོ་སྙིང་གཞི་དང་བཅས་པ་ངོས་བཟུང་བ་ནི། སྙིང་གཞི་བདེ་གཤེགས་སྙིང་པོ་ཡིན་ཞིང་། དེ་ལ་བསྟན་བཅོས་རྣམས་སུ་རིགས་ཞེས་བཤད་ཅིང་གྲུབ་མཐའི་དབང་གིས་འདོད་པ་མི་འདྲ་བ་ཡོད་དེ། བྱེ་སྨྲས་སྲིད་པ་དང་སྲིད་པའི་ཡོ་བྱད་ལ་མ་ཆགས་པའི་སེམས་བྱུང་ཆོག་ཤེས་པ་ལ་འཕགས་པའི་རིགས་སུ་འདོད། མདོ་སྡེ་པས་སེམས་ཀྱི་ས་བོན་ཟག་མེད་ཀྱི་ཡེ་ཤེས་འབྱུང་རུང་གི་ནུས་པ་ལ་འདོད། སེམས་ཙམ་པས་ཐོག་མེད་ནས་སེམས་རྒྱུད་ལ་གནས་པའི་ཟག་མེད་ཀྱི་ཆོས་སྐྱེད་པར་བྱེད་པའི་ནུས་པ་ཆོས་ཉིད་ཀྱིས་ཐོབ་པ་ལ་འདོད། དེ་ཐམས་ཅད་འདུས་བྱས་ཏེ་དངོས་པོར་སྨྲ་བའི་ལུགས་སོ། །དབུ་མ་པས་ནི་དྲི་བཅས་དེ་བཞིན་ཉིད་ལ་འདོད་པ་ཕལ་ཆེར་མཐུན་ཡང་ངོས་འཛིན་ལུགས་མི་འདྲ་བ་མང་དུ་སྣང་མོད་འདིར་ཐེག་ཆེན་ཐུན་མོང་མ་ཡིན་པའི་ལུགས་ལྟར་ན། སེམས་ཉིད་ཡེ་ནས་རྣམ་པར་དག་པ་འདུས་མ་བྱས་པའི་ཡེ་ཤེས་སྟོང་གསལ་འཕོ་འགྱུར་མེད་པར་གནས་པ་ནི་བདེ་གཤེགས་སྙིང་པོ་སྟེ། ཏིང་འཛིན་རྒྱལ་པོ་ལས། དག་པ་དྭངས་བ་འོད་གསལ་བ། །མི་འཁྲུགས་འདུས་མ་བྱས་པ་ཉིད། །བདེ་བར་གཤེགས་པའི་སྙིང་པོ་སྟེ། །ཡེ་ནས་གནས་པའི་ཆོས་ཉིད་དོ། །ཞེས་གསུངས་ལ། སྙིང་པོ་དེ་ཡང་། རྒྱུད་བླ་མར། རྫོགས་སངས་སྐུ་ནི་འཕྲོ་ཕྱིར་དང་། །དེ་བཞིན་ཉིད་དབྱེར་མེད་ཕྱིར་དང་། །རིགས་ཡོད་ཕྱིར་ན་ལུས་ཅན་ཀུན། །རྟག་ཏུ་སངས་རྒྱས་སྙིང་པོ་ཅན། །ཞེས་རྒྱུ་མཚན་གསུམ་གྱིས་སེམས་ཅན་ཐམས་ཅད་བདེ་གཤེགས་སྙིང་པོ་ཅན་དུ་བསྟན་ནས་རྣམ་བཞག་རྣམ་པ་བཅུས་དེའི་དོན་གཏན་ལ་ཕབ་ཅིང་དྲི་མས་སྒྲིབ་ཚུལ་དཔེ་དགུའི་སྒོ་ནས་རྒྱས་པརབསྟན་པ་དེ་ཉིད་ཪྗེ་ཐེག་པར་གཞི་རྒྱུད་རང་བཞིན་ལྷུན་གྱིས་གྲུབ་པའི་དཀྱིལ་འཁོར་ཞེས་གྲགས་ཏེ། མི་འགྱུར་བའི་བདེ་ཆེན་དང་། རྣམ་ཀུན་མཆོག་ལྡན་གྱི་སྟོང་ཉིད་དབྱེར་མི་ཕྱེད་པའི་སེམས་ཀྱི་ཆོས་ཉིད་ལ་བཤད་ཅིང་། ཁྱད་པར་དུ་ཨ་ཏི་ཡོ་གར་སེམས་ཀྱི་ཆོས་ཉིད་རིག་པ་སྟོང་གསལ་གྱི་ངོ་བོ་ལ་སྐུ་དང་ཡེ་ཤེས་ཀྱི་ཆོས་ཐམས་ཅད་ཉི་མ་དང་འོད་ཟེར་བཞིན་འདུ་འབྲལ་མེད་པར་ཡོངས་སུ་རྫོགས་པས་རྫོགས་པ་ཆེན་པོ་སྟེ། ཡེ་ཤེས་དེ་ཉིད་ལས་གཞིར་གནས་ཀྱི་ཡེ་ཤེས་གསུམ་དང་མཚན་ཉིད་འཛིན་པའི་ཡེ་ཤེས་ལྔ་དང་། ཡུལ་ལ་འཇུག་པའི་ཡེ་ཤེས་གཉིས་ལ་སོགས་པའི་གཞི་འབྲས་ཀྱི་ཡེ་ཤེས་ཐམས་ཅད་གཞན་མ་ཡིན་པ་དང་། འཁོར་བའི་ཆོས་ཐམས་ཅད་ཀྱང་

མེད་སྣང་གློ་བུར་བ་ཡིན་ཡང་ཆོས་ཉིད་དེ་ལས་གཞན་དུ་བརྗོད་དུ་མེད་པས་སྲིད་ཞི་ཀུན་ལ་ཁྱབ་པའི་ཕྱིར་ཡེ༷་ཤེ༷ས་སྐྱེ༷་ཡི༷་གཟུ༷གས་ཞེས་བརྗོད་ཅིང་། དེ་ལྟ་བུའི་སྦྱང་གཞི་ཆོས་ཉིད་ཀྱི་མདངས་འོད་སྦྱང་བྱའི་དྲི་མ་འཁོར་བའི་ཆོས་དང་འཛོམས་པ་ལས། སྦྱོང་བྱེད་ལམ་གྱི་རྣམ་པར་ཤར་ནས། དེས་སྦྱང་བྱའི་དྲི་མ་སྦྱོང་བའི་གཉེན་པོར་འགྲོ་བ་ཡིན་པས། འདིར་མཐར་ཐུག་གི་འབྲས་བུའི་དབང་དུ་བྱས་ཏེ། སྡོམ་པ་གསུམ་གྱི་ལམ་གྱི་སྙིང་པོ་རིག་པ་འཛིན་པ་སྔགས་ཀྱི་ལམ་གྱིས་ཁམས་ཀྱི་དྲི་མ་ཡོ༷ངས་སུ༷་དག༷་པར་བྱེད་པས་གཞི་ཇི་ལྟ་བ་བཞིན་མངོན་དུ་གྱུར་པ་མཐར་ཐུག་པ་ནི། སྐུ་ལྔ་དང་ཡེ་ཤེས་ལྔ་རིག་པའི་ངང་དུ་འདུ་འབྲལ་མེད་པར་འཆང་བས་རྡོ༷་རྗེ༷་འཆ༷ང་སྟེ། དེ་ལ་སྐུ་ལྔ༷་ནི། ཆོས་ཐམས་ཅད་མཚན་མ་མེད་པར་ཐུགས་སུ་ཆུད་པའི་སྤྲོས་བྲལ་གྱི་ཡེ་ཤེས་རང་བཞིན་རྣམ་དག་མངོན་དུ་གྱུར་པའི་ཆ་ནི་ཆོས་སྐུ། དེའི་རྩལ་ལས་སྣང་བ་དག་པ་རབ་འབྱམས་སུ་ཤར་བའི་ཆ་ནི་ལོངས་སྐུ། དེ་ལས་དག་མ་དག་གི་གདུལ་བྱ་རྣམས་ལ་རང་རང་གི་མོས་པ་བཞིན་གང་ལ་གང་འདུལ་དུ་སྣང་བའི་ཆ་ནི་སྤྲུལ་པའི་སྐུ། སྐུ་གསུམ་སྣང་ཆ་མ་འདྲེས་པའི་ཆ་ནི་མངོན་བྱང་གི་སྐུ། སྐུ་གསུམ་དབྱེར་མེད་པའི་ཆ་ནི་དབྱེར་མེད་རྡོ་རྗེའི་སྐུའོ། །ཡེ་ཤེས་ལྔ་ནི། ཆོས་ཀྱི་དབྱིངས་ཇི་ལྟ་བ་བཞིན་ཐུགས་སུ་ཆུད་པ་ནི་ཆོས་དབྱིངས་ཡེ་ཤེས། མཁྱེན་ཆ་འགགས་པ་མེད་པ་ནི་མེ་ལོང་ཡེ་ཤེས། ཆོས་ཐམས་ཅད་མཉམ་པ་ཉིད་དུ་རྟོགས་པ་ནི་མཉམ་ཉིད་ཡེ་ཤེས། ཤེས་བྱ་ཐམས་ཅད་མ་འདྲེས་པར་གཅིག་ཅར་དུ་མཁྱེན་པ་ནི་སོར་རྟོག་ཡེ་ཤེས། དམིགས་མེད་སྙིང་རྗེ་ཆེན་པོས་འགྲོ་དོན་ཐོགས་པ་མེད་པར་མཁྱེན་པ་ནི་བྱ་གྲུབ་ཡེ་ཤེས་སོ། །དེ་ཐམས་ཅད་ཀྱང་སྤྱོང་པ་དང་། རྟོགས་པ་དང་། སེམས་ཏེ་ཆེ༷ན་པོ༷་གསུམ་གྱི་རང་བཞིན་ཡིན་ཏེ་མངོན་རྟོགས་རྒྱན་ལས། སེམས་ཅན་ཀུན་མཆོག་ཉིད་སེམས་དང་། །སྤྱོང་དང་རྟོགས་དང་གསུམ་པོ་ལ། །ཆེན་པོ་གསུམ་གྱི་རང་བྱུང་གི །ཆེད་དུ་བྱ་བ་འདི་ཞེས་བྱ། །ཞེས་སོ། །དེ་བས་ན་བླ་ན་མེད་པའི་བྱང་ཆུབ་དོན་དུ་གཉེར་བ་རྣམས་བསམ་པ་ཡོངས་སུ་རྫོགས་པའི་འབྲ༷ས་བུ༷འི་མཐ༷ར་ཐུ༷ག་ཏུ་ངེས་པ་ནི་སང༷ས་རྒྱ༷ས་ཉག༷་གཅི༷ག་ཡིན་ལ། དེ༷་ནི་འཆད་འགྱུར་ལྟར་གསང་སྔགས་བླ་མེད་ཀྱི་ལམ་ཁོ་ནས་ཐོབ་དགོས་པ་ཡིན་ནོ། །

གཉིས་པ་ཐོབ་བྱེད་བགྲོད་པ་གཅིག་པའི་ལམ་མདོར་བསྟན་པ་ནི། གོང་དུ་ཇི་སྐད་བཤད་

པ་དེའི་རྒྱུ་མཚན་ཆོས་ཉིད་ཧི་ལྟ་བ་སྟོན་པ་ཟབ་པ་དང་། ཆོས་ཅན་ཇི་སྙེད་པ་སྟོན་པ་རྒྱས་པ་སྟེ། ཆོས་ཀྱི་སྒོ་འཕར་བགྲང་བ་ལས་འདས་ཤིང་མཐའ་ཡས་པ་དག་ཡོད་ཀྱང་། གསང་ཆེན་རྡོ་རྗེ་ཐེག་པའི་སྨིན་བྱེད་ཀྱི་དབང་དང་གྲོལ་བྱེད་བསྐྱེད་རྫོགས་ཀྱི་ལམ་མཆོག་ལ་ཚུལ་བཞིན་དུ་མ་བསྟེན་པར། ལམ་འོག་མ་རྣམས་ཀྱིས་ཐོབ་པར་བྱ་བ་མིན་ཏེ། ཅིའི་ཕྱིར་ན་འཁོར་བར་འཆིང་བྱེད་ཀྱི་བག་ཆགས་ཤིན་ཏུ་ཕྲ་བ་དཀར་དམར་རླུང་གསུམ་གྱིས་བསྐྱེད་པའི་སྣང་གསུམ་འཕོ་བའི་སྒྲིབ་པ་སྦྱོང་བྱེད་ཀྱི་ཐབས་དངོས་ལམ་དེ་དག་ཏུ་མ་བསྟན་པའི་ཕྱིར་ཏེ། ཀླུ་བྱང་གི་ལས་མཐའ་རྣམ་འབྱེད་ལས། མགོ་དང་རྐང་ལག་སོགས་བྱིན་ཀྱང་། །སྣང་བ་རྣམ་པར་མ་དག་ཕྱིར། །བྱང་ཆུབ་འབྲས་བུ་ཐོབ་མི་འགྱུར། །ཞེས་ཤེས་བྱ་ཐམས་ཅད་ལ་ཆགས་ཐོགས་མེད་པའི་ཡེ་ཤེས་མངའ་ཞིང་བདེན་པ་ཉག་གཅིག་ཏུ་སྨྲ་བ་རྫོགས་པའི་སངས་རྒྱས་དེས་གསུངས་པའི་ཕྱིར། སྔགས་བླ་མེད་ལ་བརྟེན་ནས་ཐོབ་པའི་ཚུལ་ཡང་། གསང་སྙིང་ལས། འཇིག་རྟེན་དྲུག་གི་ཕྱོགས་བཅུ་ན། །འདས་དང་ད་ལྟར་བྱུང་བ་ཡི། །རྒྱལ་བའི་དཀྱིལ་འཁོར་མ་ལུས་པ། །བསྟེན་ནས་སྐུ་ལྔ་ལྷུན་གྱིས་རྫོགས། །ཞེས་སོ། ། འོན་ཀྱང་ལམ་འོག་མ་དག་ལ་དགོས་པ་མེད་པའང་མ་ཡིན་ཏེ། གནས་སྐབས་རང་འབྲས་ཐོབ་པར་མ་ཟད་སྔགས་བླ་མེད་ཀྱི་ལམ་སྟེགས་སུ་བགྲོད་དགོས་པའི་ཕྱིར་ཞེས་སོ། །གསུམ་པ་ལམ་སྟེགས་ཀྱི་ཐེག་པའི་དབྱེ་བསྡུ་སྟོན་པ་ནི། ཇི་སྲིད་གདུལ་བྱའི་སེམས་དང་སེམས་བྱུང་ཕྲ་རགས་ཀྱི་རྒྱུན་གཅིག་ནས་གཅིག་ཏུ་འཇུག་པ་ཆོས་ཀྱི་དབྱིངས་སུ་མ་ཟད་པར་དེ་འདུལ་བྱེད་ཀྱི་གཉེན་པོ་བསམ་གྱིས་མི་ཁྱབ་པར་མཐའ་ཡས་པའི་ཐེག་པའི་གྲངས་འདི་འོ་ཞེས་བརྗོད་པའི་མཐར་ཐུག་པ་མེད་ལ། སེམས་ཀྱི་འཇུག་པ་ཟད་པའི་ཚེ་ན་འགྲོ་བའང་མེད་ལ་ཐེག་པའང་མེད་དེ། ལང་ཀར་གཤེགས་པ་ལས། ཇི་སྲིད་སེམས་ནི་འཇུག་པའི་བར། །ཐེག་པའི་མཐའ་ལ་ཐུག་པ་མེད། །སེམས་ནི་ནམ་ཞིག་གྱུར་པ་ན། །ཐེག་པ་མེད་ཅིང་འགྲོ་བའང་མེད། །ཅེས་སོ། །དེ་ལྟར་ཐེག་པའི་རྣམ་གྲངས་དེ་དག་ལས་འོག་མ་རྣམས་ནི་སངས་རྒྱས་རྣམས་ཀྱི་བགྲོད་པ་གཅིག་པུའི་ལམ་གསང་སྔགས་རྡོ་རྗེའི་ཐེག་པ་ཐམས་ཅད་ཀྱི་ནང་ནས་རྩེ་མོར་གྱུར་པ་ནང་རྒྱུད་བླ་ན་མེད་པ་ལ་དགྲི་བའི་དལ་སྟེགས་ཙམ་ཡིན་ཏེ། ཅིའི་ཕྱིར་ན་ལམ་རང་རང་དང་རྗེས་སུ་མཐུན་པའི་འབྲས་བུ་རེ་ཐོབ་མོད། དཏུང་བླ་སྟེ

གོང་དུ་བགྲོད་བྱ་དང་བཅས་པས་རང་འབྲས་ཐོབ་པ་དེ་ཉིད་ཀྱང་ལྷ་མི་ངན་སོང་དང་ཉན་རང་འཁོར་བའི་མཐའ་དང་། བྱང་སེམས་དང་གྱི་ཡོག་སྟེ་གསུམ་མཐའ་གཉིས་ཏེ་ཐེག་པ་སོ་སོའི་རང་རང་གི་སྣང་བྱ་ལས་ངེས་པར་འབྱུང་བ་ཙམ་ལུས། མཐར་ཐུག་གི་ཐེག་པ་གཅིག་པུ་སྔགས་བླ་མེད་ཀྱི་ལམ་ལ་མ་ཞུགས་པར་མཐར་འབྲས་བྱང་ཆུབ་ཆེན་པོ་ཐོབ་པ་ཅི་ཞིག་ཡོད་དེ་མེད་དོ། །ཐེག་པ་དེ་དག་གི་དོན་བསྡུ་ཚུལ་གྱི་རྣམ་བཞག་དུ་མ་ཡོད་ཀྱང་བསྟན་བཅོས་འདིར་ནི་ཐུན་མོང་མ་ཡིན་པ་རྫོགས་པ་ཆེན་པོའི་ལམ་སྲོལ་འཛིན་པའི་སྣ་འགྱུར་རྙིང་མ་བའི་རིང་ལུགས་ལྟར་ན། རང་གི་ཡོངས་འཛིན་ལས་ཉན་ཅིང་ཐོས་པའི་དོན་གཞན་ལ་སྒྲོག་པས་ཉན་ཐོས་དང་། སྲིད་པ་ཐ་མ་པའི་ཚེ་གཞན་ལ་མ་བརྟེན་པར་རང་ཉིད་སྲིད་པ་ལས་རྒྱལ་བའི་འབྲས་བུ་མངོན་དུ་བྱས་པས་རང་རྒྱལ་དང་། རྫོགས་པའི་བྱང་ཆུབ་བསྒྲུབ་པའི་ཆེད་དུ་གཞན་དོན་ལ་སེམས་མི་ཞུམ་པར་དཔའ་བས་བྱང་ཆུབ་སེམས་དཔའ་སྟེ། དེ་དག་གི་ཉམས་སུ་བླང་བྱའི་ཐེག་པ་གསུམ་ལ་འབྲས་བུར་སྦྱོར་བའི་ལམ་མཚོན་པས་མཚན་ཉིད་དང་། རང་འབྲས་ཐོབ་པའི་དངོས་རྒྱུ་དང་མཐར་འབྲས་བྱང་ཆུབ་ཆེན་པོ་ཐོབ་པའི་བརྒྱུད་རྒྱུ་ཙམ་ལས་འབྲས་བུ་ལམ་དུ་བྱེད་པ་མིན་པས་ན་རྒྱུ་ཡི་ཐེག་པ་གསུམ་ཞེས་གསུངས་ལ། ཀྲི་ཡ་སྟེ་ཕྱི་ཡི་བྱ་བ་གཙོ་བོར་སྟོན་པས་བྱ་བའི་རྒྱུད་དང་། ཨུ་པ་སྟེ་ལྟ་སྤྱོད་ཆ་མཉམ་པར་སྤྱོད་པས་སྤྱོད་པའི་རྒྱུད་དང་། ཡོ་ག་སྟེ་ནང་གི་སྒོམ་པ་གཙོ་བོར་སྟོན་པས་རྣལ་འབྱོར་གྱི་རྒྱུད་དེ། དེ་གསུམ་མཚན་ཉིད་ཐེག་པ་དང་ཚུལ་འདྲ་ཞིང་དངོས་གྲུབ་གཞན་ནས་ཚོལ་བས་ཕྱི་རྒྱུད་གསུམ་ཞེས་བཤད་ཅིང་། ཕྱི་རྒྱུད་ལས་ཁྱད་པར་འཕགས་ཆོས་དུ་མ་ཡོད་ཀྱང་མདོར་བསྡུ་ན་ལྟ་སྒོམ་སྤྱོད་གསུམ་ཐུན་མོང་མ་ཡིན་པའི་དབང་གིས་བླ་ན་མེད་པའི་རྒྱུད་སྡེ་སྟེ། དབྱེ་ན་ཐབས་བསྐྱེད་པའི་རིམ་པ་གཙོ་བོར་སྟོན་པས་ཕ་རྒྱུད་ལ་མ་ཧཱ་ཡོ་ག་སྟེ་རྣལ་འབྱོར་ཆེན་པོ་ཞེས་བཤད་པ་དང་། ཤེས་རབ་རྫོགས་པའི་རིམ་པ་གཙོ་བོར་སྟོན་པས་མ་རྒྱུད་ལ་ཨ་ནུ་ཡོ་ག་སྟེ་རྗེས་སུ་རྣལ་འབྱོར་ཞེས་བྱ་བར་གྲགས་པ་དང་། ཟུང་འཇུག་འོད་གསལ་གྱི་རིམ་པ་གཙོ་བོར་སྟོན་པས་གཉིས་སུ་མེད་པའི་རྒྱུད་སྡེ་ལ་ཨ་ཏི་ཡོ་ག་སྟེ་ཐིག་ལེའི་རྣལ་འབྱོར་ཞེས་གསུངས་ཏེ། དེ་གསུམ་ལ་འཁོར་འདས་དག་མཉམ་དུ་རྟོགས་ཤིང་དངོས་གྲུབ་གཞན་ནས་མི་ཚོལ་བས་ནང་རྒྱུད་གསུམ་ཞེས་བཤད་པས་ཐེག་པའི་

དབྱེ་བ་དེ་ཐམས་ཅད་ཐེ༷ག་པ༷་རི༷མ་པ་དགུ༷་པོ་དེར༷་བསྡུ༷་བ་ཡིན་ཏེ། སྤྱི་མདོ་ལས། དོན་དམ་ངེས་པའི་ཐེག་པ་ནི། །གསུམ་དུ་ངེས་པར་སྣང་བ་སྟེ། །ཀུན་འབྱུང་འདྲེན་དང་དཀའ་ཐུབ་རིགས། །དབང་བསྒྱུར་ཐབས་ཀྱི་ཐེག་པའོ། །ཞེས་པ་ལྟར་གསུམ་པོ་རེ་རེ་ལའང་གསུམ་གསུམ་དུ་དབྱེ་བས་དགུར་ངེས་སོ། །དེ་ལྟ་བུའི་ཐེག་པའི་རིམ་པ་དགུ་པོ་དེ་ཙུང་ཟད་སྤྲོས་ཏེ་བཤད་ན། སྤྱིར་ཐེག་པ་སོ་སོ་པ་དགུ་ཡོད་པ་མ་ཡིན་ཏེ། ཉན་རང་གི་སྐབས་འབྲས་བུ་གནས་སྐབས་ཀྱི་ཐར་བ་ཙམ་ཞིག་དང་། དེ་ཐོབ་བྱེད་ཀྱི་ལམ་ཙམ་བསྟན་ཀྱང་དེ་ཉིད་ཐེག་ཆེན་དུ་འདུ་བའི་ཕྱིར་དེ་ལས་གཞན་མིན་ཞིང་། བྱང་ཆུབ་སེམས་དཔའི་སྡེ་སྣོད་དང་ཕྱི་རྒྱུད་སྡེ་གསུམ་གྱི་སྐབས་མཐར་འབྲས་བྱང་ཆུབ་དང་དེ་ཐོབ་བྱེད་ཀྱི་ལམ་ཕྱོགས་ཙམ་བསྟན་ཀྱང་ཡོངས་རྫོགས་མ་བསྟན་པས་སྔགས་བླ་མེད་དུ་འདུ་ཞིང་དེ་ལས་གཞན་མིན་ལ། ནང་རྒྱུད་སྡེ་གསུམ་པོ་ལས་འོག་མ་གཉིས་ཀ་ཨ་ཏིར་འདུ་ཞིང་དེ་ལས་གཞན་མིན་པས། མཐར་ཐུག་པ་ཨ་ཏི་ཡོ་གའི་ཐེག་པ་གཅིག་པུ་ནི་བྱང་ཆུབ་ཆེན་པོའི་དངོས་རྒྱུར་ངེས་ཏེ། རྒྱ་མཚོ་ལས། སོ་སོ་བསྟན་པ་རྒྱ་མཚོའི་རྒྱུད། །འདིར་སྟོན་འདིས་སྟོན་འདི་ཕྱིར་སྟོན། །དོན་ཀུན་འདི་ལ་ཡོངས་རྫོགས་པས། །ལུང་གི་སྤྱི་ཞེས་བཤད་པ་ཡིན། །ཞེས་པ་དང་མཐུན་ནོ། །

དེ་ལྟར་ནའང་སོ་སོའི་བསྟན་དོན་ལྟར་དབྱེ་ན། རྒྱུ་མཚན་ཉིད་ཀྱི་ཐེག་པ་དང་འབྲས་བུ་སྔགས་ཀྱི་ཐེག་པ་གཉིས་ལས་དང་པོ་ལའང་མཚན་ཉིད་སྡེ་གསུམ་ལས། དང་པོ། ཉན་ཐོས་ཀྱི་ཐེ༷ག་པ༷འི་འཇུ༷ག་སྒོ༷་སོ་ཐར་རིགས་བདུན་གང་རུང་གི་ཚུལ་ཁྲིམས་བླངས་ནས་མ་ཉམས་པར་བསྲུང་ལ། ལྟ༷་བ༷་ཕུང་ལྔས་བསྡུས་པའི་ཆོས་ཐམས་ཅད་གང་ཟག་གི་བདག་གིས་སྟོང་པར་ཤེས་ཀྱང་ཆོས་བདག་ཕྲ་བ་ཆ་མེད་གཉིས་བདེན་པར་འདོད་པས། སྒོ༷མ་པ༷་ནི་གནས་བཞག་ཐབས་དགུ་དང་ལྷག་མཐོང་བདེན་བཞི་བཅུ་དྲུག་བསྒོམ་ཞིང་། སྤྱོ༷ད་པ༷་སྦྱང་ཡོ༷ན་བཅུ་གཉིས་སོགས་ལ་གནས་པས། འབྲ༷ས་བུ༷་རྒྱུན་ཞུགས་ཕྱིར་འོང་ཕྱིར་མི་འོང་དགྲ་བཅོམ་པ་སྟེ་བཞི་པོ་རེ་རེ་ལ་ཞུགས་གནས་གཉིས་རེ་བྱས་པས་བརྒྱད་ཐོབ་པར་འདོད་པ་ཡིན་ནོ། །རང་རྒྱལ་གྱི་ཐེག་པའི་འཇུག་སྒོ་ཉན་ཐོས་དང་འདྲ་ལ། ལྟ༷་བ༷་གང་ཟག་གི་བདག་མེད་རྟོགས་པའི་སྟེང་གཟུང་བ་རང་བཞིན་མེ༷ད་པ༷ར་རྟོགས་པས་བདག་མེ༷ད་ཕྱེད་དང་གཉིས་རྟོགས་ཤིང་། སྒོ༷མ་པ༷འི་དགོས་ཆོས་རྟེན་འབྲེལ་བཅུ་གཉིས་ལུགས་འབྱུང་བཀག

ནས་ལུགས་ལྡོག་སྟོང་པ་བཅུ་གཉིས་ཁྲིགས་ཆགས་སུ་བསྒོམ་ཞིང་། སྤྱོད་པ༷་ཉན་ཐོས་དང་འདྲ་བས། འབྲས་བུ་དབང་རྣོན་བསེ་རུ་ལྟ་བུ་དང་། དབང་རྟུལ་ནི་ཚོ་ལྟ་བུ་གཉིྂས་ཐོབ་པར་འདོད་དོ། །བྱང་སེམསྂ་ཀྱིྂ་ཐེག་པའི་འཇུག་སྒོ་སྨོན་འཇུག་གཉིས་ཀྱི་སྡོམ་པ་བླངས་ནས། ལྟ་བ༷་སེམས་ཙམ་པས་གཟུང་བ་རང་བཞིན་མེདྂ་པ་དངྂ། དེ་འཛིན་བྱེད་ཀྱི་ཤེས་པའང་སྟོང་བར་རྟོགས་ཀྱང་རང་གསལ་གྱི་ཤེས་པ་ངོ་བོས་མི་སྟོང་པར་འདོད་པས་རང་ལུགས་ལ་བདག་མེད་གཉིས་རྟོགས་པར་འདོད་ཀྱང་། དབུ་མ་པས་གཞལ་ན་ཆོས་ཀྱི་བདག་མེད་ཕྲ་བ་མ་རྟོགས་ལ། དབུ་མ་པས་ནི་ཆོས་ཐམས་ཅད་བདག་གཉིས་ཀྱིས་སྟོང་པར་རྟོགས་ཤིང་གཉིས་ཀས་ཀྱང་སྒོྂམ་པ༷་ཐུན་མོང་མ་ཡིན་པའི་བྱང་ཕྱོགས་སོ་བདུན་བསྒོམ་ཞིང་། སྤྱོད་པ༷་ཕར་ཕྱིན་དྲུག་ལ་བསླབསྂ་ནས། འབྲ༷ས་བུ་གནས་སྐབས་ས་བཅུ་དང་། མཐར་ཐུག་བཅུ་གཅིྂག་པ་ཀུན་ཏུ་འོད་ཀྱི་ས་ཐོབ་པར་འདོད་དོ། །ཐེྂག་པ་དེ་གསུམ་པོ་སངས་རྒྱས་ཀྱི་ཞིང་ཀུན་ཏུ་འབྱུང་ཞིང་། གདུལ་བྱ་ཐར་བར་འདྲེན་པའི་ལམ་ཡིན་པས་ཀུན་འབྱུང་འདྲེན་པའི་ཐེག་པ་ཞེས་ཀྱང་བྱའོ། །

གཉིས་པ་སྔགས་ཀྱི་ཐེག་པ་ལ་ཕྱི་རྒྱུད་དང་ནང་རྒྱུད་གཉིས། དང་པོ་ལ་ཕྱི་རྒྱུད་སྡེ་གསུམ་ལས་དང་པོ་བྱ་རྒྱུད་ཀྱི་འཇུག་སྒོ་ཆུ་དང་ཅོད་པཎ་གྱི་དབང་གིས་སྨིན་པར་བྱས་ནས། ལྟ་བ༷་ཆོས་ཉིད་དག་པའི་ལྷ་ཞེས་རངྂ་གི་སེྂམས་ཉིད་སྟོང་གསལ་གྱི་ཡེ་ཤེས་སྤྲོས་པའི་མཐའ་དང་བྲལ་བར་རྟོགས་ནས་ཀུན་རྫོབ་ཀྱི་སྣང་ཆ་ཡོངས་སུ་དག་པའི་ལྷའི་རང་བཞིན་དུ་བསྒོམ་ན་མཐར་ཐུག་དེར་འགྱུར་བར་བལྟ་བས། སྒོམ་པ༷་དེ་ཁོ་ན་ཉིད་བཞི་སྟེ། བདག་གི་དེ་ཁོ་ན་ཉིད་ལྟ་བའི་ངང་དུ་འཛོག་པ། ལྷའི་དེ་ཁོ་ན་ཉིད་བྱ་རྒྱུདྂ་ཙམ་པོ་པ་ལ་བདག་བསྐྱེད་མེད་པས་མདུན་བསྐྱེད་ཙམ་དང་། ཁྱད་པར་བས། སྟོང་པ་ཡི་གེ་སྒྲ་གཟུགས་དང་། །ཕྱག་རྒྱ་མཚན་མ་ལྷ་དྲུག་གོ། །ཞེས་ཀྱི་ཡ་ལྷ་དྲུག་གི་སྒོ་ནས་བདག་ཉིད་ལྷར་བསྐྱེད་པའི་མདུན་དུ་ཡེ་ཤེས་པ་སྤྱན་དྲངས་ཤིང་རྗེ་ཁོལ་གྱི་ཚུལ་དུ་བལྟས་ནས་དངོས་གྲུབ་སྒྲུབ་པ་ལ། བཟླས་བརྗོད་ཀྱི་དེ་ཁོ་ན་ཉིད་འདི་ལྟར་གཞི་ལ་གཞོལ་བ་བདག་མདུན་ལྟར་གསལ་བ་ལ་དམིགས་ནས། སེམས་ལ་གཞོལ་བ་ལྷའི་ཐུགས་ཀར་ཟླ་དཀྱིལ་བསྒོམ་ཞིང་། སྒྲ་ལ་གཞོལ་བ་ཟླ་དཀྱིལ་གྱི་སྟེང་དུ་སྔགས་ཕྲེང་རང་སྒྲ་དང་བཅས་པ་ལ་སེམས་གཏད་ནས

སྒྲོག་རྩོལ་བསྡམས་ཏེ་བཟླས་པ་བྱ་བའོ། །བསམ་གཏན་དེ་ཁོ་ན་ཉིད་རང་ཉིད་ལྟར་གསལ་བའི་ཐུགས་ཀར་མེ་འབར་བའི་དབུས་སུ་ཟླ་བ་ལ་སྔགས་ཕྲེང་བཀོད་པ་མེ་གནས་ཏེ་ལས་བཞི་འགྲུབ་པའི་གཞི་དང་། དེ་ལས་སྔགས་ཀྱི་རང་སྒྲ་སྒྲོགས་པར་བསམ་པ་སྒྲ་གནས་ཏེ་ཞི་གནས་སྒྲུབ་པའི་གཞི་དང་། སྒྲ་དེ་ལ་དཔྱད་ཅིང་གཞིག་ནས་མཐར་མི་རྟོག་པའི་ངང་དུ་འཛོག་པ་སྒྲ་མཐའི་ཐར་པ་སྟེར་བ་སྟེ་ལྷག་མཐོང་འཆར་བའི་རྒྱུའོ། །ཀྲི་ཡ་ཁྲུས་དང་གཙང་སྦྲ་སོགས་ཕྱིའི་བྱ་བ་གཙོ་བོར་སྤྱོད་པས། འབྲས་བུ་རིགས་གསུམ་རྡོ་རྗེ་འཛིན་པའི་ས་ཐོབ་པར་འདོད་དོ། །

གཉིས་པ་སྤྱོད་རྒྱུད་ཀྱི་འཇུག་སྒོ་རིག་པའི་དབང་ལྔས་སྨིན་པར་བྱས་ནས། ཨུ་པ་རྣལ་འབྱོར་གྱི་རྒྱུད་དང་འདྲ་ཞིང་། སཾ་པུ་ཊི། རྣམ་སྣང་མངོན་བྱང་ལས། ཡི་གེ་དང་ནི་ཡི་གེ་སྒྲ། །དེ་བཞིན་གཞི་ལས་གཞིར་གྱུར་ཉིད། །ཤིན་ཏུ་བསྡམས་པའི་ཡིད་ལས་ནི། །བཟླས་བརྗོད་འབུམ་ཕྲག་གཅིག་བྱའོ། །ཞེས་པ་ལྟར་ཡི་གེ་དང་པོ་དོན་དམ་བྱང་ཆུབ་ཀྱི་སེམས་སྟོང་པ་ཉིད་དང་དེའི་སྣང་ཆ་ཀུན་རྫོབ་བྱང་ཆུབ་ཀྱི་སེམས་ཟླ་དཀྱིལ་བསྒོམ་པ་དང་། ཡི་གེ་གཉིས་པ་དེའི་སྟེང་བཟླ་བྱའི་སྔགས་རང་སྒྲ་དང་བཅས་པ་བསྒོམ། དེ་ཐམས་ཅད་ལས་གཞིའི་ཡན་ལག་དང་པོ་བདག་ཉིད་ལྟར་བསྐྱེད། དེ་ནས་གཞིའི་ཡན་ལག་གཉིས་པ་མདུན་བསྐྱེད་བསྒོམས་ནས་སྤྱན་གྲོགས་ཀྱི་ཚུལ་དུ་དངོས་གྲུབ་སྒྲུབ་པ་མཚན་བཅས་དང་། ཕུང་སོགས་ཀྱི་ཆོས་ཐམས་ཅད་ལ་རྣམ་པར་དཔྱད་དེ་སྐྱེ་མེད་དུ་རྟོགས་པ་འཇུག་པ་དང་། མི་རྟོག་པའི་ངོ་བོ་མངོན་དུ་གྱུར་པ་གནས་པ་དང་། དེ་ལས་མ་རྟོགས་པའི་འགྲོ་བ་རྣམས་ལ་སྙིང་རྗེ་ཆེན་པོ་ལྷག་པར་འཇུག་པ་ནི་ལྡང་བ་སྟེ། འཇུག་གནས་ལྡང་གསུམ་གྱིས་ཁྱད་པར་དུ་བྱས་པའི་དོན་དམ་བྱང་ཆུབ་ཀྱི་སེམས་བསྒོམ་པ་མཚན་མེད་ཀྱི་རྣལ་འབྱོར་རོ། །ཀྲི་ཡ་ནི་བྱ་རྒྱུད་དང་འདྲ་ལ། དེ་ལྟར་བསྒྲུབས་པས་འབྲས་བུ་རིགས་བཞི་རྡོ་རྗེ་འཛིན་པའི་ས་ཐོབ་པར་འདོད་དོ། །

གསུམ་པ་རྣལ་འབྱོར་རྒྱུད་ཀྱི་འཇུག་སྒོ་རིག་དབང་ལྔ་དང་། སློབ་དཔོན་གྱི་དབང་སྟེ་དྲུག་ཐོབ་པར་བྱས་ནས། ཡོ་ག་དོན་དམ་པར་ཆོས་ཐམས་ཅད་མཚན་མ་མེད་པར་རྟོགས་པའི་བྱིན་རླབས་ལས་ཀུན་རྫོབ་རྡོ་རྗེ་དབྱིངས་ཀྱི་ལྷར་བལྟས་ནས། སཾ་པུ་ཊི་ གཞི་ལས། མི་རྟོག་ཟླ་བ

གསུང་རྡོ་རྗེ། །སྒྲོ་བསྐུ་བསྒོམས་པས་ལྷ་རྡུ་གསལ། །ཞེས་པ་ལྟར་གཞི་སྟོང་པ་ཉིད། གདན་ཟླ་བ། གསུང་ཡིག་འབྲུ། ཐུགས་ཕྱག་མཚན། སྐུ་ཡོངས་རྫོགས་ལ་མངོན་པར་བྱང་ཆུབ་པ་ལྔའི་སྒོ་ནས་ལྟར་བསྐྱེད་ལ། ཡང་དེ་ཉིད་ལས། ཏིང་འཛིན་བྱིན་རླབས་དབང་བསྐུར་མཆོད། །ཅེས་པ་ལྟར་འཁོར་གྱི་ལྷ་བཀོད་པ་དང་། རང་རིགས་ཀྱིས་བྱིན་གྱིས་བརླབས་པ་དང་། རིགས་གང་ཡིན་གྱི་དབང་བསྐུར་བ་དང་། ཕྱག་མཆོད་བསྟོད་པ་བྱ་བ་སྟེ་ཚོ་འཕྲུལ་བཞི་དང་། ཐུགས་དམ་ཚིག་གསུང་ཆོས་ཀྱི། སྐུ་ཕྱག་ཆེན། ཕྲིན་ལས་ལས་ཀྱི་ཕྱག་རྒྱ་སྟེ་བཞིས་རྒྱས་བཏབ་ནས་ཡེ་ཤེས་པ་དགུག་བསྟིམས་བྱས་ཏེ། དམ་ཡེ་དབྱེར་མེད་ཀྱི་ངང་ནས་བཟླས་པ་ཚུལ་བཞིན་དུ་བྱས་མཐར་ཡེ་ཤེས་པ་གཤེགས་པ་ལ་སོགས་པའི་སྒོ་ནས་སྒྲུབ་པ་མཚན་བཅས་དང་། ལྟ་བའི་ངང་ལ་འཇོག་པ་མཚན་མེད་ཀྱི་རྣལ་འབྱོར་གཉིས་བསྒོམ་ཞིང་། སྤྱོད༷་པ༷་ཁྲུས་དང་གཙང་སྦྲ་སོགས་གྲོགས་ཙམ་དུ་བསྟེན་ནས། འབྲས༷་བུ༷་རིགས་ལྔ་སྟུག་པོ་བཀོད་པར་འཚང་རྒྱ་བར་འདོད་དོ། །དེ་གསུམ་གྱིས་ཕྱིའི་དཀའ་ཐུབ་ལ་བརྟེན་ནས་ནང་གི་དོན་རིག་པར་བྱེད་པས་དཀའ་ཐུབ་རིག་བྱེད་ཀྱི་ཐེག་པ་ཞེས་བྱའོ། །

གསུམ་པ་དབང་བསྒྱུར་ཐབས་ཀྱི་ཐེག་པ་ལ་ནང་རྒྱུད་སྡེ་གསུམ་ལས། དང་པོ་མ་ཧཱའི་འཇུག༷་སྒོ་ནི། ཕྱི་ཕན་པའི་དབང་བཅུ། ནང་ནུས་པ་དབང་ལྔ། གསང་བ་ཟབ་མོའི་དབང་གསུམ་སྟེ། དབང་མཆོག་བཅོ་བརྒྱད་ཀྱིས་རྒྱུད་སྨིན་པར་བྱས་ནས། ལྟ་བ༷་དོན་དམ་དགོར་བདུན་ངོ་བོ་ཉིད་མེད་པའི་ངང་ལས་རྩལ་སྣང་གདན་གསུམ་ལྷའི་དཀྱིལ་འཁོར་དུ་རང་བཞིན་གྱིས་ལྷུན་གྱིས་གྲུབ་ཅིང་དེ་གཉིས་ལྡོག་པ་ཙམ་ལས་རང་བཞིན་དབྱེར་མེད་པ་ལྷག་པའི་བདེན་པ་དབྱེར་མེད་ཆོས་སྐུ་ཆེན་པོར་གཏན་ལ་ཕབ་ནས། སྒོམ༷་པ༷་ནི་བསྐྱེད་རྫོགས་གཉིས་ལས་བསྐྱེད་རིམ་གཙོ་བོར་སྟོན་ལ། དེ་ཡང་སྒོང་སྐྱེས་དང་མངལ་སྐྱེས་སྦྱོང་བའི་བསྐྱེད་རིམ་གཙོ་ཆེ་བར་བསྒོམ་ཞིང་དེ་ཐམས་ཅད་ཏིང་ངེ་འཛིན་རྣམ་པ་གསུམ་གྱིས་ཁྱོག་དབུབ། ངོ་བོ་དག་རྫོགས་སྨིན་གསུམ་ཚང་བ་དང་། སྲོག་སྡོམ་གཟེར་བཞིས་རྒྱས་བཏབ་སྟེ་བསྒོམ་པ་དང་། རྫོགས་རིམ་མ་ཧཱ་རང་གི་ནང་གསེས་ཀྱི་ཕ་རྒྱུད་རྣམས་སུ་རླུང་གི་དང་། མ་རྒྱུད་རྣམས་སུ་ཐིག་ལེའི་དང་། གཉིས་མེད་ཀྱི་རྒྱུད་སྡེ་རྣམས་སུ་འོད་གསལ་གྱི་རྫོགས་རིམ་རྣམས་བསྒོམ་ལ། སྤྱོད༷་པ༷་སྤྲོས་བཅས། སྤྲོས་མེད། ཤིན་ཏུ་སྤྲོས་མེད་གསུམ་གྱི་ཉེ

རྒྱུ་ལ་བརྟེན་ནས། འབྲས༷་བུ༷་རིག་འཛིན་རྣམ་པ་བཞིས་བསྡུས་པའི་ལམ་ལྔ་མཐར་ཕྱིན་ཏེ་ཟུང་འཇུག་རྡོ་རྗེ་འཆང་གི་གོ་འཕང་ཐོབ་པར་འདོད་དོ། །

གཉིས་པ་ཨ་ནུའི་འཇུག༷་སྒོ་ཕྱི་དབང་རྒྱུད་ཀྱི་ཆུ་བོ་བཅུ། ནང་དབང་འབྱུང་བའི་ཆུ་བོ་བཅུ་གཅིག །སྒྲུབ་དབང་གྲུགས་པའི་ཆུ་བོ་བཅུ་གསུམ། གསང་དབང་རྫོགས་པའི་ཆུ་བོ་གཉིས་ཏེ། དབང་མཆོག་སུམ་ཅུ་རྩ་དྲུག་གིས་སྨིན་པར་བྱས་ནས། ལྟ༷་བ༷་དབྱིངས་སྐྱེ་མེད་སྤྲོས་པ་དང་བྲལ་བ་ཀུན་ཏུ་བཟང་མོ་ཡེ་ཇི་བཞིན་པའི་དཀྱིལ་འཁོར་དང་། ཡུལ་ཅན་རང་བྱུང་གི་ཡེ་ཤེས་རང་བཞིན་ལྷུན་གྲུབ་ཀུན་ཏུ་བཟང་པོའི་དཀྱིལ་འཁོར་དང་། དེ་གཉིས་ངོ་བོ་དབྱེར་མེད་པ་སྲས་བདེ་བ་ཆེན་པོ་རྩ་བ་བྱང་ཆུབ་སེམས་ཀྱི་དཀྱིལ་འཁོར་ཏེ་དཀྱིལ་འཁོར་གསུམ་དུ་རྟོག་དཔྱོད་ཀྱི་རྗེས་སུ་འཇུག་པས་གཏན་ལ་ཕབ་ནས། སྒོམ༷་པ༷་ནི་དོན་གྱི་རྗེས་སུ་འཇུག་པ་རྣམ་པར་མི་རྟོག་པའི་ངང་ལ་འཛོག་པ་དང་། ཡི་གེའི་རྗེས་སུ་འཇུག་པ་བསྙེན་སྔགས་བརྗོད་པ་ཙམ་གྱིས་རྩ་ལ་སྣང་ལྷའི་དཀྱིལ་འཁོར་དུ་གསལ་བ་གྲོལ་ལམ་དང་། ཐབས་ལམ་སྟེང་འོག་གི་སྒོ་ལ་བརྟེན་ནས་ལྷན་སྐྱེས་ཀྱི་ཡེ་ཤེས་བསྐྱེད་པར་བྱེད་ཅིང་། སྤྱོད༷་པ༷་སྣང་སེམས་ཐམས་ཅད་བདེ་བ་ཆེན་པོའི་ཡེ་ཤེས་ཀྱི་རོལ་པར་ཤེས་པའི་སྒོ་ནས་བླང་དོར་མེད་པར་སྤྱོད་པའི་ཉེ་རྒྱུས་འབྲས་བུ་ལམ་ལྔའི་ངོ་བོར་གྱུར་པའི་རྣལ་འབྱོར་ལྔ་དང་། ས་བཅུ་མཐར་ཕྱིན་པར་བྱེད་དེ། དེ་ཡང་ཆོས་ཉིད་ཀྱི་སྙིང་པོ་ཇི་བཞིན་པའི་རྗེས་སུ་འཇུག་པའི་རང་སའི་ལམ་ན་འཕར་བའི་རིམ་པ་ལྟར་སྒོམ་པ་ས་བཅུས་རང་རང་གི་སྤྱང་བྱ་བཅུ་སྤྱངས་ཤིང་རང་སའི་ཡོན་ཏན་རྣམས་འཆར་བར་འགྱུར་ཏེ། འདི་ལྟར་ཚོགས་ལམ་འདུན་པ་སེམས་པའི་རྣལ་འབྱོར་གྱིས་དང་པོ་འགྱུར་བ་མ་ངེས་པའི་ས་དང་། གཉིས་པ་བརྟེན་པ་གཞིའི་ས་གཉིས་བསྡུས་ཏེ། དེར་ཀྱེན་འགྱུར་ལས་ཀྱི་བག་ཆགས་རགས་པ་གཉིས་དག་ནས། སྤྱན་དང་མངོན་ཤེས་དང་རྫུ་འཕྲུལ་ཕྲ་མོས་སྤྲུལ་བསྒྱུར་ནུས་པ་སོགས་ཐུན་མོང་གི་དངོས་གྲུབ་རྣམས་རིམ་གྱིས་གྲུབ་ཅིང་སངས་རྒྱས་སྤྲུལ་པའི་སྐུའི་ཞལ་མཐོང་བ་སོགས་ཚོགས་ལམ་གྱི་ཡོན་ཏན་རྣམས་འཆར་རོ། །སྦྱོར་ལམ་རིགས་ཆེན་འབྱེད་པའི་རྣལ་འབྱོར་གྱིས་གསུམ་པ་གལ་ཆེན་སྦྱོང་བའི་ས། བཞི་པ་བསླབ་པ་རྒྱུན་གྱི་ས། ལྔ་པ་བསོད་ནམས་རྟེན་གྱི་ས་གསུམ་བསྡུས་ཏེ། དེར་མངོན་དུ་རྒྱུའི་བག་ཆགས་རགས་འབྲིང་ཕྲ་གསུམ་

དག་ནས་ལྷུང་སེམས་ཙམ་གྱིས་ལྷ་སྐུ་གྲུབ་ཅིང་། ཉིན་སྣང་མཚན་སྣང་གི་བར་མཚམས་མེད་པར་ཐམས་ཅད་སྒྱུ་མ་ལྟ་བུར་རྟོགས་པ་སོགས་སྦྱོར་ལམ་གྱི་ཡོན་ཏན་རྣམས་འཆར་རོ། །དེ་ཉིད་དུ་ཚོགས་ཀྱི་སྤྱོད་པའི་ཉེ་རྒྱུ་སྤྱོད་པས་ཁུ་རྡུལ་ལྷུང་ཡིད་ཀྱི་འགྱུར་བ་དེ་རགས་པ་བཅོམ་སྟེ། འཇིགས་པ་ལྔ་དང་བྲལ་ཞིང་ཟག་པ་ཟད་ནས་མཐོང་ལམ་དབུགས་ཆེན་འབྱིན་པའི་རྣལ་འབྱོར་ཐོབ་སྟེ། དེས་དྲུག་པ་བརྟེན་པས་ཁྱད་པར་དུ་འགྲོ་བའི་ས་བསྙུས་ཏེ། དེར་ཀུན་འགྲོའི་སྒྲིབ་པ་དག་ཅིང་ཆོས་ཉིད་རང་མཚན་པ་མངོན་སུམ་དུ་མཐོང་བའི་སྟོབས་ཀྱིས་བདེ་སྟོང་ཡེ་ཤེས་འོད་གསལ་གྱི་ལྷ་སྐུ་གྲུབ་ཅིང་། ཡོན་ཏན་བརྒྱ་ཕྲག་བཅུ་གཉིས་ལ་དབང་ཐོབ། ཡོངས་སྐུ་རིགས་ལྔའི་ཞིང་བགྲོད་ནས་ཆོས་ཉན་པ་སོགས་མཐོང་ལམ་གྱི་ཡོན་ཏན་ཐམས་ཅད་འཆར་རོ། །

དེ་ནས་མཐོང་ལམ་འོད་གསལ་ལས་ལངས་པའི་རྗེས་ལ་མངོན་རྟོགས་སྒོམ་ལམ་ལུང་ཆེན་ཐོབ་པའི་རྣལ་འབྱོར་གྱིས། བདུན་པ་དམིགས་པས་འབྲས་བུ་སྐྱེ་བའི་ས་བསྙུས་ཏེ། དེར་ལྷན་ཅིག་གནས་པའི་སྒྲིབ་པ་དག་ནས་ཆོས་ཉིད་རྟོགས་པའི་ཡེ་ཤེས་དང་དག་པ་ལྷ་སྐུའི་སྣང་བ་རྒྱུན་མི་ཆད་པ་ཟུང་འཇུག་གི་སྐུར་གྲུབ་ཅིང་། དེ་ནས་མཐར་ལམ་རྒྱལ་ཆེན་རྫོགས་པའི་རྣལ་འབྱོར་ཐོབ་སྟེ། དེས་ནི་བརྒྱད་པ་གནས་པ་མི་འགྱུར་བའི་ས་དང་། དགུ་པ་བརྟལ་བ་ཆོས་ཉིད་ཀྱི་ས་དང་། བཅུ་པ་རྫོགས་པ་ཅིར་ཆུབ་ཀྱི་ས་གསུམ་བསྙུས་པ་ཡིན་ཏེ། དེར་བག་ཉལ་རགས་འབྲིང་ཕྲ་གསུམ་གྱི་སྒྲིབ་པ་རིམ་པར་དག་ཅིང་། དེ་ལྟར་སྒོམ་མཐར་གྱི་ལམ་གྱི་ས་བཞི་པོ་དེ། ཐུན་མོང་བ་ལྟར་ན་སྒོམ་ལམ་ས་དགུས་བསྙུས་པས་ན། དེ་རྣམས་སུ་སྔར་མཐོང་ལམ་གྱི་ཡོན་ཏན་བརྒྱ་ཕྲག་བཅུ་གཉིས་པོ་དེ། སྟོང་འགྱུར་ནས། ཞིང་ཁམས་བརྗོད་དུ་མེད་པའི་བྱེ་བ་ཁྲག་ཁྲིག་བརྒྱ་སྟོང་ཕྲག་བཅུའི་རྡུལ་ཤིན་ཏུ་ཕྲ་བ་སྙེད་དང་མཉམ་པའི་བར་དུ་རིམ་པར་འཕེལ་ཞིང་། ཚེ་འཕྲུལ་བཞི་དང་དབང་བཅུ་ལ་སོགས་པའི་ཡོན་ཏན་རྣམས་འཆར་བ་ཡིན་ནོ། །

དེ་ལྟར་སློབ་པའི་ལམ་བཞི་མཐར་ཕྱིན་ནས་འབྲས་བུའི་དབང་བསྐུར་བའི་མཐའ་རྟེན་ཁུ་རྡུལ་ལྷུང་གསུམ་གྱི་རྒྱུ་བ་ཕྲ་བ་རྒྱུན་ཆད་པས་བརྟེན་པ་ཤེས་རིག་ཕྲ་བའང་དག་སྟེ། འབྲས་ཆོས་ཉེར་ལྔ་དབྱེར་མེད་ལྷུན་གྱིས་གྲུབ་པའི་བདེ་བ་ཆེན་པོའི་སྐུ་མངོན་དུ་འགྱུར་བར་འདོད་པ་ཡིན་ནོ། །

དེ་ལྟར་བཤད་པའི་རྣལ་འབྱོར་ལྔ་དང་། ས་བཅུ་པོ་དེ་རྣམས་ཀྱི་ངེས་ཚིག་ནི་མདོའི་རྒྱ་བཤད་ཀྱི་རྒྱུད་དང་། མན་ངག་དག་ལས་གསལ་བར་བསྟན་པ་མ་མཐོང་ཡང་། སྤྱི་ཙམ་དཔག་ན། རྣལ་འབྱོར་ལྔའི་དང་པོ་ནི། ཚོགས་ལམ་གྱི་དུས་སུ་འོད་གསལ་དང་ལྷ་སྐུ་གཉིས་ཀ་འདུན་པས་དྲངས་པའི་མོས་པ་ཙམ་གྱི་ཡུལ་དུ་བྱེད་པས་འདུན་པ་སེམས་པའི་དང་། གཉིས་པ་ནི། སྦྱོར་ལམ་ཐོབ་ཚེ་ཟག་པ་ཡོད་ཀྱང་ལྡོག་པ་མེད་པས་རིགས་ངེས་པའི་ཕྱིར་རིགས་ཆེན་འབྱེད་པའི་དང་། གསུམ་པ་ནི། མཐོང་ལམ་དུ་འཇིགས་པ་ལྔ་དང་བྲལ་བ་སོགས་དང་། ཆོས་ཉིད་མངོན་སུམ་མཐོང་བའི་འཇིག་རྟེན་གྱི་ཆོས་ཐམས་ཅད་ལས་འདས་པས་དབུགས་ཆེན་འབྱིན་པའི་དང་། བཞི་པ་ནི། སྒོམ་ལམ་དུ་དུས་དང་གནས་སོགས་ངེས་པ་ཅན་གྱི་སྒོ་ནས་ལུང་བསྟན་ཆེན་པོ་ཐོབ་པས་ལུང་ཆེན་ཐོབ་པའི་དང་། ལྔ་པ་ནི། མཐར་ལམ་དུ་སློབ་པའི་ཟུང་འཇུག་གི་ཡོན་ཏན་གྱི་རྒྱལ་མཐར་ཕྱུག་པ་རྫོགས་པའི་ཕྱིར་རྒྱལ་ཆེན་རྫོགས་པའི་རྣལ་འབྱོར་རོ། །

ས་ཡང་རྣམ་པ་བཅུ་ལས། དང་པོ་ལ། ཚོགས་ལམ་དུ་ཟག་ལྡོག་གཉིས་ཀ་ཡོད་པས་འགྱུར་བ་མ་ངེས་པའི་ས་དང་། རྣལ་འབྱོར་དང་པོ་འདིའི་སྐབས་ཀྱི་མངོན་རྟོགས་རྣམས་བརྟེན་པ་སྦྱོར་ལམ་སོགས་བསྐྱེད་པའི་གཞི་ཡིན་པས་གཉིས་པ་ལ་བརྟེན་པ་གཞིའི་ས་ཞེས་བྱ་ཞིང་། སྦྱོར་བའི་ལམ་དུ་མཐོང་ལམ་དོན་གྱི་འོད་གསལ་ལ་སྒྲིབ་པའི་མངོན་རྒྱུའི་བག་ཆགས་ཐམས་ཅད་སྦྱོང་བས་གསུམ་པ་ལ་གལ་ཆེན་སྦྱོང་བའི་ས་དང་། ཉིན་མཚན་བར་མེད་པར་སྒྱུ་མ་ལྟ་བུའི་ཚུལ་གྱིས་ཟུང་འཇུག་གི་རྒྱུ་ལ་བསླབ་པས་བཞི་པ་ལ་བསླབ་པ་རྒྱུན་གྱི་ས་དང་། ཉེ་རྒྱུའི་སྤྱོད་པའི་བསོད་ནམས་ལ་བརྟེན་ནས་ཟག་མེད་ཀྱི་ཡེ་ཤེས་ལ་སྦྱོར་བས་ལྔ་པ་ལ་བསོད་ནམས་རྟེན་གྱི་ས་ཞེས་བྱའོ། །མཐོང་ལམ་དུ་དོན་གྱི་འོད་གསལ་མངོན་སུམ་དུ་མཐོང་བ་དེ་ལ་བརྟེན་པ་ཟག་མེད་ཀྱི་ཡོན་ཏན་གོང་ནས་གོང་དུ་ཁྱད་པར་དུ་འགྲོ་བས་དྲུག་པ་ལ་བརྟེན་པས་ཁྱད་པར་དུ་འགྲོ་བའི་ས་ཞེས་བྱའོ། །སྒོམ་ལམ་དུ་སློབ་པའི་ཟུང་འཇུག་གི་དོན་དེ་ལ་དམིགས་ཤིང་གོམས་པས་འབྲས་བུ་མི་སློབ་པའི་ཟུང་འཇུག་གི་སྐུ་འགྲུབ་པས་བདུན་པ་ལ་དམིགས་པས་འབྲས་བུ་སྐྱེ་བའི་ས་ཞེས་བྱའོ། །མཐར་ལམ་དུ་དབྱིངས་ཡེ་དབྱེར་མེད་ཀྱི་དགོངས་པ་ལ་རྟག་ཏུ་གནས་ཤིང་འཕོ་འགྱུར་མེད་པས་བརྒྱད་པ

ལ་གནས་པ་མི་འགྱུར་བའི་ས་དང་། ཆོས་ཉིད་དོན་གྱི་འོད་གསལ་དང་ཆོས་ཅན་ལྷ་སྐུའི་སྣང་བ་གཉིས་འདུ་འབྲལ་མེད་པའི་ཆོས་ཉིད་ཀྱི་ཕྱག་རྒྱས་སྣང་སྲིད་ཐམས་ཅད་ལ་ཁྱབ་པར་བརྡལ་བས་དགུ་པ་ལ་བརྡལ་བ་ཆོས་ཉིད་ཀྱི་ས་དང་། རྩལ་སྣང་གཟུགས་སྐུའི་བཀོད་པ་ཐམས་ཅད་སྐྱེ་བ་མེད་པའི་དབྱིངས་སུ་འུབ་ཆུབ་པར་ཡོངས་སུ་རྫོགས་ཤིང་མཐར་ཕྱིན་པས་བཅུ་པ་ལ་རྫོགས་པ་ཅིར་ཆུབ་ཀྱི་ས་ཞེས་བྱའོ། །ས་འདི་རྣམས་ཐལ་ཆེར་ལ་མ་ངེས་པ་ཞེས་པའི་སྒྲ་སྦྱར་བ་ལྟར་ན། འདི་དག་སློབ་པའི་ས་ཡིན་པས་རང་རང་གི་གནས་སྐབས་ཀྱི་སྒྲིབ་པ་དག་ཅིང་ས་གོང་མའི་ཡོན་ཏན་ལ་སྦྱོར་དུ་ཡོད་པས་རང་རང་གི་སྐབས་སུ་བཞག་པའི་ངེས་ཚིག་དེ་ཉིད་ས་དང་ལྡན་པའི་གང་ཟག་དེ་ལ་རྣམ་པ་ཐམས་ཅད་དུ་མ་ངེས་པའོ། །ཡང་ས་ཕྱི་མ་ལ་མི་སློབ་པའི་སར་བཤད་པ་ལྟར་ན། དགྲ་བཅོམ་ཞུགས་པ་བཞིན་བཏགས་པ་ཡིན་གྱི་དངོས་ནི་མིན་ནོ། །གསུམ་པ་ཨ་ཏིའི་འཇུག་སྒོ་དབང་བཞི་པ་རྩལ་དུ་བཏོན་ཏེ་སྤྲོས་བཅས་སྤྲོས་མེད་ཤིན་ཏུ་སྤྲོས་མེད་རབ་ཏུ་སྤྲོས་མེད་དེ་བཞིཾ་ཐོཾབ་པར་བྱས་ནས། ལྟ༷་བ༷་ཆོས་ཐམས་ཅད་རིག་པའི་ངོ་བོར་ཡེ་ནས་སངས་རྒྱས་ཟིན་པས་ལམ་གྱིས་ད་གདོད་སྒྲུབ་མི་དགོཾས་པར་ཐག་བཅད་ནས། སྒོམ༷་པ༷་ལེ་ལོ་ཅན་འབད་མེད་དུ་གྲོལ་བ་ཀ་དག་ཡེ་བབས་སོར་བཞག་གི་ངང་སྐྱོང་བ་དང་། བརྩོན་འགྲུས་ཅན་འབད་བཅས་སུ་གྲོལ་བ་ལྷུན་གྲུབ་ཐོད་རྒལ་གྱི་གནད་དྲུག་ལ་བརྟེན་ནས་དེ་བཞིན་གཤེགས་པའི་གསང་མཛོད་ཀྱི་སྒོ་ཕྱེ་ནས་མངོན་སུམ་དུ་མཐོང་བ་དང་། སྤྱོད༷་པ༷་ཅིར་སྣང་ཐམས་ཅད་ཆོས་ཉིད་ཀྱི་རོལ་པར་ཤར་བས་དགག་སྒྲུབ་འཛིན་ཞེན་ལས་འདས་པར་བཞག་པས། འབྲས་བུ་སྣང་བཞི་མཐར་ཕྱིན་ཏེ་ལྷུན་རྫོགས་ཀུན་ཏུ་བཟང་པོ་དབྱེ་བ་མེད་པའི་སའམ་ཡེ་ཤེས་བླ་མའིཾ་སཾ་མཐར་ཕྱིན་པར་བྱེད་པའོ། །དེ་གསུམ་གྱིས་ཉོན་མོངས་ཐམས་ཅད་ཆེད་དུ་གཉེན་པོས་སྤོང་མི་དགོས་པར་རིག་པའི་ཡེ་ཤེས་ཀྱིས་དབང་བསྒྱུར་ཏེ་ལམ་དུ་བྱེད་པའི་ཐབས་དང་ལྡན་པས་དབང་བསྒྱུར་ཐབས་ཀྱི་ཐེག་པ་ཞེས་བྱའོ། །

བཞི་པ་སོར་བྱང་གཉིས་སྔགས་སྡོམ་གྱི་ཡན་ལག་ཏུ་འགྱུར་ཚུལ་ལ་གསུམ་ལས། དང་པོ་རིགས་ཅན་གསུམ་ལ་སྔགས་ཀྱི་ལམ་ཞུགས་ཡོད་པར་སྒྲུབ་པ་ནི། དེ་ལྟར་ཐེག་པ་རིམ་པ་དགུའི་སྔ་མ་དྲུག་གི་གདུལ་བྱར་གྱུར་པའི་རིགས་ཅན་གསུམ་སྔགས་བླ་མེད་དུ་འཇུག་པའི་ཚུལ། སྤྱིར་གདུལ་

བྱ་རྣམས་ཀྱི་ཁམས་སམ་རིགས་ཀྱི་དབྱེ་བ་དུ་མ་ཞིག་ཡོད་ནའང་། བསྡུ་ན་དམན་འབྲིང་མཆོག་གསུམ་སྟེ། རིམ་བཞིན་ཉན་ཐོས་དང་རང་རྒྱལ་དང་བྱང་ཆུབ་སེམས་དཔའི་རིགས་ཅན་གསུམ་ཡིན་ལ། དེ་དག་སོ་སོ་ལ་བླ་མེད་རྡོ་རྗེ་ཐེག་པའི་རིག་པ་འཛིན་པའི་ལམ་ལ་ཞུགས་པ་ཡོད་དོ་ཞེས་འབུམ་ཕྲག་ལྔ་པ་དེ་ཁོ་ན་ཉིད་ཡེ་ཤེས་གྲུབ་པའི་རྒྱུད་ཀྱི་ལུང་ལས། རྡོ་ཡི་རིགས་ཀྱི་བྱེ་བྲག་ཞིག །བཞུ་བས་ལྕགས་དང་ཟངས་དངུལ་འགྱུར། །གསེར་འགྱུར་རྩི་ཡི་དངོས་པོ་ཡིས། །ཀུན་ཀྱང་གསེར་དུ་བསྒྱུར་བར་བྱེད། །དེ་བཞིན་སེམས་ཀྱི་བྱེ་བྲག་གིས། །རིགས་ཅན་གསུམ་གྱི་སྡོམ་པ་ཡང་། །དཀྱིལ་འཁོར་ཆེན་པོ་འདིར་ཞུགས་ན། །རྡོ་རྗེ་འཛིན་པ་ཞེས་བྱའོ། །ཞེས་པས་གསལ་བར་གྲུབ་སྟེ། ། དེ་ཡང་དཔེར་བསྟན་པའི་རྡོ་ཁམས་དམན་འབྲིང་མཆོག་གསུམ་པོ་དེ་གྲུབ་མཐས་བློ་མ་བསྒྱུར་བའི་རིགས་ཅན་གསུམ་གྱི་དཔེ་ཡིན་ལ། ལྕགས་ཟངས་དངུལ་གསུམ་ནི་རིགས་ཅན་གསུམ་སོ་སོའི་ལམ་ལ་ཞུགས་བཞིན་པ་དང་། འབྲས་བུ་ཐོབ་ཟིན་པའི་གནས་སྐབས་ཀྱི་དཔེ་ཡིན་ཞིང་། དེ་གསུམ་གསེར་འགྱུར་རྩིས་གསེར་དུ་འགྱུར་བ་ལྟ་བུ་ནི་སྔགས་བླ་མེད་ལ་ཞུགས་པའི་གནས་སྐབས་ན་ཐམས་ཅད་རིག་པ་འཛིན་པ་ཡིན་པ་ལ་ཁྱད་པར་མེད་པའི་དཔེར་སོང་བས་སོ། །

གཉིས་པ་བསམ་པའི་དབྱེ་བས་འཇུག་ཚུལ་གྱི་དབྱེ་བསྡུ་བཤད་པ་ནི། བསམ་པའི་བྱེ་བྲག་གི་དབྱེ་བས་ནང་རྒྱུད་བླ་ན་མེད་པའི་སྔགས་ལམ་ལ་འཇུག་པ་ནི། ཇི་སྐད་དུ། གཞི་རིགས་གཅིག་དང་ལམ་རིགས་བཞི། །གསང་ཆེན་བླ་མེད་མི་ལྡོག་བརྟེན། །ཞེས་པ་ལྟར་གཞི་ནས་འཇུག་པ་རང་རང་གི་ལམ་ལ་མ་ཞུགས་པར་དང་པོ་ནས་འཇུག་པ་དང་། ལྷ་མི་ཉན་རང་བྱང་སེམས་ཀྱི་ཡོག་སྡེ་གསུམ་སྟེ་ལམ་བཞི་པོ་ལ་སློབ་བཞིན་པ་ནས་འཇུག་པ་དང་། ལམ་དེ་དག་གི་རང་འབྲས་མཐར་ཕྱིན་ནས་འཇུག་པ་ལ་སོགས་པའི་ཚུལ་བརྗོད་པའི་ཆོས་སྒོ་མང་དུ་ཡོད་ན་ཡང་འདིར་དོན་གྱི་སྙིང་པོ་ལ་སྒྲིབ་པའི་ཕྱིར་དེ་དག་སྤྲོས་ཏེ་བརྗོད་པར་བྱ་བ་མིན་པས་མ་བཤད་དོ། །

གསུམ་པ་སྐབས་འདིར་གདན་ལ་དབབ་བྱའི་དོན་ངོས་བཟུང་བ་ནི། སྐབས་འདིར་ནི་ཐེག་པ་ཐམས་ཅད་ཀྱི་ལམ་གྱི་གནད་སྡོམ་པ་གསུམ་དུ་འདུས་ཤིང་། དེ་ལ་དགྱེ་ ཚུལ་དབང་པོའི་ ཁྱད་པར་གྱིས་རབ་འབྲིང་ཐ་གསུམ་དུ་ཡོད་ལ། །དེ་དག་ལས་སྔགས་ལ་འཇུག་པའི་ཚུལ་དབང་པོ་ཡང་

རབ་མཆོག་ཏུ་གྱུར་པ་སྔོན་ཚོགས་གཉིས་ཀྱི་སྦྱངས་པ་མཐར་སོན་པའི་སྐལ་བ་དང་ལྡན་པ་དེ། ཚེ་འདིར་ལམ་ཐུན་མོང་བས་རྒྱུད་སྦྱོང་བ་ལ་མ་ལྟོས་པར་དབང་བསྐུར་ཐོབ་པ་ཙམ་གྱིས་སྡོམ་པ་གསུམ་ཅིག་ཆར་དུ་སྐྱེ་བ་ཡིན་ཏེ། སྔགས་བླ་མེད་ཀྱི་སྡོམ་པ་གང་ཞིག །གཞན་གནོད་གཞི་བཅས་སྤངས་པ་སོ་ཐར། གཞན་ཕན་གཞི་བཅས་སྒྲུབ་པ་བྱང་སེམས། དེ་ཉིད་མཉམ་པ་ཆེན་པོའི་ཡེ་ཤེས་ཀྱིས་ཟིན་པ་གསང་སྔགས་ཀྱི་སྡོམ་པའི་ངོ་བོ་ཡིན་པས། དཔེར་ན་དབང་དོན་གྱི་ཡེ་ཤེས་རྟོགས་པ་དང་རྒྱུད་གྲོལ་བ་དུས་མཉམ་པ་ཨོ་རྒྱན་གྱི་རྒྱལ་པོ་ཨིནྡྲ་བྷཱུ་ཏིས་ཐོབ་པའི་དབང་པོ་ལ་འདོད་ཡོན་མ་སྤངས་པར་སངས་རྒྱས་ཐོབ་པའི་ཐབས་ཞུས་པས། སྟོན་པས་དེར་དཀྱིལ་འཁོར་སྣང་བར་མཛད་ནས་དབང་བསྐུར་བའི་དུས་དེ་ཉིད་དུ་ཟུང་འཇུག་གི་སྐུ་བརྙེས་པ་བཞིན་ནོ། །དབང་པོ་འབྲིང་ནི་འདུལ་བ་ལས་བྱུང་བའི་ལས་ཆོག་ལ་བརྟེན་ནས་སོ་ཐར་རིགས་བདུན་གྱི་སྡོམ་པ་གང་རུང་ནོད་དེ། སློབ་གཉིས་གང་རུང་གི་ཆོ་གས་བྱང་སྡོམ་དང་། གསང་སྔགས་ཕྱི་ནང་གི་ཆོ་གས་སྔགས་སྡོམ་སྟེ། གསུམ་པོ་སོ་སོའི་གཞུང་གི་ཆོ་ག་ལ་བརྟེན་ནས་རིམ་པ་བཞིན་ཐོབ་པའི་ཚུལ་མགོན་པོ་ནཱ་ག་རྫུ་ནའི་རྣམ་པར་ཐར་པ་ལྟར་རིག་པར་བྱའོ། །དབང་པོ་ཐ་མ་སྔོན་དང་ད་ལྟར་ཚོགས་གཉིས་བསགས་པའི་སྐལ་བ་དམན་པ་ཤིན་ཏུ་གདུལ་བར་དཀའ་བ་དེ་རྣམས་རིམ་གྱིས་ལམ་ལ་དགྲི་དགོས་པས། དང་པོ་འཁོར་བའི་ཉེས་དམིགས་དང་ཐར་པའི་ཕན་ཡོན་བཤད་ནས་གསོ་སྦྱོང་ཡན་ལག་བརྒྱད་པའི་དུས་ཁྲིམས་ནོད་ཅིང་དེའི་རྗེས་སུ་དགེ་བསྙེན་གྱི་སྡོམ་པ་དང་། དགེ་ཚུལ་གྱི་བསླབ་པའི་གནས་བཅུ་ནས་དགེ་སློང་གི་སྡོམ་པའི་བར་ཕྱིན་ནས་གྲུབ་མཐའ་བཞིའི་དང་པོ་བྱེ་མདོ་གཉིས་ཀྱིས་བདག་མེད་གཏན་ལ་དབབ་ཚུལ་ལ་གོམས་སུ་བཅུག །དེ་རྗེས་སེམས་བསྐྱེད་ནས་དབུ་སེམས་གཉིས་ཀྱི་ལྟ་བ་ལ་སེམས་སྦྱོང་མཐར། རང་རང་གི་དབང་བསྐུར་སྔོན་དུ་འགྲོ་བས་གཙང་སྤྲའི་སྤྱོད་ལམ་དང་། བཟླས་བརྗོད་སོགས་ལུས་ངག་གི་བྱ་བ་གཙོ་བོར་སྟོན་པ་བྱ་བའི་རྒྱུད་དང་། ལུས་ངག་གི་བྱ་བ་དང་སེམས་ཀྱི་ཏིང་ངེ་འཛིན་མཉམ་དུ་སྟོན་པ་སྤྱོད་པའི་རྒྱུད། སེམས་ཀྱི་ཏིང་ངེ་འཛིན་གཙོ་བོར་སྟོན་པ་རྣལ་འབྱོར་གྱི་རྒྱུད་ཀུན་གྱི་ལྟ་སྒོམ་སྤྱོད་གསུམ་གྱིས་བསྡུས་པའི་ཉམས་ལེན་རྣམས་རིམ་པར་ཤེས་ཤིང་ཉམས་འོག་ཏུ་ཆུབ་པར་བྱས་ནས་ཐབས་ཤེས་གཉིས་སུ་མེད་པའི་རྣལ་འབྱོར་

བདེ་བ་ཆེན་པོས་ཁྱད་པར་དུ་བྱས་པའི་ཐབས་སྟོན་པ་ནང་རྒྱུད་བླ་མེད་ཀྱི་དབང་གིས་སྨིན་པར་བྱས་ནས་བསྐྱེད་རྫོགས་ཟུང་འཇུག་གསུམ་གྱི་རྒྱུད་སྡེ་ལ་རིམ་གྱིས་འཇུག་པར་བྱ་བའི་ཚུལ། ཀྱེ་རྡོ་རྗེ་བརྟག་པ་གཉིས་པའི་ཕྱི་མ་འདུལ་བའི་ལེའུ་ལས་གསལ་བར་གསུངས་ཏེ། དེ་ལས། དང་པོ་གསོ་སྦྱོང་སྦྱིན་པར་བྱ། །དེ་རྗེས་བསླབ་པའི་གནས་བཅུ་ཉིད། །དེ་ལ་བྱེ་བྲག་སྨྲ་བ་བསྟན། །མདོ་སྡེ་པའང་དེ་བཞིན་ནོ། །དེ་ནས་རྣལ་འབྱོར་སྤྱོད་པ་ཉིད། །དེ་ཡི་རྗེས་སུ་དབུ་མ་བསྟན། །སྔགས་ཀྱི་རིམ་པ་ཀུན་ཤེས་ནས། །དེ་རྗེས་ཀྱེ་ཡི་རྡོ་རྗེ་བསྟན། །ཞེས་སོ། །དེ་དང་མཐུན་པར་ཕུར་བ་ཞེ་སྡང་ཁྲོས་པའི་རྒྱུད་ལས་ཀྱང་། སོ་སོར་ཐར་པ་དང་པོར་སྦྱིན། །དེ་ལ་ཉན་ཐོས་ཆོས་རྣམས་བསྟན། །དེ་ནས་བྱང་ཆུབ་སྡོམ་ཆེན་སྦྱིན། །དེ་ལ་དབུ་མའི་ཆོས་རྣམས་བཤད། །མཐར་ནི་འབྲས་བུ་ཐེག་ཆེན་གྱི། །དབང་སྦྱིན་འབྲས་བུའི་རྒྱུད་འདི་བཤད། །ཅེས་སོ། །དེ་དག་ལས་བསྟན་བཅོས་འདིར་ཇི་སྐད་བསྟན་པའི་དོན་ངེས་བཟུང་བ་ནི། སྐབས་འདིར་ནི་བསྟན་པར་བྱ་བ་དབང་པོ་འབྲིང་གི་ཚུལ་ཡིན་པས་དེ་འཆད་པར་བྱ་བ་ཡིན་ཏེ། སོ་ཐར་གྱི་རྟེན་ལ་དབང་བསྐུར་ཐོབ་པའི་གང་ཟག་དགེ་སློང་དང་། དགེ་ཚུལ་དང་། དགེ་བསྙེན་གྱི་སྡོམ་པ་དང་ལྡན་པ་དེ་རྡོ་རྗེ་འཛིན་པའི་རབ་དང་། འབྲིང་དང་ཐ་མ་ཡིན་ནོ་ཞེས་རྟེན་གྱི་དབང་གིས་རིམ་པ་བཞིན་ཕུར་བའི་རྒྱུད་དང་དུས་འཁོར་རྩ་རྒྱུད་ལས་མཐུན་པར། ཇི་སྐད་དུ། གསུམ་ལས་དགེ་སློང་མཆོག་ཡིན་འབྲིང་། །དགེ་ཚུལ་ཞེས་བྱ་དེ་དག་ལས། །ཁྱིམ་ན་གནས་པ་ཐ་མའོ། །ཞེས་གསུངས་ཤིང་། སྔགས་སུ་མ་ཟད་བྱང་སྡོམ་གྱི་རྟེན་ཀྱང་ཁྱིམ་པ་ལས་རབ་ཏུ་བྱུང་བ་འཕགས་ཏེ། མདོ་སྡེའི་རྒྱན་ལས། རབ་ཏུ་བྱུང་བའི་ཕྱོགས་དག་ནི། །ཡོན་ཏན་ཚད་མེད་རྣམས་དང་ལྡན། །དེ་ལྟས་སྡོམ་བརྩོན་ཁྱིམ་པ་ཡི། །བྱང་སེམས་རྣམས་ལས་མཆོག་ཏུ་བཤད། །ཅེས་སོ། །དེ་དག་ནི་སྤྱིར་བཏང་ཡིན་ལ། འོན་ཀྱང་ཡེ་ཤེས་དང་ལྡན་པ་སྐྱེ་ས་ཐོབ་པ་ལ་སོགས་པའི་ཡོན་ཏན་ཁྱད་པར་ཅན་རྒྱུད་ལ་ཡོད་པ་ནི་གཙོ་བོར་གཟུང་བར་བྱ་བ་དམིགས་བསལ་ཏེ། དུས་འཁོར་ལས། ས་ཐོབ་མ་གཏོགས་ཁྱིམ་པ་ནི། རྒྱལ་པོའི་བླ་མར་མི་བྱ་སྟེ། །ཞེས་གསུངས་པའི་ཕྱིར་དང་། འདུལ་བ་ལུང་ལས། རྒྱན་གྱིས་བརྒྱན་པར་བྱས་ཀྱང་ཆོས་སྤྱོད་ཅིང་། །དུལ་ཞིང་ཡང་དག་སྡོམ་ལ་ཚངས་པར་སྤྱོད། །འབྱུང་པོ་ཀུན་ལ་ཆད་པ་སྤང་བ་སྟེ། །དགེ་སློང་དགེ་སྦྱོང་དེ་ཡིན། །

ཞེས་གསུངས་པའི་ཕྱིར་རོ། །དེ་ལྟར་བསྟན་པའི་སྡོམ་པ་གསུམ་པོ་ངོས་བཟུང་བ་ནི། སྤྱིར་སྡོམ་པ་གསུམ་གྱི་ཐ་སྙད་སོ་ཐར་གྱི་སྐབས་བསླབ་ཚིགས་གསུམ་དང་། བྱང་སྡོམ་གྱི་སྐབས་སྡོམ་སྡུད་དོན་བྱེད་གསུམ་དང་། །སྔགས་སུ་སྐུ་གསུང་ཐུགས་ཀྱི་དམ་ཚིག་གསུམ་ལ་བཞག་པ་སོགས་མང་དུ་སྣང་མོད་ཀྱང་། སྐབས་འདིར་བསྟན་པར་བྱ་བ་ནི་སྔ་འགྱུར་གྱི་རྒྱུད་སྡེའི་རྩ་བར་གྱུར་པ་ཀུན་འདུས་རིག་པའི་མདོ་ལས། རང་དོན་ཞི་བདེ་ཙམ་དང་། གཞན་དོན་དུ་རྫོགས་པའི་བྱང་ཆུབ་སྒྲུབ་པར་འདོད་པ་དང་། གཞན་ལ་ཕན་པ་རླབས་ཆེན་པོ་སྒྲུབ་པའི་ཕྱིར་མྱུར་དུ་ཟུང་འཇུག་གི་གོ་འཕང་སྒྲུབ་པར་འདོད་པ་གསུམ་ལ་སྡོམ་པ་གསུམ་ཞེས་ཇི་སྐད་དུ། དེ་ལྟར་སྡོམ་པ་གསུམ་པོ་ཡང་། རང་དང་གཞན་དོན་ཕན་པ་ཆེ། །ཞེས་བཤད་པ་ནི། སོ་ཐར་གྱི་སྡོམ་པ་དང་། སེམས་བསྐྱེད་ཀྱི་སྡོམ་པ་དང་། དབང་བསྐུར་བ་ལས་ཐོབ་པའི་སྔགས་ཀྱི་སྡོམ་པ་སྟེ་གསུམ་པོ་ཉིད་ཡིན་ལ། དེ་ཡང་འདུལ་བ་དང་། མདོ་སྡེ་དང་། སྔགས་ཀྱི་སྡེ་སྣོད་དེ། སོ་སོའི་བསྟན་དོན་ལྟར་ཀུན་སློང་དང་། ཚིག་དང་། དུས་དང་། སྤང་བྱ་རྣམས་གང་ཟག་ཐ་དད་པས་སོ་སོར་འཛིན་ན་སྔ་མས་ཉན་ཐོས་དང་། བར་པས་བྱང་ཆུབ་སེམས་དཔའ་དང་། ཕྱི་མ་ལ་རིག་པ་འཛིན་པ་ཞེས་སུ་མཁས་པ་རྣམས་ལ་གྲགས་མོད། འོན་ཀྱང་ཀུན་སློང་གི་དབང་གིས་མ་ངེས་ཏེ། སྡོམ་གསུམ་རབ་དབྱེར། བསམ་པ་སེམས་བསྐྱེད་ཀྱིས་ཟིན་པའི། །ཚིག་ཉན་ཐོས་ལུགས་བཞིན་གྱིས། །སོ་སོར་ཐར་པ་རིགས་བརྒྱད་པོ། །བྱང་སེམས་སོ་སོ་ཐར་པར་འགྱུར། །ཞེས་གསུངས་ལ། དེའི་ཤུགས་ཀྱིས་སྔགས་སྡོམ་རྒྱུད་ལྡན་གྱིས་སོར་སྡོམ་བླངས་ན་སྔགས་ཀྱི་ཐུན་མོང་མ་ཡིན་པའི་སོར་སྡོམ་དུ་འགྱུར་དགོས་པ་བཞིན་ནོ། །བཤད་མ་ཐག་པ་དེ་ལྟར་རྒྱུའི་ཐེག་པ་གོང་འོག་དང་། བྱང་སྔགས་གཉིས་ཀྱི་ཐུན་མོང་དུ་གྱུར་པའི་སྡོམ་པ་འོག་མ་སོར་བྱང་གཉིས་པོ་སྐབས་འདིར་ནི་སྔགས་བླ་མེད་ཀྱི་དབང་གི་ཡན་ལག་ཏུ་འགྲོ་བའི་ཚུལ་བསྟན་པ་ཡིན་ཏེ། སོར་བྱང་གི་སྡོམ་ལྡན་དེས་སྔགས་སྡོམ་བླང་བའི་ཚེ་སོ་ཐར་སྔགས་ཀྱི་ཉེས་སྤྱོད་སྡོམ་པ་དང་། བྱང་སྡོམ་རྣམ་སྣང་གི་དམ་ཚིག་ཏུ་འགྱུར་བ་གང་ཞིག །སྔགས་བླ་མེད་ཀྱི་སྤྱི་དང་ཁྱད་པར་ལྷག་པའི་དམ་ཚིག་ལས་སྤྱིའི་དམ་ཚིག་ཏུ་སོར་བྱང་དང་སྔགས་ཕྱི་རྒྱུད་ཀྱི་དམ་ཚིག་ཐམས་ཅད་ཚང་བའི་ཕྱིར་དང་། དེར་མ་ཟད་སྡོམ་པ་འོག་མ་གཉིས་སྔོན་དུ་མ་སོང་བའི་རྡོ་རྗེ་འཛིན་པའི་རྒྱུད་

ལའང་། དབང་བསྐུར་བ་ཁོ་ནས་ཐོབ་པའི་སོར་བྱང་གི་སྡོམ་པ་ཡོད་པར་འགྱུར་ཏེ། ཇི་སྐད་དུ། སོ་སོར་ཐར་དང་བྱང་ཆུབ་སེམས། །རིག་འཛིན་ནང་གི་སྡོམ་པའི་ཚོགས། །མ་ལུས་བདག་གིས་ཡོངས་སུ་བཟུང་། །ཞེས་པ་ལ་སོགས་པས་དབང་གི་སྔོན་འགྲོའི་དུས་སུ་ཁས་བླངས་པའི་ཕྱིར་དང་། མཉམ་པ་ཆེན་པོའི་དམ་ཚིག་དང་ལྡན་པའི་རིག་པ་འཛིན་པའི་རྒྱུད་ལ་འོག་མའི་འདུལ་སྡོམ་ཐམས་ཅད་ངང་གིས་འདུ་བའང་ཡིན་ཏེ། རྩ་རྒྱུད་སྙིང་པོ་ལས། བླ་མེད་མཆོག་གི་དམ་ཚིག་ཏུ། །འདུལ་བའི་དབང་གིས་ཚུལ་ཁྲིམས་དང་། །ཇི་སྙེད་སྡོམ་པ་བསམ་ཡས་པ། །མ་ལུས་ཀུན་འདུས་རྣམ་པར་དག །ཅེས་དང་། རྣམ་གློག་ལས། དགེ་སློང་བྱང་ཆུབ་སེམས་དཔའ་དང་། །རྣལ་འབྱོར་རྣལ་འབྱོར་ཆེན་པོ་ཡིན། །ཞེས་དང་། འཁོར་ལོ་སྡོམ་པའི་རྒྱུད་ལས། སོ་སོ་ཐར་དང་བྱང་ཆུབ་སེམས། །རིག་འཛིན་ཉིད་ཀྱི་དགེ་སློང་ངོ་། །ཞེས་པ་ལ་སོགས་པའི་རྒྱུད་སྡེ་རྒྱ་མཚོ་ནས་ཇི་ལྟར་བཤད་པ་ལྟར་བསྟན་བཅོས་འདིར་ཡང་འཆད་པར་བྱེད་དོ། །

ལྔ་པ་ལེའུ་འོག་མ་གསུམ་གྱི་སྡོམ་ནི། དེ་ལྟར་སྡོམ་གསུམ་སྤྱིའི་རྣམ་གཞག་བསྟན་ནས། སོ་སོའི་དོན་བསྡུས་པའི་སྒོ་ནས་ཤེས་པའི་ཕྱིར་སྡོམ་བསྟན་པ་ནི། སྡོམ་པ་གསུམ་པོ་སོ་སོའི་བྱུང་ཚུལ་དང་། ངོ་བོ་དང་དབྱེ་བའི་སྒོ་ནས་ཁོག་དབུབ་པའི་གླེང་གཞི་དང་། དང་པོ་སྡོམ་པ་མ་ཐོབ་པ་ཆོ་ག་ལ་སོགས་པའི་སྒོ་ནས་ཐོབ་པའི་ཚུལ་དང་། བར་དུ་ཐོབ་པའི་སྡོམ་པ་དེའི་བསྲུང་བྱའི་རྣམ་གྲངས་བཤད་པས་མི་ཉམས་པར་བསྲུང་བའི་ཐབས་དང་། ཐ་མར་ལྟུང་བ་འབྱུང་བའི་སྒོ་བཞིའི་དབང་གིས་ཉམས་ན་སླར་གསོ་བའི་ཚུལ་ཏེ་བཞི་རེས་སྡོམ་དུ་བསྡུས་ནས་བཤད་པ་ཡིན་ནོ། །སྡོམ་གསུམ་སྤྱིའི་བཤད་གཞིའི་རིམ་པར་ཕྱེ་བ་སྟེ་དང་པོའི་རྣམ་པར་བཤད་པའོ། །

གཉིས་པ་འདུལ་བ་སོ་ཐར་གྱི་རིམ་པ་དབྱེ་བ་བསྟན་པ་དང་། ད་ནི་སྡོམ་པ་གསུམ་པོ་སོ་སོའི་རྣམ་གྲངས་རྒྱས་པར་བཤད་པའོ། །དང་པོ་ནི། ལྷ་བདེའི་འགྲོ་བའི་རྣམ་འདྲེན་ཐབས་མཁས་ཤིང་ཐུགས་རྗེ་ཆེན་པོ་དང་ལྡན་པ་དེ་གཟུགས་སྐུ་ཞི་བའི་དབྱིངས་སུ་སྙོམས་པར་ཞུགས་ཀྱང་སྡོམ་བརྩོན་འདུས་པའི་དབུས་སུ་གནང་བཀག་གི་མཚམས་ལེགས་པར་འདོམས་པའི་སྐུར་བཞེངས་པ་སྟོན་པ་དང་བསྟན་པ་གཉིས་ཀར་གྱུར་པ་ནི་དམ་པའི་ཆོས་འདུལ་བ་ཡིན་པས། དེ་ཉིད་བཤད་པ

ལ་ཁོག་དབུབ་གླེང་གཞི། མ་ཐོབ་པ་ཐོབ་པའི་ཚུལ། ཐོབ་པ་མི་ཉམས་པར་བསྲུང་བའི་ཐབས། ཉམས་ན་གསོ་བའི་ཚུལ་ཏེ་དོན་རྣམ་པ་བཞིའི་དང་པོ་ཇི་ལྟར་བྱུང་ཚུལ་དང་། དེའི་ཉམས་ལེན་སྡོམ་པའི་ངོ་བོ་དང་། དེ་ལ་དབྱེ་བའི་སྒོ་ནས་ཁོག་དབུབ་པ་ལ། དང་པོ། དེ་ཇི་ལྟར་བྱུང་བའི་ཚུལ་ནི་ཉན་ཐོས་དང་ཐུན་མོང་བའི་འདོད་པ་ལྟར་བཤད་ན། བདག་ཅག་གི་སྟོན་པ་འདི་གྲངས་མེད་གསུམ་འདས་པའི་སྔོན་རོལ་ཏུ། ཐེག་པ་ཆེན་པོའི་དབུང་དུ་སེམས་བསྐྱེད་ནས་ཚོགས་ལམ་གྱི་རྟེན་ལ་ཚོགས་གཉིས་རྫོགས་པར་མཛད་ཅིང་། འཛམ་བུའི་གླིང་གི་མི་རྣམས་ཚེ་ལོ་ཉི་ཁྲི་པའི་དུས་སུ་འོད་སྲུང་འཇིག་རྟེན་དུ་བྱོན་པའི་ཚེ་བྲམ་ཟེའི་ཁྱེའུ་བླ་མར་གྱུར། དེའི་ཕྱི་མ་ལ་དགའ་ལྡན་ལྷ་ཡི་གནས་སུ་དམ་པ་ཏོག་དཀར་པོར་སྐྱེ་བ་བཟུང་ནས་ལྷ་རྣམས་ཆོས་ཀྱིས་སྨིན་པར་མཛད་ནས། སྐྱེ་རྒུ་རྣམས་ཚེ་ལོ་བརྒྱ་པའི་དུས་ལ་བབས་པ་ན། རིགས་དང་། གླིང་དང་། ཡབ་དང་། ཡུམ་དང་། དུས་ཏེ་གཟིགས་པ་རྣམ་པ་ལྔས་གཟིགས་ནས་ལྷ་རྣམས་ལ་འཆི་འཕོ་རྣམ་པར་སྦྱོང་བའི་ཆོས་ཀྱི་རྣམ་གྲངས་གསུངས་ཏེ་གླང་པོ་ཆེ་ཐལ་དཀར་མཆེ་བ་དྲུག་ལྡན་གྱི་ཚུལ་དུ་དགའ་ལྡན་གྱི་གནས་ནས་འཕོ་བ་དང་། དེའི་ཚེ་ས་མོ་ལུག་གི་ལོའི་ཆུ་སྟོད་ཟླ་བའི་ཉ་ལ་ཡུམ་སྒྱུ་འཕྲུལ་མ་གསོ་སྦྱོང་ལ་གནས་པའི་གློ་གཡས་ནས་ཞུགས་ཏེ་ལྟུམས་གཞལ་ཡས་ཁང་དུ་བྱིན་གྱིས་བརླབས་ནས་ལྷ་མིའི་འཁོར་མང་པོ་ལ་སྐྱེ་གནས་རྣམ་པར་སྦྱོང་བའི་ཆོས་བསྟན་པ་དང་། དེ་ནས་ལྕགས་སྤྲེལ་ས་ག་ཟླ་བའི་ཚེས་བདུན་ལ་ཡུམ་སྒྱུ་འཕྲུལ་མ་ལུམྦི་ནིའི་ཚལ་དུ་གཤེགས་ཏེ་ཤིང་པླཀྵའི་ཡལ་ག་ལ་བཟུང་བ་ན་གནོད་པ་མེད་པར་རྩིབ་མའི་གོ་བར་ནས་ན་བཟའ་དང་བཅས་ཏེ་ལེན་པ་མེད་པར་བྱོན་ཏེ་ཕྱོགས་བཞིར་གོམ་པ་བདུན་བདུན་བོར་ནས། ང་ནི་འཇིག་རྟེན་འདི་ན་མཆོག་ཡིན་ནོ། །ཞེས་གསུངས་ཤིང་བར་སྣང་གི་ལྷས་བསྟོད་པ་དང་། ངོ་མཚར་བའི་ལྟས་མང་པོ་དང་བཅས་ཏེ་བལྟམས་པ་དང་། དེ་ནས་ཡིག་དཔོན་ཀུན་གྱི་བཤེས་གཉེན་སོགས་སློབ་དཔོན་སོ་སོ་ནས་ཡི་གེ་དང་འཕོང་དང་སྒྱུ་རྩལ་སོགས་ལ་བསླབས་ཤིང་བཟོའི་གནས་ཐམས་ཅད་ལ་ཕུལ་དུ་ཕྱིན་པའི་ཚུལ་བསྟན་པ་དང་། དེ་ནས་ཤཱཀྱའི་བུ་མོ་ས་འཚོ་མ་དང་། གྲགས་འཛིན་མ། རི་དྭགས་སྐྱེས་རྣམས་འཁོར་དྲུག་ཁྲི་དང་བཅས་པ་ཁབ་ཏུ་བཞེས་ནས་དགྱེས་པར་རོལ་པའི་ཚུལ་བསྟན་པ་དང་། དེ་ནས་དགུང་ལོ་ཉེར་དགུ

པ་ལ་གནས་གཙང་མའི་ལྷས་བསྐུལ་ཏེ། སྐྱེ་རྒ་ན་འཆིའི་ཆུ་བོ་བཞི་དང་དགེ་སྦྱོང་གི་གཟུགས་མཐོང་
བས་རྐྱེན་བྱས་ཏེ་ངེས་པར་འབྱུང་བར་དམ་བཅས་པ་ན། ཁོར་ཡུག་དམག་གིས་བསྲུངས་ཀྱང་
བསྟུགས་ལྡན་གྱི་སྟེང་དུ་ཆིབས་ནས། རྒྱལ་ཆེན་བཞིས་བཏེགས་ཏེ་ནམ་མཁའ་ལ་བྱོན་ནས་མཆོད་
རྟེན་རྣམ་དག་གི་དྲུང་དུ་ཉིད་ཀྱི་དབུ་སྐྲ་ཉིད་ཀྱིས་བསིལ་ནས་རབ་ཏུ་བྱུང་བ་དང་། དེ་ནས་སྒྲུ་རྩལ་
ཤེས་ཀྱི་བུ་རིང་འཕུར་དང་། རངས་བྱེད་ཀྱི་བུ་ལྷག་སྤྱོད་གཉིས་ལས་འཇིག་རྟེན་པའི་ཏིང་ངེ་འཛིན་
ནོད་པའི་ཚུལ་བསྟན་ནས་ལྷ་སྡེ་བཟང་པོ་དང་བཅས་ཆུ་ཀླུང་ནཻ་རཉྫཱའི་འགྲམ་དུ་མཁའ་ཁྱབ་ཀྱི་ཏིང་
ངེ་འཛིན་ལ་མཉམ་པར་བཞག་སྟེ་ལོ་དྲུག་ཏུ་དཀའ་བ་སྤྱད་པ་དང་། དེ་ནས་ལྷ་རྣམས་ཀྱིས་བསྐུལ་
ནས་ཏིང་ངེ་འཛིན་ལས་བཞེངས་ཏེ་བཞུད་པའི་ལམ་དུ་བྲམ་ཟེའི་བུ་མོ་ལེགས་སྐྱེས་མས་བ་མེན་ལྷ་
བརྒྱའི་འོ་མ་ཉིང་ཁུར་བྱས་པ་དྲངས་པ་གསོལ་བས་སྐུ་གསེར་གྱི་གདན་པ་ཕྱིས་པ་ལྟར་གྱུར་ཅིང་།
རྩྭ་ཚོང་བཀྲ་ཤིས་ལྡན་ལས་རྩྭ་བཞེས་པ་བསྣམས་ནས་སྐྱེས་བུ་ཆེན་པོའི་སྟབས་ཀྱིས་བྱང་ཆུབ་སྙིང་
པོའི་ཤིང་གི་དྲུང་དུ་གཤེགས་པ་དང་། དེ་ནས་དགུང་ལོ་སོ་ལྔ་པ་ཤིང་རྟ་ས་ག་ཟླ་བའི་ཉ་ལ་རྡོ་རྗེའི་
གདན་དུ་རྩྭ་བཏིང་བ་ལ་བཞུགས་ཏེ། ཇི་སྲིད་ཟག་མེད་མ་ཐོབ་བར། །དེ་སྲིད་སྐྱིལ་ཀྲུང་གཞིག་མི་བྱ། །
ཞེས་དང་། སྟན་འདིར་བདག་གི་ལུས་ནི་སྐམ་ཡང་རུང་། །པགས་པ་རུས་པའི་ཚོགས་རྣམས་ཞིག་
ཀྱང་རུང་། །བསྐལ་མང་རྙེད་དཀའི་བྱང་ཆུབ་མ་ཐོབ་བར། །སྟན་འདི་ལས་ནི་ལུས་བསྒྱོད་མི་བྱའོ། །
ཞེས་དམ་བཅའ་བརྟན་པོ་མཛད་པ་ན། སྲོད་ཀྱི་ཆ་ལ་བདུད་ཀྱི་རྒྱལ་པོས་བསླུ་བྲིད་ཀྱི་ཚིག་དང་།
བདུད་ཀྱི་བུ་མོ་བདུན་གྱིས་ཆགས་པའི་ཟོལ་གྱིས་བསླུ་བར་བྱས་ཀྱང་མ་ནུས་པ་ན། བདུད་དམག་
བྱེ་བ་དུང་ཕྱུར་དྲངས་པ་བྱམས་པའི་ཏིང་ངེ་འཛིན་གྱིས་བཏུལ་བ་དང་། དེ་ནས་ཉ་དེའི་ཐོ་རངས་ལ་
ཟད་པ་དང་། མི་སློབ་པའི་ཡེ་ཤེས་མངོན་དུ་མཛད་དེ་སངས་རྒྱས་ཀྱི་བྱང་ཆུབ་བརྙེས་པ་དེའི་ཚེ་ས་
ཆེན་པོ་འདི་ཡང་རབ་ཏུ་གཡོས། འོད་ཟེར་གྱི་སྣང་བ་གྲངས་མེད་པ་བྱུང་བ་ལ་ལྷ་རྣམས་ཀྱིས་བསྟོད་
དོ༔ ༔དེ་ཡང་ཐེག་ཆེན་ཐུན་མོང་བས་ནི་སོ་སྐྱེའི་གནས་སྐབས་སུ་གྲངས་མེད་གཅིག་གི་ཚོགས་རྫོགས་
པར་བྱས་ནས། འཕགས་པའི་ས་བཅུ་ལ་གྲངས་མེད་གཉིས་ཀྱིས་ཚོགས་གཉིས་མཐར་ཕྱིན་ནས།
ས་བཅུ་པའི་རྒྱུན་མཐའ་ལ་གནས་པ་དེ་འདིར་འཚང་རྒྱ་བ་ཡིན་ནོ་ཞེས་འདོད་ལ། ཉན་ཐོས་པ་དག

གིས་ནི་འདི་ལྟར། མཛོད་ལས། སྟོན་དང་བསེ་རུ་བྱང་ཆུབ་པ། །བསམ་གཏན་མཐའ་རྟེན་གཅིག་ལ་ཀུན། །ཞེས་དང་། འཕགས་པ་མིན་ཡང་ཕ་མ་དང་། །ནད་པ་དང་ནི་ཆོས་སྨྲ་དང་། །སྐྱེ་མཐའི་བྱང་ཆུབ་སེམས་དཔའ་ལ། །ཞེས་པ་ལྟར་སྔར་གྱི་ཚོགས་ལམ་གྱི་རྟེན་དེ་ལ་ལམ་ལྷ་གདན་ཐོག་གཅིག་ལ་མངོན་དུ་མཛད་དེ་སངས་རྒྱས་པར་འདོད་པ་ཡིན་ནོ། །དེ་ནས་ཞག་བདུན་ཕྲག་བདུན་དུ་ཆོས་མི་གསུངས་པར་བཞུགས་པའི་ཚེ། ཚངས་པ་དང་བརྒྱ་བྱིན་གཉིས་ཀྱིས་ཆོས་ཀྱི་འཁོར་ལོ་བསྐོར་བར་བསྐུལ་བས་ཞལ་གྱིས་བཞེས་པའི་ཚེ་འོག་མིན་གྱི་བར་དུ་གྲགས་སོ། །

དེ་ཡང་ཆོས་ཀྱི་འཁོར་ལོ་ལ་རིམ་པ་གསུམ་དུ་ཡོད་ཀྱང་། འདིར་ཆོས་འཁོར་དང་པོ་འདུལ་བའི་སྡེ་སྣོད་གླེང་བའི་གཞི་ནི་ཕུན་སུམ་ཚོགས་པ་ལྔ་སྟེ། སྟོན༷་པ༷་མཉམ་མེད་ཐུབ་པའི་དབང་པོ་དེས༷། གནས་ཝཱཾ་ར༷་ཎ༷་སཱིཾའི་དྲང་སྲོང་ལྷུང་བ་རི་དྭགས་མི་འཇིགས་པའི་ནགས་ཚལ་ཞེས། སྔོན་རང་སངས་རྒྱས་མངཾ་པོ་ལྷཾགཾ་མེད་དུ་སོང་ནས་རིང་བསྲེལ་སར་ལྷུང་བ་དང་། རྒྱལ་པོ་ཚངས་བྱིན་གྱིས་རྫོན་རྒྱས་རི་དྭགས་རྣམས་ལ་མི་འཇིགས་པ་སྦྱིན་པའི་གནས་དེ་རུ། དུས་ཆུ་སྟོད་ཟླ་བའི་ཆོས་བཞི་ནས་བརྩམས་ཏེ། ཆོས་ལྷག༷་པའི༷་ཚུལ་ཁྲིམ༷ས་ཀྱི་བསླབ་པ་བརྗོད་ཾབྱའི་གཙོ༷་བོ༷ར་སྟོན༷་པ་འདུལ་བའི་འདུལ་བ་བཅས་རང་གི་རྣམ་བཞཾག་ཆེ་ལོང་ཙམ་དང་། འདུལ་བའི་མདོ་སྡེ་ཉིད་དེ་འཛིན་དང་ཚངས་པར་སྤྱོད་པའི་རྣལ་འབྱོར་དུ་བྱ་བའི་རིམ་པ་དང་། འདུལ་བའི་མངོན་པ་དེ་རྣམས་ཀྱི་རབ་དབྱེ་རྒྱ་ཆེར་བཤད་པ་སོགས་སྤྱང་གཉེན་གྱི་རིམ་པས་ཉམས་སུ་ལེན་པའི་ཐབས་བདེན༷་པ༷་བཞི༷འི་ཆོས་ཀྱི་རྣམ་གྲངས་འཁོར་ལྔ་སྡེ་བཟང་པོ། ལྔ་བརྒྱད་ཁྲི་དང་བཅས་པར་གསུངས་པ༷ས། ལྔ་སྡེར་དགྲ་བཅོམ་ཐོབ། ལྷ་བརྒྱཾད་ཁྲིཾས་བདེན་པ་མཐོང་ངོ་། །དེ་ཡང་སྐྱིར་ལུང་བཞིས་བསྡུས་པའི་འདུལ་བའི་སྡེ་སྣོད་ནི། སངས་རྒྱས་ནས་མྱ་ངན་ལས་མ་འདས་ཀྱི་བར་དུ་བྱུང་བ་དང་བཅས་པའི་རྣམ་པར་གཞག་པ་ཐམས་ཅད་སྟོན་པའི་ཕྱིར་ཆོས་འཁོར་དང་པོ་ཁོ་ནའི་མཚན་གཞིར་ངེས་པ་མ་ཡིན་ཀྱང་འཁོར་བའི་མཚན་ཉིད་སྤྱང་བྱ་ལས་ལྡོག་པའི་ལམ་སྟོན་པའི་ཕྱིར་གཙོ་ཆེ་བའི་དབང་དུ་བྱས་ཏེ་བཞག་པ་ཡིན་ནོ། །འཁོར་ལོ་བར་ཐ་གཉིས་ནི་འོག་ཏུ་འཆད་པར་འགྱུར་བས་འདིར་མི་སྤྲོའོ། །

དེ་ནས་དགུང་ལོ་བརྒྱད་ཅུ་རྩ་གཅིག་པ་ལུགས་འབྲུག་ས་ག་ཟླ་བའི་ཉ་ལ་མྱ་ངན་ལས

འདའ་བར་བཞེད་ནས། བསྟན་པ་འཁོར་རྣམ་པ་བཞི་དང་བཅས་པ་འོད་སྲུང་ལ་གཏད་དེ། གྲོང་ཁྱེར་རྩྭ་ཅན་གྱི་ཤིང་སཱ་ལ་ཟུང་ཞིག་གི་དྲུང་དུ་ཞི་བའི་དབྱིངས་སུ་ཟུམ་པར་མཛད་དོ། །

དེ་ནས་བཀའི་བསྡུ་ཇི་ལྟར་བྱས་པའི་ཚུལ་ལ་གསུམ་ལས། བསྡུ་བ་དང་པོ་ནི། དེའི་ཚེ་བཅོམ་ལྡན་དང་ལྡན་ཅིག་དགྲ་བཅོམ་པ་ཁྲི་བརྒྱད་སྟོང་དང་། ཤཱ་རིའི་བུ་དང་ལྡན་ཅིག་དགྲ་བཅོམ་པ་བརྒྱད་ཁྲི། མོའུ་འགལ་གྱི་བུ་དང་ལྡན་ཅིག་དགྲ་བཅོམ་པ་བདུན་ཁྲི་མྱ་ངན་ལས་འདས་པ་ན། ལྷ་རྣམས་ཀྱིས་དགེ་སློང་དབང་ཡོད་པ་དག་མྱ་ངན་ལས་འདས་ཏེ། དམ་པའི་ཆོས་ནི་མེ་ཤི་བའི་དུ་བ་ཙམ་དུ་གྱུར་ཏོ་ཞེས་པ་ལ་སོགས་པའི་སྨྲ་ནས་འཕྱ་བ་བསལ་བའི་ཕྱིར། མྱ་ངན་ལས་འདས་པའི་ཕྱི་ལོ་རྒྱལ་པོའི་ཁབ་ཀྱི་ཉ་གྲོ་དྷའི་ཕུག་ཏུ་མ་སྐྱེ་དགྲས་ཡོ་བྱད་སྦྱར་ཏེ། འོད་སྲུང་ལ་སོགས་པའི་དགྲ་བཅོམ་པ་ལྔ་བརྒྱ་འདུས་ནས་འཕགས་པ་ཀུན་དགའ་བོས་མདོ་སྡེ། ཉེ་བ་འཁོར་གྱིས་འདུལ་བ་དང་། འོད་སྲུང་ཆེན་པོས་མངོན་པའི་སྡེ་སྣོད་དེ་གསུམ་པོ་དེ་རྣམས་ཀྱིས་བསྡུས་སོ། །

བསྡུ་བ་གཉིས་པ་ནི། མྱ་ངན་ལས་འདས་ནས་ལོ་བརྒྱ་དང་བཅུ་ན་ཡངས་པ་ཅན་གྱི་དགེ་སློང་རྣམས་ཀྱིས། ཧུ་ལུ་ཧུ་ལུ་ཡི་རང་དང་། །ཀུན་སྤྱོད་གནོད་དང་ལན་ཚྭ་དང་། །ལམ་དང་སོར་གཉིས་དཀྲུགས་དང་གདིང་། །གསེར་ལ་རུང་བ་བྱ་བ་སྟེ། །འདི་དག་རུང་མིན་གཞི་བཅུར་འདོད། །ཅེས་པ་ལྟར། མི་རུང་བའི་གཞི་བཅུ་བསྒྲགས་པ་བསལ་བའི་ཕྱིར་ཀཤྨི་ པུ་རིའི་གཙུག་ལག་ཁང་དུ་ཧྨ་ཨ་ཤྭ་ཀས་ཡོན་སྦྱར་ཏེ། གྲགས་པ་ལ་སོགས་པའི་དགྲ་བཅོམ་བདུན་བརྒྱས་ཆོས་མིན་སུན་ཕྱུང་ཞིང་སྡེ་སྣོད་གསུམ་ཚར་གཅིག་ལེགས་པར་བཏོན་ཏེ། མཐུན་པ་དང་བཀྲ་ཤིས་པའི་གསོ་སྦྱོང་ཡང་མཛད་དོ། །

བསྡུ་བ་གསུམ་པ་ནི། དགེ་སློང་ལྷ་ཆེན་པོ་སོགས་ཀྱིས། གཞན་ལན་གདབ་དང་མི་ཤེས་པ། །ཡིད་གཉིས་དང་ནི་ཡོངས་སུ་བརྟག །བདག་ཉིད་གསོ་བར་བྱེད་པ་སྟེ། །འདི་ནི་སྟོན་པའི་བསྟན་པ་ཡིན། །ཞེས་པ་ལྟར་རུང་བ་མ་ཡིན་པའི་གཞི་ལྔ་བསྒྲགས་པ་ལ་སོགས་པའི་རྐྱེན་གྱིས་དགེ་འདུན་རྣམས་རྩོད་པར་གྱུར་ཅིང་། སྟོན་པས་འདུལ་བ་ཡི་གེར་བྲིར་མ་གནང་བས་ཡུན་རིང་པོ་སོང་བ་ན། སོ་སོ་ཐར་པའི་མདོའི་འདོན་ཚུལ་མ་མཐུན་པའི་དབང་གིས་སྡེ་པ་བཅོ་བརྒྱད་དུ་གྱེས་པའི་སྐབས།

སྟོན་པ་མྱུ་ངན་ལས་འདས་ནས་ལོ་བཞི་བརྒྱ་ཉེ་བ་ན། ཁ་ཆེ་མེ་ཏོག་བརྩེགས་པའི་ཀུན་དགའ་ར་བར་རྒྱལ་པོ་ཀ་ནིཥྐས་སྦྱིན་བདག་བྱས་ཏེ། འཕགས་པ་ཉེར་སྦས་ལ་སོགས་པའི་དགྲ་བཅོམ་པ་ལྔ་བརྒྱ་དང་། སོ་སྐྱེའི་བཙུན་པ་ཆེན་པོ་ཁྲི་དྲུག་སྟོང་དང་། བྱང་ཆུབ་སེམས་དཔའ་ལྔ་བརྒྱ་འདུས་ནས་གྱིས་པ་བཅོ་བརྒྱད་པོ་ཐམས་ཅད་བཀར་བསྒྲུབས་ཤིང་འདུལ་བའི་ཚོགས་ཡི་གེར་བཀོད། མདོ་སྡེ་དང་མངོན་པ་སྔར་ཡི་གེར་མ་འཁོད་པ་རྣམས་ཀྱང་ཡི་གེར་བཀོད་ནས་བསྡུ་བ་བྱས་པ་ཡིན་ནོ། །དེ་ནས་དགོངས་འགྲེལ་གྱི་བསྟན་བཅོས་མཛད་པ་ལ་སོགས་པའི་སྒོ་ནས་བསྟན་པ་ཇི་ལྟར་བསྐྱངས་པའི་ཚུལ་ནི། བྱང་ཕྱོགས་རི་བོ་འབིགས་བྱེད་གར་མཁན་གྱི་གཙུག་ལག་ཁང་དུ་འཕགས་པ་ཉེར་སྦས་དང་། ཐམས་ཅད་འདོད་ལ་སོགས་པའི་དགྲ་བཅོམ་པ་ལྔ་བརྒྱས་སྤྱི་མཐུན་དུ་བྱེ་བྲག་བཤད་མཛོད་ཆེན་པོ་བརྩམས་ལ། སོགས་ཁོངས་ནས་འཕགས་པ་རྣམས་ཀྱིས་དགོངས་འགྲེལ་གྱི་བསྟན་བཅོས་དུ་མ་བརྩམས་ཤིང་། ཁྱད་པར་འོད་བྱེད་ཀྱི་ས་བརྟེན་པའི་སློབ་དཔོན་ཡོན་ཏན་འོད་ཀྱིས་མདོ་རྩ་བ་དང་ཀརྨ་ཤ་ཏ་ལ་སོགས་པ་དང་། སློབ་དཔོན་ཤཱཀྱ་འོད་ཀྱིས་སུམ་བརྒྱ་པ་རྩ་འགྲེལ་སོགས་མཛད་ཅིང་སྤེལ་བས། དེང་སང་གི་བར་དུ་སློབ་དཔོན་འདི་གཉིས་ཀྱི་གསུང་ལ་གཙོ་བོར་བསྙེན་པར་བྱེད་དོ། །སོ་སོ་ཐར་པའི་སྡོམ་རྒྱུན་ཇི་ལྟར་བྱུང་ཚུལ་ནི། སྔ་འགྱུར་གྱི་སྡོམ་རྒྱུན་རྫོགས་པའི་སངས་རྒྱས་དང་། ཤཱ་རིའི་བུ་ལ་སོགས་པ་ནས་རིམ་པར་བརྒྱུད་དེ། དེ་ནས་མཁན་ཆེན་ཞི་བ་འཚོ་ལས་ཛ་རཀྵ། དེ་ནས་གཙང་རབ་གསལ། གཡོ་དགེ་བའི་འབྱུང་གནས། དམར་ཤཱཀྱ་མུ་ནེ་རྣམས་བསྙེན་པར་རྫོགས་ཤིང་། དེ་ལས་བརྒྱུད་པ་ཡིན་ཏེ། དེ་ཡང་རྒྱལ་པོ་གླང་དར་གྱིས་བསྟན་པ་ལ་ཐོ་འཚམས་པའི་དུས། སྨ་གཡོ་གཙང་གསུམ་གྱིས་འདུལ་བ་དྲིལ་ཆུབ་གཅིག་བཀལ་ཏེ་རི་བོ་དན་ཏིག་ཏུ་བྱོན་ནས། དེར་བླ་ཆེན་དགོངས་པ་རབ་གསལ་དང་། དེ་ལས་དབུས་གཙང་གི་མི་བཅུ་བསྙེན་པར་རྫོགས་ཤིང་། དེ་ནས་ཀླུ་མེས་ཚུལ་ཁྲིམས་ཤེས་རབ་ནས་ད་ལྟའི་བར་དུ་བརྒྱུད་པ་ལ་སྨད་འདུལ་དུ་གྲགས་པ་དང་། ཕྱི་འགྱུར་གྱི་སྡོམ་རྒྱུན་ནི། པཱ་ལ་རྣམ་གསུམ་ནས་བརྒྱུད་པ་ཞིག་སྔར་ཡོད་ཀྱང་ད་ལྟ་ཡོད་པར་མ་ཐོས་ལ། བར་འདུལ་ཁ་ཆེའི་བརྒྱུད་པ་ཞེས་པ་ནི། ཀླུ་སྒྲུབ་ནས་རིམ་བཞིན་བརྒྱུད་པའི་མཐར། ཕྱིས་ནས་ཁ་ཆེའི་པཎ་ཆེན་ཤཱཀྱ་ཤྲཱི་ལས་འཇམ་དབྱངས་ས་པཎ

སོགས་བསྙེན་པར་རྫོགས་ཤིང་དེ་ལས་ཀྱང་རིམ་པར་དར་རོ། །འདུལ་བའི་བཤད་རྒྱུན་ནི་གཞན་ལས་ཤེས་པར་བྱའོ། །

གཉིས་པ་ཐོབ་བྱ་སྡོམ་པའི་ངོ་བོ་ནི། དེ་ལྟར་བརྒྱུད་པའི་བརྗོད་བྱའི་སྙིང་པོ་སོ་ཐར་གྱི་སྡོམ་པའི་ངོ་བོ་ནི་ངེས་འབྱུང་གི་བསམ་པས་ཀུན་ཏུ་བསླངས་ནས་གཞན་གནོད་གཞི་བཅས་ལས་ལྡོག་པའི་ཉེས་སྤྱོད་སྡོམ་པའི་ཚུལ་ཁྲིམས་གང་ཞིག་འདོད་པའི་སས་བསྡུས་པའོ། །དེའི་ནང་དང་པོས་ཕྱི་རོལ་བའི་ཚུལ་ཁྲིམས་དང་། གཉིས་པས་བར་མའི་ཚུལ་ཁྲིམས་དང་། གསུམ་པས་བསམ་གཏན་དང་ཟག་མེད་ཀྱི་སྡོམ་པ་བསལ་ལོ། །དེ་ཡང་བྱེ་སྨྲས་སོར་སྡོམ་དེ་ལུས་ངག་ལས་སྐྱེས་པའི་ཕྱིར་རྣམ་པར་རིག་བྱེད་དང་རིག་བྱེད་མ་ཡིན་པ་གཉིས་ཀའི་ངོ་བོར་སྐྱེ་ལ། རིག་བྱེད་མ་ཡིན་པའི་གཟུགས་ཅན་དུ་གནས་པ་ཡིན་ཞེས་འདོད་པ་སྟེ། མཛོད་ལས། རྣམ་རིག་མིན་རྣམ་གསུམ་ཞེས་བྱ། །སྡོམ་དང་སྡོམ་པ་མིན་དང་གཞན། །སྡོམ་པ་སོ་སོར་ཐར་ཞེས་བྱ། །ཞེས་དང་། རབ་དབྱེ་ལས། ཉན་ཐོས་སྡོམ་པ་རྣམ་རིག་མིན། །ཞེས་གསུངས་པའི་ཕྱིར་རོ། །མདོ་སྡེ་པ་ནི་རྒྱུད་འགྱུར་བའི་ཁྱད་པར་ལ་འདོད་ཅིང་། སེམས་ཙམ་པ་ནི་འཆལ་ཚུལ་སྤོང་བའི་སེམས་པ་རྒྱུན་ཆགས་ས་བོན་བཅས་པ་ལ་འདོད་དེ། སེམས་རྐྱང་པ་ལ་བྱས་ན་རྒྱུན་མེད་ཅིང་བག་ཆགས་ཙམ་ལ་བྱས་ན་གཏོང་རྒྱུ་བྱུང་བའི་གནས་སྐབས་སུའང་རྗེས་སུ་འབྲང་བའི་ཕྱིར་ཞེས་འདོད། དབུ་མ་པས་ནི་སྤོང་སེམས་མཚུངས་ལྡན་དང་བཅས་པ་ལ་འདོད་པ་ཡིན་ཏེ། སྤྱོད་འཇུག་ལས། སྤོང་བའི་སེམས་ནི་ཐོབ་པ་ལ། །ཚུལ་ཁྲིམས་ཕ་རོལ་ཕྱིན་པར་བཤད། །ཅེས་གསུངས་པའི་ཕྱིར་རོ། །དེ་ལྟར་ན་ནང་པ་སངས་རྒྱས་པ་རང་གི་སྡེ་པ་གྲུབ་མཐའ་གོང་འོག་ལ་སོ་སོའི་ བློ་ཁྱད་ཀྱི་འདོད་ལུགས་མཐོ་དམན་བྱུང་བ་ཡིན་ནོ། །

གསུམ་པ་དེའི་དབྱེ་བ་ནི། དེ་ལྟར་ངོ་བོ་བསྟན་པའི་སྡོམ་པ་དེ་ལ་དབྱེ་བ་བྱས་ན་སྤྱིར་རང་རང་གི་སྡོམ་པ་སྒྲུབ་བྱེད་ཀྱི་རྒྱུ་ཕུན་སུམ་ཚོགས་པ་ལ་བརྟེན་ནས་ཐོབ་པའི་ངེས་འབྱུང་གི་ཚུལ་ཁྲིམས་ཡིན་པ་ཙམ་ཞིག་ཏུ་འདྲ་ཡང་། བྱེ་བྲག་རང་རང་གི་མི་མཐུན་པའི་ཕྱོགས་སུ་གྱུར་པའི་སྤང་བྱའི་ཁྱད་པར་ཉིན་ཞག་ཕྲུགས་གཅིག་ཏུ་སྤང་བྱ་བརྒྱད་སྤོང་བར་ཁས་བླངས་པ་བསྙེན་གནས་ཏེ། འདི་ལ་དུས་ཁྲིམས་ཞེས་ཀྱང་ཟེར། འདི་དགེ་བསྙེན་གྱིས་བླངས་ན་དེའི་གསོ་སྦྱོང་དུ་འགྲོ་བས་གསོ་སྦྱོང་ཞེས

ཀྱང་བྱའོ། །དེ་བཞིན་དུ་སྨྲུང་བྱ་གཅིག་ནས་ལྔའི་བར་རྗེ་སྲིད་འཚོ་བའི་བར་དུ་སྲུང་བར་ཁས་བླངས་པ་དགེ་བསྙེན་ཕ་མ་གཉིས་ཏེ། འདི་ལ་འདུལ་བར་ཡོངས་རྫོགས་དགེ་བསྙེན་ལས་མ་བཤད་ཀྱང་། མདོན་པ་ལས་ནི་སྐྱབས་གསུམ་འཛིན་པ་སོགས་དབྱེ་བ་མང་ངོ་། །འདི་གསུམ་ཁྱིམ་པའི་ཕྱོགས་ཀྱི་སྡོམ་པ་ཡིན་ལ། ཡང་སྲུང་བྱ་བཅུ་རྗེ་སྲིད་འཚོའི་བར་དུ་སྲུང་བར་ཁས་ལེན་པ་དགེ་ཚུལ་ཕ་མ་གཉིས་ཀྱི་དང་། དེ་སྟེང་སྲུང་བྱ་བཅུ་གཉིས་ལོ་གཉིས་ལ་སོགས་པར་སྲུང་བར་ཁས་ལེན་པ་དགེ་སློབ་མའི་དང་། སྲུང་བདུན་འཁོར་དང་བཅས་པ་རྗེ་སྲིད་འཚོའི་བར་དུ་སྲུང་བར་ཁས་ལེན་པ་དགེ་སློང་ཕ་མ་གཉིས་ཀྱི་སྡོམ་པ་སྟེ། འདི་ལྔ་པོ་རབ་ཏུ་བྱུང་བའི་ཕྱོགས་ཀྱི་སྡོམ་པ་ལ་དབྱེ་བ་ཡིན་ཏེ། དེ་ལྟར་ན་དེ་དག་བསྡོམས་པའི་སོ་ཐར་རིགས་བརྒྱད་པོ་རྫས་སུ་བསྡུ་ན་དགེ་སློང་ཕ་མ་གཉིས། དགེ་ཚུལ་ཕ་མ་དགེ་སློབ་མ་དང་གསུམ། དགེ་བསྙེན་ཕ་མ་གཉིས་རྣམས་མཚན་ཕན་ཚུན་དུ་གྱུར་པ་ལས་མིང་འཕོ་བ་ཙམ་ཡིན་པས། རྫས་ཐ་དད་པ་མེད་པའི་ཕྱིར་སྡོམ་རྫས་གསུམ་ཡིན་ལ། བསྙེན་གནས་ཀྱི་སྡོམ་པ་དང་བཞིར་འདུ་བར་འདོད་པ་མཛོད་ཀྱི་ལུགས་ཏེ། སོ་སོར་ཐར་ཞེས་རྣམ་པ་བརྒྱད། །རྫས་སུ་རྣམ་པ་བཞི་ཡིན་ནོ། །མཚན་ལས་མིང་ནི་འཕོ་བའི་ཕྱིར། །ཐ་དད་དེ་དག་འགལ་བ་མེད། །ཅེས་སོ། །

གཉིས་པ་མ་ཐོབ་པ་ཐོབ་པར་བྱེད་པའི་ཚུལ་ལ་བསྟན་བཤད་གཉིས་ལས། དང་པོ་མདོར་བསྟན་པ་ནི། དེ་ལྟ་བུའི་སྡོམ་པ་དེ་འགའ་ཞིག་མ་གཏོགས་ཆོས་ཉིད་ཀྱིས་ཐོབ་པ་མ་ཡིན་ཅིང་བཟླས་བྱུང་བ་ལ་ལྟོས་དགོས་པས་ན། དང་པོ་སྡོམ་པ་མ་ཐོབ་པ་ཐོབ་པའི་ཚུལ་ལ། ཚོགས་ཆུང་དུས་རྫོགས་པ་སྔོན་ཆོག་དང་། ཚོགས་དང་བཅས་པས་རྫོགས་པ་ད་ལྟར་གྱི་ཆོ་ག་སྟེ་ལེན་ཚུལ་གཉིས་སུ་ངེས་ཏེ་ཞེས་པའོ། །

གཉིས་པ་རྒྱས་པར་བཤད་པ་ལ་གཉིས་ལས། དང་པོ་སྔོན་ཆོག་ནི། དེ་ལ་དང་པོ་སྟོན་པ་སངས་རྒྱས་པའི་སྔོན་དུ་དང་། དེའི་ཚེ་དང་། དེ་ནས་ཡུན་རིང་པོ་མ་ལོན་པ་དང་། མྱ་ངན་ལས་འདའ་ཁ་ཡན་ཆད་དུ་བྱུང་བས་སྔོན་གྱི་ཆོ་ག་ཞེས་བྱ་སྟེ། དེ་ནི་དབྱེ་ན་བཅུ་ལས། རྫོགས་པའི་སངས་རྒྱས་དང་རང་སངས་རྒྱས་གཉིས་ཟད་དང་མི་སློ་ཤེས་པའི་བྱང་ཆུབ་བརྙེས་པའི་ཚེ་རང་བྱུང་གིས་དང་།

ལྷ་སྡེ་བཟང་པོ་མཐོང་ལམ་སྐྱེས་པའི་ཚེ་ཡེ་ཤེས་ཁོང་ཆུད་ཀྱིས་ཏེ། དེ་གསུམ་ནི་རང་རྒྱུད་ལ་དང་གིས་དོན་དམ་པའི་དགེ་སློང་སྐྱེས་པས་བསྙེན་པར་རྫོགས་པའོ། །ཆོས་སྦྱིན་མ་ཕ་མའི་དབང་དུ་སོང་བ་ལ་དགེ་སློང་མ་ཨུཏྤལས་ཕོ་ཉ་བྱས་ཏེ་དགེ་འདུན་གྱི་འཕྲིན་ཚིག་གིས་རྫོགས་པས་དང་། འོད་སྲུང་ཆེན་པོས། ཁྱོད་ནི་བདག་གི་སྟོན་པའོ། །བདག་ནི་ཁྱོད་ཀྱི་ཉན་ཐོས་སོ། །ཞེས་པར་ཁས་བླངས་པས་དང་། ཤཱ་རིའི་བུ་སོགས་སྲིད་པ་མཐའ་མ་པ་འགའ་ཞིག་ལ་སྟོན་པས་བུ་ཚུར་ཤོག་ཚངས་པ་མཚུངས་པར་སྤྱོད་ཅིག །ཅེས་གསུངས་པ་ཙམ་གྱིས་བསྙེན་རྫོགས་ཀྱི་དངོས་པོར་གྱུར་པ་དང་། དགེ་འདུན་གྱི་གྲངས་མ་མཐའ་ཡུལ་དབུས་སུ་བཅུ་དང་། མཐའ་ཁོབ་ཏུ་ལྔ་ཚོགས་ཀྱིས་གསོལ་བཞིའི་ལས་ཀྱིས་རབ་བྱུང་བསྙེན་རྫོགས་ཅིག་ཆར་དུ་བྱས་པས་དང་། ལེགས་བྱིན་ལ་སྟོན་པས་གཅིག་ཏུ་དགེ་བ་ནི་གང་ཞེས་གསུངས་པ་ལ། ཐར་པའོ་ཞེས་དང་། དེ་ལ་མགོ་བ་ནི་གང་ཞེས་དྲིས་པ་ལ། དད་པའོ་ཞེས་པའི་ལན་ལྡོན་པ་ལ་ཐུགས་དགྱེས་པ་ཙམ་གྱིས་དང་། སྐྱེ་དགུའི་བདག་མོ་སོགས་ཀྱིས་ལྕི་ཆོས་བརྒྱད་སྲུང་བར་ཁས་བླངས་པས་ཏེ། ལྕི་ཆོས་བརྒྱད་ནི། འདུལ་བ་ཚིག་ལེའུར་བྱས་པ་ལས། དགེ་སློང་རྣམས་ལས་འདི་བསྙེན་རྫོགས། །དེ་ལ་ཟླ་ཕྱེད་གདམས་ངག་གསོལ། །དགེ་སློང་བཅས་གནས་དབྱར་གནས་ནས། །ཚོགས་གཉིས་དང་ནི་དགག་དབྱེ་བྱ། །ལྕི་བའི་ཆོས་ལས་འདས་ན་ནི། །ཚོགས་གཉིས་དག་གིས་མགུ་བྱས་ཏེ། །ཚུལ་འཆལ་དགེ་སློང་མིན་པར་ནི། །མི་གླེང་ཙ་བ་ཉིད་ཀྱང་ངོ་། །བསྙེན་པར་རྫོགས་པ་གསར་བུ་ལའང་། །དགེ་སློང་མ་ཡིས་ཕྱག་བྱས་ཏེ། །ཞེས་པ་ལྟར། ཕའི་དགེ་འདུན་ལས་བསྙེན་པར་རྫོགས་པ་དང་། ཟླ་བ་ཕྱེད་ཕྱེད་ལས་དགེ་སློང་ལས་གདམས་པ་ནོད་པ་དང་། ཕའི་དགེ་སློང་ཡོད་སར་དབྱར་ཁས་བླངས་པ་དང་། གཉིས་ཀའི་ཚོགས་ལས་དགག་དབྱེ་བྱ་བ་དང་། ལྕི་བའི་ཆོས་ལས་འདས་ན་ཚོགས་གཉིས་ཀྱི་དགེ་འདུན་ལ་མགུ་བ་སྤྱོད་པ་དང་། དགེ་སློང་གི་ཚུལ་ཁྲིམས་འཆལ་བ་མི་བརྗོད་པ། དགེ་སློང་ལ་ཙ་འདྲི་བ་སོགས་མི་བྱེད་པ་དང་། དགེ་སློང་གསར་བུ་བ་ལའང་ཕྱག་འཚལ་བ་སོགས་གུས་པ་བྱ་བ་རྣམས་སོ། །སོགས་ཀྱི་སྒྲས་བཟང་སྡེའི་ཚོགས་དྲུག་ཅུ་སྐྱབས་གསུམ་ཁས་བླངས་པས་རྫོགས་པ་སྟེ། འདི་ལ་ཁ་ཅིག་དགེ་བསྙེན་ལ་བསྙེན་རྫོགས་ཀྱི་མིང་གིས་བཏགས་པ་ཡིན་ཞེས་ཟེར་ཞིང་། གསོལ་བཞི་དང་ཕྲིན་ཚིག་མ་

གཏོགས་པའི་ལྷ་པོ་དེ་ནི་སྟོན་པའི་བྱིན་རླབས་ཀྱིས་རྫོགས་པ་ཡིན། དེ་ཡང་བརྒྱད་བཏགས་པ་བ་དང་། ཕྲིན་ནི་ད་ཆོག་ཡིན་མོད་སྟོན་ཆོག་ལའང་དེ་ལྟར་འབྱུང་རུང་བས་དེར་བཞག་པ་ཙམ་ལས་མཐའ་གཅིག་ཏུ་མ་ངེས་པའི་ཕྱིར་ན། སྟོན་ཆོག་མཚན་ཉིད་པ་ནི་གསོལ་བཞིའོ། །དེ་དག་ནི་སྟོན་གྱི་གདུལ༷་བྱ་རྣམས་ལས་དང་ཉོན་མོངས་རྣམ་སྨིན་གྱི་སྒྲིབ་པ་གསུམ་ཤས་ཆུང་ཞིང་། ཤེས་རབ་དང་རྒྱུད་དང་དབང་པོ་སྨིན་པས་བློ་དག་པ་དང་། རྫོགས་བྱེད་ཀྱི་མཁན༷་པོ༷་ཡང་འཕགས༷་པ༷་ཁོ་ནའི་ཁྲིད་ཆོས་ཡི༷ན་པས་ཆོགས་མེད་པའོ། །

གཉིས་པ་ད་ཆོག་ནི། སྟོན་ཆོག་གི་རྗེས་སུ་བཅས་པའི་གསོལ་བཞིའི་ཆོ་ག་འཁོར་བཅས་ད༷་ལྟའི༷་ཆོ༷་ག༷་དངོས་ཡིན་ཞིང་། དེ་ལ་དུས་ཁྲིམས་ནི་མཛོད་ལས། དམའ་བར་འདུག་སླས་བཟླས་པ་ཡིས། །མི་བརྒྱན་ནམ་ནི་ལངས་བར་དུ། །བསྙེན་ནས་ཡན་ལག་ཚང་བར་ནི། །ནངས་པར་གཞན་ལས་ནོད་པར་བྱ། །ཞེས་པ་ལྟར་ལེན་ཡུལ་ལས་དམའ་བར་འདུག་སྟེ། ཡུལ་གྱིས་སླས་པ་རྗེས་སུ་བཟླས་ཏེ་ནོད་པར་བྱ་ལ། རྟེན་བྱེ་སླས་རིགས་བདུན་དང་འདྲ་བར་འདོད་ཅིང་། མདོ་སྡེ་པས་དུད་འགྲོའི་རྟེན་ལའང་སྐྱེ་བར་འདོད་ལ། ཡུལ་ནི་དེ་གཉིས་ཀས་རིམ་བཞིན་དགེ་སློང་ཁོ་ན་དང་། དགེ་བསྙེན་གསོ་སྦྱོང་ལ་གནས་པ་ཡན་ཆད་ལས་ལེན་པར་འདོད་ཅིང་། དམིགས་བསལ་ལ་ཟླ་བ་བཞུང་ངོ་ཙོག་གི་ཉ་སྟོང་ཚེ་བརྒྱད་ལ་སྲུང་བར་ཁས་བླངས་པའི་གང་ཟག་དེས་ཀྱང་། ཕྱིས་སུ་དུས་དེ་དང་དེར་ལེན་དགོས་ནའང་། སྔར་སྐབས་གཅིག་ཏུ་བླངས་པའི་དགོས་པ་ནི། བྱེ་སྨྲ་ལྟར་ན། ཟས་ཟོས་རྗེས་བླང་ཡང་སྐྱེ་བ་དང་། མདོ་སྡེ་པས་རྟེན་གྱི་དུང་དུ་བླང་ཡང་སྐྱེ་བའི་དོན་དུ་འདོད་དོ། །

གདན་ཁྲིམས་ནི། འགལ་རྐྱེན་རང་རང་གི་བསླབ་བྱ་ལ་ལྟོས་ནས་ངེས༷་པ༷་ལྔ༷་བྲལ༷་དགེ་སློང་ལ་དངོས་དང་། དགེ་ཚུལ་ལའང་ཆ་འདྲ་ཞིག་དགོས་ཏེ། མཐུན་རྐྱེན་ཚང་བའི་ཡུལ་འདིར་སྲུང་གི་གཞན་དུ་སྲུང་མི་ནུས་སྙམ་པ་ལྟ་བུ་ཡུལ། ལོ་ཟླ་སོགས་འདི་ཙམ་དུ་སྲུང་གི་དེ་ཕན་ཆད་སྲུང་མི་ནུས་སྙམ་པ་ལྟ་བུ་དུས། འཐབ་རྩོད་ཀྱི་སྐབས་མ་གཏོགས་གཞན་དུ་སྲུང་སྙམ་པ་ལྟ་བུ་ཚེ། དགྲ་མ་གཏོགས་པ་གཞན་གྱིས་སྲོག་མི་གཅོད་སྙམ་པ་ལྟ་བུ་སེམས་ཅན། བསླབ་བྱ་རགས་པ་འགའ་ཞིག་ལས་ཕྲ་བ་རྣམས་སྲུང་མི་ནུས་སྙམ་པ་ལྟ་བུ་ཡན་ལག་ངེས་པ་སྟེ་དེ་རྣམས་དང་བྲལ་ཞིང༷། གཞན་

ཡང་མ་ཞིང་དང་མཚམས་མེད་བྱས་པ་ལ་སོགས་པ་སྡོམ་པ་ཕོག་ཀྱང་མི་སྐྱེ་བས་སྐྱེ་བའི་བར་ཆད་དང་། རྒྱལ་པོ་དང་ཕ་མས་མ་གནང་བ་ལ་སོགས་པ་ལ་སྡོམ་པ་སྐྱེས་སུ་ཟིན་ཀྱང་རང་དབང་དུ་མ་གྱུར་པས་ཡུན་རིང་གནས་པའི་བར་ཆད་དང་། བུ་རོག་སྐྲོད་མི་ནུས་པའམ་ནད་པ་དང་སྡུག་བསྔལ་གྱིས་གཟིར་བ་སོགས་གནས་ཀྱང་བསླབ་པ་ལ་སྦྱོར་མི་བཟོད་པས་ཡོན་ཏན་ཁྱད་པར་དུ་འགྲོ་བའི་བར་ཆད་དང་། སྒྲ་སེར་ཅན་སོགས་ཁ་དོག་ལ་སྐྱོན་ཆགས་པ་དང་། ལག་རྡུམ་སོགས་དབྱིབས་ལ་སྐྱོན་ཆགས་པ་དང་ཤན་པ་སོགས་རིགས་ལ་སྐྱོན་ཆགས་པ་རྣམས་ཀྱིས་བསླབ་པ་ལ་སློབ་ནུས་ཀྱང་བསྟན་པ་ལ་མ་དད་པའི་རྒྱུ་བྱེད་པས་མཛེས་པའི་བར་ཆད་དེ། དེ་རྣམས་མེད་པ་དང་། མཐུན་རྐྱེན་ཕུན་སུམ་ཚོགས་པ་ལྔ་དང་ལྡན་པ་སྟེ། ཡུལ་ཕུན་སུམ་ཚོགས་པ་མཆོག་གསུམ་དང་མཁན་སློབ་བཞུགས་པ་དང་། རྒྱུད་ཚོགས་སུ་ཚང་ཞིང་སྡོམ་རོ་མེད་པ། རྟགས་སྐྲ་དང་ཁ་སྤུ་བྲེགས་ཤིང་ཡོ་བྱད་ཚང་བ། བསམ་པ་རྒྱུ་དུས་ཀྱི་ཀུན་སློང་དང་ལྡན་པ། ཆོ་ག་སྦྱོར་དངོས་མཇུག་གསུམ་ཚང་བའོ། །དེ་ལྟ་བུའི་བསྒྲུབ་བྱ་འཇིགས་སྐྱོབ་དང་ལེགས་སྨོན་ཙམ་མ་ཡིན་པར་མྱང་འདས་གསུམ་གང་རུང་ཐོབ་འདོད་ཀྱི་ངེས་པར་འབྱུང་བའི་བློ་ཅན་འགལ་རྐྱེན་མེད་ཅིང་མཐུན་རྐྱེན་ཚང་བའི་སྐལ་བ་བཟང་པོའི་སྐྱེས་བུ་དེ། བསྒྲུབ་བྱེད་མཁས་པའི་ཡོན་ཏན་སྡེ་སྣོད་གསུམ་དང་ཁྱད་པར་དུ་ལེགས་པར་གསུངས་པའི་ལུང་བཞིན་བསྡུས་པའི་འདུལ་བ་རྒྱ་མཚོ་མཐའ་དག་གི་དོན་དང་། ལས་བརྒྱ་རྩ་གཅིག་པའི་ལས་ཕྲན་སོ་སོ་དང་བཅས་པ་ལ་ཚིག་ཕྱེད་ཀྱང་མ་འཁྲུལ་བར་ཁ་ཏོན་དུ་བྱུང་བའི་སྒོ་ནས་བརྗོད་འཕྲོད་པའི་ནུས་པ་དང་། བཙུན་པའི་ཡོན་ཏན་བཤགས་སྡོམ་བྱིན་རླབས་ཚུལ་ཆད་ཀྱིས་ཉེས་བྱས་ཕྲ་བ་ཙམ་གྱིས་ཀྱང་མ་གོས་པའི་མཁན་པོར་བཅས་པའི་ཁ་སྐོང་གི་ཆོས་བཅུ་གསུམ་དང་ལྡན་པའི་དགེ་འདུན་ལས་དགེ་བསྙེན་དང་། དགེ་ཚུལ། དགེ་སློང་སྟེ་བསླབ་ཚིགས་གསུམ་པོ་འབོགས་པའི་ཆོ་གས་རིམ་པ་བཞིན་བསྙེན་པར་རྫོགས་པ་ཡིན་ལ། བསླབ་ཚིགས་སྔ་མ་གཉིས་མ་བྱས་པར་རྫོགས་པ་འང་སྐྱེ་ལ། ཉེས་བྱས་ཀྱི་དབང་དུ་བྱས་ན་མདོ་སྡེར་སྣང་སྟེ། ལུང་ལས། ཁྱིམ་པ་རབ་ཏུ་མ་བྱུང་བ་ཞིག་བསྙེན་པར་རྫོགས་པར་བགྱི་ན། བསྙེན་པར་རྫོགས་ཞེས་བགྱིའམ། མ་རྫོགས་ཞེས་བགྱི། ཉེ་བ་འཁོར་བསྙེན་པར་རྫོགས་ཞེས་བྱའོ། །ཞེས་གསུངས་པའི་ཕྱིར་དང་། དྲིན་ལན་བསབས་

པའི་མདོ་ལས། མ་འགགས་པས་ཀྱང་གསོལ་བ། གལ་ཏེ་ཁྲིམ་པས་ཁྲིམས་ལྔ་མ་ནོད་པར་ཐལ་བྱུང་དུ་ཁྲིམས་བཅུ་ནོད་ན། ཁྲིམས་ཐོབ་པར་འགྱུར་རམ། བཀའ་བསྩལ་པ། དུས་གཅིག་ཏུ་དགེ་བསྙེན་གྱི་ཁྲིམས་དང་། དགེ་སྦྱོང་གི་ཁྲིམས་རྣམ་པ་གཉིས་ཐོབ་བོ། །གལ་ཏེ་ཁྲིམས་ལྔ་ཡང་མ་ནོད། ཁྲིམས་བཅུ་ཡང་མ་ནོད་པར་ཐལ་བྱུང་དུ་ཁྲིམས་རྫོགས་པར་ནོད་ནའང་། དུས་གཅིག་ཏུ་ཁྲིམས་གསུམ་ཆར་ཐོབ་པར་འགྱུར་རོ། །ཞེས་གསུངས་པའི་ཕྱིར་ཏེ། འདི་ནི་ཚིགས་ཕྱི་མ་བླངས་པས་སྔ་མ་ཞར་ལ་ཐོབ་པའི་དོན་ནོ། །དེ་ལྟར་ནོད་པའི་སྡོམ་པ་དེ་བསྲུང་བྱའི་རྒྱུད་ལ་ཐོབ་པའི་མཚམས་ནི་ཚིགས་སྔ་མ་གཉིས་ལ་སྔགས་ཚིག་ལན་གསུམ་བཟླས་པའི་མཐའ་མར་སྐྱབས་བརྗོད་བདག་བརྗོད་གཞན་བརྗོད་གསུམ་གྱི། བདག་བརྗོད་རྫོགས་པའི་དེ་མ་ཐག་དང་། ཚིགས་ཕྱི་མ་ལ་གསོལ་བ་སོང་ནས་ལས་བརྗོད་པ་གསུམ་གྱི་ཐ་མར། ངོ་བོ་བྱ་བ་བྱེད་པ་བརྗོད་པ་སྐེ་གསུམ་གྱི། བྱ་བ་བརྗོད་པ་རྫོགས་མ་ཐག་ཐོབ་པར་འདོད་པ་ཡིན་ནོ། །

གསུམ་པ་ལ། བསྟན་བཤད་གཉིས་ལས། དང་པོ་ནི། དེ་ལྟར་ཐོབ་པ་ཙམ་གྱིས་མི་ཆོག་གི་བར་དུ་ཐོབ་ཟིན་པ་དེ་ཉིད་མི་ཉམས་པར་བསྲུང་དགོས་ཏེ། མ་བསྲུངས་ན་ཉེས་དམིགས་དང་བསྲུང་ན། ཕན་ཡོན་ཆེན་པོ་དང་ལྡན་པའི་ཕྱིར། དགེ་སློང་ལ་རབ་ཏུ་གཅེས་པའི་མདོ་ལས། ལ་ལའི་ཚུལ་ཁྲིམས་བདེ་བ་སྟེ། །ལ་ལའི་ཚུལ་ཁྲིམས་སྡུག་བསྔལ་ཡིན། །ཚུལ་ཁྲིམས་ལྡན་པ་བདེ་བ་སྟེ། །ཚུལ་ཁྲིམས་འཆལ་བ་སྡུག་བསྔལ་ཡིན། །ཞེས་གསུངས་པ་དེས་ན། སྲུང་བའི་ཐབས་སུ་དགག་སྒྲུབ་ཀྱི་བསླབ་བྱ་གཉིས་ཤེས་ནས་སྤང་བླང་ཚུལ་བཞིན་དུ་བྱ་དགོས་པས། དང་པོ་དགག་ཕྱོགས་སོ་སོའི་བསླབ་པའི་རྣམ་གྲངས་བཤད་པ་ལ་ཞེས་པའོ། །

གཉིས་པ་རྒྱས་པར་བཤད་པ་ལ་གཉིས་ཏེ། བསྲུང་བྱའི་རྣམ་གྲངས་བཤད་པ་དང་། སྡོམ་པ་སྐྱེ་བའི་རྟེན་བཤད་པའོ། །དང་པོ་ལ་ལྔ་ལས། དང་པོ་སྐྱབས་འགྲོའི་བསླབ་བྱ་ནི། མཆོག་གསུམ་ལ་སྐྱབས་སུ་འགྲོ་བའི་གང་ཟག་གིས་ཐུན་མོང་མིན་པའི་བསླབ་བྱ་གསུམ་ནི་རིམ་པ་བཞིན་སྟོན་པ་སངས་རྒྱས་ལས་སྐྱབས་གནས་གཞན་འཇིག་རྟེན་པའི་ལྷ་སོགས་ལ་རེ་ལྟོས་བཀལ་ནས་སྐྱབས་མི་འཚོལ་བ་དང་། སེམས་ཅན་ལ་གནོད་པའི་སེམས་ཀྱིས་འཚེ་བ་སྤྱོད་པ་དང་། གྲོགས་མུ་སྟེགས

ཅན་ནམ་དེའི་ཕྱོགས་དང་མཐུན་པ་ལ་མི་འགྲོགས་པ་སྟེ་དགག་བྱ་གསུམ་ནི་མྱང་འདས་ལས། གང་ཞིག་སངས་རྒྱས་སྐྱབས་འགྲོ་བ། །དེ་ནི་ཡང་དག་དགེ་བསྙེན་ཏེ། །ནམ་དུའང་ལྷ་ནི་གཞན་དག་ལ། །སྐྱབས་སུ་འགྲོ་བ་མ་ཡིན་ནོ། །དམ་པའི་ཆོས་ལ་སྐྱབས་འགྲོ་བ། །འཚེ་ཞིང་གནོད་པའི་སེམས་དང་བྲལ། །དགེ་འདུན་ལ་ཡང་སྐྱབས་འགྲོ་བ། །མུ་སྟེགས་ཅན་དང་འགྲོགས་མི་བྱ། །ཞེས་དང་། སངས་རྒྱས་ཀྱི་སྐུའི་རྟེན་དང་སྐུ་ཚྭའི་ཆག་དུམ་ཙམ་དང་། ཆོས་ཀྱི་རྟེན་ཡིག་འབྲུ་གཅིག་ཙམ་དང་། དགེ་འདུན་གྱི་གཟུགས་བརྙན་ལྷན་པ་སེར་པོ་བཏབ་པ་ཡན་ཆད་ལ་སོ་སོར་དཀོན་མཆོག་དེ་དང་དེའི་འདུ་ཤེས་བཞག་ནས་གུས་པ་སྐྱེད་པར་བྱེད་དེ། དེ་རྣམས་ནི་སྒྲུབ་པའི་བསླབ་བྱའོ། །གཞན་ཡང་གནོད་པ་སྲོག་གི་ཕྱིར་དང་། བྱ་དགའ་རྒྱལ་སྲིད་ལ་སོགས་པའི་ཕྱིར་ཡང་དཀོན་མཆོག་གསུམ་མི་སྤང་བ་དང་། དགོས་གལ་ཇི་ལྟར་ཆེ་ཡང་དཀོན་མཆོག་ལ་བློ་གཏོད་པ་ལས་དེས་མི་སྐྱོབ་པ་སྙམ་དུ་འཇིག་རྟེན་པའི་ཐབས་གཞན་མི་འཚོལ་ཞིང་། རྟག་ཏུ་ཡོན་ཏན་དྲན་པས་དུས་ཀྱི་མཆོད་པ་མི་བཅག་པ་དང་། ཕན་ཡོན་ཤེས་པས་རང་སྐྱབས་སུ་འགྲོ་ཞིང་གཞན་སྐྱབས་འགྲོར་འགོད་པ་དང་། གར་འགྲོ་བའི་ཕྱོགས་ཀྱི་སངས་རྒྱས་དང་དེའི་སྐུ་གཟུགས་སོགས་ལ་ཕྱག་འཚལ་བ་དང་ལྔ་པོ་རྣམས་ནི་ཐུན་མོང་གི་བསླབ་བྱ་ཡིན་པར་ཇོ་བོ་རྗེས་བཞེད་པ་ཡིན་ནོ། །

གཉིས་པ་བསྙེན་གནས་ཀྱི་བསླབ་བྱ་ནི། དུས་ཁྲིམས་ཀྱི་སྲུང་བྱ་སྟེ། དེ་ནི་མཛོད་ལས། ཚུལ་ཁྲིམས་ཡན་ལག་བག་ཡོད་པའི། །ཡན་ལག་བརྟུལ་ཞུགས་ཡན་ལག་སྟེ། །བཞི་གཅིག་དེ་བཞིན་གསུམ་རིམ་བཞིན། །ཞེས་པ་ལྟར་མི་ཚངས་སྤྱོད་པ་སོགས་རྩ་བ་བཞི་ཕྱོགས་མཐུན་དང་བཅས་པ་སྤོང་བ་ཚུལ་ཁྲིམས་བརྟན་པར་བྱེད་པའི་ཡན་ལག་བཞི་དང་། དྲན་པ་ཉེར་བཞག་ལས། བདག་ལ་འདི་ཡིས་མི་གནོད་ཅེས། །བློ་ལྡན་ཆང་ལ་ཡིད་མི་བརྟེན། །མྱོང་ཆེ་བསིལ་ཡང་རྣམ་སྨིན་ཚ། །ཆང་གིས་དམྱལ་བར་འགྲོ་བར་བྱེད། །ཅེས་པ་ལྟར་ཉེས་དམིགས་ཤེས་ནས་ཆང་གི་བཏུང་བ་སྤོང་བ་བག་ཡོད་གོང་འཕེལ་དུ་བྱེད་པའི་ཡན་ལག་དང་། མལ་ཆེ་མཐོ་དང་གར་ཕྲེང་ལ་སོགས་པ་དང་། དུས་མིན་པ་ཕྱི་དྲོའི་ཁ་ཟས་ཏེ་གསུམ་སྤོང་བ་བརྟུལ་ཞུགས་དག་པར་བྱེད་པའི་ཡན་ལག་སྟེ་བརྒྱད་པོ་སྲུང་བ་ནི་བསྙེན་གནས་ཀྱི་སྡོམ་པ་ཡིན་ཞིང་། ཡན་ལག་འདི་བརྒྱད་པོ་

གཏན་དུ་བ་མ་ཡིན་པས་སྡོམ་པ་གོང་མ་རྣམས་ཀྱི་ཡོན་ཏན་གྱི་རྟེན་དུ་རིགས་པ་མིན་པ་དེའི་ཕྱིར་ན་གོང་མའི་ཡོན་ཏན་གྱི་རྟེན་དུ་གྱུར་པའི་སོ་ཐར་ནི། མཚན་ཉིད་དང་ལྡན་པར་རིགས་བདུན་པོ་ནི་ཡིན་པར་ངེས་ཏེ། ལམ་སྒྲོན་ལས། སོ་སོར་ཐར་པ་རིགས་བདུན་གྱི། །རྟག་ཏུ་སྡོམ་གཞན་ལྡན་པ་ལ། །བྱང་ཆུབ་སེམས་དཔའི་སྡོམ་པ་ཡི། །སྐལ་བ་ཡོད་ཀྱི་གཞན་དུ་མིན། །ཞེས་གསུངས་པས་སོ། །གལ་ཏེ་ཡན་ལག་འདི་བརྒྱད་པོ་ཇི་སྲིད་འཚོ་བ་ཡི་བར་དུ་ཁས་བླངས་ནས་བསྲུངས་ན། སློབ་དཔོན་ཙནྡྲ་པས་འདི་ལྟར་བླངས་པས་ཙནྡྲ་གོ་མི་ཞེས་གྲགས་པ་ལྟར་གོ་མིའི་དགེ་བསྙེན་ཡིན་ཀྱང་གཞི་ཐམས་ཅད་ཡོད་པར་སྨྲ་བའི་འདུལ་བ་ལས་བཤད་པ་མིན་ནའང་། འཕགས་པ་གནས་བརྟན་སྡེ་པའི་ལུགས་སུ་སློབ་དཔོན་དབྱིག་གཉེན་གྱིས་བཞེད་དེ། གོ་མིའི་དགེ་བསྙེན་ཞེས་བྱ་བ་འདི་ནི་འཕགས་པ་གནས་བརྟན་པའི་མན་ངག་བརྒྱུད་པ་ལས་ཐོས་ཀྱི་བདེ་བར་གཤེགས་པས་གསུངས་པ་ནི་མ་མཐོང་ངོ་། །ཞེས་གསུངས་པའི་ཕྱིར། འོན་ཀྱང་ཐེག་ཆེན་གྱི་སྡེ་སྣོད་ལས་གསུངས་ཏེ། རྒྱལ་བུ་སྙིང་རྗེ་ཆེར་སེམས་ཀྱིས་འདི་ལྟར་ཁས་བླངས་པར་དཀོན་བརྩེགས་ལས་བཤད་པའི་ཕྱིར་རོ། །གསུམ་པ་དགེ་བསྙེན་གྱི་བསླབ་བྱ་བཤད་པ་ནི། །གཏན་ཁྲིམས་ལ་བསླབ་ཚིགས་གསུམ་ལས་དང་པོ་བསྲུང་བྱ་ནི། གསོད་པ་སྲོག་གཅོད་པ་དང་། རྐུ་བ་སྟེ་མ་བྱིན་པ་ལེན་པ་དང་། མི་ཆོས་བླ་མའི་རྫུན་སྨྲ་བ་དང་། འདོད་པས་ལོག་པར་གཡེམ་པ་སྟེ་རྩ་བ་བཞི་ཡིན་ཞིང་། འདི་དག་ལ་ཡུལ་གྱི་ཡན་ལག་ཏུ་མི་ཡིན་པ་དགོས་ཏེ། དེ་མ་ཚང་ན་རྩ་བར་གཏོགས་པའི་ཉེས་པ་ཙམ་དུ་ཟད་ཀྱི་རྩ་བ་དངོས་མ་ཡིན་པས་སྡོམ་པ་ཉམས་པར་མི་འགྱུར་ལ། འདིར་མི་ཚངས་སྤྱོད་མི་འཇོག་པར་འདོད་ལོག་འཇོག་པ་ནི་ཁྱིམ་པས་སྲུང་སླ་བ་ལ་སོགས་པའི་ཕྱིར་ཏེ། མཛོད་ལས། ལོག་གཡེམ་ཤིན་ཏུ་དམད་ཕྱིར་དང་། །སླ་ཕྱིར་མི་བྱེད་ཐོབ་ཕྱིར་རོ། །ཞེས་སོ། །དེ་དག་གི་ཡན་ལག་སྨྱོས་འགྱུར་སྤོང་བ་སྟེ། དེ་མ་སྤོང་ན་བསླབ་པ་གཞན་སྲུང་མི་ནུས་པའི་ཕྱིར་རོ། །བསླབ་གཞི་ལྔ་པོ་དེ་རྣམས་ནི་དགེ་བསྙེན་གྱི་སྡོམ་པ་སྟེ། དེ་ཡང་རང་གིས་གང་སྲུང་འདོད་པ་ལྟར་ཁས་ལེན་པའི་གྲངས་ཇི་ལྟ་བར་སྲོག་གཅོད་ཙམ་སྤོང་བ་ལྟ་བུ་སྣ་གཅིག་སྤྱོད་པ་དང་། དེའི་སྟེང་མ་བྱིན་ལེན་ཙམ་སྤོང་བ་ལྟ་བུ་སྣ་འགའ་སྤྱོད་པ་དང་། དེ་གཉིས་ཀྱི་སྟེང་རྫུན་སྤོང་བ་ལྟ་བུ་ཕལ་ཆེར་སྤྱོད་པ་དང་།

དེ་གསུམ་གྱི་སྟེང་དུ་འདོད་ལོག་ཆང་དང་བཅས་པ་སྤོང་བ་ཡོངས་རྫོགས་སྤྱོད་པ་སྟེ། དེ་དག་རིམ་བཞིན་སྔར་བྱ་གཅིག་དང་། གཉིས་དང་། གསུམ་དང་། ལྔ་སྤོང་བའི་རིམ་པའོ། །དེ་ཡང་བྱེ་སྨྲས་དགེ་བསྙེན་ཙམ་དུ་ཁས་བླངས་ནས་སྣ་གཅིག་སོགས་གང་འདོད་སྲུང་བ་ལ་དེ་དག་སྤྱོད་ཅེས་འདོད་ཅིང་། མདོ་སྡེ་པས། སྣ་གཅིག་སོགས་གང་འདོད་པ་དེ་ཁས་ལེན་པ་ལས། དགེ་བསྙེན་དུ་ཁས་བླངས་ན་ཡོངས་རྫོགས་སུ་འགྲོ་བས། གཞན་མ་བསྲུངས་པའི་ཉེས་པས་ཚུལ་འཆལ་དུ་འགྱུར་ཞེས་འདོད་དོ། །

འདི་ཡན་ཆད་ཀྱི་ཁྱིམ་པའི་ཕྱོགས་ཀྱི་བསླབ་བྱ་བསྟན་ལ། བསླབ་གཞི་ལྔ་པོ་དེ་ཡི་སྟེང་མི་ཚངས་སྤྱོད་སྤོང་བ་ནི་ཚངས་སྤྱོད་དགེ་བསྙེན་ཏེ། རྒྱན་གྱིས་བརྒྱན་པར་བྱས་ཀྱང་ཆོས་སྤྱོད་ལ། །ཞེས་སོགས་ཀྱིས་བསྟན་པར་མདོ་སྡེ་པས་འདོད་པ་ཡིན་ནོ། །འདི་དང་གོ་མིའི་དགེ་བསྙེན་གཉིས་ནི་ཆོ་འཕྲུལ་བསྟན་པའི་མདོ་ལས་ཀྱང་གསུངས་ཏེ། ཇི་སྐད་དུ། རབ་བྱུང་ཡོན་ཏན་དུ་མ་ལྡན་པ་ཞེས། །དེ་བཞིན་གཤེགས་པ་རྣམས་ཀྱིས་བསྔགས་མོད་ཀྱི། །སེམས་ཅན་ཀུན་ལ་སྙིང་རྗེར་གྱུར་པས་ན། །འགྲོ་ལ་ཕན་ཕྱིར་བདག་གིས་རྒྱལ་སྲིད་སྐྱབ། །ཇི་སྲིད་འཚོའི་བར་ཚངས་པར་སྤྱོད་བྱེད་ཅིང་། །གསོ་སྦྱོང་ཡན་ལག་བརྒྱད་པའང་བླང་བར་བགྱི། །ཞེས་གསུངས་པའི་ཕྱིར། འདི་གཉིས་ཀྱིས་ཁྱིམ་ཐབས་སྤངས་པས་འདོད་པ་འཁྲིག་བཅས་ཀྱི་ཁྱིམ་པ་དང་། ངུར་སྨྲིག་སོགས་ཀྱི་རྟགས་མ་བླངས་པས་རབ་བྱུང་གཉིས་ཀ་མིན་ནོ་ཞེས་མཁས་པ་རྣམས་བཞེད་དོ། །མི་དགེ་བ་བཅུ་ལས། ལུས་ཀྱི་གསུམ་དང་། ངག་གི་རྫུན་དོར་བའི་ལྷག་མ་གསུམ་དང་། ཡིད་ཀྱི་གསུམ་སྟེ་དགུ་དང་། རྩ་བ་བཞིའི་ཕྱོགས་སུ་མཐུན་པའི་དུད་འགྲོ་གསོད་པ་ལ་སོགས་པའི་སྤང་བྱ་རྣམས་ནི་སྡོམ་པ་མི་གཏོང་ཡང་འགྱོད་སྡོམ་དང་བཅས་པས་ཕྱིར་བཅོས་པར་བྱ་དགོས་པའི་བསླབ་བྱ་ཡིན་ནོ། །དེར་མ་ཟད་དགེ་བསྙེན་གྱི་སྡོམ་ལྡན་སྔགས་ལ་ཞུགས་པའི་རིག་པ་འཛིན་པ་དེས་ཀྱང་ངུར་སྨྲིག་བགོ་བ་དང་། ལྷུང་བཟེད་འཆང་བ་སོགས་རབ་བྱུང་གི་རྟགས་རྣམས་དང་། ལས་ཀྱི་ཆོ་ག་དང་བཅས་རྒྱང་འགའ་ཞིག་མ་གཏོགས་པའི་ལྷག་མ་རྣམས་འདུལ་བ་ལས་ཇི་ལྟར་བྱུང་བ་བཞིན་དུ་ཉམས་སུ་ལེན་དགོས་པར་དཔྱད་བཟང་ལས། རྒྱལ་བ་ངས་གསུངས་སོ་སོ་ཐར་པ་ཡི། །ཚུལ་ཁྲིམས་རྣམ་དག་

འདུལ་བ་མ་ལུས་ལས། །སྦྱགས་པ་ཁྲིམ་པས་རྟགས་དང་ཆོ་ག་སྤང་། །ལྷག་མ་རྣམས་ནི་ཉམས་སུ་བླང་བར་བྱ། །ཞེས་བཤད་པས་སྦྱགས་པ་རབ་བྱུང་གི་ལྷ་སློས་ཀྱང་ཅི་དགོས་སོ། །

བཞི་པ་དགེ་ཚུལ་གྱི་བསླབ་བྱ་བཤད་པ་ལ། དངོས་དང་ཞར་བྱུང་གཉིས་ལས། དང་པོ་ནི། དེ་ནས་རབ་ཏུ་བྱུང་བའི་ཕྱོགས་སུ་གཏོགས་པའི་བསླབ་བྱ་ཚིགས་ཕྱི་མ་གཉིས་ཀྱི་དང་པོ་དགེ་ཚུལ་གྱི་བསྲུང་བྱ་ནི། མིའམ་མིར་ཆགས་པའི་སྲོག་གཅོད་པ་དང་། རིན་ཐང་ཚང་བའི་དངོས་པོ་རྐུ་བ་དང་། ལམ་གསུམ་གང་རུང་ལ་བརྟེན་ནས་མི་ཚངས་པར་སྤྱོད་པ་དང་། མིའི་ཆོས་བླ་མའི་རྫུན་སྨྲ་བ་སྟེ་བཞི་པོ་ནི་སྲུང་ན་ཚུལ་ཁྲིམས་སུ་འགྱུར་ཞིང་། མ་སྲུང་ན་ཁྲིམས་འཆལ་དུ་འགྱུར་བས་རྩ་བ་ཞེས་བྱ་སྟེ། དེ་ཡང་འཆབ་མེད་གསོར་རུང་དང་། འཆབ་བཅས་གསོར་མི་རུང་བའང་དགེ་སློང་དང་འདྲ་སྟེ། སུམ་བརྒྱ་པ་ལས། མི་གསོད་ལ་སོགས་བཞི་རྣམས་ཀྱིས། །དགེ་ཚུལ་ལས་ནི་ཉམས་གྱུར་ན། །དགེ་སློང་བཞིན་དུ་དགེ་ཚུལ་ལའང་། །ཕྱི་ནས་སྡོམ་སྐྱེའི་སྐལ་བ་མེད། །ཅེས་སོ། །ཕྱོས་འགྱུར་གྱི་ཆད་འཕུད་པ་དང་། ཀློད་པག་གིས་རང་དགར་གླུ་གར་སོགས་རྩེད་མོའི་རིགས་བྱེད་གསུམ་དང་། འཕྲོར་སྟེག་གིས་རྒྱན་ཕྲེང་འདོགས་པ་སོགས་རྒྱན་གྱི་རིགས་བྱེད་གསུམ་དང་། རྒྱུ་རིན་ཐང་ཅན་གྱི་མལ་ཆེན་པོ་དང་། རིན་ཐང་ཆུང་ཡང་ཁྲུ་གང་ལས་ལྷག་པའི་མཐོ་བ་ལ་སྐབས་མ་ཡིན་པར་འདུག་པ་དང་། རང་གླིང་གི་ཉི་མ་ཕྱེད་ཡོལ་ནས་ཕྱི་དྲོའི་དུས་སུ་ཁ་ཟས་ཟ་བ་དང་། རིག་པ་ཙམ་རུང་ཡང་ཆགས་སྲེད་ཀྱི་གསེར་དངུལ་བླངས་ཏེ་ཕྱུགས་ནོར་དུ་འཆང་བ་སྤྱོད་པ་སྟེ། དྲུག་པོ་ལ་ཡན་ལག་ཅེས་བྱ་སྟེ་རྩ་བ་སྲུང་བའི་ཐབས་ཡིན་པས་སོ། །དེ་ཡང་ཆང་ནི་བག་ཡོད་ཀྱི་ཡན་ལག་དང་། གཞན་ལྔ་བརྟུལ་ཞུགས་ཀྱི་ཡན་ལག་སྟེ། བྲི་ཧའི་བུ་བཞིན་དུ་བསླབ་གཞི་མང་པོ་ཐོས་པས་སེམས་ཞུམ་སྟེ་སྡོམ་པ་ལེན་པ་ལས་ལྡོག་པ་སྤྱོད་པའི་ཕྱིར་དུ། རགས་པ་བཅུ་པོ་འདིར་དྲིལ་ནས་གསུངས་པ་ཡིན་ལ། དེ་རྣམས་ཆར་གཏོགས་དང་བཅས་པའི་སྒོ་ནས་དབྱེ་ན། རྩ་བཞི་གསོད་གསུམ་གཞི་མེད་ནས། །སུམ་འབྲིན་བར་ལྷ་ཤེས་བཞིན་བཤེས། །འཕྱ་དང་ཟས་ཙུང་ལྷག་མས་སྐུར། །ཉེར་འཇོག་འབྲས་ཆེན་འགེབས་དང་ཆང་། །གར་གསུམ་ཕྲེང་གསུམ་མལ་ཆེ་མཐོ། །དུས་མིན་རིན་ཆེན་བར་མ་གསུམ། །དེ་ལྟར་སུམ་ཅུ་རྩ་གསུམ་མོ། །ཞེས་པ་ལྟར་རྩ་བ་བཞི་དང་། སྲོག་གཅོད་ཀྱི

ཐམ་འདྲའི་ཆར་གཏོགས་དུད་འགྲོ་གསོད་པ། སྲོག་ཆགས་དང་བཅས་པའི་རྩྭ་དང་ཆུར་འདེབས་པ། སྲོག་ཆགས་དང་བཅས་པའི་ཆུར་སྤྱོད་པ་སྟེ་གསོད་པ་གསུམ། རྫུན་གྱི་ཆར་གཏོགས་གཞི་མེད་པ་དང་། བག་ཙམ་གྱིས་ཐམ་པའི་སྐུར་འདེབས། དགེ་འདུན་དབྱེན། དེའི་རྗེས་ཕྱོགས། ཁྱིམ་སུན་འབྱིན་པ། ཤེས་བཞིན་དུ་རྫུན་སྨྲ། བཤེས་ངོར་འཕྱ་བ། ཞལ་ཏ་བར་འཕྱ་བ། ཟས་ཙུང་ཟད་ཀྱི་ཕྱིར་ཆོས་སྟོན་ཞེས་སྐུར་པ་འདེབས་པ། ལྷག་མའི་སྐུར་འདེབས། བསླབ་པ་ཁྱད་གསོད། ལྷག་པོ་ལེན་ཕྱིར་འབྲས་ཆེན་འགེབས་པ་སྟེ་བཅུ་གཉིས་དང་། ཆང་འཐུང་བ་དང་། གླུ་དང་། གར་དང་། རོལ་མོ་སྟེ་གསུམ་དང་། ཕྲེང་བ་ལ་སོགས་པའི་རྒྱན་དང་། སྤོས་ཇུག་པ་དང་། ཁ་དོག་འཆང་བ་སྟེ་གསུམ་སོ་སོར་བགྲང་བས་དྲུག་དང་། མལ་ཆེན་པོ་དང་མཐོ་བ་དང་། ཕྱི་དྲོའི་ཁ་ཟས་དང་། གསེར་དངུལ་ལེན་པ་རྣམས་བསྡུན་པ་སུམ་ཅུ་དང་། འཆད་འགྱུར་གྱི་རྣམ་པ་ཁྱིམ་རྟགས་སྤོང་ཉམས། རབ་བྱུང་རྟགས་ལེན་ཉམས། བརྙེས་སེམས་ཀྱིས་མཁན་པོར་ཉམས་པ་སྟེ། གསུམ་དང་བཅས་པས་བླངས་འདས་སུམ་ཅུ་རྩ་གསུམ་པོ་ཡིན་ལ། ལུང་རིགས་གཏེར་མཛོད་དུ་ནི་སྲོག་གཅོད་གསུམ་དང་། རྫུན་ལས་འབྲས་ཆེན་འགེབས་པ་དོར་བའི་ལྷག་མ་བཅུ་གཅིག་སྟེ། བཅུ་བཞི་པོ་སྤར་ལྷར་ལས། དེའི་སྟེང་དུ་མ་བྱིན་ལེན་གྱི་ཆར་གཏོགས་ཁང་པ། ཁང་ཆེན། རིན་ཆེན་ཁབ་རལ་བྱེད་པ་གསུམ་དང་། མི་ཚངས་སྤྱོད་ཀྱི་ཆར་གཏོགས་དགེ་འདུན་གྱིས་སྤོང་པའི་མཚན་མི་མཐུན་པ་དང་ལྷན་ཅིག་ཉལ་བ། རྩ་བ་བཞི་ཀའི་ཆར་གཏོགས་གསོ་སྦྱོང་། དབྱར་གནས། དགག་དབྱེ་རྣམས་མི་བྱེད་པ་དང་། གནས་སྦྱོང་ལ་མི་བསྟེན་པ་རྣམས་ཏེ་རྩ་བཞིའི་ཆར་གཏོག་ཉེར་གཉིས་སུ་བཞེད་དོ། །

དེ་ནས་དགེ་སློང་གི་ལྟུང་བྱེད་རྣམས་ལས་བཅས་རྐྱང་འགའ་ཞིག་བག་ཡངས་སུ་འཇོག་རུང་ལ༑ དེ་ལས་གཞན་ཐམས་ཅད་སྲུང་དགོས་པའི་ཚུལ་བསྟན་པ་ནི། ཆོས་གོས་ལྷག་པོ་འཆང་བ་དང་། ལྷུང་བཟེད་ཟུང་འཆང་བ་དང་། ཆོས་གོས་དང་བྲལ་བ་དང་། ས་རྐོ་བ་དང་། རིན་ཆེན་གྱི་རིགས་ལ་རེག་པ་དང་། མེ་ལ་རེག་པ་དང་། གློས་བཏང་ནས་ཡང་ཟ་བ་དང་། ཤིང་ལ་མི་གང་ལས་མཐོར་འཛེག་པ་དང་། ཤིང་སོགས་སྐྱེ་བ་གཅོད་པ་དང་། བྱིན་ལེན་མ་བྱས་པར་ཟ་བ་དང་། རྩྭ་སྔོན་གྱི་ཁྲོད་དུ་མི་གཙང་བ་འདོར་བ་དང་། གསོག་འཇོག་ཏུ་སོང་བ་ཟ་བ་དང་། རུང་བ་མ་བྱས་པར་ས་བོན་

འཛོམས་པ་རྣམས་དགེ་ཚུལ་རྣམས་ལ་རྗེས་སུ་གནང་བའི་ཉེས་མེད་བཅུ་གསུམ་པོ་འདི། བསྟན་བཅོས་བྱེ་བྲག་བཤད་པ་ལས་གསུངས་ལ། དེའི་སྐྱེང་དུ་བོད་ཀྱི་འདུལ་འཛིན་རྣམས་ཀྱིས་རུང་མཐུན་སྦྱར་བ་ལ། ཟླ་འཛོག་གསོག་འཇོག་དགོན་པ་འབྲལ། །མ་སླུས་འདུན་བསྒྱུར་མ་རྫོགས་ཉལ། །ཞེས་པ་ལྟར་དྲུག་བསྣན་ནས་བཅུ་དགུར་འདོད་པས་ཉེས་མེད་དེ་རྣམས་མ་གཏོགས་པ་དགེ་སློང་ཇི་ལྟ་བ་བཞིན་དུ་སྤང་ལྟུང་མཐའ་དག་ཐུན་མོང་བ་ཡིན་པས་གཅིག་ཏུ་འགྱུར་ཏེ། དེ་ཡང་དགེ་ཚུལ་གྱི་ལྟུང་བ་ཐམས་ཅད་ཉེས་བྱས་ཁོ་ནར་འདུ་བས། རྩ་བ་བཞི་ནི་སྡོམ་པའི་ཉམས་རྒྱུ་ཡིན་པས་ཕམ་འདྲའི་ཉེས་བྱས། དེ་ལས་གཞན་པའི་ལྷག་འདས་རྣམས་ཚུལ་བཞིན་དུ་བཤགས་པར་བྱ་དགོས་པས་བཤགས་བྱའི་ཉེས་བྱས། དེ་གཉིས་མ་ཡིན་པའི་དགེ་སློང་གི་སྤང་བྱ་རྣམས་ཡིད་ཀྱིས་བསྡམ་པར་བྱ་དགོས་པས་བསྡམ་བྱའི་ཉེས་བྱས་ཡིན་པས་སོ། །ཡང་ལུང་ཞུ་བ་ཁ་ཆེ་ལས་ཉེས་མེད་དུ་དངོས་སུ་བཤད་ཅེས་མཁས་མཆོག་བུ་སྟོན་རིན་པོ་ཆེས་གསུངས་པ་ལྟར་འདིར་བཀོད་པའི་ཟླར་བསྡུ་གསུམ་ནི། གོས་ལྷག་པོ་འཆང་བའི་ཟླར་བསྡུ་བ་གོས་རྒྱུ་ཟླ་བ་ལས་ལྷག་པར་འཇོག་པ་དང་། ཆོས་གོས་དང་འབྲལ་བའི་ཟླར་བསྡུ་བ་འཇིགས་པ་དང་བྲལ་ཀྱང་དགོན་པའི་གནས་སུ་འབྲལ་སྤྱོད་བྱེད་པ་དང་། གསོག་འཇོག་ཟ་བའི་ཟླར་བསྡུ་བ་འཚོ་བ་ཙམ་གྱི་ཕྱིར་གསོག་འཇོག་བྱེད་པ་འང་གནང་བ་ཡིན་པས་ཉེས་མེད་དུ་འཛོག་པ་འདི་ནི་སྔར་བཤད་པའི་དྲུག་པོའི་སྡེ་མ་གསུམ་དང་དོན་གཅིག་གོ། །

དགེ་ཚུལ་གྱིས་བར་མའི་དུས་སུ་ཁས་བླངས་པའི་སྤང་བྱ་གསུམ་ནི། གོས་དཀར་པོ་གཡོག་མེད་པ་གྱོན་པ་སོགས་ཁྱིམ་པའི་རྟགས་སྤྱོང་བ་ལས་ཉམས་པ་དང་། ཆོས་གོས་སོགས་རབ་བྱུང་གི་རྟགས་ལེན་པ་ལས་ཉམས་པ་དང་། བརྙས་པའི་སེམས་ཀྱིས་མཁན་པོར་གསོལ་བ་འདེབས་པ་ལས་ཉམས་པ་སྟེ་ཉམས་པ་གསུམ་མོ། །གལ་ཏེ་འདི་གསུམ་བར་མ་ཙམ་དང་ཁྱད་པར་ཅི་ཡོད་ཅེ་ན། མཛོད་ལས། བར་མ་ཀུན་སློང་ཆད་པ། ཤུགས་ཁས། བླངས་ལས་འདས་པ། བྱ་བ་ཆད་པ་དང་། །དོན་ཡུལ་བ་མེད། ཚེ་ཤི་བ། རྩ་བ་ཡོག་ལྟས་ཆད་པ་ལས། །ཞེས་པ་ལྟར་བར་མའི་གཏོང་རྒྱུ་དང་། དགེ་ཚུལ་གྱི་བཤགས་བྱ་ཡིན་པའི་ཁྱད་པར་ཡོད་དོ། །དེ་ལྟར་བཤད་པའི་སྤང་བར་བྱ་བ་རྣམས་ཚུལ་བཞིན་སྲུང་བ་དགེ

ཚུལ་གྱི་སྡོམ་པ་དང་ལྡན་པའི་བསླབ་པར་བྱ་བའོ། །གཉིས་པ་ཞར་བྱུང་དགེ་སློབ་མའི་བསླབ་བྱ་བཤད་པ་ནི། དགེ་ཚུལ་མའི་སྡོམ་པ་ཐོབ་པའི་སྟེང་གཅིག་ཕྱུར་ལམ་དུ་འགྲོ་བ་དང་། ཆུར་རྒྱལ་བ་དང་། སྐྱེས་པ་ལ་རེག་པ་དང་། དེ་དང་ལྷན་ཅིག་འདུག་པ་དང་། ཕོ་མོ་ཕན་ཚུན་སྨྱན་བྱས་པ་དང་། བླ་མོའི་ཉེས་པ་འཆབ་པ་སྟེ་རྩ་བའི་ཆོས་དྲུག་གོ། །གསེར་ལ་སོགས་པའི་རིན་པོ་ཆེ་བཟུང་བ་དང་། འདོམས་ཀྱི་སྤུ་འབྲེག་པ་དང་། ས་རྐོ་བ་རྣམས་སྤྱོད་པ་དང་། བྱིན་ལེན་མེད་པར་ཟ་བ་སྤྱོད་པ་དང་། གསོག་འཛོག་བྱས་དེ་མི་ཟ་བ་དང་། རྩ་སྔོན་མི་གཅོད་པ་སྟེ་འདི་རྣམས་རྗེས་མཐུན་གྱི་ཆོས་དྲུག་ཡིན་ནོ། །

དེ་ནས་ལྔ་པ་ཚིག་ཕྱི་མ་བསྟེན་རྫོགས་ཀྱི་བསླབ་བྱ་བཤད་པ་ལ་གཉིས་ལས། དང་པོ་ནི་སྲུང་བྱེད་ཀྱི་ཐབས་ཏེ་བསྙེན་པར་རྫོགས་ནས་ལོ་བཅུ་བར་མ་ཆད་དུ་རང་ཉིད་བརྟན་མཁས་ཀྱི་ཡོན་ཏན་གཉིས་དང་ལྡན་པ་མ་བྱུང་གི་བར་དུ་མཁན་པོའམ། གནས་ཀྱི་སློབ་དཔོན་མཚན་ཉིད་དང་ལྡན་པ་ལ་བརྟེན་ནས་བླང་དོར་གྱི་གནས་མ་ནོར་བར་སྟོན་པའི་གདམས་ངག་ནོད་པ་དང་། དམིགས་བསལ་མ་གནོགས་པ་བྱ་བ་ཐམས་ཅད་དེ་ལ་ཞུ་བའི་སྒོ་ནས་རང་ཉམས་སུ་མི་གཏོང་བ་སྟེ་གང་ཟག་གཞན་ལ་བརྟེན་ནས་དང་། བསླབ་པ་ལ་སྦྱོ་བའི་བརྩོན་འགྲུས་ཀྱིས་འདུལ་བའི་སྡེ་སྣོད་ལ་ཐོས་བསམ་བྱ་ཞིང་བླང་དོར་གྱི་སྒོ་ནས་ཉམས་སུ་ལེན་པ་དང་། འཇུག་ལྡོག་གི་གནས་ལ་གཟབ་པ་ལྷུར་ལེན་པའི་བག་ཡོད་པ་དང་། བསླབ་པའི་གནས་མི་བརྗེད་པའི་དྲན་པ་དང་། རང་རྒྱུད་ལ་ཉེས་པ་བྱུང་མ་བྱུང་རྟོག་པའི་ཤེས་བཞིན་ལ་སོགས་པའི་སྒོ་ནས་རང་རྒྱུད་ཀྱི་གཉེན་པོ་ལ་བརྟེན་ནས་བསྲུང་བའི་ཐབས་ཏེ་ཤིན་ཏུ་གལ་ཆེ་བས་འབད་དགོས་སོ། །

གཉིས་པ་བསྲུང་བྱའི་རྣམ་གྲངས་ལ་སྤང་སྤྲུབ་ཀྱི་བསླབ་བྱ་གཉིས། རང་མཐུན་བསྡུས་ཏེ་བསྟན་པ་དང་གསུམ་གྱི། དང་པོ་སྤང་བའི་བསླབ་བྱ་ལ། དངོས་དང་ཞར་བྱུང་གཉིས་ལས། དང་པོ་ནི། དགེ་སློང་གི་ཁྲིམས་ལ་ཕམ་པའི་སྡེ་དང་། ལྷག་མའི་སྡེ་དང་། ལྟུང་བྱེད་ཀྱི་སྡེ་དང་། སོར་བཤགས་ཀྱི་སྡེ་དང་། ཉེས་བྱས་ཀྱི་སྡེ་ལྔ་པོ་ལ་ནང་གསེས་ཀྱི་དབྱེ་བ་ཉིས་བརྒྱ་ལྔ་བཅུ་རྩ་གསུམ་ཡོད་ལ། དེ་ཡང་སྤྱིར་དགེ་སློང་གི་སྤང་བའི་བསླབ་བྱ་ཐམས་ཅད་སྡེ་ལྔའི་ཁོངས་སུ་འདུ་སྟེ། སྡོམ་

པོ་རྣམས་ནི་ཕམ་ལྷག་གང་རུང་དང་། སྤྱོར་བའི་ཉེས་བྱས་རྣམས་རང་རང་གི་སྡེ་ཚན་དུ་གཏོགས་ལ། གཞི་བཅུ་བདུན་ནས་བཤད་པའི་ཉེས་བྱས་རྣམས་ཀྱང་ཉེས་བྱས་ཀྱི་སྡེར་གཏོགས་པས་སོ། །དེས་ན་ཉེས་བྱས་ཡིན་ན་སོར་མདོའི་སྡོམ་གྱིས་བསྡུས་པའི་ཉེས་བྱས་ཡིན་པས་མ་ཁྱབ་བོ། །

དེ་ལ་དང་པོ་ཕམ་པའི་སྡེ་ནི་བཅས་ལྡན་དགེ་སློང་གིས་འདི་བཞི་གང་རུང་ལ་སྤྱད་ནས་སྐད་ཅིག་མ་གཅིག་ལ་བཅབས་ཀྱང་སྡོམ་པ་རྣམ་པར་དག་པའི་ལྷག་མ་ཙམ་ཡང་མེད་པར་གཙོད་པར་བྱེད་པས་རྒྱ་བོའི་ལྟུང་བ་དང་། མི་མཐུན་ཕྱོགས་ཀྱིས་གཉེན་པོ་མཐུ་མེད་པར་བཅོམ་པའི་ཕྱིར་ཕམ་པ་བཞི་ཞེས་པ་སྟེ། དེ་ལ་དང་པོ་ནི། གཞན་གྱི་གཞི་ཡི་ཡན་ལག་ལུས་ཕྱེད་དུ་ལོངས་པ་ཡན་ཆད་ཆ་ཤས་ཀུན་བཟུང་བར་འོས་པའི་སྐྱེ་གནས་སུ་གཏོགས་ཤིང་མ་ཉམས་པ་དོན་བྱེད་ནུས་པའི་ཁའམ། བཤང་ལམ་མམ། ཆུ་ལམ་གསུམ་པོ་གང་རུང་དུ་རང་གི་གཞིའི་ཡན་ལག་རྗེན་བྱེད་པོའི་དབང་པོ་ནད་མེད་ཅིང་ལས་སུ་རུང་བ་ནི། བསམ་པ་རང་ངོར་ལོངས་པའི་ངོ་ཚ་ཤེས་པ་དང་། གཞན་ངོར་ལོངས་པའི་འཛེམ་པ་སྟེ་ཁྲེལ་མེད་པར་རེག་བདེ་ཉམས་སུ་མྱོང་འདོད་ཀྱི་ཆགས་པའི་སེམས་ཀྱིས་སྦྱོར་བ་བསྙེན་བྱར་རྒྱལ་ཞིང་དྲུད་པས་མཐར་ཐུག་ལམ་གསུམ་གྱི་མཚམས་ལས་འདས་ནས་བདེ་བའི་སིམ་པ་ལུས་ཀྱིས་མྱོང་ཞིང་ཡིད་ཀྱིས་བདག་གིར་བྱས་ནས་ཐོབ་པ་སྟེ། ཡན་ལག་བཞི་པོ་ཚང་ན་དངོས་གཞིར་འགྱུར་བས། དེས་ནི་ཚངས་པར་སྤྱོད་པ་ལས་རྣམ་པར་ཉམས་པར་འགྱུར་ཏེ། ས་གའི་ལྷས། །ཁ་ཤུན་སོ་དང་བགས་པ་ལས། །ནོར་བུ་འདས་ན་ཕས་ཕམ་སྟེ། །ཕྱི་རོལ་ཆར་ནི་ཅི་རིགས་པར། །སྦོམ་པོའམ་དགེ་འདུན་ལྷག་མའོ། །ཞེས་སོ། །

གཉིས་པ་ལ། བརྐུ་བར་བྱ་བའི་གཞི་ནི། རང་དང་ནོར་མི་གཅིག་པའི་མི་གཞན་གྱིས་བདག་ཏུ་བཟུང་བའི་ནོར་རྫས། ཁ་ཟས་གཡོས་སུ་བྱས་པ་དང་། དུར་ཁྲོད་ཀྱི་རྫས་སོགས་དམན་པ་མ་ཡིན་པ། བསམ་པ་དེ་ཡིན་པར་འདུ་ཤེས་པའམ། ཡིད་གཉིས་ཟ་བས་རང་ཉིད་འཚོ་བའི་ཕྱིར་རྐུ་བར་འདོད་པའི་སེམས་ཀྱིས་ཡུལ་གང་དུ་དུས་དེར་བརྐུ་བྱ་རྐུ་བྱེད་གཉིས་ཀ་ལ་ལྟོས་པའི་འཇིག་རྟེན་དང་བགོ་རྟེན་ཀྱི་ཁྱད་པར་ལས་རིན་ཐང་ཚང་བ། སྦྱོར་བ་དུས་གཅིག་གིས་བརྐུས་པ་སྟེ། དེ་ཡང་རིན་ཐང་གི་ཚད་ནི། ཀཱ་རི་ཀཱ་ལྔ་བཅུ་པ་ལས། ཀར་ཥ་པ་ཎི་བཞི་ཆ་བརྐུས། །དེ་བརྐུས་རྒྱལ

ཁྲིམས་ཞིག་པར་འགྱུར། །ཞེས་གསུངས་ལ། དེ་ལ་ཀར་ཏྟི་པ་ཊ་ཞེས་པ་ནི། རྒྱལ་པོ་པདྨ་ཆེན་པོའི་རིང་ལ་བྱས་པའི་གསེར་གྱི་དོང་ཙེ་ནི་དངོས་དང་། བཏགས་པ་བ་ནི་མགྲོན་བུའི་རིན་ཐང་ལ་མགྲོན་བུ་བརྒྱད་ཅུ་ལ་མ་ཤ་ཀ །དེ་ཉི་ཤུ་ལ་ཀར་ཏྟ་པ་ཊི། བརྩི་བ་ཡིན་ཞེས་གྲགས་ཤིང་། མདོ་རྩ་བ་ལས་འབྲིང་ཚད་མ་ཤ་ཀ་ལྔར་མཛད་ལ། འདིར་ཚད་ཀྱི་དབང་གིས་མཐའ་གཅིག་ཏུ་མ་ངེས་ཀྱང་དངུལ་ཞོ་གང་ཙམ་རིན་ཐང་གི་ཚད་དུ་གྲགས་སོ། །གང་ལྟར་ཡང་མཐར་ཐུག་རང་གིས་བརྐུས་སམ་གཞན་ལ་རྐུར་བཅུག་པའམ། རྫོང་པ་གང་ཡང་རུང་བས་བདག་པོ་དང་ཕྲལ་ནས་བདག་གིར་བྱས་པའི་ཚུལ་གྱིས་ཕ་བ་བླ་སྐྱེས་པའོ། །དེར་མ་ཟད་མཐུའམ་ནན་ཤུགས་དང་། གཏམས་པ་བསྐོག་པ་དང་། བསྐྱིས་པ་བདོ་བའམ་ཕྱིར་བསབས་པ་བརྐུས་པ་དང་། རྒྱན་འདོར་བ་སོགས་རྒྱུས་ལེན་པ་དང་། དངན་འཐེན་ཏེ་ཁྱེར་བ་སླར་མི་སྟེར་ཤ་གམ་དང་གྲུ་གླ་སོགས། བ་ལ་སོགས་པའི་རྣམ་གྲངས་ཞིབ་མོར་བྱས་ཏེ་ཤེས་དགོས་སོ། །

གསུམ་པ་སྲོག་གཅོད་ལ། གཞི་ནི་མིའམ་མིར་ཆགས་པ་རང་ལས་རྒྱུད་ཐ་དད་པའི་མི་གཞན་མྱོས་པ་ལ་སོགས་པའམ་གཞན་དང་མ་འཁྲུལ་བར། བསམ་པས་བཏུང་སེམས་ལ་སོགས་པ་མ་ཡིན་པར་གསོད་པར་བྱའོ་སྙམ་པའི་སེམས་ཀྱིས་གསོད་པར་བྱ་བ་དེ་དེ་ར་ངེས་པའམ། ཡིད་གཉིས་ཡན་ཆད་ཀྱི་འདུ་ཤེས་པས་སྦྱོར་བ་སྔགས་དང་མཚོན་ཆ་ལ་སོགས་པས་གསོད་པར་བརྩམས་ནས་མ་བཟློག་པར། མཐར་ཐུག་རང་མ་ཤི་བའི་གོང་དུ་སྦྱོར་བ་དེའི་ཚེའམ་གཞན་གྱི་ཚེ་སྲོག་གི་དབང་པོ་འགགས་པ་ན་དངོས་གཞི་སྟེ། སུམ་བརྒྱ་པར། གང་ཞིག་རང་བཞིན་གནས་ལ་བསླབ་བཅས་པས། །མི་གཞན་ཡིན་ལ་མིར་ནི་འདུ་ཤེས་དང་། །བསད་པའི་བསམ་པས་འཁྲུལ་མེད་གསོད་བྱེད་ཅིང་། །མི་ཤི་སྨི་ལམ་མ་གཏོགས་དེར་བརླག་འགྱུར། །ཞེས་གསུངས་པའི་ཕྱིར་དང་། གཞན་ཡང་གཞན་ལ་གསོད་དུ་བཅུག་པ་དང་། གསོད་པ་ལ་ཡི་རང་བའི་བསྔགས་པ་བརྗོད་པ་སོགས་ཀྱི་རྐྱེན་བྱས་པས་ཀྱང་གསོད་སེམས་ཡོད་ཅིང་ཤི་ན་དངོས་གཞིར་འགྱུར་ལ། དེར་མ་ཟད་དགེ་སློང་མང་པོས་གྲོས་བྱས་ནས་གཅིག་གིས་བསད་ཀྱང་ཐམས་ཅད་ལ་ཕམ་པར་འགྱུར་ཏེ་མཛོད་ལས། དམག་ལ་སོགས་པ་དོན་གཅིག་ཕྱིར། །ཐམས་ཅད་བྱེད་པ་པོ་བཞིན་ལྡན། །ཞེས་

གསུངས་པའི་ཕྱིར་རོ། །

བཞི་པ་རྫུན་གྱི་གཞི་ནི་གང་ལ་སྨྲ་བའི་ཡུལ་རང་ལས་རྒྱུད་གཞན་པའི་སྨྲ་ཤེས་པ། དོན་གོ་བ། ཤེས་པ་རང་བཞིན་དུ་གནས་པ། མ་ནིང་དང་མཚན་གཉིས་མ་ཡིན་པ་སྟེ་ཐ་སྙད་ལྔ་དང་ལྡན་པའི་མིར། བསམ་པ་དེའི་འདུ་ཤེས་བསྒྱུར་ནས་བསླུ་འདོད་ཀྱིས་བརྗོད་པའི་བློ་སྐྱེས་ཏེ། སྦྱོར་བ་འདོད་ཁམས་ལས་གོང་དུ་འཕགས་པ་བསམ་གཏན་དང་པོ་ནས་སངས་རྒྱས་ཀྱི་བར་གྱི་མངོན་ཤེས་ལ་སོགས་པའི་འཇིག་རྟེན་དང་འཇིག་རྟེན་ལས་འདས་པའི་ཡོན་ཏན་གྱི་ཚོགས་རང་ལ་མེད་པ་ཤེས་ཀྱང་ཡོད་ཅེས་བླ་མའི་རྫུན་སྨྲས་པ་སྟེ། ས་གའི་ལྟས། འདིར་ནི་སྒྲིབ་པ་རྣམ་པ་ལྔ། །མི་རྣམས་ཀྱི་ནི་ཆོས་སུ་ཐོབ། །དེ་ཟད་བླ་མའི་ཆོས་སུ་འདོད། །ཅེས་གསུངས། མཐར་ཐུག་གཞན་གྱིས་རང་གི་སྨྲས་པའི་རྫུན་དེས་འདུ་ཤེས་བསྒྱུར་མ་ནུས་ཀྱང་གོ་བར་གྱུར་ན་དགེ་སློང་རང་གི་སྡོམ་པ་ཉམས་པར་འགྱུར་རོ། །དེ་ཡང་སྦྱོར་ངག་གི་ཡིན་པ། རང་གི་ཡིན་པ། བདག་ཉིད་བྲལ〔འབྲེལ〕བ། མ་ནོར་བ། གསལ་པོར། མངོན་སུམ་དུ་སྨྲས་ཏེ་ངག་མཚན་ཉིད་དྲུག་ལྡན་གྱིས་མངོན་པའི་ང་རྒྱལ་མེད་བཞིན་རང་གིས་སྨྲས་པའམ། གཞན་གྱིས་སྨྲས་པ་དང་དུ་ལེན་པར་རྫོམ་པ་ལ། བཤད་ཀྱང་ཞིབ་མོར་བྱས་ན་འབྲས་བུ་དང་། གདན་དང་གདན་ཁྲ་བོའི་སྟེང་དུ་འདུག་པ་སོགས། ངོ་བོ་རྒྱུའི་སྒོ་ནས་རྫུན་དུ་འགྱུར་བ་ཡོད་པའང་ཤེས་དགོས་སོ། །

འདི་དག་གི་སྦྱོར་བའི་དུས་དང་དངོས་གཞིའི་ཡན་ལག་མ་ཚང་ན་ཅིར་འགྱུར་སྙམ་ན། སྦྱོར་བའི་སྦྱོར་བ་བྱ་བ་དེ་བྱེད་འདོད་པ་ཙམ་དང་། སྟན་ལས་ལྡང་བ་ལ་སོགས་པ་ཙམ་ནི་ཉེས་བྱས་ཁོ་ན་ཡིན་ལ། བྱ་བ་དེའི་དོན་དུ་འགྲོ་བ་སོགས་སྦྱོར་བ་ནི་སྦྱོར་བའི་སྦོམ་པོ་དང་། དངོས་གཞིའི་དུས་སུ་ལྟུང་བ་དངོས་མི་བསྐྱེད་ཀྱང་། དེ་དང་ཆ་འདྲ་བ་གསོད་སེམས་མེད་པས་མི་ལ་འཆི་ངེས་ཀྱི་མཚོན་བསྣུན་པ་ལྟ་བུ་སྦྱོར་བའི་རྣམ་པའི་སྦོམ་པོ་དང་། དངོས་གཞིའི་ལས་མཐར་ཕྱིན་ཀྱང་ཡན་ལག་གང་རུང་མ་ཚང་བ་མི་མ་ཡིན་གསོད་སེམས་ཀྱིས་གསོད་པ་ལྟ་བུ་དངོས་གཞིའི་རྣམ་པའི་སྦོམ་པོ་ཡིན་ལ། ལྷག་མ་རྣམས་ལའང་དེས་རིགས་འགྲེ་བར་བྱ་ཞིང་། དེ་ལྟ་བུ་ལྟུང་བྱེད་སོགས་གཞན་ལ་ཉེས་བྱས་སུ་འགྱུར་རོ། །དེ་ཡང་ཡིད་ཀྱིས་བསམ་པ་ཙམ་ནི་བསྡམ་བྱ་དང་། ལུས་ངག་ཏུ་ཐོན་པ

རྣམས་བཤགས་བྱ་ཡིན་ནོ། །དེས་ན་འདི་བཞི་པོ་རང་རང་གི་ཡན་ལག་ཐམས་ཅད་ཚང་ན་གང་སྤྱད་ཀྱང་དགེ་སློང་དེ་ཉེས་པ་ལས་ཕམ་པའི་ཕྱིར། ཕམ་པ་བཞི་ཞེས་ཐམས་ཅད་མཁྱེན་པ་དེས་གསུངས་ཏེ། སོ་སོར་ཐར་པ་ལས། དགེ་སློང་དག་གིས་དེ་དག་ལས་ལྟུང་བ་གང་ཡང་རུང་བ་ཞིག་བྱས་ན་ཐོག་མ་ཇི་ལྟ་བར་ཕྱིས་ཀྱང་དེ་བཞིན་དུ་ཕམ་པར་འགྱུར་བ་ཡིན་ཏེ། དགེ་སློང་རྣམས་དང་ལྷན་ཅིག་གནས་པ་དང་། ལོངས་སྤྱོད་དུ་མི་དབང་གིས་གནས་པར་མི་བྱའོ། །ཞེས་གསུངས་སོ། །

དེ་ནས་གཉིས་པ་ལྷག་མའི་སྡེ་བཤད་པ་ནི། གསོ་བ་དགེ་འདུན་ལ་རག་ལས་ཤིང་སྡོམ་པ་རྣམ་དག་གི་ལྷག་མ་ལུས་པ་དང་གྲངས་བཅུ་གསུམ་ཡོད་པས་དགེ་འདུན་ལྷག་མ་བཅུ་གསུམ་ཞེས་གྲགས་པ་ལས། དང་པོ་ནི། བསྒྲོད་བྱའི་ཡུལ་ལམ་གསུམ་གང་རུང་མིན་པའི་རང་ངམ་གཞན་གྱི་ཡན་ལག་གི་གནས་སུ་དབྱུང་འདོད་ཀྱི་བསམ་པས་རང་གི་ནོར་བུ་རེག་ཅིང་རྩོལ་བ་ལས་ཁུ་བ་འབྱིན་པས་བདེ་བ་མྱོང་བ་དང་།

གཉིས་པ་ནི། ཆགས་པའི་སེམས་ཀྱིས་ཡུལ་བསྙེན་རུང་གི་བུད་མེད་ལ་རེག་འདོད་ཀྱིས་དེའི་ལུས་ཀྱི་སྤུ་ལ་རེག་ན་སྦོམ་པོའོ་ཞེས་བཤད་པས་ལག་བུ་ཤ་དང་བཅས་པ་སོགས་ཆ་ཤས་སམ་དངོས་ལ་བར་ཆོད་པ་མེད་པར་འཛིན་པ་ལས་བྱུང་བའི་བདེ་བ་ཉམས་སུ་མྱོང་བ་དང་།

གསུམ་པ་ནི། བརྡ་འཕྲོད་པའི་བུད་མེད་བསྙེན་རུང་ལ་ཡུལ་དུས་དེར་གྲགས་པའི་འཁྲིག་པའི་དངོས་མིང་ཚིག་ཏུ་རྗེན་པར་སྨྲས་པ་ཡུལ་དེས་གོ་བ་དང་།

བཞི་པ་ནི། ཡུལ་བུད་མེད་ལ་ཆགས་པའི་སེམས་ཀྱིས་འཁྲིག་པ་དོན་དུ་གཉེར་བའི་ཕྱིར་བདག་ལྟ་བུའི་དགེ་སློང་ཚུལ་ཁྲིམས་དང་ལྡན་པ་དགེ་བའི་ཆོས་ཅན་ཚངས་པར་སྤྱོད་པ་ལ་འཁྲིག་པས་བསྙེན་བཀུར་ན་མཆོག་གོ་ཞེས་སྨྲས་སམ། ཡུལ་གྱིས་སྨྲས་པ་དང་དུ་བླངས་ནས་དེ་ལ་བརྡ་འཕྲོད་པ་དང་།

ལྔ་པ་ནི། སྤྲད་བྱ་རང་ལས་གཞན་པའི་ཕོ་མོ་སྤྲད་རུང་བ་ཕན་ཚུན་སྦྱོར་འདོད་ཀྱིས་རང་ངམ་བསྐོས་པས་ཕྲིན་གསུམ་གྱི་སྒོ་ནས་སྨྱན་བྱས་པས། དེ་གཉིས་འདུས་ཏེ་དབང་པོ་ཕྲད་པ་ན་སྐྱེ་དེ་ལྟ་ནི་ནང་སེམས་ཅན་ལ་ཆགས་པ་ལས་གྱུར་པའོ། །

དྲུག་པ་ནི། གཞི་སྲོག་ཆགས་མང་ཞིང་རྩོད་པ་ཅན་འཇིག་རྐྱེན་ཡོད་པས་མི་རུང་བ་གསུམ་དང་ལྡན་པའི་སར་རང་གི་དོན་དུ་གཞན་ལ་འབད་པས་བཙལ་བའི་ཡོ་བྱད་ཀྱིས་དགེ་འདུན་ལས་གནང་བ་མ་ཐོབ་བཞིན་དུ་སྲིད་དུ་ཁྲུ་བཅོ་བརྒྱད་དང་། ཞེང་དུ་ཁྲུ་ཕྱེད་དང་བཅུ་གཅིག་གི་ཚད་ལས་ལྷག་པའི་ཁང་པ། རང་ངམ་བསྐོས་པས་བརྩིགས་ཏེ་ཐོག་ཕུབ་པ་དང་།

བདུན་པ་ནི། གང་ཟག་བཞིར་ལོངས་པ་ཡན་ཆད་ཀྱི་དོན་དུ་བཙལ་བ་དང་། ཚད་ལྷག་མ་གཏོགས་པའི་ཡན་ལག་གཞན་རྣམས་མཚུངས་པས་བརྩིགས་པ་ལ་ཁང་ཆེན་ཞེས་གྲགས་ཏེ། དེ་ཉིད་རྩིག་པས་བསྐོར་ཞིང་ཐོག་ཕུབ་པ་ན་སྟེ་དེ་གཉིས་ནི་ཕྱི་ཡོ་བྱད་ལ་ཆགས་པ་ལས་གྱུར་པའོ། །

བརྒྱད་པ་ནི། ཡུལ་དགེ་སློང་གཞན་ལ་བརྗོད་པའི་གཞི་མཐོང་ཐོས་དོགས་གསུམ་མེད་བཞིན། ཕམ་བཞི་གང་རུང་གི་སྒོ་ནས་སྐུར་འདེབས་ཀྱི་ཚིག་གསལ་པོར་སྨྲས་པ་ཡུལ་གྱིས་གོ་བ་དང་། དགུ་པ་ནི། གླེང་བའི་སྐད་ཀ་བག་ཙམ་ཡོད་པ་ལ་བརྟེན་ནས་ཡུལ་དགེ་སློང་གཞན་ལ་ཚིག་ཟུར་གྱི་ཤུགས་ཀྱིས་ཕམ་བཞི་གང་རུང་གི་སྒོ་ནས་སྐུར་པ་བཏབ་པ་ཡུལ་གྱིས་གོ་བ་ན་སྟེ་དེ་གཉིས་ནི་གནོད་པ་ལས་གྱུར་པའོ། །

བཅུ་པ་ནི། མཚམས་ནང་གཅིག་ཏུ་བཅས་ལྡན་དགེ་སློང་གིས་རང་མི་ཐེ་བའི་དབྱེ་བྱ་དགེ་འདུན་དུ་ལོངས་པ་གཉིས་ཆོས་མིན་གྱི་ལྟ་བས་ཕན་ཚུན་དབྱེན་བྱེད་པ་ལ་དགེ་འདུན་གྱིས་གཞམས་བསྒོ། གསོལ་བ། བརྗོད་པ་གསུམ་སྟེ་བློག་བྱེད་ལྔ་བྱས་ཀྱང་མ་བཏང་ན་དང་པོ་བཞིའི་མཐར་སྦྱོམ་པོ་རེ་རེ་དང་། ལྔ་པའི་མཐར་མ་བཏང་ན་དངོས་གཞི་སྟེ་འོག་མ་གསུམ་ཡང་འདིའི་རིགས་འགྲེ་ཤེས་པར་བྱ་ཞིང་། འདི་དང་དབྱེན་གྱི་མཚམས་མེད་ཀྱི་ཁྱད་པར་དབྱེན་ལ་དགེ་འདུན་ཕྱེ་བ་ཞིག་དགོས་ཤིང་། འབྱེད་པོའང་དགེ་སློང་དུ་ངེས་ལ། འདི་ཕྱེ་བར་མ་ནུས་ཀྱང་བློག་བྱེད་ལྔའི་མཐར་མ་བཏང་བས་ཚོག་ཅིང་འབྱེད་པ་པོ་དགེ་སློང་དུ་མ་ངེས་ཏེ། དགེ་སློང་མ་ལའང་འབྱུང་ངོ་། །

བཅུ་གཅིག་པ་ནི། དགེ་འདུན་དབྱེན་ལ་ཞུགས་པའི་དགེ་སློང་དེའི་རྗེས་སུ་ཕྱོགས་ནས་གྲོགས་བྱེད་པ་བློག་བྱེད་ལྔས་མཐར་མ་བཏང་བ་དང་།

བཅུ་གཉིས་པ་ནི། བུད་མེད་དང་ལྷན་ཅིག་རྩེ་འཛེ་བྱེད་པ་སོགས་བསླབ་པ་དང་འགལ་

བའི་ངན་སྤྱོད་ཀྱིས་ཁྲིམས་པ་རྣམས་ཀྱི་སེམས་སུན་འབྱིན་པར་བྱས་ཏེ། མ་དད་པ་བྱེད་པའི་ཚེ་དགེ་འདུན་གྱིས་བསྐྲད་པ་ན་སྐྱོད་བྱེད་དགེ་འདུན་ལ་འགྲོ་མིན་བཞིའི་བསྐྱོན་ཚིག་གིས་སྐུར་བ་འདེབས་པ་ཟློག་བྱེད་ལྷུས་མཐར་མ་བཏང་བ་དང་།

བཅུ་གསུམ་པ་ནི། ལྟུང་བ་བྱུང་བར་གླེང་དྲན་བྱས་ལ་ཆགས་པའི་དགེ་སློང་ལ་ལྷག་པའི་ཚུལ་ཁྲིམས་ཀྱི་དབང་དུ་བྱས་ཏེ། དགེ་འདུན་གྱིས་ཕྱིར་བཅོས་བྱ་བར་བསྐུལ་བའི་ཚེ། ཁྱེད་ཅག་དགེ་ཡང་རུང་། སྡིག་ཀྱང་རུང་ཁོ་བོ་ལ་ཅི་ཡང་མ་སྨྲ་ཞིག་ཅེས་བཀའ་བློ་མི་བདེ་བའི་གཞིར་ཞུགས་པ་ཉིད་ཟློག་བྱེད་ལྷུས་མཐར་མ་བཏང་བའོ། །དེ་བཞི་ནི་བསྒོ་བ་ལས་གྱུར་པའོ། །སོ་སོར་ཐར་པའི་མདོ་ལས། དབེན་པར་སྐབས་ཡོད་འདུག་པའོ། །ཞེས་མ་ངེས་པ་གཉིས་གསུངས་ཏེ། ཁྲིམས་གྲོགས་མེད་པའི་དབེན་པ་སྒྲིབ་བྱེད་ཀྱི་སྐབས་ཡོད་པའི་གནས་སུ་དགེ་སློང་དང་བུད་མེད་ལྷན་ཅིག་ཏུ་འདུག་པའི་ཚེ། གནས་དེར་མི་ཚངས་སྤྱོད་བྱར་རུང་མི་རུང་གི་ཁྱད་པར་ལས་དགེ་སློང་དེ་ལ་ཕམ་ལྷག་ལྟུང་བྱེད་གསུམ་གང་རུང་ངམ། ལྷག་མ་དང་ལྟུང་བྱེད་གཉིས་གར་མ་ངེས་པའམ་དངོས་པོ་ལ་མཐའ་གང་དུ་འགྱུར་མ་ངེས་པའོ། །དེས་ན་འདུག་ཙམ་ལྟུང་བྱེད་དང་འབྲས་བུ་ཕམ་ལྷག་གང་རུང་དུ་འདུ་བས་ལོགས་སུ་མ་བཤད་དོ། །

སྡེ་ཚན་གསུམ་པ་ལ་གཉིས་ཀྱི། དང་པོ། གང་ལ་ལྟུང་བ་བྱུང་བའི་དངོས་པོ་སྤྱི་སྤང་བའི་སྒོ་ནས་ཕྱིར་བཅོས་དགོས་ཤིང་། མ་བཅོས་ན་རྣམ་སྨིན་ངན་སོང་དུ་ལྟུང་བར་བྱེད་པ་དང་། གྲངས་སུམ་ཅུ་ཡོད་པའི་སྡེ་བཤད་པ་ལ་གསུམ་ལས། དང་པོ་གོས་སོགས་ཀྱི་བཅུ་ཚན་ལས། དང་པོ་ནི། སྲ་བརྐྱང་མ་བཏིང་བའི་གང་ཟག་གིས་རང་གི་དབང་བྱར་ཡོད་ཅིང་བདག་ཏུ་བཟུང་བའི་གོས་ལྷག་པོ་འཕོར་གསུམ་ཁེབས་པའི་མཐའི་ཚད་དུ་ལོངས་པའམ། གལ་ཏེ་བྱིན་གྱིས་བརླབ་རུང་གི་ཆོས་གོས་གསུམ་ཡོད་པ་དང་མེད་ཀྱང་ཆོས་གོས་ཀྱི་ཁ་སྐོང་བའི་རེ་བ་མེད་ན་ཁྲུ་གང་གི་ཚད་དུ་ལོངས་པ་བྱིན་གྱིས་མ་བརླབ་པའམ། བརླབས་ཀྱང་ཤན་དང་རྗེས་སུ་འབྲེལ་བས་རང་སྟོབས་སམ་ཤན་སྟོབས་གང་རུང་གིས་ཞག་བཅུ་འདས་པར་འཆང་ནས་བཅུ་གཅིག་པའི་སྐྱ་རེངས་དང་པོ་ཤར་བ་ནའམ། དེ་ལ་ཤན་གྱི་རྣམ་གྲངས་ནི་བཞི་སྟེ། གོས་ཀྱི། ལྟུང་བཟེད་ཀྱི། སྨན་གྱི། ལྟུང་ཤན་རྣམས

ཡོད་པ་ལས། ཕྱི་མ་གསུམ་པོ་འོག་ཏུ་འཆད་པར་འགྱུར་ལ། འདིར་གོས་ཤན་ལ་ཞག་བཅུ་པའི་དང་། བླ་འཛོག་གི་ཤན་གཉིས་ལས། དང་པོ་ཞག་བཅུ་པའི་གོས་ཀྱི་ངོས་འཛིན་སྔར་ལྟར་ལ། དེ་འདྲའི་གོས་དེ་བྱིན་གྱིས་མ་བརླབས་པ་ཉེས་བྱེད་དུ་འགྱུར་བས་དེ་རང་དང་དུས་མཉམ་པའམ་མི་མཉམ་པ་ཕྱིས་སུ་ལོན་པ་གང་ཡིན་ཡང་བཅོལ་བྱར་འགྱུར་བས་ཤན་མ་འདྲེས་གོང་དུ་བྱིན་གྱིས་མ་བརླབས་ན་ཤན་འདྲེས་ཟིན་པའི་རྗེས་བཅོལ་བྱ་བྱིན་གྱིས་བརླབས་ཀྱང་ཞག་བཅུ་འདས་པ་ན་ཉེས་བྱེད་ཀྱིས་རང་སྟོབས་དང་། བཅོལ་བྱས་རང་དུས་མ་ལོན་ཀྱང་ཤན་སྟོབས་ཀྱིས་ལྟུང་བ་བསྐྱེད་དོ། །

བླ་འཛོག་གི་གོས་ཀྱི་ཤན་ནི། བླ་འཛོག་རང་གི་ངོས་འཛིན་འཆད་མ་ཐག་པ་ལ། ཤན་རིག་ཚུལ་སྔར་བཤད་ཞག་གྲངས་མ་གཏོགས་སྔ་མ་དང་འདྲ་བ་ལས། དམིགས་བསལ་ལ་མུ་བཞིར་འགྱུར་ཏེ་སྔར་རྙེད་པའི་བླར་འཛོག་དེ། ཕྱིས་ཆོས་གོས་ཡོངས་རྫོགས་རྙེད་སྟོབས་ཀྱིས་ཞག་བཅུ་པའི་གོས་སུ་རིགས་ལོག་ཅིང་། ཕྱི་མ་དེ་སྔ་མའི་ཕྱི་དྲོ་དེ་ཀ་རྙེད་པ་ཡིན་ན་ཤན་མི་འབྱུང་ལ། ཞག་ཕྱི་མ་རྣམས་ལ་རྙེད་ན་ཤན་ཀྱང་འབྱུང་བ་དང་། ཡང་གོས་སྔ་རྙེད་གཉིས་ཀ་བླ་འཛོག་ཡིན་ན་སྔ་མ་བྱིན་གྱིས་མ་བརླབས་ན་རིགས་མ་ལོག་ཀྱང་ཤན་འབྱུང་བ་དང་། ཡང་བླ་འཛོག་གི་གོས་ཞིག་རྙེད་ནས་ཞག་སུམ་ཅུའི་བར་འཆང་ཡང་གོས་གཞན་མ་རྙེད་ན་རིགས་ཀྱང་མ་ལོག་ཤན་ཀྱང་མི་འབྱུང་སྟེ་བཅོལ་བྱ་མེད་པའི་ཕྱིར་རོ། །གཉིས་པ་ནི། སྣམ་སྦྱར་ལ་འབྲལ་བའི་གནང་བ་མ་ཐོབ་ཅིང་སྲ་བརྐྱང་མ་བཏིང་བའི་དགེ་སློང་གིས་འཇིགས་བཅས་ཀྱི་དགོན་པ་ལས་གཞན་དུ་བྱིན་གྱིས་བརླབས་པའི་ཆོས་གོས་གསུམ་པོ་ཐམས་ཅད་དམ་གང་རུང་དང་བྲལ་ནས་ཆོས་གོས་བཞག་པའི་གནས་ཉེ་འཁོར་དང་བཅས་པ་ལས་འདས་ཏེ། ཞག་གཅིག་ལོན་པས་ཕྱི་མའི་སྐྱ་རེངས་ཤར་བ་ན་དང་། གསུམ་པ་ནི། སྲ་བརྐྱང་མ་བཏིང་ཞིང་ཆོས་གོས་གསུམ་གང་རུང་མེད་པའི་དགེ་སློང་གིས་ཁ་བསྐང་བའི་རེ་བ་དང་བཅས་པའི་ཆོས་གོས་ཀྱི་རྒྱུ་ཁྲུ་ཚད་དུ་ལོངས་ཤིང་། འཁོར་གསུམ་མི་ཁེབས་པ་བྱིན་གྱིས་མ་བརླབས་པའམ་བརླབས་ཀྱང་ཤན་དང་རྗེས་སུ་འབྲེལ་བས་རང་སྟོབས་སམ་ཤན་སྟོབས་གང་རུང་གིས་ཟླ་བ་གཅིག་ཏུ་འཛོག་པ་ལས་ཐལ་ནས་སོ་གཅིག་པའི་སྐྱ་རེངས་པའི་སྐྱ་རེངས་ཤར་བའི་ཚེ་ན་དང་། བཞི་པ་ནི། བདུན་རྒྱུད་ཚུན་ཆད་ཀྱི་ཉེ་དུ་མ་ཡིན་པའི་དགེ་སློང་མར་དགེ་སློང་རང

གི་ཆོས་གོས་གསུམ་དང་གདིང་བ་སྙིང་པ་ལས་གང་རུང་འབྲུར་འཇུག་པ་ན་དེའི་གོས་ཀྱི་ཕྱོགས་གཅིག་ཙམ་འབྲུ་བའི་ལས་བྱེད་པ་ན་དང་། ལྔ་པ་ནི། ཆོས་གོས་རྣམ་གསུམ་ཡོད་པའི་དགེ་སློང་གིས་ཉེ་དུ་མ་ཡིན་པའི་དགེ་སློང་མ་དེ་ལ་འཁོར་གསུམ་ཁེབས་པའི་མཐའི་ཚད་དུ་ལོངས་པ་ཡན་ཆད་ཀྱི་གོས་དངོས་སམ་དེའི་རྒྱུ་བསླངས་ནས་ལེན་པ་ན་ལག་ཏུ་ཐོབ་པ་ན་དང་། དྲུག་པ་ནི། ཆོས་གོས་རྣམ་གསུམ་ཡོད་པའི་དགེ་སློང་གིས་ཉེ་མིན་ཁྱིམ་པར་འཁོར་གསུམ་ཁེབས་པའི་གོས་དངོས་སམ། རྒྱུ་སློང་བར་བྱས་ནས་ལག་ཏུ་ཐོབ་པ་ན་དང་། བདུན་པ་ནི། ཆོས་གོས་རྣམ་གསུམ་མེད་པའི་དགེ་སློང་གིས་ཉེ་མིན་ཁྱིམ་པར་གོས་བསླངས་པས་མང་པོ་སྟེར་ན་འང་། སྟོད་གཡོགས་དང་སྨད་གཡོགས་ཙམ་བླང་རིགས་ཀྱི། དེ་ལས་ལྷག་པོར་ལེན་པ་ན་དང་། བརྒྱད་པ་ནི། ཉེ་མིན་ཁྱིམ་པས་དགེ་སློང་རང་ཉིད་ལ་སྟེར་བར་བསམ་པའི་ཆོས་གོས་དངོས་སམ། དེའི་རྒྱུ་འདི་འབུལ་ཞེས་གནས་སམ་བློས་དཔག་པ་ལས་དངོས་སུ་འབུལ་ལོངས་མེད་པར་སྔ་ཚོམ་དུ་རིན་དང་ཁྲུ་ཚད་ཀྱིས་དྲན་པ་བརྗོད་ནས་སློང་བར་བྱས་ཏེ་ལག་ཏུ་ཐོབ་པ་ན་དང་། དགུ་པ་ནི། ཉེ་མིན་ཁྱིམ་བདག་ཕོ་མོ་སོ་སོ་ནས་གོས་མང་པོའམ་རེ་རེ་དགེ་སློང་རང་ལ་འབུལ་བར་དཔག་པ་དེ་ཐོས་ནས་འབུལ་མི་འབུལ་བརྟག་པའི་བསམ་པས་དྲན་པ་བརྗོད་དེ་སློང་བར་བྱས་ཏེ་ཐོབ་པ་ན་དང་། བཅུ་པ་ནི། སྦྱིན་བདག་གིས་གོས་ཀྱི་རིན་རུང་བ་མ་ཡིན་པའི་རིན་ཆེན་གསེར་དངུལ་སོགས་ཕོ་ཉ་བ་ལ་བསྐུར་བ་དགེ་སློང་གིས་ལེན་དུ་མི་རུང་བས་ཁྱིམ་པ་ཞལ་ཏ་བྱེད་པ་ལ་གཏད་དེ་གོས་སྒྲུབ་ཏུ་བཅུག་པ་ལས་གོས་དུས་སུ་མ་བྱུང་ན་དགེ་སློང་གིས་ཞལ་ཏ་བ་ལ་དངོས་སུ་བསྐུལ་བ་གསུམ་བྱ། དེས་མ་བྱུང་ན་མཐོང་སར་མི་སྨྲ་བས་ལན་གསུམ་བསྡད་དེ་བསླངས་པ་ལ་ཉེས་པ་མེད་ཅིང་དེ་ལས་ལྷག་པར་བསླངས་པས་གོས་ཐོབ་པ་ལེན་པ་ན་ལྟུང་བར་འགྱུར་བ་རྣམས་སོ། །

བཅུ་ཚན་གཉིས་པ་ལ། དང་པོ་ནི། རིན་ཐང་ཆེ་བའི་དངོས་པོ་སྲིན་བལ་སོགས་ཀྱི་ནང་ཚངས་བྱས་པའི་སྟན་བྱེད་པ་ན་དང་། གཉིས་པ་ནི། གནས་གང་དུ་དཀོན་སར་བལ་ནག་འབབ་ཞིག་གིས་ནང་ཚངས་བྱས་པ་སྟན་དུ་འདིངས་པ་དང་། གསུམ་པ་ནི། ཆ་གཅིག་རྐང་བལ། གཅིག་འཁོབ་བལ། བལ་ནག་ཆ་གཉིས་རྣམས་བསྲེས་ཏེ་བྱེད་དུ་རུང་བར་གསུངས་པ་ལ། བལ་ནག་དེ

ལས་ལྷག་པའི་ནང་ཚངས་བྱས་པའི་སྟན་བྱེད་པའམ་བྱེད་དུ་འཇུག་ན་སྟེ། འདི་གསུམ་བཀྲམ་པ་ཙམ་གྱིས་ལྟུང་བའོ། །བཞི་པ་ནི། སྟན་སྙ་མ་ཡོད་བཞིན་དུ་ལོ་དྲུག་ནི་མ་སོང་བར་གནང་བ་མ་ཐོབ་པར་སྟན་གསར་པ་ནང་ཚངས་ཅན་བྱེད་དམ་བྱེད་དུ་བཅུག་ནས་ཟིན་པ་ན་དང་། ལྔ་པ་ནི། ཚད་ལྡན་གྱི་གདིང་བ་རྙིང་པ་ཡོད་ཀྱང་གསར་པ་སླར་བཟོ་བ་ན་རྙིང་པ་ནས་ཆུང་མཐའ་ཡང་བདེ་བར་གཤེགས་པའི་མཐོ་གང་སྟེ་མིའི་ཁྲུ་ཕྱེད་དོ་གསར་པ་ལ་མ་བསྣན་པར་ལོངས་སྤྱོད་པ་ན་དང་། དྲུག་པ་ནི། རང་དབང་པའི་དངོས་པོ་བལ་ནག་ལ་སོགས་པའི་ཁུར་ཆེན་པོ་ནི་རྙེད་ནས་ཉི་མ་གཅིག་གི་ནང་དུ་ཆགས་སེམས་ཀྱིས་ཁྱེར་ན་དགེ་ཚུལ་སོགས་ཁྱེར་གྲོགས་ཡོད་ན་དང་པོ་ནས་བརྒྱམས་ཏེ་དང་། མེད་ན་ལམ་གྱི་དཔག་ཚད་གསུམ་ཚུན་ཆད་དུ་གནང་བས། དེ་ཕན་ཆད་ནས་བརྒྱམས་ཏེ་རྒྱང་གྲགས་གཅིག་གི་མཐར་འདས་ཏེ་འགྲོ་བར་བྱེད་པ་ན་དང་། བདུན་པ་ནི། ཉེ་མིན་དགེ་སློང་མ་ལ་དགེ་སློང་གིས་བལ་འཁྲུ་བ་དང་། རྨེལ་བ་དང་། འཚེད་དུ་བཅུག་པ་ལས་དེས་དེ་དང་དེ་བྱས་པ་ན་དང་། བརྒྱད་པ་ནི། དགེ་སློང་གིས་གསེར་དངུལ་སོགས་རུང་བ་མ་ཡིན་པ་ལ་རུང་བ་མ་བྱས་པར་ཆུད་ཟ་བ་སོགས་ཀྱི་རྐྱེན་མེད་བཞིན་ཆགས་སེམས་ཀྱིས་རེག་གམ་རེག་ཏུ་བཅུག་ནས་ལེན་པ་ན་དང་སྟེ་རུང་བ་བྱ་ཚུལ་ནི་སྦྱིན་བདག་བདག་པོ་ཉིད་དུ་མོས་སུ་གཞུག་པ་དང་། ཞལ་ཏ་བྱེད་པ་བདག་པོ་ཉིད་དུ་ཁས་ལེན་དུ་གཞུག་པ་དང་བྱིན་གྱིས་བརླབས་པའོ། །དགུ་པ་ནི། དགེ་སློང་གིས་ཉེ་མིན་ཁྱིམ་པར་ཁེ་སྤོགས་འདོད་ཀྱིས་རིན་པོ་ཆེ་སོགས་ཚོང་འབུན་མདོན་ཚོན་ཅན་སྐྱེད་དུ་བཏང་ནས་དེ་ལས་སྐྱེད་གོས་ཁྲུ་གང་དུ་ལོངས་པ་ཡན་ཆད་ལག་ཏུ་ཐོབ་པ་ན་དང་། བཅུ་པ་ནི། དགེ་སློང་གིས་ཁེ་སྤོགས་འདོད་པས་ཆེད་དུ་ཉེ་མིན་ཁྱིམ་པ་ལ་རིན་པོ་ཆེ་ལས་གཞན་པའི་དངོས་པོ་འབྲུ་དང་གོས་སོགས་མེད་ན་ཉོ་ཞིང་དགོན་ན་ཚོང་བར་བྱེད་པས་སྐྱེད་ཐོབ་པ་ན་ལྟུང་བར་འགྱུར་རོ། །

བཅུ་ཚན་གསུམ་པ་ལ། དང་པོ་ནི། དགེ་སློང་རང་གི་ལྷུང་བཟེད་ཚད་ལྡན་བྱིན་གྱིས་མ་བརླབས་པའམ་བརླབས་ཀྱང་ཤན་སྤོབས་ཀྱིས་ཞག་བཅུ་འདས་པར་འཆང་ནས་བཅུ་གཅིག་པའི་སྐྱ་རེངས་ཤར་བ་ན་དང་སྟེ། འདིས་ཤན་ཏེག་ཚུལ་ནི་འདོན་པ་བརྗེ་བ་མ་གཏོགས་ཞག་བཅུ་པའི་གོས་ཤན་དང་འདྲའོ། །གཉིས་པ་ནི། རྒྱུ་དབྱིབས་ཁ་དོག་གིས་རུང་ཞིང་མཐེ་བོའི་ལྟོ་གང་གི་ལྷག་

མར་ཕུལ་དགུ་ཤོང་བ་ཡན་ཆད་ཕྱི་ལྟུང་བཟེད་སྤྱད་བཟོད་ཡོན་བཞིན་དུ་ཉེ་མིན་ཁྱིམ་པ་ལ་ལྟུང་བཟེད་གཞན་བསླངས་པས་ཐོབ་ན་ཟུང་དུ་འགྱུར་བས་དེ་འཆད་བུ་སྟེ་ལག་ཏུ་ཐོབ་པ་ན་ལྟུང་བ་ཡིན་ཞིང་། འདི་ཡང་བྱིན་གྱིས་མ་བརླབས་པར་ཞག་བཅུ་འདས་ན་ལྟུང་བ་སྤང་མར་འགྱུར་རོ། །

གསུམ་པ་ནི། ཉེ་དུ་མ་ཡིན་པའི་ཐགས་མཁན་ལ་གླ་རྔན་མེད་པར་རང་ངམ་བསྐོས་པས་གོས་འཐག་ཏུ་འཇུག་སྟེ་ལག་ཏུ་ཐོབ་པ་ན་དང་། བཞི་པ་ནི། ཉེ་མིན་ཁྱིམ་པས་རང་ལ་འབུལ་རྒྱུའི་གོས་འཐག་ཏུ་བཅུག་པ་ན་བདག་པོས་མ་གནང་བར་བསྒོས་ཆོད་ལས་ལྷག་པའི་ཐགས་རྒྱ་བསྐྱེད་དུ་བཅུག་སྟེ་ཐོབ་པ་ན་དང་། ལྔ་པ་ནི། རང་དང་ལྷ་མཚན་མཐུན་པའི་དགེ་སློང་གཞན་ལ་གོས་སམ་ལྷུང་བཟེད་སོགས་ཡོ་བྱད་སྟེར་བྱིན་པ་སླར་འཕྲོག་སྟེ་དེ་ལས་བྲལ་བ་ན་དང་། དྲུག་པ་ནི། དབྱར་གནས་པའི་དགེ་འདུན་ལ་ཕུལ་བའི་བརྟད་པ་ལས་བྱུང་བའི་གོས་སོ་སོར་སྦྱིན་པའི་དུས་བཤད་པ་དགག་དབྱེ་བྱས་པའི་ཕྱི་དེ་ཉིད་ལས་སྔ་བར་དབྱར་ནང་དུ་བདག་གིར་བྱས་པ་དང་། སོ་སོར་བགོས་པ་དང་། དགག་དབྱེའི་ཕྱི་དེ་ཉིན་དུ་མ་བསྒོས་པ་སྟེ། དེ་ལྟར་སྔ་ཕྱིས་ཀྱི་ལྟུང་བ་གསུམ་མོ། །

གལ་ཏེ་ལུང་ལས། བརྟད་པ་ལས་བྱུང་བའི་གོས་ལྔ་པོ། ནད་པ་དང་ནད་པའི་ཕྱིར་དང་། འཆི་བ་དང་འཆི་བའི་ཕྱིར་དང་། འགྲོ་བར་ཆས་པ་ལ་སྦྱིན་པ། ཞེས་གསུངས་པ་ལྟར། རྐྱེན་ལྔན་དེ་དག་ལ་དབྱར་མཐའི་ཞག་བཅུའི་ནང་དུ་སོ་སོར་སྦྱིན་ན་ཉེས་པ་མེད་ཅིང་། ཡང་དབྱར་ནང་དུ་ཆོས་སླ་བའི་རྐྱེན་པ་དང་། ནད་པའི་རིམ་གྲོ་ལ་སོགས་པའི་ཆེད་དུ་བྱིན་པའི་རྐྱེན་པ་ནི་འདིར་མི་གཏོགས་སོ། །

བདུན་པ་ནི། དགེ་སློང་དགོན་པར་གནས་པས་འཇིགས་པ་དང་བཅས་ན་བྱིན་རླབས་ཅན་གྱི་ཆོས་གོས་གསུམ་དང་ཞག་དྲུག་ཚུན་ཆད་བྲལ་ཀྱང་ཉེས་པ་མེད་པར་གནང་ལ་འཇིགས་པ་དང་བྲལ་ནས་ཀྱང་ཞག་བདུན་འདས་ཏེ་སྐྱ་རེངས་ཤར་བ་དང་། བརྒྱད་པ་ནི། དབྱར་གྱི་གོས་རས་ཆེན་དགེ་སློང་རང་ཉིད་དབྱར་སྔ་ཕྱི་གང་ཁས་ལེན་པ་དེས་ཟླ་བ་གཅིག་གི་སྔ་རོལ་དུ་བཙལ་ཞིང་རྙེད་ན་ཆོལ་སྟེས་པའི་སྤང་བ་དང་། དགག་དབྱེ་ཟིན་ནས་ཀྱང་ཟླ་བ་ཕྱེད་ལས་འདས་པར་འཆང་ན་བཞག་འཕྱིས་ཀྱི་སྤང་བ་དང་། དགུ་པ་ནི། ཁྱིམ་པས་དགེ་འདུན་ནམ་དགེ་སློང་གཞན་ལ་བསྔོས་པའི་གོས་དང་ལྷུང་བཟེད་ལྷ་བུའི་རྙེད་པ་དགེ་སློང་རང་ཉིད་ལ་བསྒྱུར་ཏེ་བདག་ཏུ་བཟུང་བ་ན་དང་། བཅུ་པ་ནི།

རླུང་གིས་ནུ༷་བ་ལ་ཕན་པའི་སྨན༷་བྱིན་རླབས་ཀྱི་རང་དུས་ཞག༷་བདུན་འདུ༷ས་ནས༷་གསོག༷་འཛོ༷ག་ཏུ་སོང་བ་བཅངས་པ་ལ་སྤྱང་བ་ཐ་མར་བཞག་གོ༷། །འདི་ནི་མཚོན་པ་ཙམ་སྟེ་སྨན་བཞི་གང་ཡིན་ཀྱང་བྱིན་ལེན་བྱས་པ་མ་ཞིག་པ་བྱིན་ལེན་གྱི་མཐའ་འདས་ནས་བཅངས་ན་སྤྱང་བར་འགྱུར་ཏེ། བྱིན་ལེན་གྱི་མཐའ་ནི་གུང་ཚིགས་ལས་འདས་པ་དང་། ཕྱི་དྲོ་དང་། འོད་དམར་གྱི་མཐའ་དང་། སྲོད་མཐའ་དང་། མཚན་མོའི་ཐུན་ཐ་མའི་མཐའོ། །

དུས་རུང་ལ་བྱིན་རླབས་མ་བཤད་ཅིང་འཚོ་བཅངས་ཀྱི་སྨན་ཇི་སྲིད་འཚོའི་བར་བྱིན་གྱིས་བརླབས་པ་ནི་གསོག་འཛོག་ཏུ་མི་འགྱུར་ཡང་། ཐུན་ཚོད་དུ་རུང་བ་དང་། ཞག་བདུན་པའི་སྨན་དང་། འཚོ་བཅངས་ཀྱི་སྨན་ནད་སོས་ཀྱི་བར་དུ་སྟེ། དེ་གསུམ་བྱིན་གྱིས་བརླབས་ན་རང་སྟོབས་སམ་ཤན་སྟོབས་ཀྱིས་རང་རང་གི་དུས་འདས་ནས་བཅངས་ན་སྤྱང་བར་འགྱུར་རོ། །དེ་ལ་སྨན་ཤན་ནི་རྗེས་བྱེད་བྱིན་གྱིས་བརླབས་པ་ཉིད་ཀྱིས་བརྗེས་བྱ་རང་རང་དང་དུས་མཉམ་པའམ་མི་མཉམ་ཕྱིས་སྐྱེད་པ་ལ་ཤན་འཇུག་པས་རྗེས་བྱེད་ཀྱི་རང་དུས་འདས་ནས་དང་། བརྗེས་བྱ་རང་དུས་མ་འདས་ཀྱང་སྔ་མའི་བྱིན་རླབས་ཀྱི་མཐའ་འདས་ན་རང་སྟོབས་སམ་ཤན་སྟོབས་གང་རུང་གིས་ལྟུང་བ་བསྐྱེད་དོ། །ལྟུང་བའི་ཤན་ནི་དེ་ལྟར་སྤྱང་ལྟུང་སུམ་ཅུ་ལས་གང་རུང་བྱུང་བ་ཕྱིར་བཅོས་མ་བྱས་ཀྱི་བར་གོས་སོགས་ཡོ་བྱད་གང་སྐྱེད་ཀྱང་ལྟུང་བ་སྔ་མ་དེ་ཕྱིར་བཅོས་བྱེད་པའི་ཚེ་དེའི་རྒྱུར་གྱུར་པའི་རྫས་དེ་ཉིད་དུ་མ་ཟད་ཡོ་བྱད་རྗེང་མ་རྣམས་ཀྱང་སྔ་མའི་ཤན་གྱི་སྤྱང་དགོས་པ་ཡིན་ཏེ། ལྟུང་བ་དེ་ཡོད་ན་ཡོ་བྱད་ཙམ་བདག་གིར་བྱས་པ་ལ་སྤྱང་བ་ཉིད་དོ། །ཞེས་གསུངས་པའི་ཕྱིར་རོ། །

སྤྱང་ལྟུང་དེ་དག་ཕྱིར་བཅོས་པའི་ཚེ་བྱིན་འཕྲོག་དང་ལྟུང་བཟེད་ལྷག་པོ་ཚོལ་བ་གཉིས་ཀྱི་རྫས་རྩ་བ་ནས་སྤྱང་དགོས་ཤིང་། གཞན་རྣམས་ཞག་གཅིག་གི་རིང་སྤྱང་བ་སྔོན་དུ་བཏང་བས་ཆོག་གོ། །

ལྟུང་བྱེད་ཀྱི་སྡེ་ཕྱི་མ་ནི། འདི་དག་སྤྱད་ན་ངན་སོང་དུ་ལྟུང༷་བར་བྱེད་ཅིང་བཤགས་པའི་ཚེ་ཡང་སྤྱང་བྲལ་སྔོན་དུ་བཏང་མི་དགོས་པས་འབའ༷་ཞིག༷་པ། གྲངས་དགུ༷་བཅུ་ཐམ༷་པ༷་ལས། དེ་བཤད་པ་ནི༷། རྩ་བའི་མདོར། ཤེས་བཞིན་དང་ནི་ས་བོན་དང་། །མ་བསྒོས་པ་དང་ཡང་ཡང་དང་། །

ཆུ་དང་ཁྲིམ་དང་བསམ་བཞིན་དང་། །མགྲོན་མང་རྐྱེན་མ་ཆོས་སྟོན་ནོ། །ཞེས་པའི་སྡོམ་ལྟར་བཅུ་ཚན་དགུ་ལས། དང་པོ་ཤེས་བཞིན་གྱི་སྡེ་ཚན་ལས། དང་པོ་ནི། རྫུན་སྨྲའི་ཕམ་པ་དང་། གཞི་མེད་དང་བག་ཙམ་གྱི་ལྷག་མ་དང་། ཤེས་བཞིན་དུ་ཆོས་མིན་ཆོས་དང་། ཆོས་ཆོས་མ་ཡིན་པར་སྨྲ་བའི་སྡོམ་པོའི་རྫུན་དང་། ཡང་དག་དྲི་བའི་དུས་ལྟུང་བ་ཡོད་བཞིན་མི་སྨྲ་བ་ཉེས་བྱས་ཀྱི་རྫུན་ཏེ་བཞི་དང་། བཤེས་ངོར། འཕྲུ་བ། ཟས་ཅུང་། སྐུར་འདེབས། ཉེར་འཛོག །ཁྲིད་གསོད་དེ་ལྟུང་བྱེད་རང་གི་ནང་ཚན་གྱི་རྫུན་དྲུག་པོ་དེ་རྣམས་ལས་གཞན་པའི་ཤེས་བཞིན་དུ་རྫུན་སྨྲས་པ་ཉན་པ་པོས་བརྡ་འཕྲོད་ཅིང་གོ་བ་ན་དང་། གཉིས་པ་ནི། ཡུལ་དགེ་སློང་ལ་ཡུལ་དུས་དེ་སྐྱོན་དུ་གྲགས་པའི་ཚིག་ཕན་སེམས་མ་ཡིན་པར་བརྗོད་པ་ཕ་རོལ་པོས་གོ་བ་ན་དང་། གསུམ་པ་ནི། ཡུལ་དགེ་སློང་མཐུན་པ་དག་ཕྲ་མའི་ཚིག་གིས་འབྱེད་པར་བྱེད་པ་གོ་བ་ན་དང་། བཞི་པ་ནི། དགེ་སློང་གཉིས་རྩོད་པ་དགེ་འདུན་གྱིས་ཆོས་ཕྱོགས་སུ་ཞི་བར་བྱས་ཟིན་ཅིང་རང་དང་གོ་བྱ་ཞི་བྱེད་ཀྱི་ལས་དེ་བྱེད་པ་ལ་གཏོགས་པས་སྐྱོ་སློགས་ཀྱིས་རྩོད་པ་སླར་བཟླུམས་པ་དེ་ཉིད་ཀུད་དབྱེ་འདོད་ཀྱི་བསམ་པས་བཤིག་པར་རྩོམ་པའི་ཚིག་སྨྲས་ཤིང་གོ་བ་ན་དང་། ལྔ་པ་ནི། ཁྲིམས་གྲོགས་མེད་པར་ཡུལ་ཉན་འདོད་ཀྱི་བུད་མེད་ལ་དེས་མི་ཤེས་པའི་ཆོས་ཚིག་ལྔའམ་དྲུག་ལས་ལྷག་པར་སྟོན་པ་ན་དང་། དྲུག་པ་ནི། གྲོང་བག་གི་བསམ་པས་བསྙེན་པར་མ་རྫོགས་པ་དང་ལྷན་ཅིག་ཁ་གདངས་སྟ་ཚོགས་ཀྱིས་ཆོས་འདོན་པར་བྱས་ན་དང་། བདུན་པ་ནི། ཕམ་ལྷག་གང་རུང་བྱུང་བའི་དགེ་སློང་ལ་གླེང་བར་མ་བསྐོས་བཞིན་དུ་ཡུལ་དགེ་སློང་མིན་པ་བསླབ་བྱ་ལ་མི་མཁས་པའི་གནས་ངན་ལེན་གྱིས་ལྟུང་བ་དེ་བརྗོད་ཅིང་གོ་བ་ན་དང་། བརྒྱད་པ་ནི། མི་ཆོས་བླ་མའི་རྫུན་ཡོན་ཏན་ཐོབ་པའི་དགེ་སློང་གིས་ཡུལ་བསྙེན་པར་མ་རྫོགས་པ་ལ་དགོས་པ་ཁྱད་པར་ཅན་མེད་བཞིན་དུ་དེ་ཐོབ་པོ་ཞེས་བདེན་པར་སྨྲས་པ་ཡུལ་གྱིས་གོ་བ་ན་དང་། དགུ་པ་ནི། དགེ་འདུན་གྱི་བྱ་བ་བྱས་པའི་དགེ་སློང་ལ་ཟས་ལས་གཞན་པའི་རུང་བ་ཚད་ལྡན་གྱི་ཡོ་བྱད་ཅུང་ཟད་བྱིན་པ་ལ་མི་བཟོད་པའི་དགེ་འདུན་གྱི་རྫས་གང་ཟག་ལ་བཤེས་ངོར་བྱས་ནས་བྱིན་ནོ་ཞེས་འཕྱས་པ་ཕ་རོལ་པོས་གོ་བ་ན་དང་། བཅུ་པ་ནི། གསོ་སྦྱོང་གི་དུས་ལྟ་བུ་སོ་ཐར་གྱི་མདོ་འདོན་པའི་ཚེ་བསླབ་གཞི་ཕྲ་ཞིང་ཕྲ་བ་འདི་དག་

འདོན་པས་ཅི་བྱ་ཞེས་ཁྲུད་དུ་གསོད་པའི་ཚིག་སྨྲས་པ་གཞན་གྱིས་གོ་བ་ན་ལྟུང་བར་འགྱུར་བ་རྣམས་སོ། །

གཉིས་པ་ས་བོན་གྱི་སྡེ་ཚན་ལས། དང་པོ་ནི། ནས་སོགས་ས་བོན་དང་མྱུ་གུ་སོགས་སྐྱེ་བ་གང་རུང་རང་གི་ཆོས་སུ་གྲུབ་ལ། མ་ཉམས་པ། རུང་བ་མ་བྱས་པ། རང་རྟུས་བཅིངས་པ་སོགས་གྱི་རྐྱེན་དང་ལྡན་པ་མ་ཡིན་པར་ནས་རྗེ་བ་སོགས་སུ་བོན་འཛེམས་པ་དང་། རྟུ་ཤིང་སོགས་ཀྱི་སྐྱེ་བ་གཅོད་པར་བྱེད་དམ་བྱེད་དུ་འཇུག་ཀྱང་རུང་སྟེ། ཉམས་པའི་ཚེ་རྟུ་དང་ནས་སོགས་རེ་རེའི་གྲངས་བཞིན་ལྟུང་བར་འགྱུར་ཞིང་། སྟར་ཀ་ལ་སོགས་པའི་འབྲས་བུ་སྙིང་པ་སྟོང་བུ་ལས་ཕྲལ་བར་བྱས་པ་སོགས་ཉེས་བྱས་སོ། །རུང་བ་བྱ་ཚུལ་ནི་མེས་རེག་པ་དང་མཚོན་དང་སེན་མོ་དང་ནེ་ཙོ་སོགས་ཀྱིས་རྨ་བཏོད་པ་སོགས་དང་། དུས་རུང་མ་གཏོགས་པའི་སྨན་གཞན་གསུམ་ཕྱི་དྲོ་ལོངས་སྤྱོད་པའི་ཚེ་ཆུ་གྲང་མོ་གཏོར་བས་རུང་བར་བྱ་བ་རྣམས་སོ། །གཉིས་པ་ནི། དགེ་འདུན་གྱི་ཞལ་ཏ་ཆོས་དང་མཐུན་པར་བྱས་སམ་བྱེད་བཞིན་པའི་དགེ་སློང་ལ་བདག་གི་ངོར་འདེབས་ངན་པ་སྐྱོབ་བོ་ཞེས་སོགས་དངོས་སམ། ཁ་ཅིག་འདི་ལྟར་བྱེད་དོ་ཞེས་ཟུར་གྱིས་འཕྱས་པ་གོ་བ་ན། དེ་ཉིད་ཀྱིས་དགེ་འདུན་གྱིས་གསོལ་བའི་ལས་ཀྱིས་ངན་པའི་གྲངས་སུ་བཙུག་པ་དེའི་ཚེ་ན་དང་། གསུམ་པ་ནི། རང་ལ་ལྟུང་བ་བྱུང་བ་བསྒོ་བ་རྣར་གཞོན་པའི་སྒོ་ནས་ནི་དགེ་སློང་གཞན་གྱིས་ཕྱིར་བཅོས་སུ་གཞུག་པའི་ཕྱིར་ལྟུང་བ་བྱུང་བ་དེ་གླེང་བ་ལྟ་བུ་ཆོས་མཐུན་གྱི་བསྒོ་བ་དང་དྲི་བ་དྲིས་པ་ལ་དེ་མ་ཐོས་པ་ལྟར་དེའི་ལན་མི་སྨྲ་བར་ལན་གཞན་ལོག་པར་འདེབས་པའི་ཚིག་སྨྲས་པ་ཡུལ་གྱིས་གོ་བ་ན་སྔར་ངན་པའི་གྲངས་སུ་བཙུག་པ་དེའི་ཚེ་ན་དང་། བཞི་པ་ནི། དགེ་འདུན་གྱི་ཁྲི་དང་ཁྲིའུ་སོགས་གནས་མལ་ལ་སྤྱད་ནས་རང་གིས་མ་བསྡུས་ཤིང་། གཞན་ཡང་མ་བཅོལ་བར་བླ་གབ་མེད་པར་བོར་བས་ཚུད་ཐོས་སམ་མ་ཐོས་ཀྱང་དེའི་ཉེ་འཁོར་ནས་འདོམ་ཞེ་དགུ་འདས་ཏེ་ཕྱིན་པ་ན་དང་། ལྔ་པ་ནི། དགེ་འདུན་གྱིས་གཙུག་ལག་ཁང་སྲོག་ཆགས་སྐྱེ་བའི་ཉེས་དམིགས་ཡོད་པར་རྟུ་ལ་སོགས་པའི་གདིང་བ་ལ་ལོངས་སྤྱད་ནས་རང་ངམ་བསྐོས་པས་མ་བསྡུས་པར་བཏིང་བཞིན་བོར་བས་ཚུད་ཐོས་སམ་མ་ཐོས་ཀྱང་ཉེ་འཁོར་ལས་འདས་ཏེ་སོང་བ་ན་དང་། དྲུག་པ་ནི། གཙུག་ལག་ཁང་ནས་དགེ་

སློང་གཞན་ཞེ་སྡང་གིས་སྐྲོད་དམ་སྐྲོད་དུ་བཅུག་པས་དེ་ཕྱི་རོལ་དུ་འཐོན་པ་ན་དང་། བདུན་པ་ནི། གཙུག་ལག་ཁང་དུ་སྔར་ཞུགས་པའི་དགེ་སློང་གཞན་ལ་ཐོ་འཚམས་པའི་བསམ་པས་ཕྱིས་གནོན་བྱས་ཏེ་ལུས་ངག་〔གིས〕ཟིལ་གྱིས་གནོན་པ་ན་དང་། བརྒྱད་པ་ནི། གཙུག་ལག་ཁང་གི་སྟེང་ཐོག་སྐྱི་བ་ལ་གནས་མལ་གྱི་ཁྲི་རྐང་རྣོན་པོས་བཙུགས་ཏེ་སྟེང་དུ་ལྷིད་ཕབ་ནས་འདུག་པས་བུག་པ་བྱུང་བ་ན་དང་། དགུ་པ་ནི། སྲོག་ཆགས་དང་ལྡན་པའི་ཆུ་དང་རྩྭ་ཤིང་སོགས་ལ་དེར་ཤེས་བཞིན་དུ་ཆུ་ནས་རྩྭ་སོགས་སྐམ་སར་འདེབས་པ་དང་། རྩྭ་སོགས་ཆུར་འདེབས་པར་བྱེད་དམ་བྱེད་དུ་བཅུག་པས་སྲོག་ཆགས་ཇི་སྙེད་ཤི་བ་དེ་སྙེད་ཀྱི་དང་། བཅུ་པ་ནི། གཞི་མི་བརྟན་པ་དང་ཆུ་ཁུང་མ་བཏོད་པ་སོགས་འཇིགས་རྐྱེན་ཡོད་སར་སྤྱོད་ལམ་བཞི་ཤོང་ཡན་ཆད་ཀྱི་གཙུག་ལག་ཁང་རང་དམ་བསྐོར་བས་ཉིན་གཅིག་ལ་ཕ་གུའི་རིམ་པ་འཛིམ་པ་དང་བཅས་པ་གཉིས་སམ་གསུམ་ལས་ལྷག་པ་རྩིག་པ་ཤེས་བཞིན་དུ་བགྱིས་ན་ལྟུང་བར་འགྱུར་བ་རྣམས་སོ། །

གསུམ་པ་མ་བསྐོས་པའི་སྡེ་ཚན་ལས། འདི་མན་ཞེས་པ་བཅུ་ཚན་འདི་དགེ་སློང་མ་ཉིད་ལ་བརྟེན་པར་ཤེས་པའི་ཆེད་དུ་སྟེ། དང་པོ་ནི་དགེ་སློང་མའི་སྟོན་པར་མ་བསྐོས་སམ་བསྐོས་ཀྱང་མཚན་ཉིད་དང་མི་ལྡན་པའི་དགེ་སློང་གིས་དགེ་སློང་མ་ལ་ཆོས་སྟོན་ཅིང་དེས་གོ་བ་ན་དང་། གཉིས་པ་ནི། དགེ་སློང་མའི་སྟོན་པར་བསྐོས་ཀྱང་འཇིགས་པ་དང་བཅས་པའི་གནས་སུ་ཉི་མ་ནུབ་ནས་ཀྱང་ཆོས་བསྟན་པ་དེས་གོ་བ་ན་དང་། གསུམ་པ་ནི། དགེ་སློང་མའི་སྟོན་པར་འོས་ཤིང་བསྐོས་པས་རྙེད་པའི་ཕྱིར་ཆོས་མི་སྟོན་ཀྱང་། ཕྲག་དོག་གིས་ཁ་ཟས་ཙུང་ཟད་ཙམ་གྱི་ཕྱིར་ཆོས་སྟོན་ནོ་ཞེས་སྐུར་པ་བཏབ་པ་ཡུལ་གྱིས་གོ་བ་ན་དང་། བཞི་པ་ནི། ཉེ་མིན་དགེ་སློང་མའི་གོས་བཙེམས་ཏེ་གྲུབ་པ་ན་དང་། ལྔ་པ་ནི། ཉེ་མིན་དགེ་སློང་མ་ལ་བཤེས་ངོ་ཙམ་གྱི་ཕྱིར་རང་གི་ཆོས་གོས་རུང་བ་ཚད་ལྡན་སྦྱིན་པ་དེས་ལག་ཏུ་ཐོབ་པ་ན་དང་། དྲུག་པ་ནི། ཉེ་མིན་དགེ་སློང་མ་དང་ལྷན་ཅིག་དོན་མཐུན་པས་མགྲོན་ཐབས་སུ་ལམ་དུ་འགྲོགས་ཏེ་འགྲོ་ན་རྒྱང་གྲགས་རེ་རེ་འདས་པ་ལ་ལྟུང་བ་རེ་རེ་དང་ཕྱེད་ལ་ཉེས་བྱས་དང་། བདུན་པ་ནི། སྔར་བཞིན་དགེ་སློང་མ་དང་ལྷན་ཅིག་གྲུར་ཞུགས་ནས་ཐད་ཀ་དེ་ཉིད་དུ་མིན་པར་རྒྱུན་ལས་ལྡོག་སྟེ་གྱེན་དང་། རྒྱུན་ཕྱོགས་སུ་མཐུར་དུ

འགྲོ་ན་སྔར་བཞིན་རྒྱང་གྲགས་རེ་རེ་འདས་པ་ན་དང་། བརྒྱད་པ་ནི། ཉེ་དུ་མིན་པའི་བུད་མེད་དང་དབེན་པ་སྐྱབས་ཡོད་པར་ཁྲིམས་གྲོགས་མེད་པར་གནས་གཅིག་ཏུ་འདོམ་གང་ཙམ་གྱིས་བར་ཆོད་ཀྱང་གཉིས་ཀ་ས་ལ་འདུག་པ་ན་དང་། དགུ་པ་ནི། དབེན་པར་བུད་མེད་དམ་ཁྱད་པར་དགེ་སློང་མ་དང་། སྔར་བཞིན་ལས་གཉིས་ཀ་འགྲེང་བའི་སྤྱོད་ལམ་གྱིས་གནས་པ་ན་དང་། བཅུ་པ་ནི། དགེ་སློང་གིས་དགེ་སློང་མ་ཉེ་དུ་མ་ཡིན་པ་ལ་སྦྱིན་བདག་ཁྱིམ་པ་ལ་རང་དང་མི་འབྲེལ་བའི་ཡོན་ཏན་བརྗོད་ཅིང་སྦྱོར་དུ་བཅུག་པའི་དུས་རུང་གི་ཟས་ཟ་བ་ན་ལྟུང་བར་འགྱུར་བ་རྣམས་ནི་སྤང་བར་བྱའོ། །

བཞི་པ་ཡང་ཡང་གི་སྡེ་ཚན་ལས། དང་པོ་ནི། བསོད་སྙོམས་ལན་གཅིག་གིས་གསོ་མི་ནུས་པའི་ནད་ཀྱིས་བཏབ་པ་དང་། དགེ་འདུན་དང་། མཆོད་རྟེན་གྱི་ལས་དང་། སྨུ་གེའི་དུས་དང་། དཔག་ཚད་ཕྱེད་དུ་ཕྱིན་པ་མ་ཡིན་ཞིང་། སྦྲ་བརྐྱང་མ་བཏིང་བའི་དགེ་སློང་གིས་ཁྱིམ་པ་ཉེ་དུ་མ་ཡིན་པ་ལ་བྲུ་གང་ཡན་ཆད་ཀྱི་གོས་ཀྱི་རྙེད་པ་མེད་པའི་དུས་རུང་གི་ཟས་ཉི་མ་གཅིག་ལ་ཁྱིམ་གཞན་དུ་ཟོས་ཟིན་ཀྱང་ཁྱིམ་གཉིས་དང་གསུམ་ལ་སོགས་པ་ལས་བསླངས་ཏེ་ཡང་ཡང་ཁ་ཟས་ཟ་བ་ན་དང་། གཉིས་པ་ནི། ཉེ་མིན་ཁྱིམ་པ་སྨུ་སྟེགས་པ་འདུག་པའི་སར་སྦྱིན་བདག་གིས་མ་བཏབ་པར་ཞག་གཅིག་ལས་ལྷག་པར་བསྡད་དེ་ཉི་མ་གཉིས་པའི་ཟན་ཟ་བ་ན་དང་། གསུམ་པ་ནི། ཉེ་མིན་ཁྱིམ་པས་ཅི་བདེར་སྟོབ་པ་མ་ཡིན་པར་དུས་རུང་གི་ཟས་ལྷུང་བཟེད་ཆེ་ཚད་གང་ངམ། འབྲིང་ཚད་དོ། །ཆུང་ཚད་གསུམ་སྟེ་བྲེ་ཕྱེད་དང་ལྔ་ལས་ལྷག་པ་བསླངས་ནས་གནས་གཞན་དུ་ཁྱེར་ཏེ་ཟ་བ་ན་དང་། བཞི་པ་ནི། མུ་གེའི་དུས་དང་ནད་པ་མ་ཡིན་པས་དུས་རུང་གི་ཟས་ཟོས་ཏེ་ཚོས་བཅད་ཅིང་ངག་ཏུ་བརྗོད་ནས་དེའི་རྗེས་སུ་བཟའ་བཅའ་གང་རུང་ལྷག་པོ་མ་བྱས་པར་སྔར་གྱི་བཟའ་བཅའ་གང་རུང་ཟ་བ་ན་དང་། ལྷག་པོ་བྱ་ཚུལ་ནི་ཡུལ་དགེ་སློང་གནས་མ་བཏང་བའི་མདུན་དུ་ཙོག་པུས་སྤྱང་ཟས་བཟུང་ནས་གསོལ་བ་བཏབ་པས་ཡུལ་དེའི་བླངས་ཏེ་ཁམ་གཉིས་སམ་གསུམ་མམ་ཕུད་ཟ་ཞིང་གལ་ཏེ་ཟས་སྤྱངས་པ་ཡིན་ན་ཟ་མི་དགོས་ལ། གང་ལྟར་ཡང་དེའི་དེ་ལ་གཏད་པའོ། །འདིར་བྱིན་ལེན་བྱས་པའི་ཟས་ཟ་བའི་འཕྲོ་མ་རྫོགས་པར་ལངས་ནས་ཡང་ཟ་ན་བཙམས

ལྷང་ངོ། །ལྔ་པ་ནི། ཡུལ་དགེ་སློང་གཞན་གྱིས་སྤྱང་བའི་ཟས་ལྷག་པོར་མ་བྱས་བཞིན་དུ་དེ་ལ་ངན་སེམས་ཀྱིས་ལྟུང་བ་འབྱུང་བའི་ཆེད་དུ་ལྷག་པོར་བྱས་སོ་ཞེས་རྫུན་གྱིས་སྐོབ་པའི་ཚིག་སྨྲས་པ་དེས་གོ་ནས་ཟོས་ན་སྐོབ་པ་པོ་ལ་དང་། དྲུག་པ་ནི། ན་བ་སོགས་གནང་བའི་དུས་མིན་པར་མཚམས་ནང་དུ་བསམ་པ་མི་མཐུན་པས། དགེ་འདུན་སྤྱི་ལས་ལོགས་སུ་དགེ་སློང་གསུམ་ཡན་ཆད་ལྷན་ཅིག་ཏུ་འདུས་ནས་དུས་རུང་གི་ཟས་ཟ་བ་ན་དང་། བདུན་པ་ནི། ན་བ་སོགས་ཀྱི་རྐྱེན་མེད་པར་དུས་རུང་གི་ཟས་ཟ་བའི་དུས་མིན་པ་རང་གང་དུ་གནས་པའི་རང་གླིང་གི་ཉི་མ་ཕྱེད་ཡོལ་ནས་སྐྱ་རེངས་དང་པོ་མ་ཤར་གྱི་བར་དུ་ཟས་མགུལ་དུ་ཧེ་ཙམ་མེད་པ་དེ་སྐེད་ཀྱི་དང་། ནད་པས་ཀྱང་ཟ་བའི་ཚེ་དུས་དྲན་བྱ་དགོས་སོ། །བརྒྱད་པ་ནི། ན་བ་སོགས་ཀྱི་རྐྱེན་དང་། མེད་པ་གཉིས་པ་སོགས་ལྷ་བུ་མ་ཡིན་པར་སྨན་བཞི་གང་རུང་བྱིན་ལེན་བྱས་པ་རང་དུས་ལས་འདས་པས་གསོག་འཇོག་ཏུ་སོང་ཞིང་མ་ཞིག་པ་ཟ་བ་ན་དང་། འདིར་གསོག་འཇོག་ཏུ་འགྱུར་བ་བཞི་སྟེ་ཆུད་ཟ་བ་སོགས་ཀྱི་རྐྱེན་མེད་པར་ཟས་གང་ལ་བྱིན་ལེན་མ་བྱས་པའི་གོང་དུ་དགེ་སློང་རང་གིས་རེག་པ་དང་། དགེ་སློང་རང་དབང་བའི་མཚམས་དངོས་སམ་དེའི་ཉེ་འཁོར་གྱི་ནང་དུ་ཟས་རྗེན་པ་ཞིག་བཙོས་པ་དང་། མཚམས་ནང་དེ་ར་དེ་འདྲའི་དངོས་པོས་ཞག་ལོན་པ་དང་། དེ་འདྲའི་དངོས་པོ་རྗེན་པར་མཚམས་ཀྱི་ཕྱི་ནང་གང་རུང་དུ་དགེ་སློང་གིས་བཙོས་པའོ། །དེ་བཞིན་དུ་ནད་ལ་ཕན་པའམ། སྨུ་གེའི་དུས་མིན་པར་ཟོས་ན་ཉེས་བྱས་སོ། །དགུ་པ་ནི། བདག་ཉིད་ཟན་ཆད་པ་དང་ནད་པ་ལ་ཕན་པ་སོགས་ཀྱི་རྐྱེན་མེད་པར་བྱིན་ལེན་མ་བྱས་པ་ལ་དེར་འདུ་ཤེས་པས་ཆུ་དང་སོ་ཤིང་མ་གཏོགས་སྨན་བཞི་གང་རུང་ཁམ་གཅིག་ཡན་ཆད་ཁར་མིད་པ་ན་དང་། བྱིན་ལེན་ནི། ནོད་པ་པོའི་གློ་དང་རྒྱབ་མ་ཡིན་པ་དང་། མཚམས་གཞན་གྱིས་མ་ཆོད་པར་མདུན་དུ་སྟོབ་པ་པོས་ལག་གཉིས་བཀན་ཏེ་བསྟབ་ཅིང་ནོད་པ་པོས་ཀྱང་ལག་གཉིས་གན་རྐྱལ་དུ་བཀན་ནས་བླང་ངོ་། །དེ་ལྟར་བྱིན་ལེན་བྱས་པ་འཇིག་པའི་རྒྱུ་ནི། ལུང་རྣམ་འབྱེད་ལས། འཕྲོག་དང་འདྲིལ་དང་རེག་པ་དང་། །བསྒོས་དང་དགེ་སློང་མིན་གྱུར་དང་། །ངོ་བོ་འགྱུར་དང་སྐྱེ་བ་འགྱུར། །དོར་བ་ཡིས་ནི་བྱིན་ལེན་འཇིག །ཅེས་སོ། །བཅུ་པ་ནི། ནད་པ་ལ་ཕན་པ་སོགས་ཀྱི་རྐྱེན་མེད་པར་འོ་མ་སོགས་ཡུལ་དུས་དེར་བསོད་པར་

གྲགས་ཤིང་ཞིམ་པའི་ཟས་བཟང་པོ་ཉེ་མིན་ཁྱིམ་པས་ཅི་བདེར་མ་བསྔབས་ཀྱང་། ཆོག་མི་ཤེས་པས་སློང་སྟེ་ཟོས་ན་ལྟུང་བར་འགྱུར་བ་རྣམས་སོ། །

ལྔ་པ་ཆུ་དང་གི་སྡེ་ཚན་ལས། དང་པོ་ནི། རང་དོན་དུ་སྲོག་ཆགས་དང་བཅས་པའི་ཆུར་ལུས་དང་གོས་སོགས་འཁྲུད་པ་དང་འགོག་ཅིང་བསྐྱུར་བ་སོགས་བྱེད་པ་དང་། བཏུང་བ་སོགས་ལོངས་སྤྱོད་པ་དང་། སྲོག་ཆགས་ཡོད་པའི་རྩྭ་ཤིང་སོགས་མེར་འཇུག་པ་སོགས་བྱས་ཏེ་ལོངས་སྤྱོད་ན་སྲོག་ཆགས་སོགས་ཇི་སྙེད་ཤི་བ་དེ་སྙེད་ཀྱི་དང་། ངེས་ན་མར་མེའི་འོད་ཁང་དང་། ཆུ་ཚགས་ཀྱི་དབྱེ་བ་དཔྱངས་ཚགས་དང་། བུམ་ཚགས་ལྷེའུ་ཅན་དང་། གྲུ་གསུམ་དང་། རིལ་བ་ཞབས་ཚགས་ཅན་དང་། གསལ་ཚགས་རྣམས་གང་རུང་བཅང་བར་བྱ་དགོས་སོ། །གཉིས་པ་ནི། ཁྱིམ་པ་ཕོ་མོ་རང་ཁྱིམ་དུ་ཉལ་པོ་བྱེད་པ་ལ་ཞུགས་པའམ། དེར་ཕྱོགས་པ་ལ་དེ་དང་ཉེ་བའི་ཤུལ་དུ་སྟེ། ས་དེར་ཉལ་ལམ་འདུག་སྟེ་དེ་དག་གིས་དགེ་སློང་དེར་ཡོད་པ་ཚོར་བ་ན་དང་། གསུམ་པ་ནི། དེར་དབེན་པའི་སྐབས་སུ་འགྲེངས་ཏེ་གནས་པ་ཚོར་བ་ན་དང་། བཞི་པ་ནི། མུ་སྟེགས་གཅེར་བུ་རྒྱུ་བ་ཕོ་མོ་གང་རུང་ལ་ནད་པ་དང་། ཉེ་དུ་དང་། དགེ་བ་ལ་སྦྱོར་བའི་དོན་མ་ཡིན་པར་རང་དང་དེ་གཉིས་ཀས་ཟར་རུང་བའི་དུས་རུང་གི་ཟས་རང་གི་ལག་ནས་བྱིན་ཅིང་དེས་ཐོབ་པ་ན་དང་། ལྔ་པ་ནི། རྒྱལ་པོས་བོས་པ་སོགས་རྐྱེན་དགོས་མེད་པར་དགེ་སློང་རང་གི་གནས་ཀྱི་ཉེ་འཁོར་ལས་འདས་ཏེ་དམག་གི་དཔུང་ལ་ལྟ་བར་ཕྱིན་པས་མཐོང་བ་ན་དང་། དྲུག་པ་ནི། རྐྱེན་དགོས་མེད་པར་དམག་གི་དཔུང་ཡོད་པའི་སར་ཞག་གཅིག་གམ་གཉིས་ལས་ལྷག་པར་བསྡད་པ་ན་དང་། བདུན་པ་ནི། རྐྱེན་དགོས་ཀྱིས་དམག་ནང་དུ་སྡོད་དགོས་པའི་ཚེ་ཡང་རང་དགར་གོ་མཚོན་ལ་རེག་པ་དང་། དམག་དཔུང་གི་རུ་བཤམས་བཀོད་སོགས་བྱེད་པ་ན་དང་། བརྒྱད་པ་ནི། ཁྲོས་པས་དགེ་སློང་གཞན་ལ་རྡེག་གམ་རྡེག་ཏུ་བཙུག་པས་ཕོག་པ་ན་རྡེག་ཐངས་དེ་སྙེད་ཀྱི་དང་། དགུ་པ་ནི། ཁྲོས་པས་དགེ་སློང་གཞན་ལ་རྡེག་པར་བརྩམ་པ་སྟེ་རྡེག་ཚུལ་བྱས་པ་དེས་གོ་བ་ན་དང་། བཅུ་པ་ནི། མཐོལ་ཡུལ་མཚན་ཉིད་དང་ལྡན་པ་ཡོད་པའི་དབུས་སུ་དགེ་སློང་གཞན་ལ་གནས་ངན་ལེན་གྱི་ལྟུང་བ་ཕམ་ལྷག་གང་རུང་བྱུང་བ་ངོ་ཤེས་སམ་ཡིད་གཉིས་ཟ་བ་དགོས་པ་ཁྱད་པར་ཅན་མེད་བཞིན་འཆབ་སྟེ

མཚན་མཐའ་འདས་ན་ལྟུང་བར་འགྱུར་བ་རྣམས་སོ། །ཕམ་ལྷག་ལས་གཞན་པའི་ལྟུང་བ་འཆབ་ན་ཉེས་བྱས་སོ། །

དྲུག་པ་ཁྱིམ་དང་གི་སྡེ་ཚན་ལས། དང་པོ་ནི། ཁྱིམ་པས་དགེ་སློང་གཞན་ལ་ཟས་འདྲེན་པ་ན་དགེ་སློང་དེ་ལ་ངན་སེམས་ཀྱིས་ཟས་སྦྱོར་བ་འགོག་པའི་ཚིག་སྨྲས་ནས་གཙོད་དུ་བཙུག་སྟེ་ཁྱིམ་པས་དོན་གོ་བ་ན་དང་། གཉིས་པ་ནི། ཚོད་བག་གི་བསམ་པས་མོ་ལ་རེག་གམ་རེག་ཏུ་བཙུག་པ་ན་དང་། དེ་ཡང་ཆོས་ལྡན་གྱི་བྱ་བའི་ཆེད་དུ་དུས་དྲན་བྱས་ན་ལྟུང་བ་མེད་དོ། །གསུམ་པ་ནི། དགེ་འདུན་གྱིས་དགེ་སློང་གི་ཆེད་དུ་ལས་བྱས་ཤིང་ཆགས་པ་ལ་འདུན་པ་ཕུལ་ནས་སླར་བདག་གི་འདུན་པ་ཕྱིར་ཕྱིན་ཅིག་ཅེས་ལོག་པའི་ཚིག་སྨྲས་ཏེ་དོན་གོ་བ་ན་དང་། ལས་མ་ཟིན་གོང་དུ་འདུན་པ་ཕྱིར་བསྒྱུར་ན་ལས་དེ་མི་ཆགས་པ་ཙམ་ལས་ལྟུང་བ་འདི་མ་ཡིན་ནོ། །བཞི་པ་ནི། བསྙེན་པར་མ་རྫོགས་པ་དང་ལྷན་ཅིག་གནས་གཅིག་ཏུ་རྐྱེན་དགོས་མེད་པར་ནུབ་གཉིས་ལས་ལྷག་པར་ཉལ་བས་ནུབ་གསུམ་འདས་ཏེ་བཞི་པའི་སྐྱ་རེངས་ཤར་བ་ན་དང་། དེ་ཡང་གནས་ཁང་གཅིག་ཡིན་ཀྱང་ཁྲུ་ཕྱེད་དང་དགུས་ཆོད་པ་ན་ལྟུང་བ་མེད་དོ། །ལྔ་པ་ནི། ཆང་འཐུང་བ་དང་ཕྱི་དྲོ་ཟ་བ་སོགས་ལ་ཉེས་པ་མེད་དོ། །ཞེས་སྡིག་པ་ཅན་གྱི་ལྟ་བའི་ཆོས་ལུགས་སྨྲ་བ་ཉིད་ཟློག་བྱེད་ལྟའི་མཐའ་ལ་མི་གཏོང་བ་ན་དང་། དྲུག་པ་ནི། དགེ་འདུན་གྱིས་གནས་ནས་ཕྱུང་བའི་དགེ་སློང་དང་ལྷན་ཅིག་གཏམ་ཕེབས་པར་སྨྲ་བ་སོགས་སྤྱོད་ལམ་མཐུན་པས་མཚན་མཐའི་སྐད་ཅིག་འདས་པ་ན་དང་། བདུན་པ་ནི། དགེ་ཚུལ་སྡིག་ལྟ་མི་གཏོང་བ་དགེ་འདུན་གྱིས་བསྐྲལ་བ་དང་ལྷན་ཅིག་ཉལ་བ་སོགས་སྤྱོད་ལམ་མཐུན་པས་མཚན་མཐའ་འདས་པ་ན་དང་། བརྒྱད་པ་ནི། ཆུ་ཚགས་མ་གཏོགས་རུང་བའི་ཚོན་གསུམ་གྱིས་ཁ་བསྒྱུར་བ་མིན་པའི་ཁྲུ་གང་ཡན་ཆད་ཁ་དོག་དཀར་པོ་ཅན་གྱི་གོས་གཡོགས་མེད་པར་གྱོན་པ་ན་དང་། ནག་པོ་དང་ཁྲ་བོ་དང་ཚོན་ཆེན་བརྒྱད་ཀྱིས་བསྒྱུར་བ་གྱོན་ན་ཉེས་བྱས་སོ། །དགུ་པ་ནི། ཆུད་འཛའ་བ་དང་། སྦྱིན་བདག་བསོད་ནམས་འདོད་པས་བསྔབས་པ་དང་། ཆོས་འཆད་པ་སོགས་དོན་ཁྱད་པར་ཅན་སྒྲུབ་པའི་སྐབས་མ་ཡིན་པར་རང་མི་དབང་བའི་ནོར་བུ་དང་མུ་ཏིག་སོགས་རིན་ཆེན་ནམ། དེའི་མིང་གིས་སློས་པ་མདའ་མདུང་སོགས་དམག་ཆས་

དང་། ཟ་བོ་ཆེ་སོགས་རོལ་མོའི་ཆས་ལ་རྒོད་བག་གི་བསམ་པས་རང་ངམ་བསྒོས་པས་རེག་པ་ན་དང་། བཅུ་པ་ནི། ཚ་བའི་དུས་དབྱར་ཟླ་གསུམ་དང་ནད་ལ་ཕན་པ་སོགས་གནང་བའི་དུས་མ་ཡིན་པར་སྦྱར་ཁྲུས་བྱས་ནས་ཟླ་བ་ཕྱེད་མ་འདས་པའི་སྔ་རོལ་དུ་རང་དགར་ཁྲུས་བྱེད་ཅིང་ལུས་ཕྱེད་ཆུར་ནུབ་པ་ན་ལྟུང་བར་འགྱུར་བ་རྣམས་སོ། །

བདུན་པ་བསམ་བཞིན་གྱི་སྡེ་ཚན་ལས། དང་པོ་ནི། གསོད་སེམས་ཀྱིས་དུད་འགྲོའི་རིགས་སུ་གཏོགས་པ་གསོད་དམ་གསོད་དུ་བཅུག་ནས་ཧ་སྐེད་ཤི་བ་དེ་སྐེད་ཀྱི་དང་། གཉིས་པ་ནི། དགེ་སློང་བསླབས་ཟིན་པར་བྱས་པ་གཞན་ལ་ཡིད་མི་བདེ་བའི་ཕྱིར་ཁྱོད་ལ་སྡོམ་པ་མ་སྐྱེས་ཞེས་སམ་ཉམས་སོ་ཞེས་སོགས་འགྱོད་པ་སྐྱེད་པའི་ཚིག་སྨྲས་པ་དེས་གོ་བ་ན་དང་། གསུམ་པ་ནི། དགེ་སློང་གཞན་གྱི་ལུས་སྐྱི་གཡའ་བར་བྱ་བའི་ཕྱིར་མཆན་ཁུང་སོགས་ལ་གག་ཚིལ་སྒྲོག་པ་ན་དང་། བཞི་པ་ནི། ལུས་ཕྱེད་ནུབ་པའི་ཆུར་རྩེ་བའམ་རྩེར་བཅུག་པ་ན་དང་། ལྔ་པ་ནི། ཁྲིམས་གྲོགས་མེད་པར་བུད་མེད་དང་ལྷན་ཅིག་གནས་གཅིག་ཏུ་གཉིས་ཀ་ཉལ་བའི་སྤྱོད་ལམ་གྱིས་མཚན་མཐའ་འདས་པ་ན་དང་། དྲུག་པ་ནི། དགེ་སློང་གཞན་དངངས་པར་བྱེད་འདོད་པས་ཡིད་དུ་མི་འོང་བའི་འཇིགས་པ་སྣ་ཚོགས་སྟོན་ནམ་སྟོན་དུ་བཅུག་པས་དེས་གོ་བ་ན་དང་། བདུན་པ་ནི། དགེ་སློང་སོགས་རབ་བྱུང་སྡེ་ལྔ་གང་ཡང་རུང་བ་དེ་ཡི་ཆོས་གོས་དང་ལྷུང་བཟེད་སོགས་འཚོ་བའི་ཡོ་བྱད་གང་རུང་རྐུ་འདོད་དང་ཕན་སེམས་མིན་པར་སྦེད་དམ་སྦེད་དུ་བཅུག་ནས་སྦས་པ་ན་དང་། བརྒྱད་པ་ནི། དགེ་སློང་གཞན་ལ་སྔར་རང་གི་གོས་བྱིན་པ་རྐུ་སེམས་དང་ཡིད་གཅུགས་མིན་པར་ངེས་གནང་བའི་གདིང་མེད་བཞིན་སླར་བླངས་ནས་ཅི་དགར་ལོངས་སྤྱོད་པ་ན་དང་། དགུ་པ་ནི། མཐོང་ཐོས་དོགས་གསུམ་གྱི་གཞི་མེད་པའི་དགེ་སློང་གཞན་ལ་ལྷག་མ་བཅུ་གསུམ་གང་རུང་གི་སྐུར་པ་བཏབ་པ་དེས་གོ་བ་ན་དང་། བཅུ་པ་ནི། ཉེ་མིན་བུད་མེད་དང་ལྷན་ཅིག་ཏུ་སྐྱེས་པའི་ཁྲིམས་གྲོགས་མེད་པར་ལམ་དུ་འགྲོ་ན་རྒྱང་གྲགས་རེ་ལ་ལྟུང་བ་རེ་དང་། དེའི་ཕྱེད་ལ་ཉེས་བྱས་སུ་འགྱུར་བ་རྣམས་སོ། །

བརྒྱད་པ་མགྲོན་མང་རྐུན་མ་ཞེས་པའི་སྡེ་ཚན་ལས། དང་པོ་ནི། ཆོམ་པོ་དང་རྐུན་མ་དང་ཤོ་གམ་མ་བྱིན་པའི་ཚོང་པ་སོགས་དང་ལྷན་ཅིག་ལམ་དུ་འགྲོ་ན་འདྲ་སྔ་མ་དང་མཚུངས་ཏེ་རྒྱང་

གྲགས་རེ་རེ་ལ་དང༌། གཉིས་པ་ནི། བསྒྲུབ་བྱ་སྐྱེས་པ་མངལ་བཞོལ་བརྩིས་ཀྱང་ལོ་ཉི་ཤུ་མ་ལོན་པ་ལ་དེར་འདུ་ཤེས་སམ་ཐེ་ཚོམ་ཟ་བས་བསྙེན་རྫོགས་ཕོག་ན་ལས་བརྗོད་པ་གསུམ་པའི་བྱ་བ་བརྗོད་པ་རྫོགས་ནས་བྱེད་པ་བརྗོད་པའི་འགོ་རྩོམ་པའི་ཚེ་མཁན་པོ་ལ་ལྟུང་བྱེད་དང༌། སློབ་དཔོན་དང་དགེ་འདུན་ལ་ཉེས་བྱས་སུ་འགྱུར་བ་དང༌། གསུམ་པ་ནི། འཇིག་རྟེན་ལ་གྲགས་པའི་སུ་སྲ་ཞིང་འཐས་པར་གནས་པ་སོར་བཞི་ཡན་ཆད་དགོས་པ་ཁྱད་པར་ཅན་མེད་པར་ཀོའམ་ཀོར་བཅུག་པ་ན་དང༌། བཞི་པ་ནི། སྦྱིན་བདག་གིས་དུས་ཇི་ཙམ་མགྲོན་དུ་བོས་པ་ལས་ལྷག་པར་འདུག་པའམ་ཚིགས་བཞག་པ་མེད་ན་ཟླ་བ་བཞི་ལས་ལྷག་པར་བསྡད་དེ་ཟན་ཟོས་པ་ན་དང༌། ལྔ་པ་ནི། དགེ་སློང་གཞན་གྱིས་རང་ཉིད་བསླབ་པ་སློབ་པར་བསྐུལ་བ་ན་ཁྱོད་ཀྱིས་མི་ཤེས་པས་གཞན་ཤེས་པ་ལ་མ་དྲིས་ཀྱི་བར་དུ་མི་སློབ་བོ་ཞེས་པ་ལྟ་བུའི་ཁྱད་གསོད་ཀྱིས་སྤྲོང་བའི་ཚིག་བརྗོད་ཅིང་གོ་བ་ན་དང་། དྲུག་པ་ནི། རང་དང་རྩོད་ཟླར་གྱུར་པའི་དགེ་སློང་གཞན་གཉིས་ཡན་ཆད་གྲོས་བྱེད་པ་ལ་འཐབ་མོ་དེ་ཞི་འདོད་མ་ཡིན་པར་དེ་སྨྲར་པའི་ཆེད་དུ་ཉན་རྣ་བྱེད་པས་རང་གིས་དོན་གོ་བ་ན་དང༌། བདུན་པ་ནི། རང་ཁ་སྐོང་དུ་འོས་པས་གསོ་སྦྱོང་སོགས་ཆོས་ལྡན་གྱི་ལས་གྲལ་དུ་དང་པོར་འདུས་པས་གསོལ་བ་ཙམ་ཡང་མ་བྱས་པའི་གོང་དུ་དགེ་འདུན་མཐུན་པ་སྒྲུབ་བྱེད་ཀྱི་འདུན་པ་མ་ཕུལ་བའམ་ལྷག་འོག་གི་དགེ་སློང་ལ་ཉེས་པ་མེད་པར་མི་སྨྲ་བར་ཉེ་འཁོར་ལས་འདས་ཏེ་འགྲོ་བ་ན་དང་། གསོལ་བ་ཐོས་ནས་ཕྱིན་ན་ཉེས་བྱས་དང་རང་ཁ་སྐོང་དུ་མི་འོས་པ་སོགས་ལ་ལྟུང་བ་མེད་དོ། །བརྒྱད་པ་ནི། སངས་རྒྱས་དངོས་སུ་བཞུགས་པ་དང་དགེ་སློང་གི་དགེ་འདུན་དང༌། དགེ་འདུན་གྱི་ཐ་སྙད་པ་དགེ་བསྙེས་ཏེ་གསུམ་པོ་གང་ཡང་རུང་བས་ཆོས་ལྡན་གྱི་བཀའ་བསྒོ་བའི་དོན་ལ་ཤད་སྦྱངས་མེད་པར་མི་གུས་པས་དེ་ལས་ལྡོག་སྟེ་འགལ་བར་བྱས་པ་དང༌། དགུ་པ་ནི། ཕབ་བརྡབ་པ་འབྲུའི་ཆང་དང༌། རྒུན་ཆང་སོགས་བཙོས་པའི་དང༌། ཐང་ཕྲོམ་སོགས་ཆང་གི་རིགས་མྱོས་འགྱུར་རྣམས་འཐུང་ངམ་ཟ་བར་འདོད་པས་མགུལ་དུ་ཇི་ཙམ་མིད་པ་ན་དང༌། གལ་ཏེ་བསྐོལ་བས་ཆང་གི་རོ་ནུས་ཉམས་པར་བྱས་པ་དང༌། ནད་པ་ལ་ཕན་པའི་ཕྱིར་ཁར་བསྒྲེལ་བ་ཙམ་དང་ལུས་ལ་སྐུད་པ་ཙམ་བྱས་ན་ཉེས་པ་མེད་དོ། །བཅུ་པ་ནི། དུས་མིན་པར་རང་གླིང་གི་ཉི་མ་ཕྱེད་ཡོལ་ནས་ཕྱི་དྲོ་

ཕན་ཚད་སྐྱ་རེངས་མ་ཤར་གྱི་བར་དུ་རྐྱེན་དགོས་མེད་པར་དེར་འཁོད་ཀྱི་གྲོགས་ལ་མ་སྨྲས་པར་ཁྱིམ་པའི་གྲོང་དུ་རྒྱུ་བར་བྱེད་པས་རང་གི་སྒོ་གཏན་དང་ཉེ་འཁོར་ལས་འདས་པ་ན་ལྟུང་བར་འགྱུར་བ་རྣམས་སོ། །

དགུ་པ་ཆོས་སྟོན་གྱི་སྟེ་ཚན་ལས། དང་པོ་ནི། དགེ་སློང་གི་སྔ་དྲོ་རང་ཚིག་གིས་དགེ་འདུན་པ་རྣམས་ཟས་དང་བཅས་པས་ཁྱིམ་པའི་གནས་སུ་སྤྱན་དྲངས་ནས་དུས་ལ་བྲིམ་ཞེས་མ་བསྒོས་པར་རང་ཉིད་ཁྱིམ་ནས་ཁྱིམ་དུ་རྒྱུ་ཞིང་དགེ་འདུན་གྱི་གདུགས་ཚོད་ལ་གནོད་པ་དང་། ཕྱི་དྲོ་ཁྱིམ་ནས་ཁྱིམ་དུ་རྒྱུ་བ་དང་བཅས་པས་ཁྱིམ་གསུམ་བཞི་ཕན་ཚད་འདས་ཏེ་དགེ་འདུན་གྱི་ཆོས་ཀྱི་ལོངས་སྤྱོད་ལ་གནོད་པ་ན་དང་། གཉིས་པ་ནི། ཆོས་ལྡན་གྱི་དོན་དུ་བོས་པ་སོགས་དགོས་པ་ཁྱད་པར་ཅན་མེད་བཞིན་རྒྱལ་པོ་དང་བཙུན་མོར་རྟེ་བུའི་ཁབ་ཏུ་སྟེ་བཙུན་མོ་དང་བཅས་པའི་ཕོ་བྲང་གི་ནང་དག་ཏུ་ཉི་མ་དམར་ཐག་ཆོད་ནས་སྐྱ་རེངས་ཐ་མ་མ་ཤར་གྱི་བར་འགྲོ་ན་གནས་དེའི་སྒོ་གཏན་ནམ་ཉེ་འཁོར་འདས་པར་སླེབས་པའམ་དེར་མ་ཟད་ཉིན་མོ་ཕྱིན་ནས་མཚན་ལ་དེར་ཉལ་བ་ན་དང་། གསུམ་པ་ནི། སོ་ཐར་གྱི་མདོ་ལན་གཉིས་ཡན་ཆད་ཐོས་ཤིང་དེ་ལ་དོན་དེ་ཡོད་པ་སྟོར་ནས་ཤེས་ཀྱང་ཤེས་རིན་མི་ཆོག་པར་སྟོན་པའི་ཕྱིར། གསོ་སྦྱོང་གི་དུས་སུ་སོར་མདོ་སོགས་འདོན་པ་ལ་འདི་ལ་དོན་འདི་ཡོད་པར་ད་གཏོད་ཤེས་སོ་ཞེས་ཟེར་ཞིང་འདུལ་བར་གཏོགས་པའི་བསླབ་པ་ཁྱད་གསོད་ཀྱི་ཚིག་སྨྲས་པ་ཕ་རོལ་པོས་གོ་བ་ན་དང་། མདོ་སྡེ་སོགས་ལ་ཉེས་བྱས་སོ། །བཞི་པ་ནི། དཀོན་ཞིང་རིན་ཆེན་པོ་ཅན་གྱི་བ་སོ་སོགས་ལ་ཁབ་རལ་བྱེད་དམ་བྱེད་དུ་བཅུག་སྟེ་ཟིན་པ་ན་དང་། ལྔ་པ་ནི། དགེ་སློང་གིས་དགེ་འདུན་གྱི་ཁྲིའམ་ཁྲི་འུའི་རྐང་པ་བུ་གར་གཞུག་པ་མན་ཆད་ཁྲུ་གང་ཚད་ཡིན་པས་དེ་ལས་ལྷག་པ་བཟོའམ་བཟོར་བཅུག་སྟེ་བཟོས་ཟིན་པ་ན་དང་། དྲུག་པ་ནི། དགེ་སློང་གིས་ངན་སེམས་ཀྱི་ཤིང་བལ་དགེ་འདུན་གྱི་ཁྲིའམ་ཁྲི་འུའི་སྟེང་དུ་བརྡལ་ཏེ་བསྒོས་ཤིང་གོས་པར་བྱས་ན་དང་། སྤྱིར་གདིང་བ་སྲིད་དུ་ཁྲུ་གསུམ་དང་ཞེང་དུ་ཁྲུ་དོ་དང་སོར་དྲུག །གཡན་དགབ་སྲིད་དུ་ཁྲུ་དྲུག་དང་ཞེང་དུ་ཁྲུ་གསུམ། རས་ཆེན་སྲིད་དུ་ཁྲུ་དགུ་དང་ཞེང་དུ་ཁྲུ་གསུམ་དང་སོར་བཅོ་བརྒྱད་ཚད་ཡིན་ལ། རང་རང་གི་འཇལ་བྱེད་ཀྱི་ཕྱེད་ཀྱིས་ལྷག་ན་ལྟུང་བ་བདུན་པ་དང་

བརྒྱད་པ་དང་དགུ་པར་འགྱུར་ལ། འདི་དག་བཤགས་པའི་ཚེ་ཁབ་རལ་བཅག་ཅིང་ཤིང་བལ་བསྡུས་ལ། ཁྲི་རྐང་དང་གོས་ཚད་ལྷག་སོང་བ་རྣམས་བཅད་ནས་བཤགས་ཡུལ་གྱིས་བཅག་གམ་བསྡུས་སམ་བཅད་དམ་ཞེས་དྲིས་ནས་མ་བཤགས་ན་ཉེས་བྱས་སོ། །བཅུ་པ་ནི། སྟོན་པའི་སྐུ་ལུས་ཀྱི་ཚད་ཙམ་མེད་པར་དེའི་ཆོས་གོས་ཀྱི་ཚད་དམ་དེ་ལས་ལྷག་པར་བྱེད་དམ་བྱེད་དུ་བཅུག་སྟེ་ཟིན་པ་ན་ལྟུང་བར་གྱུར་པ་དག་གོ། །དེ་ལ་སྟོན་པའི་ཆོས་གོས་ཀྱི་ཚད་ནི་སྲིད་དུ་སྟོན་པ་རང་གི་ཁྲུ་ལྔ་ཡིན་པས་མི་ཕལ་པའི་ཁྲུ་བཅོ་ལྔ་དང་། ཞེང་དུ་སྟོན་པའི་ཁྲུ་གསུམ་ལ་ཕལ་པའི་ཁྲུ་དགུ་ཡོད་དོ། །

བཞི་པ་སོར་བཤགས་ཀྱི་སྡེ་ལ། སྤྱི་དག་གི་རྣམ་པས་སོ་སོར་བཤགས་པར་བྱ་བའི་སྡེ་ཞེས་བྱ་སྟེ། དེ་བཤད་པ་ནི། རབ་བྱུང་དང་ཁྱིམ་པའི་གཞི་ལས་གྱུར་པ་གཉིས་གཉིས་ཀྱི་བཞིར་འགྱུར་བ་ཡིན་ཏེ། དེ་ལ་དང་པོ་ནི། ཉེ་མིན་དགེ་སློང་མས་རང་ཉིད་བཟའ་བའི་ཆེད་དུ་བསྒྲུབས་པའི་དུས་རུང་གི་ཟས་དགེ་སློང་གིས་དེ་ལས་གྲོང་ངམ་དེའི་ཉེ་འཁོར་རམ་ལམ་པོ་ཆེ་གང་རུང་དུ་ཟས་དེ་ཉིད་བླངས་ཏེ་ཟོས་པ་ན་དང་། གཉིས་པ་ནི། སྦྱིན་བདག་གིས་མགྲོན་དུ་བོས་པའི་ཁྱིམ་དུ་དགེ་སློང་མས་བསྒོ་བཤམས་ཏེ་བསྒོས་ནས་གྲལ་རིམ་པར་བྲིམ་དུ་མི་འཇུག་པར་ངོས་མགྲོན་གྱིས་འདི་ལ་ཕུལ་ཅིག་ཅེས་ཟེར་ན་དགེ་སློང་གཅིག་གིས་མ་བཟློག་པར་དགེ་སློང་ཇི་སྙེད་པས་ཟོས་པ་དེ་ཐམས་ཅད་ལ་དང་། གསུམ་པ་ནི། དགེ་འདུན་བློ་མཐུན་པས་གསོལ་བའི་ལས་ཀྱིས་ཁྱིམ་པ་ཅི་རིགས་ལས་དགག་བྱ་དང་དགོས་པའི་དབང་གིས་ཟས་མི་སློང་བའི་བསླབ་སྡོམ་སྦྱིན་པ་ན་ཁྱིམས་དེར་གཏོགས་པའི་དགེ་སློང་གིས་དེ་ལས་ལེན་རུང་བ་ལོ་མ་སོགས་མོད་པ་མིན་པའི་དུས་རུང་གི་ཟས་བླངས་ཏེ་ཟོས་པ་ན་དང་། བཞི་པ་ནི། གྲོང་ལས་རྒྱང་གྲགས་དཔག་པའི་འཇིགས་བཅས་ཀྱི་གནས་སུ་བསྐོས་པའི་དགེ་སློང་གིས་དགེ་འདུན་དང་སྦྱིན་བདག་གི་གནོད་པ་སྲུང་བའི་བྱ་བ་འདིས་ཅི་བྱ་སྙམ་པས་ནགས་མ་ཞུལ་བར་དགོན་པར་ཁྱིམ་པ་ལས་དུས་རུང་ཟས་བླངས་ཏེ་ཟོས་པ་ན་ལྟུང་བར་གྱུར་པ་བཞིའོ། །

ལྔ་པ་ཉེས་བྱས་ཀྱི་སྡེ་ཚན་ལ་ནི་ཉེས་པ་ཕྲ་མོའི་རང་བཞིན་ཡིན་པས་ཉེས་བྱས་ཞེས་བྱ་སྟེ། གྲངས་ནི་མདོའི་སྡོམ་གྱིས་བསྡུས་པ་བརྒྱ་དང་བཅུ་གཉིས་ཞེས་གྲགས་པ་ལ་སྡེ་ཚན་དགུ་ལས།

དང་པོ་ནི། གོས་བགོ་བའི་སྡེ་ནི། ཤམ་ཐབས་ཡ་མཐའ་དང་མ་མཐའ་མཐོ་དམན་མི་མཉམ་པས་ཟླུམ་པ་མིན་པར་དང་། ཧ་ཅང་བརྩེངས་པས་ཕུས་མོར་མ་སླེབས་པ་དང་། ཧ་ཅང་འཛོལ་བས་ལོང་བུ་ལ་རེག་པ་དང་། གླང་པོའི་སྣ་དང་འདྲ་བར་མས་ཟུར་གྱི་གྲྭ་མདུན་དུ་འཕྱང་བ་དང་། སྣ་རགས་ཀྱི་གོང་ཏ་ལའི་ལོ་མ་ལྟར་ལྟེབ་པ་དང་། སྣ་རགས་ཀྱི་བར་ནས་འབྲུའི་ཕུར་མ་ལྟར་འབུར་བ་དང་། སྣ་རགས་ཀྱི་སྟེང་དུ་སྦྲུལ་གྱི་གདེངས་ཀ་ལྟ་བུར་འདུག་པ་རྣམས་ཏེ་བདུན་དང་། སྣམ་སྦྱར་དང་བླ་གོས་ཟླུམ་པོར་བགོ་བ་མིན་པ་དང་། ཧ་ཅང་རིང་བ་དང་། ཧ་ཅང་ཐུང་བ་མ་ཡིན་པ་སྟེ་སྟོད་ཀྱི་གྱོན་ལུགས་གསུམ་དང་བཅས་པའི་གོས་ཀྱི་བགོ་ཚུལ་ཉེས་པའི་ཆ་བཅུ་པོ་དེ་རྣམས་སྤངས་ཏེ་ལེགས་པར་བགོ་བ་ལ་བསླབ་པར་བྱའོ། །

གཉིས་པ་སྤྱོད་ཡུལ་དུ་འགྲོ་བའི་སྡེ་ནི། དྲན་ཤེས་ཀྱིས་ལུས་ངག་མ་བསྡམས་པར་དང་། བླ་གོས་དང་མཐང་གོས་མེད་པར་རམ་ལེགས་པར་བགོ་བ་མ་ཡིན་པ་དང་། ཅ་ཅོའི་སྒྲ་དང་བཅས་པ་དང་། མིག་གཡས་གཡོན་དུ་གཡེངས་པས་བལྟ་བར་དང་། མིག་གཉའ་ཤིང་གང་ལས་རིང་དུ་བལྟ་བར་དང་། མགོ་གོས་ཀྱིས་བསྡུམས་པར་དང་། ཤམ་ཐབས་སོགས་གོས་འདེམས་སྣང་བར་བརྗེས་ཏེ་དང་། བླ་གོས་ཕྲུག་པའི་ཕྱོགས་གཉིས་ལ་གཟར་ནས་དང་། ལག་པ་གཉིས་མདུན་ནས་གཉའ་གོང་དུ་བསྣོལ་ནས་དང་། རྒྱབ་ནས་ལྟག་པར་བསྣོལ་ནས་དང་། རང་དགར་མཆོང་ཞིང་དང་། ཧ་ཅང་གོམ་པ་ཆེ་བས་སྤྱིད་པ་བརྐྱང་བསྐུམ་བྱེད་ཅིང་དང་། རྟིང་པ་བཏེགས་ནས་རྐང་པའི་ཐང་གིས་དང་། རྟིང་པ་བཙུགས་ཏེ་ཙོག་པུས་འགྲོ་བ་དང་། ལག་པ་དཀུར་བརྟེན་ནས་གྲུ་བརྒྱངས་ཏེ་དང་། ལུས་དཀྱོགས་པོར་བསྒྱུར་ཞིང་དང་། ལག་པ་གཡུག་བཞིན་དང་། མགོ་གཅོག་ཅིང་བསྒྱུར་ནས་དང་། གཞན་དང་ཕྲག་པ་སྦྲད་དེ་དང་། གཞན་དང་ལག་པ་སྦྲེལ་ནས་འགྲོ་བ་རྣམས་མི་བྱེད་པར་ཞི་དུལ་གྱིས་ཁྱིམ་དུ་འགྲོ་བའི་སྤྱོད་ཡུལ་ཉི་ཤུ་པོ་རྣམས་ལ་བསླབ་པར་བྱའོ། །

གསུམ་པ་སྟན་ལ་འདུག་པའི་སྡེ་ནི། ཁྱིམ་གཞན་དུ་སྟན་ལ་ཁྱིམ་བདག་གིས་མ་བསྒོས་པར་དང་། སྲོག་ཆགས་ཡོད་མེད་སོགས་མ་བརྟགས་པ་དང་། ལུས་ཀྱི་ལྗིད་ཕབ་ནས་འཕོངས་རྡེབ་ཀྱིས་དང་། རྐང་པ་བརྐྱངས་ཏེ་བསྣོལ་ནས་དང་། བརླ་བསྣོལ་ནས་དང་། ལོང་བུའི་སྟེང་དུ་ལོང་བུ

བརྟེགས་ནས་དང་། ཧོར་འདུག་གི་རྣམ་པས་ཁྲི་འོག་ཏུ་རྐང་པ་དགུགས་ནས་དང་། རྐང་པ་ཕན་ཚུན་གདངས་ཏེ་འདུག་པ་དང་། འདོམས་མཐོང་བར་བྱས་ནས་འདུག་པ་རྣམས་སྤངས་ཏེ་སྐྱིལ་ཀྲུང་སོགས་འདུག་ཚུལ་ལེགས་པར་འདུག་པ་དང་དགུ་པོ་ལ་བསླབ་པར་བྱ་བ་ཡིན་ནོ། །

བཞི་པ་ཟས་བླང་བའི་སྡེ་ནི། གྲོང་དང་གཙུག་ལག་ཁང་སོགས་ཐམས་ཅད་དུ་འདུལ་བ་དང་མི་འགལ་བར་ཟས་ལེགས་པར་མི་ལེན་པ་དང་། སྣོད་ཀྱི་མུ་དང་ཁ་ད་ཆད་དུ་ལེན་པ་དང་། འབྲས་ཆན་དང་ཚོད་མ་ལྟ་བུ་ཟན་དང་བྱ་ན་མཉམ་པར་ལེན་པ་དང་། གྲལ་རིམ་ལྟར་མཐར་ཆགས་སུ་མི་ལེན་པ་དང་། ལྷུང་བཟེད་ལ་ཡིད་གཏད་དེ་མི་ལེན་པར་ཟུར་མིག་གིས་བལྟ་བ་དང་། ཟས་འདྲེན་པ་མ་སླེབས་པར་སྣོད་བཟེད་སྔས་པ་དང་། ལྷག་པོ་འདོད་པས་ཟས་སྦྱར་བྱུང་སྦས་ནས་ཡང་བཟེད་པ་དང་། སྣོད་གཞན་གྱི་སྟེང་དུ་བཟུང་ནས་བཟེད་པ་སྟེ། དེ་ལྟར་སྐྱོན་རྣམས་སྤང་བར་བྱས་ཏེ་ཟས་བླང་བ་ལ་བསླབ་པར་བྱ་བ་བརྒྱད་དོ། །

ལྔ་པ་ཟས་ཟ་བའི་སྡེ་ནི། ཐམས་ཅད་དུ་འདུལ་བ་དང་འགལ་བས་ལེགས་པར་མི་ཟ་བ་དང་། ཟས་ཀྱི་ཁམ་ཧ་ཅང་ཆེ་བ་དང་། ཧ་ཅང་ཆུང་བ་དང་། རང་ངམ་འཇིག་རྟེན་དང་མཐུན་པའི་ཁམ་རན་པར་མིན་པ་དང་། ཁམ་ཁ་སྒོར་མ་སླེབས་པར་ཁ་གདངས་པ་དང་། ཟ་བཞིན་དུ་གཏམ་སྨྲ་བ་དང་། ཟ་བའི་ཚེ་སྐྱུར་བ་ལ་ཙུག་ཙུག་དང་། མངར་བ་ལ་ཅག་ཅག་དང་། གྲང་བ་ལ་ཧུ་ཧུ་དང་། ཚ་བ་ལ་ཕུ་ཕུའི་སྒྲ་དང་བཅས་པ་དང་། ལྕེ་ཕྱིར་ཕྱུང་ནས་ཟ་བ་དང་། སྲོག་ཆགས་ཡོད་མེད་བརྟགས་པ་མིན་པར་ཡོས་སོགས་འབྲུ་རེ་རེ་ནས་གུད་དུ་ཕྱེ་ནས་ཟ་བ་དང་། སྦྱིན་བདག་གིས་ཟས་ལ་ཁའོ་སྐྱུར་རོ་ཞེས་པ་ལ་སོགས་པའི་སྐྱོན་བརྗོད་ནས་འཕྱ་སྨོད་བྱས་པ་དང་། ཁམ་གཅིག་མཁུར་བ་གཡས་གཡོན་དུ་སྦོ་ཞིང་ཟ་བ་དང་། རྐན་ཏོག་ཅིང་ཟ་བ་དང་། དུད་འགྲོ་ལྟར་ཁམ་འཕྲོ་བཅད་དེ་ཟ་བ་དང་། ལག་པ་ཟས་ཆགས་པ་འདག་པ་དང་། ལྷུང་བཟེད་དང་ཕོར་བུ་སོགས་ལ་ཟས་ཆགས་པ་ལྕེས་འདག་ཅིང་མཇུབ་མོ་དང་ཐུར་མ་སོགས་ཀྱིས་བྲད་ནས་འཁྱོག་པ་དང་། ལག་པ་ལ་ཟས་ཆགས་པ་སྤྲུག་པ་དང་། ཟས་དང་བཅས་པའི་ལྷུང་བཟེད་སོགས་སྐྱོམ་སྐྱོམ་བྱེད་པ་དང་། ཟས་ལ་མཆོད་རྟེན་གྱི་གཟུགས་འདྲ་བར་བཅོས་ཏེ་གཞོལ་ཞིང་ཟ་བར་བྱེད་པ་སྟེ་ཉེར་གཅིག་པོ་ཟས་ཟ་

བའི་ཚེ་སྤྲང་ལ་ཚུལ་བཞིན་དུ་ཟ་བ་ལ་བསླབ་པར་བྱའོ། །

དྲུག་པ་ལྟུང་བཟེད་ལ་སྤྱོད་པའི་སྡེ་ནི། གཞན་གྱི་ལྟུང་བཟེད་ལ་འཕྱ་བའི་ཕྱིར་མི་བལྟ་བ་དང་། ལག་པ་ནི་ཟས་ཀྱིས་འབགས་པས་ཆུ་སྣོད་ལ་མི་རེག་པ་དང་། ཟས་དང་བཅས་པའི་འབགས་ཆུ་བྲུང་ན་གནས་པའི་དགེ་སློང་ལ་མི་གཏོར་བ་དང་། ཁྱིམ་བདག་ལ་མ་དྲིས་པར་ཟས་དང་འབགས་པའི་ཆུ་དེའི་ཁྱིམ་དུ་མི་འབོ་བར་བྱེད་པ་དང་། ཟས་ལྷག་ལྟུང་བཟེད་དུ་བཞག་ནས་མི་འདོར་བ་དང་། ལྟུང་བཟེད་འོག་གཞི་མེད་པར་ས་རྗེན་དང་། གད་ཁ་དང་རི་དོ་ཆད་ཀྱི་གཡང་གཟར་པོ་དང་། བང་རིམ་གཞོལ་པོའི་དཀན་ཏེ་བཞིར་མི་བཞག་པ་དང་། དེ་བཞིན་དུ་ལྟུང་བཟེད་གད་ཁ་དང་། གཡང་ས་དང་། དཀན་གཟར་དུ་མི་འཁྲུ་བ་དང་། ལངས་ཏེ་ལམ་གྱི་བཞི་མདོ་རྣམས་སུ་མི་བཀྲུ་བ་དང་། འབབ་ཆུ་དྲག་པོའི་རྒྱུན་ལས་ལྡོག་སྟེ་ལྟུང་བཟེད་ཀྱིས་ཆུ་མི་བཅུ་བ་སྟེ་བཅུ་བཞི་པོ་ལ་བསླབ་པར་བྱའོ། །

བདུན་པ་ཆོས་སྟོན་པའི་སྡེ་ཚན་ནི། ཉན་པ་པོ་མི་ན་བཞིན་དུ་འདུག་པ་ལས་འཆད་པ་པོ་ལངས་ཏེ་ཆོས་མི་འཆད། དེ་བཞིན་དུ་ཉལ་མལ་དུ་འདུག་པ་དང་། སྟན་མཐོན་པོར་འདུག་པ་ལ་རང་དམའ་བར་འདུག་ནས་དང་། མདུན་ནས་འགྲོ་བ་ལ་ཕྱི་བཞིན་འོང་ནས་མི་བཤད་པ་དང་། ལམ་གྱི་དབུས་ནས་འགྲོ་བ་ལ་ལམ་པོའི་འགྲམ་ནས་འགྲོ་ཞིང་མི་འཆད་པ་དང་། མི་ན་བར་མགོ་གཡོགས་པ་དང་། གོས་ཧ་ཅང་བརྗེས་པ་དང་། གོས་ཕྲག་པར་གཟར་བ་དང་། ལག་པ་གཉའ་གོང་དུ་བསྣོལ་བ་དང་། ལྟག་པར་བསྣོལ་བ་དང་། སྐྲ་སྤྱི་བོར་བསྡུས་ཏེ་དོ་ཀེར་བཅིངས་པ་དང་། ཞྭ་གྱོན་པ་དང་། མགོ་ལ་ཅོད་པན་བཏགས་པ་དང་། མགོ་ལ་ཕྲེང་བ་བཅིངས་པ་དང་ནི། མགོ་ལ་ཐོད་ཀྱིས་དཀྲིས་པ་དང་། གླང་པོ་ཞོན་པ་དང་། རྟ་ཞོན་པ་དང་། ཁྱོགས་ཀྱིས་བཏེགས་པ་དང་། བཞོན་པ་གཞན་ཤིང་རྟ་སོགས་ལ་ཞོན་པ་དང་། མཆིལ་ལྷམ་གྱོན་པ་དང་། ལག་ན་འཁར་བ་ཐོགས་པ་དང་། གདུགས་ཐོགས་པ་དང་། མདུང་ལ་སོགས་པའི་མཚོན་ཆ་ཐོགས་པ་དང་། རལ་གྲི་ཐོགས་པ་དང་། དགྲ་ཆ་སྟེ་མདའ་གཞུ་ཐོགས་པ་དང་། གོ་ཆ་གྱོན་པ་རྣམས་ལ་མི་བཤད་པ་སྟེ་ཉེར་དྲུག་པོ་ལ་བསླབ་པར་བྱས་ཏེ་ཚུལ་བཞིན་དུ་བཤད་པ་དགག་གོ། །དེ་ཡང་ཉན་པ་པོ་ན་བའི་རྐྱེན་

དབང་དུ་གྱུར་པ་སོགས་ལ་ཉེས་པ་མེད་དོ། །

སྡེ་ཚན་བརྒྱད་པ་གཙང་སྦྲ་སྲུང་བའི་ཚུལ་གསུམ་ནི། མི་ན་བར་འགྲེངས་ཏེ་བཤང་གཅི་མི་འདོར་བ་དང་། གཞན་དུ་འདོར་ས་མ་རྙེད་པའི་རྐྱེན་མེད་པར་ཆུའི་ནང་དང་། རྩྭ་སྔོན་པོ་ཡོད་པའི་ཕྱོགས་ལ་བཤང་གཅི་དང་མཆིལ་སྣབས་སྐྱུགས་པ་སོགས་མི་འདོར་བ་ལ་བསླབ་པར་བྱའོ། །དགུ་པ་ནི། སྟག་ལ་སོགས་པའི་གནོད་པ་མེད་པར་ཤིང་ལ་མི་གང་ཙམ་ལས་མཐོ་བར་འཛེག་པར་མི་བྱ་བ་སྟེ་རྒྱུ་བའི་བསླབ་བྱ་གཅིག་གོ། །

གཉིས་པ་ཞར་བྱུང་ནི། དགེ་སློང་མའི་བསླབ་བྱ་ལ་མི་ཚངས་པར་སྤྱོད་པ་སོགས་ཐུན་མོང་བ་བཞི་དང་། རེག་པ་ལུས་བཀན་འཆབ་དང་བཟློག་པའོ། །ཞེས་ཐུན་མིན་བཞི་སྟེ་ཕམ་པ་བརྒྱད་དང་། སྨྱན་བྱས་པ་གཞི་མེད་ནས་བཀའ་བློ་མི་བདེ་བའི་བར་ཐུན་མོང་བ་བདུན་དང་། ལྷི་ཡང་ལེན་པ་སོགས་ཐུན་མིན་བཅུ་གསུམ་སྟེ་ལྷག་མ་ཉི་ཤུ་དང་། འཆང་བྲལ་འཇོག་གསུམ་ཐུན་མོང་བ་བཅུ་དགུ་དང་། ལྷུང་བཟེད་ལྷག་པོ་ཞག་གཅིག་འདས་པར་འཆང་བ་སོགས་ཐུན་མིན་བཅུ་བཞི་སྟེ་སྤང་བའི་ལྟུང་བ་སོ་གསུམ་དང་། ཤེས་བཞིན་རྫུན་སྨྲ་སོགས་ཐུན་མོང་བ་བདུན་ཅུ་རྩ་གཉིས་དང་། བསྙེན་པར་རྫོགས་ནས་ལོ་བཅུ་གཉིས་མ་ལོན་པར་གཞན་གྱི་མཁན་མོ་བྱེད་པ་སོགས་ཐུན་མིན་བརྒྱ་དང་བརྒྱད་དེ། ལྟུང་བྱེད་བརྒྱ་དང་བརྒྱད་ཅུ་དང་། བསླབ་པ་དྲལ་ཏེ་ཁྱིམ་དུ་འཇུག་པ་ཐུན་མོང་བ་གཅིག་དང་། འོ་ཞོ་མར་ཞུན་སློང་བ་སོགས་ཐུན་མིན་བཅུ་སྟེ་སོར་བཤགས་བཅུ་གཅིག་པོ་དང་། མ་བསྒོས་པར་སྟན་ལ་འདུག་པ་དང་། རྩྭ་སྔོན་ཁྲོད་དུ་མི་གཙང་བ་འདོར་བ་མ་གཏོགས་པའི་ཐུན་མོང་བ་བརྒྱ་དང་བཅུ། ཤམ་ཐབས་རྐེད་པ་སྣང་བར་དགྲི་བ་དང་། ཆགས་པས་ཁྱིམ་གཞན་དུ་འགྲོ་བ་སྟེ་ཐུན་མིན་གཉིས་དང་བཅས་ཉེས་བྱས་བརྒྱ་དང་བཅུ་གཉིས་ཏེ། ཐམས་ཅད་བསྡོམས་པས་སུམ་བརྒྱ་དང་དྲུག་ཅུ་རྩ་བཞི་བསྲུང་བར་བྱ་བ་ཡིན་ནའང་། བོད་འདིར་དགེ་སློང་མའི་སྡོམ་རྒྱུན་མ་དར་བས་མདོར་བསྡུས་པ་དེ་ཙམ་མོ། །

གཉིས་པ་མཐུན་ཕྱོགས་སྒྲུབ་པའི་བསླབ་བྱ་ནི། སྨིན་ཡོངས་སུ་སྦྱོང་བའི་ཚུལ་གྱིས་བསླབ་པ་གསུམ་གོང་ནས་གོང་དུ་འཕེལ་བའི་ཐབས་གཞི་བཅུ་བདུན་ཏེ། གཉེན་པོ་བསླབ་པ་གསོ་ཞིང་

སྤྱང་བྱ་སྡིག་པ་སྦྱོང་བའི་གཞི་དང་། དགོས་ཆེད་རྣམ་པ་བཅུའི་ཕྱིར་དབྱར་སྟོ་ཕྱི་གང་རུང་ལ་ཟླ་བ་གསུམ་དུ་གནས་པའི་དང་། དེའི་རིང་ལ་ལྟུང་བ་གླིང་བ་དང་རྫས་བགོ་བ་དགག་པར་སྐབས་དབྱེ་བའི་དང་། ཁྲིམས་པ་དང་མུ་སྟེགས་ཅན་ལས་རྟགས་ཁྱད་པར་དུ་འགྱུར་ཞིང་དགེ་སྦྱོང་གི་དྲན་པ་གསོ་བ་དང་། ཚ་གྲང་གི་རེག་པ་སྐྱོབ་པའི་ཕྱིར་མཐའ་གཉིས་སུ་མ་ལྟུང་བའི་གོས་ཇི་ལྟར་སྲུབ་པའི་ཚུལ་སོགས་བསྟེན་པ་གོས་ཀྱི་གཞི་དང་། དེ་ཉིད་དམིགས་བསལ་དང་འབྲེལ་བ་ཀོ་ལྤགས་ཀྱི་གཞི་དང་། དགེ་འདུན་གྱི་གནས་མལ་ཇི་ལྟར་བྱ་བ་དང་། དེ་ལ་ལོངས་སྤྱོད་པའི་ཚུལ་སོགས་སྟོན་པའི་དང་། སོ་སོའི་ནང་ལ་ཕན་པའི་སྨན་བཞི་བསྟེན་ཚུལ་ཏེ། སོགས་ཀྱི་སྒྲས་འདིར་བསྟན་པའི་ལྷག་མ་རྣམས་གཞུང་གཞན་དུ་ཤེས་པར་བྱ་ཞེས་པའོ། །

འདིར་དེ་དག་གི་སྤྱི་དོན་ཅུང་ཟད་བཤད་ན། ལུང་ལས། རབ་བྱུང་གསོ་སྦྱོང་གཞི་དང་ནི། །དགག་དབྱེ་དབྱར་དང་ཀོ་ལྤགས་གཞི། །སྨན་དང་གོས་དང་སྲ་བརྐྱང་དང་། །ཀོ་ཤམྦཱི་དང་ལས་ཀྱི་གཞི། །དམར་སེར་ཅན་དང་གང་ཟག་དང་། །སྤོ་དང་གསོ་སྦྱོང་བཞག་པ་དང་། །གནས་མལ་དང་ནི་རྩོད་པ་དང་། །དགེ་འདུན་དབྱེན་རྣམས་བསྡུས་པ་ཡིན། །ཞེས་པ་ལྟར་བཅུ་བདུན་ལས། དང་པོ་ནི། རབ་བྱུང་གི་བསླབ་པ་རྣམས་སྟོན་པ་ལ་རྟེན་གྱི་གང་ཟག་གཞི་གྲུབ་དགོས་པའི་ཕྱིར། ཐོབ་བྱེད་ཀྱི་གཞི་སྟེ་གཅིག་ཡིན་ལ་དེ་ནི་སྔར་བཤད་ཟིན་པས་འདིར་མི་སྤྲོའོ། །

དེ་ལྟར་ཐོབ་པའི་བསླབ་པ་སྲུང་བྱེད་ཀྱི་གཞི་ལ་བརྒྱད་དུ་ཡོད་པ་ལས། བསླབ་པ་ཡོངས་སྦྱོང་གི་གཞི་ནི་རྣམ་པ་གསུམ་སྟེ། དེ་ལས་དང་པོ་གསོ་སྦྱོང་ལ་སྔར་བསགས་ཀྱི་སྡིག་པ་སྦྱོང་ཞིང་ལྷག་པ་སེམས་དང་ཤེས་རབ་དག་པར་བྱ་བའི་ཕྱིར་ཞི་གནས་ཀྱི་གསོ་སྦྱོང་སྟེ། དེ་ཡང་དང་པོ་འདོད་ཆགས་ཀྱི་གཉེན་པོ་མི་སྡུག་པ་སྒོམ་པ་ནི། མདོག་དབྱིབས་རེག་བྱ་བསྙེན་བཀུར་ལ། །ཆགས་པའི་གཉེན་པོ་འདུ་ཤེས་དགུ། །རིམ་བཞིན་རྣམ་པར་སྔོ་དམར་ཚིག །རྣམ་པར་གནག་ཟོས་འཐོར་བ་དང་། །འབུས་ཞིག་རུས་གོང་རྒྱུས་པས་འབྲེལ། །བེམ་པོའི་རང་བཞིན་གཡོ་བ་མེད། །ཅེས་པའི་སྡོམ་ལྟར་དང་། ཞེ་སྡང་གི་གཉེན་པོར་བྱམས་པ་བསྒོམ་པ་དང་། གཏི་མུག་གི་གཉེན་པོར་རྟེན་ཅིང་འབྲེལ་བར་འབྱུང་བ་བསྒོམ་པ་དང་། རྣམ་རྟོག་གི་གཉེན་པོ། བགྲངས་དང་རྗེས་འགྲོ་འཇོག་པ་

དང་། །རྟོག་པ་ཡོངས་སུ་བསྒྱུར་བ་དང་། །ཡང་དག་རྣམ་པ་དྲུག་ཏུ་འདོད། །ཅེས་པ་ལྟར་དབུགས་འབྱིན་འཇུག་དྲན་པའི་སྒོམ་ཚུལ་རྣམས་མདོ་ལས། དམིགས་པ་གཏད་ནས་སེམས་འཛོག་པར་བྱེད། དེའི་རྒྱུན་གཡེང་བར་མི་འགྱུར་བས་ཀུན་ཏུ་འཛོག་པར་བྱེད། རྣམ་པར་གཡེང་ན་སླར་ཡང་ངེས་པར་འཛོག་པར་བྱེད། ཡང་ཡང་སེམས་ནང་དུ་བསྡུ་བས་ཉེ་བར་འཛོག་པར་བྱེད། ཏིང་ངེ་འཛིན་ལ་སེམས་མི་དགའ་བ་དུལ་བར་བྱེད། ཉོན་མོངས་པ་དང་རྣམ་རྟོག་ཞི་བར་བྱེད། སྒྲིབ་པ་ལྟ་ཉེ་བར་ཞི་བར་བྱེད། འདུ་བྱེད་དང་བཅས་པས་རྒྱུད་གཅིག་ཏུ་བྱེད། འདུ་བྱེད་པ་མེད་པར་མཉམ་པར་འཛོག་པར་བྱེད། ཅེས་པ་ལྟར་སེམས་གནས་པའི་ཐབས་དགུས་འདོད་པའི་སེམས་རགས་པ་ཞི་བར་བྱས་ནས། བསམ་གཟུགས་བརྒྱད་ཀྱི་དངོས་གཞི་སྒྲུབ་པའི་ཞི་གནས་དང་། དྲན་པ་ཉེ་བར་བཞག་པ་སོགས་ཐར་པའི་ལམ་བྱང་ཕྱོགས་བསྒོམ་པ་རྣམས་སོ། །

ཕྱིས་འབྱུང་གི་རྒྱུན་ཆེ་འདིའི་ཟག་པ་བསྡམས་ཤིང་ལྷག་པའི་ཚུལ་ཁྲིམས་དག་པར་བྱ་བའི་ཕྱིར་མཐུན་པའི་གསོ་སྦྱོང་སྟེ། དེ་ཉིད་ཇི་ལྟར་བྱ་བ་ནི། ལྟུང་བ་བཤགས་སྡོམ་བྱིན་རླབས་བྱ་བ་སོགས་ནས་བག་ཡོད་པར་གདམས་པ་དང་། མ་ལྟོགས་པ་ཡོད་ན་འདུན་པ་བླངས་ནས་བརྗོད་པའི་བར་སྤྱོར་བའི་ཆོས་རྣམས་སྔོན་དུ་སོང་ནས། དགེ་འདུན་ཐུགས་བསྟུན་ཏེ་མདོ་འདོན་པ་དངོས་གཞི་སྟེ། དེ་ལ་དུས་ངེས་པ་ནི། ལོ་ དྲི་ལས། རྒྱལ་དང་དབོ་དང་ས་ག་དང་། །ཆུ་སྟོད་ཁྲུམས་སྨད་སྨིན་དྲུག་བཅས། །འདི་རྣམས་ཀྱི་ནི་ནག་པོའི་ཕྱོགས། །ཟླ་ཕྱེད་གསོ་སྦྱོང་བཅུ་བཞི་པའོ། །ཞེས་པ་ལྟར་ལོ་གཅིག་གི་ནང་བཅུ་བཞི་པ་དྲུག་དང་། ཟླ་བ་དེ་རྣམས་ཀྱི་ཡར་ངོའི་དྲུག་དང་། ཟླ་བ་གཞན་དྲུག་པོའི་ཡར་ངོ་མར་ངོའི་དྲུག་དྲུག་སྟེ་བཅོ་བརྒྱད་ལ་གསོ་སྦྱོང་བཅོ་ལྔ་པ་བྱེད་པ་ནི་ཞག་མི་ཐུབ་པ་དོར་བའི་དབང་གིས་སོ། །མ་ངེས་པ་ནི་རབ་གནས་སོགས་བཀྲ་ཤིས་པའི་དུས་སུ་བྱ་བ་བཀྲ་ཤིས་པ་དང་། ནད་ཡམས་སོགས་གནོད་པ་བྱུང་ཟིན་བཟློག་པའམ། སླར་མི་འབྱུང་བའི་ཕྱིར་བྱེད་པ་གནོད་པ་ཟློག་པ་དང་། དགེ་འདུན་དབྱེ་བ་ཟླུམ་པའི་ཕྱིར་བྱ་བ་འཁོན་པ་བཟླུམ་པའི་གསོ་སྦྱོང་སྟེ་གསུམ་མོ། །

དམིགས་བསལ་དགེ་སློང་གསུམ་མན་ཆད་ལས་མེད་ན་དུས་ཀྱི་བར་དུ་སྒྲུག་པའམ། གསོ་སྦྱོང་ཡོད་སར་འགྲོ་བའམ། ཡང་ན་གསོ་སྦྱོང་བྱིན་གྱིས་བརླབས་ཤིང་། རང་ཉིད་གཅིག་པུ་ལས་མེད་ན་སྔོན་གྱི་གསོ་སྦྱོང་ཚིགས་སུ་བཅད་པ་ཕྱེད་དང་བཞི་ཙམ་འདོན་པར་བྱའོ། །

གཉིས་པ་དབྱར་གནས་ལ། འཕྲུ་དང་སྲོག་ཆགས་གནོད་སྲུང་དང་། །ཡུལ་སྲོག་གནོད་སྲུང་རལ་འདི་དག་སོ་སོར་བཤད་ན་བཅུར་འགྱུར་རོ་གྲུམ་བཅོས། །དོན་བྱ་ཞུང་དང་ཐོས་སོགས་འཕེལ། །དགག་དབྱེ་སྲ་བརྐྱང་འབྱུང་བའོ། །ཞེས་པ་ལྟར། ཕན་ཡོན་བརྒྱད་དང་ལྡན་པས་དེ་ཇི་ལྟར་བྱ་བ་ལ་གཉིས་ཏེ། ས་གའི་ལྟས། གྲོ་ཞུན་ཟླ་བའི་ཚེས་གཅིག་ནས། །སྔ་མའི་དབྱར་དེ་གཙོ་བོ་ཡིན། །དེ་ཉིད་ཁྲིམས་ཀྱི་ཟླ་བ་ཡི། །ཚེས་གཅིག་ནས་ནི་ཕྱི་མར་གྲགས། །ཞེས་པ་ལྟར་དབྱར་སྔ་ཕྱི་གང་ཡིན་ཡང་ཟླ་བ་ཕྱེད་ཙམ་གྱི་སྔ་རོལ་ནས་གཙུག་ལག་ཁང་རལ་གྲུམ་བཅོས་པ་དང་། བྱི་དོར་བྱ་བ་སོགས་རིང་སྦྱོར་དང་། སྔ་ཕྱི་གང་ཁས་ལེན་པའི་ཟླ་བ་དེའི་སྔ་མའི་ཟླ་བ་རྫོགས་པའི་ཉ་ལ་གསོ་སྦྱོང་བྱས་ཏེ་གནས་མལ་སྟོབ་པ་སོགས་ནས་ཁས་བླངས་པ་གོ་བར་བྱ་བའི་བར་རྣམས་ཉེ་སྦྱོར་ཏེ། དེ་ནས་དངོས་གཞི་མར་ངོའི་ཚེས་གཅིག་གི་སྔ་ཞོག་དགེ་སློང་གི་མདུན་དུ་སྔགས་ལན་གསུམ་བརྗོད་པས་ཁས་བླང་ངོ་། །དམིགས་བསལ་ཡུལ་མེད་ན་དམ་བཅས་པས་ཀྱང་ཆོག་གོ། །

དེ་ལྟར་དབྱར་གནས་པའི་ཚེ། དམ་ཚིག་སྲུང་བ་རྣམ་དྲུག་སྟེ། །དམ་བཅའ་གནས་སུ་འབྲེལ་བ་དང་། །འབྲུག་ལོང་མི་བྱ་ཐོས་སོགས་བརྩོན། །རལ་གྲུམ་བཅོས་དང་ཡུན་རིང་གནས། །གསོ་སྦྱོང་སོགས་ཀྱི་ཡུན་དུ། འབྲལ་བ་སྤོང་སྟེ་འདི་ལ་གཉིས། །དགེ་འདུན་དང་བྱིན་རླབས། ཞེས་པའི་སྡོམ་ལྟར། ནང་ཁྲིམས་བཅས་པ་ལས་མི་འགལ་བར་བྱའོ། །གསུམ་པ་དགག་དབྱེ་ལ། དུས་ངེས་པ་ནི་ཞག་བདུན་ལ་སོགས་པའི་སྔ་རོལ་ནས་སྤྱོད་ཡུལ་དུ་གོ་བར་བྱ་བ་སོགས་རིང་སྦྱོར་དང་། དབྱར་སྔ་མ་ཡིན་ན་དབྱུག་ཟླ་དང་། ཕྱི་མ་ཡིན་ན་སྨིན་དྲུག་ཟླ་བའི་ཚེས་བཅོ་ལྔའི་སྔ་དྲོ་དགེ་འདུན་རྣམས་འདུས་ནས། བཟོད་གསོལ་དང་རྒྱུན་ཆགས་གསུམ་པ་ནས་དགེ་ཚུལ་གྱི་བཤགས་པའི་བར་གསོ་སྦྱོང་ལྟར་བྱས་ལ། འདུ་བར་མ་ནུས་ཡོད་ན་འདུན་པ་དང་དགག་དབྱེ་བླངས་ནས་བརྗོད་པ་དང་། ལྷུང་མཐུན་བྱིན་རླབས་དང་། དགག་དབྱེ་ལ་ཐུགས་བསྟུན་པ་རྣམས་ཉེ་སྦྱོར་རོ། །དེ་ནས་དངོས་གཞི་རྫུ་དུཀྐ་ཁྲིམས་ཤིང་། དགག་དབྱེའི་སྔགས་ལན་གསུམ་བརྗོད་པ་དང་། རྗེས་ཀྱི་དགག་དབྱེ་བྱའོ། །དེ་ལ་ཡུལ། དངོས་པོ། གནས། དུས། ཆོག །བྱེད་པ་པོ་སྟེ་དྲུག་གིས་དབྱེ་བའི་དམིགས་བསལ་རྣམས་ཀྱང་ཤེས་པར་བྱའོ། །དུས་མ་ཡིན་པ་ནི། ཟླ་བ་ཕྱེད་དང་གཉིས་འདས་པའི་ཉ་ཤེ་གང་རུང་ལ་རྐྱེན

དབང་གིས་དགག་དབྱེ་བྱར་རུང་ཞིང་དམག་འཁྲུག་སོགས་བྱུང་ནས་དགེ་འདུན་ཐམས་ཅད་འགྲེས་དགོས་ན་ཚོགས་ཀྱི་དགག་དབྱེ་བྱ་བ་དང་། དགེ་སློང་གང་རུང་རྐྱེན་དབང་གིས་འགྲོ་དགོས་ནའང་འདི་བྱར་རུང་ངོ་། །

བདེ་བར་གནས་པ་རྐྱེན་གྱི་གཞི་ལ་ལྔ་ཡོད་པ་ལས། དང་པོ། སྨན་གྱི་གཞི་སྟེ། དེ་ཡང་ལོག་འཚོ་དང་བྲལ་ཞིང་མཐའ་གཉིས་སྤང་བའི་སྒོ་ནས་བསྒྲུབས་པའི་སྨན་བཞི་ཡིན་ཞིང་། དེ་ལ་དུས་རུང་ནི་བགྲེས་པའི་ནད་སེལ་བ་ལ་གཙོ་བོར་གནང་བའི་སྨན་དགེ་སློང་གིས་སྤྱིར་བཏང་ལ་ཕྱི་དྲོ་ལོངས་སྤྱོད་དུ་མི་རུང་བའི་བཟའ་བ་ལྔ་དང་བཅའ་བ་ལྔ་སྟེ། ས་གའི་ལུས། འབྲས་བུ་སྣ་ཚོགས་བཙོས་པ་སྣ་ཚོགས་འབྲས་ཆན་ཕྱེ་དང་སྦྱར་བ་ཟན་དང་ལས་ཀྱི་ཤ་བ་དང་ཚོང་འདུས་གསུམ་བརྒྱུད་པ་ཤ །ཕྱེ་དང་སྣུམ་ནང་བཙོས་པ་ཁུར་བ་བཟའ་བ་ལྔ། །ཞེས་དང་། རྩ་བ་སྡོང་བུ་མེ་ཏོག་འབྲས། །ལོ་མ་ཡང་ནི་བཅའ་བ་ལྔ། །ཞེས་སོ། །

ཐུན་ཚོད་དུ་རུང་བ་ནི། སྐོམ་པའི་ནད་སེལ་བ་ལ་གཙོ་བོར་གནང་བའི་སྨན་བཅས་ལྡན་དགེ་སློང་གིས་ཐུན་ཚོད་ཀྱི་མཐའི་བར་བྱིན་གྱིས་བརླབས་ནས། ལོངས་སྤྱད་དུ་རུང་བ་བཏུང་བའི་རྒྱུ་བརྒྱད་ལྷ་བུ་སྟེ། སྨན་གྱི་གཞི་ལས། ཆུ་ཤིང་འབྲས་དང་ཀོ་ཤ་གོ་ལ་དང་། །ཨ་ཤྭཏྠ་དང་ཨུ་དུམྦ་ར་དང་། །པ་རཱུ་ཤ་ཀ་དང་ནི་རྒུན་འབྲུ་དང་། །བརྒྱད་པ་འབྲ་གོ་དག་ནི་ཡིན་པར་བཤད། །ཅེས་དང་། གཞན་ཡང་བཙོས་པའི་ཚྭ་རྒུན་ཆང་སོགས་ཀྱི་སིང་པོ། འབྲུའི་ཚྭ་ནས་ཆང་སོགས་ཀྱི་སིང་པོ། ཞོའི་ཁ་ཆུ། དར་བའི་དྭངས་མ། རྩབ་མོའམ་ཙང་ཤུར་འབྲས་བུ་སོགས་བཙོས་ནས་ཐབ་མ་བཏབ་པར་མནན་པ་གྲགས་པ་རྣམས་ཆུས་བཏབ་པ། ཚགས་ཀྱིས་བཙགས་པ་དང་། ཤིན་ཏུ་སླ་བ། བཞིན་སྣང་བ། འདམ་བུ་ཉག་མའི་མདོག་ལྟར་དྭངས་པ་སྟེ་མཚན་ཉིད་ལྔ་ལྡན་གྱི་བཏུང་བ། དེ་ཡང་སྨན་གཞན་གསུམ་སྦྱར་བའི་དབྱེ་བས་གསུམ་ཡོད་དོ། །

ཞག་བདུན་པ་ནི། རླུང་ནད་སེལ་བ་ལ་གཙོ་བོར་གནང་བའི་སྨན་དང་དགེ་སློང་གིས་ཞག་བདུན་པའི་མཐའི་བར་བྱིན་གྱིས་བརླབས་ནས་ལོངས་སྤྱད་དུ་རུང་བ་སྟེ། དེ་ཡང་། ཞུན་མར་འབྲུ་མར་སྦྲང་རྩི་བུ་རམ་དང་། །བུ་རམ་གྱི་ཁ་ཤུན་བསྐུས་པ་ཕྱེ་ཧྲུགས་དེ་ཉིད་པོར་བྱས་པ་ཡི་ཁར་ཞུན་མར་དང་ངོ་བོ་འདྲ་བའི

ལྷའི་བདུད་རྩི་འབྲུ་མར་དང་འདྲ་བའི་སེམས་ཅན་ལྷའི་ཞག །ཅེས་པའི་སྡོམ་གྱིས་བསྟན་པ་ལ་སོགས་པ་རྣམས་སོ༑ ༑འཚོ་བཅངས་ནི། འདུ་བའི་ནད་སེལ་བ་ལ་གཙོ་བོར་གནང་བའི་སྨན་དགེ་སློང་གིས་ཇི་སྲིད་འཚོའི་བར་བྱིན་གྱིས་བརླབས་ནས་ལོངས་སྤྱོད་དུ་རུང་བ་སྟེ། དེ་ཡང་། རྩ་བ་སྡོང་བུ་འདབ་མ་དང་། །མེ་ཏོག་འབྲས་བུའི་སྨན་ལ་སོགས། །ཞེས་པ་རྣམས་སོ། །

ཞར་བྱུང་དེ་དག་བཞག་པའི་གནས་མཚམས་ནང་ཡིན་ཡང་རྗེན་བཙོས་དང་ཞག་ལོན་སོགས་རུང་བའི་ཁང་པ་བྱེད་པའི་ཚུལ་ལ། གསར་པ་བརྩིགས་པ་དང་། བྱས་ཟིན་པའི་རྙིང་པ་དང་། མཚམས་ནང་གཅིག་ཏུ་གཙུག་ལག་ཁང་དུ་མའི་རུང་ཁང་གཅིག་ཏུ་བྱས་པ་བ་ལང་གི་ལྟས་ལྟ་བུ་གསུམ་སྟེ། དེ་དག་གི་མཚན་ཉིད་དང་བྱིན་གྱིས་རླབས་ཚུལ་ནི། རང་བཞིན་ཉེ་འཁོར་རང་དབང་བ། །ཐུན་མོང་གཉིས་མིན་མ་འབྲེལ་དང་། །འཆོད་ལ་བླ་གབ་དང་བཅས་དྲུག །འདེགས་བསྐྱུ་ལས་གྲལ་བྱུང་བ་བཞི། །ཞེས་པའི་སྡོམ་ལྟར་རོ། །

གཉིས་པ་གོས་ཀྱི་གཞི་ནི། རྒྱུ་ལོག་འཚོ་མེད་ཅིང་འདུལ་བ་དང་མཐུན་པའི་སྒོ་ནས་སྒྲུབ་ཅིང་། སྤྱིར་བཏང་ལ་རུང་བའི་ཚོན་གསུམ་གྱིས་ཁ་དོག་བསྒྱུར་བའི་གོས་ཏེ། དེ་ལ་འཚོ་མཁོ་ལྷག་གསུམ་ལས། དང་པོ་ནི་དགེ་སློང་གི་ལུས་འཚོ་བའི་ཆེད་དུ་གནང་བའི་གོས་རུང་བ་ཚད་ལྡན་རེ་རེ་ངེས་པ་རང་མིང་གིས་བྱིན་གྱིས་རླབས་རུང་བ་སྟེ། དབྱེ་ན་སྣམ་སྦྱར། བླ་གོས། མཐང་གོས། ཤམ་ཐབས། དེའི་གཟན། རྔུལ་གཟན། དེའི་གཟན། གདོང་ཕྱིས། རྣག་གཟན། གཡན་དགབ། སྒྲ་བཟེད། གདིང་བ། རས་ཆེན་ཏེ་ཡོ་བྱད་བཅུ་གསུམ་མོ། །གནས་སྐབས་འབྲལ་སྐྱང་ཁེགས་པའི་ སྟགས་རྟེན་ལ་ཆོས་གོས་གསུམ་གང་རུང་གི་རྒྱུ་དང་། ཁྲིམ་པའི་གོས་ལྟ་བུ་གང་རུང་བྲུ་གང་ཡན་ཆད་དོ། །

གཉིས་པ་མཁོ་བའི་ཡོ་བྱད་ཀྱི་གོས་ནི། འཚོ་བའི་ཡོ་བྱད་གང་རུང་གི་དབྱིབས་སུ་མ་གྲུབ་པའི་གོས་ཁྲུ་གང་ཡན་ཆད་རང་གཞན་གཉིས་ཀའི་མིང་གིས་བྱིན་གྱིས་བརླབས་ནས་བཅང་རུང་བ་སྟེ། དར་གོས་སོགས་ནོར་གྱི་འདུ་ཤེས་དང་། ཞྭ་ལ་སོགས་པ་གོས་ཀྱི་འདུ་ཤེས་སྐྱེ་བ་གཉིས་སོ། །
གསུམ་པ་ལྷག་པོའི་གོས་ནི། གཞན་མིང་ཉིད་ཀྱིས་བརླབས་པའམ་ཡིད་གཏད་དེ་བཅང་རུང་གི་གོས

འཚོ་བའི་དང་མགོ་བའི་ཡོ་བྱད་ཀྱི་ལྷག་པོ་དག་གོ། །དེ་རྣམས་ལ་ཞེན་ཆགས་སྤོང་བའི་སྒོ་ནས་ལུས་ལ་རྨ་དང་གོས་ལ་རྨ་དགྲིས་ཀྱི་འདུ་ཤེས་སོགས་དགེ་བའི་བསམ་པས་ལོངས་སྤྱོད་ནས་བཅོས་སུ་མི་རུང་བའི་དུས་སྦྱིན་བདག་གི་བསོད་ནམས་སྤེལ་བ་སོགས་ཀྱི་ཆེད་དུ་མཆོད་རྟེན་སོགས་ཀྱི་སེར་ཁ་ལ་བསྔོ་བར་བྱའོ། །གསུམ་པ་སྲ་བརྒྱད་གི་གཞི་ནི། ཆོས་གོས་དྲས་དྲུབ་བྱེད་པའི་གཞི་སྦྱང་ཞིབ་ལ་འདྲ་བ་རྒྱུ་མཚན་དུ་བྱས་ནས་བཏགས་པ་སྟེ་དབྱར་རྙིང་གི་རྒྱུ་ལས་བྱུང་བའི་ཆོས་གོས་སུམ་ཕྱུགས་ཡན་ཆད་ལ་དགེ་སློང་རྣམས་ཀྱི་ཆོས་གོས་ཀྱི་བྱིན་རླབས་ཕྱུང་ནས་ཐུགས་བསྟུན་པ་དང་། འདིང་བ་པོ་བསྐོ་བ་སོགས་སྔོར་བ་དང་། དབྱར་སྤྱི་མ་ཁས་བླངས་པའི་དགེ་སློང་རྣམས་ཀྱིས་གནས་དེར་སྨིན་ཟླའི་ཚེས་བཅུ་དྲུག་གི་ནངས་པར་ལྷན་ཅིག་ཏུ་འདུས་པ་ལ་བསྒོས་པས་སྤྱགས་ལན་གསུམ་བརྗོད་ནས་གོ་བར་བྱ་བ་དངོས་གཞི་དང་། དགེ་འདུན་གྱིས་ཡི་རང་བརྗོད་ནས་བསྒོས་པས་དམ་ཚིག་སྲུང་བ་རྗེས་སོ། །དེ་དབྱུང་བ་ལས་སྲ་བརྒྱད་དང་། བསྒོས་པས་མཚམས་གཞན་དུ་སྐྱེ་རེངས་ཤར་བ་དང་། དེར་གནོགས་ཀྱི་དགེ་འདུན་ཐམས་ཅད་མཚམས་ཁོངས་སུ་མི་གནོགས་པར་ཆད་པ་སོགས་ནི་རང་འཇུག་གྲོལ་ཡིན་ལ། དཔོ་ཟླའི་ཉའམ་རྒྱེན་དབང་གིས་དེའི་སྤྱི་རོལ་དུ་དབྱུང་བ་ནི་བཅོས་མས་སོ། །བཞི་པ་ཀོ་ལྤགས་ཀྱི་གཞི་ནི། ཡུལ་དབུས་སུ་གནས་མལ་སྐྱོབ་པའི་ཕྱིར་ཀོ་ལྤགས་ཀྱི་ལྷམ་ཙམ་དང་གཙུག་ལག་ཁང་ལས་གཞན་པའི་ཁྱིམ་དུ་སྟན་གཞན་མེད་ན་ཀོ་ལྤགས་ལ་འདུག་པ་ཙམ་དང་། མཐའ་འཁོབ་ཏུ་གྲང་བ་སྐྱོབ་པའི་ཕྱིར་ལྷམ་དང་མལ་སྟན་གཉིས་ཀ་བསྟེན་པར་གནང་ཞིང་། ཤིན་ཏུ་གྲང་བ་ཆེ་སར་ཅི་དགར་བསྟེན་པ་བསླབ་བྱར་གསུངས་པ་རྣམས་སོ། །

ལྔ་པ་གནས་མལ་གྱི་གཞི་ནི། མདོ་རྩར། གཙུག་ལག་ཁང་བྱའོ། །ངོས་གཅིག་གི་དབུས་སུ་དྲིའི་གཙང་ཁང་བྱ་བ་ཉིད་དོ། །དེའི་མདུན་དུ་སྒོ་ཁང་ངོ་། །གྲྭ་བཞི་བཟང་བ་ཉིད་དོ། །ཞེས་པ་ལྟར་གཙུག་ལག་ཁང་བརྩིགས་ནས། སྒོར་གནོད་སྦྱིན་ལག་ན་རྡོ་རྗེ་དང་། འཁོར་བའི་འཁོར་ལོ་ཆ་ལྔ་པ་སོགས་བྲི་བར་བྱའོ། །དེར་ཕྱུག་བྱ་བའི་ཚུལ་ནི་ཁྱིམ་པས་རབ་བྱུང་ཐམས་ཅད་དང་། རབ་བྱུང་རྣམས་ཀྱིས་བསླབ་ཐོབ་བཞིན་དང་། ཐམས་ཅད་ཀྱིས་སྟོན་པ་ལའོ། །གཙུག་ལག་ཁང་དང་དེར་ཡོད་པའི་གནས་མལ་སོགས་ཡོ་བྱད་ཐམས་ཅད་ལ་ལོངས་སྤྱོད་པའི་ཚུལ། ས་གའི་ལྟས། མི་

སློབ་པ་ནི་བདག་པོར་སྤྱོད། །སློབ་པ་བྱིན་པ་སྤྱོད་པ་སྟེ། །བསམ་གཏན་གློག་དང་ལྡན་པ་ནི། །རྗེས་གནང་སྤྱོད་པའི་ཉེས་པ་མེད། །ལྷག་མ་ལེ་ལོས་བཅོམ་པ་ཡི། །བདག་ཉིད་རྣམས་ནི་བུ་ལོན་སྤྱོད། །ཁྲིམས་འཆལ་རྣམས་ལ་ནམ་དུ་ཡང་། །གཙུག་ལག་ཁང་སོགས་ཉེར་སྤྱོད་བཀག །ཅེས་པ་ལྟར་དང་། ཁྱད་པར་ཁྲིམས་འཆལ་ལ་བཀག་པའི་ཚུལ་ཡང་སྙིང་གི་ཐུར་མ་ལས། ཚུལ་ཁྲིམས་འཆལ་བས་ས་ནི་གོམ་པ་གང་། །ཟས་ནི་ཁམ་གཅིག་བཏུང་བ་ཆུ་ཕོར་གང་། །ཙམ་ཞིག་དགེ་འདུན་རྫས་ལ་ལོངས་སྤྱོད་ན། །ལོག་འཚོ་ཡིན་ཏེ་དམྱལ་བར་སྐྱེ་བར་གསུངས། །ཞེས་པ་ལ་སོགས་པའི་ཚུལ་ལ་སྤང་བླང་བྱེད་པའོ། །

ཉམས་ན་ཕྱིར་བཅོས་པའི་གཞི་ལ། ལྟུང་བ་དང་རྟོད་པ་ཕྱིར་བཅོས་གཉིས་ཀྱི་ལྟུང་བ་ཕྱིར་བཅོས་ལ་བཞི་ཡོད་པ་ལས། དང་པོ་ནི། དམར་སེར་ཅན་གྱི་དགེ་སློང་མང་པོ་ལ་བཅས་པས་དེའི་གཞིར་གྲགས་ཏེ། འདི་ལ་གཉིས་ཏེ། དང་པོ་མི་སྦྲོ་བ་འོག་ཏུ་གཞུག་ཅིང་བཤུངས་པའི་དོན་གྱིས་ནན་ཏུར་བྱེད་པའི་ཚུལ་ནི། འཐབ་ཀྲོལ་བྱེད་པ་ལ་ཁྱད་སྤྱོད་སྨད་པའི་ཆད་ལས་བཀལ་ཀྱང་མ་བཏང་ན་གནས་ནས་དབྱུང་ངོ་། །ཞེས་བསྡིགས་པ་དང་། ལྷག་ལྟུང་བྱུང་བ་ལ་སྦྱོ་བ་སོགས་བྱས་ཀྱང་ཡང་ཡང་བྱུང་ན་གཞན་ལ་གནས་ཆོས་ཞིག་ཅེས་གཉེན་པོ་ཆུང་བའི་སྒོ་ནས་དམད་པ་དང་། ཁྱིམ་སུན་འབྱིན་པ་གནས་དེ་ནས་མ་དད་པ་བཟློག་པའི་ཕྱིར་བསྐྲད་པ་དང་། ཁྱིམ་པ་ལ་བརྙས་ཐབས་བྱེད་པ་ལ་དགེ་འདུན་གྱི་མཛའ་གཙུགས་ཀྱིས་སྤྱངས་ནས་ཕྱིར་འགྱེད་པ་དང་། གནས་དབྱུང་དང་ལྔའོ། །གནས་དབྱུང་འདི་ལ་ལྟུང་བ་ཡོད་ཀྱང་མེད་དོ་ཞེས་སྨྲ་ན་མ་མཐོང་བ་དང་། ལྷག་མ་སོགས་ལྟུང་བ་བྱུང་བ་ཀུན་ལ་གྲགས་ཀྱང་ཕྱིར་མི་འཆོས་པ་དང་། ཆང་འཐུང་བ་ལ་ཉེས་པ་མེད་དོ་ཞེས་པ་སོགས་སྡིག་ལྟ་ཅན་དང་། འཐབ་ཀྲོལ་བྱེད་པ་ལ་འབད་པས་མ་ལོག་པ་དང་། འཕྲུལ་ལུས་ངག་བཙུན་པ་ལྟར་བྱེད་ཀྱང་འཐབ་ཀྲོལ་གྱི་རྒྱུ་དམ་དུ་བཟུང་ནས་ཉེ་བར་སྒྲུབ་པ་དང་། དགེ་སློང་མ་དང་འཕྱར་གཡེང་དང་། རྒྱ་རྟལ་གྱིས་འདྲིས་ཤིང་གནས་པ་དང་། ཆོས་རྣམ་པར་གཏན་ལ་དབབ་པས་རྟོད་པ་ཞི་བའི་ཐབས་བྱས་ཀྱང་ཞི་བར་མ་གྱུར་པ་དང་བདུན་པོ་དེ་རྣམས་རེ་ཞིག་རང་བཞིན་དུ་གནས་པ་རྣམས་ཀྱིས་གནས་ནས་གཞན་དུ་དབྱུང་ལ། སླར་བཟོད་པར་གསོལ་ན་བཟོད་པ་དང་མཐུན་པའི་

གསོ་སྦྱོང་བྱིན་པས་རང་བཞིན་དུ་གནས་པ་ཐོབ་བོ། །

གཉིས་པ་སྦྲོ་བ་མཐོལ་བཤགས་ཀྱིས་ཕྱིར་བཅོས་ཚུལ་ནི་འོག་མ་གསུམ་གྱི་སྐབས་སུ་འཆད་འགྱུར་དང་དོན་གཅིག་གོ། །གཉིས་པ་ནི། ལྷག་ལྷུང་དངོས་གཞི་དང་འཆབ་ཉེས་འདག་བྱེད་ཟླ་ཕྱེད་ལ་སོགས་པར་སྤོ་ཞིང་མགུ་བ་སྤྱོད་པ་སོགས་ནོད་དགོས་པས་སྤོ་བ་སྤྱོད་པ་སོ་གཞན་ནི་གནས་པའི་གཞི་ཞེས་གྲགས་ཏེ། དེ་ཡང་གང་ཟག་ཁྱད་པར་ཅན་མིན་པས་ལྷག་ལྷུང་ཅི་ཙམ་བཅབས་པའི་ཞག་གྲངས་དང་མཉམ་པར་སྤོ་བ་དང་། སྤོ་བ་བྱེད་བཞིན་པར་རིགས་འདྲའི་ལྷག་མ་གཉིས་པ་བྱུང་ན་གཞི་ནས་སྤོ་བ་དང་། གསུམ་པ་བྱུང་ན་གཞི་ནས་བསླང་སྟེ་སྤོ་བའོ། །བཞི་པ་བྱུང་ན་ནི་དམད་པ་ནན་ཏུར་བྱ་དགོས་སོ། །མགུ་བའི་ལྷག་ལྷུང་དངོས་གཞི་དག་ཆེད་དེ་དགེ་སློང་གིས་ཞག་དྲུག་དང་། དགེ་སློང་མས་ཟླ་ཕྱེད། ལྟི་ཆོས་ལས་འདས་པའི་ཕྱིར་བཅོས་ཀྱང་ཡིན་ལ། གང་ལྟར་ཡང་མགུ་བ་བྱིན་ནས་དགེ་འདུན་ལ་བསྙེན་བཀུར་ཞག་གྲངས་དེ་སྙེད་དུ་བྱའོ། །དེ་ལ་ཡང་གཞི་ནས་མགུ་བ་དང་གཞི་ནས་བསླངས་ཏེ་མགུ་བ་དང་། བཞི་པ་བྱུང་ན་ནན་ཏུར་བྱེད་པ་རྣམས་སྔར་དང་འདྲའོ། །དེ་དག་གི་ཀུན་སྤྱོད་ནི། བདག་གིར་བྱེད་དང་མཉམ་པོར་སྤྱོད། །བླ་མའི་གནས་དང་ཆད་པའི་ལས། །བརྟེན་པའི་ཁྱད་པར་ཉེས་རྣམས་སྤོང་། །རང་བཞིན་དུ་གནས་པ་རྣམས་དང་ལྷན་ཅིག་ཏུ་འདུ་བ་མི་འགྲོ་བ། ནངས་པར་ཆོས་སྟོན་ལ་སོགས་དུས། །འདུ་བའི་དུས་དང་དགོང་ཀའི་དུས། །ཐམས་ཅད་དུས་སུ་ཇི་ལྟར་སྒྲུབ། །ཅེས་པའི་སྡོམ་ལྟར། ཁྱད་པར་གྱི་སྤྱོད་པ་ལྔ་སྤངས་ཤིང་དམན་པའི་སྦྱོར་བ་(སྤྱོད་པ)ལྔ་དང་དུ་བླང་ངོ་། །དེ་ནས་དེ་དག་དབྱུང་བ་ནི། དགེ་སློང་ལ་ཉི་ཤུ་དང་། དགེ་སློང་མ་ལ་བཞི་བཅུའི་ཚོགས་ཀྱིས་བསྡིགས་པ་དང་གཟེངས་བསྟོད་པ་དང་བཅས་ནས་བཀུར་གནས་སུ་བྱེད་དོ། །

གསུམ་པ་ནི། གང་ཟག་རེ་རེ་ལ་ལྟུང་བ་དང་། དེ་བཅས་པ་དང་མ་བཅས་པའི་བྱེ་བྲག་སྟོན་པ་དང་། ལྟུང་བ་ལས་ལྡང་བའི་དུས་དང་། ལྟུང་བ་རྣམས་ཀྱི་ཚིག་མདོར་བསྡུས་པའི་སྒོ་ནས་སྟོན་པའི་ཕྱིར། གང་ཟག་དུས་དང་དུས་མ་ཡིན་པ་བསྡུ་བའི་གཞི་ཞེས་གྲགས་ཏེ། དེ་ལ་རང་རྒྱུད་འབྲེལ་བའི་ལྷག་ལྟུང་ངོ་ཤེས་སམ་ཡིད་གཉིས་ཟ་བ་མཐོལ་ཡུལ་ཡོད་བཞིན་མཚན་མཐའ་འདས

པར་བཅས་པ་དང་། ཉེས་པ་བྱས་སམ་མ་བྱས་དང་། བྱས་ཀྱང་ཅི་བྱས་དང་། བསམ་བཞིན་དུ་བྱས་མ་བྱས་སོགས་མི་ཤེས་པ་དང་། སྤོ་མགུ་སྤྱོད་འཕྲོ་ལ་ཁྱིམ་པ་ལ་སོགས་པར་བབས་ཏེ་དགེ་སློང་དུ་ཕྱིར་འོང་བ་ན་སྔར་གྱི་དེའི་འཕྲོ་སྤྱོད་པ་དང་། བཅས་པའི་དུས་དང་ལྟུང་བའི་ཚད་མ་ངེས་པ་དང་། གནས་པ་དང་གཞི་ནས་ཡོངས་སུ་གནས་པ་དང་། མགུ་བ་དང་གཞི་ནས་ཡོངས་སུ་མགུ་བ་དང་། དབྱུང་བ་སྟེ་ལས་ཀྱི་སྟེ་ཚན་ལྔ་དང་། དུས་དང་ལྟུང་བའི་ཚད་མ་ངེས་པ་ཉུང་བ་ཉིད་དུ་མི་འགྱུར་བ་དག་པའི་མཐའ་ཅན་ཟླ་བ་བཞི་ལ་སོགས་པར་མང་པོ་གང་བཅོས་པ་དྲུག་པོ་རྣམས་སོ། །

བཞི་པ་ནི་ཉེས་པ་དུ་མ་ལ་བརྟེན་ནས་གདམ༷ས་ངག༷་དང་། གསོ༷་དག༷ག་བཞུ༷ག་དགོས་པ༷འི་ཕྱིར་དེར་གྲགས་ཏེ་གཞི་བཅས་ཆོས་དང་གཞི་མེད་ཆོས་མ་ཡིན་པ་དེ་གང་ལས་འབྱུང་བའི་དགེ་འདུན་ནོ། །གཉིས་པ་རྩོད་པ་ཕྱིར་བཅོས་པའི་ཚུལ་ནི་གསུམ་དུ་ཡོད་པ་ལས། དང་པོ་ནི། དགེ་འདུན་གྱི་རྩོད་པ་ཕལ་ཆེར་ཆོས་ཕྱོགས་སུ་ཞི་བར་བྱེད་པས་རྩོད་པའི་གཞི་ཞེས་གྲགས་ཏེ། དེ་ལ་འདུས་བྱས་རྟག་མི་རྟག་ལ་སོགས་པ་རྩོད་པ་འཕྱེད་ཕྱིར་དང་། གདམས་ངག་གསོ་དགག་བཞག་པ་ལ་འཛོག་པ་པོ་དང་། གཞག་བྱ་རྩོད་པ་ལྟ་བུ་མི་གདམས་ཕྱིར་དང་། ལྟུང་བ་གླེང་བ་ན་ཁས་མི་ལེན་པ་གླེང་བྱ་གླེང་བྱེད་རྩོད་པ་ལྟ་བུ་ལྟུང་ཕྱིར་དང་། རྩོད་པ་དེ་གསུམ་གྱི་དབང་གིས་གསོ་སྦྱོང་སོགས་ཀྱི་ལས་ལ་མཐུན་པ་མི་སྦྱིན་པས་རྩོད་པར་གྱུར་པ་བྱ་ཕྱིར་ཏེ་བཞི་པོ་ནི་ཞི་བྱ་ཡིན་ལ། དེ་དག་ཞི་བྱེད་ནི་ཤི་བའམ་བབས་པའམ་ཤེས་རབ་དང་སྙིང་རྗེ་ཁྱད་པར་ཅན་རྒྱུད་ལ་སྐྱེས་པ་སོགས་ནི་རང་གི་ངང་གིས་ཞི་བར་འགྱུར་ལ། དེ་ལས་གཞན་ཞི་བར་བྱེད་པའི་ཚུལ་ནི་བདུན་ཏེ། མངོན་སུམ་དྲན་པ་མ་སྨྱོས་དང་། །དེ་བཞིན་གང་མང་ངོ་བོ་ཉིད། །རྩྭ་རྣམས་བཀྲམ་པ་ལྟ་བུ་དང་། །ཁས་བླངས་པར་ནི་བྱ་བའོ། །ཞེས་སོ། །མངོན་སུམ་ལའང་བརྒྱད་དེ། གྲོལ་དང་གཟུ་དང་དགེ་འདུན་བཞི་པོ་དང་། །གསལ་བ་རང་སྡེའི་དགེ་འདུན་ལས་གཞན་དང་ནི་གསལ་བའི་དེ་ལས་གཞན་གསལ་བ་དང་། །དགེ་འདུན་ཕྱོགས་གཞན་གྱིས་གཞན་དང་སྡེ་སྣོད་འཛིན་པ་དང་། །གནས་བརྟན་མཐུ་དང་ལྡན་པས་མངོན་སུམ་མོ། །ཞེས་པ་ལྟར་སྔ་མ་སྔ་མས་མ་ཞི་ན་ཕྱི་མ་ཕྱི་མས་ཞི་བར་བྱེད་དོ། །དེ་ཡང་འཕྱེད་ཕྱིར་ལ་མངོན་སུམ་བརྒྱད་དང་། དགེ་འདུན་གྱི་ཚུལ་ཤིང་བྲིམས་ཏེ་གང་མང་ཕྱོགས་ལ་དག་པ་བྱིན

ནས་ཞི་བ་སྟེ་གཉིས་པོ་འཇུག མི་གདམས་ཕྱིར་ལ་ལྟུང་བ་གླེང་རྒྱུ་ཡོད་ན་མངོན་སུམ་དང་། མེད་པ་གཞི་མེད་གཞི་གཞན། ཕྱིར་བཅོས་ཟིན་གསུམ་པོ་ཡང་དེ་དང་དེ་དྲན་པར་བྱ་བའི་སྒོ་ནས་ཞི་བར་བྱེད་པ་དང་། སྨོན་པས་བྱས་པ་གླེང་བ་ལ་མ་སྨྲོས་པའི་དུས་སུ་ལྟུང་བ་མེད་ཅེས་སྦྱིན་པས་དེ་གསུམ་འཇུག །ལྟུང་ཕྱིར་ལ་གཉིས་ལས་ཉེས་པ་རང་གི་ངོ་བོ་མི་ཤེས་པ་ལ་ངོ་བོ་ཉིད་ཚོལ་བ་སྦྱིན་པ་དང་། ཤེས་པ་ལ་གླེང་བྱ་གླེང་བྱེད་ལས་མ་འཕྲོས་པ་ཁས་བླངས་པས་དང་། གང་ཟག་ཉི་ཚེ་བ་དང་འབྲེལ་བ་མངོན་སུམ་དང་། དགེ་འདུན་མཐའ་དག་དང་འབྲེལ་བ་རྩྭ་བཀྲམ་པ་ལྟ་བུ་ཐམས་ཅད་ཐུགས་བསྟུན་པས་ཞི་བར་བྱེད་པ་སྟེ་བཞི་འཇུག །བྱ་ཕྱིར་ལ་དགེ་འདུན་རྣམས་ལ་མཐུན་པ་སྦྱིན་པས་དངོས་སུ་ཞི་བར་བྱ་བ་དང་། བརྒྱད་ནས་ཞི་བྱེད་བདུན་ཀ་འཇུག་པའོ། །

གཉིས་པ་ནི། ཀཽ་ཤམྦྷི་བ་དང་ཡངས་པ་ཅན་རྣམས་མ་མཐུན་པས་མཚམས་ནང་གཅིག་ཏུ་ལས་སོ་སོར་ཕྱེ་སྟེ་བྱས་པས་ཀཽ་ཤམྦྷི་ལས་ཕྱེ་བའི་གཞི་ཞེས་གྲགས་ཏེ། དེ་ལ་དགེ་འདུན་དབྱེ་བའི་དགག་བྱ་ཡོད་པའི་ལྟུང་བ་གླེང་བ་ནན་ཏུར་བསྒོ་གྱུར། གྲངས་འཇུག་སོགས་རྒྱུ་སྤྱངས་པ་དང་། དགེ་སློང་གི་ཆོས་བཞི་ལས་མི་འདའ་བ་དང་། དགེ་འདུན་ལ་བཟོད་པར་གསོལ་ནས་བཟོད་པ་དང་མཐུན་པའི་གསོ་སྦྱོང་བྱིན་ལ་མཐུན་པའི་གསོ་སྦྱོང་བྱ་བ་སྟེ་གཉེན་པོ་བསྟེན་པ་གཉིས་སོ། །

གསུམ་པ་ནི། དགེ་འདུན་དབྱེན་གྱི་གཞི་སྟེ། དེའི་མཚན་ཉིད་ནི་མཛོད་ལས། དགེ་སློང་ལྟ་སྤྱོད་ཚུལ་ལྡན་པས། །འབྱེད་དོ་གཞན་དུའོ་བྱིས་པ་རྣམས། །སྟོན་དང་ལམ་གཞན་ལ་བཟོད་པར། །ཕྱེ་བའོ་དེ་ནི་མི་གནས་སོ། །དེ་ནི་འཁོར་ལོའི་དབྱེན་དུ་འདོད། །འཛམ་བུའི་གླིང་ནའོ་དགུ་སོགས་ཀྱིས། །ཞེས་པ་ལྟར་སྟོན་པའི་མདུན་ལས་གཞན་དུ་བྱིས་པའི་དགེ་འདུན་རྣམས་སངས་རྒྱས་དང་ཆོས་ལས་གཞན་པའི་སྟོན་པ་དང་བསྟན་པ་ལ་བཟོད་ཅིང་ཚུལ་ཤིང་བླངས་པས་ཕྱེ་ནས་ཡུན་རིང་བར་མི་གནས་ཤིང་འཛམ་གླིང་ལས་གཞན་ན་མེད་ལ། དབྱེ་བྱ་བཞི་ཚན་གཉིས་ཡན་ཆད་འབྱེད་པ་པོ་གཅིག་སོགས་ཀྱིས་སོ། །དེ་ཡང་མཛོད་ལས། དང་པོ་མཐའ་སྐྱོན་ཟུང་གཅིག་གི། །སྟ་རོལ་ཐུབ་པས་ནོངས་པ་དང་། །མཚམས་མ་བཅད་པ་དག་ཏུ་ཡང་། །འཁོར་ལོའི་དབྱེན་ནི་མི་འབྱུང་ངོ་། །ཞེས་པ་ལྟར། སྟོན་པ་བཞུགས་ཤིང་བསྟན་པ་ལ་སྐྱོན་མ་བྱུང་བ་དང་། མཆོག་ཟུང་གཅིག་བསྐོས་པའི་དུས་དང་།

མཚམས་བཅད་པའི་ཚེ་མ་གཏོགས་གཞན་དུ་མི་འབྱུང་ངོ་། །འདིའི་ཕྱིར་བཅོས་ནི། ལུང་ལས་མཆོག་ཟུང་གཅིག་གིས་འདུམས་པར་མཛད་པ་དེའོ། །དབྱེན་གྱི་ཉེས་དམིགས་ནི། མ་འདུམས་ཀྱི་བར་དུ་སྟོན་པ་གཅིག་གི་ཞིང་ཁམས་སུ་ལམ་ལྔ་གང་ཡང་མི་སྐྱེའོ། །

ཐ་མ་ནི། ཐོབ་བྱེད་སྲུང་ཐབས་ཕྱིར་བཅོས་ཀུན་ལ་ཁྱབ་པའི་ལས་ཀྱི་གཞི་ཡིན་ལ། དེ་ཡང་ལས་བྱེད་པའི་དགེ་འདུན་གྱི་གྲངས་བཞི་བཅུ་ནས་བཞིའི་བར་བཅུ་གཅིག་གསུངས་པའི་གྲངས་ཚང་ཞིང་། ཁ་སྐོང་གི་ཆོས་དང་ལྡན་ལ། མི་མཐུན་པ་གཉིས་དང་བྲལ་བ་དང་། ལས་མཁན་སྤྱིར་བཏང་ཁ་སྐོང་དང་ལྡན་ཞིང་ཚིག་ཤེས་པ་དང་། དམིགས་བསལ་ལ་ཚིག་ཤེས་པ་ཙམ་གྱིས་ཆོག་ལ། བསྒྲུབ་བྱ་མཚམས་ཆེ་ཆུང་བཅད་པ་སོགས་སེམས་ཅན་དུ་མི་གཏོགས་པ་ལ་བྱ་བ་དང་། སེམས་ཅན་དུ་གཏོགས་པ་ལ་ལྟུང་བཟེད་ཁ་སྦུབ་སོགས་ཁྱིམ་པ་ལ་བྱ་བ་དང་། དབྱར་མཚམས་ཀྱི་ཕྱི་རོལ་དུ་འགྲོ་བའི་གནང་བ་སྦྱིན་པ་སོགས་དགེ་ཚུལ་ལ་དང་། སྦྱིན་ལས། བསྔོ་བའི། ནན་ཏུར། བསྔོ་གྲུར། གྲངས་འཇུག་སྟེ་དགེ་སློང་ལ་བྱ་བ་རྣམས་སོ། །དེ་ཐམས་ཅད་ལ་ཡང་ཆོས་དང་ཆོས་མ་ཡིན་པ་དང་། མཐུན་པ་དང་། མི་མཐུན་པའི་བྱ་བ་སྟེ་སྔ་མ་གཉིས་བསྒྲུབ་བྱ་དང་ཕྱི་མ་གཉིས་སྤང་བྱའོ། །ལས་དེ་རྣམས་ལ་དབྱེ་ན་བརྒྱ་རྩ་གཅིག་ལས། གསོལ་བ་འབའ་ཞིག་པའི་སྡོམ་ནི། གསང་སྟོན་པ་བསྔོ་བ་དང་དགེ་འདུན་གྱི་ནང་དུ་བར་ཆད་དྲི་ཕྱིར་དང་། །གསོ་སྦྱོང་གི་ལས་དང་ལྟུང་མཐུན་བྱིན་གྱིས་བརླབས་པའི་ལས་བཞི་སྟེ། དེ་ལ་ལྟུང་བ་འབྱུང་བར་ངེས་པ་དང་བཅས་པ་དང་། །དེ་ལ་ལྟུང་བ་བྱུང་མ་བྱུང་བ་ལ་དགེ་འདུན་ཡིད་གཉིས་དང་། །དགེ་འདུན་ཐམས་ཅད་ལྟུང་ཕྱིར་རྟོད་པ་དང་ལྟུང་བ་བྱུང་བར་ངེས་པ་ཉིད་ཀྱང་ངོ་བོ་གང་ཡིན་མ་ངེས་པ་ཡིན་པ་དེའི་ཚེ་བྱིན་གྱིས་བརླབས་པ་དང་། །དེའི་དོན་དུ་དགག་དབྱེའི་ལས་དངོས་དང་། སྦྱོར་བའི་ཚེ་ལྟུང་བ་བྱིན་རླབས་བཞི་སྟེ་ལྔ་པོ་དག །ཐམས་ཅད་དགག་དབྱེ་གཏོགས་པ་ཡིན། །དབྱར་གནས་ཁས་བླངས་ཉིད་དང་ནི། །ཤི་བའི་རྫས་དང་དེ་བཞིན་དུ་ནོར་འདྲེས་འདི་གཉིས་གཅིག་ཏུ་བསྒྲངས་པ་དང་། །ཆོས་གོས་སྲ་བརྐྱང་གཏད་པ་དང་། །ཆོས་གོས་ངན་པ་ཅན་ལ་ཆོས་གོས་ཏེ་སྦྱིན་པར་བྱ་བ་འདི་གཉིས་གཅིག་ཏུ་བཙི་བ་དང་། །དགེ་སློང་དང་དགེ་སློང་མ་སྨྲིག་ལྟ་ཅན་གྱི་གནས་ངན་ལེན་ནི་བརྗོད་པ་དང་། །ངན་པའི་གྲངས་སུ་གཞུག་པ་ཞལ་ཏ་བ་འཕྱུ་བ། ཟུར་གྱིས་འཕྱུ་བ། རྣར་གཟོན། ཅང་མི་སྨྲ་བ་སྟེ་བཞི་དག་དང་། །ཁྱིམ་གྱི་བསླབ་སྡོམ་སྦྱིན་པ་དང་དེ་གཞིག་པ་དང་། །ལྟུང

བཟེད་ཁ་སྦྱབ་བྱ་བ་དང་། །དེ་ཉིད་བཟློག་པར་བྱ་བ་དག །གསོལ་བ་འབའ་ཞིག་ལས་ཡིན་ནོ། །
གསོལ་གཉིས་ཀྱི་སྡོམ་ནི། གསོ་སྦྱོང་གི་གནས་ལ་བློ་མཐུན་བྱ་བ་དང་དཀྱིལ་འཁོར་བ་དང་མཚམས་ཆེ་ཆུང་བཅད་པ་
ནི་གཉིས་པོ་གཅིག་ཏུ་བསྒྲངས་པ་དང་། མཚམས་ཆེན་གྱི་ནང་དུ་དགེ་འདུན་ཐམས་ཅད་ཆོས་གོས་དང་མི་འབྲལ་བའི་དང་
མྱོས་པ་ལ་ལས་ལ་མི་མཐུན་པའི་གནང་བ་སྦྱིན་པ་དང་དགག་དབྱེ་བྱེད་པ་བསྔོ་བ་དང་། །གནས་མལ་སྐོབ་པར་བྱེད་
པ་བསྔོ་བ་དང་། །རུང་བའི་ས་གཞི་བསྔོ་བ་སྟེ་ཁང་པ་བྱིན་གྱིས་རློབ་པ་དང་། །སྲ་བརྐྱང་ལ་བློ་མཐུན་པར་བྱ་བ་དང་
ནི་དེ་འདིང་བ་པོ་བསྔོ་བ་དང་། །སྦྱོང་བའི་ཞལ་ཏ་བ་བསྔོ་བ་དང་ལག་གི་བླ་བསྔོ་བ་དང་ལག་དཔོན་བསྔོ་བ་གཉིས་གཅིག
ཏུ་བསྒྲངས་པ་དང་ནི། །གནས་ཁང་བསྔོ་བ་ལ་སོགས་པ་བཅུ་གཉིས་དང་། །རྩོད་པ་ཞི་བའི་ཕྱིར་གཟུ་བོ་བསྔོ་བ་དང་
དེའི་ཆེད་དུ་གསལ་བ་བསྔོ་བ་དང་གསལ་བའི་བསྔོ་བ་གཉིས་གཅིག་ཏུ་བསྒྲངས་པ་དང་། རྩོད་པ་སྤྱོད་པའི་གང་ཟག་བསྔོ་བ
དང་། །རྩོད་པ་མ་ཞི་ན་གང་ཕྱེ་བའི་ཕྱིར་ཚུལ་ཤིང་འབྲིམ་པར་བྱེད་པ་པོ་བསྔོ་བ་དང་། །ཁང་པ་ཁང་ཆེན་གྱི་གཞི
རུང་བ་བསྟན་པ་ལ་གནང་བ་སྦྱིན་པ་དང་། །ཁྱིམ་སུན་འབྱིན་པ་ལ་གླེང་བའི་གང་ཟག་བསྔོ་བ་དང་ཆོས་གོས་སྣམ་སྦྱར་དང
འབྲལ་བར་མི་འགྱུར་བའི་གནང་བའི་སྦྱིན་པ་དང་། །ལག་བླ་ལ་ལོ་དྲུག་གི་ནང་དུ་སྟན་གཞན་གྱི་གནང་བ་སྦྱིན་པ་དང་
ལྷུང་བཟེད་འབྲེལ་མེད་འབྲིམ་པ་བསྔོ་བ་དང་། །དགེ་སློང་དང་དགེ་སློང་མ་སྡིག་ལྟ་ཅན་དེ་དག་ཁྱིམ་རྣམས་སུ་སོ་སོར་མ
དད་གོ་བར་བྱ་བ་བསྔོ་བ་དང་། །དགེ་སློང་མའི་སྟོན་པ་དང་ནི་ནགས་ཉུལ་བ་བསྔོ་བ་དང་། །དགེ་སློང་གནས
ནས་དབྱུང་བ་ལ་དགེ་སློང་མ་རྣམས་ཕྱག་མི་བྱ་བའི་སྡོམ་པ་སྦྱིན་པ་དང་ལོ་བཅུ་གཉིས་ལོན་ཅིང་འཁོར་དང་འཁོར་མང་སྐྱོང་ནུས
པའི་དགེ་སློང་མ་ལ་འཁོར་དང་འཁོར་མང་འཛོག་པའི་གནང་བ་སྦྱིན་པའི་ཕྱིར་དང་། །རྒན་པོ་དང་ནད་པ་ལ་འཁར་བའི་གནང
བ་སྦྱིན་པ་དང་དེ་དག་ལ་དྲ་བའི་གནང་བ་སྦྱིན་པའི་ཕྱིར་དང་ནི། །གསོ་སྦྱོང་ཐ་དད་པའི་གཙུག་ལག་ཁང་གཉིས་རྙེད་པ
གཅིག་ཏུ་བྱ་ཕྱིར་དང་། །དགེ་སློང་མའི་བསླབ་པའི་སྡོམ་པ་སྦྱིན་པ་དང་ཚངས་སྤྱོད་ལ་ཉེར་གནས་ཀྱི་སྡོམ་པ་སྦྱིན
པ་དང་། །དགེ་སློང་མ་བུ་དང་ལྷན་ཅིག་ཉལ་བའི་གནང་བ་སྦྱིན་པ་དང་། མུ་གེའི་ཚེ་ཉེ་དུའི་ཁྱིམ་དུ་འགྲོ་བའི་གནང་བ་སྦྱིན་པའི
ཕྱིར་དང་དབྱར་མཚམས་ཀྱི་ཕྱི་རོལ་དུ་འགྲོ་བའི་གནང་བ་སྦྱིན་པ་སྟེ། །གསོལ་དང་གཉིས་ཀྱི་ལས་ཡིན་ནོ། །
གནས་ཁང་བསྔོ་ལ་སོགས་པ་ནི། །གནས་ཁང་ཟས་ལ་བསྔོ་བ་གཉིས། །ཐུག་པ་བག་ཆོས་འབྲིམ
པ་གཉིས། །ཕྲན་ཚེགས་འབྲིམ་པར་བྱེད་པ་དང་། །སྣོད་སྤྱད་འཇུབ་དང་གོས་ཀྱི་སྣེད་པ་དང་འགྱེད་པ
གཉིས། །དབྱར་གྱི་རས་ཆེན་སྣེད་དང་འགྱེད། །མངག་གཞུག་པ་དང་མཛེས་འཚོས་ཏེ། །གང་ཟག

བཅུ་དང་གཉིས་པོ་དང་། །སྟོན་པས་ཡང་དག་གསུངས་པ་ཡིན། །གསོལ་བཞིའི་སྡོམ་ནི། བསྙེན་པར་རྫོགས་པར་བྱ་བ་དང་། །སྨྲ་སྐྱེགས་ཅན་ལ་བླ་བ་བཞིར་གནས་པ་སྦྱིན་པ་དང་མཚམས་ཆེ་ཆུང་དགྲོལ་བ་དང་། །ཕན་ཚུན་མི་མཐུན་པ་ལ་མཐུན་པ་སྦྱིན་པ་དང་མཐུན་པའི་གསོ་སྦྱོང་སྦྱིན་པ་དང་། བསྡིགས་དམད་བསྐྲད་པ་ཕྱིར་བཀྱེད་པ་སོགས་ནན་ཏུར་བདུན་པོ་གཅིག་ཏུ་བྱས་པ་དང་། །དེ་ཀུན་ལ་བཟོད་པ་བླང་བ་དང་། སྡོ་བ། མགུ་བ། དེ་དབྱུང་བ། སྲ་བརྐྱང་དབྱུང་བ། བརྒྱུད་དང་དྲན་པས་འདུལ་བ་སྦྱིན་པ་དང་མ་སྨྱོས་པས་འདུལ་བ་སྦྱིན་པ་དང་། །དེའི་ངོ་བོ་ཉིད་ཚོལ་དུ་གཞུག་པ་དང་། །དབྱེན། རྗེས་ཕྱོགས། ཁྲིམ་པ་སུན་འབྱིན། བཀའ་བློ་མི་བདེ་བ། སྡིག་ལྟ་མི་འདོར་བ། གནས་ནས་དབྱུང་བའི་རྗེས་སུ་ཕྱོགས་པའི་དགེ་སློང་མ། དཀོན་མཆོག་གསུམ་གཏོང་བའི་དགེ་སློང་མ། འཐབ་ཀྲོལ་བྱེད་པ། སྡེ་ཤིང་གནས་པ། དགེ་ཚུལ་བསྙིལ་བ་དང་། སྡེ་ཤིང་གནས་སུ་འཇུག་པ་རྣམས་ལ། བསྒོ་བར་བྱ་བ་རྣམས་དང་ནི། །ཕམ་པས་ཉམས་པ་ལ་བསླབ་པ་སྦྱིན་པར་བྱ་བ་དག །གསོལ་དང་བཞི་ཡི་ལས་ཡིན་ནོ། །ཞེས་པ་རྣམས་སོ། །

གསུམ་པ་རུང་མཐུན་བསྡུས་ཏེ་བསྟན་པ་ནི། དེ་ལྟར་བཤད་པའི་སྤང་བླང་རྣམས་ངེས་པར་བྱས་ནས། དངོས་སུ་མ་སྨོས་པའི་གནང་བཀག་གི་བསླབ་བྱ་རྣམས་ལ་ཇི་ལྟར་སློབ་པའི་ཚུལ་མདོར་བསྡུ་ན་གཞི་གང་ལ་སྟོན་པས་ཡི་ནས་ཏེ་ཐོག་མ་ཉིད་ནས་གནང་བ་དང་བཀག་པའི་གསལ་ཁ་བཏོད་པ་མེད་པ་རྣམས་ནི་བྱ་བ་གང་ཞིག་བྱར་རུང་བར་གསུངས་པ་དང་ཉེ་ཞིང་མི་རུང་བར་གསུངས་པ་ལས་ཟློག་པར་བྱེད་ན་བྱ་བ་དེ་དག་དཔེར་ན་དགེ་ཚུལ་ལ་དགག་དབྱེ་གསུངས་པས་མཚོན་ནས་གསོ་སྦྱོང་བྱ་དགོས་པ་བཞིན། ཐེ་ཚོམ་མེད་པར་སྤྱོད་ཅིག་དང་ཉེས་པར་མི་འགྱུར་བ་མ་ཟད་ཡོན་ཏན་ཀུང་ཐོབ་པར་འགྱུར་རོ། །གང་མི་རུང་བ་གསུངས་པ་དང་ཉེ་ཞིང་རུང་བར་གསུངས་པ་ལས་བཟློག་ན་བྱ་བ་དེ་དག་གི་ནི་དཔེར་ན་སྲིན་བལ་ལ་སྔན་བྱེད་པ་བཀག་པ་ལས་དེ་དང་མཉམ་པའི་ལྷག་པ་ལ་སྔན་བྱར་མི་རུང་བར་མཐུན་པ་བཞིན་ཡིན་པས་རྣམ་པ་ཀུན་ཏུ་སྤོང་དགོས་སོ་ཞེས་པའི་དོན་ལུང་ཕྲན་ཚེགས་ལས་གསུངས་ཏེ། བཅོམ་ལྡན་འདས་ཀྱིས་ཡོངས་སུ་མྱ་ངན་ལས་འདས་པའི་དུས་དེའི་ཚེ་ཉིད་ན་དགེ་སློང་རྣམས་ལ་བཀའ་སྩལ་པ། དགེ་སློང་དག་ངས་ཁྲིད་ལ་འདུལ་བ་རྒྱ་ཆེར་ནི་བསྟན་ན། མདོར་བསྡུས་ཏེ་མ་ཡིན་ནོ། །འོན་ཀྱང་མདོར་བསྡུས་པ་ཡང་ཉོན་ཅིག །དགེ་སློང་དག་ངས་ཁྲིད་ལ་གང་ཞིག་ཐོག་མ་ཉིད་ནས་གནང་བ་ཡང་མེད་བཀག་པ་ཡང་མེད། གལ་ཏེ་རུང་བ

དང་ཉེ་བ་ཡིན་ཞིང་མི་རུང་བ་ཟློག་པར་བྱེད་པ་ཡིན་ན་རུང་བ་ཡིན་པར་གཟུང་བར་བྱའོ། །གལ་ཏེ་མི་རུང་བ་དང་ཉེ་བ་ཡིན་ཞིང་རུང་བ་ཟློག་པར་བྱེད་པ་ཡིན་ན་མི་རུང་བ་ཡིན་པས་ཀུན་ཏུ་སྤྱད་པར་མི་བྱའོ། །ཞེས་སོ། །

གཉིས་པ་སྡོམ་པ་སྐྱེ་བའི་རྟེན་བཤད་པ་ནི། དེ་ལྟ་བུའི་སོ་ཐར་གྱི་སྡོམ་པ་དེ་སྐྱེ་བའི་ལུས་རྟེན་ནི་ལས་ཀྱི་སྒྲིབ་པ་ཤས་ཆེ་བ་མུ་སྟེགས་ཅན་ནམ་དེར་ཞུགས་པ་དང་། མཚམས་མེད་པ་ལྔ་བྱས་པ་ལ་སོགས་པ་དང་། རྣམ་སྨིན་གྱི་སྒྲིབ་པ་ཤས་ཆེ་བ་སྒྲ་མི་སྙན་པ་ལྟ་བུ་གནས་རིགས་ཉམས་པ་དང་། གང་ཞིག་གྲོང་པའི་ཆོས་མེད་པ། །དེ་ནི་ཟ་མ་ཞེས་སུ་བརྗོད། །ཅེས་པ་ལྟར་ཟ་མ་དང་། མཚན་གཉིས་ཅིག་ཅར་དུ་བྱུང་བ་དང་། སྐྱེས་ནས་ཟླ་ཕྱེད། འཁྲུད་ནས་ལྡང་བ། ཕྲག་དོག་ཅན། ཉམས་པ་སྟེ་མ་ནིང་རིགས་ལྔ་དང་། མཚན་ལན་གསུམ་དུ་གྱུར་པ་སོགས་མཚན་ཉམས་པ་དང་། མི་མ་ཡིན་པ་ལ་མིའི་རྣམ་པར་སྤྲུལ་པ་དང་། མི་མ་ཡིན་པའི་འགྲོ་བ་ལ་སོགས་པ་ནི་འགྲོ་བ་ཉམས་པ་སྟེ། མཛོད་ལས། ཟ་མ་མ་ནིང་སྒྲ་མི་སྙན། །མཚན་གཉིས་མ་གཏོགས་མི་རྣམས་ལ། །སྡོམ་མིན་སྡོམ་པའང་དེ་བཞིན་ལ། །ཞེས་བཤད་པས་དེ་རྣམས་སྡོམ་པ་སྐྱེ་བའི་བར་ཆད་ཡིན་པས་མ་གཏོགས་ལ༔ དེ་ལས་གཞན་ཤར་ནུབ་ལྷོའི་གླིང་གསུམ་དུ་སྐྱེས་པ་ཡི་སྐྱེས་པ་དང་བུད་མེད་རྣམས་སོ་ཐར་གྱི་སྡོམ་པ་སྐྱེ་བ་དང་གནས་པ་གཉིས་ཀའི་རྟེན་དུ་འདོད་དེ། རབ་དབྱེར། གླིང་གསུམ་སྐྱེས་པ་བུད་མེད་ལས། །འགྲོ་བ་གཞན་ལ་སྡོམ་པ་བཀག །ཅེས་གསུངས་པའི་ཕྱིར་རོ། །

བཞི་པ་ཉམས་ན་གསོ་བའི་ཚུལ་བཤད་པ་ལ་བསྟན་བཤད་གཉིས་ལས། དང་པོ་མདོར་བསྟན་པ་ནི། དེ་ལྟར་རུང་བའི་རྟེན་དེ་ལ་ཐོབ་པའི་སྡོམ་པ་ཡང་ཚུལ་བཞིན་དུ་སྲུང་ཞིང་། གལ་ཏེ་ཉོན་མོངས་མང་པ་སོགས་ཀྱིས་ཉམས་པར་གྱུར་ན་ཐ་མར་ཉམས་པ་དེ་ཕྱིར་བཅོས་ན་ཕལ་ཆེར་གསོ་བའི་ཐབས་ཡོད་དེ། ལུང་ལས། གཉིས་ནི་རྣམ་པར་བྱང་བར་འགྱུར་ཞིང་ཉོན་མོངས་པར་མི་འགྱུར་བ་དང་། གཉིས་ཀྱི་ཟག་པ་འཕེལ་བར་མི་འགྱུར་བ་སྟེ། གཉིས་གང་ཞེ་ན། ལྟུང་བ་མི་འབྱིན་པ་གང་ཡིན་པ་དང་། ལྟུང་བ་བྱུང་ནས་ཆོས་བཞིན་དུ་ཕྱིར་བཅོས་པ་གང་ཡིན་པའོ། །ཞེས་གསུངས་པ་ལྟར་དེའི་ཚུལ་བཤད་པ་ལ་ཞེས་པའོ། །

གཉིས་པ་རྒྱས་པར་བཤད་པ་ལ་བཞི་ལས། དང་པོ་སྡོམ་པའི་གཏོང་མཚམས་བཤད་པ་ནི། སྡོམ་པ་རྩད་ནས་གཏོང་བའི་རྒྱུ་བཞི་སྟེ། བརྗེ་འཕྲོད་པའི་དྲུང་དུ་སྡོམ་པ་རང་གི་ངོ་བོ། རྩ་བ་མཆོག་གསུམ། རྒྱུ་སྡེ་སྟོད། སྒྱུར་བྱེད་མཁན་སློབ། སློབ་པའི་གནས་རྟེན། སློབ་པའི་གྲོགས་རྣམས་འབྲལ་ཚུལ་གསུངས་པ་ལྟར་བསླབ་པ་ཕུལ་ན་གཏོང་སྟེ། ཡང་དག་པར་བླངས་པ་དང་འགལ་བའི་རྣམ་རིག་བསྐྱེད་པའི་ཕྱིར་རོ། །གཞན་ཡང་ཚངས་པར་སྤྱོད་དཀའ་འོ་ཞེས་པ་ལ་སོགས་པ་ནི། ཕུལ་བ་མིན་ཡང་དེའི་རྒྱུ་བསྟན་པས་གཏོང་བ་ཁྱད་མེད་དེ། ལུང་ལས། བསླབ་པ་མ་ཕུལ་བསླབ་པ་ཉམས་པར་མ་བྱས་ཞེས་གསུངས་པའི་ཕྱིར་དང་། དེ་བཞིན་དུ་ཤི་འཕོས་པ་ན་རྟེན་བོར་བའི་ཕྱིར་དང་། མཚན་གཉིས་ཅིག་ཆར་བྱུང་བ་དང་། མཚན་ལན་གསུམ་དུ་འགྱུར་ན་རྟེན་ཉམས་པའི་ཕྱིར་དང་། རྒྱུ་འབྲས་མེད་པར་ལྟ་བས་ལོག་ལྟ་སྐྱེས་ན་དགེ་བའི་རྩ་བ་ཆད་པས། སྡོམ་པའི་རྟེན་གཞི་མེད་པའི་ཕྱིར། དེ་རྣམས་ཀྱིས་གཏོང་ཞིང་། ཕྱི་མ་འདི་ནི་ཐེག་པ་ཆེ་ཆུང་ཐམས་ཅད་ཀྱི་སྡོམ་པའི་གཏོང་རྒྱུར་བཤད་པས་ཤིན་ཏུ་ལྕིའོ། །དེ་དག་ནི་སྤྱིའི་གཏོང་རྒྱུ་ཡིན་ལ། ཡང་ལོ་ཉི་ཤུ་ལོན་པ་ལ་ལོན་པར་འདུ་ཤེས་ནས་བསྙེན་པར་རྫོགས་པ་དེའི་རྗེས་སུ་ཉི་ཤུ་མ་ལོན་གོང་དེ་ལྟར་ངོ་ཤེས་ན་མངལ་ཤོས་ཀྱི་ཟླ་བ་ཁ་སྐོང་ཡང་མ་ཚང་ན་དགེ་སློང་གི་སྡོམ་པ་གཏོང་བ་དང་། མི་ཚངས་སྤྱོད་བསྟེན་པར་བྱེད་པའི་ཕྱིར་ཁས་བླངས་ནས་བསླབ་པ་ལས་འདས་པའི་ཕྱིར་དགེ་སློབ་མའི་སྡོམ་པ་གཏོང་བའོ། །མཚན་མོའི་མཐའི་སྐད་ཅིག་མ་འདས་པ་ན་དེ་སྲིད་དུ་འཕངས་པའི་ཕྱིར་བསྙེན་གནས་ཀྱི་སྡོམ་པ་གཏོང་བ་སྟེ། གསུམ་པོ་སྤྱིའི་གཏོང་རྒྱུའི་གཏོང་བར་མ་ཟད་རང་རང་རྣམས་སོ་སོའི་གཏོང་རྒྱུ་ཐུན་མོང་མིན་པའོ། །

དེ་ལས་འཕྲོས་ཏེ་རྩ་ལྟུང་གཏོང་རྒྱུ་ཡིན་མིན་སོགས་བསྟན་པའི་ཚུལ་ནི། མདོ་སྡེ་པས་རྩ་ལྟུང་འཆབ་བཅས་བྱུང་ན་རྒྱུད་ངོ་ཚ་ཁྲེལ་མེད་ཆེན་པོའི་ཉམས་པའི་ཕྱིར་གཏོང་བར་འདོད་པ་དང་། གོས་དམར་བའི་སྡེ་པ་དག་གིས་ལུང་གི་དམ་ཆོས་ནུབ་ནའང་བསླབ་པའི་མཚམས་རྣམ་པར་གཞག་པ་མེད་པའི་ཕྱིར་གཏོང་ངོ་ཞེས་འདོད་ཅིང་། དེ་ལ་ཐོགས་མེད་སྐུ་མཆེད་རྟོགས་པའི་ཆོས་མ་ནུབ་པའི་ཕྱིར་སྔར་ཡོད་མི་གཏོང་ཞིང་། འཐོབ་བྱེད་ཀྱི་ཆོ་ག་མེད་པས་གསར་སྐྱེ་མེད་ཅེས་གསུངས

ལ་༔ ཁ་ཆེའི་ཡུལ་གྱི་བྲེ་བྲག་སྨྲ་བ་རྣམས་ནི། རྩ་ལྟུང་འཆབ་བཅས་བྱུང་ཡང་མི་གཏོང་སྟེ། ཕྱོགས་གཅིག་ཉམས་པས་ཐམས་ཅད་གཏོང་བ་མི་རིགས་པའི་ཕྱིར། དེ་འདྲ་དེ་སྡོམ་པ་དང་ལྡན་པ་དང་། རྩ་ལྟུང་བྱུང་བ་གཉིས་ལྡན་ཡིན་པའི་ཕྱིར་ན། འགའ་ཞིག་ནོར་དང་ལྡན་ཡང་བུ་ལོན་ཆགས་པ་ཅན་ཡང་ཡིན་པ་བཞིན་ནོ་ཞེས་འདོད་པ་དང་། འདུལ་འཛིན་ཁ་ཅིག་ཕམ་པ་སྡོམ་པའི་གཏོང་རྒྱུ་མིན་ཏེ་རྩ་བ་བཞིའི་གཅིག་ཙམ་སྤྱད་ཀྱང་སྡོམ་རྫས་ཚང་བར་ཡོད་པའི་ཕྱིར། འོན་ཀྱང་ཉམས་ཚུལ་ལ་ལྟོས་ན་སྡོམ་པ་ཀུན་དགོས་པ་སྒྲུབ་ནུས་ལས་ཉམས་པའི་ཕྱིར་ཏེ། རྒྱ་ཆེར་འགྲེལ་ལས། དགེ་སློང་ཕམ་པར་གྱུར་པ་ལ་ནི་སྡོམ་པ་ཡོད་དུ་ཟིན་ཀྱང་དེ་ལྷ་མོད་ཀྱི་དགོས་པ་མེད་པ་ཉིད་དུ་འགྱུར་ཏེ་ཚངས་པ་མཚུངས་པར་སྤྱོད་པ་རྣམས་དང་ལྷན་ཅིག་གནས་པ་དང་ལོངས་སྤྱོད་པ་མེད་པའི་ཕྱིར་དང་། སྡོམ་པ་ཡང་དག་པར་བླང་བ་ནི་རྣམ་པར་གྲོལ་བ་ཐོབ་པའི་ཆེད་ཡིན་ལ། དེས་རྣམ་པར་གྲོལ་བ་ཐག་རིང་དུ་བྱས་པའི་ཕྱིར། དེས་ན་དེའི་སྡོམ་པ་མེད་པ་དང་འདྲའོ་ཞེས་གསུངས་པས་སོ། །ཞེས་ཟེར་རོ། །དེས་ན་ཉམས་པ་དང་མི་འཆགས་པ་གཉིས་ལྟུང་བ་ལ་སྦྱོར་ན་ཉེས་བྱས་ཙམ་མོ། །

གཉིས་པ་ལྟུང་བ་དང་ལྟུང་མེད་ཀྱི་རྣམ་གཞག་བཤད་པ་ནི། སྨེ་ལྷའི་དངོས་གཞིའི་ཉེས་པ་སྐྱེད་མི་བསྐྱེད་ཀྱི་མཚམས་འདི་ལྟར་དང་པོའི་ལས་ཅན་བཟང་བྱིན་ལྷ་བུ་ནི་སྟོན་པའི་བཅས་པ་དང་མ་འབྲེལ་བའི་ཕྱིར་དང་། སེམས་འཁྲུགས་ཤིང་སྡུག་བསྔལ་གྱི་ཚོར་བས་ཤིན་ཏུ་གཟིར་བས་ནི་བསམ་པ་རང་བཞིན་དུ་མི་གནས་པའི་ཕྱིར་སྤང་བླང་གི་མཚམས་ཕྲ་རགས་ཀྱི་རྣམ་པ་ཐམས་ཅད་ཇི་བཞིན་སྒྲུབ་པར་མ་ནུས་པ་ལ་དངོས་གཞིའི་ཉེས་པ་མེད་དེ། སྨྱོན་པས་མི་བསད་པ་དང་རྨི་ལམ་དུ་ཉེས་པ་སྤྱད་པ་བཞིན་ནོ། །

གསུམ་པ་ཕྱིར་བཅོས་ཚུལ་ལ། བཅབས་ཉེས་ངོས་བཟུང་བ་དང་། ཕྱིར་བཅོས་དངོས་གཉིས་ལས། དང་པོ་འཆབ་པ་ཡོད་མེད་ཀྱི་ལྟུང་བ་དངོས་གཞི་ཕྱིར་བཅོས་སུ་རུང་མི་རུང་གི་མཚམས་བསྟན་པ་ནི་འཆབ་པ་ཞེས་གྲགས་པ་ཉེས་པ་གསང་འདོད་ཀྱི་བསམ་པ་ཙམ་ནི་འཆབ་སེམས་ཏེ། དེས་ཀུན་ནས་བསླངས་ཏེ་ངག་གིས་གཞན་ལ་མི་བརྗོད་པ་དང་། ལུས་ཀྱི་རྣམ་འགྱུར་ནི་འཆབ་པའི་ལྟུང་བ་སྟེ་ཉེས་པར་བྱེད་པ་རིག་བྱེད་དང་། བྱ་བའི་ངོ་བོ་རིག་བྱེད་མ་ཡིན་པའོ། །

གང་ལ་འབྱུང་བའི་རྟེན་ནི་ལྟུང་ལྟུང་མིན་གྱི་རྣམ་དབྱེ་དྲན་ནུས་པའི་དགེ་སློང་སོགས་ལས་གཞན་ལ་མི་འབྱུང་ཞིང་། དེ་ཡང་ཕམ་པ་ནི་འཆབ་སེམས་སྐད་ཅིག་མ་ཙམ་སྐྱེས་ཀྱང་འཆབ་བཅས་སུ་འགྱུར་ལ། ལྟག་མའི་སྒོ་སྦྱོང་ལ་ཞག་ཏུ་ལོང་བར་བཅབ་དགོས་སོ། །

དེ་ཡང་བསླབ་པ་མ་ཕུལ་བར་ཕམ་པ་འཆབ་བཅས་གཅིག་ཙམ་བྱུང་ན་ཚེ་འདིར་ལྟུང་བའི་དངོས་གཞི་ཕྱིར་གསོར་མི་རུང་བ་ཡིན་ཏེ། ཇི་སྐད་དུ། ཉེས་རྫོམ་བྱེད་དང་ཁྲིམ་སུན་འབྱིན་པ་དང་། །འདིར་ནི་གསུམ་པ་ཚུལ་ཁྲིམས་འཆལ་བ་དག །འཐབ་མོ་སྤྱངས་ཏེ་གཏྲི་བརྟུང་བྱས་ནས། །ཆུ་ཤིང་རུལ་བ་བཞིན་དུ་དེ་བསྐྲད་བྱ། །ཞེས་གསུངས་པའི་ཕྱིར་རོ། །འོན་ཀྱང་རང་གིས་འགྱོད་སྡོམ་གྱིས་བཤགས་པ་བྱས་ན་རྣམ་སྨིན་གྱི་ཉེས་པ་དག་ནས་ངན་སོང་དུ་ལྟུང་བར་མི་འགྱུར་བ་ཞིག་འོང་བས་འབད་པར་བྱའོ། །དེ་ལྟར་མ་བཤགས་ན་ཚེ་འདི་ཕྱིའི་ཉེས་དམིགས་རང་ལ་འབྱུང་བར་མ་ཟད། གཞན་དག་ཚུལ་འཆལ་དེ་དང་ལྷན་ཅིག་ཞག་ལོན་དུ་ཉལ་ན་ལོ་བྱེ་བ་ཕྲག་བཅུ་བཞི་དང་སྟོང་ཕྲག་བཅུ་བཞིར་དམྱལ་བར་སྐྱེ་བར་བཤད་དོ། །གལ་ཏེ་སྡེ་སྣོད་འཛིན་པ་ཡིན་ན་དགེ་འདུན་དང་ལྷན་ཅིག་ལོངས་སྤྱོད་དུ་མི་དབང་ཡང་གནས་ལོངས་སྦྱིན་པ་སོགས་ཀྱིས་རྗེས་སུ་བཟུང་ཞིང་བཟོད་པ་གསོལ་བའི་དུས་མ་བླང་ན། དེ་ནས་བཟུང་གནས་ཆོས་ཀྱི་རྙེད་པའི་རིན་ཐང་བརྩིས་ནས་ཚང་ན་དགེ་འདུན་ལ་ཕམ་པ་འབྱུང་བར་གསུངས་སོ། །

གཉིས་པ་ཕྱིར་བཅོས་དངོས་ནི། དེ་ལས་གཞན་གསོ་བར་རུང་བ་རྣམས་ཕྱིར་བཅོས་པའི་ཚུལ་ཕམ་བཞི་གང་རུང་བྱུང་ནས་འཆབ་པའི་སེམས་སྐད་ཅིག་མ་ཙམ་ཡང་མེད་ན་ལྟུང་བའི་དངོས་པོ་དེ་མི་གསང་མི་སྦེད་པར་དག་ཏུ་བརྗོད་པ་ཡིས་ཡུལ་དགེ་འདུན་མཚན་ཉིད་དང་ལྡན་པ་ལ་བཤགས་ཤིང་། ཡུལ་གྱིས་ཉེས་པ་ལ་ཉེས་པར་མཐོང་ངམ་ཞེས་དྲིས་པ་ན། ཤེས་བཞིན་རྫུན་དུ་མ་སོང་བར་སྙིང་ནས་ལྟུང་བའི་ཉེས་པ་ལ་ཡིད་ཆེས་པའི་སྒོ་ནས་མཐོང་ལགས་ཞེས་བརྗོད་ཅིང་། ཕྱིན་ཆད་ལེགས་པར་སྡོམ་མམ་ཞེས་དྲིས་པའི་ཚེ་སྲོག་ལ་བབ་ཀྱང་དེ་འདྲའི་ཉེས་པ་མི་བྱེད་སྙམ་པའི་བསམ་པས། སྡོམ་ལགས་ཞེས་བརྗོད་དེ་བཤགས་པར་བྱ་བ་ཡིན་ལ། དེ་ཇི་ལྟར་བྱ་བའི་ཚུལ། སྦྱོར་བ་གསོལ་གདབ་སྟོན་དུ་འགྲོ་བས་དངོས་གཞི་གསོལ་བཞིའི་ལས་ཀྱིས་ཚད་པ་ལས་ཀྱི་བསླབ་

པ་བྱིན་ནས་ཇི་སྲིད་འཚོའི་བར་དམན་སྤྱོད་ལྔ་དང་དུ་ལེན་ཅིང་། ཁྱད་སྤྱོད་ལྔ་སྤོང་བའི་ཀུན་སྤྱོད་ཀྱིས་གནས་པར་ཁས་བླངས་པས་འདག་པར་གསུངས་པ་ནི་མདོའི་དངོས་བསྟན་ལྟར་ཡིན་ལ། དེ་ལྟར་བཤགས་རྗེས་དགེ་སློང་གི་སྡོམ་པ་སླར་ནོད་ནས། ཆད་པ་ལས་ཀྱི་བསླབ་པ་སྦྱིན་པ་ནི་སེམས་ཙམ་པ་ཡན་ཆད་ཀྱི་བཞེད་པ་ཡིན་པར་སྣང་ངོ་། །

དགེ་འདུན་ལྷག་མ་བཅུ་གསུམ་པོ་ནི་ཞག་དང་མ་འབྲེལ་བའི་འཆབ་ཉེས་རྣམས་བསྒོ་གྱུར་ཡིན་ན་མཚམས་ནང་གི་དགེ་སློང་ཐམས་ཅད་དང་། གཞན་རྣམས་གཅིག་གི་དྲུང་དུ་མཐོལ་ལ། ཞག་ཏུ་ལོང་བའི་བཅབས་ཉེས་ནི་གང་ཟག་ཁྱད་པར་ཅན་མིན་པས་ཅི་ཙམ་བཅབས་པའི་ཞག་གྲངས་དང་ཉམས་པར་སྤྱོ་བ་དང་། དངོས་གཞི་མགུ་བ་སྤྱད་ཚུལ་རྣམས་ནི་སྟེང་སྤྱི་དོན་གྱི་སྐབས་སུ་བཤད་གྲུབ་ལ༑ གང་ཟག་ཁྱད་པར་ཅན་གྱི་ལྷག་མའི་ཕྱིར་བཅོས་ནི། ཇི་སྐད་དུ། ངོ་ཚ་དང་ལྡན་པ་དང་། འདུལ་བ་འཛིན་པ་དང་། མདོ་སྡེ་འཛིན་པ་དང་། མ་མོ་འཛིན་པ་དང་། ཤེས་པས་ནི་གཅིག་གི་མདུན་དུ་བཤགས་པས་དགེ་འདུན་ལྷག་མ་ལས་ལྡང་ངོ་། །ཞེས་སོ། །

དེ་ལ་སོགས་པ་ལྟུང་བ་གཞན་རྣམས་ལྕི་ཡང་ལ་ལྟོས་ནས་བཤགས་ཏེ་རིམ་པར་ཉེས་པ་ལས་ལྡང་བའི་ཚུལ་ནི། ཕམ་སྤོམ་ལྕི་བ་ལ་ཡུལ་དགེ་སློང་དྲུག ཡང་བ་ལ་ལྔ། ལྷག་སྤོམ་ལྕི་བ་ལ་བཞི། ཡང་བ་ལ་གཅིག་གི་དྲུང་དུ་བཤགས་པས་འདག་ལ། སྤང་ལྟུང་སོགས་སྡེ་ཚན་ཕྱི་མ་རྣམས་དང་། དགེ་ཚུལ་གྱི་ཉེས་ལྟུང་བཤགས་ཚུལ་རྣམས་སྟེང་རང་རང་གི་བསྲུང་བྱ་བཤད་པའི་སྐབས་སུ་ཕྱོགས་ཙམ་བསྟན་པ་ཡིན་ནོ། །ལར་དུས་ཐམས་ཅད་དུ་ལྟུང་བ་ནམ་བྱུང་བའི་ཚེ་མཐོལ་བཤགས་བྱ་བ་ལ་འབད་པར་བྱ་ཞིང་། འཆི་བའི་ཚེ་ལྟུང་བ་མེད་པ་ཞིག་གལ་ཆེ་ལ། གལ་ཏེ་འཆི་བ་དེའི་ཚེ་ན་ཉེས་པ་མ་བཤགས་པ་དྲན་རྒྱུ་ཡོད་ན་ལུས་ངག་གིས་མཐོལ་བཤགས་ཚད་ལྡན་མ་ནུས་ཀྱང་ཡིད་ཀྱིས་བཤགས་སྡོམ་བྱས་པས་ཀྱང་འདག་པར་འགྱུར་ཏེ་མདོར། མཐར་དེ་ལ་རྒྱལ་རྐྱེན་མ་འགྱོར་བ་ཉིད་ན་ལས་བྱས་པ་དང་འདྲའོ་ཞེས་གསུངས་པའི་ཕྱིར་རོ། །དེ་རྣམས་ནི་ཉེས་པ་ཕྱིར་བཅོས་ཚུལ་ཡིན་ལ། མི་ནུས་པ་བྱིན་གྱིས་རླབས་པའི་ཚུལ་ནི། ཆད་ལས་དགོས་པའི་རིགས་སྔོན་དུ་མ་སོང་བ་དང་། བཤགས་ཡུལ་མེད་པ་དང་། ལྟུང་ཕྱིར་རྟོད་པ་སོགས་ཀྱི་རྐྱེན་དབང་གིས་བཤགས་པ་མ་

གྲུབ་པ་རྣམས་ལས་གྲལ་དུ་མ་འདུས་གོང་དུ་བྱིན་གྱིས་བརླབས་ཤིང་ལྟུང་བ་ཐུན་མོང་བ་རྣམས་འདུས་ནས་གསོལ་བའི་ལས་ཀྱིས་བྱིན་གྱིས་བརླབས་པ་ཡིན་ནོ། །

དེ་ལྟར་བཤགས་པའི་ཚེ་ཡང་མེད་དུ་མི་རུང་བའི་གནད་དོན། མདོར་བསྡུ་ན་གཉེན་པོ་སྟོབས་བཞིར་མ་འདུས་པའི་བཤགས་པ་མེད་དེ། ཆོས་བཞི་བསྟན་པའི་མདོ་ལས། བྱམས་པ་བྱང་ཆུབ་སེམས་དཔའ་ཆོས་དང་ལྡན་ན་སྡིག་པ་བྱས་ཤིང་བསགས་པ་ཐམས་ཅད་ཟིལ་གྱིས་གནོན་པར་འགྱུར་རོ། །བཞི་གང་ཞེ་ན། འདི་ལྟ་སྟེ། རྣམ་པར་སུན་འབྱིན་པ་ཀུན་ཏུ་སྤྱོད་པ་དང་། གཉེན་པོ་ཀུན་ཏུ་སྤྱོད་པ་དང་། སོར་ཆུད་པའི་སྟོབས་དང་། རྟེན་གྱི་སྟོབས་སོ། །ཞེས་གསུངས་པའི་ཕྱིར། དེ་ཡང་སྔར་བྱས་པའི་ཉེས་ལྟུང་ལ་འགྱོད་བཤགས་བྱ་ཚུལ། དཔེར་ན་འགའ་ཞིག་གིས་མ་ཤེས་ཏེ་དུག་འཐུང་བས་ནད་ཀྱིས་གཟིར་བ་ན་འགྱོད་ནས་སྔར་སྐྱུགས་པ་ལྟར་ཁ་ཙམ་མ་ཡིན་པར་འགྱོད་པ་སྙིང་ནས་བསྐྱེད་པ་ནི་རྣམ་པར་སུན་འབྱིན་པའི་སྟོབས་དང་། དུག་ནད་ཀྱི་གཉེན་པོ་ལ་སྨན་བསྟེན་པ་བཞིན་སྒོ་གསུམ་གྱི་འཇུག་པ་དྲག་པོ་ཡིས་ཉེས་པ་འདག་པའི་ཕྱིར་དགེ་བའི་ཕྱོགས་ཀྱི་གཉེན་པོ་ལ་ཀུན་ཏུ་སྤྱོད་པའི་སྟོབས་དང་། ཕྱིས་དུག་མི་འཐུང་བ་ལྟར་དེ་ལྟར་ལྟུང་བ་སྡོམ་བཤགས་ནས། ཕྱིས་སུ་ནི་འདྲ་བའི་ཉེས་པ་མི་བྱེད་སྙམ་དུ་བསམ་ནས་ཉེས་སྤྱོད་སྡོམ་པ་ལ་བཤགས་ན་དག་པའི་ཕན་ཡོན་དང་། མ་བཤགས་ན་འདི་ཕྱིའི་ཉེས་དམིགས་ཡོད་པ་ལ་ངེས་ཤེས་དྲག་པོ་བསྐྱེད་པ་རྣམ་པར་སོར་ཆུད་པའི་སྟོབས་དང་། དུག་གི་གཉེན་པོ་སྨན་སྟེར་བའི་སྨན་པ་བསྟེན་པ་ལྟར་མཆོག་གསུམ་ལ་སྐྱབས་སུ་འགྲོ་ཞིང་བྱང་ཆུབ་མཆོག་ཏུ་སེམས་བསྐྱེད་པ་དང་། ཕུང་པོ་གསུམ་པའི་མདོ་སོགས་འདོན་པའི་སྒོ་ནས་ལྟུང་བ་བཤགས་པའི་མདོ་ལ་སོགས་པ་ཡིད་ཆེས་པའི་དད་པ་དྲག་པོའི་སྒོ་ནས་བྱེད་པ་སྟེ་རྟེན་གྱི་སྟོབས་དང་བཞི་པོ་ལ་ཚུལ་བཞིན་དུ་སྤྱོད་ན་ལྟུང་བའི་འབྲས་བུ་ཕྱི་མའི་སྡུག་བསྔལ་བསྐྱེད་ནུས་རྣམས་འདག་ནུས་པས་འབད་པ་དོན་དང་ལྡན་པ་ཡིན་ལ། འོན་ཀྱང་ཆོས་འདི་པའི་ལུགས་ཀྱི་བཤགས་ཚུལ་རྣམས་སྔར་བཤད་པ་ལྟར་མ་བྱས་ན། ལྟུང་བ་དངོས་གཞི་ལས་ལྡང་མི་ནུས་པས་གཉིས་ཀ་ཆུན་གཅིག་དྲིལ་དུ་བྱེད་པ་གལ་ཆེའོ། །

དེ་ལྟར་ཚུལ་བཞིན་བཤགས་པས་ཉེས་པ་འདག་པ་དེ་ལྟ་མོད། འོན་ཀྱང་སྡིག་ལྟུང་སྟོབས

དང་ལྡན་པ་བྱུང་རེས་ཀྱི་དེའི་གཉེན་པོ་ལ་ཚུལ་བཞིན་དུ་སྤྱོད་ན། དཔེར་ན་རྩ་ལྟུང་འཆབ་མེད་ཕྱིར་བཅོས་བྱས་ཀྱང་དངོས་གཞི་འདག་མི་ནུས་པས་དག་བཅོམ་ཐོབ་པ་གཞན་ལས་ཆེས་དཀའ་བས་མཆོན་ནས་རྣམ་གྲོལ་གྱི་ས་གོང་མའི་ཡོན་ཏན་ཐོབ་པ་ལ་ཡུན་རིང་དུ་འགོར་ཏེ། ཕྲ་ཞིང་ཕྲ་བ་ནས་སྙིང་དང་མིག་གི་འབྲས་བུ་ལྟར་ལས་ཀྱང་ལྷག་པར་སྲུང་དགོས་ཏེ་ལུང་ལས། གང་ཞིག་སྟོན་པ་ཐུགས་རྗེའི་བསྟན་པ་ལ། །ཡང་བར་སེམས་ཤིང་ཅུང་ཟད་འདའ་བྱེད་པ། །དེ་ནི་དེ་ལས་སྡུག་བསྔལ་གཞན་དབང་ཐོབ། །སྨྱིག་ཚལ་བྲེགས་པས་ཨམྲའི་ཚལ་ཉམས་བཞིན། །འདི་ན་ལ་ལ་རྒྱལ་པོའི་ཚིག་ཆེན་པོ། །ལན་འགའ་འདས་ནའང་ཆད་པ་ཐོབ་མི་འགྱུར། །ཐུབ་པའི་བཀའ་ལུང་ཚུལ་མིན་འདས་བྱས་ན། །དུད་འགྲོར་སྐྱེ་འགྱུར་ཨེ་ལའི་འདབ་གླུ་བཞིན། །ཞེས་པ་ལྟར་ཉེས་པ་ཆུང་ངུས་ཀྱང་རྣམ་སྨིན་ཆེན་པོ་བསྐྱེད་ལ། ཉམས་པའི་ཉེས་པ་གཞན་ཡང་སྟེ་མ་ལས། དམ་ཆོས་ཐོས་པར་མི་འགྱུར་ལ། །ཐོས་པ་མྱུར་དུ་བརྗེད་པར་འགྱུར། །ས་ལམ་རྟོགས་པའང་ཡོངས་མི་སྐྱེ། །ཞེས་གསུངས་ཤིང་། གལ་ཏེ་ཚུལ་ཁྲིམས་འཆལ་བར་གྱུར་ནའང་གཞན་ལ་མ་བརྗོད་ན་གཞན་གྱིས་ཁྲེལ་བ་ལ་སོགས་པ་མི་འབྱུང་ངོ་སྙམ་ན་སྐྱེས་རབས་ལས། མ་མཐོང་བཞིན་དུ་སྡིག་པ་བྱེད་ན་ཡང་། །དུག་ཟོས་བཞིན་དུ་བདེ་བར་མི་འགྱུར་ཏེ། །ལྷ་དང་རྣལ་འབྱོར་ཅན་གྱི་མི་དག་གི། །རྣམ་དག་མིག་གིས་མི་མཐོང་མི་སྲིད་དེ། །ཞེས་པ་ལྟར་ས་བླ་ན་གནས་པའི་ལྷ་རྣམས་ཀྱིས་བསྒྲགས་པས་གཏམ་ངན་ཕྱོགས་སུ་ཁྱབ་པ་དང་། ལྷ་དང་བཅས་པས་ཁྲེལ་བ་དང་། དམ་པའི་མདུན་དུ་ངོ་གནོང་བ་དང་། དགེ་འདུན་ཚོགས་པའི་དབུས་སུ་བག་ཚ་བ་དང་། སྦྱིན་བདག་གི་ཡོན་ལེན་པ་ལ་དཔའ་ཞུམ་པ་དང་། དཀར་ཕྱོགས་ཀྱི་ལྷ་རྣམས་ཀྱིས་མི་སྲུང་ཞིང་། ནག་ཕྱོགས་བདུད་རིགས་རྣམས་ཀྱིས་གླགས་རྙེད་པ་དང་། ཚེ་འདིར་མི་འདོད་པ་ཐམས་ཅད་ཐོག་ཏུ་འབབ་ཅིང་། ཕྱི་མ་ཕམ་ལྷག་སྦོམ་པོ་ལྟུང་བྱེད་སོར་བཤགས་ཉེས་བྱས་རྣམས་ལས་འདས་ན་རིམ་པར་ཚ་བའི་དམྱལ་བ་ནས་ཡང་སོས་ཀྱི་བར་དུ་སྐྱེ་བར་གསུངས་པས་གཟབ་དགོས་སོ། །

སྨྲབཞི་པ་ཕན་ཡོན་ནི། ཚུལ་བཞིན་དུ་མ་ཉམས་པར་སྲུང་ན་དེའི་ཕན་ཡོན་ནི། ཚེ་འདིར་ནད་དང་རྒྱལ་པོའི་ཆད་པ་སོགས་ལས་ཐར་པའི་ཕྱིར་བླང་ན་དེ་འདྲའི་རྐྱེན་འགའ་ཞིག་སེལ་ནུས

ཀྱང་འཇིགས་སྐྱོབ་ཀྱི་ཚུལ་ཁྲིམས་ཙམ་ཡིན་ལ། ཕྱི་མ་ངན་སོང་གི་སྡུག་བསྔལ་གྱིས་འཇིགས་ནས། མངོན་མཐོ་ཙམ་ཐོབ་པའི་ཆེད་དུ་བླང་ན་ལེགས་སྨོན་གྱི་ཚུལ་ཁྲིམས་ཞེས་རང་གི་ཇི་ལྟར་འདོད་པ་བཞིན་ལྷ་མིའི་བདེ་འབྲས་ཐོབ་པ་ཡིན་ཀྱང་ངེས་འབྱུང་གི་བསམ་པས་མ་ཟིན་པ་ཐར་པ་ཐོབ་པའི་ཐབས་མིན་ནོ། །དེས་ན་འཁོར་བ་ལས་ངེས་པར་འབྱུང་བ་མྱང་འདས་གསུམ་གང་རུང་ཐོབ་པར་འདོད་པའི་བསམ་པས་ཟིན་པའི་རིགས་བརྒྱད་གང་རུང་གི་ཚུལ་ཁྲིམས་བླངས་ནས། སྡོམ་པ་མ་ཉམས་པར་སྲུང་བ་དང་ལྡན་ན་དགྲ་བཅོམ་པ་སོགས་མྱང་འདས་གསུམ་གང་དོན་དུ་གཉེར་བ་དེ་ཐོབ་པ་ནི། དཔེར་ན་གཙུང་དགའ་བོས་དང་པོའི་དུས་སུ་སྟོན་པའི་བཀས་དབང་མེད་དུ་སྡོམ་པ་བླངས། དེ་རྗེས་སྟོན་པས་རྫུ་འཕྲུལ་གྱིས་ཁྲིད་དེ་ལྷའི་བུ་མོ་རྣམས་བསྟན་པས། ཕྱི་མ་དེ་དང་ལྡན་ཅིག་སྐྱེ་བར་འདོད་ནས་བསླབ་པ་ལ་བརྩོན་པས་སྔར་གྱིས་སྡོམ་པ་དེ་ལེགས་སྨོན་གྱི་ཚུལ་ཁྲིམས་སུ་གྱུར། དེའི་འོག་ཏུ་དམྱལ་བའི་སྡུག་བསྔལ་བསྟན་པས་ངེས་འབྱུང་གི་བསམ་པ་སྐྱེས་ནས་དེ་ཕྱིན་ཆད་སོ་ཐར་གྱི་སྡོམ་པ་མཚན་ཉིད་པར་གྱུར་ནས་དགྲ་བཅོམ་པའི་འབྲས་བུ་མངོན་དུ་བྱས་པའི་རྣམ་པར་ཐར་པ་བཞིན་ནོ། །

དེར་མ་ཟད་གནས་སྐབས་ཀྱི་ཕན་ཡོན་ཀྱང་། ཚངས་པ་མཚུངས་པར་སྤྱོད་པ་མཁས་པ་རྣམས་ཀྱིས་བསྔགས་པར་འོས་པ་དང་། འཕགས་ནོར་བདུན་གྱིས་ཕྱུག་པ་དང་། འགྱོད་པ་མེད་པར་འཆི་བའི་དུས་བྱས་ནས་ཕྱི་མར་ཕམ་པ་སོགས་ལྟ་བསྲུངས་པས། གཞན་འཕྲུལ་དབང་བྱེད། འཕྲུལ་དགའ་སོགས་འདོད་པའི་ལྷ་ལྷའི་གནས་སུ་སྐྱེ་ཞིང་། མཐར་ཐུག་འགྱོད་པ་མེད་པའི་ཚུལ་ཁྲིམས་ལ་བརྟེན་ནས་རྩེ་གཅིག་པའི་ཏིང་ངེ་འཛིན་ཐོབ་ཅིང་དེ་ལ་བརྟེན་ནས་མི་རྟག་པའི་ཤེས་རབ་ཀྱིས་སྲིད་རྩ་བཅད་དེ་མྱ་ངན་ལས་འདས་པ་ཐོབ་པར་འགྱུར་ཏེ། ས་གའི་ལྟས། རབ་བསྔགས་ནོར་ནི་ཕུན་ཚོགས་ཤིང་། །ལྷ་ཡི་ཁང་བཟང་དམ་པར་སྐྱེ། །ཏིང་ངེ་འཛིན་དང་ངེས་འབྱུང་ཐོབ། །ཚུལ་ཁྲིམས་འདི་ནི་འབྲས་བུ་ཆེ། །ཞེས་དང་། དགེ་སློང་ལ་རབ་ཏུ་གཅེས་པའི་མདོ་ལས། ཤིན་ཏུ་ལེགས་པར་ཚུལ་ཁྲིམས་གང་། །སྡོམ་པའི་མི་དེ་མཛེས་པའི་གཟུགས། །འདུལ་བ་ལ་ནི་ཉེ་བར་གནས། །ཚུལ་ཁྲིམས་བསླབ་ལ་རང་ཡིད་ཆེས། །མི་དེ་ཉི་མ་གཅིག་ལ་ཡང་། །བསོད་ནམས་ཕུང་

པོ་དཔག་ཏུ་མེད། །གསོག་ཅིང་སངས་རྒྱས་འབྲས་བུ་འགྲུབ། །ཅེས་སོ། །

སྡོམ་པ་དེ་རྣམས་ཡོན་ཏན་གོང་མ་རྣམས་ཀྱི་རྟེན་དུ་འགྱུར་བ་ལ་སོགས་པའི་ཕན་ཡོན་ནི། སྐྱབས་གསུམ་འཛིན་པའི་དགེ་བསྙེན་ལས་ཡོངས་རྫོགས་དགེ་བསྙེན་དང་། དེ་བཞིན་དུ་སོགས་ཁོངས་ནས་དགེ་ཚུལ་དང་དགེ་སློང་གི་སྡོམ་པ་སྟེ་ཡོན་ཏན་ཕྱི་མ་ཕྱི་མ་མཆོག་ཏུ་གྲུབ་ཅིང་སྔ་མ་སྔ་མ་རྣམས་ཕྱི་མ་ཕྱི་མའི་ཐུན་མོང་གི་ལམ་དུ་འགྲོ་བ་ཡིན་པའི་ཕྱིར། སོ་ཐར་གྱི་སྡོམ་པ་དེ་དག་ཀྱང་སེམས་བསྐྱེད་ཀྱི་སྡོམ་པའི་རྟེན་དུ་འགྲོ་ཞིང་། དེ་གཉིས་ཀ་གསང་སྔགས་ཀྱི་སྡོམ་པའི་རྟེན་དུ་འགྲོ་བ་དེའི་ཕྱིར་ན། སྡོམ་པ་གོང་མ་གཉིས་ཀྱི་གདུལ་བྱ་ལའང་འོག་མ་གཉིས་འགྲོ་དགོས་པའི་ཚུལ། སོར་སྡོམ་རང་གི་ནང་གསེས་ཀྱི་གོང་འོག་རྣམས་རྟེན་དང་བརྟེན་པར་བཤད་པའི་ཚུལ་དེ་དང་མཚུངས་ཤིང་། རྒྱུ་མཚན་དེའི་ཕྱིར་ན་ངེས་འབྱུང་གི་ཚུལ་ཁྲིམས་ནི་ལུང་དང་རྟོགས་པའི་ཡོན་ཏན་ཐམས་ཅད་ཀུན་གྱི་བསྐྱེད་པའི་གཞི་དང་། སྐྱེས་པ་གོང་དུ་འཕེལ་བར་བྱེད་པའི་རྟེན་དུ་འགྱུར་བ་ཡིན་ཏེ། བཤེས་སྤྲིངས་ལས། ཁྲིམས་ནི་རྒྱུ་དང་མི་རྒྱུའི་ས་བཞིན་དུ། །ཡོན་ཏན་ཀུན་གྱི་གཞི་རྟེན་ལགས་པར་གསུངས། །ཞེས་སོ། །

དེ་ཡང་སྟོན་པ་བསྟན་པ་དར་བའི་དུས་སུ་ཡུན་རིང་པོར་བསླབ་གཞི་ཡོངས་རྫོགས་ཀྱི་ཚུལ་ཁྲིམས་རྣམ་དག་སྲུང་བ་ལས། ད་ལྟ་བསྟན་པ་ནུབ་ལ་ཉེ་བའི་དུས་འདིར་ཉིན་ཞག་གཅིག་གི་རིང་ལ་བསླབ་གཞི་གཅིག་ཙམ་སྲུང་བ་ཕན་ཡོན་ཆེ་སྟེ། ཏིང་འཛིན་རྒྱལ་པོ་ལས། བསྐལ་པ་བྱེ་བ་གངྒཱའི་བྱེ་སྙེད་དུ། །དང་བའི་སེམས་ཀྱིས་ཟས་དང་སྐོམ་རྣམས་དང་། །གདུགས་དང་བ་དན་མར་མེའི་ཕྲེང་བ་ཡིས། །སངས་རྒྱས་བྱེ་བ་ཁྲག་ཁྲིག་རིམ་གྲོར་བྱས། །གང་ཞིག་དམ་ཆོས་རབ་ཏུ་འཇིག་པ་དང་། །བདེ་གཤེགས་བསྟན་པ་འགག་པར་འགྱུར་བའི་ཚེ། །ཉིན་མཚན་དུ་ནི་བསླབ་པ་གཅིག་སྤྱོད་པ། །བསོད་ནམས་འདི་ནི་དེ་བས་ཁྱད་པར་འཕགས། །ཞེས་གསུངས་པའི་ཕྱིར་རོ། །འདུལ་བ་སོ་ཐར་གྱི་རིམ་པར་ཕྱེ་བ་སྟེ་གཉིས་པའི་རྣམ་པར་བཤད་པའོ། །

དེ་ནས་གསུམ་པ་བྱང་ཆུབ་སེམས་དཔའི་བསླབ་པའི་མཚམས་རྣམ་པར་གཞག་པའི་རིམ་པར་ཕྱེ་བའི་དོན་བཤད་པར་བྱ་སྟེ། དེ་ཡང་སྲིད་པ་འདི་ན་མངོན་མཐོའི་དཔལ་ཧེ་སྙེད་ཅིག་ཡོད་པ

འདི་རྣམས་མ་ཟད་ཉན་ཐོས་དང་རང་སངས་རྒྱས་རྣམས་ཀྱི་ཞི་བ་མྱ་ངན་ལས་འདས་པའི་ཡོན་ཏན་དག་ཀུང་བདེ་བར་གཤེགས་པའི་གསུང་གི་རྒྱུ་ཁོ་ན་ལས་བྱུང་བ་ཡིན་ཞིང། སངས་རྒྱས་ཉིད་ནི་བྱང་ཆུབ་སེམས་དཔའི་གནས་སྐབས་ན་གྲངས་མེད་གསུམ་སོགས་སུ་ཚོགས་གཉིས་བསགས་པ་ལས་བྱུང་ལ། བྱང་ཆུབ་སེམས་དཔའ་ཉིད་ཀྱང་བྱང་ཆུབ་ཏུ་སེམས་བསྐྱེད་པ་ལས་འབྱུངས་པས་ན། བྱང་ཆུབ་ཀྱི་སེམས་རིན་པོ་ཆེ་ནི་དཀོན་མཆོག་གསུམ་གྱི་འབྱུང་གནས་ཏེ། ཇི་སྐད་དུ། སློབ་དཔོན་ཟླ་བ་གྲགས་པའི་ཞལ་ནས་ཀྱང། ཉན་ཐོས་སངས་རྒྱས་འབྲིང་རྣམས་ཐུབ་དབང་སྐྱེས། །སངས་རྒྱས་བྱང་ཆུབ་སེམས་དཔའ་ལས་འབྱུངས་ཤིང། །སྙིང་རྗེའི་སེམས་དང་གཉིས་སུ་མེད་བློ་དང། །བྱང་ཆུབ་སེམས་ནི་རྒྱལ་སྲས་རྣམས་ཀྱི་རྒྱུ། །ཞེས་གསུངས་ལ། དེ་ལྟ་བུའི་བརྗོད་བྱ་ཕུན་སུམ་ཚོགས་པའི་དོན་སྟོན་པའི་ཐེག་པ་ཆེན་པོ་སྡེ་སྣོད་རྣམས་ནི་རྒྱལ་སྲས་རྣམས་ལ་ཇི་ལྟར་བསླབ་པར་བྱ་བའི་དོན་མ་ནོར་བར་འདོམས་པ་དང། བསླབ་པ་སྒྲུབ་པའི་རྟེན་གནས་ཀྱང་ཡིན་པའི་ཕྱིར། མཆོག་གསུམ་དངོས་ཀྱི་ངོ་བོར་བཞུགས་པ་ཡིན་ལ།

དེའི་རང་བཞིན་གཏན་ལ་དབབ་པའི་ཚུལ་ལ། ཁོག་དབུབ་གླེང་གཞི། སྡོམ་པ་མ་ཐོབ་པ་ཐོབ་བྱེད། ཐོབ་པ་མི་ཉམས་པར་སྲུང་བའི་ཐབས། ཉམས་ན་ཕྱིར་བཅོས་ཚུལ་ཏེ་དོན་རྣམ་པ་བཞིའི། དང་པོ་ཇི་ལྟར་བྱུང་བ་དང་ངོ་བོ་དང་དབྱེ་བའི་སྒོ་ནས་ཁོག་དབུབ་པ་ལ། དང་པོ་ནི། སྟོན་པ་འདི་ཉིད་བསྐལ་པ་གྲངས་མེད་བསམ་གྱིས་མི་ཁྱབ་པའི་སྔ་རོལ་དུ་དབང་པོའི་ཏོག་ཅེས་བྱ་བར་སངས་རྒྱས་ཟིན་ཀྱང། བསྐལ༷་པ་བཟང༷་པོའི་དུས་འདིར་ཞིང་འདིའི་འགྲོ་བ་རྣམས་སྲིད་པ་ལས་ཞི་བའི༷་གྲོང་དུ་འདྲེན༷་པར༷་མཛད་པའི་ཆེད་དུ་སླར་ཡང་མཛད་པ་བཅུ་གཉིཾས་ལ་སོགས་པའི་སྒོ་ནས་མངོན་པར་བྱང་ཆུབ་པའི་ཚུལ་བསྟན་པ་ཡིན་ཏེ། རྒྱུད་བླ་མ་ལས། ཐུགས་རྗེ་ཆེན་པོས་འཇིག་རྟེན་མཁྱེན། །འཇིག་རྟེན་ཀུན་ལ་གཟིགས་ནས་ནི། །ཆོས་ཀྱི་སྐུ་ལས་མ་གཡོས་པར། །སྤྲུལ་པའི་རང་བཞིན་སྣ་ཚོགས་ཀྱིས། །ཞེས་པ་ནས། ཡོངས་སུ་མ་དག་ཞིང་རྣམས་སུ། །སྲིད་པ་ཇི་སྲིད་གནས་པར་སྟོན། །ཞེས་པའི་བར་ལྟར། སངས་རྒྱས་སྟོང་ལ་སོགས་པའི་རྣམ་པར་བྱོན་ནས་འགྲོ་བའི་དོན་མཛད་པ་དང། མ་འོངས་པ་ནའང་སྲིད་པ་ཇི་སྲིད་དུ་དེ་ལྟ་བུའི་རྣམ་པར་རོལ་པ་བསམ་གྱིས་མི་

ཁྱབ་པའི་སྒོ་ནས་འགྲོ་བའི་དོན་ལྷུན་གྱིས་གྲུབ་པར་མཛད་པ་ལས། ད་ལྟ་རྩོད་ལྡན་གྱི་དུས་འདིར་མཆོག་གི་སྤྲུལ་སྐུའི་རྣམ་པས་ཆོས་ཀྱི་རྣམ་གྲངས་ཇི་སྙེད་ཅིག་གསུངས་པ་ཐམས་ཅད་ཀྱང་། གདུལ་བྱའི་བློ་ལ་དེ་ལྟར་སྣང་བ་ཙམ་ལས་སྒྲ་ཚིག་རང་མཚན་པ་ནི་མེད་དེ། མདོ་སྡེ་ཡོན་ཏན་བཀོད་པའི་རྒྱལ་པོ་ལས། ང་ཡིས་ཅི་ཡང་མ་གསུངས་པར། །སེམས་ཅན་རྣམས་ལ་ཁྱབ་བརྡལ་སྣང་། །ཞེས་གསུངས་པའི་ཕྱིར་རོ། །

ཁྱད་པར་དུ་ཤིན་ཏུ་རྒྱས་པ་ཆེན་པོ་བྱང་ཆུབ་སེམས་དཔའི་སྡེ་སྣོད་ཇི་ལྟར་གསུངས་པའི་ཚུལ་ནི། ཕུན་སུམ་ཚོགས་པ་ལྔ་ལྡན་ཏེ། སྟོན་པ་ཕུན་སུམ་ཚོགས་པ་རྣམ་འདྲེན་བཞི་པ་ཐུབ༷་པ་ཆེ༷ན་པོ་དེ༷ས། གནས་བྱ་རྒོད༷་ཕུང༷་པོའི་རི་བོ་ལ་སོ༷གས་པར། འཁོར་སྤྱིར་ཐེག༷་པ་ཆེན༷་པོའི་རིག༷ས་ཅན༷་བྱེ་བྲག་འཁོར་རྣམ་པ་བཞི་དང་། ལྷ་དང་ཀླུ་ལ་སོགས་པ་ཐུན་མོང་བ་དང་། ཐུན་མོང་མ་ཡིན་པ་སར་གནས་ཀྱི་བྱང་སེམས་དཔག་ཏུ་མེད་པ་ལ༷། ཆོས་ལྷག་པ་སེམས་ཀྱི་བསླབ་པ་གཙོ་བོར་སྟོན་པ་མདོ་སྡེའི་འདུལ་བ་བྱང་སེམས་ཀྱི་བསླབ་པའི་མཚམས་རྣམ་པར་གཞག་པ་དང་། མདོ་སྡེའི་མདོ་སྡེ་ཏིང་ངེ་འཛིན་ཟབ་ཅིང་རྒྱ་ཆེ་བ་དང་། མདོ་སྡེའི་མངོན་པ་ས་ལམ་གཟུངས་ཏིང་གི་རབ་དབྱེ་རྣམས་སྟོན་པ་བཀའ་བར་པ་མཚན་ཉིད་མེད་པ་དང་། ཤེས་རབ་ཀྱི་བསླབ་པ་གཙོ་བོར་སྟོན་པའི་མངོན་པའི་འདུལ་བ་ཐབས་སླ་བས་ཉོན་མོངས་འདུལ་བ་དང་། མངོན་པའི་མདོ་སྡེ་ཟབ་མོའི་དོན་ལ་འཇུག་པའི་ཚུལ་དང་། མངོན་པའི་མངོན་པ་རྒྱ་ཆེ་བ་ཕུང་ཁམས་སྐྱེ་མཆེད་ཀྱི་རབ་དབྱེ་སོགས་དང་། ཁྱད་པར་དེ་བཞིན་གཤེགས་པའི་སྙིང་པོའི་ཁམས་གཏན་ལ་འབེབས་པ་རྣམས་བཀའ་ཐ་མ་ལེགས་པར་རྣམ་པར་ཕྱེ་བའི་ཆོས་ཀྱི་འཁོར་ལོ་སྟེ། ཚིག་དོན་ཤིན༷་ཏུ་ཟབ་ཅིང་རྒྱས༷་པ༷འི་སྡེ༷་སྣོད༷་དཔག༷་ཏུ་མེད་ཅིང་བསམ་ཡས༷་པ་རྣམས། དུས་གདུལ་བྱའི་མོས་པ་བཞིན་རིམ་གྱིས་སམ་ཅིག་ཆར་དུ་གསུངས་པ་ལྟར་སྣང་བར་མཛད་དེ། དེ་ཉིད་ལས། གང་ཚེ་རིམ་གྱིས་མངོན་འདོད་པ། །དེ་དག་ཀུན་ལ་དེ་བཞིན་ཏེ། །དུས་གཅིག་ཉིད་དུ་འཇུག་ཅན་ལ། །ཆོས་ཀྱི་རྣམ་གྲངས་རྫོགས་པར་སྣང་། །ཡིད་བཞིན་རེ་བ་རྣམས་སྐོང་བའི། །གསུང་གི་ཆེ་བ་དེ་ཉིད་དོ། །ཞེས་སོ། །དེ་ཡང་འཁོར་ལོ་གསུམ་པོ་དྲང་ངེས་སུ་འདོད་ཚུལ། བཀའ་དང་པོ་དྲང་དོན་དུ་འདོད་ཚུལ་ཐམས་ཅད་མཐུན་ལ། བར་ཐ

གཉིས་ལ་བཞེད་པ་མི་མཐུན་པ་མང་ཡང་། སྐབས་འདིར་ནི་བར་པ་དྲང་ངེས་ཕྱེད་མ་དང་། ཐ་མ་ངེས་དོན་དུ་འདོད་དེ། དགོངས་པ་དངོས་འགྲེལ་ལས། དང་པོ་གཉིས་ཀྱི་སྐབས་སུ་འཁོར་ལོ་བསྐོར་བ་དེ་ཡང་བླ་ན་མཆིས་པ། སྐབས་མཆིས་པ། དྲང་བའི་དོན་རྩོད་པའི་གཞིའི་གནས་སུ་གྱུར་པ། ཞེས་གསུངས་ཤིང་། ཐ་མའི་སྐབས་སུ་ངོ་མཚར་རྨད་དུ་བྱུང་བའི་ཆོས་ཀྱི་འཁོར་ལོ་བསྐོར་ཏེ། འཁོར་ལོ་བསྐོར་བ་འདི་ནི་བླ་ན་མ་མཆིས་པ། སྐབས་མ་མཆིས་པ། ངེས་པའི་དོན་ལགས་ཏེ་རྩོད་པའི་གཞིའི་གནས་སུ་གྱུར་པ་མ་ལགས་སོ། །ཞེས་གསུངས་པའི་ཕྱིར་དང་། མྱང་འདས་དང་གཟུངས་དབང་གིས་ཞུས་པའི་མདོར་འོ་མའི་སྨན་གྱི་དཔེ་དང་། ནོར་བུ་སྦྱོང་བའི་དཔེ་སོགས་ཀྱིས་གང་ཟག་བཀྲི་ཚུལ་གྱི་རིམ་དང་སྦྱར་ནས་གསུངས་པའི་ཕྱིར་རོ་ཞེས་བཞེད། དེ་ལྟར་གསུངས་པའི་སྡེ་སྣོད་རྣམས་རྗེས་འཇུག་རྣམས་ཀྱིས་བཀའི་བསྡུ་བ་དང་དགོངས་འགྲེལ་མཛད་པ་ལ་སོགས་པའི་སྒོ་ནས་ཇི་ལྟར་སྤེལ་བའི་ཚུལ་ནི། བཀའ་བསྡུ་ཐུན་མོང་བ་སྟར་ལྟར་ལ། ཐུན་མིན་ནི་རྒྱལ་པོའི་ཁབ་ཀྱི་ལྷོ་ཕྱོགས་བི་མ་སཾ་བྷ་བའི་རི་ལ་རྒྱལ་སྲས་འབུམ་ཕྲག་བཅུ་འདུས་ཏེ་བྱམས་པ་འཇམ་དབྱངས་གསང་བདག་གསུམ་གྱིས་སྡེ་སྣོད་གསུམ་བསྡུས་པར་བཤད་ཅིང་།

འདིར་ཤིང་རྟ་ཆེན་པོའི་སྲོལ་གཉིས་ཀྱི་དབང་དུ་བྱས་ན་ཟབ་མོའི་མདོ་སྡེ་རྣམས་རྗེ་བཙུན་འཇམ་དཔལ་དབྱངས་ཀྱིས་བཀའ་བསྡུས་ཤིང་དེས་རྗེས་སུ་བཟུང་བའི་ཐེག་པ་ཆེན་པོའི་སློབ་དཔོན་ཀླུ་སྒྲུབ་ཀྱིས་འཁོར་ལོ་བར་པའི་དགོངས་འགྲེལ་དབུ་མ་རིགས་ཚོགས་དང་། ཐ་མའི་དགོངས་འགྲེལ་བསྟོད་ཚོགས་སོགས་མཛད་ཅིང་། དེའི་སྲོལ་འཛིན་ཟླ་གྲགས་དང་། འཕགས་པ་ལྷ། ལེགས་ལྡན་འབྱེད་སོགས་ཀྱིས་ཀྱང་དགོངས་འགྲེལ་གྱི་བསྟན་བཅོས་མང་པོ་མཛད་ནས་བཀྲལ་ལ། སེམས་བསྐྱེད་ཀྱི་ཕྱག་བཞེས་སོགས་ནི་ཞི་བ་ལྷ་དང་ཇོ་ཏ་རི་ལ་སོགས་པས་རྒྱ་ཆེར་སྤེལ་བ་ནི་ཟབ་མོ་ལྟ་བའི་ལུགས་ཡིན་ཞིང་། རྒྱ་ཆེ་བའི་མདོ་སྡེ་རྣམས་རྒྱལ་ཚབ་བྱམས་པ་མགོན་པོས་བཀའ་ཡི་བསྡུ་བ་མཛད་ནས་དགོངས་པ་འགྲེལ་བའི་ བསྟན་བཅོས་བྱམས་པའི་ཆོས་སྡེ་ལྔ་མཛད་དེ། འཕགས་པ་ཐོགས་མེད་ལ་བསྟན་ཅིང་དེས་ས་སྡེ་ལྔ་ལ་སོགས་པའི་བསྟན་བཅོས་མཛད་པ་དང་། དབྱིག་གཉེན་གྱིས་པྲ་ཀ་ར་ཎ་སྡེ་བརྒྱད་སོགས་མཛད་དེ། སྐུ་མཆེད་དེ་གཉིས་ཀྱིས་བཀྲལ་ཞིང་སྤེལ་

བ་དང་། སེམས་བསྐྱེད་ཀྱི་ཕྱག་བཞེས་བོད་འདིར་ཇོ་བོ་རྗེ་དཔལ་ལྡན་ཨ་ཏི་ཤས་སྤེལ་ཞིང་རིམ་པར་བརྒྱུད་པ་ནི་རྒྱ་ཆེན་སྤྱོད་པའི་སྲོལ་ཡིན་ལ། པདྨ་སཾ་བྷ་བའི་རྗེས་སུ་འཇུག་པ་སྔ་འགྱུར་གྱི་རིང་ལུགས་པ་རྣམས་ནི་སྔགས་ཀྱི་རྒྱུད་སྡེ་རྣམས་ལས་གསུངས་པའི་བྱང་སྡོམ་གྱི་ཐོབ་ཚུལ་དང་། དེའི་བསླབ་བྱའི་ཀྲང་གྲངས་ཕལ་ཆེར་ནཱ་གརྫུ་ནའི་ལུགས་དང་མཐུན་པའི་གནད་ཀྱིས་དེ་དང་མཐུན་ལ༔ ལྟ་བ་ནི་སྲོལ་གཉིས་ཀ་དང་མཐུན་པར་སྣང་ངོ་། །དེ་ཡང་རྒྱ་ཆེན་སྤྱོད་པའི་སྲོད་འབྱེད་པ་པོར་གྲགས་པའི་འཕགས་པ་ཐོགས་མེད་''སོགས་ཀྱི་ལྟ་བ་དབུ་མར་ངེས་ཀྱང་གྲུབ་མཐའ་གདུལ་བྱ་རྣམས་ཀྱི་ངོར་སེམས་ཙམ་དུ་བཀྲལ་བ་ཤས་ཆེ་ཡང་འགལ་བ་མེད་དོ། །

གཉིས་པ་ཐོབ་བྱ་སྡོམ་པའི་ངོ་བོ་ནི། དེ་ལྟར་སྤེལ་བའི་བརྗོད་བྱའི་སྙིང་པོ་བྱང་ཆུབ་སེམས་ཀྱི་ངོ་བོ་གང་ཞེ་ན། ཚད་མེད་པའི་སེམས་ཅན་ཐམས་ཅད་ལ་ཡིད་དུ་འོང་བའི་བྱམས་པ་དང་། སྡུག་བསྔལ་ལ་མི་བཟོད་པའི་སྙིང་རྗེས་རྒྱུད་བརླན་ཅིང་། གཞན་གྱི་དོན་ཁོ་ནའི་ཕྱིར་དུ་ཆེད་དུ་བྱ་བ་ཤེས་རབ་ཀྱིས་རྫོགས་པའི་བྱང་ཆུབ་ལ་དམིགས་ཏེ་ཐོབ་པར་འདོད་པས་ཀུན་ནས་བསླངས་ཏེ་ཐབས་ཤེས་ཟུང་དུ་འཇུག་པའི་སེམས་སྨོན་འཇུག་གིས་བསྡུས་པ་ཕྱིན་དྲུག་གི་ངོ་བོར་གྱུར་པའི་སྒྲུབ་པ་ཁྱད་པར་བ་དེའི་མི་མཐུན་ཕྱོགས་གཞན་ལ་ཕན་པའི་གེགས་དང་རང་གི་རྫོགས་བྱང་གི་བར་ཆད་སྒོ་གསུམ་གྱི་ཉེས་པ་སྤོང་བའི་སེམས་པ་རྒྱུན་ཆགས་པའོ། །དེ་ལྟར་ཡང་མངོན་རྟོགས་རྒྱན་ལས། སེམས་བསྐྱེད་པ་ནི་གཞན་དོན་ཕྱིར། །ཡང་དག་རྫོགས་པའི་བྱང་ཆུབ་འདོད། །ཅེས་སོ། ། དེ་ཡང་འཕགས་སེང་གཉིས་ཀྱིས་གཙོ་སེམས་ཏེ། དེ་ཡང་ཡིད་ཤེས་ཉིད་ལ་བཞེད་ཅིང་། ཐོགས་མེད་སྐུ་མཆེད་ནི་སེམས་བྱུང་ལ་བཞེད་དེ། དེ་ཡང་ཐོགས་མེད་ཀྱིས་ནི་བྱང་སར། བྱང་ཆུབ་སེམས་དཔའི་སྨོན་ལམ་གྱི་མཆོག་ནི་སེམས་བསྐྱེད་པ་སྟེ། ཞེས་འདུན་པ་ལ་བཞེད་ཅིང་། དབྱིག་གཉེན་གྱིས་རྒྱན་འགྲེལ་ལས། དོན་གཉིས་ལ་དམིགས་པའི་སེམས་པ་ནི་སེམས་བསྐྱེད་པའོ། །ཞེས་སེམས་པ་ལ་བཞེད་ལ། ཀུན་མཁྱེན་ཆེན་པོས་ནི། སེམས་བསྐྱེད་པས་ནི་སེམས་བྱུང་ཞར་ལ་བསྐྱེད་པར་འགྱུར་བའི་ཕྱིར་ཞེས་གཉིས་ཀ་ལ་བཞེད་དོ། །

གསུམ་པ་དེའི་དབྱེ་བ་ལ་གཉིས་ཏེ། དབྱེ་བ་དང་བསྡུ་བའོ། །དང་པོའང་གཉིས་ལས། དང་

པོ་གཅིག་ནས་དྲུག་ཚན་གྱི་བར་དབྱེ་བ་ནི། དེ་ལ་དབྱེ་བ་བྱས་ན་ཀླུ་སྒྲུབ་དང་ཐོགས་མེད་གཉིས་ཀྱི་སྲོལ་གཉིས་སུ་གྲགས་པ་རེ་རེ་ལའང་གཅིག་ནས་དྲུག་གི་བར་དང་། དབྱེ་གཞི་ལ་ལྟོས་ནས་སྨོན་འཇུག་གི་དབྱེ་བས་གཉིས་གཉིས་ཏེ། དེ་ཡང་དང་པོ་གཅིག་ཏུ་དབྱེ་ན་སྟོང་ཉིད་རྟོགས་པའི་ཤེས་རབ་ཀྱིས་དེ་མ་རྟོགས་པ་ལ་སྙིང་རྗེས་དྲངས་པའི་ཐབས་ཤེས་ཟུང་དུ་འཇུག་པའི་སྙིང་པོ་ཅན་བྱང་ཆུབ་ཀྱི་སེམས་དང་། ཡང་བསོད་ནམས་དང་ཡེ་ཤེས་ཀྱི་ཚོགས་གཉིས་ཀྱི་ བསླབ་པ་ལ་ལྟོས་ནས་སམ། མྱང་འདས་ལས། ཀུན་རྫོབ་དོན་དམ་དབྱེ་བ་ཡིས། །བྱང་ཆུབ་སེམས་དེ་རྣམ་པ་གཉིས། །ཞེས་པ་ལྟར་རགས་པ་བརྡ་ལས་བྱུང་བ་ཀུན་རྫོབ་སེམས་བསྐྱེད་དང་། ཕྲ་བ་ཆོས་ཉིད་ཀྱིས་ཐོབ་པ་དོན་དམ་སེམས་བསྐྱེད་གཉིས་སུ་དབྱེ་བ་དང་། དག་པར་བྱེད་པའི་ཚུལ་ཁྲིམས་དང་། གནས་པར་བྱེད་པ་ཏིང་འཛིན་དང་། གྲོལ་བར་བྱེད་པ་ཤེས་རབ་ཀྱི་བསླབ་པ་གསུམ་མམ། སྡོམ་སྡུད་དོན་བྱེད་གསུམ་ལ་བརྟེན་ནས་གསུམ་དུ་དབྱེ་བ་དང་། ཚོགས་སྦྱོར་དུ་སྟོང་ཉིད་མཐའ་བྲལ་ལ་མོས་པས་སྤྱོད་པའི་སྒོ་ནས་གཞན་དོན་ལ་དམིགས་པའི་སེམས་བསྐྱེད་དང་། མ་དག་ས་བདུན་ན་བདག་གཞན་མཉམ་པ་ཉིད་དུ་རྟོགས་པས་ལྷག་བསམ་དག་པའི་སེམས་བསྐྱེད་དང་། དག་པ་ས་གསུམ་ན་རྣམ་པར་མི་རྟོག་པའི་ཡེ་ཤེས་རྩོལ་མེད་དུ་འབྱུང་ཞིང་། གཞན་དོན་ངང་གིས་འགྲུབ་པས་རྣམ་པར་སྨིན་པའི་སེམས་བསྐྱེད་དང་། དམིགས་པ་མེད་པའི་ཐུགས་རྗེ་ཆེན་པོས་སྒྲིབ་གཉིས་བག་ཆགས་དང་བཅས་པ་ཀུན་སྤང་བ་ནི། སངས་རྒྱས་ཀྱི་ས་ཡི་སེམས་བསྐྱེད་དག་དང་བཞིར་དབྱེ་བ་དང་། ལྔ་རུ་དབྱེ་བ་ནི། ཚོགས་ལམ་ན་སེམས་དང་པོ་བསྐྱེད་ཅིང་ལམ་ལ་གསར་དུ་འཇུག་པས་ལས་དང་པོའི་སེམས་བསྐྱེད་དང་། སྦྱོར་ལམ་ན་དེ་ཡོངས་སུ་སྦྱོང་བ་བྱས་པའི་དང་། མཐོང་ལམ་ན་ཆོས་ཉིད་ཀྱི་དོན་མངོན་སུམ་དུ་མཐོང་བའི་དང་། སྒོམ་ལམ་ན་དེ་ལྷན་སྐྱེས་ཀྱི་སྒྲིབ་པ་ལས་རྣམ་པར་གྲོལ་བཞིན་པའི་དང་། མི་སློབ་པའི་ལམ་ན་འདུས་མ་བྱས་པའི་ཡེ་ཤེས་ཇི་བཞིན་པ་མངོན་དུ་གྱུར་པ་མཐར་ཐུག་པའི་ངང་ནས་འགྲོ་དོན་ལྷུན་གྲུབ་ཏུ་འབྱུང་བ་སར་གནས་རྣམས་ཀྱི་ཡང་ཇི་བཞིན་སྤྱོད་ཡུལ་དུ་མ་གྱུར་པས་བསམ་གྱིས་མི་ཁྱབ་པའི་སེམས་བསྐྱེད་པ་ལྔ་ནི། ཉི་ཁྲི་ལས། ལས་དང་པོ་པའི་སེམས་བསྐྱེད་པ་དང་། ཡོངས་སུ་སྦྱོང་བ་བྱས་པའི་སེམས་བསྐྱེད་པ་དང་། ཆོས་མཐོང་བའི

སེམས་བསྐྱེད་པ་དང་། རྣམ་པར་གྲོལ་བའི་སེམས་བསྐྱེད་པ་དང་། བསམ་གྱིས་མི་ཁྱབ་པའི་སེམས་བསྐྱེད་པ་སྟེ། ཞེས་སོ། །དྲུག༷་ཏུ་དབྱེ་ན་ནི༷། ཕར༷་ཕྱིན༷་དྲུག༷་གི་ལྡོག་པ་ལ་ལྟོས་ནས་དྲུག་ཏུ་འགྱུར་རོ། །

གཉིས་པ་ས་མཚམས་ཀྱི་དབྱེ་བ་ནི། གཞན་ཡང་དཔེ་གྲོགས་མཚུངས་ཆོས་གསུམ་དང་སྦྱར་བའི་སྒོ་ནས་དབྱེ་ན། ས༷་གསེར༷་ཟླ༷་བ༷་མེ༷་ལ་སོགས༷་པའི་ཉེར༷་གཉིས༷་ནི༷། མངོན་རྟོགས་རྒྱན་ལས། དེ་ཡང་ས་གསེར་ཟླ་བ་མེ། །གཏེར་དང་རིན་ཆེན་འབྱུང་གནས་མཚོ། །རྡོ་རྗེ་རི་སྨན་བཤེས་གཉེན་དང་། །ཡིད་བཞིན་ནོར་བུ་ཉི་མ་གླུ། །རྒྱལ་པོ་མཛོད་དང་ལམ་པོ་ཆེ། །བཞོན་པ་བཀོད་མའི་ཆུ་དང་ནི། །སྒྲ་སྙན་ཆུ་བོ་སྤྲིན་རྣམས་ཀྱིས། །རྣམ་པ་ཉི་ཤུ་རྩ་གཉིས་སོ། །ཞེས་པ་ལྟར། གྲོགས་བྱང་ཆུབ་དོན་གཉེར་གྱི་འདུན་པ་དང་མཚུངས་པར་ལྡན་པའི་སེམས་བསྐྱེད་ཆོས་ཅན། དཔེ་ས་ལྟ་བུ་ཡིན་ཏེ། དཀར་ཆོས་ཐམས་ཅད་བསྐྱེད་པའི་གཞིར་གྱུར་པའི་ཕྱིར། དེ་བཞིན་དུ་སྦྱར་ཏེ། རྒྱུན་གནས་པའི་བསམ་པ་བྱང་ཆུབ་ཀྱི་བར་དུ་འགྱུར་བ་མེད་པས་གསེར་ལྟ་བུ་དང་། བསམ་པ་དེ་ལྷག་པར་གྱུར་པས་དགེ་ཆོས་གོང་དུ་འཕེལ་བས་ཟླ་བ་ལྟ་བུ་དང་། ཕྱིན་དྲུག་ལ་དངོས་སུ་སྦྱོར་བས་སྒྲིབ་པའི་བུད་ཤིང་བསྲེགས་པས་མེ་ལྟ་བུ་དང་། སེམས་ཅན་རྣམས་ཚིམ་པར་བྱེད་ཅིང་མི་ཟད་པས་སྦྱིན་པ་གཏེར་ལྟ་བུ་དང་། ཡོན་ཏན་རིན་པོ་ཆེ་ཐམས་ཅད་བསྐྱེད་པས་ཚུལ་ཁྲིམས་རིན་པོ་ཆེའི་འབྱུང་གནས་ལྟ་བུ་དང་། མི་འདོད་པས་ཡིད་མི་འཁྲུགས་པས་བཟོད་པ་མཚོ་ལྟ་བུ་དང་། བདུད་ཀྱིས་མི་ཕྱེད་པས་བརྩོན་འགྲུས་རྡོ་རྗེ་ལྟ་བུ་དང་། མཚན་མས་མི་གཡོ་བས་བསམ་གཏན་རི་ལྟ་བུ་དང་། སྒྲིབ་གཉིས་ཀྱི་ནད་ཞི་བས་ཤེས་རབ་སྨན་ལྟ་བུ་དང་། དགེ་རྩ་ཆུད་མི་ཟ་ཞིང་གཞན་དོན་སྒྲུབ་པ་ལ་མཁས་པས་ཐབས་བཤེས་གཉེན་ལྟ་བུ་དང་། རང་གཞན་གྱི་རེ་བ་སྐོང་བས་སྨོན་ལམ་ཡིད་བཞིན་ནོར་བུ་ལྟ་བུ་དང་། གདུལ་བྱའི་རྒྱུད་ཀྱི་དགེ་བའི་ལོ་ཏོག་སྨིན་པར་བྱེད་པས་སྟོབས་ཉི་མ་ལྟ་བུ་དང་། གདུལ་བྱ་འདུན་པར་བྱེད་པའི་ཆོས་སྟོན་པས་ཡེ་ཤེས་གླུ་དབྱངས་ལྟ་བུ་དང་། གཞན་དོན་ཐོགས་མེད་དུ་སྒྲུབ་པས་མངོན་ཤེས་རྒྱལ་པོ་ལྟ་བུ་དང་། བསོད་ནམས་དང་ཡེ་ཤེས་ཟད་མི་ཤེས་པས་ཚོགས་གཉིས་བང་མཛོད་ལྟ་བུ་དང་། དུས་གསུམ་གྱི་འཕགས་པ་རྣམས་ཀྱི་གཤེགས་ཤུལ་ཡིན་པས་བྱང་ཕྱོགས་ལམ་པོ་ཆེ་ལྟ་བུ་དང་། མཐའ་གཉིས་སྤང་བའི་ལམ་དུ་འགྲོ་བས་ཞི་ལྷག་བཞོན་པ་བཟང་པོ་ལྟ་བུ་དང་།

ཚིག་དོན་མི་བརྗེད་ཅིང་གཞན་ལ་སྟོན་པས་གཟུངས་སྤོབས་བཀོད་མའི་ཆུ་ལྟ་བུ་དང་། ཐར་འདོད་ཀྱི་གདུལ་བྱ་རྣམས་ལ་ཆོས་སྙན་པར་སྒྲོགས་པས་ཆོས་ཀྱི་དགའ་སྟོན་སྒྲ་སྙན་ལྟ་བུ་དང་། གཞན་དོན་འབད་མེད་དུ་འབྱུང་ཞིང་རྣམ་པ་ཐམས་ཅད་མཁྱེན་པའི་རྒྱ་མཚོར་དང་གིས་འབབ་པས་བགྲོད་པ་གཅིག་པའི་ལམ་ཆུ་བོ་ལྟ་བུ་དང་། ཆོས་ཀྱི་དབྱིངས་ལས་མ་གཡོས་བཞིན་གདུལ་བྱའི་ལོ་ཏོག་སྨིན་པར་མཛད་པས་ཆོས་ཀྱི་སྐུ་སྤྲིན་ལྟ་བུ་སྟེ་ཉི་ཤུ་རྩ་གཉིས་སོ། །དེ་དག་ས་མཚམས་ཀྱིས་ཕྱེ་ན་འདུན་སོགས་གསུམ་ཚོགས་ལམ་གསུམ་ནའོ། །སྦྱོར་བ་ནི་སྦྱོར་ལམ་ནའོ། །ཕར་ཕྱིན་བཅུ་ནི་མཐོང་སྒོམ་གྱིས་བསྡུས་པའི་ས་བཅུ་ནའོ། །མངོན་ཤེས་ནས་གཟུངས་སྤོབས་ཀྱི་བར་ལྔ་ནི་དག་པ་ས་གསུམ་ལ་ཁྱབ་པར་ཡོད་དོ། །ཆོས་ཀྱི་དགའ་སྟོན་སོགས་གསུམ་ནི་སངས་རྒྱས་ཀྱི་ས་ཞེས་ཐེག་ཆེན་དགྲ་བཅོམ་ཞུགས་པ་ས་བཅུ་པའི་སྦྱོར་དངོས་རྗེས་གསུམ་ན་ཡོད་པ་སྟེ། དེ་ལྟར་ན་ཚོགས་ལམ་དང་པོ་ནས་རྒྱུན་མཐའི་བར་དུ་བཞག་པའོ། །

གཉིས་པ་བསྡུ་བ་ནི། དེ་ལྟར་དབྱེ་སྒོ་བདུན་གྱི་སྒོ་ནས་བཤད་པ་དེ་ཀུན་ཀྱང་མདོར་བསྡུ་ན་སྨོན་འཇུག་རྣམ་པ་གཉིས་སུ་འདུས་ཏེ། དེ་ཡང་བསམ་པས་གཞན་དོན་དུ་འབྲས་བུ་རྫོགས་བྱང་ལ་སྨོན་པ་དང་། དེའི་ཆེད་དུ་སྦྱོར་བས་ཕྱིན་དྲུག་གི་ལག་ལེན་ལ་ཁྱབ་པ་སྟེ། དེའི་ཚུལ་ཡང་དཔེར་ན་དང་པོ་ནི་སྐྱེས་བུ་ལམ་དུ་འགྲོ་བར་འདོད་པ་ལྟ་བུ་དང་། གཉིས་པ་ནི་འགྲོ་བ་དངོས་སུ་ལྟ་བ་བཞིན་ཏེ། དེ་ཡང་འགྲོ་བཞིན་པའི་གནས་སྐབས་ན་འགྲོ་འདོད་མི་འདོར་བ་ལྟར་འཇུག་པ་ཕྱིན་དྲུག་ལ་སློབ་བཞིན་པ་ན་འང་སྨོན་པ་སེམས་བསྐྱེད་ཡོད་པ་ཡིན་ནོ། །

གཉིས་པ་མ་ཐོབ་པ་ཐོབ་པར་བྱེད་པ་ལ་བསྟན་བཤད་གཉིས་ལས། དང་པོ་མདོར་བསྟན་པ་ནི། དེ་ལྟར་རང་བཞིན་གདན་ལ་ཕབ་ནས་དང་པོ་སེམས་བསྐྱེད་ཀྱི་སྡོམ་པ་དེ་མ་ཐོབ་པ་ཐོབ་པའི་ཚུལ་ལ་ནི་ཞེས་པའོ། །གཉིས་པ་རྒྱས་པར་བཤད་པ་ལ། མཚན་ཉིད་དང་ལེན་ཚུལ་གཉིས་ལས། དང་པོ་ནི། བསྐྱེད་བྱ་ཀུན་རྫོབ་སེམས་བསྐྱེད་ཀྱི་མཚན་ཉིད་ནི། གཞན་དོན་དུ་རྫོགས་བྱང་ལ་དམིགས་པའི་ཐེག་ཆེན་སློབ་པའི་སེམས་བསྐྱེད་གང་ཞིག །བྱང་འཕགས་ཀྱི་མཉམ་བཞག་གི་ངོ་བོར་གྱུར་པའི་སེམས་བསྐྱེད་རྣམ་པར་བཅད་པའོ། །མཚན་གཞི་ནི་ཐེག་ཆེན་ཚོགས་སྦྱོར་བའི་རྒྱུད་

ཀྱི་དང་། བྱང་འཕགས་ཀྱི་རྗེས་ཐོབ་ཀྱི་ངོ་བོར་གྱུར་པའི་སེམས་བསྐྱེད་ལྟ་བུའོ། །དཔེར་ན་མདོ་སྡེའི་རྒྱན་ལས། གྲོགས་སྟོབས་རྒྱུ་སྟོབས་རྩ་བའི་སྟོབས། །ཐོས་སྟོབས་དགེ་བ་གོམས་པ་ལས། །མི་བརྟན་པ་དང་བརྟན་འབྱུང་བ། །གཞན་གྱིས་བསྟན་པའི་སེམས་བསྐྱེད་བཤད། །ཅེས་གསུངས་པ་ལྟར་རོ། །

གཉིས་པ་ལེན་ཚུལ་ལ་གཉིས་ལས། དང་པོ་ཀུན་རྫོབ་སེམས་བསྐྱེད་ཆོ་ག་ལ་བརྟེན་ནས་བླང་ཚུལ་ནི། འདི་ཉིད་རྒྱས་པ་བརྡ་ལས་བྱུང་བ་ཡིན་པའི་ཕྱིར་ལེན་ཚུལ་ལ། ཡུལ་ནི་སྲོལ་གཉིས་མཐུན་པར་སེམས་བསྐྱེད་ཀྱི་སྡོམ་པ་ལ་གནས་ཤིང་། དེ་འབོགས་པའི་ཆོ་ག་ལ་མཁས་པ་ཟང་ཟིང་ལྟར་མི་ལེན་པར་བརྩེ་བས་གདུལ་བྱ་རྗེས་སུ་འཛིན་པའི་དགེ་བའི་བཤེས་གཉེན་མཚན་ཉིད་དང་ལྡན་པ་དགོས་ལ། དེ་ཡང་སྤྱོད་འཇུག་ལས། རྟག་པར་དགེ་བའི་བཤེས་གཉེན་ནི། །ཐེག་ཆེན་དོན་ལ་མཁས་པ་དང་། །བྱང་ཆུབ་སེམས་དཔའི་བརྟུལ་ཞུགས་མཆོག །སྲོག་གི་ཕྱིར་ཡང་མི་བཏང་ངོ་། །ཞེས་པ་དང་། ལམ་སྒྲོན་ལས། སྡོམ་པའི་ཆོ་ག་ལ་མཁས་དང་། །བདག་ཉིད་གང་ཞིག་སྡོམ་ལ་གནས། །སྡོམ་པ་འབོགས་བཟོད་སྙིང་རྗེར་ལྡན། །བླ་མ་བཟང་པོར་ཤེས་པར་བྱ། །ཞེས་སོ། །གང་གིས་ལེན་པའི་གང་ཟག་ནི། ཟབ་མོ་ལྟ་བའི་སྲོལ་ལྟར་ན། བརྡ་ཤེས་ཤིང་ལེན་འདོད་ཡོད་ན་དལ་འབྱོར་གྱི་ལུས་རྟེན་ཁོ་ན་དགོས་པར་མ་ངེས་ཏེ། རྫོགས་བྱང་དོན་གཉེར་གྱི་བསམ་པ་དངོས་སུ་སྐྱེ་རུང་དུ་ཡོད་པའི་སེམས་ཅན་ཀུན་ཐེག་ཆེན་གྱི་སྣོད་དུ་གྱུར་ཅིང་། དེས་ན་བྱང་ཆུབ་སེམས་དཔའི་སྤྱོད་པ་རྒྱ་མཚོ་ལྟ་བུ་དང་། འབྲས་བུ་བླ་ན་མེད་པའི་བྱང་ཆུབ་ཆེན་པོ་ལ་དད་པ་དང་ལྡན་པའི་སློབ་མ་ཡིས། ཇི་ལྟར་ལེན་པའི་ཆོ་ག་ལ་སྦྱོར་བ་ནི། གདམས་ངག་ཁྱད་པར་ཅན་འཁོར་བའི་མཐའ་ལ་སྐྱོ་བ་བསྐྱེད་ཅིང་ཞི་བའི་མཐའ་ལ་ཞེན་པ་བཀག་ནས་མཐའ་གཉིས་སྤོང་བའི་བྱང་ཆུབ་ཀྱི་སེམས་ལ་སྤྲོ་བ་བསྐྱེད་པའི་ཐབས་གསུམ་གྱིས་བློ་བཙོས་ཤིང་། ཡུལ་ཁྱད་པར་ཅན་སློབ་དཔོན་ལ་མཎྜལ་ཕུལ་ནས་རྟེན་ཁྱད་པར་ཅན་མཆོག་གསུམ་ལ་སྐྱབས་སུ་འགྲོ་ཞིང་ཐབས་ཁྱད་པར་ཅན་ཡན་ལག་བདུན་པས་ཚོགས་བསགས་པའི་མཐར་དངོས་གཞི་བདེ་སྡུག་གཏོང་ལེན་གྱིས་བློ་སྦྱོང་བར་བྱས་ཏེ། དགོངས་གསོལ་གསུམ་སྔོན་དུ་བཏང་ནས་ཇི་ལྟར་སྔོན་གྱི་སོགས་ཆོ་གའི་ཚིག་ལན་གསུམ་གྱིས་སྨོན་འཇུག་གཉིས་སྐབས་གཅིག་ཏུ་ལེན་ཞིང་། རྗེས་ཀྱི་བྱ་བ་རང་དགའ་བ་བསྒོམས་ཤིང་གཞན་

དགའ་བ་སྒོམ་དུ་གཞུག་ནས་གཏང་རག་འབུལ་ཞིང་བསླབ་བྱ་མདོ་ཙམ་བཤད་པ་རྣམས་ནི་ཀླུ་སྒྲུབ་ཀྱི་ལུགས་ཡིན་ལ། ཐོགས་མེད་ཀྱི་བཞེད་པ་ནི། རྟེན་གྱི་གང་ཟག་སྨོན་སེམས་ཙམ་ལེན་པ་ལ་སོ་ཐར་གྱི་སྡོམ་པ་སྔོན་དུ་འགྲོ་མི་དགོས་ཀྱང་། འཇུག་སྡོམ་མ་ཐོབ་པ་ཡང་དག་པར་བླང་བ་ལ་སོ་ཐར་རིགས་བདུན་གང་རུང་གི་སྡོམ་པ་སྔོན་དུ་སོང་ནས་ལེན་དགོས་ཏེ། ལམ་སྒྲོན་ལས། སོ་སོར་ཐར་པ་རིགས་བདུན་གྱི། །རྟག་ཏུ་སྡོམ་གཞན་ལྡན་པ་ལ། །བྱང་ཆུབ་སེམས་དཔའི་སྡོམ་པ་ཡི། །སྐལ་བ་ཡོད་ཀྱི་གཞན་དུ་མིན། །ཞེས་སོ། །

ཇི་ལྟར་ལེན་པའི་ཆོ་ག་ལ་རྟེན་ངེས་པར་བྱ་བ་སྟར་ལྟར་གདམས་ངག་གསུམ་གྱིས་བློ་བཅོས་ནས། སྦྱོར་བ་རྗེས་སུ་སྒྲུབ་པ་ལ་གསུམ་ལས། སྦྱོར་བ་ནི། ཡུལ་ཁྱད་པར་ཅན་ལ་མཆོད་ཕུལ་ནས་གསོལ་བ་འདེབས། རྟེན་ཁྱད་པར་ཅན་ལ་སྐྱབས་སུ་འགྲོ། ཐབས་ཁྱད་པར་ཅན་ཚོགས་བསགས་ཏེ། དངོས་གཞི་ནི་རང་སྟོབས་རིགས་སད་པ་དང་གཞན་སྟོབས་རྫོགས་བྱང་གི་ཕན་ཡོན་མཐོང་བ་ལ་སོགས་པ་དང་། སྦྱོར་བའི་སྟོབས་འདུ་ཤེས་གསུམ་བསྐྱེད་དེ། དགོངས་གསོལ་སྔོན་དུ་འགྲོ་བས་བདག་མིང་འདི་ཞེས་བགྱི་བ་སྐྱེ་བ་འདི་དང་། ཞེས་པ་ནས་མྱ་ངན་ལས་འདའ་བར་བགྱིའོ་ཞེས་པའི་བར་ལན་གསུམ་བཟླས་པས་སྨོན་སྡོམ་བླང་ལ། རྗེས་སྤྲོ་བ་བསྐྱེད་པ་བསླབ་བྱ་བསྟན་པ་གཏང་རག་བྱ་བ་རྣམས་སོ། །

འཇུག་སྡོམ་ནི། སྦྱོར་བ་བསམ་པ་བརྟགས་པ། མྱུར་དུ་སྦྱིན་པར་གསོལ་བ་འདེབས་པ། བར་ཆད་དྲི་བ་དང་། བསླབ་པའི་གནས་གོ་བར་བྱས་ནས་སྤྲོ་བ་དྲིས་ཏེ། དངོས་གཞི་ནི་སློབ་དཔོན་གྱིས་རིགས་ཀྱི་བུ་མིང་འདི་ཞེས་བྱ་བ་ཁྱོད་ཅེས་པ་ནས། སེམས་ཅན་གྱི་དོན་བྱེད་པའི་ཚུལ་ཁྲིམས་ནོད་དམ་ཞེས་གསུམ་བརྗོད་ཅིང་། སློབ་མས་ཀྱང་ནོད་ལགས་ཞེས་ཁས་ལེན་པས་སྡོམ་པ་ཐོབ་པར་འགྱུར་རོ། །སོགས་ཁོངས་ནས་རྗེས་ཀྱི་ཆོ་ག་སྟོན་ཏེ། མཁྱེན་པར་གསོལ་བ། ཕན་ཡོན་བསྟན་པ། གསང་བར་གདམས་པ། བསླབ་བྱ་བསྟན་པ། གཏང་རག་འབུལ་བ་རྣམས་སོ། །དེ་ནས་རང་བཞིན་གཏན་ལ་དབབ་པ་ཞེས་མདོར་བསྡུས་ཏེ་ཕན་ཡོན་བརྗོད་པ་ཙམ་བྱ་བ་སྟེ། དེ་ལྟར་སྨོན་འཇུག་གི་ཆོ་ག་སོ་སོའི་སྒོ་ནས་རིམ་པ་བཞིན་དུ་ལེན་པ་ཡིན་ནོ། །གལ་ཏེ་ལེན་ཡུལ་བཤེས་

གཉེན་མཚན་ཉིད་དང་ལྡན་པ་མ་རྙེད་ན་རྒྱལ་བའི་སྐུ་གཟུགས་ཀྱི་རྟེན་ལ་འདང་བདག་ཉིད་ཀྱིས་བླང་ཡང་རུང་བར་སྲོལ་གཉིས་ཀ་མཐུན་པར་བཞེད་ལ། རང་སྟོབས་ཀྱི་ནུས་པ་ཡོད་ན་རྟེན་མེད་ཀྱང་རྒྱལ་བ་སྲས་བཅས་མདུན་མཁར་བསམ་ལ་དེའི་དྲུང་དུ་ལེན་པར་ཡང་འཇམ་དཔལ་ཞིང་བཀོད་ཀྱི་མདོ་ལས་གསུངས་པ་ལྟར་ལམ་སྒྲོན་དུ་བཤད་དོ། །སྡོམ་པ་ཐོབ་པའི་མཚམས་ནི། སློབ་དཔོན་རྒྱ་མཚོའི་སྤྲིན་གྱིས་བརྗོད་པ་དང་པོས་སྨོན་སེམས། གཉིས་པས་འཇུག་སེམས། གསུམ་པས་གཉིས་ཀ་བརྟན་པར་ཐོབ་བོ་ཞེས་གསུངས་ནའང་། དབུ་མ་ལུགས་ཀྱི་ཆོ་ག་ལ་འགྲིགས་ཀྱང་འདིར་སྲོལ་གཉིས་ཀའི་ཐོབ་མཚམས་ཐུན་མོང་དུ་བསྟན་པ་ཡིན་པས་རང་རང་གི་འབོགས་ཆོག་བརྗོད་པ་གསུམ་གྱི་ཐ་མ་ལ་འདོད་པའོ། །

གཉིས་པ་དོན་དམ་སེམས་བསྐྱེད་ཆོ་ག་ལ་མི་ལྟོས་པར་ཐོབ་ཚུལ་ལ། དོན་དམ་སེམས་བསྐྱེད་ཀྱི་ངོ་བོ་ངོས་བཟུང་བ་ལ། མཚན་ཉིད་ནི། རྣམ་པར་མི་རྟོག་པའི་ཆོས་ཉིད་མངོན་སུམ་དུ་རྟོགས་པའི་ཡེ་ཤེས་གང་ཞིག །བྱང་འཕགས་ཀྱི་མཉམ་བཞག་གི་ངོ་བོར་གྱུར་པའི་དང་། སངས་རྒྱས་ཀྱི་སའི་མཉམ་རྗེས་དབྱེར་མེད་ཀྱི་ངོ་བོར་གྱུར་པའི་སེམས་བསྐྱེད་དོ། །ཐ་སྙད་འདོད་ཚུལ་གྱིས་དབྱེ་ན་ཕར་ཕྱིན་ཐེག་པའི་སྐབས་དོན་དམ་ནི་ཆོས་དབྱིངས་དང་སེམས་བསྐྱེད་ནི་དེ་མངོན་དུ་རྟོགས་པའི་ཡེ་ཤེས་ལ་བཤད་ཅིང་། དེ་ཐོབ་པའི་ཚུལ་ཡང་ཡོངས་འཛིན། རྗེས་སྒྲུབ། རྟོགས་པ་སྐྱེ་དམ་པ་གསུམ་དང་ལྡན་པའི་ཚུལ་མདོ་སྡེའི་རྒྱན་ལས། རྫོགས་པའི་སངས་རྒྱས་རབ་མཉེས་བྱས། །བསོད་ནམས་ཡེ་ཤེས་ཚོགས་རབ་བསགས། །ཆོས་ལ་མི་རྟོག་ཡེ་ཤེས་ནི། །སྐྱེ་ཕྱིར་དེ་ནི་དམ་པར་འདོད། །ཅེས་སོ། །སྔགས་ཀྱི་ཐེག་པར་ནི་གཟུང་འཛིན་གཉིས་དང་བྲལ་བའི་འོད་གསལ་བའི་ཡེ་ཤེས་གཞི་ལ་གནས་པ་ལ་འདོད་དེ། གསང་འདུས་རྩ་རྒྱུད་ལས། རང་སེམས་གདོད་ནས་མ་སྐྱེས་པ། །སྟོང་པ་ཉིད་ཀྱི་རང་བཞིན་ནོ། །ཞེས་སོ། །དེ་འདྲ་བ་དེ་ཆོ་གའི་སྒོ་ནས་བླངས་ཏེ་ཐོབ་པའི་ཚུལ་སྒྱུ་འཕྲུལ་དྲྭ་བ་དང་། རྣམ་སྣང་མངོན་བྱང་དང་། རིམ་པ་ལྔ་པ་སོགས་ལས་བཤད་པ་ནི་གསང་སྔགས་ཀྱི་ལུགས་ཡིན་ཏེ། འབྲས་བུ་ཡེ་ཤེས་ཀྱི་རྣམ་པ་ལམ་དུ་བྱས་ནས། དེའི་རྟེན་འབྲེལ་སྒྲིག་བྱེད་ཙམ་དུ་རྗེས་མཐུན་ཀུན་རྫོབ་ཀྱི་རྣམ་པས་བསྐྱེད་པ་ཡིན་ལ། གལ་ཏེ་སྤྱང་སྙིང་ཕྱག་བརྒྱ་པར། དོན་དམ་

པའི་བྱང་ཆུབ་ཀྱི་མཆོག་ཏུ་སེམས་བསྐྱེད་པར་བྱའོ་ཞེས་གསུངས་པ་ལྟར་མདོ་ལས་བཤད་པ་སྲིད་ནའང་། དེ་འདྲ་དམ་བཅའ་ཙམ་ཉིད་དུ་འདོད་པ་ཡིན་གྱི་མཚན་ཉིད་པ་ནི་སྔར་བཤད་པ་ལྟར་ཚོགས་སྦྱོར་དུ་ཞི་ལྷག་གི་རྣལ་འབྱོར་ཡང་ཡང་བསྒོམས་པའི་སྟོབས་ལས་མཐོང་ལམ་དུ་སྐྱེ་བ་ཡིན་ནོ། །

གསུམ་པ་ཐོབ་པ་མི་ཉམས་པར་སྲུང་བའི་ཐབས་བཤད་པ་ལ་བསྟན་བཤད་གཉིས་ལས། དང་པོ་མདོར་བསྟན་པ་ནི། དེ་ལྟར་ཐོབ་པའི་སྡོམ་པ་དེ་བུར་དུ་མི་ཉམས་པར་སྲུང་དགོས་ཏེ་ཉམས་ན་སེམས་ཅན་ཐམས་ཅད་བསླུ་བར་འགྱུར་བ་སོགས་ཉེས་དམིགས་ཤིན་ཏུ་ཆེ་ཞིང་། མ་ཉམས་ན་བྱང་ཆུབ་ཐོབ་པ་སོགས་ཕན་ཡོན་ཤིན་ཏུ་ཆེ་བའི་ཕྱིར་རོ། །དེ་སྲུང་བའི་ཐབས་ལ་བདག་རྐྱེན་ཐེག་ཆེན་དགེ་བའི་བཤེས་གཉེན་བསྟེན་ཅིང་། དམིགས་པའི་རྐྱེན་ཐེག་པ་ཆེན་པོའི་སྡེ་སྣོད་དགོངས་འགྲེལ་དང་བཅས་པ་ལ་མཁས་པར་བྱས་ནས་ཚིག་ཙམ་དུ་མ་ལུས་པར་ཉམས་སུ་བླང་བར་བྱ་དགོས་སོ། །བསྲུང་བྱའི་རྣམ་གྲངས་བཤད་པ་ནི། མདོར་བསྟན། བྱང་ཆུབ་སེམས་དཔའི་ཚུལ་ཁྲིམས་རྣམ་པ་གསུམ་ཡིན་ཏེ། དེ་ཡང་སེམས་བསྐྱེད་ཀྱི་བསླབ་བྱ་དང་འགལ་བའི་སྒོ་གསུམ་གྱི་ཉེས་སྤྱོད་ཐམས་ཅད་སྡོམ་པ་དང་། ཕར་ཕྱིན་དྲུག་གིས་བསྡུས་པའི་དགེ་བའི་ཆོས་ཐམས་ཅད་རང་རྒྱུད་ལ་སྡུད་པ་དང་། དེ་དག་གི་སྒོ་ནས་བསྡུ་བ་བཞིས་སེམས་ཅན་གྱི་དོན་བྱེད་པ་རྣམ་པ་གསུམ་དུ་འདུ་ཞིང་། དེ་ཡང་ངོ་བོ་གཅིག་ལ་ལྡོག་པས་ཕྱེ་བ་ཙམ་དུ་ཟད་དེ། དཔེར་ན་ནོར་བུ་གཅིག་ཉིད་མུན་པ་སེལ་བ། འདོད་དགུའི་ནོར་སྟེར་བ། རིམས་ནད་ལ་ཕན་པ་བཞིན་ནོ། །དེས་ན་རྒྱལ་སྲས་རྣམས་ཀྱི་བྱ་བ་རང་གཞན་གྱི་དོན་གཉིས་སུ་ངེས་པ་ལུས། སྔ་མ་གཉིས་ཀྱིས་རང་རྒྱུད་སྨིན་པར་བྱས་ནས་ཕྱི་མས་གཞན་རྒྱུད་སྨིན་པར་བྱེད་པའི་ཕྱིར་གྲངས་ངེས་པ་དང་གོ་རིམ་ཡང་དེ་ལྟར་ངེས་སོ། །

དེ་ལྟ་བུའི་ཚུལ་ཁྲིམས་རྣམ་པ་གསུམ་པོའི་འགལ་རྐྱེན་སྤོང་ཞིང་མཐུན་རྐྱེན་སྒྲུབ་པའི་སྒོ་ནས་སྲུང་ཚུལ་གྱི་ཁྱད་པར་ཡང་བློར་འཛིན་བདེ་བའི་ཕྱིར་སྡོམ་དུ་བྱས་ན། འགལ་མཐུན་རྒྱུ་སྤངས་བསླབ་པ་ལས། །རང་ཤེས་རབ་ཀྱི་གེགས་གསུམ། གཞན་སྤྱོད་པའི་སྨིན་བཞི། སྤྱོད་ཉམས་རྒྱུ་བདུན་ནི། །ཐོས་བསམ་སྒོམ་ལ་མི་མོས་གཡེལ་ལྷོད། སོགས། །སྦྱོར་ལེ་ལོ་ཆེ་བ་སྤྱོད་གཞན་མི་དད་པ་ལ་སྦྱོར་བ། ཀུན་སློང་སྙིང་རྗེ་མེད་པ།

བྱེད་ལས་དམན་ཕྱིན་ཅི་ལོག་སྤྲུབ་པ། །མི་ཉམས་འཕེལ་བའི་རྒྱུ་རྐྱེན་ལས་ཚེ་འདིར་མི་ཉམས་པའི་རྒྱུ། །ཕན་ཡོན་སེམས་བསྐྱེད་སྐྱེས་པའི། ཉེས་དམིགས་ཉམས་པའི། རྐྱེད་དཀའ་སེམས་བསྐྱེད་དྲན། །ཕྱི་མ་མི་ཉམས་པའི་རྒྱུ་ཕྱིན་ཅི་མ་ལོག་པའི་ཐབས། དུས་གསུམ་དུ་ཡན་ལག་བདུན་རྒྱལ་བ་སྲས་བཅས་ལ་གསོལ་ཆོས་དང་འགལ་བའི་བདུད་ལས་སྤྱོང་། །འདི་ཕྱི་གཉིས་ཀར་མི་ཉམས་པའི་རྒྱུ་བསླབ་བྱ་སེམས་ཅན་སྤྲུབ་བྱེད་ཆོས་དང་གཙོ་བོ་བྱང་སེམས་དང་། །བདག་རྐྱེན་བཤེས་གཉེན་ཐོབ་བྱ་སངས་རྒྱས་རང་དོར། སྙིང་། ཕ་མ། ལོངས་སྤྱོད། སོགས་ལས། །འདི་ཕྱི་གཉིས་ཀར་གསུམ་གསུམ་ལྔ། །འཕེལ་རྐྱེན་འདུས་བྱས་ཀྱི་གཡོ་སྒྱུ་བསྐྱལ་གྱི་མཐའ་ཆོས་ཀྱི་ཡོན་ཏན་སྟོན་པའི་ཚེ་བ། བྱང་སེམས་ཀྱི་ཕན་ཡོན། །དྲན་ལྡ་ཤེས་བཞིན་གྱི་མིག་གིས་ལྟ་བ་བརྩོན་འགྲུས་ཀྱི་རྟ་མཆོག་གིས་འགྲོ་བ། ངེས་འབྱུང་གི་ལྕག་གིས་སྐུལ་བ། ཐར་པའི་གྲོང་ཁྱེར་ཡིད་ལ་བྱ་བ། །བྱ་བ་བཞི་སྟེ་མདོར་བསྡུ་ན། །དྲན་དང་ཤེས་བཞིན་བག་ཡོད་ཀྱིས། མི་དགེ་སྤང་ཞིང་དགེ་ཆོས་སྤྲུབ། །ཅེས་པའོ། །

གཉིས་པ་རྒྱས་པར་བཤད་པ་ལ་གསུམ་སྟེ། བསྲུང་བྱའི་རྣམ་གྲངས། སྲུང་བྱེད་ཀྱི་ཐབས། སྡོམ་པ་སྐྱེ་བའི་རྟེན་ནོ། །དང་པོ་ལའང་ཚུལ་ཁྲིམས་གསུམ་ལས། དང་པོ་ཉེས་སྤྱོད་སྡོམ་པའི་ཚུལ་ཁྲིམས་ལ། ཀླུ་སྒྲུབ་དང་ཐོགས་མེད་ཀྱི་ལུགས་གཉིས་ཀྱི། དང་པོ་ཀླུ་སྒྲུབ་ཀྱི་ལུགས་ལ་གཉིས་ཏེ། རྩ་ལྟུང་བཤད་པ་དང་། ཉེས་བྱས་གཞན་དུ་ཞལ་འཕང་བའོ། །དང་པོ་ལ་བཞི་ལས། དང་པོ་རྒྱལ་པོ་ལ་འབྱུང་ཉེ་བ་ལྔ་ནི། དེ་ལྟར་མདོར་བསྡུས་ཏེ་བསྟན་པའི་ཚུལ་ཁྲིམས་རྣམ་པ་གསུམ་པོ་རིམ་པ་བཞིན་བཤད་པ་ལ། དང༷་པོ༷་ལ་ནམ་སྙིང་གི་མདོ་དང་གསང་ཆེན་ཐབས་ལ་མཁས་པའི་མདོའི་རྗེས་སུ་འབྲངས་ནས་ཀླུ་སྒྲུབ་ཀྱི་ལུགས་ཞི་བ་ལྷས་བསླབ་བཏུས་སུ་ཕྱེ་བ་ནི༷། དཀོ༷ན་མཆོ༷ག་གསུམ་གྱི་དཀོ༷ར་རྫས་རིན་ཐང་ཚང་མ་ཚང་གང་ཡིན་ཀྱང་ཀུན་སློང་དྲག་པོས་འཕྲོ༷ག་པ་དང་། རྐུ་བར་བྱེད་དམ་བྱེད་དུ་བཅུག་པ་དང༷་ནི༷། ཐེག་གསུམ་གང་ཡང་རུང་བའི་ལུང་གི་ཆོས༷་སྡེ་སྣོད་གསུམ་དང་རྟོགས་པའི་ཆོས་བསླབ་པ་གསུམ་ལས་གང་རུང་དུ་གཏོགས་པའི་དགེ་བ་རྣམས་སྟོན་པའི་བཀའ་དང་ཐར་པ་ཐོབ་པའི་ཐབས་མ་ཡིན་ནོ་ཞེས་སྤྱོད༷་པའི་ལས༷་བྱེད་དམ་བྱེད་དུ་འཇུག་པ་དང་། བསླབ་པ་བཟུང་མ་བཟུང་གི་རབ་བྱུང་དམ་ཚུལ༷་ལྡན༷་ནམ་ཚུལ༷་འཆལ༷་གྱི་དགེ་སློང་གང་ཡིན་ཀྱང་རུང་སྟེ་ཀུན་སློང་ཞེ་སྡང་གིས་ཁྲིམ༷ས་གཙོ༷ད་དམ་བསླབ༷་པ་ལས་འབེབ༷ས་སམ་གོས་དུར་སྨྱིག་འཕྲོག་པ

སོགས་བྱེད་དམ་བྱེད་དུ་འཇུག་པ་དང་། ཕ་མ་དགྲ་བཅོམ་གསུམ་གསོད་པ་དང་། དགེ་འདུན་གྱི་དབྱེན་བྱེད་པ་དང་། སངས་རྒྱས་ལ་ངན་སེམས་ཀྱིས་ཁྲག་འབྱིན་པ་སྟེ་མཚམས་མེད་པ་ལྔ་པོའི་ལས་གང་ཡང་རུང་བ་བྱེད་པ་དང་། རྒྱུ་དགེ་སྡིག་གི་ལས་ལ་འབྲས་བུ་བདེ་སྡུག་མེད་ཅེས་ལོག་པར་ལྟ་བ་དང་། འདིས་ཀུན་ནས་བསླངས་ཏེ་མི་དགེ་བའི་ལས་ལ་དངོས་སུ་སྤྱོད་ན་ཉེས་པ་ཤིན་ཏུ་ལྕི་བར་འགྱུར་རོ། །དེ་ལྟ་ནི་རྒྱལ་པོ་རྣམས་ཤིན་ཏུ་དབང་ཆེ་བས་འབྱུང་ཉེས་པའི་ཕྱིར་དེའི་ལྟུང་བར་བཞག་གོ། །

གཉིས་པ་བློན་པོ་ལ་འབྱུང་ཉེ་བ་ལྔ་ནི། ཁྱིམ་གཅིག་པ་ལ་སོགས་གྲོང་དང་། མི་རིགས་བཞི་གནས་པ་ལྡོངས་དང་། བཟོ་སྣ་བཅོ་བརྒྱད་ཡོད་པའི་གནས་གྲོང་ཁྱེར་དང་། ཚོང་པ་མང་པོ་འདུ་བའི་གནས་གྲོང་རྡལ་དང་། ཡུལ་གྲུ་ཆེན་པོ་ཙམ་པ་ཀ་ལྷ་བུ་ཡུལ་འཁོར་ཏེ་དེ་རྣམས་ཀུན་སློང་ཞེ་སྡང་གིས་འཇོམས་པར་བྱེད་པ་སྟེ། འང་གི་སྒྲ་ནི་སྡུད་པར་བྱེད་པ་སྟེ་ལོག་ལྟ་དོར་བའི་སྔ་མ་བཞི་པོའི་སྟེང་འདི་གཅིག་ཏུ་བརྩིས་པ་ནི་བློན་པོ་རྣམས་རྒྱལ་པོའི་བྱ་བ་བྱེད་པའི་ཕྱིར་ཕྱོགས་ཕྱོགས་རྣམས་སུ་ཁྲིམས་ཀྱི་ལས་ལ་དངོས་སུ་འཇུག་དགོས་པས་དེར་འབྱུང་ངེས་པ་ལྟ་ཡིན་ནོ། །

གསུམ་པ་ཕལ་པ་ལ་འབྱུང་ཉེ་བ་བརྒྱད་ནི། འདུས་བྱས་མི་རྟག་པ་ལྟ་བུའི་བློ་མ་སྦྱངས་པའི་ལས་དང་པོ་པའམ། ཐེག་དམན་གྱི་རིགས་ཅན་མ་ངེས་པ་སྟོང་ཉིད་མཐའ་བྲལ་བརྗོད་སྟོས་པའི་དབང་གིས་ཡུལ་དེས་བྱང་ཆུབ་ཀྱི་སེམས་བཏང་སྟེ་ཉན་ཐོས་ཀྱི་ལམ་དུ་སློན་ན་སྟོན་པ་པོ་ལ་ལྟུང་བར་འགྱུར་བ་དང་། ཐེག་ཆེན་གྱི་ལམ་དུ་ཞུགས་པ་ལ་དེར་ཤེས་བཞིན་དུ་ཁྱོད་ཀྱིས་རྒྱུ་ཕྱིན་དྲུག་ལ་སྤྱོད་པ་དང་འབྲས་བུ་རྫོགས་བྱང་ཐོབ་པར་མི་ནུས་ཞེས་ཕྱིར་ལྡོག་པར་བྱས་ནས་ཉན་རང་གི་འབྲས་བུ་སྒྲུབ་པར་གྱིས་ཤིག་དང་ངེས་པར་འབྱུང་བར་འགྱུར་རོ་ཞེས་ཐེག་དམན་དུ་སེམས་བསྐྱེད་དུ་འཇུག་པ་དང་། ཉན་ཐོས་ཀྱི་རིགས་ཅན་སོ་སོར་ཐར་པ་ལ་སློབ་པའམ་རབ་ཏུ་བྱུང་མ་ཟིན་ཀྱང་སློབ་པར་འདོད་པ་དག་ལ་དགོས་པ་ཁྱད་པར་ཅན་མེད་བཞིན་ཁྱོད་ལ་དེས་ཅི་ཞིག་བྱ་ཞེས་སྤོང་དུ་བཅུག་ནས་རྫོགས་བྱང་དུ་སེམས་བསྐྱེད་ལ་ཐེག་པ་ཆེན་པོ་ཀློགས་ཤིག་དང་བྱང་ཆུབ་སེམས་ཀྱི་མཐུས་ཉེས་པ་ཐམས་ཅད་འཇོམས་སོ་ཞེས་དེ་ལ་སློབ་ཏུ་འཇུག་པ་དང་། ཉན་

ཐོས་ཀྱི་ཐེག་པས་ཆགས་པ་ལ་སོགས་པའི་ཉོན་མོངས་པ་མི་བཟློག་པས་ཐེག་ཆེན་ལ་སློབས་ཤིག་ཅེས་ཉན་ཐོས་ཀྱི་ཐེག་པ་དེ་བཟློག་ནས་དེ་ཡི་ལམ་ལ་བསླབ་ན་འབྲས་བུ་ཐར་པ་མྱང་འདས་མེད་པར་རང་འཛིན་ཅིང་དགོས་པ་ཁྱད་པར་ཅན་མེད་པར་གཞན་ལ་འཛིན་དུ་འཇུག་པར་བྱས་པ་དང་། རྙེད་བཀུར་གྱི་ཕྱིར་ཕྲག་དོག་གི་དབང་གིས་བདག་ཉིད་ལ་ཡོན་ཏན་མེད་ཀྱང་ཡོད་ཅེས་བསྟོད་པ་དང་། རྙེད་བཀུར་ཅན་གྱི་བྱང་སེམས་གཞན་ལ་བདེན་པའམ་རྫུན་པ་གང་ཡིན་ཡང་སྨོད་པར་བྱེད་པ་དང་། རྙེད་པ་དང་བཀུར་སྟི་ཐོབ་པའི་ཆེད་དུ་མ་རྟོགས་བཞིན་བདག་གིས་ཆོས་ཟབ་མོའི་དོན་རྟོགས་སོ། །ཞེས་མི་ཆོས་བླ་མའི་རྫུན་གྱིས་བདག་འཚོང་བ་དང་། རྒྱལ་རིགས་ལྷ་བུ་དབང་པོ་ཆེ་དང་། ཆོས་འདི་པའི་དགེ་སློང་སོགས་དགེ་སློང་རྣམས་ཕྲ་མས་ཕྱེ་ནས་དགེ་སློང་ལ་ནོར་གྱི་ཆད་པས་གཅོད་དུ་འཇུག་ཅིང་དེའི་རྐྱེན་གྱིས་དགེ་སློང་གིས་དཀོན་མཆོག་གི་དཀོར་བརྐུས་ནས་ཕྲ་མ་བྱེད་པ་ལ་ཕག་སུག་ཏུ་ཕུལ་བ་རང་གིས་ལེན་ནམ་དབང་པོ་ཆེ་ལ་བྱིན་ན་གསུམ་ཀ་བྱང་ཆུབ་སེམས་དཔའ་ཡིན་ན་ཐམས་ཅད་ལ་ལྟུང་བར་འགྱུར་ཞིང་མིན་ཀྱང་ཕྲ་མ་བྱེད་པ་པོ་རང་ཉིད་ལ་ལྟུང་བར་བཞག་པ་དང་། སྒོམ་པ་བསམ་གཏན་པའི་ལོངས་སྤྱོད་འཕྲོག་ནས་ཀློག་པ་ཁ་ཏོན་པ་ལ་སྦྱིན་ནམ་སྦྱིན་དུ་འཇུག་ཅིང་ལེན་པ་པོའང་དེའི་ཕྱོགས་སུ་གཏོགས་ཤིང་བྱང་ཆུབ་སེམས་དཔའ་ཡིན་ན་རྩ་ལྟུང་དུ་འགྱུར་ལ། གནོད་པའི་ཁྲིམས་ངན་སོགས་ཀྱིས་ཞི་གནས་ཀྱིས་མཆོད་པའི་རྣལ་འབྱོར་འདོར་དུ་བཅུག་པ་སྟེ། དེ་དག་ནི་ཕལ་པ་ལ་འབྱུང་ངེས་པ་བརྒྱད་དུ་བཞག་གོ། །

བཞི་པ་དེའི་དོན་བསྡུ་བ་ནི། དེ་ཡང་རྒྱལ་བློན་ཕལ་པ་གསུམ་པོའི་གང་ཟག་རྣམས་ལ་རང་རང་གི་ལྟུང་བ་བཞག་པ་དེ་གསུམ་པོ་དེར་འབྱུང་ཉེ་བ་ཙམ་གྱིས་བཞག་གིས། སྤྱིར་དེ་གསུམ་པོ་ཀུན་ལ་ལྟུང་བའི་རྣམ་གྲངས་དེ་དག་ཀུན་འབྱུང་མི་སྲིད་པ་ནི་མ་ཡིན་ནོ། །ལྟུང་བ་དེ་རྣམས་མིང་དུ་བཅོ་བརྒྱད་ཡོད་ཀྱང་རྒྱལ་བློན་གྱི་རྩ་ལྟུང་དང་པོ་བཞི་ལ་ཐ་དད་མེད་པས་རྫས་སུ་བཅུ་བཞི་པོ་སྟེ། དེ་དག་བྱང་སེམས་ཀྱི་སྤྱོད་པ་ལ་ཞུགས་པ་ཡན་ཆད་ལ་རྩ་ལྟུང་འབྱུང་བ་མི་སྲིད་པས་སོ་སྐྱེའི་གང་ཟག་མི་དང་གནོད་སྦྱིན་སོགས་གང་ཡང་རུང་བའི་བྱང་སེམས་ཀྱི་སྡོམ་ལྡན་ལ་ལྟུང་བ་ཡིན་པར་གསུངས་སོ། །དེ་རྣམས་ཀྱི་སྙིང་གསང་ཆེན་ཐབས་ལ་མཁས་པའི་མདོར། རིགས་ཀྱི་བུ། བྱང་ཆུབ

སེམས་དཔའ་ཉན་ཐོས་དང་རང་སངས་རྒྱས་ཀྱི་ཡིད་ལ་བྱས་པས་གནས་པ་འདི་ནི་བྱང་ཆུབ་སེམས་དཔའི་རྩ་བའི་ལྟུང་བ་ལྔ་པའོ། །ཞེས་གསུངས་པ་ལྟར། སྨོན་སེམས་བཏང་བའི་རྩ་ལྟུང་དང་། དཀོན་བརྩེགས་ལས་བཤད་པ་ལྟར་འཇུག་སེམས་བཏང་སྟེ་དགེ་བ་ལ་མི་སྦྱོར་བ་རྩ་ལྟུང་དུ་བཤད་པས་ཉི་ཤུ་པོ་དེ་རྣམས་རྩ་བའི་ལྟུང་བ་ཡིན་ནོ། །དེ་ཡང་བྱང་ཆུབ་སེམས་དཔའི་དབང་པོའི་རིམ་པས་ཕྱེ་ན། གོང་དུ་བཤད་པའི་བཅོ་བརྒྱད་པོ་དབང་རྣོན་གྱི་དང་། དབང་འབྲིང་ཡན་ཆད་ལ། བསླབ་བཏུས་ལས། བྱང་ཆུབ་སེམས་ནི་ཡོངས་འདོར་དང་། །ཆགས་དང་སེར་སྣ་མི་ཟད་པས། །སློང་ལ་སྦྱིན་པར་མི་བྱེད་དང་། །བསྙིམས་ཏེ་དགའ་བར་བྱེད་པ་ན། །སེམས་ཅན་ལ་ནི་མི་བཟོད་པས། །ཁྲོས་པས་སེམས་ཅན་རྡེག་པ་དང་། །ཉོན་མོངས་པ་དང་གནས་མཐུན་པས། །ཆོས་ལྟར་བཅོས་པས་སྟོན་པའོ། །ཞེས་བཞིར་བཤད་ལ། དབང་བརྟུལ་ལ་སྨོན་སེམས་མི་འདོར་བ་གཅིག་ཕྱུར་བཞག་ཅིང་། དེའི་ཚུལ་ཡང་རྒྱལ་པོ་ལ་གདམས་པའི་མདོ་ལས་གསུངས་པ་ལྟར་སྡོམ་དུ་བྱས་ན། བྱ་དང་བྱེད་པ་མང་བ་དག །ཐམས་ཅད་སྒྲུབ་པར་མི་ནུས་ཀྱང་། །ཡང་དག་རྫོགས་པའི་བྱང་ཆུབ་ལ། །འདུན་དང་དད་དང་སྨོན་པ་གསུམ། །འགྲོ་འདུག་ཟ་ཉལ་སད་ཀྱང་རུང་། །རྟག་ཏུ་དྲན་པས་བསྒོམ་བྱ་ཞིང་། །རྗེས་སུ་ཡི་རང་བྱས་ནས་ཀྱང་། །རྒྱལ་དང་ཐུགས་གསུང་སྲས་རྣམས་ལ། །ཕུལ་ཞིང་སེམས་ཅན་དང་ཐུན་མོང་། །རྫོགས་པའི་བྱང་ཆུབ་ཏུ་བསྔོས་ན། །རང་ཉིད་མི་ཉམས་ཚོགས་རྫོགས་འགྱུར། །ཞེས་པའོ། །གལ་ཏེ་དེ་ལྟ་བུའི་སྨོན་སྡོམ་དེ་ཉམས་ན་འཇུག་སྡོམ་ཡང་གཏོང་བར་འགྱུར་བས་ཉེས་པ་ཤིན་ཏུ་ལྕི་སྟེ། །སྡུད་པ་ལས། གལ་ཏེ་བསྐལ་པ་བྱེ་བར་དགེ་བའི་ལས་ལམ་བཅུ། །སྤྱོད་ཀྱང་རང་རྒྱལ་དགྲ་བཅོམ་ཉིད་ལ་འདོད་བསྐྱེད་ན། །དེ་ཚེ་ཚུལ་ཁྲིམས་སྐྱོན་བྱུང་ཚུལ་ཁྲིམས་ཉམས་པ་ཡིན། །སེམས་བསྐྱེད་དེ་ནི་ཕས་ཕམ་བས་ཀྱང་ཤིན་ཏུ་ལྕི། །ཞེས་སོ། །

གཉིས་པ་ཡན་ལག་གི་ཉེས་བྱས་གཞན་དུ་ཞལ་འཕང་བ་ནི། དེ་ནས་ཉེས་བྱས་སོགས་ཕྱོགས་མཐུན་གྱི་ཉེས་པ་རྣམས་བཤད་པ་ལ། རྩ་བ་སྲུང་ཐབས་ཀྱི་ཡན་ལག་ཉེས་བྱས་བརྒྱད་ཅུ་ལ་སོགས་པ་ཅུང་ཟད་ཉེས་པ་ཕྲ་བའི་ཕྱིར་བསྟན་བཅོས་འདིར་ནི་མ་བཤད་ཀྱང་བསླབ་བཏུས་སུ་དེ་དག་གསལ་བར་བསྟན་པ་དེར་བལྟ་བར་བྱའོ་ཞེས་ཞལ་འཕང་བ་སྟེ། དེའི་སྡོམ་ནི། བདེ་སྡུག

སྒྲུབ་པ་ཡལ་བར་དོར། །ཉེར་བཞི་དང་ནི་བཅུ་དྲུག་སྟེ། །གཞན་སྡུག་མི་བདེ་ཞི་མི་བྱེད། །བདེ་དང་ཡིད་བདེ་མི་བསྐྱེད་ལ། །ལུས་སེམས་དབྱེ་བཞི་ད་འོངས་བརྒྱད། །དེའི་ཆེད་མི་བརྩོན་མི་འཚོལ་དང་། །མི་འབད་པ་སྟེ་ཉེར་བཞིའོ། །སྡུག་བསྔལ་མི་བདེ་ཆེན་པོ་ཡི། །གཉེན་པོ་ཆུང་ངུ་མི་བསྐྱེད་དང་། །བདེ་དང་ཡིད་བདེ་ཆེན་པོའི་ཕྱིར། །ཆུང་ངུ་ཉམས་པར་མི་བྱེད་པ། །སྐྱེ་རྒྱུད་ཕྱེ་བས་བཅུ་དྲུག་སྟེ། །བཞི་བཅུ་པོ་ལ་གཉིས་རེའོ། །མི་དགེ་བཅུ་དང་ཆོས་ཁྱད་དང་། །ལོག་རྟོག་འདོད་དང་དགྲ་བོའི་རྣམ་པར་རྟོག་པ་དང་། །གནོན་སེམས་རྣམ་འཚེ་ཉེ་དུའི་རྟོག་པ་དང་། །མི་འཆི་ཁྱད་གསོད་ཁྱིམ་གྱི་རྟོག་པ་སྟེ། །ལོག་པའི་རྟོག་པ་བརྒྱད་པོ་རྟག་ཏུ་སྤོང་། །ལོག་འཚོ་སྤྱོད་ཡུལ་རོལ་མཁན་འདུད་མཐུན་ཆང་ཚོང་དང་། །རྒྱལ་པོའི་ཕོ་བྲང་རིགས་ངན་གནས། །ཞེས་འདུལ་བ་ལས་སོ། །མིན། །བདུད་ལས་ སྡིག་ལྟ་འཛིན་པ་སོགས་ལྟ་བས་གཟིང་བ་སྤྱོད་པ་ཤོར་བ་དང་། དགེ་བ་འཛད་པའི་རྒྱུ་བཞི་དང་། །ཕྱོགས་མཐུན་སྒོ་གསུམ་ཉེས་པ་དང་། །དོན་མེད་བྱ་བ་རྣམས་སྤོང་ངོ་། །ཞེས་པའོ། །གཉིས་པ་ཐོགས་མེད་ཀྱི་ལུགས་ལའང་རྒྱ་ལྟར་བཤད་པ་དང་། ཉེས་བྱས་གཞན་དུ་ཞལ་འཕང་བ་གཉིས་ལས། དང་པོ་ལ། སྨོན་འཇུག་གི་བསླབ་བྱ་གཉིས་ལས། དང་པོ་ནི། དེ་ནས་རྒྱལ་སྲས་ཐོགས་མེད་ཀྱི་ལུགས་ཀྱི་སྨོན་པའི་བསླབ་བྱ་བཤད་པ་ལ། རྒྱ་བའི་བསླབ་བྱ་སྨོན་སེམས་མི་འཆོར་བའི་ཐབས་ནི། སེམས་ཅན་གང་ཡང་རུང་བས་རང་གི་སེམས་སྲུན་ཕྱུང་བ་ལ་བརྟེན་ནས། ད་ནི་འདི་ལ་བདག་ལ་ནུས་པ་ཡོད་ཀྱང་ཕན་མི་གདགས་གནོད་པ་མི་བཟློག་སྙམ་ནས་བློས་བཏང་བ་སྤངས་ཏེ། ཕན་ལན་དུ་གནོད་པ་བྱས་ན་ཡང་སྙིང་རྗེས་རྗེས་སུ་བཟུང་ནས་བློས་མི་བཏང་བ་དང་། མི་ཉམས་པའི་ཐབས་ནི་དུས་རྟག་ཏུ་སྡོང་པོ་བཀོད་པའི་མདོར་དཔེ་ཉིས་བརྒྱ་དང་སུམ་ཅུའི་སྒོ་ནས་བཤད་པ་ལ་སོགས་པའི་བྱང་ཆུབ་སེམས་ཀྱི་ཕན་ཡོན་དྲན་པས་གཅེས་པར་འཛིན་པ་དང་། སྟོབས་བསྐྱེད་པའི་ཐབས་ནི་དགེ་བའི་འདུན་པ་སྔོན་དུ་བཏང་ནས་ཚོགས་གཉིས་པོ་ཅི་ནུས་སུ་གསོག་པ་དང་། འཕེལ་བའི་ཐབས་ནི་རྒྱུ་ཚད་མེད་བཞི་དང་། དངོས་ཉིན་མཚན་དུས་དྲུག་ཏུ་སེམས་བསྐྱེད་བླངས་པས་དང་། སྤྱོད་པ་བདེ་སྡུག་གཏོང་ལེན་ཏེ་དེ་གསུམ་གྱི་སྒོ་ནས་བྱང་ཆུབ་ཀྱི་སེམས་སྦྱོང་བ་ལ་རྟག་ཏུ་བརྩོན་པ་དང་། མི་བརྗེད་པའི་ཐབས་ནི། དཀར་ཆོས་བཞི་དང་ནག་ཆོས་བཞི་སྟེ་བརྒྱད་ལ་བླང་དོར་བྱེད་པ་ནི་སྨོན་པའི་བསླབ་བྱ་ཡིན་ལ། དཀར་ནག་གི་ཆོས་བརྒྱད་ནི།

རྫུན་གྱིས་མཆོད་འོས་སུ་གྱུར་པ་བླ་མ་དང་མཁན་སློབ་སོགས་བསླུ་བ་དང་། གཞན་འགྱོད་པའི་གནས་མ་ཡིན་པ་དགེ་བའི་ཕྱོགས་སྒྲུབ་པ་སོགས་ལ་དེ་འགྱོད་པ་མེད་ཀྱང་ངན་སེམས་ཀྱིས་འགྱོད་པ་བསྐྱེད་པ་དང་། དམ་པ་བྱང་ཆུབ་སེམས་དཔར་སྔང་སེམས་ཀྱིས་སྐྱོན་ནས་བརྗོད་ཅིང་སྐུར་པ་འདེབས་པ་དང་། འགྲོ་བ་ལ་ཀུན་སློང་གཡོ་སྒྱུའི་སྒོ་ནས་བསླུ་བའི་བྱ་བ་སྤྱོད་པ་ན། ནག་པོའི་ཆོས་བཞི་ཡིན་པས་སྤང་བར་བྱ་ཞིང་། དེ་ལས་ལྡོག་པ་འོད་སྲུང་གིས་ཞུས་པ་ལས། འོད་སྲུང་ཆོས་བཞི་དང་ལྡན་ན་བྱང་ཆུབ་ཀྱི་སེམས་བརྗེད་པར་མི་འགྱུར་ཏེ། བཞི་གང་ཞེ་ན། ཤེས་བཞིན་དུ་རྫུན་མི་སྨྲ་བ་དང་། བྱང་ཆུབ་སེམས་དཔའ་ལ་སྟོན་པའི་འདུ་ཤེས་བསྐྱེད་པ་དང་། སེམས་ཅན་ལ་གཡོ་སྒྱུ་མེད་པར་ལྷག་པའི་བསམ་པས་གནས་པ་དང་། སེམས་ཅན་ཐམས་ཅད་ཐེག་པ་ཆེན་པོ་ལ་ཡང་དག་པར་འགོད་པའོ། །ཞེས་གསུངས་པ་ནི་དཀར་པོའི་ཆོས་བཞི་ཡིན་པས་ཀུན་ཏུ་སྤྱད་པར་བྱའོ། །

གཉིས་པ་འཇུག་པའི་བསླབ་བྱ་ནི། འཇུག་སེམས་ཀྱི་མི་མཐུན་པའི་ཕྱོགས་རྩ་བའི་ལྟུང་བར་གྱུར་པ་མདོ་སྡེ་ན་འཕྱོར་བ་རྣམས་ཐོགས་མེད་ཀྱིས་བྱང་སར་བསྡུས་པ་ནི། རྙེད་པ་དང་བཀུར་སྟི་ལ་ལྷག་པར་ཞེན་པས་དེ་ཐོབ་པའི་ཕྱིར་བདག་ལ་བསྟོད་པའམ་རྙེད་བཀུར་ཅན་གཞན་ལ་སྨོད་པ་དང་། སེར་སྣའི་དབང་གིས་སྡུག་བསྔལ་བ་དང་། བགྲེན་པ་དང་། མགོན་མེད་པའི་སློང་བ་པོ་ལ་ཁ་ཟས་སོགས་ཟང་ཟིང་ཅུང་ཟད་ཙམ་མམ་ཉན་འདོད་ཀྱི་གང་ཟག་སྣོད་དུ་གྱུར་ཅིང་བྱང་སེམས་རང་ལ་ནུས་པ་ཡོད་བཞིན་དེ་གཉིས་ལ་ཆོས་དང་ནོར་མི་སྟེར་བ་དང་། ཁྲོ་བ་དྲག་པོས་ཀུན་ནས་བསླངས་ཏེ་ཚིག་རྩུབ་སྨྲས་པ་ཙམ་གྱིས་མི་ཚིམ་པར་གཞན་ལ་རྡེག་བཙོག་སོགས་འཚེ་བར་བྱེད་ཅིང་ཤད་སྦྱོང་གིས་ཀྱང་མི་ལྡོག་པར་འཁོན་དུ་འཛིན་པ་དང་། གཏི་མུག་གིས་ཀུན་ནས་བསླངས་ཏེ་ཐེག་ཆེན་གྱི་སྡེ་སྣོད་ལ་བཀའ་མིན་ནོ་ཞེས་སྐུར་འདེབས་ཀྱིས་སྤོང་བའམ་རང་ངམ་གཞན་གྱིས་གཡོ་མ་ལས་ཆོས་ལྟར་བཅོས་པ་ལ་མོས་ནས་ཆོས་ཡིན་ནོ་ཞེས་སྟོན་པ་དང་བཞི་ནི་རྩ་བའི་ལྟུང་བ་སྟེ། དེ་ཡང་ཀུན་སློང་གི་སྒོ་ནས་བཞི་དང་། སྦྱོར་བའི་སྒོ་ནས་བརྒྱད་དེ་དེ་རྣམས་སྤང་བ་ནི་འཇུག་པའི་བསླབ་བྱའོ། །

གཉིས་པ་ཡན་ལག་གི་ཉེས་བྱས་གཞན་དུ་ཞལ་འཕང་བ་ནི། དེ་ལས་གཞན་ཉེས་བྱས་སུ་

བ༷་ཉི༷་དྲུག༷་ཡོད་ཀྱང་འདི་ར་མ་བཤད་པས་གཞན༷་དུ༷་ཤེས༷་པར་བྱའོ། །ཞེས་ཞལ་འཕང་བ་སྟེ། དེ་ཡང་སྡོམ་པ་ཉི་ཤུ་པར། དགེ་བ་ཆོས་སྡུད་དང་འགལ་བ་སོ་བཞི་དང་། སེམས་ཅན་དོན་བྱེད་དང་འགལ་བ་བཅུ་གཉིས་གསུངས་པའི་དང་པོ་ལ་སྟེ་ཚན་དྲུག་ལས། སྦྱིན་པ་དང་འགལ་བ་བདུན་ནི། དཀོན་མཆོག་གསུམ་ལ་སྒོ་གསུམ་གྱིས་མི་མཆོད་པ། །འདོད་པའི་སེམས་ཀྱིས་གཏམ་བརྗོད་པ་སོགས་དེའི་རྗེས་སུ་འཇུག་པ། །བསླབ་པ་རྒན་པ་རྣམས་དང་ཡོན་ཏན་ཅན་ལ་གུས་པར་མི་བྱེད་པ། །ཆོས་སོགས་ཀྱི་ཚིག་དོན་དྲིས་པ་ལ་ནི་དེའི་ལན་མི་འདེབས་པ། །ང་པས་མགྲོན་དུ་བོས་པ་ན་མི་རུང་བ་མེད་བཞིན་བདག་གིར་མི་བྱེད་ཅིང་། །གསེར་ལ་སོགས་པ་ཞུལ་ཡང་ཞེན་པ་མེད་ན་ལེན་པར་གསུངས་པ་ལས་ལེན་པར་མི་བྱེད་པ། །ཆོས་འདོད་པ་ལ་སྦྱིན་པར་མི་བྱེད་པའོ། །ཚུལ་ཁྲིམས་དང་འགལ་བ་དགུ་ནི། ཚུལ་ཁྲིམས་འཆལ་བ་ཕྱིར་བཅོས་སོགས་ལ་མི་འགོད་པར་ཡལ་བར་འདོར་བ། །ཕ་རོལ་དད་པའི་ཕྱིར་སྒོ་གསུམ་བཙུན་པར་སློབ་པར་མི་བྱེད་པར། །ཁུར་ཁུར་བ་སོགས་སེམས་ཅན་གྱི་གནས་སྐབས་ཀྱི་དོན་ལ་བྱ་བ་ཆུང་སྟེ་མ་བརྩོན་པ། །སྙིང་བརྩེར་བཅས་ནི་མི་དགེ་མེད་པས་བྱ་བ་དན་པ་ཟློག་ཕྱིར་ཚིག་རྒྱབ་སོགས་ཤེས་བཞིན་མི་བྱེད། །འཚོ་བ་ལོག་པ་ཁ་ན་མ་ཐོ་དང་འབྲེས་པ་དང་དུ་ལེན། །སྒོ་གསུམ་འཆལ་ཞིང་རབ་ཏུ་རྒོལ་པ་སོགས་དང་། །དགོས་པ་མེད་པར་འཁོར་བ་ཁྲིམ་པའི་རྟེན་གཅིག་པུས་བགྲོད་པར་སེམས་པ། །གྲགས་པ་མ་ཡིན་པའི་རྒྱུ་དྲུག་སོགས་མི་སྤོང་བ། །གཞན་ཉོན་མོངས་དང་བཅས་ཀྱང་ཤེས་བཞིན་དུ་འཚོས་པར་མི་བྱེད་པའོ། །བཟོད་པ་དང་འགལ་བ་བཞི་ནི། གཤེ་བ་ལ་ལན་དུ་གཤེ་བ་ལ་སོགས་པ་བཞི་དང་། །ཁྲོས་པ་རྣམས་ནི་ཤད་སྦྱོང་སོགས་ཀྱིས་མགུ་བར་མི་བྱེད་པར་ཡལ་བར་འདོར་བ། །ཕ་རོལ་གྱིས་ཤད་ཀྱིས་ཆགས་པ་སྦྱོང་བ་དེ་ཞི་སྟང་གིས་ཡིན་ན་རུ་བར་འགྱུར་རོ། །གཞན་ཁྲོས་པའི་སེམས་ཀྱིས་རྗེས་སུ་བདེན་ནོ་སྙམ་དུ་འཇུག་པའོ། །བརྩོན་འགྲུས་དང་འགལ་བ་གསུམ་ནི། རྙེད་བཀུར་འདོད་པའི་ཕྱིར་འཁོར་རྣམས་སྡུད་པ། །ལེ་ལོ་ལ་སོགས་པས་ཆོས་ལ་མི་སྦྱོར་བ་སེལ་བར་མི་བྱེད་པ། །གཞན་དྲངས་པ་སོགས་ཀྱི་ཕྱིར་མ་ཡིན་པར་ཆགས་པས་བྲེ་མོའི་གཏམ་ལ་བསྟེན་པའོ། །བསམ་གཏན་དང་འགལ་བ་གསུམ་ནི༑ ཏིང་ངེ་འཛིན་གྱི་དོན་གདམས་ངག་མི་ཚོལ་བ། །བསམ་གཏན་གྱི་སྒྲིབ་པ་ལྔ་སྤོང་བར་མི་བྱེད་པ། །བསམ་གཏན་གྱི་རོ་ཤིན་སྦྱང་གི་བདེ་བ་ལ་ཡོན་ཏན་དུ་བལྟ་བའོ། །ཤེས་རབ་དང་འགལ་བ་བརྒྱད་ནི། ཉན་ཐོས་ཀྱི་ཐེག་པ་སྤོང་བར་བྱེད་པ། །རང་ཚུལ་ཐེག་ཆེན་ཡོད་བཞིན་དེ་ལ་བརྩོན་པ། །དགོས་པ་མེད་པར

བརྩོན་འགྲུས་མིན་པའི་ཕྱི་རོལ་གྱི་བསྟན་བཅོས་ལ་བརྩོན་པ། །དགོས་པའི་དབང་གིས་བརྩོན་པར་བྱས་ཀྱང་དེ་ལ་ཡོན་ཏན་དུ་བལྟ་བར་དགའ་བ། །ཐེག་པ་ཆེན་པོ་སྤོང་བར་བྱེད་པ་སྟེ་དེ་ལ་མི་བརྩོན་པ། །བག་མེད་ཙམ་གྱིས་བདག་ལ་བསྟོད་ཅིང་གཞན་ལ་སྨོད་པ། །ཆོས་ཀྱི་དོན་དུ་འགྲོ་བར་མི་བྱེད་པ། །དེ་ལ་སྨོད་ཅིང་ཡི་གེར་མཆོག་ཏུ་བཟུང་ནས་དེ་ཙམ་ལ་ཡིད་རྟོན་པའོ། །སེམས་ཅན་དོན་བྱེད་དང་འགལ་བ་བཅུ་གཉིས་ལ་སྡེ་ཚན་གསུམ་ལས། གཞན་དོན་ལས་ཉམས་པའི་ཉེས་པ་བཞི་ནི། གཞན་གྱི་དགོས་པའི་དོན་ཅི་ཡང་རུང་བའི་གྲོགས་སུ་འགྲོ་བར་མི་བྱེད་པ། །ནད་པའི་རིམ་གྲོ་བྱ་བ་སྤོང་བ། །གཞན་གྱིས་ལུས་སྡུག་བསྔལ་སེལ་བར་ནུས་བཞིན་མི་བྱེད་པ་དང་། །ཤེས་བཞིན་དུ་བག་མེད་པ་ལ་རིག་པ་མི་སྟོན་པའོ། །གཞན་ལ་ཕན་མི་འདོགས་པའི་ཉེས་པ་དྲུག་ནི། ཕན་པ་བྱས་པ་ལ་ལན་དུ་ཕན་མི་འདོགས། །གཞན་གྱི་སེམས་མྱ་ངན་གྱིས་གདུང་བ་སེལ་བར་མི་བྱེད་པ། །ནོར་འདོད་པ་ལ་སེར་སྣ་མེད་ཀྱང་ལོ་ལོས་སྦྱིན་པར་མི་བྱེད་པ། །རང་གི་འཁོར་རྣམས་ཀྱི་ནི་གནས་སྐབས་ཀྱི་དོན་མི་བྱེད་པ། །ཆོས་དང་མི་མཐུན་པ་མེད་པའི་གཞན་གྱི་བློ་དང་མཐུན་པར་མི་འཇུག་པ། །ཆོས་ལ་འཇུག་པའི་དགོས་པ་མེད་པས་ཡོན་ཏན་དང་སྔགས་པ་བསྔོ་བར་མི་བྱེད་པའོ། །ངན་པ་ཚར་མི་གཅོད་པའི་ཉེས་པ་གཉིས་ནི། ཕ་རོལ་པོའི་རྐྱེན་དང་འཚམས་པར་བྱ་བ་རྒྱུ་བ་སོགས་ཚར་མི་གཅོད་པ། །རྫུ་འཕྲུལ་དང་བསྡིགས་པ་ལ་སོགས་པ་མི་བྱེད་པའོ། །འདི་དག་ནི་འགྲེལ་པ་ཅི་རིགས་པར་གསུམ་གསུམ་དུ་བྱས་ནས་བཤད་དེ། གལ་ཏེ་མ་གུས་པ་དང་། སྙོམས་ལས་དང་། ལེ་ལོས་ཉེས་པ་བྱུང་ན་ནི་ཉོན་མོངས་པ་ཅན་གྱི་ཉེས་པར་འགྱུར་རོ། །གལ་ཏེ་བརྗེད་པས་ཉེས་པ་བྱུང་ན་ནི་ཉོན་མོངས་པ་ཅན་མ་ཡིན་པའི་ཉེས་པར་འགྱུར་ལ། སེམས་འཁྲུགས་པ་ལ་ནི་ཉེས་པ་མེད་དོ། །ཞེས་སོ། །ཉེས་སྤྱོད་སྡོམ་པ་དང་འགལ་བ་ནི་བཤད་མི་དགོས་ཏེ། རྟེན་རབ་བྱུང་ཡིན་ན་སོ་ཐར་གྱི་ཕམ་བཞི་འདིར་ཡང་རྩ་ལྟུང་དང་། དེ་མ་ཡིན་པའི་ལྟུང་བ་རྣམས་བྱང་སེམས་ཀྱི་ཡན་ལག་གི་ཉེས་བྱས་སུ་འགྱུར་བ་དང་། རབ་བྱུང་མིན་ཀྱང་རང་སའི་རྩ་ལྟུང་གི་ཕྱོགས་དང་མཐུན་པའི་ཉེས་པ་ཕྲ་བ་རྣམས་ཉེས་བྱས་སུ་འགྱུར་བས་སོ། །དེ་ལྟར་སྲོལ་གཉིས་ཀྱི་རྩ་ལྟུང་བཅོ་བརྒྱད་དང་བཞིར་གསུངས་པ་གཉིས་མི་འགལ་བའི་ཚུལ། སློབ་དཔོན་བྱང་བཟང་དང་། ཨ་བྷ་ཡ་ཀཱ་རའི་བཞེད་ཚུལ་ཡོད་ན་ཡང་། སློབ་དཔོན་ཆེན་པོ་ཞི་བ་ལྷའི་དགོངས་པ་ནི་ནམ་སྙིང་གི་མདོ་ལྟར་ལྟུང་རྫས་བཅུ་བཞིའི་སྟེང་།

ཐབས་ལ་མཁས་པའི་མདོའི་དགོངས་པ། བྱང་ཆུབ་སེམས་ནི་ཡོངས་འདོར་དང་། །ཆགས་དང་སེར་སྣ་མི་ཟད་པས། །ཞེས་པ་ལ་སོགས་པའི་བཞི་པོ་བསྟན་པས་བཅོ་བརྒྱད་པོའི་ནང་དུ་བྱང་སར་བཤད་པའི་རྩ་ལྟུང་བཞི་པོ་འདུ་བས་མི་འགལ་བར་བཞེད་དོ། །

གཉིས་པ་དགེ་བ་ཆོས་སྡུད་ཀྱི་ཚུལ་ཁྲིམས་བཤད་པ་ལ་བསྟན་བཤད་གཉིས་ལས། དང་པོ་མདོར་བསྟན་པ་ནི། དགེ༵་བ༵་ཆོས༵་སྡུད༵་ཀྱི་ཚུལ་ཁྲིམས་ནི་ཕར༵་ཕྱིན༵་དྲུག༵་ལ་ཚུལ་བཞིན་དུ་སློབ༵་པ་སྟེ་ཞེས་པའོ། །འདིའི་སྤྱི་དོན་བཤད་པ་ལ་དོན་རྣམ་པ་བདུན་ལས། དང་པོ་མཚན་ཉིད་ནི། བྱང་སེམས་ཀྱི་སྒྲུབ་པའི་བསླབ་བྱ་གང་ཞིག །ཁྱད་ཆོས་བཞི་དང་ལྡན་པའི་ཕྱིན་དྲུག་གིས་བསྡུས་པའི་དགེ་བ་མཐའ་དག་སྒྲུབ་པའི་སེམས་པ་མཚུངས་ལྡན་དང་བཅས་པའོ། །ཁྱད་ཆོས་བཞི་ནི། ཕར་ཕྱིན་རང་རང་གི་མི་མཐུན་པའི་ཕྱོགས་དང་བྲལ་བ། གྲོགས་འཁོར་གསུམ་མི་རྟོག་པའི་ཤེས་རབ་ཀྱིས་ཟིན་པ། བྱེད་ལས་གཞན་གྱི་འདོད་དོན་རྫོགས་པར་བྱེད་པ། འབྲས་བུ་བྱང་ཆུབ་གསུམ་དུ་སྨིན་པར་བྱེད་པ་སྟེ། མདོ་སྡེའི་རྒྱན་ལས། སྦྱིན་པ་མི་མཐུན་ཕྱོགས་ཉམས་དང་། །རྣམ་པར་མི་རྟོག་ཡེ་ཤེས་ལྡན། །འདོད་པ་ཐམས་ཅད་ཡོངས་རྫོགས་བྱེད། །སེམས་ཅན་རྣམས་སྨིན་བྱེད་རྣམ་གསུམ། །ཞེས་པ་ཕར་ཕྱིན་ལྷག་མ་རྣམས་ལ་ཡང་སྦྱར་རོ། །

གཉིས་པ་སྒྲ་དོན་ནི། པ་ར་མི་ཏ་ཞེས་པའི་སྒྲ་ལས་དྲངས་ན་པ་ར་མ་ཕ་རོལ་དང་། མི་ཏ་ཕྱིན་པ་སྟེ་འཇིག་རྟེན་པ་དང་ཉན་རང་གི་དགེ་བ་ཀུན་ལས་ཕུལ་དུ་བྱུང་བའི་ཕ་རོལ་ཏུ་འགྲོ་བས་ན་ཕྱིན་པའོ། །

གསུམ་པ་དབྱེ་བ་ནི། དྲུག་པོ་རེ་རེ་ལའང་དྲུག་རེར་ཕྱེ་བས་སོ་དྲུག་སྟེ། གཞན་དེ་ལ་འགོད་པས་སྦྱིན་པ། མི་མཐུན་པའི་ཕྱོགས་ཀྱིས་མ་གོས་པས་ཚུལ་ཁྲིམས། དཀའ་སྤྱོད་སོགས་བཟོད་པས་བཟོད་པ། དགའ་སྤྲོ་དང་བཅས་པ་བརྩོན་འགྲུས། གཞན་དོན་ལ་རྩེ་གཅིག་པ་བསམ་གཏན། འཁོར་གསུམ་མི་རྟོག་པ་ཤེས་རབ་སྟེ། མངོན་རྟོགས་རྒྱན་ལས། དེ་དག་སོ་སོའི་སྦྱིན་ལ་སོགས། །རྣམ་པ་དྲུག་ཏུ་བསྡུས་པ་ཡིས། །གོ་ཆའི་སྒྲུབ་པ་གང་ཡིན་ཏེ། །དྲུག་ཚན་དྲུག་གིས་ཇི་བཞིན་བཤད། །ཅེས་སོ། །

བཞི་པ་གྲངས་ངེས་ནི། བྱང་ཆུབ་སེམས་ཀྱི་བསླབ་བྱ་ཐམས་ཅད་བསླབ་པ་གསུམ་དུ་འདུ་བ་ལ་ལྟོས་ནས་དྲུག་ཏུ་ངེས་ཏེ། ཕར་ཕྱིན་དང་པོ་གསུམ་ཀྱ་དང་ངོ་བོ་འཁོར་གྱི་སྒོ་ནས་བསླབ་པ་དང་པོར་འདུ་ལ། ཕར་ཕྱིན་ལྔ་པ་ནི་བསླབ་པ་གཉིས་པ་དང་ཕར་ཕྱིན་དྲུག་པ་ནི། བསླབ་པ་གསུམ་པར་འདུས་ཤིང་། བརྩོན་འགྲུས་ནི་བསླབ་པ་གསུམ་ཀའི་གྲོགས་སུ་འགྱུར་བས་ཏེ། མདོ་སྡེ་རྒྱན་ལས། བསླབ་གསུམ་དབང་དུ་མཛད་ནས་ནི། །རྒྱལ་བས་ཕ་རོལ་ཕྱིན་པ་དྲུག །ཡང་དག་བཤད་དེ་དང་པོ་གསུམ། །ཐ་མ་གཉིས་ཀྱིས་རྣམ་པ་གཉིས། །གཅིག་ནི་གསུམ་ཆར་ལ་ཡང་གཏོགས། །ཞེས་སོ། །

ལྔ་པ་གོ་རིམ་ནི། རྒྱུ་འབྲས་དང་། དམན་མཆོག་དང་། རགས་ཕྲའི་དབང་གིས་ཏེ། དེ་ཉིད་ལས། སྔ་མ་ལ་བརྟེན་ཕྱི་མ་སྐྱེ། །དམན་དང་མཆོག་ཏུ་གནས་ཕྱིར་དང་། །རགས་པ་དང་ནི་ཕྲ་བའི་ཕྱིར། །དེ་དག་རིམ་པས་བསྟན་པ་ཡིན། །ཞེས་སོ། །

དྲུག་པ་སྒྲུབ་ཚུལ་ནི། དེ་ཉིད་ལས། རེ་བ་མེད་པའི་སྦྱིན་པ་དང་། །ཡང་སྲིད་མི་འདོད་ཚུལ་ཁྲིམས་དང་། །ཐམས་ཅད་ལ་ནི་བཟོད་པ་དང་། །ཡོན་ཏན་ཀུན་འབྱུང་བརྩོན་འགྲུས་དང་། །དེ་བཞིན་བསམ་གཏན་གཟུགས་མེད་མིན། །ཤེས་རབ་ཐབས་དང་ལྡན་པ་ཡིས། །བརྟན་པ་རྣམས་ཀྱིས་ཡང་དག་སྦྱོར། །ཞེས་ཏེ། དེ་ཐམས་ཅད་ཀྱང་དམ་པ་དྲུག་དང་ལྡན་པར་ཉམས་སུ་བླངས་པ་ནི་རྟེན་དམ་པ་བྱང་ཆུབ་ཀྱི་སེམས་དང་ལྡན་པ། དངོས་པོ་དམ་པ་གཞི་ཐམས་ཅད་ལ་འཇུག་པ། ཆེད་དུ་བྱ་བ་དམ་པ་སེམས་ཅན་ཐམས་ཅད་ཀྱི་དོན་དུ་སྤྱོད་པ། ཐབས་དམ་པ་འཁོར་གསུམ་མི་རྟོག་པའི་ཤེས་རབ་ཀྱིས་ཟིན་པ། ཡོངས་བསྔོ་དམ་པ་བླ་མེད་བྱང་ཆུབ་ཏུ་བསྔོ་བ། རྣམ་དག་དམ་པ་སྒྲིབ་གཉིས་ཀྱི་དངོས་གཉེན་དུ་སྤྱོད་པ་རྣམས་སོ། །

བདུན་པ་ཕན་ཡོན་ལ། ཕྱིན་དྲུག་སོ་སོའི་ཕན་ཡོན་ནི། དམིགས་པ་རྒྱ་ཆེ་བ། ཀུན་སློང་ཟང་ཟིང་མེད་པ། བྱེད་ལས་དོན་ཆེ་བ། འབྲས་བུ་ཕུང་པོ་ལྷག་མེད་དུ་མི་ཟད་པ་སྟེ། དེ་ཉིད་ལས། རྒྱ་ཆེ་བ་དང་ཟང་ཟིང་མེད། །དོན་ཆེ་བ་དང་མི་ཟད་པ། །སྦྱིན་པ་ལ་སོགས་ཐམས་ཅད་ཀྱི། །ཡོན་ཏན་བཞིར་ནི་ཤེས་པར་བྱ། །ཞེས་སོ། །ཉམས་སུ་བླང་བའི་འབྲས་བུ་ནི་རིན་ཆེན་ཕྲེང་བ་ལས།

སྦྱིན་པས་ལོངས་སྤྱོད་ཁྲིམས་ཀྱིས་བདེ། །བཟོད་པས་མདངས་ལྡན་བརྩོན་པས་བརྗིད། །བསམ་གཏན་གྱིས་ཞི་བློ་ཡིས་གྲོལ། །ཞེས་གནས་སྐབས་དང་། ཕར་ཕྱིན་དྲུག་པོ་ཚོགས་གཉིས་སུ་འདུ་སྟེ། མདོ་སྡེ་རྒྱན་ལས། སྦྱིན་པ་ཚུལ་ཁྲིམས་བསོད་ནམས་ཀྱི། །ཚོགས་ཡིན་ཤེས་རབ་ཡེ་ཤེས་ཏེ། །གསུམ་ནི་གཉིས་ཀར་ལ་ཡང་གཏོགས། །ལྔ་ཆར་ཡང་ནི་ཡེ་ཤེས་སོ། །ཞེས་སོ། །དེས་ན་ཚོགས་གཉིས་བསགས་པས་སྐུ་གཉིས་ཐོབ་པ་ནི་མཐར་ཐུག་གི་འབྲས་བུ་སྟེ། རིན་ཆེན་ཕྲེང་བ་ལས། གཟུགས་ཀྱི་སྐུ་ནི་མདོར་བསྡུ་ན། །བསོད་ནམས་ཚོགས་ལས་འབྱུངས་པ་སྟེ། །ཆོས་ཀྱི་སྐུ་ནི་མདོར་བསྡུ་ན། །རྒྱལ་པོ་ཡེ་ཤེས་ཚོགས་ལས་འབྱུངས། །ཞེས་སོ། །

གཉིས་པ་རྒྱས་པར་བཤད་པ་ནི། ཕར་ཕྱིན་དྲུག་པོ་དེ་དག་སོ་སོར་བཤད་པ་ལས། དང་པོ་སྦྱིན་པའི་ཕར་ཕྱིན་ལ། ངོ་བོ་ནི་ཁྱད་ཆོས་བཞི་ལྡན་གྱི་གཏོང་སེམས་དགེ་བ་ས་བོན་དང་བཅས་པའོ། །སྒྲ་དོན་ནི། དྣ་ཞེས་པའི་སྒྲ་ལས། ཕ་རོལ་གྱི་དབུལ་བ་སེལ་བའི་ཕྱིར་སྦྱིན་པ་ཞེས་བྱའོ། །དབྱེ་ན། ཆོས་ཀྱི་སྦྱིན་པ་སྟོད་བརྟགས་ཏེ་སྙིང་རྗེ་ཆེན་པོས་སྐུལ་བ་དང་འཚམས་པར་ལེགས་བཤད་ཀྱི་དགའ་སྟོན་འགྱེད་པ་དང་། ཟང་ཟིང་ནོར་གྱི་སྦྱིན་པ་ལ་གཏོང་བ་དང་། གཏོང་བ་ཆེན་པོ་དང་། ཤིན་ཏུ་གཏོང་བ་རྣམས་དང་། མི་འཇིགས་པའི་སྦྱིན་པ་གནས་སྐབས་ནད་གདོན་སོགས་དང་། མཐར་ཐུག་འཁོར་བ་ལས་སྐྱོབ་པར་བྱེད་པའོ། །དེ་ཡང་བྱང་སེམས་ཁྱིམ་པས་ཟང་ཟིང་དང་། རབ་བྱུང་གིས་ཆོས་སྦྱིན་གཙོ་བོར་གཏོང་བར་བཤད་དོ། །

གཉིས་པ་ཚུལ་ཁྲིམས་ལ་ངོ་བོ་ནི། ཁྱད་ཆོས་བཞི་ལྡན་གྱི་སྤོང་བའི་སེམས་ཀྱིས་ཉེས་པ་སྲུང་འདོད་ཀྱི་དགེ་བ་ས་བོན་དང་བཅས་པའོ། །སྒྲ་དོན་ནི། ཤཱི་ལའི་སྒྲ་ལས་ཡུལ་གྱི་གདུང་བས་མི་བརྗི་བར་བསིལ་བ་ཐོབ་པར་བྱེད་པས་ན་ཚུལ་ཁྲིམས་སོ། །དབྱེ་ན་ཉེས་སྤྱོད་སྡོམ་པ་དང་། དགེ་བ་ཆོས་སྡུད་དང་། སེམས་ཅན་དོན་བྱེད་དེ་རྣམ་པ་གསུམ་པོ་ཚུལ་བཞིན་དུ་སྲུང་བར་བྱའོ། །

གསུམ་པ་བཟོད་པ་ལ། ངོ་བོ་ནི། ཁྱད་ཆོས་བཞི་ལྡན་གྱི་མི་འཁྲུགས་པའི་དགེ་བ་ས་བོན་དང་བཅས་པའོ། །སྒྲ་དོན་ནི། ཀྵཱནྟིའི་སྒྲ་ལས་སྡུག་བསྔལ་སོགས་ལ་ཐུབ་ཚུགས་པས་ན་བཟོད་པའོ། །དབྱེ་ན། ཁོང་ཁྲོའི་ཉེས་དམིགས་ལ་བསམ་སྟེ་ཕ་རོལ་གྱིས་གནོད་པ་བྱེད་པ་ལ་ཧ་མི་སྐམ་

དུ་སེམས་མི་འཁྲུགས་པ་དང་། གནོད་ལན་མི་བྱེད་པ་དང་། འཁོན་ཞེ་ལ་མི་འཛིན་པར་མ་ཟད་སླར་ཡང་སྙིང་རྗེ་བསྐྱེད་པར་བྱ་བ་དང་། སྟོང་ཉིད་ལ་སོགས་པ་ཟབ་མོའི་དོན་ལ་མི་སྐྲག་ཅིང་གཞན་དོན་ལ་མི་སྐྱོ་བ་དང་། ཕུགས་ཀྱི་བདེ་བ་བླ་ན་མེད་པའི་དོན་དུ་འཕྲལ་གྱི་སྡུག་བསྔལ་ཆོས་སྒྲུབ་པའི་དཀའ་སྤྱད་སོགས་ཀྱིས་མི་སྐྱོ་བར་དང་དུ་བླངས་ནས་བཟོད་པར་བྱ་བ་གསུམ་མོ། །

བཞི་པ་བརྩོན་འགྲུས་ལ། ངོ་བོ་ནི་ཁྱད་ཆོས་བཞི་ལྡན་གྱི་སྤྲོ་བའི་སེམས་པ་དགེ་བ་ས་བོན་དང་བཅས་པའོ། །སྒྲ་དོན་ནི། བིརྱའི་སྒྲ་ལས་སྙིང་སྟོབས་མ་ཞུམ་པས་མཆོག་གི་གནས་ལ་སྦྱོར་བས་ན་བརྩོན་འགྲུས་སོ། །དབྱེ་ན་བསམ་པ་བདུད་ཀྱིས་མི་བརྫི་བའི་རྒྱུ་སེམས་ཅན་ཐམས་ཅད་རྫོགས་བྱང་ལ་མ་འགོད་བར་དུ་བརྩོན་པ་འདོར་བར་མི་བྱའོ་སྙམ་དུ་གོ་ཆ་བགོ་བ་དང་། སྦྱོར་བ་ལམ་ལྔ་ས་བཅུ་བགྲོད་པའི་རྒྱུ་དགེ་བའི་ཚོགས་ཐམས་ཅད་སྡུད་པར་འཇུག་ཅིང་། སྒྲུབ་པ་ལ་མི་ཞུམ་ཞིང་ཅུང་ཟད་ཙམ་གྱིས་མི་ངོམ་ལ་རྐྱེན་གྱིས་མི་ལྡོག་པའི་སྒོ་ནས་གུས་རྟག་གིས་བརྩོན་པར་བྱ་བ་དང་། དོན་གཉིས་འགྲུབ་པའི་རྒྱུ་གཞན་ལ་ཕན་པའི་དངོས་པོ་སྒྲུབ་པ་ལ་སྤྲོ་བའི་སྒོ་ནས་འཇུག་པའི་བརྩོན་འགྲུས་བརྩམ་པ་སྟེ་གསུམ་མོ། །

ལྔ་པ་བསམ་གཏན་ལ། ངོ་བོ་ནི། ཁྱད་ཆོས་བཞི་ལྡན་གྱི་དམིགས་པ་ལ་རྩེ་གཅིག་པའི་སེམས་པ་དགེ་བ་ས་བོན་དང་བཅས་པའོ། །སྒྲ་དོན་ནི། ཛྷཱན་ཞེས་པའི་སྒྲ་ལས་སེམས་པའི་རྒྱུན་གཞན་དུ་མི་ཡེངས་པར་འཛིན་པས་ན་བསམ་གཏན་ནོ། །དབྱེ་ན། ཕྱི་རོལ་པ་དང་ཐུན་མོང་བར་གྱུར་པའི་བསམ་གཟུགས་བརྒྱད་བསྒོམ་པ་འཇིག་རྟེན་པའི་དང་། འདས་ལམ་གྱིས་ཐོབ་པའི་ཐེག་གསུམ་སོ་སོའི་ཏིང་ངེ་འཛིན་འཇིག་རྟེན་ལས་འདས་པའི་བསམ་གཏན་བསྒོམ་པ་གཉིས་སོ། །དེ་ཡང་ལང་གཤེགས་ལས་གསུངས་པ་ལྟར་གསུམ་དུ་དབྱེ་ན་ལམ་ལ་མ་ཞུགས་པའི་རྒྱུད་ཀྱི་བསམ་གཟུགས་བྱིས་པ་ཉེར་སྤྱོད་ཀྱི་དང་། ལམ་ཞུགས་ཚོགས་སྦྱོར་གྱི་ཏིང་ངེ་འཛིན་དོན་རབ་འབྱེད་པའི་དང་། མཐོང་ལམ་ཡན་ཆད་ཀྱི་འཕགས་པའི་ཏིང་འཛིན་རྣམས་ལ་དེ་བཞིན་གཤེགས་དགེའི་བསམ་གཏན་ཞེས་བྱ་བ་དེ་རྣམས་སོ། །

དྲུག་པ་ཤེས་རབ་ལ། ངོ་བོ་ནི། ཁྱད་ཆོས་བཞི་ལྡན་གྱི་ཆོས་རབ་རྣམ་པར་འབྱེད་པའི་

སེམས་པ་དགེ་བ་ས་བོན་དང་བཅས་པའོ། །སྒྲ་དོན་ནི། པྲ་ཛྙཱ་ཞེས་པའི་སྒྲ་ལས་རབ་ཏུ་རྟོགས་པའམ་རབ་ཏུ་ཁོང་དུ་ཆུད་པས་ན་ཤེས་རབ་བོ། །དབྱེ་ན། ཐོས་པ་ལས་བྱུང་བའི་ཤེས་རབ་ནི། གསུང་རབ་དགོངས་འགྲེལ་དང་བཅས་པ་ནང་རིག་པ་དང་། དེས་གདུལ་བྱ་རྗེས་སུ་འཛིན་པའི་ཡན་ལག་ཏུ་ཐུན་མོང་གི་རིག་གནས་བཞི་དང་བཅས་པ་ལ་མཁས་པར་བྱ་སྟེ། མདོ་སྡེ་རྒྱན་ལས། རིག་པའི་གནས་ལྔ་དག་ལ་མཁས་པར་མ་བྱས་ན། །འཕགས་མཆོག་གིས་ཀྱང་ཐམས་ཅད་མཁྱེན་ཉིད་མི་འགྱུར་ཏེ། །དེ་ལྟ་བས་ན་གཞན་དག་ཚར་བཅད་རྗེས་བཟུང་དང་། །བདག་ཉིད་ཀུན་ཤེས་བྱ་ཕྱིར་དེ་ལ་དེ་བརྩོན་བྱ། །ཞེས་གསུངས་ཤིང་། ཁྱད་པར་དུ་གསུང་རབ་ཀྱི་དོན་རྣམས་དཔྱིས་ཕྱིན་པ་ཁོང་དུ་ཆུད་པར་བྱེད་པ་ལ། སྤྱིར་དྲང་ངེས་ལྡེམ་དགོངས་ལ་སོགས་པའི་སྒོ་ནས་འཇལ་དགོས་ཀྱང་། འདིར་ཆོས་རྣམས་ཀྱི་གནས་ལུགས་ཇི་བཞིན་པ་ལ་ངེས་པ་ཐོབ་པའི་ཤེས་རབ་སྐྱེད་པའི་ཕྱིར། ཡོད་པ་སྒྲོ་འདོགས་ཀྱི་མཐའ་སེལ་བྱེད་ངོ་བོ་ལ་དཔྱོད་པ་གཅིག་དུ་བྲལ། རྒྱུ་ལ་དཔྱོད་པ་རྡོ་རྗེའི་ཟེགས་མ། འབྲས་བུ་ལ་དཔྱོད་པ་ཡོད་མེད་སྐྱེ་འགོག །རྒྱུ་འབྲས་གཉིས་ཀ་ལ་དཔྱོད་པ་མུ་བཞི་སྐྱེ་འགོག་སྟེ་བཞི་དང་། ཡོད་མེད་གཉིས་ཀའི་སྤྲོས་པ་གཅོད་བྱེད་རྟེན་འབྲེལ་ཆེན་མོ་སྟེ། གཏན་ཚིགས་ཆེན་པོ་ལྔས་ཀུན་རྫོབ་སྤྲོས་པའི་སྣང་ཞེན་ཐམས་ཅད་སྤྲོས་བྲལ་དུ་གཏན་ལ་འབེབས་པ་བཀའ་བར་པའི་དགོངས་དོན་ལྟར་དང་། བློ་ལས་འདས་པའི་ཆོས་ཉིད་དོན་དམ་འོད་གསལ་བའི་ཡེ་ཤེས་སྟོང་མི་སྟོང་ལ་སོགས་པའི་དཔྱོད་ཡུལ་ལས་འདས་པའི་བསམ་གྱིས་མི་ཁྱབ་པའི་ངོ་བོ་བཀའ་ཐ་མ་དང་། སྔགས་རྒྱུད་རྣམས་སུ་གསུངས་པའི་དོན་ལ་ངེས་པ་ནང་ནས་འདྲོངས་པ་ཞིག་བྱེད་དགོས་སོ། །

དེ་ནས་བསམ་བྱུང་གི་ཤེས་རབ་བསྐྱེད་པ་ནི། ཇི་སྐད་ཐོས་པའི་དོན་ལ་ཉེ་བར་དཔྱོད་པས་ནང་དུ་སེམས་པར་འཇུག་པ་ན་བྱེ་བྲག་འབྱེད་པའི་བསམ་ཤེས་ཀྱི་དོན་སྤྱི་ཙམ་དུ་མ་ལུས་པར་རེ་རེ་ནས་ཚིག་དང་དོན་གྱི་རིམ་པ་རྣམས་ནོར་མ་ནོར་བརྟག་ཅིང་ངེས་པར་བྱ་སྟེ། ཡེ་ཤེས་སྙིང་པོ་ཀུན་ལས་བཏུས་པ་ལས། བསྲེགས་བཅད་བདར་བས་གསེར་བཞིན་དུ། །ལེགས་པར་བརྟག་ལ་ང་ཡི་བཀའ། །བླང་བར་བྱ་ཡི་གུས་ཕྱིར་མིན། །ཞེས་པ་ལྟར་དད་པས་འཇུག་པ་ཙམ་མ་ཡིན་པར་ཡིད་

ཆོས་བསྐྱེད་པའི་ལུང་དང་། དངོས་སྟོབས་ཀྱི་རིགས་པ་དང་། སྤྲ་ཕྱི་མི་འགལ་བ་གསུམ་གྱིས་བརྟགས་ནས་བླང་བར་བྱ་སྟེ། བཞི་བརྒྱ་པ་ལས། དོན་གང་ལུང་དང་རིགས་པ་ཡིས། །ལེགས་པར་མཉོན་པར་བརྗོད་པ་དང་། །སྔ་ཕྱི་འགལ་བ་མེད་པ་སྟེ། །དམ་པ་རྣམས་ཀྱིས་ཡོངས་སུ་བཟུང་། །ཞེས་སོ། །དེ་ལྟར་བསམ་བྱ་ཡོངས་སུ་རྫོགས་པ་ན་སྒོམ་པ་ལས་བྱུང་བའི་ཤེས་རབ་ཟབ་མོ་རྒྱུད་ལ་བསྐྱེད་པར་བྱ་སྟེ། དེ་ཡང་སྤྱིར་ཇི་ལྟར་ངེས་པའི་དོན་རྣམས་བླང་དོར་གྱི་སྒོ་ནས་སྒྲུབ་ཅིང་ཉམས་སུ་ལེན་པ་དང་། ཁྱད་པར་ལྷག་མཐོང་གི་ཤེས་རབ་རྣམ་པར་མི་རྟོག་པའི་ཡེ་ཤེས་ཉམས་སུ་བླང་བ་ནི་འཁོར་ལོ་བར་ཐ་དང་སྔགས་ཀྱི་རྒྱུད་སྡེ་ཟབ་མོ་རྣམས་སུ་བཤད་པའི་དགོངས་དོན་རྣམས་འགལ་མེད་དུ་བསམ་བྱུང་གིས་གཏན་ལ་འབེབས་པའི་ངང་དུ་བློ་རྟོག་གི་སྤྲོས་པ་ཐམས་ཅད་བཅད་ནས་འཛོག་པར་བྱ་བ་སྟེ། སྒྲ་གཅན་འཛིན་གྱིས་ཡུམ་ལ་བསྟོད་པ་ལས། སྨྲ་བསམ་བརྗོད་མེད་ཤེས་རབ་ཕ་རོལ་ཕྱིན། །མ་སྐྱེས་མི་འགག་ནམ་མཁའི་ངོ་བོ་ཉིད། །སོ་སོ་རང་རིག་ཡེ་ཤེས་སྤྱོད་ཡུལ་བ། །དུས་གསུམ་རྒྱལ་བའི་ཡུམ་ལ་ཕྱག་འཚལ་ལོ། །ཞེས་སོ། །དེ་ལྟར་བཞག་པས་སྒྲིབ་དེངས་པ་ན་ཉི་མའི་དཀྱིལ་འཁོར་གསལ་བ་ལྟར་མཉམ་བཞག་གི་རིག་ངོ་ན་ངོས་བཟུང་གང་དུའང་མ་གྲུབ་པའི་བློ་བྲལ་གྱི་ཡེ་ཤེས་རང་གསལ་རྗེན་པར་གནས་པ་ནི་སེམས་ཀྱི་རང་བཞིན་འོད་གསལ་བ་ཁོང་ནས་ཤར་བ་སྟེ། དེ་ལ་ཡང་ཡང་གོམས་པའི་སྟོབས་ཀྱིས་རང་གནས་ཀྱི་ཡེ་ཤེས་མ་རྟོགས་པའི་སེམས་ཅན་རྣམས་ལ་སྙིང་རྗེ་ཆེན་པོ་དང་གིས་འབྱུང་བ་ནི། ཆོས་ཉིད་ཡིན་པས་དེ་ལྟ་བུའི་སྟོང་ཉིད་སྙིང་རྗེ་ཟུང་དུ་འཇུག་པ་དེ་ནི་ཐེག་པ་ཆེན་པོའི་མདོ་སྔགས་ཀྱི་ལམ་ཐམས་ཅད་ཀྱི་དངོས་གཞིར་ངེས་པས་གནད་མ་འཆུག་པར་བྱ་དགོས་ལ། དེ་ཡང་དང་པོ་སེམས་བསྐྱེད། དངོས་གཞི་དམིགས་མེད། རྗེས་བསྔོ་བ་སྟེ་དམ་པ་གསུམ་གྱིས་རྒྱས་ཟིན་པའི་སྒོ་ནས་སྤྱད་པར་བྱ་བ་སྟེ་ཤེས་རབ་རྣམ་པ་གསུམ་མོ། །

གསུམ་པ་སེམས་ཅན་དོན་བྱེད་ཀྱི་ཚུལ་ཁྲིམས་བཤད་པ་ནི། སེམས་ཅན་དོན་བྱེད་ཀྱི་ཚུལ་ཁྲིམས་ནི། ཕྱིན་དྲུག་གིས་རང་རྒྱུད་སྨིན་པར་བྱས་ནས་རང་དོན་ཡིད་བྱེད་ཀྱི་བློ་དང་མ་འདྲེས་པར་བསྡུ་བའི་དངོས་པོ་བཞིའི་སྒོ་ནས་གདུལ་བྱ་རྣམས་ཀྱི་བློ་དང་འཚམས་པར་དོན་བྱེད་པ་སྟེ། ཐོག་

མར༷་ཟང་ཟིང་གི་སྤྲིན༷་པས༷་གདུལ༷་བྱ༷་འཁོར་དུ་མ་འདུས་པ་རྣམས་རབ༷་ཏུ་བ༷སྡུ་བར་བྱས༷་ནས༷་ཏེ། པདྨ་སྤྱངས་པ་ལས། སྦྱིན་པའི་གཡབ་མོས་ལེགས་བོས་ཏེ། །ཞེས་སོ། །འཁོར་དུ་འདུས་པ་རྣམས་ལ་སྟོན༷་པ༷ར་སྨྲ༷་བའི༷་གཏམ༷་གྱིས༷་ཡིད༷་རབ༷་ཏུ་དྲང༷ས་ཏེ་ཆོས་བསྟན་པས་དེ་སྒྲུབ་པ་ལ་དོན་གཉེར་གྱི་མོས་འདུན་དང་སྤྲོ་བ་བསྐྱེད་དུ་འཇུག་པ་སྟེ། དེ་ཉིད་ལས། སྙན་པར་སྨྲ་བའི་ཚིག་གིས་བསྒྲུ། །ཞེས་སོ། །དོན་གཉེར་དང་ལྡན་པ་དེ་རྣམས་བྱིས་པ་ཁ་ཟས་འཇམ་རྩུབ་ཀྱིས་རིམ་པར་གསོ་བ་ལྟར། ཆོས་གཅིག་གིས་བློ་རིམ་ཐ་དད་སྨིན་པར་མི་ནུས་པས། བློ་ཐ་མའི་ཆུང་འབྲིང་ཆེ་གསུམ་ལ་ཉན་རང་བྱང་སེམས་གསུམ་དང་། འབྲིང་གསུམ་ལ་བྱ་སྤྱོད་རྣལ་འབྱོར་གསུམ་དང་། རབ་གསུམ་ལ་བསྐྱེད་རྫོགས་རྫོགས་པ་ཆེན་པོ་གསུམ་སྟེ། ཐེག༷་པ༷་རིམ༷་པ་དགུ༷་པོར༷་རིམ་གྱིས་བཀྲི་བ༷་ནི་དོན༷་སྤྱོད༷་པ་ལ་བཤད་དོ༷། དེ་ཉིད་ལས། དོན་སྤྱོད་གྲོས་ཆེན་གདབ་པར་བྱ། །ཞེས་སོ། །དེ་ལྟར་བཀྲི་བའི་གདུལ་བྱ་དེ་རྣམས་དེ༷་དག༷་གི་དོན་ལ་ཉམས་སུ་ལེན་པའི་སྒོ་ནས་འདྲེན་པའི་ཕྱིར༷་རང༷་ཡང༷་དོན༷་དེ༷་དག་ལ་མཐུན་པར་སྤྱོད༷་དགོས་ཏེ། རང་གིས་མ་སྒྲུབ་ན་མཛེ་པོའི་བྱ་ཁྲུང་གི་སྒྲུབ་ཐབས་ལྟར་གཞན་ཡིད་མི་ཆེས་པའི་ཕྱིར་ཏེ། དེ་ཉིད་ལས། དོན་མཐུན་པ་ཡིས་བག་ཕེབས་ཏེ། །ཞེས་སོ། །དེ་ཡང་བཞིར་གྲངས་ངེས་པའི་རྒྱུ་མཚན་ནི། གནས་སྐབས་ཕན་པའི་ཕྱིར་སྦྱིན་པ་དང་། མཐར་ཐུག་ཕན་པའི་རྒྱུར་ཆོས་འཛིན་པ་དང་། དོན་ལ་འཇུག་པ་དང་། དོན་དེ་ལ་ཡིད་ཆེས་པའི་ཕྱིར་ཕྱི་མ་གསུམ་དགོས་པས་དང་། ཡང་ཆོས་ཀྱི་སྣོད་དུ་རུང་བ་དང་། དེ་ལ་མོས་པ་དང་། དེ་སྒྲུབ་པ་དང་། མཐར་ཕྱིན་པར་བྱ་བའི་ཕྱིར་གྲངས་ངེས་ཏེ། མདོ་སྡེ་རྒྱན་ལས། དང་པོས་སྣོད་གྱུར་དངོས་པོ་སྟེ། །གཉིས་པ་ཡིས་ནི་མོས་པ་ཡིན། །གསུམ་པ་ཡིས་ནི་སྒྲུབ་པ་སྟེ། །བཞི་པས་རྣམ་པར་སྦྱོང་བའོ། །ཞེས་སོ། །འདིས་གོ་རིམ་ཡང་ཤུགས་ལ་བསྟན་ཏོ། །གཞན་ཡང་བྱང་ས་ལས། དོན་བྱེད་བཅུ་གཉིས་སུ་གསུངས་པ་སྣང་ནའང་། སྤར་ཉིས་བྱས་ཞེ་དྲུག་པོ་འགའ་ཞིག་གི་ལྡོག་པ་སྒྲུབ་པ་ཙམ་ལས་ཐ་དད་པ་མེད་དམ་སྙམ་ནས་འདིར་མ་བྲིས་སོ། །

གཉིས་པ་སྲུང་བྱེད་ཀྱི་ཐབས་བཤད་པ་ལ་བཞི་ལས། དང་པོ་ཡང་དག་སྤོང་བཞིའི་བརྩོན་འགྲུས་ཀྱི་སྒོ་ནས་སྲུང་བ་ནི། དེ་ནས་བསླབ་པར་བྱ་བའི་གནས་དེ་རྣམས་དག་པ་དང་སྤེལ་བར་བྱ

བའི་ཚུལ་ནི། བསླབ་བཏུས་ལས། བདག་གིས་ལུས་དང་ལོངས་སྤྱོད་དང་། །དུས་གསུམ་དགེ་བ་སྐྱེས་པ་རྣམས། །སེམས་ཅན་ཀུན་ལ་བཏང་བ་དང་། །དེ་སྲུང་དག་པ་སྤེལ་བའོ། །ཞེས་གཞི་གསུམ་བཏང་སྲུང་དག་སྤེལ་བཞིས་བྱང་སེམས་ཀྱི་སྡོམ་པ་མཐའ་དག་བསྡུས་པར་བཤད་ཅིང་། དེ་ཡང་ལས་དང་པོ་པས་བསྲུང་བ། མོས་སྤྱོད་པས་དག་པ། ས་དག་ས་བདུན་ལ་གནས་པས་བཏང་བ། དག་པ་ས་གསུམ་ལ་གནས་པས་སྤེལ་བ་གཙོ་བོར་སྒྲུབ་པར་བཤད་ཅིང་། སྐབས་འདིར་ནི་ཡང་དག་པར་སྤོང་བ་བཞིས་བརྩོན་འགྲུས་ཀྱིས་དག་ཅིང་སྤེལ་བའི་ཚུལ་བཤད་དེ། རྫོགས་བྱང་སྒྲུབ་པའི་མཐུན་ཕྱོགས་སུ་གྱུར་པ་དགེ་བའི་ཆོས་ཀུན་མ་སྐྱེས་པ་བསྐྱེད་པ་དང་། སྐྱེས་པ་རྣམས་གནས་པ་དང་འཕེལ་བའི་ཕྱིར་འདུན་པ་དྲག་པོ་བསྐྱེད་ནས་སྒོ་གསུམ་འབད་པར་བྱེད། ཕྱི་བཤོལ་མེད་པའི་བརྩོན་འགྲུས་བརྩམ། མི་བརྗེད་པའི་སྒོ་ནས་སེམས་ཡང་དག་པར་འཛོག་པ་ལ་སློབ་པ་དང་། དེ་བཞིན་དུ་རྫོགས་བྱང་སྒྲུབ་པའི་མི་མཐུན་ཕྱོགས་མི་དགེ་བ་མཐའ་དག་མ་སྐྱེས་པ་མི་བསྐྱེད་ཅིང་། སྐྱེས་པ་རྣམས་སྤང་བར་བྱ་བའི་ཕྱིར་འདུན་པ་ལ་སོགས་པ་བཞིའོ། །གཉིས་པ་དྲན་ཤེས་བག་ཡོད་ཀྱི་སྒོ་ནས་བསྲུང་བ་ནི། དུས་རྟག་ཏུ་སྲུང་སེམས་མི་བརྗེད་པའི་དྲན་པ་དང་། རང་རྒྱུད་ལ་ཉེས་པ་བྱུང་མ་བྱུང་དང་། དགེ་བའི་ཕྱོགས་ལ་བརྩོན་མི་བརྩོན་སོགས་རྟོག་པའི་ཤེས་བཞིན་དང་། འཇུག་ལྡོག་གི་གནས་ལ་གཟབ་པ་ལྷུར་ལེན་པའི་བག་ཡོད་གསུམ་བསྟེན་ནས་བསྲུང་བར་བྱའོ། །

གསུམ་པ་སྤྱོད་ལམ་ཐམས་ཅད་དགེ་བས་དུས་འདའ་བའི་སྒོ་ནས་བསྲུང་བ་ནི། དེ་ནས་ལུང་མ་བསྟན་གྱི་བྱ་བ་ཐམས་ཅད་དགེ་བར་བསྒྱུར་ནས་དོན་ཡོད་པར་བྱ་བའི་ཕྱིར་སློབ་པའི་ཚུལ་ནི། འགྲོ་འདུག་ཟ་ཉལ་གྱི་སྤྱོད་ལམ་རྣམ་པ་བཞིའི་དུས་ཐམས་ཅད་དུ་དྲན་ཤེས་མ་ཉམས་པར། སྤྱོད་འཇུག་གི་ཤེས་བཞིན་ལེའུར་གསུངས་པའི་ཚུལ་ངེས་པར་བྱས་ནས་དེ་དང་མཐུན་པར་སློབ་པ་ལ་འབད་པ་དང་། གཞན་ཡང་མདོ་སྡེ་རྒྱན་ལས། རྒྱལ་སྲས་སྤྱོད་ཚེ་ཇི་ལྟ་ཇི་ལྟ་བུར། །དབང་པོའི་སྤྱོད་ཡུལ་སྣ་ཚོགས་འཇུག་གྱུར་པ། །དེ་ལྟ་དེ་ལྟར་རིགས་ཤིང་མཐུན་ཚིག་གིས། །སེམས་ཅན་ཕན་ཕྱིར་དེ་མངོན་འདུ་བྱེད་དོ། །ཞེས་གསུངས་པས། ཕལ་པོ་ཆེའི་སྤྱོད་ཡུལ་ཡོངས་སུ་དག་པའི་མདོ་སྡེ་ལས་ཇི་ལྟར་གསུངས་པ་ལྟར་འགྲོ་འདུག་ལ་སོགས་པའི་སྤྱོད་ལམ་གྱི་གནས་སྐབས་ཐམས་ཅད

དུ་དྲན་ཤེས་ཀྱིས་ཟིན་པར་བྱས་ཏེ། བྱ་བ་གང་བྱེད་ཀྱང་དེ་དང་དེར་རིགས་མཐུན་པའི་ཚིག་གིས་བརྗོད་པའམ་སེམས་ཀྱིས་བསམ་པ་ཙམ་གྱིས་སེམས་ཅན་ལ་ཕན་པའི་ཕྱིར་སྨོན་ལམ་འདེབས་པར་བྱས་ན་དགེ་བའི་བྱ་བ་ལྟ་ཅི། ལུང་མ་བསྟན་གྱི་བྱ་བ་ཐམས་ཅད་ཀྱང་བསོད་ནམས་ཀྱི་ཚོགས་སུ་འགྱུར་བས། ཐམས་ཅད་དུ་དོན་ཡོད་པར་ཤེས་ནས་ཚིག་ཙམ་དུ་མ་ལུས་པར་ཉམས་སུ་ལེན་པ་ལ་འབད་པར་བྱའོ། །བཞི་པ་བསླབ་པ་ཐམས་ཅད་བསྡུ་བའི་སྒོ་ནས་སྲུང་བ་ལ་གཉིས་ལས། དང་པོ་གོང་དུ་བཤད་པའི་བསླབ་པ་དེ་དག་གི་དོན་མདོར་བསྡུས་ཏེ་མཁས་པའི་བཞེད་པ་ཟློས་པ་ནི། ཤེས་བྱ་རྣམ་པར་འབྱེད་པའི་མཁྱེན་རབ་ཕུལ་དུ་བྱུང་ཞིང་གསུང་རབ་དགོངས་འགྲེལ་དང་བཅས་པའི་ཚིག་དོན་ལ་དབང་འབྱོར་བ། ལུང་དང་རྟོགས་པའི་ཡོན་ཏན་གྱིས་ཐུགས་རྒྱུད་ཕྱུག་པ་ཀློང་ཆེན་རབ་འབྱམས་བཟང་པོས་ནི། སྨོན་པའི་བསླབ་བྱའི་གནད་བསྡུས་པ་ཚད་མེད་བཞིས་བློ་སྦྱོང་ནས་ཡང་ཡང་བསྒོམ་ཞིང་། སེམས་ཅན་གྱི་ཕན་བདེ་སྙིང་ཁོང་དུ་ཆུབ་པར་འདུ་སྟེ། བྱང་ཆུབ་ཀྱི་སེམས་མི་འདོར་བ་ཉིད་སྨོན་པ་མི་འཆོར་བའི་བསླབ་བྱ་བཤད་པའི་ཕྱིར་དང་། འཇུག་པའི་བསླབ་བྱ་རྒྱལ་སྲས་རྣམས་ཀྱིས་བསླབ་བྱའི་དགེ་བ་མཐའ་དག་ཕ་རོལ་ཏུ་ཕྱིན་པ་དྲུག་ཏུ་འདུ་བས་དེ་ལ་ཚུལ་བཞིན་དུ་སྤྱོད་པ་སྟེ། སེམས་ཉིད་ངལ་གསོ་ལས། སྨོན་པའི་བསླབ་བྱ་ཚད་མེད་བཞི་པོ་བསྒོམ། །དེ་ཡིས་མི་མཐུན་ཕྱོགས་སྤངས་སེམས་བསྲུང་བྱ། །འཇུག་པའི་བསླབ་བྱ་ཕ་རོལ་ཕྱིན་དྲུག་སྤྱོད། །དེ་ཡི་མི་མཐུན་ཕྱོགས་སྤངས་བརྩོན་པར་བྱ། །ཞེས་གསུངས་ལ། དེ་ཡང་བསྡུ་ན་དཀར་ནག་ཆོས་བརྒྱད་ལ་བླང་དོར་བྱེད་པར་འདུ་ཞེས་གསུངས་ཏེ། གྲུབ་མཐའ་མཛོད་དུ། སྲོལ་གཉིས་ཀྱི་རྩ་ལྟུང་གི་དབྱེ་བ་བཤད་ནས། དེ་ཇི་ལྟར་སྲུང་ཚུལ་འཆད་པའི་སྐབས་སུ། དྲན་དང་ཤེས་བཞིན་མ་ཉམས་པས་ནག་པོའི་ཆོས་བཞི་དོར་ནས་དཀར་པོའི་ཆོས་བཞི་སྤྱོད་པ་ལ་བསླབ་པར་བྱའོ། །ཞེས་གསུངས་སོ། །དེ་ཡང་ཡིན་ཏེ་ནག་པོའི་ཆོས་བཞི་སྤྱད་ནས་ཐུན་ཚོད་ལས་འདས་ན་སྨོན་སེམས་གཏོང་བར་བཤད་ལ། དེ་བཏང་ན་འཇུག་སྡོམ་ཡང་འཆོར་ཏེ། གྱང་མེད་རི་མོ་མེད་པ་བཞིན་ནོ། །

གཉིས་པ་རང་གི་བཞེད་པ་འགོད་པ་ནི། གཞན་ཡང་བྱམས་པས་ཀུན་ནས་བསླངས་ཏེ་

གང་ཅི་སྤྱོད་ཀྱང་རུང་། རང་གཞན་ལ་ཚེ་འདི་ར་ནི་ཕན་པ་དང་། ཕྱི་མ་ཕན་ཆེད་མཐར་ཐུག་ཏུ་བདེ་བ་སྒྲུབ་པའི་རྒྱུར་འགྱུར་བ་རྣམས་ནི་ཐབས་ལ་མཁས་པས་བླང་བར་བྱ་ཞིང་། ཞེ་སྡང་གིས་ཀུན་ནས་བསླངས་ཏེ་ཁྲོ་རྩོད་ཀྱི་ཕན་ཚུན་གཉིས་ཀའི་རྒྱུད་མ་རུང་བར་བྱེད་པ་སོགས་ཅི་སྤྱོད་ཀྱང་རུང་རང་གཞན་ལ་ཚེ་འདིར་ཡང་མི་ཕན་ཞིང་ཕྱི་མར་ཡང་ངན་སོང་གི་རྒྱུར་འགྱུར་བ་སོགས་མཐར་ཐུག་ཏུ་གནོད་པའི་རྒྱུར་འགྱུར་བ་ཐམས་ཅད་གཟབ་པར་བྱས་ཏེ་སྤང་བར་བྱ་དགོས་པར་མ་ཟད། འདིར་བདེ་བ་ལྟར་སྣང་ཡང་ཕྱི་མར་གནོད་པའི་རྒྱུ་ཐམས་ཅད་བརྟགས་ཏེ་ནུས་པ་ཅི་ཡོད་ཀྱིས་སྤོང་བ་ཡང་གནད་བསྡུས་པ་ཡིན་ནོ། །དེས་ན་རྒྱལ་སྲས་རྣམས་ཀྱི་སྤང་བླང་གི་གནས་ཐེག་ཆེན་གྱི་མདོ་སྡེ་རྣམས་ལས་གསུངས་པ་མཐའ་དག་ལ་ཇི་ལྟར་སློབ་པའི་ཐབས་ཤིང་རྟའི་སྲོལ་གཉིས་ཀྱི་བསླབ་བྱ་སྡེར་བཤད་པ་དེ་དག་ཏུ་མ་འདུས་པ་མེད་ཅེས་སྨྲོའོ། །

གསུམ་པ་སྡོམ་པ་སྐྱེ་བའི་རྟེན་ནི། དེ་ལྟ་བུའི་བྱང་སེམས་ཀྱི་སྡོམ་པ་གང་ལ་སྐྱེ་བའི་རྟེན་ནི། བརྡ་ཤེས་ཤིང་དོན་གོ་ལ་ལེན་འདོད་ཡོད་ན་ལྷ་ཀླུ་འཕྲོག་མ་ལ་སོགས་པའི་མི་མ་ཡིན་སོར་སྡོམ་ཀྱི་རྟེན་དུ་མི་རུང་བ་རྣམས་དང་། མཚམས་མེད་བྱས་པ་ལ་སོགས་པའི་སྡིག་ཅན་སོགས་རྟེན་དམན་པ་ལ་ཡང་སྐྱེ་བར་བཤད་པ་ནི་ཀླུ་སྒྲུབ་ཀྱི་བཞེད་པ་སྟེ། དེ་ཡང་དཀོན་མཆོག་བརྩེགས་པ་ལས། དེའི་ཚེ་ཆོས་ཀྱི་རྣམ་གྲངས་འདི་བཤད་པ་ན་ལྷ་དང་། ཀླུ་དང་། ལྷ་མ་ཡིན་དང་། ནམ་མཁའ་ལྡིང་དང་། ལྟོ་འཕྱེ་ཆེན་པོ་བགྲང་བ་ལས་འདས་པ་དག་གིས་བླ་ན་མེད་པ་ཡང་དག་པར་རྫོགས་པའི་བྱང་ཆུབ་ཏུ་སེམས་བསྐྱེད་དོ་ཞེས་གསུངས་པའི་རྗེས་སུ་འབྲངས་པ་ཡིན་ལ། དེ་ཡང་སྨོན་སེམས་ཙམ་ཞིག་ངེས་པར་སྐྱེ་བ་ལ་དགོངས་པའོ། །འཕགས་པ་ཐོགས་མེད་ཀྱི་ལུགས་ལྟར་ན། འཇུག་སྡོམ་མ་ཐོབ་པ་ཐོབ་པར་བྱེད་པ་དེའི་རྟེན་གླིང་གསུམ་གྱི་སྐྱེས་པ་བུད་མེད་མཚན་དོན་བྱེད་ནུས་པ་ཞིག་དགོས་ཏེ། སོ་ཐར་རིགས་བདུན་གྱི་སྡོམ་པ་གང་རུང་འཇུག་སྡོམ་གྱི་རྟེན་དུ་འགྲོ་དགོས་པའི་ཕྱིར་ཞེས་གསུངས་པས་སོ། །དེས་ན་སྲོལ་གཉིས་པོ་ལ་རྟེན་རྒྱ་ཆེ་ཆུང་དང་འཇུག་སྒོ་ཡངས་དོག་སོགས་མཐོང་ཡང་དོན་ལ་གནད་གཅིག་སྟེ། རིགས་བདུན་སྔོན་དུ་སོང་མ་སོང་གང་ཡིན་ཀྱང་རུང་། སྲོག་གཅོད་སོགས་ཉེས་པ་སྣ་གཅིག་སྤོང་བའི་སེམས་ཙམ་ཡང་མེད་ན་བྱང་སྡོམ་མི་སྐྱེ་བས། ཉེས

སྤྱོད་གང་རུང་སྤྱོང་བར་དམ་འཆའ་ནུས་པ་ཞིག་ངེས་པར་དགོས་ཏེ། གཞན་དུ་སེམས་བསྐྱེད་ཀྱི་བསླབ་བྱ་དང་འགལ་བའི་ཕྱིར་རོ། །དེ་བས་བཞེད་པ་སྤྱིར་བཤད་ན་གང་ལེན་པ་པོའི་འགྲོ་བའི་ས་པས་བསྡུས་པ་ནི་ལུས་རྟེན་ཡིན་ལ། གཙོ་བོ་ནི་བསམ་པའི་རྟེན་ཏེ། སྟོན་པ་སངས་རྒྱས་བཅོམ་ལྡན་འདས་དང་། དེ་ཡིས་བསྟན་པའི་ཆོས་ཐེག་པ་ཆེན་པོའི་སྡེ་སྣོད་རྣམས་ལ་དད་པར་བྱེད་ཅིང་ཐོབ་བྱའི་འབྲས་བུ་བླ་ན་མེད་པའི་བྱང་ཆུབ་ལ་དད་ཅིང་། རྒྱལ་སྲས་བྱང་ཆུབ་སེམས་དཔའི་སྤྱོད་པ་རྒྱ་མཚོ་ལྟ་བུ་ཐེག་ཆེན་གྱི་མདོར་ཇི་སྐད་གསུངས་པ་ཐམས་ཅད་ལ་སློབ་འདོད་ཀྱིས་འདུན་པ་དང་དད་པར་བྱེད་ན། བྱང་ཆུབ་ཀྱི་སེམས་སྐྱེ་བར་དཀོན་མཆོག་ཏ་ལའི་མདོར་གསུངས་ཏེ། ཇི་སྐད་དུ། རྒྱལ་དང་རྒྱལ་བའི་ཆོས་ལ་དད་གྱུར་ཅིང་། །བྱང་ཆུབ་བླ་ན་མེད་ལའང་དད་གྱུར་ལ། །རྒྱལ་སྲས་རྣམས་ཀྱི་སྤྱོད་ལའང་དད་བྱེད་ན། །བློ་དང་ལྡན་པ་རྣམས་ཀྱི་སེམས་སྐྱེའོ། །ཞེས་སོ། །གནས་པའི་རྟེན་ནི། གང་ལ་སྐྱེས་པའི་རྟེན་དེ་དང་། གཏོང་རྒྱུ་མ་བྱུང་ན་ཕྱི་མ་གང་དང་གང་དུ་སྐྱེས་པའི་དེ་དང་དེ་ལའང་ཡོད་དེ། བྱང་ཆུབ་སྙིང་པོའི་བར་དུ་བླངས་པའི་ཕྱིར། དེས་ན་ཚེ་ཕྱི་མ་རྣམས་སུ་དགེ་བའི་བཤེས་གཉེན་དང་འཕྲད་ནས་དྲན་གསོའི་ཚུལ་དུ་སྡོམ་པ་ནོད་པ་ཙམ་ལས་གསར་དུ་ལེན་དགོས་པ་ནི་མ་ཡིན་ནོ། །དེ་ལྟར་བསླབ་པའི་རྣམ་གྲངས་ཐམས་ཅད་དབང་པོ་རབ་འབྲིང་ཐ་གསུམ་གྱིས་རང་རང་གི་ནུས་པ་དང་བསྟུན་ཏེ། སྡོམ་ཚིག་ཏུ། དེ་བཞིན་དུ་ནི་བསླབ་པ་ལའང་། །རིམ་པ་བཞིན་དུ་བསླབ་པར་བགྱི། །ཞེས་པ་ལྟར་དྲན་ཤེས་ཀྱིས་བཟུང་ནས་བསླབ་པར་བྱས་ཀྱང་། གལ་ཏེ་ལྟུང་བ་འབྱུང་བའི་རྒྱུའི་དབང་གིས་ཉམས་པར་གྱུར་ན། ཉེས་དམིགས་ནི་སྨད་པའི་གནས་སུ་འགྱུར་བ་དང་། སངས་རྒྱས་རྣམས་མི་མཉེས་པ་དང་། སེམས་ཅན་རྣམས་མི་མགུ་བ་དང་། རང་དོན་ཉམས་པ་དང་། མིང་དོན་ཤོར་བ་ལ་སོགས་པ་ཚེ་འདིར་འབྱུང་བར་མ་ཟད་ཕྱི་མ་དམྱལ་བ་ཆེན་པོར་སྐྱེ་བའི་རྒྱུར་འགྱུར་ཏེ། བསླབ་བཏུས་ལས། དགེ་བའི་རྩ་བ་ལྟུང་བ་དེ། །སེམས་ཅན་དམྱལ་བ་ཆེན་པོའི་རྒྱུ། །ཞེས་སོ། །ཁྱད་པར་བྱང་སྡོམ་ཕུལ་བ་ནི་ཉེས་པ་ཤིན་ཏུ་ལྕི་སྟེ། སྤྱོད་འཇུག་ལས། བླ་ན་མེད་པའི་བདེ་བ་ལ། །བསམ་པ་ཐག་པས་མགྲོན་གཉེར་ནས། །འགྲོ་བ་ཐམས་ཅད་བསླུས་བྱས་ན། །བདེ་འགྲོར་ཇི་ག་འགྲོ་འགྱུར་རམ། །ཞེས་གསུངས་པའི་ཕྱིར་རོ། །བཞི་པ་ཉམས་

ན་ཕྱིར་བཅོས་པའི་ཚུལ་ལ་བསྟན་བཤད་གཉིས་ལས། དང་པོ་མདོར་བསྟན་པ་ནི། ཐ་མ་ར་ཉམས་ན་གསོ་བའི་ཚུལ་བཤད་པ་ལ་ཞེས་པའོ། །

གཉིས་པ་རྒྱས་པར་བཤད་པ་ལ་གསུམ་ལས། དང་པོ་ལྟུང་བའི་རྣམ་གཞག་མུ་བཞིར་བསྟན་པ་ནི། གང་ཟག་གང་གིས་བྱ་བ་གང་ལའང་བློ་ནུས་ཅི་ཡོད་ཀྱིས་རིགས་པ་དང་མི་རིགས་པ་བརྟགས་དགོས་པ་ལས། མ་བརྟག་པར་ལོག་པར་བྱ་བའི་གནས་ལ་རྩོམ་མམ་རྩོམ་པར་བྱ་བ་ལས་ལོག་གམ་འཇུག་ལོག་གི་གཞི་ལ་བཏང་སྙོམས་སུ་འདོག་ཀྱང་རུང་སྟེ་ལྟུང་བ་དང་བཅས་པ་ཡིན་ལ། དེ་ཡང་མུ་བཞི་སྟེ། བརྟགས་ཤིང་དཔྱད་པས་ཤེས་བཞིན་དུ་བྱ་བར་འོས་པ་ལས་འདས་ཏེ་མནར་སེམས་ཀྱིས་སྲོག་གཅོད་པ་ལྟ་བུ་མི་རིགས་པ་བྱེད་པ་དང་། སེར་སྣས་མི་སྦྱིན་པ་ལྟ་བུ་རིགས་པ་མི་སྒྲུབ་པ་ཐམས་ཅད་ལྟུང་བའི་སྟེ་ཡིན་ལ། དཀོན་མཆོག་བརྩེགས་པ་ལས། གང་ཞིག་དགའ་བའི་ཡིད་ཀྱིས་ནི། །ལོ་བརྒྱར་སྦྱིན་པ་བྱིན་པ་བས། །གང་གིས་ཉིན་གཅིག་ཚུལ་ཁྲིམས་དག །སྲུང་བ་དེ་ནི་ཁྱད་པར་འཕགས། །ཞེས་པ་ལྟར། སྦྱིན་པ་ལས་ཚུལ་ཁྲིམས་མཆོག་ཡིན་པས་དོན་ཆེན་པོ་ཚུལ་ཁྲིམས་སྲུང་ཞིང་སྒྲུབ་པའི་ཆེད་ལ་དེ་ལས་དོན་ཆུང་བ་སྦྱིན་པ་གཏོང་བ་བཤོལ་ཏེ་བཏང་བ་ལྟ་བུ་དང་། སྡུག་བསྔལ་དང་ཡིད་མི་བདེ་བ་ཆུང་ངུས་དེ་དང་དེ་ཆེན་པོའི་གཉེན་པོར་འགྲོ་བ་ངན་སོང་གི་རྒྱུ་སྒྲུབ་པ་གཞན་དག་གནས་སྐབས་གནོད་པའི་སྦྱོར་བ་རྩུབ་མོས་ཚར་གཅོད་པ་ལྟ་བུ་ནི་ལྟུང་བའི་གཟུགས་བརྙན་ཏེ། ལས་དང་པོ་པས་མགོ་སོགས་གཏོང་བ་ལྟ་བུ་ནུས་པའི་ཡུལ་མིན་པས་མི་སྒྲུབ་པའམ་འཇུག་ལོག་མ་ནོར་བར་སྒྲུབ་པ་ཐམས་ཅད་ལྟུང་བ་མེད་པ་ཡིན་ལ། ལས་དང་པོ་པས་མི་ནུས་པའི་ཡན་ལག་གཏོང་བ་སོགས་བྱ་བ་དེར་བརྩོན་པར་བྱེད་པའམ། ཀུན་སློང་ངན་པས་སྦྱོར་བ་དཀར་བ་ལྟ་བུ་ལྟུང་མེད་དེའི་གཟུགས་བརྙན་ཡིན་នོ། །དེ་ཡང་ཚུལ་ཁྲིམས་གསུམ་ལ་དཔེ་སྦྱར་ན་སྡོམ་པའི་ཚུལ་ཁྲིམས་ལ་ཞེ་སྡང་གིས་སྲོག་གཅོད་པ་ལྟུང་བ། ཕན་སེམས་ཀྱིས་གསོད་ན་དེའི་གཟུགས་བརྙན། སྙིང་རྗེས་མི་གསོད་པ་ལྟུང་མེད། གཞན་ལ་ཕན་ཀྱང་མི་གསོད་པ་དེའི་གཟུགས་བརྙན་ནོ། །ཆོས་སྡུད་ལ། སེར་སྣས་ནོར་མི་སྦྱིན་པ་ལྟུང་བ། ཕན་སེམས་ཀྱིས་ཆང་སོགས་མི་སྦྱིན་པ་དེའི་གཟུགས་བརྙན། སེམས་དག་པས་སྟེར་བ་ལྟུང་མེད། གཞན་ལ

གནོད་ཕྱིར་མཚོན་ཆ་སོགས་སྟེར་བ་དེའི་གཟུགས་བརྙན་ནོ། །དོན་བྱེད་ལ་ནད་གཡོག་མ་བྱས་པ་ལྷུང་བ། དོན་ཆེན་སྒྲུབ་ཕྱིར་ནད་གཡོག་མ་བྱས་པ་དེའི་གཟུགས་བརྙན། བརྩེ་བས་བྱེད་པ་ལྷུང་མེད། ཡོད་བཞིན་དོན་ཆེན་པོ་དོར་ནས་བྱེད་པ་དེའི་གཟུགས་བརྙན་ཏེ། དེས་མཚོན་ནས་ཐམས་ཅད་ལ་ཤེས་པར་བྱའོ། །

དེ་ཡང་གནང་བཀག་གི་གནད་ཤེས་པའི་སྒོ་ནས་བསླབ་པར་བྱ་སྟེ། སྙིང་རྗེ་ཆེན་པོས་ཀུན་ནས་བསླངས་ཏེ། རང་དོན་ཡིད་བྱེད་ཀྱི་བློ་མེད་པས་གཞན༷་གྱི་ཕྱིར༷་ཁོ་ན་ལ་དམིགས་ཏེ་ཕན༷་པ་སྒྲུབ་པ་ན༷་སྤྱིར་ལུས༷་ངག༷་གི་བྱ་བ་རྣམས་ལུང་མ་བསྟན་ཡིན་པས། སེམས་ཀྱི་འཕེན་པས་དགེ་བ་དང་མི་དགེ་བར་བསྒྱུར་དུ་རུང་བས་ན། ལས་དང་པོ་པ་ལ་མི༷་དགེ༷་བར་འགྱུར་བའི་ལས་བདུན༷་པོ་བྱང་སེམས་སྤྱོད་པ་ལ་ཞུགས་པ་ལ་སོགས་པའི་གཞན་དོན་ཐབས་ཆེན་སྒྲུབ་པ་རྣམས་ལ་གནང༷་བའི༷་སྐབས་ཡོད༷་དེ། བསྟན་འགྲོ་ལ་འཚེ་བའི་གཤེད་མ་གསོད་པ་ལྟ་བུ་སྲོག་གཅོད་པ་དང་། འབྱོར་ལྡན་ལས་བླངས་ནས་དེའི་ཚོགས་རྫོགས་པའི་ཕྱིར་དཀོན་མཆོག་ལ་མཆོད་པ་དང་། བཀྲེན་པ་ལ་ཕན་གདགས་པ་ལྟ་བུ་མ་བྱིན་ལེན་དང་། བུད་མེད་འདོད་པས་གདུང་སྟེ་འཆི་ངེས་པ་སྐྱོབ་པའི་ཕྱིར་དང་། དེ་དགེ་བ་ལ་རིམ་གྱིས་སྦྱོར་བའི་ཕྱིར་དེ་ལ་སྤྱོད་པ་ལྟ་བུ་འདོད་ལོག་དང་། གཞན་གྱི་སྲོག་སྐྱོབ་པ་ལ་སོགས་པའི་ཕྱིར་དོན་ཕྱིན་ཅི་ལོག་ཏུ་སྨྲ་བ་ལྟ་བུ་རྫུན་དང་། ཆོས་ལྡན་གྱི་གང་ཟག་སྡིག་གྲོགས་ཀྱི་དབང་དུ་སོང་བ་འབྱེད་པ་ལྟ་བུ་ཕྲ་མ་དང་། གཏམ་ལ་དགའ་བ་རྣམས་ཆོས་ལ་འཇུག་པའི་ཕྱིར་ཚིག་འཆལ་སྣ་ཚོགས་སྨྲ་བ་ལྟ་བུ་ངག་འཁྱལ་དང་། མི་དགེ་བའི་བྱ་བ་ལས་ཟློག་ཕྱིར་གཤེ་བའི་ཚིག་སྨྲ་བ་ལྟ་བུ་ཚིག་རྩུབ་སྟེ། དེ་རྣམས་མི་དགེ་བ་ལྟར་སྣང་ཡང་སེམས་ཀྱི་འཕེན་པ་བཟང་བའི་ཕྱིར་དོན༷་ལ༷་དགེ༷་བ༷་ཡིན༷་ཏེ། བཞི་བརྒྱ་པ་ལས། བསམ་པ་བྱང་ཆུབ་སེམས་དཔའ་ཡི། །དགེའམ་ཡང་ན་མི་དགེ་བ། །ཐམས་ཅད་དགེ་བ་ཉིད་འགྱུར་ཏེ། །གང་ཕྱིར་སེམས་དེ་གཙོ་བའི་ཕྱིར། །ཞེས་དང་། སེམས་ཀྱི་སྒྲིབ་སྦྱོང་ལས། དགེ་སློང་རང་གི་ཕ་རྒྱན་ལ། །སྨྱུར་འདོང་ཞེས་ནི་བསྐྱལ་གྱུར་ན། །འཕྲུལ་བས་དེ་ནི་ཤི་གྱུར་ཀྱང་། །མཚམས་མེད་སྦྱོར་བ་མ་ཡིན་ནོ། །བསམ་པ་བཟང་པོས་མཆིལ་ལྷམ་ཞིག །ཐུབ་པའི་དབུ་ལ་བཞག་པ་དང་། །དེ་བཞིན་གཞན་གྱིས་བསལ་བྱས་པ། །གཉིས་ཀས་

རྒྱལ་སྲིད་ཐོབ་པར་འགྱུར། །ཞེས་དང་། སྡོམ་པ་ཉི་ཤུ་པ་ལས། སྙིང་རྗེར་ལྡན་ཞིང་བྱམས་ཕྱིར་དང་། །སེམས་དགེ་བ་ལ་ཉེས་པ་མེད། །ཅེས་སོ། །

གཉིས་པ་ཕྱིར་བཅོས་དངོས་ཇི་ལྟར་བྱ་བའི་ཚུལ་ལ། ཀླུ་སྒྲུབ་དང་། ཐོགས་མེད་ཀྱི་ལུགས་གཉིས་ལས། དང་པོ་ནི། སྤྱིར་སྡོམ་པ་གཏོང་བ་དང་ཉམས་པའི་རྐྱེན་ནི། རྟེན་གཞི་སྨོན་སེམས་བཏང་བ། འགལ་ཟླ་རྩ་ལྟུང་བྱུང་བ། སྤོང་རྐྱེན་བསླབ་པ་ཕུལ་བ་གསུམ་ལས། དང་པ་གཉིས་ནི་དེ་མ་ཐག་ཏུ་སྡོམ་པ་རྩད་ནས་མེད་པར་འགྱུར་བའི་རྒྱུ་དང་རྐྱེན་ཡིན་པའི་ཕྱིར་བཤགས་པ་ཙམ་གྱིས་མི་ཚོག་གི་སྡོམ་པ་སླར་བླང་དགོས་ལ། དེ་ལས་གཞན་རྩ་ལྟུང་རྣམས་ཉིན་ལ་ཆ་གསུམ་མཚན་ལ་ཆ་གསུམ་སྟེ་དྲུག་ཏུ་ཕྱེ་བའི་ཆ་གང་རུང་གི་ནང་ལྟུང་བ་བྱུང་ནས་དེའི་ཐུན་ཕྱི་མའི་ནང་གཉེན་པོས་མ་སླེབས་པར་འདས་ན་ཐུན་འདས་ཀྱི་ལྟུང་བ་ཞེས་བྱ་སྟེ། དེ་ལྟར་ཉམས་པའི་ལྟུང་བ་བྱུང་ན་དེ་ཕྱིར་བཅོས་པའི་ཚུལ་དབང་འབྲིང་ཡི་དམ་གྱི་ལྷའི་མདུན་དུ་བཤགས་པས་ལྟུང་བ་ལས་ལྡང་བ་ཡིན་པས་འདིར་རིག་སྔགས་སྙིང་པོའི་ལྷ་འཕགས་པ་ནམ་མཁའི་སྙིང་པོའི་མདུན་དུ་བཤགས་པར་འདོད་ན། ཉིན་མཚན་གྱི་བར་མ་ཆོད་པར་ཁྲུས་དང་གཙང་སྦྲ་ལ་གནས་པས་ཕྱོགས་བཅུ་ལ་ཏེ་མཚན་ནས་བརྗོད་ཅིང་ཕྱག་འཚལ་ནས་འཕགས་པས་བདག་ལ་ཞལ་བསྟན་ཏེ་སྡིག་པ་དག་པར་མཛད་དུ་གསོལ། ཞེས་གསོལ་བ་དྲག་ཏུ་བཏབ་པས་དངོས་སམ་རྨི་ལམ་དུ་སྣང་བ་དང་མཚམས་པར་དེ་ཉིད་ཀྱི་གཟུགས་སམ་མི་ནས་བུའི་བར་ཅི་རིགས་པའི་གཟུགས་ཀྱིས་ལྟུང་བ་ལས་འབྱིན་པའི་ཐབས་སྟོན་པར་འགྱུར་ལ། གལ་ཏེ་རྟགས་མ་བྱུང་ན་ཐོ་རངས་ཀྱི་དུས་སུ་སྤྱོད་ལམ་སྔར་ལྟར་བྱས་ལ། སྐྱ་རེངས་སྐྱ་རེངས་སྙིང་རྗེ་ཆེན་པོ་ལེགས་པ་ཁྱོད་འཛམ་བུའི་གླིང་དུ་ཤར་མ་ཐག་ཏུ་བདག་ལ་ཐུགས་རྗེས་ཁྱབ་པར་མཛོད་ཅིག །ནམ་མཁའི་སྙིང་པོ་སྙིང་རྗེ་ཆེན་པོ་དང་ལྡན་པ་ལ་ཡང་བདག་གི་ཚིག་གིས་སྨུར་དུ་བསྐུལ་ཏེ་ཐབས་གང་གིས་ལྟུང་བ་སྨུར་དུ་འཆགས་པར་འདོད་པ་དང་། ཐེག་པ་ཆེན་པོའི་འཕགས་པ་ལ་ཐབས་དང་ཤེས་རབ་ཐོབ་པར་འགྱུར་བའི་ཐབས་དེ་བདག་གི་རྨི་ལམ་དུ་བསྟན་དུ་གསོལ་ཞེས་གསོལ་བ་བཏབ་ནས་ཉལ་བས་རྨི་ལམ་དུ་རང་གཟུགས་སྣང་བ་བཞིན་སྟོན་པས་ལྟུང་བ་འཆགས་སུ་འཇུག །དབང་པོ་དམན་པ་དག་གིས་ནི་སྟོབས་བཞིའི་སྒོ་ནས་བཤགས་པ་སྟེ། རྟེན་

གྱི་སྨོན་ལམ་ཐེག་ཆེན་དགེ་བའི་བཤེས་གཉེན་དང་བདེ་བར་གཤེགས་པའི་རྟེན་ཁྱད་པར་ཅན་གྱི་དང་། ནང་གི་རྟེན་སྐྱབས་འགྲོ་དང་སེམས་བསྐྱེད། ཀུན་ཏུ་སྤྱོད་པའི་སྨོན་ལམ་ལྟུང་བའི་གཉེན་པོ་ལ་བསྟགས་པའི་ཐེག་པ་ཆེན་པོའི་མདོ་གཟུངས་ཁྱད་པར་ཅན་བཀླགས་ཤིང་བརྗོད་པ་ལ་སོགས་པ་ཡིན་ལ། སྲུན་འབྱིན་པ་དང་སོར་ཆུད་གཉིས་ནི་སྔར་སོ་ཐར་གྱི་སྐབས་སུ་བཤད་པ་དང་འདྲའོ། །དབང་པོ་རབ་ཀྱིས་ནི་སྒྱུ་མ་དང་རྨི་ལམ་ལྟ་བུའི་ཚུལ་གྱིས་མཁའ་ཁྱབ་ཀྱི་རྒྱལ་བ་སྲས་དང་བཅས་པའི་སྤྱན་སྔར་ཚིག་གིས་བཤགས་རྗེས་ཡང་དག་པའི་དོན་ལ་མཉམ་པར་འཇོག་པར་བྱ་སྟེ། ཕྱོགས་སུ་རྒྱས་པའི་མདོ་ལས། གང་ཞིག་འགྱོད་ཚངས་བྱེད་འདོད་ན། །དྲང་པོར་འདུག་ལ་ཡང་དག་ལྟོས། །ཡང་དག་ཉིད་ལ་ཡང་དག་བལྟ། །ཡང་དག་མཐོང་ན་རྣམ་པར་གྲོལ། །དེ་ནི་འགྱོད་ཚངས་མཆོག་ཡིན་ནོ། ། ཞེས་སོ། །

གཞན་ཡང་ཉེས་བྱས་དང་། བརྗེད་ངས་དང་། ཤེས་བཞིན་གྱིས་མ་ཟིན་པས་ཕྱིར་བཅོས་མ་གྲུབ་པའི་ལྟུང་བ་ལྷག་མ་རྣམས་ཕུང་པོ་གསུམ་པའི་མདོ་ཉིན་མཚན་དུ་ལན་གསུམ་གསུམ་འདོན་པས་གཞིལ་བར་བྱ་བ་ཡིན་ནོ། །ལར་བྱང་སྡོམ་འདི་ནི་སོ་ཐར་དང་མི་འདྲ་སྟེ། ཉིན་རེ་བཞིན་ཡང་ཡང་བླང་ན་སྡོམ་པ་གོང་འཕེལ་དུ་འགྲོ་བའི་ཐབས་སུ་འགྱུར་བར་མ་ཟད་རྩ་ལྟུང་བྱུང་བ་ཐུན་ཚོད་ལས་མ་འདས་ན་བཤགས་པ་ཙམ་གྱིས་གསོ་རྒྱུ་ཡོད་ཀྱང་། འདས་ན་ཚུལ་ཁྲིམས་གཏུགས་པར་འགྱུར་བས་སྡོམ་པ་སླར་ལེན་དགོས་པར་བཤད་ཅིང་། གྲངས་ངེས་པ་ནི་མེད་ལ། བཅས་རང་གི་ཁ་ན་མ་ཐོ་བ་སྤྱི་དང་བྱེ་བྲག་བྱང་སེམས་ཀྱི་བསླབ་པ་ཐམས་ཅད་ལ་སྐྱོན་བྱུང་བའི་གཉེན་པོར་ཡང་མཆོག་ཏུ་གཟབ་པ་གལ་ཆེ་བ་ཡིན་ཏེ། དེ་རྣམས་ནི་ཀླུ་སྒྲུབ་ཀྱི་ལུགས་ཡིན་ལ། གཉིས་པ་རྒྱལ་སྲས་ཐོགས་མེད་ཀྱི་ལུགས་ལ་སྡོམ་པ་གཏོང་བའི་རྒྱུ། སྨོན་པའི་སེམས་ནི་ཡན་ལག་ནག་པོའི་ཆོས་བཞི་སྤྱོད་པ་དང་། རྩ་བ་སེམས་ཅན་སྙིང་ཐག་པ་ནས་བློས་བཏང་ན་དེ་གཏོང་བར་འགྱུར་ལ། དེ་བཏང་བས་འཇུག་སེམས་ཀྱང་ཉམས་པར་འགྱུར་རོ། །རྙེད་བཀུར་གྱི་ཕྱིར་བདག་བསྟོད་གཞན་སྨད་སོགས་ཕམ་པའི་གནས་ལྟ་བུའི་ཆོས་བཞི་གང་རུང་རྒྱུན་མི་ཆད་པར་སྤྱོད་པ་དང་། ངོ་ཚ་དང་ཁྲེལ་ཡོད་ཆུང་ངུ་ཙམ་ཡང་མེད་པ་དང་། བྱ་བ་དེས་མགུ་ཞིང་དགའ་བར་བྱེད་པ་དང་། བྱ་བ་དེ་

ཉིད་ལ་ཡོན་ཏན་དུ་ལྟ་བ་དེ་ཡན་ལག་བཞི་ཚང་ན་ཀུན་བཀྲིས་ཆེན་པོས་བསྐྱེད་པའི་ལྟུང་བ་ཞེས་བྱ་སྟེ་སྡོམ་པ་འཇོམས་པ་བྱེད་པས་ན་ཕམ་པ་ཞེས་བརྗོད་པ་ཡིན་ལ། ཡན་ལག་གང་རུང་ཚང་ཡང་དེ་ལ་ངོ་ཚ་ཆེར་སྐྱེད་ཅིང་གཞན་རྐྱེན་ལ་མ་ལྟོས་པར་རང་ཉིད་དེ་ལས་མྱུར་དུ་ལྡོག་པར་བྱེད་ན་ཀུན་དཀྲིས་ཆུང་ངུ་དང་། ཡན་ལག་གང་རུང་ཚང་ལ་ངོ་ཚ་དང་ཁྲེལ་ཡོད་ཅུང་ཟད་སྐྱེས་ཤིང་གཞན་གྱིས་བསྐུལ་བས་ལྡོག་ན་ཀུན་དཀྲིས་འབྲིང་པོ་ཞེས་བྱ་ལ། དེ་གཉིས་ཀྱིས་སྡོམ་པ་གཏོང་བ་མིན་ནོ། །

དེ་དག་ཇི་ལྟར་བཤགས་པའི་ཚུལ་ནི་སྨོན་སེམས་བཏང་བ་དང་། ཀུན་དཀྲིས་ཆེན་པོས་ཕམ་པའི་གནས་ལྟ་བུའི་རྩ་ལྟུང་གིས་གཏོང་བས། དེ་དག་བྱུང་ན་ཐེག་པ་ཆེན་པོའི་སྡོམ་ལྡན་བཞི་ཡན་ཆད་ཀྱི་དྲུང་དུ་བཤགས་སྡོམ་དང་བསགས་སྦྱོང་ལ་ནན་ཏན་བྱས་ལ་སྡོམ་པ་སླར་བླང་བར་བྱ་ཞིང་། ལན་གསུམ་ལས་ལྷག་པར་སྐྱུར་དུ་མེད་པར་བཤད་ཅིང་། ཀུན་དཀྲིས་འབྲིང་གིས་བསྐྱེད་པའི་ཕམ་འདྲ་རྣམས་ནི་གསུམ་ཡན་ཆད་དང་། ཐ་མ་ཀུན་དཀྲིས་ཆུང་ངུས་སྤྱད་པའི་རྩ་ལྟུང་དང་། དེ་ལས་གཞན་པའི་ཉེས་བྱས་ཞི་དྲུག་ལ་ཀུན་སློང་གི་དབང་གིས་ཉོན་མོངས་པ་ཅན་ཡིན་མིན་དང་། ལྟུང་མེད་དུ་འགྱུར་བའང་ཡོད་པས་དེ་དག་གང་བྱུང་ཡང་གང་ཟག་གཅིག་ཡན་ཆད་ཀྱི་མདུན་དུ་ཉེས་པའི་དངོས་པོ་བརྗོད་པས་བཤགས་བསྡམ་བྱས་ན་དག་པར་འགྱུར་ཏེ། སྡོམ་པ་ཉི་ཤུ་པ་ལས། སྡོམ་པ་སླར་ཡང་བླང་བར་བྱ། །ཟག་པ་འབྲིང་ནི་གསུམ་ལ་བཤགས། །གཅིག་གི་མདུན་དུ་ལྷག་མ་རྣམས། །ཉོན་མོངས་མི་མང་བདག་སེམས་བཞིན། །ཞེས་སོ། །དེ་ཐམས་ཅད་ལ་བཤགས་ཡུལ་མཐུན་པའི་གང་ཟག་ཐེག་ཆེན་སྡོམ་ལྡན་མེད་ན་རྒྱལ་བ་སྲས་བཅས་ཡིད་ཀྱིས་བསམ་པའི་སྤྱན་སྔར་བཤགས་ཤིང་བསྡམ་པར་བྱའོ། །

དེ་ཡང་ལམ་སྒྲོན་འགྲེལ་པར། ཐུམ་བུ་དང་པོར་ལེགས་པར་གསོ་བྱེད་པ། །སྐྱེས་བུ་རབ་ཡིན་འབྲིང་ནི་གཉིས་ལའོ། །ཐུམ་བུ་ཐ་མ་གསོ་བ་ཐ་མ་སྟེ། །ཞེས་སྤྱིར་དུས་དྲུག་དང་ཁྱད་པར་དུས་རེ་རེ་ལ་ཆ་གསུམ་གསུམ་དུ་ཕྱེ་ནས་དེ་དང་དེར་གཉེན་པོས་སླེབས་པ་གང་ཟག་རབ་འབྲིང་ཐ་གསུམ་གྱི་གསོ་ཚུལ་ཡིན་པར་བཤད་དོ། །དེ་ལྟར་རྒྱ་ཆེན་སྤྱོད་པའི་རིང་ལུགས་འདི་ནི་སྲུང་བའི་མཚམས་དང་གསོ་བའི་ཚུལ་སོགས་ལས་དང་པོ་པ་རྣམས་ལ་དགོངས་ནས་ཤིན་ཏུ་གྲུ་དོག་པར་བྱས་པས་བློ

མེད་དོ་ཞེས་གསུངས་སོ། །

གསུམ་པ་སྡོམ་པ་ཚུལ་བཞིན་སྲུང་བའི་ཕན་ཡོན་ལ་གསུམ་ལས། དང་པོ་དགེ་བ་རྒྱུན་ཆགས་སུ་འབྱུང་བའི་ཕན་ཡོན་ནི། རེ་ཞིག་སྨོན་པ་བྱང་ཆུབ་སེམས་བསྐྱེད་ཀྱི་དབང་དུ་བྱས་ན་གནས་སྐབས་མངོན་མཐོའི་འབྲས་བུ་འབྱིན་པའི་ནུས་པ་ནམ་ཡང་ཟད་པར་མི་འགྱུར་ཞིང་། མཐར་ཐུག་བྱང་ཆུབ་ཐོབ་པའི་རྒྱུར་འགྱུར་ལ། འདི་འདྲ་བའི་སྨོན་སེམས་ཀྱི་སྟེང་དུ་འཇུག་པ་བྱང་ཆུབ་ཀྱི་སེམས་ཀྱིས་ཟིན་ན། མི་དགེ་བ་བྱེད་པའི་དུས་མ་ཡིན་པར་གཉིད་དང་རྩེད་མོས་གཡེང་བར་གྱུར་པ་ལ་སོགས་པ་བག་མེད་པའི་དབང་དུ་གྱུར་པའི་གནས་སྐབས་ལ་འང་རྒྱ་བསོད་ནམས་ཀྱི་ཤུགས་ཀྱང་རྒྱུན་མི་ཆད་པར་འབྱུང་བར་བཤད་ན་འབྲས་བུ་མི་ཟད་པར་འབྱུང་བ་ལྟ་ཡང་ཅི་སྨོས་ཏེ། སྤྱོད་འཇུག་ལས། དེ་ནས་བཟུང་སྟེ་གཉིད་ལོག་གམ། །བག་མེད་གྱུར་ཀྱང་བསོད་ནམས་ཤུགས། །རྒྱུན་མི་ཆད་པ་དུ་མ་ཞིག །ནམ་མཁའ་མཉམ་པར་རབ་ཏུ་འབྱུང་། །ཞེས་སོ། །

གཉིས་པ་མིང་དོན་གནས་འགྱུར་བའི་ཕན་ཡོན་ནི། གཞན་ཡང་བྱང་ཆུབ་ཀྱི་སེམས་སྐྱེས་མ་ཐག་ནས་རྒྱལ་བའི་སྲས་སུ་མིང་འདོགས་ཞིང་། ལྷ་དང་མིར་བཅས་པས་ཕྱག་བྱ་བའི་གནས་སུ་འགྱུར་ཏེ། དེ་ཉིད་ལས། བྱང་ཆུབ་སེམས་སྐྱེས་གྱུར་ན་སྐད་ཅིག་གིས། །འཁོར་བའི་བཙོན་རར་བསྡམས་པའི་ཉམ་ཐག་རྣམས། །བདེ་གཤེགས་རྣམས་ཀྱི་སྲས་ཞེས་བརྗོད་བྱ་ཞིང་། །འཇིག་རྟེན་ལྷར་མིར་བཅས་པས་ཕྱག་བྱར་འགྱུར། །ཞེས་སོ། །གལ་ཏེ་ཉེས་པ་འགའ་ཞིག་བྱུང་ཡང་སྨོན་སེམས་མ་བཏང་ན་རིགས་ཀྱི་སྒོ་ནས་ཉན་རང་དགྲ་བཅོམ་ཟིལ་གྱིས་གནོན་ཅིང་བྱང་སེམས་ཀྱི་མིང་ཡང་མི་འདོར་བ་ཡིན་ཏེ། བྱམས་པའི་རྣམ་ཐར་ལས། རིགས་ཀྱི་བུ་འདི་ལྟ་སྟེ། དཔེར་ན་རྡོ་རྗེ་རིན་པོ་ཆེ་ནི་ཆག་ཀྱང་གསེར་གྱི་རྒྱན་ཐམས་ཅད་ཟིལ་གྱིས་གནོན་ཅིང་རྡོ་རྗེ་རིན་པོ་ཆེའི་མིང་ཡང་མི་འདོར་ལ་དབུལ་བ་ཡང་རྣམ་པར་ཟློག་གོ། །དེ་བཞིན་དུ་རྣམ་པ་ཐམས་ཅད་མཁྱེན་པར་སེམས་བསྐྱེད་པའི་རྡོ་རྗེ་རིན་པོ་ཆེ་ནན་ཏན་དང་བྲལ་ཡང་ཉན་ཐོས་དང་རང་སངས་རྒྱས་ཀྱི་ཡོན་ཏན་ཐམས་ཅད་ཟིལ་གྱིས་གནོན་ཅིང་བྱང་ཆུབ་སེམས་དཔའི་མིང་ཡང་མི་འདོར་ལ་འཁོར་བའི་དབུལ་བ་ཐམས་ཅད་ཀྱང་རྣམ་པར་ཟློག་གོ། །ཞེས་སོ། །

གསུམ་པ་བླ་མེད་བྱང་ཆུབ་ཀྱི་གོ་འཕང་ཐོབ་པའི་ཕན་ཡོན་ནི། དེ་ནས་མཐར་ཐུག་གི་འབྲས་བུ་ཐོབ་ཚུལ་ལ། སྦྱོར་ཚོགས་ལམ་དུ་དྲན་པ་ཉེ་བར་བཞག་པ་བཞི། ཡང་དག་སྤོང་བཞི། རྫུ་འཕྲུལ་རྐང་བཞི་རྣམས་བསྒོམས་པས་མངོན་ཤེས་ལྔ་དང་ཆོས་རྒྱུན་གྱི་ཏིང་ངེ་འཛིན་སོགས་ཐོབ་ཅིང་། དེ་ནས་དྲོད་རྩེ་གཉིས་བཟོད་པ་ཆོས་མཆོག་གཉིས་ཏེ་ངེས་འབྱེད་ཆ་བཞིའི་དང་པོ་གཉིས་སུ་དབང་པོ་ལྔ་དང་། ཕྱི་མ་གཉིས་སུ་སྟོབས་ལྔ་བསྒོམས་པས་གཟུང་རྟོག་དང་འཛིན་རྟོག་རྣམས་ཉམས་སྨད་པར་བྱས་ཏེ་ཡོན་ཏན་ཀུང་ཚོགས་ལམ་ལས་ཆེས་ཆེ་བ་ཐོབ་ཅིང་། དེ་ནས་དང་པོར་ཆོས་ཉིད་ཀྱི་བདེན་པ་མངོན་སུམ་དུ་མཐོང་བས་ཀུན་བརྟགས་ཀྱིས་བསྡུས་པའི་སྒྲིབ་པ་གཉིས་པོ་དྲུང་འབྱིན་གྱི་ཚུལ་དུ་སྤངས་ཏེ་བརྒྱ་ཕྲག་བཅུ་གཉིས་ལ་སོགས་པའི་ཡོན་ཏན་ཐོབ་ལ། དེ་ནས་སྒོམ་པའི་ལམ་ས་དགུ་པོར་ཆོས་ཉིད་མངོན་སུམ་དུ་མཐོང་བའི་ཡེ་ཤེས་དེ་ཡང་ཡང་གོམས་པའི་སྟོབས་ལས་དང་པོ་དྲུག་ཏུ་ལྷན་སྐྱེས་ཀྱིས་བསྡུས་པའི་སྒྲིབ་པ་གཉིས་པོ་རིམ་གྱིས་སྤངས་ཏེ་དག་པ་གསུམ་དུ་ཉོན་སྒྲིབ་ཟད་ནས་ཤེས་སྒྲིབ་ཕྲ་བ་རིམ་གྱིས་སྤོང་བ་ཡིན་ལ། ས་དེ་དག་གི་གནས་སྐབས་སུ་སྟོང་ཕྲག་བཅུ་གཉིས་ལ་སོགས་པའི་ཀུན་རྫོབ་ཀྱི་ཡོན་ཏན་ཆེར་འཕེལ་བར་འགྱུར་ཏེ། མཐར་རྒྱུན་མཐའི་རྡོར་ཏིང་གིས་བག་ཆགས་ཕྲ་བ་བཅོམ་སྟེ་མངོན་པར་རྫོགས་པར་འཚང་རྒྱ་བ་ཡིན་ལ། དེ་ཡང་བྱང་ཆུབ་སེམས་དཔའ་དབང་པོ་རབ་འབྲིང་ཐ་གསུམ་གྱི་ལམ་བགྲོད་ཚུལ། དང་པོ་དབང་རྣོན་རྗེ་བོ་ལྟ་བུའམ་དཔེ་མེད་པའི་སེམས་བསྐྱེད་ཅེས་སེམས་ཅན་ཐམས་ཅད་སངས་རྒྱས་ཀྱི་སར་བསྒྲལ་ནས་རྗེས་ལ་རང་ཉིད་གྲོལ་བར་འདོད་པ་རྣམས་ནི་གྲངས༷་མེད༷་གསུམ༷་ལས་མི་ཐོགས་ཏེ། དང་པོས་ཚོགས་སྦྱོར། གཉིས་པས་མ་དག་ས་བདུན། གསུམ་པས་དག་ས་གསུམ་མཐར་ཕྱིན་པར་བྱས་ནས་མཐར་འབྲས་ཐོབ་ལ། གཉིས་པ་དབང་འབྲིང་མཉན་པ་ལྟར་རམ་ཡེ་ཤེས་དམ་པའི་སེམས་བསྐྱེད་ཅེས་རང་དང་འགྲོ་བ་མཉམ་དུ་ཐར་པར་འདོད་པའི་བྱང་སེམས་རྣམས་ནི་གྲངས་མེད་བདུན༷་ཏེ་ཚོགས་སྦྱོར་གཉིས་སུ་གཉིས་རེ། མཐོང་ལམ་དུ་གཅིག །སྒོམ་ལམ་དུ་གཉིས་ཀྱིས་ལམ་མཐར་ཕྱིན་པར་བྱེད་དོ། །

གསུམ་པ་དབང་རྟུལ་རྒྱལ་པོ་ལྟ་བུའམ་འདོད་ཆེན་པོའི་སེམས་བསྐྱེད་ཅེས་རང་གྲོལ་ནས

གཞན་སྒྲོལ་བར་འདོད་པའི་བྱང་སེམས་རྣམས་ནི་གྲངས་མེད་སུམ་ཅུ་སོ་གསུམ་ཐོགས་ཏེ་ཚོགས་སྦྱོར་དུ་གསུམ། ས་བཅུར་རེ་རེ་ལ་གསུམ་གསུམ་གྱིས་མཐར་བྱང་ཆུབ་ཐོབ་པ་ཡིན་ནོ། །བྱང་ཆུབ་སེམས་དཔའི་སེམས་བསྐྱེད་ཀྱི་བསླབ་བྱ་བཤད་པའི་རིམ་པར་ཕྱེ་བ་སྟེ་གསུམ་པའི་རྣམ་པར་བཤད་པའོ། །

དེ་ནས་བཞི་པ་རིག་པ་འཛིན་པ་རྣམས་ཀྱིས་བསླབ་པར་བྱ་བའི་རྣམ་གྲངས་གསང་སྔགས་སྡོམ་པའི་རིམ་···པར་ཕྱེ་བ་གཏན་ལ་དབབ་པར་བྱ་སྟེ། དེ་ཡང་ཞུང་ཁམས་སྐྱེ་མཆེད་ཀྱིས་བསྡུས་པའི་ཆོས་ཐམས་ཅད་གདོད་མ་ནས་སྐུ་གསུང་ཐུགས་མི་ཟད་པ་རྒྱན་གྱི་འཁོར་ལོའི་རང་བཞིན་དུ་སངས་རྒྱས་པའི་ཚུལ་ཇི་ལྟ་བ་བཞིན་དེ་བཞིན་གཤེགས་པ་རྣམས་ཀྱིས་ཐུགས་སུ་ཆུད་པ་ནི་མཚོན་བྱ་དོན་གྱི་རྒྱུད་ཡིན་ལ། དེའི་ཚུལ་མ་ནོར་བར་སྟོན་པ་མཚོན་བྱེད་སྒྲའི་རྒྱུད་ཡིན་ཞིང་། དེ་ནི་རྡོ་རྗེ་འཆང་གི་གསང་གསུམ་དབྱེར་མི་ཕྱེད་པ་ལས་རང་བྱུང་ཞིང་། དེ་ལས་གདུལ་བྱ་རྣམས་ལ་བརྡར་གྱུར་པ་དང་སྒྲར་གྲགས་པའི་རྒྱུད་སྡེ་རྣམས་སྣང་བ་འདི་ནི་སྐུའི་རྣམ་པར་སྤྲུལ་པ་ཡི་གེའི་གཟུགས་དང་། གསུང་གི་རྣམ་པར་སྤྲུལ་པ་སྒྲར་གྲགས་པ་དང་བརྡར་སྣང་བའི་སྒོ་ནས་དོན་བརྡ་སྦྱོད་ཅིང་། དེ་ལ་བརྟེན་ནས་ཐུགས་ཀྱི་རྣམ་པར་སྤྲུལ་པས་གནས་ལུགས་དོན་གྱི་ཡེ་ཤེས་སྐལ་པ་དང་ལྡན་པ་རྣམས་ལ་མངོན་སུམ་དུ་སྟོན་པར་བྱེད་པས་ན། རྒྱུད་སྡེ་ཟབ་མོ་འདི་དག་ནི་ཕྱོགས་བཅུ་དུས་བཞིའི་བདེ་བར་གཤེགས་པ་རྣམས་ཀྱི་རྡོ་རྗེ་གསུམ་དང་ཐ་མི་དད་པ་ཡིན་པའི་ཕྱིར་ན་ཐེག་པ་ཐམས་ཅད་ཀྱི་རྩེ་མོ། བསྟན་པ་ཐམས་ཅད་ཀྱི་འབྱུང་ཁུངས། ငེས་པའི་དོན་མཐར་ཐུག་པས་གཞན་ལས་ཆེས་འཕགས་པ་སྟེ། དེ་ཉིད་བཤད་པ་ལ།

ཁོག་དབུབ་གླེང་གཞི། སྡོམ་པ་མ་ཐོབ་པ་ཐོབ་པར་བྱེད་པ། ཐོབ་པ་མི་ཉམས་པར་སྲུང་ཚུལ། ཉམས་ན་གསོ་ཚུལ་ཏེ་དོན་རྣམ་པ་བཞིའི་དང་པོ། དེ་ཉིད་ཇི་ལྟར་བྱུང་བའི་ཚུལ་དང་། དེའི་ཉམས་ལེན་སྡོམ་པའི་ངོ་བོ་དང་དབྱེ་བའི་སྒོ་ནས་ཁོག་དབུབ་པ་ལ། དང་པོ་སྟོན་པས་རྒྱུད་སྡེ་རྣམས་ཇི་ལྟར་གསུངས་པའི་ཚུལ་ལ་ཕུན་སུམ་ཚོགས་པ་ལྔ་སྟེ། སྟོན་པ་ཕུན་སུམ་ཚོགས་པ་ནི་བདག་ཅག་གི་སྟོན་པ་འདི་ཉིད་ཐོག་མ་མེད་པའི་དུས་སུ་གཞི་གདོད་མའི་དབྱིངས་སུ་རིག་པའི་ཡེ་ཤེས་གྲོལ་

བས་མངོན་པར་བྱང་ཆུབ་སྟེ་སྐུ་དང་ཡེ་ཤེས་འདུ་འབྲལ་མེད་པའི་ངང་ལ་དུས་གསུམ་གྱི་སངས་རྒྱས་ཐམས་ཅད་དང་དགོངས་པ་རོ་གཅིག་ཏུ་བཞུགས་པ་ལས་ལོངས་སྤྱོད་རྫོགས་པའི་སྐུར་སྣང་སྟེ། ཡེ་ཤེས་གསང་བ་ལས། རང་བཞིན་མི་གཡོ་ལྷུན་རྫོགས་ཤིང་། །སྤྱོད་ཡུལ་ཀུན་ཏུ་བཟང་པོ་སྟེ། ། ཞེས་པ་ལྟར་ཡུལ་ཐམས་ཅད་ཡེ་ཤེས་རང་སྣང་གི་ངོ་བོ་འབའ་ཞིག་ཏུ་དག་པས་ཀུན༷་ཏུ་བཟང༷་པོ། གཟུང་འཛིན་གྱི་རྟོག་པས་མི་ཕྱེད་པས་རྡོ༷་རྗེ༷། དབྱིངས་དང་ཡེ་ཤེས་འདུ་འབྲལ་མེད་པར་འཆང༷་ཞིང་། དཀྱིལ་འཁོར་ཐམས་ཅད་ཀྱི་དབང༷་ཕྱུག་དམ་པར་གྱུར་པའི་སྟོན༷་པ༷ར་སྣང་བ་དེས༷། གནས་ཕུན་སུམ་ཚོགས་པ་རང་སྣང་ཤིན་ཏུ་རྣམ་པར་དག་པའི་ཞིང་ཁམས་འོག༷་མིན༷་ཆེན༷་པོར༷། འཁོར་ཕུན་སུམ་ཚོགས་པ་ཉིད་ལས་མི་གཞན་པའི་རང་སྣང་གི་འཁོར་རྒྱལ་བ་ཞི་ཁྲོའི་དཀྱིལ་འཁོར་ཚད་མེད་པས་ཡོངས་སུ་བསྐོར་བའི་དབུས་ན། ཆོས་ཕུན་སུམ་ཚོགས་པ་ཡེ་ཤེས་འོད་གསལ་བའི་དགོངས་པ་བརྗོད་དུ་མེད་པ་ཉིད། དུས་ཕུན་སུམ་ཚོགས་པ་གཞི་རྫོགས་འཕོ་འགྱུར་མེད་པའི་དབྱིངས་སུ་རང་ཤར་བའི་ཚུལ་གྱིས་སྣང་བར་གྱུར་ཏོ། །དེའི་ངང་ལས་ས་བཅུའི་རྒྱུན་མཐའ་ལ་སྣང་བའི་གནས་ཁྱད་པར་ཅན་གྱི་འོག་མིན་དུ་སྟོན་པ་རིགས་དྲུག་གི་རྣམ་པས། འཁོར་ས་མཐའི་སེམས་དཔའ་རྣམས་ལ། ཆོས་གསང་སྔགས་ཀྱི་རྒྱུད༷་སྡེ༷་རྒྱ་མཚོ༷་ལྟ་བུ་དགོངས་པ་བརྡའི་གསུང་གིས། དུས་རྟག་པ་རྒྱུན་གྱི་འཁོར་ལོར་སྟོན་པར་མཛད་ཅིང་། དེ་བཞིན་དུ་བྱང་སེམས་ས་དགུ་པ་ལ་སྣང་བའི་འོག་མིན་ཙམ་པོ་བ་དང་། ས་བརྒྱད་པ་ལ་སྣང་བའི་འོག་མིན་བཏགས་པ་བ་རྣམས་སུའང་ཚུལ་དེ་དང་འདྲ་བར་གསུངས་ཤིང་། དེའི་ཚེ་གདུལ་བྱ་གདུག་པ་ཅན་རྣམས་ཀྱི་ངོར་དཔལ་ཧེ་རུ་ཀའི་རྣམ་པར་སྣང་བས་ཁྲོ་བའི་དཀྱིལ་འཁོར་སྤྲུལ་བཤད་ཀྱི་དོན་མཛད་པ་དང་། གཞན་ཡང་རང་བཞིན་སྤྲུལ་པའི་ཞིང་ཁམས་ལྔ་དང་། དག་མ་དག་གི་འཇིག་རྟེན་གྱི་ཁམས་རྣམས་སུ་འགྲོ་འདུལ་སྤྲུལ་པའི་རྣམ་པ་ཚད་མེད་པར་སྣང་བས་དེ་དང་དེར་གནས་པའི་གདུལ་བྱ་རང་རང་གི་མོས་པ་དང་མཐུན་པར་འདུལ་བྱེད་ཀྱི་ཐབས་ཚུལ་དཔག་ཏུ་མེད་པས་དོན་མཛད་དོ། །

དེ་ལྟ་བུའི་རྒྱུད་སྡེ་རྣམས་རྡོ་རྗེ་འཆང་གི་ཐུགས་ཀྱི་རྣམ་པར་སྤྲུལ་པ་རིགས་གསུམ་སེམས་དཔས་ལྷ་ཀླུ་གནོད་སྦྱིན་གྱི་ཡུལ་རྣམས་སུ་བསྟན་ནས་དར་བར་མཛད་ཅིང་། ཁྱད་པར་མི་ཡུལ་

སོགས་སུ་ཇི་ལྟར་བྱུང་བའི་ཚུལ་ལ། མཆོག་གི་སྤྲུལ་སྐུའི་རྣམ་པར་སྣང་བའི་བདག་ཅག་གི་སྟོན་པ་འདི་ཉིད་དགའ་ལྡན་ལ་གནས་པའི་ཚེ། ཐུགས་འོག་མིན་དུ་སངས་རྒྱས་ནས་རིམ་བཞིན་རི་རབ་ཀྱི་རྩེ་དང་། རྒྱ་མཚོའི་འགྲམ་དང་། ཨོ་རྒྱན་གྱི་ཡུལ་ལ་སོགས་པར་གསང་སྔགས་ཀྱི་ཆོས་དུ་མ་བསྟན་ཏེ་སླར་བཏགས་པའི་ལུས་ལ་ཞུགས་ཏེ་འཚང་རྒྱ་ཚུལ་སོགས་བསྟན་པར་བཞེད་པ་དང་། སྤྲུལ་པའི་སྐུས་མི་ཡུལ་དུ་སྡེ་སྣོད་གསུམ་གསུངས་པའི་དུས་དེར་འོག་མིན་དུ་སངས་རྒྱས་ནས་རིམ་གྱིས་གསང་སྔགས་ཀྱི་ཆོས་རྣམས་གསུངས་པར་བཞེད་པ་སོགས་ཡོད་ནའང་འདིར་སྔར་བཤད་པ་ལྟར་ཡིན་ལ། དེ་ཡང་སྔར་བསྟན་པའི་རྒྱུད་སྡེ་རྣམས་སྟོན་པས་ཐེག་གསུམ་བསྟན་པའི་ཕྱི་ནས་དཔྱིད་འབྲིང་ནག་པའི་ཟླ་ལ་དཔལ་ལྡན་འབྲས་སྤུངས་ཀྱི་མཆོད་རྟེན་གྱི་འོག་ཏུ་ཆོས་དབྱིངས་གསུང་དབང་དང་། སྟེང་དུ་དཔལ་ལྡན་རྒྱུ་སྐར་གྱི་དཀྱིལ་འཁོར་སྤྲུལ་ཏེ་འདུས་པའི་འཁོར་ལ་དབང་བསྐུར་ནས་རྣལ་འབྱོར་དང་རྣལ་འབྱོར་མའི་རྒྱུད་སྡེ་མཐའ་དག་བསྟན་པ་དང་། གཞན་ཡང་ཚགས་བྲལ་གྱི་རྣམ་པས་བྱ་སྤྱོད་ཀྱི་རྒྱུད་ཕལ་ཆེར་དང་། ཨོ་རྒྱན་གྱི་རྒྱལ་པོ་ཨིནྡྲ་བྷུ་ཏི་ལ་གསང་བ་འདུས་པའི་རྒྱུད་དང་། རྡོ་རྗེ་སྙིང་པོ་ལ་ཀྱེ་རྡོར་གྱི་རྒྱུད་སོགས་དེ་དང་དེའི་དཀྱིལ་འཁོར་གྱི་གཙོ་བོའི་སྐུར་བཞེངས་ནས་གསུངས་པ་སོགས་སྔར་འོག་མིན་དུ་གསུངས་པ་སོ་སོའི་གནས་སུ་སླར་ཡང་བཟླས་ཏེ་བསྟན་པ་ཡིན་ནོ། །

དེ་ནས་བཀའ་བསྡུ་སོགས་ཀྱིས་བསྟན་པ་སྤེལ་བའི་ཚུལ་ནི། རི་རབ་ཀྱི་བྱང་ཤར་ལྕང་ལོ་ཅན་གྱི་ཕོ་བྲང་དུ་བྱང་ཆུབ་སེམས་དཔའ་བྱེ་བ་ཕྲག་དགུ་བཅུ་རྩ་དྲུག་འདུས་པ་ལ་ཕྱག་རྡོར་གྱིས་བཀའ་བསྡུ་བའི་ཚུལ་དུ་རྒྱུད་སྡེ་མ་ལུས་པ་གསུངས་པ་དང་ནི། དུས་འཁོར་རྩ་རྒྱུད་ཟླ་བ་བཟང་པོས་དང་། བརྟག་གཉིས་རྡོ་རྗེ་སྙིང་པོས་དང་། རྡོ་རྗེ་མཁའ་འགྲོ་ཕག་མོས་བསྡུས་པ་སོགས་ཞུ་བ་པོའི་འཁོར་གྱིས་བསྡུས་པ་ཡིན་ལ། དེ་སྟོན་པ་དང་སྡུད་པ་པོ་ཐ་དད་དུ་སྣང་ཡང་དོན་ལ་ཐ་དད་མེད་དེ། གསང་བ་གྲུབ་པ་ལས། རྒྱུད་འཆད་པ་དེ་ཐུགས་རྡོ་རྗེ། །འཆད་པ་པོ་དེ་སྡུད་པའང་དེ། །ཞེས་གསུངས་པའི་ཕྱིར་རོ། །འོ་ན་མདོ་སྡེ་གདམས་ངག་འབོགས་པའི་རྒྱལ་པོ་ལས། འདྲེན་པའི་ཐེག་པ་གསུམ་པོ་དག །བཅོམ་ལྡན་ངེས་པར་གསུངས་ལགས་ན། །རྒྱུ་འབྲས་ལྷུན་གྲུབ་ཏུ་སྤྱོད

ཅིང་། །སངས་རྒྱས་གཞན་ནས་མི་ཚོལ་བའི། །ངེས་པའི་ཐེག་པ་ཅེས་མ་གསུངས། །ཞེས་ཞུས་པའི་ལན་དུ། རྒྱུ་ལ་མོས་པ་རྒྱུ་ཆོས་ཀྱི། །འཁོར་ལོ་རབ་ཏུ་བསྐོར་བྱས་ནས། །རྡོ་རྗེ་ཐེག་པའི་ཉེ་ལམ་ཞིག །མ་འོངས་དུས་ན་འབྱུང་བར་འགྱུར། །ཞེས་པས་ལུང་བསྟན་པ་ཙམ་ལས་དངོས་སུ་མ་གསུངས་པ་མ་ཡིན་ནམ་ཞེ་ན། དེ་ནི་རེ་ཞིག་གསང་སྔགས་ཀྱི་སྒྲ་མི་ཡུལ་དུ་ཁྱབ་གདལ་དུ་མ་གྲགས་པ་ཙམ་ལ་བཤད་ཀྱི། གདན་ནས་མ་གསུངས་པ་མ་ཡིན་དེ། སྔར་བཤད་པ་དག་གིས་ཀྱང་ཤེས་ལ། ཕྱིས་འབྱུང་བར་ལུང་བསྟན་པ་ནི། ཡོངས་སུ་གྲགས་པ་ལ་དགོངས་པའོ། །

དེ་ཡང་སྔ་འགྱུར་བ་རྣམས་ལྟར་ན་རྒྱུད་སྡེ་རྣམས་མི་ཡུལ་དུ་དར་ཚུལ་ནི། སྒྱུ་མདོ་ལས། ང་ནི་འདི་ནས་མི་སྣང་ནས། །ལོ་ནི་བརྒྱད་དང་བཅུ་གཉིས་ན། །ལྷ་གནས་གསུམ་དུ་གྲགས་པ་ཡི། །བསྟན་པའི་སྙིང་པོ་དམ་པ་ཞིག །འཛམ་གླིང་ཤར་གྱི་ཕྱོགས་མཚམས་ཀྱི། །མི་ལས་སྐལ་ལྡན་རིགས་ཅན་ཏེ། །རྒྱལ་པོ་ཛ་ཞེས་བྱ་བ་ལ། །སྔོན་དུ་ལྟས་སྣང་སྣང་གྱུར་ཏེ། །དྲག་ཤུལ་ཅན་ཞེས་བྱ་བའི་རྩེར། །གྲོགས་ཀྱི་སེམས་དཔའ་དམན་པའི་ལུས། །ལངྐའི་བདག་པོ་ལ་སོགས་ལ། །ལག་ན་རྡོ་རྗེས་སྣང་བར་འགྱུར། །ཞེས་པ་ལྟར་ཐུབ་པའི་དབང་པོ་མྱ་ངན་ལས་འདས་ནས་ལོ་ཉི་ཤུ་རྩ་བརྒྱད་ན་དམ་པའི་རིགས་ཅན་དྭ་མ་ལྷ་ལངྐའི་ཡུལ་གྱི་རི་མ་ལ་ཡའི་རྩེར་རང་རང་གི་མངོན་ཤེས་དང་རྫུ་འཕྲུལ་གྱིས་འདུས་ཏེ་གདུང་ཚིག་ཉེར་གསུམ་བཏོན་པས་གསང་བདག་མངོན་སུམ་དུ་བྱོན་ནས་རིགས་ཅན་ལྔ་སོགས་རིག་འཛིན་འདུས་པ་ཕལ་མོ་ཆེ་ལ་སྟོན་འོག་མིན་དང་། དགའ་ལྡན་དང་། སུམ་ཅུ་རྩ་གསུམ་རྣམས་སུ་གྲགས་པའི་གསང་བའི་ཐེག་པ་ཉིད་སྟོན་པར་མཛད་ཅིང་། དེ་རྣམས་སྲིན་པོ་བློ་གྲོས་ཐབས་ལྡན་གྱིས་གསེར་གྱི་གླེགས་བམ་ལ་བཻཌཱུརྻ་ཞུན་མས་བྲིས་ནས་དགོངས་པའི་རྩལ་བདུན་གྱིས་ནམ་མཁའ་ལ་སྦས་སོ། །དེའི་ཚེ་དེའི་བྱིན་རླབས་ཀྱིས་ས་ཧོ་རའི་རྒྱལ་པོ་ཛས་རྨི་ལྟས་ངོ་མཚར་བ་བདུན་རྨིས་པ་ལ་བརྟེན་ནས་སྒྲུབ་པ་མཛད་པས་མ་ཧཱ་ཡོ་གའི་རྒྱུད་སྡེའི་གླེགས་བམ་རྣམས་ཁང་སྟེང་དུ་དངོས་སུ་བབས་པ་དང་། གཞན་ཡང་ཀྲི་ཡའི་རྒྱུད་སོགས་རྒྱུད་སྡེ་གཞན་རྣམས་གནས་སོ་སོར་བབས་ཤིང་། ཨ་ཏི་ཡོ་ག་རྣམས་ནི་ནུབ་ཕྱོགས་ཨོ་ཌཱི་ཡ་ནའི་ཡུལ་དུ་སློབ་དཔོན་དགའ་རབ་རྡོ་རྗེས་རྡོ་རྗེ་སེམས་དཔའ་འམ་ཕྱག་ན་རྡོ་རྗེ་ལས་དངོས་སུ་གསན་པ་ལྟར་བསྡུ

བ་མཛད་དེ་གླིགས་བམ་ལ་བཀོད་དོ། །

སྒྲུབ་སྡེ་རྣམས་ནི་སྟོན་འོག་མིན་གསང་བ་མཆོག་གི་གནས་སུ་ཆེ་མཆོག་ཧེ་རུ་ཀས་``ཆོས་ཉིད་ཀྱི་རང་སྒྲས་གསུངས་པ་གསང་བདག་རྡོ་རྗེ་ཆོས་ཀྱིས་རང་ཉིད་ཚོམ་བུ་དགུའི་དཀྱིལ་འཁོར་གྱི་ནང་དུ་སྣང་བར་མཛད་ནས་ཐོག་མར་དག་ཏུ་བསྡུས། དེ་ནས་གླིགས་བམ་ལ་བཀོད་དེ་དགོངས་འགྲེལ་དུ་ལུང་ལྔ་ཐུགས་རྗེ་དབྱངས་ཐ་གནས་ཀྱི་ལུང་། །མཛད་པ་ཆོ་འཕྲུལ་ལྷ་ཡི་ལུང་། །ཕྲིན་ལས་མཐར་ཕྱིན་སྒྲུབ་པའི་ལུང་། །གསང་སྔགས་ངེས་པ་དོན་གྱི་ལུང་། །གསང་བ་སྙོ་འབྱེད་སྒྲོན་མེའི་ལུང་། །མཆན། ཡང་མཛད་ནས་མཁའ་འགྲོ་མ་ལས་ཀྱི་དབང་མོ་ཆེ་ལ་གཏད། དེས་སྤྱི་དང་བྱེ་བྲག་གི་རྒྱུད་རྣམས་ཕྱེ་ནས་རིན་པོ་ཆེའི་སྒྲོམ་བུ་སོ་སོར་བཙུག་སྟེ་མཆོད་རྟེན་བདེ་བྱེད་བརྩེགས་པར་གཏེར་དུ་སྦས་པ་ནམ་ཞིག་གི་ཚེ་གྲུབ་པ་ཐོབ་པའི་སློབ་དཔོན་ཆེན་པོ་བརྒྱད་ལ་བྱེ་བྲག་གི་སྒྲོམ་བུ་བརྒྱད་པོ་གཏད་ཅིང་། སྤྱི་སྒྲོམ་སླར་སྦས་པ་ཕྱིས་སུ་ཀུན་འདུས་རིག་འཛིན་པདྨ་སཾ་བྷ་བས་སྤྱན་དྲངས་ཏེ་རྗེ་འབངས་སྙིང་གི་བུ་དགུའམ་ཉི་ཤུ་རྩ་ལྔ་ལ་ལེགས་པར་གདམས་པ་སོགས་རྒྱ་བོད་ཀྱི་མཁས་པ་དང་གྲུབ་པ་རྣམས་ཀྱིས་རྒྱུད་སྡེ་སོ་སོའི་དགོངས་པ་བཀྲལ་ཞིང་སྤེལ་བར་མཛད་པ་ཡིན་ལ། དེ་ལྟར་གསང་སྔགས་སྣ་འགྱུར་བ་རྣམས་ཀྱི་རིང་ལུགས་ལ། སྤྱི་མདོ་ལས། དགོངས་པ་རིག་པ་རྣ་བར་གཏད། །རྒྱལ་བ་སེམས་དཔའ་རྣལ་འབྱོར་པ། །གང་ལ་ཐུག་གི་བར་དུའོ། །ཞེས་གསུངས་པ་ལྟར། རིང་བརྒྱུད་བཀའ་མ་དང་ཉེ་བརྒྱུད་གཏེར་མ་ལ་གསུམ་པོ་དེའི་སྟེང་དུ་བཀའ་བབས་ལུང་བསྟན། སྨོན་ལམ་དབང་བསྐུར། མཁའ་འགྲོ་གཏད་རྒྱ་སྟེ་དྲུག་གི་སྒོ་ནས་བརྒྱུད་པའི་ཚུལ་སོགས་སུ་གྲགས་པ་དང་། ཕྱི་འགྱུར་གསར་མ་བའི་བཞེད་སྲོལ་ལ། ཨོ་རྒྱན་གྱི་རྒྱལ་པོ་ཨིནྡྲ་བྷཱུ་ཏིས་རྒྱུད་རྣམས་གླིགས་བམ་དུ་བྲིས་ཤིང་ཡུལ་དེའི་སྐྱེ་བོ་ཐམས་ཅད་ལ་བསྟན་པས་སྲོག་ཆགས་ཕྲ་མོ་ཡན་ཆད་འཇའ་ལུས་སུ་སོང་ནས་ཡུལ་སྟོང་པ་མཚོར་གྱུར་ཏེ་ཀླུས་གང་བ་ལ་གསང་བདག་གིས་རྒྱུད་སྡེ་རྣམས་གཏད་ཅིང་སྨིན་པར་མཛད་པས་དེ་དག་རིམ་གྱིས་མིར་གྱུར་ནས་མཚོ་འགྲམ་དུ་གྲོང་བཅས་ཏེ་ཉམས་སུ་བླངས་པས་ཐམས་ཅད་ཀྱིས་གྲུབ་པ་ཐོབ། བུ་དང་བུ་མོ་རྣམས་མཁའ་འགྲོ་དང་མཁའ་འགྲོ་མར་གྱུར་པས་ཨོ་རྒྱན་མཁའ་འགྲོའི་གླིང་ཞེས་གྲགས། མཚོ་ཡང་སྐམ་སྟེ་ཧེ་རུ་ཀའི་ལྷ་ཁང་རང་བྱུང་བས་དེའི་དཀོར་མཛོད་དུ

རྒྱུད་ཀྱི་གླེགས་བམ་རྣམས་བཞུགས་པ་ལས་ཕྱིས་སུ་རིག་འཛིན་གྲུབ་པ་ཐོབ་པ་རྣམས་ཀྱིས་གནས་དེ་དང༌། ཤཱཀྱ་ལ་སོགས་གཞན་ནས་ཀྱང་སྤྱན་དྲངས་ཏེ་རིམ་གྱིས་དར་བ་སོགས་བྱུང་ཚུལ་དཔག་ཏུ་མེད་པ་ཡོད་ན་ཡང་། དེ་དག་རྒྱས་པར་མ་སྤྲོས་ལ། གཙོ་བོ་བསྟན་བཅོས་འདིས་ཕྱི་རྒྱུད་རྣམས་ཕྱོགས་ཙམ་དང་། ནང་རྒྱུད་ཡོ་ག་སྡེ་གསུམ་སྤྱིའི་དམ་ཚིག་རྣམས་ཉམས་སུ་ལེན་པའི་ཕྱིར་བསྲུང་བྱ་རྣམས་བསྟན་པར་བཞེད་ནས་སྐབས་འདིར་དེ་འཆད་པར་མཛད་དོ། །གཉིས་པ་ངོ་བོ་ནི། དེ་ནས་ཉམས་སུ་བླང་བྱ་སྔགས་སྡོམ་གྱི་ངོ་བོ་གང་ཞེ་ན་བསྡམ་བྱ་སྒོ་གསུམ་ཕྲ་བའི་བག་ཆགས་དང་། མཚན་འཛིན་གྱི་རྟོག་པ་སྡོམ་བྱེད་ཐབས་ཤེས་ཁྱད་པར་ཅན་རྣམས་ཀྱིས་ཟིན་པའི་བདེ་བ་ཆེན་པོའི་ཡེ་ཤེས་ཀྱིས་བསྡམས་པར་བྱས་པའི་སེམས་པ་ས་བོན་དང་བཅས་པ་གང་ཞིག་རང་རྒྱུད་དབང་བསྐུར་བ་ལས་གསར་དུ་ཐོབ་པའི་ཚུལ་ཁྲིམས་སོ། །

དེ་ཡང་བལྟས་པའི་བདེ་བ་དང་། རྒོད་པའི་དང་། ལག་བཅངས་ཀྱི་དང་། གཉིས་སྦྱོར་གྱི་བདེ་བ་དང་། དེ་དག་པར་བྱེད་པའི་ཡེ་ཤེས་རང་རྒྱུད་ལ་འཛིན་པའི་ཁྱད་པར་ནི་རྒྱུད་སྡེ་བཞི་པོ་སོ་སོའི་རིང་ལུགས་བཞིན་ནོ། །གསུམ་པ་དབྱེ་བ་ནི། དེ་ལ་དབྱེ་བ་བྱས་ན་བྱ་སྤྱོད་རྣལ་འབྱོར་བླ་མེད་ཀྱི་རྒྱུད་སྡེ་བཞིར་རྩ་ལྟུང་བཅུ་བཞི་སོ་སོར་གྲངས་ངེས་པར་དཔལ་ལྡན་དུས་ཀྱི་འཁོར་ལོའི་འགྲེལ་པར་བཤད་པས་གཞན་དུ་བལྟ་ཞེས་ཞལ་འཕང་བ་སྟེ། དེ་ཡང་ཕྱི་རྒྱུད་སྡེ་གསུམ་གྱི་བསྲུང་བྱ་རྣམས་མདོར་བསྡུས་ཏེ་སྡོམ་དུ་བྱས་ན། བྱ་རྒྱུད་ཀྱི་རྩ་ལྟུང་བཅུ་བཞི་ནི། དཀོན་མཆོག་སྔགས་ལ་དད་པ་གཉིས། །ཐེག་ཆེན་ལ་མོས་བླ་མ་དང་མཆེད་གྲོགས་ལ་གུས། །འདས་མ་འདས་ཀྱི་ལྷ་གཞན་ལ་མི་སྨད་རང་གི་ལྷ་དུས་ཚིགས་སུ་མཆོད། །གཞུང་གཞན་ལ་མི་མཆོད་གློ་བུར་བའི་མགྲོན་མཆོད་པ། །བྱམས་པ་མི་གཏོང་གཞན་དོན་ལ་བརྩོན་པ་མི་འདོར་བ། །བཟླས་བརྗོད་ལ་བརྩོན་པ་དང་དམ་ཚིག་གཞན་ཡང་ཅི་ནུས་སུ་སྲུང་། །སྔགས་རྒྱུད་སྣོད་མིན་ལ་མི་སྦྱིན་རང་གི་སྔགས་རྒྱུད་ནི། །སྲུང་ཞིང་རྟོགས་པར་བྱ་བ་སྟེ། །ལྡོག་པ་རྩ་བའི་ལྟུང་བ་ཡིན། །གསུང་བ་སྤྱི་རྒྱུད་ལྟར་སྡོམ་མོ། །སྤྱོད་རྒྱུད་ཀྱི་རྩ་ལྟུང་བཅུ་བཞི་ནི། མི་དགེ་བཅུ་ནི་སྤང་བྱ་ཞིང་འདུས་མ་བྱས་ཀྱི་ཚུལ་ཁྲིམས་བཟུང་ནས་ཐབས་ཤེས་ཀྱིས་ཟིན་པས་ལྷ་མི་དང་ཉན་ཐོས་ལས་འཕགས་སོ། །
བཅུ་པོ་དེའི་སྟེང་རྩ་བ་བཞི་ཞེས་པ་དམ་པའི་ཆོས་དང་བྱང་ཆུབ་སེམས། །སྲོག་གི་ཕྱིར་ཡང་གཏོང་མི་བྱ། །

སེར་སྣས་ནོར་མི་སྦྱིན་པ་དང་ནི་སེམས་ཅན་ལ། །གནོད་པར་མི་བྱ་དེ་ལས་གཞན། །མི་མཐུན་ཕྱོགས་བཅུ་བཞི་ནི་རྩ་བའི་ལྟུང་བར་རྣམ་སྣང་མངོན་བྱང་ལས་བཤད་དོ། །རྣལ་འབྱོར་རྒྱུད་ཀྱི་རྩ་ལྟུང་བཅུ་བཞི་ནི། རིགས་ལྔའི་དམ་ཚིག་རིམ་བཞིན་དུ། །དེ་བཞིན་གཤེགས་པའི་རིགས་ལ་གསུམ་སྟེ། མཆོག་གསུམ་སྐྱབས་སུ་བསྟེན་པ་དང༌། །རྡོ་རྗེའི་རིགས་ལ་བཞི་སྟེ། རྡོར་དྲིལ་ཕྱག་རྒྱ་སློབ་དཔོན་བཟུང༌། །རིན་ཆེན་རིགས་ལ་བཞི་སྟེ། སྦྱིན་པ་རྣམ་བཞི་གཏོང་བ་དང༌། པདྨའི་རིགས་ལ་གཅིག་སྟེ། དམ་པའི་ཆོས་ཀུན་འཛིན། །ལས་རིགས་ལ་གཉིས་ཏེ། སྡོམ་པ་རྣམས་ཅི་ནུས་སུ་འཛིན་པ་དང་མཆོད་པའི་ལས་ལ་འབད། །སྒྲུབ་པའི་བསླབ་བྱ་ཡིན་གཞན་དེ་རྣམས་སྤོང་བ་ནི་ཕས་ཕམ་པར། །དེ་ཉིད་སྣང་ཆེན་ལས་བཤད་དོ། །ཞེས་པའོ། །འདིར་གཙོ་བོ་བླ་མེད༷་ཀྱི་ལུགས༷་ཀྱི་སྡོམ་པ་བཤད་པ་ལ༷་བརྟུལ༷་ཞུགས༷་ཉེ༷་ཤུ་རྩ་ལྔ་དང༌། ཐུན་མོང་དང་ཁྱད་པར༷་རིགས༷་ལྔའི༷་སྡོམ༷་པ༷་དང༌། རྒྱུད་སྡེ་སྤྱི་ལ་གྲགས་པའི་རྩ༷་བའི༷་ལྟུང༷་བ་བཅུ་བཞི༷་དང༷། དེའི་ཡན་ལག་སྡོམ༷་པོ༷འི་རྣམ་གྲངས་དང༷་ནི༷་རྫོགས༷་པ༷་ཆེན༷་པོའི༷་སྤྲོལ༷་གྱི་རྩ་བ་དང༷་ཡན་ལག་གི་དམ་ཚིག་རྣམས་ཏེ་འོག་ཏུ་འཆད་པར་འགྱུར་རོ། །

གཉིས་པ་སྡོམ་པ་མ་ཐོབ་པ་ཐོབ་པར་བྱེད་པ་ལ་བསྟན་བཤད་གཉིས་ལས། དང་པོ་མདོར་བསྟན་པ་ནི། སྤྱིར་དབང་ལ་གཞི་དང་ལམ་དང་འབྲས་བུའི་དབང་གསུམ་ཡོད་པ་ལས། དང་པོ་ནི། རྩ་རླུང་ཐིག་ལེ་སེམས་དང་བཅས་པའི་གཞུག་མ་ནི་དབང་བཞིའི་ཡོན་ཏན་དང་འབྲལ་མི་ཤེས་པའི་རང་བཞིན་དུ་གནས་པ་ལ་བྱ་སྟེ། རྒྱུད་ལས། དབང་མཆོག་རང་ལ་མེད་གྱུར་ན། །བསྒྱུར་བས་ཐོབ་པར་ག་ལ་འགྱུར། །ཁྲ་སྲན་འབྲས་ཀྱིས་དབང་བསྒྱུར་ཀྱང༌། །དེ་ལ་འབྲས་ཀྱི་དངོས་སྣང་མེད། །ཅེས་སོ། །གཉིས་པ་ནི། རྡོ་རྗེ་སློབ་དཔོན་གྱིས་བསྐུར་བ་ཡིན་ཏེ་འཆད་པར་འགྱུར་ལ། གསུམ་པ་ནི། མཐར་འབྲས་མངོན་དུ་བྱས་ཚེ་ཚོགས་ལས་ཐོབ་པའི་ཀུན་རྫོབ་ཀྱིས་བསྡུས་པའི་དབང་སྡོམ་ཡོད་མི་དགོས་ཀྱང༌། མཚན་ཉིད་ཐེག་པར་སངས་རྒྱས་ཀྱི་ས་ན་སྦྱིན་པ་སྤྱོང་བའི་སེམས་བསྐྱེད་ཡོད་པར་བཤད་པ་བཞིན་སྐུ་བཞིའི་ངོ་བོ་ལ་འབྲས་བུའི་དབང་གིས་ཐ་སྙད་འདོགས་ཚོག་པས་དེ་ཡིན་ནོ། །ལམ་གྱི་དབང་ནི། དེ་ལྟར་གཞི་དབང་རང་ཆས་སུ་ཡོད་པ་ཙམ་གྱིས་མི་ཚོག་སྟེ། དཔེར་ན་ས་བོན་ཡོད་ཀྱང་སྐྱེས་བུའི་བྱེད་རྩོལ་དང་ཆུ་ལུད་དྲོད་གཤེར་གྱི་རྐྱེན་མ་འཛོམས་ན་མྱུ་གུ་མི་སྐྱེན་པ་བཞིན་དུ།

སླིན་བྱེད་ཀྱི་དབང་མ་ཐོབ་ན་འབྲས་བུ་འབྱིན་པའི་ནུས་པ་དངོས་སུ་མེད་པས་ན། དེ་ལའང་ནང་གསེས་སུ་དང༷་པོ༷་མ༷་ཐོབ༷་པ་ལ་གསར་དུ་བསྐུར་བ་ནི་རྒྱུའི་དབང་ཡིན་ལ། དེ་ནས་བླ་མས་བསྐུར་བ་དང་རང་གིས་བདག་འཇུག་ལེན་པ་སོགས་ལ་ལམ་དབང་ཞེས་བྱ་ཞིང་། རྒྱུན་མཐར་ལོངས་སྤྱོད་རྫོགས་པའི་སྐུའི་དབང་བསྐུར་བག་ཆགས་ཕྲ་བ་དག་ནས་སྟོན་འཁོར་དབྱེར་མེད་དུ་གྱུར་པ་ནི་འབྲས་བུའི་དབང་ཡིན་པས་ན་རྒྱུ་ལམ་གཉིས་ཀྱི་དབང་ཇི་ལྟར་ཐོབ༷་པའི་ཚུལ༷་བཤད༷་པ༷་ལ། སྤྱིར་རང་བཞིན་ཡེ་ཤེས་ཀྱི་དཀྱིལ་འཁོར་དང་། ལྷག་པ་ཏིང་ངེ་འཛིན་གྱི་གཟུགས་བརྙན་སྤྲུལ་པའི་དཀྱིལ་འཁོར་དང་། རིག་པ་ཉམས་ཀྱི་དཀྱིལ་འཁོར་དང་། ལྷག་པ་གཟུགས་བརྙན་གྱི་དཀྱིལ་འཁོར་དང་བཞི་ལས། དང་པོ་གསུམ་ནི་རིམ་བཞིན་སློབ་དཔོན་རྫོགས་པའི་སངས་རྒྱས་ཀྱི་སློབ་མ་ས་མཐའི་སེམས་དཔའ་ལ་དང་། མཐར་ལམ་པས་མཐོང་སྒོམ་པ་ལ་དང་། མཐོང་སྒོམ་ལ་གནས་པས་ཚོགས་སྦྱོར་གྱི་ཡོན་ཏན་མཐར་ཕྱིན་པ་རྣམས་ལ་བསྐུར་བ་ཡིན་ནོ། །

གཉིས་པ་རྒྱས་པར་བཤད་པ་ལ། དབང་བསྐུར་དངོས་ནི་འདིར་ནི་དཀྱིལ་འཁོར་དེ་གསུམ་ལ་འཇུག་མི་ནུས་པའི་གང་ཟག་རྣམས་སླིན་པའི་ཕྱིར་ཕྱི་མའི་དབང་དུ་བྱས་པ་སྟེ། དེ་ཡང་བསྐུར་བ་པོ་རྡོ་རྗེ་སློབ་དཔོན་ནི། སྤྱི་མདོ་ལས། བརྟན་ཞིང་དུལ་ལ་གཡོ་སྒྱུ་མེད། །གསང་སྔགས་རྒྱུད་ཀྱི་སྦྱོར་བ་ཤེས། །དཀྱིལ་འཁོར་བྲི་བའི་ལས་ལ་མཁས། །དེ་ཉིད་བཅུ་ནི་ཡོངས་ཤེས་ཤིང་། །སེམས་ཅན་རྣམས་ལ་མི་འཇིགས་སྦྱིན། །ཐེག་པ་ཆེ་ལ་རྟག་དགའ་བ། །དེ་ནི་སློབ་དཔོན་ཡིན་པར་གསུངས། །ཞེས་པ་ལ་སོགས་པ་རྒྱུད་ནས་གསུངས་པའི་མཚན་ཉིད་དང་ལྡན་པ་དེས་དཀྱིལ་འཁོར་གང་ལ་བསྟེན་ན། དབང་དང་པོ་ལ་བཀའ་བརྒྱད་བདེ་འདུས་ཀྱི་དབང་ཆོག་ཙ་བར། དཀྱིལ་འཁོར་གང་དུ་དབང་བསྐུར་ན། །རབ་འབྱིང་ཐ་མར་གསུངས་པ་ཡི། །དཀྱིལ་འཁོར་གསུམ་དུ་དབང་བསྐུར་རོ། །ཞེས་པ་ལྟར། ཚོམ་བུ་དང་། རས་བྲིས་དང་། རྡུལ༷་ཚོ༷ན་གསུམ་དང༷་ནི༷། དེ་ལས་བློ་ཆེ་བའི་སྐལ་ལྡན་ཁ་ཅིག་ཐོག་མ་ནས་སློབ་དཔོན་གྱི་ལུས་དཀྱིལ་དུ་འཇུག་རུང་བ་"ཡོད་ལ། དེ༷་བཞི༷ན་དུ་མཆོག་དབང་གསུམ་ལ་སྦྱིར་བདག་གི་དེ་ཁོ་ན་ཉིད་ལུས་རྩ་བའི་དཀྱིལ་འཁོར་དང་། ཁྱད་པར་དབང་གཉིས་པ་ལ་སྔགས་ཀྱི་དེ་ཁོ་ན་ཉིད་ཡི་གེ་ཧྣ༷་གའི༷་དང༷། དབང་གསུམ་པ་ལ་ལྷའི་དེ་ཁོ་ན་ཡིད་ཀུ༷ན་རྫོ༷བ

བྱང་ཆུབ་སེམས་ཀྱི་དང་། དབང་བཞི་པ་ལ་ཡེ་ཤེས་ཀྱི་དེ་ཁོ་ན་ཉིད་དོན༷་དམ༷་བྱང༷་ཆུབ་ཀྱི་སེམ༷ས་སྙིང་པོ་ཡེ་ཤེས་རླུང་གི་དཀྱིལ༷་འཁོར༷་ཏེ་དེ་བཞིན༷། ཇི་ལྟར་བསྐུར་བའི་ཚུལ་ནི། སའི་ཆོ་ག་དང་། ཐུམ་པ་དང་། ལྷ་དང་སློབ་མ་སྟ་གོན་སོགས་སྔོན་དུ་སོང་ནས། བདག་ཉིད་དཀྱིལ་འཁོར་དུ་ཞུགས་ནས་སློབ་མ་སྔོན་དུ་རུང་བར་བྱ་བའི་ཕྱིར་དཀྱིལ་འཁོར་དུ་ འཇུག་པར་བྱས་ནས་དམ་ཚིག་དང་སྡོམ་པ་འཛིན་དུ་བཅུག་ལ། དེ་ནས་དབང་དངོས་གཞི་བསྐུར་བ་ནི། སློབ་དཔོན་སྐུ་རྡོ་རྗེ་སྤྲུལ་སྐུའི་ངོ་བོ་དཀྱིལ་འཁོར་གྱི་ལྷ་དང་གཉིས་སུ་མེད་པར་བཞུགས་ལ། དེ་ལས་སྤྲུལ་པའི་ལྷ་དང་། རང་བཞིན་གྱིས་གནས་ནས་སྤྱན་དྲངས་པའི་ལྷ་སྟེ་དེ་ཐམས་ཅད་ཀྱང་གདན་གསུམ་ཚང་བའི་རྣམ་པར་བཞུགས་པ་རྣམས་ཀྱིས་སློབ་མ་དབང་རྫས་དང་བཅས་པ་ལྟར་བསྐྱེད་དེ་ཡེ་ཤེས་པ་བཅུག་ལ། དབང་རྫས་ཀྱི་ལྷ་རྣམས་འོད་དུ་ཞུ་ནས་དབང་རྫས་སོ་སོའི་རྣམ་པར་གྱུར་པ་ཐོགས་ཏེ་རིག་པའི་དབང་ལྔ་དང་། ཐབས་རྡོ་རྗེ་བརྟུལ་ཞུགས་ཀྱི་དབང་སྟེ་སློབ་མའི་དབང་དྲུག་དང་། ཐབས་བྱུང་རྡོ་རྗེ་སློབ་དཔོན་གྱི་དབང་སྟེ་བུམ༷་པ༷འི་དབང་དངོས་གཞི་བདུན་དང་། དེའི་ཡན་ལག་མཐའ་རྟེན་དང་བཅས་པ་བསྐུར་བས་སྣང་སྟོང་གཉིས་སུ་མེད་པའི་ཡེ་ཤེས་ཉམས་སུ་མྱོང་བ་དང་། རྡོ་རྗེ་སློབ་དཔོན་གསུང་རྡོ་རྗེ་ལོངས་སྤྱོད་རྫོགས་སྐུའི་ངོ་བོར་ཡབ་ཡུམ་སྙོམས་པར་ཞུགས་ཏེ་སངས་རྒྱས་ཐམས་ཅད་སྤྱན་དྲངས་པ་བསྙེམས་ནས་རྗེས་ཆགས་ཀྱིས་ཞུ་བ་བདུད་རྩི་བྱང་ཆུབ་ཀྱི་སེམས་དཀར་དམར་གྱི་ངོ་བོ་གསང་དཀྱིལ་དུ་གནས་པ་དེ་གསང་རྩེ་གཉིས་གང་རུང་ནས་སློབ་བུས་ལེན་པའམ། མ་ནུས་ན་མེ་ལོང་ཡུ་བ་ཅན་གྱིས་བླངས་ཏེ་བདུད་རྩི་དང་སྦྱར་ནས་སློབ་མའི་ལྕེ་ལ་བཞག་པ་སྙིང་གར་བསྙེམས་ཏེ་གསང༷་བའི༷་དབང་བསྐུར་བས་གསལ་སྟོང་བརྗོད་བྲལ་གྱི་ཡེ་ཤེས་ཉམས་སུ་མྱོང་བ་དང་། རྡོ་རྗེ་སློབ་དཔོན་ཐུགས་རྡོ་རྗེ་ཆོས་ཀྱི་སྐུའི་ངོ་བོར་བཞུགས་ཏེ་སློབ་མ་ཡབ་ཡུམ་སྙོམས་པར་ཞུགས་པ་ལ་བརྟེན་ནས་ཤེས༷་རབ༷་ཡེ་ཤེས་ཀྱི་དབང་བསྐུར་བ་ནི། ཡེ་ཤེས་པ་བསྙེམས་ནས་ཡས་བབ་དགའ་བཞིའི་འགྲོས་ཀྱིས་ཕྱིན་པ་རྡོ་རྗེ་ནོར་བུའི་བུམ་པར་འཛག་མེད་དུ་བཟུང་བས་བདེ་སྟོང་གཉིས་སུ་མེད་པའི་ཡེ་ཤེས་ཉམས་སུ་མྱོང་བ་དང་། སློབ་དཔོན་ཡེ་ཤེས་རྡོ་རྗེ་ངོ་བོ་ཉིད་སྐུའི་ངོ་བོར་བཞུགས་ལ། གསུམ་པའི་དུས་ཀྱི་དགའ་བཞི་རྫོགས་ནས་ཐབས་ཀྱིས་ལྡོག་པ་ལས་མས

བརྟན་གྱི་དགའ་བ་བཅུ་དྲུག་མཐར་ཕྱིན་པའི་ཚེ་ལྷན་ཅིག་སྐྱེས་པའི་ཡེ་ཤེས་ཉམས་སུ་མྱོང་བ་ནི་བཞི༷་པའི༷་དབང༷་ཡིན་ལ། དེ་ལ་ཡང་ཚིག་ཙམ་གྱིས་ཡེ་ཤེས་ངོ་སྤྲོད་པ་ཚིག་གི་དང་། བདེ་བ་ཆེན་པོའི་ཡེ་ཤེས་མཆོག་གི་ཉིད་དེ་འཛིན་རྒྱུད་ལ་སྐྱེས་པ་དོན་གྱི་དང་། ལས་རྒྱ་ལ་བརྟེན་ནས་ཉམས་མྱོང་འདྲེན་པ་རྟེན་ཅན་གྱི་དང་། དེ་གོམས་པར་བྱེད་པ་ལམ་གྱི་དང་། དེ་མཐར་ཕྱིན་པ་འབྲས་བུའི་བཞི་པ་སྟེ་ལྔའོ། །

གང་ལ་བསྐུར་ན། རང་དོན་ནུས་པའི་དད་པ་ཅན་དང་། གཞན་དོན་ནུས་པའི་བརྩོན་འགྲུས་ཅན་དང་། བདུད་རྩི་ལྔ་སོགས་དམ་ཚིག་གི་རྫས་ཁྱད་པར་ཅན་ལ་སྤྱོད་ལེན་མེད་པར་སྤྱོད་ནུས་ཤིང་། རང་བྱིན་གྱིས་རློབ་པའི་ལམ་སྒོམ་ནུས་པའི་བརྟུལ་ཞུགས་ཅན་དང་། རྩ་ཐིག་རླུང་གསུམ་ལས་སུ་རུང་ནས་ཕྱག་རྒྱ་བསྟེན་ནུས་པ་རིག་མའི་བརྟུལ་ཞུགས་ཅན་དང་དབྱེར་མེད་བླང་དོར་དང་བྲལ་བར་འཇོག་ནུས་པའི་ཉམས་པའི་བརྟུལ་ཞུགས་ཅན་ཏེ། མཚན༷་ཉིད༷་དང་ལྡན༷་པའི༷་སློབ༷་བུར༷་དབང་བཞི་པོ་གོ་རིམ་མ་འཆོལ་བར་དུམ་བུའི་ལུགས་སམ། མཐར་ཆགས་ཀྱི་ལུགས་གང་རུང་གིས་རིམ༷་པ་བཞིན༷་དུ་བསྐུར༷་བར་བྱ་སྟེ། རྒྱུད་ལས། དད་བརྩོན་བརྟུལ་ཞུགས་རབ་རྟོགས་ན། །ཕན་པའི་དབང་སྦྱིན་ནུས་པའི་དབང་། །རིམ་པ་བཞིན་དུ་སྦྱིན་པར་བྱ། །སྙིང་རྗེས་ཆུད་མ་ཟོས་པར་གཟུང་། །ཞེས་སོ། །དེ་ལྟར་བསྐུར་བས་རིམ་པ་བཞིན་སད༷་པའི་གནས་སྐབས་ཀྱི་སྣང་བ་རགས་པ་དང་། རྨི༷་ལམ་གྱི་གནས་སྐབས་ཐིག་ལེ་རླུང་གིས་བསྒྱོད་པ་ལས་སྣང་བ་ཕྲ་བ་དང་། གཉིད༷་མཐུག༷་གི་གནས་སྐབས་ཅི་ཡང་མི་རྟོག་པ་ཡིད་ཀྱི་ཐིག་ལེ་ཁོ་ན་དང་། སྙོམས༷་འཇུག༷་གི་གནས་སྐབས་བདེ་བའི་ངང་དུ་རྟོག་ཚོགས་ཐམས་ཅད་འགགས་པ་སྟེ། གནས༷་སྐབ༷ས་བཞིས༷་བསྐྱེད༷་པའི༷་རགས་པ་ལུས་དང་། ཕྲ་བ་ངག་དང་། ཤིན་ཏུ་ཕྲ་བ་ཡིད་དེ་སྒོ་གསུམ༷་དང་། ཆེས་ཤིན་ཏུ་ཕྲ་བ་ཀུན་གཞི་ཙམ་སྟེ་ཤེས༷་བྱའི༷་དྲི༷་མ༷་རྣམས་དང་། གཞན་ཡང་རིམ་པ་བཞིན་དུ་ཕུང་པོ་དང་། ཉོན་མོངས་པ་དང་། འཆི་བདག་དང་། ཡུལ་ལ་ཞེན་པ་ལྷའི་བདུད་རྣམས་བཅོམ་སྟེ། ལས་སྒྲིབ་དང་། ཉོན་སྒྲིབ་དང་། ཤེས་སྒྲིབ་རགས་པ་དང་། ཤེས་སྒྲིབ་ཕྲ་བ་འཕོ་བའི་བག་ཆགས་ཀྱི་སྒྲིབ་པ་རྣམས་སྦྱང༷ས་ཤིང་དག་པའི་ནུས་པ་འཇོག་གོ། །

ལམ་གང་སྒོམ་པ་ལ་དབང་ན་རིམ་པ་བཞིན། དབང་དང་པོས་ཕྱི་ནང་གི་བསྐྱེད་རིམ་ལས་ཚོགས་དང་བཅས་པ་དང་། གཉིས་པས་གཏུམ་མོ་དང་སྒྱུ་ལུས་ལ་སོགས་པ་རང་ལུས་ཐབས་ལྡན་གྱི་ལམ་དང་། གསུམ་པས་ལས་དང་ཡེ་ཤེས་ཀྱི་ཕྱག་རྒྱ་ལ་བརྟེན་ནས་བདེ་སྟོང་གི་ལམ་བསྒོམ་པ་སྟེ། དེ་གཉིས་ཀྱིས་དཔེའི་ཡེ་ཤེས་བསྐྱེད་ལ། བཞི་པས་ཟུང་འཇུག་གི་ལམ་བསྒོམ་པ་ལ་བརྟེན་ནས་དོན་གྱི་ཡེ་ཤེས་རྒྱུད་ལ་བསྐྱེད་པ་སྟེ་ཡེ་ཤེས་གཉིས་པོ་དེ་རྫོགས་རིམ་གསུམ་པོ་དེའི་ལམ་གྱིས་ཐོབ་པ་ཡིན་ནོ། །དེ་ལྟར་ལམ་བཞི་པོ་ཡང་ཡང་བསྒོམས་པ་དང་། མཐར་ཕྱིན་པས་འབྲས་བུ་ནི་སྐུ་རྡོ་རྗེ་དང་སྤྲུལ་པའི་སྐུ། གསུང་རྡོ་རྗེ་དང་ལོངས་སྤྱོད་རྫོགས་པའི་སྐུ། ཐུགས་རྡོ་རྗེ་དང་ཆོས་ཀྱི་སྐུ། ཡེ་ཤེས་རྡོ་རྗེ་དང་ངོ་བོ་ཉིད་ཀྱི་སྐུ་སྟེ་བཞི་ཐོབ་པ་ཡིན་ནོ། །

དེ་ཡང་དབང་བསྐུར་བའི་དུས་ན་ལམ་དེ་དང་དེ་བསྒོམ་པ་དང་། འབྲས་བུ་དེ་དང་དེ་ཐོབ་པའི་ནུས་རུང་ཙམ་དུ་བྱས་པ་ལ་སྐལ་བ་མཆོག་དང་ལྡན་པ་འགའ་ཞིག་མ་གཏོགས་དེ་མ་ཐག་མངོན་དུ་གྱུར་པ་ནི་མ་ཡིན་ཏེ། ཇི་སྐད་དུ། ནོ་ལ་ངར་བཏགས་ཇི་བཞིན་དུ། །ནུས་པ་སྐྱེ་བ་ཐོབ་པའི་ཚད། །ཅེས་གསུངས་པའི་ཕྱིར་རོ། །དེ་ནས་སྔགས་སྡོམ་ཐོབ་མཚམས་ངོས་བཟུང་བ་ནི། དང་པོ་སློབ་མའི་གནས་གསུམ་དུ་རྡོ་རྗེ་གསུམ་བསྐྱེད་ནས་སྒོ་གསུམ་བྱིན་གྱིས་བརླབས་པའི་དུས་ནས་འགོ་བཙམས་ཏེ་སྐྱེས་ཟིན་པའི་ཐ་མ་ནི་རྒྱུད་སྡེ་བཞི་རང་རང་གི་མཐའ་རྟེན་རྫོགས་ཟིན་པའི་དུས་དེ་ཁོ་ན་སྟེ། རྒྱུད་སྡེ་འོག་མ་གསུམ་ལ་རང་རང་གི་དབང་དངོས་གཞི་གྲུབ་པ་ནི་རང་རང་ལ་ལྟོས་པའི་སློབ་དཔོན་དུ་དབང་བསྐུར་བ་རྫོགས་པས་དེ་དག་གི་མཐའ་དང་། བླ་མེད་ལ་བུམ་དབང་གི་མཐར་བསྐྱེད་རིམ་གྱི་དང་། མཆོག་དབང་གསུམ་ཐོབ་པའི་ཚེ་རང་རང་ལ་ལྟོས་པའི་རྫོགས་རིམ་གྱི་སྡོམ་པ་རེ་ཐོབ་ཏུ་ཡོད་པས། དབང་བཞི་ཡོངས་སུ་རྫོགས་པའི་ཚེ་ན་རིག་པ་འཛིན་པའི་སྡོམ་པ་མཐའ་དག་ཐོབ་ཅིང་། དེ་ལྟར་སྔོན་དང་འཚམས་པར་དབང་ཅི་ཙམ་ཞིག་བསྐུར་བ་དེ་དང་དེའི་ཡི་རྗེས་སུ་དམ་ཚིག་རྒྱས་པར་བསྒྲགས་ནས་བསྟུས་ཏེ་ཁས་བླངས་པས་བཟུང་བ་དང་། བཟུང་ནས་ཀྱང་སྡོམ་པ་དང་དམ་ཚིག་བསླབ་པ་རྣམས་སྲུང་བ་ལ་འབད་པར་བྱ་དགོས་སོ། །

གསུམ་པ་མི་ཉམས་པར་སྲུང་བའི་ཐབས་བཤད་པ་ལ་གསུམ་ལས། དང་པོ་བསྲུང་བྱའི་

རྣམ་གྲངས་ལ་བསྟན་བཤད་གཉིས་ལས། དང་པོ་མདོར་བསྟན་པ་ནི། དེ་ལྟར་སྡོམ་པ་ཐོབ་པ་ཙམ་གྱིས་མི་ཆོག་གི། བར༷་དུ་མི༷་ཉམ༷ས་པར་སྲུང༷་བའི༷་ལྷག་བསམ་ཁྱད་པར་ཅན་གྱིས་བསྲུང་བར་བྱ་དགོས་ཏེ། དམ་ཚིག་དང་སྡོམ་པ་ནི་སྔགས་ཀྱི་བསླབ་པ་ཐམས་ཅད་ཀྱི་གཞི་རྟེན་ཡིན་པས་དེ་ཉམས་ན་བསླབ་པ་ཐམས་ཅད་དོན་མེད་པར་འགྱུར་བའི་ཕྱིར། དཔེར་ན་སྲོག་གི་དབང་པོ་འགགས་ན་དབང་པོ་ཐམས་ཅད་འགགས་པར་འགྱུར་བ་བཞིན་ནོ། །དེ་ཡང་སྲུང་ཐབས༷་ཤེས་པ་ལ་རག་ལས་པས་འདིར་དེ་བཤད༷་པ༷་ལ་ཞེས་པའོ། །

གཉིས་པ་རྒྱས་པར་བཤད་པ་ལ། སྔར་དབྱེ་བའི་སྐབས་སུ་བསྟན་པའི་ལྔ་པོ་རིམ་བཞིན་འཆད་པ་ལས། དང་པོ་བརྟུལ་ཞུགས་ཉེར་ལྔ་ནི། ཐོག༷་མར༷་དམ་ཚིག་དང་སྡོམ་པ་ཀུན་གྱི་རྟེན་དུ་གྱུར་པ་རྡོ་རྗེ་སེམས་དཔའི༷་དམ་ཚིག་ཡན་ལག་བརྟུལ༷་ཞུགས༷་ཉེར་ལྔ་པོ་འདི་དཔལ་ལྡན་དུས༷་ཀྱི་འཁོར༷་ལོ༷་ལས༷་གསུངས་ཏེ། དེ་ཡང་ལྔ་ཚན་ལྔ་ལས། དང་པོ་སྲོག་ཆགས་ཕྲ་མོ་ཡན་ཆད་གསོད༷་པར་བྱེད་པ་ལྟ་ཅི། སྐད་ཅིག་ཙམ་མནར་སེམས་པས་འཚེ་བ་དང་། རང་འདོད་ཀྱིས་གཞན་བསླུ་བའི་བསམ་པས་རྫུན༷་སྨྲ་བ་དང་། དུད་འགྲོ་ཡན་ཆད་ཀྱིས་བདག་ཏུ་བཟུང་བའི་གཞན་ནོར་བརྐུ༷་བ་དང༷། གཞན་གྱི་བུད་མེད་བསྟེན་པ་སོགས་འདོད༷་ལོག༷་དང་། ཉེས་པ་སྐྱེད་པའི་གཞི་ཆང༷་འཐུང༷་བས༷་སྨྱོས་པ་སྟེ་ལྔ་ནི་ཕྱོགས་མཐུན་ཆར་གཏོགས་དང་བཅས་པ་སྤང༷་བར་བྱ་དགོས་ཏེ། འཁོར་བའི་གནས་སུ་འཆིང་བྱེད་དམ་པོ་རྡོ་རྗེའི་ཞགས་པ་དང་མཚུངས་ཤིང་། རང་གཞན་གྱི་དགེ་བ་ཐམས་ཅད་འཇོམས་པར་བྱེད་པས་སོ། །འདི་རྣམས་སྲུང་ནུས་ཤིང་འདོད་ན་བརྟུལ་ཞུགས་ལྷག་མ་ཉི་ཤུ་སྲིན་པར་བྱ་བ་ཡིན་པས་བསླབ༷་པའི༷་གཞི༷་ལྔ་སྤང༷་ངོ་ཞེས༷་གསུངས༷་སོ། །གཉིས་པ་ཤོ་དང་མིག་མང་སོགས་རྩེ༷་ལོ༷་རྩེ་བ་དང་། བཟའ་བ་དང་རིམ་གྱི་དོན་དུ་གསོད་པའི་ཤ་སོགས་ཁ༷་ན༷་མ༷་ཐོ༷་བ་ཆོས་དང་མི་མཐུན་པའི༷་ཟས༷་ཟ༷་བས་འཚོ་བ་དང༷། ཉོན་མོངས་པ་ཅན་གྱིས་ཀུན་ནས་བསླངས་པའི་དམག་འཁྲུག་དང་ཚོང་གི་གཏམ་སོགས་ངན༷་པའི་ཚིག༷་སྨྲ་བ་དང་། རིག་བྱེད་ལས་བརྗོད་པའི་ཕ་མེས་ཀྱི་མཆོད་གསོལ་བ་སོགས་ལ་དགའ་གྲོལ་དུ་བལྟ་བ་དང་། ཕྱུགས་ཀྱི་མཆོད་སྦྱིན་བྱེད་པ་སོགས་འབྱུང༷་པོའི༷་ཆོས༷་དང་། རང་གིས་གསོད་པའི་ཤ་མ་གཏོགས་ལས་ཀྱིས་ཤི་བའི་ཤ་མི་ཟ་ཞིང་། གོས་དཀར་པོ་དང་བྱ་གག་

གི་བཅུད་བ་འབའ་ཞིག་བསྟན་པ་སོགས་ལྷ་མིན་གྱི་ཆོས་ཏེ་ཀླུ་ཀློའི་ཆོས་ལུགས་ལ་བསླབ་པ་སྟེ་རྣམ་པ་ལྔ་ལ་ནི། དེ་རྣམས་ཀྱིས་དུས་འདའ་ན་དགེ་བའི་ཕྱོགས་ཉམས་པར་བྱེད་པའི་ཉེ་བའི་སྡིག་པ་ལྔ་ཞེས་གྲགས་པ་བྱ་བར་རིགས་པ་མིན་པ་ལྔ་པོ་དེ་མི་བྱའོ། །གསུམ་པ་མཐོ་རིས་འདོད་པས་མཆོད་སྦྱིན་གྱི་དོན་དུ་བ་ལང་གསོད་པ་དང་། མ་མོ་མཆོད་པའི་ཕྱིར་བྱིས་པ་གསོད་པ་དང་། མིའི་མཆོད་སྦྱིན་སྐྱེས་པའི་དོན་དུ་སྐྱེས་པ་གསོད་པ་དང་། བུད་མེད་ཀྱི་དོན་དུ་བུད་མེད་གསོད་པ་དང་བཞི་པོ་འདི་སྔར་གྱི་འཆི་བའི་ནང་དུ་འདུ་ཡང་མུ་སྟེགས་བྱེད་མང་པོ་ཞིག་སྐྱེར་འཆི་བ་སྡིག་པ་ཡིན་ཀྱང་འདི་དག་དགེ་བ་ཡིན་ནོ་ཞེས་འདོད་པའི་སྐབས་ཡོད་པ་དགག་ཕྱིར་ལོགས་སུ་བཤད་དོ། །

ལྷ་མིའི་བླ་མ་གསོད་པ་ཞེས་སངས་རྒྱས་སྲས་བཅས་ཀྱི་སྐུ་གཟུགས་དང་། བཀའི་གླེགས་བམ་དང་། མཆོད་རྟེན་རྣམས་བསྟན་ཏེ་བཤིག་པ་ལ་གསོད་པའི་སྒྲས་བཏགས་པ་འདི་ནི་ཀླ་ཀློ་རྣམས་ཆོས་སུ་འདོད་པ་དགག་བྱའི་དོན་དུ་མ་ཟད་ཤིན་ཏུ་སྡིག་པ་ཆེ་བས་སློས་པ་སྟེ། དེ་ལྟར་གསོད་པ་ལྔ་རུ་གྲགས་པ་ལས་ལྡོག་པར་བྱའོ། །བཞི་པ་ཆོས་དང་འཇིག་རྟེན་གང་རུང་གིས་སྨྲོལ་བའི་མཉམ་པོར་འགྲོགས་པའི་དགེ་གྲོགས་དང་། ལུགས་གཉིས་ཀྱིས་བཀུར་བར་འོས་པའི་རྗེ་བོ་རྒན་རབས་སོགས་དང་། ལྷ་མིའི་བླ་མ་སངས་རྒྱས་དང་། དགེ་སློང་གི་དགེ་འདུན་དང་། ཡིད་བརྟན་པར་འོས་པའི་མཁན་སློབ་སོགས་བླ་མ་སྟེ་ཡུལ་དེ་དང་དེར་ཁོང་ཁྲོ་བསྒོམ་ཞིང་འཁང་བ་རྣམས་འབུབ་ལྔ་སྟེ་སྤང་བར་བྱའོ། །ཉི་ཤུ་པོ་དེ་རྣམས་འཕྲལ་དུ་སྤྱོད་ལམ་གྱི་སྒོ་ནས་སྤོང་ཞིང་ལྡོག་པ་ལ་འབད་པར་བྱའོ། །

ལྔ་པ་གཟུགས་སྒྲ་དྲི་རོ་རེག་བྱ་སྟེ་ཡུལ་ལྔ་ལ་མིག་དང་རྣ་བ་སྣ་ལྕེ་ལུས་ཀྱི་དབང་པོ་དང་ལྔ་ལ་བརྟེན་པའི་ཤེས་པ་རྣམས་ཞེན་ཅིང་ཆགས་པར་མི་བྱ་སྟེ། ཡང་སྲིད་འཕེན་ནུས་ཀྱི་ལས་སུ་རྫོགས་པས་བསྐྱེད་རིམ་གྱིས་དབང་ཡུལ་ལྷར་བསྒྱུར་བ་དང་། རྫོགས་རིམ་སོ་སོར་སྡུད་པའི་རྣལ་འབྱོར་གྱིས་འཇུག་པ་གཅོད་པ་སོགས་དྲན་ཤེས་ཀྱི་གཉེན་པོ་བསྟེན་པ་ལ་འབད་པར་བྱའོ། །དེ་དག་ལ་རྡོ་རྗེ་སེམས་དཔའི་བརྟུལ་ཞུགས་ཉེར་ལྔ་ཞེས་བྱའོ། །

གཉིས་པ་རིག་ལྔའི་སྡོམ་པ་བཤད་པ་ལ་གཉིས་ཀྱི། དང་པོ་འདི་རྣམས་རྣལ་འབྱོར་ཕྱི་པའི

གཞུང་དུ་བཤད་པ་ལས་དོན་འཕགས་ཀྱང་སྒྲར་མཐུན་པར་འབྱུང་ཞིང་། དེར་མ་ཟད་སྨོན་འཇུག་གི་སེམས་བསྐྱེད་དང་ཚུལ་ཁྲིམས་གསུམ་སོགས་ཐེག་ཆེན་སྤྱིའི་བསླབ་བྱ་དང་འདྲ་བས་ཐུན་མོང་དུ་གྱུར་པ་ཞེས་བྱ་སྟེ། གཞི་དེ་ལས་འདིར་རྡོ་རྗེ་ཐེག་པ་མཆོག་གི་དགོངས་པ་ལྟར་འཆད་དེ། དེ་ལ་རིགས་བྱེ་བྲག་གི་རྣལ་འབྱོར་པས་ཀྱང་རིགས་ལྔ་ཀའི་སྡོམ་པ་སྲུང་དགོས་མོད་ཀྱང་། རང་རིགས་གང་ཡིན་གྱི་སྡོམ་པ་ལ་གཙོ་བོར་བསླབ་དགོས་པས། རིགས་ལྔ་སོ་སོའི་སྡོམ་པ་འམ་དམ་ཚིག་ལྔ་ཞེས་གྲགས་ཏེ། རིམ་པ་བཞིན་དང་པོ་ནི། དངོས་བསྟན་ལྟར་ན་སྨོན་པ་དང་འཇུག་པའི་སེམས་གཉིས་བསྐྱེད་པ་དང་། སྡོམ་སྡུད་དོན་བྱེད་ཀྱི་ཚུལ་ཁྲིམས་རྣམ་པ་གསུམ་པོ་སོ་སོའི་མཚན་ཉིད་ཚང་བར་བརྟན་པོར་བཟུང་ཞིང་། དེ་ཐམས་ཅད་ཀྱི་རྟེན་དུ་ཐུན་མོང་མིན་པའི་མཆོག་གསུམ་ལ་སྐྱབས་སུ་འགྲོ་བར་སློབ་པ་དང་། སྦས་དོན་བདེ་སྟོང་དབྱེར་མེད་ཀྱི་བྱང་སེམས་དང་སེམས་ཉིད་གདོད་ནས་དག་པ་མཆོག་གསུམ་གྱི་རང་བཞིན་དུ་བཟུང་བའོ། །དེ་ཡང་སངས་རྒྱས་རྣལ་འབྱོར་ཏེ་རྣམ་པར་སྣང་མཛད་ནི་གཙོ་བོ་སྐུའི་རིགས་ཡིན་ལ། སྐུ་ནི་འབྲས་ཆོས་ཐམས་ཅད་ཀྱི་རྟེན་ཡིན་པ་ལྟར་ཚུལ་ཁྲིམས་ནི་ཡོན་ཏན་ཀུན་གྱི་རྟེན་དང་། དེའི་རྟེན་ནི་སྐྱབས་འགྲོ་ཡིན་པའི་ཕྱིར་རིགས་དེའི་སྡོམ་པར་བཞག་པའོ། །

གཉིས་པ་ནི། དངོས་བསྟན་ལྟར་ན་ཕྱི་མཚན་མ་རྫས་ཀྱི་རྡོར་དྲིལ་བཟུང་ནས་རང་ཉིད་ལྷ་སྐུ་ཕྱག་རྒྱ་ཆེན་པོར་བསྐྱེད་ནས་དག་དྲན་བྱ་བ་སྟེ། དེ་ཉིད་འདུས་པ་ལས། དེ་ཉིད་ཀྱིས་ནི་རྡོ་རྗེ་བཟུང་། །ཆོས་ཀྱི་དྲིལ་བུ་དཀྲོལ་བར་བྱ། །དམ་ཚིག་གིས་ནི་ཕྱག་རྒྱ་ཆེར། །བྱིན་གྱིས་བརླབས་ནས་སྙིང་པོ་བཟླ། །ཞེས་སོ། །

སྦས་དོན་ནང་གི་རྡོར་དྲིལ་ནི། ཐབས་ཡབ་ཀྱི་ནོར་བུ་རྡོ་རྗེ་དང་། ཤེས་རབ་ཡུམ་གྱི་པདྨ་དྲིལ་བུ་སྟེ། ཕྱག་རྒྱ་ནི་ཕན་ཚུན་རྒྱས་བཏབ་ནས་མཉམ་པར་སྦྱོར་བའོ། །གསང་བ་ཁམས་དཀར་དམར་གཉིས་འབབ་འཛག་གིས་ཟུང་དུ་འཇུག་པ་དང་། དེ་ཁོ་ན་ཉིད་མི་འགྱུར་བའི་བདེ་ཆེན་དང་། རྣམ་ཀུན་མཆོག་ལྡན་གྱི་སྟོང་ཉིད་དབྱེར་མེད་དུ་བསྒོམ་པ་སྟེ། དེ་དག་ཟུང་དུ་འཇུག་པའི་ཡེ་ཤེས་ནི་ཕྱག་རྒྱ་ཆེན་པོའོ། །དེ་དག་གི་དེ་ཁོ་ན་ཉིད་སྟོན་པར་མཛད་པའི་བླ་མ་ཡང་བསྟེན་བཀུར་ལ་སོགས་

པས་ཡང་དག་པར་བཟུང་ཞིང་བསྟེན་པར་བྱ་བ་རྣམས་ནི་རྡོ་རྗེ་མི་བསྐྱོད་པ་གཙོ་བོར་ཐུགས་ཀྱི་རིགས་ཡིན་ལ། ཐབས་ཤེས་གཉིས་མེད་ཀྱི་ཐུགས་མཚོན་པར་བྱེད་པ་མཚན་མ་རྫས་ཀྱི་དང་། ནང་གསང་དེ་ཁོ་ན་ཉིད་ཀྱི་རྡོར་དྲིལ་རྣམས་མཚོན་བྱ་ཐུགས་ཀྱི་ངོ་བོ་ཡིན་པས་རིགས་དེའི་དམ་ཚིག་ཏུ་བཞག་གོ། །

གསུམ་པ་ནི། དངོས་བསྟན་ལྟར་ན་ཟང་ཟིང་ནོར་གྱི་སྦྱིན་པ་དང་། ཆོས་ཀྱི་སྦྱིན་པ་དང་། མི་འཇིགས་པ་སྐྱབས་ཀྱི་སྦྱིན་པ་དང་། དེའི་རྩ་བ་བྱམས་པ་ཆེན་པོའི་སྦྱིན་པ་བཞི་པོ་ཉིན་རེ་བཞིན་དུས་དྲུག་ཏུ་བྱ་བ་དང་། སྦས་དོན་དུ་རྗེས་ཆགས་ཀྱི་མེས་བྱང་སེམས་དབབ་ལྡོག་གི་དགའ་བཞིའི་ཡེ་ཤེས་སྦྱིན་པ་སྟེ། དེ་ཡང་རིན་ཆེན་འབྱུང་ལྡན་ནི་ཡོན་ཏན་ཀུན་གྱི་འབྱུང་གནས་རིན་ཆེན་རིགས་ཡིན་ལ། སྦྱིན་པ་ཡང་དགོས་འདོད་སྐྱེར་བའི་ངོ་བོ་ཡིན་པས་དེའི་དམ་ཚིག་ཏུ་བཞག་གོ། །

བཞི་པ་ནི། དངོས་བསྟན་ལྟར་ན་ཕྱི་མཚན་ཉིད་སྡེ་གསུམ་དང་། ནང་གི་ཡོག་སྡེ་གསུམ་དང་། གསང་བ་ནང་རྒྱུད་སྡེ་གསུམ་པོའི་ཐེག་པ་ཀུན་གྱི་ཚིག་དོན་འཛིན་ཞིང་། སྦས་དོན་རླུང་དབུ་མར་བཅིངས་པས་གཞོམ་མེད་ཀྱི་གསུང་སྒྲུབ་པ་སྟེ། དེ་ཡང་འོད་དཔག་མེད་གསུང་པདྨའི་རིགས་ཡིན་པ་ལྟར་ཆོས་ཀྱང་གསུང་གི་ངོ་བོ་ཡིན་པའི་ཕྱིར་དེའི་དམ་ཚིག་ཏུ་བཞག་གོ། །

ལྔ་པ་ནི། དངོས་བསྟན་ལྟར་ན་སྡོམ་པ་དེ་ཐམས་ཅད་དང་ལྡན་པའི་སྟེང་དུ་ཕྱི་ནང་གསང་བའི་མཆོད་པ་དང་། གཏོར་མ་དང་། སྦྱིན་སྲེག་སོགས་ལས་བཞིའི་རིམ་པ་ཐམས་ཅད་ཅི་ནུས་སུ་འཛིན་པར་བྱེད་ཅིང་། སྦས་དོན་དེ་ཐམས་ཅད་ཟུང་འཇུག་ཨེ་ཝཾ་གྱི་སྡོམ་པས་རྒྱས་འདེབས་པ་དང་། ཞུ་བདེས་ཕུང་ཁམས་དབང་ཡུལ་གྱི་ལྷ་རྣམས་ཚིམ་པར་མཆོད་པ་སྟེ། དེ་ཡང་དོན་ཡོད་གྲུབ་པ་ནི། ལས་ཐམས་ཅད་པའི་བདག་ཉིད་ཡིན་པ་ལྟར་འདི་དག་ཀྱང་གཙོ་བོ་ལས་ཀྱི་ངོ་བོ་ཡིན་པས་དེའི་དམ་ཚིག་ཏུ་བཞག་པའོ། །

གཉིས་པ་ནི། འདི་དག་ཐུན་མོང་མ་ཡིན་པ་རྣལ་འབྱོར་བླ་མེད་ལ་གནས་པ་རྣམས་ཀྱིས་རིགས་ལྔ་སོ་སོའི་རྣལ་འབྱོར་ལ་བརྟན་པ་ཐོབ་ཅིང་ནུས་པ་རྙེད་པས་རང་གཞན་གྱི་དོན་དུ་འགྱུར་ན་སྒྲ་ཇི་བཞིན་དུ་སྤྱོད་པ་དྲང་དོན་བསྐྱེད་རིམ་པའི་དང་། སྒྲ་བསྒྱུར་ཏེ་དགོངས་པ་ཅན་དུ་གསུངས་

པའི་དོན་དེ་ཉིད་སྒྲ་ཇི་བཞིན་མ་ཡིན་པ་ངེས་དོན་གྱི་གསལ་བར་བྱས་ཏེ་དབང་གོང་མའི་སྡོམ་པ་རྫོགས་རིམ་ལ་སྦྱར་བར་བྱ་བ་ཡིན་པ་དང་། འདི་དག་གི་དྲང་ངེས་ཀྱི་ཆ་གཉིས་ཀ་ཡང་སྔགས་བླ་མེད་ཀྱི་ཐུན་མོང་མ་ཡིན་པའི་བསླབ་བྱ་ཡིན་པས་ཁྱད་པར་ཞེས་བསྟན་ཏོ། དེ་ལ་ལྔ་ཡོད་པ་རིམ་བཞིན་སྟོན་ཏེ། དང་པོ་སྲོག་གཅོད་པ་ནི་ཞེ་སྡང་རྣམ་པར་དག་པ་རྡོ་རྗེའི་རིགས་མི་སྐྱོད་པའི་དམ་ཚིག་ཡིན་ཏེ། དྲང་དོན་ལྟར་ན་ཞིང་བཅུ་ཚང་བའི་དགྲ་བོ་དྲག་པོའི་ལས་ཁོ་ནས་མ་གཏོགས་འདུལ་བར་མི་ནུས་པ་རྣམས་ཀྱི་ལས་ངན་རྒྱུན་གཅོད་ཕྱིར་མངོན་སྤྱོད་ཀྱི་ལས་ཀྱིས་སྒྲོལ་བར་བྱ་བ་དང་སྟེ། དེ་ཡང་རང་ཉིད་ལ་ཉེས་པར་མི་འགྱུར་བར་མ་ཟད་དོན་ཡང་ཆེ་སྟེ། གསང་སྙིང་ལས། ཡོད་མེད་དབུ་མ་མི་དམིགས་ཤིང་། །སྒྱུ་མ་མིག་ཡོར་ལྟ་བུའི་ཚུལ། །སྲོག་མེད་སྲོག་ཀྱང་བཅད་དུ་མེད། །སྲོག་དང་སྐྱེས་བུ་ལོག་རྟོག་ཙམ། །ཞེས་དང་། ངེས་བརྗོད་ལས། སངས་རྒྱས་བསྟན་ལ་གནོད་བྱེད་དང་། །བླ་མར་སྨོད་བརྩོན་མ་རུང་དང་། །ཧག་ཏུ་སེམས་ཅན་གནོད་བརྩོན་པ། །མཁས་པས་བསྒྲིམས་ཏེ་གསད་པར་བྱ། །ཞེས་སོ། །ངེས་པའི་དོན་དུ་སྲོག་ནི་རོ་རྐྱང་གི་རླུང་ཡིན་ལ། དེ་བཅད་པའི་ཐབས་ཀྱིས་བཀག་པས་དབུ་མར་འཛུད་ཅིང་གཙུག་ཏོར་དུ་བརྟན་པ་དང་། ཡང་ན་སྲོག་ནི་རྣམ་པར་རྟོག་པ་དང་བཅས་པའི་སེམས་ཡིན་ལ། དེ་བཅད་པ་ནི་དེའི་རྒྱུན་སྐྱེ་མེད་ཀྱི་དབྱིངས་སུ་དག་པར་བྱའོ། །

གཉིས་པ་ང་རྒྱལ་རྣམ་པར་དག་པ་རིན་ཆེན་རིགས་ཀྱི་དམ་ཚིག་ལ་མ་བྱིན་པ་ལེན་པར་བཤད་པ་ནི། དྲང་དོན་ལྟར་ན་གཞན་གྱི་ཚོགས་རྫོགས་པ་དང་། སྦྱིན་ཡུལ་གྱི་དབུལ་བ་སེལ་བ་སོགས་ཕན་པར་གྱུར་ན་སྔགས་ཀྱི་མཐུས་གཞན་ནོར་བླང་བ་དང་། དེས་མཆོད་སྦྱིན་སོགས་བྱས་ན་ཉེས་པར་མི་འགྱུར་ཏེ། གསང་སྙིང་ལས། བདེན་པ་གཉིས་ཀ་དབྱེར་མེད་པ། །འཕྲུལ་དགའི་ཚུལ་དེ་ཐ་དད་མིན། །གཞན་དང་མ་བྱིན་མེད་པའི་ཕྱིར། །བླང་མེད་ཐམས་ཅད་ཉིད་ཀྱི་དབྱིངས། །ཞེས་སོ། །ངེས་དོན་སྔགས་ཀྱི་ཡེ་ཤེས་སྒྲུབ་ཕྱིར་ཕ་རོལ་གྱི་བུད་མེད་དགུག་པའི་ཐབས་ཀྱིས་འཕྲོག་ནས་དེའི་བྱང་སེམས་རླུང་སྟོབས་ཀྱིས་ལེན་པ་དང་། ཡང་ན་དོན་དམ་པའི་བཙུན་མོ་ཐིག་ཆེན་གྱི་དགོངས་དོན་སྟོང་པ་ཉིད་ཡིན་ལ། དེའི་ཁུ་བ་ཟབ་མོའི་ཆོས་གཉིས་མེད་ཀྱི་ཡེ་ཤེས་ཉིད་སྒོམ་སྟོབས་ཀྱིས་དྲངས་ཏེ། རང་དང་གཞན་གྱི་དོན་གཉིས་སྒྲུབ་པ་ལ་མངའ་དབང་འབྱོར་བ་ལ་དགོངས་པས་

གསུངས་ཏེ། མདོ་ལས། གང་ཕྱིར་ཐེག་པ་ཆེན་པོ་འདི། །གང་གིས་ཀྱང་ནི་བྱིན་མ་ལགས། །དེ་ཉིད་རྟོགས་པས་མ་བྱིན་བླངས། །ཞེས་སོ། །

གསུམ་པ་འདོད་ཆགས་རྣམ་པར་དག་པ་པདྨའི་རིགས་ཀྱི་དམ་ཚིག་ལ་རྟོགས་གོམས་ཀྱི་གདེང་དང་ལྡན་པའི་གང་ཟག་གིས་གཉིས་མེད་དུ་ཤེས་པའི་ལྟ་བ་དང་། ཡབ་ཡུམ་ལྷའི་འདུ་ཤེས་མཁའ་གསང་གཉིས་རྡོ་རྗེ་དང་པདྨའི་འདུ་ཤེས། བདེ་ཆེན་ཡེ་ཤེས་ལ་ཆོས་ཀྱི་འདུ་ཤེས་ཏེ་འདུ་ཤེས་གསུམ་ལྡན་བསྒོམ་པ་དང་། ཐབས་ཀྱི་སྤྱོད་པ་གསུམ་གྱིས་ཟིན་པས་དངོས་རིག་ལས་ཀྱི་ཕྱག་རྒྱ་ལ་བསྟེན་པ་སྟེ། གསང་སྙིང་ལས། མ་ཆགས་པ་ལ་ཆགས་པ་དང་། །ཆགས་པ་ཉིད་ན་ཆགས་པ་མེད། །དེ་ནི་ཚངས་མཆོག་རྒྱལ་པོ་སྟེ། །ཤིན་ཏུ་ཆགས་པ་ཆེན་པོ་ཡིན། །ཞེས་སོ། །དེ་བཞིན་དུ་ཡིད་རིག་ཆོས་ཀྱི་ཕྱག་རྒྱ་དང་། གཏུམ་མོ་དམ་ཚིག་གི་ཕྱག་རྒྱ་དང་། གཉིས་བསྟན་པ་སྟེ་དེ་གསུམ་གྱིས་ཞུ་བདེ་དཔེའི་ཡེ་ཤེས་སྒྲུབ་པས་དྲང་ངེས་གཉིས་ཀའི་ཆ་ཡོད་ཅིང་། ངེས་དོན་དུ་རྣམ་ཀུན་མཆོག་ལྡན་གྱི་སྟོང་ཉིད་དང་མི་འགྱུར་བའི་བདེ་ཆེན་ཁ་སྦྱོར་ལས་བདེ་སྟོང་ཕྱག་རྒྱ་ཆེན་པོ་དོན་གྱི་ཡེ་ཤེས་སྒྲུབ་པ་སྟེ། དེ་དག་ལ་བུད་མེད་ཀྱི་སྒྲས་བསྟན་ནས་བསྟེན་པར་གསུངས་པ་ཡིན་ནོ། །

བཞི་པ་ཕྲག་དོག་རྣམ་པར་དག་པ་ལས་ཀྱི་རིགས་ཀྱི་དམ་ཚིག་ལ་རྫུན་དུ་སྨྲ་བར་གསུངས་པ་ནི། དྲང་དོན་དུ་གཞན་ལ་ཕན་པར་གྱུར་ན་རྫུན་དུ་སྨྲ་བར་བྱ་སྟེ། རྡོ་རྗེ་ལས། སེམས་ཅན་རྣམས་ལ་ཕན་སྤྱོད་པ། །རྟག་ཏུ་དམ་ཚིག་བླ་མའི་ནོར། །སེམས་ཅན་སྲོག་ནི་སྲུང་བའི་ཕྱིར། །རྫུན་དུ་ཡང་ནི་སྨྲ་བར་བྱ། །ཞེས་སོ། །ངེས་དོན་དུ་སྒྲོལ་བ་པོ་བདག་དང་བསྒྲལ་བྱ་སེམས་ཅན་གང་དུའང་མི་དམིགས་པའི་ངང་ནས་སེམས་ཅན་ཐམས་ཅད་བདེན་མེད་འཁོར་བ་ལས་བསྒྲལ་བར་བྱའོ་ཞེས་པའི་དོན་དུ་སྟོན་ཏེ། དེ་ལྟར་ཡང་གསང་སྙིང་ལས། ཆོས་རྣམས་སྒྱུ་མ་ལྟ་བུ་དང་། །མིང་དང་ཚིག་ཏུ་བཏགས་པ་རྫུན། །རྫུན་ཉིད་ལ་ནི་རྫུན་སྤྱོད་པས། །རྫུན་ཞེས་བཏགས་ཙམ་ཡོད་མ་ཡིན། །ཞེས་སོ། །ཡང་ན་སྙིང་གི་འཁོར་ལོར་རླུང་ཐིམ་པས་གཞོལ་མེད་ཀྱི་སྒྲ་རྣམ་པ་ཐམས་ཅད་པར་ཤར་བ་སྟེ་ངེས་དོན་དང་། དེ་ལས་གཞན་སྣང་དུ་སེམས་ཅན་རྣམས་ལ་ཆོས་སྒོ་སྣ་ཚོགས་པ་ཅིག་ཅར་དུ་སྟོན་པ་དྲང་དོན་དུ་གསུངས་པའང་ཡོད་དེ། རྡོ་རྗེ་སྙིང་འགྲེལ་ལས། གང་གིས་སྲོག

ཧླུང་ཟློས་པ་ན། །ཅིག་ཅར་འགྲོ་ཀུན་སྐད་ཀྱིས་ནི། །གང་དང་གང་ལ་དེ་དང་དེ། །མཐུན་པའི་ཆོས་སྟོན་རྫུན་པའི་ཚིག །ཅེས་སོ། །

ལྔ་པ་གཏི་མུག་རྣམ་པར་དག་པ་འཁོར་ལོའི་རིགས་རྣམ་སྣང་གི་དམ་ཚིག་ལ། དྲང་དོན་དུ་སྨྲས་པའི་སྐྱོན་མེད་ན་ཆང་བཏུང་བ་དང་། རིགས་ཀྱིས་དྲེགས་ཤིང་ང་རྒྱལ་དང་གཙང་དམེའི་རྟོག་པ་ཞིག་པའི་སླད་དུ་ཡུལ་དབུས་སུ་བཟའ་བའི་དོན་དུ་གསོད་པར་མི་བྱེད་པའི་ཤ་ལྔ་གནང་བ་ལྟར་རང་གི་ལས་ཀྱིས་ཤི་བའི་ཤ་རྣམས་དམ་ཚིག་གི་ཟས་སུ་བཟའ་བ་དང་། དེ་བཞིན་དུ་བདུད་རྩི་ལྔ་དང་གཟུགས་སོགས་ཡུལ་ཀུན་ཏུ་དགར་སྤྱོད་པའི་བདེ་བར་བསྟེན་པར་གསུངས་པ་དང་། ངེས་དོན་དུ་ཤ་ལྔ་བཟའ་བ་ནི་དབང་ལྔའི་དྭངས་མ་འཆིང་བ། ཆང་འཐུང་བ་ནི་ཡས་བབས་ཀྱི་ལྷན་སྐྱེས་ཞུ་བདེ་འཛག་མེད་དུ་འཆིང་བ། བདུད་རྩི་ལྔ་ནི་འབྱུང་ལྔའི་དྭངས་མ་བཅིངས་པ་ལས་ཞུ་བའི་ཐིག་ལེ་རྡུལ་ཕྲ་རབ་ཀྱི་ཚོགས་དག་པར་བྱེད་པ། ཡུལ་ནི་བཤང་གཅི་ཁུ་བའི་དྭངས་མ་ལྟེ་བར་ལུགས་ལྡོག་ཏུ་བརྟན་པའོ། །ཡང་ན་དེ་དག་བསྟེན་པ་དེ་ནི་རྣམ་པར་རྟོག་པ་ཐམས་ཅད་མཉམ་པ་ཉིད་ཀྱི་དབྱིངས་སུ་རོ་གཅིག་ཏུ་བྱེད་པའོ། །

དེ་ལྟར་དམ་ཚིག་དང་སྡོམ་པ་དེ་རྣམས་ཀྱི་གོ་རིམ་ཡང་། ཐོག་མར་བརྟུལ་ཞུགས་ཉེར་ལྔ་བསྟན་ཏེ། དེའི་ལྔ་ཚན་དང་པོ་སེམས་ཅན་ལ་གནོད་པ་ཤས་ཆེ་བ་དང་། ལྔ་པ་ཡུལ་ལ་དབང་པོ་ཞེན་པའང་ཉོན་མོངས་པ་སྐྱེ་བའི་རྒྱུ་ཡིན་པས་ཕྱི་མཚན་ཉིད་དང་ནང་ཀྱི་ཡོག་སྡེ་གསུམ་གྱི་ཐེག་པས་ཀྱང་དོན་ལ་སྦྱང་དགོས་པའི་ཕྱིར། དེ་ནས་རིགས་ལྔའི་དམ་ཚིག་ཐུན་མོང་བ་བསྟན་ཏེ། དེའི་དངོས་བསྟན་རྣམས་རྣལ་འབྱོར་གྱི་རྒྱུད་ཀྱི་དམ་ཚིག་དང་སྦྲ་མཐུན་པའི་ཕྱིར། དེ་ནས་ཁྱད་པར་རིགས་ལྔའི་དམ་ཚིག་བསྟན་ཏེ། དེའི་དྲང་ངེས་གཉིས་ཀ་གསང་བ་བླ་ན་མེད་པའི་ཐེག་པའི་ཁྱད་ཆོས་ཡིན་པའི་ཕྱིར། དེས་ན་གདུལ་བྱ་རྣམས་འཇུག་པའི་རིམ་པ་མ་ཉམས་པའི་སྒོ་ནས་དགེ་ཞིང་སྤྱོད་པ་ནི་བླ་མེད་ཀྱི་ལུགས་སུ་ཤེས་པར་བྱའོ། །

གསུམ་པ་རྩ་ལྟུང་བཅུ་བཞི་ལ་བསྟན་བཤད་གཉིས་ལས། དང་པོ་མདོར་བསྟན་པ་ནི། ལྗོན་ཤིང་གི་རྩ་བ་ལྟར་སྲུང་ན་ལམ་དང་འབྲས་བུའི་ཡོན་ཏན་ཐམས་ཅད་སྐྱེད་པའི་རྩ་བ་ཡིན་ཞིང་།

མ་སྲུང་ན་ངན་འགྲོའི་རྒྱུ་དང་སྡུག་བསྔལ་གྱི་རྩ་བར་གྱུར་པའི་དབང་གིས་ཕྱི་མ་གནས་འོག་མར་ལྟུང་བ་ཡིན་ལ་གྲངས་བཅུ་བཞིར་ངེས་པ་སྟེ་དེའི་ཚུལ་བསྟན་པ་ནི་ཞེས་པའོ། །

གཉིས་པ་རྒྱས་པར་བཤད་པ་ལ་བཅུ་བཞི་ལས། དང་པོ་སློབ་དཔོན་སྨོད་པ་ནི། སྤྱིར་གསལ་བཀྲ་ལས། སྤྱི་དང་འདྲེན་དང་དམ་ཚིག་དང་། །ཉམས་ཆག་སྐོང་དང་ཤེས་རྒྱུད་དགྲོལ། །མན་ངག་ལུང་གི་སློབ་དཔོན་དྲུག །ཅེས་སློབ་དཔོན་རྣམ་པ་དྲུག་ཏུ་བཤད་པ་སོགས་ཡོད་པས། ཡུལ་གྱི་ངོས་ནས་གསང་སྔགས་ཁོ་ནས་འབྲེལ་བ་ཞིག་མི་དགོས་ཀྱང་། འདིར་ཁྱད་པར་གྱི་སློབ་དཔོན་རྣམ་པ་གསུམ་སྟེ། བདེ་འདུས་ཞི་བ་འདུས་པ་རྩ་བའི་རྒྱུད་ལས། རྒྱུད་དགྲོལ་དབང་བསྐུར་དེ་ཉིད་བསྟན། །ཞེས་པས་དབང་བསྐུར་རྒྱུད་བཤད་མན་ངག་སྦྱིན་པའི་བཀའ་དྲིན་གསུམ་ལྡན་ནམ། གཉིས་ལྡན་ནམ། གཅིག་ལྡན་གང་རུང་ལ་ཞེ་སྡང་ངམ་ཕྲག་དོག་གིས་སྙིང་ཐག་པ་ནས་སྨྲ་འབེབས་པར་འདོད་པས་ངག་གིས་འཕྱ་ཞིང་འཕྱ་བའི་སྒོ་ནས་སྨོད་པ་དང་། བཀུར་སྟི་མི་བྱེད་པར་བརྙས་པ་སོགས་བྱེད་པ་དང་། ཐུགས་དཀྲུགས་ཏེ་མི་མཉེས་པར་བྱེད་པ་དེ་ནི་ལྟུང་བའི་སྒོ་ཀུན་ལས་ཀྱང་ཤིན་ཏུ་ལྕི་བ་ཡིན་ཏེ། རྡོ་རྗེ་སློབ་དཔོན་ནི་སངས་རྒྱས་ཐམས་ཅད་ཀྱི་ངོ་བོ་ཡིན་པས་ཡུལ་གཞན་པར་མ་ཟད། རང་ཉིད་ཀྱི་ལམ་དང་འབྲས་བུའི་ཡོན་ཏན་དེ་ཉིད་མཉེས་པས་རྗེས་སུ་བཟུང་བ་ལ་རག་ལས་པའི་ཕྱིར། འདི་ཉིད་དང་པོར་བཤད་པས་ལྟུང་བ་དེ་བྱུང་ཕྱིན་ཆད་སྙིང་ཐག་པ་ནས་དེ་མ་ཐག་པ་ནས་ཕྱིར་མ་བཅོས་ན་སྔགས་ཀྱི་ལམ་ལ་ཅི་ཙམ་འབད་ཀྱང་མཆོག་གི་དངོས་གྲུབ་ལྟ་ཅི། ཐུན་མོང་གི་དངོས་གྲུབ་ཙམ་ཡང་འགྲུབ་པར་མི་འགྱུར་བས་ཅི་མཛད་ཡོན་ཏན་དུ་བལྟ་བ་དང་། ཅི་མཉེས་སྒྲུབ་པའི་སྦྱོར་བ་ལ་བསླབ་པར་བྱའོ། །

གཉིས་པ་བདེ་གཤེགས་བཀའ་འདས་ནི། གདུལ་བྱ་ལ་བླང་དོར་གྱི་གནས་སྟོན་པ་སྡེ་སྣོད་གསུམ་དང་རྒྱུད་སྡེ་དྲུག་གིས་བསྡུས་པའི་བདེ་བར་གཤེགས་པའི་བཀའ་ཐམས་ཅད་དང་། དེའི་དགོངས་འགྲེལ་གྱི་བསྟན་བཅོས་རྣམ་དག་རྣམས་དང་། དེ་དག་གི་རྗེས་སུ་མཐུན་པའི་འཇུག་ལྡོག་གི་བསླབ་བྱ་བླ་མ་དམ་པས་རང་ལ་གསུངས་ཤིང་རང་གིས་ཀྱང་དེའི་དོན་གོ་བཞིན་དུ་ཁྱད་གསོད་ཀྱི་བློས་དེ་ལས་འདས་ཏེ་མཐུན་ཕྱོགས་མི་སྒྲུབ་པའམ། མི་མཐུན་པའི་ཕྱོགས་སྤྱོད་པའམ། དེ་དང

འབྲེལ་བ་གཞན་ལ་བཤད་ཀྱང་རུང་སྟེ་བདེ་བར་གཤེགས་པའི་བཀའ་ལས་འདས་པ་ཡིན་པས། རྩ་ལྟུང་དང་པོའི་འོག་ནས་ཉེས་པ་ཆེ་བས་ན་གཉིས་པར་བཞག་གོ། །

གསུམ་པ་མཆེད་ལ་འཁྲུ་བ་ནི། སྤྱིའི་མཆེད་སེམས་ཅན་ཐམས་ཅད། རིང་བའི་མཆེད་སངས་རྒྱས་ཀྱི་བསྟན་པ་ལ་ཞུགས་སོ་ཅོག ཉེ་བའི་མཆེད་སྔགས་ཀྱི་ཐེག་པར་ཞུགས་པ་དང་། དེ་ལས་ཀྱང་ཁྱད་པར་ནང་འདྲེས་པའི་མཆེད་བླ་མ་གཅིག་གིས་བསྐུས་པ་ཕ་གཅིག་གི་སྤུན་དང་། དེའི་ཤུགས་ཀྱིས་དཀྱིལ་འཁོར་གཅིག་གིས་བསྐུས་པ་མ་གཅིག་པའི་སྤུན་ཏེ། དེ་རྣམས་སྔ་མ་སྔ་མ་ལས་ཕྱི་མ་ཕྱི་མ་ཉེ་ཞིང་། ཁྱད་པར་ནང་འདྲེས་པ་ལས་ཕ་མ་གཅིག་པ་ལའང་དབང་ཐོབ་པའི་དུས་སྔ་ཕྱི་ཡོད་ན་སྤུན་ཆན་གཞོན་དང་། དུས་གཅིག་པ་མཚེ་མ་ལྟ་བུ་དང་། དེ་ཡང་དབང་བཞི་ཀ་རྫོགས་པར་ཐོབ་པའི་སྤུན་རྣམས་ཤིན་ཏུ་ཉེ་བ་ཡིན་པས། དེ་རྣམས་ལ་ཡིད་ཀྱིས་ཁྲོས་ཤིང་འཁོན་ཞེ་ལ་འཛིན་པ་དང་། ཕྲག་དོག་གི་བསམ་པས་སྦྱོར་བ་ལུས་ངག་གིས་བརྡས་པ་དང་། ངག་གིས་སྐྱོན་བརྗོད་པ་ལ་སོགས་པས་དེའི་སེམས་སུན་ཕྱུང་ན་རྩ་ལྟུང་གསུམ་པའོ། །དེའང་ནང་འདྲེས་པའི་སྤུན་ལ་འཐབ་པ་སོགས་ནི་རྡོ་རྗེའི་ནང་དམེ་ཡིན་པས་ཤིན་ཏུ་ལྕི་ཞིང་ཉེས་པ་སྤྱང་དཀའ་བས་གཟབ་པར་བྱའོ། །

བཞི་པ་བྱམས་པ་འདོར་བ་ནི། སེམས་ཅན་གང་ཡང་རུང་བ་བདེ་བ་ཀུན་ནམ། གང་རུང་དང་བྲལ་ཞིང་སྡུག་བསྔལ་དང་འཕྲད་ན་ཅི་མ་རུང་སྙམ་དུ་ཁྲོ་བའི་བསམ་པས་སྙིང་ཐག་པ་ནས་བྱམས་པ་བཏང་བ་ནི་རྩ་ལྟུང་བཞི་པའོ། །

ལྔ་པ་བྱང་སེམས་འདོར་བ་ནི། ཁྱད་པར་གསང་དབང་གི་ལམ་པས་སྐྱུགས་བྲོ་བའི་དབང་གིས་ཐབས་ཤེས་ཀྱི་ཁུ་ཁྲག་བཏང་བ་དང་། ཤེས་རབ་ཡེ་ཤེས་ཀྱི་ལམ་པས་ཇི་སྐད་དུ། གསང་བའི་དབང་དང་གསུམ་པ་དང་། །རོ་མཉམ་པ་དང་ལྷ་མཆོད་དང་། །རིགས་བརྒྱུད་སྤེལ་དང་རིལ་བུ་དང་། །འཆི་ལྟས་བརྟག་པའི་དུས་ཡིན་ཏེ། །ཞེས་པ་ལྟར་འདོད་ཆགས་ཀྱི་སེམས་ཀྱིས་གནང་བའི་གནས་སྐབས་བདུན་མ་ཡིན་པར་བསླབ་པ་ཁྱད་གསོད་ཀྱིས་མི་འགྱུར་བའི་བདེ་བ་ལ་མ་དད་ཅིང་། ཞུ་བདེ་འགྱུར་མེད་ལ་དགོས་པ་མེད་པར་བལྟས་ནས་བསམ་བཞིན་དུ་ཁུ་བ་འབྱིན་པ་དང་། སྤྱིར

བསྐྱེད་རིམ་པས་སེམས་ཅན་ལ་སྨོན་པ་བྱང་ཆུབ་ཀྱི་སེམས་བསྐྱེད་བཏང་བ་འམ། འཇུག་པའི་རྩ་ལྟུང་ཐུན་མོང་བ་སྤྱད་པས་འཇུག་སེམས་བཏང་བ་རྩ་ལྟུང་ལྔ་པ་ཡིན་ནོ། །

དྲུག་པ་གྲུབ་མཐའ་སྨོད་པ་ནི། མཐོ་རིས་སྒྲུབ་པས་ངན་འགྲོ་ལས་ངེས་པར་འབྱུང་བའི་ལམ་ཚོལ་བའི་ཕྱིར་མུ་སྟེགས་ཀྱི་གྲུབ་མཐར་བཤད་པའི་དཀར་ཆོས་རྣམས་དང་། ངེས་པར་འབྱུང་བའི་ལམ་ལ་ཞུགས་པ་ཉན་རང་དང་། མཐའ་གཉིས་ལས་ངེས་པར་འབྱུང་བའི་ལམ་ཆེན་པོ་ལ་ཞུགས་པ་ཐེག་ཆེན་གྱི་གྲུབ་མཐའ་སྟེ། དེ་རྣམས་ཀྱི་ཐེག་པའི་ལམ་སྟེགས་སུ་འགྱུར་བས་མཐར་ཐུག་ཐེག་པ་གཅིག་ཏུ་གྲུབ་པའི་ཕྱིར་ཐེག་པ་གོང་མར་དྲང་བའི་ཆེད་སོགས་མ་ཡིན་པར་མཆོག་དམན་དུ་བཟུང་ནས་སྡང་སེམས་ཀྱིས་སྨོད་པར་བྱེད་ན་རྩ་ལྟུང་དྲུག་པའོ། །

བདུན་པ་སྔགས་ཀྱི་གསང་བ་སྒྲོག་པ་ནི། རྒྱུ་འབྲས་ལ་ཡིད་མི་ཆེས་པའི་སྣོད་ཀྱི་མ་སྨིན་པ་ལོག་སྲེད་ཅན་དང་། ཚོ་ག་མ་བྱས་པས་མ་སྨིན་པ་བུམ་དབང་ཙམ་མ་ཐོབ་པ་དང་། ཚོ་ག་མ་རྫོགས་པས་མ་སྨིན་པ་མཆོག་དབང་གསུམ་མ་ཐོབ་པ་དང་། ཉམས་པས་མ་སྨིན་པ་རྩ་ལྟུང་བྱུང་ནས་འགྱོད་པས་ཕྱིར་མི་འཆོས་པ་དང་། ཉན་རང་སོགས་དབང་པོ་མ་སྨིན་པ་ཟབ་མོའི་དོན་ལ་འཇིགས་པ་སྟེ་ལྟར་འདུལ་བའི་དུས་དང་བསྟན་བྱ་དེ་ལ་ལྟོས་པའི་སྣོད་ཀྱི་སྐབས་མ་ཡིན་པར་གསང་སྔགས་ཀྱི་ཐུན་མོང་མ་ཡིན་པའི་རྫས་དང་སྤྱོད་པ་དང་ཟབ་དོན་གྱི་གསང་བ་བསྒྲགས་པས་དེས་ཀྱང་གོ་བཞིན་མ་དད་པ་སྐྱེས་ན་རྩ་ལྟུང་བདུན་པའོ། །

བརྒྱད་པ་ཕུང་པོ་སྨོད་པ་ནི། རྒྱུད་ལས། རྡོ་རྗེ་ཕུང་པོའི་ཡན་ལག་ནི། །རྫོགས་པའི་སངས་རྒྱས་ལྔ་རུ་གྲགས། །ཞེས་པ་ལྟར་ཕུང་པོ་ལྔའི་རང་བཞིན་སངས་རྒྱས་རིགས་ལྔ་ཡིན་པ་ལྟར་དབང་དུས་སུ་ངོ་སྤྲད་ནས་དེ་འདོད་ཡོན་གྱིས་མཉེས་པར་མཆོད་པས་རྟེན་བདེ་བ་འཕེལ། དེས་བརྟེན་པ་ཡེ་ཤེས་མངོན་དུ་འགྱུར་བ་ཡིན་པ་ལ་དེ་མི་ཤེས་པ་ཀུན་འབྱུང་གི་གཙོ་བོར་བཟུང་སྟེ། ངག་གིས་བརྙས་པ་ཡིས་སྨོད་པ་དང་ཡན་ལག་གཅོད་པ་སོགས་དང་དཀའ་ཐུབ་ཀྱིས་ལུས་ལ་གདུང་བ་བསྐྱེད་པར་བྱས་ན་རྩ་ལྟུང་བརྒྱད་པ་ཡིན་ནོ། །

དགུ་པ་ཆོས་ལ་ཐེ་ཚོམ་ཟ་བ་ནི། གཞི་ལམ་འབྲས་བུའི་ཆོས་ཐམས་ཅད་རང་བཞིན་གྱིས

རྣམ་པར་དག་པས་དབྱེར་མི་ཕྱེད་པའི་ཟུང་འཇུག་འོད་གསལ་བྱང་ཆུབ་ཀྱི་སེམས་བདེ་བར་གཤེགས་པའི་སྙིང་པོ་གདོད་མའི་གནས་ལུགས་སུ་བཞུགས་པར་བཤད་པ་ནི། ལམ་ལ་དཀྱི་བར་བྱ་བའི་ཆེད་དུ་སྦྱོ་བ་བསྐྱེད་པ་ཙམ་ལས་དོན་ལ་དེ་ལྟར་མ་ཡིན་སྙམ་དུ་ཐེ་ཚོམ་ཟ་བས་ཡིད་མ་ཆེས་ཏེ་མ་དད་ན་རྩ་ལྟུང་དགུ་པར་བཤད་དོ། །

བཅུ་པ་ཞིང་བཅུ་མི་སྒྲོལ་བ་ནི། གསལ་བཀྲ་ལས། དཀོན་མཆོག་སློབ་དཔོན་སྐུ་དགྲ་གཉིས། །དམ་ཉམས་ཡོག་དང་འབྲུབ་དང་། །འདུ་བར་འོང་དང་ཡོངས་ལ་གནོད། །དམ་དགྲ་ངན་པའི་ངང་ཚུལ་ཅན། །ངན་སོང་གསུམ་དག་བཅུ་པོ་ནི། །རྣལ་འབྱོར་ཀུན་གྱིས་དང་དུ་བླང་། །ཞེས་པ་ལྟར་སྙིང་རྗེས་བསྒྲལ་བའི་ཞིང་སྡུག་བསྔལ་གྱི་རྒྱུ་ལ་སྤྱོད་པ་དགུ་དང་། དངོས་ལ་སྤྱོད་པ་གསུམ་གཅིག་ཏུ་བརྩིས་པའི་བཅུ་པོ་གང་རུང་ཚང་བ་དང་། ཁྱད་པར་བླ་མ་དང་བསྟན་འགྲོར་འཚེ་བའི་གདུག་པ་ཅན་དེ་དག་མངོན་སྤྱོད་ཀྱི་ལས་ཀྱིས་སྒྲོལ་བར་ནུས་བཞིན་དུ་ཡལ་བར་དོར་ནས་མི་སྒྲོལ་བ་དང་། ལོག་པའི་སྲིད་པས་མཛའ་བོར་བྱས་ནས་ཐ་མལ་པའི་བྱམས་པ་དང་ལུས་ངག་གི་སྤྱོད་ལམ་མཐུན་པར་བྱེད་ན་རྩ་ལྟུང་བཅུ་པའོ། །དེ་དག་ལ་ཡང་ཡིད་ཀྱི་བྱམས་པ་བཏང་ན་རྩ་ལྟུང་བཞི་པར་འགྱུར་རོ། །

བཅུ་གཅིག་པ་ཆོས་ལ་ཚད་མས་གཞལ་བ་ནི། མིང་དང་བརྗོད་མཚན་མ་སོགས་ཐམས་ཅད་དང་བྲལ་བའི་དོན་དམ་དང་། དེ་རྟོགས་པའི་ཐབས་རྣམ་པར་མི་རྟོག་པའི་ལམ་ལ་ཐེ་ཚོམ་ཟ་བས་སོ་སོར་རང་རིག་ལས་གཞན་དུ་དངོས་པོ་དང་དངོས་པོ་མེད་པའོ་སྙམ་དུ་རྟོག་ཅིང་ཞེན་ནས་རྟོག་གེའི་བློས་འཇལ་བར་བྱེད་ན་རྩ་ལྟུང་བཅུ་གཅིག་པའོ། །

བཅུ་གཉིས་པ་དད་ལྡན་སེམས་སུན་འབྱིན་པ་ནི། དང་འདོད་ཡིད་ཆེས་ཀྱི་དད་པ་གསུམ་དང་ལྡན་པའི་གདུལ་བྱའི་སེམས་ཅན་ཆོས་འདོད་ཅིང་སྣྱིན་དུ་རུང་བ་ལ་རང་ལ་ནུས་པ་ཡོད་བཞིན་དེའི་དོན་མི་བྱེད་པར་མ་ཟད། སེམས་དང་འགལ་བ་མི་སྲུང་བར་མ་དད་པའི་སྤྱོད་པ་དང་ཚགས་སྡང་གིས་སྨྱིན་བརྗོད་པའམ། གཡོ་སྒྱུས་བསླུས་ཀྱང་རུང་སྟེ་དེ་ཉིད་ཀྱི་སེམས་སུན་ཕྱུང་བས་དང་འདུན་ལོག་ན་རྩ་ལྟུང་བཅུ་གཉིས་པའོ། །

བཅུ་གསུམ་པ་དམ་རྫས་ཇི་བཞིན་མི་བསྟེན་པ་ནི། སྔགས་ཀྱི་སྤྱོད་པའི་དུས་ཚོགས་འཁོར་དཔའ་བོ་དང་དཔའ་མོའི་དགའ་སྟོན་ལ་སོགས་པའི་ཚེ་བསྟེན་པར་སྐབས་སུ་བབས་པའི་དམ་ཚིག་གི་རྫས་རྡོར་དྲིལ་གོས་རྒྱན་སོགས་བཅང་བའི་ཡོ་བྱད་དང་། ཕྱི་ནང་གི་ཤ་ལྔ་བདུད་རྩི་ལྔ་ཆང་སོགས་བཟའ་བཏུང་གི་ལོངས་སྤྱོད་དང་། གྲོ་གར་གླུ་ཚིག་སོགས་དམ་ཚིག་གི་རྫས་དང་། སྤྱོད་པ་དུས་ཚོད་དང་འབྲེལ་ཀྱང་ཉན་ཐོས་ཀྱི་བརྟུལ་ཞུགས་ཙམ་ལ་ཞེན་ནས་ཉེས་དམིགས་ཀྱི་བསམ་པས་མི་བརྟེན་ན་རྩ་ལྟུང་བཅུ་གསུམ་པའོ། །

བཅུ་བཞི་པ་ཤེས་རབ་མར་སྨོད་པ་ནི། རིགས་འདོད་པའི་སྒོ་ནས་སྐྱེ་དང་བྱེ་བྲག་སྤྱོད་པའི་དུས་ཡིན་ན་རང་གི་བསྟེན་བྱར་འགྱུར་ངེས་ལ་ལྟོས་པའི་བུད་མེད་ཤེས་རབ་མ་ཚོས་འགྱུར་གི་རང་བཞིན་ཅན་དེ་དག་ལ་ངོས་སམ་ལྐོག་ཏུ་སྙིང་ཐག་པ་ནས་སྙིང་ཚིམ་པས་བརྙས་ཐབས་དང་། སྨད་པའི་ཚིག་བརྗོད་པ་གཞན་གྱིས་གོ་ན་རྩ་ལྟུང་བཅུ་བཞི་པའོ། །འོན་ཀྱང་དེ་དག་སྔགས་སྡོམ་དང་ལྡན་ན་རང་གི་བླ་མའམ་སྤུན་ལས་མི་འདའ་བས་རྩ་ལྟུང་དང་པོ་དང་གསུམ་པར་འགྱུར་རོ། །དེ་དག་གི་གོ་རིམ་ཡང་གཉེན་པོ་སྔགས་ཀྱི་གོ་རིམ་དང་། སྔ་མ་སྔ་མ་ལས་ཕྱི་མ་ཡང་བས་ལྕི་ཡང་གི་སྒོ་ནས་དེ་ལྟར་བཞག་ལ། དབང་བཞི་སོ་སོའི་སྡོམ་པའི་རྩ་ལྟུང་དུ་འགྱུར་ཚུལ་གཙོ་ཆེ་བའི་དབང་དུ་བྱས་ན། བཅུ་གསུམ་པ་དང་ལྔ་པ་རྒྱུ་འབྲས་སུ་བྱས་ནས་གསང་དབང་དང་ཤེར་དབང་གི་དང་། བཅུ་བཞི་པ་ཁྱད་པར་ཤེར་དབང་གི་དང་། དགུ་པ་དང་བཅུ་གཅིག་པ་དབང་བཞི་པའི་དང་། ལྷག་མ་དགུ་པོ་བུམ་དབང་དང་འགལ་བའི་རྩ་ལྟུང་ཡིན་ཞིང་། དབང་ཕྱི་མ་ཕྱི་མའི་ཚེ་ན་སྔ་མ་སྔ་མ་ཐུན་མོང་དང་། དབང་རང་སྐལ་གྱི་དེ་ཉིད་ཐུན་མིན་དུ་འགྱུར་རོ། །དེས་ན་བུམ་དབང་ཙམ་ཐོབ་པས་རང་འགལ་བའི་དགུ་པོ་སྤྱད་ན་རྩ་ལྟུང་དུ་འགྱུར་གྱི་དེ་ལས་གཞན་པ་ལྔ་ལ་སྤྱད་ཀྱང་རྩ་ལྟུང་དངོས་སུ་མི་འགྱུར་ཏེ། དེ་སྲུང་བའི་སྡོམ་པ་མ་ཐོབ་པའི་ཕྱིར་རོ། །

བཞི་པ་ཡན་ལག་སྦོམ་པོའི་ལྟུང་བ་བཤད་པ་ལ་གཉིས། དང་པོ་སྦོམ་པོ་བརྒྱད་ནི། ད་ནི་རྩ་བ་དང་རྗེས་སུ་མཐུན་པས་ཡན་ལག །སྡོམ་པ་གཏོང་བྱེད་ཀྱི་ཐམ་པ་མིན་ཡང་དངོས་གྲུབ་མྱུར་དུ་འགྲུབ་པ་ལ་གེགས་བྱེད་པའི་ཕྱིར་ཉེས་པ་ལྕི་བས་སྦོམ་པོའི་ལྟུང་བ་སྟེ། དེ་ཡང་འཇིགས་བྲལ་

དཔའ་བོ་དང༌། དམ་ཚིག་རྒྱ་མཚོ་ལ་སོགས་པའི་དགོངས་པ་དང་མཐུན་པར་གཞུང་འདིར་བསྟུས་ཏེ་བཤད་པ་ལ། དང་པོ་གསུམ་རང་རྒྱུད་སྨིན་བྱེད་ཀྱི་དང༌། ཕྱི་མ་ལྔ་གཞན་རྒྱུད་སྨིན་བྱེད་ཀྱི་ཡན་ལག་སྟེ། རིམ་པ་བཞིན་དབང་མ་ཐོབ་པ་དང༌། དམ་ཚིག་དང་མི་ལྡན་པས་རྒྱུད་མ་སྨིན་པའི་རིག་མ་བསྟེན་པ་ཙམ་དང༌། ཚོགས་ཀྱི་འཁོར་ལོ་ལ་སོགས་པའི་དུས་སུ་རྡོ་རྗེའི་སྤྱུན་ལ་མནར་སེམས་མེད་པར་ལུས་ངག་གི་རྩོད་རྙེག་དང༌། ཁ་ཤགས་ཙམ་བྱེད་པ་དང༌། མཚན་ཉིད་མ་ཚང་བས་རྒྱུད་ལས་བསྟེན་བྱར་མ་གསུངས་པའི་རིག་མ་ཕལ་པར་རེལ་བྱའམ། བདེ་བའི་རྒྱུར་ཆོག་བཞིན་དུ་མ་ཡིན་པར་རང་གི་རླུང་སྦྱོར་ཙམ་གྱིས་བདུད་རྩི་ལེན་པ་དང༌། སྣོད་དུ་རུང་ཞིང་དོན་གཉེར་དང་ལྡན་པའི་སློབ་མར་གསང་སྔགས་ཀྱི་ཆོས་དཔེ་མཁྱུད་ཀྱིས་མི་སྟོན་པ་དང༌། དད་པ་དང་ལྡན་ཅིང་ཆོས་དོན་གཉེར་བའི་སློབ་མས་ཚིག་དོན་འདྲི་བ་ལ་དེ་མི་སྟོན་པར་ཆོས་གཞན་སྟོན་པ་དང༌། སྔགས་ཀྱི་ལྷ་སྤྱོད་ལ་སྐུར་བའི་ཉན་ཐོས་དངོས་སམ་རྟོག་གེ་བའི་ནང་དུ་ཞག་བདུན་ལོངས་པར་བསྡད་པ་དང༌། གསང་སྔགས་ཀྱི་རྣལ་འབྱོར་དེ་ཁོ་ན་ཉིད་ཀྱི་ཡེ་ཤེས་དང་མི་ལྡན་པར་རང་ཉིད་སྔགས་འཆང་རྡོ་རྗེ་འཛིན་པར་སྒྲ་ཞིང་རློམ་པ་དང༌། མན་ངག་སློབ་བཤད་ཀྱི་སྣོད་མིན་པའི་གང་ཟག་འདོད་ཅིང་དོན་དུ་གཉེར་བ་ཚིགས་བཤད་བསྟན་བྱའི་ཡུལ་ལུ་དུས་མ་ཡིན་པར་ཟབ་དོན་རྗེན་པར་བཤད་པ་སྟེ་ཡན་ལག་གི་ལྟུང་བ་བརྒྱད་དོ། །

གཉིས་པ་འཆད་ཚུལ་གཞན་རྣམ་གྲངས་སུ་འཕྲོས་པ་ནི། གཞན་ཡང་རང་གི་བསྟེན་སྒྲུབ་སོགས་མ་བྱས་པར་སློབ་མ་ལ་དབང་བསྐུར་བ་དང༌། རྟེན་ལ་རབ་གནས་བྱེད་པ་དང༌། སྦྱིན་སྲེག་གི་ལས་སོགས་ལ་བསམ་པས་འཇུག་ཅིང་སྦྱོར་བས་ཞུགས་པ་དང༌། ཟབ་མོ་སྒྲག་པའི་རིགས་མ་ཡིན་ཀྱང་ཕྱི་མཚན་ཉིད་ཐེག་པའི་ཆོས་ལ་མོས་པའི་གང་ཟག་ལ་དགོས་པ་མེད་པར་ལུས་ཀྱི་ཕྱག་རྒྱ་བསྟན་པ་དང༌། སྡོམ་པ་འོག་མ་སོར་བྱང་གཉིས་ཐོབ་པའི་སྔགས་པས་ཕྱི་དྲོའི་ཁ་ཟས་ཟ་བ་སོགས་དེ་གཉིས་ཀྱི་བཅས་པ་ལ་ལུས། ཚོགས་འཁོར་དང་ནང་གི་སྦྱིན་སྲེག་སོགས་དགོས་པ་ཁྱད་པར་ཅན་མེད་པར་འདའ་བར་བྱེད་པ་སྡོམ་པོའི་ཞེས་བཤད་པ་སོགས་སྡོམ་པོའི་ལྟུང་བ་ངོས་འཛིན་དང༌། གོ་རིམ་དང༌། གྲངས་མ་ངེས་པ་དང༌། ཡན་ལག་གང་རུང་མ་ཚང་བའི་ཉེས་བྱས་སོགས

དུ༷་མ༷་རྣམ༷ས་ཡོད༷་ཀྱང༷་ཉེས༷་པ༷་ཆུང༷་བའི་ཚུལ། ཇི་སྐད་དུ། ལྟུང་བ་སྡོམ་པོ་རྣམས་ནི་དུ་མ་སྟེ་དེ་རྣམས་ལ་ཆད་པ་ཤིན་ཏུ་ཆུང་བར་འགྱུར་རོ། །ཞེས༷་དུས༷་འཁོར༷་འགྲེལ་ཆེན་ལས་བཤད༷་པས་འདིར་བཏང་སྙོམས་སུ་བྱས་སོ། །དེ་ཡན་ཆད་ཀྱིས་གསར་རྙིང་ཐུན་མོང་བའི་དམ་ཚིག་རྣམས་བསྟན་ཏོ།

ལྔ་པ་རྫོགས་པ་ཆེན་པོའི་ལུགས་བཤད་པ་ལ་བསྟན་བཤད་གཉིས་ལས། དང་པོ་མདོར་བསྟན་པ་ནི། གསར་རྒྱུད་རྣམས་སུ་མ་གྲགས་པས་ཁྱད༷་པར༷་བ་སྒྱུ༷་འགྱུར༷་རྫོགས༷་པ༷་ཆེན༷་པོ༷་གཙོ་བོར་བྱས་པའི༷་རྒྱུད་སྡེ་རྣམས་སུ་གསུངས་པའི་ལུགས་སྲོལ༷་འཆད་པ་ལས། སྤྱིར་དམ་ཚིག་ལ་སྒྲ་དོན་གྱི་དབང་དུ་བཏང་ན། ས་མ་ཡའི་སྒྲ་དངོས་སུ་ཡལ་གམ་བཅས་པའི་ཐ་ཚིག་ལ་འཇུག་པས་ཇི་ལྟར་དམ་བཅས་པ་ལས་འདའ་བར་བྱ་བ་མ་ཡིན་པས་ཏེ། ཀུན་འདུས་ལས། འདའ་དཀའ་རྡོ་རྗེའི་དམ་ཚིག་གཏན་གྱི་གཉེར། །ཞེས་སོ། །དེ་ལ་སྲུང་མ་སྲུང་གི་ཁེ་ཉེན་གྱིས་དམ་ཚིག་ཏུ་བཞག་པའང་ཡོད་དེ། ཏེ་རུ་ཀ་འདུས་པའི་རྒྱུད་ལས། མི་འདའ་དམ་པ་མཆོག་གྱུར་པ། །འདས་པར་གྱུར་ན་ཚིག་པར་བཤད། །ཅེས་སོ། །དབྱེ་ན་སྒྱུ་འཕྲུལ་གྱི་རྒྱུད་སྡེ་ཐུན་མོང་མ་ཡིན་པ་རྣམས་རྒྱུད་ལུང་མན་ངག་གསུམ་དུ་འདུ་ཞིང་། དེ་རྣམས་སུ་སྤྱི་དང་ཁྱད་པར་ལྷག་པའི་དམ་ཚིག་གསུམ་བཤད་པ་ལས། དང་པོ་ནི། སོར་བྱང་དང་ཕྱི་རྒྱུད་ཀྱི་སྡོམ་པའི་སྲུང་མཚམས་སུ་གྲགས་པའི་དམ་ཚིག་རྣམས་ཏེ། བདེ་འདུས་ཞི་རྒྱུད་ལས། སོ་སོ་ཐར་དང་བྱང་ཆུབ་སེམས། །བྱ་སྤྱོད་རྣལ་འབྱོར་རྒྱུད་རྣམས་ལས། །བསྲུང་བར་བྱ་བ་གང་གསུངས་པ། །ཐུན་མོང་སྤྱི་ཡི་དམ་ཚིག་ཡིན། །ཞེས་སོ། །

གསུམ་པ་ནི་འོག་ཏུ་འཆད་པར་འགྱུར་ལ། གཉིས་པ་རྒྱུད་ཐམས་ཅད་ཀྱི་གཞི་མར་གྱུར་པ་སྒྱུ་འཕྲུལ་རྩ་རྒྱུད་ལས་ནི། རྩ་བའི་དམ་ཚིག་ལྔ་དང་ཡན་ལག་གི་དམ་ཚིག་བཅུར་བཤད་པ་ལས་སྔ་མ་ནི་འདིར་བཤད་པའི་རྩ་བའི་དམ་ཚིག་གི་ནང་དུ་འདུ་ལ། ཕྱི་མ་འདིའི་ཡན་ལག་གི་དམ་ཚིག་ཉེར་ལྔའི་ནང་ཚན་མི་སྤོང་བ་དང་། དང་བླང་གཉིས་ལས་གཞན་མེད་ཅིང་ལུང་ཐམས་ཅད་ཀྱི་རྩ་བ་སྤྱི་མདོ་དགོངས་པ་འདུས་པ་ལས་རྩ་བའི་དམ་ཚིག་གསུམ་དང་ཡན་ལག་ཉེར་ལྔར་བཤད་པ་ལས་སྔ་མའང་འདིར་བཤད་པར་འདུ་ཞིང་ཕྱི་མའང་ཉེར་ལྔ་པོ་འདིར་བཤད་པ་དང་དོན་གཅིག་པ་དེས་ན་བསྟན་བཅོས་འདིར་ནི་མན་ངག་ཨ་ཏི་ཡོ་གའི་དམ་ཚིག་རྣམས་བསྟན་ཏོ། །

གཉིས་པ་རྒྱས་པར་བཤད་པ་ལའང་གཉིས་ལས། དང་པོ་རྩ་བའི་དམ་ཚིག་ནི། རྫོགས་པ་ཆེན་པོའི་དམ་ཚིག་དེ་ལའང་སྲུང་དུ་མེད་པ་ཅིག་ཅར་བའི་དམ་ཚིག་ནི། རིན་ཆེན་སྤུངས་པ་ལས། དེ་དུས་སྲུང་བའི་མཚམས་འདས་པའི། །དམ་ཚིག་ལྷུན་གྲུབ་ཆེན་པོ་དང་། །མེད་དང་གཅིག་པུ་ཁྱབ་པ་ཡིན། །དེ་ཡི་གྲོགས་སུ་དེ་འགྱུར་རོ། །ཞེས་གསུངས་པ་ལྟར། ཆོས་ཐམས་ཅད་ཡེ་ནས་བླང་དོར་མེད་པར་རྟོགས་པས་སྤང་བླང་སྲུང་མཚམས་ལས་འདས་པའི་དམ་ཚིག་ལ་བཞག་ཅིང་། སྲུང་མཚམས་ཅན་རིམ་གྱིས་པའི་དམ་ཚིག་ནི། དམ་ཚིག་རྣམ་པར་བཀོད་པའི་རྒྱུད་ལས་གསུངས་པ་བཞིན་བཤད་པ་ལ། རྩ༷་བའི༷་དམ་ཚིག་ནི་རང་གི་སྒོ་གསུམ་སངས་རྒྱས་ཀུན་འདུས་བླ་མ༷འི་སྐུ་གསུང༷་ཐུགས༷་རྡོ་རྗེ་གསུམ༷་དང་དབྱེར་མི་ཕྱེད་པར་བསྒོམས་པས་སམ། ཡང་ན་གུ་རུའི་སྒྲོ་ལས་ལྡོ་བ་སྐྱེ་ཉམས་ན་སྐྱོང་དཀའ་བའི་དོན་གྱིས་དེ་སྐད་ཅེས་བྱ་ལུ༷། དེ་ལ་དབྱེ་ན་སྐུ་གསུང་ཐུགས་གསུམ་རེ་རེ་ལ། ཕྱི་ནང་གསང་བ་གསུམ་གསུམ་དུ་ཕྱེ་བས་དགུ་དགུར༷་ཕྱེ་བ༷་ལས། དང་པོ་སྐུའི་དམ་ཚིག་གསུམ་ཚན་གསུམ་ནི་རིམ་པར་མ་བྱིན་པར་ལེན་པ། མི་ཚངས་པ་སྤྱོད་པ། སྲོག་གཅོད་པ་གསུམ་སྤང་བ་སྐུའི་ཕྱིའི་གསུམ་དང་། ཕ་མ་སྤུན་སྲིང་དང་རང་ལུས་ལ་སྨོད་པ། ཆོས་དང་གང་ཟག་ལ་སྨོད་པ། རང་ལུས་ལ་རྡེག་བཙོག་དང་དཀའ་ཐུབ་ཀྱིས་བརྙས་ཤིང་གདུང་བ་རྣམས་སྤང་བ་སྐུའི་ནང་གི་གསུམ་དང་། རྡོ་རྗེ་སྤུན་སྲིང་གི་ལུས་ལ་རྡེག་གམ་རྡེག་པར་གཟས་ཤིང་རྒྱན་ལ་སྨོད་པ། བླ་མའི་ཡུམ་ལ་གཅེས་པ་བླ་མའི་གྲིབ་མར་འགོམ་པ་དང་སྤྱན་སྔར་ལུས་ངག་གི་སྤྱོད་པ་བག་མེད་པ་རྣམས་སྤང་བ་སྐུའི་གསང་བའི་དམ་ཚིག་གོ། །

གཉིས་པ་གསུང་གི་དམ་ཚིག་གསུམ་ཚན་གསུམ་ནི། རྫུན་ཚིག་ཕྲ་མ་ཚིག་རྩུབ་སྨྲ་བ་རྣམས་སྤང་བ་གསུང་གི་ཕྱིའི་གསུམ་དང་། ཆོས་སྨྲ་བ། དེའི་དོན་སེམས་པ། གནས་ལུགས་སྒོམ་པ་རྣམས་ལ་གཤེ་སྐུར་འདེབས་པ་སྤོང་བ་རྣམས་གསུང་གི་ནང་དང་། རྡོ་རྗེའི་སྤུན་སྲིང་གི་ཚིག་བླ་མའི་ཕྲུག་རྒྱ་དང་ཉེ་འཁོར་གྱི་ཚིག །བླ་མའི་གསུང་རྣམས་ལ་བརྙས་ཤིང་གཅོག་པར་བྱེད་པ་རྣམས་སྤང་བ་གསུང་གི་གསང་བའི་དམ་ཚིག་གོ། །

གསུམ་པ་ཐུགས་ཀྱི་དམ་ཚིག་གསུམ་ཚན་གསུམ་ནི། གནོད་སེམས་བརྣབས་སེམས་ལོག

ལྔ་གསུམ་སྤོང་བ་ཐུགས་ཀྱི་ཕྱིའི་དང་། སྤྱོད་པ་ལོག་པ་བག་མེད་དང་པོ་ཅོ། སྒོམ་པ་ལོག་པ་བྱིང་རྒོད་དང་གོལ་སྒྲིབ། ལྟ་བ་ལོག་པ་རྟག་ཆད་དང་མཐར་འཛིན་སྤང་བ་རྣམས་ཐུགས་ཀྱི་ནང་གི་དང་། ཉིན་ཞག་གི་ཐུན་རེ་རེ་བཞིན་ལྟ་སྒོམ་སྤྱོད་གསུམ་ཡིད་ལ་མ་བྱས་པ། ཡི་དམ་གྱི་ལྷ་ཡིད་ལ་མ་བྱས་པ་དང་། བླ་མའི་རྣལ་འབྱོར་དང་། མཆེད་ལྕམ་ལ་བརྩེ་གདུང་ཡིད་ལ་མ་བྱས་པ་རྣམས་སྤང་བ་ཐུགས་ཀྱི་གསང་བའི་དམ་ཚིག་སྟེ་ཉི་ཤུ༷་རྩ༷་བདུན༷་དང༷་། གཉིས་པ་ཡན་ལག་གི་དམ་ཚིག་ལ་གསུམ་ལས། དང་པོ་སྤྱད་བྱ་སྤྱོད་པའི་དམ་ཚིག་ནི། རྩ་བའི་གྲོགས་སམ་ཐབས་སུ་གྱུར་པའི་ཡན༷་ལག༷་གི་དམ༷་ཚིག༷་ཉི༷་ཤུ༷་རྩ༷་ལྔ༷ར་བཤད་པ་ལ་ལྔ་ཚན་ལྔ་ལས། དང་པོ་ནི༷། རང་འདོད་ཀྱི་ཞེན་འཁྲི་མེད་ཅིང་ཐབས་ལ་མཁས་པས་གཞན་དོན་དུ་འགྱུར་ན། དངོས་བསྟན་ཏ༷་ན༷་སྒྲོལ་བ་དང་། གུ༷་ཧྱ༷་སྦྱོར་བ་དང་། མ༷་བྱིན༷་པ་ལེ༷ན་པ་དང༷་། རྫུན༷་དུ་སྨྲ་བ་རྣམས་སྤར་ལྟར་ལ། གདུལ་བྱ་མ་རུང་བའི་རྒྱུད་འཚོས་པའི་ཕྱིར་སོགས་ངག་འཁྱལ༷་སྨྲ་བ་དང་། སྦས་དོན་དུ་རླུང་རྟོག་དབུ་མར་གསོད་པ་དང་། བཙུན་མོའི་ཤུ་ཏྲ་མ་མ་བྱིན་པར་ལེན་པ་དང་། ཁ་སྦྱོར་ལས་ཞུ་བདེ་འགྱུར་མེད་སྒྲུབ་པའི་འདོད་སྤྱོད་དང་། འཁོར་བ་མེད་སྟོང་ལས་སྒྲོལ་བའི་རྫུན་ཚིག་དང་། བརྗོད་མེད་རྟོགས་པས་གབ་སྦས་མེད་པར་སྨྲ་བའི་བརླང་ཚིག་རྣམ༷ས་ནི༷་སྤྱད༷་པ༷ར་བྱ༷་བ༷་ལྔ༷འོ། །

གཉིས་པ་ནི། འདོད༷་ཆ༷གས་དང་ཞེ༷་སྡང༷་དང་གཏི༷་མུག༷་དང་ང༷་རྒྱལ༷་དང༷་ཕྲག༷་དོག༷་སྟེ། དངོས་བསྟན་ལོག་པའི་དུག་ལྔ་ཉན་ཐོས་ལྟར་དགྲར་བལྟས་ནས་སྤོང་མི་དགོས་ཏེ། ཆོས་ཐམས་ཅད་རང་རང་གི་ངོ་བོས་སྟོང་པས་སྤང་བྱའི་རྫས་མ་གྲུབ་པའི་ཕྱིར་སླིག་རྒྱུ་ལ་ཆུ་རགས་མི་དགོས་པ་བཞིན་ཏེ། རྡོ་རྗེ་ལས། ཉོན་མོངས་རྣམས་ནི་སྒྱུ་འདྲ་ངོ་བོས་སྟོང་། །རང་གི་མ་རིག་རང་བཞིན་ཤེས་པས་གྲོལ། །ཞེས་སོ། །ཐབས་ཀྱིས་ཟིན་ན་སྤྱད་ཀྱང་མི་འཆིང་བར་མ་ཟད་རྣམ་པར་གྲོལ་བའི་རྒྱུར་ལམ་ཡིན་པས་ཀྱང་མི་སྤང་སྟེ། རྣ་བར་ཆུ་ཞུགས་པ་ཆུས་འགུགས་པ་བཞིན་ཏེ་རྒྱ་མཚོ་ལས། ཉོན་མོངས་ལམ་ནི་དག་པ་ཆེ། །ཐབས་ཀྱི་འདོད་ཡོན་རྒྱུན་གྱི་མཆོག །ཐམས་ཅད་ཐམས་ཅད་རོལ་པ་ཡིས། །སྐུར་དུ་ཧེ་རུ་ཀ་དཔལ་འགྱུར། །ཞེས་སོ། །ཉོན་མོངས་པ་ལྔ་ཡེ་ནས་རིགས་ལྔ་ཡེ་ཤེས་ལྔའི་རང་བཞིན་ཡིན་པས་ཀྱང་མི་སྤང་སྟེ་སྣུམ་འདོད་པས་ཏིལ་འབྲུ་སྒྲུབ་པ་བཞིན་ཏེ། ཐབས་ཞགས་ཀྱི་

འགྲེལ་པར་སློབ་དཔོན་པདྨས། གཏི་མུག་ནི་རྣམ་པར་སྣང་མཛད་ཀྱི་དམ་ཚིག་སྟེ། ཅིའི་ཕྱིར་ཞེ་ན། མ་རིག་པ་ནི་སྤང་དུ་མེད་རིག་པ་ནི་སྒྲུབ་ཏུ་མེད་དེ། ཆོས་ཀྱི་དབྱིངས་སུ་རོ་གཅིག་པའི་ཕྱིར་རོ་ཞེས་སོགས་གསུངས་སོ། །སྤྱིས་དོན་ཡང་དག་པའི་དྲུག་ལྔ་ནི། ཆོས་ཐམས་ཅད་མཉམ་པ་ཉིད་དུ་རྟོགས་པས་ལྟ་བ་ལ་ཕྱོགས་རིས་དང་། སྤྱོད་པ་ལ་བླང་དོར་གྱིས་འབྱེད་པ་མེད་པའི་གཏི་མུག་དེ་ལྟར་མ་རྟོགས་པ་ལ་དམིགས་པ་མེད་པའི་སྙིང་རྗེས་རྗེས་སུ་ཆགས་པའི་འདོད་ཆགས། རང་རིག་པའི་ཡེ་ཤེས་ཀྱིས་ལོག་རྟོག་འཇོམས་པའི་ཞེ་སྡང་། མཉམ་ཉིད་རྟོགས་པའི་ལྟ་བ་གཞོངས་སུ་མི་འབེབས་པའི་ང་རྒྱལ། གཉིས་འཛིན་གྱི་ལྟ་སྤྱོད་མཉམ་ཉིད་ཀྱི་ཀློང་དུ་མི་ཤོང་བའི་ཕྲག་དོག་རྣམས་རྟོགས་གོམས་ཀྱི་ཐབས་ཀྱིས་མི་སྤང་བ་སྟེ་དེ་དག་ནི་མི་སྤང་བའི་དམ་ཚིག་ལྔའོ། །

གསུམ་པ་ནི། དྲི་ཆེན་དང་དྲི་ཆུ་དང་རཀྟ་དང་མཾ་ས་དང་རྡོ་རྗེ་ཟིལ་པ་སྟེ། བདུད་རྩི་ལྔ་པོ་དངོས་བསྟན་ལྟར་ན། ཆོས་ཉིད་ངོ་བོས། ཆོས་ཅན་རང་བཞིན་གྱིས། ནུས་པའི་མཐུས། བྱིན་གྱིས་བརླབས་ཀྱིས་གྲུབ་པ་སྟེ་གྲུབ་པ་བཞི་དང་། ནད་ལྔ་སེལ་བའི་སྨན་དང་། མཆོག་ཐུན་དངོས་གྲུབ་སྒྲུབ་པའི་རྫས་དང་། རིགས་ལྔ་ཡེ་ཤེས་ལྔའི་རང་བཞིན་ཏེ། ཡིན་པ་གསུམ་གྱི་ཚུལ་ཇི་ལྟ་བ་བཞིན་ཤེས་ནས་བསྟེན་པ་དང་། སྤྱིས་དོན་དུ་ཕུང་ལྔའི་དྭངས་མ་འཛག་མེད་དུ་འཆིང་བ་སྟེ། དེ་རྣམས་ནི་དང་དུ་བླང་བ་ལྔའོ། །

གཉིས་པ་ཤེས་བྱ་ལྟ་བའི་དམ་ཚིག་ནི། ལྔ་ཚན་བཞི་པ་སྟེ་ཆོས་ཐམས་ཅད་ཡེ་ནས་སངས་རྒྱས་པས་ཕུང་པོ་ལྔ་དེ་བཞིན་གཤེགས་པ་ཡབ་ལྔ། འབྱུང་བ་ལྔ་ཡུམ་ལྔ། ཡུལ་ལྔ་སེམས་མ། དབང་པོ་ལྔ་དང་དབང་ཤེས་ལྔ་སེམས་དཔའ། ཁ་དོག་ལྔ་རིགས་ལྔ་ཡེ་ཤེས་ལྔ་སོགས་ལྔ་ཚན་གྱི་རྟོག་ཚོགས་རྣམས་ཀྱི་རང་བཞིན་ལྷ་རུ་དག་པས་སྐུ་དང་ཡེ་ཤེས་ཀྱི་དཀྱིལ་འཁོར་དུ་ཤེས་རབ་ཀྱིས་སྒྲོ་འདོགས་བཅད་ནས་ཤེས་པར་བྱེད་པ་སྟེ་དེ་དག་ནི་ཤེས་བྱ་ལྔའོ། །གསུམ་པ་བསྒྲུབ་བྱ་སྒོམ་པའི་དམ་ཚིག་ནི་ལྔ་ཚན་ལྔ་པ་སྟེ། ཤེས་བྱའི་དམ་ཚིག་ལྔ་པོ་དེ་རྟོགས་གོམས་ཀྱི་སྦྱོར་བས་དེ་བཞིན་གཤེགས་པ་དང་། རྡོ་རྗེ་དང་། རིན་ཆེན་དང་། པདྨ་དང་། ལས་ཀྱི་རིགས་ཏེ་ལྔའི་སྒོ་ནས་རང་རྒྱུད་ལ་ཚུལ་བཞིན་དུ་བསྒྲུབ་པར་བྱ་བ་སྟེ་དེ་དག་ནི་བསྒྲུབ་བྱ་ལྔའོ། །དེ་ཡང་ཤེས་པར་བྱ་བ་ལྟ

བའི་དམ་ཚིག །བསྒྲུབ་པར་བྱ་བ་སྒོམ་པའི་དམ་ཚིག །སྤྱོད་དང་མི་སྤང་དང་བླང་གསུམ་པོ་ཕྱི་བཤད་ལྟར་ན་སྤྱོད་པའི་དམ་ཚིག་གཙོ་ཆེ་བ་ཡིན་ལ། དེ་རྣམས་ནི་ལས་དང་པོ་པ་དང་། ཉམས་མྱོང་ཅུང་ཟད་སྐྱེས་པ་སོགས་ལྟ་དགོངས་ཀྱི་གདིང་དང་། ཚོགས་དཔེན་ལ་སོགས་པའི་ཡུལ་དང་། དུས་ཚོད་ཀྱི་གནས་སྐབས་བརྩིས་ནས་དེ་དང་འབྲེལ་བའི་སྒོ་ནས་སྤྱོད་དགོས་པས་དངོས་བསྟན་དང་། སྦས་དོན་གྱི་ཚུལ་དུ་གསུངས་པའི་དགོངས་པ་བླང་བར་བྱའོ། །

གསུམ་པ་ལྷག་པའི་དམ་ཚིག་ནི། སྤྱི་དང་ཁྱད་པར་གྱི་དམ་ཚིག་ལ་གནས་པའི་རྣལ་འབྱོར་པས་སྒྲུབ་པ་ལ་སོགས་པའི་སྐབས་སུ་བསྲུང་བྱ་ལྷག་པར་བསྟན་པའི་དམ་ཚིག་ཉི་ཤུ་ལྔེམ་དགོངས་ཀྱི་སྒྲས་བཤད་པ་སྟེ། ཞི་རྒྱུད་ལས། གཞུང་དོན་ལྷག་པའི་དམ་ཚིག་ནི། །རབ་ཏུ་ལྷག་པར་བསྲུང་བར་བྱ། །གཅན་གཟན་རྒྱལ་པོའི་ཁྲི་མི་ཞིག །ཅེས་རྡོ་རྗེ་སློབ་དཔོན་གྱི་སྐུ་ལ་མི་འཆི་ཞིང་བཀའ་མི་གཅོག་པ་དང་། ཟ་མ་ཏོག་ཏུ་དུག་མི་བླུགས། །ཅེས་བླ་མའི་ཡུམ་ལ་མི་སྤྱོད་པ་དང་། རིན་ཆེན་ལྷུག་ཕྲན་མི་འབྲེག་ཅིང་། །ཞེས་དད་པ་ཅན་གྱི་ཚོགས་མི་གཅོག་པ་དང་། ཞུན་ཁོལ་ལྟ་བུ་མི་བཏུང་སྟེ། །ཞེས་དཀོན་མཆོག་དང་མཁས་པའི་དཀོར་ལ་མི་འབག་ཅིང་ཆང་མྱོས་པར་མི་འཐུང་བ་དང་། པདྨའི་ཟེའུ་འབྲུ་ཁ་མི་གསེང་། །ཞེས་རྡོ་རྗེ་སྤུན་གྱི་ཡུམ་ལ་མི་སྤྱོད་པ་དང་། བུག་རྡོལ་སྣོད་དུ་བཅུད་མི་བླུགས། །ཞེས་མཚན་ངན་གྱི་བུད་མེད་མི་བསྟེན་པ་དང་། དོན་དང་མི་ལྡན་རྫས་མི་བསྟེན། །ཞེས་མཚན་ཉིད་དང་མི་ལྡན་པའི་དམ་རྫས་མི་བསྟེན་པ་དང་། ཤེལ་གོང་འདམ་དུ་བསུབ་མི་བྱ། །ཞེས་མཁས་པའི་ཡོན་ཏན་ལ་མི་སྨོད་པ་དང་། མ་དག་སྣོད་དུ་དག་པ་མིན། །ཞེས་སྣོད་མིན་ལ་གསང་ཆོས་མི་སྟོན་པ་དང་། ཡིད་བཞིན་ནོར་བུ་མི་འབྲེག་སྟེ། །ཞེས་མཚན་ལྡན་གྱི་གཟུངས་མ་དང་སྣོད་ལྡན་གྱི་སློབ་མ་མི་སྤང་བ་དང་། ཁྲུང་ཆེན་གཤོག་པ་ཡ་མི་འབྲལ། །ཞེས་དོན་བདེ་སྟོང་དང་རྟགས་ཡབ་ཡུམ་མི་འབྲལ་བ་དང་། གནམ་ལྕགས་དུར་མོའི་མཚོན་མི་རྡེག །ཅེས་མཆེད་ལ་ཀྱལ་ཀ་ཙམ་དུའང་ནང་འཐབ་མི་བྱེད་པ་དང་། གཅན་གཟན་རོལ་པའི་ལྷག་མི་སྤྱད། །ཅེས་གཞན་གྱིས་སྤྱད་པའི་ལྷག་མི་སྤྱོད་པ་དང་། རྡོ་རྗེ་བྲག་ཆེན་མི་ཞིག་ཅིང་། །ཞེས་བླ་མའི་གདན་ས་མི་རྙོམ་པ་དང་། རབ་དྭ་བའི་མཚམས་མི་འདྲལ། །ཞེས་རང་གཞན་གྱི་མཚམས་མི་འདྲལ་བ་

དང་། སྒྲོན་མེ་སླུང་གིས་བསད་པ་མིན། །ཞེས་ཏིང་ངེ་འཛིན་བྱེར་རྒོད་ཀྱི་དབང་དུ་མི་གཏོང་བ་དང་། ཡེ་ཤེས་ཆུ་རྒྱུན་གཅོད་པ་སྤང་། །ཞེས་བཟླས་བརྗོད་དང་ཚིག་མི་ཚིག་གིས་བར་མི་གཅོད་པ་དང་། བཀའ་རྟགས་ཕྱག་རྒྱ་མི་དབྱེ་ཞིང་། །ཞེས་དབང་རྟགས་ཀྱི་ཕྱག་རྒྱ་ལས་མི་འདའ་ཞིང་བརྡ་མི་བརྗོད་པ་དང་། རྡོ་རྗེ་ཕ་ལམ་མཁར་མི་ལྡོག །ཅེས་རྣལ་འབྱོར་པའི་དཀྱིལ་འཁོར་མི་དཀྲུགས་ཤིང་སྐྱེ་བོའི་མཐུ་ཟློག་མི་བྱེད་པ་དང་། གཙུག་གི་ནོར་བུ་སྨ་མི་དབབ། ཅེས་སློབ་དཔོན་གཙུག་ཏུ་ཁུར་བ་ལས་ཉམས་པར་མི་བྱའོ། །འདི་དག་བསྲུང་བར་བྱ་བ་སྟེ། །ལྷག་པར་གཅེས་པའི་དམ་ཚིག་ཡིན། །ཞེས་སོ། །

གཉིས་པ་ཐམས་ཅད་བསྡུས་ཏེ་བསྟན་པ་ནི། གོང་དུ་ཇི་སྐད་བཤད་པ་དེ༷ས་མཚོན་ཏེ་སོ༷གས་ཁོང་ནས་ཕྱར་བཤད་པའི་སྒྱུ་འཕྲུལ་གྱི་རྩ་བ་དང་ཡན་ལག་གི་དམ་ཚིག་བཅོ་ལྔ་ལས་རྣམ་གྲངས་སུམ་བརྒྱ་དྲུག་ཅུར་སྤྲོས་པ་དང་། བཤད་རྒྱུད་རྒྱས་པར་དམ་ཚིག་དགུ་བཅུ་རྩ་བདུན་དང་། སྤྱི་མདོར་གལ་མདོར་ངེས་པའི་དམ་ཚིག་བཞི། ཐུན་མོང་གི་དམ་ཚིག་ཉི་ཤུ་རྩ་བརྒྱད། ལྷག་པའི་བཞི། བརྟུལ་ཞུགས་ཀྱི་ཉེར་གསུམ། སྒྲུབ་པའི་ཉི་ཤུ། སྤྱོད་ལམ་རྒྱུན་གྱི་བཞི། བདུད་ལྔ་སྤོང་བ། དགྲ་བཞི་གཞོམ་པ། ལྔ་བའི་དམ་ཚིག་སྟེ་དགུར་ཕྱེ་བ་དང་། གཞན་ཡང་རྒྱུད་སྡེ་སོ་སོར་རྩ་བ་དང་ཡན་ལག་གི་བསྡུས་པའི་སྲུང་བྱའི་དམ་ཚིག་དང་། ཏིང་ངེ་འཛིན་དང་། སྤྱོད་ལམ་དང་། བཟའ་བའི་དམ་ཚིག་དང་། མི་འབྲལ་བའི་ཡོ་བྱད་ཀྱི་དམ༷་ཚིག༷་སོགས་རྣམ༷་གཞག༷་མང༷་པོ་ཞིག་གསུང༷ས་པ༷་ཡོད་ནའང་དེ་ཐམས་ཅད་རྩ༷་བ༷་དང་ཡན༷་ལག༷་གི་དམ་ཚིག་དང་བཅས༷་པ་འདིར་མ༷་འདུས༷་པ་མེད༷་དོ། །གང་སྤྱད་ན་སྡིགས་སྡོམ་གཏོང་བའི་རིགས་དང་། མི་གཏོང་ནའང་ཡན་ལག༷་ཉམས་པར་བྱེད་པའི་རིགས་གཉིས་སུ་འདུས་པའི་ཕྱིར་རོ། །འོན་གསར་རྙིང་ཐུན་མོང་བའི་རྩ་ལྟུང་བཅུ་བཞི་དང་། སྔ་འགྱུར་བའི་ཁྱད་པར་གྱི་དམ་ཚིག་སྔར་བཤད་པ་རྣམས་མི་འགལ་ལམ་སྙམ་ན། བཅུ་བཞི་པོ་ཁྱད་པར་གྱི་རྩ་བའི་དམ་ཚིག་དེ་དག་གི་ཁོངས་སུ་འདུས་པས་འགལ་བ་མེད་དོ། །དེ་ཐམས་ཅད་ཀྱང་མདོར༷་བསྡུ་ན༷་རང༷་གི་ལུས༷་གཞུག་མའི་རྩ་རླུང་ཐིག་ལེ་ཡེ་ཤེས་དང་བཅས་པ་གདོད་མ་ནས་སྐུ་གསུང་ཐུགས་རྡོ༷་རྗེ༷་གསུམ༷་དབྱེར་མེད་པའི་ཡེ་ཤེས་རྡོ་རྗེའི་བདག་ཉིད་དུ་བཞུགས་པ་ཉིད་ཤེས

རབ་ཀྱིས་སྒྲོ་འདོགས་བཅད་དེ་ཤེས་ན་གསང་སྔགས་ཀྱི་དམ་ཚིག་ས་ཡ་འབུམ་སྡེ་ཇི་སྐད་གསུངས་པ་ཐམས་ཅད་དེར་ལྷུན་གྱིས་གྲུབ་པར་འདུས་ཤིང་སྒྲོན་གྱིས་རྣམ་པར་དག་པ་ཉིད་ཡིན་ནོ། །

གསུམ་པ་སྡོམ་པ་སྐྱེ་བའི་རྟེན་བཤད་པ་ནི། དེ་ལྟ་བུའི་རིག་པ་འཛིན་པའི་སྡོམ་པ་དེ་རྡོ་རྗེ་ཐེག་པའི་དབང་བསྐུར་བ་ལས་སྡོམ་པ་སྐྱེ་བའི་རྟེན་དེ་ལ་ནི་དེའི་ལམ་གྱིས་ གསར་དུ་བསྒྲུབས་པས་མཆོག་འགྲུབ་པའི་དབང་དུ་བྱས་ཏེ། དྲི་མེད་འོད་ལས། སྐྱེ་བ་འདིའི་ཞེས་པ་མིའི་སྐྱེ་བ་ལ་སངས་རྒྱས་ཉིད་ཀྱི་འབྲས་བུ་རབ་ཏུ་སྟེར་བ་རྒྱུད་ཀྱི་རྒྱལ་པོའོ། །ལྷ་ལ་སོགས་པ་འགྲོ་བ་ལྔའི་སྐྱེ་བ་ལ་ནི་མ་ཡིན་ནོ། །ཞེས་གཙོ་བོར་ཁམས་དྲུག་ལྡན་གྱི་མི་ཡིན་པར་བཤད་ཀྱང་། དཔེར་ན་མཚོན་རྟུལ་པོས་ཤིང་སྡོང་གཅོད་པ་ལ་ཡུན་རིང་ཐོགས་པ་དེ་རྣོན་པོས་སྐད་ཅིག་ལ་གཅོད་པ་ལྟར་མཚན་ཉིད་ཐེག་པས་ཚེ་རབས་མང་པོར་ཚོགས་བསགས་ནས་སྒྲུབ་དགོས་པའི་འབྲས་བུ་དེ་སྔགས་ཀྱི་ཐེག་པ་འདིར་ཞུགས་ན་ཚོགས་གཉིས་ཀྱི་བསགས་པ་སྔོན་དུ་འགྲོ་མི་དགོས་པར་མ་ཟད། ཐེག་པ་གཞན་དུ་སྣང་བའི་གདུལ་བྱ་ཉིན་བཞིན་བྲམ་ཟེ་གསོད་པ་དང་། མཚམས་མེད་པ་ལྔ་བྱེད་པ་ལ་སོགས་པའི་སྡིག་པ་ཧྲམས་པོ་ཆེའི་ལས་བྱེད་བཞིན་པ་ཞིག་ཡིན་ཀྱང་དབང་རྣོན་སེམས་སྟོབས་ཆེན་པོ་དང་ལྡན་པ་ཞིག་ཡིན་ན་སྐྱེ་བ་འདི་ལ་སངས་རྒྱས་ཉིད་འགྲུབ་སྟེ། ཐབས་ཟབ་ཅིང་མང་བའི་གནད་ཀྱིས་སོ། །གཞན་ཡང་སྐལ་ལྡན་ལས་འཕྲོ་ཅན་བསགས་པ་ཡང་རབ་ཡིན་ན་ནི་མིའི་རྟེན་ཁོ་ན་དགོས་པའི་ངེས་པ་མེད་དེ། རྒྱུད་སྡེ་རྣམས་ལས་ལྷ་དང་ལྷ་མིན་སོགས་རྒྱུད་མཉན་པའི་སྣོད་དུ་བསྟུས་པ་དང་། གསང་བདག་གིས་སྔགས་ཀྱི་ཐེག་པ་གསུངས་པའི་གདུལ་བྱའི་གཙོ་བོ་དྭ་མ་ལྔ་ལས་བཞི་མི་མ་ཡིན་པའི་རྟེན་ཅན་ཡིན་པ་དང་། ཨོ་རྒྱན་གྱི་གནས་སུ་ཀླུ་རྣམས་སྔགས་ལམ་གྱིས་གྲོལ་བ་དང་། དགྲ་བཅོམ་ལྷག་མེད་རྣམས་སྔགས་ཀྱི་ཐེག་པར་འཇུག་པ་ཡོད་དགོས་པ་ལ་སོགས་པའི་ཕྱིར་སྐལ་བ་དང་ལྡན་པའི་འགྲོ་བ་ཀུན་ལ་སྔགས་ཀྱི་སྣོད་དུ་ཡོད་པར་བཤད་པའོ། །བཞི་པ་ཉམས་ན་ཕྱིར་བཅོས་པའི་ཚུལ་ལ་བསྟན་བཤད་གཉིས་ལས། དང་པོ་མདོར་བསྟན་པ་ནི། དེ་ལྟ་བུའི་དམ་ཚིག་རྣམས་མ་ཉམས་པར་སྲུང་བ་ལ་འབད་ཅིང་། གལ་ཏེ་ལྟུང་བ་འབྱུང་བའི་རྐྱེན་དབང་གིས་ཐ་མར་ཉམས་ན་སླར་གསོ་བའི་ཚུལ་བཤད་པ་ལ་ཞེས་པའོ། །

གཉིས་པ་རྒྱས་པར་བཤད་པ་ལ་བཞི་སྟེ། ལྟུང་ལྟུང་མེད་ཀྱི་རྣམ་གཞག ཕྱིར་བཅོས་དངོས། ཕྱིར་མ་བཅོས་པའི་ཉེས་དམིགས། ཚུལ་བཞིན་སྲུང་བའི་ཕན་ཡོན་ནོ། །དང་པོ་ལ་གསུམ་ལས། དང་པོ་ལྟུང་བ་འབྱུང་བའི་སྒོ་བཞིའམ་རྒྱུ་དྲུག་གཉེན་པོ་དང་བཅས་པ་ནི། ལྟུང་བ་འབྱུང་བའི་རྒྱུ་གཉེན་པོ་དང་བཅས་པ་ཤེས་པར་བྱ་བའི་ཚུལ་ནི། དམ་ཚིག་ལ་བསླབ་པར་འདོད་ཀྱང་ལྟུང་བ་སོ་སོའི་བླང་དོར་གྱི་མཚམས་མི་ཤེས་པ་དང་། ཤེས་ཀྱང་བླ་མ་དང་། དེས་འདོམས་པའི་བསླབ་བྱ་ལ་སོགས་པ་ལ་མི་གུས་པ་དང་། སྤྱིར་གུས་ཀྱང་ཉེས་དམིགས་མ་མཐོང་བའམ་དྲན་ཤེས་མེད་པས་གཟོབ་པར་མི་བྱེད་པས་བག་མེད་པར་སྤྱོད་ཅིང་། དེས་ཉེས་པ་འབྱུང་བའི་རྒྱུ་བྱེད་པ་དང་། འཛེམ་བག་ཙུང་ཟད་སྐྱེས་ཀྱང་ཉོན་མོངས་ཤས་ཆེ་ཞིང་མང་བ་སྟེ་བཞི་ནི་ལྟུང་བ་འབྱུང་བའི་སྒོ་བཞིར་རྒྱལ་སྲས་ཐོགས་མེད་ཀྱིས་བཞེད་ལ། བཞི་པོ་དེ་ཡི་གཉེན་པོར་བླང་དོར་རྣམས་ཤེས་པར་བྱས་ནས་བསླབ་བྱར་བསླབ་པ་དང་། ཕན་ཡོན་ལ་བྲོད་པ་བསྐྱེད་ནས་བླ་མ་དང་བསླབ་པ་ཀུན་ལ་གུས་པ་བསྐྱེད་པ་དང་། དགྲ་ཆེ་སར་ཟོན་བྱེད་པ་ལྟར་ཉེས་དམིགས་ལ་འཇིགས་ནས་སེམས་སྒྲིམ་སྟེ་རྟག་པར་དྲན་ཤེས་དང་བག་ཡོད་བརྟེན་པ་དང་། རང་རྒྱུད་ལ་ཉོན་མོངས་གང་ཤས་ཆེ་བ་དེའི་གཉེན་པོར་འབད་དེ་བསླབ་པ་དང་བཞིའོ། །སྤྱད་བྱ་རྒྱུ་བཞི་པོ་དེའི་སྟེང་བསླབ་བྱའི་མཚམས་བརྗེད་ངས་པ་དང་། ཤེས་བཞིན་མེད་པས་དྲན་པ་མི་གསལ་བ་གཉིས་བསྣན་ཏེ་དམ་ཚིག་ཉམས་པའི་རྒྱུ་དྲུག་ཅེས་དཔལ་ལྡན་སྡོམ་པའི་རྒྱུད་ལས་གསལ་བར་གསུངས་ཏེ། ཇི་སྐད་དུ། མི་ཤེས་པ་དང་བག་མེད་དང་། །ཉོན་མོངས་མང་དང་མ་གུས་དང་། །བརྗེད་ངས་དྲན་པ་མི་གསལ་བ། །འདི་དྲུག་དམ་ཚིག་ཉམས་པའི་རྒྱུ། །ཞེས་སོ། །ཕྱི་མ་གཉིས་ཀྱི་གཉེན་པོ་གནང་བཀག་གི་མཚམས་མི་བརྗེད་པའི་དྲན་པ་དང་། དམ་ཚིག་ལས་འདས་མ་འདས་དཔྱོད་པའི་ཤེས་བཞིན་ནོ། །

གཞན་ཡང་ཉམས་ན་བདག་ཉིད་ངན་ནོ་སྙམ་དུ་རང་ལ་བརྟེན་ནས་འཛེམ་པའི་ངོ་ཚ་ཤེས་པ་དང་། གཞན་གྱིས་ཁྲེལ་ནས་སྨད་པའི་གནས་སུ་འགྱུར་བ་དང་། རྒྱལ་བ་སྲས་བཅས་རྣམས་དང་དྲིན་ལྡན་བླ་མ་རྣམས་ཀྱིས་ཟག་པ་མེད་པའི་མངོན་ཤེས་ཀྱིས་དགོངས་པར་འགྱུར་བ་ནི་གདོན་མི་ཟ་བས་ཉེས་སྤྱོད་ལ་འཛེམ་པ་བྱ་དགོས་སྙམ་དུ་གཞན་ལ་བརྟེན་པའི་ཁྲེལ་ཡོད་སོགས་ཀྱི་སྒོ་ནས

འབད་པས་བསྲུང་བར་བྱ་སྟེ། སྡོམ་འབྱུང་ལས། རྗེ་སྟེ་དངོས་གྲུབ་མཆོག་འདོད་ན། །སྲོག་ནི་ཡོངས་སུ་གཏོང་ཡང་བླ། །འཆི་བའི་དུས་ལ་བབས་ཀྱང་བླའི། །རྟག་ཏུ་དམ་ཚིག་བསྲུང་བར་བྱ། ། ཞེས་གསུངས་པའི་ཕྱིར་རོ། །གཉིས་པ་ལྟུང་བའི་ཡན་ལག་བརྒྱ་ཚུལ་ནི། དེ་ནས་ལྟུང་བ་དང་ལྟུང་མེད་ཀྱི་ཚུལ་ཤེས་པར་བྱ་བ་ལ། ལྟུང་བ་ཀུན་ལ་ཡན་ལག་བཞི་ལྡན་ནམ་བདུན་ལྡན་ཏེ། དེ་ཡང་གང་ལ་བརྟེན་ནས་ལྟུང་བ་འབྱུང་བའི་ཡུལ་དང་། དེར་འདུ་ཤེས་པའི་བསམ་པ་དང་། ལས་ལམ་ལ་འཇུག་པའི་སྦྱོར་བ་དང་། སྒོ་གསུམ་གང་གིས་གྲུབ་པའི་ལས་ལམ་རྫོགས་ནས་མཐར་ཐུག་པ་སྟེ་ཡན་ལག་བཞི་ལྡན་དག་གམ། ཡང་ན་ཀུན་སློང་ཉོན་མོངས་དྲག་པོས་བསླང་བ་དང་། གང་ལ་བརྟེན་ནས་དམ་ཚིག་དང་འགལ་བར་འགྱུར་བའི་ཡུལ་དེ་ལ་དེར་ཤེས་པ་དང་། ཀུན་འདོར་བ་ལྟ་བུ་ལུས་དང་། གསང་སྒྲོགས་ལྟ་བུ་ངག་གི་སྦྱོར་བས་གྲོགས་ལ་ལྟོས་པའི་བྱ་བ་དེས་བྱས་ཟིན་ན་རྒྱ་ལྟུང་དངོས་གཞིར་གྲུབ་པ་དང་། ཡིད་ཀྱིས་འགྲུབ་པ་རྣམས་ཉིན་མཚན་གྱི་དྲུག་ཆའི་ནང་དུ་གཉེན་པོས་མ་སླེབས་པར་ཐུན་ཚོད་ཀྱིས་བར་ཆོད་པ་དང་། ཡང་ན་སྒོ་གསུམ་གྱིས་བསྐྱེད་པའི་ལྟུང་བ་གང་ཡིན་ཡང་ལྟུང་བ་གཅིག་ཙམ་ལ་ཡན་ལག་བདུན་ག་ཚང་དགོས་པའི་དབང་དུ་བྱས་ན། བར་ཆོད་པ་ཞེས་པ་འདི་དེ་ལྟར་འགྲེལ་ན་ཐུན་ཚོད་འདས་ཞེས་པ་དང་གཅིག་ཏུ་འགྱུར་བས། སྲོག་གཅོད་ལྟ་བུས་མཚོན་ཏེ་གོང་དུ་བཤད་པའི་བསམ་སྦྱོར་དེ་དང་ལྡན་པས་དངོས་གཞིར་གྲུབ་པ་ནི། བར་དུ་སྲོག་གཅོད་པ་ན་བྱ་བ་དེ་རྫོགས་ནས་སྲོག་ཆོད་པ་ན་ཞེས་པའམ། ཡང་ན་དངོས་གཞིའི་ལྟུང་བ་བསྐྱེད་པ་ལ་མཐར་མ་ཕྱིན་གོང་། བར་དུ་གཉེན་པོས་ཆོད་པ་མིན་པ་ཞེས་འགྲེལ་ནའང་རུང་ངམ་སྙམ་དུ་སེམས་སོ། །སྨོས་པ་ལ་སོགས་པ་འདུ་ཤེས་མ་འཁྲུལ་པས་སྤྱོད་པ་དང་། དེས་མགུ་བས་འགྱོད་པ་མེད་པ་དང་། བཤགས་པས་མ་ཟིན་པར་ཐུན་ཚོད་ལས་འདས་པ་སྟེ། དེ་ལྟར་ཡན་ལག་བདུན་ཚང་བར་སྤྱད་ན་ སྔགས་སྡོམ་གཏོང་བས་ཤིན་ཏུ་ལྕི་ཞིང་མི་མཐུན་ཕྱོགས་ཀྱི་གཉེན་པོ་བཅོམ་པས་ཕས་ཕམ་པ་ཞེས་བརྗོད་ཅིང་། གལ་ཏེ་རྒྱ་ལྟུང་གང་རུང་གཉེན་པོ་དང་སྦྲེལ་ནས་སྐྱེས་པ་ལྟ་བུ་དངོས་གཞི་འགྲུབ་བྱེད་ཀྱི་ཡན་ལག་གང་རུང་མ་ཚང་ནས་མ་བཤགས་པར་ཐུན་ཚོད་འདས་ན་ཐུན་འདས་ཀྱི་ལྟུང་བ་ཞེས་བརྗོད་དེ། སོ་ཐར་གྱི་དགེ་འདུན་ལྷག་མ་ལྟར་ཕམ་

པའི་འོག་ནས་ཉེས་པ་ལྗི་བ་ཡིན་ལ། དེ་བཞིན་དུ་རིམ་པས་ཉེས་པ་དམན་ན་འདི་ལྟར། ཕམ་པའི་སྡེར་གཏོགས་པ་ཡན་ལག་མ་ཚང་བ་ཉོན་མོངས་པ་ཅན་ནི་སྦོམ་པོ་དང་། ཡན་ལག་གི་ལྟུང་བ་གཞན་ཐམས་ཅད་ནི་ལྟུང་བྱེད་ལྟ་བུ་དང་། ཕྱོགས་མཐུན་གྱི་ཉེས་པ་ཕྲ་མོ་རྣམས་ནི་ཉེས་བྱས་དང་འདྲའོ། །གལ་ཏེ་རྡོ་རྗེའི་མཆེད་ལ་ཕན་སེམས་ཀྱིས་ཁྲོས་པ་ལྟ་བུ་ནི་ལྟུང་བའི་གཟུགས་བརྙན་ཏེ་དོན་ལ་ལྟུང་མེད་དུ་ཤེས་པར་བྱའོ། །

ཡང་རང་ཉིད་ན་བ་དང་། རང་དབང་ཉམས་པའམ། དབང་ཐོབ་པ་ལས་ཉམས་པ་དང་། དོན་དེ་ལས་ཆེ་བའི་བྱ་བ་གཞན་གྱིས་དང་། གཞན་དོན་དུ་འགྱུར་བའམ་དོན་ཆེན་པོ་མཐོང་བ་དང་། སྐྱེ་བ་མེད་པའི་དོན་བརྟན་པ་དང་། གཞན་དྲང་བ་ལ་སོགས་པའི་དགོས་པ་དང་ལྡན་པ་དང་། རྟོགས་གོམས་ཀྱི་ནུས་པ་སྙེད་པ་དང་། ལྷག་པའི་ལྷ་ལྟ་བུའི་ཡུལ་ཁྱད་པར་ཅན་གྱིས་གནང་བ་ཐོབ་པ་དང་། རང་གི་བླ་མས་འདི་ལྟ་བུ་གྱིས་ཤིག་ཅེས་བཀའ་བསྒོ་བ་དང་། སྲོག་གི་བར་ཆད་འབྱུང་བ་ལས་ལྟུང་བ་དེ་དག་བྱས་ཀྱང་ཉེས་པ་མེད་ཅེས་སྙིང་པོ་རྒྱན་ལས་གསུངས་སོ། །

དེ་ཡང་སྤྱིར་བཏང་ཡིན་གྱི་དམིགས་བསལ་རང་གི་བསམ་པ་ལ་བརྟགས་ནས་བསྟན་འགྲོ་ལ་ཕན་པའི་བསམ་པ་རྣམ་པར་དག་པས་སྲོག་བཅད་པ་སོགས་ལ་ཉེས་པ་མེད་མོད། རང་སྲོག་སྲུང་བའི་ཕྱིར་གཞན་གསོད་པ་སོགས་ལ་ཉེས་པ་མེད་ཅེས་པའི་དོན་མ་ཡིན་པར་ཤེས་པར་བྱ་དགོས་སོ། །གསུམ་པ་དུས་འདས་ཀྱི་མཚམས་བཤད་པ་ནི། བཤགས་ཚད་ལས་འདས་ན་གསོར་རུང་མི་རུང་གི་དབྱེ་བ་ལ། དེ་ལྟར་ཉིན་མཚན་གྱི་ཐུན་དྲུག་པོ་རེ་རེ་ལ་ལན་རེ་ཙམ་མ་མཐའ་བྱས་པས་དུས་དྲུག་ཏུ་སྤང་བ་དང་བླང་བར་བྱ་བའི་དམ་ཚིག་གི་གནས་རྣམས་ལ་འགལ་ལམ་མ་འགལ་ལེགས་པར་བསྒྲིམས་སྟེ་བརྟག་དཔྱད་བྱས་པས། དུས་དྲུག་ཆའི་ནང་དུ་གཉེན་པོས་མ་སླེབས་པར་འདས་ན་ཐུན་ཚོད་འདས་པ་ཞེས་བྱ་བ་དང་། དེ་བཞིན་དུ་ལྟུང་བ་བྱུང་ནས་མ་བཤགས་པར་ཞག་གཅིག་དང་། ཟླ་བ་གཅིག་དང་། ལོ་གཅིག་དང་། ལོ་གཉིས་རྣམས་འདས་ན་འགལ་བ་དང་། ཉམས་པ་དང་། འདས་པ་དང་། རལ་བ་ཞེས་བརྗོད་དོ། །དེ་དག་ཀྱང་སྙིང་ཐག་པ་ནས་བཤགས་ན་གསོར་རུང་ཡང་ཕྱི་རིམ་རྣམས་ཉེས་པ་ལྗིའོ། །གལ་ཏེ་ལོ་གསུམ་འདས་པར་གྱུར་ན་གསོར་མི་

རུང་བ་ཡིན་ཏེ། དམ་ཚིག་བཀོད་པའི་རྒྱུད་ལས། ལོ་གསུམ་དག་ཏུ་འདས་པ་ན། །དེ་ནས་གསོ་རུ་མི་རུང་སྟེ། །གལ་ཏེ་བླང་ན་གཉིས་ཀ་ཚིག །ངེས་པར་ས་སྤྱོད་སྡུག་བསྔལ་ལ། །རྒྱུན་དུ་སྤྱོད་པ་ཁོ་ནའོ། །ཞེས་སོ། །དེ་ཡང་ངོ་བོ་ལ་ལྟོས་པ་རྩ་བ་དང་ཡན་ལག་ཉམས་པ་དང་། དུས་ལ་ལྟོས་པ་ཐུན་འདས་ཞེས་འགལ་ཉམས་སོགས་ཀྱི་བཤགས་བྱའི་ལྕི་ཡང་ཤེས་པར་བྱའོ། །གཞན་ཡང་སྤྱི་མདོ་ལས། ཉམས་པར་གྱུར་པ་གང་ཞེ་ན། །ཀུན་ཏུ་ཉམས་པ་ཆེན་པོ་དང་། །རྩ་བ་ཉམས་དང་ཡན་ལག་ཉམས། །དེ་བཞིན་ཟླས་ཉམས་ཞར་ཉམས་ལྔ། །ཞེས་པའི་ཀུན་ཏུ་ཉམས་པ་ནི་ཡུལ་ཆེས་གཉན་པ་ལ་ཀུན་དཀྲིས་དྲག་པོས་སྤྱད་པའམ། ལན་གྲངས་མང་དུ་བྱུང་བ་དང་། དུས་འདས་རལ་བ་ལ་སོགས་པ་ཡུན་རིང་པོར་ལོན་པ་ཡིན་ལ། ཟླས་ཉམས་ནི་ཉམས་པ་དང་འགྲོགས་པའི་ཉེས་པ་དང་། ཞར་ཉམས་ནི་གཞན་གྱི་ངོ་དགར་ཐལ་བ་ལ་སོགས་པའོ། །

གཉིས་པ་ཕྱིར་བཅོས་དངོས་བཤད་པ་ལ་བཞི་ལས། དང་པོ་དབང་བཞི་ལ་ལྟོས་པའི་གསོ་ཐབས་ནི། དེ་ཡང་དབང་ཐོབ་མཚམས་ཐ་དད་པའི་དབང་གིས་ལྟུང་བ་སྦྱོང་བའི་ཐབས་ཀྱང་ཐ་དད་པ་དུས་འཁོར་ལས་གསུངས་པ་ལྟར་ན། བུམ་དབང་བདུན་ཙམ་ཐོབ་པས་ཉེས་ལྟུང་གི་གཉེན་པོ་ལ། དཀྱིལ་འཁོར་གྱི་ལྷ་གྲངས་རེ་རེ་ལ་འབུམ་གཙོ་བོའི་བཟླས་པ་སུམ་ཁྲི་དྲུག་སྟོང་བྱས་པས་སྦྱོང་བ་དང་། བུམ་གསང་ཐོབ་པས་ནི་ཉམས་པའི་ཉེས་པ་བྱུང་ན་བཤད་མ་ཐག་པའི་སྦྱོང་ཐབས་དེ་ཡི་སྟོང་བཤགས་པའི་སྔོན་དུ་སློབ་དཔོན་གྱིས་འདི་གྱིས་ཞེས་གསུངས་པའི་ཚད་ལས་ཀྱི་བརྟུལ་ཞུགས་སྤྱད་པས་སྦྱོང་ལ། དབང་བཞི་རྫོགས་པར་ཐོབ་པ་ཞིག་ཡིན་ན་ཉམས་པའི་ཉེས་པ་བཤགས་ཤིང་དག་པའི་མཚན་མ་མཐོང་ན། དེ་ཡི་རྗེས་སུ་དཀྱིལ་འཁོར་དུ་ཞུགས་ལ་བླ་མས་སམ་བདག་འཇུག་གིས་དབང་བཞི་ལེན་པ་དང་། ཁྱད་པར་དུ་ཤེར་དབང་དང་ཚིག་དབང་ཐོབ་པ་ལས་ཉམས་ན་དབེན་པའི་གནས་སུ་བསྐྱེད་རྫོགས་ཀྱི་རིམ་པ་གཉིས་ཟུང་འཇུག་ཏུ་བསྒོམ་པ་དང་། འཕོ་མེད་ཀྱི་ཚུལ་ཁྲིམས་ཐུན་མོང་མ་ཡིན་པའི་རྫོགས་པའི་རིམ་པ་མཚན་བཅས་དང་མཚན་མེད་སོགས་རང་རྒྱུད་ཁྲིད་ཀྱིས་བསླབས་པའི་ལམ་མ་གཏོགས་བཟླས་པ་ལ་སོགས་པ་ཙམ་གཞན་གྱིས་མི་འདག་གོ། །

གཉིས་པ་དུས་འདས་ལ་ལྟོས་པའི་གསོ་ཐབས་ནི། འགལ་བའི་ཉེས་པ་བྱུང་ན་ཚོགས་

འཁོར་རམ་དཔའ་བོ་དང་དཔའ་མོའི་དགའ་སྟོན་བྱས་ཏེ་བཤགས་པ་དང་། ཉམས་པའི་ཉེས་པ་བྱུང་ན་རང་ལ་བདོག་པའི་དངོས་པོ་བླ་མ་ལ་སོགས་པའི་ཕྱོགས་སུ་ཕུལ་ནས་བཤགས་པ་བྱས་ནས་བསྐང་བ་དང་། འདས་པའི་ཉེས་པ་བྱུང་ན་བུ་དང་ཆུང་མ་དང་། ནོར་གྱི་ནང་ནས་གསེར་ལ་སོགས་པའི་རིན་པོ་ཆེ་དུ་མས་དཀྱིལ་འཁོར་གྱི་ལྷ་དང་བླ་མ་ལ་མཆོད་དེ་བཤགས་པ། རལ་བའི་ཉེས་པ་བྱུང་ན་རང་གི་སྲོག་ལའང་མི་བལྟ་བར་བླ་མ་དང་བསྟན་པ་ལྟ་བུའི་ཆེད་དུ་བརྩོན་པ་དྲག་པོས་སྒྲུབ་པ་ལ་སོགས་པའི་ཐབས་དག་གིས་གསོ་བ་ར་དམ་ཚིག་རྣམ་བཀོད་ལས་བཤད་དོ། །གཞན་ཡང་སྤྱི་མདོ་ལས་ནི་སྦྱིན་སྲེག་དང་བཟླས་བརྗོད་ལ་སོགས་པའི་ལས་དང་། རིགས་ལྔ་གང་གི་དམ་ཚིག་ཉམས་པའི་ཁྱད་པར་ལས། དམངས་དང་གདོལ་པ་སོ་སོར་ཕྱེ་བའི་མི་རིགས་ལྔའི་བླ་མ་དངོས་སམ་དེར་མོས་པ་ལ་རིན་ཆེན་སྣ་ལྔ་སྟོབ་པ་རྫས་དང་། དད་འདུན་དྲག་པོས་གནོང་འགྱོད་དང་བཅས་པས་བཤགས་པ་འདུན་པ་དང་། སྟོབས་བཞི་ཚང་བས་ཉམས་ཆག་གི་གཉེན་པོ་མཚན་བཅས་དམིགས་པའི་རིམ་པ་ཏིང་ངེ་འཛིན་དང་། མཚན་མ་མེད་པའི་ངང་ལ་འཇོག་པ་དེ་ཁོ་ན་ཉིད་ཀྱིས་བསྐང་བ་སྟེ་རྣམ་པ་ལྔར་གསུངས་ཏེ། དེ་ལས། ལས་དང་རྫས་དང་འདུན་པ་དང་། །ཏིང་ངེ་འཛིན་དང་དེ་ཉིད་དོ། །ཞེས་སོ། །ཛམས་གླེག་ལས་ནི་སྐུ་གསུང་ཐུགས་ཀྱི་ཕྱིར་བཅོས་གསུམ་བཤད་དོ། །

གསུམ་པ་སྙིང་པོ་རྒྱན་ལས་བཤད་པའི་ཕྱིར་བཅོས་ནི། དེ་ནས་སྙིང་པོ་རྒྱན་ལས་ཉམས་པ་སླར་གསོ་བའི་ཐབས་སུ་གསུངས་པའི་ཚོ་ག་བཤད་པ་ནི། ཚོགས་ཞིང་སྤྱན་དྲངས་ལ་དེའི་དྲུང་དུ་སྟོབས་བཞི་ཚང་བས་བཤགས་པ་དང་། ཡོ་ག་ནས་བཤགས་པའི་དྲལ་བའི་སྔགས་རྒྱ་གཉིས་ཏེ་ལྟུང་བ་སྐོང་བའི་ཕྱག་རྒྱ་དང་། དེའི་སྔགས་ཀྱི་རིམ་པ་ལ་བརྟེན་ནས་ངན་འགྲོ་དགུག་བྲལ་དང་། དེ་བཞིན་དུ་རྡོ་རྗེ་ཡང་ཏོག་གི་རྒྱུད་ལས། ཡིག་འབྲུ་སྔགས་ཀྱི་སྦྱོང་བ་ནི། །རྐང་མཐིལ་གཉིས་སུ་ཡཾ་གཉིས་བསམ། །གསང་བའི་སྣོ་རུ་རཾ་བསམ་མོ། །ལྟེ་བར་རིགས་དྲུག་ཡིག་འབྲུ་བསམ། །སྙིང་གར་ཕཊ་ཀྱི་གདན་དག་ལ། །སྐུ་གསུང་ཐུགས་ཀྱི་སྙིང་པོ་བསམ། །ཡཾ་ལས་ཡེ་ཤེས་རླུང་བྱུང་སྟེ། །རཾ་ལས་ཡེ་ཤེས་མེ་སྦར་ནས། །རིགས་དྲུག་བག་ཆགས་ཐམས་ཅད་བསྲེགས། །སྒོ་གསུམ་སྐུ་གསུང་

ཐུགས་སུ་གྱུར། །ཕཊ་ཀྱི་ཆོས་ཉིད་དབྱིངས་སུ་འཕངས། །ཞེས་པའང་མན་ངག་ཤིན་ཏུ་ཟབ་པོ། ། བཾ་ལས་ཆུ་མ་མ་ཀིའི་བདག་ཉིད་དུ་མོས་ལ་སྤྱོད་པའི་བརྟུལ་ཞུགས་ཀྱིས་ལུས་བཀྲུ་བ་དང་། སོ་སྐྱེ་ནས་ སློབ་ ལམ་ གྱི་ ཉེས་ བྱས་ ཐམས་ ཅད་ སྒྲིབ་ ཏུ་ མི་ འགྱུར་ བ་ མེད་ པས་ རྣམ་ འཇོམས་ སོགས་ གཟུངས་སྔགས་ཀྱིས་བསྒྲུབས་པའི་བུམ་ཆུས་དངོས་སུ་བཀྲུ་བ་དང་། མཁའ་དབྱིངས་སུ་ཤར་བའི་དབང་ལྷ་ལས་རིག་པའི་དབང་ལྷ་བླངས་ནས་བཀྲུ་བའི་རིམ་པ་དང་། ལྟེ་བར་གཾ་ཡིག་དང་སྙིང་གར་ཤ་ཟའི་གཟུགས་ཀྱི་རྣམ་པར་བསམ་པའི་སྡིག་སྒྲིབ་རྣམས་གཏུམ་མོའི་མེས་བསྲེགས་པ་དང་། འཁོར་གསུམ་མི་དམིགས་པའི་ཤེས་རབ་བསྒོམ་པ་དང་། བླ་མ་ལས་སམ་བདག་འཇུག་གི་དབང་བཞི་བླངས་པ་དང་། ཚོགས་འཁོར་རམ་དཔའ་བོ་དཔའ་མོ་སྟོན་མོས་མཆོད་ནས་དེ་རྣམས་སུ་ཞུ་ཞིང་བཤགས་པ་དང་། རྟེན་ཁྱད་པར་ཅན་རབ་གནས་ཀྱི་དྲུང་དུ་འདུག་ལ་ཡན་ལག་བདུན་པ་སྔོན་དུ་འགྲོ་བས། སྨྲེ་སྔགས་ཀྱིས་བཤགས་པ་བྱ་བ་དང་། མཎྜལ་གྱིས་མཆོད་ལུས་སྲོག་ལོངས་སྤྱོད་དགེ་ཚོགས་ཐམས་ཅད་འབུལ་བ་དང་བཅས་བཤགས་པ་དང་། མཆོད་རྟེན་ཚད་ལྡན་བཞེངས་པར་བྱ་བ་འམ་སཱཙྪ་གདབ་པ་དང་། ཞི་བའི་སྲེག་བླུགས་རྒྱས་པའམ་ཟ་བྱེད་རྡོ་རྗེ་མཁའ་འགྲོའི་སྦྱིན་སྲེག་ལྟ་བུ་མེ་ལ་སྦྱོང་བ་དང་། གཏོར་མ་སྦྱང་རྟོགས་སྦྱར་གསུམ་གྱིས་བྱིན་གྱིས་བརླབས་པ་འཁོར་འདས་ཐམས་ཅད་འཁོར་ལོའི་དབང་ཕྱུག་གི་རྣམ་པར་སད་པ་ལ་གཏོང་ཞིང་འདོད་དོན་གསོལ་བ་དང་། རང་གི་ལྷག་པའི་ལྷའི་གསང་སྔགས་བཟླ་བ་དང་། ཟབ་མོའི་བསམ་གཏན་ཞི་ལྷག་གི་ཏིང་ངེ་འཛིན་བསྒོམ་པ་དང་། ཉེའུ་འདོན་ཆུ་མིག་ལྟེངས་ཀ་ནས་སྲོག་ཆགས་སྐྱོབ་པ་དང་། སྦྲང་རྩི་བླུ་བ། སྙི་ལས་དགྲོལ་བ། ཇོན་པ་ལ་ཇན་སྟེར་བ། ནད་པ་ལ་ཕན་གདགས་པ། མཚོན་ཆའི་འོག་ནས་ཐར་བར་བྱ་བ་སྲོག་སྐྱོབ་པ་དང་། སྡིག་སྒྲིབ་ཀྱི་གཉེན་པོར་བསྔགས་པའི་ཐར་པ་ཆེན་པོའི་མདོ་དང་། དྲི་མེད་བཤགས་པའི་རྒྱུད་སོགས་བཀའ་ཟབ་མོ་ཀློག་པ་དང་། བླ་མ་གཙུག་གི་ནོར་བུ་ལྟར་བསྟེན་པ་དང་། སྙིང་གར་དམ་ཚིག་རྡོ་རྗེ་དོན་གྲུབ་ཡབ་ཡུམ་བསྒོམ་པའི་ཐུགས་ཀའི་ས་བོན་ལས་བདུད་རྩིའི་རྒྱུན་བབས་པས་སྡིག་སྒྲིབ་སྦྱང་བར་བསམ་ལ། ཨོཾ་ཨཱཿཁཾ་ཧཱུྃཿ ཞེས་པའི་བསྙེན་པ་སྔོན་དུ་འགྲོ་བས་ལུས་དཀྱིལ་ལམ་ཕྱི་དཀྱིལ་གང་རུང་དུ་བདག་འཇུག་བླང་བ་དང་། རྟེན་བྱིན་ཅན་ལ་སྐོར་བ

བྱེད་པའམ། དྲུང་དུ་འདུག་ནས་དུས་གསུམ་རྒྱལ་བའི་ཐུགས་ཀྱི་ཡང་སྙིང་ཡིག་བརྒྱ་ལྔ་སྟོང་སོགས་བཟླ་བ་དང་། ཡར་ངོའི་བརྒྱད་དང་བཅོ་ལྔ་སོགས་དུས་བཟང་པོར་སྡིག་སྦྱོང་ལ་བསྔགས་པའི་གཟུངས་སྔགས་མང་དུ་བཟླ་བ་དང་། ཉིན་མཚན་དུས་དྲུག་ཏུ་ཕུང་པོ་གསུམ་པའི་མདོ་འདོན་པ་དང་། སྤྱི་བོར་བླ་མ་རྡོར་སེམས་ཀྱི་རྣམ་པར་བསྒོམ་ལ་སྡིག་སྒྲིབ་བཀྲུ་བའི་དམིགས་པས་ཡི་གེ་བརྒྱ་པ་བཟླ་བ་དང་། རང་གཞུག་མའི་ལྷར་གསལ་བའི་སྤྱི་བོར་བླ་མ་རྡོ་རྗེ་འཆང་གི་རྣམ་པར་བསྒོམས་པའི་གནས་གསུམ་འབྲུ་གསུམ་གསལ་ལ་ཡིད་བཟླས་བྱ་བ་དང་། རང་ལྷར་གསལ་ལ་རྩ་འཁོར་གསལ་བཏབ་སྟེ་འབར་འཛག་བསྒོམ་པ་ཐིག་ལེའི་རྣམ་འགྱུར་དང་། རྩ་འཁོར་ལྔའི་ལྟེ་བར་རིགས་ལྔའི་ཕྱག་མཚན་ཕྲ་མོ་གསལ་བ་ལ་སེམས་བཟུང་སྟེ་མགོན་པོ་ལྔའི་རླུང་གཅུན་པ་ཕྲ་མོའི་རྣམ་འགྱུར་བསྒོམ་པས་གསོ་བ་རྣམས་སོ། །

བཞི་པ་ཡོ་ག་གསུམ་གྱི་རྣལ་འབྱོར་སྤྱི་ཁྲུས་ཀྱིས་གསོ་བ་ནི། གཞན་ཡང་གླང་ཆེན་རབ་འབོགས་ཀྱི་རྒྱུད་ལས་རྟོག་པ་གཅིག་ཁོལ་དུ་བྱུང་བ་ཀླུ་དུམ་བུའི་རྒྱུད་དེ་དྲི་མེད་བཤགས་རྒྱུད་ལས་ཇི་སྐད་གསུངས་པ་ཡི། ཡོ་ག་རྣམ་པ་གསུམ་གྱི་སྒོར་ཞུགས་པའི་རྣལ་འབྱོར་པ་རྣམས་ཀྱི་ཉམས་ཆག་བསྐང་ཞིང་རྟོག་སྒྲིབ་སྦྱོང་བའི་སྤྱི་ཁྲུས་སྨད་དུ་བྱུང་བ་འགྱོད་ཚངས་ཐམས་ཅད་ཀྱི་རྒྱལ་པོ་ན་རག་དོང་སྤྲུག་གི་མན་ངག་ལ་བརྟེན་ནས། ཕྱི་ཡོ་བྱད་ཚོགས་ཀྱི། ནང་ཕུང་པོ་རྟེན་གྱི། གསང་བ་བྱང་ཆུབ་སེམས་ཀྱི་བསྐང་བཤགས་གསུམ་ཉ་སྟོང་ཚེས་བརྒྱད་སོགས་ལ་བྱས་ན། ཉམས་ཆག་ཐམས་ཅད་དག་པར་གསུངས་ཤིང་། དེ་ཙམ་མ་གྲུབ་ནའང་ཕྱག་གི་བགོལ་བྱང་ཙམ་རྒྱུན་དུ་ཡི་དམ་དུ་བགྱིས་པས་ཀྱང་ཉེས་ལྟུང་ཐམས་ཅད་མི་འདག་པ་གང་ཡང་མེད་པར་གསུངས་པའི་ཕྱིར་ཉམས་སུ་བླང་བར་བྱ་དགོས་ཏེ། ཇི་སྐད་དུ། གང་ཞིག་སྒྱུ་འཕྲུལ་ཞི་ཁྲོ་ཡི། །དཀྱིལ་འཁོར་ལྷ་ལ་ཕྱག་འཚལ་ན། །ཉམས་ཆག་ཀུན་ཀྱང་བྱང་འགྱུར་ཏེ། །མཚམས་མེད་ལྔ་ཡི་སྡིག་ཀྱང་བྱང་། །ན་རག་གནས་ཀྱང་དོང་སྤྲུགས་ཏེ། །རིག་འཛིན་རྒྱལ་བའི་ཞིང་དུ་གྲགས། །ཞེས་གསུངས་པའི་ཕྱིར་རོ། །

དེ་ལྟར་བཤགས་པ་ཡང་རྨི་ལམ་དུ་བླ་མ་དང་ལྷས་ལེགས་སོ་སྟེར་བ་དང་། ཁྲུས་བྱས་པ། གོས་དཀར་པོ་གྱོན་པ། རི་བོའི་རྩེར་འཛེག་པ། ཉི་ཟླ་ཤར་བ་སོགས་སྡིག་ལྟུང་དག་པའི་རྟགས་མ་བྱུང

གི་བར་དུ་འབད་པར་བྱའོ། །

གསུམ་པ་ཕྱིར་མ་བཅོས་པའི་ཉེས་དམིགས་ནི། ཉེས་པ་བྱུང་བ་ཚུལ་བཞིན་མ་བཤགས་པའི་ཉེས་དམིགས་ཀྱང་རྩ་བའི་དམ་ཚིག་ཉམས་ན་ཆར་ཕབ་པས་ཐན་པ་འབྱུང་བ་སོགས་སྒྲུབ་པ་ཐམས་ཅད་ལོག་པར་འགྱུར་ཞིང་། སྐུའི་དམ་ཚིག་ཉམས་པས་ལུས་ལ་ནད་སྣ་ཚོགས་འབྱུང་བ་དང་། གསུང་གི་དམ་ཚིག་ཉམས་པས་ངག་དིག་སྐྱུག་སོགས་སུ་འགྱུར་བ་དང་། ཐུགས་ཀྱི་དམ་ཚིག་ཉམས་པས་ཡིད་སྨྱོ་འབོག་ཏུ་འགྱུར་བ་སྟེ། ཚེ་འདིར་ཡིད་དུ་མི་འོང་བའི་དངོས་པོ་སྣ་ཚོགས་ཁབ་ལེན་ལ་ལྕགས་བཞིན་དུ་འདུ་བས་མནར་བར་འགྱུར་ཏེ། གསང་སྙིང་ལས། རྩ་བའི་དམ་ཚིག་ཉམས་གྱུར་ན། །སྒྲུབ་པ་ཐམས་ཅད་ལོག་པར་འགྱུར། །ཡིད་དུ་མི་འོང་སྣ་ཚོགས་པའི། །འབྲས་བུ་མི་འདོད་བཞིན་དུ་འདུ། །ཞེས་སོ། །ཡན་ལག་གི་དམ་ཚིག་ཉམས་པར་གྱུར་ན་དངོས་གྲུབ་རྣམ་པ་གཉིས་ཐོབ་པའི་གེགས་སུ་འགྱུར་ཞིང་། དེ་གཉིས་ཀས་ཕྱི་མ་རྡོ་རྗེའི་དམྱལ་བ་ཞེས་བྱ་བ་སྡུག་བསྔལ་གྱིས་མནར་བ་ལ་དེ་བས་ཆེ་བ་མེད་པས་དོ་ཟླ་མེད་པའི་གནས་སུ་འཇིག་རྟེན་གྱི་ཁམས་བརྒྱུད་ཅིང་སྐྱེ་བར་འགྱུར་ཏེ། གསང་སྙིང་ལས། ཡན་ལག་དམ་ཚིག་ཉམས་གྱུར་ན། །འབྲས་བུ་མེད་ཅིང་ངན་སོང་ལྟུང་། །ཞེས་དང་། གསལ་བཀྲ་ལས། རྩ་ཀུན་ཉམས་པའི་འཆལ་བ་དག །གསོ་ལ་ཉེ་བར་མི་བརྩོན་པ། །རྡོ་རྗེའི་དམྱལ་བར་དེ་ལྟུང་སྟེ། །དམྱལ་བ་ཕལ་པ་ཐམས་ཅད་ཀྱི། །སྡུག་བསྔལ་གཅིག་ཏུ་བསྡོམས་པས་ནི། །དེ་ཡི་འབུམ་གྱི་ཆར་མི་ཕོད། །ཅེས་སོ། །

བཞི་པ་དམ་ཚིག་མ་ཉམས་པར་ཚུལ་བཞིན་སྲུང་བའི་ཕན་ཡོན་ནི། སྤྱིར་དམ་ཚིག་ནི་ཡོན་ཏན་ཐམས་ཅད་སྐྱེ་བ་དང་གནས་པའི་གཞི་རྟེན་དུ་འགྱུར་ཏེ། སྤྱི་མདོ་ལས། ཇི་ལྟར་ས་གཞི་གཤིན་པ་ལ། །བརྟེན་ནས་ས་བོན་བཏབ་པ་ལས། །འབྲས་བུ་སྨིན་པར་གྱུར་པ་ཡིས། །གང་དག་འཚོ་བའི་སྲོག་འཛིན་ལྟར། །ཆོས་རྣམས་ཀུན་གྱི་གཞིར་གྱུར་པ། །དམ་ཚིག་འདི་ལ་གནས་པ་ན། །བླ་མེད་བྱང་ཆུབ་རྣམས་སྨིན་པས། །དགེ་བའི་སྲོག་འཛིན་དམ་པའོ། །ཞེས་སོ། །གནས་སྐབས་སུའང་བསམ་དོན་ཐམས་ཅད་ཡིད་བཞིན་དུ་འགྲུབ་པ་དང་། ཀུན་གྱི་ཡིད་དུ་འོང་བ་དང་། ལྷ་དང་མིའི་ཆེ་དགུ་རྣམས་ཀྱིས་བཀུར་གནས་ཐོབ་པ་དང་། རྒྱལ་བ་སྲས་དང་བཅས་པ་རྣམས་ཀྱིས་སྲས་

དང་སྐྱུན་དུ་དགོངས་ནས་བྱིན་གྱིས་བརླབས་པ་དང་། དེ་བཞིན་གཤེགས་པ་ཉིད་ཀྱི་སྤྱོད་ཡུལ་ལ་ཞུགས་པས་རིག་པ་འཛིན་པའི་ས་ལ་རིམ་གྱིས་སྦྱོར་བར་བྱེད་པ་སྟེ། གསང་སྙིང་ལས། རྒྱལ་བའི་རིགས་མཆོག་འཛིན་པ་དེ། །འཇིག་རྟེན་གཙོ་དང་འཁོར་གྱིས་བཀུར། །དམ་པ་མཆོག་དང་དམ་པ་ཡིས། །ཞྲས་དང་སྐྱུན་དགོངས་བྱིན་གྱིས་བརླབས། །བདེ་གཤེགས་ཉིད་ཀྱི་ཡུལ་ལ་ཞུགས། །འཇིགས་མེད་ཀུན་ཏུ་བཟང་པོར་སྤྱོད། །ཞེས་སོ། །གལ་ཏེ་ཚེ་འདིར་རིམ་གཉིས་ཀྱི་ལམ་ལ་བརྩོན་མ་ནུས་ཀྱང་དམ་ཚིག་མ་ཉམས་ན་ཇི་ལྟར་འགོར་ཡང་རིང་མཐའ་སྐྱེ་བ་བཅུ་དྲུག་གམ་སྐྱེ་བ་བདུན་ན་རིམ་གཉིས་ཀྱི་ལམ་དང་འཕྲད་ནས་གྲོལ་བར་འགྱུར་ལ། ཤིན་ཏུ་མྱུར་བའི་དབང་དུ་བྱས་ན་དམ་ཚིག་རྣམ་པར་དག་ཅིང་ལམ་རིམ་གཉིས་ལ་འབད་པས་དབང་པོ་རྣོན་པོ་ཚེ་འདིར་ཟུང་འཇུག་རྡོ་རྗེ་འཆང་གི་གོ་འཕང་ཐོབ་པར་འགྱུར་བའམ། དབང་པོ་འབྲིང་རྣམས་ནི་ཚེ་འདིར་དཔེའི་འོད་གསལ་མངོན་དུ་གྱུར་པ་ཞིག་ཡིན་ན་འཆི་ཁ་དོན་གྱི་འོད་གསལ་དུ་གྱུར་ནས་སློབ་པའི་ཟུང་འཇུག་གི་སྐུར་ལྡང་ལ། གལ་ཏེ་དོན་གྱི་འོད་གསལ་མངོན་དུ་གྱུར་པ་ཞིག་ཡིན་ན། འཆི་སྲིད་གཞི་དུས་ཀྱི་འོད་གསལ་དང་འདྲེས་པས་ཡང་དག་པའི་མཐའ་མངོན་དུ་བྱས་ཏེ་མི་སློབ་པའི་ཟུང་འཇུག་གི་སྐུར་ལྡང་ཞིང་། འབྲིང་གི་ཐ་མས་ཀྱང་སྲིད་པ་བར་དོ་རུ་རང་གི་ཉམས་ལེན་དང་། བླ་མ་ལ་མོས་གུས་དང་། དག་པའི་ཞིང་ཡིད་ལ་བྱས་པས་རང་བཞིན་སྤྲུལ་སྐུའི་ཞིང་དུ་དབུགས་དབྱུང་སྟེ་གྲོལ་བར་འགྱུར་རོ། །

དེ་དག་གི་ཚེ་ཐོབ་པའི་ཡོན་ཏན་མཐའ་ཡས་པ་ཡོད་ནའང་ཐུན་མཆོག་གི་དངོས་གྲུབ་གཉིས་སུ་འདུ་བ་ཡིན་པས། ཐུན་མོང་གི་དངོས་གྲུབ་ཆུང་ངུ་ནི་ལས་ཆེན་བརྒྱད་ཐོབ་སྟེ། དགྱེས་རྡོར་ལས་གསུངས་པ་སྡོམ་དུ་བྱས་ན། དབང་དང་མངོན་སྤྱོད་དགྲ་སྟེ་འཇིག །བསྒྲད་དང་བསད་དང་དགུག་དང་ཞི། །རྒྱས་པ་ཡང་དག་འགྲུབ་པར་འགྱུར། །ཞེས་པ་སྟེ་དེ་རྣམས་ནི་གོ་སླའོ། །འབྲིང་ནི་གྲུབ་པ་བརྒྱད་དེ། གུར་ལས། གང་ཕྱིར་དེས་ནི་དཀའ་བ་མེད། །མིག་སྨན་གྲུབ་པས་ས་འོག་གི་གཏེར་མཐོང་བ་དང་ནི་རྐང་མགྱོགས་གྲུབ་པས་ཐག་རིང་པོར་ཡུད་ཙམ་གྱིས་བགྲོད་པ་དང་། །རལ་གྲི་དང་རོ་ལང་དོན་གཅིག་དེ་གྲུབ་པས་རྩ་གསུམ་གྱི་ལྷ་ཡུལ་སོགས་སུ་འགྲོ་ནུས་པ། དང་ནི་ས་འོག་གྲུབ་པས་ཀླུ་ཡུལ་སོགས་སུ་འགྲོ་ནུས་པ་དང་། །རིལ་བུ་གྲུབ་པས་སྤོབས་དང་གཟི་བརྗིད་ཆེ་ཞིང་མདོག་གསལ་བ་སོགས་དང་མཁའ་སྤྱོད་གྲུབ་པས་ནམ་མཁའ་ལ་འགྲོ་ནུས་ཤིང་ཚེ་ཡུན་རིང་

ཏུ་གནས་པ་ཉིད་དང་། །མི་སྣང་བ་གྲུབ་པས་རང་ལུས་དང་དངོས་པོ་ཐམས་ཅད་མི་སྣང་བར་འགྱུར་ནུས་པ་དང་བཅུད་ཀྱིས་ལེན་པ་གྲུབ་པས་ཟས་གོས་སོགས་ལ་མ་ལྟོས་པར་ལུས་བཀྲག་མདངས་འབར་ཞིང་ཚེ་བསྐལ་པར་ཐུབ་པ་ལ་སོགས་པའོ། །གང་ཕྱིར་དེས་ནི་རྡོ་རྗེ་འཛིན། །མཉེས་པར་བྱས་ལས་མྱུར་དུ་ཐོབ། །ཅེས་དང་། ཆེན་པོ་ནི། དབང་ཕྱུག་གི་ཡོན་ཏན་བརྒྱད་དེ། ཇི་སྐད་དུ། འདོད་ཁམས་པ་ལྟར་གཟུགས་གདོས་བཅས་མིན་པས་ཕྲ་ཞིང་བསྟན་མེད་ཐོགས་མེད་དེ་གཟུགས་མེད་ལྟར་ཡིན་པས་རགས་པ་ཡང་བ་དང་། །ཁྱབ་བསྒྱུར་སོགས་ཀུན་ལ་ཁྱབ་པ་དང་། མི་གཡོ་བའི་དགེ་བས་ཡང་དག་པར་ཐོབ་པ་ཉིད་དང་། །མེའི་ཕུང་པོ་ལྟར་རབ་ཏུ་འོད་གསལ་བ་ཉིད་དང་། བགེགས་རྒྱུད་མེད་པས་རྒྱུན་མི་འགྱུར་བར་བརྟན་པ་དང་། །ཕ་རོལ་ཐམས་ཅད་དབང་དུ་འགྱུར་བས་དབང་ཕྱུག་ཉིད་དང་གཞན་གྱི་བསམ་པ་བཞིན་འདོད་རྒྱུར་བསྒྱུར་ནུས་པ་སྟེ་བརྒྱད་དོ། །ཞེས་སོ། །ཐུན་མོང་ཞེས་པའི་དོན་ནི་ཡོན་ཏན་འདི་དག་ཕྱི་རོལ་པ་ལའང་ཡོད་པས་འཇིག་རྟེན་པ་དང་འདས་ལམ་གཉིས་ཀའི་ཐུན་མོང་བ་དང་བསྐྱེད་རྫོགས་གཉིས་ཀའི་ཐུན་མོང་གི་ཡོན་ཏན་ཡིན་པས་ཀྱང་དེ་སྐད་ཅེས་བྱའོ། །

དེ་ཡང་འཇིག་རྟེན་པས་བསམ་གཏན་གྱི་སེམས་དང་རྫས་སྔགས་ཙམ་ལ་བརྟེན་ནས་ཡོན་ཏན་དེ་དག་རྗེས་མཐུན་པ་ཙམ་འགྲུབ་ལ། བསྐྱེད་རིམ་པའི་ལམ་པས་བརྟན་པ་མ་ཐོབ་ཀྱང་དམིགས་པ་ཙམ་དང་། རྫས་སྔགས་སོགས་ལ་བརྟེན་ནས་དུག་ནད་ཞི་བ་དང་། ཕ་རོལ་གསོད་པ་སོགས་ལས་ཕྲན་ཚེགས་ཅི་རིགས་པ་འགྲུབ་ཅིང་བསྐྱེད་རིམ་ལ་བརྟན་པ་ཅུང་ཟད་ཐོབ་ནས། སྔགས་ཀྱིས་རྫས་བྱིན་གྱིས་བརླབས་ཏེ་རལ་གྲི་སོགས་རྫས་ཀྱི་རིག་འཛིན་གྲུབ་ནས་རང་གཞན་གྱི་དོན་བྱེད་པ་དང་། བསྐྱེད་རིམ་ལ་བརྟན་པ་ཐོབ་ནས་རྫོགས་རིམ་རྗེས་མཐུན་པ་ཙམ་དང་འབྲེལ་ཞིང་། ཉི་རྒྱུ་ལ་བརྟེན་ནས་འདོད་གཟུགས་ཀྱི་རིག་འཛིན་གྲུབ་ནས་གཞན་དོན་བྱེད་པ་དང་། རང་ཉིད་ཀྱང་རྟེན་དེས་ཐུན་མིན་གྱི་རྫོགས་རིམ་བསྒོམ་སྟེ་མཆོག་གི་དངོས་གྲུབ་ལ་སྦྱོར་བར་བྱེད་དོ། །

ཡང་དབང་རྣོན་འགའ་ཞིག་བསྐྱེད་རིམ་ཆེད་དུ་མ་བསྒོམས་ཀྱང་ཐུན་མོང་མིན་པའི་རྫོགས་རིམ་གྱིས་རླུང་སེམས་དབུ་མར་ཚུད་པའི་སྟོབས་ཀྱིས་རྫས་སྔགས་སོགས་ལ་མ་བརྟེན་པར་ཡོན་ཏན་འདི་དག་རང་གིས་འབྱུང་བའང་ཡོད་ལ། གང་ལྟར་ཡང་བསྐྱེད་རྫོགས་ལ་བརྟེན་ནས་མཆོག་གི་དངོས་གྲུབ་ས་ལམ་རིམ་གྱིས་བགྲོད་ཚུལ་ནི། ཡིད་བཞིན་མཛོད་ལས། འཁོར་ལོ་བཞི་པོའི་རླུང་

སེམས་ལས་རུང་ཆོ། །ལམ་བཞིའི་ཡོན་ཏན་རིམ་གྱིས་འཆར་བ་སྟེ། །དབུ་མའི་མདུད་པ་གཉིས་གཉིས་གྲོལ་བ་ལས། །ས་བཅུའི་ཡོན་ཏན་ནང་ནས་འཆར་བར་བཞེད། །ཅེས་པ་ལྟར་རིག་འཛིན་རྣམ་པ་བཞིས་བསྡུས་པའི་ལམ་སྟེ། འདི་ལ་སྒྱུ་འཕྲུལ་ཟུར་ལུགས་ཀྱི་བླ་མ་རྣམས་ཀྱི་བཤད་སྲོལ་ལ། ལམ་ཆུང་ལས། ནུས་པ་ཐོབ་དང་མ་ཐོབ་ལས། །མཐོང་ལམ་གཉིས་སུ་འགྱུར་བ་ཡིན། །ཞེས་པའི་དངོས་བསྟན་ལྟར་དགོངས་པ་བླངས་ནས། དབང་རྟུལ་རྣམས་སེམས་ལྷ་སྐུར་སྨིན་ཅིང་ལུས་རྣམ་སྨིན་གྱི་རྒྱུ་ལས་མ་གྲོལ་བའི་མཐོང་ལམ་པ་རྣམ་སྨིན་རིག་འཛིན་དང་། ལུས་སེམས་གཉིས་ཀ་འོད་གསལ་གྱི་ལྷ་སྐུར་གྲོལ་ནས་སྐྱེ་འཆི་མེད་པ་ཚེའི་རིག་འཛིན་བརྙེས་པའི་མཐོང་ལམ་པ་ཚེ་དབང་རིག་འཛིན་དུ་བཞེད་པའི་ཕྱིར། ལམ་མཐར་ཆགས་སུ་བགྲོད་པས་ཀྱང་རིག་འཛིན་གཉིས་པོ་དེ་དབང་པོ་རྣོ་རྟུལ་གྱིས་གང་རུང་ལས། གཉིས་ཀ་རིམ་གྱིས་ཐོབ་པར་མི་བཞེད་པས། རིག་འཛིན་བཞི་པོས་མཐོང་སྒོམ་མཐར་ལམ་གསུམ་བསྡུས་ཀྱི། ཚོགས་སྦྱོར་དང་མི་སློབ་པའི་ལམ་བསྡུས་པར་ནི་མི་བཞེད་དོ། །ཀུན་མཁྱེན་ཆོས་རྗེས་ནི། རྣམ་སྨིན་རིག་འཛིན་གྱིས་ཚོགས་སྦྱོར་མཐར་ཐུག་པའི་ལམ་དང་། ཚེ་དབང་རིག་འཛིན་གྱིས་མཐོང་བའི་ལམ་དང་། ཕྱག་ཆེན་གྱིས་སྒོམ་པའི་ལམ་དང་། ལྷུན་གྲུབ་ཀྱིས་མི་སློབ་པའི་ལམ་རྣམས་བསྡུས་པས་རིག་འཛིན་བཞིས་ལམ་ལྔ་ཡོངས་རྫོགས་བསྡུས་པར་བཞེད་ལ། དེ་ཡང་མཐོང་ལམ་ཐོབ་པའི་ཚེ་ལུས་སེམས་འོད་གསལ་གྱི་ལྷ་སྐུར་གྲོལ་ནས་སྐྱེ་འཆི་ལས་འདས་ཤིང་། ཟུང་འཇུག་གི་ལྷ་སྐུ་ཕྱག་རྒྱ་ཆེན་པོས་ཁྱབ་ཁམས་སྐྱེ་མཆེད་ཀྱི་ཆོས་ཐམས་ཅད་ལ་བཏབ་པས་མ་དག་པའི་སྣང་བ་རང་མཚན་པ་མེད་པས་ན། གཙོ་ཆེ་བའི་དབང་དུ་མཐོང་སྒོམ་གཉིས་ལ་བཞག་ཅིང་། དེ་ཡང་སྐྱེ་འཆི་མེད་པའི་ཕྱོགས་པ་ནས་ཚེ་དབང་དང་། ཟུང་འཇུག་གི་ལྷ་སྐུ་གྲུབ་པའི་ཕྱོགས་པ་ནས་ཕྱག་ཆེན་དུ་བཞག་པ་ཙམ་ལས་དོན་ལ་དེ་གཉིས་ཐ་དད་མེད་ཅིང་། རིག་འཛིན་ཕྱི་མ་འདི་ཡང་སྐབས་འགའ་རེར་རིག་འཛིན་བཞིས་མཚན་ཉིད་ཐེག་པའི་ལམ་ལྔ་ཡོངས་རྫོགས་བསྡུས་པར་བཞེད་པའི་དོན་དུ་བཤད་དེ། རྒྱུའི་མི་སློབ་པའི་ལམ་ཀུན་ཏུ་འོད་ཀྱི་ས་དང་གཅིག་པར་གསུངས་པ་དང་། སྐབས་འགའ་ཞིག་ཏུ་རྡོ་རྗེ་ཐེག་པའི་མི་སློབ་པའི་ལམ་སྐུ་གསུམ་གྱི་ས་གསུམ་ཆར་ལ་གསུངས་པ་སྣང་ཡང་དོན་ལ་འདྲ་སྟེ་རྒྱུའི་ཀུན་ཏུ་འོད་ཀྱི་ས་ཧེ་

སྐད་དུ། ཁྱོད་ཀྱི་མཐར་ཕྱིན་ཀུན་ཏུ་འོད། །ཐབས་ཆེན་ཐེག་པའི་བསྟི་གནས་སོ། །ཞེས་པ་ལྟར་མཚན་ཉིད་ཐེག་པའི་མཐར་ཐུག་པ་འབྲས་བུ་སར་འདོད་པ་དེ་སྔགས་ཀྱི་ཐེག་པའི་མཐར་ལམ་པ་སྐུ་ལྔ་ལྷུན་གྲུབ་རྡོ་རྗེ་འཆང་གི་ཆ་ལུགས་འཛིན་པ་དེ་དང་དོན་གཅིག་པས། དེ་ལ་ལྷུན་གྲུབ་རིག་འཛིན་དུ་བཏགས་པ་དང་། སྔགས་རང་སའི་མཐར་འབྲས་སྐུ་ལྔ་ལྷུན་གྱིས་གྲུབ་པའི་ས་ནི་ལྷུན་གྱིས་གྲུབ་པའི་རིག་འཛིན་དངོས་ཏེ། དེས་ན་དེ་གཉིས་ཀ་དངོས་བཏགས་ཀྱི་སྒོ་ནས་བཤད་ཆོག་པར་སེམས་སོ། །

གང་ལྟར་ཡང་བསྐྱེད་རྫོགས་ཀྱི་ལམ་གྱིས་ལམ་ལྔའི་ཡོན་ཏན་རིམ་བཞིན་ཐོབ་པ་ལ་བཞེད་པ་མི་མཐུན་པ་མེད་པས། ཚོགས་ལམ་གསུམ་གྱི་ཡོན་ཏན་དྲན་པ་ཉེར་བཞག་ལ་སོགས་པ་མཚན་ཉིད་ཐེག་པ་དང་ཐུན་མོང་གི་ཡོན་ཏན་རྣམས་ནི་བསྐྱེད་རིམ་དང་རྫོགས་རིམ་རྗེས་མཐུན་པ་ཙམ་གྱིས་ཐོབ་ཅིང་། ཐུན་མིན་སྣང་བ་ལྟར་ཤར་བ་ལ་མོས་པའམ་གོམས་པའི་ལྷ་སྐུ་ཞེས་ཟེར་ཞིང་། སྦྱོར་ལམ་དྲོད་རྩེ་ཡན་ཆད་དུ་བསྐྱེད་རིམ་དེ་ཐུན་མིན་གྱི་རྫོགས་རིམ་དང་ཟུང་འཇུག་ཏུ་གོམས་པའི་སྟོབས་ཀྱིས་རྩ་འཁོར་སོ་སོའི་རྩ་ཕྲ་ཟན་གྱི་མདུད་པ་འགའ་ཞིག་གྲོལ་ནས་ཐུན་མོང་བ་དབང་པོ་ལྔ་དང་སྟོབས་ལྔ་ཐོབ་སྟེ། ཐུན་མིན་དཔེའི་འོད་གསལ་བསྐྱེད་ཅིང་ལྷ་སྐུའི་སྣང་བ་ཡང་དག་ཅིང་རྒྱ་ཆེར་འཕེལ་བ་ལ་རླུང་སེམས་ཀྱི་ལྷ་སྐུ་ཟེར་ལ། སྦྱོར་ལམ་གྱི་ཉེ་རྒྱུའི་སྤྱོད་པ་སྤྲོས་བཅས་སྤྲོས་མེད་ཤིན་ཏུ་སྤྲོས་མེད་གང་རུང་ལ་བརྟེན་ནས་འདས་ལམ་མངོན་དུ་འགྱུར་ཞིང་། འདི་ཡན་ཆད་དུ་དབུ་མར་རོ་རྐྱང་གི་མདུད་པ་གཉིས་གཉིས་གྲོལ་ནས་ཐུན་མོང་བ་བྱང་ཆུབ་ཡན་ལག་བདུན་དང་བརྒྱ་ཕྲག་བཅུ་གཉིས་ཀྱི་ཡོན་ཏན་དང་། སྨིན་པའི་ཕ་རོལ་ཏུ་ཕྱིན་ཅིང་ཐུན་མིན་སློབ་པའི་ཟུང་འཇུག་གི་ལྷ་སྐུར་ལྡང་བའི་སྟོབས་ཀྱིས་གཞན་དོན་རླབས་པོ་ཆེ་འགྲུབ་པ་དང་། དེ་ནས་ཐུན་མིན་གྱི་ཡོན་ཏན་ཟུང་འཇུག་གི་ལྷ་སྐུ་དེ་ཆེས་ཆེར་འཕེལ་ཞིང་རྣམ་པར་དག་པའི་སྟོབས་ཀྱིས་གཞན་དོན་ཀྱང་སྔ་མ་ལས་རླབས་ཆེ་བར་འགྲུབ་ཅིང་། འཕགས་ལམ་ཡན་ལག་བརྒྱད་དང་སྟོང་ཕྲག་བཅུ་གཉིས་ལ་སོགས་པ་ཀུན་རྫོབ་ཀྱི་ཡོན་ཏན་དང་། ཕར་ཕྱིན་ལྷག་མ་དགུ་སོགས་ཐུན་མོང་གི་ཡོན་ཏན་ཐམས་ཅད་ཀྱང་མཐར་ཕྱིན་ནས་སྣང་གསུམ་འཕོ་བའི་བག་ཆགས་ཤིན་ཏུ་ཕྲ་བ་དག་ནས

མཆོག་གི་དངོས་གྲུབ་མཐར་ཐུག་པ་མི་སློབ་པའི་ཟུང་འཇུག་སྐུ་གསུམ་གྱི་ཡོན་ཏན་ལ་ལྟོག་ཆས་ཕྱེ་བའི་ཁ་སྦྱོར་ཡན་ལག་བདུན་ལྡན་ཐོབ་པ་དེའི་ཕྱིར་ཆོས་སྐུའི་ཡོན་ཏན་རང་དོན་དང་། གཟུགས་སྐུའི་ཡོན་ཏན་གཞན་དོན་གཉིས་ལྷུན་གྱིས་གྲུབ་པ་ཡིན་ནོ། །དེ་ལ་ཁ་སྦྱོར་ཡན་ལག་བདུན་ནི། ངག་གི་དབང་ཕྱུག་གི་ཞལ་ནས། གསུང་རྣམ་པ་ཐམས་ཅད་པ་ཐེག་པ་ཆེན་པོའི་ཆོས་ལ་ལོངས་སྤྱོད་རྫོགས་པ་དང་སྐུ་རྣམ་པ་ཐམས་ཅད་པ་ཤེས་བྱའི་སྣང་བརྙན་ཡོད་དགུར་འཆར་བའི་ཁ་སྦྱོར་དང་། ཐུགས་རྣམ་པ་ཐམས་ཅད་པ་གཟུང་འཛིན་གྱི་རྟོག་པ་ལས་གྲོལ་ཞིང་མི་འགྱུར་བའི་བདེ་བ་ཆེན་པོ་ལ་རོལ་པ་དང་། དེ་ཡང་མེད་དགག་གི་དཔྱད་མཐའ་ལས་གྲོལ་བའི་རང་བཞིན་མེད་པ་ལྷན་སྐྱེས་ཀྱི་ཡེ་ཤེས་སོ་སོ་རང་རིག་གི་རིག་པ་སྟེ་དེ་བཞི་ནི་ཆོས་སྐུའི་ཡོན་ཏན་ཡིན་ལ། །ཐུགས་རྒྱུད་སྙིང་རྗེས་ཡོངས་སུ་གང་ཞིང་ནོར་བུ་དང་དཔག་བསམ་གྱི་ཤིང་ལྟར་གཞན་དོན་འབད་མེད་དུ་འབྱུང་བ་དང་། ཐུགས་རྗེ་ཆེན་པོ་དེ་ཉིད་དུས་ནམ་དུ་ཡང་རྒྱུན་མི་འཆད་པར་འཇུག་པས་རྟག་པ་དང་། གདུལ་བྱའི་མོས་པ་བཞིན་དུ་གཟུགས་སྐུའི་བཀོད་པ་དང་ཆོས་སྒོ་མཐའ་ཡས་པ་འགོག་པ་མེད་པར་འཆར་བ་སྟེ་དེ་གསུམ་ནི་གཟུགས་སྐུའི་ཡོན་ཏན་ནོ། །ཞེས་གསུངས་པ་ལྟར་རོ། །

གསང་སྔགས་རིག་འཛིན་སྡོམ་པའི་རིམ་པར་ཕྱེ་བ་སྟེ་བཞི་པའི་རྣམ་པར་བཤད་པའོ། །

ལྔ་པ་དེ་གསུམ་གང་ཟག་གཅིག་གིས་ཉམས་སུ་ལེན་ཚུལ་གྱི་རིམ་པར་ཕྱེ་བ་ལ་བསྟན་བཤད་བསྡུ་གསུམ་ལས། དང་པོ་མདོར་བསྟན་པ་ནི། དེ་ནི་དེ་ལྟ་བུའི་སོར་བྱང་སྔགས་ཀྱི་སྡོམ་པ་གསུམ་པོ་དེ་རིམ་པར་ནོད་པའི་གང་ཟག་གི་རྒྱུད་གཅིག་ལ་འགལ་མེད་དུ་ཉམས་སུ་ལེན་ཚུལ་གྱི་མཐའ་དཔྱད་པས་དོན་བསྡུ་བའི་ཚུལ་བཤད་པར་བྱ་སྟེ། དེ་ལ་སྤྱིར་སྔ་ཕྱིར་བྱོན་པའི་སྐྱེས་བུ་དམ་པ་དག་གི་བཞེད་པ་མི་མཐུན་པ་མང་དུ་སྣང་ཡང་། བསྡུ་ན་སྡོམ་གསུམ་ངོ་བོ་གཅིག་ཏུ་འདོད་པ་དང་། ཐ་དད་དུ་འདོད་པའི་ལུགས་གཉིས་སུ་འདུ་ལ། ཐ་དད་དུ་འདོད་པ་ལའང་གོང་མས་འོག་མ་ཟིལ་གནོན་དུ་འདོད་པ་དང་། འོག་མ་གོང་མའི་རྟེན་དུ་བྱས་ཏེ་རྟེན་བརྟེན་པར་འདོད་པ་སོགས་ནང་གསེས་ཀྱི་དབྱེ་བ་འགའ་ཞིག་ཡོད་པ་དེ་རྣམས་ཕལ་ཆེར་གདུལ་བྱ་དང་དགོས་པའི་དབང་གིས་དེ་ལྟར་བཞག་པ་ཙམ་ལས་དོན་ལ་འགལ་བར་མ་མཐོང་སྟེ། ངོ་བོ་ཐ་དད་དུ་བཞེད་པ་དག་གིས་དགོངས་པ་ཡང་། དཔེར་ན་ཕར་ཕྱིན་ཐེག་པའི་སྐབས་ཕྱིན་དྲུག་སོ་སོའི་ངོ་བོ་རྣམ་པར་གཞག་པའི་དུས་སུ་སྦྱིན་པའི་ངོ་བོ་གཏོང་སེམས་དང་། ཚུལ་ཁྲིམས་ཀྱི་ངོ་བོ་སྤོང་བའི་སེམས་པ་སོགས་ངོ་བོ་ཐ

དད་པ་དྲག་ཏུ་འཇོག་པ་ལ་ནི་ཐམས་ཅད་མཐུན་པར་སྣང་ལ། བྱང་ཆུབ་ཀྱི་སེམས་གཅིག་ལ་གྲངས་དང་ས་མཚམས་ཀྱི་དབྱེ་བའི་སྐབས་སུ་ཕར་ཕྱིན་ལ་སོགས་པའི་དཀར་ཆོས་ཐམས་ཅད་བྱང་ཆུབ་སེམས་སུ་ངོ་བོ་གཅིག་པ་ནི་ཐམས་ཅད་མཐུན་པ་ལྟར། སོར་སྡོམ་རྒྱུད་ལྡན་གྱི་བྱང་ཆུབ་སེམས་དཔའ་རྣམས་ཀྱིས་འཁོར་བའི་རྒྱུ་ལས་དང་ཉོན་མོངས་རང་མཚན་པ་རྣམས་སྤོང་བར་འདོད་པ་དང་། གཞན་དོན་དུ་འབྲས་བུ་འཁོར་བར་གནས་པར་འདོད་པ་གཉིས་སྡོམ་པ་དེ་གཉིས་ཀའི་ངོ་བོར་འཇོག་དགོས་པས་དེ་ཙམ་དུ་ཐ་དད་པ་ཡང་ཡིན་ལ། དེ་གཉིས་བྱང་ཆུབ་སེམས་ཀྱི་ངོ་བོར་གཅིག་པར་མི་བཞེད་པའང་མིན་པས་ན། སྔགས་སྡོམ་ལའང་དེའི་རིགས་པས་འགྲེས་སྦྱར་བར་བྱས་ན་འགལ་བ་མེད་ཀྱང་ངོ་བོ་དང་ལྡོག་པ་ཞེས་པའི་ཚིག་ཙམ་ལ་ཞེན་ནས། འགའ་ཞིག་གིས་སྡོམ་པ་གསུམ་པོ་རྣམ་པ་ཐམས་ཅད་དུ་ཡང་ན་གཅིག་གམ། ཡང་ན་ཐ་དད་པ་ཡིན་ནོ་སྙམ་དུ་འགལ་བར་འཛིན་པ་དག་གི་ངོར། མཁས་གྲུབ་ཆེན་པོ་དེ་དག་གིས་ཕན་ཚུན་གཅིག་གིས་གཅིག་ལ་དགག་བཞག་མཛད་པ་ཙམ་ལས་ཕྱོགས་རིས་སུ་བཅད་ནས་ཕན་ཚུན་སུན་ཅི་བྱུང་དུ་བརྗོད་པ་ནི་མིན་ལ། དེ་བཞིན་དུ་གསར་རྙིང་གི་ལྟ་གྲུབ་འཇོག་ཚུལ་ཡང་གདུལ་བྱའི་དབང་དང་། གནས་སྐབས་དགོས་པའི་དབང་གིས་བཞེད་པ་མི་མཐུན་པ་ལྟ་བུ་དང་། ཕན་ཚུན་དགག་སྒྲུབ་ཀྱི་ཚུལ་ཡང་སྔར་བྱོན་པ་དང་ད་ལྟར་བཞུགས་པའི་སྐྱེས་བུ་དམ་པ་རྣམས་ཀྱིས་མཛད་མོད། དེ་ཡང་རང་རང་གང་དུ་ཞུགས་པའི་ལམ་བཟང་དེ་ལ་ངེས་པ་མ་རྙེད་ཅིང་ཐེ་ཚོམ་ཟ་བའི་གང་ཟག་དག་གི་ངོར་ཆོས་ཐམས་ཅད་སྒྱུ་མ་དང་རྨི་ལམ་ལྟ་བུའི་ཚུལ་དུ་གཟིགས་ནས། རང་ཕྱོགས་ཀྱི་ལྟ་གྲུབ་ལ་ཐེ་ཚོམ་ཅན་དེ་དག་གིས་ཡིད་ཆེས་རྙེད་པའི་ཕྱིར་དེ་ལྟར་མཛད་པ་ནི། འཆད་རྩོད་རྩོམ་གསུམ་མཁས་པའི་བྱ་བ་ཡིན་པས་ཉེས་པ་མེད་པར་མ་ཟད་དོན་དང་ལྡན་པ་ཡིན་ལ། འོན་ཀྱང་སོ་སྐྱེ་ལས་དང་པོ་པ་རྣམས་ཕལ་ཆེར་རང་རང་ཚེ་རབས་སྔོན་མའི་ལས་འབྲེལ་གྱིས་ལམ་གང་ལ་ཞུགས་པ་དེ་ལ་ངེས་པ་རྙེད་ནས་སློབ་དགོས་པ་ལ། དེ་ལྟར་མི་བྱེད་པར་སུ་དང་སུའི་ཅི་ཞིག་ཟེར་བ་དེ་ལ་ཉན་ནས་རྗེས་སུ་སྙེགས་པ་ལྟ་བུ་བྱེད་ཀྱང་། མཐར་གང་ལ་ཡང་གཏད་སོ་མེད་པའི་ལམ་བར་གྱི་ཁྱི་སྡོམ་ལྟ་བུ་དེ་འདྲ་འོང་བ་དང་། ཡང་འགའ་ཞིག་ཚད་མ་གསུམ་གྱིས་རང་ཕྱོགས་སྒྲུབ་པ་དང་། གཞན་ཕྱོགས་སུན་འབྱིན་པའི་རྣམ་

དཔྱོད་མེད་བཞིན་རང་ལྟ་མཆོག་ཏུ་འཛིན་པའི་ཞེན་པ་ཙམ་གྱིས་རང་ལུགས་འདི་ནི་མཆོག་ཡིན་ནོ། ། དེ་དང་མི་མཐུན་པའི་གཞན་ལུགས་ཐམས་ཅད་ནི་དམན་པའོ་སྙམ་དུ་སེམས་ནས། རང་གི་ཕྱོགས་ཙམ་ཤེས་པའི་ཆོས་དེ་ཉམས་སུ་མི་ལེན་པར་མ་ཟད། དོན་མེད་པའི་ཆགས་སྡང་དང་ཕྱོགས་ཞེན་ངན་པས་རང་རྒྱུད་དཀྲུགས་ཏེ། སྐྱེས་བུ་དམ་པ་གཞན་དང་གཞུང་ལུགས་བཟང་པོ་གཞན་ལ་གཤེ་ཞིང་སྐྲོ་སྐུར་འདེབས་པ་དེས་ནི། གང་ཟག་དམ་པ་དང་ཆོས་ལ་བསྙེན་པའི་ཉེས་པ་ཚད་མེད་པ་གསོག་པར་འགྱུར་ཏེ། རྒྱལ་སྲས་ཞི་བ་ལྷའི་ཞལ་ནས། གང་ཞིག་དེ་འདྲའི་རྒྱལ་སྲས་སྦྱིན་བདག་ལ། ། གལ་ཏེ་ངན་སེམས་བསྐྱེད་པར་བྱེད་པ་དེ། །ངན་སེམས་སྐྱེས་པའི་གྲངས་བཞིན་བསྐལ་པར་ནི། ། དམྱལ་བར་གནས་པར་འགྱུར་ཞེས་ཐུབ་པས་གསུངས། །ཞེས་དང་། མདོ་སྡེའི་རྒྱན་ལས། མི་རིག་པ་ཡི་གཟུགས་ལའང་མི་རིགས་ན། །ཐེ་ཚོམ་ཟ་བའི་ཆོས་ལ་སྨོས་ཅི་དགོས། །དེ་ཕྱིར་བཏང་སྙོམས་བཞག་ལེགས་ཉེས་པ་མེད། །ཅེས་དང་། རྒྱུད་བླ་མ་ལས། གང་ཞིག་ཡང་ཡང་སྡིག་གྲོགས་བསྟེན་པས་སངས་རྒྱས་ངན་སེམས་ལྡན་གྱུར་དང་། །ཕ་མ་དགྲ་བཅོམ་གསོད་པར་བྱེ་བ་མིན་བྱེད་མཆོག་ཚོགས་འབྱེད་པའི་མི། །དེ་ཡང་ཆོས་ཉིད་ངེས་པར་བསམ་ན་མྱུར་དུ་དེ་ལས་ཐར་འགྱུར་གྱི། །གང་ཞིག་ཡིད་ནི་ཆོས་ལ་སྡང་བ་དེ་ལ་ཐར་པ་ག་ལ་ཡོད། །ཅེས་གསུངས་པའི་ཕྱིར།

རང་ཅག་རྣམས་ཀྱིས་ནི་གཞུང་ལུགས་ཐམས་ཅད་གདམས་པར་ཤར་བ་དང་། གྲུབ་མཐའ་ཐམས་ཅད་འགལ་མེད་དུ་རྟོགས་པ་ཞིག་བྱུང་ན་ལེགས་མོད། དེ་ཙམ་མིན་ཀྱང་རང་རང་གང་དུ་ཞུགས་པའི་ལམ་དེ་ལ་ངེས་པ་ཅི་རྙེད་དང་། ཉམས་སུ་ཅི་ལོན་བྱས་ནས་ཆོས་ལུགས་ཐ་དད་པ་གཞན་ཐམས་ཅད་ལ་དག་སྣང་རེ་འབྱོང་ན་རང་གི་ཐོས་བསམ་བདུད་ལས་སུ་མི་འགྱུར་ཞིང་། རང་རྒྱུད་ཚུད་ཟོས་སུ་མི་འགྲོ་བ་མ་ཟད། ཐོས་བསམ་བྱས་པ་ལ་ཡང་དོན་དགོས་ཆེ་བས་གལ་ཆེ་བར་གདའ། དེ་རྣམས་སྐབས་འདིར་བཤད་པ་ལ་དགོས་པ་ཆེར་མེད་ཀྱང་བློ་གསར་པ་རྣམས་ལ་ཕུང་ཟད་ཕན་ནམ་སྙམ་དུ་བྲིས་པ་ཡིན་ནོ། །

ད་ནི་སྐབས་འདིར་བཤད་པའི་དོན་མདོ་རྒྱུད་དགོངས་འགྲེལ་དང་བཅས་པའི་དོན་ལ་ཤེས་རབ་གསུམ་གྱི་སྦྱོབས་པ་ཟད་མི་ཤེས་པ་མངའ་བ་ཀུན་མཁྱེན་རོང་ཀློང་རྣམ་གཉིས་དང་།

ལྷག་བསམ་རྣམ་པར་དག་པས་བསྟན་འགྲོའི་དོན་ཁུར་དུ་བཞེས་པ་ལོ་ཆེན་རིན་ཆེན་བཟང་པོ་དང་། གནས་ལྔ་རིག་པའི་པཎྜི་ཏ་ཆེན་པོ་ཀུན་དགའ་རྒྱལ་མཚན་དཔལ་བཟང་པོ་སོགས་གསར་སྙིང་གི་མཁས་གྲུབ་དུ་མའི་དགོངས་པ་རྨ་མེད་པ་ཉིད་གཞུང་འདིར་བཀོད་པའི་དོན་དོས་བཟུང་བ་ནི། སྡོམ་པ་གསུམ་པོ་དེ་རང་རང་གི་ལྡོག་པ་མ་འདྲེས་པ་དང་། དགག་བྱ་དང་དགོས་པ་ཡོངས་སུ་རྫོགས་པ་དང་། སྡོམ་པ་འོག་མའི་ངོ་བོ་གོང་མར་གནས་འགྱུར་བ་དང་། འོག་མའི་ཡོན་ཏན་གོང་མར་ཡར་ལྡན་གྱི་ཚུལ་དུ་ཡོད་པས་དང་། རྣམ་པ་འགལ་བར་སྣང་ཡང་གནད་ཀྱིས་མི་འགལ་བ་དང་། དུས་དང་སྐབས་གང་དུ་གོང་འོག་གང་གཙོ་བོར་སྤྱད་དགོས་པའི་ཚུལ་ཏེ་རྣམ་པ་དྲུག་པོ་འདི་ནི། ཀུན་མཁྱེན་དྲི་མེད་འོད་ཟེར་གྱིས་བསམ་གཏན་ངལ་གསོ་ལས། ཉན་ཐོས་བྱང་ཆུབ་སེམས་དང་རིག་པ་འཛིན། །སྡོམ་པ་གསུམ་པོ་དག་དང་མི་འགལ་བར། །རང་རྒྱུད་བསྡམ་ཞིང་གཞན་ཕན་ཅི་འགྲུབ་དང་། །ཅིར་སྣང་དག་པའི་ལམ་དུ་བསྒྱུར་བར་བྱ། །ཞེས་པའི་དོན་འགྲེལ་པ་ཤིང་རྟ་རྣམ་དག་ཏུ་འཆད་པ་ན། ཇི་སྐད་དུ། འོ་ན་གང་ཞེ་ན། གང་ཟག་གཅིག་གི་རྒྱུད་ལ་གསུམ་ལྡན་དུ་སྲུང་བ་ལ། རང་ལྡོག་མ་འདྲེས། དགག་དགོས་ཡོངས་རྫོགས། ངོ་བོ་གནས་འགྱུར། ཡོན་ཏན་ཡར་ལྡན། སྡོམ་པ་གསུམ་གནད་ཀྱིས་མི་འགལ་བ། དུས་སྐབས་ཀྱི་གཙོ་བོར་གང་འགྱུར་དུ་བྱ་བ་དང་དྲུག་གོ། །ཞེས་གསུངས་པ་དང་དགོངས་པ་གཅིག་གོ། །

གཉིས་པ་རྒྱས་པར་བཤད་པ་ལ་དོན་དྲུག་ལས། དང་པོ་རང་ལྡོག་མ་འདྲེས་པ་ནི། སྡོམ་པ་གསུམ་པོ་དེ་ཡང་གང་ལས་བླང་བའི་ཡུལ། གང་གིས་ལེན་པའི་བསམ་པ། ཇི་ལྟར་ལེན་པའི་ཆོ་ག་རྣམས་ཐ་དད་པའི་སྒོ་ནས། ཇི་སྲིད་དུ་བླང་བའི་དུས་ཀྱང་སོ་སོར་ངེས་པའི་ཕྱིར་ན། ངོ་བོ་གནས་འགྱུར་ཀྱང་རང་རང་གི་ལྡོག་པ་ལ་གཞི་མཐུན་པ་མི་སྲིད་པས་མ་འདྲེས་པར་ཡོད་པ་ཡིན་ཏེ། ཐོབ་ལ་མ་ཉམས་པར་སོ་སོར་གནས་པའི་ཕྱིར། དེ་ཡང་ཡིན་ཏེ་སོ་ཐར་ནི་ཇི་སྲིད་འཚོའི་བར་དང་། བྱང་སྡོམ་ནི་སྙིང་པོ་བྱང་ཆུབ་ཀྱི་བར་དུ་ཁས་བླངས་ཀྱི། སྔགས་སྡོམ་ཐོབ་དུས་དེ་དང་དེ་ཉམས་རྐྱེན་དང་གཏོང་རྒྱུར་མ་བཤད་པས། དཔེར་ན་བསམ་པ་སེམས་བསྐྱེད་ཀྱིས་ཟིན་པས་ཚིག་ཉན་ཐོས་ཀྱི་ལུགས་ལྟར་བླང་བའི་ཐེག་ཆེན་སོ་ཐར་རམ། ཉན་ཐོས་ཀྱི་དགེ་སློང་གི་སྡོམ་པ་ཉིད་སླར་སེམས

བསྐྱེད་བླངས་པས་དེར་གནས་གྱུར་པའི་རྒྱུད་ཀྱི་སོ་ཐར་གྱི་སྡོམ་པ་གང་ཡིན་ཀྱང་རུང་སྟེ། དེ་ལ་ཀུན་སློང་བྱང་ཆུབ་སེམས་ཀྱི་ལྡོག་པ་དང་སྡོམ་པའི་ལྡོག་པ་གཉིས་ཡོད་པ་ལས། སྔ་མ་ཚེ་འཕོས་པའི་དུས་སུ་མི་གཏོང་སྟེ། དེ་བྱང་སེམས་ཀྱི་སྡོམ་པའི་གཏོང་རྒྱུ་མ་ཡིན་པའི་ཕྱིར། ཕྱི་མ་སྡོམ་པ་ཁས་བླངས་པའི་དུས་ཀྱི་ལྡོག་ཆ་ནི་གཏོང་སྟེ། ཇི་སྲིད་འཚོའི་མཐའ་ཅན་ཡིན་པའི་ཕྱིར། དེ་ལྟར་ཡང་རབ་དབྱེ་ལས། ཐེག་ཆེན་སོ་སོ་ཐར་ཡིན་ཡང་། །དགེ་སློང་ལ་སོགས་སྡོམ་པ་ཡི། །ལྡོག་པ་ཤི་བའི་ཚེ་ན་གཏོང་། །བྱང་ཆུབ་སེམས་ཀྱི་ལྡོག་པ་དང་། །དེ་ཡི་འབྲས་བུ་ཤི་ཡང་འབྱུང་། །ཞེས་གསུངས་པའི་ཕྱིར་རོ། །

གཉིས་པ་དགག་དགོས་ཡོངས་རྫོགས་ནི། སྡོམ་པ་གསུམ་གས་དགག་བྱ་རང་རྒྱུད་ཀྱི་ཉོན་མོངས་པ་དང་། དེས་ཀུན་ནས་བསླང་བའི་མི་དགེ་བ་སྡོམ་པར་གཅིག་སྟེ། འདུལ་བ་ལུང་ལས། ཆོས་གང་ཞིག་དངོས་དང་བརྒྱུད་ནས་ཀུན་ཏུ་འདོད་ཆགས་པའི་རྒྱུར་འགྱུར་གྱི་ཀུན་ཏུ་འདོད་ཆགས་དང་བྲལ་བར་མི་འགྱུར་བ་འདི་ནི་ཆོས་མ་ཡིན། འདུལ་བ་མ་ཡིན། སྟོན་པའི་བསྟན་པ་མ་ཡིན་པར་ཤེས་པར་གྱིས་ཤིག །ཆོས་གང་ཞིག་དངོས་དང་བརྒྱུད་ནས་ཀུན་ཏུ་འདོད་ཆགས་དང་བྲལ་བའི་རྒྱུར་འགྱུར་གྱི་ཀུན་ཏུ་འདོད་ཆགས་ཀྱི་རྒྱུར་མི་འགྱུར་བ་འདི་ནི་ཆོས་ཡིན། འདུལ་བ་ཡིན། སྟོན་པའི་བསྟན་པ་ཡིན་པར་ཤེས་པར་གྱིས་ཤིག་ཅེས་པ་ལ་སོགས་པ་གསུངས་སོ། །དགོས་པ་ཉོན་མོངས་པ་དེས་རང་རྒྱུད་མི་འཆིང་བར་ཡང་མཚུངས་ཏེ། མི་ཚངས་སྤྱོད་ལྟ་བུ་ཉན་ཐོས་པས་མི་སྤྱོད་པ་དང་། གོང་མ་གཉིས་ཀྱིས་ཐབས་ཀྱིས་ཟིན་པས་སྤྱད་པ་གཉིས་ཀ་འདོད་པའི་དྲི་མས་མ་གོས་པར་འདྲ་བས། རྣམ་པ་མི་འདྲ་ཡང་རང་རང་གི་ལམ་གྱི་ངོས་ནས་དགག་དགོས་ཀྱི་ཡོན་ཏན་ཡོངས་སུ་རྫོགས་ཏེ། ཉན་ཐོས་པས་བདེན་གཉིས་རྫས་ཡོད་དུ་བལྟས་ནས་སོ་ཐར་གྱིས་ཉོན་མོངས་པ་སྤོང་བ་དང་། བྱང་ཆུབ་སེམས་དཔས་རང་བཞིན་མེད་པར་ཤེས་ནས་ཆོས་ཉིད་དུ་བསྒྱུར་བ་དང་། གསང་སྔགས་པས་དེ་ཡེ་ཤེས་ཀྱི་རང་བཞིན་དུ་བལྟས་ཏེ་ལམ་དུ་བྱེད་པའི་ཚུལ་སོ་སོ་བ་ལྟར་སྣང་ཡང་། འཆིང་བྱེད་ཀྱི་ཉོན་མོངས་རང་མཚན་པ་རྣམས་སྤོང་བར་མཁས་པ་རྣམས་མཐུན་ཏེ། དཔེར་ན་དུག་སྤོང་བ་དང་། སྨན་གྱིས་སྦྱོང་བ་དང་། སྔགས་ཀྱིས་བཏབ་སྟེ་བཟའ་བ་གསུམ་གས་ཀྱང་དུག

གིས་མི་གནོད་པའི་དགོས་པ་སྒྲུབ་པར་གཅིག་པ་བཞིན་ནོ། །

གསུམ་པ་ངོ་བོ་གནས་འགྱུར་བ་ནི། ཉོན་མོངས་རང་ག་མས་ཀུན་ནས་བསླང་བའི་སྒོ་གསུམ་གྱི་ལས་ཀྱིས་འཁོར་བར་འཆིང་བས། དེ་ཉིད་ཤེས་རབ་དང་སྙིང་རྗེ་ཕྱོགས་གཅིག་གིས་བཟུང་ནས་ཉེས་སྤྱོད་སྤོང་བའི་སྡོམ་པ་ལ་ཞུགས་པ་ན། གནས་སྐབས་མངོན་མཐོ་དང་མཐར་ཐུག་ཐར་པའི་རྒྱུར་འགྱུར་བའི་སོ་ཐར་དེ་ཉིད་ཀུན་སློང་སེམས་བསྐྱེད་དང་ཤེས་རབ་ཆེན་པོ་གཉིས་ཀྱིས་ཟིན་ནས་གཞན་དོན་གྱི་བྱ་བ་ལ་ཞུགས་ན་བྱང་ཆུབ་ཆེན་པོར་གྲོལ་བའི་རྒྱུར་འགྱུར་བ་བྱང་ཆུབ་སེམས་དཔའི་ཉེས་སྤྱོད་སྡོམ་པ་ཞེས་བྱ་བའི་ཚུལ་ཁྲིམས་ཡིན་ལ། དེ་ཉིད་ཀྱང་དབང་ཐོབ་ཅིང་ཐབས་ཤེས་ཆེན་པོས་ཡོངས་སུ་ཟིན་པ་ནི། བླ་ན་མེད་པའི་བྱང་ཆུབ་ཆེན་པོར་འབད་རྩོལ་མེད་པར་ལྷུན་གྱིས་གྲུབ་པའི་རྒྱུར་རྡོ་རྗེ་འཛིན་པའི་སྡོམ་པར་འགྱུར་བ་དེའི་ཕྱིར་འོག་མ་གཉིས་ཀྱི་སྐབས་སུ་རང་དོན་ཡིད་བྱེད་ཐ་མལ་སྣང་ཞེན་རེ་ཡོད་པ་བཏང་ནས། གཞན་གནོད་གཞི་བཅས་སྤོང་བ་དང་། གཞན་ཕན་གཞི་བཅས་སྒྲུབ་པའི་སེམས་པ་གཉིས་སྔགས་སྡོམ་གྱི་ངོ་བོར་གནས་འགྱུར་བ་ཡིན་ནོ་ཞེས་འབུམ་ཕྲག་ལྔ་པའི་ལུང་གིས་གསལ་བར་གྲུབ་སྟེ། དེ་ཉིད་ལས། རྗེ་ཡི་རིགས་ཀྱི་བྱེ་བྲག་ཅིག །ཅེས་པ་ལ་སོགས་པ་སྔར་གསུངས་པ་ལྟར་རམ། ཡང་ན་གསང་བ་སྤྱོད་པའི་རྒྱུད་ལས། དཔེར་ན་རྡོ་ལས་ཟངས་སུ་འགྱུར། །ཟངས་ལས་གསེར་གྱི་རྣམ་པ་སྟེ། །ཟངས་ཀྱི་དུས་ན་རྡོ་མེད་ལ། །གསེར་དུ་གྱུར་པས་ཟངས་མི་སྣང་། །རིག་འཛིན་ནང་གི་དགེ་སློང་ལ། །སོ་སོ་ཐར་དང་བྱང་ཆུབ་སེམས། །གཉིས་པོ་གནས་པ་ཉིད་དུ་ནི། །སངས་རྒྱས་ཉིད་ཀྱིས་མ་གསུངས་སོ། །ཞེས་པ་ལྟར་སྔགས་སྡོམ་ཐོབ་སྟེ་ཐབས་ཤེས་ཁྱད་པར་ཅན་གྱི་ཡེ་ཤེས་རྒྱུད་ལ་སྐྱེས་ན་འོག་མ་གཉིས་ཀྱི་དམན་སེམས་དང་ཐ་མལ་སྣང་ཞེན་གྱི་ལྡོག་ཆ་དེ་དུས་མི་གནས་ལ། སྡོམ་པའི་ངོ་བོ་ནི་རིགས་ལྔ་སྤྱིའི་རྣམ་སྣང་གི་དམ་ཚིག་ཏུ་གནས་འགྱུར་བས་ཐ་དད་པ་མེད་དོ། །

བཞི་པ་ཡོན་ཏན་ཡར་ལྡན་ནི། གང་ཟག་འདིག་རྟེན་པ་དང་། བསླབ་གསུམ་གྱི་ཉམས་ལེན་ཅུང་ཟད་རྒྱུད་ལ་འབྱོར་བའི་རྣལ་འབྱོར་པ་དང་། དེ་ཡང་ཐབས་ཤེས་ཁྱད་པར་ཅན་གྱིས་ཟིན་པའི་རྣལ་འབྱོར་པ་རྣམས་བློ་ན་འཕར་བའི་ཁྱད་པར་གྱིས་གོང་མ་གོང་མས་འོག་མ་འོག་མ་རྣམས

ཀྱི་རྒྱུད་ཀྱི་དམན་སེམས་དང་། སྣང་ཞེན་ལ་སོགས་པ་ལ་གནོད་ཅིང་སྤོང་བའི་ཕྱིར་དང་། འོག་མའི་སྡོམ་པ་བསྲུངས་པའི་ཡོན་ཏན་གོང་མའི་སྡོམ་པའི་ངང་དུ་ཡར་ལྡན་གྱི་ཚུལ་གྱིས་འོག་མ་ཟིལ་གྱིས་གནོན་པའི་ཕྱིར་ཏེ། གསང་སྙིང་ལས། བླ་མེད་མཆོག་གི་དམ་ཚིག་ཏུ། །འདུལ་བའི་དབང་གིས་ཚུལ་ཁྲིམས་དང་། །ཇི་སྙེད་སྡོམ་པ་བསམ་ཡས་པ། །མ་ལུས་ཀུན་འདུས་རྣམ་པར་དག །ཅེས་སོ། །ལྔ་པ་གནད་ཀྱིས་མི་འགལ་བ་ནི། སྡོམ་པ་འོག་མ་གཉིས་གོང་མར་འདུས་པ་མི་འཐད་དེ། སོ་ཐར་གྱིས་ཕམ་བཞི་ཆ་བཅས་སྤོང་བ་དང་། བྱང་སེམས་ཀྱིས་སེམས་ཅན་ལ་འཚེ་བ་ཆ་བཅས་ལས་ལྡོག་ནས་གཞན་ལ་ཕན་འདོགས་པ་དེ་སྔགས་སྡོམ་གྱི་སྤྱོད་པར་བྱ་བའི་དམ་ཚིག་ལྔ་དང་དངོས་སུ་འགལ་བའི་ཕྱིར་སྙམ་ན། རྣམ་པ་འགལ་བ་ལྟར་སྣང་ཡང་། ཕམ་བཞིའི་ནང་ཚན་མི་ཚངས་སྤྱོད་ལྟ་བུ་ལ་མཚོན་ན། འདུ་ཤེས་གསུམ་གྱི་སྒོ་ནས་ལས་རྒྱ་བསྟེན་པའི་ཚེ་འཁྲིག་སྤྱོད་ཀྱི་རྣམ་པ་ལྟར་སྣང་ནའང་རྣལ་འབྱོར་པ་དེ་ལ་ཡུལ་གྱི་འདུ་ཤེས་རང་མཚན་པ་དེ་ལོག་ནས་ཡབ་ཡུམ་ལྷའི་འདུ་ཤེས་སུ་གནས་འགྱུར་བས་ཡུལ་གྱི་ཡན་ལག་མ་ཚང་ཞིང་། སྲིད་པ་རང་མཚན་པ་དེ་བདེ་ཆེན་ལ་ཆོས་ཀྱི་འདུ་ཤེས་སུ་གནས་གྱུར་པས་བསམ་པའི་ཡན་ལག་མ་ཚང་ལ། ཆགས་པས་བྱ་བའི་སྦྱོར་བ་དེ་བྱེད་པ་སྡོམ་པའི་ཐབས་མཁས་ཀྱིས་ཟིན་པས་སྦྱོར་བའི་ཡན་ལག་མ་ཚང་བ་དང་། མཐར་ཐུག་ཐིག་ལེ་འཕོས་པས་བདེ་བའི་སིམ་པ་བདག་གིར་བྱེད་པ་དེ་ཆགས་པའི་རོ་ཡེ་ཤེས་སུ་བསྒྱུར་ཞིང་ཐིག་ལེ་འཛག་མེད་དུ་འཆིང་བའི་ཕྱིར་མཐར་ཐུག་གི་ཡན་ལག་མ་ཚང་བས་ན་ཆོས་ཐམས་ཅད་སེམས་ཉིད་རང་སྣང་དུ་ཤེས་པས་སྐྱི་ལུམ་གྱི་གནས་སྐབས་ན་བྱ་བ་བྱས་པ་ཇི་བཞིན་དུ་གནད་ཀྱིས་འགལ་བ་ནི་མི་སྲིད་དེ། གསང་སྙིང་ལས། མ་ཆགས་པ་ལ་ཆགས་པ་དང་། །ཆགས་པ་ཉིད་ན་ཆགས་པ་མེད། །དེ་ནི་ཚངས་མཆོག་རྒྱལ་པོ་སྟེ། །ཤིན་ཏུ་ཆགས་པ་ཆེན་པོ་ཡིན། །ཞེས་དང་། ཡེ་ནས་སྐྱེ་མེད་དེ་བཞིན་ཉིད། །སྒྱུ་མར་སྣང་བ་མིག་ཡོར་ཚུལ། །སྦྱོར་སྒྲོལ་བྱ་བ་ཀུན་བྱས་ཀྱང་། །རྡུལ་ཆ་ཙམ་ཡང་བྱས་པ་མེད། །ཅེས་གསུངས་པའི་ཕྱིར་རོ། །དྲུག་པ་གནས་སྐབས་གང་གཙོར་སྤྱོད་པ་ནི། སྡིག་ཏོ་མི་དགེ་བའི་ཕྱོགས་རང་བཞིན་གྱི་ཁ་ན་མ་ཐོ་བ་རྣམས་དང་། ཚོགས་པ་མང་པོའི་གསེབ་ཏུ་ལས་དང་པོ་པ་རྣམས་ལྟ་ཅི་སྨོས་ཀྱང་། རང་རྒྱུད་ལ་ཉེས་པས་མི་གོས་པའི་རྣལ་འབྱོར་པ་

རྣམས་ཀྱིས་ཀྱང་གདུལ་བྱའི་རྒྱུད་ཆུད་མི་ཟ་བའི་ཕྱིར་འོ༷ག་མ༷་ཉན་ཐོས་ཀྱི་ལུགས་གཙོ༷་བོ༷ར་བྱེ༷ད་དགོས་ཏེ། གསང་འདུས་ལས། ཕྱི་རུ་ཉན་ཐོས་སྤྱོད་པ་སྐྱོང་། །ནང་དུ་འདུས་པའི་དོན་ལ་དགའ། །ཞེས་དང་། སློབ་དཔོན་ཆེན་པོ་པདྨས། ཕྱི་ལྟར་ལག་ལེན་མདོ་སྡེའི་ལུགས་སུ་སྲུང་། །རྒྱུ་འབྲས་སྤང་བླང་ཞིབ་པའི་དགོས་པ་ཡོད། །ཅེས་གསུངས་པའི་ཕྱིར་རོ། །ཡང་བྱང་ཆུབ་སེམས་དཔའ་རང་འདོ༷ད་ཡིད་ལ་བྱེད་པ༷ས་དབེ༷ན་པ༷་ན་གཞན་དོན་དུ་འགྱུར་ངེས་པའི་ལུས་ངག་གི་མི་དགེ་བ་བདུན་གནང་བ་ད༷ང་། གསང་སྔགས་ཀྱི་ཐུན་མོང་མ་ཡིན་པའི་སྤྱོ༷ད་པ་སྤྱད་པ༷འི་དུས་ད༷ང་དབེ༷ན་པ༷ར་ནི་གས༷ང་བ་སྔགས༷་ཀྱི་སྤྱོད་པ་རྣམས་སྤྱ༷ད་ན་འོག་མ་རྣམས་དང་འགལ་བ་ལྟར་སྣང་ཡང་ལྟུང་བའི་གཟུགས་བརྙན་ཙམ་ལས་དོན་ལ་ཉེས་པ་མེད་པར་མ་ཟད་དགོས་པ་དང་ལྡན་ཏེ། སློབ་དཔོན་ཆེན་པོས། ནང་ལྟར་གསང་སྔགས་ཐུན་མོང་ལུགས་སུ་སྲུང་། །བསྐྱེད་རྫོགས་དོན་དང་འབྲེལ་བའི་དགོས་པ་ཡོད། །གསང་བ་གསང་ཆེན་ཨ་ཏིའི་ལུགས་སུ་སྲུང་། །ཚེ་གཅིག་འོད་སྐུར་གྲོལ་བའི་དགོས་པ་ཡོད། །ཅེས་དང་། རབ་དབྱེ་ལས། འདི་ལ་སྡིག་ཏོ་མི་དགེའི་ཕྱོགས། །ཕལ་ཆེར་ཉན་ཐོས་ལུགས་བཞིན་བསྲུང་། །འདོད་པས་དབེན་པའི་ལྟུང་བ་འགའ། །བྱང་ཆུབ་སེམས་དཔའི་ལུགས་བཞིན་བསྲུང་། །འཇིག་རྟེན་མ་དད་གྱུར་པའི་ཆ། །གཉིས་ཀ་མཐུན་རྣམས་འབད་པས་བསྲུང་། །འཇིག་རྟེན་འཇུག་པའི་རྒྱུར་གྱུར་ན། །ཐེག་ཆེན་སོ་སོ་ཐར་ལ་གནང་། །ཅེས་གསུངས་པའི་ཕྱིར་རོ། །

སྡོམ་པ་གསུམ་ག་ནང༷་མ༷་འདོ༷མ་པ་སྣེ་མཐུན་པར་གྱུར་ན༷་གཞན་མི་དད་པར་གྱུར་པའི་ཆ་ལ་སོགས་པ་སྤང་བླང་གི་གནས་ཐམས་ཅད་སོ་སོར་མ༷་འདྲེས་པར་ཡོ༷ངས་སུ་རྫོགས༷་པར་བསྲུང་བར་བྱ་ཞིང་། ནང་འདོ༷མ་པ་སྣེ་གཅིག་གིས་སྤང་བྱར་བཤད་པ་གཅིག་གིས་བསྲུང་བྱར་སོང་ནས་འགལ་བར་གྱུར་ན༷་རང་རྒྱུད་ཀྱི་དག༷ག་བྱ་ཉོན་མོངས་པའི་གཉེན་པོར་འགྲོ་བ་དང་། དགོ༷ས་པ་མི་འཆིང་བ་གཉིས་གང་དུ་ཚང་བརྩི༷ས་ནས་གང་དུ་ཚང་བ་དེ་སྤྱད་པར་བྱ་དགོས་སོ་ཞེ༷ས་མཁ༷ས་པ་རྣམ༷ས་བཞེད༷་དོ། མི་དགེ་བ་དང་ཉེས་པ་བསྐྱེད་ན་གང་ཡང་འགོག་ཅིང་། དགེ་བ་དང་ཡོན་ཏན་བསྐྱེད་ན་གང་ལ་ཡང་བསླབ་པར་བྱ་དགོས་པས་སྤྱིར་བཏང་དང་དམིགས་བསལ་གྱི་གནད་ཤེས་པ་གལ་ཆེ་བའི་ཕྱིར་རོ། །དེ་ཡང་སུམ་ལྡན་རྡོ་རྗེ་འཛིན་པས་སྤྱོད་པ་ཁ་ན་མ་ཐོ་བ་མེད་ཅིང་དུས་ཚོད་

དང་འབྲེལ་བར་སྤྱོད་དགོས་པས་གནས་སྐབས་སོ་སོའི་བླང་དོར་ཀྱང་ཤེས་པར་བྱ་སྟེ། ལས་དང་པོ་པས་སོ་ཐར་གྱི་དགག་བྱ་དང་བྱང་སྔགས་ཀྱི་རྩ་བ་དང་ཡན་ལག་གི་ལྟུང་བ་རྣམས་གཙོ་བོར་སྲུང་བ་དང་། དེ་ཡང་སྔགས་སམ་ཧིང་ངེ་འཛིན་གྱིས་ཆང་གི་རོ་བསྒྱུར་བ་དང་། དུག་ཞི་བ་ལ་སོགས་པའི་དྲོད་མ་ཐོབ་པ་དེ་སྲིད་དུ་ལས་དང་པོ་པ་ཞེས་བྱའོ། །བརྟན་པ་ཐོབ་ནས་བློ་ན་འཕར་བའི་རིམ་པ་ལྟར་བསྐྱེད་རྫོགས་ཀྱི་རྣལ་འབྱོར་ལ་གནས་པའི་སྒོ་ནས་དམ་རྫས་ཁྱད་པར་ཅན་བསྟེན་པ་སོགས་སྔགས་ནང་རྒྱུད་ཀྱི་སྤྱོད་པ་ཐུན་མོང་བ་དང་། བསྐྱེད་རྫོགས་གོམས་པའི་འབྲས་བུ་གནས་སྐབས་གྲུབ་པ་ཐོབ་པ་ན་བླང་དོར་མེད་པའི་སྤྱོད་པ་དང་། མཐར་ཐུག་གི་འབྲས་བུ་ཐམས་ཅད་མཁྱེན་པའི་ཡེ་ཤེས་མངོན་དུ་གྱུར་པའི་ཚེ་ན་གཞན་ལ་ཕན་པའི་སྤྱོད་པ་ཁོ་ན་གང་ཡིན་པ་དེ་དང་དེ་དག་དུས་ཚོད་དང་འབྲེལ་བར་སྤྱོད་དགོས་ཞེས་དུས་འཁོར་ལས་བཤད་དེ། དེའི་འགྲེལ་ཆེན་ལས། དེའི་ཕྱིར་ལས་དང་པོ་པས་རྣལ་འབྱོར་པའི་བྱ་བ་མི་བྱའོ། །རྣལ་འབྱོར་པས་གྲུབ་པའི་བྱ་བ་མི་བྱའོ། །གྲུབ་པས་ཐམས་ཅད་མཁྱེན་པའི་བྱ་བ་མི་བྱའོ། །ཞེས་སོ། །

གསུམ་པ་དེ་ལྟ་བུའི་སྡོམ་པ་གསུམ་པོ་དེ་ཉམས་སུ་ལེན་ཚུལ་བསྡུས་ཏེ་བསྟན་པའི་སྒོ་ནས་མཇུག་བསྡུ་བ་ནི། ཉན་ཐོས་དང་ཐུན་མོང་བའི་ལམ་དུ་འཁོར་བར་སྐྱོ་ཤས་དང་ངེས་འབྱུང་གིས་ཀུན་ནས་བསླངས་ཏེ་ཡོན་ཏན་ཐམས་ཅད་ཀྱི་གཞི་རྟེན་སྤོང་བ་བཞིའམ་བདུན་ལྡན་གྱི་སོ་སོར་ཐར་པ་རིགས་བདུན་གྱི་སྡོམ་པ་གང་རུང་བླང་ལ་ལུས་ངག་གི་ཉེས་སྤྱོད་ལས་ལྡོག་པར་བྱ་ཞིང་། དེའི་སྟེང་དུ་མཐའ་ཡས་པའི་སེམས་ཅན་ཐམས་ཅད་ཀྱི་དོན་དུ་བྱང་ཆུབ་ཐོབ་འདོད་ཀྱི་བསམ་པས་སེམས་བསྐྱེད་སྡོམ་པ་བླངས་ན། དེ་གཉིས་གསང་སྔགས་ཀྱི་སྡོམ་པའི་ཡན་ལག་ཏུ་འགྱུར་བ་ཡིན་ལ། དེ་ཡང་སེམས་ཅན་ཐམས་ཅད་གདོད་མ་ནས་རྣམ་པར་དག་ཀྱང་དེ་ལྟར་མ་རྟོགས་པས་སྡུག་བསྔལ་རྒྱུ་འབྲས་ཀྱིས་གཟིར་བ་ལ་བཟོད་མི་ཕོད་པའི་སྙིང་སྟོབས་དྲག་པོས་ཀུན་ནས་བསླངས་ཏེ། སྨིན་བྱེད་ཀྱི་དབང་ལ་བརྟེན་ནས་རིག་པ་འཛིན་པའི་སྡོམ་པ་རྒྱུད་ལ་ཐོབ་པར་བྱས་ནས། སྡོམ་པ་གསུམ་པོ་དེའི་བསླབ་བྱ་རྣམས་དགག་དགོས་ཀྱི་གནད་ཤེས་པའི་སྒོ་ནས་མིག་གི་འབྲས་བུ་ལྟར་གཅེས་སྤྲས་ཀྱིས་བསྲུང་བར་བྱ་ཞིང་། སྲུང་གཞི་སྤྱོད་བྱེད་ངོ་འཕྲོད་པའི་སྒོ་ནས

གདན་གསུམ་ལྷ་རུ་ཤེས་པའི་ལྟ་བ་དང་མ་བྲལ་བར་བསྐྱེད་རིམ་ཟབ་མོ་རྣམས་བསྒོམ་པ་དང་། རྩ་རླུང་ཐིག་ལེ་ལ་དངོས་སུ་གནད་དུ་བསྣུན་པའི་ལམ་མཚན་བཅས་ཀྱི་རྫོགས་རིམ་ཐབས་ལམ་སྟེང་འོག་གི་སྒོ་དང་། དེ་ཐམས་ཅད་ཀྱི་རྒྱས་གདབ་ཏུ་གྱུར་པ་མཚན་མ་མེད་པའི་རྫོགས་རིམ་བསྒོམ་ཞིང་། གོམས་པ་ན་ཟག་པ་མེད་པའི་འབྲས་བུ་ལ་མྱུར་དུ་སྦྱོར་བའི་ཉེ་རྒྱུའི་སྤྱོད་པས་རིམ་པ་བཞིན་མཚམས་སྦྱོར་ནས་དབང་པོ་རབ་ཚེ་འདིར་ཟུང་འཇུག་གི་སྐུ་འགྲུབ་པའམ། འབྲིང་འཆི་ཁ་འོད་གསལ་ལས་ཟུང་འཇུག་གི་སྐུར་ལྡང་བ་དང་ནི། ཐ་མ་སྲིད་པ་བར་དོ་རུ་ཆོས་ཉིད་ཀྱི་བདེན་པའི་བྱིན་རླབས་ཀྱིས་རང་བཞིན་སྤྲུལ་སྐུའི་ཞིང་དུ་རྡོ་རྗེ་སེམས་དཔའ་ལ་སོགས་པའི་རིགས་ལྔའི་སངས་རྒྱས་ཀྱི་ཞལ་མཐོང་ཞིང་དབང་བསྐུར་ལ་བྱང་ཆུབ་ཏུ་ལུང་བསྟན་ཏེ་དབུགས་དབྱུང་བ་ཐོབ་ནས་མངོན་པར་རྫོགས་པར་འཚང་རྒྱ་བ་ཡིན་ནོ། །སྡོམ་གསུམ་སྦྱོར་དཔྱད་པའི་རིམ་པར་ཕྱེ་བ་སྟེ་ལྔ་པའི་རྣམ་པར་བཤད་པའོ། །

གསུམ་པ་མཇུག་གི་དོན་བཤད་པ་རྫོགས་པའི་བྱ་བ་ལ་ལྔ་ལས། དང་པོ་རྩོམ་པའི་རྒྱུ་བརྩེ་བའི་སྙིང་རྗེ་ཆེན་པོ་ཐུགས་རྒྱུད་ལ་འཁྲུངས་པའི་ཚུལ་ནི། འདི་ལྟར་སྟོན་གྱི་མཁས་གྲུབ་དམ་པ་རྣམས་ནི་གདུལ་བྱའི་ངོར་ཞིང་གཞན་དུ་གཤེགས་པའི་ཚུལ་བསྟན་ཅིང་། དེ་དག་གི་གཞུང་ལུགས་བཟང་པོ་རྣམས་ད་ལྟ་ནི་གླེགས་བམ་ཙམ་ལས་བསྟན་འགྲོ་ལ་ཕན་པའི་ལྷག་བསམ་གྱིས་ལུང་རིགས་དང་མི་འགལ་བར་འཆད་པ་ལ་སོགས་པའི་སྒོ་ནས་བསྟན་པ་ལ་བྱ་བ་བྱེད་པའི་སྲོལ་ནུབ་པ་ལ་ཉེ་ཞིང་། སྙིགས་མ་ལས་ཀྱང་ཆེས་སྙིགས་མར་གྱུར་པ་དེང་སང་གི་དུས་འདི་ན་གཞུང་ལུགས་བཟང་པོ་རྣམས་ལ་ཐོས་བསམ་གྱིས་བློ་མ་སྦྱངས་པར་རྟོག་གེ་མཁས་རློམ་ཅན་དག་གིས་གཞན་ལ་སྒྲོ་སྐུར་གྱི་མུ་ཅོར་སྨྲ་བ་བརྒྱ་ཕྲག་དུ་མས་བསྟན་པ་དཀྲུགས་ཤིང་། སྒོམ་པ་ཉམས་ལེན་གྱི་སྒོ་ནས་རང་གི་ཡེ་ཤེས་འདོར་བསྟན་གྱི་ཆ་རྡུལ་ཙམ་ཡང་མ་རྟོགས་ཤིང་སྡོམ་པ་གསུམ་གྱི་བསྲུང་བྱ་ལ་ཆེ་ཐང་དུ་མི་བྱེད་པར། ཟོག་པོ་གྲུབ་རློམ་ཅན་མང་པོས་རང་རྒྱུད་བདུད་ཀྱིས་བྱིན་གྱིས་བརླབས་པའམ། ལྷ་མཐོང་དང་མ་འབྲེལ་བའི་སེམས་གནས་ཕལ་པ་ལ་བརྟེན་པའི་ཉམས་སྣང་གི་བསླུ་བྲིད་སྙིགས་རྒྱུའི་རྒྱུ་དང་འདྲ་བས་བསླུས་ནས་མདོ་རྒྱུད་གང་དང་ཡང་མི་མཐུན་པའི་རང་བཟོས་བྱས་པའི་ཚོག་

དང་། གལ་ཏེ་མདོ་རྒྱུད་རྣམ་པར་དག་པའི་ཚིག་ཙམ་རེ་ཤེས་པར་རློམ་ཡང་བསྐྱེད་རྫོགས་ལ་སོགས་པའི་ཉམས་མྱོང་གི་གནད་མེད་པར་མ་ཟད། དེ་དག་སོ་སོའི་བསྲུང་བྱའི་མཚམས་ཙམ་ཡང་མི་ཤེས་བཞིན་ཚོ་གུའི་ཚིག་ཙམ་སྦྲུངས་པ་དང་། ལག་ལེན་ཙམ་ཤེས་པའི་སྒོ་ནས་དཀྱིལ་འཁོར་དང་རྟེན་གྱི་ཡོ་བྱད་གསེར་དངུལ་ལ་སོགས་པས་གཟི་བྱིན་བསྐྱེད་ནས། རྙེད་བཀུར་འདོད་པའི་ཀུན་སློང་ངན་པས་གཞན་ལ་དབང་བསྐུར་སོགས་འགྲོ་དོན་ལྟར་སྣང་བ་བྱེད་པའི་ཚེ་ན། རྒྱལ་བསྟན་རིན་པོ་ཆེ་ལུང་དང་རྟོགས་པའི་བདག་ཉིད་ཅན་ཡིན་པའི་ཚུལ་མི་ཤེས་པའི་རྨོངས་པ་རྣམས་སེམས་ཚིམ་ཞིང་དེ་དག་གི་རྗེས་སུ་འབྲངས་ཏེ་སློབ་པའི་དུས་འདིར་རང་གཞན་གཉིས་ཀ་བསླུ་བའི་སྐབས་དེ་ལྟ་བུ་ལ་བསམས་གྱིན་ཐུགས་སྐྱོ་བའི་ཤུགས་ཀྱིས་སྙིགས་དུས་ཀྱི་འདུལ་བྱ་ལ་སྙིང་རྗེའི་ཀུན་སློང་སྙིང་ནས་གཡོས་ཏེ་མཆི་མ་དཀྲུ་བའི་གནས་སུ་གྱུར་པ་ཡིན་ནོ། །

གཉིས་པ་བརྩམས་དགོས་པའི་རྒྱུ་མཚན་ནི། གདུལ་བྱའི་གང་ཟག་སོ་སོའི་བློ་རིམ་བཞིན་བསྟན་པའི་མདོ་སྔགས་ཀྱི་ལམ་རྣམས་ནི་མཐའ་ཡས་ཤིང་མུ་མེད་པའི་འགྲོ་བ་རྣམས་ཀྱི་ཤེས་རྒྱུད་འདུལ་ཞིང་བྱང་ཆུབ་གསུམ་ཐོབ་པར་བྱ་བའི་ཕྱིར་བསྟན་ལ། དེ་ཐམས་ཅད་ཉམས་ལེན་གཅིག་ཏུ་བསྡུས་ན་སོ་ཐར་གྱིས་གཞི་བྱས། བྱང་སེམས་ཀྱིས་ཁོག་དབུབ། སྔགས་ཀྱི་མན་ངག་གིས་རྩེ་བཏོན་ཏེ་གང་ཟག་རྣམས་འཚང་རྒྱ་བ་ལ་ཚད་ལ་མ་ནོར་བའི་ལམ་འདི་ལྟ་བུར་རྒྱལ་བས་གསུངས་པ་དེ་ཐམས་ཅད་འདུ་མོད། དེ་དག་གི་དགོངས་དོན་ཟབ་ཅིང་བརླིང་བས་གངས་ཅན་གྱི་ལྗོངས་འདི་ན་མདོ་སྔགས་ཀྱི་གཞུང་ལུགས་དེ་དག་ཕྱོགས་རེ་ཙམ་ལ་མོས་པ་ཐོབ་ནའང་དེ་དང་དེར་རིས་ཆད་དུ་བཟུང་ནས་གཡག་ཞར་གྱི་རྩྭ་ལྟར་སོང་སྟེ་ཐམས་ཅད་གཅིག་ཏུ་དྲིལ་ནས་འཛིན་ཤེས་པ་ནི་དཀོན་ལ། གལ་ཏེ་མདོ་སྔགས་ཀྱི་ཉམས་ལེན་སྡོམ་པ་གསུམ་པོ་གཅིག་ཏུ་བསྡུ་བར་སེམས་པ་རྣམས་ཀྱང་སྡོམ་གསུམ་སོ་སོའི་ལག་ལེན་ལྟར་སྣང་བ་ཙམ་དང་། བཤད་ཡམ་ལེགས་ལེགས་ཙམ་ལས་གནང་བཀག་གི་མཚམས་སྦྱོར་བཏང་དང་དམིགས་བསལ་རྣམས་ལུང་རིགས་མན་ངག་དང་མི་འགལ་བར་འཆད་མི་ཤེས་པས་མིང་ཙམ་དུ་ལུས་པས་ན་བརྩམས་པ་ལ་དགོས་པ་ཡོད་དོ། །

གསུམ་པ་ཇི་ལྟར་བརྩམས་པའི་ཚུལ་ནི། བསྟན་བཅོས་འདི་ནི་མདོ་རྒྱུད་ཀྱི་དོན་ཇི་བཞིན་

གཏན་ལ་འབེབས་པར་བྱེད་པའི་མཁས་གྲུབ་དུ་མའི་ལེགས་བཤད་ལས་ཇི་ལྟར་བསྟན་པ་རྣམས་ལ་ཕྱོགས་འཛིན་དང་རང་བཟོ་སྤངས་ཏེ་སྒྲིམ་པོའི་བློ་ཡིས་བརྟགས་ཤིང་དཔྱད་ནས་ལུང་རིགས་མན་ངག དང་མི་འགལ་བར་ཕྱོགས་གཅིག་དག་ཏུ་བཀོད་པ་དེ་ཡི་ཕྱིར་ན་མ་རྟོགས་པ་དང་ལོག་པར་རྟོག་པ་སྒྲོ་སྐུར་ལ་སོགས་པའི་ནོངས་པའི་དྲི་མ་མེད་སྙམ་དུ་རློམ་མོ་ཞེས་གསུང་གསང་མཐོན་པོས་འདོམས་ཤིང་ཡིད་ཆེས་པའི་གནས་སུ་མཛད་ནས་བཟོད་པར་གསོལ་བ་ཡང་མ་མཛད་དོ། །

བཞི་པ་དེ་ལྟར་བརྩམས་པའི་དགེ་བ་གཞན་ལ་བསྔོ་བའི་ཚུལ་ནི། བསྟན་བཅོས་འདི་བརྩམས་པ་ལས་བྱུང་བའི་དགེ་བ་མཆོག་ཏུ་གྱུར་པ་དེས་མཁའ་ཁྱབ་ཀྱི་འགྲོ་བ་ཐམས་ཅད་འབད་རྩོལ་མེད་པར་དེ་བཞིན་གཤེགས་པ་ཐམས་ཅད་ཀྱི་སྐུ་དང་ཡེ་ཤེས་འདུ་འབྲལ་མེད་པའི་བདག་ཉིད་དཔལ་ཀུན་ཏུ་བཟང་པོའི་གོ་འཕང་མྱུར་དུ་ཐོབ་པར་ཤོག་ཅིག་ཅེས་པའོ། །

ལྔ་པ་བསྟན་བཅོས་ཇི་ལྟར་བརྩམས་པའི་མཛད་བྱང་ནི། དེ་སྐད་ཅེས་སྡོམ་གསུམ་རྣམ་པར་ངེས་པའི་བསྟན་བཅོས་འདི་ནི་མཁན་པོ་ཐུ་མིས། ཡི་གེའི་ཁོངས་ནས་མིང་དབྱུང་སྟེ། །མིང་གི་ཁོངས་ནས་ཚིག་ཕྱུང་ལ། །ཚིག་གིས་དོན་རྣམས་སྟོན་པར་བྱེད། །ཅེས་པ་ལྟར་ཡི་གེ་འདུས་པ་ལས་མིང་། མིང་འདུས་པ་ལས་ཚིག །དེ་འདུས་པ་ལས་ཚིགས་སུ་བཅད་པ་འབྱུང་བས་ན་ཚིག་གི་སྒོ་ནས་བསྟན་པའི་གཞུང་ཚིགས་ལེའུའི་རིམ་པར་ཕྱེ་བ་ལྔའི་བདག་ཉིད་ཅན་འདི་ཉིད་གྲུབ་པོ། །དེ་མཛད་པ་པོ་ནི་གངས་རིའི་ཕྲེང་བས་བསྐོར་བའི་བོད་ཀྱི་ཡུལ་ལྷོ་ངོས་ལས། བྱེ་བྲག་ལྷོ་ཕྱོགས་ཀྱི་རྒྱུད་མངའ་རིས་གློ་བོ་མ་ཐང་དུ་བྱུང་བའི་ཡོན་ཏན་གྱི་ཁྱད་པར་ཤེས་རབ་དང་སྙིང་རྗེས་སྲིད་ཞིའི་མཐའ་གཉིས་ལས་ངེས་པར་འབྱུང་བ་བླ་ན་མེད་པའི་བྱང་ཆུབ་དོན་གཉེར་གྱི་བསམ་པས་ཀུན་ནས་བསླངས་ཏེ། སྦྱོར་བ་གཞན་དོན་སྒྲུབ་པའི་ཐབས་ལ་མཁས་པ་ཅན་རིག་པའི་གནས་ལྔ་ཐུགས་སུ་ཆུད་པའི་མངའ་རིས་ཀྱི་པཎྜི་ཏ་པདྨ་དབང་གི་རྒྱལ་པོ་རྡོ་རྗེ་གྲགས་པ་རྒྱལ་མཚན་དཔལ་བཟང་པོས་གསུང་རབ་དགོངས་འགྲེལ་དང་བཅས་པའི་དོན་ཅི་ལྟ་བ་བཞིན་དུ་བཀོད་པར་མཛད་པ་ནི། ཐར་འདོད་ཀྱི་གང་ཟག་རྣམས་ཀྱི་སྤྱི་བོས་བླང་བར་འོས་ཏེ། རྒྱུད་བླ་མ་ལས། གང་ཞིག་རྒྱལ་བའི་བསྟན་པ་འབའ་ཞིག་གི། །དབང་བྱས་རྣམ་གཡེང་མེད་ཡིད་ཅན་གྱིས་བཤད། །ཐར་པ་ཐོབ་པའི་

ལམ་དང་རྗེས་མཐུན་པ། །དེ་ཡང་དྲང་སྲོང་བཀའ་བཞིན་སྤྱི་བོས་བླངས། །ཞེས་གསུངས་པའི་ཕྱིར་རོ༔ ༔

དེ་ལྟར་བརྩམས་པའི་དགེ་བ་ཅི་ཡོད་པ་དེས་ཕྱོགས་བཅུ་དང་དུས་གསུམ་གྱིས་བསྡུས་པའི་འཇིག་རྟེན་གྱི་ཁམས་ཐམས་ཅད་དུ་མདོ་སྔགས་སྤྱི་དང་། ཁྱད་པར་ཐེག་པ་ཀུན་གྱི་རྩེ་མོར་སོན་པ་རང་བཞིན་རྫོགས་པ་ཆེན་པོ་ཨ་ཏི་ཡོ་གའི་བསྟན་པ་ལ་བཤད་སྒྲུབ་ཀྱི་སྒོ་ནས་བྱ་བ་རླབས་པོ་ཆེ་བྱེད་ནུས་པར་གྱུར་ཅིག་ཅེས་སྨོན་ལམ་དུ་མཛད་པ་ནི་བསྔོ་བ་རྣམས་ཀྱི་ནང་ནས་མཆོག་ཏུ་གྱུར་པ་སྟེ། སྨོན་ལམ་ཐམས་ཅད་ཀྱང་དམ་པའི་ཆོས་ཡོངས་སུ་འཛིན་པར་བསྔོ་ན་དེར་འདུ་བར་གསུངས་པའི་ཕྱིར། བཟང་པོ་སྤྱོད་པ་ལས། རྒྱལ་བ་ཀུན་གྱི་དམ་པའི་ཆོས་འཛིན་ཅིང་། །བྱང་ཆུབ་སྤྱོད་པ་ཀུན་ཏུ་སྣང་བར་བྱེད། །བཟང་པོ་སྤྱོད་པ་རྣམ་པར་སྦྱོང་བ་ཡང་། །མ་འོངས་བསྐལ་པ་ཀུན་ཏུ་སྤྱོད་པར་ཤོག །ཅེས་གསུངས་པ་དང་ཚུལ་མཐུན་པ་ཡིན་ནོ། །

དེང་དུས་རྒྱལ་བསྟན་སྣང་བ་ཙུང་ཟད་ཙམ། །ཡོད་པའི་སྐབས་འདིར་དལ་རྟེན་ཚུད་གསོན་པའི། །སྡིག་པའི་གྲོགས་དང་རྣམ་གཡེང་སྤང་བྱས་ཏེ། །ཚུལ་གནས་ཐོས་བསམ་སྒོམ་པའི་བྱ་བ་ཡིས། །རྣམ་གྲོལ་ལམ་བཟང་སྒྲུབ་ལ་བརྩོན་པར་རིགས། །སྐྱེས་སྦྱང་དམན་པས་བཤད་པའི་ནོངས་པ་ཀུན། །ཆོས་ཀྱི་སྐྱོན་ལྷན་དམ་པ་རྣམས་ལ་འཆགས། །ལེགས་པར་བཤད་པའི་ཆ་ཙམ་མཆིས་སྲིད་ན། །རྒྱལ་བསྟན་ཡུན་དུ་གནས་པའི་རྒྱུར་གྱུར་ཅིག །

ཅེས་པ་འདི་ནི་བསླབ་གསུམ་རྒྱན་བཟང་འཆང་བའི་ཆོས་གྲོགས་དམ་པ་འོད་གསལ་སྙིང་པོས་འདི་འདྲ་ཞིག་དགོས་ཞེས་ནན་ཆེར་བསྐུལ་བའི་གསུང་ངོར་མ་ལྡོག་པར་གུ་རུའི་མིང་གིས་སྨྲས་པའི་ཡི་གེ་པ་ནི་བསྐུལ་བ་པོ་དེ་ཉིད་ཀྱིས་བགྱིས་པ་དགེ་ལེགས་འཕེལ། སརྦ་མངྒ་ལཾ། དགེའོ། །དགེའོ། །དགེའོ། །